러닝 파이썬 제5판
Learning Python, 5th Edition

LEARNING PYTHON

2018 J-Pub Co.

Authorized Korean translation of material included in the English edition of LEARNING PYTHON 5th ed,
ISBN 9781449355739 ⓒ 2013 Mark Lutz

This translation is published and sold by permission of O'Reilly Media, Inc.,
which owns or controls all rights to publish and sell the same.

러닝 파이썬 제5판 (하편)

1쇄 발행 2018년 3월 28일 **2쇄 발행** 2019년 2월 28일

지은이 마크 러츠
옮긴이 강성용, 조인중
펴낸이 장성두
펴낸곳 제이펍

출판신고 2009년 11월 10일 제406-2009-000087호
주소 경기도 파주시 회동길 159 3층 3-B호
전화 070-8201-9010 / **팩스** 02-6280-0405
홈페이지 www.jpub.kr / **원고투고** jeipub@gmail.com
독자문의 readers.jpub@gmail.com / **교재문의** jeipubmarketer@gmail.com

편집부 이종무, 황혜나, 최병찬, 이슬, 이주원 / **소통·기획팀** 민지환, 송찬수 / **회계팀** 김유미
교정·교열 이주원 / **내지디자인** 이민숙
용지 신승지류유통 / **인쇄** 해외정판사 / **제본** 광우제책사

ISBN 하편 979-11-88621-16-3 (93000)
　　　 상편 979-11-88621-07-1 (93000)
　　　 세트 979-11-88621-17-0 (93000)
값 38,000원

제이펍은 독자 여러분의 아이디어와 원고 투고를 기다리고 있습니다. 책으로 펴내고자 하는 아이디어나 원고가 있으신 분께서는
책의 간단한 개요와 차례, 구성과 저(역)자 약력 등을 메일로 보내주세요.　　**jeipub@gmail.com**

러닝 파이썬 제5판

Learning Python, 5th Edition

하편

마크 러츠 지음 / 강성용, 조인중 옮김

차 례

PART 6 클래스와 객체 지향
프로그래밍_979

PART 7 > 예외와 도구_1359

APPENDIX D **실습 문제 해답_1835**

옮긴이 머리말

이 책은 1999년 초판이 출간된 후 지속적으로 파이썬의 새로운 기능과 변화, 버전 변경 등을 반영하여 5판까지 개정을 계속해 왔다. 이 책의 저자인 마크 러츠는 30년 가까운 세월 동안 파이썬의 변화를 충실하게 반영한 셈이다. 원서의 경우 초판은 384페이지에 불과했으나, 5판에 이르러서는 원서 기준으로 1,648페이지에 이르렀다. 이를 볼 때 저자가 이 책에 얼마나 열정을 기울여 왔는지 알 수 있다.

《러닝 파이썬(제5판)》은 8개의 파트와 41개의 장으로 구성되어 있다(부록 제외). 각 파트에서 다루는 내용을 간략하게 요약하면 다음과 같다.

파트 1. 시작하기

파트 1에서는 파이썬의 용도, 파이썬 프로그램 실행 방법 등 파이썬에 대한 기초적인 내용을 다룬다. 이 책의 독자들은 대부분 어느 정도 파이썬이 무엇인지 정도는 알고 있으리라 생각하지만, 그렇지 않은 독자들도 있기 때문에 파이썬에 대한 기초적인 개념 및 용도 등을 익힐 수 있도록 하고 있다.

파트 2. 타입과 연산

파트 2부터는 본격적인 파이썬 프로그래밍 언어에 대한 학습을 시작한다. 파이썬에 대한 기본적인 개념을 이미 이해하고 있는 독자라면 파트 1을 건너뛰고 파트 2부터 읽어도 좋다. 파트 2에서는 거의 모든 프로그래밍 언어 학습 과정에서 제일 처음 접하게 되는 타입에 대해 다루고 있다. 여기서는 객체, 숫자 등의 기초적인 타입과 타입의 변환, 문자열, 리스트 및 딕셔너리, 튜플, 파일까지 파이썬에서 접할 수 있는 모든 타입에 대해 다룬다.

파트 3. 문과 구문

파트 3에서는 파이썬의 문(statement)와 구문(syntax)에 대해 다루고 있다. 파이썬 프로그램을 작성할 때 사용하는 다양한 문장 형식과 문법 및 루프 활용 방법 등에 대해 다루고 있다. 또한 프로그램 소스 코드 안에서의 문서화 방법 및 문서화 도구에 대해서도 다룬다.

파트 4. 함수와 제너레이터

파트 3에서 학습한 파이썬의 문과 구문을 바탕으로 절차적 프로그래밍에서 함수를 사용한 모듈화 및 코드 재사용으로의 전환에 대해 다루고 있다. 파트 4 후반부에서는 함수형 프로그래밍에 사용되는 람다 식에 대해서 다루고 있다. 최근 여러 프로그래밍 언어에서 람다 식이 널리 활용되고 있으므로, 람다 식에 대해서 학습해 둘 것을 권장한다. 21장에서는 파이썬의 다양한 반복 도구에 대한 상대적인 성능 측정 방법에 대해 다루고 있다.

파트 5. 모듈과 패키지

파트 5에서는 라이브러리 개념인 모듈과 패키지에 대해 다루고 있다. 모듈의 개념과 활용 범위에 대해 학습하고, 모듈 작성 방법에 대한 실제적인 예제를 볼 수 있다. 또한 파이썬 3.3 이후 버전에서 사용할 수 있는 네임스페이스 패키지 모듈에 대해서도 학습할 수 있다.

파트 6. 클래스와 객체 지향 프로그래밍

이 책의 후반부에 해당하는 파트 6부터는 파이썬의 객체 지향 프로그래밍 개념에 대해 다루고 있다. 객체 지향 프로그래밍의 기본적인 요소인 상속 및 다형성 등을 어떻게 구현하는지 학습할 수 있고, 가장 중요한 개념인 클래스와 객체 상속 트리, 그리고 객체 상속 트리 내에서의 이름 검색 등에 대해 배우게 된다. 그리고 3.X 버전부터 도입된 새로운 형식의 클래스가 2.X에 어떻게 백포팅(back-porting)되어 활용되는지에 대해서도 다루고 있다. 규모가 큰 프로그램을 작성해야 한다면 해당 파트를 반드시 읽어볼 것을 권장한다.

파트 7. 예외와 도구

파트 7에서는 파이썬의 예외(exception)에 대해 다루고 있다. 대부분의 언어에서 지원하는 예외 처리 방법이 파이썬에서 어떻게 구현되어 있는지, 그리고 코드를 작성할 때 예외를 어떻게 활용할 수 있는지 학습할 수 있다. 또한, 예외를 어떻게 설계하는지에 대해서도 다루고 있으므로 내용을 충분히 이해하면 큰 도움이 될 것이다.

파트 8. 고급 주제

파트 8에서는 일반적으로 사용 빈도가 높지 않은 파이썬의 고급 기능들에 대해 다룬다. 37장에서는 유니코드와 바이트 문자열을 다루는 방법에 대해 집중적으로 설명하고 있으며, 관리 속성, 데코레이터, 메타클래스 등 파이썬의 고급 기법에 해당하는 내용을 다루고 있다. 이 장에서 다루는 주제들은 앞부분에서 조금씩 언급되었으나, 내용의 난이도와 낮은 활용도로 인해 자세하게는 설명하지 않았다. 이 파트의 내용은 독자가 필요로 할 때 찾아보고 참조할 것을 권장한다.

파트 9. 부록

여기서는 하나의 파트로 분류하기 모호한 주제들에 대해 설명하고 있다. 파이썬의 설치 및 환경 설정 방법, 윈도우 런처 사용 방법 등에 대해 다루고 있으며, 이 책의 각 판에 반영된 파이썬 변경 사항에 대해서도 다루고 있다. 또한, 각 장의 마지막에 있는 실습 문제에 대한 해답을 부록 D에 수록해 놓았다. 부록은 다음의 사이트에서 PDF 파일로도 다운로드할 수 있다.

https://github.com/Jpub/LearningPython

이 책은 파이썬에 대한 거의 모든 내용을 다루고 있다고 해도 좋을 정도로 그 내용이 광범위하며, 파이썬 2.X 버전과 3.X 버전의 차이에 대해서도 잘 설명하고 있다. 특히, 대부분의 예제 코드를 2.X와 3.X 버전에 대해 나누어 설명하여 독자가 차이점을 쉽게 이해할 수 있도록 배려하고 있다. 이 부분은 이 책이 가진 가장 큰 장점 중의 하나다.

독자의 스타일에 따라 이 책을 처음부터 끝까지 읽을 수도 있고, 관심을 가진 부분만을 선택하여 읽을 수도 있으며, 일종의 레퍼런스로 필요할 때만 활용할 수도 있다. 당연한 말이지만 책을 읽는 정해진 방법은 없으며, 어떤 방식이든 독자가 이 책을 최대한으로 활용할 수만 있다면 그 방법이 독자에게 맞는 방법일 것이다.

30년에 가까운 긴 시간 동안 파이썬의 변화를 추적해 가며 점점 더 충실한 책을 만들어 온 저자인 마크 러츠에게 경의를 표하며, 독자들이 이 훌륭한 책을 긴 시간 동안 옆에 두고 활용할 수 있다면 옮긴이로서 더 이상의 기쁨은 없을 것 같다.

Happy Python Programming!

옮긴이 **강성용, 조인중**

여러분이 서점에서 이 책의 요약 부분을 찾고 있었다면 다음을 읽어 보기 바란다.

- 파이썬은 프로그래머의 생산성과 코드 가독성, 그리고 소프트웨어 품질을 높이는 데 있어 최적화된, 매우 강력한 프로그래밍 언어다.

- 이 책은 파이썬 언어에 관하여 통합적이면서도 깊이 있게 소개함으로써 실제 업무에 적용하기 전에 파이썬의 기본을 마스터할 수 있도록 도와준다. 이전 판과 마찬가지로 이번 판도 모든 파이썬 초보자(파이썬 2.X를 사용하든 3.X를 사용하든, 또는 둘 다를 사용하든)들을 위한 모든 학습 자료를 제공하고 있다.

- 이번 판에서는 파이썬 3.6과 2.7 버전의 내용을 다루고 있으며, 파이썬 세상에서 현재 많이 다뤄지고 있는 최신 주제를 대폭 반영하였다.

서문에서는 이 책의 목적과 범위 그리고 목차를 좀 더 상세하게 다룰 예정이다. 물론, 서문을 읽을지 말지는 여러분의 자유지만, 이 방대한 책을 시작하기 전 개요를 파악하는 데 좋을 것이다.

이 책의 '생태계'

파이썬은 다양한 영역에서 단독 프로그램과 스크립트 애플리케이션에 동시에 활용이 가능한, 인기 있는 오픈 소스 프로그래밍 언어다. 파이썬 언어는 무료인 데다 이식성이 뛰어나고, 사용하기 편한데, 심지어 재미있기까지 하다. 소프트웨어 산업에 종사하는 대부분의 프로그래머가 크고 작은 프로젝트를 진행하는 데 있어 개발자의 생산성과 소프트웨어의 품질 측면에서 파이썬이 얼마나 큰 전략적 이점을 가졌는지를 경험하고 있다.

여러분이 프로그래밍을 처음 접하는 사람이든, 전문 개발자든지에 상관없이 이 책은 여러분을 파이썬 언어에 정통하게 해준다. 이 책을 다 읽고 나면 여러분은 모든 애플리케이션 영역에서 파이썬을 사용하여 개발하기에 충분한 지식을 갖게 될 것이다.

또한, 이 책은 특정 영역의 용례보다는 파이썬 언어 자체를 설명하는 지침서로 활용될 수 있도록 기획하였다. 따라서 다음 두 권 중 첫 번째 내용을 제공하는 것을 목표로 한다.

- 《러닝 파이썬(Learning Python)》: 이 책은 파이썬 자체, 즉 여러 영역으로 확장할 수 있는 언어의 기본에 집중하여 설명한다.
- 《프로그래밍 파이썬(Programming Python)》: 파이썬에 대해 배우고 난 뒤에 파이썬으로 무엇을 할 수 있는지를 보여 준다.

이처럼 책을 두 권으로 나눈 이유는 언어 응용편의 목적은 독자에 따라 달라질 수 있지만, 언어의 기본을 다루는 책의 범위는 독자의 영향을 받지 않기 때문이다. 《프로그래밍 파이썬》과 같은 응용편은 이 책(《러닝 파이썬》)의 끝에서 알아볼 파이썬의 일반적인 응용 영역(웹, GUI, 시스템, 데이터베이스, 텍스트 등)에서 파이썬의 다양한 역할에 대한 실제 예시를 제공한다. 이와 더불어 《파이썬 포켓 레퍼런스(Python Pocket Reference)》는 이 책에 포함되지 않은 참고 자료를 제공함으로써 이 책의 내용을 보완한다.

이 책이 언어의 기초에 집중하고 있긴 하지만, 많은 프로그래머들이 언어를 처음 접할 때 배우는 것보다 더 깊은 내용을 다루고 있다. 이 책은 언어의 기초부터 다루되, 다루는 내용에 관한 예시를 모두 포함하고 있어 한 번에 한 단계씩 언어의 모든 것을 학습하도록 구성되어 있다.

이 책을 읽는 과정에서 배우게 될 언어 자체에 대한 핵심 기술은 앞으로 여러분이 만나게 될 모든 파이썬 소프트웨어 시스템(현재 가장 인기 있는 Django(장고), NumPy(넘파이), App Engine(앱엔진) 등)에 적용될 것이다.

이 책은 실습과 퀴즈가 포함된 3일짜리 파이썬 교육 프로그램을 기반으로 독자 여러분이 자기 진도에 맞추어 언어를 학습해 나갈 수 있도록 구성되었다. 비록 이 책이 교육 프로그램처럼 상호 교류가 가능한 형태로 구성되지는 않았으나, 교육 프로그램에서는 다룰 수 없는, 책에서만 제공 가능한 깊이와 유연성 있는 내용으로 이러한 아쉬움을 해소할 수 있으리라 생각한다. 이 책을 활용하는 방법에는 여러 가지가 있겠지만, 처음부터 그 내용을 따라 학습하는 독자라면 한 학기 분량의 파이썬 수업을 듣는 것과 거의 같은 효과를 경험할 수 있을 것이다.

다섯 번째 개정판에 대하여

2009년에 출판된 네 번째 개정판은 파이썬 2.6과 3.0[1] 버전까지를 다루고 있어서 일반적으로 3.X 버전에 새로 도입된 변경 내역들(그중에는 이전 버전과는 호환되지 않는 내용도 포함되어 있다)에 관하여 이번 개정판에서 설명하고 있다. 이번 개정판에서는 새로운 객체 지향 프로그래밍(OOP) 튜토리얼과 함께 유니코드 텍스트(Unicode Text), 데코레이터(decorator), 메타클래스(metaclasses)와 같은 좀 더 난이도 있는 주제에 관하여 다루는 장을 추가했다. 이 내용들은 내가 가르치는 교육 프로그램과 최신 파이썬 변경 사항들을 참고했다.

이 책은 이전 개정판에서 다루지 못한 최신 파이썬 3.6과 2.7 버전의 내용을 포함하여 개정하였다. 이전 개정판이 나온 이래 각 파이썬 버전에서 변경된 내용에 관하여 모두 포함하고 있으며, 표현을 좀 더 다듬었다.

- 파이썬 2.X에서는 이전에는 3.X에서만 지원되다가 2.7에서도 지원되기 시작한 딕셔너리(dictionary)나 집합 컴프리헨션(set comprehension)을 함께 다룬다.

- 파이썬 3.X에서는 yield와 raise 구문, __pycache__ 바이트 코드 모델, 3.3 네임스페이스 패키지, PyDoc의 도움말을 웹 페이지에서 확인할 수 있는 새로운 브라우저 모드, 유니코드 리터럴(Unicode literal)과 스토리지 변경, 파이썬 3.3에 탑재된 새로운 윈도우 런처(Launcher)에 관한 설명을 추가하였다.

- 2.X 버전에서 호환성 측면에서 일반적으로 나아진 점과 함께 JSON, timeit, PyPy, os.popen, 제너레이터(generators), 재귀탐색(recursion), 약한 참조(weak references), __mro__, __iter__, super, __slots__, 메타클래스(metaclasses), 디스크립터(descriptor), random, 스핑크스(Sphinx) 외 많은 기능에 관하여 다양한 예시와 함께 설명하였다.

또한 이 책은 41개 장을 통해서 파이썬의 진화에 관한 새로운 결론을 더했으며, 최근 파이썬의 변경 내역과 새로운 윈도우 런처에 대해 다루는 두 개의 새로운 부록과 이전 코드 타이밍 예시의 확장 버전에 관하여 다루는 장이 추가되었다. 부록 C에는 이전 개정판과 이번 개정판

---

1 2007년에 출판된 세 번째 개정판은 파이썬 2.5와 더 간단하고 짧고 단순한 파이썬 세상을 다루고 있다. 이 책의 개정 내역들은 http://learning-python.com/books에서 확인할 수 있다. 이 책은 파이썬의 성장이 그러했듯이 여러 해를 거쳐 그 규모와 복잡도가 커졌다. 부록 C를 보면 파이썬 3.0에만 추가된 기능이 27개, 변경 내역이 57개가 있으며, 파이썬 3.3에서도 동일하게 추가되고 변경되는 사항들이 꾸준히 발생하고 있다. 현재 파이썬 프로그래머들은 서로 양립할 수 없는 두 개의 버전과 세 개의 주요 패러다임, 고급 도구의 과잉, 그리고 2.X와 3.X 버전이 깔끔하게 분리되지 않아서 발생하는 기능적 중복성에 직면하고 있다. 이러한 것은 들리는 것만큼 그리 벅찬 것은 아니며, (많은 도구가 하나의 주제에 변형을 준 것이라) 파이썬 텍스트 내에서 이루어지는 공정한 게임이라고 이해하면 된다.

사이에 발생한 파이썬의 변경 내역에 관하여 간결하게 요약해 두었다. 또한 이 부록은 이전 개정판에서도 설명했던 2.X와 3.X 사이의 초기 차이점에 대하여 요약하고 있지만, 그중 새로운 스타일의 클래스와 같은 몇몇 기능은 여러 버전으로 확장되어 결국 3.X에서 필수 기능이 되었다(버전에서 X가 나타내는 의미에 관해서는 곧 이야기하겠다).

앞선 항목 마지막 내용에 따르면, 이 책은 우리 중 많은 이들이 지난 십수 년간 선택적 사항이라고 여겼으나 이젠 파이썬 코드에 보편적으로 사용되는, 이른바 진보된 언어의 기능들에 대하여 다룸으로써 그 내용이 더욱 풍부해졌다. 앞으로 보게 되겠지만 이러한 도구들이 파이썬을 보다 강력하게 하는 반면, 새로운 입문자들의 진입 장벽을 높이기도 하고 파이썬의 범위와 그 정의를 바꾸기도 한다. 우리는 이 중 어느 것이든 마주하게 될 가능성이 있다. 따라서 마치 이러한 도구나 기능들이 없는 듯 묻어둔 채 돌아서기보다는 정면으로 맞서서 다루고자 한다.

이러한 개정에도 불구하고 이 책은 이전 버전의 구조와 내용의 대부분을 유지함으로써 여전히 파이썬 2.X와 3.X 버전 모두의 통합 교재로 활용될 수 있도록 구성하였다. 우선적으로 파이썬 3.6과 2.7(3.X와 2.X의 최신 릴리즈) 사용자들에게 초점을 맞추어 집필하였으나, 이전 버전들의 내용을 통해 현재도 일반적으로 볼 수 있는 이전 버전의 파이썬의 내용에 대하여 알 수 있다.

이 책은 거의 30년 가까이 유효했고 (미래를 예측하긴 어렵지만) 앞으로 릴리즈될 파이썬에서도 적용이 가능한 파이썬 언어의 기본 기능에 집중하고 있다. 늘 그렇듯이, 이 책에 영향을 줄 만한 파이썬의 개정 내역에 대해서는 앞서 기술한 이 책의 웹 사이트에 포스팅할 예정이다. 파이썬 매뉴얼의 'What's New'에서도 이 책이 출판된 이후에 나온 파이썬의 개정 내역을 확인할 수 있다.

파이썬 2.X와 3.X

이 책의 내용에 많은 영향을 끼치고 있는 파이썬 2.X와 3.X와 관련된 내용을 서두에 일부 언급하고자 한다. 네 번째 개정판이 집필되던 2009년 당시, 파이썬은 막 두 갈래로 나뉘어 발전하기 시작했다.

- 3.0 버전은 당시 막 부상하기 시작한 버전으로서 기존 파이썬과는 호환되지 않는 언어의 변형을 이루었고, 일반적으로 3.X로 알려진 버전의 최초 버전이다.

- 2.6 버전은 기존 파이썬 코드와의 호환성을 유지하면서 발전해 왔으며, 2.X의 최신 버전이었다.

크게 보면 3.X는 같은 언어이지만, 다음의 이유로 이전 릴리즈에서 쓰인 코드가 이 버전에서는 동작하지 않는다.

- 문자열, 파일, 그리고 라이브러리를 포괄할 수 있는 유니코드 모델을 반드시 사용하도록 했다.
- 기능성을 극대화하기 위한 패러다임의 한 측면으로, 반복자(iterator)와 제너레이터(generator)를 보편화시켰다.
- 타입을 통합한 새로운 스타일의 클래스를 강제하여 보다 강력하고 복잡해졌다.
- 많은 기본적인 도구와 라이브러리를 변경했고, 다른 것들은 대체되거나 완전히 제거되었다.

print를 문에서 함수로 변형한 것은 이전까지 작성된 거의 모든 파이썬 프로그램을 뜯어고쳐야 할 정도의 영향을 미친다. 전략적 잠재력은 차치하고라도 3.X에서 필수적인 유니코드, 클래스 모델, 그리고 보편적인 제너레이터는 지금까지와는 다른 프로그래밍 경험을 제공한다.

많은 사람이 파이썬 3.X를 파이썬의 개량 버전 혹은 미래로 여겼지만, 파이썬 2.X는 여전히 널리 사용될뿐더러 수년간 파이썬 3.X와 함께 지지를 받아왔다. 현재 사용되고 있는 파이썬 코드의 대부분은 2.X로 작성되어 있으며, 3.X로의 전환은 서서히 이루어지고 있는 것으로 보인다.

오늘날의 2.X와 3.X 이야기

이번 다섯 번째 개정판 작업을 하는 2018년 현재 기준으로, 파이썬 3.6 버전과 2.7 버전이 출시되었지만, 2.X와 3.X의 내용은 여전히 크게 변한 것이 없다. 실은 현재 파이썬은 두 버전이 공존하고 있으며, 많은 사용자가 자신의 소프트웨어의 목적과 의존성에 맞추어 2.X와 3.X를 동시에 활용하고 있다. 또한, 대다수의 입문자에게는 2.X와 3.X 중 무엇을 선택할 것인가는 기존의 소프트웨어와 언어의 최첨단 중 무엇을 선택할 것인가의 문제로 남는다. 많은 주류 파이썬 패키지가 3.X로 전환되고 있다 하더라도 여전히 2.X로 남아 있는 패키지들이 지금도 많이 존재한다.

혹자는 파이썬 3.X를 새로운 아이디어를 탐색하기에 좋은 샌드박스(sandbox)로 여기는 반면, 2.X는 신뢰할 만한 파이썬으로 바라보고 있어서 비록 3.X의 기능을 모두 가지고 있지는 않지만 여전히 널리 사용되고 있다. 또 다른 이들은 현재 핵심 개발자들의 계획에 힘을 얻어 파이썬 3.X가 파이썬의 미래로 여기고 있다. 비록 당분간은 파이썬 2.7이 사용자들의 지지를 받으며 유지되겠지만, 이는 2.X의 마지막 버전이 될 예정인 반면에 3.6은 앞으로 꾸준히 진화할 3.X 버전의 최신 버전이다. 그리고 놀라운 성능 향상을 제공하는 파이썬 2.X로만 구현된 PyPy와 같은 구현체는 2.X의 미래를 대표한다고 볼 수 있다.

이 모든 의견은 차치하고라도, 3.X는 릴리즈 후 거의 10년이 지나도록 2.X를 앞지르기는커녕 사용자 기반을 따라잡지도 못했다. 이는 python.org에서 윈도우용 파이썬에 대한 다운로드 횟수를 살펴보면 (새로운 사용자와 가장 최신 버전을 다운받는 사람들이 포함되어 있음에도) 여전히 2.X 버전이 3.X 버전보다 많다. 물론 이러한 통계는 언제든지 달라질 수 있지만, 그럼에도 불구하고 이 결과가 3.X 버전이 릴리즈된 지 10년 후의 결과라는 면에서 3.X의 활용도에 대해 시사하는 바가 있다. 기존의 2.X 소프트웨어 기반은 여전히 3.X의 언어 확장 버전으로 넘어오지 않고 있다. 더군다나 3.X 버전의 꾸준한 변화에도 아랑곳하지 않고 2.7 버전이 2.X 버전의 마지막 릴리즈로서 사실상의 표준으로 여겨지고 있다. 이는 안정적인 버전을 선호하는 이들에게는 바람직한 현상이겠지만, 성장과 꾸준한 변화를 원하는 이들에게는 부정적으로 느껴질 것이다.

나는 개인적으로 오늘날 파이썬 세상은 3.X와 2.X 버전 모두를 포괄할 만큼 충분히 크다고 생각한다. 두 버전은 각각 다른 목표를 만족시키고 다른 진영의 사람들에게 매력적일 것이다. 또한, 이러한 선례는 이전의 다른 언어군에서도 볼 수 있는데, 예를 들어 C와 C++는 파이썬 2.X와 3.X보다 더 많은 차이점이 있음에도 오랜 기간 공존해 왔다. 더구나 이들은 서로 매우 유사하므로 둘 중 한 버전에서 배운 기술은 거의 대부분 다른 버전으로의 전이가 가능하다. 특히, 여러분이 이 책과 같이 두 버전을 모두 다루는 교재의 도움을 받는다면 더욱 쉽게 버전 간의 기술 전이가 가능할 것이다. 여러분이 이들이 얼마나 다른지를 이해한다면 가끔은 두 버전에서 모두 동작 가능한 코드를 작성할 수도 있다.

이렇게 버전이 나뉘어 동시에 발전하는 것은 프로그래머와 나(지은이) 모두를 상당한 딜레마에 빠지도록 만든다. 책에서는 파이썬 2.X가 마치 존재하지 않는 양 3.X 버전만을 기술하는 것이 더 쉽겠지만, 이럴 경우 오늘날 존재하는 대규모 파이썬 사용자 기반의 필요를 해결해 줄 수 없게 된다. 기존의 엄청난 양의 코드들이 이미 파이썬 2.X에서 작성되었으며, 이들은 가까운 시일 내에 사라지거나 하지 않을 것이다. 또한, 몇몇 입문자는 파이썬 3.X에 집중하여 배울 수도 있겠으나, 과거에 작성된 코드를 사용해야 하는 사람들이라면 어쩔 수 없이 파이썬 2.X 세상에 한쪽 발을 걸쳐둘 수밖에 없다. 비록 제삼자에 의해 작성된 라이브러리와 확장들(extensions)의 많은 부분이 파이썬 3.X 버전으로 이식된 지 여러 해라 하더라도, 3.X와 2.X로 나뉘어 발전하는 이 현상이 일시적이지는 않을 것이다.

3.X와 2.X 버전 모두 적용

이 책은 이렇게 이원화되어 발전하고 있는 상황을 타개하고 모든 잠재적 독자들의 필요를 만족시키기 위하여 파이썬 3.6과 2.7을 모두 다루고 있으며, 이로써 2.X를 사용하는 프로그래머와 3.X를 사용하는 프로그래머, 그리고 그 둘 사이에 끼여 있는 프로그래머들 모두를 아우르고자 노력하였다.

즉, 이 책을 통해 파이썬의 어떤 버전이라도 배울 수 있다. 비록 3.X를 강조하더라도 예전 코드를 활용하는 프로그래머를 위하여 2.X의 차이점과 도구에 대해서도 함께 설명한다. 크게 보면 두 버전이 유사하지만 몇몇 중요한 부분에서 차이점을 보이는데, 이에 관한 것은 내용 중 등장할 때마다 설명하도록 하겠다.

예를 들어, 대부분의 예제에서 3.X의 print 함수를 호출하여 사용하더라도 2.X의 print문에 관하여 설명함으로써 독자들로 하여금 이전에 작성된 코드에 대해서도 이해할 수 있도록 하였고, 또 가끔은 두 버전 모두에서 실행 가능한 이식성 있게 작성된 출력 기술을 사용하기도 한다. 아울러 3.X의 nonlocal문이나 2.6과 3.0의 문자열 format 메소드와 같은 새로운 기능들에 관해서도 자유롭게 소개할 것이며, 이전 파이썬에서 더는 사용되지 않을 때는 이에 대해서도 함께 언급하였다.

이 책에서는 2.X와 3.X 버전의 다른 릴리즈에 관하여도 함께 다루고 있지만, 2.X의 이전 버전에서 작성된 몇몇 코드에서는 여기에서 다룬 모든 예제가 실행되지 않을 수 있다. 비록 클래스데코레이터(class decorator)가 파이썬 2.6과 3.0 모두에서 사용 가능하지만, 예를 들어 이를 지원하지 않는 파이썬 2.X의 이전 버전에서는 사용할 수 없다는 것이다. 관련하여 최근 2.X와 3.X의 변경 내역에 관한 요약은 부록 C의 변경 내역 표에서 확인할 수 있다.

어떤 버전의 파이썬을 이용해야 하는가?

파이썬 버전 선택은 여러분이 속한 조직에 의해 이미 정해져 있겠지만, 파이썬을 처음 접하고 스스로 학습하는 이들이라면 어느 버전을 설치해야 할지 고민이 될 것이다. 이에 대한 답은 파이썬을 통해 얻고자 하는 목표에 따라 다르다. 다음에 몇 가지 버전 선택과 관련된 제안을 해보겠다.

3.X를 선택: 새로운 기능 그리고 진화

만약 파이썬을 처음 배우면서 기존 2.X로 작성된 코드를 활용할 필요가 없다면, 파이썬 3.X로 시작하라고 권하고 싶다. 3.X는 언어에 다년간 존재하던 불필요하고 불쾌한 것들을 깨끗이 제거하면서도 원래 언어가 가지고 있던 핵심 개념을 유지하면서 몇몇의 멋지고 새로운 도구를 도입하였다. 예를 들어 3.X의 유니코드 모델과 제너레이터, 함수 사용 기술은 많은 사용자가 매력적인 기능으로 여긴다. 인기 있는 많은 파이썬 라이브러리와 도구는 이미 3.X에서도 사용 가능하거나, 3.X 버전의 지속적인 발전을 생각해 보면 이 글을 읽을 때쯤에는 가능해졌을 것이다. 새로운 기능을 추가하고 파이썬의 기조를 유지하는 한편, 기술의 최첨단에 서 있는 언어로 끊임없이 달라지는 목표에 맞춰 언어의 정의를 맞추어나가는 등의 모든 새로운 언어적 진화는 3.X에서만 이루어지고 있다.

2.X를 선택: 기존 코드, 안정성

만약 파이썬 2.X를 기반으로 한 시스템을 활용하고 있다면, 3.X 버전은 현재로서는 아마도 선택 사항일 것이다. 그러나 이 책을 통해 관심 있는 영역에 관해서도 배워나갈 수 있으며, 이후에 3.X로 이관하게 될 때에도 도움이 될 것이다. 또한, 2.X 버전만으로도 꽤 커다란 범주에 속해 있음을 알게 될 것이다. 2012년에 내가 가르쳤던 모든 그룹은 2.X만을 사용하였는데, 여전히 2.X로만 구현된 유용한 파이썬 소프트웨어들을 꾸준히 만나볼 수 있었다. 더군다나 3.X와는 달리 2.X는 (묻는 당사자에 따라 자산으로든 부채로든) 추가 변경 사항이 없다. 2.X 코드를 사용하고 작성하는 것은 문제가 되지 않으나, 다만 3.X의 진화에 대해 관심을 가지고 주시하고 싶을 수도 있다. 파이썬의 미래는 아직 쓰이지 않았으며, 여러분을 포함한 파이썬 사용자들에 의해 결정될 것이다.

두 버전 모두를 선택: 버전 중립적인 코드

아마도 여기에서 가장 좋은 소식은 파이썬의 기본은 두 버전 모두에서 똑같다는 것이다. 그러나 곧 많은 사용자가 2.X와 3.X의 차이점이 사소한 곳에 있음을 알게 될 것이다. 이 책은 두 버전을 모두 배울 수 있도록 구성되어 있다. 이 책에서도 종종 그렇듯 사실 둘 사이의 차이점에 대해 이해하고 있는 한, 가끔은 두 버전 모두에서 동작되는 버전 중립적인 코드를 간단하게 작성할 수 있다. 부록 C에는 2.X와 3.X 간 이동에 관한 조언과 두 파이썬 버전에서 코드를 작성하기 위한 유용한 팁을 제공하고 있다.

처음에 어떤 버전을 선택하든 여러분이 원하는 작업을 하기 위한 스킬을 갖기에는 부족함이 없을 것이다.

X에 관하여: 이 책의 전반에 걸쳐 두 버전에서 출시된 모든 릴리즈를 통칭하는 표현으로 '3.X'와 '2.X'를 사용한다. 예를 들어 3.X는 3.0부터 3.6까지는 물론 장차 출시될 3.X 릴리즈들을 의미하고, 2.X는 2.0부터 2.7(아마 이후 릴리즈는 없을 것으로 예상된다)까지의 모든 릴리즈를 의미한다. 특정 릴리즈를 지칭하는 경우는 그 주제가 해당 릴리즈에만 적용됨을 의미한다. 예로, 2.7의 집합 리터럴과 3.3의 런처, 네임스페이스 패키지를 들 수 있다. 이러한 표기법은 지나치게 광범위할 수도 있지만(2.X로 표기되는 몇몇 기능은 현재는 거의 사용하지 않는 초기 2.X에는 존재하지 않았을 수도 있다), 이 표기는 이미 십수 년간 확장되어 온 2.X 버전을 포괄할 수 있다. 3.X 표기법은 2.X에 비해 짧은 기간에 출시된 릴리즈들을 포함하고 있어서 상대적으로 정확하고 파악하기가 쉽다.

이 책을 읽기 위해 필요한 것들

이 책을 읽기 위해 필요한 조건을 명확히 말하기란 불가능한데, 이는 책의 용도나 가치가 읽는 목적과 독자의 배경 지식에 따라 달라지기 때문이다. 과거에는 입문자든, 프로그래밍 경험이 많은 베테랑이든 이 책을 성공적으로 잘 활용해 왔다. 만약 여러분이 파이썬을 배우는 게 목적이라면 파이썬이 요구하는 시간을 기꺼이 투자할 것이며, 이 글이 아마 도움이 될 것이다.

파이썬을 배우려면 시간이 얼마나 걸릴까? 물론 학습하는 사람에 따라 다르겠지만, 이 책은 처음부터 차분히 읽고 따라할 때 그 효과가 가장 크다. 일부 독자는 이 책을 그때그때 필요에 따라 참고하는 데 활용할 수도 있겠지만, 파이썬을 통달하려는 사람이라면 예제를 얼마나 자세히 따라 하느냐에 따라 최소한 몇 주 또는 몇 개월을 이 책과 함께 보내야 할 것이다. 이전에도 언급했듯이, 이 책은 파이썬 언어를 가르치는 한 학기 분량에 필적하는 내용을 담고 있다.

앞서 얘기한 내용은 파이썬 자체를 배우고, 이를 활용하기 위한 소프트웨어 기술을 익히는 데 필요한 시간이다. 물론 이 책이 기본적인 스크립트 작성을 하기에는 충분하지만, 대체로 소프트웨어 개발 경력을 쌓기를 원하는 독자라면 이 책 이후에 대규모의 프로젝트 경험과 함께 《프로그래밍 파이썬》[2]과 같은 후속편을 학습하는 데 시간을 추가로 더 투자할 것이다.

---

2 이 책 내용에서 책임지지 않는 것: 나는 이 책과 함께 앞서 언급한 다른 책을 함께 저술하였으며, 두 권이 한 벌로 이루어지도록 구성하였다. 《러닝 파이썬》이 언어의 표준을 위한 책이라면, 《프로그래밍 파이썬》은 언어의 응용을 위한 책이다. 더불어 《파이썬 포켓 레퍼런스》는 이 두 권의 책과 함께 참고할 수 있도록 구성되어 있다. 이 세 권 모두 1995년에 작성된 초판인 《프로그래밍 파이썬》으로부터 출발했다. 부디 많은 파이썬 관련 서적을 탐색해 보기 바란다(방금 나는 아마존에서 200권까지 세다가 멈췄는데, 그 이유는 목록이 끝도 없을 뿐 아니라 장고와 같은 파이썬 관련 주제들은 포함되지도 않았기 때문이다). 내 출판 담당자는 최근에 파이썬에 초점을 맞춘 도서 시리즈를 출간하고 있는데, 기기 공학, 데이터 마이닝, 앱 엔진, 수치 분석, 자연어 처리, MongoDB(몽고디비), AWS 등 특정 영역별로 파이썬 언어의 활용법에 관하여 배우고 싶다면 이 책에서 파이썬의 기본을 익힌 후에 한 번쯤 살펴보는 것도 좋다. 오늘날의 파이썬은 이미 책 한 권으로 익히기에는 그 범위가 굉장히 넓어졌다.

바로 숙련된 프로그래밍 실력을 얻을 것이라 기대하는 이들에게는 별로 반가운 소식은 아니 겠지만, 프로그래밍이란 (이미 들어 알겠지만) 그리 간단한 기술이 아니다. 일반적으로 오늘날의 파이썬과 소프트웨어는 도전적이기도 하지만, 그 노력에 상응하는 보상 또한 따른다. 그래서 이 책의 활용법에 관해 몇 가지 조언을 하겠다.

숙련된 프로그래머들에게

아마 처음 몇 장은 빠른 속도로 넘어갈 수 있을 것이다. 그러나 핵심 개념을 놓치지 말아야 하며, 그중 몇몇은 기억하기 위해 열심히 노력해야 할 것이다. 개괄적으로 이야기하자면, 이 책 이전에 작성된 어떤 프로그래밍이나 스크립팅에 대한 경험은 그 유사성 때문에 이 책을 학습하는 데 도움이 될 것이다. 반면, 이전의 프로그래밍 경험이 오히려 불리하게 작성하기도 한다(처음 작성한 파이썬 코드만으로도 자바(Java)와 C++ 프로그래머들을 찾아낼 수 있다!). 파이썬을 사용하는 것은 파이썬의 사고방식을 채택하는 것과 같다. 이 책은 주요 핵심 개념에 집중하여 파이썬적인 방법으로 파이썬 코드를 작성하는 것을 배울 수 있도록 구성되어 있다.

입문자들에게

여러분 또한 여기서 프로그래밍과 함께 파이썬을 배울 수 있다. 하지만 좀 더 노력이 필요할 것이고, 경우에 따라 이 책을 보완할 만한 좀 더 얇고 친절한 입문서가 필요할지도 모른다. 여러분이 아직 스스로 프로그래머라고 생각하지 않는다면 아마도 이 책이 유용하다는 것을 알게 되겠지만, 그래도 이 책의 예제와 실습을 따라 차근차근 학습할 수 있는지를 확인하고 싶을 것이다. 이 책이 프로그래밍의 기본보다는 파이썬 자체를 가르치는 데 주요 목적이 있음을 기억할 필요가 있다. 만약 이 책에서 길을 잃는다면, 이 책에 불만을 갖기 전에 일반적인 프로그래밍 입문서를 먼저 찾아보기를 권한다. 파이썬 웹 사이트는 입문자들에게 유용한 많은 자원에 관련된 링크를 제공하고 있다.

공식적으로 이 책은 모든 유형의 입문자를 위해 처음 보는 파이썬 입문서로 기획되었다. 이전에는 컴퓨터라곤 만져본 적도 없는 이들에게 이상적인 교재는 아니겠지만(여기에서 컴퓨터가 무엇인지에 관한 설명은 전혀 다루지 않는다), 이 책을 저술하면서 독자들의 프로그래밍 배경 지식이나 교육 정도에 대한 어떠한 가정도 하지 않았다.

그렇다 하여 독자들을 아무것도 모르는 바보로 가정하여 모욕하지도 않을 것이다. 파이썬으로 많은 것들을 할 수 있으며, 어떻게 그것이 가능한가를 이 책을 통해 보여 줄 것이다. 이 책은 종종 C, C++, 자바 외 다른 언어와 파이썬을 비교하기도 하지만, 만약 여러분이 과거에 그런 언어들을 사용한 적이 없다면, 이러한 비교는 무시해도 좋다.

이 책의 구성

독자들의 이해를 돕기 위해 이 절에서는 이 책의 주요 부분의 목표와 내용에 관하여 간단하게 설명하고자 한다. 이 책을 바로 시작하고 싶다면 이 부분은 건너뛰거나 또는 목차만 간단히 살펴봐도 된다. 하지만 몇몇 독자에게는 이렇게 방대한 분량의 책을 시작하기에 앞서 간단한 안내를 먼저 살펴보는 것이 도움이 될 것이다.

각각의 파트는 언어의 주요 기능 영역을 다루고 있으며, 각 파트는 특정 주제나 해당 파트 영역의 기능에 관하여 다루는 장들로 구성되어 있다. 또한 각 장은 퀴즈와 정답으로, 각 파트는 좀 더 규모가 큰 실습 문제로 마무리하도록 구성되어 있다. 실습 문제에 대한 해답은 부록 D에서 확인할 수 있다.

 연습이 중요하다: 나는 독자들이 할 수 있는 한 이 책의 모든 예제를 실습해 보고 이 책에서 제공하는 퀴즈와 실습 문제를 풀고 넘어가기를 강력히 추천한다. 프로그래밍을 배울 때 읽은 것을 연습해 보는 것만큼 좋은 것은 없다. 이 책이든 여러분만의 프로젝트를 통해서든, 만약 이 책에서 설명한 개념을 이해하고자 한다면 실제 코딩을 해보는 것이 가장 중요하다.

이 책은 전반적으로 파이썬이 그러하듯이, **상향식**으로 구성되어 있다. 진도를 나갈수록 주제와 예제가 더 어려워질 것이다. 예를 들어, 파이썬 클래스는 크게는 내장된 타입으로 처리하는 함수들의 패키지일 뿐이다. 일단, 내장된 타입과 함수에 관해 익히고 나면 클래스는 상대적으로 이해하기 어렵지 않다. 각각의 파트는 이전 파트의 내용을 기반으로 설명하므로 목차 순서대로 읽어 내려가는 것이 가장 이해가 빠를 것이다. 책의 주요 파트에 대한 개요는 다음과 같다.

파트 1

파이썬에 관한 일반적인 개요로 시작한다. 사람들이 이 언어를 사용하는 이유나 어디에서 유용한지 등 보통 처음 갖게 되는 질문에 대한 답을 제시하게 될 것이다. 첫 장에서는 몇몇 배경 맥락과 함께 이 기술의 근간이 되는 주요 개념에 관하여 소개하며, 나머지 장에서는 파이썬과 프로그래머 모두가 프로그램을 실행하는 방법들에 관하여 설명한다. 이 파트의 목표는 이후에 접하게 될 예제와 실습을 따라 하기에 충분한 정보를 제공하는 것이다.

파트 2

이 파트에서는 파이썬의 주요 내장 객체 타입(숫자, 리스트, 딕셔너리 등)과 이를 활용하여 무엇을 할 수 있는지를 깊이 있게 학습한다. 여러분은 이 도구들만으로도 많은 일을 할 수 있으며, 이 도구들은 모든 파이썬 스크립트의 핵심을 이룬다. 이 파트는 이후에 다뤄질 내용에 관한 기초를 담고 있기 때문에 이 책에 있어 가장 중요한 부분이다. 또한, 동적 타이핑과 그에 대한 참조 자료(파이썬을 잘 사용하기 위한 핵심)에 관하여 알아볼 것이다.

파트 3

이 파트는 파이썬에서 객체를 생성하고 처리할 때 작성하는 코드인 파이썬 문(statements)에 관하여 소개한다. 또한, 파이썬의 일반적인 문법에 관해서도 설명한다. 비록 이 파트에서는 문법에 집중하지만, 이와 관련된 도구들(예를 들면, PyDoc 시스템)을 소개하며, 반복(iteration)의 개념에 관해서도 처음으로 다루게 될 것이고, 다양한 코딩 방법에 관해서도 알아볼 것이다.

파트 4

이 파트는 파이썬에서 고수준의 프로그램 구조를 작성하기 위한 도구들에 관하여 살펴보는 것으로 시작한다. 함수(functions)는 코드 중복성을 피하고 코드 재사용을 위하여 패키징하는 간단한 방법임을 알게 될 것이다. 그리고 파이썬의 범위(scope) 규칙과 인수 전달 방식, 때로는 악명이 높은 람다(lambda) 함수를 포함한 많은 내용을 알아본다. 또한, 함수형 프로그래밍 관점에서 반복자(iterator)를 다시 살펴보게 되며, 사용자 정의 제너레이터(generator)를 소개하고, 성능 측정을 위하여 파이썬 코드의 실행 시간을 측정하는 방법을 배우게 될 것이다.

파트 5

이 파트에서는 문과 함수를 좀 더 큰 컴포넌트(component)로 구조화할 수 있도록 하는 파이썬의 모듈(modules)을 생성하는 방법과 이것을 로딩하고 사용하는 방법을 보여 준다. 아울러 모듈 패키지, 모듈 리로딩, 패키지 관련 호출, 3.3에서 새롭게 등장한 네임스페이스 패키지, __name__ 변수 등과 같은 좀 더 수준 높은 주제를 살펴본다.

파트 6

여기서는 파이썬의 객체 지향 프로그래밍 도구인 클래스에 관하여 알아볼 것이다. 클래스는 반드시 사용해야 하는 것은 아니지만, 코드의 수정과 재사용을 위해 코드를 구조화하는 가장 강력한 방법으로 코드의 중복성을 자연스럽게 최소화할 수 있는 유용한 도구다.

앞으로 보게 되겠지만 클래스는 대부분 여기에서 다루는 개념을 주로 재사용하고, 파이썬에서 객체 지향 프로그래밍은 주로 함수에서 특별한 첫 번째 인수와 연결된 객체에서 이름을 찾는 것과 관련이 있다. 또한 파이썬에서 객체 지향 프로그래밍은 선택 사항이지만, 파이썬의 객체 지향 프로그래밍은 다른 언어들보다 단순하여 획기적으로 개발 시간을 단축할 수 있음을 알게 될 것이다.

파트 7

이 책의 언어 기본에 관하여 다루는 내용은 이 파트를 끝으로 마무리된다. 이 파트에서 파이썬의 예외 처리 모델과 문(statement)에 대하여 살펴본다. 이에 덧붙여, 더 큰 규모의 프로그램을 작성하기 시작하면 더 유용해질 개발 도구(디버깅, 테스팅 도구 등)에 관하여 간단히 살펴본다. 예외는 그 내용의 비중으로는 상당히 가벼워 앞부분에서 다루는 것이 맞겠으나, 사용자-정의 예외가 모두 클래스여야 하기 때문에 클래스에 관한 논의 후인 이 파트에서 다루도록 한다. 더불어 콘텍스트 관리자(context manager)와 같은 좀 더 심도 있는 주제도 다룬다.

파트 8

마지막 파트에서 우리는 몇몇 고급 주제(유니코드, 바이트 문자열, 프로퍼티(property)나 디스크립터(descriptor)와 같은 관리되는 속성 도구, 함수와 클래스 데코레이터, 메타클래스)에 대하여 알아본다. 여기에 담긴 내용은 모든 프로그래머가 이해해야만 할 내용은 아니므로 읽는 것은 독자의 선택 사항이다. 반면에 국제화 텍스트나 바이너리 데이터를 처리해야 하거나 다른 사용자들에게 공개할 API를 작성해야 하는 독자들은 이 파트에 관심을 갖게 될 것이다. 이 파트의 예제들은 다른 파트의 예제와 비교하면 다소 크며, 여러분 스스로 공부하는 데 활용할 수 있을 것이다.

파트 9

다양한 컴퓨터에 파이썬을 설치하고 활용하기 위한 플랫폼에 따른 팁을 제공하는 네 개의 부록으로 이 책을 마무리한다. 파이썬 3.3과 함께 제공되는 윈도우 런처를 설명하고, 최신 판에서 다루었던 파이썬의 변경 내역에 관하여 요약하고, 관련 링크를 제공하며, 파트 마지막에 등장하는 실습 문제의 정답을 실었다. 각 장의 마지막에 실린 퀴즈의 정답은 각 장에 실려 있다. 부록은 다음의 사이트에서 PDF 파일로도 다운로드할 수 있다.

https://github.com/Jpub/LearningPython

이 책의 구성을 좀 더 자세히 살펴보려면 차례를 확인하기 바란다.

이 책의 목적이 아닌 것

십수 년에 걸쳐 청중의 규모가 커진 것을 고려하면, 일부 사람들은 반드시 이 책에 대하여 책의 범위를 벗어나는 것들을 기대하기 마련이다. 그래서 이 책의 성격을 이곳에서 확실히 규정하고자 한다.

- 이 책은 튜토리얼(사용지침서)이며, 참고 서적이 아니다.
- 이 책은 언어 자체를 다루며, 응용이나 표준 라이브러리 또는 서드파티 도구들을 다루지 않는다.
- 이 책은 중요한 주제에 관하여 통찰하는 책이며, 수박 겉핥기식으로 개괄하는 책이 아니다.

이 책의 내용에 관한 주요 포인트로 각 항목에 대하여 몇 마디 솔직하게 덧붙이고자 한다.

이 책은 구체적인 활용 방안을 다루지 않는다

이 책은 언어의 기본을 가르치는 교재로, 참고 도서 또는 활용 서적이 아니다. 오늘날의 파이썬은 내장된 타입, 제너레이터(generator), 클로저(closure), 컴프리헨션(comprehension), 유니코드(Unicode), 데코레이터(decorator) 그리고 절차적 프로그래밍, 객체 지향 프로그래밍, 함수형 프로그래밍의 혼합 등 다양한 특징을 가졌다. 이로써 핵심 언어는 매우 중요한 주제로, 이 핵심 언어를 배우는 것은 파이썬으로 어느 영역에서 작업을 하든지 반드시 선행되어야 할 필수조건이다. 만약 여러분이 다른 자원을 활용할 준비가 되어 있다면, 몇 가지 제안을 여기에 남기고자 한다.

참고 자료

이 책의 구조에 관하여 설명할 때 언급했지만, 자세한 내용을 찾으려면 목차와 색인을 활용하면 되나 이 책에 참고 부록은 없다. 만약 파이썬의 참고 자료를 찾는다면(아마 대부분의 독자가 파이썬으로 경력을 쌓으면 곧 그렇게 되겠지만), 이전에도 언급했던 이 책과 함께 활용할 수 있도록 구성된 《파이썬 포켓 레퍼런스》를 참고하기 바란다. 이외에도 원한다면 다른 파이썬 참고 도서를 쉽게 찾아볼 수도 있으며, 표준 파이썬 참고 매뉴얼은 http://www.python.org에서도 운영되고 있다. 마지막 매뉴얼은 무료이지만 늘 최신 내용으로 유지되고 있고, 웹과 윈도우에 설치한 뒤라면 컴퓨터 모두에서 조회 및 활용이 가능하다.

애플리케이션과 라이브러리

이전에 논했듯이 이 책은 웹, GUI, 시스템 프로그래밍 같은 특정 애플리케이션에 대한 지침서가 아니다. 대신, 이 책은 애플리케이션에서 활용되는 라이브러리와 도구들에 관한 설명을 포함하고 있다. 비록 일부 표준 라이브러리와 도구(timeit, shelve, pickle, struct, json, pdb, os, urllib, re, xml, random, PyDoc, IDLE 등)는 여기에서 소개되겠지만, 이것들이 이 책의 공식적인 주 범위 안에 들지는 않는다. 만약 해당 주제에 관하여 더 많이 다루길 원하고 이미 파이썬에 숙련된 사람이라면, 이 책의 후속작인 《프로그래밍 파이썬》을 추천한다. 《프로그래밍 파이썬》은 이 책을 선행한 것으로 가정하여 내용이 구성되어 있으므로 우선 핵심 언어에 대하여 확실하게 이해하고 있어야 한다. 특히, 소프트웨어 개발 같은 엔지니어링 영역에서는 뛰기 전에 반드시 걸어야 한다.

이 책은 결코 얇지 않다

이미 분량으로도 알 수 있다시피, 이 책은 상세한 부분도 건너뛰지 않고 모두 다룬다. 파이썬 언어의 일부만을 간략하게 다루는 게 아니라 언어 전체를 다루고 있다. 이 책은 또한 좋은 파이썬 코드를 작성하기 위해 필수인 소프트웨어 원칙에 관해서도 다루고 있다. 앞서 말했듯이, 이 책은 파이썬으로 한 학기 강좌를 수강했을 때 얻을 수 있는 기술 수준을 전수하도록 구성되어 있다.

이 책을 읽는 많은 분은 전체 소프트웨어 개발 기술을 배울 필요가 없으며, 일부는 파이썬을 단편적으로 습득할 수 있다. 하지만 이와 동시에 여러분이 마주하게 될 코드에서 언어의 어떤 부분이라도 사용될 수 있기 때문에 대부분의 프로그래머에게는 어떤 부분도 전적으로 선택 사항이 될 수 없다. 더군다나 심지어 비정기적인 스크립트 개발자나 취미로 개발하는 사람이라도 코딩을 잘하고, 이미 코딩된 도구들을 적절하게 활용하기 위해서는 기본적인 소프트웨어 개발 원칙을 알아야 할 필요가 있다.

이 책은 언어와 개발 원칙 모두를 활용이 가능한 수준으로 설명하는 것을 목표로 한다. 마지막으로, 만약 이 책을 한 번에 한 장씩 배워나가면서 이들의 필수 조건을 숙달해 간다면, 파이썬의 좀 더 높은 수준의 도구(예 객체 지향 또는 함수형 프로그래밍의 지원)를 상대적으로 쉽게 배울 수 있다.

이 책은 파이썬이 허락하는 한 순서대로 구성되어 있다

읽는 순서에 대해 이야기하자면, 이번 개정판에서는 이후에 나올 내용을 사전에 참조해야 하는 상황을 최소화하기 위해 심혈을 기울였다. 그러나 파이썬 3.X의 변경 내역으로 인해 이러한 상황이 불가피한 경우도 있다. 실은 3.X는 때에 따라 파이썬을 배우는 중임에도 이미 파이썬을 알고 있다고 가정하는 듯 보인다. 몇몇 대표적인 사례를 살펴보자.

- 출력, 정렬, 문자열 format 메소드, 그리고 몇몇 dict 호출은 함수 키워드 인수에 의존적이다.
- 많은 도구에서 사용되고 있는 딕셔너리 키 리스트와 테스트, 그리고 리스트 호출은 반복 (iteration) 개념에 기반을 두고 있다.
- 코드를 실행하기 위한 exec의 사용은 파일 객체와 인터페이스에 관한 지식이 있음을 가정한다.
- 새 예외 처리(exceptions)를 작성하기 위해서는 클래스와 객체 지향 프로그래밍에 대한 기본 지식이 필요하다.
- 기본 상속(inheritance)에서 고급 주제인 메타클래스(metaclass)와 디스크립터(descriptor)에 관하여 언급한다.

파이썬은 여전히 단순한 개념부터 고급 수준까지 한 단계씩 진전하면서 배우기에 최고의 언어이며, 이 책을 순서대로 읽어가며 학습하는 것이 이해가 가장 빠른 길이다. 여전히 일부 주제는 이후의 장들을 참조하거나 다른 부분을 찾아보며 이해하는 노력이 필요할 수 있다. 이러한 수고를 최소화하기 위해 이 책은 어느 부분을 참조하면 되는지 함께 기술함으로써 이로 인한 번거로움을 가능한 한 줄여 줄 것이다.

 시간이 부족한 경우: 파이썬을 마스터하려면 깊이가 매우 중요하지만, 일부 독자의 경우 시간적 제약이 있을 수 있다. 만약 빠르게 파이썬의 내용을 둘러보고자 한다면, 1장, 4장, 10장, 그리고 28장(아마도 26장도 필요할 수 있다)을 보면 될 것이다. 다만, 바라는 것은 여러분이 이를 통해 이 책의 나머지 부분에서 다루는 더 완전한 내용, 오늘날 파이썬 소프트웨어 세계에서 대부분의 독자가 필요로 하는 모든 것에 관심을 갖게 되기를 바란다. 이 책은 내용의 이해를 돕기 위해 의도적으로 개념을 먼저 소개하고 이어서 상세 설명이 나오도록 구성하였다. 따라서 독자들은 개요로 시작해서 시간이 지남에 따라 더 깊이 있는 내용을 학습할 수 있을 것이다. 이 책을 한 번에 독파할 필요는 없지만, 차근차근 따라가다 보면 마침내 이 교재를 모두 마치게 될 것이다.

이 책의 프로그램

대체적으로 이 책은 파이썬의 버전이나 플랫폼에 무관하게 실행될 수 있도록 노력하였으며, 모든 파이썬 사용자에게 유용할 수 있도록 구성하였다. 그럼에도 불구하고 파이썬은 시간에 따라 계속 변화하며, 플랫폼은 실용적인 측면에서 달라지는 경향이 있기 때문에 이 책의 대부분의 예제가 동작이 가능한 시스템 요구 사항에 관하여 기술하고자 한다.

파이썬 버전

다섯 번째 개정판에 포함된 모든 프로그램 예제는 파이썬 버전 3.6과 2.7 기반으로 작성되었다. 아울러 이 예제들 중 많은 부분은 이전 3.X와 2.X 릴리즈에서도 실행되며, 이전 버전 대비 변경 사항에 대하여 기술하여 예전 버전의 사용자들도 함께 활용할 수 있도록 하였다.

이 글은 핵심 언어에 대하여 집중적으로 다루고 있기 때문에 여기에 나오는 대부분의 내용은 향후 배포될 파이썬에서도 그다지 변경되지 않을 것이라고 확신할 수 있다. 이 책의 대부분은 초기 파이썬 버전에도 적용되지만, 신규 버전이 출시되면서 새롭게 추가된 확장 기능들은 이전 버전에서 적용되지 않는다. 경험상, 최신 파이썬을 쓰는 것이 가장 좋으므로 가능하다면 최신 버전 파이썬으로 업그레이드하는 것이 좋다.

이 책은 핵심 언어에 집중하고 있으므로 이 책의 대부분의 내용은 Stackless나 PyPy와 같은 파이썬 구현, 그리고 또한 Jython과 IronPython 같은 자바 또는 .NET 기반의 파이썬 언어 구현에 적용된다(2장의 내용을 참조할 것). 이러한 여러 구현들은 활용 시 세부 내용에서 차이가 날 뿐 언어 자체의 본질적인 내용에는 변함이 없다.

플랫폼

파이썬의 이식성과 이 책이 주로 핵심 언어 자체를 다룬다는 점을 고려한다면 플랫폼에 대한 안내는 오히려 혼동을 일으킬 수도 있지만, 이 책의 예제들은 윈도우 10이 설치된 울트라북에서 실행되었다. 독자들은 아마도 명령 라인 프롬프트, 스크린샷, 설치 환경 및 3.3에서의 윈도우용 런처에 관한 부록 내용을 통해 윈도우 환경임을 알아챌 것이다. 하지만 이는 대부분의 파이썬 입문자들이 아마도 윈도우 환경에서 시작할 가능성이 높기 때문이며, 다른 운영체제를 사용하는 사용자들은 가볍게 무시할 수 있을 만한 것이다.

이 책은 또한 '#!'와 같은 라인을 사용하여 리눅스를 포함한 다른 플랫폼에서 실행하는 방법에 관해서도 제공하지만, 3장과 부록 B에서 볼 수 있듯이 3.3 버전에 포함된 윈도우 런처는 이 부분에 관한 이식성을 높이는 결과를 가져왔다.

이 책의 코드 가져오기

이 책의 예제에 해당하는 소스 코드 및 실습 문제에 대한 해답은 이 책의 웹 사이트에서 zip 파일로 가져올 수 있다. 웹 사이트 주소는 다음과 같다.

《러닝 파이썬》 GitHub 페이지: https://github.com/Jpub/LearningPython

이 사이트에는 이 책의 모든 코드와 함께 패키지 사용 설명을 포함하고 있다. 이에 관한 자세한 내용은 차후에 다루겠다. 물론, 이 책의 예제들은 책에서 보여 주는 형태에서 가장 잘 동작하며, 이 예제들을 활용하기 위해 일반적으로 파이썬 프로그램을 실행하기 위한 추가적인 배경 지식이 필요할 수도 있다. 파이썬 프로그램을 구동하는 방법에 관해서는 3장에서 상세히 다룬다.

이 책의 코드 사용하기

이 책에 실린 코드는 교육용으로 작성된 것이므로 독자들에게 도움이 된다면 기쁠 것이다. 오라일리 출판사는 일반적으로 책에 기재된 예제의 재사용과 관련한 공식적인 정책을 가지고 있으므로 그에 대한 안내로 본 내용을 대신한다.

이 책은 여러분의 일을 돕기 위해 존재한다. 일반적으로, 이 책에 포함된 코드를 여러분의 프로그램이나 문서에서 사용할 수 있다. 코드의 주요 부분을 재작성하지 않는 한 사용과 관련하여 출판사에 허락을 구하지 않아도 된다. 예를 들어, 이 책에 나오는 몇몇 코드를 이용하여 프로그램을 작성하는 것은 별도의 허가가 필요 없다. 또한, 이 책이나 예제 코드를 인용하는 것도 별도의 승인이 필요 없다. 그러나 이 책에 실린 예제 코드의 상당량을 결합하여 여러분이 작성한 문서에 포함시킨다면, 출판사의 허가를 받아야 한다.

인용 시 출처를 밝혀준다면 고맙겠으나, 반드시 밝힐 필요는 없다. 인용 출처는 일반적으로 제목, 저자, 출판사, 그리고 ISBN을 포함한다. 표기법에 대한 예를 들자면 《러닝 파이썬 (제5판)》 마크 러츠 지음, 제이펍 978-11-88621-07-1'과 같다.

만약 예제 코드 사용 방식이 정당한 사용처의 범위를 벗어났거나 상기와 같이 출판사의 허가가 필요한 경우에는 permissions@oreilly.com 혹은 readers.jpub@gmail.com으로 연락하기 바란다.

이 책의 표기 방식

이 책의 기술 방식은 일단 읽다 보면 이해가 되겠지만, 참고삼아 이 책에서는 다음과 같은 서체 규약을 따름을 밝혀둔다.

고딕체(예 abc)

파일명, 경로명, 그리고 새로운 용어를 강조하기 위해 사용한다.

고정폭 서체(예 abc)

프로그램 코드문 등을 표기할 때 사용한다.

고정폭 볼드체(예 abc)

코드가 등장하는 부분에서 명령어를 나타내거나, 사용자가 입력한 텍스트, 그리고 경우에 따라 코드 중 특정 부분을 강조할 때 사용한다.

고정폭 이탤릭체(예 abc)

코드문상의 대체 가능한 부분을 표시하기 위해 사용한다.

 이 아이콘은 팁이나 제안을 표시한다.

 이 아이콘은 경고나 주의 사항을 표시한다.

또한, 종종 상자 형태로 구획이 나뉘어진 칼럼 또는 각주를 볼 수 있다. 이 부분은 선택적으로 확인해도 되지만, 본문에 설명한 내용에 대한 부연 설명을 제공하고 있으므로 읽어 보면 도움이 될 것이다. 예를 들어, 259쪽 "더 생각해 볼 주제: 슬라이스" 칼럼에서는 탐색하고 있는 주제들에 대한 활용 예시를 제공한다.

이 책의 최신 정보와 자료들

읽다보면 개선이 필요한 부분이 있을 것이다(또한, 오타 역시 있을 것이다). 최신 내용으로 업데이트가 필요하거나 보완 또는 정정되어야 하는 부분에 대해서는 웹에 지속적으로 게시, 운영할 것이다. 관련하여 제보할 내용이 있다면 다음의 출판사 웹 사이트나 이메일로 연락이 가능하다. 주요 조정 내역은 다음과 같다.

출판사 웹 페이지: http://oreil.ly/LearningPython-5E

이 사이트는 본 개정판에 대한 공식적인 오탈자 목록을 관리하며, 재판을 찍을 때마다 수정된 내역에 대한 이력을 관리하고 있다. 또한, 이전에 설명했듯이 이 책의 예제와 관련한 공식 사이트다.

나의 웹 사이트: http://learning-python.com/about-lp5e.html

이 사이트는 파이썬의 향후 변경 내역에 대응하여 이 책과 파이썬 자체에 관한 최신 내역의 업데이트를 주로 게재한다. 해당 사이트를 이 책의 특별 부록으로 여기고 활용하면 될 것이다.

출판사는 이 책에 대한 기술적 질문과 견해를 받을 수 있도록 다음의 이메일 주소를 운영하고 있다.

readers.jpub@gmail.com

출판사에서 운영하는 도서, 학회, 지원 센터, 오라일리 네트워크에 대하여 더 많은 정보를 얻고 싶다면 다음의 일반 웹 사이트에서 확인할 수 있다.

https://www.oreilly.com

내가 저술한 다른 책에도 관심이 있을 경우, 직접 운영하는 다음 사이트를 방문하면 확인할 수 있다.

http://learnin-python.com/index-book-links.html

또한, 시간이 지나 앞서 기술한 사이트 링크들이 유효하지 않다면 웹에서 검색해 보기 바란다. 천리안과도 같은 능력이 있으면 좋겠지만, 웹은 출간된 책보다 더 빨리 변화하기 때문에 제때 따라잡기에는 아무래도 한계가 있다.

감사의 말

2013년에 이 책의 다섯 번째 개정판을 쓰면서 지난날에 대한 회상에 빠지지 않기란 어려운 일이었다. 30여 년간 파이썬을 사용하고 전파하면서 그중 반 이상을 파이썬 저술 활동과 교육 프로그램을 운영하는 데 힘써 왔다. 오랜 시간이 지났음에도 불구하고 여전히 파이썬이 얼마나 성공했는지를 볼 때마다 놀라곤 한다. 이는 1990년 초반에는 상상조차 할 수 없었던 일이었다. '자기 자신에게만 몰두하는 저자'라는 오명을 쓸 것을 무릅쓰고 여기에 몇 가지 이야기와 감사의 말을 남기며 글을 맺고자 한다.

배경 이야기

나와 파이썬과의 인연은 웹이나 파이썬 1.0보다 먼저 시작되었다. 돌이켜보건대, 프로그램 설치란 이메일로 파일을 받아서 합치고 디코딩하여 잘 동작하기를 바라는 게 전부였던 시절이었다. 1992년 C++ 개발자로 좌절감을 느끼고 있을 때 처음 파이썬을 접했는데, 그때만 해도 이것이 내 인생의 나머지 날들에 얼마나 영향을 미칠 것인지는 전혀 예상하지 못했다. 1995년 파이썬 1.3을 기반으로 《프로그래밍 파이썬》을 처음 출판한 지 2년 뒤, 세계 여러 곳을 여행하며 입문자나 전문가들을 대상으로 파이썬을 가르치기 시작했다. 이어서 파이썬의 인기에 힘입어 1999년에 《러닝 파이썬》의 첫 출판을 시작으로 나는 파이썬 트레이너이자 저술가로 활동하게 되었다.

지금까지 14권의 파이썬 책을 저술하였으며, 모두 합하여 수십만 부의 판매를 기록했다. 또한, 오랜 기간 파이썬을 가르치면서 미국, 유럽, 캐나다, 멕시코 등지에서 수백 회의 교육 과정에 강사로 참여하였고, 그러면서 대략 수천여 명의 학생들을 만났다. 이 과정들을 통해서 내 책들을 개선해 나갈 수 있었다. 교육 활동을 통해서 책의 내용을 다듬고, 반대로 저술 활동을 통해 교육 내용이 다듬어졌다. 덕분에 책에서 나타나는 효과는 내 강의 중에도 일어났으며, 서로에게 훌륭한 대안이 될 수 있었다.

파이썬에 대해서도 얘기하자면, 최근 몇 년간 세계에서 가장 널리 사용되는 프로그래밍 언어 상위 5~10위 안에 들게 되었다. (인용하는 시점에 어디를 참조하느냐에 따라 그 순위가 달라질 것이다.) 우리는 이 책의 1장에서 파이썬의 현재 상황에 대하여 알아볼 것이므로 나머지 이야기는 거기에서 다시 하고자 한다.

파이썬에 대한 감사

가르치는 활동은 가르치는 사람에게 가르치는 것을 가르치기 때문에 이 책은 내 강좌의 덕을 많이 보았다. 그동안 내 강의에 참석한 모든 학생에게 감사하고 싶다. 파이썬의 변화를 따라가다 보면 여러분의 피드백이 이 글을 다듬는 데 중요한 역할을 해왔다. 수천여 명의 사람들이 똑같은 초보적 실수를 하는 것을 직접 보는 것만큼 유익한 것은 없다! 이 책의 최근 개정판은 그들을 가르친 경험을 토대로 수정 및 보완하였다. 비록 1997년 이후 매번 있어 온 교육 과정이지만, 그 과정 하나하나가 이 글을 다듬고 보완하는 데 도움이 되었다. 더블린, 멕시코시티, 바르셀로나, 런던, 에드몬튼, 푸에르토리코에서 열린 과정을 개최한 주최측에게 감사의 말을 전한다. 이런 경험들이 내 경력에서 가장 오래 남는 보상 중 하나다.

저술 활동은 저술가가 쓰는 법을 가르치기 때문에 이 책은 독자들에게 많은 빚을 지고 있다. 지난 20여 년간 온라인뿐 아니라 개인적으로도 많은 제안을 해준 셀 수 없이 많은 독자 여러분에게 감사하고 싶다. 여러분의 의견이 책의 발전에 크게 기여했으며, 이 책의 성공에 가장 중요한 열쇠가 되었다. 이는 오픈 소스이기에 가능한 이점이기도 하다. 독자들의 견해는 "당신은 책을 쓰지 말아야 한다."라는 의견부터 "당신이 책을 썼다니, 행운이 깃들기 바란다."까지 아주 다양했다. 만약 독자들이 의견 일치를 보는 게 가능하다면, 그것은 아마 저 둘 사이 어딘가일 것이다.

또한, 이 책의 출판에 참여한 모든 이에게 감사의 말을 전하고 싶다. 수년에 걸쳐 이 책을 알차게 만드는 데 도움을 준 모든 이들(편집장, 디자이너, 마케팅 담당자, 기술 검토 위원 등)에게, 그리고 내게 14권의 책을 저술할 수 있는 기회를 제공한 오라일리에 감사의 말을 전하고 싶다. 정말 즐거운 경험이었다(그리고 조금은 영화 '사랑의 블랙홀(Groundhog Day)' 같은 느낌이 들긴 했지만 말이다).

마지막으로, 파이썬 커뮤니티의 모두에게 감사하고 싶다. 대부분의 오픈 소스 시스템처럼 파이썬은 그 공로를 인정받지 못한 무수한 노력의 산물이다. 파이썬이 스크립트 언어계의 신참에서 거의 대부분의 소프트웨어 개발 조직에서 어떤 형태로든 사용되고 있는 도구로 성장하는 것을 지켜볼 수 있었던 것은 더할 나위 없는 영광이다. 기술적으로 의견이 다른 것은 차치하고, 이러한 역사의 한 부분에 참여할 수 있었다는 것은 매우 기쁜 일이다.

내 책의 최초 편집장인 (지금은 고인이 된) 오라일리의 프랭크 윌리슨에게 감사의 말을 드리고 싶다. 이 책의 많은 부분이 그의 아이디어였다. 그는 나의 경력과 파이썬의 성공에 지대한 영향을 끼쳤다. 내가 '오직(only)'이라는 단어를 오용하고자 할 때마다 그가 남긴 유산을 기억한다.

개인적인 감사의 말

마지막으로, 개인적인 감사의 말을 전하고자 한다. 이제 고인이 된 칼 세이건, 위스콘신에서 자란 18살 소년에게 많은 영감을 주었다. 나의 어머니, 늘 곁에서 격려를 아끼지 않으셨다. 내 형제 자매들에게, 피너츠 박물관에서 우리는 많은 진실을 찾을 수 있었다. 책, 생각하지 않는 사람들(The Shallows)에게, 더 많은 모닝콜이 필요했음에 감사한다.

내 아들 마이클과 딸 사만다와 록산느에게, 너희의 존재만으로도 감사하단다. 너희들이 언제 이만큼 자랐는지 확실하지 않지만, 너희가 정말 자랑스러울 수 있도록 이 생이 너희를 어디로 인도할지 지켜보기를 고대한다.

그리고 내 아내 베라에게, 당신의 인내와 교정, 그리고 다이어트 콜라와 프레첼에 감사하고, 마침내 당신을 만난 것에 행복하오. 이후 내가 무엇을 할지는 모르겠지만, 그 시간을 당신과 항상 함께 할 것을 바란다는 것은 알고 있기를 바라오.

마크 러츠

Mark Lutz

베타리더 후기

🐾 구민정(SK주식회사)

러닝 파이썬 원고를 처음 받았을 때 '아, 드디어 기대하던 파이썬 책이 나왔구나'라는 생각
이 들었습니다. 아울러 엄청난 페이지 수와 쉽고 자세한 설명에 놀랐습니다. 파이썬 개발자
라면 꼭 한번 정독하시기를 바라고, 곁에 두고서 수시로 학습하셨으면 합니다. 입문자부터
고급 개발자까지 파이썬을 제대로 알 수 있는 기회가 될 것입니다. 설명이 상당히 친절한데,
그 설명을 반복하는 부분이 많아 학습에 더욱 도움이 될 것 같습니다. 그리고 시중에 나와
있는 책들은 '파이썬이 쉬운 언어다'라는 것을 너무 강조하여 분량도 적고 얕은 지식만을 알
려 주는 느낌이어서 무척 아쉬웠는데, 이 《러닝 파이썬》은 정말 파이썬을 제대로 알고 싶은
사람들을 만족시킬 만한 도서라고 생각합니다. 출간이 너무 기다려지네요.

🐾 김용현(마이크로소프트 MVP)

문법책만으로 영어를 공부하는 것보다는 자습서를 함께 보는 것이 이해가 빠른 것처럼, 프
로그래밍 언어 또한 마찬가지입니다. 이 책은 객체 지향 프로그래밍의 법칙 등 어려운 말을
사용하지 않으면서도 핵심을 이해하기 쉽게 설명하여, 초급자에게는 시행착오를 줄임과 동
시에 언어의 전체를 볼 수 있게 해주고, 중급자에게는 지식의 빈 공간을 메꿀 기회를 주는
책입니다. 언어의 개괄을 보여주고 실무에서 맞닥뜨리게 되는 부분을 반복해서 학습하다 보
면 결국 유창한 파이썬을 구사하게 될 것입니다. 파이썬의 텍스트로 취급받는 모 출판사 책
의 아성에 도전할 수 있는 책인 것 같습니다. 많은 분량의 내용을 번역하고 만드시느라 수
고 많으셨습니다. 이제 독자의 한 사람으로서 설레는 마음으로 출간을 기다리겠습니다.

🐦 김인근(서울대학교)

파이썬 초보자에서 중급자로 단숨에 끌어올릴 책입니다. 파이썬이 동작하는 원리를 기초부터 높은 수준까지 총망라하여 자세히, 그리고 반복적으로 설명합니다. 분량이 제법 많지만 한번 정독하여 읽으면 그만큼 확실한 실력을 얻게 될 것입니다. 본인의 실력이 정체되었다고 느끼는 파이썬 개발자들이 있다면 한 줄기 빛이 될 그런 책입니다!

🐦 김정헌(BTC)

이 《러닝 파이썬》은 무척 두꺼운 책입니다. 설명이 자세하다는 장점도 있지만, 그만큼 배워야 할 내용이 많습니다. 그러나 제대로 배우고자 한다면, 꼭 읽어 보기를 권합니다. 다른 책에서 보기 힘든 자세한 설명 덕에 중급자에게도 도움이 될 것 같네요. 코딩을 전혀 모르는 사람이 읽기에는 부담스럽겠지만, 다른 언어를 알고 있는 사람이나 파이썬을 조금 아는 사람이 파이썬을 정말 제대로 배우고 싶다면 꼭 읽어야 할 책이라고 생각합니다.

🐦 김종욱(KAIST)

이 책은 파이썬을 배우는 데 필요한 거의 모든 기초 지식들을 다루고 있습니다. 또한, 초보자부터 중급자에 이르기까지 옆에 두고 필요한 부분이 있으면 수시로 참고하면서 학습하기 좋게 구성되었습니다. 다만 책의 두께가 상당한 만큼 학습하다 지치지 않도록 처음부터 모든 내용을 숙지하려는 것은 피하는 게 좋습니다.

🐦 박성환(한국외국어대학교)

파이썬을 더욱 깊게 느껴보고 싶은 모든 파이썬 사용자들에게 이 책은 단순 파이썬 서적이 아니라, 파이썬 개발 경험 수십 년이 넘는 저자의 고급 파이썬 개발 노하우와 소프트웨어 개발 철학의 집대성이라고 할 수 있습니다. 비전공자로 프로그래밍을 공부하는 입장에서 파이썬 내용은 물론, 지은이의 내공이 느껴지는 노하우나 개발 철학에 대한 조언이 정말 인상 깊었습니다. 제가 베타리딩한 부분에서의 중복 제거에 대한 집착이나, 결합도, 응집도 등등 소프트웨어 공학적인 내용들은 달달 외워야 할 정도로 중요한 내용인데, 이를 어떻게 책에 다 녹여낼 생각을 했는지 대단합니다. 그러나 파이썬은 진입 장벽이 낮아서 프로그래밍 경험이 전무한 비전공자들도 많기 사용하는데, 그들에게는 다소 어려울 거라 생각됩니다. 책의 내용이 고급인 것은 물론, 저자의 수준이 워낙 높아 한 문장, 문장에 깊이가 있기 때문입니다. 안 그래도 두꺼운 책인데 소프트웨어 공학에 대한 지식이 전혀 책에서 다루는 용어 하나조차 스트레스일 것입니다. 그러므로 저는 다른 분들이 이 책을 구입할 때

장기간의 스터디용으로 여겼으면 합니다. 입문을 넘어 파이썬을 완벽히 마스터하고 싶은 사람들에게는 꼭 추천하고 싶은 책입니다. 저 또한 어느새 단순한 베타리딩을 넘어 열심히 공부하며 읽고 있는 스스로를 발견하였습니다. 파이썬을 사랑하는 사람으로서 이 책의 베타리딩에 참여할 수 있어서 영광이었습니다.

🦇 박정춘(NextMatch)

최근 배워야 할 언어를 추천해 달라는 말을 들으면 단연코 쉽고 생산성이 뛰어난 파이썬을 꼽습니다. 파이썬은 범용 프로그래밍 언어의 장점과 풍부한 라이브러리, 성숙한 커뮤니티를 통해 발전함과 동시에 다양한 분야에 걸쳐 사용되고 있습니다. 이 책은 파이썬의 기본부터 핵심적인 요소를 자세하게 다루고 있습니다. 특히, 기초적인 내용부터 고급 주제까지 골고루 다루고 있어 레퍼런스 용도로 사용하기에도 충분합니다. 내용이나 문장에 난이도가 있는데 번역자께서 시간을 많이 투자하신 것 같습니다. 반드시 읽어 보기를 권합니다!

🦇 박조은

이 책은 입문서지만 파이썬에 대한 기초적인 이해가 있는 사람들이 읽으면 더 좋을 책입니다. 많은 분량만큼 구체적인 내용을 다루고 있으므로 다른 파이썬 책에서 보지 못했던 내용을 이 책을 통해 학습할 수 있었습니다. 하지만 관련 지식이나 경험이 없다면 이 책의 분량과 깊이가 어렵게 느껴질 것입니다. 그러나 그만큼 파이썬을 좀 더 깊고 자세하게 이해할 수 있는 좋은 안내자가 될 것입니다. 사전처럼 많은 내용을 다루고 있기 때문에 기본 문법을 학습하다가 지칠 수도 있으므로 처음 시작하는 분들은 파이썬을 통해 무엇을 하고 싶은지 목표를 확실히 하고 읽는 것이 좋겠습니다. 이미 경험을 해본 분들이라면 기존에 알고 있던 내용을 정리하고 깊이 있는 학습을 하는 데 도움이 될 것입니다. 이해를 도와주는 적절한 예제 코드가 잘 정리되어 있으며, 파이썬 사용자라면 책상에 꽂아 두고 필요할 때마다 찾아서 읽어 보기 딱 좋은 책입니다.

🦇 석대진(코아시스템)

이 책은 제가 파이썬을 알기 전부터 꾸준히 출판되어 온 책으로 41개의 장을 통해 파이썬의 미래 혹은 파이썬에 대한 저자의 열정을 느낄 수가 있습니다. 그리고 저자의 열정만큼 설명이 자세하고 반복적으로 이루어진 탓에 책 자체가 다소 지루하게 느껴지는 경향이 있습니다. 하지만 파이썬 2를 다루거나, 혹은 2와 3을 동시에 다루어야 하는 사람이 이 책을 읽는다면 저자의 자세하고 꼼꼼함에 감사하지 않을 수 없을 것입니다.

🐳 송재욱(카카오)

파이썬은 매우 인기 있는 언어입니다. 풍부한 라이브러리를 제공할 뿐만 아니라 국내 커뮤니티도 활성화되었으며, 실제로 많은 현업 개발자들 사이에서도 손꼽히는 언어 중 하나입니다. 그렇기에 꼭 한 번 공부해 볼 가치가 있습니다. 방대한 분량만큼 파이썬의 상세한 이해를 돕는 설명과 예제를 모조리 포함하고 있습니다. 그러나 그만큼 인내심을 갖고 읽어야 할 책이기도 합니다. 느긋하게 마음을 가지고 하나씩 차근히 학습해 나갈 것을 추천합니다.

🐳 염성욱(삼성SDS)

최근들이 딥 러닝이 인기를 끌면서 필요한 경우가 많아 파이썬도 덩달아 인기가 높아졌습니다. 파이썬은 2 버전과 3 버전이 호환이 되지 않는데, 이 책은 2와 3을 비교해 가면서 설명하고 있습니다. 많은 페이지를 통해 파이썬을 설명하는 만큼, 기초적인 부분부터 고급 기술까지 두루두루 설명하여 마치 바이블처럼 느껴집니다.

🐳 이승현(스타코프)

파이썬은 다른 언어들보다 시작하기 쉬우면서도 간결하고 강력하여 요즘에는 적절한 타이밍과 빠른 아이디어 실현이 목적인 스타트업에서 매우 각광받고 있습니다. 이 책은 분량 때문에 방대하고 조금 복잡한 언어가 아닌가 싶을 만큼, 파이썬의 이모저모를 세밀하게 조명하고 있습니다. 책 내용 전반에 대한 저자의 오랜 경력이 깊게 배어 있습니다. 이제 갓 파이썬에 입문했다면 이 분량에 압도되겠지만, 조언을 건네자면 경험 많은 파이썬 개발자들도 고급 기능 모두를 적극적으로 사용하지 않는다는 것입니다. 이 책을 읽고 난 후 여러분에게는 이 언어가 가지고 있는 세 개의 패러다임(절차 지향, 객체 지향, 함수 지향)에서 선별&조합하여 코딩하는 방법을 습득하기 위해 부단히 노력해야 한다는 숙제가 남았습니다. 파이썬은 일단 시작하기만 한다면 독자가 생각한 것을 그대로 코딩할 수 있는 즐거운 경험을 선사할 것이라고 확신합니다. 마지막으로 이 거대한 책을 매끄럽게 번역해 주신 역자분들께 감탄과 존경의 마음을 표합니다.

🐳 이재빈(안랩)

각종 언어의 전문 서적들을 다양하게 봐왔지만, 이 책이야말로 파이썬의 기본 서적이라고 말할 수 있을 정도로 기본 내용부터 응용 개념까지 충실한 바이블입니다. 파이썬에 관심을 가진 분들이라면 여러 책을 사기보다 이 책 한 권을 책장에 꽂아 두고 필요할 때마다 지속적으로 꺼내 보는 것이 가장 좋을 것 같습니다.

🦋 이지현

파이썬을 사용하면서 궁금했던 내용들을 자세히 설명한 책입니다. 드디어 모든 궁금증이 풀려 속이 시원하네요!

🦋 정현준(카카오)

파이썬을 알고 사용한다고 생각해도 막상 접하다 보면 새롭거나 잘못 알고 있는 부분이 생기는데, 이 책을 베타리딩하면서 이런 부분도 같이 알 수 있어 개인적으로도 만족스러웠습니다. 이 책이 모쪼록 파이썬을 공부하는 많은 사람들에게 도움이 되면 좋겠습니다. 제이펍 책 항상 잘 읽고 있습니다. 앞으로도 좋은 책 많이 출간해 주세요!

🦋 조현호(칩스앤미디어)

파이썬 학습서로 유명한 책인 것은 익히 알고 있었지만, 이번 베타리딩을 통해 처음 직접 접했는데 파이썬에 대해서 대략적으로만 알고 있었던 내용들에 대해서 보다 자세히 알 수 있는 좋은 기회가 되었습니다. 보통 다른 프로그래밍 언어를 사용하다가 파이썬을 접하게 되는 경우 최소한의 문법만을 알고 사용하시는 분들이 많은데, 그런 분들께 보다 자세히 파이썬을 배울 수 있도록 많은 도움을 줄 책인 것 같습니다.

🦋 한상곤(마이크로소프트 MVP)

이 책은 파이썬을 배우는 데 필요한 거의 모든 지식이 담겨 있습니다. 고급 주제들을 선별해서 소개하고 설명을 담은 만큼, 알고 보면 생각보다 많은 시간과 노력이 요구되는 파이썬의 좋은 길잡이가 되어줄 것입니다.

🦋 한홍근(서울옥션블루)

이 책은 방대한 분량만큼 매우 세세한 설명을 담고 있습니다. 파이썬 입문자는 자칫 분량에 질릴 수 있으므로 각오를 단단히 하고 이 책을 손에 들기 바랍니다. 하지만 파이썬 또는 프로그래밍 경험이 있는 분들이라면 깊이 있게 공부하는 데 참고할 만한 든든한 교재 역할을 충분히 해낼 것입니다. 책의 내용은 물론이고, 번역 품질도 좋아서 읽는 데 편했습니다.

PART

6

클래스와
객체 지향 프로그래밍

26

객체 지향 프로그래밍: 개요

지금까지 이 책에서는 '객체(object)'라는 용어를 총칭하는 의미로 사용했다. 실제로, 이 시점까지 작성한 코드는 객체에 기반하고 있다. 우리는 작성한 스크립트에 객체를 전달하였고, 표현식에서 객체를 사용했으며, 객체의 메소드를 호출하는 등의 일을 했다. 그렇지만 우리가 작성한 코드가 정말 객체 지향적이려면, 객체가 일반적으로 상속 계층 구조(inheritance hierarchy)라고 불리는 것에 참여할 필요가 있다.

이 장에서는 파이썬에서 새로운 종류의 객체를 구현할 때 사용되는 상속을 지원하는 코드 작성 구조와 방식인 파이썬 클래스에 대해 알아보겠다. 클래스는 파이썬의 주요한 객체 지향 프로그래밍 도구이므로 이 장에서는 객체 지향 프로그래밍 기초에 대해서도 함께 살펴볼 것이다. 객체 지향 프로그래밍은 기존과는 다르고 보통은 더 효율적이기까지 한 프로그래밍 방법을 제공한다. 이 프로그래밍 방법을 이용해 코드의 중복성을 최소화하도록 코드를 분할하고 원래의 코드를 수정하는 것이 아니라, 커스터마이징하는 방식으로 새로운 프로그램을 작성할 수 있다.

파이썬에서는 새로운 선언문인 **class**를 이용해 클래스를 생성한다. 뒤에서 나오겠지만, 클래스로 정의한 객체는 이 책의 앞부분에서 다루었던 내장된 타입과 매우 비슷하다. 사실, 클래스는 실제로는 우리가 이미 다루었던 아이디어를 적용하고 확장한 것뿐이다. 클래스는 내장 객체 타입을 사용하고 처리하는 함수들의 패키지다. 그렇지만 클래스는 새로운 객체를 생성하고 관리하며, 지금껏 다룬 다른 모든 기법들보다 나은 코드의 커스터마이징과 재사용 매커니즘을 제공하는 상속을 지원한다.

여기서 중요한 것은 파이썬에서 객체 지향 프로그래밍은 전적으로 선택적이며, 파이썬을 시작하기 위해 반드시 클래스를 사용할 필요는 없다는 것이다. 함수 같은 더 단순한 구조, 혹은 훨씬 더 단순한 최상위 수준 스크립트 코드로도 많은 것들을 할 수 있다. 클래스를 활용하기 위해서는 딕셔너리 계획이 필요하므로 전술적인 모드로 일하는 사람들(매우 짧은 시간 단위로 일하는)보다는 전략적인 모드로 일하는 사람들(장기적인 스케줄에 따라 제품을 개발하거나 유지보수하는)이 더 관심을 갖는 경향이 있다.

하지만 이 장에서 알 수 있듯 클래스는 파이썬이 제공하는 가장 유용한 도구 중 하나다. 실제로 클래스는 적절하게 사용되기만 하면 개발 시간을 극단적으로 단축할 수 있다. 클래스는 Tkinter GUI API 같은 유명한 파이썬 도구에서도 사용되고 있기 때문에 대다수의 파이썬 프로그래머에게는 클래스에 대한 실제적인 지식이 분명히 도움이 될 것이다.

왜 클래스를 사용해야 하는가?

4장과 10장에서 프로그램은 '도구를 가지고 어떤 일을 하는 것'이라고 말했던 것을 기억하는 가? 간단히 말하면, 클래스는 단순히 프로그램 영역의 실제 객체를 반영하여 새로운 무언가를 정의하는 한 가지 방법이다. 예를 들어, 16장에서 예제로 사용했던 가상의 피자 요리 로봇을 결국 만들기로 했다고 가정해 보자. 이 로봇을 클래스를 활용해 구현한다면, 로봇의 더 많은 실제 구조와 관계를 모델링할 수 있다. 여기에서 객체 지향 프로그래밍의 두 가지 측면이 유용하게 사용된다.

상속

피자 요리 로봇은 로봇의 종류이므로 통상적인 로봇의 속성을 가진다. 객체 지향 프로그래밍 용어로 말하자면, 피자 요리 로봇은 모든 로봇의 일반적인 범주(category)에서 속성을 상속(Inheritance)받는다고 말한다. 이러한 공통 속성들은 일반 클래스에서 단 한 번만 구현되며, 미래에 구축할 모든 종류의 로봇들에 의해서 부분적으로 또는 전체적으로 재사용할 수 있다.

조합

피자 요리 로봇은 실제로는 하나의 팀으로 동작하는 여러 컴포넌트의 조합(Composition)이다. 예를 들어, 로봇이 임무를 완수하려면 피자 도우를 반죽할 수 있는 팔과 오븐으로 이동할 수 있는 모터 등이 필요하다. 객체 지향 프로그래밍 화법으로 말하자면 로봇은 조합의

한 예제로, 내려진 명령을 수행하기 위해 기동하는 다른 객체들을 포함하고 있다. 각 컴포넌트는 클래스로 작성될 수 있는데, 이 클래스는 컴포넌트 고유의 동작과 관계를 정의한다.

상속과 조합 같은 일반적인 객체 지향 프로그래밍 사상은 객체의 집합으로 분리될 수 있는 모든 애플리케이션에 적용된다. 예를 들어 일반적인 GUI 시스템에서 인터페이스는 버튼, 레이블 등 그것들의 컨테이너가 그려질 때 모두 그려지는 위젯의 조합으로 작성된다(조합). 또한, 우리만의 커스텀 위젯을 만들 수도 있다. 특수한 폰트를 가진 버튼이나 새로운 색상 체계로 표현한 레이블 등이 바로 이것에 해당한다. 이것들은 좀 더 일반적인 인터페이스 장치의 특수화된 버전이다(상속).

더 구체적인 프로그래밍 측면에서 보면, 클래스는 함수나 모듈처럼 파이썬 프로그램의 부속품 중 하나다. 그것들은 로직과 데이터를 묶는 또 다른 형태의 부속품이다. 실제로 클래스는 모듈과 매우 유사하게 새로운 네임스페이스를 정의한다. 하지만 우리가 지금까지 살펴본 다른 프로그램 부속품과 달리, 다음과 같이 새로운 객체를 만들 때 클래스를 유용하게 만들어 주는 세 가지 중요한 특성이 있다.

다중 인스턴스

클래스는 본질적으로 하나 혹은 그 이상의 객체를 만들어내는 공장이다. 클래스를 호출할 때마다 구분된 네임스페이스를 가진 새로운 객체가 생성된다. 클래스를 통해 생성한 각 객체는 클래스의 속성에 접근할 수 있으며, 객체마다 달라지는 데이터를 저장할 수 있는 각각의 네임스페이스를 가진다. 이것은 17장의 클로저 함수가 가지는 호출별 상태 유지와 유사하지만, 클래스에서는 그것이 명시적이고 내재된 속성이다. 또한, 그것은 클래스의 많은 기능 중의 하나일 뿐이다. 클래스는 완전한 프로그래밍 솔루션을 제공한다.

상속에 의한 커스터마이징

클래스는 또한 객체 지향 프로그래밍의 상속 개념을 지원한다. 우리는 서브클래스로 작성된 새로운 소프트웨어 컴포넌트를 이용해 클래스의 외부에서 속성을 재정의함으로써 클래스를 확장할 수 있다. 더 일반적으로, 클래스는 계층 구조에 속한 클래스에서 생성된 객체에서 사용할 이름을 정의하는 네임스페이스 계층 구조를 구축할 수 있다. 이로 인해 다른 도구보다 더 직접적으로 다수의 커스터마이즈가 가능한 행동을 지원한다.

연산자 오버로딩

특별한 프로토콜 메소드를 제공함으로써, 클래스는 내장 타입에서 목격한 종류의 동작에 대응하는 객체를 정의할 수 있다. 예를 들어 클래스로 만들어진 객체는 나누고, 합치고,

인덱스를 만드는 등의 작업을 할 수 있다. 파이썬은 내장 타입의 동작을 가로채고 다시 구현할 때 사용할 수 있는 훅(hook)을 제공한다.

그 밑바탕을 살펴보면 파이썬에서의 객체 지향 프로그래밍 메커니즘은 크게 두 가지 마법으로 이루어져 있다. 이것 외에 그 모델은 결국 내장 타입을 처리하는 함수들이 대부분을 차지한다. 완전히 새롭지는 않아도 객체 지향 프로그래밍은 계층을 더해 줌으로써 기존의 절차적 모델보다 더 나은 프로그래밍이 가능하도록 한다. 또한, 앞에서 다루었던 기능적 도구들과 함께 주요한 컴퓨터 하드웨어를 추상화하여 우리가 더 복잡한 프로그램을 만들 수 있도록 해준다.

객체 지향 프로그래밍 개요

이 모든 것이 코드 관점에서 무엇을 의미하는지 알아보기 전에, 나는 객체 지향 프로그래밍 이면에 있는 보편적 사상에 대한 몇 가지 단어를 먼저 다루고자 한다. 객체 지향에 대한 경험이 없다면, 이 장에 있는 용어 중의 일부가 당황스럽게 느껴질 수도 있다. 게다가 프로그래머들이 대규모 시스템에 이 용어들을 적용하는 방법에 대해 공부할 기회를 갖기 전까지는 이러한 용어들을 사용하는 이유가 이해되지 않을 수도 있다. 객체 지향 프로그래밍은 어디까지나 경험만큼 알게 되는 기술이다.

속성 상속 검색

좋은 소식은 파이썬의 객체 지향 프로그래밍이 C++나 자바 같은 다른 프로그래밍 언어에 비해 훨씬 간단해서 이해하고 사용하기 쉽다는 점이다. 파이썬은 동적 타입 스크립트 언어이기 때문에 다른 프로그래밍 언어에서 객체 지향 프로그래밍을 난해하게 만드는 많은 문법적 혼란과 복잡함을 대부분 제거했다. 사실, 파이썬에서 객체 지향 프로그래밍에 대한 대부분의 내용은 다음 표현으로 요약할 수 있다.

```
object.attribute
```

우리는 이 책 전반에 걸쳐 모듈의 속성에 접근하거나, 객체의 메소드를 호출하거나, 그 외의 일들을 할 때 이 표현을 사용해 왔다. 하지만 파이썬에서 class 선언문으로부터 상속받은 객체에 대해서 이런 표현을 사용하게 되면, 속성이 처음 나올 때까지 연결된 객체의 트리에 대한 **검색**

을 시작한다. 앞의 파이썬 표현은 실제로 클래스에 대해서는 다음과 같은 자연어를 뜻한다.

객체와 **객체**의 모든 부모 클래스 순서로, 하단에서 상단 방향으로, 왼쪽에서 오른쪽으로 검색하여 처음 나타나는 **속성**을 찾는다.

다시 말하면, 속성 접근은 단순히 트리 검색이다. 트리의 아래쪽에 위치한 객체가 트리의 상위에 위치한 객체에 포함된 속성을 상속받기 때문에 상속이라는 단어가 적용된다. 검색이 트리의 하단에서 상단으로 이루어지므로, 어떤 의미에서는 트리로 연결된 객체들은 트리의 최상단으로 올라가는 과정에 있는 부모 트리에 정의된 모든 속성들의 합집합이다.

파이썬은 이 설명에 그대로 부합한다. 우리는 실제로 코드를 통해 연결된 객체의 트리를 만들고, 파이썬은 런타임에 우리가 **객체.속성** 표현을 사용할 때마다 이 트리를 거슬러 올라가며 속성을 검색한다. 그림 26-1에서는 이 트리 중의 하나에 대한 예제를 제시하고 있다. 이 그림을 통해 개념을 더 정확하게 이해할 수 있다.

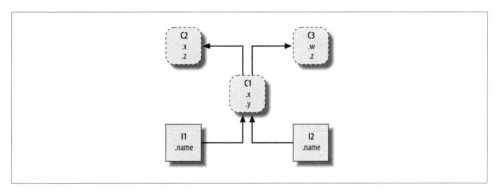

그림 26-1 하위에 두 개의 인스턴스(I1, I2)가 있고, 그 위에 하나의 클래스(C1)가 있으며, 그 위에 두 개의 슈퍼클래스(C2, C3)가 위치한 클래스 트리. 이 트리의 모든 객체는 네임스페이스(변수의 패키지)이며, 상속 검색은 트리의 하위에서 상위 방향으로 가장 먼저 나타나는 속성 이름을 찾는 단순 검색이다. 코드는 이러한 트리의 형상을 내포한다.

이 그림에서는 변수로 명명된 다섯 개의 객체를 가진 트리가 있다. 이 객체들은 모두 검색 가능한 객체를 포함하고 있다. 이 그림에서는 세 개의 **클래스 객체**(타원형으로 된 C1, C2, C3)와 두 개의 **인스턴스 객체**(사각형으로 된 I1, I2)를 하나의 상속 검색 트리 안에 함께 연결하고 있다. 다음 설명과 같이 파이썬 객체 모델에서는 클래스와 그로부터 생성된 인스턴스가 서로 별개의 객체 타입이라는 점을 기억하기 바란다.

클래스

인스턴스의 팩토리 역할을 한다. 클래스의 속성은 이 클래스로부터 생성되는 모든 인스턴스에 상속되는 데이터와 함수 등의 동작(예 급여와 근무 시간을 입력받아 근로자의 연봉을 계산하는 함수)을 제공한다.

인스턴스

프로그램 영역의 구체적인 아이템을 나타낸다. 인스턴스의 속성은 특정한 객체마다 다른 데이터(예 근로자의 주민 등록 번호)를 저장한다.

검색 트리 측면에서 말하자면, 인스턴스는 트리의 상위에 있는 클래스로부터 속성을 상속받고, 클래스는 트리 내에서 자신의 상위에 있는 모든 클래스로부터 속성을 상속한다.

그림 26-1에서 타원들(ovals)을 트리 내에서의 상대적인 위치에 의해 더 상세하게 분류할 수 있다. C2나 C3같이 트리의 상위에 있는 클래스를 일반적으로 **슈퍼클래스**로, C1처럼 하위에 있는 클래스를 **서브클래스**로 부른다. 이 용어들은 트리의 상대적인 위치와 역할을 나타낸다. 슈퍼클래스는 자신의 모든 서브클래스들이 공유하는 동작을 제공하지만, 상속 검색이 아래에서 위로 이루어지기 때문에 서브클래스가 슈퍼클래스의 이름을 재정의함으로써 자신의 슈퍼클래스에 정의된 동작을 오버라이드할 수 있다.

앞 문단의 마지막 몇 단어가 바로 객체 지향 프로그래밍 소프트웨어 커스터마이징의 정수이므로 이 개념을 더 확장해 볼 필요가 있다. 그림 26-1의 트리를 구성했다고 가정하고 다음 코드를 호출해 보자.[1]

```
I2.w
```

이 코드는 실행 즉시 상속을 발생시킨다. 이것이 **객체.속성** 표현식이기 때문에 그림 26-1의 트리 검색이 일어난다. 파이썬은 I2와 그 상위에서 속성 w를 검색할 것이다. 특히, 연결된 객체를 다음 순서로 검색할 것이다.

```
I2, C1, C2, C3
```

---

1 다른 프로그래밍 언어나 개발자 그룹에서는 슈퍼클래스와 서브클래스를 지칭할 때 각각 기반 클래스(base class)와 파생 클래스(derived class)라는 용어를 사용하는 경우도 있다. 하지만 일반적인 파이썬 사용자들과 이 책에서는 일반적으로 전자의 용어를 사용한다.

그리고 처음 검색된 w가 있는 위치에서 검색을 멈추게 된다(w를 찾지 못하면 오류를 발생시킬 것이다). 이 경우에서는 w가 C3에만 있기 때문에 C3가 검색되기 전까지는 w를 찾지 못할 것이다. 다시 말하면 I2.w는 자동적으로 C3.w로 귀결된다. 객체 지향 프로그래밍 용어로 말하자면 I2는 C3에서 속성 w를 '상속한다(inherits)'.

결국, 두 인스턴스는 그 클래스들로부터 네 개의 속성(w, x, y, z)을 상속한다. 다른 속성 참조는 트리 내에서 다른 경로를 따르게 된다. 예를 들면 다음과 같다.

- C2보다 C1이 더 낮게 위치하므로 I1.x와 I2.x는 모두 C1에서 x를 찾게 된다.
- y가 C1에만 있기 때문에 I1.y와 I2.y는 모두 C1에서 y를 찾게 된다.
- C2가 C3보다 왼쪽에 위치하기 때문에 I1.z와 I2.z는 모두 C2에서 z를 찾게 된다.
- I2.name은 트리의 상위로 올라가지 않고 I2에서 멈춘다.

그림 26-1의 트리를 이용해 검색을 추적하여 파이썬의 상속 검색이 어떻게 동작하는지 이해하도록 한다.

앞에서 나열한 목록 중 첫 번째 아이템이 아마도 가장 중요할 것 같다. C1이 트리 하위에서 속성 x를 재정의했기 때문에 그것이 트리 상위에 있는 C2 버전을 사실상 대체한다. 바로 뒤에서 보게 되겠지만, 이런 재정의가 바로 객체 지향 프로그래밍 소프트웨어 커스터마이징의 핵심이다. C1은 속성을 재정의하고 대체함으로써 슈퍼클래스에서 상속한 것들을 실제적으로 커스터마이즈한다.

클래스와 인스턴스

엄밀히 말해 파이썬에서 클래스와 인스턴스가 서로 다른 객체 타입이긴 하지만, 이러한 트리에 포함된 클래스와 인스턴스는 거의 동일하다. 각 타입의 주목적은 또 다른 종류의 네임스페이스 역할이다. 즉, 변수의 패키지이자, 우리가 속성을 붙여넣을 수 있는 장소의 역할을 한다. 그러므로 클래스와 인스턴스가 모듈처럼 보일 수도 있겠지만, 클래스 트리의 객체는 자동으로 다른 네임스페이스 객체와 전체 파일이 아닌 선언문에 해당하는 클래스에 대한 링크를 통해 자동으로 검색된다.

클래스와 인스턴스의 주요한 차이는 클래스가 인스턴스를 생성하기 위한 일종의 공장이라는 점이다. 예를 들어, 실제적인 애플리케이션에서는 근로자(employee)를 의미하는 Employee 클래스가 있을 것이다. 그 클래스에서 실제 Employee 인스턴스를 생성한다. 이것이 클래스와 모듈의 또 하나의 차이점이다. 메모리에는 하나의 모듈 인스턴스만을 가질 수 있다(그래서 모듈의 코드가 변경되면 다시 로드해야만 변경된 코드를 사용할 수 있다). 하지만 클래스는 원하는 대로 인스턴스를 생성할 수 있다.

동작 측면에서 클래스는 보통 클래스에 포함된 함수(computeSalary 같은)를 가지며, 인스턴스는 클래스의 함수에서 사용하는 기본적인 데이터 아이템(hoursWorked 같은)을 가진다. 사실, 객체 지향 모델은 고전적인 **프로그램 + 레코드** 데이터 처리 모델과 별반 다르지 않다. 객체 지향 프로그래밍 인스턴스는 '데이터'를 가진 레코드이고, 클래스는 그 레코드를 처리하기 위한 '프로그램'이다. 그렇지만 객체 지향 프로그래밍 이전의 모델보다 소프트웨어 커스터마이징을 더 잘 지원하는 상속 계층 구조라는 개념이 더해져 있다.

메소드 호출

이전 절에서 우리는 예제 트리의 속성 I2.w가 파이썬의 상속 검색 절차에 의해 C3.w를 참조하는 방법을 살펴보았다. 하지만 속성의 상속만큼이나 속성처럼 클래스에 포함된 함수인 메소드의 상속에 대해 이해하는 것도 매우 중요하다.

I2.w 참조가 함수 호출이었다면, 이것이 실제로 의미하는 것은 'C3.w 함수를 호출하여 I2를 처리하라'다. 즉, 파이썬이 I2.w( ) 호출을 C3.w(I2)로 자동으로 매핑하고, 상속된 함수의 첫 번째 인수로 그 인스턴스를 전달할 것이다.

실제로, 우리가 이런 방식으로 클래스에 포함된 함수를 호출할 때마다 그 클래스의 인스턴스가 언제나 암묵적으로 전달된다. 이 암묵적인 주체(subject)나 콘텍스트는 우리가 이것을 **객체 지향** 모델이라고 부르는 이유 중의 하나다. 동작이 실행될 때는 언제나 그 주체 객체가 있다. 더 현실적인 예제에서는 Employee 클래스에 속성으로 포함된 giveRaise로 불리는 메소드를 호출할 것이다. 이 호출에서 누구의 급여를 인상할지에 대한 객체가 지정되지 않으면 아무 의미가 없어진다.

뒤에서 보게 되겠지만, 파이썬은 암묵적인 인스턴스를 관습적으로 self라 불리는 메소드의 특수한 첫 번째 인수로 전달한다. 메소드는 이 인수를 통해 호출의 주체에 접근한다. 또한 메소드는 bob.giveRaise( )처럼 인스턴스를 통해 호출할 수도 있고, Employee.giveRaise(bob)처럼 클래스를 통해 호출할 수도 있다. 이 두 가지 호출 형태는 객체 지향 프로그래밍 핵심 사상을 설명한다. bob.giveRaise( ) 메소드를 실행하기 위해 파이썬은 다음 두 가지 동작을 한다.

1. 상속 검색을 통해 bob에서 giveRaise를 찾는다.

2. 검색한 giveRaise 함수의 특수한 첫 번째 인수로 bob을 전달한다.

Employee.giveRaise(bob)를 호출할 때는 위의 두 절차를 여러분이 직접 실행하는 것이다. 이것이 기술적으로는 기본적인 경우다(파이썬은 뒤에서 설명할 추가적인 메소드를 가지고 있다). 하지만 이것은 파이썬으로 작성된 대부분의 객체 지향 프로그래밍 코드 거의 대부분에 적용된다. 그러나 메소드가 그 주체를 어떻게 전달받는지에 대해 이해하려면 다른 코드를 좀 더 살펴봐야 한다.

클래스 트리 코드 작성하기

여기서 추상적으로 설명하고 있긴 하지만, 당연히 이 모든 사상 뒤에는 실제적인 코드가 있다. 코드에서는 class문과 class 호출을 통해 트리와 그 객체를 구성한다. 이 과정에 대해서는 이후에 더 자세하게 다룰 것이다. 간단히 정리하면 다음과 같다.

- 각 class문은 새로운 클래스 객체를 생성한다.
- 클래스가 호출될 때마다 새로운 인스턴스 객체가 생성된다.
- 인스턴스는 자신이 생성된 클래스에 자동으로 연결된다.
- 클래스는 클래스 헤더의 괄호 안에 나열된 순서(왼쪽 ➡ 오른쪽)에 따라 자동으로 그 슈퍼클래스와 연결된다.

예를 들어 그림 26-1의 트리를 구축하려면 다음 형태를 가진 파이썬 코드를 실행해야 한다. 클래스는 함수 정의와 유사하게 일반적으로 모듈 파일 안에 작성되며, import 과정에서 실행된다(간결한 표현을 위해 여기서 클래스 문의 내부는 생략했다).

```
class C2: ...                    # 클래스 객체를 생성(타원형)
class C3: ...
class C1(C2, C3): ...            # 슈퍼클래스에 연결(괄호 안의 순서대로)

I1 = C1()                        # 인스턴스 객체를 생성(그림 26-1의 사각형)
I2 = C1()                        # 클래스에 연결됨
```

여기서 세 개의 class문을 실행하여 세 개의 클래스 객체를 만들었다. 그리고 class C1을 마치 함수처럼 두 번 호출하여 두 개의 인스턴스 객체를 만들었다. 인스턴스는 자신이 생성된 클래스를 기억하고 있으며, class C1은 자신의 슈퍼클래스를 기억한다.

기술적으로 이 예제는 **다중 상속**이라는 것을 사용하고 있다. 다중 상속은 단순히 클래스가 클래스 트리에서 자신의 상위에 있는 클래스 중 두 개 이상을 상속했다는 것을 뜻한다. 이것은 여러 개의 도구를 조합하고자 할 때 유용하다. 파이썬에서는 class문의 괄호 안에 두 개 이상의 슈퍼클래스가 나열되면 (이 예제의 C1처럼) 왼쪽에서 오른쪽 순서로 상속에 의한 속성을 검색하게 된다. 기본적으로는 가장 왼쪽 클래스 버전의 이름이 가장 먼저 사용되지만, 그 속성이 위치한 클래스를 지정함(예를 들면 C3.z 같이)으로써 이름을 선택할 수도 있다.

상속 검색의 진행 방식 때문에 속성을 배치하는 객체가 매우 중요한데, 이것이 이름의 범위를 결정하기 때문이다. 인스턴스에 포함된 속성은 그 단일 인스턴스에만 존재하지만, 클래스에 포함된 속성은 그 클래스의 모든 서브클래스와 인스턴스에서 공유된다. 뒤에서 이런 객체들에 속성을 포함시키는 코드에 대해 다룰 것이다. 미리 조금 살펴보자면 다음과 같다.

- 속성은 일반적으로 class 구문 블록의 최상위에서의 할당을 통해 클래스에 포함되며, 함수의 def문 내에는 포함되지 않는다.
- 속성은 일반적으로 클래스 내에 작성된 함수에 전달되는 특별한 인수를 통해 인스턴스에 포함된다. 이 특별한 인수는 보통 self로 불린다.

예를 들어, 클래스는 class문 내부의 def문을 통해 생성한 메소드 함수를 통해 인스턴스에 동작을 제공한다. 그런 내부의 def가 클래스 내에 이름을 할당하기 때문에 다음 코드와 같이 모든 인스턴스와 서브클래스에 상속될 속성을 클래스 객체 안에 추가하게 된다.

```
class C2: ...                          # 슈퍼클래스 객체를 만듦
class C3: ...

class C1(C2, C3):                      # 클래스 C1을 만들고 슈퍼클래스와 연결함
    def setname(self, who):            # 이름 할당: C1.setname
        self.name = who                # self는 I1 또는 I2

I1 = C1()                              # 두 개의 인스턴스를 만듦
I2 = C1()
I1.setname('bob')                      # I1.name을 'bob'으로 설정
I2.setname('sue')                      # I2.name을 'sue'로 설정
print(I1.name)                         # 'bob'이 출력됨
```

이 문맥에서 def가 문법적으로 특별할 것은 없다. 하지만 동작 측면에서 class 내에서 def가 이런 식으로 나타나면 보통 메소드라고 불리며, 자동으로 특수한 첫 번째 인수를 전달받는다. 이 인수는 관습적으로 self라고 불리며, 처리할 인스턴스에 대한 연결 고리를 제공한다. 메소드에 여러분이 전달하는 인수는 self 이후의 두 번째 인수로 전달된다(여기서는 'who'가 된다).[2]

클래스는 여러 인스턴스의 공장이기 때문에 클래스의 메소드에는 메소드 호출에 의해 처리되는 특정한 인스턴스의 속성을 가져오거나 설정할 필요가 있을 때마다 자동으로 self 인수를 넘겨받는다. 앞의 코드에서는 self가 두 개의 인스턴스 중 하나에 이름을 저장하기 위해 사용된다.

단순 변수와 유사하게 클래스의 인스턴스의 속성은 사용되기 전에 앞서 선언되지 않고 처음 값이 할당될 때 존재하게 된다. 메소드가 self 속성에 값을 할당하게 되면, 클래스 트리의 맨 아래에 있는 인스턴스에 속성을 생성하거나 변경하게 된다(☜ 그림 26-1의 사각형 중의 하나). 왜냐하면 self는 자동으로 처리되는 인스턴스, 즉 호출의 주체를 참조하기 때문이다.

실제로, 클래스 트리의 모든 객체는 단순히 네임스페이스 객체이기 때문에 적절한 이름을 이용함으로써 그 객체들의 어떤 속성이든 가져오거나 설정할 수 있다. C1과 I1이 여러분의 코드 범위 내에 존재하기만 한다면 C1.setname은 I1.setname만큼이나 유효하다.

연산자 오버로드

지금까지 작성된 바로는 C1 클래스는 setname 메소드가 호출되기 전까지는 인스턴스에 name 속성을 추가하지 않는다. 실제로, I1.setname을 호출하기 전에 I1.name을 참조하면 이름이 정의되지 않았다는 오류가 나타난다. 클래스에서 모든 인스턴스에 name 같은 속성이 추가되도록 하려면, 다음과 같이 생성 시점에 속성을 추가하는 것이 일반적이다.

```
class C2: ...                           # 슈퍼클래스 객체를 생성함
class C3: ...

class C1(C2, C3):
    def __init__(self, who):            # 생성 시에 name을 설정
        self.name = who                 # self는 I1 또는 I2
```

---

2 C++이나 자바를 사용해 봤다면, 파이썬의 self가 this 포인터와 같다는 것을 알 수 있다. 하지만 self는 파이썬 메소드의 헤더와 본문에 언제나 명시적으로 나타나기 때문에 속성 접근을 더 명확하게 한다. 이 이름은 여러 의미를 갖기 어렵기 때문에 덜 모호하다.

```
I1 = C1('bob')          # I1.name을 'bob'으로 설정
I2 = C1('sue')          # I2.name을 'sue'로 설정
print(I1.name)          # 'bob'이 출력됨
```

만약 클래스 안에 __init__라는 메소드가 작성되었거나 슈퍼클래스로부터 상속되면, 파이썬은 그 클래스의 인스턴스가 생성될 때마다 __init__로 명명된 메소드를 자동으로 호출한다. __init__의 self 인수로 새로 생성된 인스턴스가 전달되며, 괄호 안에 나열된 모든 인수 값은 두 번째 이후의 인수로 전달된다. 그렇게 하면 별도의 메소드 호출 없이도 인스턴스가 생성될 때 초기화를 할 수 있다.

__init__ 메소드는 실행되는 시점 때문에 **생성자**(constructor)로 알려져 있다. 이것은 **연산자 오버로딩 메소드**(operator overloading method)라고 불리는 클래스 메소드의 대표적인 예로, 그에 대해서는 다음 장에서 더 자세하게 다룰 것이다. 이런 메소드들은 다른 메소드들과 똑같이 클래스 트리에서 상속되며, 다른 메소드들과 구분되도록 이름의 앞뒤로 더블 언더스코어(__) 기호가 붙어 있다. 파이썬은 해당하는 연산에서 이 메소드를 지원하는 인스턴스가 나타나면 자동으로 이 메소드를 실행한다. 이러한 메소드들은 대부분 간단한 메소드 호출에 대한 대안으로 사용된다. 오버로딩 메소드들은 선택적으로 사용할 수 있다. 이 메소드들을 생략하면 생략된 동작은 지원되지 않는다. 예를 들어, __init__가 생략된 클래스를 호출하면 초기화하지 않은 빈 인스턴스가 반환된다.

예를 들어 교집합을 구현하려는 클래스는 intersect라는 메소드를 제공하거나, 연산자 구조로 인해 인스턴스의 형태가 내장 타입처럼 보이게 되므로, 몇몇 클래스는 일관성이 있고 자연스러운 인터페이스를 제공하면서 내장 타입을 수용하는 코드와 호환되도록 할 수 있다. 그럼에도 불구하고 대부분의 실제적인 클래스에서 사용하는 __init__ 생성자를 제외하면, 프로그래머는 자신이 만드는 객체가 내장된 객체와 유사하지 않은 경우에는 메소드 이름을 가급적 짧게 명명하지 않는 것이 좋다. Employee의 giveRaise는 쉽게 이해가 되지만, a는 그 용도를 쉽게 이해할 수 없기 때문이다.

객체 지향 프로그래밍과 코드 재사용

앞에서 다룬 것이 파이썬 객체 지향 프로그래밍의 거의 대부분이다. 물론, 상속만이 객체 지향 프로그래밍의 전부는 아니다. 예를 들어, 연산자 오버로딩은 지금까지 설명한 것보다 훨씬

널리 사용된다. 클래스는 자신만의 인덱싱, 속성 반환, 인쇄 연산자 등을 따로 구현하기도 한다. 하지만 대개 객체 지향 프로그래밍은 함수의 특수한 첫 번째 인수를 이용한 클래스 트리안에서의 속성 검색에 대한 것이다.

그럼 우리는 왜 객체 트리를 구축하고 검색하는 일에 관심을 가져야 하는가? 어느 정도의 경험이 필요하긴 하지만, 잘만 활용하면 클래스는 다른 파이썬 프로그램 컴포넌트가 제공하지 못하는 방법으로 코드를 재사용할 수 있게 해준다. 사실, 이게 제일 큰 목적이다. 클래스를 이용하면 기존의 코드를 수정하여 대체하거나 새로운 프로젝트를 시작할 때마다 처음부터 코드를 작성하지 않고도 기존의 소프트웨어를 커스터마이즈함으로써 새로운 기능을 가진 코드를 만들어 낼 수 있다. 실제적인 프로그래밍에서는 이것이 매우 강력한 패러다임이 된다.

원래 클래스는 실제로는 모듈과 매우 유사하게 함수와 이름들의 묶음일 뿐이다. 하지만 클래스가 제공하는 자동 속성 상속 검색으로 인해 모듈과 함수로는 불가능한 소프트웨어 커스터마이징이 가능해진다. 게다가 클래스는 로직과 이름들을 패키지로 묶고 지역화하는 코드 구조를 제공하기 때문에 디버깅이 유용해진다.

예를 들어, 메소드는 특수한 첫 번째 인수를 가진 단순한 함수이므로, 처리할 객체를 일반적인 함수에 수동으로 전달함으로써 메소드의 동작을 흉내 낼 수 있다. 하지만 클래스 상속에 메소드가 포함되므로, 기존의 코드를 수정하여 대체하는 대신, 새로운 메소드 정의를 가진 서브클래스를 작성함으로써 기존의 소프트웨어를 커스터마이즈할 수 있다. 모듈과 함수에는 이런 개념이 전혀 없다.

다형성과 클래스

예를 들어, 여러분이 임직원 데이터베이스 애플리케이션을 구현하는 업무를 담당한다고 가정해 보자. 여러분은 파이썬 객체 지향 프로그래밍 프로그래머이므로, 다음과 같이 회사의 모든 임직원에 공통적으로 적용되는 기본 동작을 정의하는 공통 슈퍼클래스부터 작성할 것이다.

```
class Employee:                    # 공통 슈퍼클래스
    def computeSalary(self): ...   # 공통 혹은 기본 동작
    def giveRaise(self): ...
    def promote(self): ...
    def retire(self): ...
```

일단 공통 직무에 대한 슈퍼클래스를 작성하고 나면, 각 임직원 직무 타입에 따라 이 클래스를 상속받은 서브클래스를 작성할 수 있다. 즉, 임직원 직무에 따라 다른 동작을 정의할 수 있다는 것이다. 그 외의 다른 동작은 공통 클래스에서 상속된다. 예를 들어, 엔지니어에 대해 특별한 급여 산정 규칙(근무 시간 기반이 아닌)을 적용하려면, 다음과 같이 서브클래스에서 메소드 하나만을 대체하면 된다.

```
class Engineer(Employee):              # 특수화된 서브클래스
    def computeSalary(self): ...       # 그 외의 커스터마이즈된 동작은 여기 위치함
```

이 서브클래스의 computeSalary가 클래스 트리의 하위에서 나타나기 때문에 이 메소드는 Employee 클래스에 있는 공통 버전의 메소드를 오버라이딩(대체)할 것이다. 이후에는 다음과 같이 실제 임직원이 속한 종류의 클래스 인스턴스를 생성하여 각 임직원의 타입에 알맞게 동작하도록 할 수 있다.

```
bob = Employee()                       # 기본 메소드
sue = Employee()                       # 기본 메소드
tom = Engineer()                       # 엔지니어에 맞게 커스터마이즈된 급여 산정 메소드
```

주의할 점은 클래스 트리의 맨 아래에 있는 클래스뿐만 아니라, 트리 내의 어떤 클래스에 대한 인스턴스도 생성할 수 있다는 점이다. 어떤 클래스로부터 인스턴스를 만드는가에 따라 속성 검색이 시작하는 위치와 어떤 버전의 메소드가 적용될지가 결정된다.

궁극적으로 이 세 인스턴스 객체는 아마도 이 장의 시작 부분에서 다룬 컴포지션 사상에 의해 리스트나 다른 클래스의 인스턴스 같은 부서나 회사를 대표하는 더 큰 컨테이너 객체 내부에 포함될 것이다. 나중에 이 직원들의 급여를 확인할 때는 다음과 같이 속성 검색 원칙에 따라 그 객체가 생성된 클래스에 의해 급여가 계산된다.

```
company = [bob, sue, tom]              # 복합 객체
for emp in company:
    print(emp.computeSalary())         # 객체에 따라 기본 버전 또는 커스터마이즈된 버전이 실행됨
```

이것은 4장에서 처음 소개하고 16장에서 확장해서 다루었던 다형성에 대한 추가 예시다. 다형성은 동작의 의미가 현재 동작이 이루어지는 객체에 따라 달라진다는 것을 기억하자. 즉, 코드에서는 객체가 무엇인가에 대해서 신경 쓸 것이 아니라, 무엇을 하는지에 대해서만 신경 쓰면 된다는 뜻이다. 여기에서 computeSalary 메소드는 호출되기 전에 상속 검색에 의해 메소드가

속한 객체가 결정된다. 실제로 현재 처리 중인 객체에 대한 정확한 버전의 메소드가 실행된다는 것이다. 코드를 추적하여 그 이유에 대해 알아보자.[3]

다른 애플리케이션에서는 다형성이 인터페이스의 차이점을 숨기기 위해(즉, 캡슐화하기 위해) 사용될 수도 있다. 예를 들어, 다음 예제와 같이 데이터 스트림을 처리하는 프로그램에서는 객체가 입력 메소드와 출력 메소드를 지원한다고 가정하고 코드를 작성할 수 있다. 이때, 입력 메소드와 출력 메소드가 실제로 어떤 동작을 하는지에 대해서는 신경 쓰지 않아도 된다.

```python
def processor(reader, converter, writer):
    while True:
        data = reader.read()
        if not data:break
        data = converter(data)
        writer.write(data)
```

다양한 데이터 소스에 특화된 read와 write 메소드를 가진 서브클래스의 인스턴스를 전달하기만 하면, 현재 필요한 데이터 소스뿐만 아니라 나중에 필요하게 될 데이터 소스에 대해서도 현재의 처리 함수를 재사용할 수 있다.

```python
class Reader:
    def read(self): ...                     # 기본 동작과 도구
    def other(self): ...
class FileReader(Reader):
    def read(self): ...                     # 지역 파일에서 데이터를 읽음
class SocketReader(Reader):
    def read(self): ...                     # 네트워크 소켓에서 데이터를 읽음
...
processor(FileReader(...),   Converter,  FileWriter(...))
processor(SocketReader(...), Converter,  TapeWriter(...))
processor(FtpReader(...),    Converter,  XmlWriter(...))
```

게다가 read와 write 메소드의 내부 구현이 한 곳에 위치했기 때문에 그 메소드들을 이용하는 코드에 영향을 미치지 않고도 변경할 수 있다. processor 함수가 클래스 자체가 되어 컨버터의 변환 로직을 상속을 통해 주입하거나, reader와 writer가 컴포지션에 의해 내장되도록 할 수도 있다(이런 동작 방식에 대해서는 이번 파트의 후반부에서 살펴보도록 하자).

---

3 이 예제의 회사 목록은 9장에서 소개한 파이썬 객체 피클링을 이용해 파일에 저장한다면, 데이터베이스가 되어 employees를 영속적으로 저장할 수 있다. 또한 파이썬에는 shelve로 불리는 모듈이 있어, 피클링된 클래스 인스턴스의 형태가 키로 접근하는 파일시스템에 저장할 수도 있다. 이에 대해서는 28장에서 다루도록 하겠다.

커스터마이징을 통한 프로그래밍

이러한 (소프트웨어 커스터마이징) 프로그래밍 방식에 익숙해지면, 뭔가 새로운 프로그램을 작성해야 한다고 생각했을 때 여러분이 해야 할 일의 상당 부분이 이미 이루어져 있음을 알게 된다. 여러분이 해야 할 일의 대부분은 여러분의 프로그램이 필요로 하는 동작을 이미 구현해 놓은 기존의 슈퍼클래스들을 조합하는 것이다. 예를 들어, 이 절의 예제에서 사용한 Employee, Reader, Writer 클래스는 누군가가 이미 만들어 놓았을 것이다(그것도 완전히 상관없는 프로그램에서 사용할 용도로). 만약 그런 코드가 있다면, 그 코드를 완전히 공짜로 얻을 수 있다.

사실, 많은 애플리케이션 영역에서는 **프레임워크**라고 불리는 슈퍼클래스의 집합을 구매할 수 있다. 프레임워크는 일반적인 프로그래밍 태스크를 클래스로 구현하여 여러분의 애플리케이션에 집어넣을 수 있도록 만든 것이다. 이런 프레임워크들은 데이터베이스 인터페이스나 테스트 프로토콜, GUI 툴킷 등을 제공한다. 프레임워크를 이용하면 보통 필요로 하는 메소드를 가진 서브클래스 한두 개를 작성하는 정도만 하면 된다. 트리의 상위에 위치한 프레임워크의 클래스들이 대부분의 일을 대신해 줄 것이다. 객체 지향 프로그래밍 세계에서의 프로그래밍은 보통 자신만의 서브클래스를 작성함으로써 이미 디버그된 코드를 조합하고 특수화하는 것이 대부분이다.

물론, 앞에서 설명한 객체 지향 프로그래밍 천국에 들어가기 위해서는 클래스를 차용하는 법을 배우는 시간이 필요하다. 실제로 클래스의 코드 재사용 이점을 완전히 누리기 위해서는 엄청난 설계 작업이 필요하다. 그래서 프로그래머들은 설계 이슈를 돕기 위해 보통 **디자인 패턴**이라고 알려진 일반적인 객체 지향 프로그래밍 구조를 카탈로그로 만들기 시작했다. 하지만 파이썬에서 객체 지향 프로그래밍을 위해 여러분이 작성하게 될 실제 코드는 정말 간단해서 그 자체가 객체 지향 프로그래밍 구현의 장애물이 되지는 않을 것이다. 왜 그런지에 대해서는 27장에서 설명하겠다.

이 장의 요약

이 장에서는 문법에 대해 상세히 알아보기 전에 큰 그림을 살펴보면서 클래스와 객체 지향 프로그래밍에 대해 간략하게 살펴보았다. 이 장에서 살펴본 것처럼 객체 지향 프로그래밍은 self라고 명명된 인수와 상속이라고 불리는 연결된 객체 트리에서의 속성 탐색에 대한 것이 그 내용의 대부분이다. 트리의 제일 아래에 있는 객체들은 트리의 상위에 있는 객체들로부터 속성을 상속한다. 이러한 성질 덕분에 우리가 처음부터 코드를 작성하거나 기존 코드를 변경하지 않고 코드 커스터마이징에 의한 프로그램 작성이 가능하게 되었다. 이러한 프로그래밍 모델은 잘만 사용하면 개발 시간을 비약적으로 단축할 수 있다.

다음 장에서는 여기서 그린 큰 그림의 상세한 부분을 채워나갈 것이다. 하지만 파이썬 클래스에 대한 심도 있는 접근 과정에서 파이썬의 객체 지향 프로그래밍 모델이 매우 단순하다는 점을 염두에 두어야 한다. 이 장에서 본 것처럼 파이썬의 객체 지향 프로그래밍 모델은 객체 트리 안에서 속성과 특별한 함수의 인수를 검색하는 것이 전부다. 더 나아가기 전에 이 장에서 학습한 내용에 대한 간단한 퀴즈를 풀어 보도록 하자.

학습 테스트: 퀴즈

1. 파이썬에서 객체 지향 프로그래밍의 주요 사항은 무엇인가?

2. 상속 검색은 어디에서 속성을 찾고자 하는가?

3. 클래스 객체와 인스턴스 객체의 차이는 무엇인가?

4. 왜 클래스 메소드 함수의 첫 번째 인수를 특별하게 다루어야 하는가?

5. init 메소드는 어떤 목적으로 사용되는가?

6. 클래스 인스턴스는 어떻게 생성하는가?

7. 클래스는 어떻게 생성하는가?

8. 클래스의 수퍼클래스는 어떻게 명세하는가?

학습 테스트: 정답

1. 객체 지향 프로그래밍은 코드 재사용에 대한 것이다. 기존에 있는 코드를 변경하거나, 처음부터 다시 작성하는 것이 아니라, 이미 있는 코드를 커스터마이즈하여 중복을 최소화하고, 프로그램을 작성한다.

2. 상속 검색에서는 인스턴스 객체, 인스턴스가 만들어진 클래스, 모든 상위 수퍼클래스 순서로, 객체 트리의 하단에서 상단으로, 그리고 왼쪽에서 오른쪽으로(기본적으로) 속성을 검색

한다. 이 검색은 맨 처음 속성을 찾은 위치에서 멈춘다. 검색 과정에서 발견된 가장 낮은 버전의 이름이 선택되므로, 클래스 계층 구조는 자연스럽게 새로운 서브클래스에서의 확장에 의한 커스터마이징을 지원하게 된다.

3. 클래스와 인스턴스 객체 모두 네임스페이스(속성의 형태로 나타나는 변수 패키지)다. 둘 사이의 주요한 차이점은 클래스가 여러 개의 인스턴스를 생성하는 공장의 일종이라는 점이다. 클래스는 연산자 오버로딩 메소드를 지원한다. 인스턴스들은 이 메소드를 상속받고, 클래스에 내재한 모든 함수를 인스턴스를 처리하기 위한 메소드로 사용한다.

4. 클래스의 메소드 함수의 첫 번째 인수는 묵시적으로 메소드 호출의 대상이 되는 인스턴스 객체를 전달받는다는 점에서 특별하게 취급된다. 보통 이 인수는 규약에 따라 self로 불린다. 메소드 함수는 언제나 이 묵시적인 대상과 객체 콘텍스트를 기본적으로 가지게 되므로, 이것을 "객체 지향적"이라고 할 수 있다(다시 말하면, 객체를 처리하거나 변경하도록 설계되었다는 뜻이다).

5. 클래스 내에서 __init__ 메소드가 작성되거나 상속받으면, 파이썬은 클래스의 인스턴스가 생성될 때마다 자동으로 __init__ 메소드를 호출한다. __init__ 메소드는 생성자 메소드로도 불린다. 이 메소드에는 클래스 이름에 명시적으로 전달되는 다른 인수들과 같이 새로운 인스턴스가 묵시적으로 전달된다. 또한, 이 메소드는 가장 널리 사용되는 연산자 오버로딩 메소드다. __init__ 메소드가 없을 경우, 인스턴스는 빈 네임스페이스로 그 생명 주기를 시작하게 된다.

6. 클래스 인스턴스를 생성할 때는 마치 함수인 것처럼 클래스 이름을 호출하게 된다. 이때 클래스 이름에 전달되는 모든 인수는 __init__ 메소드의 두 번째 인수 이후로 차례로 전달된다. 새로운 인스턴스는 상속을 위해 자신이 생성된 클래스를 기억하고 있다.

7. 함수 선언과 유사하게 class문을 실행하여 클래스를 생성한다. 이 구문은 보통 구문이 포함된 모듈 파일을 가져올 때 실행된다(이 내용에 대해서는 다음 장에서 더 상세하게 다룬다).

8. class문의 괄호 안에 클래스들을 나열함으로써 클래스의 슈퍼클래스를 지정할 수 있다. 괄호 안에 왼쪽에서 오른쪽으로 나열된 순서대로 클래스 트리 내에서의 상속 검색 순서가 정해진다.

27

클래스 코딩 기초

개요에서 객체 지향 프로그래밍에 대해 설명했으므로, 객체 지향 프로그래밍 코드를 실제로 어떻게 작성하는지 알아보도록 하자. 이 장에서는 파이썬의 클래스 모델 이면의 문법에 대한 세부 사항에 대해 먼저 다룬다.

과거에 객체 지향 프로그래밍을 접해 본 적이 없다면, 클래스를 한 번에 이해하기는 조금 복잡해 보일 수 있다. 클래스 코딩을 좀 더 쉽게 이해할 수 있도록, 이 장에서는 몇몇 기초적인 클래스에 대해 먼저 살펴보면서 객체 지향 프로그래밍에 대해 자세히 알아보겠다. 이 책의 뒷부분에서는 이 장에서 소개한 세부 사항을 확장할 것이지만, 기본적인 형식의 파이썬 클래스는 이해하기 쉽다.

클래스는 세 가지 중요한 특징을 가진다. 클래스는 파트 5에서 학습했던 모듈과 기본적인 형태가 매우 유사한 단순한 네임스페이스다. 하지만 모듈과 달리 클래스는 다수의 객체를 생성할 수 있으며, 네임스페이스 상속과 연산자 오버로딩을 지원한다. class문을 통해 이 세 가지 특징에 대해 알아보도록 하자.

클래스는 다수의 인스턴스 객체를 생성

다수의 객체라는 사상이 어떻게 동작하는지 이해하려면, 파이썬의 객체 지향 프로그래밍 모델에는 **클래스 객체**와 **인스턴스 객체**라는 두 종류의 객체가 있음을 먼저 이해해야 한다. 클래스 객체는 기본 동작을 제공하며, 인스턴스 객체에 대한 공장 역할을 한다. 인스턴스 객체는 프로그램이 처리하는 실제 객체다. 각각은 고유의 권한을 가진 네임스페이스지만, 인스턴스가 생성된 클래스의 이름을 상속받는다(자동으로 접근 권한이 부여된다). 클래스 객체는 선언문을 통해 만들어지며, 인스턴스는 호출을 통해 만들어진다. 클래스를 호출할 때마다 그 클래스의 새 인스턴스가 만들어진다.

이 객체 생성 개념은 우리가 지금까지 이 책에서 다루었던 거의 대부분의 다른 프로그램의 구조와 매우 다르다. 사실상 클래스는 본질적으로 다수의 인스턴스를 생성하기 위한 **공장** (factories)이다. 이와 대조적으로 단일 프로그램에서는 단 하나의 모듈 복사본만이 임포트된다. 사실, 이것이 reload가 단일 인스턴스 공유 객체를 메모리 안에서 업데이트하는 동작을 실시하는 이유다. 클래스에 대해서는 각 인스턴스가 각각의 독립적인 데이터를 가지며, 클래스 모델 객체의 여러 버전이 동시에 존재할 수 있다.

이 역할로 보면, 클래스 인스턴스는 17장에서 다룬 **클로저**(closure, factory로도 불림)의 매 호출 시 상태와 매우 유사하지만, 이것은 클래스 모델의 자연스러운 부분이며, 클래스의 상태는 암묵적인 범위 참조가 아닌 명시적인 속성이다. 게다가 이것은 클래스의 기능 중 일부일 뿐이다. 클래스는 상속에 의한 커스터마이징과 연산자 오버로딩, 그리고 메소드를 통한 다수의 동작 또한 지원한다. 객체 지향 프로그래밍과 함수 프로그래밍은 상호 배타적인 패러다임은 아니다. 그러나 일반적으로 클래스가 좀 더 완벽한 프로그래밍 도구다. 메소드 내의 기능적인 도구를 이용하거나, 그 자체가 제너레이터인 메소드를 작성하거나, 사용자 정의 반복자를 작성(30장에서 보게 될 것이다)하는 등의 방법으로 이것들을 조합할 수 있다.

다음은 두 객체 타입의 측면에서 파이썬 객체 지향 프로그래밍의 핵심에 대해 간략하게 요약한 것이다. 파이썬 클래스는 어떤 면에서는 def나 모듈 두 가지와 모두 유사하지만, 다른 언어에서 익숙했던 개념과는 상당히 다를 수도 있다.

클래스 객체는 기본 동작을 제공

class문을 실행하면 클래스 객체가 생성된다. 다음은 파이썬 클래스의 주요한 속성에 대한 개요다.

- **class문은 클래스 객체를 생성하고, 생성된 객체에 이름을 할당한다.** 함수의 def문과 유사하게 파이썬 class문은 실행 가능한(executable) 문이다. 코드에 도달하여 실행되면, class문은 새로운 클래스 객체를 생성하고 class 헤더 안에 있는 이름에 생성된 객체를 할당한다. 또한, def와 유사하게 class문은 보통 class 코드가 포함된 파일이 처음 import될 때 실행된다.

- **class문 내부의 할당으로 인해 클래스 속성이 생성된다.** 모듈 파일에서와 같이 class문 안에서의 최상위 할당(def 내에 중첩되지 않은)은 클래스 객체 안에서 속성을 생성한다. 기술적으로, class문은 모듈의 전역 범위와 완전히 동일하게 클래스 객체의 속성 네임스페이스로 변환되는 지역 범위를 정의한다. class문을 실행한 후에는 다음과 같이 이름 한정(name qualification)을 통해 클래스 속성에 접근할 수 있다(object.name).

- **클래스 속성은 객체 상태(object state)와 동작(behavior)을 제공한다.** 클래스 객체의 속성은 해당 클래스로부터 생성된 모든 인스턴스가 공유할 상태 정보와 동작을 기록한다. class문 안에 중첩된 함수 def문은 인스턴스를 처리하는 메소드(methods)를 생성한다.

인스턴스 객체는 구체적인 아이템

클래스 객체를 호출하면 인스턴스 객체를 얻게 된다. 다음은 클래스 인스턴스 이면의 핵심 포인트에 대한 개요다.

- **클래스 객체를 함수처럼 호출하면 새로운 인스턴스 객체가 만들어진다.** 클래스가 호출될 때마다 새로운 인스턴스 객체를 만들고 반환한다. 인스턴스는 여러분의 프로그램 영역 내부의 구체적인(concrete) 아이템을 나타낸다.

- **각 인스턴스 객체는 클래스 속성을 상속하고, 고유의 네임스페이스를 가진다.** 클래스에서 생성된 인스턴스 객체는 새로운 네임스페이스다. 인스턴스 객체는 빈 채로 생성되지만, 객체가 생성된 클래스 객체 안에 있는 속성을 상속한다.

- **메소드 안에서 self의 속성에 할당을 하면 인스턴스별(per-instance) 객체가 생성된다.** 클래스의 메소드 함수의 첫 번째 인수(관습적으로 self로 명명되는)는 현재 다루고 있는 인스턴스 객체를 참조한다. self의 속성에 값을 할당하면, 클래스가 아닌 인스턴스 내부에서 데이터를 생성하거나 변경한다.

결과적으로 클래스는 공통의 공유 데이터와 동작을 정의하고 인스턴스를 생성한다. 인스턴스는 구체적인 활용 대상을 나타내며, 객체마다 다른 인스턴스별 데이터를 기록한다.

첫 번째 예제

이 사상이 실제로 어떻게 동작하는지 실제 예제를 살펴보도록 하자. 먼저, 파이썬의 class문을 대화형으로 실행하여 FirstClass라는 이름을 가진 클래스를 정의한다.

```
>>> class FirstClass:              # 클래스 객체 정의
        def setdata(self, value):  # 클래스의 메소드 정의
            self.data = value      # self는 인스턴스
        def display(self):
            print(self.data)       # self.data: 인스턴스마다 존재함
```

우리는 지금까지 대화형으로 작업했지만, 보통 이러한 구문은 구문이 코딩된 모듈 파일이 import될 때 실행된다. def문으로 생성된 함수와 유사하게 이 클래스는 파이썬이 코드에 도달하여 실행하기 전까지는 존재하지도 않는다.

모든 복합문처럼 class는 클래스 이름을 나열한 헤더 라인으로 시작하고, 그 뒤에는 하나 또는 그 이상의 중첩되고 (보통은) 들여쓰기된 구문이 뒤따른다. 여기서 중첩된 문은 def다. def는 클래스가 외부로 노출하는 동작을 구현한 함수를 정의한다.

파트 5에서 배운 것처럼 def는 실제로 할당문이다. 이 예제에서 def는 class문의 범위 안에서 setdata와 display 이름에 함수 객체를 할당하며, 클래스에 속한 FirstClass.setdata와 FirstClass.display라는 두 개의 속성을 생성한다. 사실, class의 중첩 블록의 최상위에서 할당된 모든 이름은 클래스의 속성이 된다.

클래스 안의 함수는 보통 메소드라고 불린다. 메소드는 일반적인 def문으로 코딩되며, 우리가 지금까지 함수에 대해 배웠던 모든 것(기본값, 반환값, 요청에 대한 yield 아이템 등)을 지원한다. 하지만 메소드 함수에서는 첫 번째 인수가 호출된 인스턴스 객체(호출된 객체)를 자동으로 넘겨받는다. 이것이 어떻게 동작하는지 보려면 다음과 같이 인스턴스 몇 개를 생성해야 한다.

```
>>> x = FirstClass()    # 두 개의 인스턴스를 만듦
>>> y = FirstClass()    # 각각은 새로운 네임스페이스임
```

클래스를 이렇게 호출하면(괄호에 주목한다) 인스턴스 객체를 생성하는데, 실제로 이 인스턴스 객체는 그들의 클래스의 속성에 접근할 수 있는 네임스페이스일 뿐이다. 정확히 말하면 이 시점에서 우리는 총 세 개의 객체를 가진다. 두 개의 인스턴스와 하나의 클래스가 바로 그것이다. 실제로, 이것은 그림 27-1과 같이 세 개의 연결된 네임스페이스다. 객체 지향 프로그래밍

용어로 말하자면 'x 'is a' FirstClass'다. y도 마찬가지다. x와 y는 모두 클래스에 속한 이름들을 상속받는다.

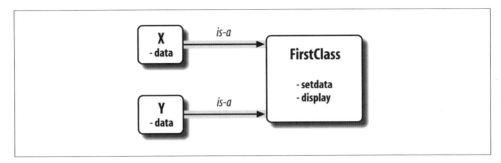

그림 27-1 클래스와 인스턴스는 상속을 통해 검색할 수 있는 클래스 트리 안에서 연결된 네임스페이스 객체다. 여기에서 "data" 속성은 인스턴스에서 검색되지만, 'setdata'와 'display'는 인스턴스 상위의 클래스 안에서 검색된다.

두 인스턴스는 빈 채로 만들어지지만, 인스턴스들이 생성된 클래스에 대한 링크를 가진다. 인스턴스에는 없지만 클래스 객체 안에 있는 속성 이름을 지정하면, 파이썬은 다음 코드와 같이 상속 검색을 통해 클래스로부터 지정된 속성 이름을 가져온다.

```
>>> x.setdata("King Arthur")        # 메소드 호출: self는 x
>>> y.setdata(3.14159)              # FirstClass.setdata(y, 3.14159)를 실행
```

x와 y 모두 자신만의 setdata 속성을 가지고 있지 않기 때문에 파이썬은 인스턴스에서 클래스로의 링크를 따라간다. 이것이 파이썬의 상속에 대한 모든 내용이다. 상속은 속성을 한정할 때 일어나며, 연결된 객체 관계에서 상향 검색을 통해 이름을 찾는 동작이다. 여기서는 그림 27-1의 is-a 링크를 따른다.

FirstClass 내부의 setdata 함수에서는 전달된 값이 self.data에 할당된다. 메소드 내에서 관습적으로 가장 왼쪽의 인수를 지칭하는 이름인 self는 자동으로 처리되는 인스턴스(x 또는 y)를 참조한다. 그러므로 할당은 클래스가 아닌 인스턴스의 네임스페이스에 값을 저장한다. 이것이 바로 그림 27-1의 data 이름이 생성된 과정이다.

클래스가 다수의 인스턴스를 생성할 수 있기 때문에 메소드가 처리할 자신의 인스턴스에 접근하려면 반드시 self 인수를 통해야 한다. self.data를 출력하기 위해 class의 display 메소드를 호출해 self.data를 출력해 보면 각 인스턴스마다 값이 다른 것을 알 수 있다. 반면, display라는 이름 자체는 클래스에서 상속되기 때문에 x와 y 모두에서 동일하다.

```
>>> x.display()              # self.data는 각 인스턴스마다 다름
King Arthur
>>> y.display()              # FirstClass.display(y)를 실행
3.14159
```

우리가 각 인스턴스의 data 멤버에 서로 다른 객체 타입인 문자열과 부동 소숫점 숫자(floating-point number)를 저장했다는 것을 기억하자. 파이썬의 다른 모든 것들과 같이 (때로는 멤버라고 불리는) 인스턴스 속성에 대한 선언은 없다. 인스턴스 속성은 단순 변수처럼 처음 값이 할당될 때 생겨난다. 사실 setdata를 호출하기 전에 우리 인스턴스 중의 하나에 대해 display를 호출하면, 정의되지 않은 이름 오류를 발생시키게 된다. 속성 이름인 data는 setdata 메소드 안에서 할당될 때까지는 메모리상에 존재하지 않는다.

다음 코드에서와 같이 클래스 자체의 메소드에서 self에 값을 할당하거나, 클래스 외부에서 명시적인 인스턴스 객체에 대한 할당을 통해 인스턴스 속성을 변경할 수 있다는 것을 보면, 이 모델이 얼마나 동적인지를 알 수 있다.

```
>>> x.data = "New value"     # 속성을 가져오거나 설정할 수 있음
>>> x.display()              # 이것도 클래스 외부에 있음
New value
```

자주 사용되는 것은 아니지만, 클래스의 메소드 함수 외부에서 인스턴스의 네임스페이스 내부에 이름을 할당하여 완전히 새로운 속성을 생성할 수도 있다.

```
>>> x.anothername = "spam"   # 여기서 새로운 속성을 설정할 수도 있음
```

이 코드는 anothername으로 명명된 새로운 속성을 인스턴스 객체 x에 추가한다. 이 속성은 클래스의 모든 메소드에서 자유롭게 사용할 수 있다. 클래스는 보통 모든 인스턴스의 속성을 self 인수에 대한 할당을 통해 생성하지만, 반드시 그래야만 하는 것은 아니다. 프로그램에서는 프로그램이 참조를 가진 모든 객체에 대해 속성을 가져오거나, 변경하거나, 생성할 수 있다.

클래스가 사용할 수 없는 데이터를 추가하는 것은 일반적으로 있는 일은 아니므로, 속성 접근 연산자 오버로딩에 기반한 추가적인 '프라이버시' 코드를 이용해 막을 수 있다. 이에 대해서는 뒤(30장과 39장)에서 다루겠다. 자유로운 속성 접근은 곧 구문에 덜 부합한다는 것을 의미하는데, 어떤 경우에는 이것이 유용하기까지 하다. 이 장 뒤에서 다루게 될 종류의 데이터 레코드를 작성할 때가 한 예가 될 것이다.

상속을 통한 클래스 커스터마이징

클래스의 두 번째 주요한 특성에 대해 알아보자. 다수의 인스턴스 객체를 생성하는 공장 역할 이외에도 클래스는 현재의 컴포넌트를 수정하는 대신 새로운 컴포넌트(서브클래스라고 불리는)를 이용해 변경할 수 있도록 해준다.

앞에서 봤던 대로 클래스로부터 생성된 인스턴스 객체는 클래스의 속성을 상속한다. 파이썬에서는 클래스가 다른 클래스로부터 상속받을 수도 있다. 이로 인해 동작을 특수화하는 클래스 계층 구조 코딩에 대한 문이 열리게 된다. 클래스 계층 구조 하위에서 나타나는 서브클래스에서 속성을 재정의함으로써, 트리의 상위에 위치하는 속성의 좀 더 일반적인 정의를 오버라이드할 수 있다. 사실상 계층 구조의 하위로 내려갈수록 소프트웨어는 더욱 구체적인 성향을 가진다. 역시, 이 부분에서 모듈과 다른 것은 모듈의 속성은 단일하고 평면적이어서 커스터마이즈할 수 없는 네임스페이스라는 점이다.

파이썬에서 인스턴스는 클래스를 상속하며, 클래스는 슈퍼클래스를 상속한다. 속성 상속 메커니즘의 핵심 아이디어는 다음과 같다.

- **슈퍼클래스는 클래스 헤더의 괄호 안에 나열된다.** 클래스가 다른 클래스로부터 속성을 상속받도록 하려면, 단순히 새로운 class문의 헤더 라인에 있는 괄호 안에 다른 클래스를 나열하면 된다. 상속을 받는 클래스는 보통 서브클래스(subclass)라고 불리며, 상속을 해주는 클래스는 서브클래스의 슈퍼클래스(superclass)라고 불린다.

- **클래스는 그 슈퍼클래스로부터 속성을 상속한다.** 인스턴스가 클래스에 정의된 속성 이름을 상속받는 것과 마찬가지로, 클래스는 자신의 슈퍼클래스에 정의된 모든 속성 이름을 상속받는다. 파이썬은 속성에 접근하려 할 때 그 속성이 서브클래스에 존재하지 않으면 자동으로 슈퍼클래스에서 속성 이름을 찾는다.

- **인스턴스는 모든 접근 가능한 클래스로부터 속성을 상속한다.** 각 인스턴스는 자신을 생성한 클래스뿐만 아니라, 그 클래스의 모든 슈퍼클래스로부터도 이름을 상속받는다. 이름을 검색하게 되면 파이썬은 인스턴스, 인스턴스의 클래스, 그리고 모든 슈퍼클래스 순서로 이름을 확인한다.

- **각 객체.속성 참조는 새로운, 그리고 독립적인 검색을 유발한다.** 파이썬은 각 속성에 대한 조회가 일어날 때마다 독립적으로 클래스 트리를 검색한다. 이 검색에는 클래스 내부의 메소드 함수 내에서 발생하는 self 인스턴스 인수의 모든 속성에 대한 참조뿐만 아니라 class

문 외부에서 발생한 인스턴스와 클래스에 대한 참조(예를 들면 X.attr 같이)를 포함한다. 메소드 내의 모든 self.attr 표현마다 self와 그 상위에서의 attr에 대한 검색이 발생한다.

- **로직을 변경할 때는 슈퍼클래스를 변경하는 것이 아니라 서브클래스를 생성하여 변경한다.** 계층 구조(클래스 트리)의 하위에 있는 서브클래스에서 슈퍼클래스의 이름을 재정의함으로써, 서브클래스는 상속한 동작을 대체하여 커스터마이즈하게 된다.

이 모든 검색의 주요한 목적이자 실제 효과는 클래스가 우리가 지금까지 보아 왔던 다른 모든 언어 도구보다도 코드 커스터마이징을 더 잘 지원한다는 점이다. 한편으로는 연산을 하나의 공유된 구현으로 만들어 냄으로써 코드 중복을 최소화할 수 있다(그로 인해 유지보수 비용이 감소한다). 또한, 기존에 있는 것을 변경하거나 완전히 처음부터 다시 만들지 않고 커스터마이즈하는 방식으로 프로그램을 작성할 수 있도록 한다.

 엄밀히 말하면, 나중에 배우게 될 고급 주제인 새 형식 클래스의 디스크립터와 메타클래스를 고려하면 파이썬 **상속**은 여기에서 설명한 것보다 더 많은 기능을 가지고 있지만, 대부분의 파이썬 애플리케이션 코드에서는 상속의 범위를 인스턴스와 그 클래스까지로만 한정해도 충분하다. 상속에 대해서는 40장에서 공식적으로 정의하도록 하겠다

두 번째 예제

상속의 역할을 설명하기 위해, 이 다음 예제는 이전 예제에 기반하여 작성하였다. 먼저, 새로운 클래스인 SecondClass를 정의할 것이다. 이 클래스는 FirstClass의 모든 이름들을 상속받고, 자신만의 이름을 제공한다.

```
>>> class SecondClass(FirstClass):          # setdata를 상속
        def display(self):                  # display 메소드를 변경
            print('Current value = "%s"' % self.data)
```

SecondClass에서는 다른 형식으로 출력하도록 display 메소드를 정의한다. FirstClass의 속성과 같은 이름을 가진 속성을 정의함으로써, SecondClass는 그 슈퍼클래스의 display 속성을 효과적으로 대체한다.

상속 검색이 인스턴스에서 서브클래스를 거쳐 슈퍼클래스로 진행하여 속성 이름이 처음 나타나는 곳에서 멈춘다는 것을 기억하자. 이 경우 FirstClass에 있는 display보다 SecondClass에 있는 display가 먼저 검색되므로 SecondClass가 FirstClass의 display를 오버라이드한다고 말할 수 있다.

이렇게 트리 오버로딩의 하위에서 속성을 재정의하여 치환하는 방법이 종종 사용된다.

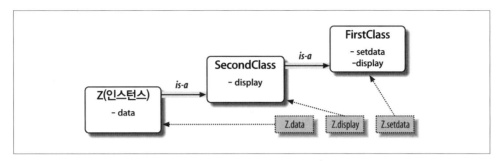

그림 27-2 특수화(Specialization): 클래스 트리 하위에서 상속받은 이름을 재정의하여 오버라이드함. 여기서 SecondClass는 그 인스턴스의 'display' 메소드를 재정의하여 커스터마이즈한다.

이것의 실제 동작은 SecondClass가 display 메소드를 변경함으로써 FirstClass를 특수화하는 것이다. 반면, SecondClass는(그리고 그로부터 생성된 모든 인스턴스는) 여전히 FirstClass의 setdata 메소드를 그대로 상속한다. 확인을 위해 인스턴스를 만들어 보자.

```
>>> z = SecondClass()
>>> z.setdata(42)                    # FirstClass에서 setdata를 찾음
>>> z.display()                      # SecondClass에서 오버라이드된 메소드를 찾음
Current value = "42"
```

앞에서 본 대로 SecondClass를 호출하여 그 인스턴스 객체를 만든다. setdata 호출은 여전히 FirstClass에 있는 버전을 실행하겠지만, display 속성은 SecondClass의 것을 사용하여 커스터마이즈된 메시지를 출력한다. 그림 27-2에서는 연관된 네임스페이스들에 대한 스케치를 보여주고 있다.

객체 지향 프로그래밍에 대해 반드시 알아야 할 중요한 것이 있다. SecondClass에서 소개한 특수화는 FirstClass 입장에서는 완전히 외부의 일이라는 것이다. 즉, 그것이 이전 예제에서의 x처럼 현존하는 객체나 미래의 FirstClass 객체에 영향을 미치지 않는다는 것이다.

```
>>> x.display()                      # x는 여전히 FirstClass 인스턴스임(예전 메시지)
New value
```

FirstClass를 변경하는 대신 그것을 커스터마이즈한 것이다. 물론, 이것은 인위적인 예제다. 하지만 대체적으로 상속을 이용하면 이렇게 외부의 컴포넌트(째 서브클래스) 안에서 변경을 할 수 있기 때문에 클래스는 보통 함수나 모듈보다 확장과 재사용을 더 잘 지원한다.

클래스는 모듈 안의 속성

더 나아가기 전에 클래스 이름에는 특별한 게 없다는 것을 기억하자. 클래스 이름은 class문이 실행될 때 객체에 할당된 변수일 뿐이며, 그 객체는 일반적인 표현이라면 어떤 것으로든 참조할 수 있다. 예를 들어, FirstClass가 상호 대화형이 아니라 모듈 파일 안에 작성되었다면, FirstClass를 import하고 class 헤더 라인 안에서 일반적인 이름처럼 사용할 수 있다.

```
from modulename import FirstClass      # 이름을 내 범위 안으로 복사
class SecondClass(FirstClass):         # 클래스 이름을 직접 사용
    def display(self): ...
```

다음 코드는 동등한 효과를 가진다.

```
import modulename                              # 전체 모듈에 접근
class SecondClass(modulename.FirstClass):      # 참조하기 위해 한정
    def display(self): ...
```

다른 것들과 마찬가지로 클래스의 이름들은 언제나 모듈 내에 위치하기 때문에 우리가 5장에서 학습했던 모든 규칙을 따라야 한다. 예를 들어, 하나 이상의 클래스가 하나의 모듈 파일 안에 작성될 수 있다. 모듈 내의 다른 구문들과 같이 class 구문은 import 과정에서 실행되어 이름들을 정의하고, 이 이름들은 모듈의 고유한 속성이 된다. 더 일반적으로 말하면, 각 모듈은 변수, 함수, 그리고 클래스를 개수 제한 없이 임의로 묶을 수 있고 모듈 내의 모든 이름들은 같은 방식으로 동작한다. 다음 food.py 파일에서 그 예시를 볼 수 있다.

```
# food.py
var = 1                    # food.var
def func(): ...            # food.func
class spam: ...            # food.spam
class ham:  ...            # food.ham
class eggs: ...            # food.eggs
```

모듈과 클래스가 동일한 이름을 가질 때도 이 규칙은 유효하다. 예를 들어, 다음 person.py 파일을 살펴보자.

```
class person: ...
```

평상시와 같이 모듈을 로드하여 클래스를 다음과 같이 호출할 수 있다.

```
import person                              # 모듈 임포트
x = person.person()                        # 모듈 안의 클래스
```

이 호출 경로는 중복된 것처럼 보일 수도 있지만 반드시 필요하다. person.person은 person 모듈 내의 person 클래스를 참조한다. 다음과 같이 별도의 from 구문을 사용하는 경우를 제외하고 단순히 person만 호출하면 person 클래스가 아닌 person 모듈을 반환하게 된다.

```
from person import person                  # 모듈에서 클래스 가져오기
x = person()                               # 클래스 이름 사용
```

다른 변수들과 마찬가지로 먼저 클래스가 포함된 파일을 import하고 어떤 방식으로든 가져오지 않으면, 파일 내의 클래스에 절대 접근할 수 없다. 이 개념이 헷갈린다면 모듈과 그 모듈 내의 클래스에 같은 이름을 부여하지 않도록 하자. 사실, 파이썬의 범용 규약에서는 좀 더 분명한 구분을 위해 클래스의 이름을 다음과 같이 대문자로 시작하도록 하고 있다.

```
import person                              # 모듈은 소문자
x = person.Person()                        # 클래스는 대문자
```

또한, 클래스와 모듈이 속성을 포함하는 네임스페이스라는 점에서는 유사하지만, 매우 다른 소스 코드 구조를 가진다는 점을 염두에 두기 바란다. 모듈은 파일 전체를 사용하지만, 클래스는 파일 내의 **구문**(statement)이다. 이 차이점에 대해서는 뒤에서 더 자세히 설명하겠다.

클래스는 파이썬 연산자를 가로챌 수 있음

이제 클래스와 모듈의 세 번째이자 마지막 주제이고, 주요한 차이점이기도 한 연산자 오버로딩(operator overloading)에 관해 알아보도록 하자. 간단히 말하자면, **연산자 오버로딩**은 클래스로 작성된 객체가 내장 타입에 대한 더하기, 슬라이싱(slicing), 출력, 한정 등의 연산을 가로채서 대신 응답하는 것을 말한다. 그것은 사실 표현식과 다른 내장 연산들의 실행 경로를 클래스 내의 구현으로 변경하는 자동 디스패치 메커니즘일 뿐이다. 모듈에는 이러한 기능이 없다. 모듈은 함수 호출을 구현할 수 있지만, 표현식에 대한 동작을 구현할 수는 없다.

모든 클래스 동작을 메소드 함수로 구현할 수도 있겠지만, 연산자 오버로딩으로 인해 객체가 파이썬의 객체 모델과 더 타이트하게 결합된다. 게다가 연산자 오버로딩으로 인해 우리가 직접 만

든 객체가 내장 객체처럼 동작할 수 있기 때문에 객체 인터페이스를 더 일관적이고 쉽게 학습할 수 있도록 해주며, 내장 타입의 인터페이스를 수용하도록 작성된 코드에서도 클래스 기반 객체를 처리할 수 있도록 해준다. 연산자 오버로딩의 주요 배경 사상에 대한 개요는 다음과 같다.

- **더블 언더스코어가 붙는 메소드(__X__)는 특수한 훅(hook)이다.** 우리는 파이썬 클래스에서 연산을 가로채기 위한 목적으로 특수하게 명명된 메소드를 작성하여 연산자 오버로딩을 구현한다. 파이썬 프로그래밍 언어에는 이러한 각각의 연산으로부터 특별히 명명된 메소드에 대한 고정적이고 변경 불가능한 매핑이 정의되어 있다.

- **그런 메소드들은 내장 연산에서 인스턴스가 나타나게 되면 자동으로 호출된다.** 예를 들어 인스턴스가 __add__ 메소드를 상속했다면, 이 메소드는 인스턴스를 대상으로 + 연산자를 사용했을 경우 자동으로 호출된다. 이 메소드의 반환값은 연관된 표현식의 결과가 된다.

- **클래스는 대부분의 내장 타입 연산을 오버라이드할 수 있다.** 내장 타입에서 사용 가능한 거의 모든 연산을 가로채고 구현하기 위한 수십 개의 특수한 연산자 오버로딩 메소드 이름이 존재한다. 여기에는 표현식도 포함되지만, 출력과 객체 생성 같은 기본적인 연산도 포함된다.

- **연산자 오버로딩 메소드에는 기본값이 없으며, 필수적이지도 않다.** 클래스가 연산자 오버로딩 메소드를 정의하거나 상속하지 않는다는 것은 연관된 연산이 그 클래스의 인스턴스에서 지원되지 않는다는 것을 뜻한다. 예를 들어 __add__ 메소드가 없다면, + 표현식에서 예외가 발생한다.

- **새 스타일 클래스는 일부 기본값을 가지지만, 일반적인 연산에 대한 기본값은 갖지 않는다.** 파이썬 3.X와 뒤에서 다룰 2.X의 '새로운 형식' 클래스에서는 object라고 명명된 루트 클래스가 일부 _X_ 메소드에 대한 기본값을 제공한다. 하지만 그런 메소드 수는 많지 않으며, 가장 흔하게 사용되는 연산에 대해서는 기본값을 제공하지 않는다.

- **연산자 덕분에 클래스가 파이썬의 객체 모델과 통합될 수 있다.** 타입 연산자를 오버로드함으로써, 우리가 클래스로 구현한 사용자 정의 객체가 내장 객체처럼 동작할 수 있다. 또한, 그럼으로 인해 인터페이스들과의 호환성뿐 아니라 일관성을 제공하게 된다.

연산자 오버로딩은 선택적인 기능이다. 이것은 주로 애플리케이션 프로그래머보다는 다른 파이썬 프로그래머들이 사용할 수 있는 도구를 개발하는 사람들이 사용한다. 그리고 솔직히 말하면 연산자 오버로딩이 똑똑해 보인다거나 멋져 보인다는 이유만으로 이 기능을 사용해서는 안 된다. 클래스가 내장 타입 인터페이스를 모방할 필요가 있지 않는 한, 더 간단히 명명된 메소드를 유지해야 한다. 예를 들어, 임직원 데이터베이스 애플리케이션이 *와 + 표현식을 지원해야 할 이유가 있을까? 보통은 giveRaise와 promote처럼 기능을 이해하기 쉽게 명명된 메소드가 더 이해하기 쉬울 것이다.

그래서 이 책에서는 파이썬에서 사용할 수 있는 모든 연산자 오버로딩 메소드에 대해 세세히 다루지는 않을 것이다. 하지만 거의 모든 실제적인 파이썬 클래스에서 보게 될 연산자 오버로딩 메소드가 하나 있다. 생성자(constructor) 메소드로 알려져 있고, 객체의 상태를 초기화할 때 사용되는 __init__ 메소드다. __init__ 메소드와 self 인수가 파이썬에서 대부분의 객체 지향 프로그래밍 코드를 읽고 이해하는 데 핵심이 되기 때문에 이 메소드에 특별히 관심을 기울여야 한다.

세 번째 예제

다른 예제로 넘어가 보자. 이번에는 이전 절에서 다루었던 SecondClass의 서브클래스를 정의할 것이다. 이 클래스는 파이썬이 자동으로 호출하는 세 개의 특별히 명명된 속성을 구현한다.

- __init__는 새로운 인스턴스가 생성될 때 실행된다. self는 새로운 ThirdClass 객체다.[1]
- __add__는 + 표현식에서 ThirdClass가 나타날 때 실행된다.
- __str__은 객체를 출력할 때 실행된다(기술적으로 '출력'은 객체가 str 내장 함수 또는 그와 동등한 파이썬 내부의 함수에 의해 출력 문자열 형태로 변환되는 것을 의미한다).

새로운 서브클래스는 또한 평범하게 명명된 mul이라는 메소드를 정의하고 있는데, 이 메소드는 인스턴스 객체를 변경한다. 새로운 서브클래스는 다음과 같다.

```
>>> class ThirdClass(SecondClass):         # SecondClass로부터 상속
        def __init__(self, value):          # "ThirdClass(value)" 호출 시
            self.data = value
        def __add__(self, other):           # "self + other" 호출 시
            return ThirdClass(self.data + other)
        def __str__(self):                  # "print(self)"나 "str( )" 호출 시
            return '[ThirdClass: %s]' % self.data
        def mul(self, other):               # 내부의 값을 변경하는 명명된 메소드
            self.data *= other

>>> a = ThirdClass('abc')                   # __init__ 호출됨
```

---

1 모듈 패키지의 __init__.py 파일과 헷갈리지 않도록 하자. 다음 메소드는 모듈 패키지가 아니라 새로 생성된 인스턴스를 초기화할 때 사용되는 클래스 생성자 함수다. 더 자세한 내용은 24장을 참조한다.

```
>>> a.display()                          # 상속 메소드 호출됨
Current value = "abc"
>>> print(a)                             # str: 디스플레이 문자열 반환
[ThirdClass: abc]

>>> b = a + 'xyz'                        # add: 새 인스턴스 생성
>>> b.display()                          # b는 ThridClass의 모든 메소드를 가짐
Current value = "abcxyz"
>>> print(b)                             # str: 디스플레이 문자열 반환
[ThirdClass: abcxyz]

>>> a.mul(3)                             # mul: 인스턴스 변경
>>> print(a)
[ThirdClass: abcabcabc]
```

ThirdClass는 SecondClass다('is a'). 그러므로 ThirdClass의 인스턴스는 SecondClass로부터 이전 절에서 소개했던 커스터마이즈된 display 메소드를 상속한다. 하지만 이번에는 ThirdClass 생성 시에 인수(예를 들면 'abc' 같은)를 전달한다. 이 인수는 __init__ 생성자의 value 인수로 전달되고, 그 안에서 self.data에 할당된다. 실제로 벌어지는 일은 ThirdClass가 사후에 setdata를 호출하는 대신, data 속성을 생성 시에 자동으로 설정하는 것이다.

나아가서 ThridClass 객체는 + 연산과 print 호출에서도 사용될 수 있다. + 연산의 경우, 그림 27-3에서와 같이 파이썬은 왼쪽의 인스턴스 객체를 __add__ 메소드의 self 인수로 전달하고, 오른쪽의 값을 other로 전달한다. __add__가 반환하는 값은 + 표현식의 결과가 된다(그 결과에 대해서는 잠시 후 설명한다).

print 메소드에서는 파이썬이 출력할 객체를 str의 self로 전달한다. 이 메소드가 반환하는 문자열은 객체의 출력 문자열로 사용된다. str 메소드(혹은 다음 장에서 소개할, 더 널리 사용되는 repr)을 이용하면, 특수한 display 메소드를 호출하는 대신 일반적인 print 메소드를 이용해 클래스의 객체를 출력할 수 있다.

__init__, __add__, __str__과 같이 특수하게 명명된 메소드는 class 안에서 할당된 다른 이름과 같이 서브클래스와 인스턴스에 상속된다. 이 이름들이 클래스 안에 작성되지 않으면, 파이썬은 평소와 같이 모든 슈퍼클래스에서 그 이름을 찾는다. 연산자 오버로딩 메소드 이름도 내장 또는 예약어가 아니다. 그것도 다양한 콘텍스트에서 객체가 나타날 때 파이썬이 검색하는 속성일 뿐이다. 파이썬은 일반적으로 이 메소드를 자동으로 호출하지만, 때로는 코드 안에서 직접 호출할 수도 있다. 예를 들어, __init__ 메소드는 종종 슈퍼클래스에서 초기화 단계를 실행하기 위해 수동으로 호출되기도 한다. 이에 대해서는 다음 장에서 다룰 예정이다.

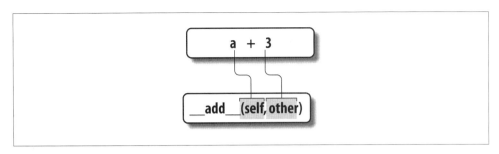

그림 27-3 연산자 오버로딩에서 클래스 인스턴스에 대한 표현식 연산자 및 내장된 연산은 클래스 안의 특수하게 명
명된 메소드로 매핑된다. 이 특수 메소드는 선택적이며, 상속된다. 이 예제에서는 + 표현식이 __add__
메소드를 호출한다.

결과를 반환할 것인가, 반환하지 않을 것인가

__str__과 같이 일부 연산자 오버로딩 메소드는 결과를 반환해야 하지만, 나머지는 결과 반환에 대해 좀 더 유연하다. 예를 들어, __add__ 메소드가 이 클래스의 새로운 인스턴스 객체를 생성하고 반환하는 방법을 살펴보면 반환값과 함께 ThirdClass를 호출하는데, 그 결과 __init__를 호출하여 결과를 초기화한다. 이것은 일반적인 규칙이며, 앞의 코드에서 왜 b에 display 메소드가 있는지를 실명해 준다. b 억시 ThirdClass 객체인데, 그것이 바로 이 클래스 객체의 + 연산자가 반환하는 값이기 때문이다. 이것은 본질적으로 타입을 전파시킨다.

반대로 mul은 self 속성을 재할당하여 현재의 인스턴스 객체를 변경시킨다. 후자의 기능을 구현하기 위해 * 표현식을 오버라이드할 수도 있지만, 숫자나 문자열 같은 내장 타입에 대한 * 표현식의 동작(언제나 새로운 객체를 생성하는)과 너무 많이 차이가 난다. 일반적으로 오버로드된 연산자는 내장 연산자의 구현과 동일한 방법으로 동작해야 한다고 설명하고 있다. 하지만 연산자 오버로딩이 실제로는 표현식을 메소드로 연결하는(expression-to-method) 디스패치 메커니즘이기 때문에 여러분이 작성한 클래스 객체 안에서 원하는 방법대로 연산자를 해석할 수 있다.

왜 연산자 오버로딩을 사용하는가?

클래스를 직접 설계했으므로, 우리는 연산자 오버로드를 사용할지 말지 선택할 수 있다. 이 선택은 우리가 만든 객체가 얼마나 내장 타입처럼 동작해야 하는가에 달려 있다. 앞에서 언급했듯이 연산자 오버로딩 메소드를 누락하고 슈퍼클래스에서 상속하지 않으면, 그에 해당하는 연산은 여러분의 인스턴스에서 지원하지 않을 것이다. 만약 누락된 연산자에 해당하는 연산을 실행하면 예외가 발생할 것이다(어떤 경우에는 표준 예외 처리기에 의해 예외 문자열이 출력될 것이다).

사실, 대다수의 연산자 오버로딩 메소드는 수치에 관련된 객체를 구현할 때만 사용된다. 예를 들면 벡터나 행렬 클래스는 더하기 연산자를 오버로드하겠지만, 임직원 클래스는 그럴 일이 거의 없을 것이다. 규모가 작은 간단한 클래스에서는 오버로딩을 전혀 사용하지 않고, 명시적인 메소드 호출을 통해 객체의 동작을 구현하게 된다.

반면, 리스트나 딕셔너리 같은 내장 타입에 사용 가능한 연산자를 수용할 수 있도록 작성된 함수에 사용자 정의 객체를 전달하고자 할 때 연산자 오버로딩을 사용할 수 있다. 동일한 연산자 집합을 여러분의 클래스에 구현하게 되면 여러분의 객체가 동일한 객체 인터페이스를 지원하여 함수와 호환됨을 보장할 수 있다. 이 책에서 모든 연산자 오버로딩 메소드에 대해 다루지는 않겠지만, 30장에서 일반적으로 사용되는 연산자 오버로딩 기법에 대해 추가로 알아볼 것이다.

우리가 여기서 종종 사용할 오버로딩 메소드 중 하나는 __init__ 생성자 메소드다. 이 메소드는 새로 만들어진 인스턴스 객체를 초기화하는 데 사용되며, 거의 모든 실제적인 클래스에 존재한다. 이 연산자가 클래스의 속성을 새로운 인스턴스에서 바로 채울 수 있도록 해주기 때문에 생성자는 여러분이 작성할 거의 모든 종류의 클래스에서 유용하다. 사실, 파이썬에서 인스턴스 속성이 선언되지 않았더라도, 일반적으로는 그 클래스의 __init__ 메소드를 살펴보면 인스턴스가 어떤 속성을 가지는지 알 수 있다.

물론, 흥미로운 프로그래밍 언어 도구를 시험해 보는 것 자체는 문제가 없지만, 그게 언제나 제품 코드로 이어지는 것은 아니다. 시간과 경험을 통해 이런 프로그래밍 패턴과 가이드라인이 굉장히 자연스럽고 거의 자동으로 나오게 된다는 것을 알게 될 것이다.

가장 간단한 파이썬 클래스

이 장에서 class문의 구문에 대해 상세히 학습했지만, 여기서 클래스가 만들어 내는 기본적인 상속 모델이 매우 단순하다는 것을 다시 일깨워주고자 한다. 사실, 상속 모델은 연결된 객체의 트리에서 속성을 검색하는 것에 불과하다. 실제로, 아무것도 가지지 않은 클래스를 만들 수도 있다. 다음 구문은 어떤 속성도 속하지 않은 빈 네임스페이스 객체를 만든다.

```
>>> class rec: pass                        # 빈 네임스페이스 객체
```

여기서 어떤 메소드도 작성하지 않을 것이기 때문에 아무 동작도 하지 않는 pass 플레이스홀더(13장에서 다룬 바 있다.) 구문이 필요하다. 대화형으로 이 구문을 실행해 클래스를 생성하고 난 후 원래의 class문 외부에서 이름을 할당함으로써 클래스에 속성을 포함시킬 수 있다.

```
>>> rec.name = 'Bob'                    # 속성을 가진 단순 객체
>>> rec.age  = 40
```

그리고 할당을 통해 이 속성들을 생성한 후에는 일반적인 구문을 통해 가져올 수 있다. 클래스가 이런 방식으로 사용될 때는 C의 'struct'나 파스칼의 'record'와 대체로 동일하다. 클래스는 기본적으로 필드의 이름을 포함한 객체다(뒤에서 보겠지만 딕셔너리 키로 동일한 역할을 하려면 추가 문자가 필요하다).

```
>>> print(rec.name)                     # C 구조체 혹은 레코드와 유사함
Bob
```

이 코드는 아직 클래스의 인스턴스가 만들어지지 않았어도 동작한다는 것을 알아 두자. 클래스는 인스턴스 없이 그 자체만으로도 객체다. 사실, 이것들은 자기 충족적인 네임스페이스다. 우리가 클래스에 대한 참조만 가지고 있으면, 우리가 원할 때마다 그 속성을 설정하거나 변경할 수 있다. 하지만 두 개의 인스턴스를 생성하면 어떤 일이 일어나는지 살펴보자.

```
>>> x = rec()                           # 인스턴스는 클래스 이름을 상속받음
>>> y = rec()
```

이 인스턴스들은 완전히 비어 있는 네임스페이스 객체로 시작한다. 하지만 이 인스턴스들이 자신이 생성된 클래스를 기억하고 있기 때문에 상속을 통해 우리가 클래스에 포함시킨 속성들을 갖게 된다.

```
>>> x.name, y.name                      # 이름은 클래스에만 저장
('Bob', 'Bob')
```

실제로, 이 인스턴스들은 자신만의 속성은 갖지 않는다. 이들은 name 속성을 저장한 클래스 객체로부터 name을 가져올 뿐이다. 하지만 우리가 인스턴스에 속성을 할당하면 그 인스턴스 객체 안에서만 속성을 생성하거나 변경하며, 다른 인스턴스 객체에는 영향을 주지 않는다. 결정적으로 속성을 참조(reference)하면 속성 검색이 일어나지만, 속성 할당(assignment)은 할당이

일어난 객체 내에서만 영향을 미친다. 다음 코드에서는 x는 자신만의 name 속성을 갖게 되지만, y는 여전히 상위의 클래스에 포함된 name을 상속한다.

```
>>> x.name = 'Sue'                          # 하지만 할당은 x만 변경
>>> rec.name, x.name, y.name
('Bob', 'Sue', 'Bob')
```

29장에서 더 자세히 살펴보겠지만, 사실 네임스페이스 객체의 속성은 보통 딕셔너리로 구현되며, 클래스 속성 트리는 (일반적으로 말하자면) 단순히 다른 딕셔너리에 대한 링크를 가진 딕셔너리일 뿐이다. 어디서 찾아봐야 할지 알고 있다면, 속성을 명시적으로 확인할 수 있다.

예를 들어 __dict__ 속성은 대다수의 클래스 기반 객체의 네임스페이스 딕셔너리이며, 일부 클래스는 __slots__ 안에 속성을 정의할 수도 있다. __slots__은 거의 사용되지 않는 고급 기능인데, 이에 대해서는 28장에서 소개하겠지만 더 자세한 내용은 31장과 32장까지 미뤄둘 것이다. 보통 __dict__ 자체는 인스턴스의 속성 네임스페이스다.

설명을 위해 다음 코드는 파이썬 3.3에서 실행했다. 이름과 __X__ 내부 이름 집합의 순서는 파이썬 릴리즈마다 다를 수 있으며, 내장 객체는 제너레이터 표현식을 이용해 걸러냈다. 하지만 여기서 할당한 이름은 모두 존재한다.

```
>>> list(rec.__dict___.keys())
['age', '__module__', '__qualname__', '__weakref__', 'name', '__dict__', '__doc__']

>>> list(name for name in rec.__dict__ if not name.startswith('__'))
['age', 'name']
>>> list(x.__dict__.keys())
['name']
>>> list(y.__dict__.keys())               # 파이썬 2.X에서는 list( )가 필요 없음
[]
```

여기서 클래스의 네임스페이스 딕셔너리는 우리가 클래스에 할당한 name과 age 속성을 보여준다. x는 자신만의 name 속성을 가지고 있으며, y는 여전히 비어 있다. 이 모델 때문에 속성이 객체 안에 존재할 때만 딕셔너리 인덱스나 속성 표기법을 통해 가져올 수 있다. 속성 표기법은 상속 검색을 발생시키지만, 인덱싱은 단일 객체 안에서만 검색을 한다(나중에 보겠지만, 둘다 유효한 역할을 가진다).

```
>>> x.name, x.__dict__['name']          # 여기서 표시한 속성은 딕셔너리의 key임
('Sue', 'Sue')
>>> x.age                               # 하지만 속성 가져오기는 클래스도 체크
40
>>> x.__dict__['age']                   # 인덱싱 딕셔너리는 상속되지 않음
KeyError: 'age'
```

속성을 가져올 때 상속 검색이 일어나도록 하기 위해, 각 인스턴스는 파이썬이 생성해 주는 그 클래스에 대한 링크를 가지고 있다. 이 링크는 __class__로 불린다.

```
>>> x.__class__
<class '__main__.rec'>                  # 인스턴스에서 클래스로의 링크
```

클래스는 또한 __bases__ 속성도 가지고 있는데, 이는 슈퍼클래스 객체에 대한 참조의 튜플이다. 이 예제에서는 파이썬 3.X의 암묵적인 object 루트 클래스에 대한 참조다. 여기에 대해서는 뒤에서 알아볼 것이다(파이썬 2.X에서는 빈 튜플이 출력된다).

```
>>> rec.__bases__
(<class 'object'>,)                     # 클래스에서 슈퍼클래스로의 링크. 2.X에서는 빈 튜플이 출력
```

이것은 파이썬에서 클래스 트리가 메모리 안에 정확히 어떻게 표현되는가에 대한 두 가지 속성이다. 이런 내부 구현에 대한 세부 사항은 반드시 필요한 지식은 아니다. 클래스 트리는 여러분이 실행하는 코드에 의해 암묵적으로 표현되며, 그에 대한 검색은 보통 자동으로 이루어진다. 하지만 이런 지식이 모델을 이해하는 데 도움이 되기도 한다.

여기서 확실히 알아야 할 점은 파이썬의 클래스 모델이 극도로 동적이라는 점이다. 클래스와 인스턴스는 할당에 의해 런타임에 생성되는 속성을 가진 네임스페이스 객체다. 이 할당은 보통 class 구문 안에서 발생하지만, 트리 안의 객체 중 어떤 것에 대한 참조를 가지고만 있다면 어디서든 발생할 수 있다.

일반적으로는 class 안에 포함된 def문에 의해 생성되는 메소드조차도 클래스 객체와 완전히 독립되어 생성할 수 있다. 예를 들어, 다음 코드는 어떤 클래스에도 포함되지 않는 하나의 인수를 받아들이는 간단한 함수를 정의한다.

```
>>> def uppername(obj):
        return obj.name.upper()         # 여전히 self argument(obj)가 필요
```

이것은 간단한 함수이며, 아직 클래스에 관련된 내용은 없다. 그리고 이 함수는 name 속성을 가진 obj 객체를 인수로 전달하기만 하면 호출할 수 있다. 물론, 이 name 속성은 upper 메소드를 가지고 있어야 한다. 우리의 클래스 인스턴스는 이 인터페이스를 만족하며, 문자열을 대문자로 변환하는 동작을 한다.

```
>>> uppername(x)                        # 단순한 함수 호출
'SUE'
```

하지만 우리가 이 간단한 함수를 우리 클래스의 속성에 할당하면, 그것은 이제 모든 인스턴스에서 호출할 수 있는 메소드가 된다. 또한, 인스턴스를 수동으로 전달하면 클래스 이름 자체로도 실행할 수 있다. 이 기법에 대해서는 다음 장에서 다룰 것이다.[2]

```
>>> rec.method = uppername              # upppername이 이제 클래스의 메소드가 됨

>>> x.method()                          # 메소드를 실행하여 x 처리
'SUE'

>>> y.method()                          # 이전과 동일하지만, self에 y 전달
'BOB'

>>> rec.method(x)                       # 인스턴스와 클래스 모두를 통해 호출할 수 있음
'SUE'
```

보통 클래스는 class 구문으로 생성되며, 인스턴스 속성은 메소드 함수 내에서 self 속성에 대한 할당에 의해 생성된다. 하지만 요점은 반드시 그렇게만 생성될 수 있다는 것은 아니라는 점이다. 파이썬의 객체 지향 프로그래밍은 실제로는 거의 대부분이 연결된 네임스페이스 객체들 안에서 속성을 찾는 과정이다.

---

2   사실, 이것이 파이썬 메소드 안에서 self 인수가 반드시 명시적이어야 하는 이유 중의 하나다. 메소드가 클래스와 무관하게 단순한 함수로 생성될 수도 있기 때문에 암묵적인 self 인스턴스를 명시적으로 표기할 필요가 있다. 이 메소드들은 함수 또는 메소드로 호출할 수 있으며, 파이썬은 단순한 함수가 클래스의 메소드가 될 것인지 여부를 추측하거나 가정할 필요가 없어진다. 하지만 명시적인 self 인수가 필요한 가장 큰 이유는 이름의 의미를 더 명확하게 하기 위함이다. self를 통해 참조되지 않는 이름들은 범위 안에 매핑된 단순 변수일 것이다. 반면, self를 통해 속성 형식으로 참조하는 변수는 인스턴스 속성임이 명백해진다.

레코드 다시 살펴보기: 클래스 vs 딕셔너리

앞 절의 간단한 클래스는 클래스 모델의 기초를 설명하기 위한 것이기는 하지만, 그 안에서 사용된 기법들은 실제 업무에서도 활용할 수 있다. 예를 들어 8장과 9장에서는 딕셔너리, 튜플, 리스트를 이용해 보통 레코드라고 불리는 엔티티의 프로퍼티를 기록할 수 있는 방법에 대해 설명했다. 클래스는 더 나은 방법을 제시한다. 클래스는 딕셔너리처럼 정보를 보관할 수도 있지만, 거기에 더해 메소드의 형태로 처리 로직을 같이 포함할 수 있다. 다음 예제는 이 책 앞부분에서 사용했던 튜플과 딕셔너리 기반 레코드에 대한 것으로, 참조를 위해 다시 가져왔다.

```
>>> rec = ('Bob', 40.5, ['dev', 'mgr'])        # 튜플 기반 레코드
>>> print(rec[0])
Bob

>>> rec = {}
>>> rec['name'] = 'Bob'                          # 딕셔너리 기반 레코드
>>> rec['age'] = 40.5                            # Or {...}, dict(n=v), etc
>>> rec['jobs'] = ['dev', 'mgr']
>>>
>>> print(rec['name'])
Bob
```

이 코드는 다른 프로그래밍 언어의 레코드 같은 기능을 에뮬레이트한다. 하지만 클래스를 이용하여 여러 가지 방법으로 동일한 효과를 낼 수 있다. 그중에 가장 간단한 것은 속성에 대한 키를 이용하는 것이다.

```
>>> class rec: pass

>>> rec.name = 'Bob'                             # 클래스 기반 레코드
>>> rec.age = 40.5
>>> rec.jobs = ['dev', 'mgr']
>>>
>>> print(rec.name)
Bob
```

이 코드는 딕셔너리를 이용한 것보다 훨씬 덜 형식적이다. 여기서는 빈 class 구문을 이용해 빈 네임스페이스 객체를 만든다. 빈 클래스가 만들어지면, 클래스 속성 할당을 통해 내용을 채우게 된다.

이것은 잘 동작하지만, 필요로 하는 각 레코드마다 별도의 class 구문이 필요하게 된다. 그 대신, 다음과 같이 빈 클래스의 인스턴스들을 생성하여 고유한 엔티티를 대표하도록 만들 수도 있다.

```
>>> class rec: pass

>>> pers1 = rec()                          # 인스턴스 기반 레코드
>>> pers1.name = 'Bob'
>>> pers1.jobs = ['dev', 'mgr']
>>> pers1.age = 40.5
>>>
>>> pers2 = rec()
>>> pers2.name = 'Sue'
>>> pers2.jobs = ['dev', 'cto']
>>>
>>> pers1.name, pers2.name
('Bob', 'Sue')
```

여기서는 같은 클래스에서 두 개의 레코드를 만든다. 인스턴스는 클래스와 유사하게 빈 채로 생성된다. 그 후, 속성에 대한 할당을 통해 빈 인스턴스를 채운다. 하지만 이번에는 두 개의 구분된 객체가 생성되며, 두 개의 구분된 name 속성이 생성된다. 사실, 같은 클래스의 인스턴스라고 해도 동일한 속성 이름 집합을 가질 필요는 없다. 이 예제에서는 한 인스턴스만 age라는 이름을 갖는다. 실제로는 인스턴스가 고유한 네임스페이스이기 때문에 각각의 인스턴스는 고유한 속성 딕셔너리를 갖는다. 보통은 클래스의 메소드를 통해 일관성 있게 채워지기는 하지만, 여러분이 생각하는 것보다 훨씬 더 유연하다.

마지막으로, 레코드와 그 처리까지를 포함한 더 완벽한 클래스를 작성할 수도 있다. 데이터 기반 딕셔너리는 이런 기능을 직접 지원하지 않는다.

```
>>> class Person:
        def __init__(self, name, jobs, age=None):      # 클래스 = 데이터 + 로직
            self.name = name
            self.jobs = jobs
            self.age = age
        def info(self):
            return (self.name, self.jobs)

>>> rec1 = Person('Bob', ['dev', 'mgr'], 40.5)         # 생성자 호출
>>> rec2 = Person('Sue', ['dev', 'cto'])
>>>
>>> rec1.jobs, rec2.info()                             # 속성 + 메소드
(['dev', 'mgr'], ('Sue', ['dev', 'cto']))
```

앞의 코드에서도 다중 인스턴스가 생성되지만, 이번에는 클래스가 비어 있지 않다. 우리는 생성 시에 인스턴스를 초기화하기 위한 **로직**(메소드)을 추가했으며, 필요할 때마다 속성을 튜플로 합치도록 했다. 생성자는 name, job, age 속성을 항상 설정하도록 하여 인스턴스 간의 일관성을 부여한다. 이 중 마지막 age는 생략할 수도 있다. 클래스의 메소드와 인스턴스 속성은 데이터와 **로직**을 하나로 묶는 **패키지**를 생성한다.

급여를 계산하거나, 이름을 파싱하는 등의 로직을 추가함으로써 코드를 확장할 수도 있다. 궁극적으로는 클래스를 더 큰 계층 구조에 연결하여 클래스의 자동 속성 검색을 통해 현재의 메소드 집합을 상속하거나 커스터마이즈할 수도 있고, 파이썬 객체 피클링을 이용해 클래스 인스턴스를 파일로 저장하여 영구적으로 만들 수도 있다. 사실, 다음 장에서 이렇게 해볼 것이다. 이 클래스와 레코드 간의 관계를 더 실제적인 예제를 통해 확장해 보도록 하자.

앞의 예제에서 사용한 두 개의 클래스 생성자 호출은 딕셔너리를 한 번에 생성하는 것과 유사하게 보이지만 코드가 덜 복잡하며, 생성자 안에서 추가적인 처리 방법을 제공할 수도 있다. 사실, 클래스의 생성 호출은 9장의 **명명된 튜플**과 더 유사하다. 명명된 튜플이 실제로는 속성을 튜플 오프셋에 매핑하는 추가적인 로직을 가진 클래스라는 점을 생각하면, 이 편이 더 잘 이해가 될 것이다.

```
>>> rec = dict(name='Bob', age=40.5, jobs=['dev', 'mgr'])        # 딕셔너리

>>> rec = {'name': 'Bob', 'age': 40.5, 'jobs': ['dev', 'mgr']}

>>> rec = Rec('Bob', 40.5, ['dev', 'mgr'])                       # 명명된 튜플
```

끝으로 딕셔너리나 튜플 같은 타입도 유연하긴 하지만, 클래스를 이용하면 내장 타입이나 단순한 함수가 직접 지원하지 않는 다양한 방식으로 객체에 동작을 추가할 수 있다. 딕셔너리에 함수를 저장할 수도 있지만, 클래스의 함수만큼 자연스럽고 구조화된 방식으로 묵시적인 인스턴스를 처리할 수는 없다. 다음 장에서 이것에 대해 더 자세하게 다루도록 하겠다.

이 장의 요약

이 장에서는 파이썬 클래스 코딩의 기초에 대해 소개했다. class문의 구문과, 그것을 이용한 클래스 상속 트리 구축에 대해 알아보았다. 또한 파이썬이 메소드 함수의 첫 번째 인수를 자동으로 채워 넣는 방법과 간단한 할당을 통해 클래스 트리 안의 객체에 속성을 할당하는 방

법, 그리고 특수하게 명명된 연산자 오버로드 메소드가 클래스 인스턴스의 내장 연산을 어떻게 가로채고 구현하는지에 대해 알아보았다.

파이썬 클래스 코딩 메커니즘에 대한 모든 것을 배웠으므로 다음 장에서는 지금까지 배운 객체 지향 프로그래밍에 대한 개념을 하나로 엮은 더 크고 더 현실적인 예제에 대해 다루고, 새로운 주제에 대해서도 소개하겠다. 그런 다음 이 장에서 설명을 단순하게 하기 위해 생략했던 몇몇 세부 사항에 대해 계속 알아볼 것이다. 먼저, 퀴즈를 통해 지금까지 다루었던 기초에 대해 리뷰해 보도록 하자.

학습 테스트: 퀴즈

1. 클래스와 모듈은 어떤 관계인가?

2. 인스턴스와 클래스는 어떻게 만들어지는가?

3. 클래스 속성은 어디에서 어떻게 만들어지는가?

4. 인스턴스 속성은 어디에서 어떻게 만들어지는가?

5. 파이썬 클래스에서 self가 의미하는 바는 무엇인가?

6. 파이썬 클래스에서 연산자 오버로딩 코드를 어떻게 작성하는가?

7. 클래스에서 연산자 오버로딩이 필요할 때는 언제인가?

8. 가장 일반적으로 사용되는 연산자 오버로딩 방법은 무엇인가?

9. 파이썬 객체 지향 프로그래밍 코드를 이해하기 위해 필요한 두 가지 핵심 콘셉트는 무엇인가?

학습 테스트: 정답

1. 클래스는 언제나 모듈 내에 존재하며, 클래스는 모듈 객체의 속성이다. 클래스와 모듈은 모두 네임스페이스이지만 클래스는 전체 파일이 아니라 선언에 대응하며, 다중 인스턴스, 상속, 그리고 연산자 오버로딩 같은 객체 지향 프로그래밍 개념을 지원한다(모듈은 객체 지향 프로그래밍 개념을 지원하지 않는다). 어떤 의미에서 모듈은 상속이 없으며, 코드가 작성된 파일 전체에 대응하는 단일 인스턴스 클래스와 유사하다.

2. 클래스는 class 선언문을 실행함으로써 만들어진다. 인스턴스는 클래스를 마치 함수인 것처럼 호출함으로써 만들어진다.

3. 클래스 속성은 클래스 객체에 속성을 할당함으로써 생성된다. 클래스 속성은 일반적으로 class 구문에 포함된 최상위 수준 할당에 의해 생성된다. class 구문 블록 안에서 할당된 각 이름은 클래스 객체의 속성이 된다(기술적으로, class 구문의 지역 스코프는 클래스 객체의 네임스페이스로 변형되는데, 이것은 모듈과 매우 비슷하다). 또한, 클래스 객체에 대한 참조가 있는 곳 어디에서든 클래스에 속성을 할당함으로써 클래스 속성을 생성할 수 있다. 이것은 class 구문의 외부에서도 가능하다.

4. 인스턴스 속성은 인스턴스 객체에 속성을 할당함으로써 생성할 수 있다. 인스턴스 속성은 일반적으로 class 구문 내부에 코딩된 클래스의 메소드 함수 안에서 생성된다. 메소드 함수 안에서 self 인수(언제나 암묵적으로 인스턴스를 지칭하는)에 속성을 할당함으로써 인스턴스 속성을 생성한다. 클래스 객체에서와 유사하게 class 구문 외부에서라도 인스턴스에 대한 참조만 있다면 어디서든 인스턴스 속성을 생성할 수 있다. 일반적으로, 모든 인스턴스 속성은 __init__ 생성자 메소드에서 초기화된다. 그렇게 함으로써 이후의 메소드 호출에서는 속성이 이미 존재한다고 가정할 수 있다.

5. self는 클래스의 메소드 함수의 첫 번째(가장 좌측에 위치한) 인수에 주어지는 이름이다. 파이썬은 메소드를 호출하는 암묵적인 주체인 인스턴스 객체를 자동으로 이 인수를 통해 전달한다. 굉장히 강력한 관습이기는 하지만, 이 인수를 반드시 self로만 불러야 하는 것은 아니다. 정말 중요한 것은 그 위치다(Ex-C++이나 자바 프로그래머들은 이 인수를 this라고 부른다. 이 언어들에서는 this가 같은 사상을 나타낸다. 하지만 파이썬에서는 이 인수가 반드시 명시적으로 표시되어야 한다).

6. 파이썬 클래스에서는 특별한 이름을 가진 메소드로 연산자 오버로딩 코드를 작성한다. 이 메소드들은 메소드 이름의 시작과 끝에 더블 언더스코어를 붙여 메소드의 이름을 유니크하게 만든다. 이들은 내장이나 예약된 이름이 아니다. 파이썬은 관련된 연산에서 인스턴스가 나타나면 그러한 메소드를 자동으로 실행한다. 파이썬은 자체적으로 연산에서 특수한 메소드 이름으로의 매핑을 정의한다.

7. 연산자 오버로딩은 내장 타입을 모방한 객체(웹 시퀀스 혹은 행렬과 같은 수(numeric) 객체)를 구현할 때 유용하며, 일부 코드에서 사용하는 내장 타입 인터페이스를 모방할 때도 유용하다. 내장 타입 인터페이스를 모방하게 되면, 상태 정보를 가진 클래스 인스턴스를 전달할 수 있다(예를 들면, 연산자 호출 사이에 데이터를 기억하는 속성과 같은). 하지만 단순히 명명

된 메소드로 충분하다면, 연산자 오버로딩을 사용해서는 안 된다.

8. __init__ 생성자 메소드는 가장 흔히 사용된다. 거의 모든 클래스는 이 메소드를 이용해 인스턴스 속성의 초깃값을 설정하고, 다른 기동(起動, startup) 작업을 실행한다.

9. 메소드 함수의 특수한 self 인수와 __init__ 생성자 메소드는 파이썬 객체 지향 코드의 중요한 기본 원리다. 이 두 가지를 이해하기만 하면 대부분의 객체 지향 파이썬 코드를 읽어낼 수 있다. 이 두 가지를 제외하면 나머지는 대부분 함수 패키지일 뿐이다. 물론 상속 검색도 중요하지만 self는 자동 객체 인수를 대표하며, __init__는 광범위하게 사용된다.

28

더 현실적인 예제

다음 장에서 클래스 구문에 대한 세부 사항들에 대해 더 살펴볼 것이다. 그 전에, 앞에서 다룬 것보다 조금 더 실제적인 클래스 예제들을 살펴보자. 이 장에서 우리는 좀 더 구체적인 작업(사람에 대한 정보를 기록하고 처리하는 작업)을 수행하는 일련의 클래스를 만들어 볼 것이다. 앞으로 보게 되겠지만 우리가 파이썬 프로그래밍에서 **인스턴스**와 **클래스**라 부르는 것들은 전통적인 의미의 **레코드**나 **프로그램**과 동일한 역할을 수행할 수 있다.

이 장에서는 다음 두 클래스를 작성한다.

- Person — 사람에 대한 정보를 생성하고 처리하는 클래스
- Manager — Person을 커스터마이즈한 클래스로 상속받은 행위를 변경함

그 과정에서 두 클래스의 인스턴스를 만들고 이들의 기능을 테스트해 볼 것이다. 이 과정을 마치면, 클래스에 대한 좋은 예제를 보게 될 것인데, 우리 인스턴스를 영구적으로 만들기 위해 **셸브(shelve)** 객체 지향 데이터베이스에 저장할 것이다. 여러분은 파이썬에서 작성되는 본격적인 개인 데이터베이스를 구체화해 나갈 템플릿으로 이 코드를 사용할 수 있다.

하지만 여기서 우리는 실제적 용도 외에도 **교육적인 용도**에도 목표를 두었다. 이 장은 파이썬에서의 객체 지향 프로그래밍에 대한 튜토리얼을 제공한다. 보통, 사람들은 지면상으로는 마지막 장의 클래스 구문에서야 완전히 이해하게 되지만, 아무런 딕셔너리 준비 없이 새로운 클래스를 코딩해야 하는 상황에 직면하면 어떻게 시작해야 할지 알 수 없어 애를 먹는 경우가

많다. 그래서 여기서는 한 단계씩 진행하여 여러분이 기본적인 사항에 대해 숙지할 수 있도록 도울 것이다. 우리는 서서히 클래스를 완성해 나갈 것이며, 따라서 여러분은 어떻게 클래스의 특징들이 완전한 프로그램으로 합쳐지는지 볼 수 있다.

우리가 작성할 클래스는 코드 관점에서 보면 상대적으로 작지만, 파이썬의 객체 지향 프로그 래밍 모델의 주요 사상을 모두 포함할 것이다. 파이썬 클래스 구문의 세부 사항은 매우 다양 하지만, 일반적으로는 메소드의 첫 번째 특수 인수와 객체 트리에서 속성을 검색하는 문제를 다루게 된다.

단계 1: 인스턴스 만들기

설계 단계에 대해서는 이쯤하기로 하고 구현으로 넘어가보도록 하자. 첫 번째 작업은 메인 클 래스인 Person을 코딩하는 것이다. 텍스트 편집기에 우리가 작성할 코드를 위한 새로운 파일 을 열자. 파이썬에서 모듈의 이름은 소문자로 시작하고, 클래스의 이름은 대문자로 시작하는 것이 관례다. 이것은 파이썬 언어에서 반드시 지키도록 규정된 것은 아니지만, 매우 보편적인 관례이기 때문에 여기서 벗어나게 되면 나중에 여러분의 코드를 읽게 될 사람들이 혼란스러 울 것이다. 관례에 따라 새로운 모듈 파일을 person.py로, 모듈 내 클래스는 Person으로 명명 하도록 하자.

```
# person.py 파일(시작)

class Person:                           # 클래스를 시작
```

이 장의 마지막까지 우리가 하는 모든 작업들은 이 파일에서 이루어질 것이다. 파이썬에서는 단일 모듈 파일에 여러 함수와 클래스를 코딩할 수 있는데, 나중에 Person과 관련 없는 요소 들이 추가되면 person.py라는 파일명이 잘 이해되지 않을 수 있다. 우선은 이 파일 내 모든 것 들이 Person과 관련된 것이라 가정할 것이다. 그리고 실제로도 그렇게 되어야 한다. 앞에서 배 운 대로, 모듈은 단일의 **응집된** 목적을 가지고 있을 때 가장 잘 동작하기 때문이다.

생성자 코딩하기

이제 우리의 Person 클래스로 처음 할 일은 사람에 대한 기본 정보를 기록하는 것이다. 이 작 업으로 레코드 필드를 채우게 된다. 물론 이 레코드 필드는 파이썬 용어로는 인스턴스 객체

속성으로 알려져 있으며, 이는 일반적으로 클래스의 메소드 함수에서 self 속성에 할당함으로 써 생성된다. 인스턴스 속성에 초깃값을 주는 일반적인 방법은 인스턴스가 생성될 때마다 파 이썬이 자동으로 실행하는 코드를 담고 있는 __init__ 생성자 메소드에서 그 초깃값을 self에 할당하는 것이다. 이 메소드를 우리 클래스에 추가해 보자.

```
# 레코드 필드 초기화 추가

class Person:
    def __init__(self, name, job, pay):          # 생성자는 세개의 인수를 취함
        self.name = name                          # 생성될 때 필드를 채움
        self.job  = job                           # self는 새로운 인스턴스 객체임
        self.pay  = pay
```

이는 매우 보편적인 코딩 패턴이다. 우리는 인스턴스에 첨부될 데이터를 생성자 메소드에 인수 로 넘겨주고, 이 데이터를 영구적으로 저장하도록 self에 할당한다. 객체 지향 용어에서 self는 새롭게 생성된 인스턴스 객체이며, name, job, pay는 상태 정보(나중에 사용할 수 있도록 객체에 저장된 서술 데이터)가 된다. 유효 범위 참조 클로저와 같은 다른 기법들도 세부 사항들을 저장 할 수 있지만, 인스턴스 속성은 이를 매우 명시적이고 쉽게 이해할 수 있도록 해준다.

여기서 인수들의 이름이 self.name과 name 이렇게 두 번 등장했다. 처음에는 이 코드가 중복 적으로 작성되었다 생각할 수도 있지만 그렇지 않다. 예를 들어, job 인수는 __init__ 함수의 범위 내의 지역 변수지만, self.job은 메소드 호출의 암묵적 대상인 인스턴스의 속성이다. 이들 은 동일한 이름을 갖게 된 두 개의 서로 다른 변수다. self.job = job으로 job 지역 변수를 self. job 속성에 할당함으로써, 전달된 job을 나중에 사용할 수 있도록 인스턴스에 저장한다. 파이 썬에서는 일반적으로 이름이 어디에서 할당되었는지 또는 어떤 객체에 할당되었는지에 따라 그 의미가 결정된다.

인수에 관해 말하자면 __init__에는 인스턴스가 생성될 때 자동으로 호출되며, 특별한 첫 번 째 인수를 갖는다는 점을 빼면 그 어떤 마법도 존재하지 않는다. 이름은 좀 이상하지만 __ init__은 일반적인 함수이며, 우리가 이미 다룬 함수의 모든 특징들을 지원한다. 예를 들어 그 인수들 중 일부에 대해 기본값을 제공할 수 있으며, 그 인수들의 값이 없거나 유용하지 않은 경우에는 제공하지 않아도 된다.

이를 보여 주기 위해 job 인수를 선택적으로 만들어 보자. 기본값으로 None을 가지며, 이는 생성된 person이 현재는 고용되지 않았음을 의미한다. job의 기본값이 None이라면, 일관성을

위해 아마 pay의 기본값으로 0을 주고 싶을 것이다(여러분이 아는 사람 중 누군가 직업도 없이 급여를 받지 않는 한 말이다!). 실제로 우리는 pay의 기본값을 지정해야 하는데, 이는 파이썬 구문 규칙과 18장에 따라 함수 헤더에서 인수의 기본값이 처음으로 등장한 이후에 나오는 모든 인수들 역시 기본값을 가져야 하기 때문이다.

```
# 생성자 인수에 대한 기본값 추가

class Person:
    def __init__(self, name, job=None, pay=0):        # 일반 함수 인수
        self.name = name
        self.job  = job
        self.pay  = pay
```

이제 이 코드는 Person을 만들 때 name은 전달해야 하지만, job과 pay는 선택 사항이다. 이들에 대한 값이 생략되면, 각각 기본값으로 None과 0을 갖는다. self 인수는 보통 인스턴스 객체를 참조하기 위해 파이썬에 의해 자동으로 채워진다. 값을 self의 속성에 할당하면 그 값들은 새로운 인스턴스에 첨부된다.

진행하면서 테스트하기

이 클래스는 아직 많은 일을 수행하지 않지만(근본적으로 새로운 레코드의 필드를 채워 넣었을 뿐이다) 실제로 작동하는 클래스다. 이 시점에서 더 많은 코드를 추가할 수도 있지만, 아직 그렇게 하지는 않을 것이다. 여러분도 이제 알아챘겠지만, 실제로 파이썬 프로그래밍은 **점차 증가하는 프로토타이핑**과 같다. 여러분은 일부 코드를 작성하고 그 코드를 테스트한 뒤, 더 많은 코드를 작성하고 다시 테스트하는 과정을 밟아 나가게 된다. 파이썬은 대화형 세션과 함께 코드 변경 후 거의 즉각적인 변경을 제공하기 때문에 한 번에 어마어마한 양의 코드를 작성하고 테스트하는 것보다는 여러분이 진행하면서 테스트해 보는 것이 더 자연스럽다.

더 많은 특징들을 추가하기 전에 우리 클래스의 인스턴스를 만들어 보고, 생성자에 의해 만들어진 그 속성들을 디스플레이하여 지금까지 작성된 코드를 테스트해 보자. 우리는 이를 대화형 세션으로 진행할 수도 있지만, 잘 알다시피 대화형 테스트에는 제약이 있다. 새로운 테스트 세션을 시작할 때마다 모듈을 다시 임포트하고 테스트 케이스를 다시 타이핑하는 것은 매우 귀찮은 일이다. 일반적으로 파이썬 프로그래머들은 간단한 일회성 테스트에는 대화형 프롬프트를 사용하지만, 더 중요한 테스트에 대해서는 테스트할 객체를 포함하고 있는 파일

의 마지막에 다음과 같이 코드를 작성하여 테스트를 수행한다.

```
# 증가하는 셀프 테스트 코드 추가하기

class Person:
    def __init__(self, name, job=None, pay=0):
        self.name = name
        self.job  = job
        self.pay  = pay

bob = Person('Bob Smith')                              # 클래스를 테스트
sue = Person('Sue Jones', job='dev', pay=100000)       # __init__ 이 자동으로 수행
print(bob.name, bob.pay)                               # 첨부된 속성을 가져옴
print(sue.name, sue.pay)                               # sue와 bob의 속성은 다름
```

여기에서 bob 객체는 job과 pay에 대해 기본값을 받지만, sue는 값을 명시적으로 받는다. 또한, sue를 만들 때 키워드 인수를 사용하고 있다. 그 대신 위치에 의해 값을 전달할 수도 있지만, 키워드를 사용하면 나중에 그 데이터가 무엇인지 기억하는 데 도움이 되고 우리가 좋아하는 왼쪽에서 오른쪽 순서대로 인수들을 전달할 수 있도록 해준다. 다시 말하지만 비록 그 이름은 일반적이지 않으나, __init__는 일반 함수로 여러분이 함수에 대해 이미 알고 있는 모든 것(기본 인수와 이름으로 전달되는 키워드 인수를 포함하여)을 지원한다.

이 스크립트 파일을 실행하면 맨 아래의 테스트 코드는 두 개의 클래스 인스턴스를 만들고, 각각의 인스턴스가 가지는 두 속성인 name과 pay를 출력한다.

```
C:\code> python person.py
Bob Smith 0
Sue Jones 100000
```

이 파일의 테스트 코드는 파이썬의 대화형 프롬프트에 입력할 수도 있지만(대화형 세션에서는 Person 클래스를 먼저 임포트한다는 가정하에), 이와 같이 모듈 파일 내부에 포함되도록 테스트를 코딩해 두면 나중에 이 테스트 코드를 더 쉽게 재실행할 수 있다.

매우 간단한 코드지만, 이 코드는 이미 몇 가지 중요한 사실들을 보여 주고 있다. bob의 name은 sue의 name과는 다르며, sue의 pay는 bob의 pay와 다르다. 각각은 어디까지나 서로 독립적인 정보의 기록이다. 또한, 기술적으로 bob과 sue는 모두 네임스페이스 객체. 다른 클래스 인스턴스들과 마찬가지로, 이들 각각은 클래스에 의해 생성된 상태 정보에 대해 자신만의 독자적인 사본을 가진다. 클래스의 각 인스턴스는 자신만의 일련의 self 속성들을 가지기 때문에

클래스는 여러 객체들을 위한 정보를 이 방식으로 기록하는 데 있어 적격이다. 리스트와 딕셔너리 같은 빌트인 타입처럼 클래스는 일종의 **객체 공장**으로서의 역할을 수행한다.

함수와 모듈 같은 다른 파이썬 프로그램 구조는 그러한 개념을 가지고 있지 않다. 17장의 클로저 함수는 호출당 상태 정보를 갖는다는 점에서 근접해 있지만 여러 메소드, 상속, 그리고 클래스로부터 얻게 되는 더 큰 구조를 가지지 않는다.

코드를 두 방식으로 사용하기

현재로는 파일 하단의 테스트 코드가 동작하지만, 커다란 문제가 하나 있다. 그 테스트 코드의 최상위 레벨의 print문은 파일이 스크립트로 실행될 때나 모듈로 임포트될 때 모두 동작한다. 이는 우리가 이 파일의 클래스를 다른 곳에서 사용할 목적으로 임포트한다면, 그 파일이 임포트될 때마다 테스트 코드의 결괏값을 보게 된다는 것을 의미한다. 이것은 좋은 소프트웨어라고 할 수 없다. 클라이언트 프로그램은 우리의 내부 테스트 결과에는 관심이 없을 것이며, 우리의 결괏값이 자신들의 결과와 뒤섞여 나오는 것을 원하지 않을 것이다.

테스트 코드를 별도의 파일로 분리할 수도 있지만, 보통은 테스트 대상 아이템과 동일한 파일에 테스트 코드를 작성하는 것이 더 편리하다. 따라서 파일이 임포트될 경우를 제외하고, 테스트를 위해 파일이 실행될 때만 파일 하단의 테스트문장들이 동작하도록 구성하는 것이 더 나은 방법일 것이다. 이것이 바로 이 책의 이전 파트에서 배운 대로 모듈 __name__ 검사를 설계한 이유다. 이 검사를 추가한 코드는 다음과 같다. 필요한 검사를 추가하고 셀프 테스트 코드를 들여쓰기하면 된다.

```python
# 이 파일이 실행/테스트됨과 동시에 임포트될 수 있도록 구성

class Person:
    def __init__(self, name, job=None, pay=0):
        self.name = name
        self.job  = job
        self.pay  = pay

if __name__ == '__main__':                       # 테스트를 위해 실행될 때만
    # 셀프 테스트 코드
    bob = Person('Bob Smith')
    sue = Person('Sue Jones', job='dev', pay=100000)
    print(bob.name, bob.pay)
    print(sue.name, sue.pay)
```

이제 우리 목적을 달성할 수 있게 됐다. 파일을 최상위 레벨 스크립트로 실행하면 __name__
이 __main__이므로 테스트 코드가 실행되지만, 클래스의 라이브러리로 임포트되면 실행되지
않는다.

```
C:\code> person.py
Bob Smith 0
Sue Jones 100000

C:\code> python
Python 3.3.0 (v3.3.0:bd8afb90ebf2, Sep 29 2012, 10:57:17) ...
>>> import person
>>>
```

파일이 임포트되면 그 파일은 클래스를 정의하지만 클래스 안의 코드가 실행되지는 않는다.
직접 실행하면 이 파일은 이전처럼 우리 클래스의 인스턴스를 두 개 생성하고, 각 인스턴스의
두 속성값을 출력한다. 다시 말하지만, 각 인스턴스는 독립적인 네임스페이스 객체이기 때문
에 이들 속성의 값들은 다르다.

버전 이식성: Print 함수

이 장의 모든 코드는 파이썬 2.X와 3.X 모두에서 동작하지만, 이 책은 파이썬 3.X에서 실행하였고
그 결과 중 일부는 다중 인수로 3.X의 print 함수 호출을 사용하였다. 이는 11장에서 설명했듯이 그
결과 중 일부는 파이썬 2.X에서 약간 다를 수 있다는 것을 의미한다. 2.X에서 코드를 실행하더라도
동작하겠지만 일부 출력 라인에서는 괄호가 더 등장하게 되는데, 이 코드를 2.X에서 실행하면 다음
예제와 같이 출력 내용에 괄호가 추가되는 것을 볼 수 있다. 이것은 2.X에서만 발생하는 현상인데,
print 함수 호출 시 덧붙인 괄호가 여러 개의 아이템을 하나의 튜플로 변경하여 출력하기 때문이다.

```
C:\code> py -2 person.py
('Bob Smith', 0)
('Sue Jones', 100000)
```

이 차이점이 신경 쓰인다면, 그냥 괄호를 제거하여 2.X의 print문을 사용하도록 하거나 11장에서 설
명했던 대로 스크립트 최상단에 3.X의 print 함수를 import하도록 한다(나도 이 장의 모든 곳에 이
import문을 추가했지만, 이 작업이 다소 집중력을 흐트리기도 한다).

```
from __future__ import print_function
```

또한, 출력 대상을 단일 객체로 만드는 포매팅을 사용하여 부가적인 괄호를 피할 수도 있다. 다음의
두 줄은 파이썬 2.X와 3.X 모두에서 동작하지만, 메소드 형태가 새로운 방식이다.

```
print('{0} {1}'.format(bob.name, bob.pay))    # 포맷 메소드
print('%s %s' % (bob.name, bob.pay))          # 포맷 표현식
```

11장에서 설명했듯이 이러한 포매팅은 일부의 경우에 필요할 수도 있는데, 튜플에 **중첩된** 객체들은 최상위 레벨 객체로 출력되는 것과는 다르게 출력할 수 있기 때문이다. 전자는 __repr__을 사용하여 출력하고, 후자는 __str__(연산자 오버로딩 메소드로, 30장과 함께 이 장에서 더 자세히 논의할 것이다)을 사용하여 출력한다.

이 이슈를 피하기 위해, 이 판본의 코드는 __str__(프린트의 기본) 대신 __repr__(중첩된 객체들을 출력하는 경우와 대화형 프롬프트를 포함한 모든 경우의 폴백 함수)을 사용하여 디스플레이하기 때문에 모든 객체는 물론 불필요한 튜플 괄호를 갖는 객체까지도 3.X와 2.X에서 동일한 모습으로 출력된다.

단계 2: 행위 메소드 추가하기

지금까지는 모든 것이 좋아 보인다. 이 시점에서 우리 클래스는 근본적으로 레코드 **공장**으로, 레코드의 필드(파이썬 용어로, 인스턴스의 속성)를 생성하고 값을 채운다. 제한적이긴 하지만 우리는 여전히 그 객체에 몇 가지 동작을 실행할 수 있다. 클래스는 부가적인 계층 구조를 추가하기도 하지만, 궁극적으로 대부분의 작업을 리스트와 문자열 같은 기본 **핵심 데이터 타입**을 내장하고 처리함으로써 수행한다. 즉 만약 여러분이 이미 파이썬의 단순한 코어 타입들을 어떻게 사용하는지 알고 있다면, 이미 파이썬 클래스에 대해 많은 부분을 알고 있다고 볼 수 있다. 실제로 클래스는 단순히 구조적 확장일 뿐이다.

예를 들어, 객체의 name 필드는 단순한 문자열이므로 공백을 분리하고 인덱싱함으로써 객체로부터 성(last name)을 가져올 수 있다. 이 작업들은 모두 핵심 데이터 타입 연산으로 그 대상이 클래스 인스턴스에 내장되어 있는지 여부와 상관없이 동작한다.

```
>> name = 'Bob Smith'          # 클래스 외부의 단순 문자열
>>> name.split()                # 성 추출
['Bob', 'Smith']
>>> name.split()[-1]            # 여기서는 name이 성과 이름으로 구성되어 있다고 가정
'Smith'
```

유사하게 우리는 객체의 pay 필드를 업데이트하여(즉, 할당으로 그 상태 정보를 변경함으로써) 객체의 급여를 인상할 수 있다. 이 작업에는 그 객체가 독자적이든, 클래스 구조 내에 내장되어 있든 상관없이 파이썬의 코어 객체에서 동작하는 기본 연산이 사용된다(나는 다음에서 결괏값을 포매팅하여 다른 버전의 파이썬은 10진수의 다른 수를 출력한다는 사실을 숨겼다).

```
>>> pay = 100000              # 클래스 외부의 단순 변수
>>> pay *= 1.10               # 10% 인상
>>> print('%.2f' % pay)       # 또는 타이핑하기 좋아한다면 pay = pay * 1.10
110000.00                     # 또는 진짜 타이핑을 좋아한다면 pay = pay + (pay * .10)
```

이 연산들을 우리 스크립트에서 생성된 Person 객체에 적용하려면, 방금 name과 pay에 작업한 내용을 bob.name과 sue.pay에 작업하면 된다. 연산 대상이 우리 클래스로부터 생성된 객체들에 속성으로 첨부되어 있다는 점을 제외하면 연산은 동일하다.

```
# 내장된 빌트인 타입 처리: 문자열, 가변성

class Person:
    def __init__(self, name, job=None, pay=0):
        self.name = name
        self.job  = job
        self.pay  = pay

if __name__ == '__main__':
    bob = Person('Bob Smith')
    sue = Person('Sue Jones', job='dev', pay=100000)
    print(bob.name, bob.pay)
    print(sue.name, sue.pay)
    print(bob.name.split()[-1])          # 객체의 성을 추출
    sue.pay *= 1.10                       # 이 객체의 급여 인상
    print('%.2f' % sue.pay)
```

여기에서 마지막 세 줄을 추가하였다. 이 문장이 실행되면, 우리는 bob의 성을 name 필드의 기본 문자열과 리스트 연산을 사용하여 추출하며, sue에게 기본 숫자 연산으로 그녀의 pay 속성을 제자리에서 수정함으로써 급여를 인상한다. 어떤 의미에서 sue는 가변 객체이기도 하다. 그녀의 상태는 append 호출 후의 리스트처럼 제자리에서 변경된다. 새로운 버전의 결괏값은 다음과 같다.

```
Bob Smith 0
Sue Jones 100000
Smith
110000.00
```

이전 코드는 의도한 대로 작동하지만, 만약 여러분이 그것을 베테랑 소프트웨어 개발자에게 보여 준다면 아마 이 일반적인 방식이 실제로도 좋은 생각은 아니라고 말할 것이다. 이와 같이 클래스 외부에 동작을 하드코딩하는 것은 나중에 유지보수 문제로 이어질 수 있다.

예를 들어, 만약 여러분의 프로그램의 여러 장소에서 성 추출식을 하드코딩했다면 어떻게 될까? 만약 이 동작 방식을 변경할 필요가 있다면(᠓ 새로운 이름 구조를 지원하기 위해), 모든 하드코딩을 찾아내어 업데이트해야 할 것이다. 이와 유사하게 만약 급여 인상 코드가 한 번이라도 변경된다면(᠓ 승인이 필요하다거나 또는 데이터베이스를 업데이트해야 하는 경우), 여러분은 여러 사본들을 수정해야 할 것이다. 대규모의 프로그램에서는 그러한 코드가 등장하는 곳을 전부 찾아내는 것만으로도 문제가 될 수 있다. 그 코드들은 여러 파일에 흩어져 있을 것이고, 개별 단계들로 나뉘어 존재할 수도 있다. 이와 같은 프로토타입에서 잦은 변경은 거의 당연한 일이다.

메소드 코딩하기

여기에서 우리가 정말로 하고자 하는 것은 **캡슐화**(인터페이스 뒤에 연산 로직을 감싸서 각 연산이 프로그램에서 한 번만 코딩되도록 한다)로 알려진 소프트웨어 설계 개념을 사용하는 것이다. 이렇게 하면 나중에 연산을 변경해야 하는 경우라도 하나의 사본만 업데이트하면 된다. 게다가 자유롭게 단일 사본의 내부를 거의 임의로 변경해도 이를 사용하는 코드를 훼손하지 않는다.

파이썬 용어로 우리는 객체에 대한 동작을 우리 프로그램 전반에 흩뜨리는 대신, 클래스의 메소드에 코딩하기를 원한다. 실제로, 이는 클래스가 가지는 강점 중 하나다. **중복성**을 제거하기 위해 코드를 **분할**하고, 따라서 유지보수성을 최적화한다. 부가적인 보너스로서 동작을 메소드로 바꾸면, 그 동작을 하드코딩한 인스턴스뿐 아니라 클래스의 어떤 인스턴스에도 그 동작이 적용될 수 있도록 해준다.

이는 이론적으로 들리는 것보다 코드에서 훨씬 더 간단하다. 다음은 두 동작을 클래스 외부의 코드로부터 클래스 내부의 메소드로 옮김으로써 캡슐화하였다. 하는 김에 파일 하단의 셀프 테스트 코드도 연산 동작을 하드코딩하는 대신에 우리가 만든 새로운 메소드를 사용하도록 바꿔 보자.

```python
# 유지보수성을 위해 연산을 캡슐화하도록 메소드를 추가

class Person:
    def __init__(self, name, job=None, pay=0):
        self.name = name
        self.job  = job
        self.pay  = pay
    def lastName(self):                          # 행위 메소드
        return self.name.split()[-1]             # self는 암묵적 대상
```

```
    def giveRaise(self, percent):
        self.pay = int(self.pay * (1 + percent))        # 여기에서만 바꾸면 됨

if __name__ == '__main__':
    bob = Person('Bob Smith')
    sue = Person('Sue Jones', job='dev', pay=100000)
    print(bob.name, bob.pay)
    print(sue.name, sue.pay)
    print(bob.lastName(), sue.lastName())               # 새 메소드 사용
    sue.giveRaise(.10)                                  # 하드코딩 대신에
    print(sue.pay)
```

메소드는 단순히 클래스에 첨부된 일반 함수로 그 클래스의 인스턴스를 처리하기 위해 설계되었다. 인스턴스는 메소드 호출의 대상으로, 메소드의 self 인수에 자동으로 전달된다.

이 버전에서 메소드로의 변환은 간단하다. 예를 들어, 새로운 lastName 메소드는 단순히 이전 버전이 bob에 대해 하드코딩했던 것을 self에 대해 실행하면 되는데, self는 메소드가 호출될 때 암묵적인 대상이 되기 때문이다. lastName은 이제 호출 가능한 함수이므로 결괏값을 반환한다. 비록 출력뿐이지만 자신을 호출한 객체가 임의로 사용할 수 있도록 값을 연산한다. 이와 유사하게 새로운 giveRaise 메소드는 이전에 sue에 했던 것을 self에 하면 된다.

실행해 보면 파일의 결과는 이전과 유사하다. 나중에 쉽게 변경할 수 있도록 코드를 재구성했을 뿐, 동작을 변경하지는 않았기 때문이다.

```
Bob Smith 0
Sue Jones 100000
Smith Jones
110000
```

코딩 관련 몇 가지 세부 내용에 대해 여기에서 짚고 넘어가도록 하자. 우선, sue의 급여는 급여 인상 후에도 여전히 정수임에 주목하자. 메소드 내에서 int 빌트인을 호출함으로써 계산 결과를 정수로 변환하였다. 그 값을 int나 float로 바꾸는 것이 이 예제에서 중요한 것은 아닐 것이다. 정수와 부동 소수점 객체는 동일한 인터페이스를 가지며, 표현식 내에서 혼용될 수 있다. 여전히 우리는 실수 체계에서 잘라내거나 반올림/반내림 문제를 해결해야 한다. 돈은 Person에게 중요한 문제일 것이다.

5장에서 배웠듯이 이를 빌트인 round(N, 2)을 사용하여 반올림하고 센트를 보존하거나, 정밀

도를 고정하기 위해 decimal 타입을 사용하거나, 화폐값을 전체 부동 소수점 숫자로 저장하며, 우리가 앞에서 했듯이 센트를 보여 주기 위해 문자열을 %.2f나 {0:.2f}로 포매팅하여 보여 주는 방식으로 처리할 수 있다. 지금은 단순히 int를 사용하여 센트는 모두 잘라내었다. 다른 아이디어로는 25장의 formats.py 모듈의 money 함수를 보도록 하자. 여러분은 이 도구를 임포트하여 천 단위 구분, 센트, 그리고 통화 기호를 보여 줄 수도 있다.

그다음으로 이번에는 우리가 sue의 성을 출력한다는 점을 주목하자. 성 추출 로직은 메소드에 캡슐화되어 있기 때문에 클래스의 어떤 인스턴스에 대해서도 이 로직을 사용할 수 있다. 파이썬은 보통 self로 불리는 첫 번째 인수에 인스턴스를 자동으로 넘겨줌으로써, 메소드가 어떤 인스턴스를 처리해야 하는지 알려 준다. 구체적으로 설명하면 다음과 같다.

- 첫 번째 호출인 bob.lastName( )에서 bob은 self에 전달된 암묵적 대상이다.
- 두 번째 호출인 sue.lastName( )에서 sue가 self에 들어간다.

어떻게 인스턴스가 self에서 마무리되는지 보려면 이 호출들을 통해 추적해 보자. 이것이 핵심 개념이다. 그 결과, 메소드는 매번 암묵적 대상의 이름을 가져온다. 이는 giveRaise에 대해서도 동일하다. 예를 들어, 우리는 giveRaise를 호출하여 bob의 급여를 인상할 수 있다. 하지만 불행하게도 bob의 시작 급여는 0이라 현재 작성된 프로그램으로는 급여 인상을 할 수가 없다. 0에는 어떤 수를 곱하더라도 0이기 때문이며, 이 점은 향후 우리 소프트웨어의 2.0 릴리즈에서 해결해야 할 문제다.

마지막으로, giveRaise 메소드는 percent가 0과 1 사이의 부동 소숫점 숫자로 전달될 것이라 가정한다는 것을 주목하자. 이는 실제로는 너무 급진적인 가정이다(100% 인상은 우리 대부분에게는 버그일 수 있다!). 이 프로토타입에서 이 문제는 넘어가도록 하겠지만, 우리는 이를 테스트해 보거나 이 코드를 미래에 반복할 때를 대비하여 문서화해 두길 원할 수 있다. 이 아이디어는 함수 데코레이터를 작성하고 파이썬의 assert문(개발 중에 자동으로 유효성 검증 테스트를 할 수 있는 대안이 되는 문장)을 다루는 이 책의 뒷부분에서 다시 살펴볼 것이다. 예를 들어, 39장에서 우리는 다음과 같이 이상한 주문을 검증해 주는 도구를 작성할 것이다.

```
@rangetest(percent=(0.0, 1.0))        # 검증을 위해 데코레이터를 사용
def giveRaise(self, percent):
    self.pay = int(self.pay * (1 + percent))
```

단계 3: 연산자 오버로딩

이 시점에서 우리에게는 인스턴스를 생성하고 초기화함과 동시에 그 인스턴스들을 처리하는 두 가지 행위를 메소드 형태로 제공하는 클래스가 있다. 지금까지는 잘 되어가고 있다.

하지만 현재 상태 그대로 테스트하는 것은 여전히 좀 불편하다. 객체를 추적하려면 수동으로 각각의 속성들을 가져와서 출력해야 한다(예 bob.name, sue.pay). 아무래도 한 번에 인스턴스를 디스플레이하는 것이 실제로 우리에게 일부 유용한 정보를 제공한다면 좋을 것이다. 불행하게도, 인스턴스 객체를 위한 기본 디스플레이 포맷이 그다지 좋지는 못하다. 기본 디스플레이 포맷은 객체의 클래스 이름과 메모리상의 객체의 주소(객체에 대한 유일한 식별자라는 점을 제외하면 파이썬에서 근본적으로 쓸모없는)를 디스플레이한다.

확인을 위해 스크립트의 마지막 줄을 print(sue)로 바꾸면 그 객체 전체를 디스플레이하며, 다음 내용을 보게 될 것이다. sue는 3.X에서 'object'로 2.X에서는 'instance'로 출력될 것이다.

```
Bob Smith 0
Sue Jones 100000
Smith Jones
<__main__.Person object at 0x00000000029A0668>
```

프린트 디스플레이 제공하기

다행히도 **연산자 오버로딩**을 이용하여 이 출력 형태를 쉽게 개선할 수 있다. 연산자 오버로딩은 클래스의 인스턴스에서 빌트인 연산이 실행될 때 이를 가로채서 처리하는 클래스의 코딩 기법이다. 특히, 우리는 파이썬에서 __init__ 다음으로 가장 많이 사용되는 연산자 오버로딩 메소드를 사용할 수 있다. 여기에서 사용하는 __repr__ 메소드와 이전 장에서 소개된 __str__ 메소드가 그것이다.

이 메소드들은 인스턴스가 출력 문자열로 변환될 때마다 자동으로 실행된다. 객체 출력이라는 것이 바로 이 메소드들을 호출하는 동작이기 때문에 실제로 일어나는 일은 객체 자체가 정의했거나, 슈퍼클래스에서 상속한 __str__ 또는 __repr__ 메소드의 반환값을 출력하는 것이다. 더블 언더스코어가 붙는 이름들도 다른 이름들과 마찬가지로 상속된다.

기술적으로는 print와 str은 __str__을 선호한다. __repr__은 이 역할에 대한 대체재로 사용되며, print와 str을 제외한 다른 모든 경우에 사용된다. 이 두 메소드는 다른 맥락에서 다른 디스플레이를 구현하기 위해 사용될 수 있지만, __repr__를 코딩하는 것만으로도 모든 경우 (프린트, 중첩된 표현, 그리고 대화형 에코)에 대해 단일 디스플레이를 제공하기 충분하다. 이는 여전히 클라이언트에게 __str__을 이용한 대안적 디스플레이를 제공할 수 있도록 해주지만, 어디까지나 제한적인 맥락에서만 허용한다. 이것은 독자적인 예제이므로 여기에서는 거의 발생할 가능성이 없다.

엄밀히 말하면 우리가 이미 코딩해 보았던 __init__ 생성자 메소드도 연산자 오버로딩 메소드다. 이는 생성 시점에 새롭게 생성된 인스턴스를 초기화하기 위해 자동으로 실행된다. 하지만 생성자는 너무 일반적이기 때문에 거의 특별한 경우로 여겨진다. __repr__과 같이 좀 더 특정 행위에 초점이 맞춰진 메소드들은 우리가 특정 연산을 이용하도록 허용하고, 우리 객체가 그 맥락에서 사용될 때 **특화된 행위를** 제공한다.

이를 코드에 포함해 보자. 다음은 우리 클래스를 확장하여 클래스의 인스턴스 전체를 디스플레이할 때 별로 유용하지 않은 기본 디스플레이에 의존하는 대신, 인스턴스의 속성 목록을 모두 보여 주는 변경된 디스플레이를 제공하고 있다.

```
# 객체 출력을 위한 __repr__ 오버로딩 메소드 추가

class Person:
    def __init__(self, name, job=None, pay=0):
        self.name = name
        self.job  = job
        self.pay  = pay
    def lastName(self):
        return self.name.split()[-1]
    def giveRaise(self, percent):
        self.pay = int(self.pay * (1 + percent))
    def __repr__(self):                               # 추가된 메소드
        return '[Person: %s, %s]' % (self.name, self.pay)    # 출력될 문자열

if __name__ == '__main__':
    bob = Person('Bob Smith')
    sue = Person('Sue Jones', job='dev', pay=100000)
    print(bob)
    print(sue)
    print(bob.lastName(), sue.lastName())
    sue.giveRaise(.10)
    print(sue)
```

__repr__에서 디스플레이 문자열을 만들기 위해 문자열 % 포매팅을 사용하였다는 점을 주목하자. 마지막에서 클래스들은 주어진 작업을 수행하기 위해 이와 같이 빌트인 타입 객체와 연산자를 사용한다. 다시 말하지만 여러분이 이미 빌트인 타입과 함수에 대해 배웠던 모든 것이 클래스 기반의 코드에도 그대로 적용된다. 클래스는 크게 보면 함수와 데이터를 함께 결합하고, 확장을 지원하는 추가적인 계층 **구조**를 더한 것뿐이다.

또한, 이 예제에서 각각의 개별 속성을 출력하는 대신 직접 객체를 출력하도록 셀프 테스트 코드를 변경하였다. 이 파일을 실행하면 이제는 좀 더 일관되고 의미 있는 결과를 얻게 될 것이다. '[...]' 줄은 프린트 연산에 의해 자동으로 실행되는 새로운 __repr__이 반환한 것이다.

```
[Person: Bob Smith, 0]
[Person: Sue Jones, 100000]
Smith Jones
[Person: Sue Jones, 110000]
```

디자인 노트: 30장에서 배우게 되겠지만 __repr__ 메소드는 주로 객체를 코드대로 하위 수준의 디스플레이를 제공하기 위해 사용되며, __str__은 여기에서의 출력 예제처럼 좀 더 사용자 친화적인 정보 디스플레이를 위해 사용된다. 때로는 클래스가 사용자 친화적인 디스플레이를 위해 __str__을, 그리고 개발자들이 볼 수 있도록 추가적인 세부 내역을 보여 주기 위해 __repr__을 모두 제공하기도 한다. 프린트는 __str__을 실행하고, 대화형 프롬프트는 __repr__로 결과를 보여 주기 때문에 이렇게 두 메소드를 정의하여 두 대상 사용자에게 적절한 디스플레이를 제공할 수 있다.

__repr__이 중첩된 표현을 포함하여 더 많은 디스플레이 케이스에 적용되는 데다, 두 가지 서로 다른 형태로 디스플레이하는 데는 관심이 없으므로 우리의 클래스에서는 모든 경우를 포함하는 __repr__만으로도 충분하다. 이는 만약 3.X의 print 호출에서 bob과 sue를 열거할 경우(1031쪽 칼럼 "버전 이식성: Print 함수"에 따르면, 기술적으로 중첩된 표현) 우리의 사용자 정의 디스플레이가 2.X에서 사용됨을 의미한다.

단계 4: 서브클래싱으로 행위 변경하기

지금까지 우리 클래스는 파이썬의 객체 지향 프로그래밍 메커니즘의 대부분을 담아냈다. 인스턴스를 만들고, 메소드로 행위를 제공하고, __repr__에서 프린트 연산을 가로채기 위해 연산자 오버로딩도 했다. 우리 클래스는 우리 데이터와 로직을 단일의 독자적인 **소프트웨어 구성 요소** 내에 효과적으로 결합시켜서 코드의 위치를 찾거나 나중에 이를 손쉽게 변경할 수 있도록 해준다. 또한, 우리가 행위를 캡슐화할 수 있도록 해줌으로써 코드를 분할하여 중복성과 그로 인한 유지보수로 골치를 썩는 일이 없도록 막아 준다.

우리가 아직 담아내지 못한 유일한 주요 객체 지향 프로그래밍 개념은 **상속에 의한 커스터마이즈**다. 어떤 의미에서는 이미 상속을 해보았다고 볼 수 있는데, 인스턴스가 그 클래스로부터 메소드를 상속받기 때문이다. 하지만 객체 지향 프로그래밍의 실제 능력을 보여 주려면 우리의 소프트웨어를 확장하고 상속된 행위를 대체할 수 있도록 해주는 슈퍼클래스/서브클래스 관계를 정의해야 한다. 이것이 결국에는 객체 지향 프로그래밍의 주요 아이디어다. 이미 만들어진 작업의 커스터마이즈를 기반으로 하는 코딩 모델을 발전시킴으로써 개발 시간을 극적으로 단축시킬 수 있다.

서브클래스 코딩하기

다음 단계로 객체 지향 프로그래밍 방법론을 적용하여 우리 소프트웨어 계층 구조를 확장함으로써 Person 클래스를 사용하고 변경해 보자. 이 튜토리얼에서는 Person의 서브클래스인 Manager 클래스를 정의한다. 이 Manager는 상속된 giveRaise 메소드를 좀 더 특화된 버전으로 대체할 것이다. 새로운 Manager 클래스는 다음과 같이 시작한다.

```
class Manager(Person):                    # Person의 서브클래스 정의
```

이 코드는 우리가 Manager라는 이름의 새로운 클래스를 정의하였고, 이 클래스는 슈퍼클래스 Person으로부터 상속되었으며, 일부 변경 사항들을 추가할 수 있음을 의미한다. 쉽게 말하자면 Manager는 Person과 거의 유사하지만 급여 인상을 위한 자신만의 방법을 가진다.

예시를 위해 관리자(Manager 클래스가 나타내는)의 급여가 인상될 때는 함수의 인수로 전달된 비율만큼의 급여 인상 외에 별도로 10%의 추가 보너스를 받게 된다고 가정하자. 예를 들어, 만약 Manager의 급여 인상이 10%로 정해지면, 실제로는 20%를 인상받게 될 것이다. 새롭게 정의된 giveRaise 메소드는 다음과 같이 시작한다. 이 giveRaise를 재정의한 버전은 클래스 트리에서 Person의 원래 버전보다 Manager 인스턴스에 더 가까우므로 효과적으로 해당 연산을

대체하고 변경한다. 상속 검색 규칙에 따르면 이름의 가장 낮은 버전이 채택된다는 점을 기억하자.[1]

```
class Manager(Person):                          # Person 속성을 상속
    def giveRaise(self, percent, bonus=.10):    # 커스터마이즈를 위해 재정의
```

메소드 확장하기: 나쁜 방법

이 Manager 변경본을 코딩하는 좋은 방법과 나쁜 방법이 있다. 아무래도 이해하기 더 쉬운 쪽인 **나쁜 방법**으로 시작해 보자. 나쁜 방법은 Person의 giveRaise 코드를 복사하여 붙여 놓고 이를 다음과 같이 Manager에 맞도록 변경하는 것이다.

```
class Manager(Person):
    def giveRaise(self, percent, bonus=.10):
        self.pay = int(self.pay * (1 + percent + bonus))    # 나쁜 방법: 복사/붙여넣기
```

이 코드는 의도한 대로 동작하며, 나중에 Manager 인스턴스의 giveRaise 메소드를 호출하면 추가 보너스를 붙이는 이 변경 버전을 실행할 것이다. 정확하게 동작하는데 무슨 문제가 있단 말인가?

여기서의 문제는 매우 일반적인 것이다. 앞에서 복사하고 붙여넣은 코드는 미래의 유지보수 작업에 필요한 노력을 두 배로 늘린다는 점이다. 다음을 생각해 보자. 원래의 버전을 복사했기 때문에 나중에 급여 인상 방법을 바꾸게 된다면 (그렇게 될 가능성이 높다) 두 곳의 코드를 변경해야 한다. 이 예제가 짧고 인위적이긴 하나 매우 보편적인 문제를 대표한다. 이렇게 코드를 복사하는 방식으로 프로그래밍을 하는 것보다는 더 나은 방식을 찾아야 한다..

메소드 확장하기: 좋은 방법

우리의 목적은 원래의 giveRaise를 전부 대체하기보다는 어떻게든 **보완하는** 것이다. 파이썬에서 이를 해내기에 **좋은 방법**은 다음과 같이 보완된 인수를 사용하여 원래 버전을 직접 호출하는 것이다.

---

[1] 물론, 독자 중 어떤 관리자에게도 악의가 없음을 알리는 바다. 나는 한때 뉴저지에서 파이썬 강의를 했는데, 아무도 이 농담에 웃지 않았다. 강의 운영진이 나중에 말하기를, 수강생들이 파이썬을 평가하는 관리자 그룹이었다는 것이다.

```
class Manager(Person):
    def giveRaise(self, percent, bonus=.10):
        Person.giveRaise(self, percent + bonus)        # 좋은 방법: 원래 버전을 보완
```

이 코드는 클래스의 메소드가 언제나 **인스턴스**를 통하거나(파이썬은 일반적으로 self 인수에 인스턴스를 자동으로 전달한다) 또는 **클래스**를 통해(덜 보편적인 방식으로, 여러분은 직접 인스턴스를 전달해야 한다) 호출될 수 있다는 사실을 이용한다. 표현 측면에서 보면, 다음 코드의 첫 번째 메소드 호출은 파이썬에 의해 자동으로 두 번째 호출 형태로 변환된다.

```
instance.method(args...)
```

```
class.method(instance, args...)
```

여기서 실행할 메소드를 포함한 클래스는 메소드의 이름에 적용된 상속 검색을 통해 결정된다. 여러분은 스크립트에서 **둘 중 어느 형태로도** 코딩할 수 있지만, 이 둘 사이는 약간 비대칭적이다. 만약 클래스를 통해 직접 호출한다면, 수동으로 인스턴스를 전달해야 함을 기억해야 한다. 메소드는 어쨌든 대상 인스턴스가 필요하며, 파이썬은 인스턴스를 통해 메소드를 호출할 때만 self를 통해 인스턴스를 제공한다. 클래스 이름으로 메소드를 호출할 때는 여러분이 직접 self에 인스턴스를 보내야 한다. giveRaise 같은 메소드 내부의 코드에서는 메소드에 전달된 self 인수가 이미 호출된 인스턴스이므로 이 인스턴스를 전달하면 된다.

클래스 이름으로 메소드를 호출하는 것은 실제로는 상속을 벗어나 메소드 호출을 클래스 트리의 위쪽으로 이동시켜 특정 버전을 실행하는 것이다. 우리의 경우에는 Manager 레벨에서 재정의되었더라도 Person의 기본 giveRaise를 호출하고자 할 때 이 기법을 사용할 수 있다. 어떤 의미에서 우리는 이 방식으로 Person을 통해 호출해야 하는데, Manager의 giveRaise 내부의 self.giveRaise()는 루프를 형성하기 때문이다. 이미 self는 Manager이기 때문에 self.giveRaise()는 다시 Manager.giveRaise로 해석되고, 계속 그렇게 재귀적으로 허용된 메모리가 다 소진될 때까지 돌고 돌게 된다.

이 '좋은' 버전은 코드의 차이는 크지 않지만, 미래의 **코드 유지보수**로서는 큰 차이점을 만들 수 있다. 이제 giveRaise 로직은 단 하나의 장소에만(Person의 메소드) 존재하기 때문에 우리는 필요가 증가함에 따라, 변경할 경우에는 한 버전만 변경하면 된다. 그리고 실제로 이 형태가 기존의 giveRaise 연산을 수행하되, 거기에 추가로 보너스를 덧붙이고자 하는 우리의 의도를

더 직접적으로 표현할 수 있다. 이 단계를 적용한 전체 모듈 파일은 다음과 같다.

```python
# 서브클래스에서 한 행위에 대한 커스터마이즈 버전 추가

class Person:
    def __init__(self, name, job=None, pay=0):
        self.name = name
        self.job  = job
        self.pay  = pay
    def lastName(self):
        return self.name.split()[-1]
    def giveRaise(self, percent):
        self.pay = int(self.pay * (1 + percent))
    def __repr__(self):
        return '[Person: %s, %s]' % (self.name, self.pay)

class Manager(Person):
    def giveRaise(self, percent, bonus=.10):          # 이 레벨에서 재정의
        Person.giveRaise(self, percent + bonus)       # Person의 버전을 호출

if __name__ == '__main__':
    bob = Person('Bob Smith')
    sue = Person('Sue Jones', job='dev', pay=100000)
    print(bob)
    print(sue)
    print(bob.lastName(), sue.lastName())
    sue.giveRaise(.10)
    print(sue)
    tom = Manager('Tom Jones', 'mgr', 50000)          # Manager 생성: __init__
    tom.giveRaise(.10)                                # 사용자 정의 버전 실행
    print(tom.lastName())                             # 상속된 메소드 실행
    print(tom)                                        # 상속된 __repr__ 실행
```

우리의 Manager 서브클래스 사용자 정의 버전을 테스트하기 위해 셀프 테스트 코드에 Manager를 만들고, 그 메소드를 호출하고 이를 출력하는 코드 또한 추가하였다. 우리가 Manager를 만들 때, 이전처럼 이름과 선택적인 직업, 급여를 전달한다. Manager에서는 __init__ 생성자를 재정의하지 않았으므로 Person에 있는 생성자를 상속받는다. 다음은 새로운 버전의 실행 결과다.

```
[Person: Bob Smith, 0]
[Person: Sue Jones, 100000]
Smith Jones
[Person: Sue Jones, 110000]
Jones
[Person: Tom Jones, 60000]
```

여기까지는 아무 문제도 없다. bob과 sue는 이전과 같다. Manager인 tom은 10% 인상되면 실제로는 20% 인상을 받게 되는데(그의 급여는 $50K에서 $60K로 오르게 된다), Manager의 변경된 giveRaise는 tom을 위해서만 실행되기 때문이다. 또한, 테스트 코드 마지막에서 tom을 전체로 출력하면 Person의 __repr__에 정의된 보기 좋은 포맷을 디스플레이하게 된다. Manager 객체는 파이썬의 상속에 의해 Person의 __repr__, lastName, 그리고 __init__ 생성자 메소드 코드를 '공짜로' 얻게 된다.

---

super에 대해

이 장의 예제에서는 person.giveRaise(...)처럼 슈퍼클래스의 이름을 통해 원래 버전을 호출함으로써 상속된 메소드를 확장한다. 이것은 파이썬에서 전통적이고 가장 단순하며, 이 책의 대부분에서 사용되는 기법이다.

자바 프로그래머라면 파이썬이 자바와 유사한 super 내장 함수를 이용해 슈퍼클래스의 메소드를 더 일반적으로 호출할 수 있다는 점에 특별히 흥미를 가질 것이다. 하지만 super는 2.X에서 사용하기 까다롭고, 2.X와 3.X의 형태가 다르며, 3.X에서는 흔하지 않은 구문에 의존한다. 또한 파이썬의 연산자 오버로딩과 유사하게 동작하지 않는 데다, 전통적인 다중 상속 형식의 코드와 잘 병합되지도 않는다. 다중 상속은 단일 슈퍼클래스 호출만으로는 충분하지 않기 때문이다.

반면, super 호출이 적합한 활용 사례도 있다. 다중 상속에서 동일하게 명명된 메소드의 협력적 실행이 바로 그런 사례다. 하지만 이것은 거의 알려지지도 않았고 많은 사람들이 작위적이라고 생각하는 클래스의 'MRO' 정렬에 의존하며, 범용적 배치가 안정적으로 사용될 것이라는 비현실적인 가정에 의존한다. 또한, 메소드 교체와 가변 인자 리스트를 완벽하게 지원하지 않는다. 이것은 대다수에게는 실제 파이썬 코드에서는 거의 활용될 수 없는 모호한 해법으로 보인다.

이러한 단점들로 인해 이 책은 super 대신에 명확한 이름으로 슈퍼클래스를 호출하는 것을 선호하며, 입문자들에게도 동일한 방식을 사용하기를 권하므로 32장까지는 super에 대한 설명을 미루겠다. 이에 대해서는 일반적으로 여러분이 동일한 목표를 위해 더 단순하고, 일반적으로 더 전형적이며, '파이썬다운' 방식을 배운 뒤 판단하는 것이 가장 좋다. 특히, 여러분에게 객체 지향 프로그래밍이 생소하다면 더욱 그렇다. MRO와 협력 관계의 다중 상속 할당과 같은 주제는 입문자 그리고 다른 사람들에게 많은 질문거리를 제공한다.

그리고 청중 중 모든 자바 프로그래머에게는 여러분이 super의 미묘한 의미를 공부하기 전까지는 파이썬의 super를 사용하고 싶다는 유혹을 견뎌내기를 권한다. 일단 여러분이 다중 상속에 들어가게 되면 이것은 여러분이 생각했던 것과는 다르며, 여러분이 아마도 기대했던 것보다 더할 것이다. super가 호출하는 클래스는 더 이상 슈퍼클래스가 아닐 수도 있으며, 더구나 맥락에 따라 달라질 수도 있다. 영화 대사를 빗대어 말하자면 파이썬의 super는 초콜릿이 든 상자와 같아서 **여러분은 본인이 어떤 것부터 먹게 될지 전혀 알 수 없다!**

실제에서의 다형성

이 상속된 행위를 더 매력적으로 만들기 위해 우리는 다음 코드를 우리 파일의 하단에 일시적으로 추가할 수 있다.

```
if __name__ == '__main__':
    ...
    print('--All three--')
    for obj in (bob, sue, tom):          # 객체를 일반적으로 처리함
        obj.giveRaise(.10)               # 이 객체의 giveRaise를 실행
        print(obj)                       # 보편적인 __repr__을 실행
```

다음은 굵은 폰트로 강조된 코드를 실행한 결과다.

```
[Person: Bob Smith, 0]
[Person: Sue Jones, 100000]
Smith Jones
[Person: Sue Jones, 110000]
Jones
[Person: Tom Jones, 60000]
--All three--
[Person: Bob Smith, 0]
[Person: Sue Jones, 121000]
[Person: Tom Jones, 72000]
```

추가된 코드에서 obj는 Person 또는 Manager 클래스의 인스턴스이며, 파이썬은 자동으로 적합한 giveRaise를 실행한다. bob과 sue는 Person 버전을, tom은 Manager 버전을 실행한다. 파이썬이 어떻게 각 객체에 들어맞는 giveRaise 메소드를 선택하는지를 보기 위해 여러분이 직접 메소드 호출을 따라가 보도록 하자.

이것이 바로 파이썬의 다형성에 대한 개념이며, 이에 대해서는 이 책의 앞부분에서 이미 다루었다. 여기서 giveRaise의 동작은 어떤 대상에 대해 호출되는가에 따라 다르다. 여기서는 지금까지 우리가 클래스에서 작성한 코드 안에서 대상을 선택하게 될 때 더 분명해진다. 이 코드에 의해 sue의 급여는 10% 인상되는 반면, tom의 급여는 20% 인상된다. 이는 giveRaise가 객체의 타입에 따라 다르게 동작하기 때문이다. 다형성은 파이썬 유연성의 핵심이다. 예를 들어, 세 객체들을 giveRaise 메소드를 호출하는 함수에 전달하면 동일한 결과를 얻게 된다. 전달된 객체의 타입에 따라 자동으로 적합한 버전이 실행된다.

반면에, 출력은 세 개의 객체 모두 동일한 __repr__을 실행하는데, 이는 Person에서만 코딩되었기

때문이다. Manager는 Person 클래스의 __repr__ 메소드를 상속하여 사용한다. 비록 이 예제는 작지만, 이미 코드 커스터마이즈와 재사용을 위해 객체 지향 프로그래밍의 재능을 이용하고 있다. 클래스를 이용하면 코드 커스터마이즈와 재사용을 거의 자동으로 활용하게 된다.

상속, 커스터마이즈, 그리고 확장

클래스는 실제로 우리 예제에서 보여 주는 것보다 더 유연할 수 있다. 클래스는 일반적으로 상속받고, 커스터마이즈하거나, 확장할 수 있다. 예를 들어 여기서는 커스터마이즈에 초점을 맞추고 있지만, 만약 Manager에 전혀 다른 무엇인가가 필요하다면 Person에 등장하지 않는 고유의 메소드를 Manager에 추가할 수 있다. 다음은 이를 간단하게 보여 준다. 여기서 giveRaise는 슈퍼클래스의 메소드를 재정의하여 커스터마이즈하지만, someThingElse는 새로운 메소드를 정의하여 확장한 것이다.

```
class Person:
    def lastName(self): ...
    def giveRaise(self): ...
    def __repr__(self): ...

class Manager(Person):                       # 상속
    def giveRaise(self, ...): ...            # 커스터마이즈
    def someThingElse(self, ...): ...        # 확장

tom = Manager()
tom.lastName()               # 그대로 상속된 메소드
tom.giveRaise()              # 커스터마이즈된 메소드
tom.someThingElse()          # 클래스 확장
print(tom)                   # 상속된 오버로드 메소드
```

이 코드의 someThingElse처럼 부가적인 메소드는 기존의 소프트웨어를 확장하며, Person이 아니라 Manager 객체에서만 사용할 수 있다. 그러나 이 튜토리얼의 목적에 맞게, 우리는 Person의 행위에 추가하지 않고 그중 일부를 재정의하여 커스터마이즈하는 것으로 범위를 제한하고자 한다.

객체 지향 프로그래밍: 의도

지금까지 작성한 코드는 작지만 기능적이다. 그리고 이는 실제로 이미 객체 지향 프로그래밍의 배경이 되는 전반적인 요점을 보여 준다. 객체 지향 프로그래밍에서 우리는 기존 코드를 복

사하거나 변경하는 대신, 이미 작성했던 것을 커스터마이즈함으로써 프로그램을 작성한다. 하지만 입문자가 처음부터 이 방식을 택하기는 힘들 것이다. 특히, 클래스를 위해 추가 코딩이 필요하다는 점을 고려하면 더욱 그렇다. 하지만 클래스가 대표하는 프로그래밍 스타일은 다른 방식들에 비해 개발 시간을 급진적으로 단축시킬 수 있다.

예를 들어 우리 예제에서 이론상으로는 서브클래스를 만들지 않고도 커스터마이즈형 giveRaise 연산을 구현할 수 있지만, 다른 방식들 중에서는 어떤 것도 우리 방식만큼 최적의 코드를 만들어내지 못한다.

- 단순히 아무런 딕셔너리 준비 없이 새롭고 독자적인 코드로 Manager를 코딩할 수도 있지만, 그 경우 Manager는 이미 Person 안에 구현된 모든 동작을 다시 구현해야 한다.
- Manager의 giveRaise 조건을 만족하기 위해 기존 Person 클래스의 giveRaise 메소드를 수정하여 대체할 수 있지만, 그 경우 여전히 Person의 원래 버전의 행위가 필요한 곳의 코드를 훼손하게 될 것이다.
- 단순히 Person 클래스를 통째로 복사하여 그 복사본의 이름을 Manager로 명명하고 giveRaise를 변경할 수도 있지만, 이렇게 하면 코드 중복성을 초래하고 미래에 우리의 작업량이 두 배로 늘어나게 될 것이다. 나중에 기능 변경 등으로 인해 Person이 수정되어도 변경된 내용이 자동으로 반영되지 않으며, Manager의 코드에도 변경 내역을 직접 반영해야 한다. 보통 복사하여 붙여넣기의 방법이 빨라 보이지만, 후에 여러분의 작업량이 두 배로 늘어난다.

우리가 클래스로 만들 수 있는 커스터마이즈 가능한 계층 구조는 시간이 지남에 따라 진화하는 소프트웨어에 더 나은 해법을 제공한다. 파이썬의 어떤 다른 도구들도 이 개발 모드를 지원하지 못한다. 새로운 서브클래스를 이용해 이전에 해놓은 각종 작업을 커스터마이즈하고 확장할 수 있다. 즉, 클래스 내의 딕셔너리를 처음부터 새로 생성해야 한다거나, 기존의 작업 내용을 훼손하거나, 지속적인 업데이트가 필요한 코드의 복제본을 여러 개 생성하지 않고도 기존에 만들어 놓은 기능들을 그대로 이용할 수 있다는 것이다. 객체 지향 프로그래밍은 잘 사용하기만 하면 프로그래머에게 강력한 무기가 될 수 있다.

단계 5: 생성자도 커스터마이즈하기

우리의 코드는 지금도 잘 동작하지만, 잘 들여다보면 다소 이상한 점이 발견될 것이다. Manager 객체를 생성할 때, 그 객체의 직업명으로 mgr을 제공하는 것은 의미가 없어 보인다.

클래스 이름이 이미 그 의미를 내포하고 있기 때문이다. 만약 Manager가 만들어질 때 자동으로 이 값을 채울 수 있다면 좀 더 나을 것이다.

이를 개선하기 위해 필요한 것은 이전 절에서 이용한 것과 동일하다. Manager를 위한 생성자 로직에서 직업명을 자동으로 제공하도록 변경하고자 한다. 코드 측면에서 보자면 우리는 Manager의 __init__ 메소드가 mgr 문자열을 제공하도록 재정의하기를 원한다. 그리고 giveRaise 커스터마이즈 과정에서와 같이, __init__ 메소드를 클래스 이름과 함께 호출함으로써 객체의 상태 정보 속성이 초기화되도록 하고자 한다.

다음의 person.py의 확장 버전은 그 일을 하게 된다. 새로운 Manager 생성자를 작성했고, tom을 생성하는 호출에서 mgr 직업명을 전달하지 않도록 변경하였다.

```python
# person.py 파일
# 서브클래스에서 생성자 커스터마이즈 버전을 추가함

class Person:
    def __init__(self, name, job=None, pay=0):
        self.name = name
        self.job  = job
        self.pay  = pay
    def lastName(self):
        return self.name.split()[-1]
    def giveRaise(self, percent):
        self.pay = int(self.pay * (1 + percent))
    def __repr__(self):
        return '[Person: %s, %s]' % (self.name, self.pay)

class Manager(Person):
    def __init__(self, name, pay):                      # 생성자 재정의
        Person.__init__(self, name, 'mgr', pay)         # 'mgr'로 원래 버전 호출
    def giveRaise(self, percent, bonus=.10):
        Person.giveRaise(self, percent + bonus)

if __name__ == '__main__':
    bob = Person('Bob Smith')
    sue = Person('Sue Jones', job='dev', pay=100000)
    print(bob)
    print(sue)
    print(bob.lastName(), sue.lastName())
    sue.giveRaise(.10)
    print(sue)
    tom = Manager('Tom Jones', 50000)                   # 직업명은 필요 없음
    tom.giveRaise(.10)                                  # 클래스에 의해 설정됨
    print(tom.lastName())
    print(tom)
```

다시 말하지만, 여기에서 __init__ 생성자를 보완하기 위해 사용된 기법은 앞서 본 giveRaise 를 보완하기 위해 사용한 기법(슈퍼클래스 버전에 self 인스턴스를 명시적으로 전달하고, 클래스 이름 을 통하여 직접 호출함으로써 실행)과 동일하다. 생성자는 이상한 이름을 가지고 있지만, 그 결과 는 동일하다. 우리가 인스턴스 속성을 초기화하기 위해 Person의 생성자 로직도 실행할 필요 가 있기 때문에 우리는 실제로 이 방식으로 해당 메소드를 호출해야 한다. 그렇지 않으면 인스 턴스들은 첨부된 어떤 속성도 가질 수 없을 것이다.

이 방식으로 재정의함으로써 슈퍼클래스 생성자를 호출하는 것은 파이썬에서는 매우 흔한 코 딩 패턴이다. 파이썬은 생성 시점에 단 하나의 __init__ 메소드(클래스 트리에서 가장 낮은 메소 드)를 찾아 호출하기 위해 상속을 사용한다. 만약 여러분이 더 높은 __init__ 메소드가 생성 시점에 실행되기를 원한다면(일반적으로 그렇겠지만) 여러분은 그 메소드를 수동으로 호출해야 하며, 일반적으로 슈퍼클래스의 이름을 통해 호출해야 한다. 이 방식은 슈퍼클래스의 생성자 에 어떤 인수를 전달할 것인지에 대해 명시적인 것이 장점이며, 그 생성자를 더 이상 호출하지 않기로 택할 수도 있다. 슈퍼클래스 생성자를 호출하지 않고 생성자 로직을 전부 대체할 수도 있다.

이 파일의 셀프 테스트 코드의 결과는 이전과 동일하다. 원래 하던 일을 바꾸지 않았으며, 다 만 몇 가지 로직상의 중복성을 제거하기 위해 코드를 재구성했을 뿐이다.

```
[Person: Bob Smith, 0]
[Person: Sue Jones, 100000]
Smith Jones
[Person: Sue Jones, 110000]
Jones
[Person: Tom Jones, 60000]
```

객체 지향 프로그래밍은 생각하는 것보다 더 단순하다

상대적으로 작은 코드임에도 불구하고 우리 클래스는 파이썬 객체 지향 프로그래밍 메커니즘 의 중요한 개념을 거의 모두 담고 있다.

- 인스턴스 생성 — 인스턴스 속성을 채움
- 행위 메소드 — 로직을 클래스의 메소드 내에 캡슐화함
- 연산자 오버로딩 — 프린트와 같은 빌트인 연산을 위한 행위를 제공함

- 행위를 커스터마이즈하기 — 서브클래스에서 메소드들을 특화하기 위하여 재정의함
- 생성자를 커스터마이즈하기 — 서브클래스의 생성자에 초기화 로직을 추가함

이 개념들의 대부분은 단지 세 가지 단순한 아이디어에서 비롯되었다. 객체 트리에서 속성을 위한 상속 검색, 메소드에서 특별한 self 인수, 그리고 메소드에 연산자 오버로딩의 자동 할당이 그것이다.

그 과정에서 우리는 또한 코드의 **중복성**을 줄이기 위해 코드를 분할하는 클래스의 성향을 이용하여 미래에 코드 변경이 용이하도록 구성했다. 예를 들어, 우리는 로직을 메소드에 감쌌고, 동일한 코드의 여러 사본을 만드는 것을 피하기 위해 확장 버전으로부터 슈퍼클래스를 역호출하였다. 이 단계들의 대부분은 클래스의 구조화 능력에 의한 자연스러운 결과물이다.

대체로 이것이 파이썬에서의 객체 지향 프로그래밍 전부다. 클래스는 확실히 이보다 더 커질 수 있으며, 이후 장에서 만나게 될 데코레이터와 메타클래스 같은 좀 더 진화된 클래스 개념이 있기도 하다. 하지만 기본적인 원리 측면에서는 우리 클래스가 이미 모든 일을 다 하고 있다. 실제로 우리가 작성한 클래스의 기능들을 완전히 이해한다면, 대부분의 객체 지향 프로그래밍 파이썬 코드는 이제 여러분의 손바닥 안에 놓이게 될 것이다.

클래스를 결합하는 다른 방식

객체 지향 프로그래밍의 기본 메커니즘이 파이썬에서 단순하지만, 대규모 프로그램에서의 기술 중 일부는 클래스들이 결합하는 방식에 있다. 파이썬 언어가 제공하는 메커니즘이기 때문에 이 튜토리얼에서는 **상속**에 초점을 맞추고 있지만, 프로그래머들은 때로는 다른 방식으로 클래스들을 결합하기도 한다.

예를 들어, 한 보편적인 코딩 패턴은 **컴포지트**(composite)를 구성하기 위해 서로 안에 객체들을 중첩하는 것을 수반한다. 이 패턴에 대해서는 파이썬보다 디자인에 대해 좀 더 살펴볼 31장에서 더 자세히 다루도록 하겠다. 그러나 간단한 예제로 우리는 이 구성 관계(composition)를 이용하여 Manager 확장 버전을 Person으로부터 상속받는 대신, Person을 내장시켜서 구현할 수 있다.

이를 위해 파일 person-composite.py에 작성된 다음 방식은 미정의된 속성을 가져오고 이를 빌트인 getattr로 내장 객체에 위임하기 위해 __getattr__ 연산자 오버로딩 메소드를 사용한다. getattr 호출은 25장에서 소개되었으며(이는 X.Y 속성 가져오기 표기법과 동일하며, 따라서 상속을 수행하지만 속성 이름 Y는 런타임의 문자열이다), __getattr__에 대해서는 30장에서 전체를 다루지만

기본적인 사용법은 여기에서 이용할 수 있을 만큼 간단하다.

이 도구들을 결합하면 여기서의 giveRaise 메소드는 내장 객체에 전달되는 인수들을 변경하여 커스터마이즈할 수 있다. 그 결과 Manager는 그 호출을 슈퍼클래스 메소드로 올려 주는 대신, 내장 객체로 내려 주는 컨트롤러 계층이 된다.

```python
# person-composite.py 파일
# 내장 기반의 Manager 구현 방식

class Person:
    ...동일...

class Manager:
    def __init__(self, name, pay):
        self.person = Person(name, 'mgr', pay)       # Person 객체를 내장시킴
    def giveRaise(self, percent, bonus=.10):
        self.person.giveRaise(percent + bonus)       # 가로채고 위임함
    def __getattr__(self, attr):
        return getattr(self.person, attr)            # 모든 다른 속성들을 위임함
    def __repr__(self):
        return str(self.person)                      # 다시 오버로드해야 함(3.X)

if __name__ == '__main__':
    ...동일...
```

이 버전의 실행 결과는 지난번과 동일하므로 다시 기재하지 않겠다. 여기에서 더 중요한 점은 이 Manager 구현 방식이 보통 위임(내장 객체를 관리하고, 메소드 호출을 그 내장 객체에 전달하는 컴포지트 기반의 구조)이라고 알려진 일반적인 코딩 패턴을 대표한다는 것이다.

이 패턴이 우리 예제에서는 동작하지만 상속에 비해 코드 분량은 거의 두 배에 달하며, 우리가 표현하고자 했던 직접적인 변경 방식에는 덜 적합하다(실제로, 합리적인 파이썬 프로그래머라면 누구도 이 방식으로 코딩하지 않을 것이다. 일반적인 튜토리얼을 작성하는 프로그래머가 아니라면 말이다). 여기에서 Manager는 실제로 Person은 아니다. 따라서 내장된 객체에 메소드 호출을 수행할 추가적인 코드가 필요하며, __repr__같은 연산자 오버로딩 메소드를 재정의해야 한다(최소한 3.X에서는 그렇다. 이에 대해서는 곧 보게 될 1053쪽 "3.X에서 빌트인 속성 잡아내기" 칼럼에서 설명하도록 하겠다). 그리고 상태 정보가 한 수준 제거되었기 때문에 Manager의 새로운 동작을 추가하는 것은 직관적이지 않다.

여전히 객체 내장과 이를 기반으로 한 디자인 패턴은 내장 객체가 컨테이너와 더 제한된 상호 동작을 필요로 하는 경우에 직접 변경 방식보다 더욱 잘 들어맞는다. 예를 들어, 이 방식의

Manager와 같은 컨트롤러 계층이나 **프록시**는 우리가 클래스를 그 클래스가 지원하지 않는 기대되는 인터페이스에 맞추거나, 다른 객체의 메소드에 대한 호출을 추적하거나, 검증하고 싶은 경우에 유용할 것이다(실제로 이 책의 뒷부분에서 클래스 데코레이터를 공부할 때, 우리는 거의 동일한 코딩 패턴을 사용할 것이다).

더불어 다음과 같은 가상의 Department 클래스는 다른 객체들을 하나의 집합으로 다루기 위해 모을 수 있다. 이를 직접 해보기 위해 person.py 파일 하단의 셀프 테스트 코드를 다음으로 임시 교체해 보자. 책의 예제에서 작성했었던 파일 person-department.py가 이에 해당한다.

```python
# person-department.py 파일
# 내장 객체들을 하나의 컴포지트로 모음

class Person:
    ...동일...

class Manager(Person):
    ...동일...

class Department:
    def __init__(self, *args):
        self.members = list(args)
    def addMember(self, person):
        self.members.append(person)
    def giveRaises(self, percent):
        for person in self.members:
            person.giveRaise(percent)
    def showAll(self):
        for person in self.members:
            print(person)

if __name__ == '__main__':
    bob = Person('Bob Smith')
    sue = Person('Sue Jones', job='dev', pay=100000)
    tom = Manager('Tom Jones', 50000)

    development = Department(bob, sue)      # 객체들을 하나의 컴포지트로 내장시킴
    development.addMember(tom)
    development.giveRaises(.10)             # 내장 객체의 giveRaise를 실행
    development.showAll()                   # 내장 객체의 __repr__을 실행
```

이를 실행하면 department의 showAll 메소드는 giveRaises를 이용하여 진정한 다형성 방식으로 자신이 포함하고 있는 모든 객체들의 상태 정보를 업데이트한 뒤 그 객체들을 나열한다.

```
[Person: Bob Smith, 0]
[Person: Sue Jones, 110000]
[Person: Tom Jones, 60000]
```

흥미롭게도, 이 코드는 상속과 구성 관계 모두를 사용한다. Department는 다른 객체들을 모으기 위해 이들을 내장하고 제어하는 컴포지트지만, 내장된 Person과 Manager 객체 자체는 커스터마이즈를 위해 상속을 사용한다. 다른 예제로, GUI는 아마 유사하게 레이블과 버튼의 행위나 외관을 변경하기 위해 **상속**을 사용하지만 입력 폼, 계산기, 텍스트 편집기 같이 내장된 위젯들을 포함한 더 큰 패키지를 구성하기 위해 **구성 관계**를 사용하기도 한다. 사용할 클래스 구조는 여러분이 모델링하고자 하는 객체들에 따라 달라진다. 실제로, 실세계의 구성 요소들을 이 방식으로 모델링하는 능력이 객체 지향 프로그래밍의 강점 중 하나다.

구성 관계와 같은 설계 이슈는 31장에서 다루게 될 것이므로, 지금은 이 주제에 대해 더 깊이 다루지 않도록 하겠다. 그러나 다시 말하지만, 파이썬에서의 객체 지향 프로그래밍의 기본 메커니즘 관점에서 우리의 Person과 Manager 클래스는 이미 전체 이야기를 해주고 있다. 이제 여러분은 객체 지향 프로그래밍의 기초를 모두 마스터했으므로 이를 여러분 스크립트에 좀 더 쉽게 적용하기 위한 일반적인 도구를 개발하는 것이 자연스레 다음 단계가 된다. 그리고 또한 이것이 다음 절의 주제다.

3.X에서 빌트인 속성 잡아내기

파이썬 3.X에서(그리고 3.X의 '새로운 형식'의 클래스가 가능할 때 2.X에서)이 장에서 우리가 코딩했던 파일 **person-composite.py**의 위임 기반의 Manager 클래스가 __repr__ 같은 연산자 오버로딩 메소드 속성 그 자체를 재정의하지 않고서 이를 가로채고 위임하는 것은 불가능하다. __repr__이 우리의 특별한 예제에서 이런 경우에 처한 유일한 이름이라는 것을 알고 있지만, 이는 위임 기반의 클래스를 위한 일반적인 이슈다.

프린트와 덧셈 같은 빌트인 연산은 암묵적으로 __repr__과 _add_ 같은 연산자 오버로딩 메소드들을 호출한다는 점을 기억하자. 3.X의 새 형식 클래스에서 이와 같은 빌트인 연산은 일반적인 속성 관리자를 통해 자신의 암묵적 속성 가져오기로 전달하지 않는다. __getattr__(미정의된 속성을 위해 실행)나 그 사촌격인 __getattribute__(모든 속성을 위해 실행)도 모두 실행되지 않는다. 우리가 3.X에서 프린트를 내장된 Person 객체로 확실히 전달하려면 이 대안적인 Manager에 __repr__을 중복으로 재정의해야 한다.

이를 실제로 확인하기 위해 해당 메소드를 주석 처리해 보자. Manager 인스턴스는 2.X의 일반적인 기본(즉, '**고전 형식**') 클래스를 사용하도록 코딩되어 있기 때문에 3.X에서는 기본값으로 출력하지만, 2.X에서는 여전히 Person의 __repr__을 사용한다.

```
c:\code> py -3 person-composite.py
[Person: Bob Smith, 0]
...등등...
<__main__.Manager object at 0x00000000029AA8D0>

c:\code> py -2 person-composite.py
[Person: Bob Smith, 0]
...등등...
[Person: Tom Jones, 60000]
```

기술적으로 이것은 2.X의 **고전 형식**의 클래스가 메소드 이름에 대한 속성 검색을 인스턴스에서 시작하는 반면, 3.X의 **새 형식** 클래스는 인스턴스를 완전히 무시하고 클래스부터 검색을 시작하기 때문이다. 반면에, 명시적 이름에 의한 속성 가져오기는 두 모델 모두에서 언제나 먼저 인스턴스로 전달된다. 2.X 레거시 클래스에서 빌트인은 속성도 이 방식으로 전달된다. 예를 들어 프린트는 __getattr__를 통해 __repr__을 전달한다. 이것이 Manager의 __repr__을 주석 처리한 것이 2.X에서 영향을 주지 않는 이유다. 그 호출은 Person에 위임된다. 또한 새 형식 클래스는 __repr__을 위한 기본 연산을 이들의 자동 슈퍼클래스인 object로부터 상속받아서 __getattr__를 저지하지만, 새로운 형식의 __getattribute__마저도 이름을 가로채지 않는다.

이는 변경 사항이지 버그는 아니다. 위임 기반의 새 형식 클래스는 일반적으로 연산자 오버로딩 메소드를 내장 객체에 위임하기 위해 이를 수작업 또는 도구나 슈퍼클래스를 이용하여 재정의한다. 하지만 이 주제는 너무 고급 주제이므로 이 튜토리얼에서 더 다루지 않을 것이기 때문에 여기에서 그 세부 내역에 너무 신경 쓰지 않기를 바란다. 이 주제는 31장과 32장에서 다시 다룰 예정이다(32장에서는 새 형식 클래스에 대해 공식적으로 정의할 것이다). 또한, 38장과 39장에서는 이것이 예제에 어떤 영향을 주는지 살펴볼 것이며, 40장에서는 공식적인 상속 정의에서 이것이 어떤 특별한 케이스를 만들어 내는지 알아본다. 속성 가로채기와 연산자 오버로딩 모두를 지원하는 파이썬과 같은 언어에서 이 변경 사항의 영향력은 이 언어의 확산 범위만큼 광범위해질 수 있다!

단계 6: 내부 검사 도구 사용하기

우리 객체들을 데이터베이스에 넣기 전에 마지막 변경을 해보자. 우리 클래스는 파이썬 객체 지향 프로그래밍의 기본 사항 대부분을 완성하고 보여 준다. 하지만 이 클래스들로 시스템을 가동하기 전에, 우리가 해결해야 할 두 가지의 잔여 이슈가 남아 있다.

- 우선, 지금 객체들의 디스플레이를 보면, Manager인 tom을 출력하면 그의 레이블은 Person이다. 이는 기술적으로 정확하지 않은데, Manager는 일종의 특화된 그리고 커스터마이즈된 Person이기 때문이다. 여전히 가능한 한 가장 구체적인(즉, 가장 낮은), 그 객체가 만들어진 클래스로 객체를 디스플레이하는 것이 더 정확할 것이다.

- 둘째로 아마 더 중요한 것은 현행 디스플레이 포맷은 우리의 __repr__에 포함된 속성만 보여 주며, 이는 미래의 목표를 설명할 수 없다는 점이다. 예를 들어, 우리는 아직 tom의 직업명이 Manager의 생성자에 의해 정확하게 mgr로 설정되었는지 검증할 수 없는데, 이는 우리가 Person을 위해 코딩한 __repr__이 필드를 출력하지 않기 때문이다. 더 나쁜 것은 만약 __init__에서 우리 객체들에 할당되는 속성 집합을 확장하거나 변경하는 경우, 디스플레이되는 새로운 이름을 위한 __repr__을 함께 업데이트해야 하며, 그렇지 않은 경우 시간이 지남에 따라 객체와 출력 결과 간에 동기화가 이루어지지 않을 것이다.

다시 한번 말하지만, 마지막 문제는 우리 코드에 코드 **중복성**을 도입함으로써 미래에 잠재적 부가 작업을 만들어냈다는 것을 의미한다. __repr__의 어떤 차이도 프로그램의 결과에 반영되므로 이 중복성은 우리가 앞서 해결했던 다른 형태보다 더 분명하다. 여전히 미래의 부가 작업을 피하는 것이 일반적으로 좋은 일이다.

특별한 클래스 속성

이 두 이슈는 파이썬의 **내부 검사 도구**(우리가 객체의 구현 내부 항목 중 일부에 접근하도록 해주는 특별한 속성과 함수)를 이용하여 해결될 수 있다. 이 도구들은 다소 진화된 도구로, 일반적으로 애플리케이션을 개발하는 프로그래머보다 다른 프로그래머들을 위한 도구를 제작하는 사람들이 더 많이 사용한다. 그렇긴 하지만 이 도구 일부에 대한 기본 지식은 우리가 일반적인 방식으로 클래스를 처리하는 코드를 작성하는 데에도 도움이 된다. 예를 들어, 우리 코드에서 도움이 될만한 두 기능이 있는데, 이 둘 모두 이전 장의 거의 마지막 부분에서 소개되었고 앞선 예제에서도 사용되었다.

- 빌트인 instance.__class__ 속성은 인스턴스로부터 그 인스턴스를 생성한 클래스로의 링크를 제공한다. 클래스는 차례로 모듈과 같이 __name__을 가지며, 슈퍼클래스들에 접근하도록 해주는 __bases__ 시퀀스를 가진다. 우리는 하드코딩 대신, 이들을 이용하여 인스턴스가 만들어진 클래스의 이름을 출력할 수 있다.
- 빌트인 object.__dict__ 속성은 네임스페이스 객체에 포함된 모든 속성(모듈, 클래스, 인스턴스를 포함하여)을 위한 키/값 쌍으로 이루어진 딕셔너리를 제공한다. 이 속성은 딕셔너리이기 때문에 우리는 일반적으로 모든 속성을 처리하기 위해 그 키 리스트를 가져오거나, 키로 인덱싱하고, 키를 이용하여 반복할 수 있다. 25장의 모듈 도구들에서 했던 것처럼 여기에서도 이를 이용하여 디스플레이 커스터마이즈 버전에서 하드코딩하지 않고도 모든 인스턴스의 모든 속성을 출력할 수 있다.

이전 장에서 이 중 첫 번째 항목에 대해 만나 보았지만, person.py 클래스의 최근 버전을 이용하여 파이썬의 대화형 프롬프트에서 짧게 다시 살펴보도록 하자. 여기에서는 어떻게 대화형 프롬프트에서 from문을 이용하여 Person을 적재하는지 주목하자. 모듈에 거주하는 그리고 모듈로부터 임포트되는 클래스 이름들은 정확히 함수 이름, 그리고 다른 변수들과 같다.

```
>>> from person import Person
>>> bob = Person('Bob Smith')
>>> bob                                      # bob의 __repr__(__str__이 아니라)을 보여 줌
[Person: Bob Smith, 0]
>>> print(bob)                               # 위와 같음: print => __str__ 또는 __repr__
[Person: Bob Smith, 0]

>>> bob.__class__                            # bob의 class와 그 이름을 보여 줌
<class 'person.Person'>
>>> bob.__class__.__name__
'Person'

>>> list(bob.__dict__.keys())                # 속성은 실제로 딕셔너리의 키임
['pay', 'job', 'name']                       # 3.X에서 리스트로 구성하기 위해 list 사용

>>> for key in bob.__dict__:
        print(key, '=>', bob.__dict__[key])  # 수동으로 인덱스

pay => 0
job => None
name => Bob Smith

>>> for key in bob.__dict__:
        print(key, '=>', getattr(bob, key))  # obj.attr, 하지만 attr은 변수

pay => 0
job => None
name => Bob Smith
```

이전 장에서 간단히 설명했듯이, 만약 인스턴스의 클래스가 __slots__을 정의했다면, 인스턴스로부터 접근 가능한 일부 속성들은 __dict__ 딕셔너리에 저장되지 않을 수도 있다. __slots__는 새 형식 클래스(따라서 파이썬 3.X의 모든 클래스)에 있는 선택적이고 상대적으로 모호한 기능이다. __slots__는 인스턴스의 속성을 순차적으로 저장하며, 인스턴스의 __dict__와는 상호 배타적으로 동작한다. 하지만 31장과 32장에서 다루기 전까지는 __slots__에 대해 다루지 않을 것이다. 슬롯은 실제로 인스턴스 대신 클래스에 속하는 데다가 이들은 어떤 상황에서도 거의 사용되지 않으므로 여기에서는 적당히 무시하고 일반적인 __dict__에 초점을 맞출 수 있다.

하지만 우리가 실행했듯 만약 사용자가 슬롯을 적용했다면, 일부 프로그램에서는 누락된 __dict__를 위한 예외를 잡아내거나, 테스트를 위해 hasattr을 사용하거나, 또는 기본값으로 getattr을 사용해야 할 수도 있다. 32장에서 보게 되겠지만 다음 절의 코드는 슬롯을 이용한 클래스에 사용되더라도 실패하지 않으나(슬롯이 없다면 __dict__는 확실히 보장된다), 슬롯(그리고 다른 '가상' 속성들)은 인스턴스 데이터로 기록되지 않을 것이다.

일반적인 디스플레이 도구

우리는 이 인터페이스들을 슈퍼클래스에서 동작하도록 만들어 정확한 클래스 이름들을 디스플레이하고, 어떤 클래스의 인스턴스라도 모든 속성들의 포맷을 구성하도록 할 수 있다. 여러분의 텍스트 편집기로 새 파일을 열어 다음을 코딩해 보자. 이는 그러한 클래스를 구현한 새롭고 독자적인 모듈로, 이름은 classtools.py다. 이 코드의 __repr__ 디스플레이 오버로드는 일반적인 내부 검사 도구들을 사용하기 때문에 인스턴스의 속성 집합과 상관없이 **어떤 인스턴스**에 대해서도 동작한다. 그리고 이것은 클래스이기 때문에 자동으로 일반적인 포매팅 도구가 된다. 상속 덕분에 이는 이 디스플레이 포맷을 사용하기를 원하는 **모든 클래스**에 혼합될 수 있다. 추가 보너스로 만약 우리가 인스턴스의 디스플레이 방식을 변경하고자 한다면, 이 클래스만 변경하면 되는데, 그렇게 하면 이 클래스의 __repr__을 상속받은 모든 클래스는 자동으로 다음 실행부터 새로운 포맷을 취하게 되기 때문이다.

```python
# classtools.py(새로 변경한 버전) 파일
"여러 가지 클래스 유틸리티와 도구들"

class AttrDisplay:
    """
    상속 가능한 디스플레이 오버로드 메소드를 제공
    이 메소드는 인스턴스를 이들의 클래스 이름과 함께 그 인스턴스에 저장된 각 속성을 이름 = 쌍으로 보여 줌
    (하지만 그 인스턴스의 클래스로부터 상속받은 속성을 보여 주지는 않음)
    어떤 클래스에도 혼합될 수 있으며, 어떤 인스턴스에서도 동작함
    """
    def gatherAttrs(self):
        attrs = []
        for key in sorted(self.__dict__):
            attrs.append('%s=%s' % (key, getattr(self, key)))
        return ', '.join(attrs)

    def __repr__(self):
        return '[%s: %s]' % (self.__class__.__name__, self.gatherAttrs())

if __name__ == '__main__':
```

```
class TopTest(AttrDisplay):
    count = 0
    def __init__(self):
        self.attr1 = TopTest.count
        self.attr2 = TopTest.count+1
        TopTest.count += 2
class SubTest(TopTest):
    pass

X, Y = TopTest(), SubTest()        # 두 인스턴스를 생성
print(X)                           # 모든 인스턴스 속성들을 보여 줌
print(Y)                           # 가장 낮은 클래스 이름을 보여 줌
```

AttrDisplay 클래스의 정의부 첫 번째에 위치한 문서화 문자열을 주목하자. 이는 범용 도구이기 때문에 우리는 이 코드를 읽을 잠재적 사용자를 위한 몇 가지 기능적 문서화를 추가하기를 원한다. 15장에서 보았듯이 문서화 문자열은 간단한 함수와 모듈의 최상단에 위치할 수 있으며, 또한 클래스와 이들 메소드들의 시작 지점에 위치할 수도 있다. help 함수와 PyDoc 도구는 이를 자동으로 추출하여 보여 준다. 클래스를 위한 문서화 문자열에 대해서는 29장에서 다시 알아보도록 하자.

이 모듈을 직접 실행하면 셀프 테스트 코드는 두 개의 인스턴스들을 만들고 이들을 출력한다. 여기에서 정의한 __repr__은 인스턴스의 클래스와 함께 그 인스턴스의 모든 속성 이름과 값을 속성 이름 순서대로 보여 준다. 이 결과는 파이썬 3.X와 2.X에서 동일한데, 각 객체의 디스플레이는 단일 구성된 문자열이기 때문이다.

```
C:\code> python classtools.py
[TopTest: attr1=0, attr2=1]
[SubTest: attr1=2, attr2=3]
```

디자인 노트: 이 클래스는 __str__ 대신 __repr__을 사용하기 때문에 이 디스플레이는 모든 맥락에서 사용되지만, 이를 사용하는 클라이언트들 역시 하위 레벨의 디스플레이를 제공하기 위한 옵션을 갖지 못하게 된다. 물론 __str__을 추가할 수 있지만, 이는 오직 print와 str에만 적용된다. 보다 일반적인 도구에서 __str__을 사용하는 것은 디스플레이의 범위를 제한하지만, 클라이언트가 대화형 프롬프트와 중첩된 표현에서 이차적인 디스플레이로 __repr__을 추가할 수 있는 옵션을 남겨준다. 31장에서 이 클래스의 확장 버전을 코딩할 때, 이 대안적인 정책을 따르게 될 것이다. 이를 보여 주기 위해 여기서는 계속 __repr__을 사용할 것이다.

인스턴스 vs 클래스 속성

만약 여러분이 classtools 모듈의 셀프 테스트 코드를 충분히 학습했다면, 이 클래스가 상속 트리의 최하단에 있는 self 객체에 첨부된 인스턴스 속성만을 디스플레이함을 알 수 있을 것이다. 이것이 self의 __dict__가 포함하고 있는 것이다. 의도된 결과로, 우리는 인스턴스가 트리의 상위에 있는 클래스로부터 상속받은 속성은 보지 않는다(에 이 파일의 셀프 테스트 코드에 있는 count는 인스턴스 카운터로 사용되는 클래스 속성으로 여기에서는 보이지 않는다). 상속된 클래스 속성들은 인스턴스에는 복사되지 않고 클래스에만 첨부되어 있다.

만약 여러분이 상속된 속성 또한 포함하기를 원한다면 여러분은 __class__ 링크를 타고 인스턴스의 클래스에 오를 수 있으며, 거기에서 __dict__를 사용하여 클래스 속성들을 가져올 수 있고, 그 클래스의 __bases__ 속성을 따라 필요에 따라 몇 번이고 반복하며, 그보다 더 위의 슈퍼클래스들까지 오를 수 있다. 만약 여러분이 단순한 코드의 신봉자라면 __dict__를 사용하여 올라가는 대신 인스턴스에서 빌트인 __dir__ 호출을 실행하여도 거의 마찬가지의 결과를 얻게 되는데, dir 결과는 정렬된 리스트 형태로 상속된 이름들을 포함하기 때문이다. 만약 파이썬 2.7 또는 3.X 버전을 사용하고 있다면 결과는 달라질 것이며, 여러분이 예상한 것보다 더 많을 것이다.

```
>>> from person import Person          # 2.X: keys는 리스트, dir은 덜 보여 줌
>>> bob = Person('Bob Smith')

>>> bob.__dict__.keys()                # 인스턴스 속성만
['pay', 'job', 'name']

>>> dir(bob)                           # 클래스의 상속된 속성까지 보여 줌
['__doc__', '__init__', '__module__', '__repr__', 'giveRaise', 'job', 'lastName',
'name', 'pay']
```

마지막 두 문장에 대해 3.3에서 실행한 결과는 다음과 같다(keys 리스트 순서는 실행마다 달라질 수 있다).

```
>>> list(bob.__dict__.keys())          # 3.X keys는 뷰 형태로 리스트가 아님
['name', 'job', 'pay']

>>> dir(bob)                           # 3.X는 클래스 타입 메소드들이 포함됨
['__class__', '__delattr__', '__dict__', '__dir__', '__doc__', '__eq__',
'__format__', '__ge__', '__getattribute__', '__gt__', '__hash__', '__init__',
...중간 생략: 31개의 속성...
'__setattr__', '__sizeof__', '__str__', '__subclasshook__', '__weakref__',
'giveRaise', 'job', 'lastName', 'name', 'pay']
```

여기서의 코드와 결과는 파이썬 2.X와 3.X에서 다른데, 3.X의 dict.keys는 리스트가 아니고 3.X의 dir은 추가 클래스 타입 구현 속성들을 반환하기 때문이다. 또한 기술적으로 dir은 3.X 에서 더 많은 것들을 반환하는데, 이는 모든 클래스가 '새로운 형식'으로 대량의 연산자 오버로딩 이름들을 클래스 타입으로부터 상속받기 때문이다. 실제로 평상시처럼 3.X의 dir 결과에서 __X__ 이름의 대부분을 제외하고 싶을 텐데, 이들은 내부 구현의 세부 내역들로 여러분이 일반적으로 보여 주고 싶은 것은 아니기 때문이다.

```
>>> len(dir(bob))
31
>>> list(name for name in dir(bob) if not name.startswith('__'))
['giveRaise', 'job', 'lastName', 'name', 'pay']
```

공간을 위해 트리를 타고 오르거나 dir을 사용하여 상속된 클래스 속성들을 선택적으로 보여 주는 것은 여러분이 직접 실험해 보기를 권한다. 이 분야의 더 많은 힌트는 29장에서 작성하게 될 상속 트리 클라이머(climber)인 classtree.py와 31장에서 코딩하게 될 속성 리스터(lister)와 클라이머(climber)인 lister.py를 참조하자.

도구 클래스에서의 이름 관련 고려 사항

마지막으로 한 가지만 더 생각해 보자. classtools 모듈에서 우리의 AttrDisplay 클래스는 다른 임의의 클래스들에 혼합되도록 설계된 일반적인 도구이기 때문에 클라이언트 클래스에서 의도하지 않은 **이름 충돌**(name collisions)이 발생할 가능성을 염두에 두어야 한다. 지금으로서는 클라이언트 서브클래스들은 자신의 __repr__과 gatherAttrs를 사용하고 싶으며, 이 중 후자는 서브클래스에서 기대한 것보다 더 많다고 가정하였다. 만약 서브클래스가 천진난만하게 자신만의 gatherAttrs 이름을 정의한다면 우리 클래스를 훼손하게 될 텐데, 이는 서브클래스에서 더 낮은 버전이 우리 버전 대신 사용될 것이기 때문이다.

이를 직접 확인하기 위해, 파일의 셀프 테스트 코드의 TopTest에 gatherAttrs를 추가해 보자. 새로운 메소드가 동일하거나, 의도적으로 원래 버전을 변경한 것이 아니라면, 우리 도구 클래스는 더 이상 계획대로 동작하지 않게 된다. AttrDisplay의 self.gatherAttrs는 TopTest 인스턴스로부터 새로 검색한다.

```
class TopTest(AttrDisplay):
    ....
    def gatherAttrs(self):            # AttrDisplay의 gatherAttrs를 대체
        return 'Spam'
```

이것이 반드시 나쁜 것은 아니다. 때로 우리는 직접 호출이나 이 방식의 커스터마이즈를 위해, 다른 메소드들이 서브클래스에서 사용되기를 원할 수도 있다. 하지만 만약 우리가 정말로 __repr__만을 제공하려고 했다면, 이는 이상적이지 않다.

이와 같은 이름 충돌의 가능성을 최소화하기 위해, 파이썬 프로그래머들은 종종 외부에서 사용될 용도로 개발되지 않은 메소드의 이름 앞에 **싱글 언더스코어**를 붙인다. 우리의 경우는 _gatherAttrs가 해당된다. 완벽하지는 않지만(만약 다른 클래스에서도 역시 _gatherAttrs를 정의한다면?) 일반적으로는 이로써도 충분하며, 클래스의 내부 메소드를 위한 파이썬의 보편적인 명명 규칙이다.

더 낫지만 덜 보편적으로 사용되는 해법으로는 메소드 이름 앞에만 더블 언더스코어를 붙이는 것이다. 우리의 경우는 __gatherAttrs가 되겠다. 파이썬은 이런 이름에 자동으로 유효 클래스의 이름을 붙여서, 상속 검색 과정에서 다른 속성들과 중복되지 않는 유일한 이름이 되도록 한다. 이는 31장에서 설명할 **유사개별**(pseudoprivate) 클래스라 부르는 특징으로, 이 클래스의 확장 버전을 작성할 때 사용할 것이다. 지금은 우리의 두 가지 메소드 모두가 사용이 가능하도록 만드는 것이 목표다.

우리 클래스의 최종 형태

이제 우리 클래스에서 이 일반적인 도구를 사용하기 위해 할 일은 모듈로부터 도구를 임포트하고 상속을 이용해 최상위 클래스에 혼합한 후, 우리가 이전에 작성했던 더 구체적인 __repr__을 제거하기만 하면 된다. 새로운 디스플레이 오버로드 메소드는 Person과 Manager의 인스턴스에 의해 상속될 것이다. Manager는 Person으로부터 __repr__을 취하게 되며, 이는 이제 다른 모듈에 작성된 AttrDisplay로부터 얻게 된다. 다음은 이러한 변경 사항들을 반영한 person.py 파일의 최종 버전이다.

```
# classtools.py 파일(새로 변경한 버전)
...앞서 작성한 내용과 동일...

# person.py 파일(최종 버전)
```

```
"""
people에 대한 정보를 기록하고 처리함
이 클래스들을 테스트하려면 이 파일을 직접 실행하면 됨
"""
from classtools import AttrDisplay               # 일반적인 디스플레이 도구 사용

class Person(AttrDisplay):                        # 이 레벨에서 repr을 혼합
    """
    person의 기록을 생성하고 처리
    """
    def __init__(self, name, job=None, pay=0):
        self.name = name
        self.job = job
        self.pay = pay

    def lastName(self):                           # 마지막 항목이 성이라 가정
        return self.name.split()[-1]

    def giveRaise(self, percent):                 # Percent는 0..1 사이여야 함
        self.pay = int(self.pay * (1 + percent))

class Manager(Person):
    """
    특별한 요건으로 커스터마이즈된 Person
    """
    def __init__(self, name, pay):
        Person.__init__(self, name, 'mgr', pay)   # 직업명은 함축됨

    def giveRaise(self, percent, bonus=.10):
        Person.giveRaise(self, percent + bonus)

if __name__ == '__main__':
    bob = Person('Bob Smith')
    sue = Person('Sue Jones', job='dev', pay=100000)
    print(bob)
    print(sue)
    print(bob.lastName(), sue.lastName())
    sue.giveRaise(.10)
    print(sue)
    tom = Manager('Tom Jones', 50000)
    tom.giveRaise(.10)
    print(tom.lastName())
    print(tom)
```

이것이 최종 버전이기 때문에 우리 작업을 설명하기 위해 몇 가지 주석을 추가하였다(모범 사례
규약에 따라 전반적인 기능 설명에는 문서화 문자열을, 간단한 설명을 위해서는 해시를 사용하였으며, 가
독성을 위해 메소드 사이에 빈 줄을 추가하였다). 앞서 나는 공간을 절약하고 코드를 좀 더 작게 유
지하기 위해 이를 지키지 않았지만, 이것은 클래스와 메소드의 규모가 커지면 일반적으로 좋
은 스타일이다.

이제 이 코드를 실행하면 우리는 원래 __repr__에 하드코딩했던 속성들이 아닌 우리 객체의 모든 속성들을 보게 된다. 이로써 우리의 마지막 문제가 해결되었다. AttrDisplay는 self 인스턴스로부터 직접 클래스 이름을 가져오며, 각 객체는 자신과 가장 가까운(가장 아래의) 클래스의 이름과 함께 보인다. tom은 이제 Person이 아니라 Manager로 디스플레이하며, 우리는 마지막으로 그의 직업명이 Manager 생성자에 의해 올바르게 채워졌는지를 검증할 수 있다.

```
C:\code> python person.py
[Person: job=None, name=Bob Smith, pay=0]
[Person: job=dev, name=Sue Jones, pay=100000]
Smith Jones
[Person: job=dev, name=Sue Jones, pay=110000]
Jones
[Manager: job=mgr, name=Tom Jones, pay=60000]
```

이것이 우리가 추구하는 더 유용한 표현 방식이다. 그러나 더 큰 관점에서 보면, 우리의 속성 디스플레이 클래스는 이 클래스가 정의하는 디스플레이 포맷을 이용하기 위해 상속에 의해 어떤 클래스와도 혼합할 수 있는 **일반적인 도구**가 되었다. 게다가 이를 사용하는 모든 클라이언트는 미래에 우리 도구에서 일어나는 변경 내역을 자동으로 반영한다. 책 후반부에서 데코레이터와 메타클래스 같은 더 강력한 클래스 도구 개념들을 만나게 될 것이다. 파이썬의 많은 내부 검사 도구들과 함께 이들은 우리가 구조화되고 유지보수가 쉬운 방식으로 클래스를 보완하고 관리하는 코드를 작성할 수 있도록 해준다.

단계 7(최종): 객체를 데이터베이스에 저장하기

이 시점에서 우리의 작업은 거의 끝났다. 이제 우리는 두 모듈 시스템을 가지게 되었다. 이 시스템은 사람을 표현하고자 했던 우리의 당초 목표를 구현할 뿐 아니라 미래에 다른 프로그램에서도 사용할 수 있는 일반적인 속성 디스플레이 도구를 제공한다. 모듈 파일에 함수와 클래스를 코딩함으로써, 우리는 자연스럽게 재사용을 지원한다. 그리고 우리의 소프트웨어를 클래스로 코딩함으로써, 자연스럽게 확장을 지원하기도 한다.

그러나 우리 클래스가 계획대로 작동하더라도 우리가 생성한 객체들은 실제 데이터베이스 레코드는 아니다. 즉, 우리가 파이썬을 종료하면 우리 인스턴스들은 사라지게 될 것이다. 이들은 메모리에 일시적으로 머무는 객체이며, 파일 같은 좀 더 영구적 매체에 저장되지 않기 때문에 미래에 프로그램이 실행될 때 이 인스턴스들을 사용할 수 없다. 인스턴스 객체들을 **객체 지속성**(객체를 생성한 프로그램이 종료되더라도 그 객체가 계속 살아있도록 해주는 특징)이라 부르는 파이썬 특징을 이용하여 좀 더 영구적으로 보존하는 것이 쉬운 것으로 나타났다. 이 튜토리얼의 마지막 단계로서 우리 객체들을 영구적으로 만들어 보자.

pickle과 shelve

객체 지속성은 모든 파이썬에서 사용 가능한 세개의 표준 라이브러리 모듈에 의해 구현된다.

pickle

바이트 문자열로 또는 바이트 문자열로부터 임의의 파이썬 객체들을 나열함

dbm(파이썬 2.X에서는 anydbm)

문자열을 저장하기 위해 키에 의해 접근하는 파일시스템을 구현함

shelve

파이썬 객체들을 키에 의한 파일에 저장하기 위해 다른 두 모듈을 이용함

이 모듈들에 대해 파일의 기본 사항에 대해 배웠던 9장에서 매우 간단히 살펴보았다. 이들은 강력한 데이터 스토리지 옵션을 제공한다. 이 튜토리얼이나 이 책에서 이들을 완전히 제대로 활용할 수는 없지만, 이들은 간단한 소개만으로도 시작하기에 충분할 만큼 간단하다.

pickle 모듈

pickle 모듈은 일종의 매우 일반적인 객체 포매팅 및 디포매팅 도구다. 메모리에 임의의 파이썬 객체들이 존재한다는 사실을 고려하면, 이는 영리하게도 객체를 바이트 문자열로 변환하여 나중에 객체를 메모리에서 원래의 객체로 재구성하기 위해 사용할 수 있도록 한다. pickle 모듈은 여러분이 생성한 거의 대부분의 객체(리스트, 딕셔너리, 이들의 중첩된 조합 그리고 클래스 인스턴스)를 처리할 수 있다. 특히 클래스 인스턴스는 피클에 있어 유용한데, 이는 데이터(속성)와 행위(메소드)를 모두 제공하기 때문이다. 실제로, 이 조합은 '레코드'와 '프로그램' 조합과 거의 동등하다. pickle은 매우 일반적이기 때문에 여러분 객체에 대한 맞춤형 텍스트 파일 표현을 생성하고 파싱하기 위해 작성할 수 있는 부가 코드를 대체할 수도 있다. 또한 파일에 객체의 피클 문자열을 저장함으로써 여러분은 효과적으로 객체를 영구적이며, 지속적으로 만들 수 있다. 나중에 원래의 객체로 재생성하려면 이를 적재하고 언피클(unpickle)하면 된다.

shelve 모듈

비록 pickle을 독자적으로 사용하여 객체들을 단순 플랫 파일에 저장하고 나중에 그로부터 적재하는 것이 쉽긴 하지만, shelve 모듈은 여러분이 피클링한 객체들을 키에 의해 저장할 수 있도록 추가 계층 구조를 제공한다. shelve는 객체를 pickle을 이용하여 피클링된 문자열로 전환하고 그 문자열을 dbm 파일의 키 아래에 저장한다. 나중에 적재할 때 shelve는 키에 의해 피클링된 문자열을 가져오고, pickle을 이용하여 메모리에 원래의 객체를 재생성한다. 이는 꽤 혼란스러워 보이지만, 여러분의 스크립트에서 피클링된 객체들의 셸브[2]는 꼭 딕셔너리처럼 보인다. 여러분은 정보를 가져오기 위해 키를 이용하여 인덱싱하고, 정보를 저장하기 위해 키에 할당하며, 정보를 얻기 위해 len, in, dict.keys와 같은 딕셔너리 도구들을 사용할 수 있다. 셸브는 자동으로 딕셔너리 연산을 파일에 저장된 객체에 매핑한다.

실제로, 스크립트 입장에서 볼 때 셸브와 일반적인 딕셔너리 간 코딩에서의 유일한 차이점은 초기에 셸브를 **열어야** 하고, 변경 후에는 셸브를 **닫아야** 한다는 것이다. 그 결과 셸브는 키에 의해 본래 파이썬 객체들을 저장하고 가져오기 위한 단순한 데이터베이스를 제공하며, 따라서 그 객체들을 프로그램 실행 전반에 걸쳐 지속되도록 해준다. 셸브는 SQL 같은 쿼리 도구를 지원하지 않으며, 기업 단위의 데이터베이스에서 찾아볼 수 있는 트랜잭션 처리와 같은 진보된 특징들은 부족하지만, 셸브에 저장된 본래 파이썬 객체들은 키에 의해 한 번 가져오면 파이썬 언어가 갖는 모든 능력으로 처리될 수 있다.

셸브 데이터베이스에 객체 저장하기

피클링과 셸브는 다소 진화된 주제이므로 여기에서 더 자세히 다루지는 않도록 하겠다. 이와 관련하여 표준 라이브러리 매뉴얼을 읽어볼 수도 있고, 이 책의 내용을 더욱 확장한 《프로그래밍 파이썬》 같은 응용에 초점이 맞춰진 책을 읽어볼 수도 있다. 하지만 이것은 영어보다 파이썬에서 훨씬 더 간단하니 코드 작성으로 건너뛰자.

우리 클래스의 객체들을 셸브에 저장할 새로운 스크립트를 작성해 보자. 텍스트 편집기에서 makedb.py라는 이름의 새로운 파일을 열도록 하자. 이 파일은 새로운 파일이기 때문에 저장할 몇 가지 인스턴스를 생성하기 위해 우리 클래스를 임포트해야 할 것이다. 앞서 대화형 프롬

---

2 그렇다. 우리는 파이썬에서 '셸브(shelve)'를 명사로 사용한다. 수년간 나와 함께 작업해 온 편집자들에게 유감을 표하는 바다. 그들이 프로그램이든 사람이든 말이다.

프트에서 클래스를 적재하기 위해 from을 사용했지만, 실제로 함수나 다른 변수와 마찬가지로 클래스를 파일로부터 적재하는 데에는 두 가지 방법이 있다(클래스 이름은 다른 것과 마찬가지로 변수이며, 이 맥락에서 마법은 아니다).

```
import person                          # import로 클래스 적재
bob = person.Person(...)              # 모듈 이름을 통해 감

from person import Person              # from으로 클래스 적재
bob = Person(...)                     # 이름을 직접 사용함
```

우리 스크립트에서는 from을 이용하여 적재할 텐데, 타이핑을 덜해도 되기 때문이다. 일을 간단하게 하기 위해 person.py로부터 우리 클래스의 인스턴스를 생성하는 셀프 테스트 코드들을 새 스크립트에 복사 또는 재입력하자. 이제 우리에게 저장해야 할 것들이 생겼다(이는 간단한 데모로 여기에서는 테스트 코드 중복성에 대해서는 신경 쓰지 않는다). 일단 몇 가지 인스턴스를 가지게 되면, 이를 셀브에 저장하는 것은 매우 간단하다. 우리는 단순히 shelve 모듈을 임포트하고, 외부 파일 이름으로 새로운 셀브를 열고, 객체들을 셀브의 키에 할당하고 완료되면 셀브를 닫는다.

```
# makedb.py 파일: Person 객체를 셀브 데이터베이스에 저장

from person import Person, Manager          # 우리 클래스들을 적재
bob = Person('Bob Smith')                   # 저장될 객체들을 재생성
sue = Person('Sue Jones', job='dev', pay=100000)
tom = Manager('Tom Jones', 50000)

import shelve
db = shelve.open('persondb')                # 객체가 저장될 파일 이름
for obj in (bob, sue, tom):                 # 객체의 이름 속성을 키로 사용
    db[obj.name] = obj                      # 객체를 키에 의해 셀브에 저장
db.close()                                  # 변경이 완료되면 닫기
```

어떻게 객체들을 그들의 이름을 키로 사용하여 셀브에 저장하였는지 주목해 보자. 이는 편의성을 위한 것이다. 셀브에서 키는 프로세스 아이디와 타임스탬프(각각은 os와 time 표준 라이브러리 모듈에서 사용 가능하다) 같은 도구들을 이용하여 유일무이하게 만들어진 것들을 포함한 어떤 문자열도 가능하다. 단 하나의 규칙은 키는 문자열이어야 하며, 유일무이해야 한다는 것으로, 이는 키당 하나의 객체만 저장할 수 있기 때문이다. 하지만 이 객체는 그 자체가 여러 객체들을 포함하는 리스트, 딕셔너리, 또는 다른 객체일 수 있다.

실제로, 우리가 키 아래에 저장한 **값**은 거의 모든 종류의 파이썬 객체일 수 있다. 문자열, 리스트, 딕셔너리 같은 빌트인 타입과 함께 사용자 정의 클래스 인스턴스와 이들 모두의 중첩된 조합 등일 수 있다. 예를 들어, 우리 객체의 name과 job 속성은 이 책의 앞선 예제처럼 중첩된 딕셔너리와 리스트일 수도 있다(하지만 이는 현재 코드를 조금은 손봐야 할 필요가 있을 것이다).

이것이 전부다. 만약 이 스크립트가 실행될 때 아무 결괏값이 없다면, 이는 제대로 동작하고 있다는 것을 의미한다. 우리는 어떤 것도 출력하지 않았고, 다만 파일 기반의 데이터베이스에 객체를 생성하고 저장하기만 하였다.

```
C:\code> python makedb.py
```

셸브를 대화형으로 알아보기

이 시점에서 현재 디렉터리에는 'persondb'로 시작하는 이름을 가진 실제 파일이 하나 또는 그 이상 존재한다. 생성된 실제 파일들은 플랫폼에 따라 다를 수 있으며, 빌트인 함수인 open에서처럼 shelve.open() 안의 파일명은 그 파일이 포함된 디렉터리가 디렉터리 경로에 포함되어 있지 않다면, 현재 작업 중인 디렉터리에 대해 상대적이다. 여러분이 저장한 어디에서도, 이 파일들은 우리의 세 파이썬 객체들의 피클링된 표현값을 포함한 키로 접근하는 파일을 구현한다. 이 파일들을 삭제하지 말아야 한다. 이들은 여러분의 데이터베이스이며, 스토리지를 백업하거나 옮길 때 복사하거나 옮길 대상이다.

셸브의 파일들을 윈도우 탐색기나 파이썬 셸을 통해 볼 수 있지만, 이들은 바이너리 해쉬 파일이어서 그 내용의 대부분은 shelve 모듈 맥락 외부에서는 의미가 통하지 않는다. 우리의 데이터베이스는 추가 소프트웨어 설치 없이 파이썬 3.X에서 세 파일에 저장된다(2.X에서는 하나의 파일 persondb인데, 이는 bsddb 확장 모듈이 셸브를 위해 파이썬과 함께 미리 설치되기 때문이다. 3.X에서 bsddb는 선택적인 제3자 오픈 소스 애드온(add-on)이다).

예를 들어, 파이썬의 표준 라이브러리 glob 모듈은 파일을 검증하기 위해 파이썬 코드에서 디렉터리 목록들을 가져올 수 있게 해주며, 우리는 문자열과 바이트를 탐색하기 위해 텍스트 또는 바이너리 모드에서 파일을 열 수 있다.

```
>>> import glob
>>> glob.glob('person*')
```

```
['person-composite.py', 'person-department.py', 'person.py', 'person.pyc',
 'persondb.bak', 'persondb.dat', 'persondb.dir']

>>> print(open('persondb.dir').read())
'Sue Jones', (512, 92)
'Tom Jones', (1024, 91)
'Bob Smith', (0, 80)

>>> print(open('persondb.dat','rb').read())
b'\x80\x03cperson\nPerson\nq\x00)\x81q\x01}q\x02(X\x03\x00\x00\x00jobq\x03NX\x03\x00
...이후 생략...
```

이 내용은 해독이 불가능하지만 플랫폼마다 달라질 수 있으며, 확실히 사용자 친화적인 데이터
베이스 인터페이스는 아니다. 작업 결과를 더 잘 확인하려면, 다른 스크립트를 작성할 수도 있
고, 대화형 프롬프트에서 다양한 방법을 이용해 셸브를 살펴볼 수도 있다. 셸브는 파이썬 객체
들을 포함하고 있는 파이썬 객체이므로 우리는 셸브를 일반 파이썬 구문과 개발 모드를 이용
하여 처리할 수 있다. 여기에서 대화형 프롬프트는 효과적으로 데이터베이스 클라이언트가 된다.

```
>>> import shelve
>>> db = shelve.open('persondb')          # 셸브를 다시 엶

>>> len(db)                               # 세 개의 '레코드들'이 저장됨
3
>>> list(db.keys())                       # keys는 인덱스
['Sue Jones', 'Tom Jones', 'Bob Smith']   # list( )는 3.X에서 리스트로 만들어줌

>>> bob = db['Bob Smith']                 # 키로 bob 가져오기
>>> bob                                    # AttrDisplay로부터 __repr__ 실행
[Person: job=None, name=Bob Smith, pay=0]

>>> bob.lastName()                        # Person으로부터 lastName 실행
'Smith'

>>> for key in db:                        # 반복, 가져오기, 출력하기
        print(key, '=>', db[key])

Sue Jones => [Person: job=dev, name=Sue Jones, pay=100000]
Tom Jones => [Manager: job=mgr, name=Tom Jones, pay=50000]
Bob Smith => [Person: job=None, name=Bob Smith, pay=0]

>>> for key in sorted(db):
        print(key, '=>', db[key])          # 정렬된 키로 반복하기

Bob Smith => [Person: job=None, name=Bob Smith, pay=0]
Sue Jones => [Person: job=dev, name=Sue Jones, pay=100000]
Tom Jones => [Manager: job=mgr, name=Tom Jones, pay=50000]
```

여기에서 우리의 저장된 객체들을 적재하거나 사용하기 위해 Person이나 Manager 클래스를 임포트할 필요가 없다는 점에 주목하자. 예를 들어, 여기에서 우리 범위 내에 Person 클래스를 가지고 있지 않아도 bob의 lastName 메소드를 자유롭게 호출하고 그의 맞춤형 출력 디스플레이 포맷을 자동으로 가져올 수 있다. 이는 파이썬이 클래스 인스턴스를 피클링할 때, 그 self 인스턴스 속성들을 그 인스턴스가 만들어진 클래스 이름과 그 클래스가 있는 모듈 이름과 함께 기록하기 때문이다. bob을 나중에 shelve로부터 가져와서 언피클링(unpickle)하면, 파이썬은 자동으로 클래스를 재임포트하고 bob을 그 클래스에 연결한다.

이 기법 덕분에 클래스 인스턴스가 나중에 로드될 때 자신이 생성된 클래스가 가진 동작을 자동으로 모두 얻을 수 있게 된다. 우리는 새로운 인스턴스를 만들 때만 클래스를 임포트하고 기존 인스턴스를 처리할 때는 별도로 임포트할 필요가 없다. 비록 의도적인 특징이지만, 이 기법은 다소 엇갈린 결과를 만들어 낸다.

- 클래스와 그 모듈 파일들이 인스턴스가 나중에 적재될 때 **임포트 가능해야만** 한다는 것이 **단점**이다. 더 공식적으로 이야기하면, 피클링 가능한 클래스들은 sys.path 모듈 검색 경로에 열거된 디렉터리로부터 접근 가능한 모듈 파일의 최상위 레벨에 코딩되어 있어야 한다 (그리고 만약 이들이 사용될 때 언제나 해당 모듈에 있지 않다면 가장 높은 스크립트 파일의 모듈 __main__에 존재해서는 안 된다). 이 외부 모듈 파일 요건 때문에 일부 어플리케이션에서는 딕셔너리 또는 리스트와 같은 더 단순한 객체들을 피클링하기도 한다. 특히, 이들이 인터넷에서 옮겨다닌다면 더욱 그렇다.

- **장점**으로는 클래스의 소스 코드 파일에서 변경된 내용이 클래스의 인스턴스들이 다시 적재될 때 자동으로 반영된다는 것이다. 이들의 클래스 코드를 업데이트하면 이들의 행위를 변경하기 때문에 대체로 저장된 객체 자체를 업데이트할 필요는 없다.

또한 셸브는 잘 알려진 제약 사항을 가지고 있다(이 중 몇 가지는 이번 장 마지막의 데이터베이스 제안에서 언급할 것이다). 하지만 간단한 객체 스토리지로서 셸브와 피클은 매우 사용하기 쉬운 도구다.

셸브에서 객체 업데이트하기

마지막 스크립트로 이제 우리 객체들이 실제로 **지속적**이라는 사실(객체들의 현재 값이 파이썬 프로그램이 실행될 때마다 사용 가능하다는 사실)을 증명하기 위해, 매번 실행될 때마다 인스턴스(레코드)를 업데이트하는 프로그램을 작성하자. 다음 파일 updatedb.py은 데이터베이스를 출력하고 매번 우리의 저장된 객체들 중 하나의 급여를 인상한다. 만약 여기에서 무슨 일이 일어나고 있는지 추적해 보면, 우리가 매우 많은 유틸리티를 '공짜로' 가지게 됨을 알 수 있다. 우리의 객체들을 출력하는 것은 자동으로 일반적인 __repr__ 오버로딩 메소드를 이용하며, 급여 인상은 우리가 앞서 작성했던 giveRaise를 호출함으로써 이루어진다. 이것은 객체 지향 프로그래밍의 상속 모델에 기반한 모든 객체에서 그대로 동작한다. 객체들이 파일 안에 존재하더라도 동일하다.

```python
# updatedb.py 파일: 데이터베이스의 Person 객체를 업데이트

import shelve
db = shelve.open('persondb')              # 동일한 파일명으로 셸브를 다시 엶

for key in sorted(db):                    # 데이터베이스 객체들을 보여 주기 위해 반복
    print(key, '\t=>', db[key])           # 커스터마이즈 포맷으로 출력

sue = db['Sue Jones']                     # 가져오기 위해 키에 의해 인덱싱
sue.giveRaise(.10)                        # 클래스의 메소드를 사용하여 메모리를 업데이트함
db['Sue Jones'] = sue                     # 셸브에 업데이트하기 위해 키에 할당함
db.close()                                # 변경 후 데이터베이스를 닫음
```

이 스크립트는 시작할 때 데이터베이스를 출력하기 때문에 우리는 우리 객체들이 변경되는지 보기 위해 최소한 두 번은 실행해야 한다. 실제로, 모든 레코드들을 보여 주고 실행될 때마다 sue의 급여를 증가시킨다(sue에게는 꽤 괜찮은 스크립트다. cron 잡으로라도 정기적으로 돌리도록 해 볼까?).

```
C:\code> python updatedb.py
Bob Smith       => [Person: job=None, name=Bob Smith, pay=0]
Sue Jones       => [Person: job=dev, name=Sue Jones, pay=100000]
Tom Jones       => [Manager: job=mgr, name=Tom Jones, pay=50000]

C:\code> python updatedb.py
Bob Smith       => [Person: job=None, name=Bob Smith, pay=0]
Sue Jones       => [Person: job=dev, name=Sue Jones, pay=110000]
Tom Jones       => [Manager: job=mgr, name=Tom Jones, pay=50000]

C:\code> python updatedb.py
Bob Smith       => [Person: job=None, name=Bob Smith, pay=0]
Sue Jones       => [Person: job=dev, name=Sue Jones, pay=121000]
Tom Jones       => [Manager: job=mgr, name=Tom Jones, pay=50000]

C:\code> python updatedb.py
Bob Smith       => [Person: job=None, name=Bob Smith, pay=0]
Sue Jones       => [Person: job=dev, name=Sue Jones, pay=133100]
Tom Jones       => [Manager: job=mgr, name=Tom Jones, pay=50000]
```

다시 말하지만, 여기에서 우리가 보는 것은 우리가 파이썬으로부터 얻은 shelve와 pickle 도구들과 우리 클래스들에서 작성했던 행위들의 결과다. 그리고 다시 말하자면, 우리 스크립트의 작업은 대화형 프롬프트에서 확인할 수 있다. 대화형 프롬프트는 셸브에 있어 데이터베이스 클라이언트에 상응한다.

```
C:\code> python
>>> import shelve
>>> db = shelve.open('persondb')          # 데이터베이스를 다시 엶
>>> rec = db['Sue Jones']                 # 객체를 키에 의해 가져옴
>>> rec
[Person: job=dev, name=Sue Jones, pay=146410]
>>> rec.lastName()
'Jones'
>>> rec.pay
146410
```

이 책의 객체 지속성에 대한 다른 예제로, 31장 1183쪽의 칼럼인 "더 생각해 볼 주제: 클래스와 지속성"을 참조하자. 이것은 shelve 대신에 pickle로 다소 큰 컴포지트 객체를 플랫 파일에 저장하지만, 그 결과는 비슷하다. 피클과 셸브에 대한 더 자세한 내용과 예제로 9장(파일 기초)과 37장(3.X 문자열 도구 변경 사항), 그리고 다른 책들과 파이썬의 매뉴얼을 참조하자.

미래의 방향

여기까지가 튜토리얼의 마지막이다. 이 시점에서 여러분은 실제로 파이썬의 객체 지향 프로그래밍 메커니즘의 기본 사항들에 대해 모두 살펴보았으며, 코드의 중복성과 그와 관련한 유지보수 이슈를 피하는 방법을 배웠다. 여러분은 실제 작업을 수행하는 모두 갖춰진 클래스를 구축했다. 추가 보너스로 여러분은 이들을 파이썬 셸브에 저장하여 실제 데이터베이스 레코드로 만들어서 그 정보들이 지속적으로 유지되게 하였다.

물론, 여기에는 더 알아볼 내용들이 있다. 예를 들어, 우리의 클래스들을 좀 더 현실적으로 만들고, 이들에게 새로운 종류의 행위를 추가하는 등의 방향으로 확장할 수 있다. 예를 들어, 급여 인상의 경우 실제로 급여 인상률이 0과 1 사이에 있는지 검증해야 한다. 이 책의 후반부에서 데코레이터를 다룰 때 이렇게 확장할 것이다. 이 예제를 객체에 저장된 상태 정보를 변경함으로써 그리고 이를 처리하기 위해 사용된 클래스 메소드들과 함께 개인 연락처 데이터베이스로 변형할 수도 있다. 이는 여러분이 직접 실습해 보기를 제안한다.

우리는 파이썬에 탑재되어 있거나 오픈 소스 세계에서 자유롭게 사용 가능한 도구들을 이용하여 우리의 영역을 확장할 수 있다.

GUI

현재로서는 우리의 데이터베이스를 대화형 프롬프트의 명령어 기반의 인터페이스와 스크립트를 이용해서만 처리할 수 있다. 여기에 데이터베이스의 레코드를 탐색하고 업데이트하기 위한 데스크톱 GUI를 추가함으로써 우리 객체 데이터베이스의 용도를 확장할 수 있다. GUI는 파이썬의 tkinter(2.X에서는 Tkinter) 표준 라이브러리 지원 또는 WxPython, PyQt 같은 제3자 툴킷을 이용하여 구현할 수 있다. tkinter는 파이썬에 탑재되고, 간단한 GUI를 빠르게 구현할 수 있도록 해주며, GUI 프로그래밍 기법을 배우기에 이상적이다. WxPython과 PyQt는 사용하기에 다소 복잡하지만, 결국에는 더 높은 수준의 GUI를 생산한다.

웹 사이트

GUI가 편리하고 빠르긴 하지만, 접근성 측면에서는 웹을 이기기 어렵다. GUI와 대화형 프롬프트 대신 또는 이에 더하여 레코드를 탐색하고 업데이트하기 위해 웹 사이트를 구축할 수 있다. 웹 사이트는 파이썬에 탑재되어 있는 기본 CGI 스크립트 도구들이나 Django, TurboGears, Pylons, web2Py, Zope, 또는 구글(Google)의 앱 엔진과 같이 완전한 기능을 갖춘 제3자 웹 프레임워크를 이용하여 구성할 수 있다. 웹상에서 여러분의 데이터는 셸브, 피클 파일, 또는 다른 파이썬 기반의 매체에 저장될 수 있다. 이를 처리하는 스크립트는 단순히 웹 브라우저와 다른 클라이언트로부터의 요청에 대응하여 서버에서 자동으로 실행되며, 사용자와 상호 작용하는 HTML을 직접 또는 프레임워크 API와 인터페이스하여 생산해 낸다. 실버라이트와 pyjamas 같은 리치 인터넷 어플리케이션(Rich Internet Application, RIA) 시스템은 또한 웹 기반의 접근성과 GUI와 유사한 대화형 인터페이스를 결합하려 시도한다.

웹 서비스

웹 클라이언트가 종종 웹 사이트로부터의 응답에서 정보를 분석할 수 있지만('스크린 스크래핑'으로 알려진 기법), 우리는 더 나아가 SOAP 또는 XML-RPC 호출(파이썬 자체 또는 제3자 오픈 소스 영역에 의해 지원되는 API로, 데이터 전달을 위해 일반적으로 데이터를 XML 포맷으로 또는 그로부터 매핑한다) 같은 웹 서비스 인터페이스 통해 웹상에서 레코드를 가져오는 더 직접적인 방법을 제공할 수 있다. 파이썬 스크립트에서 그러한 API는 응답 페이지의 HTML에 내장된 텍스트보다 데이터를 좀 더 직접적으로 반환한다.

데이터베이스

우리 데이터베이스의 볼륨이 더 커지거나 중요해지면, 결국에는 셸브에서 오픈 소스 ZODB, 객체 지향 데이터베이스 시스템(OODB), 또는 MySQL, Oracle, PostgreSQL 같이 좀 더 전형적인 SQL 기반의 관계형 데이터베이스 시스템 같이 더 완전한 기능을 갖춘 스토리지 메커니즘으로 옮겨야 할 것이다. 파이썬 자체도 내장된 인-프로세스 SQLite 데이터베이스 시스템을 가지고 있지만, 다른 오픈 소스 데이터베이스들도 무료로 웹에서 얻을 수 있다. 예를 들어 ZODB는 파이썬의 shelve와 유사하지만 shelve가 가지고 있는 제약 사항의 많은 부분을 해결하였으며 더 큰 규모의 데이터 베이스, 동시에 발생하는 업데이트, 트랜잭션 처리, 그리고 인-메모리 변경 사항에 대한 자동 동시 기록(write-through)을 더 잘 지원한다(셸브는 객체를 캐쉬에 저장하고, 셸브를 닫는 시점에 writeback 옵션으로 디스크에 내려줄 수 있지만, 여기에는 제약이 따른다. 다른 자료를 참조해 보길 바란다). MySQL 같은 SQL 기반의 시스템은 데이터베이스 스토리지를 위한 기업 단위의 도구들을 제공하며 파이썬 스크립트로부터 직접적으로 사용될 수 있다. 9장에서 보았듯이 파이썬 딕셔너리와 리스트와 매우 유사한 MongoDB는 JSON 문서를 저장하는 대안을 제공하며, pickle 데이터와 달리 언어에 중립적이다.

ORM

우리가 스토리지를 위해 관계형 데이터베이스 시스템으로 바꾸더라도, 파이썬의 객체 지향 프로그래밍 도구들을 희생시키지 않아도 된다. SQLObject, SQLAlchemy 같은 객체 관계형 매퍼(Object Relational Mapper, ORM)는 자동으로 관계형 테이블과 행을 파이썬의 클래스와 인스턴스와 매핑하기 때문에 우리는 일반 파이썬 클래스 구문을 사용하여 저장된 데이터를 처리할 수 있다. 이 방식은 shelve와 ZODB 같은 OODB에 대안을 제공하며, 관계형 데이터베이스와 파이썬의 클래스 모델 둘 모두의 능력을 이용한다.

이 소개가 여러분의 향후 학습 욕구를 돋우기를 바라지만, 여기에서 소개된 주제는 모두 대체로 이 튜토리얼과 책의 범위 밖에 놓여 있다. 만약 여러분 스스로 이 주제들을 살펴보기를 원한다면 웹과 파이썬 표준 라이브러리 매뉴얼, 그리고 《프로그래밍 파이썬》 같은 활용에 초점을 맞춘 책들을 참고하자. 마지막 책에서 나는 우리가 여기에서 멈춘 이 예제를 들어, 인스턴스 레코드를 탐색하고 업데이트하기 위해 어떻게 데이터베이스 위에 GUI와 웹 사이트를 추가하는지를 보여 주고 있다. 여러분을 그 책에서도 만나기를 희망하지만, 먼저 클래스 기본 사항으로 다시 돌아가서 핵심 파이썬 언어에 대한 남은 이야기를 마무리하기로 하자.

이 장의 요약

이 장에서 우리는 간단하지만 현실적인 예제를 단계별로 구축해 나가면서, 실제 파이썬 클래스와 객체 지향 프로그래밍의 핵심 사항들에 대해 모두 알아보았다. 우리는 생성자, 메소드, 연산자 오버로딩, 서브클래스를 이용한 커스터마이즈 그리고 내부 검사 기반의 도구들을 추가하였고, 그 과정에서 구성 관계, 위임, 그리고 다형성 같은 개념을 살펴보았다.

마지막으로, 우리 클래스에 의해 생성된 객체를 취하여 shelve 객체 데이터베이스(본래 파이썬 객체를 키에 의해 저장하고 불러오기 위한 시스템으로 사용하기 쉽다)에 저장함으로써 지속될 수 있도록 만들었고, 클래스의 기본 사항들에 대해 학습하는 동안 중복성을 줄이고 미래의 유지보수 비용을 최소화할 수 있도록 코드를 분할하는 여러 방법을 만나보았다. 또한, 우리 코드를 GUI와 데이터베이스 같은 애플리케이션 프로그래밍 도구를 이용하여 확장하는 방법에 대해 간단히 미리 살펴보았다. 이 도구들에 대해서는 이후에 나올 책에서 다룰 예정이다.

다음 장에서는 파이썬의 클래스 모델 뒤의 세부 내용에 대한 학습으로 돌아가서 더 큰 프로그램에서 클래스들을 결합하기 위해 사용되는 몇 가지 디자인 개념의 응용 방식에 대해 살펴볼 것이다. 하지만 그에 앞서 여기서 다룬 내용에 대한 복습을 위해 이 장의 퀴즈를 먼저 풀어 보자. 이 장에서 이미 많은 작업들을 직접 해보았으니 여러분이 코드의 일부를 통해 따라가 보고, 그 배경이 되는 더 큰 아이디어를 곰곰이 생각해 보도록 할 만한 이론 위주의 질문들로 마무리하고자 한다.

학습 테스트: 퀴즈

1. 셀브로부터 Manager 객체를 가져오고 출력할 때, 디스플레이 포맷 로직은 어디로부터 오는가?

2. 셀브로부터 Person 객체를 그 모듈을 임포트하지 않고 가져올 때, 어떻게 객체는 우리가 호출할 수 있는 giveRaise 메소드를 가지고 있음을 아는가?

3. 왜 처리 로직을 클래스 외부에 하드코딩하는 대신 메소드로 옮겨 두는 것이 그렇게 중요한가?

4. 왜 원래 버전을 복사하여 수정하는 것보다 서브클래스를 만들어 변경하는 것이 더 나은가?

5. 왜 기본 동작을 실행하기 위해 서브클래스에 그 코드를 복사하여 수정하는 것보다 슈퍼클래스 메소드를 다시 호출하는 것이 더 나은가?

6. 왜 객체들이 일반적으로 처리될 수 있도록 해주는 __dict__ 같은 도구를 사용하는 것이 클래스의 각 타입마다 맞춤형 코드를 작성하는 것보다 더 나은가?

7. 일상적인 언어로, 언제 여러분은 상속 대신 객체 내장과 구성 관계를 사용하겠는가?

8. 이 장에서 작성된 객체들이 이 책의 앞서 나온 유사한 예제에서처럼 이름을 위해 딕셔너리를, 직업을 위해 리스트를 사용한다면 무엇을 변경해야 하는가?

9. 파이썬에서 개인 연락처 데이터베이스를 구현하기 위해 이 장의 클래스들을 어떻게 수정할 것인가?

학습 테스트: 정답

1. 우리 클래스의 최종 버전에서 Manger는 결국 __repr__ 출력 메소드를 별도의 classtools 모듈의 AttrDisplay로부터 상속받으며, 이는 클래스 트리상에 두 단계 위에 위치한다. Manager는 자신만의 메소드를 가지고 있지 않기 때문에 상속 검색으로 자신의 슈퍼클래스인 Person에 도달한다. 하지만 거기에도 __repr__이 없기 때문에 검색은 그보다 더 높은 곳으로 올라가게 되고, AttrDisplay에서 메소드를 찾게 된다. class문의 헤더라인의 괄호 안에 나열된 클래스 이름은 더 상위의 슈퍼클래스들로의 링크를 제공한다.

2. 셸브(실제로는 셸브가 사용하는 pickle 모듈)는 인스턴스가 나중에 메모리에 적재될 때, 자동으로 인스턴스를 그 인스턴스가 생성된 클래스로 다시 연결해 준다. 파이썬은 내부적으로 그 모듈로부터 클래스를 다시 임포트하여 인스턴스를 그 저장된 속성으로 생성하고, 해당 인스턴스의 원래 클래스들을 가리키는 __class__ 링크를 설정한다. 이렇게 함으로써 우리가 인스턴스의 클래스를 우리 범위에 임포트하지 않더라도 적재된 인스턴스는 자동으로 자신의 원래 메소드들(lastName, giveRaise, 그리고 __repr__ 같은)을 얻게 된다.

3. 처리 로직을 메소드로 옮기는 것은 미래에 하나의 사본만 변경하면 되며, 메소드는 어떤 인스턴스에서도 실행될 수 있기 때문에 중요하다. 이는 파이썬의 **캡슐화**(로직을 인터페이스 뒤에 감싸서 미래의 코드 유지보수를 더 잘 지원하는) 개념이다. 만약 그렇게 하지 않으면, 코드 중복성을 양산하게 되고, 미래에 코드가 발전함에 따라 여러분의 작업량도 크게 증가시킬 수 있다.

4. 서브클래스를 이용하여 커스터마이즈하는 것은 개발 노력을 줄인다. 객체 지향 프로그래밍에서는 기존 코드를 복사 또는 변경하기보다는 이미 작업한 것을 커스터마이즈하여 코딩한다. 이것이 객체 지향 프로그래밍에서 진짜 '큰 아이디어'다. 새로운 서브클래스를 코딩함으로써 우리의 이전 작업을 쉽게 확장할 수 있기 때문에 우리는 이미 작업한 것을 이용할 수 있다. 이는 매번 새로 코드를 작성하거나, 중복된 코드 사본을 여러 개 만들어 나중에 코드 변경을 어렵게 하는 것보다는 훨씬 낫다.

5. 코드를 복사해서 수정하는 것은 어떤 경우라도 미래에 여러분의 작업량을 두 배로 만든다. 서브클래스가 슈퍼클래스 메소드에 작성된 기본 동작을 수행해야 한다면, 그 코드를 복사해 오는 것보다 슈퍼클래스 이름을 통해 원래 버전을 재호출하는 것이 더 낫다. 이는 슈퍼클래스 생성자에 대해서도 동일하게 성립한다. 다시 말하지만, 코드를 복사하는 것은 코드가 발전해 나가면서 주요 이슈가 될 수 있는 코드 중복성을 야기한다.

6. 일반적인 도구는 시간에 지나면서 발전해 나감에 따라 클래스의 나머지 부분과 지속적으로 동기화해야 하는 하드코딩된 방식을 피할 수 있다. 예를 들어, 일반적인 __repr__ 프린트 메소드는 __init__ 생성자에서 새로운 속성이 인스턴스에 추가될 때마다 업데이트될 필요가 없다. 또한 모든 클래스에 의해 상속되는 일반적인 print 메소드는 오직 한 곳에서만 등장하며, 그 곳에서만 변경하면 된다. 일반적인 버전의 변경 내역은 그 일반 클래스로부터 상속받는 모든 클래스에 반영된다. 다시 말하지만, 코드 중복성을 제거하는 일은 미래의 개발 노력을 줄인다. 이것이야말로 클래스가 가져오는 주요 자산이다.

7. 상속은 직접 커스터마이즈하여 확장 버전을 코딩하는 데 있어 가장 좋은 방법이다(Person에 대한 Manager 특화 버전처럼). 구성 관계는 다중 객체들이 하나로 합쳐지고 컨트롤러 계층 클래스에 의해 지시받는 시나리오에 잘 어울린다. 상속은 재사용을 위해 호출을 위로 전달하고, 구성 관계는 위임하기 위해 아래로 전달한다. 상속과 구성 관계는 상호 배타적인 관계가 아니다. 종종 컨트롤러에 내장 객체들은 상속 기반의 맞춤형 버전이기도 하다.

8. 이것은 실제로 첫 번째 프로토타입이기 때문에 변경할 내용이 그리 많지 않지만, lastName 메소드는 새로운 이름 포맷을 위해 업데이트되어야 한다. Person 생성자는 job의 기본값을 빈 리스트로 변경해야 한다. 그리고 Manager 클래스는 아마도 자신의 생성자에 단일 문자열 대신 job 리스트를 전달해야 할 것이다(셀프 테스트 코드도 물론 함께 바뀌어야 한다). 반가운 소식은 이 사항들은 한 곳만(이러한 세부 내역들이 캡슐화되어 있는 우리 클래스만) 변경해 주면 된다는 사실이다. 셀브는 임의로 중첩된 데이터를 지원하므로 데이터베이스 스크립트는 그대로 동작할 것이다.

9. 이 장의 클래스는 다양한 형태의 데이터베이스를 구현하기 위해 표준 '템플릿' 코드로 사용될 수 있다. 근본적으로 여러분은 다른 속성들을 기록하기 위해 생성자를 변경하고 목표 애플리케이션에 적합한 메소드를 제공함으로써 이를 다른 용도에 맞게 바꿀 수 있다. 예를 들어 여러분은 연락처 데이터베이스를 위해 name, address, birthday, phone, email 등과 같은 속성들과 이 목적에 적합한 메소드들을 사용할 수 있다. 예를 들어, sendmail 메소드는 호출되면 자동으로 연락처 중 하나로 자동으로 이메일을 보내기 위해 파이썬의 표준 라이브러리 모듈인 smtplib를 사용할 수 있다(이러한 도구들에 대한 자세한 내용은 파이썬의 매뉴얼이나 애플리케이션 수준의 책을 참조하자). 우리가 여기에서 작성했던 AttrDisplay 도구는 말 그대로 여러분 객체들을 출력하기 위해 사용될 수 있는데, 이는 의도한 대로 일반적인 도구이기 때문이다. 여기의 셸브 데이터베이스 코드의 대부분 또한 약간의 수정만 하면 여러분 객체를 저장하기 위해 사용될 수 있다.

29

클래스 코딩 상세

파이썬의 객체 지향 프로그래밍에 대한 모든 것을 익히지 못했더라도 걱정할 필요 없다. 이미 한 번 살펴봤기 때문에 좀 더 깊게 파고들어 이전에 소개한 개념에 대해 상세히 알아볼 것이다. 이 장과 다음 장에서 클래스의 메커니즘에 대해 다시 한번 살펴볼 것이다. 여기서는 클래스와 메소드, 상속에 대해 학습하며, 27장에서 소개했던 몇몇 아이디어를 정형화하고 확장해 나갈 것이다. 클래스가 마지막 네임스페이스 도구이므로 파이썬의 네임스페이스와 범위(scope) 개념에 대해서도 간단히 요약해 볼 것이다.

다음 장에서는 "연산자 오버로딩(operator overloading)"에 대해 다루면서 클래스 메커니즘에 대해 계속해서 알아볼 것이다. 또한, 이 장과 다음 장에서는 세부 사항에 대해 다루는 동시에 지금까지 우리가 학습했던 것보다 더 큰 클래스에 대해서도 알아볼 것이다.

이전 장에서는 객체 지향 프로그래밍에 익숙하지 않은 독자들을 위해 외부 의존성이 적은 예제 사례를 통해 언어 자체의 주제에 대해 다루었다. 이 장의 일부분에서는 앞선 사례 연구에 대한 리뷰와 요약을 설명한다. 객체 지향 프로그래밍에 익숙한 몇몇 사람들은 이 장을 건너뛰고 싶겠지만, 이 장에 있는 네임스페이스 부분은 꼭 살펴볼 필요가 있다. 파이썬의 클래스 모델에서 가장 난해한 부분에 대해 설명하고 있기 때문이다.

class 구문

파이썬의 class 구문이 외관상으로는 다른 객체 지향 프로그래밍 언어에서 제공하는 도구와 유사하게 보일 수도 있지만, 좀 더 자세히 살펴보면 일부 프로그래머들이 익숙한 것과는 상당히 다르다. 예를 들어, 파이썬의 class문은 C++에서와 같이 주요 객체 지향 프로그래밍 도구이지만, C++과는 다르게 선언문이 아니다. class문은 def와 유사하게 객체 빌더이자 암묵적인 할당이다. class문이 실행되면, 클래스 객체를 생성하고, 생성된 클래스 객체에 대한 참조를 헤더에 사용된 이름 안에 저장한다. def와 또 유사한 점은 class문은 실제 실행 가능한 코드라는 점이다. 파이썬이 클래스가 정의된 class문에 도달하여 실행하기 전까지는 클래스는 실제로 존재하지 않는다. 일반적으로 클래스가 포함된 모듈을 import할 때 실행되며, 그 전에는 실행되지 않는다.

일반적 형태

class는 일반적으로 헤더 아래에 들여쓰기되어 나타나는 본문으로 이루어진 복합문이다. 헤더에서는 클래스 이름 뒤에 쉼표로 구분된 슈퍼클래스의 목록이 괄호 안에 나열된다. 다중 상속을 위해서는 두 개 이상의 슈퍼클래스를 나열하며, 이에 대해서는 31장에서 상세하게 다루겠다. 클래스 문의 일반적 형태는 다음과 같다.

```
class name(superclass,...):       # 이름에 할당
    attr = value                  # 공유되는 클래스 데이터
    def method(self,...):         # 메소드
        self.attr = value         # 인스턴스별 데이터
```

class문 안의 모든 할당은 클래스 속성을 만들어 낸다. 그리고 몇몇 특수하게 명명된 메소드는 연산자를 오버로드한다. 예를 들어, __init__으로 명명된 함수가 정의되어 있다면, 이 함수는 인스턴스 객체 생성 시에 호출된다.

예제

앞에서 설명했듯이, 클래스는 데이터와 로직을 클라이언트에 제공하는 이름(속성)을 정의하기 위한 단순한 네임스페이스다. class문은 효과적으로 네임스페이스를 정의한다. 모듈 파일 안에서와 같이, class문의 본문 안에 중첩된 문은 그 속성을 생성한다. 파이썬이 class문을 실행하면(class에 대한 호출이 아니라) 클래스의 본문에 있는 모든 문장을 실행한다. 이 과정에서 일어나

는 할당은 클래스의 지역 범위 안에서 이름을 생성하는데, 그것이 연관된 클래스 객체의 속성이 된다. 이 때문에 클래스는 **모듈**과 **함수** 둘 모두와 유사성이 있다.

- class문은 문 안에 내재한 할당문들에 의해 생성된 이름들이 생존하는 지역 범위라는 점에서 함수와 유사하다.
- 또한, class문 안에서 할당된 이름이 클래스 객체의 속성이 된다는 점에서는 모듈과 유사하다.

파이썬 클래스의 주요한 특징은 그 네임스페이스가 **상속**의 기반이 된다는 점이다. 클래스나 인스턴스 객체에서 발견되지 않는 참조 속성은 다른 클래스에서 가져오게 된다.

class가 복합문(compound statement)이기 때문에 그 본체 안에는 할당이나 print, if, def 등 어떤 종류의 문이라도 포함될 수 있다. class문 내부에 있는 모든 문은 이후에 인스턴스를 만들 때가 아니라, class문 자체가 실행될 때 실행된다. 일반적으로 class문 내부의 할당문은 데이터 속성을 만들고, def문은 메소드 속성을 만든다. 하지만 보통 class문 최상위에 위치한 이름 할당은 class문에 의해 생성되는 클래스 객체에 동일한 이름을 가진 속성을 만든다.

예를 들어, 클래스 속성에 단순한 비함수 객체를 할당하면, 모든 인스턴스에서 공유하는 데이터 속성(data attributes)이 생성된다.

```
>>> class SharedData:
        spam = 42                    # 클래스 데이터 속성을 생성

>>> x = SharedData()                 # 클래스의 인스턴스를 두 개 만듦
>>> y = SharedData()
>>> x.spam, y.spam                   # 두 인스턴스에서는 'spam'을 상속받고 공유함(SharedData.spam)
(42, 42)
```

여기서 spam이 class문의 최상단에서 할당되었기 때문에 이것은 class에 포함되어 모든 인스턴스에 공유될 것이다. 이 데이터 속성은 다음과 같이 클래스 이름을 통해 접근하여 변경할 수 있으며, 인스턴스 혹은 클래스를 통해 참조할 수 있다.[1]

---

1 C++을 사용해 봤다면, 이것이 C++의 정적 데이터 멤버 문법과 유사하다는 것을 알 수 있을 것이다. C++의 정적 데이터 멤버는 인스턴스와 상관없이 클래스에 저장된다(옮긴이 그래서 C++에서는 클래스의 정적 멤버에 대한 별도의 초기화 코드가 필요하다). 파이썬에서는 이것이 전혀 특별하지 않다. 모든 클래스 속성은 그것이 함수(C++의 메소드)를 참조하는지, 아니면 다른 것(C++의 멤버)을 참조하는지 여부와 상관없이 단순히 class문에서 할당된 이름일 뿐이다. 32장에서는 파이썬 정적 메소드(C++의 그것과 유사한)에 대해 다룰 것이다. 파이썬 정적 메소드는 일반적으로 클래스 속성을 다루는 단순한 self-less 함수다.

```
>>> SharedData.spam = 99
>>> x.spam, y.spam, SharedData.spam
(99, 99, 99)
```

이런 클래스 속성은 모든 인스턴스에 걸친 정보(예 생성된 인스턴스 개수에 대한 카운터)를 관리할 때 사용할 수 있다(이 아이디어에 대해서는 32장에서 자세히 다룰 것이다). 다음 코드에서 클래스 대신 인스턴스를 이용해 spam에 값을 할당하면 어떤 일이 일어나는지 볼 수 있다.

```
>>> x.spam = 88
>>> x.spam, y.spam, SharedData.spam
(88, 99, 99)
```

인스턴스 속성에 대한 할당은 공유된 클래스가 아닌 인스턴스의 이름들을 생성하거나 변경한다. 더 일반적으로는 상속 검색은 속성 **참조** 시에만 발생하며, 할당에서는 발생하지 않는다. 객체의 속성에 대한 할당 동작은 언제나 그 객체만을 변경하며, 다른 객체에는 영향을 주지 않는다.[2] 예를 들어 y.spam은 상속에 의해 클래스 안에서 검색되지만, x.spam에 대한 할당은 x 자체에 새로운 이름을 생성한다.

다음은 동일한 이름을 두 곳에 저장하는 이러한 동작에 대한 더 복잡한 예제다. 다음 클래스 코드를 실행한다고 가정해 보자.

```
class MixedNames:                             # 클래스 정의
    data = 'spam'                             # 클래스 속성 할당
    def __init__(self, value):                # 메소드 이름 할당
        self.data = value                     # 인스턴스 속성 할당
    def display(self):
        print(self.data, MixedNames.data)     # 인스턴스 속성, 클래스 속성
```

이 클래스는 클래스 속성을 메소드 함수에 연결하는 두 개의 def를 가지고 있다. 이 클래스에는 = 할당문이 있다. 이 할당문이 class 안에서 data 이름에 할당을 하므로 data 이름은 클래스의 지역 범위에서 생존하며, 클래스 객체의 속성이 된다. 모든 다른 클래스 속성과 같이 이 data는 그 자체의 data 속성을 갖지 않는 모든 클래스의 인스턴스에 상속되고 공유된다.

---

2   클래스가 (30장에서 다루게 되는) __setattr__ 연산자 오버로딩 메소드를 이용해 무언가 독특한 일을 할 목적으로 속성 할당 연산을 재정의한다거나, 프로퍼티나 디스크립터같은 고급 속성 도구(38장에서 다룬다)를 사용하지 않는 한이다. 이 장의 대부분은 일반적인 사례에 대해 다루고 있으며, 지금까지는 그 정도로도 충분하다. 하지만 뒤에서 보게 될 파이썬 훅(hook)을 이용해 일반적인 방법과는 다른 방법으로 활용할 수도 있다.

이 클래스의 인스턴스를 만들면, 생성자 메소드의 self.data에 대한 할당에 의해 생성된 인스턴스 안에서 data 이름이 생성된다.

```
>>> x = MixedNames(1)          # 두 개의 인스턴스 객체를 만든다
>>> y = MixedNames(2)          # 각각의 인스턴스는 고유의 데이터를 가진다
>>> x.display(); y.display()   # self.data는 다르지만, MixedNames.data는 같다
1 spam
2 spam
```

위 코드의 실행 결과, data는 인스턴스 객체(__init__에서 self.data에 대한 할당으로 생성됨)와 인스턴스가 이름들을 상속한 클래스(class에서 data 할당을 통해 생성됨) 두 곳에 존재하게 된다. 클래스의 display 메소드는 두 버전을 모두 출력하는데, 먼저 self 인스턴스의 data 속성값을 출력하고 다음으로 클래스의 data 속성값을 출력한다.

이 기법을 이용해 속성을 각각 다른 객체에 저장하게 되면, 가시성(visibility)의 범위를 결정할 수 있다. 클래스에 포함된 이름은 공유된다. 인스턴스 내에서는 이름들이 인스턴스별 데이터를 기록하며, 동작이나 데이터가 공유되지 않는다. 상속이 이름을 검색해 주기는 하지만, 우리는 언제나 필요한 객체에 직접 접근하여 트리 내에 위치한 어떤 속성에도 접근할 수 있다.

예를 들어, 이전 예제에서 x.data나 self.data는 인스턴스 이름을 반환할 것이다. 이것은 보통 클래스 내의 같은 속성 이름을 숨긴다. 하지만 MixedNames.data는 명시적으로 클래스 버전의 이름을 반환한다. 다음 절에서는 그러한 코딩 패턴의 가장 일반적인 역할에 대해 설명하고, 이전 장에서 우리가 그러한 패턴을 적용한 방법에 대해 더 자세하게 설명한다.

메소드

함수에 대해 알고 있다면, 클래스의 메소드에 대해서도 알고 있는 것이다. 메소드(Methods)는 class문의 본체 안에 포함된 def문에 의해 생성되는 함수 객체일 뿐이다. 또한 메소드는 추상화 측면에서 보면 인스턴스 객체가 상속할 동작을 제공하고, 프로그래밍 측면에서 보면 한 가지 중대한 차이점을 제외하고는 단순한 함수와 완전히 같은 방식으로 동작한다. 그 차이점은 메소드의 첫 번째 인수는 항상 메소드 호출의 암묵적 대상인 인스턴스 객체라는 점이다.

다시 말하면, 파이썬은 인스턴스 메소드 호출을 클래스 메소드 함수에 자동으로 매핑한다는 것이다. 다음과 같이 인스턴스를 통한 메소드 호출은

```
instance.method(args...)
```

자동으로 다음 코드와 같은 형식의 클래스 메소드 함수 호출로 변환된다.

```
class.method(instance, args...)
```

파이썬은 상속 검색 프로시저를 이용해 메소드 이름을 검색함으로써 (메소드 함수가 속한) 클래스를 결정한다. 사실, 파이썬에서는 두 가지 호출 형태 모두 유효하다.

메소드 호출 이면에 숨어 있는 특수한 첫 번째 인수라는 마법을 제외하면, 일반적인 메소드 속성 이름의 상속과 동일하다. 클래스의 메소드에서는 규약에 따라 첫 번째 인수를 보통 self라고 부른다(기술적으로는 인수의 위치가 중요하지, 그 이름이 중요한 것은 아니다). 이 인수는 메소드에 호출의 주체인 인스턴스로의 연결 고리를 제공한다. 클래스가 여러 개의 인스턴스 객체를 생성하기 때문에 인스턴스마다 다른 데이터를 다루기 위해서는 self 인수를 이용해 인스턴스에 접근할 수 있어야 한다.

C++ 프로그래머는 파이썬의 self 인수가 C++의 this 포인터와 유사하다는 것을 알아챌 수 있을 것이다. 하지만 파이썬에서는 언제나 self를 명기해야 한다. 현재의 메소드 호출에 의해 처리되는 인스턴스의 속성을 읽어 오거나 변경하려면, 반드시 self 인수를 통해야 한다. self의 이런 명시적인 특성은 설계에 의한 것이다. 이 이름의 존재로 인해 여러분이 스크립트 안에서 지역 혹은 전역 범위의 이름을 사용하는 것이 아니라, 인스턴스 속성 이름을 사용하고 있다는 것을 명확히 할 수 있다.

메소드 예제

이 개념을 명확하게 하기 위해 예제를 살펴보자. 다음과 같은 클래스를 정의한다고 가정하자.

```
class NextClass:                        # 클래스 정의
    def printer(self, text):            # 메소드 정의
        self.message = text             # 인스턴스 변경
        print(self.message)             # 인스턴스 접근
```

printer라는 이름은 함수 객체를 참조한다. printer가 class문의 범위에 할당되었기 때문에 클래스 객체의 속성이 되며, 그 클래스에서 만들어진 모든 인스턴스에 상속된다. 일반적으로, printer 같은 메소드에서 인스턴스를 처리하기 때문에 우리는 인스턴스를 통해 메소드를 호출한다.

```
>>> x = NextClass()                    # 인스턴스 생성
>>> x.printer('instance call')         # 생성한 인스턴스의 메소드 호출
instance call
>>> x.message                          # 변경된 인스턴스
'instance call'
```

이와 같이 인스턴스를 지정하여 메소드를 호출할 때는 상속을 통해 printer를 먼저 선택하고, printer의 self 인수에는 인스턴스 객체(x)가 자동으로 할당된다. text 인수에는 호출 시 전달된 문자열('instance call')이 할당된다. 파이썬이 자동으로 첫 번째 인수에 self를 전달하기 때문에 우리는 실제로 한 가지 인수만 전달하면 된다. printer 안에서는 self가 현재 처리되고 있는 인스턴스를 참조하고 있기 때문에 인스턴스에 속한 데이터에 접근하거나 값을 변경할 때 self 이름이 사용된다.

하지만 앞에서 본 것처럼 메소드는 인스턴스를 통한 것과 클래스를 통한 두 가지 방법으로 호출될 수 있다. 예를 들면, self 인수에 인스턴스를 명시적으로 전달한다는 가정하에 다음과 같이 printer 함수를 클래스 이름을 이용해 호출할 수 있다.

```
>>> NextClass.printer(x, 'class call')    # 직접 클래스 호출
class call
>>> x.message                             # 인스턴스가 다시 변경됨
'class call'
```

클래스 형식에서 동일한 인스턴스 객체를 넘기기만 한다면, 인스턴스와 클래스를 통해 경로가 지정된 메소드 호출은 같은 효과를 가진다. 실제로, 어떤 인스턴스도 지정하지 않고 메소드를 호출하려 하면, 다음과 같이 오류 메시지가 출력된다.

```
>>> NextClass.printer('bad call')
TypeError: unbound method printer() must be called with NextClass instance...
```

슈퍼클래스 생성자 호출하기

메소드는 보통 인스턴스를 통해 호출된다. 하지만 클래스를 통한 메소드 호출은 다양한 특수 역할을 한다. 한 가지 흔한 시나리오는 생성자 메소드에 대한 것이다. __init__ 메소드는 다른 모든 속성들처럼 상속을 통해 검색된다. 이는 파이썬이 인스턴스 생성 시에 단 하나의 __init__ 메소드만을 검색하여 호출한다는 뜻이다. 만약 서브클래스 생성자에서 슈퍼클래스의

생성 시 로직이 동작하도록 보증해야 한다면, 클래스를 통해 슈퍼클래스의 __init__ 메소드
가 명시적으로 호출되도록 하는 것이 보통이다.

```
class Super:
    def __init__(self, x):
        ...기본 코드...

class Sub(Super):
    def __init__(self, x, y):
        Super.__init__(self, x)        # 슈퍼클래스의 __init__ 실행
        ...(서브클래스의) 자체 코드...        # 자체 __init__ 액션 실행

I = Sub(1, 2)
```

이는 여러분의 코드에서 연산자 오버로딩 메소드를 직접 호출해야 하는 흔치 않은 콘텍스
트 중의 하나다. 당연히, 여러분이 정말로 **필요할 때만** 이런 방식으로 슈퍼클래스의 생성자
를 호출해야 한다. 슈퍼클래스의 생성자를 호출하지 않으면, 서브클래스가 생성자를 완벽
히 대체한다. 이 기법의 더 실제적인 활용 사례를 보려면, 이전 장의 튜토리얼[3]에서 다루었던
ManagerClass 예제를 참조한다.

다른 메소드 호출 가능성

클래스를 통한 메소드 호출 패턴은 상속한 메소드 동작 확장(완전히 대체하는 것이 아니라)의 일
반적인 기초다. 모든 메소드는 기본적으로 인스턴스를 전달받기 때문에 클래스를 통한 메소
드 호출 패턴에서는 반드시 인스턴스를 명시적으로 전달해야 한다. 이것은 기술적으로 특별한
코드가 없는 한 메소드가 **인스턴스 메소드**이기 때문이다.

32장에서 파이썬 2.2에 추가된 새로운 옵션인 **정적 메소드**(static methods)에 대해 학습하게 될
것이다. 정적 메소드의 첫 번째 인수에는 인스턴스 객체를 전달하지 않아도 된다. 이런 메소드
는 자신이 속한 클래스에 한정된 이름을 가진 인스턴스리스 함수와 유사하게 동작하며, 클래
스 데이터를 관리할 목적으로 사용할 수 있다. 같은 장에서 다루게 될 연관된 개념인 **클래스
메소드**(class method)는 호출될 때 인스턴스 대신 클래스를 전달받으며, 클래스별 데이터를 관리
할 때 사용될 수 있다. 또한, 메타클래스(metaclass) 내에 암묵적으로 존재한다.

---

3 하나의 클래스 안에서 다수의 __init__ 메소드를 작성할 수도 있지만, 마지막으로 정의된 것만이 사용될 것이다. 다중 메소드
정의에 대해서는 31장에서 더 자세하게 다루도록 한다.

하지만 이들은 둘 다 보통 옵션으로 사용되는 고급 확장이다. 일반적으로 메소드에는 항상 인스턴스를 전달해야 한다. 인스턴스를 통해서 호출할 때는 자동으로 전달되고, 클래스를 통해 호출될 때는 수동으로 전달해 줘야 한다.

28장 1044쪽의 "super에 대해"라는 칼럼에 따르면, 파이썬은 슈퍼클래스의 메소드를 좀 더 일반적으로 호출할 수 있도록 하는 super 내장 함수를 가지고 있다. 하지만 super가 가진 단점과 복잡성 때문에 32장까지는 그 존재에 대해 무시하도록 하자. 상세한 내용을 보려면 앞서 말한 칼럼을 참고한다. 이런 호출은 기본적인 활용에서는 잘 알려진 장단점을 가지고 있고, 고급 활용에서는 최대한의 효율을 위한 전역적 배치를 필요로 하는 난해함을 가지고 있다. 이런 이슈들 때문에 이 책에서는 정책적으로 super 대신 명시적 이름으로 슈퍼클래스를 호출한다. 만약 파이썬을 처음 접한다면, 그리고 특히 객체 지향 프로그래밍을 처음 접한다면, 지금은 이 방법을 따를 것을 권장한다. 먼저 간단한 방법을 익히고 나면 나중에 다른 것들과 비교할 수 있을 것이다.

상속

물론, class문에 의해 생성된 네임스페이스는 전적으로 이름 상속을 지원하기 위한 것이다. 이 절에서는 파이썬 속성 상속의 메커니즘과 역할의 일부에 대해 확장하여 설명한다.

파이썬에서 상속(Inheritance)은 객체가 한정될 때 일어나며, 하나 혹은 그 이상의 네임스페이스에서 속성 정의 트리에 대한 검색을 발생시킨다. object가 인스턴스나 클래스 객체인 object.attr 형태의 표현식을 사용할 때마다 파이썬은 object에서 시작해서, 첫 번째 attr을 찾을 때까지 네임스페이스 트리를 아래에서 위로 검색한다. 여기에는 메소드의 self 속성에 대한 참조도 포함된다. 트리 하위의 정의가 상위에 있는 정의를 오버라이드하기 때문에 상속은 특수화(specialization)의 기초를 구성한다.

속성 트리 구조

그림 29-1은 네임스페이스 트리가 어떻게 구성되고 이름이 그 트리 안에 어떻게 위치하게 되는지를 요약해 보여 준다. 일반적으로는 다음과 같다.

- 인스턴스 속성은 메소드 안에서 self 속성에 대한 할당을 통해 생성된다.
- 클래스 속성은 class문에서의 할당문에 의해 생성된다.

- 슈퍼클래스 링크는 class문 헤더에서 괄호 안에 클래스를 나열함으로써 생성된다.

그 결과 인스턴스에서 인스턴스를 생성한 클래스로, 클래스에서 그 클래스의 헤더에 나열된 모든 슈퍼클래스로 연결되는 속성 네임스페이스 트리가 만들어진다. 여러분이 인스턴스 객체 안에서 속성 이름을 지정하여 가져오려 하면, 파이썬은 인스턴스에서 시작해 슈퍼클래스까지 이 트리 안에서 상향으로 검색한다.[4]

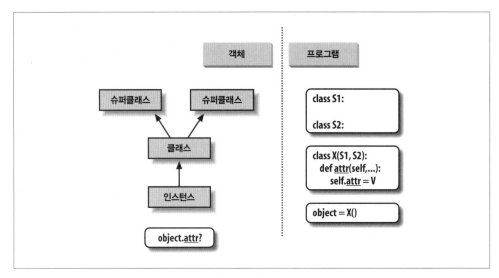

그림 29-1 속성 상속에 의해 검색할 객체 트리를 메모리 안에 생성하는 프로그램 코드 클래스를 호출하면 그 클래스를 기억하는 새로운 인스턴스를 만든다. class문을 실행하면 새로운 클래스가 만들어지며, 슈퍼클래스는 class문 헤더 안의 괄호 안에 나열된다. 각 속성에 대한 참조(클래스의 메소드 안에서 발생하는 self 속성에 대한 참조에서도)는 새로운 상향(bottom-up) 검색을 발생시킨다.

상속된 메소드 특수화하기

바로 이전에 설명한 상속의 트리 검색 모델은 시스템을 특수화할 수 있는 좋은 방법임을 알수 있다. 상속에서는 슈퍼클래스를 확인하기 전에 서브클래스 안에서 이름을 찾기 때문에 서

---

4 여기서 자세하게 설명할 것이 두 가지 있다. 첫 번째로, 이 설명은 100% 완벽하지가 않다. class 구문 밖의 객체에 할당함으로써 인스턴스와 클래스 속성을 만들 수도 있기 때문이다. 하지만 이런 접근 방식은 잘 사용되지 않으며, 변경이 class 구문 내로 제한 되지 않기 때문에 오류를 발생시킬 수도 있다. 파이썬에서는 기본적으로 항상 모든 속성에 접근할 수 있다. 속성 이름 프라이버 시에 대해서는 30장의 __setattr__과 31장의 __X 이름, 그리고 39장에서 클래스 데코레이터를 이용해 프라이버시를 구현할 때 더 자세히 다룰 것이다. 두 번째로, 27장에서도 언급했듯이 상속은 메타클래스나 디스크립터 같은 고급 주제들이 연관되면 훨씬 더 복잡해진다. 그런 이유로, 40장까지는 완전한 정의를 다루지 않을 것이다. 그럼에도 불구하고 상속은 클래스에서 동작을 재정의하여 커스터마이즈할 수 있는 매우 간단한 방법이다.

브클래스에서는 자신의 슈퍼클래스의 속성을 재정의함으로써 기본 동작을 대체할 수 있다.

사실, 기존의 로직을 변경하지 않고도, 새로운 외부 클래스를 추가하여 확장함으로써, 전체 시스템을 클래스의 계층 구조로 구축할 수 있다.

상속받은 이름을 재정의한다는 아이디어로 인해 매우 다양한 특수화 기법들이 나타난다. 예를 들면, 서브클래스는 상속받은 속성을 대체(replace)할 수도 있고, 슈퍼클래스가 찾을 것으로 예측되는 속성을 제공(provide)할 수도 있으며, 오버라이드한 메소드에서 슈퍼클래스의 메소드를 콜백함으로써 슈퍼클래스의 메소드를 확장(extend)할 수도 있다. 우리는 이미 이 패턴들 중의 일부가 사용된 것을 본 적이 있다. 다음은 확장의 실제 예제다.

```
>>> class Super:
        def method(self):
            print('in Super.method')

>>> class Sub(Super):
        def method(self):                    # 메소드 오버라이드
            print('starting Sub.method')     # 여기에 동작 추가
            Super.method(self)               # 기본 동작 실행
            print('ending Sub.method')
```

직접적인 슈퍼클래스 메소드 호출이 여기서 가장 핵심적인 문제다. Sub 클래스는 Super의 method 함수를 자신만의 특수화된 버전으로 대체한다. 하지만 Sub에서는 Super에서 제공하는 method를 호출하여 기본 동작을 수행한다. 다시 말하면, Sub.method는 Super.method의 동작을 확장한 것이지 완전히 대체한 것이 아니다.

```
>>> x = Super()                  # Super 인스턴스를 만듦
>>> x.method()                   # Super.method를 실행
in Super.method

>>> x = Sub()                    # Sub 인스턴스를 만듦
>>> x.method()                   # Sub.method를 호출하면 Super.method가 실행
starting Sub.method
in Super.method
ending Sub.method
```

이 확장 코딩 패턴은 또한 생성자에서도 일반적으로 사용된다. 1083쪽의 "메소드"절에서 해당 예제를 볼 수 있다.

클래스 인터페이스 기법

슈퍼클래스와 인터페이스하는 유일한 방법은 확장이다. 이 절에서 보게 될 specialize.py 파일에는 다양한 일반적인 기법에 대해 묘사하는 여러 클래스가 다음과 같이 정의되어 있다.

Super

method 함수와 서브클래스의 action에 대응하는 delegate를 정의한다.

Inheritor

어떤 새로운 이름도 제공하지 않기 때문에 Super에 정의된 모든 것을 상속받는다.

Replacer

Super의 method를 자체의 버전으로 오버라이드한다.

Extender

Super의 method를 오버라이드하고, 기본 동작을 실행하기 위해 콜백을 호출한다.

Provider

Super의 delegate 메소드에 대응하는 action 메소드를 구현한다.

이 서브클래스들 각각에 대해 학습하여 각 서브클래스들이 그들의 공통 슈퍼클래스를 어떻게 커스터마이즈하는지에 대한 감을 익히도록 하자. specialize.py 파일은 다음과 같다.

```python
class Super:
    def method(self):
        print('in Super.method')                # 기본 동작
    def delegate(self):
        self.action()                           # 서브클래스에서 정의해야 함

class Inheritor(Super):                          # 메소드를 그대로 상속
    pass

class Replacer(Super):                           # 메소드를 완전히 대체함
    def method(self):
        print('in Replacer.method')

class Extender(Super):                           # 메소드의 동작을 확장
    def method(self):
        print('starting Extender.method')
        Super.method(self)
        print('ending Extender.method')

class Provider(Super):                           # 필요한 메소드를 채워 넣음
    def action(self):
        print('in Provider.action')
```

```
if __name__ == '__main__':
    for klass in (Inheritor, Replacer, Extender):
        print('\n' + klass.__name__ + '...')
        klass().method()
    print('\nProvider...')
    x = Provider()
    x.delegate()
```

여기서 몇 가지 짚고 넘어갈 것이 있다. 첫 번째, 이 예제의 맨 아래에 있는 셀프 테스트 코드의 for 루프에서 세 가지 다른 클래스의 인스턴스를 어떻게 생성하는지 살펴보자. 클래스가 객체이므로 클래스를 튜플에 저장할 수 있고, 일반적으로 추가적인 구문 없이 인스턴스를 생성할 수 있다(이 아이디어에 대해서는 뒤에서 자세히 다루도록 하겠다). 또한, 클래스는 모듈처럼 특별한 __name__ 속성을 가지고 있으며, 이 __name__ 속성에는 클래스 헤더에 있는 이름을 가진 문자열이 미리 설정되어 있다. 파일을 실행하면 다음과 같이 출력된다.

```
% python specialize.py

Inheritor...
in Super.method

Replacer...
in Replacer.method

Extender...
starting Extender.method in Super.method
ending Extender.method

Provider...
in Provider.action
```

추상 슈퍼클래스

이전 예제의 클래스 중에서 아마도 Provider 클래스가 이해하기 가장 어려웠을 것이다. Provider 인스턴스를 통해 delegate 메소드를 호출할 때, 다음과 같이 두 개의 독립적인 상속 검색이 일어난다.

1. 최초의 x.delegate 호출에서는 파이썬이 Provider 인스턴스와 그 상위에서의 검색을 통해 Super에 있는 delegate 메소드를 찾는다. 평소처럼 메소드의 self 인수에 인스턴스 x가 전달된다.

2. Super.delegate 메소드 내부에서는 self.action이 self와 그 상위에서 새롭고 독립적인 상속 검색을 발생시킨다. self가 Provider 인스턴스를 참조하기 때문에 action 메소드는 Provider 서브클래스에 위치하고 있다.

객체 지향 프로그래밍 프레임워크에서는 이러한 '빈칸 채워 넣기(filling in the blanks)' 종류의 코딩 구조가 일반적이다. 좀 더 실제적인 콘텍스트에서는 이런 방식으로 만들어진 메소드는 GUI 이벤트를 처리하거나, 웹 페이지의 일부분으로 렌더링할 데이터를 제공한다거나, XML 파일에서 태그의 텍스트를 처리하는 등의 일을 할 것이다. 여러분이 작성한 서브클래스는 좀 더 세부적인 동작을 하겠지만, 프레임워크에서 전체적으로 나머지 작업을 처리할 것이다.

최소한 delegate 메소드에 대해서는 이 예제의 슈퍼클래스가 **추상 슈퍼클래스(abstract superclass)** 즉, 그 동작의 일부를 슈퍼클래스가 제공하도록 구현된 클래스다. 서브클래스에서 메소드를 정의하지 않으면, 파이썬은 상속 검색이 실패할 때 정의되지 않은 이름(undefined name) 예외를 발생시킨다.

때로 클래스 작성자들은 assert문을 이용하거나 raise문으로 내장된 NotImplementedError 예외를 발생시켜 이러한 서브클래스 요구 사항을 더 명확하게 만든다. 예외를 발생시키는 문에 대해서는 파트 7에서 자세하게 학습할 것이다. 다음 예제에서는 assert문의 개념에 대해 간단히 살펴볼 수 있다.

```
class Super:
    def delegate(self):
        self.action()
    def action(self):
        assert False, 'action must be defined!'        # 이 버전이 호출되면 오류 발생

>>> X = Super()
>>> X.delegate()
AssertionError: action must be defined!
```

33장과 34장에서는 assert에 대해 학습하게 될 것이다. 간단히 설명하자면 assert는 그 첫 번째 표현식이 false가 되면, 제공된 오류 메시지가 포함된 예외를 발생시킨다. 여기서는 표현식이 항상 false이기 때문에 메소드를 재정의하여 상속 검색이 이 버전을 찾을 수 있도록 하지 않으면 오류 메시지가 발생할 것이다. 그 대안으로, 일부 클래스에서는 사용자에게 실수를 알려 줄 수 있도록 이러한 메소드 스텁에서 NotImplementedError 예외를 직접 발생시킨다.

```
class Super:
    def delegate(self):
        self.action()
    def action(self):
        raise NotImplementedError('action must be defined!')

>>> X = Super()
>>> X.delegate()
NotImplementedError: action must be defined!
```

서브클래스에서 슈퍼클래스의 기본값을 대체할 메소드를 제공하지 않으면 서브클래스의 인스턴스에서 예외가 발생하게 된다.

```
>>> class Sub(Super): pass

>>> X = Sub()
>>> X.delegate()
NotImplementedError: action must be defined!

>>> class Sub(Super):
        def action(self): print('spam')

>>> X = Sub()
>>> X.delegate()
spam
```

이 장의 개념을 좀 더 실제적으로 구현한 예제를 보려면, 32장 끝에 있는 "동물원 계층 구조" 예제와 부록 D에 있는 "파트 6. 클래스와 객체 지향 프로그래밍"의 솔루션을 참조한다. 이러한 분류는 객체 지향 프로그래밍을 소개하는 전통적인 방법이지만, 대부분 개발자들은 업무 설명에 그런 내용을 포함하지 않는다.

파이썬 3.X와 2.6 이상 버전에서의 추상 슈퍼클래스: 미리 보기

파이썬 2.6과 3.0에서 이전 절의 추상 슈퍼클래스('추상 기본 클래스'로 알려진)는 특수한 클래스 구문을 이용해 구현할 수 있다. 추상 슈퍼클래스를 작성하는 방법은 버전에 따라 조금씩 다르다. 파이썬 3.X에서는 class 헤더에 특수한 @ 데코레이터 구문과 함께 사용되는 키워드 인수를 사용한다. 키워드와 @ 데코레이터 구문에 대해서는 뒤에서 자세히 학습할 것이다.

```
from abc import ABCMeta, abstractmethod

class Super(metaclass=ABCMeta):
    @abstractmethod
```

```
    def method(self, ...):
        pass
```

하지만 파이썬 2.6과 2.7에서는 다음과 같이 클래스 속성을 대신 사용한다.

```
class Super:
    __metaclass__ = ABCMeta
    @abstractmethod
    def method(self, ...):
        pass
```

두 방법의 효과는 동일하다. 클래스 트리의 하위에 위치한 클래스에 메소드가 정의되어 있지 않으면 인스턴스를 만들 수 없다. 예를 들어, 3.X의 다음 구문은 이전 절의 예제와 동일한 효과를 가진다.

```
>>> from abc import ABCMeta, abstractmethod
>>>
>>> class Super(metaclass=ABCMeta):
        def delegate(self):
            self.action()
        @abstractmethod
        def action(self):
            pass

>>> X = Super()
TypeError: Can't instantiate abstract class Super with abstract methods action

>>> class Sub(Super): pass

>>> X = Sub()
TypeError: Can't instantiate abstract class Sub with abstract methods action

>>> class Sub(Super):
        def action(self): print('spam')

>>> X = Sub()
>>> X.delegate()
Spam
```

이렇게 코드를 작성하면 추상 메소드를 가진 클래스는 모든 추상 메소드가 서브클래스에서 정의되지 않을 경우에는 인스턴스화될 수 없다.(즉, 클래스를 호출함으로써 인스턴스를 생성할 수 없다.) 이렇게 하려면 더 많은 코드와 추가적인 지식이 필요하지만, 누락된 메소드로 인해 발생할 수 있는 오류를 메소드를 호출할 때가 아니라 클래스를 생성할 때 미리 감지할 수 있다는 잠재적인 이점이 있다. 또한, 이 기능을 활용하여 클라이언트 클래스에서 자동으로 검증되는 반드시 구현해야 하는 인터페이스를 정의할 수 있다.

불행하게도 이 개념은 우리가 아직 다루지 않은 두 가지 고급 언어 도구에 의존한다. 한 가지는 32장에서 소개하고 39장에서 자세하게 다룰 함수 데코레이터(function decorators)고, 나머지 한 가지는 역시 32장에서 소개하고 40장에서 자세하게 다룰 메타클래스 선언(metaclass declarations)이다. 그래서 여기서는 이 정도로 마치도록 하겠다. 이 주제와 파이썬이 제공하는 추상 슈퍼클래스에 대해서는 파이썬 표준 매뉴얼을 참조하도록 하자.

네임스페이스: 결론

클래스와 인스턴스 객체에 대해 학습했으므로 파이썬 네임스페이스에 대한 내용은 끝났다. 참조를 위해 이름을 해석하기 위한 모든 규칙에 대해 빠르게 요약하도록 하겠다. 첫 번째 기억해야 할 것은 한정된(qualified) 이름과 한정되지 않은(unqualified) 이름은 서로 다르게 다루어진다는 것이고, 어떤 범위는 다음과 같이 객체 네임스페이스를 초기화하는 역할을 한다는 것이다.

- 한정되지 않은 이름(**예** X)은 범위를 다룬다.
- 한정된 속성 이름(**예** object.X)은 객체 네임스페이스를 사용한다.
- 일부 범위(**예** 모듈이나 클래스)는 객체 네임스페이스를 초기화한다.

이 개념들은 때로 상호 작용한다. 예를 들어 **object.X**에서 **object**는 범위 안에서 검색되고, X는 그 검색 결과 객체 안에서 다시 검색된다. 파이썬 코드를 이해할 때, 범위와 네임스페이스가 필수적이므로 규칙에 대해서 더 상세하게 요약하겠다.

단순 이름: 할당되지 않으면 전역

우리가 배운 대로 명시되지 않은 단순한 이름은 17장에서 함수에 대해 학습할 때 설명했던 다음 LEGB 렉시컬 범위 지정 규칙을 따른다.

할당(X = value)

기본적으로 이름은 지역 범위에 속한다. 전역으로 선언(3.X에서는 nonlocal)되지 않으면, 이름 X는 현재 지역 범위 안에 생성되거나 변경된다.

참조(X)

LEGB 규칙에 따라 먼저 현재 지역 범위 안에서 이름 X를 찾고, 그다음 모든 함수 안에서 찾으며, 그다음으로는 현재 전역 범위에서 찾고, 이어서 내장(built-in) 범위에서 찾는다. 포함한 클래스 이름 범위 안에서는 찾지 않는다. 그 대신 클래스 이름은 객체 속성으로 가져오게 된다.

또한 17장에 따르면 일부 특수한 경우(📖 일부 내포문과 try 구문절)에서는 이름을 더 지역화하기도 하지만, 나머지 대다수의 이름은 LEGB 규칙을 따른다.

속성 이름: 객체 네임스페이스

한정된 속성 이름이 특정한 객체의 속성을 가리키며, 모듈과 클래스에 대한 규칙을 따른다는 것도 알았다. 클래스와 인스턴스 객체에서는 참조 규칙이 상속 검색 절차를 포함하도록 다음과 같이 확장된다.

할당(object.X = value)

지정된 object 객체의 네임스페이스 안에서 속성 이름 X를 생성하거나 변경한다. 해당 네임스페이스 외부의 속성 이름에는 영향을 미치지 않는다. 속성 트리 등반은 속성 참조 시에만 일어나며, 속성 할당 시에는 일어나지 않는다.

참조(object.X)

클래스 기반 객체에서는 속성 이름 X에 대한 탐색은 상속 검색 절차를 이용하여 먼저 object 내에서, 그다음에는 모든 접근 가능한 슈퍼클래스에 대해 이루어진다. 모듈 같은 비(非) 클래스 객체에서는 X를 object에서 직접 가져온다.

이전에 설명했던 것처럼 앞의 내용은 일반적이고 전형적인 사례에 대한 것이다. 이 속성 규칙은 더 고급 도구를 사용하는 클래스에서는 다르게 적용될 수 있다. 특히 2.X 버전에서는 선택사항이고, 3.X에서는 표준인 새 형식 클래스(new-style class, 32장에서 다룰 예정이다)에서 다르게 적용된다. 예를 들어, 메타클래스를 사용하면 참조 상속이 여기서 설명한 것보다 훨씬 풍부하게 사용될 수 있고, 프로퍼티나 디스크립터, 그리고 __setattr__ 같은 속성 관리 도구를 활용하는 클래스는 속성에 대한 할당을 임의로 가로채서 라우트할 수도 있다.

사실, 새 형식 클래스에서 __set__ 메소드를 이용해 디스크립터의 위치를 지정할 수 있도록 할당에서도 일부 상속이 실행되기도 한다. 이런 도구는 참조와 할당 과정에서의 일반적인 규칙을 모두 오버라이드한다. 38장에서 속성 관리 도구에 대해 자세히 알아볼 예정이며, 40장에서는 상속과 디스크립터의 활용에 대해 구체화할 것이다. 지금은 대부분의 독자들이 여기서 제시한 일반적인 규칙에 대해 집중해야 한다. 이 규칙들이 대부분의 파이썬 애플리케이션 코드에 적용되기 때문이다.

네임스페이스의 'Zen': 할당이 이름을 분류

네임스페이스가 지정된 이름과 지정되지 않은 이름에 대한 별도의 검색 프로시저와 각각에 대한 다중 탐색 계층이 있는 상황에서는 때로 이름이 어디에 연결될 것인지를 아는 것이 어려울 때가 있다. 파이썬에서는 이름을 할당하는 위치가 중요하다. 이 위치가 이름이 거주할 범위 또는 객체를 전적으로 결정한다. manynames.py 파일에서는 이 원칙이 코드에서 어떻게 표현되는지 설명하고, 우리가 이 책 전반에 걸쳐 살펴본 네임스페이스 사상을 요약한다.

```
# manynames.py 파일

X = 11                          # 전역(module) 이름/속성(X 또는 manynames.X)

def f():
    print(X)                    # 전역 X에 접근(11)

def g():
    X = 22                      # 지역(함수) 변수(X, 모듈의 X를 숨김)
    print(X)

class C:
    X = 33                      # 클래스 속성(C.X)
    def m(self):
        X = 44                  # 메소드 안의 지역 변수(X)
        self.X = 55             # 인스턴스 속성(instance.X)
```

이 파일에서는 같은 이름 X를 다섯 번 할당한다. 물론, 설명을 위한 목적이며, 바람직한 사례는 아니다. 이 이름이 다섯 개의 다른 위치에서 할당되었으므로, 이 프로그램 안의 다섯 개의 X는 모두 완전히 다른 변수다. 위부터 아래 순서로 X에 대한 할당은 모듈 속성(11), 함수 내의 지역 변수(22), 클래스 속성(33), 메소드 내의 지역 변수(44), 그리고 인스턴스 속성(55)을 만들어 낸다. 다섯 개가 모두 X라는 이름을 가지고 있지만, 전부 다 소스 코드의 다른 곳 또는 다른 객체에서 값을 할당함으로써 각 변수 모두가 유니크한 변수가 된다.

이 예제를 주의 깊게 살펴봐야 한다. 이 예제가 이 책의 최근 몇 개의 장에 걸친 사상을 모두

집대성하고 있기 때문이다. 이 예제를 이해하고 나면, 파이썬 네임스페이스에 대한 내용을 모두 이해하게 된다. 아니면, 코드를 실행하고 어떤 일이 벌어지는지 살펴보기 바란다. 다음은 이 소스 코드의 나머지 부분이다. 여기서는 인스턴스를 생성하고 모든 X 변수를 출력한다.

```python
# manynames.py(앞에서 계속됨)

if __name__ == '__main__':
    print(X)                    # 11: 모듈(파일 외부에서는 manynames.X로 접근)
    f()                         # 11: 전역
    g()                         # 22: 지역
    print(X)                    # 11: 모듈 이름은 변하지 않음

    obj = C()                   # 인스턴스 생성
    print(obj.X)                # 33: 인스턴스가 상속하는 클래스 이름

    obj.m()                     # 속성 이름 X를 인스턴스에 포함시킴
    print(obj.X)                # 55: 인스턴스
    print(C.X)                  # 33: 클래스(인스턴스에 X가 없다면 obj.X로 접근)

    #print(C.m.X)               # 실패: 메소드 안에서만 접근 가능
    #print(g.X)                 # 실패: 함수 안에서만 접근 가능
```

파일이 실행되었을 때 출력되는 결과물은 코드 안의 주석에 표기되어 있다. 각 호출 시마다 어떤 변수 X에 접근이 이루어지는지 주석을 추적함으로써 알 수 있다. 특히, 클래스를 통해 그 속성에 접근(C.X)할 수 있음에 주목하라. 하지만 함수나 메소드의 def 외부에서 그 함수나 메소드의 지역 변수에 접근할 수는 없다. 지역 변수는 def 내의 코드에서만 접근할 수 있으며, 실제로 그 함수나 메소드가 실행되는 동안에만 메모리 내에 위치한다.

이 파일에서 정의된 이름 중 일부는 파일 외부의 다른 모듈에서도 접근할 수 있지만, 다른 파일 안의 이름에 접근하려면 반드시 임포트해야 한다는 것을 기억하자. 이름 분리는 모듈의 핵심이다.

```python
# otherfile.py

import manynames

X = 66
print(X)                        # 66: 여기까지는 지역 변수
print(manynames.X)              # 11: 임포트 이후 X는 속성이 됨

manynames.f()                   # 11: manynames의 X
manynames.g()                   # 22: 다른 파일의 함수에 있는 지역 변수
```

```
print(manynames.C.X)           # 33: 다른 모듈 내의 클래스 속성임
I = manynames.C()
print(I.X)                     # 33: 여기까지는 아직 클래스의 속성임
I.m()
print(I.X)                     # 55: 이제 인스턴스의 속성임
```

여기에서 manynames.f( )가 어떻게 이 파일 내에서 할당된 X가 아니라 manynames의 X를 출력했는지 잘 보기 바란다. 범위는 언제나 여러분의 소스 코드 내에서의 할당이 일어난 위치에 의해서 결정되는 것이며, 무엇이 무엇을 임포트하는지, 또는 누가 누구를 임포트하는지에 의해서 영향을 받지 않는다. 또한, 인스턴스의 X는 우리가 I.m( )을 호출하기 전까지는 생성되지 않는다는 점도 기억하자. 다른 모든 변수들과 같이 속성 또한 할당이 될 때 존재하게 되며, 그전에는 존재하지 않는다. 보통 우리는 클래스의 __init__ 생성자 안에서 이름에 값을 할당함으로써 인스턴스 속성을 만들지만, 옵션이 이것만 있는 것은 아니다.

마지막으로, 17장에서 배웠던 대로 함수는 global(파이썬 3.X)과 nonlocal 구문을 이용해 함수 외부에 있는 이름을 변경할 수도 있다. 이 구문들은 쓰기 접근을 제공할 뿐만 아니라, 할당의 네임스페이스 규칙을 변경할 수도 있다.

```
X = 11                         # 모듈의 전역 변수

def g1():
    print(X)                   # 모듈의 전역 변수를 참조한다(11)

def g2():
    global X
    X = 22                     # 모듈의 전역 변수를 변경한다

def h1():
    X = 33                     # 함수의 지역 변수
    def nested():
        print(X)               # 포함된 범위의 지역 변수를 참조한다(33)

def h2():
    X = 33                     # 함수의 지역 변수
    def nested():
        nonlocal X             # 파이썬 3.X 구문
        X = 44                 # 포함된 범위의 지역 변수를 수정한다
```

물론, 보통은 스크립트 내의 모든 변수에 같은 이름을 사용해서는 안 된다. 하지만 이 예제에서 볼 수 있듯이, 같은 이름을 사용한다고 하더라도 파이썬의 네임스페이스가 하나의 콘텍스트에서 사용되는 이름들이 다른 콘텍스트에서 사용되는 이름들과 충돌하지 않도록 한다.

중첩 클래스: LEGB 범위 규칙 다시 살펴보기

앞의 예제에서는 중첩된 함수가 범위에 미치는 영향에 대해 요약해 설명했다. 클래스가 중첩될 수 있다는 것도 알게 되었다. 이것은 어떤 프로그램 유형에서는 꽤 유용한 코딩 패턴이다. 독자가 이미 알고 있는 범위의 암묵적인 규칙을 따르기만 하면 되지만, 처음 접하게 되면 그렇게 명확하지 않을 수도 있다. 그래서 이 절에서는 예제를 통해 그 개념에 대해 설명하고자 한다.

클래스가 일반적으로 모듈의 최상위에 작성되기는 하지만, 또한 클래스들을 생성하는 함수 내에 중첩된 형태로 나타나기도 한다. 이것은 17장에서 다루었던 "팩토리 함수"(클로저라고 알려진)와 유사한 상태 유지 역할을 가진 변종의 하나다. 거기에서 class 구문이 함수의 def 구문과 매우 유사한 지역 범위를 생성한다고 설명했다. 함수의 지역 범위는 함수 정의와 같은 LEGB 범위 검색 규칙을 따른다.

이 규칙은 최상위 클래스 자체에도 적용될 뿐만 아니라, 그 안에 중첩된 최상위 메소드 함수에도 적용된다. 둘 모두 이 규칙 내에서 L 계층을 구성한다. L 계층은 일반적인 지역 범위다. 이 범위 안에서는 그들의 이름과 모든 포함된 함수 내의 이름, 그리고 포함한 모듈의 전역 변수와 내장 이름에 접근할 수 있다. 모듈과 유사하게 클래스의 지역 범위는 class 구문이 실행되고 나면 속성 네임스페이스로 변환한다.

클래스가 포함한 함수의 범위에 접근할 권한이 있기는 하지만, 클래스 내에 중첩된 코드에 대한 포함 범위로 동작하지는 않는다. 파이썬이 참조된 이름을 찾을 때 포함된 함수는 검색하지만, 포함된 클래스는 절대 검색하지 않는다. 즉 클래스는 지역 범위고 포함된 지역 범위에 접근할 수 있지만, 더 중첩된 코드에 대한 지역 범위로는 동작하지 않는다는 뜻이다. 메소드 함수 내에서 이름에 대한 검색이 메소드를 포함한 클래스를 건너뛰므로 클래스 속성은 반드시 상속을 통한 객체 속성으로 접근해야 한다.

예를 들어, 다음 nester 함수에서 X에 대한 참조는 마지막 참조를 제외하고는 모두 전역 범위로 라우팅된다. 마지막 참조는 지역 범위에서 재정의된 X를 선택하게 된다(이 절의 코드는 classscope.py 파일 내에 있고, 각 예제의 출력은 마지막 주석 두 개에 설명되어 있다).

```
X = 1

def nester():
    print(X)                        # 전역 변수: 1
    class C:
        print(X)                    # 전역 변수: 1
```

```
        def method1(self):
            print(X)                        # 전역 변수: 1
        def method2(self):
            X = 3                           # 전역 변수 숨김
            print(X)                        # 지역 변수: 3
    I = C()
    I.method1()
    I.method2()

print(X)                                    # 전역 변수: 1
nester()                                    # 나머지: 1, 1, 1, 3
print('-'*40)
```

동일한 이름을 중첩된 함수 내에서 다시 할당하면 어떤 일이 벌어지는지 살펴보자. X의 재정의에 의해 둘러싼 범위에 포함된 이름을 숨기는 지역 변수가 만들어진다. 간단한 중첩 함수에서와 같다. 둘러싼 클래스 계층은 이 규칙을 변경하지 않으며, 실제로 이 규칙 자체와는 아무 관련이 없다.

```
X = 1

def nester():
    X = 2                                   # 전역 변수 숨김
    print(X)                                # 지역 변수: 2
    class C:
        print(X)                            # 둘러싼 함수인 def(nester) 안: 2
        def method1(self):
            print(X)                        # 둘러싼 함수인 def(nester) 안: 2
        def method2(self):
            X = 3                           # 둘러싼 함수(nester)를 숨김
            print(X)                        # 지역 변수: 3
    I = C()
    I.method1()
    I.method2()

print(X)                                    # 전역 변수: 1
nester()                                    # 나머지: 2, 2, 2, 3
print('-'*40)
```

다음은 우리가 동일한 이름을 여러 곳에서 재할당했을 때 어떤 일이 벌어지는가에 대한 예시다. 함수와 클래스 지역 범위에서의 할당은 모두 연관된 중첩 여부에 상관없이 전역 변수나 둘러싼 함수의 범위에 있는 동일한 이름을 은폐시킨다.

```
X = 1
```

```
def nester():
    X = 2              # 전역 변수를 숨긴다
    print(X)           # 지역 변수: 2
    class C:
        X = 3          # 클래스 지역 변수가 nester의 지역 변수를 숨긴다: C.X 또는 I.X
        print(X)       # 지역 변수: 3
        def method1(self):
            print(X)        # 둘러싼 def의 지역 변수(클래스의 3이 아니다!): 2
            print(self.X)   # 클래스 지역 변수 상속: 3
        def method2(self):
            X = 4           # 둘러싼 함수를 숨긴다(클래스가 아닌 nester)
            print(X)        # 지역 변수: 4
            self.X = 5      # 클래스를 숨김
            print(self.X)   # 인스턴스 내에 위치한 변수: 5
    I = C()
    I.method1()
    I.method2()

print(X)                    # 전역 변수: 1
nester()                    # 나머지: 2, 3, 2, 3, 4, 5
print('-'*40)
```

무엇보다 중요한 것은 X와 같이 간단한 이름에 대한 검색 규칙은 둘러싼 class 구문에 대해서는 검색하지 않는다는 점이다. def와 모듈, 그리고 내장된 범위에 대해서만 검색이 이루어진다 (CLEGB 규칙이 아니라 LEGB 규칙이다). 예를 들어, method1에서 X는 그 지역 범위 안에 같은 이름을 가진 둘러싼 클래스 외부에 있는 def 안에서 검색된다. 클래스 내에 할당된 이름(예 메소드)에 접근하려면, 반드시 클래스 또는 인스턴스 객체 속성으로 가져와야 한다. 이 경우는 self.X 같은 형식이다.

이 중첩 클래스 코딩 패턴의 활용 사례에 대해서는 이 책의 뒷부분, 특히 39장의 데코레이터에서 보여 주도록 하겠다. 이 역할에서 둘러싼 함수는 보통 클래스 팩토리 역할을 하고, 포함된 클래스나 그 메소드에서 사용할 상태를 보존하여 제공한다.

네임스페이스 딕셔너리: 리뷰

23장에서 모듈 네임스페이스는 딕셔너리 형상으로 구현되며, 내장 __dict__ 속성으로 노출된다고 배웠다. 27장과 28장에서는 이 내용이 클래스와 인스턴스 객체에도 그대로 적용된다고 배웠다. 속성 지정은 내부적으로 대부분 딕셔너리 인덱싱으로 이루어지며, 속성 상속은 거의 대부분이 연결된 딕셔너리에 대한 검색이다. 사실, 파이썬 내에서 인스턴스와 클래스 객체는 단순히 서로 간의 연결 고리를 가진 딕셔너리들의 집합이다. 파이썬은 이 딕셔너리들뿐만 아

니라 그 연결 고리까지 노출시켜 고급 역할(圖 개발 도구들)에서 사용할 수 있도록 한다.

우리는 이전 장에서 이런 도구 중의 일부를 만들었다. 그 내용을 요약하고, 속성이 내부적으로 어떻게 동작하는지를 좀 더 잘 이해할 수 있도록 대화형 세션에서 네임스페이스 딕셔너리가 클래스와 연결되었을 때 어떻게 확장되는지를 추적해 보도록 하겠다. 메소드와 슈퍼클래스에 대해 어느 정도 알고 있으므로 여기서는 좀 더 알아보기 쉽도록 내용을 좀 더 다듬어 보겠다. 먼저, 데이터를 인스턴스에 저장하는 메소드를 가진 슈퍼클래스와 서브클래스를 하나씩 만들자.

```python
>>> class Super:
        def hello(self):
            self.data1 = 'spam'

>>> class Sub(Super):
        def hola(self):
            self.data2 = 'eggs'
```

서브클래스의 인스턴스를 생성하면, 그 인스턴스는 처음에는 빈 네임스페이스를 가진다. 하지만 그 인스턴스는 상속 검색에서 사용할 슈퍼클래스에 대한 링크를 가지고 있다. 사실, 특수한 속성을 통해 상속 트리에 명시적으로 접근할 수 있다. 인스턴스는 그 클래스에 대한 연결 링크인 __class__ 속성을 가지며, 클래스는 상위의 슈퍼클래스에 대한 링크를 포함한 튜플인 __bases__ 속성을 가진다(나는 이 코드를 파이썬 3.3에서 실행했다. 독자의 실행 환경에서 이름 형식이나, 내부 속성이나 키의 순서는 다를 수도 있다).

```python
>>> X = Sub()
>>> X.__dict__                    # 인스턴스 네임스페이스 딕셔너리
{}
>>> X.__class__                   # 인스턴스의 클래스
<class '__main__.Sub'>
>>> Sub.__bases__                 # 클래스의 슈퍼클래스
(<class '__main__.Super'>,)
>>> Super.__bases__               # () 파이썬 2.X의 빈 튜플
(<class 'object'>,)
```

클래스가 self 속성에 할당을 할 때, 인스턴스 객체를 생성시킨다. 즉, 속성이 클래스가 아닌 인스턴스의 네임스페이스 딕셔너리에 연결된다는 것이다. 인스턴스 객체의 네임 스페이스 레코드 데이터는 인스턴스마다 다를 수 있으며, self는 그 네임스페이스에 대한 연결 고리가 된다.

```
>>> Y = Sub()
>>> X.hello()
>>> X.__dict__
{'data1': 'spam'}

>>> X.hola()
>>> X.__dict__
{'data2': 'eggs', 'data1': 'spam'}

>>> list(Sub.__dict__.keys())
['__qualname__', '__module__', '__doc__', 'hola']
>>> list(Super.__dict__.keys())
['__module__', 'hello', '__dict__', '__qualname__', '__doc__', '__weakref__']

>>> Y.__dict__
{}
```

클래스 딕셔너리에서 추가적인 언더스코어 문자 이름에 주목하자. 파이썬은 해당 변수들의 이름을 자동으로 설정하며, 우리는 27장과 28장에서 이미 다루었던 제너레이터 표현을 통해 필터링할 수 있다. 이들 중 일부를 제외한 대부분은 일반적인 프로그램에서는 사용되지 않는다 (예 __doc__에는 15장에서 다루었던 문서화 문자열이 저장된다).

또한, 이 코드의 초반에 생성된 두 번째 객체인 Y의 네임스페이스 딕셔너리가 끝까지 비어 있게 된다. 반면, X의 딕셔너리는 메소드 내에서의 할당에 의해 생성된다. 다시 말하자면, 각 인스턴스는 독립적인 네임스페이스 딕셔너리를 가진다. 이 딕셔너리는 빈 채로 생성되며, 같은 클래스로부터 생성된 다른 인스턴스의 네임스페이스 딕셔너리와 완전히 다른 데이터를 기록할 수 있다.

파이썬의 속성은 실제로는 딕셔너리의 키이기 때문에 실제로 속성값을 가져오고 할당하는 방법은 다음 예제에서와 같이 두 가지가 있다. 한 가지는 속성 이름을 지정하는 것이고, 한 가지는 키 인덱싱을 통하는 것이다.

```
>>> X.data1, X.__dict__['data1']
('spam', 'spam')

>>> X.data3 = 'toast'
>>> X.__dict__
{'data2': 'eggs', 'data3': 'toast', 'data1': 'spam'}

>>> X.__dict__['data3'] = 'ham'
>>> X.data3
'ham'
```

하지만 이 방법의 동등성은 실제로 그 인스턴스에 포함된 속성에 대해서만 적용된다. 속성 이름 지정을 통한 가져오기는 상속 검색을 수행하기 때문에 네임스페이스 딕셔너리 인덱싱 방식으로 접근할 수 없는 **상속된** 속성에도 접근할 수 있다. 예를 들어, 상속된 속성인 X.hello는 X.__dict__['hello']로는 접근할 수 없다.

이 특수 속성을 직접 다루어 보면, 네임스페이스가 실제로 속성을 어떻게 처리하는지 더 잘 이해할 수 있을 것이다. 또한, 이전 두 개의 장에서 다루었던 dir 함수를 이용해 이 객체들을 실행해 보도록 하자. dir(X)는 X.__dict__.keys( )와 유사하지만 dir는 그 리스트를 정렬하여 표시하며, 몇몇 상속된 속성과 내장된 속성을 포함하고 있다. 여러분이 작성하는 프로그램 내에서 이런 것들을 전혀 사용하지 않더라도, 이런 것들도 보통 딕셔너리일 뿐이라는 것을 알게 되면 네임스페이스를 좀 더 잘 이해할 수 있게 될 것이다.

32장에서는 **슬롯(slots)**이라는 것에 대해 배울 것이다. 이것은 새 형식 클래스의 고급 기능으로, 속성을 네임스페이스 딕셔너리가 아닌 인스턴스 내에 저장하는 것이다. 슬롯은 인스턴스만의 값을 관리하지만 마치 클래스 속성인 것처럼 속성을 다루고, 실제로도 클래스 네임스페이스에 나타난다. 하지만 슬롯은 인스턴스 내에 __dict__가 전혀 생성되지 않도록 할 수 있다. 이렇게 하면 범용 도구들이 때로는 dir이나 getattr 같은 스토리지 전용 도구를 사용해야만 할 수도 있다.

네임스페이스 연결: 트리 등반자

이전 절에서는 인스턴스와 클래스의 특수 속성인 __class__와 __bases__에 대해 설명했다. 하지만 독자가 이 속성들에 관심을 가져야 하는 진짜 이유에 대해서는 아직 설명하지 않았다. 간단히 말해서, 이 속성들을 이용하면 여러분의 코드 안에서 상속 계층 구조에 대해 파악할 수 있다. 예를 들어, 다음 파이썬 3.X 버전 및 2.X 버전 예제에서와 같이 클래스 트리를 표시할 수도 있다.

```python
#!python
"""
classtree.py: 네임스페이스 링크를 이용해 인스턴스 트리를 거슬러 올라가며,
상위의 슈퍼클래스를 클릭함. 들여쓰기를 이용해 높이를 표시
"""

def classtree(cls, indent):
    print('.' * indent + cls.__name__)      # 여기에서 클래스 이름을 출력
    for supercls in cls.__bases__:          # 슈퍼클래스로 재귀
        classtree(supercls, indent+3)       # 슈퍼클래스를 한 번 이상 방문할 수도 있음
```

```
def instancetree(inst):
    print('Tree of %s' % inst)              # 인스턴스를 표시한다
    classtree(inst.__class__, 3)            # 인스턴스의 클래스로 올라간다

def selftest():
    class A:      pass
    class B(A):   pass
    class C(A):   pass
    class D(B,C): pass
    class E:      pass
    class F(D,E): pass
    instancetree(B())
    instancetree(F())

if __name__ == '__main__': selftest()
```

이 스크립트의 classtree 함수는 재귀적이다. 이 함수는 __name__을 이용해 클래스의 이름을 출력하고, 자기 자신을 호출함으로써 슈퍼클래스로 타고 올라간다. 이렇게 하면 함수에서 임의로 형성된 클래스 트리를 탐색할 수 있다. 재귀에 의해 트리 끝까지 올라가게 되며, __bases__ 속성이 비어 있는 루트 슈퍼클래스에서 멈추게 된다. 재귀를 이용하게 되면 활성화된 각 함수의 수준에서 자신만의 지역 영역에 대한 별도의 복제본이 생성된다. 이것은 각 classtree 수준에서 cls와 indent가 모두 다르다는 것을 뜻한다.

이 파일의 대부분은 자체 테스트 코드다. 이 코드를 파이썬 2.X에서 실행하면 빈 클래스 트리를 생성하고, 그 클래스에서 두 개의 인스턴스를 생성하며, 그 클래스 트리 구조를 출력한다.

```
C:\code> py -2 classtree.py
Tree of <__main__.B instance at 0x00000000022C3A88>
...B
......A
Tree of <__main__.F instance at 0x00000000022C3A88>
...F
......D
.........B
............A
.........C
............A
......E
```

파이썬 3.X에서 실행하면 이 트리의 최상위에는 암묵적인 object 슈퍼클래스가 포함된다. 3.X에서는 모든 클래스가 '새로운 형식'이기 때문이다. 이에 대해서는 32장에서 다루도록 하겠다.

```
C:\code> py -3 classtree.py
Tree of <__main__.selftest.<locals>.B object at 0x00000000029216A0>
...B
......A
.........object
Tree of <__main__.selftest.<locals>.F object at 0x00000000029216A0>
...F
......D
.........B
............A
...............object
.........C
............A
...............object
......E
.........object
```

여기서 마침표로 표시된 들여쓰기는 클래스 트리의 높이를 표시하기 위해 사용되었다. 물론 이 출력 형식을 더 개선할 수도 있고, GUI 디스플레이에서 그려 넣을 수도 있다. 하지만 지금 이 상태로도 이 함수들을 물리적인 클래스 트리에 대한 빠른 출력이 필요한 곳에서 가져다 쓸 수 있다.

```
C:\code> c:\python33\python
>>> class Emp: pass

>>> class Person(Emp): pass

>>> bob = Person()

>>> import classtree
>>> classtree.instancetree(bob)
Tree of <__main__.Person object at 0x000000000298B6D8>
...Person
......Emp
.........object
```

여러분이 이런 코드를 작성하든지 아니면 그런 도구를 이용하든지와 상관없이, 이 예제는 인터프리터의 내부를 노출하는 특별한 속성을 사용할 수 있는 많은 방법 중의 한 가지를 보여주고 있다. 31장의 "다중 상속: 혼합(Mix-in) 클래스들"절에서 범용 클래스 디스플레이 도구인 lister.py를 작성할 때 또 다른 방법을 보게 될 것이다. 거기서는 이 기법을 확장하여 일반적인 슈퍼클래스로서 클래스 트리 내의 각 객체의 속성을 출력할 것이다.

이 책의 마지막 파트에서는 파이썬 도구 개발의 측면에서 속성 프라이버시나 인수 검증 등을 구현하는 도구를 작성할 때, 이런 기법들에 대해 자세히 다룰 것이다. 모든 파이썬 프로그래머가 알 필요는 없지만, 파이썬 내부에 접근하게 되면 더 강력한 개발 도구를 만들 수 있게 된다.

문서화 문자열 다시 살펴보기

마지막 절의 예제에는 모듈에 대한 문서화 문자열이 포함되어 있다. 하지만 문서화 문자열은 클래스 컴포넌트에도 사용될 수 있다는 점을 기억하기 바란다. 15장에서 자세하게 다루었던 문서화 문자열은 다양한 구조의 최상위에 위치하는 리터럴 문자열이며, 파이썬에 의해 자동으로 해당 객체의 __doc__ 속성에 저장된다. 이것은 모듈 파일이나 함수 def, 그리고 클래스와 메소드에 모두 적용된다.

이제 우리가 클래스와 메소드에 대해 알게 되었다. 다음 docstr.py 파일은 문서화 문자열이 코드의 어느 부분에서 나타날 수 있는지를 요약하여 보여 주는 간단한 예제다. 이 문서화 문자열들은 삼중 인용 블록 또는 다음과 같이 간단한 한 줄의 문자열로 표시할 수 있다.

```
"I am: docstr. __doc__"

def func(args):
    "I am: docstr.func.__doc__"
    pass

class spam:
    "I am: spam.__doc__ or docstr.spam.__doc__ or self.__doc__"
    def method(self):
        "I am: spam.method.__doc__ or self.method.__doc__"
        print(self.__doc__)
        print(self.method.__doc__)
```

문서화 문자열의 주요한 장점은 런타임에도 접근할 수 있다는 점이다. 그래서 문서화 문자열로 작성되었다면 다음 예제 코드와 같이 객체의 __doc__ 속성을 호출하여 문서화 문자열 문자열을 가져올 수 있다(만약 문자열이 여러 줄로 되어 있다면 줄바꿈도 자동으로 해석한다).

```
>>> import docstr
>>> docstr.__doc__
'I am: docstr.__doc__'
>>> docstr.func.__doc__
'I am: docstr.func.__doc__'
```

```
>>> docstr.spam.__doc__
'I am: spam.__doc__ or docstr.spam.__doc__ or self.__doc__'
>>> docstr.spam.method.__doc__
'I am: spam.method. __doc__ or self.method.__doc__'

>>> x = docstr.spam()
>>> x.method()
I am: spam.__doc__ or docstr.spam__doc__ or self.__doc__
I am: spam.method.__doc__ or self.method.__doc__
```

보고서와 웹 페이지에서 이런 문자열들을 포매팅할 수 있는 **PyDoc** 도구에 대해서는 15장에서 다루고 있다. 우리 코드에서는 파이썬 2.X 버전에서 help 함수를 이용해 출력하고 있다(파이썬 3.X에서는 새 형식 클래스 모델의 암묵적인 object 슈퍼클래스로부터 상속한 추가적인 속성이 표시된다. 3.X의 추가적인 속성에 대해 알고 싶다면 다음 코드를 직접 실행해 보고, 32장에서 다루는 차이점에 대해 학습하도록 한다).

```
>>> help(docstr)
Help on module docstr:

NAME
    docstr - I am: docstr.__doc__

FILE
    c:\code\docstr.py

CLASSES
    spam

    class spam
     |  I am: spam.__doc__ or docstr.spam.__doc__ or self.__doc__
     |
     |  Methods defined here:
     |
     |  method(self)
     |      I am: spam.method.__doc__ or self.method.__doc__

FUNCTIONS
    func(args)
    I am: docstr.func.__doc__
```

문서화 문자열은 런타임에 사용할 수 있지만, 프로그램 내부의 어디에든 위치할 수 있는 # 주석보다는 문법적으로 덜 유연하다. 두 가지 형태 모두 유용한 도구이며, 프로그램에 대한 문서화는 언제나 유용하다(물론, 문서화의 내용이 정확할 때에 한해서다). 앞에서 말한 것처럼 파이썬의 "모범 사례"는 기능적인 문서화(객체는 어떤 역할을 하는가)에 대해서는 문서화 문자열을 사용하고, 더 세세한 수준의 문서화(이 코드는 어떤 기능을 하는가)에 대해서는 해시 마크(#) 주석을 사용하는 것이다.

클래스 vs 모듈

마지막으로, 이 책의 마지막 두 파트의 주제인 모듈과 클래스에 대해 간단히 비교하면서 장을 정리해 보자. 클래스와 모듈 둘 다 네임스페이스이므로 차이점이 약간 혼란스러울 수도 있다. 이를 짧게 요약하면 다음과 같다.

- 모듈
  — 데이터/로직 패키지를 구현한다.
  — 파이썬 파일 또는 다른 언어 확장자로 생성된다.
  — import하여 사용한다.
  — 파이썬 프로그램 구조에서 최상위에 위치한다.
- 클래스
  — 완전한(full-featured) 새로운 객체를 구현한다.
  — class문으로 생성된다.
  — 호출하여 사용한다.
  — 모듈 내에 위치한다.

클래스는 또한 연산자 오버로딩, 다중 인스턴스 생성, 그리고 상속 등 모듈이 지원하지 않는 부가적인 기능을 지원한다. 클래스와 모듈 둘 다 네임스페이스이긴 하지만, 독자는 이제 클래스와 모듈의 차이점을 설명할 수 있어야 한다. 뒤에서는 클래스와 모듈의 차이점에 대해 알아보도록 하자.

이 장의 요약

이장에서는 파이썬 언어의 객체 지향 프로그래밍 메커니즘에 대해 더 자세히 알아보았다. 클래스와 메소드, 그리고 상속에 대해 더 자세히 학습했고, 파이썬의 네임스페이스와 범위에 대한 주제를 클래스에서의 응용까지 확장해 다루었다. 그 과정에서 추상 슈퍼클래스, 클래스 데이터 속성, 네임스페이스 딕셔너리와 링크, 그리고 슈퍼클래스 메소드와 생성자에 대한 수동 호출 등의 고급 개념에 대해 살펴보았다.

파이썬의 클래스 코딩 메커니즘에 대한 모든 것을 학습했으므로, 30장에서는 이 메커니즘 중의 하나인 **연산자 오버로딩**(operator overloading)에 대해 집중적으로 학습하도록 하겠다. 그 후에는 일반적인 디자인 패턴에 대해 학습하여 클래스 활용과 조합을 통한 코드 재사용 최적화를 이루는 몇 가지 방법에 대해 알아보도록 하겠다. 하지만 다음 장으로 가기 전에 퀴즈를 풀어 보면서 이 장에서 다룬 내용에 대해 다시 살펴보자.

학습 테스트: 퀴즈

1. 추상 슈퍼클래스(abstract superclass)는 무엇인가?

2. 단순 할당문이 class문의 최상위에 나타나면 어떤 일이 벌어지는가?

3. 클래스에서 슈퍼클래스의 __init__ 메소드를 직접 실행해야 하는 이유는 무엇인가?

4. 상속받은 메소드를 완전히 대체하지 않고 확장하려면 어떻게 해야 하는가?

5. 클래스의 지역 범위와 함수의 지역 범위는 어떻게 다른가?

6. 아시리아(Assyria)의 수도는 어디였는가?

학습 테스트: 정답

1. 추상 슈퍼클래스는 메소드를 호출하지만, 그것을 상속하거나 정의하지는 않는 클래스다. 추상 슈퍼클래스는 서브클래스에서 이 메소드를 정의할 것이라고 가정한다. 이것은 더 세분화된 서브클래스가 작성되기 전까지는 메소드의 실제 동작을 예측할 수 없는 경우 클래스를 일반화하는 방법으로 종종 사용된다. 또한, 객체 지향 프로그래밍 프레임워크에서 클라이언트에서 정의한 커스터마이즈 가능한 동작을 실행하기 위한 방법으로도 사용한다.

2. 단순 할당문 (X = Y)가 class문의 최상위에 나타나면, 데이터 속성(class.X)을 클래스에 추가한다. 다른 모든 클래스 속성과 유사하게 이 속성은 모든 인스턴스에서 공유된다. 하지만 데이터 속성은 호출 가능한 메소드 함수는 아니다.

3. 클래스는 그 자신이 __init__ 생성자를 정의했음에도 불구하고 슈퍼클래스의 생성자 코드를 실행하려면 반드시 슈퍼클래스의 __init__ 메소드를 수동으로 호출해야 한다. 일반적으로 파이썬은 하나의(트리 안에서 가장 낮은 곳에 위치한) 생성자만을 자동으로 실행한다. 슈퍼클래스의 생성자는 일반적으로 다음과 같이 클래스 이름을 통해 실행하며, self 인스턴스를 수동으로 전달한다(Superclass.__init__(self, …)).

4. 상속받은 메소드를 완전히 대체하는 대신 확장하려면 서브클래스에서 메소드를 재정의하고, 서브클래스의 재정의된 메소드에서 슈퍼클래스 버전의 메소드를 수동으로 실행한다. 즉, Superclass.method(self, …)와 같이 슈퍼클래스 버전의 메소드에 self 인스턴스를 전달하면 된다.

5. 클래스는 지역 범위이며, 포함한 지역 범위에 접근할 수 있다. 하지만 클래스 내부에 포함된 코드에 대한 지역 범위를 제공하지는 않는다. 모듈과 유사하게 클래스 지역 범위는 class문이 실행된 이후에는 속성 네임스페이스로 변환된다.

6. 아슈르(Ashur), 칼라(Calah), 그리고 짧게 지속된 두르 샤루킨(Dur Sharrukin), 마지막에는 니네베(Nineveh)였다.

30

연산자 오버로딩

이 장에서는 연산자 오버로딩에 중점을 두고 클래스 기법에 대하여 심도 있는 학습을 계속해 나갈 것이다. 이전 장에서도 간단하게 연산자 오버로딩에 대해 간략히 살펴보았다. 여기에서는 좀 더 자세한 내용을 다룰 것이며, 일반적으로 사용되는 오버로딩 메소드 몇 가지에 대해 살펴보겠다. 많은 연산자 오버로딩 메소드 각각에 대하여 다 보여 주진 못하지만, 우리가 여기에서 코딩해 볼 내용들은 파이썬 클래스의 오버로딩 메소드들이 가지고 있는 가능성을 알아내기에는 충분히 큰 대표적인 샘플이다.

기본

실제로 '연산자 오버로딩'은 단순히 클래스의 메소드들에서 내장된 연산을 **가로채는** 것을 의미한다. 파이썬은 클래스의 인스턴스가 내장된 연산에 등장할 때 자동으로 여러분의 메소드를 호출하고, 여러분의 메소드가 반환한 값은 그에 대응하는 연산의 결괏값이 된다. 오버로딩을 뒷받침하는 핵심 아이디어를 간략히 설명하면 다음과 같다.

- 연산자 오버로딩은 클래스가 일반 파이썬 연산을 가로채도록 한다.
- 클래스는 모든 파이썬 표현식 연산을 오버로드할 수 있다.
- 클래스는 또한 프린트, 함수 호출, 속성 접근 등의 내장된 연산을 오버로드할 수 있다.

- 오버로딩은 클래스 인스턴스가 보다 더 내장된 타입인 것처럼 동작할 수 있도록 해준다.
- 오버로딩은 클래스에 특별하게 명명된 메소드를 제공함으로써 구현된다.

즉, 어떤 특별히 명명된 메소드들이 클래스에 주어진다면 파이썬은 클래스의 인스턴스가 그 메소드들과 관련된 표현식에 등장할 때 자동으로 그 메소드들을 호출한다. 여러분의 클래스는 자신으로부터 생성된 인스턴스 객체를 위해 대응하는 연산의 행위를 제공한다.

이미 배웠듯이 연산자 오버로딩 메소드는 결코 필수적인 것은 아니며, 일반적으로 (일부 클래스들이 object로부터 받은 몇몇을 제외하면) 기본 메소드들을 갖지 않는다. 만약 여러분이 어떤 메소드도 코딩하거나 상속받지 않는다면, 이는 여러분의 클래스가 어떤 대응 연산에 대해서도 지원하지 않는다는 것을 의미한다. 하지만 이들 메소드가 사용된다면, 이것은 클래스들이 내장 객체의 인터페이스를 모방함으로써 보다 일관성 있어 보이게 된다.

생성자와 표현식: __init__과 __sub__

복습 차원에서 다음의 간단한 예제를 생각해 보자. 파일 number.py에 작성된 Number 클래스는 인스턴스 생성자(__init__)와 뺄셈 표현식(__sub__) 각각을 가로채는 메소드를 제공한다. 이들과 같은 특별한 메소드들은 여러분을 내장된 연산에 붙들어두는 요소다.

```
# number.py 파일

class Number:
    def __init__(self, start):          # Number(start)에서
        self.data = start
    def __sub__(self, other):           # 인스턴스—other에서
        return Number(self.data - other) # 결과는 새로운 인스턴스

>>> from number import Number           # 모듈로부터 클래스 가져오기
>>> X = Number(5)                       # Number.__init__(X, 5)
>>> Y = X - 2                           # Number.__sub__(X, 2)
>>> Y.data                             # Y는 새로운 Number 인스턴스
3
```

이미 배운 대로 이 코드에서 __init__ 생성자는 파이썬에서 가장 일반적으로 사용되는 연산자 오버로딩 메소드다. 대부분의 클래스에서 볼 수 있으며, 클래스 이름에 전달되는 인수를 사용하여 새롭게 생성되는 인스턴스 객체를 초기화하는 데 사용된다. __sub__ 메소드는 27장 도입부에서 보았던 __add__와 마찬가지로 이항 연산자로, 뺄셈 표현식을 가로채서 그 결괏값으로 클래스의 새로운 인스턴스를 반환한다(그리고 그 과정 중에 __init__을 실행한다).

우리는 이미 __init__과 __sub__와 같은 기본 이항 연산자에 대하여 어느 정도 학습하였으므로, 여기에서 이들의 사용에 대하여 다시 반복하진 않겠다. 이 장에서 우리는 이 영역에서 사용 가능한 다른 도구들에 대해 알아보고, 이들을 일반적인 사례에 적용한 예제 코드들을 살펴볼 것이다.

 인스턴스 생성은 엄밀히 말하면 처음 __new__ 메소드를 호출한다. 이 메소드는 새로운 인스턴스 객체를 생성하고 반환하며, 이후 초기화를 위해 __init__에 이 인스턴스 객체가 전달된다. 하지만 __new__는 내장된 구현을 가지고 있으며, 단지 매우 제한적인 역할 내에서 재정의되므로 거의 모든 파이썬 클래스는 __init__ 메소드를 정의함으로써 초기화한다. 40장에서 **메타클래스**를 학습할 때, __new__를 사용하는 사례를 하나 살펴볼 것이다. 이 메소드는 드물지만 가끔 불변하는 타입의 인스턴스의 생성을 변경하기 위해 사용되기도 한다.

일반 연산자 오버로딩 메소드

여러분이 정수와 리스트 같은 내장 객체들에 대해 할 수 있는 모든 것들에게는 그에 대응하는 클래스에서 오버로딩을 위해 특별히 명명된 메소드들이 있다. 표 30-1에 이 중 가장 보편적인 것들을 정리하였으며, 실제로는 이보다 더 많은 것들이 있다. 실제로 많은 오버로딩 메소드는 여러 버전들을 갖는데(예 덧셈을 보더라도 __add__, __radd__, __iadd__가 존재함), 그 이유는 그렇게 많은 연산이 존재하기 때문이다. 특별한 메소드 이름의 전체 리스트를 알고 싶다면 다른 파이썬 책이나 파이썬 언어 레퍼런스 매뉴얼을 참조하자.

모든 오버로딩 메소드는 여러분의 클래스에서 정의한 다른 이름들과 구분할 수 있도록 더블 언더스코어로 시작하고 더블 언더스코어로 끝나는 이름을 갖는다. 특별한 메소드 이름을 표현식 또는 연산에 매핑하는 것은 파이썬 언어에 의해 미리 정의되어 있으며, 표준 언어 매뉴얼과 다른 참조 자료들에 모두 기록되어 있다. 예를 들어, 이름 __add__는 __add__ 메소드의 코드가 실제로 무엇을 하는지와 상관없이 항상 파이썬 언어 정의에 의해 +에 매핑되어 있다.

연산자 오버로딩 메소드들은 만약 정의가 되어 있지 않다면, 여느 다른 메소드들처럼 슈퍼클래스로부터 상속받을 수도 있다. 연산자 오버로딩 메소드들은 또한 모두 선택적이다. 만약 여러분이 이를 코딩하거나 상속받지 않는다면 해당 연산은 단순히 여러분 클래스에서 지원이 되지 않는다는 것이며, 해당 연산을 시도하면 예외가 발생하게 될 것이다. 프린트와 같은 일부 내장된 연산은 (파이썬 3.X에서 암묵적인 object 클래스로부터 상속받은) 기본값을 가지지만, 클래스 인스턴스를 위한 대부분의 내장된 기능들은 만약 그에 대응하는 연산자 오버로딩 메소드가 존재하지 않는다면 실행되지 않을 것이다.

표 30-1 일반 연산자 오버로딩 메소드

메소드	도구	호출 방식
__init__	생성자	객체 생성: X = Class(args)
__del__	소멸자	X 객체 삭제
__add__	연산자 +	X + Y, __iadd__가 없다면 X += Y
__or__	연산자 |(비트 단위 OR)	X	Y, __ior__이 없다면 X |= Y
__repr__, __str__	프린트, 변환	print(X), repr(X), str(X)
__call__	함수 호출	X(*args, **kargs)
__getattr__	속성 가져오기	X.undefined
__setattr__	속성 할당	X.any = value
__delattr__	속성 제거	del X.any
__getattribute__	속성 가져오기	X.any
__getitem__	인덱싱, 슬라이싱, 반복	X[key], X[i:j], 만약 __iter__가 없으면 루프나 다른 반복을 위해 사용
__setitem__	인덱스와 슬라이스 할당	X[key] = value, X[i:j] = iterable
__delitem__	인덱스와 슬라이스 삭제	del X[key], del X[i:j]
__len__	길이	len(X), 만약 __bool__이 없다면 참거짓 테스트
__bool__	불리안 테스트	bool(x), 참거짓 테스트 (2.X에서의 이름은 __nonzero__)
__lt__, __gt__, __le__, __ge__, __eq__, __ne__	비교	X < Y, X > Y, X <= Y, X >= Y, X == Y, X != Y(그렇지 않으면, 2.X에서만 __cmp__)
__radd__	오른쪽 기준 연산자	Other + X
__iadd__	제자리 연산자: 변숫값을 직접 변경하는 복합 연산자	X += Y(그렇지 않으면 __add__)
__iter__, __next__	반복	I = iter(X), next(I); 반복, __contains__가 없는 경우, 모든 컴프리헨션, map(F,X), 그 외를 위해 사용(__next__는 2.X에서 next로 명명됨)
__contains__	멤버십 테스트	item in X(반복 객체)
__index__	정숫값	hex(X), bin(X), oct(X), O[X], O[X:] (2.X에서는 __oct__, __hex__)
__enter__, __exit__	콘텍스트 매니저(34장)	with obj as var:
__get__, __set__, __delete__	디스크립터 속성(38장)	X.attr, X.attr = value, del X.attr
__new__	생성(40장)	__init__ 이전에 객체 생성

대부분의 오버로딩 메소드들은 객체가 내장된 것처럼 동작해야 하는 고급 프로그램에서만 사용되지만, 우리가 이미 살펴본 __init__ 생성자는 대부분의 클래스에 등장한다. 표 30-1의

추가 메소드들 중 일부에 대하여 예제를 통하여 살펴보도록 하자.

 비록 표현식이 연산자 메소드를 작동시키지만, 중간자(표현식)를 없애고 연산자 메소드를 직접 호출하는 것이 속도 향상에 도움이 될 것이라고 가정하지 않도록 주의하자. 실제로, 연산자 메소드를 직접 호출하는 것은 **두 배 정도 느려질 수 있으며**, 이는 아마도 파이썬이 내장된 경우에서는 피하거나 최적화하는 함수 호출의 오버헤드 때문일 것이다.

여기에 len과 __len__에 대한 내용을 부록 B의 윈도우 런처와 21장에서 본 파이썬 3.3과 2.7에서의 시간 측정 기법을 이용하여 살펴보자. 두 버전 모두에서 __len__을 직접 호출하였을 때 두 배 더 오래 걸린다는 것을 확인할 수 있다.

```
c:\code> py -3 -m timeit -n 1000 -r 5
                -s "L = list(range(100))" "x = L.__len__()"
1000 loops, best of 5: 0.134 usec per loop

c:\code> py -3 -m timeit -n 1000 -r 5
                -s "L = list(range(100))" "x = len(L)"
1000 loops, best of 5: 0.063 usec per loop

c:\code> py -2 -m timeit -n 1000 -r 5
                -s "L = list(range(100))" "x = L.__len__()"
1000 loops, best of 5: 0.117 usec per loop

c:\code> py -2 -m timeit -n 1000 -r 5
                -s "L = list(range(100))" "x = len(L)"
1000 loops, best of 5: 0.0596 usec per loop
```

이것은 겉으로 보이는 만큼 인위적이지 않다. 나는 실제로 저명한 연구기관에서 속도 개선을 명목으로 더 느린 대안을 사용하도록 제안하는 것을 본 적이 있다.

인덱싱과 슬라이싱: __getitem__과 __setitem__

처음으로 살펴볼 메소드는 여러분의 클래스가 시퀀스 행위의 일부와 매핑을 모방하도록 해준다. __getitem__ 메소드는 클래스에 정의되어 있다면(또는 클래스가 상속받았다면), 자동으로 인스턴스 인덱싱 연산을 위해 호출된다. 인스턴스 X가 X[i] 같은 인덱싱 표현식에 등장할 때, 파이썬은 인스턴스가 상속받은 __getitem__ 메소드를 호출하며 이때 첫 인수로는 X를, 그리고 두 번째 인수에는 괄호 안의 인덱스를 전달한다.

예를 들어, 다음의 클래스는 인덱스 값의 제곱을 반환한다. 이례적인 예제이긴 하나, 이 기법을 이해하는 데는 도움이 될 것이다.

```
>>> class Indexer:
        def __getitem__(self, index):
            return index ** 2

>>> X = Indexer()
>>> X[2]                                    # X[i]는 X.__getitem__(i)를 호출
4

>>> for i in range(5):
        print(X[i], end=' ')                # 매번 __getitem__(X, i)를 실행

0 1 4 9 16
```

슬라이스 가로채기

흥미롭게도, __getitem__은 인덱싱뿐만 아니라 슬라이스 표현식을 위해서도 호출된다. 만약 여러분이 더 구체적인 슬라이싱 메소드를 제공하지 않는다면 __getitem__은 3.X에서는 항상, 그리고 2.X에서는 조건부로 사용된다. 공식적으로 이야기하면 내장된 타입은 슬라이싱을 동일한 방법으로 다룬다. 그 예로 내장된 리스트에 실제로 상한값, 하한값 그리고 구간값을 이용한 슬라이싱을 살펴보자(슬라이싱에 대해 환기해 보려면 7장을 참조하자).

```
>>> L = [5, 6, 7, 8, 9]
>>> L[2:4]                                  # 슬라이스 구문을 이용한 슬라이스: 2..(4-1)
[7, 8]
>>> L[1:]
[6, 7, 8, 9]
>>> L[:-1]
[5, 6, 7, 8]
>>> L[::2]
[5, 7, 9]
```

하지만 실제로 슬라이싱의 한도 값들은 슬라이스 객체에 싸여 리스트의 인덱싱 구현에 전달된다. 실제로, 여러분은 항상 슬라이스 객체를 직접 전달할 수 있다. 슬라이스 구문은 슬라이스 객체를 이용하여 인덱싱하는 데 있어 일반적으로 이해하기 쉬운 구문이다.

```
>>> L[slice(2, 4)]                          # 슬라이스 객체를 이용한 슬라이스
[7, 8]
>>> L[slice(1, None)]
[6, 7, 8, 9]
>>> L[slice(None, -1)]
[5, 6, 7, 8]
```

```
>>> L[slice(None, None, 2)]
[5, 7, 9]
```

이것은 __getitem__ 메소드를 가지고 있는 클래스에서 중요하다. 3.X에서 이 메소드는 (인덱스를 이용한) 기본 인덱싱과 (슬라이스 객체를 이용한) 슬라이싱 둘 모두를 위해 호출될 것이다. 우리가 작성한 이전 클래스에서는 슬라이싱을 처리할 수 없는데, 이는 그 연산이 정수 인덱스를 전달받을 것을 가정하고 있기 때문이다. 하지만 다음 클래스는 슬라이싱을 처리할 수 있을 것이다. 인덱싱을 위해 호출될 때, 인수는 이전처럼 정수다.

```
>>> class Indexer:
        data = [5, 6, 7, 8, 9]
        def __getitem__(self, index):      # 인덱스 또는 슬라이스를 위해 호출
            print('getitem:', index)
            return self.data[index]         # 인덱스 또는 슬라이스 실행

>>> X = Indexer()
>>> X[0]                                    # 인덱싱은 __getitem__에 정수를 보냄
getitem: 0
5
>>> X[1]
getitem: 1
6
>>> X[-1]
getitem: -1
9
```

하지만 슬라이싱을 위해 호출될 때 이 메소드는 슬라이스 객체를 받는데, 이 객체는 단순히 새로운 인덱스 표현식에 내장된 리스트 색인기(indexer)에 전달된다.

```
>>> X[2:4]                                  # 슬라이싱은 __getitem__에 슬라이스 객체를 전달
getitem: slice(2, 4, None)
[7, 8]
>>> X[1:]
getitem: slice(1, None, None)
[6, 7, 8, 9]
>>> X[:-1]
getitem: slice(None, -1, None)
[5, 6, 7, 8]
>>> X[::2]
getitem: slice(None, None, 2)
[5, 7, 9]
```

__getitem__은 필요한 곳에서 인수의 타입을 테스트하고 슬라이스 객체의 한도 값들을 추출할 수 있다. 슬라이스 객체들은 start, stop, step 속성값을 가지고 있으며, 이들 중 어떤 값이라도 생략되어 있다면 None이 될 수 있다.

```
>>> class Indexer:
        def __getitem__(self, index):
            if isinstance(index, int):          # 사용 방식 테스트
                print('indexing', index)
            else:
                print('slicing', index.start, index.stop, index.step)
>>> X = Indexer()
>>> X[99]
indexing 99
>>> X[1:99:2]
slicing 1 99 2
>>> X[1:]
slicing 1 None None
```

__setitem__ 인덱스 할당 메소드는 만약 사용된다면 이와 유사하게 인덱스와 슬라이스 할당을 가로챈다. 3.X에서(그리고 일반적으로 2.X에서) 이 메소드는 후자를 위해 슬라이스 객체를 받으며, 이 객체는 다른 인덱스 할당에 전달되거나 또는 동일한 방식으로 직접 사용될 수도 있다.

```
class IndexSetter:
    def __setitem__(self, index, value):        # 인덱스와 슬라이스 할당 가로챔
        ...
        self.data[index] = value                # 인덱스 또는 슬라이스 할당
```

실제로 __getitem__은 인덱싱과 슬라이싱보다 더 많은 경우에 자동으로 호출될 수도 있다. 또한 이는 반복에 대한 폴백으로 사용되기도 하는데, 이에 대해서는 잠시 후 알아볼 것이다. 하지만 우선 2.X 독자들을 위해 이들 연산의 2.X에서의 특징을 간단히 살펴보고 이 범주에서 혼동을 일으킬만한 점에 대해 명확히 하고 넘어가자.

파이썬 2.X에서의 슬라이싱과 인덱싱

파이썬 2.X에서 클래스들은 특별히 슬라이스 불러오기와 할당을 가로채기 위해 __getslice__와 __setslice__ 메소드를 정의할 수도 있다. 만약 이 메소드들이 정의되어 있다면, 이들은 슬라이스 표현식의 한도 값을 전달받고, 두 개의 한도 값을 갖는 슬라이스에 대해서는 __getitem__과 __setitem__보다 우선한다. 하지만 다른 모든 경우에서는 이는 3.X에서와 동일

하게 동작한다. 그 예로 __getslice__가 정의되어 있지 않거나 세 개의 한도를 갖는 확장 슬라이스 형태가 사용되는 경우, 슬라이스 객체는 여전히 생성되어 __getitem__에 전달된다.

```
C:\code> py -2
>>> class Slicer:
        def __getitem__(self, index):     print index
        def __getslice__(self, i, j):     print i, j
        def __setslice__(self, i, j,seq): print i, j,seq

>>> Slicer()[1]           # 3.X처럼 __getitem__을 정수와 함께 실행
1
>>> Slicer()[1:9]         # 만약 존재하면 __getslice__. 아니면 __getitem__
1 9
>>> Slicer()[1:9:2]       # 3.X처럼 __getitem__을 slice( )로 실행
slice(1, 9, 2)
```

이들 슬라이스 전용 메소드들은 3.X에서는 제거되었다. 따라서 2.X에서조차도 여러분은 일반적으로 __getitem__과 __setitem__을 대신 사용해야 하며, 인수로 인덱스와 슬라이스 객체를 모두 감안해야 한다. 이는 이후 버전 호환성을 위한 것이기도 하며, 두 개의 한도 값과 세 개의 한도 값을 가진 슬라이스를 다르게 처리해야 하는 상황을 피하기 위한 방법이기도 하다. 대부분의 클래스에서 이것은 어떤 특별한 코드 없이 동작하는데, 이는 이전 절 예제에서처럼 인덱싱 메소드는 다른 인덱스 표현식의 꺾쇠괄호 안에 직접 슬라이스 객체를 전달할 수 있기 때문이다. 실제 슬라이스 가로채기에 대한 다른 예제를 보고 싶다면, 1137쪽의 "멤버십: __contains__, __iter__, __getitem__"절을 참조하자.

하지만 3.X의 __index__는 인덱싱이 아님!

관련하여 파이썬 3.X에서 인덱스 가로채기를 위한(아마 불행하게도 이 이름을 갖게 된) __index__ 메소드와 혼동하지 말자. 이 메소드는 필요할 때 인스턴스를 위해 **정숫값**을 반환하며, 숫자열로 전환되는 내장 기능에 의해 사용된다(돌이켜 생각해 보면, __asindex__가 더 나은 이름이었을 뻔했다).

```
>>> class C:
        def __index__(self):
            return 255

>>> X = C()
>>> hex(X)          # 정숫값
'0xff'
```

```
>>> bin(X)
'0b11111111'
>>> oct(X)
'0o377'
```

비록 이 메소드가 __getitem__처럼 인스턴스 인덱싱을 가로채지 않지만, 이것은 인덱싱을 포함하여 정수가 필요한 상황에서도 사용된다.

```
>>> ('C' * 256)[255]
'C'
>>> ('C' * 256)[X]                      # 색인(인덱스)으로 사용(X[i]가 아님)
'C'
>>> ('C' * 256)[X:]                     # 색인(인덱스)으로 사용(X[i:]가 아님)
'C'
```

이 메소드는 파이썬 2.X에서 hex와 oct 내장 함수를 위해 호출되지 않는다는 점을 제외하면 동일한 방식으로 동작한다. 이 호출들을 가로채려면 2.X에서는(오직 2.X에서만) __hex__와 __oct__를 사용하면 된다.

인덱스 반복: __getitem__

여기서 입문자들이 이해하기는 쉽지 않지만 매우 유용한 특징에 대해 알아보자. 우리가 다음 절에서 보게 될 보다 구체적인 반복 메소드가 없는 경우, for문은 0에서 시작하여 더 높은 인덱스로 올라가면서 IndexError 예외가 발생할 때까지 시퀀스를 반복적으로 인덱싱함으로써 동작한다. 이로써 __getitem__은 파이썬에서 반복을 오버로드하는 하나의 방법이 될 수도 있다. 이 메소드가 정의되어 있는 경우, for 루프는 클래스의 __getitem__을 매회 연속적으로 더 높은 오프셋을 가지고 호출한다.

이것은 '한 번의 처리에 하나씩을 가져가는' 상황으로 인덱싱에 대응하는 내장된 또는 사용자 정의 객체라면 무엇이든지 for 루프 반복에도 대응한다.

```
>>> class StepperIndex:
        def __getitem__(self, i):
            return self.data[i]

>>> X = StepperIndex()                  # X는 StepperIndex 객체
>>> X.data = "Spam"
```

```
>>> X[1]                               # 인덱싱은 __getitem__을 호출
'p'
>>> for item in X:                     # for 루프는 __getitem__을 호출
        print(item, end=' ')           # for는 아이템 0..N까지 색인

S p a m
```

실제로, 이것은 '한 번의 처리에 한 뭉치를 가져가는' 경우라 볼 수 있다. for 루프를 지원하는 클래스라면 파이썬에서 모든 반복 맥락에 대해서도 자동으로 지원한다. 이 중 많은 부분은 이미 앞에서 살펴보았다(반복 맥락에 대해서는 14장 참조). 예를 들어, in 멤버십 확인, 리스트 컴프리헨션, 내장된 map, 리스트와 튜플 할당, 그리고 타입 생성자는 만약 __getitem__이 정의되어 있다면 자동으로 __getitem__을 호출한다.

```
>>> 'p' in X                           # 모두 __getitem__을 호출
True

>>> [c for c in X]                     # 리스트 컴프리헨션
['S', 'p', 'a', 'm']

>>> list(map(str.upper, X))            # map이 호출함(3.X에서 list( ) 사용)
['S', 'P', 'A', 'M']

>>> (a, b, c, d) = X                   # 시퀀스 할당
>>> a, c, d
('S', 'a', 'm')

>>> list(X), tuple(X), ''.join(X)      # 등등...
(['S', 'p', 'a', 'm'], ('S', 'p', 'a', 'm'), 'Spam')

>>> X
<__main__.StepperIndex object at 0x000000000297B630>
```

실제로, 이 기법은 시퀀스 인터페이스를 제공하는 객체를 생성하고, 내장된 시퀀스 타입 연산에 로직을 추가하기 위해 사용될 수 있다. 이에 대해서는 32장에서 내장된 타입을 확장할 때 다시 알아보자.

반복 객체: __iter__와 __next__

이전 절의 __getitem__ 기법이 동작하더라도, 이것은 반복을 위한 폴백(fallback) 기법일 뿐이다. 오늘날 파이썬의 모든 반복 맥락은 __getitem__을 시도하기 전에 우선 __iter__ 메소드를

시도할 것이다. 즉, 모든 반복 맥락은 객체에 반복적으로 접근할 때 14장에서 배웠던 **반복 프로토콜**을 선호한다. 객체가 반복 프로토콜을 지원하지 않는 경우에만, 인덱싱이 대신 사용된다. 일반적으로, 여러분 또한 __iter__를 선호할 것이다. 이것은 __getitem__이 할 수 있는 것보다 더 일반적인 반복 맥락을 지원한다.

기술적으로, 반복 맥락은 반복 객체를 내장된 함수인 iter에 전달하면, iter가 __iter__ 메소드를 호출하게 되고, 이렇게 호출된 __iter__ 메소드가 반복자 객체를 반환함으로써 동작하게 된다. 이것이 제공된다면, 그때 파이썬은 반복적으로 이 반복자 객체의 __next__ 메소드를 호출하여 StopIteration 예외가 발생할 때까지 아이템을 만들어 낸다. 내장된 함수인 next는 직접 반복을 위한 편의성을 위해서도 사용할 수 있다. next(I)는 I.__next__( )와 똑같다. 이 모델의 핵심 내용을 복습하기 위해 14장의 그림 14-1을 참조하자.

이 반복 객체 인터페이스는 우선순위가 높기 때문에 제일 먼저 시도된다. 파이썬은 __iter__ 메소드가 정의되지 않았을 때만 __getitem__ 메소드를 호출하여 이전과 같이 IndexError 예외가 발생할 때까지 오프셋으로 반복적으로 인덱스한다.

 버전 특성 노트: 14장에서도 설명했듯이 파이썬 2.X를 사용하고 있을 경우 방금 언급했던 I.__next__( ) 반복자 메소드는 여러분의 파이썬에서는 I.next( ) 이름으로 사용되고 있으며, 내장된 next(I)는 이식성을 위해 존재한다. 2.X에서는 I.next()를 호출하고, 3.X에서는 I.__next__( )를 호출한다. 이를 제외하면 모든 면에서 반복은 2.X에서도 동일하게 동작한다.

사용자 정의 반복 객체

__iter__ 기법에서 클래스는 간단하게 반복 프로토콜을 구현하여 사용자 정의 반복 객체를 구현한다. 반복 프로토콜에 대해서는 이미 14장에서 소개하였으며, 20장에서 자세히 설명하였다. 예를 들어, 다음 파일은 일회성이 아니라, 요청에 따라 제곱값을 생성하는 사용자 정의 반복 객체를 정의하기 위해 클래스를 사용한다(이전 노트에 따르면, 파이썬 2.X에서는 __next__ 대신에 next를 정의하고, 보통 때와 마찬가지로 쉼표가 함께 출력된다).

```
# squares.py 파일

class Squares:
    def __init__(self, start, stop):        # 생성될 때 상태 정보 저장
        self.value = start - 1
        self.stop = stop
    def __iter__(self):                      # iter 호출 시, 반복자 객체 가져오기
```

```
        return self
    def __next__(self):                          # 매 반복 때마다 제곱값 반환
        if self.value == self.stop:              # 또한 내장된 next에 의해 호출됨
            raise StopIteration
        self.value += 1
        return self.value ** 2
```

이 클래스가 임포트되면, 해당 클래스의 인스턴스는 반복 맥락에서 내장된 기능처럼 등장할 수 있다.

```
% python
>>> from squares import Squares
>>> for i in Squares(1, 5):                      # __iter__를 호출할 iter를 호출
        print(i, end=' ')                        # 매 반복 시, __next__ 호출

1 4 9 16 25
```

여기 __iter__에 의해 반환된 반복자 객체는 단순히 self 인스턴스이며, 이는 __next__메소드가 이 클래스 자체의 일부이기 때문이다. 보다 복잡한 시나리오라면, 반복자 객체가 동일한 데이터를 대상으로 다중 반복을 지원할 수 있도록 자신만의 상태 정보를 갖는 별도의 클래스와 객체로 정의될 수도 있다(곧 이에 대한 예제를 확인하게 될 것이다). 반복의 끝은 파이썬 raise문으로 신호를 받게 된다. 이 raise문에 대해서는 29장에서 소개하였으며, 다음 파트에서 자세히 다루게 되겠지만 간단히 이야기하면 이 구문은 파이썬 자체가 예외를 발생시키는 것처럼 예외를 일으킨다. 직접 반복은 내장된 타입에서와 같이 사용자 정의 반복 객체에서도 동일하게 동작한다.

```
>>> X = Squares(1, 5)                            # 직접 반복: 루프가 하는 일
>>> I = iter(X)                                  # iter는 __iter__를 호출
>>> next(I)                                      # next는 __next__를 호출(3.X의 경우)
1
>>> next(I)
4
...생략...
>>> next(I)
25
>>> next(I)                                      # try문에서 이를 잡아냄
StopIteration
```

이 반복 객체를 __getitem__을 이용하여 동일하게 코딩하는 것은 부자연스럽다. 이때 for는 오프셋 0에서부터 그 위로 모두 반복해야 하기 때문이다. 전달된 오프셋은 단지 생산되는 값

의 범위에 간접적으로 연관될 것이다(0..N은 start..stop으로 매핑되어야 할 것이다). __iter__ 객체는 명시적으로 관리되는 상태 정보를 next 호출 간에 유지하기 때문에 __getitem__보다 일반적일 수 있다.

반면에, __iter__에 기반한 반복 객체들은 때로는 __getitem__에 기반한 반복 객체들에 비해 더 복잡하고 기능성이 떨어질 수 있다. 이들은 임의의 인덱싱을 위해서가 아니라 반복을 위해 디자인되었다. 다른 연산에서 사용 가능한 리스트와 같은 시퀀스에 이 객체들의 아이템들을 수집할 수는 있지만, 이들이 인덱싱 표현식을 오버로드하지 않는다.

```
>>> X = Squares(1, 5)
>>> X[1]
TypeError: 'Squares' object does not support indexing
>>> list(X)[1]
4
```

단일 스캔 vs 다중 스캔

__iter__ 는 __getitem__ 메소드가 사용될 수 있는 모든 반복 맥락에 대해 사용할 수 있다. 여기에는 멤버십 테스트, 타입 생성자, 시퀀스 할당 등이 포함된다. 하지만 우리가 앞서 보았던 __getitem__ 예제와는 달리, 클래스의 __iter__는 단일 순회만이 가능하며, 다중 순회는 이루어지지 않는다. 클래스들은 자신의 코드에서 명시적으로 스캔 동작을 선택한다.

예를 들어, 현재 Squares 클래스의 __iter__는 항상 단 한 개의 반복 상태를 갖는 self를 반환하기 때문에 이것은 일회성 반복이다. 한 번 그 클래스의 인스턴스를 반복했다면, 그 인스턴스는 빈 상태가 된다. __iter__를 동일한 인스턴스에 다시 호출하는 것은 그 인스턴스가 어떤 상태로 남아 있든지 상관없이, 다시 self를 반환하게 된다. 일반적으로 각 새로운 반복을 위해 새로운 반복 인스턴스를 만들어야 한다.

```
>>> X = Squares(1, 5)              # 상태 정보를 갖는 반복 객체 생성
>>> [n for n in X]                # 아이템을 모두 훑음: __iter__는 self를 반환
[1, 4, 9, 16, 25]
>>> [n for n in X]                # 이제 빈 상태: __iter__는 동일한 self를 반환
[]
>>> [n for n in Squares(1, 5)]    # 새로운 반복 객체 생성
[1, 4, 9, 16, 25]
>>> list(Squares(1, 3))           # 각 새로운 __iter__ 호출을 위한 새로운 객체
[1, 4, 9]
```

다중 반복을 더 직접적으로 지원하기 위해, 우리는 별도의 클래스 또는 다른 기법을 이용하여 이 예제를 다시 작성할 수도 있다. 이에 대해서는 잠시 후에 해보기로 하자. 하지만 현재로서는 각 반복을 위해 새로운 인스턴스를 생성함으로써 새로운 반복 상태 정보를 얻을 수 있다.

```
>>> 36 in Squares(1, 10)              # 다른 반복 맥락
True
>>> a, b, c = Squares(1, 3)           # 각각은 __iter__를 호출한 뒤, __next__를 호출
>>> a, b, c
(1, 4, 9)
>>> ':'.join(map(str, Squares(1, 5)))
'1:4:9:16:25'
```

map과 같은 내장된 단일 스캔처럼 리스트로 변환하는 것 또한 다중 스캔을 지원하지만, 이는 시간과 공간 측면에서 성능상의 비용을 추가하게 되는 일로 프로그램의 성격에 따라 문제가 될 수도 있다.

```
>>> X = Squares(1, 5)
>>> tuple(X), tuple(X)                # 반복자는 두 번째 tuple( )에서 모두 고갈된 상태
((1, 4, 9, 16, 25), ())

>>> X = list(Squares(1, 5))
>>> tuple(X), tuple(X)
((1, 4, 9, 16, 25), (1, 4, 9, 16, 25))
```

앞으로 좀 더 직접적으로 다중 스캔을 지원하도록 이를 개선하겠지만, 그 전에 하나만 더 비교/대조해 보도록 하자.

클래스 vs 제너레이터

앞선 예제가 제너레이터 함수나 표현식을 이용하여 작성되었다면 더 간단할 수도 있다. 제너레이터에 대해서는 20장에서 소개하였으며, 이 도구는 자동으로 반복 객체를 생성하고 반복 간에 지역 변수 상태 정보를 유지한다.

```
>>> def gsquares(start, stop):
        for i in range(start, stop + 1):
            yield i ** 2

>>> for i in gsquares(1, 5):
        print(i, end=' ')

1 4 9 16 25
```

```
>>> for i in (x ** 2 for x in range(1, 6)):
        print(i, end=' ')

1 4 9 16 25
```

클래스와 달리, 제너레이터 함수와 표현식은 암묵적으로 자신의 상태 정보를 저장하고 반복 프로토콜에 따르기 위해 필요한 메소드를 생성한다. 이런 간단한 예제에서는 코드가 간결해 진다는 명백한 장점이 있다. 반면에 클래스의 보다 명시적인 속성과 메소드, 부가적인 구조, 상속 계층, 그리고 다중 행위에 대한 지원은 보다 풍부한 용도에 더 적합할 것이다.

물론, 이 인위적인 예제를 위해 여러분은 실제로 두 기법을 모두 생략하고 단순히 for 루프, map 또는 한 번에 리스트를 구축하는 리스트 컴프리헨션을 사용할 수 있다. 성능 하락을 신 경 쓰지 않는다면 이것이 파이썬에서 반복 작업을 수행하는 가장 간단하고도 **빠른** 방법이다.

```
>>> [x ** 2 for x in range(1, 6)]
[1, 4, 9, 16, 25]
```

하지만 클래스는 보다 복잡한 반복을 모델링하기에 더 나을 수 있다. 특히, 클래스의 자산으 로부터 이점을 취할 때는 더 그렇다. 복잡한 데이터베이스 또는 웹 서비스 결과에서 아이템들 을 생성하는 반복 객체는 클래스로부터 충분한 이점을 얻을 수 있다. 다음 절에서는 사용자 정의 반복 객체에서 클래스를 위한 다른 용도에 대해 알아보도록 하자.

하나의 객체에 대한 다중 반복자

앞에서 반복 객체에 의해 생성된 반복자 객체(__next__와 함께)는 동일한 데이터에 대해 동시 에 여러 반복을 수행하는 것을 좀 더 직접적으로 지원하기 위해 자신만의 상태 정보를 갖는 별도의 클래스로 정의될 수 있다고 언급하였다. 문자열 같은 내장 타입에서 어떤 동작이 일어 나는지 살펴보자.

```
>>> S = 'ace'
>>> for x in S:
        for y in S:
            print(x + y, end=' ')

aa ac ae ca cc ce ea ec ee
```

여기에서 외부 루프는 iter를 호출하여 문자열로부터 반복자를 잡아내고, 각 내부 루프는 독자적인 반복자를 가지기 위해 동일한 작업을 수행한다. 각각의 활성화된 반복자는 자신만의 상태 정보를 가지기 때문에 각 루프는 다른 활성화된 루프의 존재 여부와 상관없이 문자열에서 자신만의 위치 정보를 유지할 수 있다. 또한, 매회 새로운 문자열을 만들거나 리스트로 전환할 필요가 없다. 단일 문자열 객체 자체가 다중 스캔을 지원한다.

우리는 이와 관련한 예제를 14장과 20장에서 이미 살펴보았다. 예를 들어, 제너레이터 함수 및 표현식은 내장된 map과 zip과 함께 단일 반복자 객체이며, 따라서 이들은 하나의 활성화된 스캔을 지원한다. 반대로, 내장된 range와 리스트와 같은 다른 내장된 타입들은 독자적인 위치 정보를 가지고 여러 개의 활성화된 스캔을 지원한다.

클래스를 이용하여 사용자 정의 반복 객체를 코딩할 때, 단일 활성화된 스캔을 지원할 것인지 아니면 다중 활성화된 스캔을 지원할 것인지를 결정하는 것은 전적으로 우리의 몫이다. 다중 반복자 효과를 얻기 위해 단순히 __iter__는 각 반복자의 요청에 self를 반환하는 대신, 반복자를 위해 새로운 상태를 갖는 객체를 정의해야 한다.

예를 들어, 다음 SkipObject 클래스는 반복 과정에서 아이템을 하나 걸러 하나씩 누락시키는 반복 객체를 정의한다. 이 반복자 객체는 매 반복을 위해 별도의 지원 클래스로부터 새롭게 생성되기 때문에 이것은 직접적으로 다중 활성화된 루프를 지원한다(다음은 책 예제 중 skipper.py 파일의 내용이다).

```python
# !python3
# skipper.py 파일

class SkipObject:
    def __init__(self, wrapped):               # 사용될 아이템 저장
        self.wrapped = wrapped
    def __iter__(self):
        return SkipIterator(self.wrapped)      # 매회 새로운 반복자

class SkipIterator:
    def __init__(self, wrapped):
        self.wrapped = wrapped                 # 반복자 상태 정보
        self.offset = 0
    def __next__(self):
        if self.offset >= len(self.wrapped):   # 반복 종료
            raise StopIteration
        else:
            item = self.wrapped[self.offset]   # 아니면 반환하고 하나 누락
            self.offset += 2
            return item
```

```
if __name__ == '__main__':
    alpha = 'abcdef'
    skipper = SkipObject(alpha)          # 컨테이너 객체 생성
    I = iter(skipper)                    # 컨테이너에 대한 반복자 생성
    print(next(I), next(I), next(I))     # 오프셋 0, 2, 4 방문

    for x in skipper:                    # for는 자동으로 __iter__를 호출
        for y in skipper:                # 내부의 for는 __iter__를 매회 다시 호출
            print(x + y, end=' ')        # 각 반복자는 자신만의 상태 정보와 오프셋을 가짐
```

이식성 관련 알림: 이전과 유사하게 앞의 코드는 3.X 전용 코드다. 이 코드를 2.X와 호환되게 하려면 3.X의 print 함수를 import하고 2.X에서만 사용되는 __next__ 대신 next를 사용하거나, 클래스 범위 안에서 두 이름에 대한 별칭을 부여해서 2.X와 3.X 모두에서 동작하도록 할 수 있다(예제 파일 skipper_2x.py 파일 참조).

```
#!python
from __future__ import print_function     # 2.X/3.X 호환성
...
class SkipIterator:
    ...
    def __next__(self):
        ...
    next = __next__                        # 2.X/3.X 호환성
```

어느 파이썬에서든 적절한 버전이 실행되고 있다면, 이 예제는 내장된 문자열과 함께 중첩된 루프처럼 동작한다. 각 루프가 독자적인 상태 정보를 기록하는 반복자 객체를 갖기 때문에 모든 루프가 문자열에서 자신만의 위치 정보를 가질 수 있다.

```
% python skipper.py
a c e
aa ac ae ca cc ce ea ec ee
```

그에 반해, 앞에서 보았던 Squares 예제는 단 하나의 활성화된 반복만을 지원한다. 우리가 새로운 객체를 얻기 위해 중첩된 루프에서 Squares를 다시 호출하지 않는다면 말이다. 여기, 단하나의 SkipObject 반복 객체와 그로부터 생성된 다중 반복자 객체들이 있다.

클래스 vs 슬라이스

예전처럼 우리는 내장된 도구로 유사한 결과를 얻을 수 있다. 예를 들어, 세 개의 한도 값을 갖는 슬라이싱을 이용하여 아이템을 건너뛸 수 있다.

```
>>> S = 'abcdef'
>>> for x in S[::2]:
        for y in S[::2]:                    # 각 반복마다 새로운 객체
            print(x + y, end=' ')

aa ac ae ca cc ce ea ec ee
```

하지만 이것은 두 가지 측면에서 차이점이 있다. 첫째, 각 슬라이스 표현식은 결과를 한 번에 메모리에 물리적으로 저장할 것이다. 반면에 반복 객체는 한 번에 하나의 값만을 만들기 때문에 거대한 결과 리스트 저장에 쓰일 상당한 공간을 절약할 수 있다. 둘째로, 슬라이스는 새로운 객체를 생성하기 때문에 실제로 동일 객체에 대하여 여러 장소에서 반복하는 것이 아니다. 클래스에 근접하기 위해서 단일 객체를 미리 슬라이싱하여 교차하도록 해야 한다.

```
>>> S = 'abcdef'
>>> S = S[::2]
>>> S
'ace'
>>> for x in S:
        for y in S:                         # 동일 객체, 새로운 반복자들
            print(x + y, end=' ')

aa ac ae ca cc ce ea ec ee
```

이것이 우리의 클래스 기반의 방식과 좀 더 유사하지만 여전히 슬라이스 결과를 메모리에 한 번에 저장하며(오늘날에는 내장된 슬라이싱의 제너레이터 형태가 존재하지 않는다), 아이템을 하나 걸러 하나씩 누락시키는 이 특별한 경우에만 동일하다.

클래스를 이용하여 작성된 사용자 정의 반복 객체는 클래스가 할 수 있는 모든 것을 할 수 있으므로 이 예제에서 보여 주는 것보다 더 일반적이다. 모든 애플리케이션에 이런 범용성이 필요한 것은 아니지만, 사용자 정의 반복 객체들이 강력한 도구인 것은 사실이다. 이들은 임의의 객체를 이 책에서 이미 다루었던 다른 시퀀스나 반복 객체들과 유사하게(또는 거의 동일하게) 다룰 수 있도록 해준다. 예를 들면, 이 기법을 데이터베이스 객체에 사용할 수 있다. 하나의 쿼리 결과에 여러 개의 커서를 지정하는 방식을 이용해 대규모의 데이터베이스 조회 결과에 대하여 여러 개의 반복 조회를 지원할 수 있다.

다른 코딩 방식: __iter__ + yield

그럼 이제, 완전히 암묵적인(그럼에도 유용한) 무엇인가에 대하여 살펴보자. 일부 애플리케이션에서 이 장에서 살펴보고 있는 __iter__ 메소드와 20장에서 학습했던 yield 제너레이터 함수문을 결합하여 사용자 정의 반복 객체에 필요한 코딩 요구 사항을 최소화할 수 있다. 제너레이터 함수는 **자동으로** 지역 변수 상태 정보를 저장하고 필수 반복자 메소드를 생성하기 때문에 이 역할에 잘 맞으며, 또한 상태 정보 유지와 클래스로부터 받은 다른 기능들을 보완한다.

복습 차원에서 yield문을 포함하고 있는 함수는 모두 제너레이터 함수로 변한다는 점을 기억하자. 이 함수가 호출되면, 지역 범위와 코드 위치를 자동으로 기억하고, 단순히 자기 자신을 반환하는 자동으로 생성된 __iter__ 메소드와 역시 자동으로 생성된 __next__(2.X에서는 next) 메소드(이 메소드는 함수를 시작하거나 또는 마지막 위치에서 다시 시작하게 해준다)를 가지는 새로운 제너레이터 객체를 반환한다.

```
>>> def gen(x):
        for i in range(x): yield i ** 2

>>> G = gen(5)                       # __iter__와 __next__를 갖는 제너레이터 생성
>>> G.__iter__() == G                # 두 메소드는 동일 객체에 존재
True
>>> I = iter(G)                      # __iter__ 실행: 제너레이터는 자기 자신을 반환
>>> next(I), next(I)                 # __next__(2.X에서는 next) 실행
(0, 1)
>>> list(gen(5))                     # 반복 맥락은 자동으로 iter와 next를 실행
[0, 1, 4, 9, 16]
```

yield를 포함한 제너레이터 함수가 __iter__라는 이름을 가진 메소드라 하더라도 이는 성립한다. 반복 도구에 의해 언제 호출되더라도, 그러한 메소드는 필요 조건인 __next__를 가진 새로운 제너레이터 객체를 반환할 것이다. 추가 보너스로 클래스에서 메소드로 작성된 제너레이터 함수는 인스턴스 속성과 로컬 범위 변수 둘 모두에 저장된 상태 정보에 접근할 수 있다.

예를 들어, 다음 클래스는 우리가 squares.py에서 작성했던 초기 Squares 사용자 정의 반복 객체와 대응된다.

```
# squares_yield.py 파일

class Squares:                                # __iter__ + yield 제너레이터
    def __init__(self, start, stop):          # __next__는 자동으로/암묵적으로 존재
        self.start = start
        self.stop = stop
```

```
    def __iter__(self):
        for value in range(self.start, self.stop + 1):
            yield value ** 2
```

여기에서는 2.X 호환성을 위해 __next__에 next로 별칭을 부여할 필요가 없는데, 이는 이 메소드가 yield를 사용함으로써 자동으로 그리고 암묵적으로 존재하기 때문이다. 이전과 마찬가지로 for 루프와 다른 반복 도구들은 이 클래스의 인스턴스를 자동으로 반복할 수 있다.

```
% python
>>> from squares_yield import Squares
>>> for i in Squares(1, 5): print(i, end=' ')
1 4 9 16 25
```

반복 맥락에서 실제로 어떻게 동작하는지 보기 위해 내부를 들여다볼 수 있다. 우리 클래스 인스턴스를 iter를 통해 실행하면 일반적으로 __iter__를 호출한 결과를 얻을 수 있지만, 이 경우 그 결과는 자동으로 생성된 __next__ 메소드를 가진 제너레이터 객체다. 이 __next__ 메소드는 yield를 포함하고 있는 제너레이터 함수를 호출할 때 우리가 항상 얻게 되는 것과 똑같다. 여기에서 유일한 차이점이라면 제너레이터 함수는 iter에서 자동으로 호출된다는 점이다. 결과 객체의 next 인터페이스를 호출하는 것은 요청에 따른 결과를 생성한다.

```
>>> S = Squares(1, 5)                    # __init__ 실행: 클래스는 인스턴스 상태 저장
>>> S
<squares_yield.Squares object at 0x000000000294B630>

>>> I = iter(S)                          # __iter__ 실행: 제너레이터 반환
>>> I
<generator object __iter__ at 0x00000000029A8CF0>
>>> next(I)
1
>>> next(I)                              # 제너레이터의 __next__ 실행
4
...등등...
>>> next(I)                              # 제너레이터는 인스턴스와 지역 범위의 상태 모두 가짐
StopIteration
```

이를 통해 우리는 제너레이터 메소드를 __iter__가 아닌 다른 이름으로 명명할 수 있고 반복을 위해 직접 호출할 수 있다는 것을 알게 되었다. 예를 들자면 Squares(1,5).gen()처럼 말이다. 반복 도구에 의해 자동으로 호출되는 __iter__ 이름을 사용하면 속성 가져오기와 호출 단계를 수동으로 건너뛴다.

```
class Squares:                              # __iter__에 대응하는 것이 없음(squares_manual.py)
    def __init__(...):
        ...
    def gen(self):
        for value in range(self.start, self.stop + 1):
            yield value ** 2


% python
>>> from squares_manual import Squares
>>> for i in Squares(1, 5).gen(): print(i, end=' ')
...동일한 결과가 표시됨...

>>> S = Squares(1, 5)
>>> I = iter(S.gen())                        # 반복 객체와 반복자를 위해 직접 제너레이터를 호출
>>> next(I)
...동일한 결과가 표시됨...
```

제너레이터를 __iter__처럼 코딩하는 것은 여러분의 코드에서 중간자를 잘라내지만, 두 기법 모두 결국 각 반복을 위한 새로운 제너레이터 객체를 생성한다.

- __iter__가 있으면, 반복은 __next__와 함께 새로운 제너레이터를 반환하는 __iter__를 작동시킨다.

- __iter__가 없다면, 여러분의 코드는 제너레이터를 만들기 위해 호출하게 되는데, 이 제너레이터는 __iter__를 위해 자기 자신을 반환하게 된다.

이를 이해하기 어렵다면 20장에서 yield와 제너레이터에 대해 좀 더 알아보고, 앞에서 본 squares.py에서 좀 더 명시적인 __next__ 버전과 이를 비교해 보면 도움이 될 것이다. 아마도 이 새로운 squares_yield.py 버전이 4줄 더 짧아졌다는 점을(7줄 vs 11줄) 눈치챘을 것이다. 어떤 의미에서는 이 기법은 클래스 코딩 요건을 17장의 클로저 함수와 마찬가지로 줄여 준다고 볼 수도 있지만, 이 경우는 클래스의 대안이라기보다는 함수형과 객체 지향 프로그래밍 기법의 조합으로 이루어진 것으로 볼 수 있다. 한 가지 예로, 제너레이터 메소드는 여전히 self 속성을 이용한다.

일부 독자들에게는 이것이 겹겹이 안배된 **마법**처럼 보일 수도 있다. 이것은 반복 프로토콜과 제너레이터의 객체 생성에 의존하고 있으며, 이 둘 모두 매우 암묵적이다(오랜 파이썬 테마와는 모순되는 부분이다. import this 참조). 나의 개인적 의견으로는 yield를 사용하지 않는 클래스 반복 객체를 이해하는 것 또한 매우 중요하다. 이 방법이 명시적이고 일반적이며, 적용 범위가 더 넓기 때문이다.

여전히 __iter__/yield 기법은 그 기법이 적용되는 경우에 효과적임을 알 수 있다. 또한 이 기법은 상당한 이점을 가지고 있는데, 이에 대해서는 다음 절에서 알아보도록 하자.

yield를 이용한 다중 반복자

지난 절에서 보았던 __iter__/yield 조합을 기반으로 한 사용자 정의 클래스 반복 객체는 코드의 간결성 외에도 중요한 이점을 가지고 있다. 이 기법은 자동으로 다중 활성화된 반복자들을 지원한다. 이것은 __iter__를 호출할 때마다 제너레이터 함수를 호출하고, 이 제너레이터 함수는 상태 유지를 위한 자신만의 지역 범위를 갖는 새로운 제너레이터를 반환한다는 사실을 생각해 보면 자연스러운 일이다.

```
% python
>>> from squares_yield import Squares     # __iter__/yield Squares 사용
>>> S = Squares(1, 5)
>>> I = iter(S)
>>> next(I); next(I)
14
>>> J = iter(S)                            # yield를 사용하면, 다중 반복자는 자동
>>> next(J)
1
>>> next(I)                                # I는 J와 독립됨: 지역 상태 정보를 가짐
9
```

제너레이터 함수가 단일 스캔 반복 객체이지만, 반복 맥락에서 암묵적으로 __iter__를 호출하는 것이 새로운 독자적 스캔을 지원하는 새로운 제너레이터를 만든다.

```
>>> S = Squares(1, 3)
>>> for i in S:                            # 각각의 for는 __iter__를 호출함
        for j in S:
            print('%s:%s' % (i, j), end=' ')

1:1 1:4 1:9 4:1 4:4 4:9 9:1 9:4 9:9
```

yield가 없이 동일한 작업을 하기 위해서는 이전 절에서의 기법을 사용하여 반복자 정보를 명시적이고 직접적으로 저장하는 보조 클래스가 필요하다(이 경우에, 코딩은 15줄로 늘어난다. yield를 사용할 때보다 8줄 더 늘어나는 셈이다).

```
# squares_nonyield.py 파일

class Squares:
    def __init__(self, start, stop):        # yield가 없는 제너레이터
        self.start = start                   # 다중 스캔: 추가 객체 필요
        self.stop = stop
    def __iter__(self):
        return SquaresIter(self.start, self.stop)

class SquaresIter:
    def __init__(self, start, stop):
        self.value = start - 1
        self.stop = stop
    def __next__(self):
        if self.value == self.stop:
            raise StopIteration
        self.value += 1
        return self.value ** 2
```

이는 yield를 이용한 다중 스캔과 동일하게 동작하지만 그보다 훨씬 더 명시적이다.

```
% python
>>> from squares_nonyield import Squares
>>> for i in Squares(1, 5): print(i, end=' ')

1 4 9 16 25

>>> S = Squares(1, 5)
>>> I = iter(S)
>>> next(I); next(I)
1
4
>>> J = iter(S)                              # yield 없는 다중 반복자
>>> next(J)
1
>>> next(I)
9

>>> S = Squares(1, 3)
>>> for i in S:                             # 각각의 for는 __iter__를 호출
        for j in S:
            print('%s:%s' % (i, j), end=' ')

1:1 1:4 1:9 4:1 4:4 4:9 9:1 9:4 9:9
```

제너레이터 방식을 이용하면 자동 메소드와 지역 변수 상태 정보 유지 덕분에 *skipper.py* 파일의 아이템 건너뛰기 예제와 비슷하게 별도의 반복자 클래스가 필요없다(그리고 원래 16줄이던 것

을 9줄로 줄었다는 것도 확인하자).

```python
# skipper_yield.py 파일

class SkipObject:                               # 또 다른 __iter__ + yield 제너레이터
    def __init__(self, wrapped):                # 일반적으로 인스턴스 범위에 기록됨
        self.wrapped = wrapped                  # 지역 범위 상태는 자동으로 저장됨
    def __iter__(self):
        offset = 0
        while offset < len(self.wrapped):
            item = self.wrapped[offset]
            offset += 2
            yield item
```

이것은 yield를 사용하지 않는 다중 스캔 버전과 동일하게 동작하지만 훨씬 덜 명시적이다.

```python
% python
>>> from skipper_yield import SkipObject
>>> skipper = SkipObject('abcdef')
>>> I = iter(skipper)
>>> next(I); next(I); next(I)
'a'
'c'
'e'
>>> for x in skipper:                           # 각 for는 __iter__를 호출: 새로운 자동 제너레이터
        for y in skipper:
            print(x + y, end=' ')

aa ac ae ca cc ce ea ec ee
```

물론 이들은 인위적인 예제로 컴프리헨션과 같은 더 단순한 도구로 대체될 수 있으며, 이 코드는 더 실질적인 작업을 위해 확장될 수도 또는 그렇지 않을 수도 있다. 그들의 비교 방식을 확인하기 위해 이들 대안들을 공부하자. 종종 프로그래밍에서도 그러하듯이, 작업에 있어 최상의 도구는 여러분의 작업에 있어 최상의 도구일 가능성이 높다.

멤버십: __contains__, __iter__, __getitem__

반복과 관련된 내용은 지금까지 살펴본 것보다 훨씬 더 방대하다. 연산자 오버로딩은 종종 계층화되어 있다. 클래스는 구체적인 메소드를 제공하거나 그에 대한 대비책으로 사용되는 보다 일반적인 대안들을 제공하기도 한다. 예를 들면 다음과 같다.

- 파이썬 2.X에서 비교는 'less than'에 해당하는 __lt__와 같은 구체적인 메소드를 사용한다. 만약 이 메소드가 존재하지 않는다면 일반적인 __cmp__를 사용하게 된다. 파이썬 3.X는 명시적인 메소드만을 사용하며, __cmp__는 사용하지 않는다. 이에 대해서는 이 장 후반부에서 다시 알아보도록 하자.

- 불리언(boolean) 테스트는 유사하게 구체적인 __bool__을 먼저 시도하고(이는 명시적으로 True/False 결과를 제공한다), 만약 해당 메소드가 없다면 보다 일반적인 __len__(길이가 0이 아니라면 True)를 시도하게 된다. 이에 대해서도 이 장의 후반부에서 살펴보게 되겠지만, 파이썬 2.X에서도 동일하게 동작하나 __bool__ 대신에 __nonzero__를 사용해야 한다.

반복과 관련한 영역에서 클래스는 in 멤버십 연산자를 __iter__나 __getitem__ 메소드를 사용하여 반복처럼 구현할 수 있다. 하지만 보다 구체적인 멤버십을 지원하기 위해, 클래스는 __contains__ 메소드를 코딩할 수 있다. 이 메소드가 존재하는 경우, 이는 __getitem__에 우선하는 __iter__보다도 우선하게 된다. __contains__ 메소드는 키를 매핑에 적용하고 검색을 시퀀스에 적용하듯이 멤버십을 정의해야 한다.

다음의 클래스를 생각해 보자. 이 클래스의 파일은 앞서 설명한 기법을 이용하여 2.X와 3.X 모두에서 사용할 수 있도록 고안되었다. 이 클래스는 세 개의 메소드를 모두 코딩하였으며, 인스턴스에 적용되는 멤버십과 다양한 반복 맥락을 시험한다. 여기에서의 메소드들은 호출될 때 추적 메시지를 출력한다.

```python
# contains.py 파일
from __future__ import print_function    # 2.X/3.X 호환성

class Iters:
    def __init__(self, value):
        self.data = value

    def __getitem__(self, i):                    # 반복을 위한 폴백 함수
        print('get[%s]:' % i, end='')            # 인덱스와 슬라이스를 위해서도 사용
        return self.data[i]

    def __iter__(self):                          # 반복에서 선호되는 방식
        print('iter=> ', end='')                 # 오직 하나의 활성화된 반복자만 허용
        self.ix = 0
        return self

    def __next__(self):
        print('next:', end='')
        if self.ix == len(self.data): raise StopIteration
        item = self.data[self.ix]
```

```
                self.ix += 1
                return item

        def __contains__(self, x):              # 'in'에서 선호되는 방식
            print('contains: ', end='')
            return x in self.data
        next = __next__                          # 2.X/3.X 호환성 유지

if __name__ == '__main__':
    X = Iters([1, 2, 3, 4, 5])                   # 인스턴스 생성
    print(3 in X) # Membership
    for i in X: # for loops
        print(i, end=' | ')

    print()
    print([i ** 2 for i in X])                   # 다른 반복 맥락
    print( list(map(bin, X)) )

    I = iter(X)                                  # 직접 반복(다른 맥락에서 수행하는 것과 동일)
    while True:
        try:
            print(next(I), end=' @ ')
        except StopIteration:
            break
```

현재 이 파일에서 클래스는 다중 스캔을 지원하는 __iter__를 가지고 있지만 어느 시점에서도
단일 스캔만 활성화될 수 있는데(예 중첩 루프는 동작하지 않을 것이다), 이는 각각의 반복은 스
캔 커서를 앞으로 리셋시키기 때문이다. 이제 여러분은 반복 메소드에서 yield에 대하여 알고
있기 때문에 다음 코드가 동일하지만 다중 활성화된 스캔을 허용한다는 것을 구별할 수 있을
것이다 그리고 이러한 yield의 암묵적 성격이 중첩된 스캔을 지원하고 6줄을 아끼기 위해 사용
할 만한 가치가 있는지는 스스로 생각해 보자(이 코드는 파일 contains_yield.py에 있다).

```
class Iters:
    def __init__(self, value):
        self.data = value

    def __getitem__(self, i):                    # 반복을 위한 폴백 함수
        print('get[%s]:' % i, end='')            # 인덱스와 슬라이스를 위해서도 사용
        return self.data[i]

    def __iter__(self):                          # 반복을 위해 선호되는 함수
        print('iter=> next:', end='')            # 다중 활성화된 반복자를 허용
        for x in self.data:                      # 다음 항목에 대한 별칭(에일리어스)인 __next__가 없음
            yield x
            print('next:', end='')
```

```
    def __contains__(self, x):              # 'in'을 위해 선호되는 함수
        print('contains: ', end='')
        return x in self.data
```

파이썬 3.X와 2.X 모두에서 이 파일의 어떤 버전이든 실행되면, 그 출력값은 다음과 같다. 구체적인 __contains__는 멤버십을 가로채고, 일반적인 __iter__는 반복 맥락을 잡아내어 __next__(명시적으로 코딩되든지 yield에 의해 암묵적으로 존재하든지)가 반복적으로 호출되며, __getitem__은 호출되지 않는다.

```
contains: True
iter=> next:1 | next:2 | next:3 | next:4 | next:5 | next:
iter=> next:next:next:next:next:next:[1, 4, 9, 16, 25]
iter=> next:next:next:next:next:next:['0b1', '0b10', '0b11', '0b100', '0b101']
iter=> next:1 @ next:2 @ next:3 @ next:4 @ next:5 @ next:
```

만약 우리가 __contains__ 메소드를 주석 처리한다면, 이 코드의 출력 결과가 어떻게 달라지는지 살펴보자. 멤버십은 이제 일반적인 __iter__로 라우트된다.

```
iter=> next:next:next:True
iter=> next:1 | next:2 | next:3 | next:4 | next:5 | next:
iter=> next:next:next:next:next:next:[1, 4, 9, 16, 25]
iter=> next:next:next:next:next:next:['0b1', '0b10', '0b11', '0b100', '0b101']
iter=> next:1 @ next:2 @ next:3 @ next:4 @ next:5 @ next:
```

그리고 마지막으로 여기에 __contains__와 __iter__ 모두를 주석 처리했을 때의 결과를 보여준다. 인덱싱 __getitem__ 폴백은 멤버십과 다른 반복 맥락을 위해 IndexError가 발생할 때까지 연속적으로 더 높은 인덱스값을 가지고 호출된다.

```
get[0]:get[1]:get[2]:True
get[0]:1 | get[1]:2 | get[2]:3 | get[3]:4 | get[4]:5 | get[5]:
get[0]:get[1]:get[2]:get[3]:get[4]:get[5]:[1, 4, 9, 16, 25]
get[0]:get[1]:get[2]:get[3]:get[4]:get[5]:['0b1', '0b10', '0b11', '0b100', '0b101']
get[0]:1 @ get[1]:2 @ get[2]:3 @ get[3]:4 @ get[4]:5 @ get[5]:
```

우리가 이미 보았듯이, __getitem__ 메소드가 가장 일반적이다. 반복 외에도 이 메소드는 슬라이싱뿐 아니라 명시적인 인덱싱도 가로챈다. 슬라이스 표현식은 내장된 타입과 사용자 정의 클래스를 위해 한도 값들을 포함한 슬라이스 객체를 가지고 __getitem__을 작동시킨다. 따라서 슬라이싱은 우리 클래스에서 자동으로 실행된다.

```
>>> from contains import Iters
>>> X = Iters('spam')                    # 인덱싱
>>> X[0]                                 # __getitem__(0)
get[0]:'s'

>>> 'spam'[1:]                           # 슬라이스 구문
'pam'
>>> 'spam'[slice(1, None)]               # 슬라이스 객체
'pam'

>>> X[1:]                                # __getitem__(slice(..))
get[slice(1, None, None)]:'pam'
>>> X[:-1]
get[slice(None, -1, None)]:'spa'

>>> list(X)                              # 그리고 반복 도구
iter=> next:next:next:next:next:['s', 'p', 'a', 'm']
```

하지만 시퀀스 기반이 아닌 보다 현실적인 반복의 용도에서 __iter__ 메소드는 정수 인덱스값을 관리할 필요가 없기 때문에 작성하기 더 쉬우며, __contains__는 특별한 경우로 멤버십 최적화를 할 수 있다.

속성 접근: __getattr__와 __setattr__

파이썬 클래스에서는 필요한 경우 기본 속성에 대한 접근을 가로챌 수 있다. 구체적으로 말하자면 클래스로부터 생성된 객체에서 점(dot) 연산자 표현식인 객체.속성에 대한 참조, 할당, 삭제를 가로챌 수 있다. 우리는 28장에서 이 범주에 해당하는 제한된 예제를 살펴보았으며, 여기에서 해당 주제에 대해 복습해 볼 것이다.

속성 참조

__getattr__ 메소드는 속성 참조를 가로챈다. 이 메소드는 여러분이 **미정의된**(존재하지 않는) 속성 이름을 가진 인스턴스를 인정하려고 하면 언제나 문자열로 된 속성 이름을 가지고 호출된다. 파이썬이 자신의 상속 트리 검색 절차를 이용하여 속성을 찾아낼 수 있다면 이 메소드는 호출되지 **않는다**.

__getattr__는 그 동작 방식 때문에 일반적인 속성 요청에 대응하는 데 있어 유용하다. 이 메

소드는 보편적으로 호출을(28장의 위임을 소개할 때 함께 소개했던) 프록시 컨트롤러 객체로부터 내장된(또는 '감싸인') 객체로 위임할 때 사용된다. 이 메소드는 클래스를 인터페이스에 맞춰 조정하거나 사실(fact. 메소드에 포함된 로직으로, 속성이 이미 단순 점 표기법으로 사용된 이후 이 속성의 유효성을 입증하거나 계산한다) 이후에 데이터 속성을 위한 **접근자**를 추가하기 위해 사용될 수 있다. 기본적인 메커니즘은 간단하다. 다음 클래스는 속성 참조를 잡아내어 속성값을 동적으로 연산하고, 지원되지 않는 다른 속성들에 대해서는 이 장 앞에서 반복자에 대해 설명할 때 본 것처럼 raise문으로 에러를 발생시킨다(파트 7에서 자세히 살펴보자).

```
>>> class Empty:
        def __getattr__(self, attrname):          # self.undefined일 때
            if attrname == 'age':
                return 40
            else:
                raise AttributeError(attrname)

>>> X = Empty()
>>> X.age
40
>>> X.name
...에러 구문 생략...
AttributeError: name
```

여기에서 Empty 클래스와 이의 인스턴스인 X는 자신들만의 실제 속성을 가지고 있지 않기 때문에 X.age에의 접근은 __getattr__ 메소드로 라우트된다. self는 인스턴스 X가 할당되며, attrname은 미정의된 속성 이름 문자열인 'age'가 할당된다. 클래스는 X.age 표현식의 결과로 실제 값인 40을 반환함으로써 age가 실제 속성인 것처럼 보이게 만든다. 실제로 age는 동적으로 계산된 속성이 된다. 그리고 그 값은 객체를 가져온 결과가 아니라 코드를 실행한 결과로 생성된다.

클래스가 어떻게 처리해야 할지 모르는 속성에 대해서는 __getattr__가 내장된 Attribute Error를 발생시켜서 파이썬에게 이들 속성은 진짜로 정의되지 않은 이름임을 알린다. X.name을 요청하면 에러가 발생한다. 여러분은 다음 두 장에서 위임과 프로퍼티에 대해 학습할 때 __getattr__에 대해 다시 보게 될 것이다. 여기에서는 이만 관련 도구들로 넘어가도록 하자.

속성 할당과 제거

동일 영역에서 __setattr__는 모든 속성 할당을 가로챈다. 만약 이 메소드가 정의되거나 상속
되었다면, self.attr = value는 self.__setattr__('attr', value)가 된다. __getattr__처럼 이것은 여
러분의 클래스가 속성 변경을 가로채고 의도한 대로 유효성을 입증하거나 변형할 수 있도록
해준다.

하지만 이 메소드는 사용하기에 약간 까다로운데, 이는 __setattr__ 내의 self 속성을 할당하
는 것은 다시 __setattr__를 호출하게 되어 잠재적으로 무한 재귀 루프(recursion loop)를 야기할
위험을 가지고 있기 때문이다(그리고 매우 빠르게 스택 오버플로우 예외가 발생하게 될 것이다!). 실제
로 이것은 클래스 내에서 self 속성 할당이 발생하는 곳이라면 어디에서나 적용된다. 모든 할
당은 __setattr__로 라우트되는데 이는 다른 메소드에서 할당이 이루어지더라도 그러하며, 처
음에 __setattr__를 작동시켰을 이름 외의 다른 이름들에 이루어지는 할당에도 동일하다. 기
억할 것은 이것은 모든 속성 할당을 다 잡아낸다는 것이다.

이 메소드를 사용하고 싶다면, 인스턴스 속성 할당을 속성 딕셔너리 키에 할당하는 것처럼
코딩함으로써 루프가 발생하는 것을 피할 수 있다. 즉, self.name = x가 아니라 self.__dict__
['name'] = x를 사용하면 된다. 이렇게 되면 여러분은 __dict__ 자체에 할당하는 것이 아니기
때문에 루프를 피할 수 있다.

```
>>> class Accesscontrol:
        def __setattr__(self, attr, value):
            if attr == 'age':
                self.__dict__[attr] = value + 10        # self.name=val이나 setattr가 아니라
            else:
                raise AttributeError(attr + ' not allowed')

>>> X = Accesscontrol()
>>> X.age = 40                                          # __setattr__ 호출
>>> X.age
50
>>> X.name = 'Bob'
...생략...
AttributeError: name not allowed
```

만약 여기서 __dict__ 할당을 다음 중 하나로 바꾼다면, 무한 재귀 루프와 예외가 발생하게
된다. 점 표기법과 내장된 setattr 함수 모두(getattr와 유사한 할당)는 age가 클래스 외부에서 할
당될 때 실패하게 된다.

```
self.age = value + 10                        # 루프
setattr(self, attr, value + 10)              # 루프(attr는 'age')
```

클래스 내의 다름 이름에 할당하는 것 또한 재귀적 __setattr__ 호출을 야기하지만, 이 클래스에서는 직접 AttributeError 예외를 이용해 재귀적 호출을 예방한다.

```
self.other = 99                              # 재귀적이나, 루프가 되지는 않음: 실패
```

또한 __dict__에 키를 할당하는 대신, 모든 속성 할당을 자신보다 상위의 슈퍼클래스로 라우팅하여 __setattr__를 사용하는 클래스에서는 재귀적 루프를 피할 수 있다.

```
self.__dict__[attr] = value + 10             # OK: 루프가 생기지 않음
object.__setattr__(self, attr, value + 10)   # OK: 루프 X(새로운 형식에서만)
```

하지만 object 형태는 2.X에서 새 형식 클래스의 사용을 요구하기 때문에 이 형태에 대한 자세한 내용은 38장에서 속성 관리 전반에 대하여 심도 있게 살펴볼 때 다루도록 하겠다.

세 번째 속성 관리 메소드인 __delattr__는 속성 이름 문자열을 전달받고 모든 속성 제거 작업에서 작동한다(즉, del object.attr). __setattr__처럼 이 메소드는 속성 제거를 __dict__를 통해 클래스를 이용하는 방식이나 슈퍼클래스로 라우팅함으로써 재귀 루프를 피해야 한다.

 32장에서 배우겠지만 **슬롯**이나 **프로퍼티**와 같은 새 형식 클래스의 특징으로 구현된 속성은 물리적으로 인스턴스의 __dict__ 네임스페이스 딕셔너리에 저장되지 않는다(그리고 슬롯은 심지어 __dict__를 완전히 존재하지 못하도록 하기도 한다!). 이 때문에 그러한 속성들을 지원하고자 하는 코드는 대상 클래스들이 자신의 모든 데이터를 인스턴스 자체에 저장한다는 것이 확인되지 않는 한, self.__dict__ 인덱싱이 아니라 여기에서 보여 준 대로 object.__setattr__ 기법을 사용하여 할당하도록 __setattr__를 코딩해야 한다. 38장에서 새로운 형식의 __getattribute__도 유사한 요구 사항을 가지고 있음을 보게 될 것이다. 이 변경 사항은 파이썬 3.X에서는 필수 불가결하지만 2.X에서는 새 형식 클래스를 사용하는 경우에 한하여 적용된다.

다른 속성 관리 도구

이들 세 가지 속성 접근 오버로딩 메소드는 여러분이 여러분의 객체에 존재하는 속성에 접근하는 것을 제어하거나 특화시킬 수 있도록 해준다. 이들은 매우 특화된 역할을 담당하는 경향

이 있으며, 이 중 일부는 이 책의 후반부에서 다루도록 하겠다. 실제 __getattr__의 다른 예제로 28장의 person-composite.py를 보자. 훗날 참고할 수 있도록 파이썬에서 속성 접근을 관리하는 데에는 다른 방법들도 있음을 기억해 두자.

- __getattribute__ 메소드는 정의되지 않은 속성뿐 아니라, 모든 속성 가져오기를 가로챈다. 하지만 이를 사용할 때에는 루프를 피하기 위해 __getattr__을 사용할 때보다 더 주의를 기울여야 한다.
- 내장된 property 함수는 특정 클래스 속성에 대해 속성 가져오기와 값 설정을 연계할 수 있도록 해준다.
- 디스크립터는 특정 클래스 속성에 접근할 수 있어서 클래스의 __get__과 __set__ 메소드를 연계하는 프로토콜을 제공한다.
- 슬롯 속성은 클래스에서 선언되지만 각 인스턴스에 암묵적인 스토리지를 생성한다.

이들은 고급 도구로 모든 파이썬 프로그래머의 관심사가 아니므로 이에 대해서는 32장 프로퍼티를 다룰 때, 그리고 모든 속성 관리 기법에 대하여 자세하게 다룰 38장에서 복습하자.

인스턴스 속성을 위한 프라이버시 모방하기: 파트 1

그러한 도구들의 다른 용도로, 다음 코드(파일 private0.py)는 이전 예제를 일반화하여 각 서브클래스가 자신의 인스턴스에 할당될 수 없는 전용(private) 이름이 나열된 자신만의 리스트를 가질 수 있도록 해준다(그리고 파트 7 전까지는 그저 받아들여야 할 사용자 정의 예외 클래스를 사용한다).

```python
class PrivateExc(Exception): pass              # 예외는 파트 7에서 더 알아볼 예정임

class Privacy:
    def __setattr__(self, attrname, value):   # self.attrname = value에서
        if attrname in self.privates:
            raise PrivateExc(attrname, self)   # 사용자 정의 예외 생성 및 발생
        else:
            self.__dict__[attrname] = value    # 딕셔너리 키를 이용하여 루프를 피함

class Test1(Privacy):
    privates = ['age']

class Test2(Privacy):
    privates = ['name', 'pay']
    def __init__(self):
        self.__dict__['name'] = 'Tom'          # 더 잘하려면, 39장 참조!
```

```
if __name__ == '__main__':
    x = Test1()
    y = Test2()

    x.name = 'Bob'                          # 성공
    #y.name = 'Sue'                         # 실패
    print(x.name)


    y.age = 30                              # 성공
    #x.age = 40                             # 실패
    print(y.age)
```

실제로 이것은 파이썬에서 **속성 프라이버시**를 구현하는 첫 번째 방식으로, 클래스 외부에서 속성 이름의 변경을 못하도록 막는다. 파이썬이 프라이빗 선언 그 자체를 지원하지는 않지만, 이와 같은 기법들은 프라이빗 선언의 용도 대부분을 모방할 수 있다.

하지만 이것은 불완전한(그리고 투박한) 방식이다. 이를 좀 더 효과적으로 하려면, 우리는 클래스가 전용 속성을 매번 __dict__를 통해서 가는 방식이 아니라, 마치 생성자가 __setattr__와 예외를 작동시키는 것을 피하기 위해 해야 하는 것처럼 좀 더 자연스럽게 설정할 수 있어야 한다. 보다 완전하고 더 나은 접근법은 클래스 밖에서만 발생하는 전용 속성 접근에 대하여 확인할 수 있도록 포장('프록시') 클래스와 속성 가져오기의 유효성을 입증할 수 있는 __getattr__를 이용하는 것이다.

속성 프라이버시에 대한 좀 더 완전한 구현 방식에 대해서는 39장에서 다루도록 하겠다. 39장에서는 속성을 검증하고 가로채는 좀 더 범용적인 방식인 **클래스 데코레이터**를 사용할 것이다. 프라이버시가 이 방식으로 구현될 수 있다 하더라도, 실제 코딩에서는 거의 등장하지 않는다. 파이썬 프로그래머들은 프라이빗 선언 없이도 대규모 객체 지향 프로그래밍 프레임워크와 애플리케이션을 작성할 수 있다. 일반적인 접근 제어에 대한 내용은 이 책의 범위를 벗어난다.

일반적으로 속성 참조와 할당을 가로채는 기법은 유용하다. 이것은 **위임**과 내장 객체를 감싸고, 새로운 행위를 추가하고, 내장 객체에 다른 동작들을 라우팅해 주는 컨트롤러 객체를 허용하는 설계 기법을 지원한다. 이들은 설계와 관련된 내용이기 때문에 다음 장에서 위임과 포장 클래스에 대해 다시 알아보도록 하자.

문자열 표현: __repr__과 __str__

다음으로 살펴볼 메소드는 디스플레이 포맷을 다룬다. 이미 살펴본 주제이지만 여기에서 다시 요약해 보도록 하자. 복습 차원에서 다음 코드는 __init__ 생성자와 __add__ 오버로드 메소드를 사용한다(이 둘 모두 우리가 이미 살펴본 내용으로 여기에서 +는 객체를 직접 변경하는 제자리 연산으로, 단지 그렇게 될 수 있다는 점을 보여 주며, 27장에 따르면 지정된 메소드가 더 선호된다). 우리가 배웠다시피, 이와 같은 클래스를 위한 인스턴스 객체의 기본 디스플레이는 일반적으로 유용하지도, 미학적으로 아름답지도 않다.

```
>>> class adder:
        def __init__(self, value=0):
            self.data = value              # 데이터 초기화
        def __add__(self, other):
            self.data += other             # other를 직접 더함(나쁜 형태?)

>>> x = adder()                            # 기본 표현 방식
>>> print(x)
<__main__.adder object at 0x00000000029736D8>
>>> x
<__main__.adder object at 0x00000000029736D8>
```

하지만 문자열 표현 메소드를 코딩하거나 상속하는 것은 이 디스플레이를 바꿀 수 있도록 해준다. 다음에서와 같이 서브클래스에 자신의 인스턴스를 위해 문자열 표현을 반환하는 __repr__을 정의할 수 있다.

```
>>> class addrepr(adder):                  # __init__, __add__ 상속
        def __repr__(self):                # 문자열 표현 추가
            return 'addrepr(%s)' % self.data    # 코딩된 문자열로 변환

>>> x = addrepr(2)                         # __init__ 실행
>>> x + 1                                  # __add__ 실행(x.add( )가 더 나은가?)
>>> x                                      # __repr__ 실행
addrepr(3)
>>> print(x)                               # __repr__ 실행
addrepr(3)
>>> str(x), repr(x)                        # 둘 모두를 위해 __repr__ 실행
('addrepr(3)', 'addrepr(3)')
```

__repr__(또는 이의 가까운 친척뻘인 __str__)은 만약 정의되어 있다면, 클래스 인스턴스가 프린트되거나 문자열로 전환될 때 자동으로 호출된다. 이 메소드들은 여러분의 객체를 위해 기본 인스턴스 디스플레이보다 더 나은 디스플레이 포맷을 정의할 수 있도록 해준다. 여기서 __

repr__은 self.data 객체를 사람이 이해하기 쉬운 문자열로 출력하기 위해 기본 문자열 포매팅을 사용한다.

왜 디스플레이 메소드가 두 개인가?

지금까지는 전반적인 내용을 복습하였다. 하지만 이들 메소드가 사용하기에 일반적으로 간단하지만, 이들의 역할과 행위는 설계와 코딩에 있어 다소 미묘한 영향을 준다. 특히, 파이썬은 서로 다른 청중들을 위해 서로 대안적인 디스플레이를 지원할 수 있도록 두 개의 디스플레이 메소드를 제공한다.

- __str__은 print 동작과 내장된 str 함수(내부적으로 print가 실행되는 것과 동일함)를 위해 먼저 시도된다. 일반적으로 사용자 친화적인 디스플레이를 반환하게 된다.

- __repr__은 다른 모든 경우에 사용된다. 대화형 에코, repr 함수, 그리고 중첩된 모습을 위해 __str__이 없다면 print와 str에 의해 사용된다. 일반적으로 객체를 재생성하기 위해 사용될 수 있는 코드대로 보여 주는 문자열 또는 개발자를 위해 상세한 디스플레이를 반환하게 된다.

즉, __repr__은 __str__이 정의되어 있을 때 print와 str에 의한 경우를 제외하면 어디에서나 사용된다. 이것은 어디에서나 사용되는 단일 디스플레이 포맷을 정의하기 위해 __repr__을 코딩할 수 있으며, print와 str만을 별도로 지원하거나 이들에 대한 대안적 디스플레이를 제공하기 위해 __str__을 코딩할 수 있다.

print와 str만으로 객체의 내용을 표시하기에 충분하다고 가정한다면, 28장에서 설명한 대로 일반적인 도구들은 __repr__보다는 __str__을 선호할 것이다. __repr__은 다른 클래스들이 다른 문맥에서 출력에 사용할 수 있도록 선택 옵션을 남겨 두는 것이다. 역으로, __repr__을 코딩한 일반적인 도구는 여전히 클라이언트가 print와 str을 위해 __str__을 대안으로 추가할 수 있는 여지를 둔다. 달리 말하면, 여러분이 둘 중 하나를 코딩하면, 다른 하나는 추가 디스플레이를 위해 사용할 수 있다. 둘 중 무엇을 사용해야 할지 불분명한 경우, __str__은 더 사용자 친화적인 디스플레이를 위해 일반적으로 선호되는 방식이며 __repr__은 더 하위 레벨 또는 코드대로 보여 주는 디스플레이 그리고 모든 것을 포함한 역할을 수행할 필요가 있을 때 선호되는 방식이다.

좀 더 구체적으로 이 두 메소드 사이의 차이점에 대하여 보기 위해 일부 코드를 작성해 보도록 하자. 이 절의 앞에서 살펴본 예제에서 __repr__이 많은 경우 폴백으로 어떻게 사용되는지 보여 주었다. 하지만 __str__이 정의되지 않은 경우에 프린팅은 __repr__로 폴백하게 되는 반면, 그 반대의 경우는 성립하지 않는다. 예를 들어 대화형 에코의 경우, __str__은 시도도 하지 않고 오직 __repr__만 사용한다.

```
>>> class addstr(adder):
        def __str__(self):                          # __str__ but no __repr__
            return '[Value: %s]' % self.data         # 보기 좋은 문자열로 변환

>>> x = addstr(3)
>>> x + 1
>>> x                                               # 기본은 __repr__
<__main__.addstr object at 0x00000000029738D0>
>>> print(x)                                        # __str__ 실행
[Value: 4]
>>> str(x), repr(x)
('[Value: 4]', '<__main__.addstr object at 0x00000000029738D0>')
```

이 때문에 모든 경우에 적용될 단일 디스플레이를 원한다면 __repr__가 최적일 것이나, 여러분은 다른 경우에 다른 디스플레이를 지원할 수도 있다. 예를 들어, __str__을 사용하여 최종 사용자 디스플레이를 지원하고 __repr__을 이용하여 개발하는 동안 프로그래머들이 사용할 하위 레벨의 디스플레이를 지원하도록 할 수 있다. 실제로, __str__은 보다 사용자 친화적인 디스플레이를 위해 단순히 __repr__을 치환할 수 있다.

```
>>> class addboth(adder):
        def __str__(self):
            return '[Value: %s]' % self.data         # 사용자 친화적인 문자열
        def __repr__(self):
            return 'addboth(%s)' % self.data         # 코드대로의 문자열

>>> x = addboth(4)
>>> x + 1
>>> x                                               # __repr__ 실행
addboth(5)
>>> print(x)                                        # __str__ 실행
[Value: 5]
>>> str(x), repr(x)
('[Value: 5]', 'addboth(5)')
```

디스플레이 사용 노트

일반적으로 사용하기 쉽더라도, 이 메소드들의 사용과 관련하여 세 가지 정도 언급하고자한다. 우선, __str__과 __repr__은 모두 **문자열**을 반환해야 한다는 점을 기억하자. 다른 결과타입은 전환되지 않고 에러를 발생시키기 때문에 필요하다면 문자열 변환기(**예** str 또는 %)를 통해 이들을 실행해야 한다.

둘째로, 컨테이너의 문자열 변환 로직에 따라 __str__의 사용자 친화적인 디스플레이는 객체가 프린트 동작의 최상위 레벨에 등장할 때에만 적용된다. 더 큰 객체에 포함된 **중첩** 객체는여전히 자신의 __repr__ 또는 객체의 기본 출력 동작을 이용한다. 다음은 이 두 가지 내용에대해 잘 보여 주는 예다.

```
>>> class Printer:
        def __init__(self, val):
            self.val = val
        def __str__(self):                # 인스턴스 자체를 위해 사용
            return str(self.val)          # 문자열 결과로 변환

>>> objs = [Printer(2), Printer(3)]
>>> for x in objs: print(x)              # 인스턴스가 프린트될 때 __str__ 실행
                                         # 하지만 인스턴스가 리스트에 있을 때는 실행되지 않음

2
3
>>> print(objs)
[<__main__.Printer object at 0x000000000297AB38>, <__main__.Printer obj...등등...>]
>>> objs
[<__main__.Printer object at 0x000000000297AB38>, <__main__.Printer obj...등등...>]
```

수정된 디스플레이가 컨테이너와 무관하게 모든 경우에 반드시 실행되도록 하기 위해서는 __str__이 아니라 __repr__을 코딩해야 한다. 만약 전자가 적용되지 않는다면, 중첩된 모습을포함하여 모든 경우에 후자가 실행된다.

```
>>> class Printer:
        def __init__(self, val):
            self.val = val
        def __repr__(self):               # __str__이 없으면 print는 __repr__을 사용
            return str(self.val)          # 반복이나 중첩된 경우, __repr__이 사용됨
>>> objs = [Printer(2), Printer(3)]
>>> for x in objs: print(x)              # __str__이 없으므로: __repr__을 실행

2
3
```

```
>>> print(objs)                     # __str__이 아니라 __repr__ 실행
[2, 3]
>>> objs
[2, 3]
```

셋째로, 가장 미묘하긴 하지만 디스플레이 메소드들 또한 드물게 무한 **재귀 루프**를 야기할 위험성을 가지고 있다. 일부 객체의 디스플레이는 다른 객체들의 디스플레이를 포함하기 때문에 하나의 디스플레이가 디스플레이될 객체의 디스플레이를 작동시키는 것이 가능하며, 그럴 경우 루프가 발생하게 된다. 이는 드물고 여기에서 생략해도 될 정도로 잘 알려지지 않은 경우이지만, 이에 대한 예제로 다음 장 마지막쯤에 listinherited.py 예제의 클래스에 이 메소드들이 등장하는데, 이 클래스에서 __repr__이 루프를 형성할 수 있음을 확인할 수 있다.

실제로 __str__과 더 포괄적인 친척뻘인 __repr__은 파이썬 스크립트에서 __init__ 다음으로 두 번째로 많이 사용되는 연산자 오버로딩 메소드로 보인다. 여러분이 객체를 프린트할 수 있는 때라면 언제나 아마도 이 두 도구 중 하나가 사용될 것이다. 이 도구들의 실제 사용 예제와 이들이 의미하는 설계상의 장단점에 대해서는 28장의 사례 연구와 31장의 클래스 리스터 혼합 객체들과 35장의 예외 클래스에서의(여기에서 __str__이 __repr__보다 필수적이다) 이들의 역할을 참조하자.

오른쪽 기준 연산과 제자리 연산: __radd__와 __iadd__

다음으로 살펴볼 오버로딩 메소드는 우리가 이미 살펴보았던 __add__나 __sub__(+와 -로 호출됨)와 같은 이항 연산자 메소드의 기능을 확장한 것이다. 앞에서 언급했듯이, 연산자 오버로딩 메소드가 그렇게 많은 이유 중 일부는 이들이 여러 방식을 제공하기 때문이다. 모든 이항 표현식에서 우리는 왼쪽 기준, 오른쪽 기준, 제자리(in-place) 연산의 변형을 구현할 수 있다. 이 세 가지 모두를 코딩하지 않은 경우에는 기본 방식이 적용되겠지만, 여러분이 만든 객체의 역할이 여러분이 얼마나 많은 변형들을 코딩해야 하는지를 좌우한다.

오른쪽 기준 덧셈

예를 들어, 지금까지 코딩해 온 __add__ 메소드들은 엄밀히 말하면 + 연산자의 오른쪽에 놓인 인스턴스 객체의 사용을 지원하지 않는다.

```
>>> class Adder:
        def __init__(self, value=0):
            self.data = value
        def __add__(self, other):
            return self.data + other

>>> x = Adder(5)
>>> x + 2
7
>>> 2 + x
TypeError: unsupported operand type(s) for +: 'int' and 'Adder'
```

보다 일반적인 표현식을 구현하고 **가환성의 스타일**(제시된 객체의 순서와 상관없이 동일한 결과를 내는) 연산자를 지원하기 위해 __radd__ 메소드를 함께 코딩해야 한다. 파이썬은 +의 오른쪽에 있는 객체가 여러분 클래스의 인스턴스이고, 왼쪽에 있는 객체는 여러분 클래스의 인스턴스가 아닐 때에만 __radd__를 호출한다. 그 외 다른 모든 경우에 대해서는 왼쪽에 있는 객체를 위한 __add__ 메소드가 호출된다(이 절의 다섯 가지 Commuter 클래스는 책의 예제인 commuter.py 파일에 셀프 테스트 코드와 함께 실려 있다).

```
class Commuter1:
    def __init__(self, val):
        self.val = val
    def __add__(self, other):
        print('add', self.val, other)
        return self.val + other
    def __radd__(self, other):
        print('radd', self.val, other)
        return other + self.val

>>> from commuter import Commuter1
>>> x = Commuter1(88)
>>> y = Commuter1(99)

>>> x + 1                              # __add__: 인스턴스 + 비인스턴스
add 88 1
89
>>> 1 + y                              # __radd__: 비인스턴스 + 인스턴스
radd 99 1
100
>>> x + y                              # __add__: 인스턴스 + 인스턴스, __radd__ 작동
add 88 <commuter.Commuter1 object at 0x00000000029B39E8>
radd 99 88
187
```

__radd__에서 순서가 어떻게 뒤바뀌었는지 주목하자. self는 실제로 + 오른쪽에 위치하고 other가 왼쪽에 위치한다. 또한, x와 y는 여기에서 동일한 클래스의 인스턴스다. 다른 클래스들의 인스턴스들이 하나의 표현식에 혼합되어 등장하면, 파이썬은 왼쪽에 있는 인스턴스의 객체를 선호한다. 우리가 두 인스턴스를 함께 더하는 경우, 파이썬은 __add__를 실행하고, 이것은 차례대로 왼쪽 피연산자를 단순화함으로써 __radd__를 작동시킨다.

__radd__에서 __add__ 재사용하기

실제로 위치에 따른 특별 처리가 필요하지 않은 가환성 있는 연산을 위해서 때로는 __radd__를 위해 __add__를 재사용하는 것으로 충분할 때도 있다. __add__를 직접 부르거나, __add__를 간접적으로 작동시킬 수 있게 피연산자의 순서를 바꾸고 다시 더하거나, 또는 단순히 class문의 최상위 레벨에(즉, 클래스 범위에) __add__를 위해 __radd__에 별칭을 부여할 수 있다. 다음 방식은 이 세 가지 방식을 모두 구현한 것으로, 원래와 동일한 결과를 반환한다. 마지막은 부가적인 호출 또는 작업 할당을 저장하기 때문에 좀 더 빠를 수 있다(모두 self가 +의 오른쪽에 놓일 때 __radd__가 실행된다).

```python
class Commuter2:
    def __init__(self, val):
        self.val = val
    def __add__(self, other):
        print('add', self.val, other)
        return self.val + other
    def __radd__(self, other):
        return self.__add__(other)        # __add__를 명시적으로 호출

class Commuter3:
    def __init__(self, val):
        self.val = val
    def __add__(self, other):
        print('add', self.val, other)
        return self.val + other
    def __radd__(self, other):
        return self + other               # 순서를 바꾸어 다시 덧셈

class Commuter4:
    def __init__(self, val):
        self.val = val
    def __add__(self, other):
        print('add', self.val, other)
        return self.val + other
    __radd__ = __add__                     # 별칭: 중간 매개자 제거
```

이 모두에서 오른쪽 인스턴스의 등장은 오른쪽 피연산자를 self에 전달하여 단일의, 공유된 __add__ 메소드를 작동시킴으로써 왼쪽에 등장한 것과 동일하게 처리될 수 있도록 한다. 이해를 돕기 위해 직접 이들을 실행해 보자. 이들의 반환값은 원래와 동일하다.

클래스 타입 전파

클래스 타입이 결과에 전파될 필요가 있는 좀 더 현실적인 클래스에서는 일이 좀 더 까다로워질 수 있다. 결괏값을 변환하고 중첩을 피하기에 안전한지 확인하기 위해 타입 테스팅이 필요할 수 있다. 예를 들어, 다음에서 isinstance 테스트가 없다면, 우리는 두 개의 인스턴스를 더하고 __add__가 __radd__를 작동시키게 되면, val 값으로 다른 Commuter5를 가지고 있는 Commuter5로 끝날 수 있다.

```
class Commuter5:                           # 결과에 클래스 타입 전파
    def __init__(self, val):
        self.val = val
    def __add__(self, other):
        if isinstance(other, Commuter5):   # 객체 중첩을 피하기 위해 타입 테스팅
            other = other.val
        return Commuter5(self.val + other) # Else + result는 또 다른 Commuter
    def __radd__(self, other):
        return Commuter5(other + self.val)
    def __str__(self):
        return '<Commuter5: %s>' % self.val

>>> from commuter import Commuter5
>>> x = Commuter5(88)
>>> y = Commuter5(99)
>>> print(x + 10)                          # 결과는 또 다른 Commuter 인스턴스
<Commuter5: 98>
>>> print(10 + y)
<Commuter5: 109>

>>> z = x + y                              # 중첩되지 않음: __radd__를 재실행하지 않음
>>> print(z)
<Commuter5: 187>
>>> print(z + 10)
<Commuter5: 197>
>>> print(z + z)
<Commuter5: 374>
>>> print(z + z + 1)
<Commuter5: 375>
```

여기에서 isinstance 타입 테스트의 필요는 매우 미묘하다. 주석 처리를 해지하며, 실행하고 추적해 가면서 왜 이것이 필요한지 알아보자. 그렇게 해보면 이전 테스트의 마지막 부분이 상이한 중첩 객체로 끝나는 것을 보게 될 것이다. 여전히 연산은 정확하게 수행하지만, 이들 값들을 단순화하기 위해 의미 없는 재귀적 호출들과 결괏값을 구성하기 위해 부가적인 생성자 호출들을 시작하게 된다.

```
>>> z = x + y                          # 인스턴스 테스트를 주석 처리한 경우
>>> print(z)
<Commuter5: <Commuter5: 187>>
>>> print(z + 10)
<Commuter5: <Commuter5: 197>>
>>> print(z + z)
<Commuter5: <Commuter5: <Commuter5: <Commuter5: 374>>>>
>>> print(z + z + 1)
<Commuter5: <Commuter5: <Commuter5: <Commuter5: 375>>>>
```

테스트를 위해 commuter.py의 나머지 부분을 다음과 같이 고치고 실행하자. 클래스들은 튜플에 자연스럽게 등장할 수 있다.

```
#!python
from __future__ import print_function     # 2.X/3.X 호환성
...클래스들은 여기에 정의됨...

if __name__ == '__main__':
    for klass in (Commuter1, Commuter2, Commuter3, Commuter4, Commuter5):
        print('-' * 60)
        x = klass(88)
        y = klass(99)
        print(x + 1)
        print(1 + y)
        print(x + y)

c:\code> py -3 commuter.py
------------------------------------------------------------
add 88 1
89
radd 99 1
100
add 88 <__main__.Commuter1 object at 0x000000000297F2B0>
radd 99 88
187
------------------------------------------------------------
...등등...
```

여기에서 다루기엔 너무 많은 코딩 변형들이 존재한다. 따라서 이해를 돕기 위해 스스로 이 클래스들을 실험해 보기 바란다. 예를 들어, Commuter5에서 __radd__를 __add__로 별칭을 부여하는 것은 코드 한 줄을 절약하게 되지만, isinstance 없이 객체 중첩을 예방할 수 없다. 이 영역에 대한 다른 방식들에 대해서 파이썬 매뉴얼을 참조하자. 예를 들어, 클래스들은 메소드 선택에 영향을 줄 수 있도록 지원되지 않는 피연산자에 대하여 특별한 NotImplemented 객체를 반환할 수도 있다(이것은 메소드가 정의되지 않은 것처럼 다루어진다).

제자리 덧셈

+= 제자리 덧셈을 구현하기 위해 __iadd__나 __add__를 코딩하자. 후자는 전자가 없는 경우에 사용된다. 실제로, 이전 절의 Commuter 클래스는 이미 이러한 이유로 +=를 지원한다. 파이썬은 __add__를 실행하고 직접 결과를 할당한다. 하지만 __iadd__ 메소드는 더 효율적인 제자리 변경을 위하여 적용 가능한 곳에 코딩될 수 있다.

```
>>> class Number:
        def __init__(self, val):
            self.val = val
        def __iadd__(self, other):        # 명시적으로 __iadd__: x += y
            self.val += other             # 일반적으로 self를 반환
            return self

>>> x = Number(5)
>>> x += 1
>>> x += 1
>>> x.val
7
```

가변 객체들을 위해 이 메소드는 종종 좀 더 빠른 제자리 변경을 전문적으로 다룰 수 있다.

```
>>> y = Number([1])              # 직접 변경이 +보다 빠름
>>> y += [2]
>>> y += [3]
>>> y.val
[1, 2, 3]
```

일반적인 __add__ 메소드는 폴백으로 실행되지만, 제자리 변경 연산을 최적화할 수는 없다.

```
>>> class Number:
        def __init__(self, val):
            self.val = val
        def __add__(self, other):              # __add__ 폴백: x = (x + y)
            return Number(self.val + other)     # 클래스 타입 전파

>>> x = Number(5)
>>> x += 1
>>> x += 1                                       # 그리고 +=는 연결을 수행
>>> x.val
7
```

여기에서는 +에 대해 중점적으로 다루었지만, 모든 이항 연산자는 동일하게 동작하는 비슷한 오른쪽 기준 그리고 제자리 오버로딩 메소드들(예 __mul__, __rmul__, __imul__)을 가지고 있다는 점을 기억하자. 여전히 오른쪽 기준의 메소드들은 고급 주제이며, 현장에서는 그리 보편적으로 사용되지는 않는다. 이를 코딩하는 경우는 가환성이 있는 연산자가 필요할 때뿐이며, 즉 어쨌든 그러한 연산자를 지원할 필요가 있을 때뿐이다. 예를 들어, Vector 클래스는 이러한 도구들을 사용할 수 있지만, Employee 또는 Button 클래스는 아마 이들을 사용하지는 않을 것이다.

호출식: __call__

다음 오버로딩 메소드에 대해 알아보자. 인스턴스가 호출될 때는 __call__ 메소드가 호출된다. 이것은 순환 정의가 아니다. 만약 __call__메소드가 정의되었다면 파이썬은 여러분의 인스턴스에 적용될 함수 호출 표현식을 위해 __call__메소드를 실행하며, 이를 실행하기 위해 위치적 또는 키워드 인수를 함께 전달한다. 이는 인스턴스가 함수 기반의 API를 따를 수 있도록 해준다.

```
>>> class Callee:
        def __call__(self, *pargs, **kargs):    # 인스턴스 호출 가로채기
            print('Called:', pargs, kargs)       # 임의의 인수 받아들이기

>>> C = Callee()
>>> C(1, 2, 3)                                    # C는 호출 가능한 객체
Called: (1, 2, 3) {}
>>> C(1, 2, 3, x=4, y=5)
Called: (1, 2, 3) {'y': 5, 'x': 4}
```

보다 공식적으로 우리가 18장에서 살펴본 모든 인수 전달 방식들은 __call__ 메소드에서도 지원된다. 인스턴스에 전달되는 것이라면 무엇이든지 이 메소드에 일반적인 암묵적 인스턴스 인수와 함께 전달된다. 예를 들어 다음 코드를 살펴보자.

```
class C:
    def __call__(self, a, b, c=5, d=6): ...           # 일반이면서 기본

class C:
    def __call__(self, *pargs, **kargs): ...           # 임의의 인수들과 키워드 인수들을 수집

class C:
    def __call__(self, *pargs, d=6, **kargs): ...      # 3.X 의 키워드 전용 인수
```

앞의 클래스 정의는 다음의 인스턴스 호출 모두에 대응된다.

```
X = C()
X(1, 2)                         # 기본값 생략
X(1, 2, 3, 4)                   # 위치적 인수
X(a=1, b=2, d=4)                # 키워드
X(*[1, 2], **dict(c=3, d=4))    # 임의의 인수 풀어내기
X(1, *(2,), c=3, **dict(d=4))   # 혼합 방식
```

함수 인수에 대해서는 18장을 참조하자. 그 결과, __call__을 가진 클래스와 인스턴스는 일반 함수와 메소드와 똑같은 인수 구문과 의미론을 지원한다.

이와 같은 호출 표현식을 가로채는 것은 클래스 인스턴스가 함수 같은 것으로 보이도록 모방할 수 있게 해줄 뿐 아니라, 호출하는 동안 사용할 수 있는 상태 정보를 유지할 수 있도록 해준다. 17장에서 범위에 대하여 살펴볼 때 다음과 유사한 예제를 보았지만, 이제 여러분은 연산자 오버로딩에 충분히 익숙해졌을 것이므로 이 패턴을 더 잘 이해할 수 있을 것이다.

```
>>> class Prod:
        def __init__(self, value):            # 단 하나의 인수만 받아들임
            self.value = value
        def __call__(self, other):
            return self.value * other

>>> x = Prod(2)                     # 상태 정보에 2를 '기억'
>>> x(3)                            # 3(전달된 인수) * 2(상탯값)
6
>>> x(4)
8
```

이 예제에서 __call__은 처음 보기에는 불필요해 보일 수 있다. 단순한 메소드로도 비슷한 기능을 제공할 수 있다.

```
>>> class Prod:
        def __init__(self, value):
            self.value = value
        def comp(self, other):
            return self.value * other

>>> x = Prod(3)
>>> x.comp(3)
9
>>> x.comp(4)
12
```

그렇지만, __call__은 함수들을 기대하는 API(즉 라이브러리)와 인터페이스할 때 더 유용해질 수 있다. 이것은 우리가 기대되는 함수 호출 인터페이스에 따르는 객체를 코딩할 수 있도록 해줄 뿐 아니라, 상태 정보와 상속 같은 다른 클래스의 자산들을 유지할 수 있도록 해준다. 실제로, 이 메소드는 연산자 오버로딩 메소드 중 __init__ 생성자와 디스플레이 포맷 방식인 __str__과 __repr__에 이어 세 번째로 보편적 사용이 이루어진다.

함수 인터페이스와 콜백 기반 코드

예제로, tkinter GUI 툴킷(파이썬 2.X에서는 Tkinter)은 함수를 이벤트 핸들러(즉 콜백 함수)로 등록할 수 있도록 해준다. tkinter는 이벤트가 발생했을 때 등록된 객체를 호출한다. 만약 이벤트 핸들러가 이벤트들 사이에서 상태 정보를 유지하기를 원한다면, 클래스의 바운드 메소드나 __call__에 예상되는 인터페이스를 따르는 인스턴스를 등록할 수 있다.

예를 들어, 이전 절의 코드에서 두 번째 예제의 x.comp와 첫 번째 예제의 x는 이 방법을 통해 함수와 유사한 객체로 전달될 수 있다. 17장의 유효 범위에 상태 정보를 갖는 **클로저 함수**는 유사한 효과를 낼 수 있지만, 다중 연산 또는 변경에 대해 그만큼 지원되지 않는다.

다음 장에서 바운드 메소드에 대해 더 설명하겠지만, 지금으로서는 GUI 영역에 적용된 __call__에 대한 예제를 가정해 보자. 다음 클래스는 함수 호출 인터페이스를 지원하는 객체를 정의할 뿐 아니라, 버튼이 나중에 눌릴 때 어느 색으로 변경되어야 하는지를 기억하는 상태 정보를 가지고 있다.

```
class Callback:
    def __init__(self, color):              # 함수 + 상태 정보
        self.color = color
    def __call__(self):                      # 인수가 없는 호출을 지원
        print('turn', self.color)
```

GUI의 경우에 그 GUI가 아무 인수 없는 단순한 함수처럼 이벤트 핸들러를 호출할 수 있기를 기대하더라도, 우리는 이 클래스의 인스턴스를 버튼을 위한 이벤트 핸들러로 등록할 수 있다.

```
# 핸들러
cb1 = Callback('blue')                       # blue 기억
cb2 = Callback('green')                      # green 기억

B1 = Button(command=cb1)                     # 핸들러 등록
B2 = Button(command=cb2)
```

버튼이 나중에 눌릴 때, 인스턴스 객체는 인수가 없는 단순한 함수처럼 호출된다. 정확히는 다음 호출과 같이 말이다. 하지만 이 객체는 인스턴스 속성으로 상태 정보를 유지하므로 무엇을 해야 할지 기억하고 있다. 이것은 **상태 정보를 갖는 함수 객체**가 된다.

```
# 이벤트
cb1()                                        # 'turn blue' 출력
cb2()                                        # 'turn green' 출력
```

실제로, 많은 사람들이 이러한 클래스들을 파이썬 언어에서 상태 정보를 유지하기 위한 최선의 방법이라 생각한다(최소한 일반적으로 받아들여지는 파이썬 원칙에 따르면 말이다). 객체 지향 프로그래밍을 이용하면 기억된 상태 정보는 속성 할당으로 명시적이 될 수 있다. 이는 더 제한적이거나 암묵적인 행위에 기대는 다른 상태 유지 기법들(예 전역 변수, 유효 함수 범위 참조, 기본 가변 인수)과 다르다. 또한 클래스에 추가된 구조와 변경(customization)은 상태 정보를 넘어서는 것이다.

반면에, 클로저 함수와 같은 도구들은 기본 상태 유지 역할로도 유용하며, 3.X의 nonlocal문은 유효 범위를 더 많은 프로그램에서 실행 가능한 대안으로 만들어 준다. 39장에서 데코레이터를 코딩할 때 그러한 장단점에 대해 다시 살펴보겠지만, 여기에서 간단히 **클로저**에 대해 살펴보자.

```
def callback(color):                         # 유효 범위 vs. 속성
    def oncall():
        print('turn', color)
    return oncall
```

```
cb3 = callback('yellow')                # 핸들러는 등록되어야 함
cb3()                                    # 이벤트 발생 시: 'turn yellow' 출력
```

다음 주제로 넘어가기 전에, 파이썬 프로그래머들이 때때로 이와 같은 콜백 함수에 정보를 결부시키는 두 가지 다른 방법이 있다. 한 가지 방법은 lambda 함수에서 기본 인수를 사용하는 것이다.

```
cb4 = (lambda color='red': 'turn ' + color)    # 기본값도 상태 정보를 저장함
print(cb4())                                     # 'turn red'가 출력됨
```

또 다른 방법은 클래스의 바운드 메소드를 사용하는 것이다. 맛보기로 여기서 소개하기 충분할 만큼 단순하다. 바운드 메소드 객체는 self 인스턴스와 참조되는 함수 모두를 기억하는 객체다. 따라서 이 객체는 인스턴스가 없는 단순 함수처럼 이후에 호출될 수 있다.

```
class Callback:
    def __init__(self, color):          # 상태 정보를 갖는 클래스
        self.color = color
    def changeColor(self):              # 일반 명명된 메소드
        print('turn', self.color)

cb1 = Callback('blue')
cb2 = Callback('yellow')

B1 = Button(command=cb1.changeColor)    # 바운드 메소드: 참조할 뿐, 호출하지 않음
B2 = Button(command=cb2.changeColor)    # function + self 쌍을 기억함
```

이 경우에 이 버튼이 나중에 눌리면, 마치 GUI가 이 일을 한 것처럼 인스턴스 자신 대신에 객체의 상태 정보를 처리할 인스턴스의 changeColor 메소드를 호출하게 된다.

```
cb1 = Callback('blue')
obj = cb1.changeColor                   # 등록된 이벤트 핸들러
obj()                                    # 이벤트 발생 시, 'turn blue' 출력
```

여기에서 lambda는 필요 없다는 점에 주목하자. 바운드 메소드 참조 그 자체가 이미 나중까지 호출을 미루기 때문이다. 이 기법이 더 단순하지만 __call__을 이용하여 호출을 오버로딩하는 것보다 덜 일반적이다. 다시 말하지만, 바운드 메소드에 대한 더 자세한 내용은 다음 장에서 확인하도록 하자.

32장에서 다른 __call__ 예제를 확인할 수 있는데, 거기에서는 **함수 데코레이터**(내장 함수 위에 로직 계층을 추가할 때 종종 사용되는 호출 가능한 객체)로 알려진 무엇인가를 구현하기 위해 사용할 것이다. __call__이 호출 가능한 객체에 상태 정보를 포함시킬 수 있게 하므로 자신이 호출될 때 다른 함수를 호출할 것을 기억해야 하는 함수를 구현하는 데 적당한 방법이다. __call__에 대한 더 많은 예제는 17장의 상태 유지에 대한 미리 보기 예제를 확인하고, 더 고급 기법인 데코레이터와 메타클래스에 대해서는 39장과 40장을 참조하도록 하자.

비교: __lt__, __gt__ 등

이번에 다룰 오버로딩 메소드는 비교 연산을 지원한다. 표 30-1에서 보듯이, 클래스는 모든 여섯 가지 비교 연산자(<, >, <=, >=, ==, !=)를 잡아내는 메소드들을 정의할 수 있다. 이 메소드들은 일반적으로 사용하기 간편하나, 다음 자격을 기억해 둘 필요가 있다.

- 앞서 설명한 __add__/__radd__ 쌍과는 달리 비교 메소드에는 오른쪽 기준의 변형이 존재하지 않는다. 대신에 오직 하나의 피연산자만 비교를 지원할 때 반사적 메소드들이 사용된다(예 __lt__와 __gt__는 서로에게 반사적이다).

- 비교 연산자들 간에 암묵적인 관계가 존재하지 않는다. 예를 들어, ==가 참이라는 것이 !=가 거짓이라는 것을 의미하지는 않는다. 따라서 __eq__와 __ne__는 두 연산자 모두 반드시 정확하게 동작할 수 있도록 정의되어야 한다.

- 파이썬 2.X에서 __cmp__ 메소드는 더 이상의 구체적인 비교 메소드가 정의되어 있지 않을 때, 모든 비교 연산에 대해 사용된다. 이 메소드는 두 인수(self와 다른 피연산자)의 비교 결과보다 작은지, 그와 같은지, 아니면 그보다 큰지에 대하여 신호를 주기 위해 0보다 작거나, 아니면 같거나, 또는 그보다 큰 값을 반환한다. 이 메소드는 종종 그 결괏값 연산을 위해 내장된 cmp(x, y)을 사용한다. __cmp__ 메소드와 내장된 cmp 함수 둘 모두 파이썬 3.X에서는 삭제된 기능이다. 대신에 보다 구체적인 메소드를 사용해야 한다.

비교 메소드에 대해 더 깊이 다룰 만한 자리가 부족하지만, 간단한 소개로서 다음 클래스와 테스트 코드를 생각해 보자.

```
class C:
    data = 'spam'
    def __gt__(self, other):          # 3.X와 2.X 버전
        return self.data > other
```

```
    def __lt__(self, other):
        return self.data < other

X = C()
print(X > 'ham')                        # 참(__gt__ 실행)
print(X < 'ham')                        # 거짓(__lt__ 실행)
```

3.X나 2.X에서 실행해 보면, 마지막에 프린트문은 주석에 기재된 대로 결괏값을 표시할 것이다. 이는 클래스의 메소드가 비교 표현식을 가로채서 구현하기 때문이다. 이 범주의 더 자세한 내용은 파이썬 매뉴얼과 다른 참조 자료를 활용하자. 예를 들어, __lt__는 파이썬 3.X에서 정렬에 사용되고, 이항 표현식 연산자들로 말하자면 이들 메소드들은 지원되지 않는 인수들을 위해 NotImplemented를 반환할 수도 있다.

파이썬 2.X의 __cmp__ 메소드

파이썬 2.X에서만 __cmp__ 메소드를 더 구체적인 메소드가 정의되어 있지 않을 때 폴백으로 사용한다. 이 메소드의 정수 결과는 실행될 연산자를 평가하는 데 사용된다. 예를 들어, 다음은 2.X에서 이전 절의 코드와 동일한 결과를 만들어내지만, 3.X에서는 __cmp__를 더 이상 지원하지 않으므로 실행에 실패하게 된다.

```
class C:
    data = 'spam'                       # 2.X에서만
    def __cmp__(self, other):           # __cmp__는 3.X에서는 사용하지 않음
        return cmp(self.data, other)    # cmp는 3.X에서는 정의되지 않음

X = C()
print(X > 'ham')                        # 참(__cmp__ 실행)
print(X < 'ham')                        # 거짓(__cmp__ 실행)
```

이 코드는 3.X에서 실행되지 않는다. 이것은 cmp 내장 메소드가 더 이상 존재하지 않기 때문이 아니라 __cmp__가 더 이상 특수한 메소드가 아니기 때문이다. 만약 이전 클래스를 다음과 같이 변경하여 cmp 호출을 시뮬레이션해 보면, 코드는 2.X에서는 여전히 동작하지만 3.X에서는 실패한다.

```
class C:
    data = 'spam'
    def __cmp__(self, other):
        return (self.data > other) - (self.data < other)
```

내가 왜 3.X에서 더 이상 지원하지 않는 비교 메소드를 설명하는지 궁금해할 독자도 있을 것이다. 이전의 내용을 완전히 지워버리는 것이 더 쉬울 수도 있지만, 이 책은 2.X와 3.X의 사용자 모두가 참조할 수 있도록 설계되었다. __cmp__는 2.X 독자들이 재사용하거나 유지보수해야 할 코드에 등장할 수 있기 때문에 이 책에 있어서는 공정하다. 게다가 __cmp__는 앞에서 설명했던 __getslice__ 메소드보다 더 갑작스럽게 제거되었기 때문에 더욱 오래 지속될 수 있다. 하지만 3.X를 사용하고 있거나 향후에 3.X에서 코드를 실행하는 데 더 관심이 있는 독자라면, 더 이상 __cmp__를 사용하지 말아야 한다. 대신에 보다 더 구체적인 비교 메소드를 사용하자.

불리안 테스트: __bool__과 __len__

다음으로 살펴볼 메소드들은 참으로 유용하다. 파이썬의 모든 객체는 본질적으로 참(true)이거나 거짓(false)이다. 클래스를 코딩할 때, 요청에 따라 인스턴스의 True 또는 False 값을 제공하는 메소드를 코딩함으로써 여러분의 객체에 대한 의미를 정의할 수 있다. 이 메소드들의 이름은 파이썬 버전에 따라 다르다. 이 절에서는 3.X를 기준으로 살펴본 다음 2.X에서 그에 상응하는 메소드에 대해 알아보도록 하겠다.

앞에서 간단히 언급했듯이 불리안의 경우, 파이썬은 우선 직접적인 불리안 값을 얻기 위해 __bool__을 시도할 것이다. 만약 그 메소드가 없다면, 파이썬은 객체의 길이로부터 참/거짓 값을 추론하는 __len__을 시도하게 된다. 이들 중 첫 번째 메소드는 일반적으로 객체의 상태 또는 불리언 결과를 만들어내는 다른 정보를 사용한다. 3.X에서는 다음과 같이 동작한다.

```
>>> class Truth:
        def __bool__(self): return True

>>> X = Truth()
>>> if X: print('yes!')

yes!

>>> class Truth:
        def __bool__(self): return False

>>> X = Truth()
>>> bool(X)
False
```

앞의 코드에서 볼 수 있듯이 __bool__ 메소드가 없으면 파이썬은 길이를 참조하게 되는데, 이는 비어 있지 않은 객체를 참으로 간주하기 때문이다(즉 길이가 0이 아니면 객체가 참이며, 길이 0이면 객체가 거짓임을 의미한다).

```
>>> class Truth:
        def __len__(self): return 0

>>> X = Truth()
>>> if not X: print('no!')

no!
```

만약 두 메소드 모두 존재한다면 파이썬은 __len__보다 __bool__을 선호하는데, 이는 __bool__이 더 구체적이기 때문이다.

```
>>> class Truth:
        def __bool__(self): return True     # 3.X에서는 __bool__을 먼저 시도
        def __len__(self): return 0          # 2.X에서는 __len__을 먼저 시도

>>> X = Truth()
>>> if X: print('yes!')

yes!
```

만약 둘 중 어느 메소드도 정의되어 있지 않다면, 객체는 참으로 간주한다.

```
>>> class Truth:
        pass

>>> X = Truth()
>>> bool(X)
True
```

최소한 3.X에서는 참이다. 이 예제들은 2.X에서 예외를 일으키지는 않으나, 이들 결과 중 일부는 다음 절을 읽지 않은 상태라면 다소 이상하게 보일 수도 있다(그리고 한두 가지 예상치 않은 오류를 발생시킬 수 있다).

파이썬 2.X에서의 불리안 메소드

파이썬 2.X 사용자들은 단순히 이전 절의 모든 코드에서 __bool__ 대신에 __nonzero__를 사용하면 된다. 파이썬 3.X는 2.X의 __nonzero__ 메소드를 __bool__로 재명명되었다는 점을 제외하면 불리언 테스트는 동일하게 동작한다. 3.X와 2.X 두 버전 모두 폴백으로 __len__을 사용한다.

미묘하게도 2.X 이름을 사용하지 않는다면 이전 절의 첫 번째 테스트는 어떻게든 똑같이 동작하겠지만, 이는 __bool__이 2.X에서 특별한 메소드로 인식되지 않고 객체들이 기본적으로 참으로서 간주되기 때문이다! 이 버전의 차이를 실제로 확인하려면 False를 반환해 보면 된다.

```
C:\code> py -3
>>> class C:
        def __bool__(self):
            print('in bool')
            return False

>>> X = C()
>>> bool(X)
in bool
False
>>> if X: print(99)

in bool
```

이는 3.X에서는 그대로 동작한다. 하지만 2.X에서는 __bool__이 무시되고 객체는 기본적으로 항상 참으로 간주한다.

```
C:\code> py -2
>>> class C:
        def __bool__(self):
            print('in bool')
            return False

>>> X = C()
>>> bool(X)
True
>>> if X: print(99)

99
```

2.X에서 불리안 값을 위해 __nonzero__를 사용하거나 거짓을 지정하기 위해 폴백 메소드 __len__으로부터 0을 반환해 보자.

```
C:\code> py -2
>>> class C:
        def __nonzero__(self):
            print('in nonzero')
            return False                    # 정숫값 반환(또는 True/False, 1/0과 동일)

>>> X = C()
>>> bool(X)
in nonzero
False
>>> if X: print(99)

in nonzero
```

하지만 __nonzero__는 2.X에서만 동작한다는 점을 기억하자. 만약 3.X에서 사용한다면, 이는 조용히 무시되고 객체는 기본적으로 참으로 분류될 것이다. 2.X에서 3.X의 __bool__을 사용했을 때처럼 말이다.

이제 간신히 철학의 영역으로 넘어가고 있기 때문에 마지막 오버로딩으로 객체 소멸에 대해 알아보자.

객체 소멸: __del__

이제 이 장을 마무리하겠다. 그리고 우리의 클래스 객체가 동일하게 동작하도록 하려면 어떻게 해야 하는지를 배울 시간이다. 우리는 인스턴스가 생성될 때마다 어떻게 __init__ 생성자가 호출되는지 보았다(그리고 어떻게 객체를 만들 때 __new__가 처음으로 실행되는지 알게 되었다). 이의 상대인 소멸자 메소드 __del__은 인스턴스의 공간이 반환될 때(즉, '가비지 컬렉션' 시점에) 자동으로 실행된다.

```
>>> class Life:
        def __init__(self, name='unknown'):
            print('Hello ' + name)
            self.name = name
        def live(self):
            print(self.name)
        def __del__(self):
            print('Goodbye ' + self.name)

>>> brian = Life('Brian')
Hello Brian
```

```
>>> brian.live()
Brian
>>> brian = 'loretta'
Goodbye Brian
```

여기 brian에 문자열이 할당될 때 우리는 Life 인스턴스에 대한 마지막 참조를 잃게 되고, 그 인스턴스의 소멸자 메소드를 작동시킨다. 이것은 서버와의 연결을 종료하는 것과 같은 일부 클린업 활동을 구현하는 데 있어 유용하다. 하지만 소멸자는 파이썬에서 몇 가지 이유로 일부 객체 지향 프로그래밍 언어에서와 같이 보편적으로 사용되지는 않는데, 그 이유에 대해서는 다음 절에서 설명하겠다.

소멸자 사용 노트

소멸자 메소드는 문서화된 대로 동작하지만, 몇 가지 잘 알려진 유의 사항들과 명백한 단점으로 인해 파이썬 코드에서 널리 사용되지 않는다.

- 필요성: 우선 한 가지 이유는 파이썬의 소멸자가 다른 객체 지향 프로그래밍 언어에서와는 달리 그다지 유용하지 않을 수도 있다는 점이다. 파이썬은 인스턴스라 환원될 때 인스턴스가 보유하고 있던 모든 **메모리 공간**을 자동으로 환원하기 때문에 소멸자는 메모리 관리를 위해 필요하지 않다. 파이썬 해석기 중 하나인 CPython에서 여러분은 소멸자에서 인스턴스가 잡고 있던 **파일 객체들** 또한 닫을 필요가 없는데, 이는 파일 객체들이 인스턴스가 환원될 때 자동으로 닫히기 때문이다. 하지만 9장에서 언급했듯이 때로는 소멸자 메소드가 여전히 파일을 닫는 데 있어 최적의 방법이 되는데, 이렇게 자동으로 파일을 닫는 행위는 파이썬 구현 방식(예 Jython)에 따라 달라질 수 있기 때문이다.

- 예측성: 다른 이유로는 언제 인스턴스가 환원될지 항상 쉽게 예측할 수 없다는 것이다. 어떤 경우에서는 시스템 테이블에서 객체를 오래도록 참조할 수도 있어, 프로그램에서 소멸자가 작동될 거라고 기대하는 시점에 소멸자가 실행되는 것을 막을 수도 있다. 또한, 파이썬은 인터프리터가 종료될 때 여전히 존재하는 객체에 대해 소멸자 메소드가 호출될 것을 보장하지 않는다.

- 예외: 실제로, __del__은 좀 더 미묘한 이유로 사용하기 까다로울 수 있다. 예를 들어, 소멸자 내에서 발생된 예외들은 예외 이벤트를 발생시키기보다는 단순히 **sys.stderr**에 (표준 에러 스트림) 경고 메시지를 출력한다. 이는 가비지 컬렉터에 의해 이 소멸자가 실행되는 상

황을 예측할 수 없기 때문이다. 어디에서 그러한 예외가 전달되어야 하는지를 아는 것이 늘 가능하지는 않다.

- **순환 참조**: 추가로, 객체 간의 순환 참조는 여러분이 예상하는 시점에 가비지 컬렉션이 일어나는 것을 막을 수 있다. 기본적으로 사용 가능한 선택적 순환 감지기는 결국에는 자동으로 그러한 객체들을 수집할 수 있지만, 이는 __del__ 메소드가 없을 때에만 가능하다. 이는 상대적으로 잘 알려져 있지 않은 내용이므로 더 자세한 내용은 여기에서 다루지 않도록 하겠다. __del__과 가비지 컬렉터 모듈인 gc에 대한 더 자세한 내용은 파이썬 표준 매뉴얼을 통해 확인하도록 하자.

이러한 취약점 때문에 소멸자는 종종 명시적으로 호출된 메소드(예 shutdown)에서 종료 작업을 코딩할 때 더 나은 방법이 된다. 다음 파트에서 설명하겠지만, with문이 자신의 콘텍스트 매니저 모델을 지원하는 객체를 위한 종료 작업을 지원하듯이 try/finally문 또한 종료 작업을 지원한다.

이 장의 요약

지금까지 우리에게 허락된 공간 내에서 다룰 수 있는 오버로딩 예들을 살펴보았다. 다른 연산자 오버로딩 메소드들의 대부분은 우리가 살펴본 메소드들과 유사하게 동작하고, 모두 내장된 타입 연산을 가로채기 위한 도구들이다. 예를 들어, 일부 오버로딩 메소드들은 고유의 인수 리스트 또는 반환값을 가지고 있지만 일반적인 사용 패턴은 동일하다. 일부 다른 메소드들에 대해서는 나중에 알아보자.

- 34장에서는 with문 콘텍스트 매니저에서 __enter__와 __exit__을 사용한다.
- 38장에서는 클래스 디스크립터를 가져오고, 설정하는 메소드로 __get__과 __set__을 사용한다.
- 40장에서는 메타클래스 맥락에서 객체 생성 메소드인 __new__를 사용한다.

그뿐 아니라, 우리가 여기에서 매웠던 메소드 중 일부인 __call__과 __str__은 이 책의 후반부 예제에서 사용될 것이다. 하지만 이들에 대한 완전한 설명은 다른 문서들을 참조하자. 추가적인 오버로딩 메소드에 대한 자세한 설명은 파이썬 표준 언어 매뉴얼이나 참조 교재들을 확인하자.

다음 장에서 우리는 클래스 기법의 영역을 뒤로하고 보편적인 디자인 패턴(코드 재사용성을 높이기 위해 클래스들이 일반적으로 사용되고 결합되는 방식들)에 대하여 알아보기 위해 떠난다. 이후에 우리는 몇 가지 고급 주제들에 대해 살펴보고 이 책의 마지막 핵심 주제인 예외에 대하여 학습하도록 하겠다. 하지만 계속 읽어나가기 전에, 먼저 아래의 퀴즈를 풀어 보고 우리가 다룬 개념에 대하여 복습하도록 하자.

학습 테스트: 퀴즈

1. 여러분의 클래스에서 반복을 지원하기 위해 사용할 수 있는 두 개의 연산자 오버로딩 메소드는 무엇인가?

2. 프린팅을 처리할 수 있는 두 개의 연산자 오버로딩 메소드는 무엇이며, 어떤 경우에 사용하는가?

3. 클래스에서 슬라이스 연산은 어떻게 가로챌 수 있는가?

4. 클래스에서 직접 덧셈하는 연산은 어떻게 잡아낼 수 있는가?

5. 언제 연산자 오버로딩을 제공해야 하는가?

학습 테스트: 정답

1. 클래스는 __getitem__ 또는 __iter__를 정의(또는 상속)함으로써 반복을 지원할 수 있다. 모든 반복의 상황에서 파이썬은 먼저 __next__메소드와 함께 반복 프로토콜을 지원하는 객체를 반환하는 __iter__를 사용하려고 할 것이고 만약 __iter__를 상속 검색에서 찾을 수 없다면, 파이썬은 차례대로 하나씩 높은 인덱스를 가지고 반복적으로 호출되는 __getitem__ 인덱싱 메소드를 사용하게 된다. yield문을 사용하게 되면 __next__ 메소드는 자동으로 생성된다.

2. __str__과 __repr__메소드는 객체 프린트 디스플레이를 구현한다. 전자는 print와 내장된 str 함수에 의해 호출되고, 후자는 __str__이 없을 때 print와 str에 의해 호출되며, 내장된 repr, 양방향 에코, 중첩된 모습에 의해 항상 호출된다. 즉, __repr__은 __str__이 정의되어 있을 때 print와 str이 호출하는 경우를 제외하고 모든 경우에 사용된다. __str__은 일반적으로 사용자 친화적인 디스플레이에 사용되며, __repr__은 객체의 코드대로 보여 주는

형태 또는 부가적인 세부 조정을 제공한다.

3. 슬라이싱은 __getitem__ 인덱싱 메소드에 의해 잡힌다. 이 메소드는 단일 정수 인덱스 대신에 슬라이스 객체를 가지고 호출되며, 슬라이스 객체들은 전달되고 필요에 따라 검사된다. 파이썬 2.X에서는 __getslice__(3.X에서는 사용하지 않음)가 두 개의 한도를 갖는 슬라이스를 위해 사용되기도 한다.

4. 제자리 덧셈은 먼저 __iadd__를 사용하려 하고, 그 후 할당과 함께 __add__를 사용하게 된다. 동일한 패턴이 모든 이항 연산자에 대해 성립한다. 또한, __radd__ 메소드는 오른쪽 기준 덧셈을 위해 사용할 수 있다.

5. 클래스가 자동으로 내장된 타입의 인터페이스와 맞아떨어지거나 모방할 필요가 있을 때 연산자 오버로딩 메소드를 사용해야 한다. 예를 들어 수집은 시퀀스 또는 매핑 인터페이스를 모방할 것이며, 호출 가능한 객체들은 함수를 기대하는 API와 함께 사용하기 위해 코딩될 것이다. 하지만 그럼에도 불구하고, 당신이 만든 객체에 논리적으로 부합하지 않는 표현식 연산자를 구현해서는 안 된다. 이런 경우에는 평범하게 명명된 메소드를 사용하도록 하자.

31

클래스를 이용한 설계

지금까지 이 파트에서 파이썬 객체 지향 프로그래밍 도구인 클래스를 활용하는 방법에 대하여 집중적으로 알아보았다. 하지만 객체 지향 프로그래밍도 **디자인 관련 문제**다. 즉, 유용한 객체를 모델링하기 위해 어떻게 클래스를 사용할 것인가에 대한 문제다. 이 장에서는 몇 가지 핵심 객체 지향 프로그래밍 개념에 대하여 간단히 다루고, 지금까지 보아온 것보다 더 현실적인 추가 예제들을 제시할 것이다.

그 과정에서 우리는 상속, 구성 관계, 위임, 그리고 팩토리와 같은 보편적인 객체 지향 프로그래밍 디자인 패턴을 파이썬으로 코딩해 볼 것이다. 또한 디자인에 중점을 둔 클래스 개념 즉, 유사개별 속성이나 다중 상속 및 바운드 메소드 등에 대해 알아볼 것이다.

미리 하나만 이야기하자면 여기에서 언급된 디자인 용어 중 일부는 이 책에서 제공하는 것보다 더 많은 설명이 필요하다. 만약 이 교재가 여러분의 호기심을 자극한다면, 다음 단계로 객체 지향 프로그래밍 디자인 또는 디자인 패턴에 대한 글을 읽어 보기 바란다. 앞으로 보게 되겠지만 좋은 소식으로는 파이썬은 많은 전형적인 디자인 패턴을 사소하게 만든다는 것이다.

파이썬과 객체 지향 프로그래밍

간단한 복습으로 시작해 보자. 객체 지향 프로그래밍을 파이썬으로 구현하는 것은 다음 세가지 아이디어로 요약해 볼 수 있다.

상속

상속은 파이썬에서 속성 검색을 기반으로 한다(X.name 표현식에서).

다형성

X.method에서 method의 의미는 대상 객체 X의 타입(클래스)에 따라 다르다.

캡슐화

메소드와 연산자는 행위를 구현하지만, 기본적으로 데이터는 숨기는 것이 관례다.

이제, 여러분은 파이썬에서 상속이 무엇인지에 대한 감각이 생겼을 것이다. 또한, 이미 몇 번에 걸쳐 파이썬의 다형성에 대한 이야기를 나누었다. 이는 파이썬에는 타입 선언이 없다는 점에서 비롯된다. 속성은 언제나 실행 시점에 생성되므로 동일한 인터페이스를 구현하는 객체들은 자동으로 교체 가능하다. 클라이언트는 어떤 종류의 객체가 자신이 호출한 메소드를 구현하고 있는지 알 필요가 없다.

캡슐화는 파이썬에서 패키징을 의미한다. 즉, 구현 세부 내역을 객체 인터페이스 뒤로 감추는 것을 말한다. 39장에서 볼 수 있듯이 이것은 코드로 구현될 수 있으나, 강제적인 프라이버시를 의미하지는 않는다. 그럼에도 불구하고 캡슐화는 파이썬에서 사용 가능하며, 또한 유용하다. 이는 객체의 사용자에게 아무 영향을 주지 않고 객체의 인터페이스 구현을 변경할 수 있도록 해준다.

다형성은 호출 서명이 아니라 인터페이스를 의미

일부 객체 지향 프로그래밍 언어는 다형성을 인수의 타입 서명에 기반한 오버로딩 함수로 정의하기도 한다. 여기에서 인수의 타입 서명이랑 전달된 숫자 그리고(또는) 인수의 타입을 말한다. 파이썬에서는 타입 선언이 없기 때문에 이 개념을 실제로 적용할 수 없다. 우리가 보았듯이, 파이썬에서 다형성은 타입이 아니라 객체 **인터페이스**에 기반한다.

만약 여러분이 C++ 시절을 그리워하고 있다면, 인수 리스트에 의해 메소드를 오버로드해 볼 수는 있다. 다음처럼 말이다.

```
class C:
    def meth(self, x):
        ...
    def meth(self, x, y, z):
        ...
```

이 코드는 실행되겠지만, **def**가 단지 객체를 클래스 범위의 이름에 할당하기 때문에 메소드 함수의 **마지막** 정의만 기억될 것이다. 바꿔 말하면, 이것은 X = 1 다음에 X = 2를 실행하는 것과 같다. X는 2일 것이다. 따라서 하나의 메소드 이름에 오직 하나의 정의만 있을 수 있다.

만약 반드시 필요하다면 4장과 9장에서 본 타입 테스트 개념 또는 18장에서 소개한 인수 리스트 도구를 사용하여 언제든지 타입 기반의 선택을 코딩할 수 있다.

```
class C:
    def meth(self, *args):
        if len(args) == 1:              # 숫자 인수 분기
            ...
        elif type(arg[0]) == int:       # 인수 타입(또는 isinstance( )) 분기
            ...
```

하지만 일반적으로 이런 코딩은 지양해야 한다. 이는 파이썬 방식이 아니다. 16장에서 설명한 대로 여러분은 특정 데이터 **타입**이 아니라 객체 **인터페이스**만을 예상하고 코드를 짜야 한다. 그렇게 함으로써 여러분의 코드가 지금 그리고 앞으로 더 광범위한 타입과 애플리케이션 범주에서 유용하게 쓰일 것이다.

```
class C:
    def meth(self, x):
        x.operation()                   # x가 적절한 일을 한다고 가정
```

별개의 연산을 구현하기 위해 호출 서명에 기대는 것보다는 별개의 메소드 **이름**을 사용하는 것이 더 낫다는 것 또한 일반적인 사실이다(여러분이 어떤 언어로 코딩을 하더라도 말이다).

파이썬의 객체 모델이 단순하기는 하지만, 객체 지향 프로그래밍 기술의 대부분은 프로그램 목표를 달성하기 위해 우리가 클래스들을 결합하는 방식에 있다. 다음 절에서 큰 규모의 프로그램이 자신의 장점에 클래스들을 사용하는 몇 가지 방법에 대한 여행을 시작해 보자.

객체 지향 프로그래밍과 상속: 'Is-a' 관계

이미 상속의 방법에 대하여 심도 있게 살펴보았지만, 이제 이것이 어떻게 실제 세계의 관계를 모델링하기 위해 사용될 수 있는지를 보여 주고자 한다. **프로그래머** 관점에서 상속은 속성 인정에 의해 시작되는데, 이 인정은 이름을 인스턴스, 그 인스턴스의 클래스, 그리고 그 위의 슈퍼클래스들을 검색하게 한다. 디자이너 관점에서 상속은 집합 멤버십을 작성하는 하나의 방법이다. 클래스는 속성들의 집합을 정의하는데, 이는 더 많은 특정 집합들(즉, 서브클래스들)에 의해 상속되고 변경될 수 있다.

이를 설명하기 위해, 이 파트를 시작할 때 이야기했던 피자 만드는 로봇에게 일을 시켜보자. 우리가 다른 경력을 가져보기로 결정하고 피자 가게를 연다고(경력상 나쁘진 않다) 가정하자. 우리가 해야 할 첫 번째 일은 손님을 접대하고 음식을 준비하는 등의 일을 할 직원을 고용하는 것이다. 하지만 또 우리는 정치적으로나 인공두뇌학적으로 올바르게 우리의 로봇을 급여를 받는 정규 직원으로 만들기로 결심했다.

우리 피자 가게 팀은 다음 파이썬 3.X와 2.X 예제 파일 employees.py에서 네 개의 클래스에 의해 정의될 수 있다. 가장 일반적인 클래스, Employee는 급여를 올리거나(giveRaise) 출력하는(__repr__) 것과 같은 보편적인 행위를 제공한다. 가게에는 두 종류의 직원이 있으므로, Employee에 대해서도 두 개의 서브클래스인 Chef와 Server가 존재한다. 이 둘은 더 구체적인 메시지를 출력하기 위하여 상속받은 work 메소드를 중복 정의한다. 마지막으로, 우리의 피자 요리 로봇은 좀 더 구체적인 클래스에 의해 모델링된다. PizzaRobot은 Employee의 일종인 Chef의 일종이다. 객체 지향 프로그래밍 용어로 우리는 이러한 관계를 'is-a' 관계라 부른다. 로봇은 요리사이고, 요리사는 직원이다(a robot is a chef, which is an employee). 다음 employees.py 파일을 살펴보자.

```
# employees.py 파일(2.X + 3.X)
from __future__ import print_function

class Employee:
    def __init__(self, name, salary=0):
        self.name = name
        self.salary = salary
    def giveRaise(self, percent):
        self.salary = self.salary + (self.salary * percent)
    def work(self):
        print(self.name, "does stuff")
    def __repr__(self):
```

```
            return "<Employee: name=%s, salary=%s>" % (self.name, self.salary)

class Chef(Employee):
    def __init__(self, name):
        Employee.__init__(self, name, 50000)
    def work(self):
        print(self.name, "makes food")

class Server(Employee):
    def __init__(self, name):
        Employee.__init__(self, name, 40000)
    def work(self):
        print(self.name, "interfaces with customer")

class PizzaRobot(Chef):
    def __init__(self, name):
        Chef.__init__(self, name)
    def work(self):
        print(self.name, "makes pizza")

if __name__ == "__main__":
    bob = PizzaRobot('bob')          # bob이라는 이름의 로봇 생성
    print(bob)                       # 상속받은 __repr__ 실행
    bob.work()                       # 타입 특화된 동작 실행
    bob.giveRaise(0.20)              # bob에게 20% 급여 인상해 줌
    print(bob); print()

    for klass in Employee, Chef, Server, PizzaRobot:
        obj = klass(klass.__name__)
        obj.work()
```

우리가 이 모듈에 포함된 셀프 테스트 코드를 실행하면, bob이라는 이름을 가진 피자 만드는 로봇을 생성한다. bob은 세 개의 클래스(PizzaRobot, Chef, Employee)로부터 이름을 상속받는다. 예를 들어 bob을 출력하는 것은 Employee.__repr__ 메소드를 실행하며, bob에게 급여 인상해 주는 것은 Employee.giveRaise를 호출하게 되는데, 그곳이 상속 검색에 의해 그 메소드를 발견한 곳이기 때문이다.

```
c:\code> python employees.py
<Employee: name=bob, salary=50000>
bob makes pizza
<Employee: name=bob, salary=60000.0>

Employee does stuff
Chef makes food
Server interfaces with customer
PizzaRobot makes pizza
```

이와 같은 클래스 계층 구조에서 여러분은 일반적으로 계층 구조 가장 아래에만이 아니라, 어떤 클래스에 대해서라도 인스턴스를 만들 수 있다. 예를 들어, 이 모듈의 셀프 테스트 코드에서 for 루프는 네 개의 모든 클래스의 인스턴스를 생성한다. 각 인스턴스는 일을 시키면 다르게 응답하는데, 이는 각각의 work 메소드가 다르기 때문이다. 그 예로, 로봇 bob은 work를 가장 구체적인(즉, 가장 아래에 위치하는) PizzaRobot 클래스로부터 가져온다.

물론, 이 클래스들은 실제 세계의 객체들을 **시뮬레이션**한 것뿐이다. work는 당분간은 메시지를 출력하지만, 이후에는 실제 작업을 하도록 확장될 수도 있다(이 절이 너무 말뿐이라 느껴진다면 파이썬의 시리얼 포트, 아두이노 보드, 라즈베리 파이와 같은 장치들과의 인터페이스를 참조하자).

객체 지향 프로그래밍과 구성 관계: 'Has-a' 관계

구성 관계의 개념은 26장과 28장에서 소개하였다. 프로그래머에게 구성 관계는 다른 객체를 컨테이너 객체에 내장시키고 컨테이너 메소드를 구현하기 위해 이들을 활성화시키는 것과 관련 있다. 디자이너에게 있어, 구성 관계는 문제 영역에서 관계를 표현하는 다른 방법이다. 그러나 구성 관계는 집합 멤버십이라기보다는 전체 중 일부로서의 구성 요소와 관계가 있다.

구성 관계는 구성 요소 간 관계를 반영하기도 하는데 이를 'has-a' 관계라고 부른다. 일부 객체 지향 프로그래밍 디자인 교재는 구성 관계를 **집합 관계**(aggregation)로 언급하거나, 또는 이 둘을 구분하기 위하여 컨테이너와 내장 객체 사이의 의존도가 낮은 관계를 나타낼 때 집합 관계를 사용하는 경우도 있다. 이 책에서 '구성 관계'는 단순히 내장 객체들의 집합을 말한다. 복합 클래스는 일반적으로 자신만의 독특한 인터페이스를 제공하고, 내장 객체들에게 지시함으로써 이를 구현한다.

직원들을 구현했으니, 피자 가게에 이들을 넣고 바쁘게 만들어 보자. 피자 가게는 복합 객체다. 거기엔 오븐도 있고, 직원으로는 서빙하는 사람과 주방장이 있다. 손님이 들어오고, 주문을 하면, 가게의 구성 요소들이 갑자기 행동하기 시작한다. 서빙하는 직원은 주문을 받고, 주방장은 피자를 만들 것이다. 다음 예제(파일 pizzashop.py)는 파이썬 3.X와 2.X에서 동일하게 실행되며, 이 시나리오에서 모든 객체들과 관계들을 시뮬레이션한다.

```
# pizzashop.py(2.X+3.X) 파일
from __future__ import print_function
from employees import PizzaRobot, Server

class Customer:
    def __init__(self, name):
        self.name = name
    def order(self, server):
        print(self.name, "orders from", server)
    def pay(self, server):
        print(self.name, "pays for item to", server)

class Oven:
    def bake(self):
        print("oven bakes")

class PizzaShop:
    def __init__(self):
        self.server = Server('Pat')          # 다른 객체를 내포시킴
        self.chef = PizzaRobot('Bob')         # bob이라는 이름의 로봇
        self.oven = Oven()
    def order(self, name):
        customer = Customer(name)             # 다른 객체를 활성화
        customer.order(self.server)           # 서빙직원으로부터 고객 주문을 받음
        self.chef.work()
        self.oven.bake()
        customer.pay(self.server)

if __name__ == "__main__":
    scene = PizzaShop()                       # 복합 객체 생성
    scene.order('Homer')                      # Homer의 주문을 시뮬레이션
    print('...')
    scene.order('Shaggy')                     # Shaggy의 주문을 시뮬레이션
```

PizzaShop 클래스는 컨테이너이며 컨트롤러다. 이 클래스의 생성자는 여기에서 정의한 Oven 클래스와 함께 이전 절에서 작성한 Employee 클래스의 인스턴스들을 생성하고 내포시킨다. 이 모듈의 셀프 테스트 코드가 PizzaShop order 메소드를 호출하면, 내장 객체가 차례대로 자신의 행동을 실행할 것을 요청받게 된다. 우리는 각 주문을 위해 새로운 Customer 객체를 만들고, Customer 메소드에 내장된 Server 객체를 전달한다. 손님은 오고 가지만, 서빙 직원은 복합 객체인 피자 가게의 일부분이다. 직원들은 여전히 상속관계에 관련되어 있다. 구성 관계와 상속은 상호 보완적인 도구들이다.

우리가 이 모듈을 실행하면, 우리 피자 가게는 두 개의 주문을 처리한다. 하나는 Homer로부터, 그리고 그다음은 Shaggy로부터 들어온 주문이다.

```
c:\code> python pizzashop.py
Homer orders from <Employee: name=Pat, salary=40000>
Bob makes pizza
oven bakes
Homer pays for item to <Employee: name=Pat, salary=40000>
...
Shaggy orders from <Employee: name=Pat, salary=40000>
Bob makes pizza
oven bakes
Shaggy pays for item to <Employee: name=Pat, salary=40000>
```

다시 말하지만 이것은 거의 장난감 시뮬레이션 수준이지만, 객체들과 상호 작용들은 실제 복합 구조를 대표한다. 경험적으로 볼 때 클래스는 여러분이 문장에서 표현할 수 있는 거의 모든 객체들과 관계들을 표현할 수 있다. **명사**를 클래스(예 Oven)로 대체하고, **동사**를 메소드(예 bake)로 대체하는 것만으로도 여러분은 디자인의 첫 단추를 꿴 것이다.

스트림 프로세서 복습

피자 만드는 로봇보다 좀 더 실감 나는 구성 관계 예제로, 26장의 객체 지향 프로그래밍 소개에서 부분적으로 코딩했던 일반 데이터 스트림 프로세서를 기억해 보자.

```python
def processor(reader, converter, writer):
    while True:
        data = reader.read()
        if not data: break
        data = converter(data)
        writer.write(data)
```

여기에서 단순 함수를 사용하는 대신, 더 많은 구조를 제공하고 상속을 지원할 수 있도록, 구성 관계를 사용하는 클래스로 코딩할 수도 있다. 다음 3.X/2.X 파일, streams.py는 클래스를 코딩하는 하나의 방법을 보여 준다(또한, 우리가 실제로 이 코드를 실행할 것이므로 하나의 메소드 이름을 바꾼다).

```python
class Processor:
    def __init__(self, reader, writer):
        self.reader = reader
        self.writer = writer

    def process(self):
        while True:
```

```
            data = self.reader.readline()
            if not data: break
            data = self.converter(data)
            self.writer.write(data)

    def converter(self, data):
        assert False, 'converter must be defined'      # 또는 예외를 발생시킴
```

이 클래스는 서브클래스들이 채울 것으로 기대하는 converter 메소드를 정의한다. 이것은 29 장에서 개괄적으로 살펴보았던 **추상 슈퍼클래스**의 한 예다(assert에 대한 더 자세한 내용은 파트 7에서 확인하자. 이것은 테스트 결과가 거짓일 때 단순히 예외를 발생시킨다). 이렇게 코딩하면, reader와 writer 객체는 클래스 인스턴스에 내장되며(구성 관계), 우리는 전환 함수를 전달하는 대신 서브클래스에 전환 로직을 공급한다(상속). 파일 converters.py는 이를 어떻게 하는지 보여 준다.

```
from streams import Processor

class Uppercase(Processor):
    def converter(self, data):
        return data.upper()

if __name__ == '__main__':
    import sys
    obj = Uppercase(open('trispam.txt'), sys.stdout)
    obj.process()
```

여기에서 Uppercase 클래스는 스트림 처리 루프 로직(그리고 슈퍼클래스에 코딩된 다른 어떤 것이라도)을 상속받는다. 이 클래스는 단지 자신에 대해 고유한 것(데이터 전환 로직)만 정의하면 된다. 이 파일을 실행하면, 파일 trispam.txt로부터 읽어 들이는 인스턴스를 만들고 실행하며, stdout 스트림에 그 파일을 대문자로 변환한 결과를 쓴다.

```
c:\code> type trispam.txt
spam
Spam
SPAM!

c:\code> python converters.py
SPAM
SPAM
SPAM!
```

다른 종류의 스트림을 처리하기 위해 클래스 생성 호출에 다른 종류의 객체들을 전달해 보자. 여기에서는 스트림 대신에 출력 파일을 사용한다.

```
C:\code> python
>>> import converters
>>> prog = converters.Uppercase(open('trispam.txt'), open('trispamup.txt', 'w'))
>>> prog.process()

C:\code> type trispamup.txt
SPAM
SPAM
SPAM!
```

하지만 앞에서도 말했듯이, 우리는 필수 입출력 메소드 인터페이스를 정의한 클래스로 코딩된 임의의 객체를 전달할 수도 있다. HTML 태그 내에 텍스트를 감싼 작성자(writer) 클래스를 전달하는 간단한 예제를 살펴보자.

```
C:\code> python
>>> from converters import Uppercase
>>>
>>> class HTMLize:
        def write(self, line):
            print('<PRE>%s</PRE>' % line.rstrip())

>>> Uppercase(open('trispam.txt'), HTMLize()).process()
<PRE>SPAM</PRE>
<PRE>SPAM</PRE>
<PRE>SPAM!</PRE>
```

이 예제의 제어 흐름을 따라가 보면, 대문자 전환(상속에 의해)과 HTML 포매팅(구성 관계에 의해) 모두를 갖게 됨을 보게 될 것이다. 원래 Processor 슈퍼클래스의 핵심 처리 로직은 이 두 단계에 대해 아무것도 모르는데도 말이다. 처리 코드는 단지 작성자가 write 메소드를 가지고 있는지, 그리고 covert라는 이름을 가진 메소드가 정의되어 있는지만 상관한다. 이 코드는 그 메소드들이 자신이 호출될 때 어떤 작업을 수행하는지에는 관심이 없다. 그런 로직의 다형성과 캡슐화는 파이썬에서 클래스의 능력에 훨씬 못 미친다.

현재로는 Processor 슈퍼클래스는 파일 스캐닝 루프만을 제공한다. 보다 현실적인 작업에서는 이를 자신의 서브클래스를 위해 추가적인 프로그래밍 도구를 지원하도록 확장할 수 있다. 그리고 이 과정에서 이는 완전한 애플리케이션 **프레임워크**가 될 수 있다. 슈퍼클래스에 이러한 도구를 한 번 코딩하면 여러분은 이 도구를 프로그램 어디에서나 재사용할 수 있다. 이 간단한 예제에서도 클래스로 꽤 많은 것들이 상속되고 포장되었기 때문에 우리가 코딩해야 하는 것은 HTML 포매팅 단계뿐이다. 나머지는 공짜로 쓰면 된다.

구성 관계의 다른 실전 예제로, 32장 마지막의 실습 문제 9와 부록 D의 1864쪽 "파트 6. 클래스와 객체 지향 프로그래밍"의 해답을 보도록 하자. 이는 피자 가게 예제와 유사하다. 우리는 이 책에서 상속에 중점을 두어 학습했는데, 그것이 파이썬 언어 자체가 객체 지향 프로그래밍으로 제공하는 주요 도구이기 때문이다. 하지만 실제로는 구성 관계가 특히 규모가 큰 프로그램에서는 클래스들을 구조화하는 방법으로 상속만큼이나 많이 사용된다. 이미 보았듯이 상속과 구성 관계는 종종 상호 보완적인(그리고 때로는 대안적인) 기법이다. 그러나 구성 관계가 이 책과 파이썬 언어의 범위 밖의 디자인 관련 주제이므로 더 자세한 내용은 다른 교재를 활용하도록 하자.

더 생각해 볼 주제: 클래스와 지속성

나는 이 파트에서 파이썬의 pickle과 shelve가 객체의 지속성을 지원한다는 점에 대하여 몇 차례 언급하였다. 이는 이들이 클래스 인스턴스와 특히 잘 동작하기 때문이다. 실제로 이 도구들은 종종 클래스들의 사용을 종용하기에 일반적으로 충분히 설득력 있다. 클래스 인스턴스를 피클링(pickling)하거나 셸빙(shelving)함으로써 우리는 데이터와 그에 결합된 로직을 포함하는 데이터 저장소를 갖게 된다.

예를 들어, 이 장에서 구현한 피자 가게 클래스는 우리가 실세계 상호 작용을 시뮬레이션할 수 있다는 점 외에, 지속적인 식당 데이터베이스의 기반으로도 사용될 수 있다. 클래스의 인스턴스는 파이썬의 pickle 또는 shelve 모듈을 사용하여 한 번에 디스크에 따로 저장해 둘 수 있다. 우리는 28장 객체 지향 프로그래밍 튜토리얼에서 클래스의 인스턴스를 저장하기 위해 shelve를 사용했지만, 객체 피클링 인터페이스 또한 놀라울 정도로 사용하기 쉽다.

```
import pickle
object = SomeClass()
file   = open(filename, 'wb')      # 외부 파일 생성
pickle.dump(object, file)          # 파일에 객체 저장

import pickle
file   = open(filename, 'rb')
object = pickle.load(file)         # 나중에 이를 다시 가져옴
```

피클링은 인-메모리 객체들을 연속된 바이트 스트림(파이썬에서는 문자열)으로 전환한다. 이 바이트 스트림은 파일에 저장될 수 있으며, 네트워크를 통해 전송될 수도 있다. 언피클링(unpickling)은 바이트 스트림을 동일한 인메모리 객체로 되돌린다. 셸브는 이와 비슷하지만 자동으로 키로 접근하는 데이터베이스에 객체를 피클링하며, 이 데이터베이스는 딕셔너리같은 인터페이스를 내보낸다.

```
import shelve
object = SomeClass()
dbase  = shelve.open(filename)
dbase['key'] = object              # key 아래 저장

import shelve
dbase  = shelve.open(filename)
object = dbase['key']              # 나중에 이를 되불러 옴
```

우리의 피자 가게 예제에서 직원을 모델링하기 위해 클래스들을 사용한다는 것은 우리가 약간의 추가 작업으로 직원들과 가게들에 대한 간단한 데이터베이스를 가질 수 있다는 것을 의미한다. 이러한 인스턴스 객체들을 파일로 피클링하는 것은 이 객체들을 파이썬 프로그램 실행 전반에 걸쳐 지속될 수 있게 한다.

```
>>> from pizzashop import PizzaShop
>>> shop = PizzaShop()
>>> shop.server, shop.chef
(<Employee: name=Pat, salary=40000>, <Employee: name=Bob, salary=50000>)
>>> import pickle
>>> pickle.dump(shop, open('shopfile.pkl', 'wb'))
```

이것은 파일에 전체 복합 객체인 shop을 한 번에 저장한다. 다른 세션 또는 프로그램에서 이것을 다시 가져오기 위해서는 한 단계면 충분하다. 사실, 이 방식으로 복원된 객체들은 상태와 행위를 유지하고 있다.

```
>>> import pickle
>>> obj = pickle.load(open('shopfile.pkl', 'rb'))
>>> obj.server, obj.chef
(<Employee: name=Pat, salary=40000>, <Employee: name=Bob, salary=50000>)

>>> obj.order('LSP')
LSP orders from <Employee: name=Pat, salary=40000>
Bob makes pizza
oven bakes
LSP pays for item to <Employee: name=Pat, salary=40000>
```

이것은 단지 있는 그대로 시뮬레이션한 것이지만 재고, 수입 등을 지속적으로 파악하도록 가게를 확장할 수 있다. 변경 후 이것을 파일에 저장하면 업데이트된 상태 정보를 유지하게 된다. 피클과 셸브에 대해 더 자세한 내용은 표준 라이브러리 매뉴얼과 9장, 28장, 37장의 관련 내용을 참조하자.

객체 지향 프로그래밍과 위임: '래퍼' 프록시 객체

상속과 구성 관계 외에, 객체 지향 프로그래머들은 종종 위임에 대해 말한다. 위임은 일반적으로 다른 객체들을 내포하고 있는 컨트롤러 객체를 암시한다. 컨트롤러 객체는 자신이 받은 연산 요청을 그 내장 객체에 전달한다. 컨트롤러는 접근을 기록하고 인증하거나, 구성 요소들에 인터페이스하기 위한 별도의 단계를 추가하거나, 활동 중인 인스턴스들을 모니터링하는 등의 관리 활동을 수행할 수 있다.

어떤 의미에서 위임은 구성 관계의 특별한 형태라 볼 수 있다. 이는 단일 내장 객체를 가지고 있는 형태로, 내장 객체는 래퍼(때로는 프록시로 불림) 클래스에 의해 관리되며, 이 프록시는 내장 객체의 인터페이스 전부 또는 일부를 유지하고 있다. 프록시의 개념은 때로는 함수 호출과 같이 다른 기법에 적용되기도 한다. 위임에서 프록시는 메소드 호출과 다른 연산들을 포함한 객체의 모든 행위와 관계가 있다.

이 개념은 28장의 예제에서 소개되었으며, 파이썬에서는 종종 30장에서 우리가 공부했던 __getattr__ 메소드로 구현된다. 이 연산자 오버로딩 메소드는 존재하지 않는 속성에의 접근을 가로채기 때문에 래퍼 클래스는 __getattr__를 사용하여 내장 객체에 임의의 접근을 라우팅할 수 있다. 이 메소드는 속성 요청을 일반적으로 라우팅될 수 있도록 하기 때문에 래퍼 클래스는 내장 객체의 인터페이스를 유지하고 자신만의 부가적인 연산을 추가할 수 있다.

복습 차원에서 파일 trace.py(2.X와 3.X에서 동일하게 실행된다)를 생각해 보자.

```
class Wrapper:
    def __init__(self, object):
        self.wrapped = object                    # object 저장
    def __getattr__(self, attrname):
        print('Trace: ' + attrname)              # 호출 추적
        return getattr(self.wrapped, attrname)   # 호출 위임
```

30장에서 __getattr__는 속성 이름을 문자열로 가져온다는 점을 기억하자. 이 코드는 내장된 getattr 함수를 사용하여 내장 객체로부터 속성을 이름 문자열로 가져온다. getattr(X,N)은 X.N과 N이 변수가 아니라 런타임에 문자열로 평가되는 표현식이라는 점을 제외하면 같다. 실제로 getattr(X,N)은 X.__dict__[N]과 유사하지만, 전자는 X.N처럼 상속 검색을 수행하는 반면 후자는 상속 검색을 하지 않는다(__dict__ 속성에 대한 자세한 내용은 22장, 29장을 참조하자).

여러분은 속성을 가진 어떤 객체(리스트, 딕셔너리, 심지어 클래스와 인스턴스까지)에라도 접근하는 것을 관리하기 위해 이 모듈의 래퍼 클래스의 접근법을 사용할 수 있다. 여기에서 Wrapper 클래스는 단순히 각 속성 접근에 대한 추적 메시지를 출력하고 속성 요청을 내장된 wrapped 객체에 위임한다.

```
>>> from trace import Wrapper
>>> x = Wrapper([1, 2, 3])       # 리스트를 래핑
>>> x.append(4)                  # 리스트 메소드에 위임
Trace: append
>>> x.wrapped                    # 내장 객체들 출력
[1, 2, 3, 4]
```

```
>>> x = Wrapper({'a': 1, 'b': 2})      # 딕셔너리를 래핑
>>> list(x.keys())                     # 딕셔너리 메소드에 위임
Trace: keys
['a', 'b']
```

그 결과, Wrapper 클래스의 추가적인 코드로 wrapped 객체의 전체 인터페이스를 보강한다.
이를 사용하여 우리의 메소드 호출을 기록하고, 메소드 호출을 추가 또는 변경된 로직으로
라우팅하거나 클래스를 새로운 인터페이스에 맞춰 조정하는 등의 작업을 할 수 있다.

우리는 다음 장에서 내장된 타입을 확장하는 하나의 방법으로 내장 객체와 위임된 연산에 대
한 개념을 다시 알아볼 것이다. 만약 위임 디자인 패턴에 관심이 있다면, 이와 상당히 관련 있
는 개념인 객체의 전체 인터페이스 대신에 특정 함수 또는 메소드 호출을 보강하기 위해 디자
인된 함수 데코레이터와 클래스의 모든 인스턴스에 이런 위임 기반 래퍼를 자동으로 추가하는
방법으로서의 클래스 데코레이터에 대하여 32장과 39장에서 논의한 내용을 찾아보자.

버전 특화 내용: 28장 예제를 통해 보았듯이, 3.X에서 내장 객체가 연산자 오버로딩 메소드
를 구현한 경우에서의 일반 **프록시**에 의한 객체 인터페이스 위임은 상당히 많이 바뀌었다.
엄밀히 말하면, 이것은 **새 형식 클래스**의 차이점으로 2.X 코드에서도 이 새 형식 클래스를
사용하면 나타날 수 있다. 다음 장에 따르면 3.X에서 이는 필수적이며, 따라서 종종 3.X의
변경 사항으로 간주한다.

파이썬 2.X의 기본 클래스에서 내장된 연산에 의해 실행되는 연산자 오버로딩 메소드는 __
getattr__와 같은 일반적인 속성 가로채기 메소드를 통해 라우팅된다. 예를 들어, 내장 객체
를 직접 프린트하는 것은 __repr__ 또는 __str__를 위해 이 메소드를 호출하고, 그 호출을
내장 객체에 전달한다. 이 패턴은 __iter__, __add__ 그리고 이전 장에서 본 다른 연산자
메소드들에 대해서도 성립한다.

파이썬 3.X에서 더 이상 이런 일은 발생하지 않는다. 프린팅은 __getattr__(또는 다음 장에서
배우게 될 이의 사촌 격인 __getattribute__)을 호출하지 않으며, 대신에 기본 디스플레이가 사
용된다. 3.X에서 새 형식 클래스는 내장된 연산에 의해 암묵적으로 호출된 메소드를 클래스
에서 검색하고, 일반 인스턴스 검색은 완전히 건너뛴다. 명시적 이름 속성을 가져오는 것은
2.X와 3.X에서 동일한 방식으로 __getattr__로 라우팅된다. 그러나 내장된 연산 메소드 검
색은 일부 위임 기반 도구들에 영향을 미칠 정도로 달라졌다.

이 문제에 대해 다음 장에서 새 형식 클래스 변경 내역으로 다시 다룰 것이며, 38장과 39장
에서 관리된 속성과 데코레이터의 맥락에서 이를 생생하게 확인할 수 있다. 우선은 위임 코
딩 패턴을 위해 만약 래퍼 클래스가 내장 객체에 의해 사용되고 여러분이 이를 새 형식 클
래스에서 가로채기를 원한다면, 여러분은 래퍼 클래스에서 연산자 오버로딩 메소드를 재정
의해야 한다(수동으로든, 도구를 사용하든, 아니면 슈퍼클래스를 이용해서든 말이다).

유사개별 클래스 속성

클래스 디자인은 더 큰 구조화 목표 외에도 종종 이름 사용을 해결해야만 한다. 28장의 사례에서 우리는 일반적인 도구 클래스 내에 정의된 메소드들이 노출되어 있다면 서브클래스들에 의해 수정될 수 있다는 것을 알았으며, 이 정책의 장단점에 대하여 알아보았다. 이것은 메소드 변경과 직접 호출을 지원하는 반면, 의도하지 않게 메소드가 교체될 수 있는 여지가 있다.

파트 5에서 우리는 모듈 파일 최상위 레벨에서 할당된 모든 이름은 내보내진다는 것을 배웠다. 이는 기본적으로 클래스에서도 동일하게 적용된다. 데이터는 관례상 숨기며, 클라이언트는 자신이 참조하는 어떤 클래스 또는 인스턴스의 속성을 가져오거나 변경할 수도 있다. 실제로, 속성들은 C++ 용어로 말하면 모두 '공개되어' 있으며, 이는 '가상'이다. 이들은 모든 곳에서 접근 가능하며, 런타임에 동적으로 검색된다.[1]

그렇긴 해도 오늘날 파이썬은 일부 이름을 클래스에 지역화시키기 위해 이름 '맹글링(mangling)', 즉 확장의 개념을 지원한다. 맹글링된 이름은 때로는 오해의 소지가 있게도 '개별(private) 속성'으로 불리지만, 실제로 이는 단지 이름을 그 이름을 만든 클래스에 **지역화시키는** 하나의 방법일 뿐이다. 이름 맹글링은 클래스 외부의 코드에 의한 접근을 막지 않는다. 이 특징은 주로 인스턴스에서 네임스페이스 충돌을 피하기 위한 것으로 일반적으로 이름에 접근하는 것을 제한하기 위한 것은 아니다. 따라서 맹글링된 이름은 '개별 속성'보다는 '유사개별(Pseudoprivate) 속성'으로 불리는 것이 더 적합하다.

유사개별 이름은 진보한 그리고 완전히 선택적인 특징이다. 아마 여러 프로그래머들이 참여하는 프로젝트에서 사용할 일반적인 도구 또는 규모가 큰 클래스 계층을 작성할 때까지는 이 특징이 매우 유용하다는 것을 알 수 없을 것이다. 실제로, 이들은 꼭 필요한 때조차 늘 사용되지는 않는다. 파이썬 프로그래머들은 보편적으로 싱글 언더스코어를 사용하여 내부 이름을 코딩하는데(◐ _X), 이것은 단지 그 이름은 일반적으로 변경되어서는 안 된다는 것을 알려 주기 위한 일상적인 표기법일 뿐이다(이는 파이썬 자체에게는 아무 의미가 없다).

---

1 이는 C++ 배경을 가진 사람들을 불공평하거나 두렵게 만들기도 한다. 파이썬에서는 런타임에 클래스의 메소드가 변경되거나 완전히 삭제될 수도 있다. 하지만 실제 프로그램에서 이렇게 하는 사람은 거의 없다. 파이썬은 스크립트 언어로서 제한하기보다 가능하게 만드는 데 더 초점을 맞춘다. 또한 30장 연산자 오버로딩에서 논의했던 것처럼 __getattr__와 __setattr__는 프라이버시를 모방하기 위해 사용될 수 있지만, 일반적으로 실무에서 이런 목적으로 사용되지 않는다. 이에 대해서는 39장에서 좀 더 실제적인 프라이버시 데코레이터를 코딩할 때 더 알아보도록 하자.

이 특징을 다른 사람들이 작성한 코드에서 볼 수도 있기 때문에 여러분이 사용하지 않는다 하더라도 어쨌든 알고는 있어야 한다. 그리고 한 번 이 장점과 사용 맥락에 대해 배우게 되면, 이 특징이 다른 프로그래머들이 인식하고 있는 것보다 더 여러분의 코드에서 유용하다는 것을 깨닫게 될 것이다.

이름 맹글링 개요

어떻게 이름 맹글링이 동작하는지 여기에서 알아보자. class문 내에서 앞쪽에만 더블 언더스코어가 붙는 모든 이름은 자동으로 자신 앞에 유효 클래스의 이름을 포함하도록 확장된다. 예를 들어, Spam이라는 이름의 클래스 내의 __X 같은 이름은 자동으로 _Spam__X 로 변경된다. 원래의 이름 앞에 싱글 언더스코어와 유효 클래스의 이름이 붙는다. 수정된 이름은 유효 클래스의 이름을 포함하기 때문에 일반적으로 유일하다. 이것은 계층 내의 다른 클래스들에 의해 생성되는 유사한 이름들과 충돌하지 않을 것이다.

이름 맹글링은 class문의 코드에서 등장하는 이름만을 위한 것으로 앞쪽에만 더블 언더스코어가 붙는 이름에 한해서 일어난다. 하지만 앞에 더블 언더스코어가 붙는 **모든** 이름(클래스 속성(메소드 이름 포함)과 self에 할당된 인스턴스 속성 이름 둘 다)에 대해 사용할 수 있다. 예를 들어 Spam이라는 이름의 클래스에서 __meth라는 이름의 메소드는 _Spam__meth로 맹글링되며, 인스턴스 속성 참조 self.__X는 self._Spam__X로 바뀐다.

맹글링에도 불구하고 클래스가 자신이 이름을 참조하는 모든 곳에서 더블 언더스코어 버전을 사용하는 한, 여전히 그 참조는 전부 동작할 것이다. 하지만 하나 이상의 클래스가 하나의 인스턴스에 속성을 추가할 수 있기 때문에 이 맹글링은 충돌을 피할 수 있게 도와준다. 그 방법에 대해 알아보기 위해 다음 예제로 넘어가 보자.

왜 유사개별 속성을 사용하는가?

유사개별 속성 특징이 완화시키고자 했던 주요 이슈 중 하나는 인스턴스 속성이 저장되는 방식과 관련이 있다. 파이썬에서 모든 인스턴스 속성은 클래스 트리의 가장 하단의 단일 인스턴스 객체에서 끝나며, 그 인스턴스가 전달되는 모든 클래스 레벨의 메소드 함수에 공유된다. 이는 각 클래스가 자신이 정의한 데이터 멤버를 위한 자기만의 공간을 갖는 C++ 모델과는 다르다.

파이썬의 클래스 메소드에서 self 속성에 대한 할당은(예 self.attr = value) 언제나 인스턴스 내의 속성을 변경하거나 새로 생성하는 효과를 갖는다(상속 검색은 할당이 아닌 참조의 경우에만 발생한다는 점을 기억하자). 이것은 계층 내의 여러 클래스에서 동일한 속성에 할당할 때도 성립하므로 충돌이 일어날 가능성이 있다.

예를 들어 한 프로그래머가 클래스를 코딩할 때, 그 클래스가 인스턴스에 속성 이름 X를 가진다고 가정해 보자. 이 클래스의 메소드는 이름을 설정하고 나중에 가져온다.

```python
class C1:
    def meth1(self): self.X = 88        # 나는 X는 내 것이라 가정
    def meth2(self): print(self.X)
```

여기에서 따로 작업하고 있는 다른 프로그래머가 다른 클래스에서 동일한 가정을 한다고 가정해 보자.

```python
class C2:
    def metha(self): self.X = 99        # 나도
    def methb(self): print(self.X)
```

두 클래스 모두 독자적으로 동작한다. 문제는 두 클래스가 동일한 클래스 트리에서 섞이게 되는 경우 발생한다.

```python
class C3(C1, C2): ...
I = C3()                                # I에 X는 하나만!
```

이제 각 클래스가 self.X를 부를 때 갖게 되는 값은 마지막에 어느 클래스가 그 이름을 할당했는지에 따라 달라질 것이다. self.X에 대한 모든 할당은 동일한 단일 인스턴스를 참조하기 때문에 얼마나 많은 클래스가 그 속성 이름을 사용하는지와 상관없이 단 하나의 X 속성(I.X)만 있게 된다.

이를 예상하고 있다면 문제가 아니며, 사실 이것은 클래스들이 어떻게 의사소통하는가에 대한 것이다. 인스턴스는 공유된 메모리다. 하지만 하나의 속성이 이를 사용하는 클래스에 속한다는 것을 보장하기 위해서는 클래스 내에 그것이 사용되는 모든 곳에서 이름 앞에 더블 언더스코어를 붙여야 한다. 이 2.X/3.X pseudoprivate.py 파일에서처럼 말이다.

```
class C1:
    def meth1(self): self.__X = 88        # 이제 X는 내거!
    def meth2(self): print(self.__X)      # I에서 _C1__X 로 바뀜
class C2:
    def metha(self): self.__X = 99        # 나도
    def methb(self): print(self.__X)      # I에서 _C2__X 로 바뀜

class C3(C1, C2): pass
I = C3()                                  # I 안에 두 개의 이름 X가 존재함

I.meth1(); I.metha()
print(I.__dict__)
I.meth2(); I.methb()
```

접두어가 붙으면 X 속성은 인스턴스에 추가되기 전에 자신의 클래스 이름을 포함하도록 확장될 것이다. I에서 dir를 실행하거나 속성이 할당된 후에 네임스페이스 딕셔너리를 검사해 보면, X가 아니라 _C1__X와 _C2__X의 확장된 이름을 보게 될 것이다. 이러한 확장은 인스턴스 내에서 이름을 보다 유일하게 만들어주므로 클래스를 코딩하는 사람은 더블 언더스코어와 함께 접두어를 붙인 이름이라면 무엇이라도 실제 자신이 소유했다고 가정해도 무방할 것이다.

```
% python pseudoprivate.py
{'_C2__X': 99, '_C1__X': 88}
88
99
```

이 방법은 인스턴스에서 일어날 수 있는 이름 충돌을 피할 수 있지만, 이것이 실제 프라이버시를 보장하지 않는다는 점은 기억하자. 만약 유효 클래스의 이름을 안다면, 여러분은 여전히 해당 인스턴스를 참조하는 어디에서나 전체 확장된 이름(예 I._C1__X = 77)을 사용하여 이 속성들에 접근할 수 있다. 더구나 미지의 프로그래머가 명시적으로 확장된 명명 패턴을 사용한다면(이런 일이 실제로 일어날 것 같지는 않지만, 불가능하지도 않다), 이름들은 여전히 충돌할 수 있다. 반면에 이 특징은 여러분이 의도치 않게 클래스의 이름들을 침해할 가능성을 낮춘다.

유사개별 속성들은 또한 큰 규모의 프레임워크 또는 도구에서 유용하다. 그 이유는 클래스 트리 내의 다른 어디에선가 우연히 그 정의를 감출 수 있는 새로운 메소드 이름을 도입하는 것을 피하고, 트리의 더 낮은 데서 정의된 이름에 의해 내부 메소드가 교체될 가능성을 줄여 주기 때문이다. 만약 메소드가 다른 클래스들과 함께 섞일 수 있는 하나의 클래스 내에서만 사용될 의도로 정의되었다면, 더블 언더스코어 접두어는 특히 다중 상속 시나리오에서 해당 메소드가 확실히 트리 내의 다른 이름을 간섭하지 않는다는 것을 보장한다.

```
class Super:
    def method(self): ...                       # 실제 적용 메소드

class Tool:
    def __method(self): ...                     # _Tool__메소드가 됨
    def other(self): self.__method()            # 나의 내부 메소드를 사용

class Sub1(Tool, Super): ...
    def actions(self): self.method()            # 예상대로 Super.method를 실행

class Sub2(Tool):
    def __init__(self): self.method = 99        # Tool.__method를 망치지 않음
```

26장에서 다중 상속에 대하여 간단히 다루었으며, 더 자세한 내용은 이 장의 후반부에서 살펴볼 것이다. 슈퍼클래스들은 class 헤더 라인의 왼쪽에서 오른쪽 순서에 따라 검색된다. 여기에서 이는 Sub1이 Tool 속성으로 Super의 속성을 선호함을 의미한다. 이 예제에서는 우리가 Sub1 클래스 헤더에 나열된 슈퍼클래스의 순서를 변경함으로써 파이썬으로 하여금 애플리케이션 클래스의 메소드를 먼저 선택하도록 강제할 수 있었지만, 유사개별 속성은 이 이슈를 함께 해결할 수 있다. 유사개별 이름은 서브클래스가 Sub2에서처럼 우연히 내부 메소드의 이름을 재정의하는 것을 막는다.

다시 말하지만 이 기능은 주로 규모가 크고, 다수의 프로그래머가 참여하는 프로젝트에서만, 그것도 반드시 필요한 일부 이름에 대해서만 사용되어야 한다. 불필요하게 여러분의 코드를 어지럽히려 하지 말자. 이 특징은 정말 하나의 클래스로만 제어되어야 하는 경우에 사용해야 한다. 더 단순한 프로그램을 위한 일반적인 클래스 기반의 도구들 중 일부에서 유용할 수도 있더라도 이 특징이 사용되기에는 과할 것이다.

__X 명명 특징의 사용에 대한 더 많은 예제를 보고자 한다면 39장의 Private 클래스 데코레이터 논의와 함께, 이 장 후반부의 다중 상속을 다루는 절에서 소개되는 혼합형 클래스인 lister.py를 참조하자.

만약 일반적으로 프라이버시에 대해 관심이 있다면, 30장 1141쪽의 "속성 접근: __getattr__와 __setattr__"에서 묘사한 개별 인스턴스 속성의 에뮬레이션을 복습하고 39장에서 위임으로 완전한 Private 클래스 데코레이터를 구축하는 것을 보고 싶을지도 모른다. 파이썬 클래스에서 진정한 접근 제어를 에뮬레이트하는 것이 가능하지만, 실제 현장에서는 큰 시스템에서조차 거의 이루어지지 않는다.

메소드는 객체: 바운드 메소드와 언바운드 메소드

일반적으로 메소드, 특히 바운드 메소드는 파이썬에서 많은 디자인 목표의 구현을 단순화시킨다. 우리는 30장에서 __call__에 대해 학습할 때 바운드 메소드에 대해 간단히 알아보았다. 여기에서 다룰 전체 내용은 여러분이 예상한 것보다 더 일반적이고 유연하다는 것을 입증할 것이다.

19장에서 우리는 어떻게 함수가 일반 객체처럼 처리될 수 있는지에 대해 배웠다. 메소드 또한 일종의 객체라 다른 객체들과 거의 똑같이 일반적으로 사용될 수 있으며(이는 이름에 할당될 수도 있으며, 함수에 전달될 수도 있고, 데이터 구조에 저장될 수도 있다), 단순 함수처럼 '첫 번째 클래스' 객체로 인정받을 수 있다. 하지만 클래스의 메소드는 인스턴스 또는 클래스로부터 접근 가능하기 때문에 파이썬에서 이 메소드는 실제로 다음의 두 종류로 나뉜다.

언바운드(클래스) 메소드 객체: self가 없음

클래스를 인정(qualify)함으로써 클래스의 함수 속성에 접근하면 언바운드 메소드 객체를 반환한다. 그 메소드를 호출하려면 첫 번째 인수로 인스턴스 객체를 명시적으로 제공해야 한다. 파이썬 3.X에서 언바운드 메소드는 단순 함수와 같으며, 클래스 이름을 통해 호출될 수 있다. 2.X에서 이는 다른 타입으로 인스턴스를 제공하지 않고는 호출될 수 없다

바운드(인스턴스) 메소드 객체: self + 함수 쌍

인스턴스를 인정함으로써 클래스의 함수 속성에 접근하면 바운드 메소드 객체를 반환한다. 파이썬은 자동으로 바운드 메소드 객체에 함수와 함께 인스턴스를 패키징하기 때문에 메소드 호출을 위해 인스턴스를 전달할 필요가 없다.

이 두 종류의 메소드는 완전한 객체다. 이들은 문자열과 숫자처럼 프로그램 여기저기로 자유로이 전송될 수 있다. 또한, 이들은 실행될 때 첫 번째 인수에 인스턴스가 필요하다(즉, self에 대한 값). 이는 우리가 이전 예제(이 장의 employees.py를 포함하여)에서 서브클래스 메소드로부터 슈퍼클래스 메소드를 호출할 때 명시적으로 인스턴스를 전달해야 하는 이유다. 기술적으로 이런 호출은 도중에 언바운드 메소드 객체를 생성한다.

바운드 메소드 객체를 호출할 때, 파이썬은 자동으로 인스턴스(바운드 메소드 객체를 생성하기 위해 사용될 인스턴스)를 제공한다. 이는 바운드 메소드 객체가 일반적으로 단순 함수 객체와 교환 가능하다는 것을 의미하며, 바운드 메소드 객체를 함수를 위해 원래 작성되었던 인터페이스용으로 유용하게 만든다(GUI에서 실제 사례를 보려면 1199쪽의 칼럼 "더 생각해 볼 주제: 바운드 메

소드 콜백"을 참고하자).

간단한 용어로 나타내기 위해 다음 클래스를 정의한다 가정해 보자.

```
class Spam:
    def doit(self, message):
        print(message)
```

이제, 일반 연산에서 인스턴스를 만들고 전달된 인수를 출력하기 위해 해당 메소드를 한 번에 호출해 보자.

```
object1 = Spam()
object1.doit('hello world')
```

하지만 실제로 **바운드 메소드** 객체는 도중에, 그것도 메소드 호출의 괄호 직전에 생성된다. 사실, 우리는 실제로 바운드 메소드를 호출하지 않고도 이를 가져올 수 있다. object.name 표현식은 모든 표현식이 그러하듯 객체로 평가한다. 다음은 인스턴스(object1)를 메소드 함수(Spam. doit)와 패키징하는 바운드 메소드 객체를 반환한다. 우리는 이 바운드 메소드 쌍을 다른 이름에 할당할 수 있고, 비록 단순 함수지만 이후에 이를 호출할 수 있다.

```
object1 = Spam()
x = object1.doit                  # 바운드 메소드 객체: 인스턴스 + 함수
x('hello world')                  # object1.doit('...')과 동일한 결과
```

반면에, 만약 우리가 doit을 호출하기 위해 클래스를 인정한다면, 우리는 단순히 함수 객체에의 참조 값인 **언바운드** 메소드 객체를 돌려받게 된다. 이 유형의 메소드를 호출하려면 가장 왼쪽 인수로 인스턴스를 전달해야 한다. 그렇지 않으면 표현식에 인스턴스가 없게 되고, 메소드는 이를 받을 것으로 기대한다.

```
object1 = Spam()
t = Spam.doit                     # 언바운드 메소드 객체(3.X에서의 함수: 앞으로 설명 예정)
t(object1, 'howdy')               # 인스턴스를 전달(3.X에서 메소드가 이를 기대한다면)
```

더 나아가 우리가 클래스 내의 함수를 참조하는 self 속성을 참조한다면, 클래스 메소드 내에서도 동일한 규칙이 적용된다. self.method 표현식은 self가 인스턴스 객체이므로 바운드 메소드 객체다.

```
class Eggs:
    def m1(self, n):
        print(n)
    def m2(self):
        x = self.m1                    # 다른 바운드 메소드 객체
        x(42)                          # 단순 함수로 보임

Eggs().m2()                            # 42 출력
```

일반적으로 여러분은 속성 인정으로 메소드를 가져온 바로 다음 메소드를 호출하기 때문에 도중에 생성된 메소드 객체를 항상 알아채지 못한다. 하지만 일반적으로 객체를 호출하는 코드를 작성하게 되면, 여러분은 언바운드 메소드를 다루기 위해 특별히 주의해야 한다. 이것은 일반적으로 명시적인 인스턴스 객체가 전달될 것을 요구한다.

 이 규칙의 선택적 예외를 위해 다음 장의 **정적 메소드와 클래스 메소드** 논의와 다음 절에서의 간단한 언급을 참조하자. 바운드 메소드처럼 정적 메소드는 호출될 때 인스턴스를 기대하지 않으므로 기본 함수로 가장할 수 있다. 공식적으로 말하면, 파이썬은 세 종류의 클래스 레벨 메소드(인스턴스 메소드, 정적 메소드, 클래스 메소드)를 지원하며, 3.X는 클래스에서 단순 함수도 허용한다. 40장의 메타클래스 메소드는 또 다르지만, 이들은 근본적으로 더 적은 범위를 갖는 클래스 메소드다.

3.X에서 언바운드 메소드는 함수

파이썬 3.X에서는 언바운드 메소드의 개념을 버렸다. 여기에서 우리가 언바운드 메소드로 설명한 것은 3.X에서는 단순 함수로 취급된다. 대부분의 목적을 위해, 이것은 여러분 코드에서 차이점이 없다. 어느 방식이든 메소드가 인스턴스를 통해 호출될 때, 메소드의 첫 번째 인수로 인스턴스가 전달될 것이다.

하지만 명시적인 타입 테스팅을 하는 프로그램은 영향을 받을 수 있다. 만약 인스턴스가 없는 클래스 레벨 메소드의 타입을 출력해보면 2.X에서는 'unbound method'가, 3.X에서는 'function'이 출력된다.

더구나 3.X에서는 메소드가 인스턴스를 기대하지 않고 여러분이 **클래스**를 통해서만(절대 인스턴스를 통하는 경우는 없이) 이를 호출한다면, 인스턴스가 없이도 메소드를 호출할 수 있다. 즉, 파이

썬 3.X는 인스턴스를 통한 호출을 위해서만 메소드에 인스턴스를 전달할 것이다. 클래스를 통해 호출하면 여러분은 메소드가 인스턴스를 기대하는 경우에만 인스턴스를 직접 전달해야 한다.

```
C:\code> py -3
>>> class Selfless:
        def __init__(self, data):
            self.data = data
        def selfless(arg1, arg2):              # 3.X에서는 단순 함수
            return arg1 + arg2
        def normal(self, arg1, arg2):          # 호출될 때 인스턴스를 기대함
            return self.data + arg1 + arg2

>>> X = Selfless(2)
>>> X.normal(3, 4)                             # 자동으로 self에 인스턴스가 전달됨: 2+(3+4)
9
>>> Selfless.normal(X, 3, 4)                   # 메소드는 self를 기대함: 직접 전달
9
>>> Selfless.selfless(3, 4)                    # 인스턴스가 없음: 3.X에서는 동작, 2.X는 실패!
7
```

2.X에서 마지막 테스트는 실패하게 되는데, 언바운드 메소드는 기본적으로 인스턴스가 전달될 것을 요구하기 때문이다. 3.X에서는 이러한 메소드가 인스턴스가 필요 없는 단순 함수로 취급되므로 정상 동작한다. 이것이 3.X에서 잠재적 에러의 일부를 제거한다 하더라도(만약 프로그래머가 의도치 않게 인스턴스를 전달하는 것을 잊는다면 어쩌지?), 이는 클래스의 메소드가 'self' 인스턴스 인수를 기대하지 않고 전달되지 않는 한에서만 단순 함수로 사용될 수 있도록 해준다.

하지만 다음의 두 호출은 3.X와 2.X 모두에서 여전히 실패한다. 첫 번째 호출은(인스턴스를 통한 호출) 자동으로 인스턴스를 기대하지 않는 메소드에 인스턴스를 전달하는 반면, 두 번째 호출(클래스를 통한 호출)은 인스턴스를 기대하는 메소드에 인스턴스를 전달하지 않는다(여기 에러 메시지는 3.3을 기준으로 나타냄).

```
>>> X.selfless(3, 4)
TypeError: selfless() takes 2 positional arguments but 3 were given

>>> Selfless.normal(3, 4)
TypeError: normal() missing 1 required positional argument: 'arg2'
```

이 변경 사항 때문에 내장된 함수 staticmethod와 다음 장에서 설명하는 데코레이터는 3.X에서 **클래스** 이름을 통해서만 (인스턴스를 통하지 않고) 호출되는 self 인수 없는 메소드들을 위해서는 필요 없게 되었다. 그러한 메소드는 인스턴스 인수를 받지 않고 단순 함수처럼 실행된다.

2.X에서 그러한 호출은 인스턴스가 수동으로 전달되거나, 메소드가 정적 메소드로 표시되지 않았다면 에러가 발생한다(정적 메소드는 다음 장에서 더 알아보자).

3.X에서의 행위의 차이를 아는 것은 중요하지만, 어쨌든 바운드 메소드는 보통 실제적인 관점에서 더 중요하다. 이것은 인스턴스와 함수를 단일 객체에 쌍으로 묶어두기 때문에 일반적으로 호출 가능한 객체로서 취급될 수 있다. 다음 절에서는 코드에서 이것이 무엇을 의미하는지를 보여 준다.

 파이썬 3.X와 2.X에서 언바운드 메소드 처리에 대한 시각적 설명을 원한다면, 이 장 후반부의 다중 상속 절에서 lister.py 예제를 살펴보자. 이 클래스는 파이썬의 두 버전 모두에서(2.X에서는 언바운드 메소드로, 3.X에서는 단순 함수로) 인스턴스와 클래스 둘 모두로부터 가져온 메소드들의 값을 출력한다.

바운드 메소드와 다른 호출 가능한 객체들

앞서 언급했듯이, 바운드 메소드들은 단순 함수처럼 일반 객체로 처리될 수 있다. 이 메소드들은 프로그램 여기저기에 임의로 전달될 수 있다. 더구나 바운드 메소드는 한 패키지 내에 인스턴스와 함수 둘을 결합하기 때문에 다른 호출 가능한 객체들처럼 취급되며, 호출될 때 특별한 구문이 필요 없다. 예를 들어 다음은 리스트에 네 개의 바운드 메소드 객체들을 저상하고, 이후에 일반 호출 표현식으로 이들을 호출한다.

```
>>> class Number:
        def __init__(self, base):
            self.base = base
        def double(self):
            return self.base * 2
        def triple(self):
            return self.base * 3

>>> x = Number(2)                              # 클래스 인스턴스 객체
>>> y = Number(3)                              # 상태 + 메소드
>>> z = Number(4)
>>> x.double()                                 # 일반적인 즉시 호출
4

>>> acts = [x.double, y.double, y.triple, z.double]   # 바운드 메소드들의 리스트
>>> for act in acts:                           # 호출이 지연됨
        print(act())                           # 함수인 것처럼 호출
4
6
```

```
9
8
```

단순 함수처럼 바운드 메소드 객체들은 자신만의 내부 검사용 정보를 가지고 있으며, 여기에
는 인스턴스 객체와 메소드 함수에의 접근을 제공하는 속성도 포함되어 있다. 바운드 메소드
를 호출하는 것은 단순히 그 쌍을 전달하기 위함이다.

```
>>> bound = x.double
>>> bound.__self__, bound.__func__
(<__main__.Number object at 0x...등등...>, <function Number.double at 0x...등등...>)
>>> bound.__self__.base
2
>>> bound()                                  # bound.__func__(bound.__self__, ...)를 호출
4
```

다른 호출 가능한 객체들

사실 바운드 메소드는 파이썬에서 호출 가능한 객체 타입 중 하나일 뿐이다. 다음이 보여 주
는 것처럼 def 또는 lambda로 코딩된 단순 함수, __call__을 상속받은 인스턴스와 바운드 인
스턴스 메소드는 모두 동일한 방식으로 처리되고 호출될 수 있다.

```
>>> def square(arg):
        return arg ** 2                      # 단순 함수(def 또는 lambda)

>>> class Sum:
        def __init__(self, val):             # 호출 가능한 인스턴스
            self.val = val
        def __call__(self, arg):
            return self.val + arg

>>> class Product:
        def __init__(self, val):             # 바운드 메소드
            self.val = val
        def method(self, arg):
            return self.val * arg

>>> sobject = Sum(2)
>>> pobject = Product(3)
>>> actions = [square, sobject, pobject.method]    # 함수, 인스턴스, 메소드

>>> for act in actions:                      # 셋 모두 동일한 방식으로 호출됨
        print(act(5))                        # 인수 하나짜리 호출 가능 객체를 호출

25
```

```
7
15
>>> actions[-1](5)                                    # 인덱스, 컴프리헨션, maps
15
>>> [act(5) for act in actions]
[25, 7, 15]
>>> list(map(lambda act: act(5), actions))
[25, 7, 15]
```

엄밀히 말하면 클래스도 호출 가능한 객체 범주에 속하지만, 우리는 일반적으로 실제 작업을
수행하는 것보다 인스턴스를 생성하기 위해 클래스를 호출한다. 단일 동작은 생성자를 갖는
클래스보다 단순 함수로 코딩하는 것이 더 낫지만, 여기에서는 클래스가 본질적으로 호출 가
능하다는 것을 보여 주기 위해 클래스를 사용하였다.

```
>>> class Negate:
        def __init__(self, val):          # 클래스도 호출 가능한 객체임
            self.val = -val               # 하지만 작업이 아닌 객체를 위해 호출됨
        def __repr__(self):               # 인스턴스 출력 포맷
            return str(self.val)

>>> actions = [square, sobject, pobject.method, Negate]      # 클래스도 호출
>>> for act in actions:
        print(act(5))

25
7
15
-5
>>> [act(5) for act in actions]                   # __str__이 아니라 __repr__ 실행!
[25, 7, 15, -5]

>>> table = {act(5): act for act in actions}      # 3.X/2.7 딕셔너리 컴프리헨션
>>> for (key, value) in table.items():
        print('{0:2} => {1}'.format(key, value))  # 2.6+/3.X str.format

25 => <function square at 0x0000000002987400>
15 => <bound method Product.method of <__main__.Product object at ...등등...>>
-5 => <class '__main__.Negate'>
 7 => <__main__.Sum object at 0x000000000298BE48>
```

보다시피 바운드 메소드와 파이썬의 호출 가능한 객체 모델은 파이썬 디자인이 놀라울 정도
로 유연한 언어에 기여하는 여러 방법 중 일부다.

여러분은 이제 메소드 객체 모델을 이해할 것이다. 실제 사용되는 바운드 메소드의 다른 예제

로 이전 장에서 메소드 __call__에 대해 다룬 절의 콜백 핸들러 내용과 함께 바로 이어서 나올 칼럼 "더 생각해 볼 주제: 바운드 메소드 콜백"을 읽어 보도록 하자.

더 생각해 볼 주제: 바운드 메소드 콜백

바운드 메소드는 자동으로 인스턴스를 클래스의 메소드 함수와 쌍으로 결합하기 때문에 단순 함수를 기대하는 어디에서나 이를 사용할 수 있다. 이 메소드가 사용되는 가장 일반적인 경우는 우리가 이미 만나본 tkinter GUI(파이썬 2.X에서의 이름은 Tkinter)에서 콜백 핸들러 이벤트로 메소드를 등록하는 코드다.

복습 차원에서 여기 간단한 케이스를 살펴보자.

```
def handler():
    ...상태 정보를 위해 전역 또는 클로저 범위 사용...
...
widget = Button(text='spam', command=handler)
```

버튼 클릭 이벤트를 위한 핸들러를 등록하기 위해, 우리는 일반적으로 아무 인수도 취하지 않는 호출 가능한 객체를 command 키워드 인수에 전달한다. 함수 이름(과 lambda)이 여기에서 작동되고 클래스 레벨 메소드도 작동된다. 만약 클래스 레벨 메소드가 호출될 때 인스턴스를 기대한다면 이는 바운드 메소드이겠지만 말이다.

```
class MyGui:
    def handler(self):
        ...상태 정보를 위해 self.attr 사용...
    def makewidgets(self):
        b = Button(text='spam', command=self.handler)
```

여기에서 이벤트 핸들러는 self.handler(self와 MyGui.handler 모두를 기억하는 바운드 메소드 객체)다. handler가 나중에 이벤트 발생 시 호출되면 self는 원래 인스턴스를 참조할 것이기 때문에 메소드는 클래스 레벨 메소드 간뿐 아니라 이벤트 간 상태 정보를 유지할 수 있는 인스턴스 속성에 접근할 수 있게 된다. 단순 함수에서는 일반적으로 상태 정보를 전역 변수 또는 유효 함수 범위에 유지해야만 한다.

클래스를 함수 기반 API와 호환되도록 해주는 다른 방법에 대해서는 30장 __call__ 연산자 오버로딩 내용을 참고하고, 콜백 역할에서 종종 사용되는 다른 도구를 알아보려면 19장의 lambda를 찾아보자. 이 중 전자에서 설명했듯이, 여러분은 일반적으로 lambda에서 바운드 메소드를 감쌀 필요는 없다. 이전 예제의 바운드 메소드는 이미 호출을 지연하기 때문에(이를 위해 어떤 괄호도 필요 없었다) 여기에 lambda를 추가하는 것은 의미가 없다!

클래스는 객체: 일반적인 객체 팩토리

때로는 클래스 기반 디자인은 객체가 프로그램이 작성될 당시에는 예측할 수 없는 조건에 대응하여 생성되기를 요구한다. 팩토리 디자인 패턴은 그렇게 지연된 접근 방식을 허용한다. 파이썬 유연성의 대부분을 차지하기 때문에 팩토리는 여러 형태를 취할 수 있으며, 이 중 일부는 더 이상 특별해 보이지 않는다.

또한 클래스는 '첫 번째 클래스' 객체이기 때문에 이를 프로그램 여기저기에 전달하거나 데이터 구조에 저장하는 등의 작업이 쉽다. 여러분은 클래스를 임의의 종류의 객체를 생성하는 함수에 전달할 수도 있다. 때로 그러한 함수가 객체 지향 프로그래밍 디자인 사회에서는 **팩토리**로 불린다. 팩토리는 C++처럼 엄격하게 데이터 타입을 지켜야 하는 언어에서는 어려운 작업이 될 수 있지만, 파이썬에서 구현하는 것은 매우 간단하다.

예를 들어 18장에서 다루었던 호출 구문을 이용하면, 어떤 클래스에 대해서도 한 번에 임의 숫자의 위치 지정 인수 또는 키워드 인수를 지정해 호출하여 모든 종류의 인스턴스를 만들어 낼 수 있다.[2]

```python
def factory(aClass, *pargs, **kargs):      # 가변 길이의 튜플, 딕셔너리
    return aClass(*pargs, **kargs)          # aClass(또는 2.X에서만 apply) 호출

class Spam:
    def doit(self, message):
        print(message)

class Person:
    def __init__(self, name, job=None):
        self.name = name
        self.job = job

object1 = factory(Spam)                     # Spam 객체 생성
object2 = factory(Person, "Arthur", "King") # Person 객체 생성
object3 = factory(Person, name='Brian')     # 상동, 키워드와 기본 인수로
```

이 코드에서 우리는 factory로 불리는 객체 생성 함수를 정의한다. 이 함수는 클래스 생성자를 위해 하나 또는 그 이상의 인수와 함께 클래스 객체(어떤 클래스라도 무방하다)를 전달받을 것을 기대한다. 그 함수는 함수를 호출하고 인스턴스를 반환하기 위해 특별한 '가변 길이의 인수(varargs)' 호출 구문을 사용한다.

---

2 실제로 이 구문은 함수, 클래스, 메소드를 포함한 모든 호출 가능한 객체를 호출할 수 있다. 따라서 여기에서의 factory 함수는 클래스(인수 이름에도 불구하고)뿐 아니라 어떤 호출 가능한 객체라도 실행할 수 있다. 또한 18장에서 배웠듯이, 파이썬 2.X는 aClass(*pargs, **kargs)에 대한 대안을 가지고 있다. 이는 apply(aClass, pargs, kargs) 내장 호출(built-in call)로, 여러 가지 제약 사항과 기능의 중복으로 파이썬 3.X에서는 삭제되었다.

그 예제의 나머지 부분은 단순히 두 개의 클래스를 정의하고 factory 함수에 이들을 전달함으로써 두 클래스의 인스턴스들을 생성한다. 그리고 이것이 여러분이 파이썬에서 작성해야 할 유일한 팩토리 함수다. 이는 어떤 클래스, 어떤 생성자 인수에 대해서도 동작한다. 만약 이것을 직접 실행해 보면(factory.py), 여러분의 객체는 다음과 같을 것이다.

```
>>> object1.doit(99)
99
>>> object2.name, object2.job
('Arthur', 'King')
>>> object3.name, object3.job
('Brian', None)
```

이제 여러분은 파이썬에서 모든 것이 '첫 번째 클래스' 객체라는 것을 알게 되었을 것이다. 여기에는 C++ 같은 언어에서 컴파일러의 입력값일 뿐인 클래스까지도 포함한다. 클래스를 이렇게 전달하는 것은 자연스러운 일이다. 하지만 이 파트의 시작 부분에서 언급한 것처럼 오직 클래스로부터 파생된 객체만이 파이썬에서 완전한 객체 지향 프로그래밍을 수행할 수 있다.

왜 팩토리인가?

factory 함수는 어떤 쓸모가 있는가?(이 책에서 첫 번째 클래스 클래스 객체를 보여 주는 이유를 제공하는 것 외에 말이다) 아쉽게도 허락된 지면에 비해 훨씬 많은 코드가 필요하기 때문에 이 디자인 패턴이 어떻게 적용되는지를 보여 주기란 어려운 일이다. 일반적으로 이런 팩토리는 동적으로 구성된 객체 생성에 대한 세부 사항에서 코드를 분리시키는 효과를 갖는다.

예를 들어, 26장의 개요에서 보여 준, 그리고 이후 이 장의 앞부분에서 다룬 구성 관계 예제로 다룬 processor 예제를 기억해 보자. 이것은 임의의 데이터 스트림을 처리하기 위해 독자와 작성자 객체를 받아들인다. 이 예제의 원래 버전은 처리가 필요한 데이터 스트림을 수정하기 위해 FileWriter와 SocketReader 같은 특화된 클래스의 인스턴스를 직접 전달했다. 그리고 나중에 우리는 하드코딩된 파일, 스트림, 포매터 객체를 전달했다. 더 동적인 시나리오에서 GUI 또는 설정 파일 같은 외부 장치는 스트림을 설정하는 데 사용될 수도 있다.

이런 설정 파일에는 모듈에서 import할 스트림 클래스에 대한 문자열 이름이나, 선택적인 생성자 호출 인수가 기록되어 있을 수도 있다. 팩토리 형식의 함수나 코드는 우리 프로그램에 하드코딩되지 않은 클래스를 딕셔너리에 가져오고 전달하는 것을 허용하기 때문에 여기에서는 유용할 수 있다. 사실 저 클래스들은 우리가 코드를 짤 때 존재하지 않았을지도 모른다.

```
classname = ...설정 파일에서 읽어 들임...
classarg  = ...설정 파일에서 읽어 들임...

import streamtypes                            # 수정 가능한 코드
aclass = getattr(streamtypes, classname)      # 모듈로부터 가져옴
reader = factory(aclass, classarg)            # 또는 aclass(classarg)
processor(reader, ...)
```

여기에서 내장된 getattr은 문자열 이름이 주어진 모듈 속성을 가져오는 데 사용된다(obj.attr이 라고 말하는 것 같지만, attr은 문자열이다). 이 코드 정보는 단일 생성자 인수를 가정하기 때문에 엄격하게 factory가 필요하지는 않다. 우리는 aclass(classarg)만으로도 인스턴스를 만들 수 있다. 하지만 팩토리 함수는 알 수 없는 인수 리스트가 존재할 때 더 유용하며, 일반적인 팩토리 코딩 패턴은 코드의 유연성을 개선시킬 수 있다.

다중 상속: '혼합(Mix-in)' 클래스들

마지막으로 알아볼 디자인 패턴은 가장 유용한 것 중의 하나로, 이 장을 마무리하고 다음 장으로 나아가기에 적당한 더 실제적인 예제로서의 역할을 할 것이다. 게다가 여기서 작성할 예제는 유용한 도구로 사용할 수 있다.

많은 클래스 기반의 디자인들은 이질적인 메소드들의 묶음을 결합하기 위해 필요하다. 이미 보았지만, class문에는 하나 이상의 슈퍼클래스가 헤더 줄의 괄호 안에 나열될 수 있다. 만약 그렇게 했다면, 여러분은 다중 상속을 이용하는 것이다. 클래스와 그 인스턴스들은 나열된 모든 슈퍼클래스로부터 이름을 상속받는다.

파이썬의 상속 검색은 일치하는 것이 발견될 때까지 클래스 헤더의 모든 슈퍼클래스를 왼쪽에서 오른쪽으로 찾아간다. 기술적으로, 어떤 슈퍼클래스라도 자신만의 슈퍼클래스를 가질 수 있기 때문에 이 검색은 큰 클래스 트리에서는 좀 더 복잡해질 수 있다.

- 레거시 클래스에서(파이썬 3.0까지는 기본) 모든 경우의 속성 검색은 상속 트리의 꼭대기까지 깊이 우선 탐색을 진행하고, 이후 왼쪽에서 오른쪽으로 진행한다. 이 순서는 일반적으로 DFLR(Depth-First, Left-to-Right)로 불린다.

- 새 형식 클래스에서(2.X에서는 선택 사항이며 3.X에서는 표준) 속성 검색은 일반적으로 이전과 같지만, 다이아몬드 패턴에서는 위로 올라가기 전에 트리 레벨 단위로 좌우로 먼저 진행한다. 레거시 클래스보다는 너비 우선 방식에 가깝다고 볼 수 있다. 이 순서는 일반적으로

새로운 형식의 MRO(Method Resolution Order)로 불리지만, 메소드뿐 아니라 모든 속성에 대해 사용된다.

이 검색 규칙 중 두 번째는 다음 장의 새 형식 클래스에 대해 논의 시 전체적으로 설명할 것이다. 다음 장의 코드 없이는 이해하기 어렵지만(그리고 직접 만드는 경우는 다소 드물기도 하다), 다이아몬드 패턴은 트리 내에서 하나의 공통 슈퍼클래스를 여러 클래스들이 공유할 때 등장한다. 새로운 형식 클래스에서의 검색 순서는 이런 공유된 슈퍼클래스를 단 한 번만 방문하고, 그 후에 모든 서브클래스를 방문하도록 설계되었다. 하지만 어느 모델이라도 클래스가 여러 슈퍼클래스를 가질 때, class문 헤더에 나열된 순서에 따라 왼쪽에서 오른쪽으로 검색된다.

일반적으로 다중 상속은 하나 이상의 집합에 속하는 객체를 모델링하기에 좋다. 예를 들어, 한 사람이 엔지니어, 작가, 음악가, 등등일 수 있으며 그 모든 집합으로부터 속성을 상속받을 수 있다. 다중 상속으로 객체들은 자신의 모든 슈퍼클래스가 갖는 행위의 합집합을 얻게 된다. 앞으로 보겠지만, 다중 상속은 클래스를 혼합 가능한 속성들의 일반적인 패키지로 동작하도록 허용한다.

유용한 패턴이기는 하지만, 다중 상속의 가장 큰 단점은 동일한 메소드(또는 다른 속성) 이름이 하나 이상의 슈퍼클래스에 정의되어 있을 때 **충돌**을 일으킬 수 있다는 것이다. 속성이 충돌하면 상속 검색 순서에 의해 자동으로 선택되거나, 코드를 통해 명시적으로 선택할 수 있다.

- **기본**: 기본적으로 상속은 속성이 일반적으로 참조될 때(**예** self.method( )에 의해) 자신이 **처음으로** 발견한 속성을 선택한다. 이 방식에서 파이썬은 레거시 클래스와 다이아몬드 패턴이 아닌 모든 클래스에서는 가장 낮고 가장 왼쪽에 있는 것을 고른다. 새 형식 클래스는 다이아몬드 패턴에서 위에 있는 것을 고르기 전에 오른쪽에 있는 것을 선택한다.

- **명시적**: 일부 클래스 모델에서는 superclass.method(self)와 같이 클래스 이름을 통해 명시적으로 속성을 **선택**해야 할 때가 있다. 여러분 코드는 검색의 기본에 우선하여(상속 검색 기본의 오른쪽 또는 위에 있는 것을 선택) 충돌을 방지한다.

이것은 여러 슈퍼클래스에서 **동일한 이름**이 등장하는 상황에서 여러분이 상속받은 처음 것을 사용하기를 원하지 않을 때에만 문제가 된다. 전형적인 파이썬 코드에서는 이 문제가 그다지 보편적인 문제가 아니기 때문에 이 주제에 대한 상세 설명은 다음 장에서 새 형식 클래스와 이의 MRO와 super 도구에 대해 설명하면서 다룰 예정이며, 해당 장 마지막의 "주의 사항"절에서 다시 복습해 볼 것이다. 그에 앞서 우선 다음 절에서 다중 상속 기반의 도구들의 실제 사례를 살펴보도록 하자.

혼합 디스플레이 클래스 코딩하기

다중 상속이 사용되는 가장 보편적인 방법은 슈퍼클래스들로부터 범용 메소드들을 '혼합하는' 것이다. 그런 슈퍼클래스들을 일반적으로 **혼합 클래스들**이라 부른다. 이들은 상속에 의해 여러분이 응용 클래스에 추가할 메소드들을 제공한다. 어떤 의미에서는 혼합 클래스들은 모듈과 유사하다. 이들은 자신의 클라이언트 서브클래스에서 사용할 수 있도록 메소드들을 제공한다. 하지만 모듈 내 단순 함수들과 달리 혼합 클래스들의 메소드는 상속 계층에 참여할 수 있으며, 상태 정보와 트리 내 다른 메소드들을 이용하기 위해 self 인스턴스에 접근할 수 있다.

예를 들어, 우리가 보았듯이, 파이썬이 클래스 인스턴스 객체를 출력하는 기본 방식이 놀라울 정도로 유용하지는 않다.

```
>>> class Spam:
        def __init__(self):               # __repr__이나 __str__이 아님
            self.data1 = "food"
>>> X = Spam()
>>> print(X)                              # 기본: 클래스명 + 주소(id)
<__main__.Spam object at 0x00000000029CA908>   # 2.X에서는 동일, 하지만 'instance'라 말함
```

28장의 사례 연구와 30장의 연산자 오버로딩 관련 내용에서 보았듯이, 여러분만의 문자열 표현을 구현하기 위해 __str__ 또는 __repr__ 메소드를 제공할 수 있다. 하지만 여러분이 출력하고자 하는 각각의 모든 클래스에 이 중 하나를 코딩하는 대신, 범용 도구 클래스를 한 번 코딩하여 여러분의 모든 클래스가 이것을 상속받도록 하는 것이 더 낫지 않겠는가?

이것이 바로 혼합 클래스들이 필요한 이유다. 디스플레이 메소드를 하나의 혼합 슈퍼클래스에 한 번 정의해 두면 우리만의 디스플레이 포맷을 보기 원하는 곳이라면 어디에서나 이를 재사용할 수 있다. 이미 다른 슈퍼클래스를 가진 클래스에서라도 말이다. 관련 작업을 수행하는 도구들에 대해서는 이미 살펴본 바 있다.

- 28장의 AttrDisplay 클래스는 일반적인 __repr__ 메소드에서 인스턴스 속성의 포맷을 정의하지만 이는 클래스 트리를 타고 올라가지 않으며, 단일 상속 모드에서만 활용될 수 있

다.

- 29장의 classtree.py 모듈은 클래스 트리를 타고 올라가며 스케치하기 위한 함수를 정의했지만 도중에 객체 속성을 디스플레이 하지 않으며, 상속 가능한 클래스로 설계되지 않았다.

여기에서 이 예제들의 기법을 복습하고 인스턴스 속성, 상속받은 속성, 그리고 클래스 트리의 모든 객체들에 대한 속성들을 열거하기 위한 일반적인 디스플레이 도구로 세 개의 혼합 클래스들의 집합을 코딩하도록 확장할 것이다. 또한, 다중 상속 모드에서 우리 도구들을 사용하고 클래스들이 일반적인 도구로 사용하기 적합하게 만드는 코딩 기법을 사용할 것이다.

28장에서와 달리, __repr__ 대신에 __str__을 사용하여 코딩한다. 이것은 부분적으로는 print와 str에 대한 이들 역할의 제약과 스타일 문제이지만, 우리가 작성할 디스플레이 코드는 코드보다 더 사용자 친화적이도록 작성할 것이다. 이 정책을 이용하면 클라이언트 클래스가 대화형 에코 출력과 중첩 표현에다 다른 방식의 로우 레벨 코드를 작성할 수 있는 옵션을 갖게 된다. 여기에서 __repr__이나 __str__ 모두가 사용 가능하지만, 우리가 구현할 디스플레이의 본질상 __str__을 사용할 것을 강력히 제안한다. 이 둘의 차이에 대해서는 30장을 통해 복습하도록 하자.

__dict__로 인스턴스 속성 나열하기

간단한 케이스로(인스턴스에 첨부된 속성들 나열하기) 시작해 보자. 파일 listinstance.py에 코딩된 다음 클래스는 ListInstance 이름의 혼합 클래스를 정의한다. 이 클래스는 헤더 라인에 자신을 포함하고 있는 모든 클래스들을 위하여 __str__ 메소드를 오버로드한다. ListInstance는 클래스로 코딩되기 때문에 어떤 서브클래스 클라이언트의 인스턴스를 위해서도 사용될 수 있는 포매팅 로직을 가진 일반적인 도구가 된다.

```python
#!python
# listinstance.py 파일(2.X와 3.X 모두 호환됨)

class ListInstance:
    """
    여기에서 작성된 __str__ 의 상속을 통해 인스턴스의 포맷이 갖춰진
    print( ) 또는 str( )을 제공하는 혼합 클래스. self는 가장 낮은 클래스의 인스턴스임
    __X 이름은 클라이언트의 속성과의 충돌을 피함
    """
    def __attrnames(self):
        result = ''
        for attr in sorted(self.__dict__):
            result += '\t%s=%s\n' % (attr, self.__dict__[attr])
```

```
        return result
    def __str__(self):
        return '<Instance of %s, address %s:\n%s>' % (
                            self.__class__.__name__,      # 내 클래스의 이름
                            id(self),                     # 내 주소
                            self.__attrnames())           # 이름 = 값 목록

if __name__ == '__main__':
    import testmixin
    testmixin.tester(ListInstance)
```

이 절의 모든 코드는 파이썬 2.X와 3.X에서 모두 실행된다.

이 코드는 고전적인 컴프리헨션 패턴을 보여 주며, 여기에서 __attrnames 메소드를 문자열 join 메소드에 의해 호출되는 제너레이터 표현식을 이용하여 보다 간결하게 구현함으로써 일부 프로그램의 공간을 절약할 수 있지만 이는 확실히 덜 명확하다. 이에 대한 대안으로, 다음과 같이 줄을 감싸는 표현식 코딩을 고려해볼 수 있다.

```
    def __attrnames(self):
        return ''.join('\t%s=%s\n' % (attr, self.__dict__ [attr])
                            for attr in sorted(self.__dict__))
```

ListInstance는 인스턴스의 클래스 이름을 추출하기 위해 이전에 살펴보았던 기법을 사용한다.

- 각 인스턴스는 자신이 생성된 클래스를 참조하는 내장된 __class__ 속성을 가지고 있으며, 각 클래스는 헤더에 존재하는 이름을 참조하는 __name__ 속성을 가지기 때문에 self.__class__.__name__ 표현식은 인스턴스의 클래스의 이름을 가져온다.

- 이 클래스는 자신의 작업 대부분을 모든 인스턴스 속성의 이름과 값을 보여 주기 위해 단순히 인스턴스의 속성 딕셔너리(이 클래스를 __dict__에 내보낸 것을 기억하자)를 스캔하는 것으로 한다. 딕셔너리 키는 파이썬 버전에 따라 어떤 순서의 차이도 처리하도록 정렬되어 있다.

이런 점에 있어서 ListInstance는 28장의 속성 디스플레이와 유사하다. 사실 이는 대체로 한 테마에 대한 변주일 뿐이다. 여기에서 우리 클래스는 두 개의 추가적인 기법을 사용한다.

- 객체의 주소를 반환하는 내장된 id 함수를 호출함으로써 인스턴스의 메모리 주소를(정의상, 유일한 객체 식별자로 이 코드를 나중에 변경할 때 유용할 것이다) 나타낸다.

- 자신의 워커 메소드인 __attrnames에는 유사 개별 명명 패턴을 사용한다. 이 장 앞에서

배웠듯이, 파이썬은 속성 이름이 클래스 이름을 포함하도록 확장함으로써(이 경우, 이름은 _ListInstance__attrnames가 된다) 자동으로 이런 이름을 해당 클래스에 대해 지역화시킨다. 이것은 (메소드 같은) 클래스 속성과 self에 첨부되어 있는 인스턴스 속성 둘 모두에서 성립한다. 28장의 첫 번째 버전에서 언급했듯이, 이 행위는 이와 같은 일반적인 도구에 유용한데, 자신이 가진 이름이 자신의 클라이언트 서브클래스에서 사용되는 어떤 이름과도 충돌하지 않을 것을 보장하기 때문이다.

ListInstance는 __str__ 연산자 오버로딩 메소드를 정의하기 때문에 이 클래스로부터 파생된 인스턴스들은 출력될 때 자동으로 단순 주소보다 좀 더 많은 정보를 주는 자신의 속성을 디스플레이한다. 여기 클래스는 단일 상속 모드에서 실제로 동작하며, 이전 절의 클래스에 혼합된다(이 코드는 파이썬 3.X와 2.X에서 동일하게 동작하지만, 2.X 기본 repr 디스플레이는 'object' 대신에 'instance' 레이블을 사용한다).

```
>>> from listinstance import ListInstance
>>> class Spam(ListInstance):             # __str__ 메소드 상속
        def __init__(self):
            self.data1 = 'food'
>>> x = Spam()
>>> print(x)                              # print( )와 str( )은 __str__을 실행
<Instance of Spam, address 43034496:
        data1=food
>
```

또한 출력값은 str로 프린트하지 않고 문자열로 저장할 수 있으며, 대화형 에코는 여전히 기본 포맷을 사용한다. 이는 우리가 __repr__을 클라이언트를 위한 옵션으로 남겨 두었기 때문이다.

```
>>> display = str(x)                      # 이스케이프를 해석하기 위해 이를 프린트
>>> display
'<Instance of Spam, address 43034496:\n\tdata1=food\n>'

>>> x                                     # __repr__는 여전히 기본값 사용
<__main__.Spam object at 0x000000000290A780>
```

ListInstance 클래스는 여러분이 작성하는 어떤 클래스에서도 유용하다. 이미 하나 또는 하나 이상의 슈퍼클래스를 가진 클래스에서조차도 말이다. 이는 다중 상속이 유용한 경우다. ListInstance를 클래스 헤더에 슈퍼클래스 리스트에 추가함으로써(즉, 이것을 혼합함으로써), 여전히 기존 슈퍼클래스(들)로부터 상속받으면서 __str__도 '공짜로' 얻게 된다. 파일 testmixin0.

py는 첫 번째 테스트 스크립트로 보여 준다.

```
# testmixin0.py 파일
from listinstance import ListInstance        # lister 도구 클래스 가져오기

class Super:
    def __init__(self):                      # 슈퍼클래스의 __init__
        self.data1 = 'spam'                  # 인스턴스 속성 생성
    def ham(self):
        pass

class Sub(Super, ListInstance):              # ham과 __str__을 혼합
    def __init__(self):                      # Lister는 self에 접근할 수 있음
        Super.__init__(self)
        self.data2 = 'eggs'                  # 더 많은 인스턴스 속성들
        self.data3 = 42
    def spam(self):                          # 여기에서 다른 메소드 정의
        pass

if __name__ == '__main__':
    X = Sub()
    print(X)                                 # 혼합 __str__을 실행
```

여기에서 Sub는 Super와 ListInstance 둘 모두로부터 이름을 상속받는다. 이것은 자신의 이름과 자신의 두 슈퍼클래스들의 이름의 결합물이다. Sub 인스턴스를 만들고 이를 출력할 때, 여러분은 자동으로 ListInstance로부터 사용자 정의 표현을 얻게 될 것이다(이 경우, 이 스크립트의 결과물은 파이썬 3.X와 2.X에서 동일하지만, 객체 주소는 프로세스별로 자연히 달라질 수 있다).

```
c:\code> python testmixin0.py
<Instance of Sub, address 44304144:
        data1=spam
        data2=eggs
        data3=42
>
```

이 testmixin0는 동작하지만, 코드 내에 테스트 대상 클래스 이름을 하드코딩하였고, 우리가 바로 하려는 것처럼 대안을 가지고 실험하기 어렵게 되어 있다. 보다 유연하게, 우리는 25장의 모듈 리로드 도구로부터 한 페이지를 빌려오고 테스트 대상 객체를 전달할 수 있다. 다음의 개선된 테스트 스크립트, testmixin(실제로 모든 리스터 클래스 모듈의 셀프 테스트 코드에서 사용되는 스크립트다)처럼 말이다. 이 맥락에서는 테스터에 전달된 객체는 함수가 아닌 혼합 클래스이지만, 원리는 비슷하다. 파이썬에서 모든 것은 전달 가능한 '첫 번째 클래스' 객체로 인정된다.

```
# !python
# testmixin.py 파일 (2.X와 3.X 모두 호환됨)
"""
일반적인 리스터 혼합 테스터: 25장의 리로드 도구와 유사하지만, 테스터에 클래스 객체를 전달함(함수가 아니라).
그리고 testByNames는 31장의 팩토리 패턴에 따라 여기에서 이름 문자열로 모듈과 클래스를 로딩하는 것을 추가함
"""
import importlib

def tester(listerclass, sept=False):

    class Super:
        def __init__(self):               # 슈퍼클래스 __init__
            self.data1 = 'spam'            # 인스턴스 속성 생성
        def ham(self):
            pass

    class Sub(Super, listerclass):        # ham과 __str__ 혼합
        def __init__(self):               # Listers는 self 접근 가능
            Super.__init__(self)
            self.data2 = 'eggs'            # 더 많은 인스턴스 속성들
            self.data3 = 42
        def spam(self):                    # 여기에서 다른 메소드 정의
            pass

    instance = Sub()                       # lister의 __str__로 인스턴스 전달
    print(instance)                        # 혼합된 __str__ 실행(또는 str(x)를 통해)
    if sept: print('-' * 80)

def testByNames(modname, classname, sept=False):
    modobject   = importlib.import_module(modname)    # 이름 문자열로 임포트
    listerclass = getattr(modobject, classname)       # 이름 문자열로 속성 가져옴
    tester(listerclass, sept)

if __name__ == '__main__':
    testByNames('listinstance', 'ListInstance', True)    # 세 방식 모두 테스트
    testByNames('listinherited', 'ListInherited', True)
    testByNames('listtree', 'ListTree', False)
```

하는 김에 이 스크립트에 또한 테스트 모듈과 클래스를 이름 문자열로 특정하는 능력을 추가하였으며, 자신의 셀프 테스트 코드에서 이를 활용했다. 앞에서 설명한 팩토리 패턴 기법을 응용한 것이다. 여기의 실제 새로운 스크립트는 이 스크립트를 임포트하여 자신의 클래스를 테스트하는 리스터 모듈에 의해 실행될 것이다(2.X와 3.X에서 동일한 결과를 얻는다). 우리는 테스트 스크립트 자체를 실행시킬 수도 있지만, 그 방식은 아직 우리가 보지(또는 코딩해 보지) 못한 두 개의 리스터 변형까지 테스트한다.

```
c:\code> python listinstance.py
<Instance of Sub, address 43256968:
```

```
        data1=spam
        data2=eggs
        data3=42
>

c:\code> python testmixin.py
<Instance of Sub, address 43977584:
        data1=spam
        data2=eggs
        data3=42
>
...그리고 두 개의 다른 리스터 클래스의 테스트를 기대하시라...
```

지금까지 우리가 작성한 ListInstance 클래스는 이것이 혼합된 어떤 클래스에서라도 동작하는
데, 이는 self가 그것이 무엇이 되었든 이 클래스를 불러들인 서브클래스의 인스턴스를 참조하
기 때문이다. 다시 말하지만, 어떤 의미에서 혼합 클래스들은 모듈(다양한 클라이언트에서 유용
한 메소드들의 집합체)과 유사한 클래스다. 예를 들어, 여기서의 ListInstance는 다른 클래스의
인스턴스에서 import로 로드되어 단일 상속 모드로 동작하며, 클래스 외부에서 할당된 속성
을 출력한다.

```
>>> import listinstance
>>> class C(listinstance.ListInstance): pass

>>> x = C()
>>> x.a, x.b, x.c = 1, 2, 3
>>> print(x)
<Instance of C, address 43230824:
        a=1
        b=2
        c=3
>
```

혼합 클래스들은 그 유용성 외에 모든 클래스가 그러하듯이, 코드 유지보수를 최적화해 준
다. 예를 들어, 만약 여러분이 나중에 ListInstance의 __str__을 인스턴스가 상속받은 모든 클
래스의 속성까지도 출력하도록 확장하기로 결심했다면 여러분은 안전하다. 이는 상속된 메소
드이기 때문에 __str__를 변경하면 자동으로 이 클래스를 임포트하고 혼합한 각 서브클래스
의 디스플레이도 함께 업데이트된다. 그리고 지금이 공식적으로 '나중'이니, 다음 절에서 이런
확장은 어떤 모습일지 함께 보도록 하자.

dir로 상속받은 속성 나열하기

현 상황으로는 우리 ListerInstance 혼합 클래스가 인스턴스 속성(즉, 인스턴스 객체 자체에 첨부된 이름들)만을 디스플레이한다. 하지만 이 클래스를 인스턴스로부터 접근 가능한 모든 속성들(인스턴스 자신만의, 그리고 자신의 클래스들로부터 상속받은 속성들)을 디스플레이하도록 바꾸는 것은 일도 아니다. 비결은 인스턴스의 __dict__ 딕셔너리를 스캔하는 대신 내장된 dir 함수를 사용하는 것이다. 전자는 인스턴스 속성만을 가지고 있지만, 후자는 파이썬 2.2와 이후 버전에서 모든 상속된 속성을 수집한다.

다음은 이 기법을 변형한 코드다. 나는 이 코드를 자기 모듈에서 단순 테스트를 시행하기 위해 작성했지만, 만약 기존 클라이언트들이 대신에 이 버전을 사용하기로 했다면 이들은 자동으로 새로운 디스플레이로 개선된다(그리고 25장에서 보았듯이 임포트의 as절은 이전 이름에 새로운 버전의 이름을 부여할 수 있다는 점을 기억하자).

```python
# !python
# listinherited.py 파일(2.X와 3.X 모두 호환됨)

class ListInherited:
    """
    dir()을 사용하여 인스턴스 속성과 그 인스턴스의 클래스로부터 상속받은 이름을 수집.
    파이썬 3.X는 2.X보다 더 많은 이름을 보여 주는데, 새 형식 클래스 모델에서
    암묵적인 슈퍼클래스인 object 때문임. self.__dict__가 아니라 getattr()에서  상속된 이름을 가져옴.
    __repr__이 아니라 __str__을 사용할 것. 그렇지 않으면 바운드 메소드를 출력할 때 루프가 발생하게 됨!
    """
    def __attrnames(self):
        result = ''
        for attr in dir(self):                              # 인스턴스 dir()
            if attr[:2] == '__' and attr[-2:] == '__':      # 내부 이름은 생략
                result += '\t%s\n' % attr
            else:
                result += '\t%s=%s\n' % (attr, getattr(self, attr))
        return result

    def __str__(self):
        return '<Instance of %s, address %s:\n%s>' % (
                          self.__class__.__name__,          # 내 클래스 이름
                          id(self),                         # 내 주소
                          self.__attrnames())               # 이름 = 값 형태의 목록

if __name__ == '__main__':
    import testmixin
    testmixin.tester(ListInherited)
```

이 코드는 __X__ 이름의 값을 생략한다는 점을 주목하자. 이들 대부분은 내부 이름으로, 일반적으로 이처럼 포괄적인 나열에서는 관심의 대상이 아니다. 또한, 이 버전은 인스턴스 속성

딕셔너리를 인덱싱하는 대신 이름 문자열로 속성을 가져오는 내장된 getattr 함수를 사용해야
한다. getattr는 상속 검색 프로토콜을 사용하며, 여기에서 나열한 일부 이름들은 인스턴스 자
체에 저장되지 않는다.

새로운 버전을 테스트하기 위해, 이 파일을 직접 실행해 보자. 이 파일은 자신이 정의한 클래
스를 testmixin.py 파일의 테스트 함수에 전달하여 서브클래스에서 혼합 클래스로 사용될 수
있도록 한다. 하지만 이 테스트의 결과와 리스터 클래스는 버전에 따라 다른데 dir 결과가 다
르기 때문이다. 파이썬 2.X에서 우리는 다음을 얻게 된다. 리스터의 메소드 이름에 실제 일어
난 이름 맹글링을 주목하자(이 페이지에 맞출 수 있게 전체 값 디스플레이 중 일부를 잘라냈다).

```
c:\code> py -2
<Instance of Sub, address 35161352:
        _ListInherited__attrnames=<bound method Sub.__attrnames of <test...생략...>>
        __doc__
        __init__
        __module__
        __str__
        data1=spam
        data2=eggs
        data3=42
        ham=<bound method Sub.ham of <testmixin.Sub instance at 0x00000...생략...>>
        spam=<bound method Sub.spam of <testmixin.Sub instance at 0x00000...생략...>>
>
```

파이썬 3.X에서는 더 많은 속성들이 디스플레이되는데, 모든 클래스가 '새로운 형식'으로 암묵
적 슈퍼클래스인 object로부터 이름을 상속받기 때문이다. 더 알고 싶다면 32장을 참고하자.
너무 많은 이름이 기본 슈퍼클래스로부터 상속되기 때문에 많은 부분을 생략했다. 3.3에서 총
32개의 이름이 디스플레이된다. 결과는 여러분이 직접 실행하여 확인하도록 하자.

```
c:\code> py -3
<Instance of Sub, address 43253152:
        _ListInherited__attrnames=<bound method Sub.__attrnames of <test...생략...>>
        __class__
        __delattr__
        __dict__
        __dir__
        __doc__
        __eq__
        ...이름이 생략됨...
        __repr__
        __setattr__
```

```
            __sizeof__
            __str__
            __subclasshook__
            __weakref__
            data1=spam
            data2=eggs
            data3=42
            ham=<bound method Sub.ham of <testmixin.tester.<locals>.Sub ...생략...>>
            spam=<bound method Sub.spam of <testmixin.tester.<locals>.Sub ...생략...>>
>
```

상속된 내장된 이름의 급증과 긴 값을 해결할 만한 개선책으로, 책 예제 패키지에 있는 파일 listinherited2.py의 __attrnames를 위한 다음의 대안은 더블 언더스코어가 붙은 이름을 별도로 모으고, 큰 속성값을 위해 줄바꿈을 최소화한다. 어떻게 %에서 %%로 탈출하여 마지막에 최종 포매팅 연산을 위해 단 하나만 남게 되는지 살펴보자.

```
def __attrnames(self, indent=' '*4):
    result = 'Unders%s\n%s%%s\nOthers%s\n' % ('-'*77, indent, '-'*77)
    unders = []
    for attr in dir(self):                              # 인스턴스 dir()
        if attr[:2] == '__' and attr[-2:] == '__':      # 내부 이름은 생략
            unders.append(attr)
        else:
            display = str(getattr(self, attr))[:82-(len(indent) + len(attr))]
            result += '%s%s=%s\n' % (indent, attr, display)
    return result % ', '.join(unders)
```

이렇게 변경함으로써 클래스의 테스트 출력은 좀 더 복잡해졌지만, 코드는 더 간결하고 유용해졌다.

```
c:\code> py -2
<Instance of Sub, address 36299208:
Unders----------------------------------------------------------------------------
    __doc__, __init__, __module__, __str__
Others----------------------------------------------------------------------------
    _ListInherited__attrnames=<bound method Sub.__attrnames of <testmixin.Sub insta
    data1=spam
    data2=eggs
    data3=42
    ham=<bound method Sub.ham of <testmixin.Sub instance at 0x000000000229E1C8>>
    spam=<bound method Sub.spam of <testmixin.Sub instance at 0x000000000229E1C8>>
>

c:\code> py -3
```

```
<Instance of Sub, address 43318912:
Unders--------------------------------------------------------------------
    __class__, __delattr__, __dict__, __dir__, __doc__, __eq__, __format__, __ge__,
__getattribute__, __gt__, __hash__, __init__, __le__, __lt__, __module__, __ne__,
__new__, __qualname__, __reduce__, __reduce_ex__, __repr__, __setattr__, __sizeof__,
__str__, __subclasshook__, __weakref__
Others--------------------------------------------------------------------
    _ListInherited__attrnames=<bound method Sub.__attrnames of <testmixin.tester.<l
    data1=spam
    data2=eggs
    data3=42
    ham=<bound method Sub.ham of <testmixin.tester.<locals>.Sub object at 0x0000000
    spam=<bound method Sub.spam of <testmixin.tester.<locals>.Sub object at 0x00000
>
```

디스플레이 포맷은 조정 가능한 문제이기 때문에(예를 들면 파이썬의 표준 pprint(Pretty Printer) 모듈도 여기에서 다른 방법을 제공할 수 있다) 더 포맷을 갈고 다듬는 것은 별도의 실습으로 진행할 것을 제안한다. 다음 절의 트리 리스터는 어쨌든 더 유용할 것이다.

__repr__**에서 루프 발생**: 여기에서 한 가지 주의 사항을 말하자면, 상속된 메소드 또한 디스플레이하기 때문에 프린팅을 오버로드하기 위해서는 __repr__ 대신에 __str__을 사용해야 한다. __repr__를 사용하면 이 코드는 **재귀적 루프**에 빠지게 된다. 메소드의 값을 디스플레이하면 클래스를 디스플레이하기 위해 메소드가 속한 클래스의 __repr__을 호출하게 된다. 즉 리스터의 __repr__이 메소드를 디스플레이하려고 하면, 메소드의 클래스를 디스플레이하는 것은 다시 리스터의 __repr__을 부르게 될 것이다. 만약 어떤 맥락에서 __repr__을 사용해야 한다면, 어떤 아이템을 건너뛰어야 하는지 알기 위해 isinstance를 사용하여 속성값의 타입을 표준 라이브러리의 types.MethodType과 비교함으로써 루프를 피할 수 있다.

클래스 트리에서 객체당 속성 나열하기

마지막 확장 버전을 코딩해 보자. 현재로는 최근의 리스터는 상속된 이름들은 포함되어 있지만 그 이름이 어느 클래스로부터 온 것인지에 대한 정보는 제공하지 않는다. 하지만 29장의 거의 끝자락에서 보았던 classtree.py 예제처럼 코드에서 클래스 상속 트리를 타고 오르는 것은 단순하다. 파일 listtree.py에 코딩되어 있는 다음 혼합 클래스는 속성들을 자신이 거주하는 클래스별로 묶어서 표현하기 위하여 이와 동일한 기법을 사용한다. 이 클래스는 전체 **물리적 클래스 트리**를 그리며, 트리의 경로를 따라 각 객체에 첨부된 속성을 디스플레이한다. 독자는 여전히 속성 상속을 추론하겠지만, 이것은 단순히 평평한 리스트에 비해 상당히 더 상세한 내역을 제공한다.

```python
# !python
# listtree.py 파일(2.X와 3.X 모두 호환됨)

class ListTree:
    """
    전체 클래스 트리와 self와 그 위로 존재하는 모든 객체들의 속성에 대한 __str__ 추적 결과를 반환하는 혼합 클래스
    | print( )로 실행되며, str( )은 구성된 문자열을 반환
    클라이언트에 영향을 주는 것을 피하기 위해 __X 속성 이름 사용
    명시적으로 슈퍼클래스로 재귀함. 명확성을 위해 str.format( )을 사용
    """
    def __attrnames(self, obj, indent):
        spaces = ' ' * (indent + 1)
        result = ''
        for attr in sorted(obj.__dict__):
            if attr.startswith('__') and attr.endswith('__'):
                result += spaces + '{0}\n'.format(attr)
            else:
                result += spaces + '{0}={1}\n'.format(attr, getattr(obj, attr))
        return result

    def __listclass(self, aClass, indent):
        dots = '.' * indent
        if aClass in self.__visited:
            return '\n{0}<Class {1}:, address {2}: (see above)>\n'.format(
                        dots,
                        aClass.__name__,
                        id(aClass))
        else:
            self.__visited[aClass] = True
            here  = self.__attrnames(aClass, indent)
            above = ''
            for super in aClass.__bases__:
                above += self.__listclass(super, indent+4)
            return '\n{0}<Class {1}, address {2}:\n{3}{4}{5}>\n'.format(
                        dots,
                        aClass.__name__,
                        id(aClass),
                        here, above,
                        dots)

    def __str__(self):
        self.__visited = {}
        here  = self.__attrnames(self, 0)
        above = self.__listclass(self.__class__, 4)
        return '<Instance of {0}, address {1}:\n{2}{3}>'.format(
                        self.__class__.__name__,
                        id(self),
                        here, above)

if __name__ == '__main__':
    import testmixin
```

```
        testmixin.tester(ListTree)
```

이 클래스는 상속 트리를 돌아다니고(인스턴스의 `__class__`로부터 클래스까지, 그리고 나서 재귀적으로 클래스의 `__bases__`로부터 모든 슈퍼클래스들까지) 그 길 따라 있는 각 객체의 속성 `__dict__`를 스캔함으로써 자신의 목적을 이룬다. 궁극적으로 이 클래스는 재귀가 전개됨에 따라 각 트리 부분들의 문자열을 결합한다.

이와 같은 재귀적 프로그램을 이해하는 데 시간이 다소 걸릴 수 있지만, 임의의 모양과 깊이를 갖는 클래스 트리를 고려하면 다른 선택의 여지가 없다(19장과 25장에서 만났던 명시적 스택이 이의 하나의 선택지가 될 수 있겠지만, 더 간단하지도 않은 방식이므로 시간과 공간 측면에서 여기서 이에 대한 논의는 생략하겠다). 이 클래스는 명료성을 극대화하기 위해 가능한 명시적으로 작업하도록 작성되었다.

예를 들어, 다음에서 여러분은 첫 번째 방식으로 `__listclass` 메소드의 루프문을 대체할 수도 있고 두 번째 방식에 따라 제너레이터 표현식을 암묵적으로 실행할 수도 있지만, 두 번째는 이 맥락(제너레이터 표현식에 내장된 재귀적 호출)에서는 불필요하게 난해해 보이며, 특히 이 프로그램의 제한된 범위를 고려해 볼 때 뚜렷한 성능상의 이점이 없다(둘 중 어떤 방식도 임시 리스트를 만들지만, 첫 번째는 내부 구현을 문자열, 결합, 그리고 join(결정하기 위해 21장의 도구들과 시간을 보낼 필요가 있는 그 무엇) 중 무엇으로 하는지에 따라 달라지는 좀 더 임시적인 결과를 생성할 것이다).

```
        above = ''
        for super in aClass.__bases__:
            above += self.__listclass(super, indent+4)
 ...또는...
        above = ''.join(
                self.__listclass(super, indent+4) for super in aClass.__bases__)
```

이 책의 이전 판(4판)에서 했던 대로, 다음과 같이 `__listclass` 안에 else절을 작성해 넣을 수도 있다. 이 방식은 format 인수 리스트 안에 모든 것을 포함하는 방식이다. 이것은 format 연산이 결과 텍스트를 만들기도 전에 join 호출이 제너레이터 표현식과 그 재귀적인 호출을 시작한다는 사실에 의존한다. 하지만 이 코드는 내가 작성했음에도 불구하고 이해하기가 매우 어렵다. 이것은 좋은 신호가 아니다.

```
        self.__visited[aClass] = True
        genabove = (self.__listclass(c, indent+4) for c in aClass.__bases__)
        return '\n{0}<Class {1}, address {2}:\n{3}{4}{5}>\n'.format(
```

```
                                        dots,
                                        aClass.__name__,
                                        id(aClass),
                                        self.__attrnames(aClass, indent),  # format 호출 전에 실행됨
                                        ''.join(genabove),
                                        dots)
```

늘 그렇듯이 명시적인 것이 암묵적인 것보다 더 낫고, 여러분의 코드는 그것을 사용하는 도구
만큼 큰 요소가 될 수 있다.

또한, 확실히 더 명확한 대체제를 만들고자 하는 노력의 일환으로 어떻게 이 버전이 % 포매팅
표현식 대신에 파이썬 3.X와 2.6/2.7 문자열 format 메소드를 사용하는지 보자. 많은 대안들이
이와 같이 적용되면 명시적인 인수 번호가 코드를 해독하기 더 쉽게 만들 것이다. 간단히 말
해서, 이 버전에서 우리는 다음의 첫 번째 줄을 두 번째 줄로 바꾸면 된다.

```
        return '<Instance of %s, address %s:\n%s%s>' % (...)          # 표현식
        return '<Instance of {0}, address {1}:\n{2}{3}>'.format(...)  # 메소드
```

이 정책은 3.2와 3.3에서 불행한 단점도 있지만 그 이유를 알기 위해 코드를 실행해 보아야 한다.

트리 리스터 실행하기

이제 테스트를 위해 이 클래스의 모듈 파일을 이전처럼 실행해 보자. 이것은 ListTree 클래스
를 testmixin.py에 전달하여 테스트 함수에 서브클래스와 함께 혼합된다. 파이썬 2.X에서의
파일의 트리 스케처의 결과는 다음과 같다.

```
c:\code> py -2
<Instance of Sub, address 36690632:
 _ListTree__visited={}
 data1=spam
 data2=eggs
 data3=42

....<Class Sub, address 36652616:
    __doc__
    __init__
    __module__
    spam=<unbound method Sub.spam>

........<Class Super, address 36652712:
        __doc__
        __init__
```

```
        __module__
        ham=<unbound method Super.ham>
........>

........<Class ListTree, address 30795816:
        _ListTree__attrnames=<unbound method ListTree.__attrnames>
        _ListTree__listclass=<unbound method ListTree.__listclass>
        __doc__
        __module__
        __str__
........>
....>
>
```

우리가 메소드들을 **클래스**로부터 직접 가져오기 때문에 이 결과물에서 어떻게 메소드들이 2.X 아래에서 언바운드인지 주목하자. 이전 절의 버전에서 이들은 **바운드** 메소드였는데 ListInherited가 이 메소드들은 getattr를 사용하여 **인스턴스**로부터 가져왔기 때문이다(처음 버전은 인스턴스 __dict__를 인덱싱하여 클래스에 상속받은 메소드들을 전혀 보여 주지 않았다). 또한, 어떻게 리스터의 __visited 테이블이 인스턴스의 속성 딕셔너리에서 맹글링된 이름을 갖게 되는지 살펴보자. 우리가 아주 운이 나쁜 경우가 아니라면, 이는 거기에서 다른 데이터와 충돌하지 않을 것이다. 리스터 클래스의 메소드 중 일부는 유사개별성(pseudoprivacy)을 위해 맹글링된다.

파이썬 3.X에서 우리는 다시 3.X 버전대에서 달라질 수 있는 부가적인 속성과 부가적인 슈퍼 클래스들을 갖는다. 다음 장에서 배우겠지만, 3.X에서 모든 최상위 레벨의 클래스들은 자동으로 내장된 object 클래스로부터 상속받는다. 파이썬 2.X 클래스들은 만약 새 형식 클래스 행위가 필요하다면 수동으로 그렇게 할 수 있다. 또한, 이 장의 앞에서 설명한 대로 2.X에서 언바운드 메소드였던 속성들이 3.X에서는 단순 **함수**임을 주목하자(그리고 다시 말하지만, 공간을 아끼기 위해 object에 있는 대부분의 내장된 속성들은 여기에는 삭제하였다. 완전한 리스트를 확인하고 싶다면 직접 이 파일을 실행해 보기 바란다).

```
c:\code> py -3
<Instance of Sub, address 44277488:
 _ListTree__visited={}
 data1=spam
 data2=eggs
 data3=42

....<Class Sub, address 36990264:
     __doc__
```

```
        __init__
        __module__
        __qualname__
        spam=<function tester.<locals>.Sub.spam at 0x0000000002A3C840>

........<Class Super, address 36989352:
          __dict__
          __doc__
          __init__
          __module__
          __qualname__
          __weakref__
          ham=<function tester.<locals>.Super.ham at 0x0000000002A3C730>

............<Class object, address 506770624:
            __class__
            __delattr__
            __dir__
            __doc__
            __eq__
            ...출력이 생략됨(총 22개)...
            __repr__
            __setattr__
            __sizeof__
            __str__
            __subclasshook__
............>
........>

........<Class ListTree, address 36988440:
          _ListTree__attrnames=<function ListTree.__attrnames at 0x0000000002A3C158>
          _ListTree__listclass=<function ListTree.__listclass at 0x0000000002A3C1E0>
          __dict__
          __doc__
          __module__
          __qualname__
          __str__
          __weakref__

............<Class object:, address 506770624: (see above)>
........>
....>
>
```

이 버전은 지금까지 **방문했던** 클래스들의 테이블을 유지함으로써 동일한 클래스 객체를 두 번 나열하는 것을 피한다(이것은 객체의 id가 포함되어 있는 이유다. 리포트에서 이전에 표시된 아이템을 위한 키 역할을 한다). 25장의 옮겨다니는 모듈 리로드 도구처럼 클래스 객체들은 해쉬될 수 있으며, 따라서 딕셔너리 키가 될 수 있기 때문에 딕셔너리는 결과에서 반복을 피할 수 있도록 해준다. 집합은 유사한 기능을 제공할 것이다.

클래스 상속 트리에서 순환은 일반적으로 일어나지 않지만(클래스는 이미 슈퍼클래스로 지정되어 정의되어야 하며, 파이썬은 나중에 __bases__를 변경하여 순환 구조를 생성하려 하면 예외를 발생시킨다), 여기서의 방문 기법은 클래스를 두 번 중복하여 나열하는 것을 피한다.

```
>>> class C: pass
>>> class B(C): pass
>>> C.__bases__ = (B,)                    # 심연의 흑마술!
TypeError: a __bases__ item causes an inheritance cycle
```

사용법 변형: 더블 언더스코어가 붙은 이름 값 보여 주기

이 버전은 __X__ 이름을 생략함으로써 대량의 내부 객체들을 표시하는 것을 피하도록 주의를 기울였다. 만약 여러분이 이 이름들을 특별하게 다루는 코드를 주석 처리하면 다음과 같다.

```
        for attr in sorted(obj.__dict__):
#           if attr.startswith('__') and attr.endswith('__'):
#               result += spaces + '{0}\n'.format(attr)
#           else:
                result += spaces + '{0}={1}\n'.format(attr, getattr(obj, attr))
```

내부 객체들도 일반적으로 표시될 것이다. 다음은 이 임시 변경분으로 2.X에서 실행해 본 결과로, 클래스 트리 내의 모든 속성의 값을 제공한다.

```
c:\code> py -2 listtree.py
 <Instance of Sub, address 35750408:
 _ListTree__visited={}
 data1=spam
 data2=eggs
 data3=42

....<Class Sub, address 36353608:
     __doc__=None
     __init__=<unbound method Sub.__init__>
     __module__=testmixin
     spam=<unbound method Sub.spam>

........<Class Super, address 36353704:
         __doc__=None
         __init__=<unbound method Super.__init__>
         __module__=testmixin
         ham=<unbound method Super.ham>
```

```
........>
........<Class ListTree, address 31254568:
       _ListTree__attrnames=<unbound method ListTree.__attrnames>
       _ListTree__listclass=<unbound method ListTree.__listclass>
       __doc__=
전체 클래스 트리와 self와 그 위로 존재하는 모든 객체들의 속성에 대한 __str__ 추적 결과를 반환하는 혼합 클래스.
print( )로 실행되며, str( )은 구성된 문자열을 반환.
클라이언트에 영향을 주는 것을 피하기 위해 __X 속성 이름 사용.
명시적으로 슈퍼클래스로 재귀함. 명확성을 위해 str.format()을 사용

       __module__=__main__
       __str__=<unbound method ListTree.__str__>
........>
....>
>
```

이 테스트의 결과는 3.X에서 훨씬 더 커서 우리가 앞에서 했던 것처럼 일반적으로 언더스코어가 붙은 이름을 구분하는 것이 타당하다는 것을 보여 준다. 사실, 이 테스트는 최근의 3.X 버전에서는 이와 같이 동작하지 않을 수도 있다.

```
c:\code> py -3 listtree.py
 ...등등...
   File "listtree.py", line 18, in __attrnames
    result += spaces + '{0}={1}\n'.format(attr, getattr(obj, attr))
TypeError: Type method_descriptor doesn't define __format__
```

나는 이 이슈를 해결하기 위해 다시 코딩하는 것에 대하여 고민해 보았지만, 이는 파이썬과 같은 동적인 오픈 소스 프로젝트에서 디버깅 요건과 기법에 대한 좋은 예로 볼 수 있다. 다음 노트에 따라 str.format 호출은 더 이상 내장된 속성 이름의 값에 해당하는 특정 객체 타입을 지원하지 않는다. 이 이름들이 생략되는 것이 더 나은 다른 이유가 되겠다.

 str.format 이슈 디버깅: 3.X에서 주석 처리한 버전을 실행하면 3.0과 3.1에서는 정상적으로 동작하지만, 3.2와 3.3에서는 버그가 있는 것처럼 또는 최소한 퇴보한 것처럼 보인다. 이 파이썬들은 예외를 일으키며 실패하게 되는데, object에 있는 다섯 개의 내장된 메소드가 str. format에서 기대하는 __format__을 정의하지 않으며, 빈 그리고 일반적인 서식 대상을 갖는 이런 경우에는 object 기본값이 확실히 더 이상 정확하게 적용되지 않기 때문이다. 이를 생생하게 확인하는 것은 그 문제를 고립시킨 단순화된 코드를 실행해 보는 것으로 충분하다.

```
c:\code> py -3.1
>>> '{0}'.format(object.__reduce__)
"<method '__reduce__' of 'object' objects>"
c:\code> py -3.3
```

```
>>> '{0}'.format(object.__reduce__)
TypeError: Type method_descriptor doesn't define __format__
```

이전 행위와 현행 파이썬 문서에 따라, 이와 같은 빈 서식 대상은 그 객체를 자신의 str 프린트 문자열로 바꾸기로 되어 있다(원문 PEP 3101과 3.3 언어 참조 매뉴얼 참조). 이상하게도 {0}과 {0:s} 문자열 대상은 이제 모두 실패하지만, 강제된 str 전환 대상인 {0!s}는 수동으로 str 딕셔너리 전환한 것처럼 동작한다. 이는 명백하게 타입 특유의 경우를 위한 변경을 반영한 것으로, 이렇게 타입 특화된 경우는 아마도 보다 보편적인 일반 사용 모드를 무시하게 된다.

```
c:\code> py -3.3
>>> '{0:s}'.format(object.__reduce__)
TypeError: Type method_descriptor doesn't define __format__
>>> '{0!s}'.format(object.__reduce__)
"<method '__reduce__' of 'object' objects>"
>>> '{0}'.format(str(object.__reduce__))
"<method '__reduce__' of 'object' objects>"
```

이 문제를 해결하기 위해, try문에 포맷 호출을 감싸서 예외를 잡아내거나, str.format 메소드 대신에 % 포매팅 표현식을 사용하거나, 앞에서 언급한 여전히 작동하는 str.format 사용 모드 중 하나를 사용하고 그것이 많이 바뀌지 않을 것을 소망해 보거나, 또는 3.X 이후 버전에서 이를 보완하기를 기다리면 된다. 여기에서는 이를 피하기 위해 신뢰할 수 있는 %를 사용할 것을 권장한다(또한 이는 현저히 짧다. 그러나 여기에서 7장의 비교를 반복하지는 않겠다).

```
c:\code> py -3.3
>>> '%s' % object.__reduce__
"<method '__reduce__' of 'object' objects>"
```

이를 세 개의 리스터 코드에 적용하기 위해 다음의 첫 번째 줄을 그다음 줄로 변경하자.

```
result += spaces + '{0}={1}\n'.format(attr, getattr(obj, attr))
result += spaces + '%s=%s\n' % (attr, getattr(obj, attr))
```

파이썬 2.X는 2.7에는 있으나 2.6에는 없는(분명히 3.2의 변경을 상속받은) 퇴보 현상을 똑같이 가지고 있지만, 이 장의 예제에서 object 메소드들은 보여 주지 않는다. 어쨌든 이 예제가 3.X에서 너무 많은 결과물을 생성하기 때문에 이것이 논쟁점이긴 하지만 실세계 코딩의 제대로 된 예제다. 불행히도 현재의 3.X에서 str.format 같은 새로운 기능을 사용하게 되면 마치 **베타 테스터**가 된 것 같은 곤란한 상황에 처할 수도 있다.

사용 변형: 더 큰 모듈에서 실행하기

좀 더 재미를 주기 위해 언더스코어가 붙은 이름을 처리하는 줄의 주석 처리를 해지하여 다시 작동하게 하고, 이 클래스를 파이썬의 tkinter GUI 툴킷 모듈의 Button 클래스와 같은 좀 더 대단한 무엇인가에 혼합해 보자. 일반적으로, 여러분은 class 헤더의 처음(맨 왼쪽)에 있는 이름인 ListTree를 원할 것이기 때문에 그것의 __str__이 포착된다. Button도 하나 가지고 있으며,

다중 상속에서는 가장 왼쪽의 슈퍼클래스가 항상 가장 먼저 검색된다.

다음의 결과물은 꽤 방대해서(3.X에서 330줄에 2만개의 문자로 구성되어 있다. 그리고 만약 언더스코어를 감지하는 줄의 주석 처리를 해지하는 것을 잊었다면 3만 8천개에 달한다!) 전체 리스트를 보려면 여러분이 직접 이 코드를 실행해야 한다. 어떻게 우리 리스트의 __visited 딕셔너리 속성이 tkinter 자체에 의해 생성된 속성에 아무 해를 끼치지 않고 섞일 수 있었는지 주목하자. 만약 여러분이 파이썬 2.X를 사용하고 있다면, 모듈 이름으로 tkinter 대신에 Tkinter를 사용해야 한다는 점을 기억하자.

```
>>> from listtree import ListTree
>>> from tkinter import Button              # 두 클래스 모두 __str__을 가짐
>>> class MyButton(ListTree, Button): pass  # ListTree 먼저: 이것의 __str__ 사용

>>> B = MyButton(text='spam')
>>> open('savetree.txt', 'w').write(str(B)) # 나중에 볼 수 있도록 파일에 저장
20513
>>> len(open('savetree.txt').readlines())   # 파일의 줄 수
330
>>> print(B)                                # 디스플레이를 여기에 출력
<Instance of MyButton, address 43363688:
 _ListTree__visited={}
 _name=43363688
 _tclCommands=[]
 _w=.43363688
 children={}
 master=.
 ...출력의 상당 부분이 생략됨...
>
>>> S = str(B)                              # 또는 단지 첫 부분만 출력
>>> print(S[:1000])
```

혼자 마음대로 실험해 보자. 여기에서 중요한 것은 객체 지향 프로그래밍은 코드 재사용이 전부이며, 혼합 클래스는 강력한 예제라는 점이다. 프로그래밍에서 다른 거의 모든 것들처럼 다중 상속은 잘 적용하면 유용한 장치가 될 수 있다. 하지만 실제로 이것은 고급 특징이며, 부주의하게나 과도하게 사용하면 복잡해질 수 있다. 이 주제에 대하여 다음 장 마지막 주의 사항에서 다시 논의하자.

콜렉터 모듈

마지막으로, 우리 도구들을 더 쉽게 임포트할 수 있도록 단일 네임스페이스에 이들을 결합하

는 콜렉터 모듈을 제공할 수 있다. 다음 내용만 임포트하면 세 개의 리스터 혼합 클래스들에 한 번에 접근할 수 있다.

```
# lister.py 파일
# 편의성을 위해 세 개의 lister를 한 모듈에 모아둠

from listinstance   import ListInstance
from listinherited import ListInherited
from listtree        import ListTree

Lister = ListTree                       # 기본 lister 선택
```

임포터는 지금처럼 개별 클래스 이름을 사용할 수도 있고, 서브클래스에서 사용되는 일반적인 이름으로 별칭을 부여할 수도 있는데, 이 별칭은 import문에서 변경될 수 있다.

```
>>> import lister
>>> lister.ListInstance                              # 특정 lister 사용
<class 'listinstance.ListInstance'>
>>> lister.Lister                                    # 기본값 Lister 사용
<class 'listtree.ListTree'>

>>> from lister import Lister                        # 기본값 Lister 사용
>>> Lister
<class 'listtree.ListTree'>

>>> from lister import ListInstance as Lister   # Lister 별칭 사용
>>> Lister
<class 'listinstance.ListInstance'>
```

파이썬은 종종 유연한 도구 API들을 거의 자동으로 만들어 준다.

개선 기회: MRO, 슬롯, GUI

대부분의 소프트웨어처럼 여기서 우리가 할 수 있는 것들은 훨씬 더 많다. 다음은 여러분이 좀 더 탐색해 보고 싶을 만한 몇 가지 팁을 제공한다. 일부는 흥미로운 작업일 것이며, 이 중 두 개는 다음 장으로 자연스럽게 이어지게 도와줄 것이지만, 공간의 제약으로 인해 여기에서는 여러분이 자발적 실습을 하도록 제안하는 선에서 마무리하겠다.

일반적인 아이디어: GUI, 내장된 기능

앞에서 했던 것처럼 더블 언더스코어가 붙은 이름을 따로 모으는 것은 트리 표현의 규모를 줄이는 데 도움이 될 수는 있으나, __init__과 같이 일부는 사용자 정의 이름으로 특별한 처

리가 필요할 수 있다. 따라서 GUI에서 트리를 스케치하는 것이 자연스럽게 다음 수순이 될 수 있다. 이전 절의 리스터 예제에서 사용했던 tkinter 툴킷은 파이썬에 탑재되어 있으며 기본적이면서도 사용이 쉬우며, 다른 도구들의 경우 기능은 풍부하지만 좀 더 복잡하다. 이 분야에 대한 더 많은 조언이 필요하다면 28장 마지막의 사례 연구 노트를 참조하자.

물리적 트리 vs 상속: MRO 사용하기(미리 보기)

다음 장에서 우리는 새 형식 클래스 모델에 대해 만나게 될 것이다. 이 모델은 한 가지 특별한 다중 상속의 경우(다이아몬드)에 대해 검색 순서를 변경한다. 거기에서 우리는 class.__mro__라는 새 형식 클래스 객체 속성에 대해 배울 것이다. 이 속성은 상속에서 사용하는 클래스 트리 검색 순서를 제공하는 튜플로 새로운 형식의 MRO라 알려져 있다.

현재 상태에서 우리의 ListTree 트리 리스터는 상속 트리의 **물리적인 모양새**를 스케치하고 이를 보는 사람들이 한 속성이 어디로부터 상속되었는지를 추론하기를 기대한다. 이것이 우리의 목표이긴 하지만, 일반적으로 객체를 보는 사람은 자동으로 속성과 이 속성이 상속된 원천 클래스를 연계해 주는 MRO 튜플도 사용할 것이다. dir 결과에 있는 각각의 상속된 속성에 대해 새로운 형식의 MRO(또는 레거시 클래스의 DFLR 순서)를 스캔함으로써, 우리는 파이썬의 상속 검색을 시뮬레이션하고 속성을 물리적 클래스 트리에 나타난 원천 객체에 매핑시킬 수 있다.

실제로 다음 장의 mapattrs 모듈에서 이 아이디어에 매우 가까워지게 코드를 작성할 것이며, 거기에서 이 예제의 테스트 클래스를 재사용하여 아이디어를 보여 줄 것이다. 그러니 이 예제에 대한 에필로그에 계속 관심을 가지도록 하자. 이것은 여기에서 사용한 __attrnames에 있는 속성의 물리적 위치를 표현하는 것 대신 또는 그에 더하여 사용될 것이다. 두 형태 모두 프로그래머들이 보아야 할 유용한 데이터일 것이다. 이 접근 방식은 다음 노트의 주제인 슬롯을 처리하는 한 방법이기도 하다.

가상 데이터: 슬롯, 프로퍼티 그리고 그 외(미리 보기)

여기에서 보여 준 ListInstance와 ListTree 클래스들은 인스턴스의 __dict__ 네임스페이스 딕셔너리를 스캔하기 때문에 일부 미묘한 디자인 이슈를 발생시킨다. 파이썬 클래스에서 인스턴스 데이터와 연계된 일부 이름은 인스턴스 자체에 저장되지 않을 수도 있다. 이는 다음 장에서 보게 될 새로운 형식의 프로퍼티, 슬롯, 그리고 디스크립터 같은 주제들 뿐 아니라 __getattr__ 같은 도구들을 이용하여 모든 클래스에서 동적으로 연산된 속성도 포함된다. 이들 '가상' 속성들의 이름 중 어느 것도 인스턴스의 네임스페이스 딕셔너리에 저장되지 않으므로 인스턴스가 가진 데이터로 보이는 게 아무것도 없을 것이다.

이들 중, 슬롯은 인스턴스에 가장 강하게 연계되어 있다. 슬롯은 비록 자신의 이름은 인스턴스 네임스페이스 딕셔너리에 등장하지 않지만, 자신의 데이터를 인스턴스에 저장한다. 프로퍼티와 디스크립터도 인스턴스에 연계되어 있긴 하지만, 이들은 인스턴스에 별도의 공간을 예약하지 않으며, 이들이 갖는 연산된 결과라는 본질은 좀 더 명시적이어서 인스턴스 데이터라기보다는 클래스 레벨의 메소드에 더 가깝다고 볼 수 있다.

다음 장에서 볼 수 있듯이 슬롯은 인스턴스 속성처럼 기능하지만, 클래스에서 자동으로 생성된 아이템에 의해 생성되고 관리된다. 이것은 상대적으로 드물게 사용되는 새 형식 클래스 기능으로 여기에서 인스턴스 속성들은 __slots__ 클래스 속성에서 선언되며, 물리적으로 인스턴스의 __dict__에 저장되지 않는다. 실제로 슬롯은 __dict__를 완전히 제거해 버릴 수도 있다. 이 때문에 인스턴스의 네임스페이스만을 스캔하여 인스턴스를 표현하는 도구들은 슬롯에 저장된 속성들과 인스턴스를 직접적으로 관련지을 수 없을 것이다. 현재로는 ListTree는 슬롯을 이들이 등장하는(인스턴스에는 등장하지 않는다) 클래스의 속성으로 디스플레이하며, ListInstance는 이들을 디스플레이하지 않는다.

다음 장에서 이 기능에 대해 학습하면 좀 더 잘 이해가 되겠지만, 이것은 이 장의 코드와 그 유사한 도구들에 영향을 끼친다. 예를 들어, textmixin.py에서 우리가 Super에 __slots__=['data1']을 그리고 Sub에 __slots__=['data3']을 할당했다면, 이 두 개의 리스터 클래스들에 의해 인스턴스에 표시되는 속성은 data2뿐이다. ListTree는 data1과 data3를 표시하지만, Super와 Sub 클래스 객체들의 속성으로 그 값들을 위한 특별한 포맷(기술적으로, 이들은 클래스 레벨 디스크립터로 다음 장에서 소개될 다른 새로운 형식의 도구다)을 가지고 디스플레이된다.

다음 장에서 설명하겠지만, 슬롯 속성을 인스턴스 이름으로 보여 주려면 도구들은 일반적으로 모든 속성(물리적으로 존재하는 속성과 상속된 속성 모두)의 리스트를 가져오기 위해 dir을 사용하고, 그다음에 인스턴스로부터 값을 가져오기 위해 getattr를 사용하거나 트리를 스캔하면서 __dict__를 통하여 이들의 상속 원천으로부터 값을 가져와서 클래스에 있는 일부 값들이 구현된 표시를 받는다. dir은 상속된 '가상' 속성(슬롯과 프로퍼티 모두를 포함하여)의 이름을 포함하기 때문에 이 속성들은 인스턴스 집합에 포함될 것이다. 앞으로 보게 될 것처럼 MRO는 dir 속성을 이들 원천에 매핑해 주거나 내장된 object로부터 상속된 이름을 필터링해서 인스턴스 디스플레이를 사용자 정의 클래스에 제한시키는 데 도움을 줄 수 있다.

ListInherited는 이 중 대부분에 영향을 받지 않는데, 이미 __dict__ 이름과 모든 클래스의 __slots__ 이름을 포함한 전체 dir 결과를 표시하기 때문이다. 하지만 그 디스플레이는 이미 현재로도 사용 한계에 도달해 있다. dir 기법과 함께 속성을 클래스에 매핑하는 MRO 순서를 이용하여 ListTree를 변형하면 슬롯에도 적용될 수 있는데, 슬롯 기반의 이름은 슬롯 관리 도구들과 마찬가지로 비록 인스턴스의 __dict__은 아니지만, 클래스의 __dict__ 결과에 각각 등장하기 때문이다.

이와 다르게 정책적으로 우리 코드를 현재로도 실효성에 의문이 있는 고급 특징을 위해 복잡하게 만드느니, 슬롯 기반의 속성을 현재와 같이 처리하도록 그대로 둘 수 있다. 슬롯과 일반 인스턴스 속성들은 다른 종류의 이름들이다. 실제로, 슬롯 이름을 인스턴스 대신에 클래스의 속성으로 표시하는 것이 기술적으로 좀 더 정확하다. 다음 장에서 살펴보겠지만 이들의 저장 공간은 인스턴스에 있으나, 이들은 클래스에서 구현된다.

궁극적으로, 클래스와 연계된 모든 '가상' 속성들을 모으려는 시도는 어쨌든 약간의 몽상일 수 있다. 여기에서 간단히 소개한 것과 같은 기법들은 슬롯과 프로퍼티는 해결할지 모르나 일부 속성은 완전히 동적이어서 어떤 물리적 기반도 가지고 있지 않은 경우도 있다. __getattr__와 같은 일반 메소드에 의해 가져올 때 연산되는 것들은 고전적 의미에서 데이터가 아니다. 파이썬처럼 아주 동적인 언어에서 데이터를 디스플레이하려는 도구들은 '일부 데이터는 **없어졌을 수도 있습니다!**'[3]라는 경고 문구가 딸려 있어야 할 것이다.

이 절의 마지막 실습 문제에서 이 절의 코드를 약간 더 확장하여 인스턴스 표시 시작 부분의 괄호 안에 슈퍼클래스 이름을 나열할 것이다. 그러니 나중에 참조할 수 있도록 이 코드를 파일에 보관해 두자. 위의 개념 중 마지막 두 개에 더해 더 이해하기 위해 우리는 이 장을 마무리하고 이 파트의 마지막 장인 다음 장으로 넘어가보도록 하자.

다른 디자인 관련 주제들

---

3 __getattr__와 그와 유사한 메소드들에 기반한 일부 동적인 프록시 객체는 __dir__ 연산자 오버로딩 메소드를 사용하여 dir 호출에 대해 속성 리스트를 수동으로 발행할 수 있다. 하지만 이는 선택적인 것으로, 일반적인 도구라면 자신의 클라이언트 클래스들이 그렇게 하는 것에 기댈 수 없다. __dir__ 메소드에 대하여 더 알아보고 싶다면 《파이썬 포켓 레퍼런스(5판)》를 참조하도록 하자.

이 장에서 상속, 구성 관계, 위임, 다중 상속, 바운드 메소드, 그리고 팩토리에 대해 공부하였다. 모두 파이썬 프로그램에서 클래스를 결합하는 데 사용되는 일반적인 패턴들이다. 하지만 여기에서 다룬 내용들은 디자인 패턴 영역에서 보면 수박 겉핥기에 지나지 않는다. 이 책의 다른 부분에서 다른 디자인 관련 주제들에 대해 발견할 수 있을 것이다.

- 추상적인 슈퍼클래스(29장)
- 데코레이터(32장, 39장)
- 타입 서브클래스(32장)
- 정적 메소드와 클래스 메소드(32장)
- 관리된 속성(32장과 38장)
- 메타클래스(32장과 40장)

하지만 디자인 패턴에 대한 더 자세한 내용은 객체 지향 프로그래밍 및 디자인 패턴에 관련된 다른 자료를 참조할 것을 권한다. 물론 패턴이 객체 지향 프로그래밍 작업에서 중요하고 다른 언어에서보다 파이썬에서 더 자연스럽기도 하지만, 파이썬 고유의 것은 아니며 경험을 통해야 가장 잘 이해할 수 있는 주제이기도 하다.

이 장의 요약

이 장에서 클래스가 가지는 재사용성과 코드 분할의 이점을 최적화시키기 위해 클래스를 사용하고 결합하는 일반적인 방법들에 대하여 알아보았다. 재사용성과 코드 분할은 대체로 특정 프로그래밍 언어와는 독립적인 디자인 이슈로 여겨진다(하지만 파이썬은 이를 구현하기 좀 더 쉽도록 한다). 우리는 **위임**(객체들을 프록시 클래스에 감싸는 것), **구성 관계**(내장 객체를 제어하는 것), **상속**(다른 클래스들로부터 행위를 얻기)에 대하여 유사개별 속성, 다중 상속, 바운드 메소드, 팩토리 같은 비전에 가까운 개념과 함께 학습하였다.

다음 장에서는 클래스 관련한 고급 주제에 대해 알아봄으로써 클래스와 객체 지향 프로그래밍에 대한 학습을 마무리하고자 한다. 그중 일부는 애플리케이션 개발자보다는 도구 작성자에게 더 많은 흥미를 불러일으킬지도 모르지만, 여전히 파이썬에서 객체 지향 프로그래밍을 하고자 하는 대부분의 사람에게는 리뷰할 만한 가치가 있다. 여러분의 코드를 위해서만이 아니라 여러분이 이해해야 하는 다른 사람들의 코드를 위해서라도 말이다. 우선, 이 장에서 배운 내용을 복습하는 차원에서 퀴즈를 풀도록 하자.

학습 테스트: 퀴즈

1. 다중 상속은 무엇인가?

2. 위임은 무엇인가?

3. 구성 관계는 무엇인가?

4. 바운드 메소드는 무엇인가?

5. 유사개별 속성은 무엇을 위해 쓰이는가?

학습 테스트: 정답

1. 다중 상속은 클래스가 하나 이상의 슈퍼클래스로부터 상속받을 때 생긴다. 이것은 클래스 기반 코드의 여러 패키지들을 함께 혼합할 때 유용하다. class문 헤더에서 왼쪽에서 오른쪽으로의 순서는 속성 검색에 있어 일반적인 순서다.

2. 위임은 한 객체를 프록시 클래스에 감싸는 것을 말한다. 이 프록시는 내장 객체의 인터페이스를 저장하고 있어, 내장 객체에 부가적인 행위를 추가하고 다른 연산을 내장 객체에 전달한다.

3. 구성 관계는 컨트롤러 클래스가 다수의 객체들을 내포하고 지시하는 기법이며, 자신만의 독특한 인터페이스를 제공한다. 클래스들을 이용하여 더 큰 구조를 구축하는 방법이다.

4. 바운드 메소드는 인스턴스와 메소드 함수를 결합한다. 이들은 인스턴스 객체를 명시적으로 전달하지 않고도 호출이 가능한데, 이는 원래의 인스턴스가 여전히 사용 가능하기 때문이다.

5. 유사개별 속성(앞쪽에만 더블 언더스코어가 붙는 이름. 예 __X)은 이름을 이를 포함하고 있는 클래스에 지역화시키는 데 사용된다. 여기에 클래스 내에서 정의된 메소드와 같은 클래스 속성과 클래스의 메소드 내에서 할당된 self 인스턴스 속성 모두 포함된다. 이러한 이름들은 일반적으로 유일한 이름을 만들어주기 위해 클래스 이름을 포함하도록 확장된다.

32

클래스 고급 주제

이 장은 클래스 관련한 고급 주제들을 설명함으로써 파이썬에서의 객체 지향 프로그래밍에 대한 학습을 마무리하고자 한다. 우리는 내장된 타입을 서브클래싱하는 것과, '새로운 형식'의 클래스 변경과 확장, 정적 메소드와 클래스 메소드, 슬롯과 프로퍼티(properties), 함수와 클래스 데코레이터, MRO와 super 호출 등에 대하여 조망해 볼 것이다.

앞에서 보았듯이 파이썬의 객체 지향 프로그래밍 모델의 핵심은 상대적으로 단순하며, 이 장에서 설명하는 주제 중 일부는 너무 고급 기법이고 선택 사항이어서 여러분의 파이썬 애플리케이션 프로그래밍 경력 중에 이들을 만날 일은 매우 드물다. 하지만 이 책의 완성도를 위해 (그리고 언제 우리가 사용하는 코드에서 이들 '고급' 주제를 만날지 알 수 없기 때문에) 우리는 객체 지향 프로그래밍을 위한 고급 도구들에 대하여 간략히 살펴보면서 클래스에 대한 논의를 마무리할 것이다.

이번 장은 해당 파트의 마지막 장이기 때문에 클래스와 관련한 주의 사항과 이 파트를 위한 실습 문제로 마무리할 것이다. 우리가 여기에서 공부한 개념을 확립할 수 있도록 실습 문제를 처음부터 끝까지 꼭 풀어 보자. 또한, 이 책의 내용을 보충할 수 있도록 좀 더 큰 객체 지향 프로그래밍 파이썬 프로젝트를 수행하거나 공부해 보는 것이 좋다. 컴퓨팅처럼 객체 지향 프로그래밍의 이점은 실습을 통해 더 명백해지는 경향이 있다.

이 장의 내용에 대하여: 이 장은 클래스와 관련한 고급 주제를 모았으나, 이 중 일부는 이 장에서 제대로 설명하기에는 너무 방대하다. 속성, 디스크립터, 데코레이터, 메타클래스와 같은 주제들은 여기에서는 간단하게 언급하고 예외에 대하여 살펴본 후, 이 책의 **마지막 파트**에서 좀 더 충실히 다룰 것이다. 이 장의 범주에 포함되는 주제들 중 일부에 대한 상세 설명과 더 완전한 예제에 대해서는 거기에서 다루는 내용을 꼭 함께 보기 바란다.

이 장이 이 책에서 **가장 많은 분량**을 가진 장이란 점을 눈치챘을 것이다. 난 여러분이 팔을 걷어붙이고 이 장의 심도 있는 주제를 제대로 탐험해 나갈 준비가 되어 있을 것이라 믿는다. 만약 여러분이 객체 지향 프로그래밍에 대한 심화 주제에 아직 관심이 없다면 이 장을 건너뛰어도 무방하며, 향후 여러분이 프로그래밍하는 코드에서 이와 관련된 주제를 만났을 때 이 장을 다시 학습해도 될 것이다.

내장된 타입 확장하기

새로운 종류의 객체를 구현하는 것 외에, 클래스는 때로는 파이썬 내장된 타입의 기능을 확장하여 보다 이색적인 데이터 구조를 지원하는 데 사용된다. 예를 들어, 리스트에 큐 삽입/삭제 메소드를 추가하기 위해 리스트 객체를 래핑하는(감싸는) 클래스를 만들고, 리스트를 특별하게 처리하는 삽입과 삭제 메소드를 31장에서 공부한 위임(delegation) 기법처럼 내보낼 수 있다. 파이썬 2.2 이후로 내장된 타입을 특화하기 위해 상속을 이용할 수 있다. 다음의 두 절에서는 실제 사용되는 이 두 기법에 대해 설명할 것이다.

임베딩으로 타입 확장하기

16장, 18장에서 우리가 작성했던 집합 함수들을 기억하는지? 여기에서 이들이 파이썬 클래스로 되살아난 것처럼 보일 것이다. 다음 예제(파일 setwrapper.py)는 집합 함수 중 일부를 메소드로 옮기고 일부 기본 연산자 오버로딩을 추가해 새로운 집합 객체 타입을 구현하였다. 대개, 이 클래스는 추가적인 집합 연산을 가지고 파이썬 리스트를 감싼다. 하지만 이것은 클래스이기 때문에 여러 인스턴스를 가질 수 있으며, 서브클래스에서 상속을 이용하여 변경할 수 있다. 우리가 이전에 작성한 함수와 다르게 함수에 직접 리스트를 전달하는 대신, 여기서는 클래스를 이용하여 딕셔너리 데이터와 동작을 갖춘 여러 독립적인 집합 객체를 만들 수 있다.

```
class Set:
    def __init__(self, value = []):      # 생성자
        self.data = []                    # 리스트 관리
        self.concat(value)
```

```
def intersect(self, other):            # other는 시퀀스
    res = []                           # self가 대상
    for x in self.data:
        if x in other:                 # 중복 아이템 선택
            res.append(x)
    return Set(res)                    # 신규 집합 반환

def union(self, other):                # other는 시퀀스
    res = self.data[:]                 # my list의 사본
    for x in other:                    # other에 아이템 추가
        if not x in res:
            res.append(x)
    return Set(res)

def concat(self, value):               # value: 리스트, 집합...
    for x in value:                    # 중복 삭제
        if not x in self.data:
            self.data.append(x)

def __len__(self): return len(self.data)                      # self면, len(self)
def __getitem__(self, key): return self.data[key]             # self[i], self[i:j]
def __and__(self, other): return self.intersect(other)        # self & other
def __or__(self, other): return self.union(other)             # self | other
def __repr__(self): return 'Set:' + repr(self.data)           # print(self),...
def __iter__(self): return iter(self.data)                    # for x in self,...
```

늘 그렇듯이 이 클래스를 사용하려면 인스턴스를 만들고, 메소드를 호출하고, 정의된 연산자를 실행한다.

```
from setwrapper import Set
x = Set([1, 3, 5, 7])
print(x.union(Set([1, 4, 7])))        # 집합 [1, 3, 5, 7, 4]을 출력
print(x | Set([1, 4, 6]))             # 집합 [1, 3, 5, 7, 4, 6]을 출력
```

인덱싱과 반복 같은 연산자 오버로딩은 우리가 작성한 Set 클래스의 인스턴스가 실제 리스트인 것처럼 위장할 수 있도록 한다. 이 장 마지막의 실습 문제에서 이 클래스를 활용하고 확장할 것이기 때문에 부록 D에서 이 코드에 대하여 더 자세히 다루도록 하겠다.

서브클래싱으로 타입 확장하기

파이썬 2.2를 시작으로 해서 이제 언어의 모든 내장된 타입은 바로 서브클래싱될 수 있다. list, str, dict, tuple 같은 타입 전환 함수는 내장된 타입 이름이 되었다. 비록 여러분이 작성한 스

크립트에서 명백하더라도, 타입 변환 호출(剛 list('spam'))은 실제로 타입의 객체 생성자를 실행한다.

이는 여러분이 사용자 정의 class문을 이용하여 내장된 타입의 행위를 바꾸거나 확장할 수 있도록 한다. 이들을 바꾸려면 간단하게 새로운 타입 이름을 서브클래스로 만들면 된다. 여러분이 만든 타입 서브클래스의 인스턴스는 일반적으로 원래의 내장된 타입이 등장할 수 있는 곳이라면 어디에서나 사용 가능하다. 예를 들어, 여러분이 파이썬 리스트의 오프셋이 1이 아닌 0에서부터 시작한다는 사실에 익숙해지기 힘들다고 가정하자. 이 경우, 걱정할 필요 없이 여러분은 언제나 이 리스트의 핵심 동작을 바꿀 수 있는 여러분만의 서브클래스를 만들 수 있다. 파일 typesubclass.py는 이를 어떻게 만드는지 보여 준다.

```python
# 내장된 리스트 타입/클래스를 서브클래스로 만들기
# 1..N을 0..N-1로 매핑하기; 내장된 버전을 다시 호출

class MyList(list):
    def __getitem__(self, offset):
        print('(indexing %s at %s)' % (self, offset))
        return list.__getitem__(self, offset - 1)

if __name__ == '__main__':
    print(list('abc'))
    x = MyList('abc')           # __init__는 list로부터 상속받음
    print(x)                    # __repr__은 list로부터 상속받음

    print(x[1])                 # MyList.__getitem__
    print(x[3])                 # list 슈퍼클래스의 메소드를 변경

    x.append('spam'); print(x)  # list 슈퍼클래스의 속성
    x.reverse();      print(x)
```

이 파일에서 서브클래스 MyList는 내장된 list의 __getitem__ 인덱싱 메소드만을 확장하여 1부터 N까지의 인덱스를 원래의 0부터 N-1까지로 매핑되도록 했다. 실제로 하는 일은 받은 인덱스를 하나씩 감소시킨 후 슈퍼클래스 버전의 인덱싱을 호출하는 것이지만, 이것만으로도 이 트릭을 수행하기에는 충분하다.

```
% python typesubclass.py
['a', 'b', 'c']
['a', 'b', 'c']
(indexing ['a', 'b', 'c'] at 1)
a
(indexing ['a', 'b', 'c'] at 3)
```

```
c
['a', 'b', 'c', 'spam']
['spam', 'c', 'b', 'a']
```

이 출력에는 인덱싱 중에 클래스가 출력하는 추적용 텍스트도 포함되어 있다. 물론, 인덱싱을 이러한 방법으로 바꾸는 것이 일반적으로 좋은 생각인지는 **별개의 이야기**다. 여러분이 작성한 MyList 클래스의 사용자들이 파이썬 시퀀스의 행위 중에서도 핵심인 시작점에 대해 매우 혼란스러워할 수 있다. 하지만 내장된 타입을 이런 방식으로 변경하는 능력은 매우 강력한 자산이다.

그 예로 이 코딩 패턴은 집합을 코딩할 때, 이전 절에서처럼 임베드된 리스트 객체를 관리하는 싱글톤 클래스 말고도 내장된 리스트 타입의 서브클래스로 구현하는 대안을 제공한다. 5장에서 배웠듯이 오늘날의 파이썬은 새로운 집합을 만들기 위한 리터럴과 컴프리헨션 구문과 함께 강력한 내장된 집합 객체를 보유하고 있다. 하지만 여러분만의 집합 객체를 코딩하는 것은 여전히 일반적인 타입 서브클래싱을 배울 수 있는 훌륭한 방법이다.

파일 setsubclass.py에 작성된 다음 클래스는 단지 집합 처리와 관련된 메소드와 연산자를 추가하기 위해 리스트를 변경한다. 모든 다른 행위는 내장된 list 슈퍼클래스로부터 상속받기 때문에 이 방법은 상대적으로 짧고 간단한 구현 방안이 될 수 있다. 여기 코드에서 정의되지 않은 모든 것은 바로 list로 라우팅된다.

```python
from __future__ import print_function    # 2.X 호환성

class Set(list):
    def __init__(self, value = []):      # 생성자
        list.__init__(self)              # list 변경
        self.concat(value)               # 가변 기본값 복사

    def intersect(self, other):          # other는 시퀀스
        res = []                         # self는 대상
        for x in self:
            if x in other:               # 공통 아이템 추출하기
                res.append(x)
        return Set(res)                  # 신규 Set 반환

    def union(self, other):              # other는 시퀀스
        res = Set(self)                  # me와 my list 복사
        res.concat(other)
        return res
```

```
        def concat(self, value):              # value: 리스트,집합, 등.
            for x in value:                    # 중복 아이템 제거
                if not x in self:
                    self.append(x)

        def __and__(self, other): return self.intersect(other)
        def __or__(self, other): return self.union(other)
        def __repr__(self): return 'Set:' + list.__repr__(self)

if __name__ == '__main__':
    x = Set([1,3,5,7])
    y = Set([2,1,4,5,6])
    print(x, y, len(x))
    print(x.intersect(y), y.union(x))
    print(x & y, x | y)
    x.reverse(); print(x)
```

아래는 이 파일의 마지막에 있는 셀프 테스트용 코드의 출력 결과다. 코어 타입을 서브클래싱
하는 것은 일부 제한된 독자들에게만 해당되는 고급 특징이기 때문에 더 자세한 내용은 여기
에서 생략하지만, 이 동작에 대해 공부하려면 다음의 코드 결괏값을 따라가 보기를 추천한다
(결괏값은 3.X와 2.X에서 동일하다).

```
% python setsubclass.py
Set:[1, 3, 5, 7] Set:[2, 1, 4, 5, 6] 4
Set:[1, 5] Set:[2, 1, 4, 5, 6, 3, 7]
Set:[1, 5] Set:[1, 3, 5, 7, 2, 4, 6]
Set:[7, 5, 3, 1]
```

집합을 구현하는 데 있어, 파이썬의 딕셔너리를 이용하는 더 효율적인 방법도 있다. 이 방법
은 여기에서 본 집합 구현에 내포된 선형 검색 스캔을 좀 더 직접적인 딕셔너리 색인 작업(해
싱)으로 대체하여 런타임을 더 빠르게 한다. 더 자세한 내용은 이후에 나올 《프로그래밍 파이
썬》에서 계속하여 찾아보자. 다시 말하지만, 만약 집합에 대하여 관심이 있다면 5장에서 살
펴본 set 객체 타입을 복습해 보자. 이 타입은 내장된 도구로서 확장된 집합 연산을 제공한다.
집합을 구현하는 것은 실험용으로는 재미있지만, 오늘날의 파이썬에서는 더 이상 반드시 필요
한 일은 아니다.

또 다른 타입 서브클래싱의 예제로, 파이썬 2.3 이후 버전에서 bool 타입을 구현하는 것에 대
하여 알아보자. 이 책의 앞에서 언급했듯이 bool은 두 개의 인스턴스(True와 False)를 갖는 int
타입의 서브클래스이며, 이 두 인스턴스는 정수 1과 0처럼 동작하지만 이들 이름을 표현할 수
있도록 하는 맞춤(custom) 문자열 표현 메소드를 상속한다.

'새로운 형식'의 클래스 모델

버전 2.2에서 파이썬은 새로운 특징을 갖는 클래스를 도입하였다. 이는 새 형식 클래스로도 알려져 있으며, 이전 버전까지의 원래의 그리고 전형적인 모델은 이와 대비하여 **고전 형식**의 클래스라 부른다. 3.X에서는 클래스가 하나로 통합되었지만, 파이썬 2.X 사용자와 코드에서는 여전히 이 두 형식으로 나뉘어 있다.

- 파이썬 3.X에서 모든 클래스는 이들이 object로부터 명시적으로 상속받았는지 여부와 상관없이 자동으로 '새로운 형식'의 클래스다. 슈퍼클래스인 object를 코딩하는 것은 선택 사항이며 함축되어 있다.

- 파이썬 2.X에서 클래스는 object(또는 다른 내장된 타입)로부터 명시적으로 상속받아야만 '새로운 형식'으로 구분되어 모든 새로운 형식의 행위를 취하고 수행할 수 있다. 이런 명시적 상속이 없는 클래스는 '고전 형식'이다.

3.X의 모든 클래스는 자동으로 새로운 형식이므로, 새 형식 클래스의 특징들이 3.X 버전대에서는 일반적 클래스의 특징들일 뿐이다. 하지만 이 절에서는 파이썬 2.X 사용자들을 존중하여 이 둘을 구분하여 설명하고자 한다. 2.X 코드에서의 클래스는 object로부터 상속받을 때에만 새 형식 클래스가 가진 특성과 행위를 취할 수 있다.

즉, 파이썬 3.X 사용자는 이 책에서 '새로운 형식'에 관한 주제의 내용을 보게 되면, 자신들이 사용하는 클래스의 기존 특성에 대한 내용으로 여길 것이다. 하지만 2.X 독자들에게는 그들이 사용해야 하는 코드가 이미 새 형식 클래스를 적용한 것이 아니라면, 해당 내용들을 여러분이 사용할지 말지를 결정할 선택적 변경과 확장의 개념으로 받아들이게 될 것이다.

파이썬 2.X에서 새 형식 클래스의 구문적 차이를 정의하자면, 이는 list와 같은 내장된 타입이나 또는 object로 알려진 특별한 내장된 클래스로부터 파생한다는 것이다. 내장된 이름인 object는 어떤 내장된 타입도 사용하기 적절하지 않은 경우에 새 형식 클래스의 슈퍼클래스의 역할을 하도록 제공된다.

```
class newstyle(object):        # 2.X는 명시적으로 새로운 스타일의 상속이 필요
    ...보통 클래스 코드...       # 3.X에서는 자동으로 상속되어 명시적 상속 불필요
```

object 또는 그 외 다른 내장된 타입으로부터 파생된 모든 클래스는 자동으로 새 형식 클래스로 취급된다. 즉 내장된 타입이 자신의 슈퍼클래스 트리 내 어딘가에 존재하는 한,

2.X 클래스는 새 형식 클래스가 갖는 행위와 확장을 취할 수 있다. object와 같은 내장된 클래스로부터 파생되지 않은 클래스는 고전 형식의 클래스로 간주한다.

새 형식 클래스는 얼마나 새로운가?

앞으로 보게 되겠지만, 새 형식 클래스는 프로그램에 광범위하게 영향을 주는 중요한 차이점을 가지고 있으며, 특히 코드에서 이 새 형식 클래스에 추가된 고급 기능들을 이용하고 있다면 그 영향이 더 크다. 실제로 최소한 객체 지향 프로그래밍 지원 관점에서 보면, 어느 정도 수준에서의 변경 사항들은 파이썬을 완전히 다른 언어로 탈바꿈시켰다. 이 언어적 성격은 3.X에서는 필수적이고, 2.X에서는 모든 프로그래머들이 무시할 경우에만 선택적이며, 훨씬 더 많은 부분들을 이 영역의 다른 언어로부터 차용해 온 것이다(그로 인해 차용해 온 언어만큼 복잡해지기도 하였다).

비록 새 형식 클래스가 3.X에서 필수적인 지식으로 자리 잡기 전까지는 많은 이들이 간과하고 넘어갔지만, 새 형식 클래스는 부분적으로 파이썬 2.2 무렵에 클래스의 개념에 타입의 개념을 통합하려는 시도에서 비롯되었다. 이러한 통합의 시도가 성공적이었는지 여부는 여러분 스스로 판단해 볼 필요가 있다. 하지만 앞으로 보게 될 것처럼 여전히 모델에는 차이가 존재하며 (이제는 클래스와 메타클래스 간의 차이가 존재한다), 이러한 시도의 부작용 중 하나로 일반 클래스가 보다 강력해진 반면 상당히 복잡해졌다는 것이다. 예를 들어, 40장에서 공식적으로 설명할 새로운 형식의 상속 알고리즘의 경우 그 복잡도가 최소 두 배로 증가한다.

여전히 단순한 애플리케이션 코드를 사용하는 일부 프로그래머들은 전형적인 '고전 형식'의 클래스와의 차이가 미미하다 생각할지도 모른다. 주로 이 변경 사항들에 대한 설명은 넘긴 채 상당량의 클래스 예제를 작성하고 있는 이 책의 요점을, 우리는 결국 어떻게든 이해하게 될 것이다. 더구나 2.X에서 여전히 사용 가능한 고전 형식의 클래스 모델은 30년이 가깝도록 변함 없이 똑같이 동작하고 있다.[1]

---

[1] 데이터 관점에서 《프로그래밍 파이썬》 책은 이 책의 내용을 좀 더 확장한 것으로 1,600쪽에 달하는 활용 방법을 다룬다. 파이썬 3.X만을 사용하는 그 책은 이 장에서 설명하는 새 형식 클래스 도구를 사용하지도 않고 이를 수용할 필요도 없이 GUI, 웹 사이트, 시스템 프로그래밍, 데이터베이스, 그리고 텍스트를 위한 중요 프로그램을 구축한다. 이는 주로 모호하거나 이해하기 어려운 객체 지향 프로그래밍 확장보다는 내장된 타입과 라이브러리를 활용하는 단순한 코드다. 그 책의 코드가 클래스를 사용할 때는 상대적으로 단순한 형태로 구조와 코드 분할을 제공한다. 또한 해당 책의 코드는 언어 튜토리얼의 성격을 지닌 이 책에 비해 실전 프로그래밍을 더 대표한다고 볼 수 있다. 이는 파이썬의 고급 객체 지향 프로그래밍 도구들은 인위적이며, 현실적인 프로그램 목표보다는 언어의 디자인과 더 관계가 있음을 시사한다. 《프로그래밍 파이썬》은 그러한 코드에 클래스 도구들의 사용을 제한하는 호사를 누리고 있다. 하지만 여러분의 동료가 이 신비로운 언어의 특징을 사용하는 방법을 찾아내는 순간, 모든 것은 수포로 돌아갈 것이다.

하지만 새 형식 클래스는 클래스의 핵심 행위를 변경하기 때문에 파이썬 2.X에서는 이전 모델에 기반한 기존 코드에 영향을 미치지 않도록 이를 별개의 도구로 도입해야 했다. 예를 들어, 다이아몬드 패턴의 상속 검색, 내장된 동작과의 상호 작용, 그리고 __getattr__ 같은 관리된 속성 메소드와 같은 일부 미묘한 차이점들은 기존의 코드를 실패하게 한다. 그 기존의 코드를 변경하지 않은 채 적용한다면 말이다. 슬롯과 같은 새로운 모델의 선택적인 확장을 사용하는 것 또한 같은 결과를 가져올 수 있다.

파이썬 3.X에서는 새 형식 클래스만을 사용하도록 함으로써 클래스 모델의 구분이 사라졌지만, 2.X를 사용하거나, 제품 용도의 방대한 양의 기존 2.X 코드를 재사용하는 독자들을 위해 2.X에서는 두 클래스 모델의 구분이 여전히 존재한다. 또한, 2.X에서는 새 형식 클래스가 선택적 확장이기 때문에 2.X에서 작성된 코드는 두 클래스 모델 모두를 사용할 수도 있다.

다음의 두 최상위절에서는 새 형식 클래스가 어떻게 다른지와 이 클래스 모델이 제공하는 새로운 툴에 대하여 개괄적으로 설명하고자 한다. 이 주제들은 일부 파이썬 2.X 독자들에게는 잠재적 변경 사항이겠지만, 많은 파이썬 3.X 독자들에게는 단지 클래스 관련 추가 심층 주제일 것이다. 만약 여러분이 후자의 그룹에 속한다면 여기에서 모든 내용을 다 확인할 수 있으나, 그중 일부는 변경 내역에 대하여만 설명하는 부분도 있다. 그러나 여러분이 수백만 줄에 달하는 기존 2.X 코드를 다루지 않아도 된다면, 여러분은 이를 특징으로 받아들일 수 있을 것이다.

새 형식 클래스 변경 내역

새 형식 클래스는 여러 면에서 레거시 클래스와 다른데, 이 중 일부는 미묘하지만 기존 2.X 코드와 보편적인 코딩 방식 모두에 영향을 미칠 수 있다. 여기, 이들 차이점 중 가장 중요한 점 몇 가지에 대해 미리 간단히 살펴보자.

내장된 클래스의 속성 가져오기: 인스턴스 생략

__getattr__와 __getattribute__의 일반적인 속성 가로채기 메소드는 명시적인 이름으로 접근되는 속성에 여전히 사용하지만, 내장된 동작에 의해 암묵적으로 가져오는 속성에는 더 이상 사용하지 않는다. 이 메소드들은 내장된 문맥에서만 사용되는 __X__ 연산자 오버로딩 메소드 이름을 위해 호출되지 않는다. 그러한 이름의 검색은 인스턴스가 아니라 클래스에서 시작한다. 이는 만약 내장 객체가 연산자 오버로딩을 구현하고 있다면, 다른 객

체의 인터페이스를 위해 **프록시**의 역할을 하는 객체를 깨뜨리고 복잡하게 만든다. 이런 메소드들은 새 형식 클래스에서 상이한 내장된 작업 할당을 위해 재정의되어야 한다.

클래스와 타입의 통합: 타입 검사

이제 클래스는 타입이며, 타입이 곧 클래스다. 실제로 이 둘은 근본적으로 동의어이지만, 타입을 포함하고 있는 메타클래스는 여전히 일반 클래스와는 다소 구분된다. 내장된 type(I)는 일반적인 인스턴스 타입 대신에 인스턴스가 파생된 클래스를 반환하며, 일반적으로 I.__class__와 같다. 게다가 클래스는 type 클래스의 인스턴스이고, type은 class문으로 작성된 메타클래스를 사용하여 클래스 생성을 변경하기 위해 서브클래스가 될 수 있다. 이 것은 타입을 검사하는 코드나 또는 이전 타입 모델에 의존하는 코드에 영향을 줄 수 있다.

자동 object 루트 클래스: 기본값

모든 새 형식 클래스(와 타입)은 object로부터 상속받는다. 이 object는 몇 안 되는 기본 연산자 오버로딩 메소드(예 __repr__)를 보유하고 있다. 3.X에서 이 클래스는 자동으로 트리에서 사용자 정의 루트(즉, 최상위) 클래스 위에 추가되며, 명시적으로 슈퍼클래스로 나열될 필요가 없다. 이는 메소드의 기본값과 루트 클래스가 없다고 가정하는 코드에 영향을 준다.

상속 검색 순서: MRO와 다이아몬드

다중 상속의 다이아몬드 패턴은 약간은 나른 검색 순서를 갖는다. 대략 다이아몬드 패턴에서는 위로 올라가고, 검색하기 전에 옆으로 검색하며, 깊이 우선이 아닌 너비 우선 검색을 수행한다. MRO로 알려진 이 속성 검색 순서는 새 형식 클래스에서 사용 가능한 새로운 __mro__ 속성을 이용하여 추적될 수 있다. 새로운 검색 순서는 주로 다이아몬드 클래스 트리에만 적용된다. 그래도 새로운 모델의 암묵적 루트인 object 자체가 모든 다중 상속 트리에서 다이아몬드 형태를 만든다. 이전 순서에 기반한 코드는 동일하게 동작하지 않을 것이다.

상속 알고리즘: 40장

새 형식 클래스에서 상속을 위해 사용되는 알고리즘은 디스크립터, 메타클래스, 그리고 내장 타입에 대한 특별한 경우를 받아들이므로 레거시 클래스의 깊이 우선 모델에 비해 상당히 더 복잡하다. 우리가 메타클래스와 디스크립터를 심도 있게 배운 뒤, 40장까지는 이에 대하여 공식적으로 다룰 수 없겠지만, 이 알고리즘은 그 부가적인 복잡도에 대하여 예상하지 않은 코드에 영향을 줄 수 있다.

새로운 고급 도구: 코드에 영향을 주는 것들

새 형식 클래스는 신규 클래스 도구들을 가지고 있다. 여기에는 슬롯, 프로퍼티, 디스크립터, super와 __getattribute__ 메소드가 포함된다. 이들 대부분은 분명한 목적을 갖고 만들어 졌다. 하지만 이들 도구의 사용은 기존의 코드를 깨뜨리거나 영향을 줄 수 있다. 예를 들어, 슬롯은 때로 인스턴스 네임스페이스 딕셔너리의 생성을 전부 막아버리기 때문에 일반적인 속성 핸들러는 다른 방식의 코딩을 필요로 할 수 있다.

이후 이들 각각의 아이템에 대한 최상위절의 마지막 부분에서 이에 대한 확장에 대하여 알아볼 것이며, 앞서 말한 것처럼 상속 알고리즘은 40장에서야 공식적으로 다루게 될 것이다. 하지만 그 외 다른 아이템들은 전형적인 파이썬 코드를 깨뜨릴 위험을 가지고 있기 때문에 여기에서 하나하나 차례대로 자세히 알아보도록 하자.

이 장의 내용에 대하여: 새 형식 클래스 변경 사항은 3.X와 2.X 모두에 영향을 준다는 점을 기억하자. 물론 2.X에서는 선택 사항이긴 하지만 말이다. 이 장과 이 책에서 때로는 2.X의 전통적인 코드와 대비하기 위하여 3.X의 **변경 내역**으로서 소개된 특징 중 일부는 기술적으로 새 형식 클래스에 의해 도입된 것들도 있다. 이 경우, 3.X에서는 필수적이지만 2.X의 코드에서도 등장할 수 있다. 공간의 제약으로 인해 때로는 이를 차이점으로 부르기는 하지만 한 버전대에만 있는 독단적인 것은 아니다. 3.X의 클래스 관련된 변경 사항 중 일부는 새 형식 클래스로 인한 것이지만(█ 연산자 메소드를 위한 __getattr__ 생략) 일부는 그렇지 않다(█ 언바운드 메소드를 함수로 대체하는 것). 게다가 많은 2.X 프로그래머는 고전 형식의 클래스를 고수하며 3.X의 특징이라 여기는 것들을 무시하기도 하지만, 새 형식 클래스는 새로운 것이 아니며 두 파이썬 모두에 적용된다. 만약 이 새 형식 클래스가 2.X 코드에 등장한다면, 2.X 사용자들도 이에 대하여 읽고 공부해야만 할 것이다.

내장 타입에 대해 속성을 가져올 때 인스턴스는 생략

새 형식 클래스에 대한 이 변경 내역은 이전 예제와 주제에 영향을 미치는 부분 때문에 28장과 31장의 칼럼에서 이미 소개한 바 있다. 새 형식 클래스(따라서 3.X의 모든 클래스)에서 일반적인 인스턴스 속성 가로채기 메소드인 __getattr__와 __getattribute__는 더 이상 __X__ 연산자 오버로딩 메소드 이름을 위한 내장된 연산에 의해 호출되지 않는다. 그러한 이름의 검색은 인스턴스가 아닌 클래스에서 시작한다. 따라서 이는 주로 내장된 작업에 영향을 주는 변경 내역이다.

보다 공식적으로 만약 클래스가 __getitem__ 인덱스 오버로딩 메소드를 정의하고 X는 이 클래스의 인스턴스라면 X[I] 같은 인덱스 표현은 대체로 레거시 클래스에서의 X.__getitem__(I)와 같지만, 새 형식 클래스에서는 type(X).__getitem__(X, I)와 같다. 후자는 이에 대한 검색을 클래스에서 시작하기 때문에 정의되지 않은 이름의 검색을 위해 인스턴스 레벨에서의 __getattr__ 단계는 건너뛴다.

기술적으로 X[I]와 같은 작업을 위한 메소드 검색은 클래스 레벨에서 시작하는 일반적인 상속을 사용하며, X가 파생된 모든 클래스의 네임스페이스 딕셔너리만을 검사한다. 40장에서 다룰 메타클래스는 클래스의 동작을 다른 방식으로 획득하므로 이 차이점이 문제가 될 수 있다. 하지만 인스턴스는 내장 타입의 검색에서는 생략된다.

왜 검색을 변경하였을까?

여러분은 다른 곳에서도 이 변경에 대한 공식적인 이유를 찾아볼 수 있을 것이다. 그러나 이 책에서는 잘 동작하고 있는 수많은 프로그램들을 깨뜨리는 이 변경을 정당화하기 위한 이유를 앵무새처럼 따라할 생각은 없다. 하지만 그 이유를 상상해 보자면, **최적화** 경로와 겉보기에는 불분명한 **호출 패턴**의 이슈에 대한 해결책을 들 수 있다. 전자는 내장된 연산의 빈도에서 그 근거를 찾아볼 수 있다. 예를 들어 만약 모든 +가 인스턴스 레벨에서 검색하는 부가적인 단계를 필요로 한다면, 이는 프로그램의 속도를 저하시킬 것이다. 특히, 낮은 속성 레벨의 확장을 가지고 있는 새로운 형식의 모델에서는 더욱 그럴 것이다.

후자의 이유는 더 모호하며 파이썬 매뉴얼에 설명되어 있다. 간단히 말하면, 이 변경은 **메타클래스** 모델에서 초래된 난제를 반영한다. 이제 클래스는 메타클래스의 인스턴스이고, 메타클래스는 자신이 생성한 클래스를 처리하기 위한 내장된 연산자 메소드를 정의할 수 있기 때문에 클래스를 위해 실행할 메소드 호출은 클래스 자체를 건너뛰어야 하며, 클래스를 처리할 메소드를 선택하기 위해 클래스 자체 버전을 선택하기보다는 한 단계 상위 레벨을 찾아보아야 한다. 클래스의 메소드는 그보다 단계가 낮은 인스턴스를 처리하기 때문에 클래스 자체의 버전은 클래스에 언바운드 메소드 호출을 초래할 것이다. 이것은 단지 이전 장에서 논의한 일반적인 언바운드 모델이지만, 클래스가 메타클래스로부터 타입의 행위를 취할 수 있다는 사실로 인해 악화될 가능성이 있다.

클래스는 스스로 타입이자 인스턴스이기 때문에 그 결과, 모든 인스턴스는 내장된 연산 메소드의 검색 대상에서 제외된다. 이는 아마도 통일성과 일관성을 위해 일반 인스턴스에 적용되지만, 내장된 이름이 아닌 이름을 호출하거나 내장된 이름을 직접적이고도 명시적으로 호출할 때에는 여전히 인스턴스를 확인한다. 아마도 새 형식 클래스 모델의 결과이겠지만, 누군가에게는 이것은 새 형식 클래스가 깨뜨린 널리 사용되던 모델보다 더 인위적이고 모호한 사용 패턴을 위한 해결책으로 보일 것이다. 최적화 경로로서의 이 역할은 보다 타당하지만 그렇다고 부작용이 없는 것은 아니다.

특히, 내장 객체가 연산자 오버로딩을 구현할 때, 이것은 위임 기반의 클래스(또는 프록시 클래스)에 광범위한 영향을 미칠 수 있다. 새 형식 클래스에서 그런 프록시 객체의 클래스는 일반적으로 자신이 잡아서 위임해 줄 그러한 이름을 직접 또는 도구를 이용하여 재정의해야 한다. 그 결과 전 범주의 프로그램을 상당히 복잡하게 만들거나 아니면 전부 제거해버린다. 위임에 대해서는 28장과 31장에서 살펴보았다. 위임은 다른 클래스의 인터페이스를 강화하거나 변경하는 데 사용되는 일반적인 패턴이다. 검증, 추적, 시간 측정 등 여러 다른 종류의 로직들을 추가하는 것들이 이에 포함된다. 프록시는 전형적인 파이썬 코드에서 사용되는 규칙이기 보다는 예외적 요소이지만, 많은 파이썬 프로그램에서 사용된다.

속성 가로채기에 미치는 영향

간단히 말해서 인덱싱과 프린트는 전통적인 클래스에서는 __getattr__로 라우팅되지만, 프린트 기능이 기본값을 사용하는 새 형식 클래스에서는 그렇지 않다. 파이썬 2.X에서 새 형식 클래스가 어떻게 다른지 보여 주기 위하여 실행해 보자면 다음과 같다.[2]

```
>>> class C:
        data = 'spam'
        def __getattr__(self, name):          # 2.X 고전 형식: 내장된 연산을 잡아냄
            print(name)
            return getattr(self.data, name)

>>> X = C()
>>> X[0]
__getitem__
's'
>>> print(X)                                   # 고전 모델은 기본값을 상속받지 않음
__str__
spam
```

---

2 이 장의 대화형 예제부터 분량과 잡동사니를 줄이기 위해 일부 공백 줄을 생략하고, 객체 표현에서 일부 16진수 주소를 32비트로 줄일 것이다. 여기부터는 여러분이 그러한 세부 사항들이 내용과는 무관하다는 점을 알 거라 가정하겠다.

```
>>> class C(object):                            # 2.X와 3.X의 새 형식 클래스
          ...클래스의 나머지 부분은 변경되지 않음...

>>> X = C()                                      # 내장된 연산은 getattr로 라우팅되지 않음
>>> X[0]
TypeError: 'C' object does not support indexing
>>> print(X)
<__main__.C object at 0x02205780>
```

비록 클래스 메타클래스 메소드와 내장된 연산의 최적화라는 명분으로 합리화되고 있지만,
이러한 차이점은 __getattr__을 가지고 있는 일반적인 인스턴스를 특별 래핑하는 것으로 해결
될 수 없으며, 오직 내장된 연산에만 적용된다. 일반적인 이름을 가진 메소드나 내장된 메소
드를 이름으로 명시적으로 호출하는 경우에는 적용되지 않는다.

```
>>> class C: pass                                # 2.X 레거시 클래스
>>> X = C()
>>> X.normal = lambda: 99
>>> X.normal()
99
>>> X.__add__ = lambda(y): 88 + y
>>> X.__add__(1)
89
>>> X + 1
89

>>> class C(object): pass                        # 2.X/3.X 새 형식 클래스
>>> X = C()
>>> X.normal = lambda: 99
>>> X.normal()                                   # 일반적인 이름은 여전히 인스턴스로부터
99
>>> X.__add__ = lambda(y): 88 + y
>>> X.__add__(1)                                 # 명시적인 내장된 이름의 경우에도 상동
89
>>> X + 1
TypeError: unsupported operand type(s) for +: 'C' and 'int'
```

이 동작은 속성 가로채기 메소드인 __getattr__에 의해 상속됨으로써 마무리된다.

```
>>> class C(object):
          def __getattr__(self, name): print(name)

>>> X = C()
>>> X.normal                                     # 일반적인 이름은 여전히 getattr로 라우팅됨
normal
>>> X.__add__                                    # 이름으로 직접 호출하는 경우도 동일. 하지만 표현식은 아니다!
```

```
__add__
>>> X + 1
TypeError: unsupported operand type(s) for +: 'C' and 'int'
```

프록시 코딩 요건

보다 현실적인 위임 시나리오에서 이는 표현식과 같은 내장된 동작은 더 이상 그에 상응하는 전형적인 직접 호출과 똑같은 작업을 하지 않음을 의미한다. 비대칭적으로 내장된 메소드 이름을 직접 호출하는 것은 여전히 가능하지만 그에 상응하는 표현식은 그렇지 않은데, 이는 타입을 통한 호출은 클래스 레벨과 그 상위 레벨에서 이름을 찾는 것에 실패하기 때문이다. 달리 말하면, 이 구분은 내장된 동작에서만 발생한다. 명시적 호출은 올바르게 실행된다.

```
>>> class C(object):
        data = 'spam'
        def __getattr__(self, name):
            print('getattr: ' + name)
            return getattr(self.data, name)

>>> X = C()
>>> X.__getitem__(1)          # 전형적인 매핑은 가능하지만, 새로운 형식으로는 불가
getattr: __getitem__
'p'

>>> X[1]
TypeError: 'C' object does not support indexing
>>> type(X).__getitem__(X, 1)
AttributeError: type object 'C' has no attribute '__getitem__'

>>> X.__add__('eggs')          # +에 대해 상동: 인스턴스는 표현식에 대해서만 생략됨
getattr: __add__
'spameggs'

>>> X + 'eggs'
TypeError: unsupported operand type(s) for +: 'C' and 'str'
>>> type(X).__add__(X, 'eggs')
AttributeError: type object 'C' has no attribute '__add__'
```

결과는 부분적으로 내장된 동작에 의해 호출될 수 있는 인터페이스를 가진 객체의 프록시를 작성하기 위해, 새 형식 클래스는 일반적인 이름을 위한 __getattr__와 내장된 동작이 접근하는 모든 이름을 위한 메소드 **재정의** 버전을 모두 필요로 한다. 메소드 재정의는 직접 코드로 작성하거나, 슈퍼클래스로부터 상속받거나, 또는 도구를 이용하여 생성할 수 있다. 메소드의 재정의가 너무 통합되어 있으면 인스턴스와 타입 **모두**를 통한 호출은 내장된 연산과 동일해지

지만, 더 이상 재정의된 이름이 미정의된 이름을 처리하는 일반적인 __getattr__로 라우팅되지 않게 된다. 명시적인 이름에 의한 호출일 경우에도 말이다.

```
>>> class C(object):                          # 새로운 형식: 3.X와 2.X
        data = 'spam'
        def __getattr__(self, name):          # 일반적인 이름을 잡아냄
            print('getattr: ' + name)
            return getattr(self.data, name)
        def __getitem__(self, i):             # 내장된 연산을 재정의함
            print('getitem: ' + str(i))
            return self.data[i]               # 표현식 또는 getattr를 실행
        def __add__(self, other):
            print('add: ' + other)
            return getattr(self.data, '__add__')(other)
>>> X = C()
>>> X.upper
getattr: upper
<built-in method upper of str object at 0x0233D670>
>>> X.upper()
getattr: upper
'SPAM'

>>> X[1]                                      # 내장된 연산(암묵적)
getitem: 1
'p'
>>> X.__getitem__(1)                          # 이에 상응하는 전형적인 방식(명시적)
getitem: 1
'p'
>>> type(X).__getitem__(X, 1)                 # 이에 상응하는 새로운 스타일의 방식
getitem: 1
'p'

>>> X + 'eggs'                                # +와 다른 연산에 대해서도 상동
add: eggs
'spameggs'
>>> X.__add__('eggs')
add: eggs
'spameggs'
>>> type(X).__add__(X, 'eggs')
add: eggs
'spameggs'
```

더 자세히 알아보면...

이 변경 내역에 대하여 40장에서 메타클래스를 설명할 때 38장의 속성 관리와 39장의 프라이버시 데코레이터에서 다룬 예제를 활용하여 다시 살펴볼 것이다. 이 중 39장에서는 일반적으

로 프록시에 필수 연산자 메소드를 제공하는 코딩 구조에 관하여 함께 알아볼 것이다. 이것은 불가능한 작업이 아니며, 잘하면 코드를 한 번만 작성하면 될 것이다. 이 이슈에 영향받는 코드의 종류에 대해서 더 알아보려면, 28장과 31장의 예제와 함께 위에서 언급한 장의 내용들을 살펴보기 바란다.

이 이슈에 대하여 이 책의 뒤에서 더 확장하여 알아볼 예정이므로 여기에서는 짧게 마치겠다. 이 이슈에 대한 외부 링크와 관련 장으로는 (여러분의 자체 검색 엔진과 함께) 다음의 내용을 참조하기 바란다.

- 파이썬 이슈 643841: 이 이슈는 널리 논의가 되고 있지만 가장 공식적인 내역은 https:// bugs.python.org/issue643841에 기록되어 있다. 이 이슈는 그곳에서 실제 프로그램을 위한 우려 사항으로 제기되었으며 해결되어야 할 문제로 올라갔었지만, 이에 대한 해결책으로 제안된 라이브러리 개선 또는 광범위한 파이썬 변경안은 새롭게 규정된 동작을 설명할 수 있도록 관련 문서를 간단하게 변경하는 수준에서 무마되었다.

- 도구 레시피: http://code.activestate.com/recipes/252151에서 현재 활용 가능한 파이썬 레시피를 확인할 수 있다. 여기에는 이 장의 마지막에서 소개할 메타클래스 기법을 활용하여 생성된 프록시 클래스에서 일반적인 호출 실행자로 특별한 메소드 이름을 자동으로 채우는 도구에 대해 설명하고 있다. 하지만 이 도구는 여전히 여러분에게 내장 객체가 구현했을 연산자 메소드 이름을 전달할 것을 요구할 수밖에 없다(내장 객체의 인터페이스 요소가 임의의 원천으로부터 상속될 수 있으므로 반드시 여러분이 전달해야 한다).

- 다른 접근법들: 오늘날에는 프록시 클래스를 오버로딩 메소드들로 채우는 수많은 추가적인 도구들을 웹 검색으로도 발견할 수 있을 것이다. 이는 광범위한 관심사다! 다시 말하지만, 39장에서 우리는 필수 메소드와 속성을, 메타클래스나 중복 코드 생성 또는 유사한 복잡한 기법 없이 어떻게 **혼합 방식**(mix-ins)으로 제공하는 단순하고 일반적인 슈퍼클래스를 작성할 것인지를 학습하게 될 것이다.

물론, 이 이야기는 시간이 지나면서 더 발전할 것이지만 수년간 이슈로 남아 있었다. 현재 상황으로는 모든 연산자 오버로딩을 수행하는 객체를 위한 레거시 클래스 프록시는 사실상 새형식 클래스로 분류된다. 2.X와 3.X에서의 이러한 클래스는 내장 객체가 지원할 만한 모든 암묵적으로 호출되는 연산자 메소드를 위해 래핑 클래스를 작성하거나 생성할 필요가 있다. 이것은 그런 프로그램에게는 딱히 이상적이지 않다. 일부 프록시는 수십 개의 래퍼 메소드를 필요로 할 수도 있다(잠재적으로는 50개가 넘을 수도 있다!). 하지만 새 형식 클래스 개발자의 설계 목표를 반영할 수 있고, 설계 목표를 완전히 반영하지는 못하더라도 최소한 설계 목표의 산물이 될 수는 있다.

 이 이슈와 근거에 대한 추가적인 설명은 40장의 **메타클래스**를 다룰때 반드시 확인하자. 거기에서 내장된 연산의 이러한 행위는 새로운 형식의 **상속**에서 특별한 경우로 인정된다. 이것을 제대로 이해하기 위해서는 메타클래스에 대한 배경 지식이 이 장에서 다룬 것보다 더욱 풍부해야 한다. 그 이유는 메타클래스의 부작용으로 볼 수 있는데, 메타클래스의 설계자들이 예상했던 것보다 훨씬 더 많은 사례에서 필수적인 조건이 되어 버렸기 때문이다.

타입 모델 변경

이제 또 다른 새로운 형식 클래스에서의 변화에 대해 알아보자. 여러분의 평가에 따라 새 형식 클래스에서 타입과 클래스의 차이는 많이 완화되었거나 또는 완전히 사라졌다. 구체적으로는 다음과 같다.

클래스는 타입이다

type 객체는 자신의 인스턴스로 클래스를 생성하고, 클래스는 자신의 인스턴스를 생성한다. 이 둘 모두 인스턴스를 생성하기 때문에 타입으로 간주한다. 실제로 리스트나 문자열, 내장된 타입과 클래스로서 작성된 사용자 정의 타입 사이에 실질적인 차이는 없다. 이는 우리가 이 장의 앞에서 살펴본 대로, 내장된 타입을 서브클래싱할 수 있는 이유가 된다. list 와 같은 내장된 타입의 서브클래스는 새 형식 클래스가 되며, 새로운 사용자 정의 타입이 된다.

타입은 클래스다

새로운 클래스 생성 타입은 파이썬에서 메타클래스로 작성될 수 있다. 메타클래스에 대해서는 이 장의 뒷부분에서 만나게 될 것이다. 이는 사용자 정의 type 서브클래스로, 일반 class문으로서 작성되며 자신의 인스턴스인 클래스의 생성을 제어한다. 앞으로 보게 되겠지만 메타클래스는 클래스이면서 타입이긴 하나, 이들 사이에는 엄연한 차이가 존재한다. 이 차이는 이전의 타입과 클래스의 구분이 단지 메타클래스와 클래스의 구분으로 바뀌었을 뿐이며, 이로 인해 일반 클래스에 복잡도만 늘렸다는 합리적인 논쟁의 근거가 된다.

내장된 타입을 서브클래싱하는 것과 메타클래스를 작성할 수 있도록 해주는 것 외에, 이 타입과 클래스의 통합을 가장 분명하게 해주는 가장 현실적인 상황은 우리가 명시적인 타입 테스팅을 할 때다. 파이썬 2.X의 레거시 클래스로는 클래스 인스턴스의 타입이 통칭으로 '인스턴스'이지만 내장 객체의 타입은 더 구체적이다.

```
C:\code> py -2
>>> class C: pass                           # 2.X에서의 레거시 클래스

>>> I = C()                                 # 클래스로부터 만들어진 인스턴스
>>> type(I), I.__class__
(<type 'instance'>, <class __main__.C at 0x02399768>)

>>> type(C)                                 # 하지만 클래스는 타입과 다름
<type 'classobj'>
>>> C.__class__
AttributeError: class C has no attribute '__class__'

>>> type([1, 2, 3]), [1, 2, 3].__class__
(<type 'list'>, <type 'list'>)

>>> type(list), list.__class__
(<type 'type'>, <type 'type'>)
```

그러나 2.X에서 새 형식 클래스와 함께 클래스 인스턴스의 타입은 이 인스턴스가 유래된 클래스인데, 이는 클래스가 단순히 사용자 정의 타입이기 때문이다. 인스턴스의 타입은 그 인스턴스의 클래스이며, 사용자 정의 클래스의 타입은 내장 객체 타입의 타입과 같다. 또한 클래스는 이제 __class__ 속성을 가지게 되는데, 클래스는 type의 인스턴스이기 때문이다.

```
C:\code> py -2
>>> class C(object): pass                   # 2.X의 새 형식 클래스

>>> I = C()                                 # 인스턴스의 타입은 그 인스턴스가 유래된 클래스
>>> type(I), I.__class__
(<class '__main__.C'>, <class '__main__.C'>)

>>> type(C), C.__class__                     # 클래스는 사용자 정의 타입
(<type 'type'>, <type 'type'>)
```

이러한 특성은 파이썬 3.X의 모든 클래스에서도 동일하게 적용되는데, 이는 3.X에서의 모든 클래스는 명시적인 슈퍼클래스가 없더라도 자동으로 새 형식 클래스가 되기 때문이다. 실제로, 내장된 타입과 사용자 정의 클래스 타입 사이의 차이점은 3.X에서는 완전히 사라져버린 것으로 보인다.

```
C:\code> py -3
>>> class C: pass

>>> I = C()                              # 3.X에서의 모든 클래스는 새로운 형식임
>>> type(I), I.__class__                 # 인스턴스의 타입은 인스턴스가 유래된 클래스임
(<class '__main__.C'>, <class '__main__.C'>)

>>> type(C), C.__class__                 # 클래스는 타입이며, 타입은 클래스임
(<class 'type'>, <class 'type'>)

>>> type([1, 2, 3]), [1, 2, 3].__class__
(<class 'list'>, <class 'list'>)

>>> type(list), list.__class__           # 클래스와 내장된 타입은 같은 동작을 수행함
(<class 'type'>, <class 'type'>)
```

여기서 볼 수 있듯이 3.X에서 클래스는 타입이지만, 타입 또한 클래스다. 엄밀히 말하면, 각
클래스는 메타클래스에 의해 생성된다. 메타클래스는 일반적으로 type 그 자체이거나, 생성된
클래스를 강화하거나 관리하기 위해 수정된 type의 서브클래스다. 타입을 검사하는 코드에 영
향을 주는 것 외에, 타입과 클래스의 통합은 도구 개발자에게 중요한 특성이라는 점이 입증되
었다. 메타클래스에 대해서는 이 장의 뒤에서 더 알아볼 것이며, 더 자세한 내용은 40장에서
다시 다루게 될 것이다.

타입 검사에 미치는 영향

내장된 타입의 변경과 메타클래스를 제공한다는 점 외에도, 새 형식 클래스 모델에서 클래스
와 타입을 통합하는 것은 타입을 검사하는 코드에 영향을 줄 수 있다. 예를 들어, 파이썬 3.X
에서 클래스 인스턴스의 타입들은 내장된 타입 객체들 간 비교하는 방식과 동일하게 서로 직
접적이면서도 유의미한 비교를 이룬다. 이는 클래스가 이제 타입이며, 인스턴스의 타입은 인스
턴스의 클래스라는 사실을 근거로 한다.

```
C:\code> py -3
>>> class C: pass
>>> class D: pass

>>> c, d = C(), D()
>>> type(c) == type(d)                   # 3.X: 인스턴스의 클래스를 비교
False

>>> type(c), type(d)
(<class '__main__.C'>, <class '__main__.D'>)
>>> c.__class__, d.__class__
```

```
(<class '__main__.C'>, <class '__main__.D'>)

>>> c1, c2 = C(), C()
>>> type(c1) == type(c2)
True
```

하지만 2.X의 레거시 클래스로는 인스턴스 타입을 비교하는 것은 거의 무의미한데, 모든 인스턴스가 동일하게 'instance' 타입을 가지기 때문이다. 실제로 타입을 비교하기 위해서는 인스턴스의 __class__ 속성을 비교해야 한다(이식성이 신경 쓰인다면 3.X에서도 이는 제대로 동작하지만, 필요한 작업은 아니다).

```
C:\code> py -2
>>> class C: pass >>> class D: pass

>>> c, d = C(), D()
>>> type(c) == type(d)              # 2.X: 모든 인스턴스는 동일 타입!
True
>>> c.__class__ == d.__class__      # 필요하면, 명시적으로 클래스를 비교할 것
False

>>> type(c), type(d)
(<type 'instance'>, <type 'instance'>)
>>> c.__class__, d.__class__
(<class __main__.C at 0x024585A0>, <class __main__.D at 0x024588D0>)
```

그리고 이미 잘 알고 있겠지만, 2.X의 새로운 형식 클래스와 3.X의 모든 클래스는 이런 측면에서 완전히 동일하게 동작한다. 인스턴스 타입을 비교하게 되면, 자동으로 인스턴스의 클래스를 비교하게 된다.

```
C:\code> py -2
>>> class C(object): pass
>>> class D(object): pass

>>> c, d = C(), D()
>>> type(c) == type(d)       # 2.X의 새 형식 클래스: 3.X에서의 모든 클래스와 동일
False

>>> type(c), type(d)
(<class '__main__.C'>, <class '__main__.D'>)
>>> c.__class__, d.__class__
(<class '__main__.C'>, <class '__main__.D'>)
```

물론, 이 책에서 여러 번 언급했듯이, 타입을 검사하는 것은 일반적으로 파이썬 프로그램에서 해서는 안될 일이다(우리는 객체 인터페이스에 코딩하는 것이지, 객체 타입에 코딩하는 것이 아니다). 드물기는 하지만, 인스턴스 클래스 타입을 조회해야 하는 경우에는 보다 일반적인 내장된 isinstance를 사용할 가능성이 많을 것이다. 하지만 파이썬의 타입 모델에 대한 지식은 일반적으로 클래스 모델을 분명하게 하는 데 도움을 줄 수 있다.

모든 클래스는 'object'로부터 파생

새 형식 클래스 모델에서 타입 변경으로 인한 또 다른 영향은 모든 객체가 직접적이든, 슈퍼클래스를 통해서든 내장된 object 클래스로부터 파생한다는 것이다. 이는 모든 클래스가 암묵적이든 명시적이든 object 클래스로부터 파생(상속)되고, 모든 타입은 클래스이기 때문이다. 파이썬 3.X에서 다음의 예제를 생각해 보도록 하자.

```
>>> class C: pass                    # 새 형식 클래스
>>> X = C()
>>> type(X), type(C)                 # 타입은 클래스 인스턴스가 유래된 원천임
(<class '__main__.C'>, <class 'type'>)
```

앞서와 같이 클래스 인스턴스의 타입은 이 인스턴스가 유래된 클래스이며, 클래스의 타입은 클래스와 타입이 통합되었기 때문에 type 클래스가 된다. 하지만 인스턴스와 클래스 양쪽 모두 모든 클래스의 암묵적 또는 명시적 슈퍼클래스인 내장된 object 클래스와 타입에서 파생된다.

```
>>> isinstance(X, object)
True
>>> isinstance(C, object)     # 클래스는 항상 object로부터 상속받음
True
```

앞의 예제는 2.X의 새 형식 클래스에서나 레거시 클래스 모두에서 동일한 결괏값을 반환하지만, 2.X type의 결과는 다르다. 보다 중요한 것은 우리가 앞으로 보게 되겠지만, object는 2.X의 레거시 클래스의 __bases__ 튜플에 추가되거나 존재하지 않기 때문에 진정한 슈퍼클래스가 아니다.

동일한 관계는 리스트와 문자열 같은 내장된 타입에서도 성립하는데, 이는 타입이 새로운 형식의 모델에서 클래스이기 때문이다. 내장된 타입은 이제 클래스이며, 이들의 인스턴스 역시 object로부터 파생된다.

```
>>> type('spam'), type(str)
(<class 'str'>, <class 'type'>)

>>> isinstance('spam', object)        # 내장된 타입(클래스)에서도 동일
True
>>> isinstance(str, object)
True
```

실제로 비록 type과 object는 서로 다른 객체지만 type 자체는 object로부터 파생되며, object는 type으로부터 파생된다. 객체 모델을 아우르는 이 순환 관계는 타입이 클래스를 생성하는 클래스라는 사실로부터 비롯한다.

```
>>> type(type)                # 모든 클래스는 타입이며, 역으로 모든 타입은 클래스임
<class 'type'>
>>> type(object)
<class 'type'>

>>> isinstance(type, object)        # type을 포함한 모든 클래스는 obejct로부터 파생됨
True
>>> isinstance(object, type)        # 타입은 클래스를 만들며, 타입은 클래스임
True
>>> type is object
False
```

기본값에 미치는 영향

앞의 내용이 모호해 보일 수 있지만, 이 모델은 여러 실질적인 영향을 가지고 있다. 그중 하나로, 우리가 때로는 새 형식 클래스에서 명시적 또는 암묵적 루트 클래스인 object가 보유하고 있는 메소드 기본값에 대하여 알아야 한다는 것을 의미한다.

```
c:\code> py -2
>>> dir(object)
['__class__', '__delattr__', '__doc__', '__format__', '__getattribute__',
'__hash__', '__init__', '__new__', '__reduce__', '__reduce_ex__', '__repr__',
'__setattr__', '__sizeof__', '__str__', '__subclasshook__']

>>> class C: pass
>>> C.__bases__                # 레거시 클래스는 object로부터 상속받지 않음
()
>>> X = C()
>>> X.__repr__
AttributeError: C instance has no attribute '__repr__'

>>> class C(object): pass      # 새 형식 클래스는 object 기본값을 상속받음
```

```
>>> C.__bases__
(<type 'object'>,)
>>> X = C()
>>> X.__repr__
<method-wrapper '__repr__' of C object at 0x00000000020B5978>


c:\code> py -3
>>> class C: pass                # 3.X에서 모든 클래스는 기본값을 갖게 된다는 것을 의미함
>>> C.__bases__
(<class 'object'>,)
>>> C().__repr__
<method-wrapper '__repr__' of C object at 0x0000000002955630>
```

또한 이 모델은 레거시 클래스에서의 타입/클래스의 구분보다 적은 특별 케이스가 생기며, 별다른 문제없이 object 슈퍼클래스를 가정하고 사용할 수 있는 코드를 작성할 수 있도록 해준다(앞으로 설명하게 될 일부 내장된 super 역할에서 object 클래스를 '닻(anchor)'으로 가정하거나, 기본 행위를 불러오기 위해 object 클래스를 메소드 호출에 전달하는 것이 이에 대한 예에 해당한다). 우리는 후자에 대한 예제를 이 책의 후반부에서 보게 될 것이다. 지금은 새 형식 클래스의 마지막 주요 변경 내역에 대해서 알아보자.

다이아몬드 상속

마지막으로 살펴볼 새 형식 클래스 모델의 변경 내역은 가장 뚜렷한 특징 중 하나다. 새 형식 클래스에서는 약간 다른 상속 검색 순서를 갖는데, 이를 다이아몬드 패턴 다중 상속 트리라 부른다. 이 트리 패턴은 하나 이상의 슈퍼클래스를 가지고 있으나, 그 상위로 올라가면 하나의 동일한 슈퍼클래스를 갖는 패턴을 말한다(이 이름은 여러분이 이 패턴을 그림으로 그려보면 (그 모서리 중 하나에 기초한 사각형 형태) 트리가 다이아몬드 모양을 갖는다는 데서 유래한 것이다).

다이아몬드 패턴은 상당히 고급 디자인 개념으로 다중 상속 트리에서만 발생하며, 파이썬 실습 코딩에서 드물게 사용되기 때문에 이 주제에 대해서 심도 있게 다루진 않을 것이다. 하지만 간단히 요약하면, 상이한 검색 순서는 이전 장에서 다룬 다중 상속 내용에서 간략히 소개되었다.

레거시 클래스(2.X의 기본 모델): DFLR

상속 검색 경로는 정확히 깊이 우선으로 진행되며, 이후 좌에서 우로 검색한다. 파이썬은 최상위까지 쭉 타고 올라갔다가 트리의 왼편을 따라 내려오다가 다시 올라가서 오른편을 따라 더 검색한다. 이 검색 순서는 이 경로의 방향을 나타내는 네 단어의 첫 글자를 따서 DFLR로 불린다.

새 형식 클래스(2.X에서는 선택 사항, 3.X에서는 기본 모델): MRO

다이아몬드의 경우 상속 검색 경로는 너비 우선 방식으로, 파이썬은 최상위에 위치한 공통의 슈퍼클래스로 올라가기 전에 막 검색된 슈퍼클래스의 오른편에 위치하는 모든 슈퍼클래스를 우선적으로 방문한다. 즉, 이 검색은 위로 진행하기 전에 각 레벨을 가로로 가로지르며 검색한다. 이 검색 순서는 '메소드 검색 순서(Method Resolution Order)'라는 의미로 새로운 형식의 MRO로 불린다(그리고 이보다 축약하여 DFLR 순서에 대비해 사용될 때, 그냥 MRO라 부르기도 한다). 이름과는 달리, 이는 파이썬에서 메소드에만이 아니라 모든 속성에 사용된다.

새로운 형식의 MRO 알고리즘은 방금 설명한 것보다는 좀 더 복잡하지만(그리고 우리는 나중에 이에 대하여 정식으로 더 알아볼 것이다), 많은 프로그래머들은 이 정도만 알아 두어도 충분할 것이다. 여전히 이 알고리즘은 새 형식 클래스 코드의 중요한 이점이면서도 기존 레거시 클래스를 사용하는 코드를 파괴할 가능성을 동시에 가지고 있다.

예를 들어, 새로운 형식의 MRO는 다중 상속 트리의 종류와 상관없이 더 낮은 슈퍼클래스가 그보다 상위의 슈퍼클래스의 속성을 오버로드할 수 있도록 해준다. 게다가 새로운 형식의 검색 규칙은 여러 서브클래스로부터 접근이 가능한 하나의 슈퍼클래스를 한 번 이상 방문하지 않는다. 이는 확실히 DFLR보다 나은 장점이지만, 파이썬 사용자 코드 중 작은 부분에만 적용된다. 앞으로 보게 되겠지만 새 형식 클래스 모델 그 자체가 다이아몬드를 더 일반적으로 만들었고, 그에 따라 MRO가 더 중요한 검색 규칙이 되었다.

이와 동시에 새로운 MRO는 속성을 다른 방식으로 찾아낼 것이며, 이는 2.X의 레거시 클래스와의 호환성이 깨지는 요소가 된다. 실제로 이러한 차이가 어떻게 전개되는지 몇 가지 코드를 통해 알아보도록 하자.

다이아몬드 속성 트리에 미치는 영향

새로운 형식의 MRO 검색이 어떻게 다른지에 대하여 설명하기 위해, 레거시 클래스를 위하여 구현한 단순한 다이아몬드 다중 상속 패턴을 생각해 보자. 여기 D의 슈퍼클래스는 B와 C 모두이며, 이들 위에는 공동의 상위 슈퍼클래스인 A가 있다.

```
>>> class A: attr = 1          # 고전 형식의 클래스(파이썬 2.X)
>>> class B(A): pass           # B와 C 모두 A를 슈퍼클래스로 가짐
>>> class C(A): attr = 2
>>> class D(B, C): pass        # C 전에 A를 먼저 검색
```

```
>>> x = D()
>>> x.attr                          # 검색 순서: x, D, B, A
1
```

여기서 속성 x.attr는 슈퍼클래스 A에서 발견된다. 이는 레거시 클래스에서는 상속에 대하여 먼저 가장 높은 위치까지 올라가면서 검색하고 그 후, 다시 돌아와 올라가며 오른쪽 방향으로 움직이며 검색하기 때문이다. 전체 DFLR 검색 순서는 x, D, B, A, C 그리고 A의 순서가 될 것이다. 이 속성에 대한 검색은 attr이 B위의 A에서 발견되자마자 멈추게 된다.

하지만 object 같은 내장된 클래스로부터 상속받은 **새 형식 클래스**(그리고 3.X의 모든 클래스는)의 경우, 검색 순서는 달라진다. 파이썬은 B 위의 A를 검색하기 전에, B의 오른쪽에 위치한 C를 검색한다. 전체 MRO 검색 순서는 x, D, B, C 그리고 A가 될 것이다. 이 속성에 대한 검색은 C에서 attr를 찾는 시점에 멈추게 된다.

```
>>> class A(object): attr = 1       # 새로운 형식(3.X에서 'object'는 불필요)
>>> class B(A): pass
>>> class C(A): attr = 2
>>> class D(B, C): pass             # A 전에 C를 검색

>>> x = D()
>>> x.attr                          # 검색 순서: x, D, B, C
2
```

상속 검색 프로시저의 이와 같은 변경은 만약 C가 트리의 아래에 위치하면, A의 속성보다 우선적으로 C의 속성을 취하고자 한다는 가정을 기반으로 하고 있다. 또한, 이는 C가 어떠한 경우에도 항상 A의 속성보다 우선하도록 되어 있다. 이러한 사실은 다이아몬드 패턴만이 사용되는 코드에서는 당연한 일이지만, 레거시 클래스가 함께 섞여 있는 경우에는 그렇지 않을 수 있다. 여러분이 이를 코딩하는 시점에 C가 이처럼 섞여 있으리라는 점을 모를 수도 있는 것이다.

하지만 이 경우에 프로그래머는 대부분 C가 A를 우선하도록 의도하므로 새 형식 클래스는 C를 먼저 찾는다. 그렇지 않으면 C는 근본적으로 A에 있는 모든 이름에 대한 다이아몬드 검색 패턴에서 무의미해진다. C는 A를 변경할 수도 없고, 오로지 C에만 있는 이름에 대해서만 사용될 것이다.

충돌에 대한 명시적 해결

물론, 이러한 가정의 문제는 무언가를 가정한다는 것이다. 만약 이러한 검색 순서의 차이가 기억하기에 너무 미묘하거나 여러분이 검색 절차를 좀 더 통제하길 원한다면, 여러 클래스가 섞여 있는 곳에서 여러분이 원하는 클래스를 할당하거나 명명함으로써 여러분이 트리 내 어디에서라도 속성을 강제로 선택할 수 있다. 다음 예시는 명시적으로 선택함으로써, 레거시 클래스에서 새로운 형식의 순서에 따른 결과를 선택한다.

```
>>> class A:        attr = 1        # 레거시 클래스
>>> class B(A):     pass
>>> class C(A):     attr = 2
>>> class D(B, C):  attr = C.attr   # <== 오른쪽에 있는 C를 선택

>>> x = D()
>>> x.attr                          # 새로운 형식의 순서처럼 동작(모든 3.X)
2
```

여기에 레거시 클래스의 트리는 특정 속성에 대하여 새 형식 클래스가 갖는 검색 순서를 모방한다. D의 속성에의 할당은 C 버전을 선택하며, 이로써 일반적인 속성 검색 경로를 뒤엎는다 (D.attr는 트리 중 가장 낮을 것이다). 새 형식 클래스는 유사하게 클래스들이 섞여 있는 곳에서 목표 속성의 더 높은 버전을 선택함으로써 레거시 클래스를 모방할 수도 있다.

```
>>> class A(object): attr = 1       # 새 형식 클래스
>>> class B(A):      pass
>>> class C(A):      attr = 2
>>> class D(B, C):   attr = B.attr  # <== 상위에 있는 A.attr를 선택

>>> x = D()
>>> x.attr                          # 레거시 클래스처럼 동작(2.X 기본 클래스)
1
```

만약 여러분이 항상 이와 같은 방식으로 충돌을 해결하고자 한다면, 이들 검색 순서 간의 차이는 대체로 무시할 수 있을 것이며, 여러분만의 클래스를 코딩할 때 의도했던 검색 순서에 대한 가정에 의존하지 않아도 된다.

자연스럽게 이러한 방식으로 선택된 속성은 메소드 함수일 수도 있다. 메소드는 호출 가능한 함수 객체를 참조하게 되는 일반적인, 그리고 할당 가능한 속성이다.

```
>>> class A:
        def meth(s): print('A.meth')

>>> class C(A):
        def meth(s): print('C.meth')

>>> class B(A):
        pass

>>> class D(B, C): pass              # 기본 검색 순서 사용
>>> x = D()                          # 클래스 유형에 따라 달라짐
>>> x.meth()                         # 2.X에서는 고전 형식의 순서가 기본임
A.meth

>>> class D(B, C): meth = C.meth     # <== C의 메소드 선택: 새로운 형식(3.X)
>>> x = D()
>>> x.meth()
C.meth

>>> class D(B, C): meth = B.meth     # <== B의 메소드 선택: 고전 형식
>>> x = D()
>>> x.meth()
A.meth
```

여기에서 우리는 트리의 더 낮은 위치에 있는 이름을 명시적으로 할당함으로써 메소드를 선택한다. 단순히 원하는 클래스를 명시적으로 호출하면 되는 방법으로 실전에서 이러한 패턴이 보다 보편적으로 사용되며, 특히 생성자와 같은 것들을 만들 때는 더욱 그렇다.

```
class D(B, C):
    def meth(self):          # 더 낮은 메소드를 재정의
        ...
        C.meth(self)         # <== 호출에 의해 C의 메소드를 선택
```

이렇게 혼합된 지점에서 할당이나 호출에 의한 선택은 실질적으로 클래스의 유형에 따른 검색 순서의 차이로부터 여러분의 코드를 보호할 수 있다. 물론, 이러한 선택 방식은 여러분이 이러한 방식으로 처리하는 속성에만 적용된다. 하지만 속성 충돌을 명시적으로 해결하게 되면, 최소한 속성이 충돌하는 상황에서 어떤 것을 선택할 것인가 하는 관점에서는 여러분의 코드가 파이썬 버전에 상관없이 동일하게 동작함을 보장할 수 있다. 즉, 이 방식은 새로운 형식과 레거시 클래스 모델 모두에서 실행되어야 하는 클래스의 구현에 있어서 이식성을 보장하는 기법이 된다.

메소드 선택에 있어서도 명시적인 방식이 암묵적인 방식보다 낫다. 레거시 클래스와 새 형식 클래스 간 차이가 아니더라도, 여기에서 보여 준 명시적인 메소드 선택 기법이 일반적인 다중 상속 시나리오에서 도움이 된다. 예를 들어, 만약 왼쪽에 있는 슈퍼클래스의 일부와 오른쪽에 있는 슈퍼클래스의 일부를 원할 때, 여러분은 서브클래스에서 파이썬에게 동일한 이름의 속성을 명시적인 할당 또는 호출을 통해 선택하도록 할 필요가 있을지도 모른다. 이 개념에 대해서는 이 장 마지막의 "클래스 주의 사항"에서 다시 학습하도록 하자.

다이아몬드 상속 패턴은 일부의 경우에는 여기에서 시사한 것보다 문제의 소지가 좀 더 많을 수 있다(예를 들어, B와 C 모두가 A의 생성자를 호출하는 필수 생성자를 가지고 있다면 어떨까?). 이러한 경우는 실제 파이썬에서는 드물기 때문에 이 장의 마지막 즈음에 나오는 내장된 함수 super에 대하여 다룰 때에 이 주제에 대하여 함께 알아보겠다. 단일 상속 트리에서 슈퍼클래스로의 일반적인 접근 방식을 제공하는 것 외에, super는 MRO마다 메소드 호출 순서를 정함으로써 다중 상속 트리에서의 충돌 문제를 해결하는 협동 모드(cooperative mode)를 지원한다. 이 순서가 이 경우에도 적합하다고 가정하자!

검색 순서 변경의 범위

요약하면, 다이아몬드 패턴은 기본적으로 레거시 클래스와 새 형식 클래스에서 서로 다른 방식으로 검색을 하며, 하위 호환되지 않는다. 하지만 이 변경은 다중 상속에서의 다이아몬드 패턴에 주로 영향을 끼친다는 점을 기억하자. 새 형식 클래스 상속은 대부분의 상속 트리 구조에서는 똑같이 동작한다. 그리고 새 형식 클래스에서의 검색은 파이썬 2.2 이전까지는 거의 언급되지도 않았고, 3.0까지는 표준도 아니었으므로 대부분의 파이썬 코드에는 영향을 주지 않을 것이기 때문에 이 이슈가 실제적인 면보다는 이론적인 면에서 더 중요하다고 보는 것이 큰 무리는 아니다.

그렇긴 하나 여러분이 직접 작성한 클래스에 다이아몬드 패턴을 코딩하지 않더라도, 앞에서 보았듯이 3.X의 모든 루트 클래스 위에 object 슈퍼클래스가 암묵적으로 위치하기 때문에 오늘날의 모든 다중 상속 케이스에는 다이아몬드 패턴이 있다는 점에 대해서는 짚고 넘어가야 할 것이다. 즉, 새 형식 클래스에서는 object가 자동으로 방금 본 예제에서의 클래스 A의 역할을 담당하게 된다. 따라서 새로운 형식의 MRO 검색은 논리적 의미론을 변경할 뿐 아니라 중요한 **성능 최적화**의 수단이 된다. 이 검색은 object까지 포함하여 동일한 클래스를 한 번 이상 방문하여 검색하는 것을 피하도록 되어 있다.

또한, 우리는 새로운 형식의 모델에서 암묵적 슈퍼클래스인 object가 __str__과 __repr__의 디스플레이 포맷 메소드를 포함하여 다양한 내장된 동작을 위한 기본 메소드를 제공한다는 것을 배웠다. dir(object)를 실행하여 어떤 메소드가 제공되는지 알아보자. 새로운 형식의

MRO 검색 순서가 없었다면, 다중 상속 케이스에서 object의 기본값이 항상 사용자가 작성한 클래스에서 재정의된 것에 우선하게 된다. 그러지 않으려면, 사용자 재정의 아이템은 늘 가장 왼쪽의 슈퍼클래스에 작성되어야 한다. 즉, 새 형식 클래스 모델 자체가 새로운 형식의 검색 순서를 사용하는 것을 더 위태롭게 만들었다!

3.X에서의 암묵적 슈퍼클래스인 object에 대한 예와 이 object가 생성한 다이아몬드 패턴의 다른 예로 29장과 다음 절에서의 트리 워커 예제인 classtree.py와 이전 장의 예제 lister.py에서 ListTree 클래스의 출력 결과를 살펴보자.

MRO에 대해 더 알아보기: 메소드 검색 순서

새로운 형식의 상속이 기본적으로 어떻게 동작하는지 추적해 보기 위해, 우리는 이전 장의 클래스 리스터 예제에서 언급했던 새로운 class.__mro__ 속성을 사용할 수 있다. 엄밀히 말하면 새로운 형식의 확장으로 도입된 속성이지만, 여기에서처럼 변경 내역을 탐색하는 데 있어서도 유용하다. 이 속성은 클래스의 MRO(새 형식 클래스 트리에서 상속 검색을 하는 클래스의 순서)를 반환한다. 이 MRO는 C3 슈퍼클래스 선형화 알고리즘에 기반을 두고 있다. 이 알고리즘은 초기에 딜란(Dylan) 프로그래밍 언어에서 개발되었지만, 후에 파이썬 2.3과 펄 6(Perl 6)를 포함한 다른 언어에서도 채택, 사용하고 있다.

MRO 알고리즘

이 책에서 MRO 알고리즘 전체에 대하여 설명하지는 않을 것이다. 이는 많은 파이썬 프로그래머들이 이에 대해 신경 쓸 필요가 없으며(이는 실제 코드에서 상대적으로 드문 형태인 다이아몬드에만 영향을 준다), MRO는 2.X와 3.X에서 다르게 동작하는 데다가 MRO의 상세는 이 책으로서는 너무 복잡하고 학술적이기 때문이다. 일반적으로 이 책은 알고리즘에 대하여 공식적으로 설명하기보다는 예제를 활용하여 약식으로 가르치는 방식을 선호한다.

다른 한편으로, 일부 독자들은 새로운 형식의 MRO의 배경이 되는 공식적 이론에 대하여 여전히 궁금해할 수 있다. 만약 여러분이 그렇다면, 이 이론 전체에 대한 세부 내역이 온라인에 설명되어 있다. 파이썬 매뉴얼과 현행 MRO 링크를 웹에서 검색해 보면 될 것이다. 간단히 요약해 보자면 MRO는 근본적으로 다음과 같이 동작한다.

1. 레거시 클래스의 DFLR 검색 규칙을 사용하여 인스턴스가 상속받는 모든 클래스를 나열한다. 만약 클래스가 한 번이상 방문된다면, 방문 횟수만큼 여러 번 기재한다.

2. 결과 리스트 중에 중복된 클래스를 스캔한 뒤, 리스트에서 마지막으로 등장하는 것을 제외한 나머지를 모두 제거한다.

그 결과로 나온 해당 클래스에 대한 MRO 리스트는 해당 클래스, 그에 대한 슈퍼클래스, 그리고 트리의 최상위에 위치한 object 트리에까지 이르는 모든 상위 슈퍼클래스를 포함한다. 이 결과 각 클래스는 자신의 부모 전에 등장하며, 여러 부모 노드가 있는 경우 __bases__ 슈퍼클래스 튜플에 등장하는 순서를 유지한다.

결정적으로, 다이아몬드에서 공통 부모 노드는 마지막 방문 위치에만 등장하기 때문에 나중에 MRO 리스트가 속성 상속 검색에서 사용될 때 처음에는 더 낮은 클래스들이 검색된다. 더불어 각 클래스는 얼마나 많은 클래스가 자신을 향하고 있는지와 상관없이 리스트에 포함되며, 그에 따라 단 한 번만 방문된다.

이 장의 마지막에서 이 알고리즘의 응용과 super에서의 알고리즘을 포함하여 함께 살펴볼 것이다. 이 내장된 super 호출로 어떻게 메소드가 실행되는지 완전히 이해하기를 원한다면 MRO를 반드시 읽어 보아야 할 것이다. 이 호출은 super라는 이름에도 불구하고 MRO에서 슈퍼클래스가 아닌 옆에 위치한 클래스를 불러오게 된다.

MRO 추적하기

파이썬의 새로운 형식 클래스에서 상속한 슈퍼클래스의 순서를 일반적으로 어떻게 정하는지 알고 싶다면, 새로운 형식 클래스(그리고 3.X의 모든 클래스)가 가진 class.__mro__ 속성을 보면 된다. 이것은 파이썬이 슈퍼클래스의 속성을 검색하기 위해 사용하는 선형 검색 순서를 제공하는 튜플이다. 실제로 이 속성은 새 형식 클래스에서 상속 순서이며, 종종 많은 파이썬 사용자가 필요한 수준의 MRO 상세 내역이다.

3.X에서 동작하는 다음의 예제를 살펴보자. 검색은 다이아몬드 상속 패턴에 한해 우리가 공부한 새로운 순서에 따라 동작한다. 이 순서는 상향 검색 이전에 횡 검색을 먼저 수행한다. MRO에 따르면 새 형식 클래스는 언제나 3.X에서만 사용되며, 2.X에서는 선택적이기 때문이다.

```
>>> class A: pass
>>> class B(A): pass              # 다이아몬드: 새로운 형식에서는 순서가 달라짐
>>> class C(A): pass              # 낮은 레벨에서 횡 우선으로 검색
>>> class D(B, C): pass
>>> D.__mro__
(<class '__main__.D'>, <class '__main__.B'>, <class '__main__.C'>,
<class '__main__.A'>, <class 'object'>)
```

하지만 다이아몬드 패턴이 아닌 경우에는 여전히 최상위로 검색해 올라갈 것이며(비록 추가적인 object 루트가 있더라도), 그 후 오른쪽으로 검색해갈 것이다(DFLR 방식으로 알려진 이 방식은 위로 먼저 검색하고, 왼쪽에서 오른쪽의 순서로 검색하는 방식으로 2.X의 모든 레거시 클래스에서 사용되는 모델이다).

```
>>> class A: pass
>>> class B(A): pass          # 다이아몬드 패턴이 아닌 경우, 고전 형식과 동일한 순서
>>> class C: pass             # 위로 먼저 검색한 뒤, 왼쪽에서 오른쪽으로 검색
>>> class D(B, C): pass
>>> D.__mro__
(<class '__main__.D'>, <class '__main__.B'>, <class '__main__.A'>,
<class '__main__.C'>, <class 'object'>)
```

예를 들어, 다음의 트리에서 MRO는 앞서 본 DFLR을 따르는 다이아몬드와 같다.

```
>>> class A: pass
>>> class B: pass             # 다이아몬드 패턴이 아닌 다른 예제: DFLR
>>> class C(A): pass
>>> class D(B, C): pass
>>> D.__mro__
(<class '__main__.D'>, <class '__main__.B'>, <class '__main__.C'>,
<class '__main__.A'>, <class 'object'>)
```

어떻게 MRO의 마지막에 암묵적인 objet 슈퍼클래스가 항상 나타나는지를 주목하자. 이미 보았듯이, object 클래스는 3.X(선택적으로 2.X)에서의 새 형식 클래스에서 가장 높은 위치의 최상위 클래스 위에 자동으로 추가된다.

```
>>> A.__bases__              # 슈퍼클래스 링크: 두 개의 루트에 object가 있음
(<class 'object'>,)
>>> B.__bases__
(<class 'object'>,)
>>> C.__bases__
(<class '__main__.A'>,)
>>> D.__bases__
(<class '__main__.B'>, <class '__main__.C'>)
```

기술적으로 암묵적인 object 슈퍼클래스는 여러분이 작성한 클래스가 다이아몬드 패턴을 생성하지 않더라도 다중 상속에서 항상 다이아몬드를 생성한다. 여러분의 클래스는 이전처럼 검색되지만, 새로운 형식의 MRO는 마지막에 object를 반드시 방문하게 되므로 따라서 여러분의 클래스가 이 기본값에 우선할 수 있다.

```
>>> class X: pass
>>> class Y: pass
>>> class A(X): pass          # 비다이아몬드: 깊이 우선, 이후 왼쪽에서 오른쪽으로
>>> class B(Y): pass          # 하지만 암묵적인 'object'는 항상 다이아몬드를 생성한다
>>> class D(A, B): pass
>>> D.mro()
[<class '__main__.D'>, <class '__main__.A'>, <class '__main__.X'>,
<class '__main__.B'>, <class '__main__.Y'>, <class 'object'>]

>>> X.__bases__, Y.__bases__
((<class 'object'>,), (<class 'object'>,))
>>> A.__bases__, B.__bases__
((<class '__main__.X'>,), (<class '__main__.Y'>,))
```

class.__mro__ 속성은 오직 새 형식 클래스에서만 사용 가능하다. 이 속성은 클래스가 object로부터 상속받지 않는다면, 2.X에서는 존재하지 않는다. 엄밀히 이야기하자면, 새 형식 클래스 또한 다양성을 위해 이전 예제에서 사용된 class.mro() 메소드를 가지고 있다. 이는 클래스 인스턴스 생성 시에 호출되며, 이 메소드의 반환값은 클래스가 생성될 때 __mro__ 속성을 초기화하기 위해 사용된 리스트다(이 메소드는 이후에 설명할 메타클래스에서 변경할 때 사용 가능하다). 또한 클래스의 객체 디스플레이가 너무 자세하다면 MRO 이름을 선택할 수도 있는데, 이 책에서는 일반적으로 객체가 자신의 본래 형태를 여러분에게 상기시킨다는 것을 보여 준다.

```
>>> D.mro() == list(D.__mro__)
True
>>> [cls.__name__ for cls in D.__mro__]
['D', 'A', 'X', 'B', 'Y', 'object']
```

하지만 여러분이 접근하거나 보여 주는 클래스 MRO 경로가 혼선을 해결하는 데 있어, 그리고 파이썬의 상속 검색 순서를 모방해야 하는 도구들에서 유용할 수 있다. 다음 절은 이 중 후자의 역할에 대해 보여 준다.

예제: 속성을 상속의 원천에 매핑하기

주요 MRO의 용도로, 우리는 이전 장의 마지막에서 클래스 트리 클라이머 프로그램이(거기에서 우리가 작성했던 클래스 트리 리스터와 같은) MRO로부터 이점을 얻었을 것이라고 언급했다. 코드에서 작성된 바와 같이, 트리 리스터는 클래스 트리에서 속성의 **물리적 위치**를 제공했다. 하지만 dir 결과에서의 상속된 속성들의 리스트를 선형 MRO 순서(또는 레거시 클래스의 DFLR 순

서)에 매핑함으로써, 그러한 도구들은 보다 직접적으로 자신들이 **상속된**(또는 프로그래머를 위해 유용한 관계인) 원천 클래스와 연결될 수 있다.

여기에서 트리 리스터를 다시 작성하지는 않겠지만, 첫 번째 주요 단계로 다음의 mapattrs.py 파일이 속성의 원천을 활용하여 속성을 연계할 때 활용될 수 있는 도구들을 구현한다. 추가 보너스로 비록 새로운 형식의 MRO는 대체로 자동화되었지만, mapattrs 함수는 어떻게 상속이 클래스 트리 객체들에서 실제로 속성을 찾아내는지를 보여 준다.

```
"""
파일 mapattrs.py(3.X + 2.X)

주요 도구: mapattrs( )는 인스턴스에 의해 상속되거나 인스턴스에 있는 모든 속성들을
그 속성들이 상속된 클래스나 인스턴스에 매핑함

dir( )은 인스턴스의 모든 속성을 제공하는 것으로 가정함
상속을 시뮬레이션하기 위해 새 형식 클래스(그리고 3.X의 모든 클래스)의 검색 순서를 제공하는 클래스의
MRO 튜플이나 2.X의 레거시 클래스가 갖는 DFLR 순서를 뜻하는 재귀적 모형을 사용함

또한 여기에서 inheritance( )는 버전에 중립적인 클래스 순서를 제공함
이는 3.X/2.7 컴프리헨션을 사용하는 딕셔너리 도구로 분류됨
"""

import pprint
def trace(X, label='', end='\n'):
    print(label + pprint.pformat(X) + end)        # 멋지게 출력하기

def filterdictvals(D, V):
    """
    값 V를 갖는 엔트리가 제거된 딕셔너리 D
    filterdictvals(dict(a=1, b=2, c=1), 1) => {'b': 2}
    """
    return {K: V2 for (K, V2) in D.items() if V2 != V}

def invertdict(D):
    """     키로 변경된 값을 갖는 딕셔너리 D(값 기준으로 그룹핑함)
    값들은 모두 딕셔너리와 집합의 키 역할을 할 수 있도록 해싱이 가능해야 함
    invertdict(dict(a=1, b=2, c=1)) => {1: ['a', 'c'], 2: ['b']}
    """
    def keysof(V):
        return sorted(K for K in D.keys() if D[K] == V)
    return {V: keysof(V) for V in set(D.values())}

def dflr(cls):
    """
    cls 지점에서 클래스 트리의 전통적인 깊이 우선. 왼쪽에서 오른쪽 순서
    반복은 불가능함: 파이썬에서 __bases__를 변경할 수 없음
    """
    here = [cls]
```

```
        for sup in cls.__bases__:
            here += dflr(sup)
        return here

def inheritance(instance):
    """
    상속 순서 시퀀스: 새로운 형식(MRO) 또는 고전 형식(DFLR)
    """
    if hasattr(instance.__class__, '__mro__'):
        return (instance,) + instance.__class__.__mro__
    else:
        return [instance] + dflr(instance.__class__)

def mapattrs(instance, withobject=False, bysource=False):
    """
    인스턴스의 모든 상속받은 속성을 제공하는 키와
    각 속성의 상속받은 근원인 객체를 제공하는 값으로 이루어진 딕셔너리
    withobject: False= 내장된 클래스 속성 객체 제거
    bysource: True= 속성 대신 객체에 의한 결과를 그룹화
    인스턴스에서 __dict__를 배제하는 슬롯으로 클래스를 지원함
    """
    attr2obj = {}
    inherits = inheritance(instance)
    for attr in dir(instance):
        for obj in inherits:
            if hasattr(obj, '__dict__') and attr in obj.__dict__:    # 슬롯을 참조
                attr2obj[attr] = obj
                break

    if not withobject:
        attr2obj = filterdictvals(attr2obj, object)
    return attr2obj if not bysource else invertdict(attr2obj)

if __name__ == '__main__':
    print('Classic classes in 2.X, new-style in 3.X')
    class A:         attr1 = 1
    class B(A):      attr2 = 2
    class C(A):      attr1 = 3
    class D(B, C):   pass
    I = D()
    print('Py=>%s' % I.attr1)                            # 파이썬의 검색 == 우리가 구현한 검색?
    trace(inheritance(I),          'INH\n')              # [상속 순서]
    trace(mapattrs(I),             'ATTRS\n')            # 속성 => 상속 원천
    trace(mapattrs(I, bysource=True), 'OBJS\n')          # 원천 => [속성]

    print('New-style classes in 2.X and 3.X')
    class A(object): attr1 = 1                            # '(object)' 표기는 3.X에서는 선택 사항임
    class B(A):      attr2 = 2
    class C(A):      attr1 = 3
    class D(B, C):   pass
    I = D()
    print('Py=>%s' % I.attr1)
    trace(inheritance(I),          'INH\n')
```

```
    trace(mapattrs(I),                    'ATTRS\n')
    trace(mapattrs(I, bysource=True), 'OBJS\n')
```

이 파일은 dir이 모든 인스턴스의 속성을 제공한다는 것을 가정한다. 이 파일은 dir의 결과에 있는 각 속성을 각 객체의 네임스페이스인 __dict__를 검색하면서 새 형식 클래스의 경우에는 MRO 순서에 따라, 또는 레거시 클래스에서는 DFLR 순서에 따라 스캐닝하여 속성의 원천에 매핑해 준다. 그 결과 두 클래스 모델 모두에서 파이썬의 상속 순서를 시뮬레이션할 수 있게 된다.

이 파일의 셀프 테스트 코드는 이 파일의 도구들을 우리가 앞에서 보았던 다중 상속 트리에 적용한다. 이 파일은 파이썬의 pprint 라이브러리 모듈을 사용하여 리스트와 딕셔너리를 멋지게 보여 준다. pprint.pprint는 기본 호출문이며, pformat은 출력 문자열을 반환한다. 이를 파이썬 2.7에서 실행하여 고전 형식의 DFLR과 새로운 형식의 MRO 검색 순서를 확인하자. 파이썬 3.3에서 object 상속은 불필요하며, 2.7과 3.3에서의 두 테스트 모두 동일한 새로운 형식의 결과를 제공한다. 중요한 것은 'Py=>'로 레이블이 붙은 값을 가졌으며 결과 리스트에 그 이름이 등장하는 attr1이 고전 형식의 검색에서는 클래스 A로부터 상속받지만, 새로운 형식의 검색에서는 클래스 C로부터 상속받는다는 것이다.

```
c:\code> py -2 mapattrs.py
2.X에서는 고전 형식의 클래스, 3.X에서는 새 형식 클래스
Py=>1
INH
[<__main__.D instance at 0x000000000225A688>,
 <class __main__.D at 0x0000000002248828>,
 <class __main__.B at 0x0000000002248768>,
 <class __main__.A at 0x0000000002248708>,
 <class __main__.C at 0x00000000022487C8>,
 <class __main__.A at 0x0000000002248708>]

ATTRS
{'__doc__': <class __main__.D at 0x0000000002248828>,
 '__module__': <class __main__.D at 0x0000000002248828>,
 'attr1': <class __main__.A at 0x0000000002248708>,
 'attr2': <class __main__.B at 0x0000000002248768>}

OBJS
{<class __main__.A at 0x0000000002248708>: ['attr1'],
 <class __main__.B at 0x0000000002248768>: ['attr2'],
 <class __main__.D at 0x0000000002248828>: ['__doc__', '__module__']}

2.X와 3.X에서 새 형식 클래스
```

```
Py=>3
INH
(<__main__.D object at 0x0000000002257B38>,
 <class '__main__.D'>,
 <class '__main__.B'>,
 <class '__main__.C'>,
 <class '__main__.A'>,
 <type 'object'>)

ATTRS
{'__dict__': <class '__main__.A'>,
 '__doc__': <class '__main__.D'>,
 '__module__': <class '__main__.D'>,
 '__weakref__': <class '__main__.A'>,
 'attr1': <class '__main__.C'>,
 'attr2': <class '__main__.B'>}

OBJS
{<class '__main__.A'>: ['__dict__', '__weakref__'],
 <class '__main__.B'>: ['attr2'],
 <class '__main__.C'>: ['attr1'],
 <class '__main__.D'>: ['__doc__', '__module__']}
```

이 도구들을 이용한 좀 더 큰 애플리케이션으로, 다음은 이전 장의 testmixin0.py 파일의 테스트 클래스를 기반으로 3.3에서 실제로 상속 시뮬레이터를 구현한 것이다(공간의 제약으로 여기에서 일부 내장된 이름은 삭제하였다. 보통 때처럼 전체 코드를 실행해 보자). 어떻게 __X 수도 전용 이름이 자신들을 정의한 클래스에 매핑되는지, 그리고 어떻게 ListInstance가 __str__을 가진 object 전에 MRO에서 등장하게 되는지에 대하여 알아보자(object가 Listinstance보다 전에 등장한다면, __str__이 처음으로 선택될 것이다). 기억하겠지만, 이 메소드를 결합하는 것이 리스터 클래스의 요점이다!

```
c:\code> py -3
>>> from mapattrs import trace, dflr, inheritance, mapattrs
>>> from testmixin0 import Sub
>>> I = Sub()                             # Sub는 Super와 ListInstance 루트로부터 상속받음
>>> trace(dflr(I.__class__))              # 2.X 검색 순서: lister 전에 암묵적 object!
[<class 'testmixin0.Sub'>,
 <class 'testmixin0.Super'>,
 <class 'object'>,
 <class 'listinstance.ListInstance'>,
 <class 'object'>]

>>> trace(inheritance(I))                 # 3.X(+ 2.X 새로운 형식) 검색 순서: lister 먼저
(<testmixin0.Sub object at 0x0000000002974630>,
 <class 'testmixin0.Sub'>,
```

```
 <class 'testmixin0.Super'>,
 <class 'listinstance.ListInstance'>,
 <class 'object'>)

>>> trace(mapattrs(I))
{'_ListInstance__attrnames': <class 'listinstance.ListInstance'>,
 '__init__': <class 'testmixin0.Sub'>,
 '__str__': <class 'listinstance.ListInstance'>,
 ...등등...
 'data1': <testmixin0.Sub object at 0x0000000002974630>,
 'data2': <testmixin0.Sub object at 0x0000000002974630>,
 'data3': <testmixin0.Sub object at 0x0000000002974630>,
 'ham': <class 'testmixin0.Super'>,
 'spam': <class 'testmixin0.Sub'>}

>>> trace(mapattrs(I, bysource=True))
{<testmixin0.Sub object at 0x0000000002974630>: ['data1', 'data2', 'data3'],
 <class 'listinstance.ListInstance'>: ['_ListInstance__attrnames', '__str__'],
 <class 'testmixin0.Super'>: ['__dict__', '__weakref__', 'ham'],
 <class 'testmixin0.Sub'>: ['__doc__',
                            '__init__',
                            '__module__',
                            '__qualname__',
                            'spam']}

>>> trace(mapattrs(I, withobject=True))
{'_ListInstance__attrnames': <class 'listinstance.ListInstance'>,
 '__class__': <class 'object'>,
 '__delattr__': <class 'object'>,
 ...등등...
```

만약 인스턴스에 의해 상속받은 이름으로 클래스 객체에 레이블을 달기 원한다면, 여기 이 코드를 실행시켜 보면 된다. 하지만 이름의 앞뒤로 더블 언더스코어가 연달아 붙은 내장 속성 이름 때문에 가독성이 매우 떨어진다.

```
>>> amap = mapattrs(I, withobject=True, bysource=True)
>>> trace(amap)
{<testmixin0.Sub object at 0x0000000002974630>: ['data1', 'data2', 'data3'],
 <class 'listinstance.ListInstance'>: ['_ListInstance__attrnames', '__str__'],
 <class 'testmixin0.Super'>: ['__dict__', '__weakref__', 'ham'],
 <class 'testmixin0.Sub'>: ['__doc__',
                            '__init__',
                            '__module__',
                            '__qualname__',
                            'spam'],
 <class 'object'>: ['__class__',
                    '__delattr__',
                    ...등등...
```

```
                    '__sizeof__',
                    '__subclasshook__']}
```

마지막으로 이전 장의 내용에 이어짐과 동시에 다음 절로의 전환으로서 어떻게 이 기법이 클래스 기반의 슬롯 속성에도 적용이 되는지를 보여 준다. 클래스의 __dict__는 일반 클래스의 속성과 클래스의 __slots__ 리스트에 의해 정의된 인스턴스 속성을 위한 개별 아이템들을 포함하기 때문에 인스턴스에 의해 상속된 슬롯 속성은 정확하게 슬롯 속성이 비롯된 구현 클래스와 연결될 것이다. 비록 이들이 물리적으로 인스턴스의 __dict__ 자체에 저장되어 있지 않더라도 말이다.

```
# mapattrs-slots.py 파일: __slots__ 속성 상속을 테스트
from mapattrs import mapattrs, trace

class A(object): __slots__ = ['a', 'b']; x = 1; y = 2
class B(A):      __slots__ = ['b', 'c']
class C(A):      x = 2
class D(B, C):
    z = 3
    def __init__(self): self.name = 'Bob';

I = D()
trace(mapattrs(I, bysource=True))        # trace(mapattrs(I)와 동일함
```

이 파일에서의 클래스와 같이 명시적으로 새 형식 클래스들의 경우, 결과는 2.7과 3.6 모두에서 동일하게 나타날 것이다. 비록 3.6에서는 집합에 별도의 내장된 이름을 추가해야겠지만 말이다. 여기에서의 속성 이름은 사용자 정의 클래스로부터 파생된 인스턴스에 의해 상속된 모든 것을 반영한다. 여기에는 클래스에서 정의된 슬롯에 의해 구현된 속성들과 인스턴스에 배정된 공간에 저장된 속성들까지 포함된다.

```
c:\code> py -3 mapattrs-slots.py
{<__main__.D object at 0x00000000028988E0>: ['name'],
 <class '__main__.C'>: ['x'],
 <class '__main__.D'>: ['__dict__',
                        '__doc__',
                        '__init__',
                        '__module__',
                        '__qualname__',
                        '__weakref__',
                        'z'],
 <class '__main__.A'>: ['a', 'y'],
 <class '__main__.B'>: ['__slots__', 'b', 'c']}
```

하지만 우리는 슬롯의 역할에 대하여 더 잘 이해하기 위해(그리고 왜 mapattrs가 __dict__를 호출하기 전에 __dict__가 존재하는지 여부에 대해 신중하게 검사해야 하는지에 대하여 이해하기 위해) 앞으로 나갈 필요가 있다!

더 많은 통찰력을 얻기 위해 이 코드를 공부해 보자. 이전 장의 트리 리스터에 대해 다음에 진행할 단계는 트리를 횡단하며 그리는 동안 현행 물리적인 __dict__를 스캔하는 대신(또는 그에 더해서?), 객체의 속성을 획득하기 위해 mapattrs 함수의 bysource = True 딕셔너리 결과를 색인하는 일이 될 것이다. 속성값을 가져오기 위해 아마도 인스턴스의 getattr를 사용할 필요가 있을지도 모른다. 일부는 슬롯으로 구현되고, 다른 '가상'의 속성은 이들 인스턴스의 원천 클래스에 구현되기 때문에 이 속성값들을 클래스에서 직접 가져오는 것은 인스턴스의 값을 반환하지 않게 된다. 독자들에게 남은 재미를 선사하고 이 주제의 다음 절을 위해서 여기서 코딩을 생략하겠다.

 이 예제에서 사용된 파이썬의 pprint 모듈은 파이썬 3.6과 2.7에서는 보여 준 대로 동작하지만, 3.2와 3.1에서는 여기에서 디스플레이된 객체들에 대해 내부적으로 인수 개수 불일치 예외를 일으키게 될 것이다. 파이썬의 일시적인 결점에 대하여 다루기 위해 이미 너무 많은 공간을 사용한 데다. 이 개정판에서 사용되는 파이썬 버전에서는 해결되었으므로 이 문제 있는 파이썬에서 이를 실행하는 독자들을 위해 제안된 실습 문제에서 이 문제를 해결하도록 둘 것이다. 필요에 따라 trace를 단순 프린트문으로 변경하고 1장의 **배터리 의존성**에 대한 내용에 주의하자.

새 형식 클래스 확장 도구들

이전 절에서 설명한 변경 사항들 이상으로(솔직히 이 중 일부는 이 책의 많은 독자들에게 있어서는 너무 학술적이고 모호해 보일 것이다) 새 형식 클래스는 더 직접적이며, 실질적인 적용이 가능한 더 진화된 클래스 도구들(슬롯, 프로퍼티, 디스크립터 등)을 제공한다. 다음 절에서는 파이썬 2.X의 새 형식 클래스와 파이썬 3.X의 모든 클래스에서 사용 가능한 이들 추가적인 특징에 대하여 각각 개괄적으로 살펴볼 것이다. 또한 이 확장 도구들의 범주에는 __mro__ 속성과 super 호출이 포함되어 있으며, 이 둘에 대해서는 다른 곳에서 다룰 것이다. 전자는 이전 절의 변경 내역에서 살펴보았으며, 후자는 더 방대한 사례 연구로 이 장의 마지막에서 다룰 예정이다.

슬롯: 속성 선언

문자열 속성 이름의 시퀀스를 특별 __slots__ 클래스 속성에 할당함으로써 우리는 새 형식 클래스가 자신의 인스턴스가 갖게 될 유효한 속성의 집합을 제한하고, 메모리 사용률과 프로그램 속도를 최적화하도록 할 수 있다. 하지만 슬롯은 분명하게 추가적인 복잡도를 보장할 수 있는 애플리케이션에서만 사용되어야 한다. 슬롯은 여러분의 코드를 복잡하게 만들고, 여러분이 사용할 코드를 복잡하게 하거나 파괴할 수 있으며, 그 효과를 제대로 보기 위해서는 보편적으로 사용되어야 한다.

슬롯의 기본

슬롯을 사용하기 위해서는 문자열 이름의 시퀀스를 특별한 __slots__ 변수와 class문 최상위의 속성에 할당해야 한다. __slots__ 리스트에 있는 이름들만이 인스턴스 속성으로 할당될 수 있다. 그러나 파이썬의 모든 이름들과 마찬가지로 인스턴스 속성 이름은 __slots__ 리스트에 포함되어 있다 하더라도, 여전히 이들이 참조되기 전에 할당되어야만 한다.

```
>>> class limiter(object):
        __slots__ = ['age', 'name', 'job']

>>> x = limiter()
>>> x.age                           # 사용하기 전에 할당해야 함
AttributeError: age
>>> x.age = 40                      # 인스턴스 데이터로 보임
>>> x.age
40
>>> x.ape = 1000                    # 오류: __slots__에 없는 속성임
AttributeError: 'limiter' object has no attribute 'ape'
```

이 특성은 이와 같은 오타를 잡아내는 방법(__slots__에 없는 부적절한 속성 이름에 할당되는 것을 감지함)과 최적화 기법으로 계획되었다.

객체의 모든 인스턴스에 네임스페이스 딕셔너리를 배정하는 것은 많은 인스턴스가 생성되는 반면, 적은 수의 속성이 필요한 경우에는 메모리 소모가 많을 수 있다. 공간 절약을 위해 각 인스턴스를 위한 딕셔너리를 배정하는 대신, 파이썬은 각 **인스턴스**에 각 슬롯 속성을 위한 값과 슬롯에의 접근을 관리하는 공통 **클래스**에 상속된 속성을 함께 저장할 만큼의 공간을 따로 마련해 둔다. 이것은 추가적으로 실행 속도를 높이지만, 이러한 이점은 상대적으로 불분명하여 프로그램이나 플랫폼, 파이썬에 따라 달라질 수 있다.

슬롯은 또한 파이썬이 가진 어떤 이름이라도 할당에 의해 생성된다는 핵심 특징인 동적 본질을 파괴한다. 실제로, 슬롯은 유연성을 포기하고 효율성을 얻기 위해 C++을 모방한 것으로, 일부 프로그램을 파괴할 가능성을 가지고 있다. 앞으로 보게 되겠지만, 슬롯은 특수한 경우에 대한 별도의 활용 규칙이 지나치게 많다. 파이썬 매뉴얼에 따르면, 확실하게 보장된 경우를 제외하면 슬롯은 사용되지 말아야 한다. 슬롯은 올바르게 사용하기 어렵다. 매뉴얼을 인용하면 "메모리에 민감한 애플리케이션에서 대량의 인스턴스를 사용해야 하는 드문 경우에 사용하는 것이 좋다."다.

다시 말하면, 이는 아직은 분명하게 보장되는 경우에만 사용되어야 하는 특징이라는 것이다. 불행하게도, 슬롯은 파이썬 코드에서 필요한 경우보다 더 자주 등장하는 것으로 보인다. 이들의 모호성은 그 자체로 매력적이다. 일반적으로, 그러한 것들에서 최고의 협력자는 지식이므로 여기에서 간단히 알아보자.

 파이썬 3.6에서 **비슬롯** 속성 공간에 대한 요구 사항은 **키 공유 딕셔너리** 모델로 인해 감소되었다. 키 공유 딕셔너리 모델에서는 객체 속성을 위해 사용되는 __dict__ 딕셔너리가 키를 포함하여 자신들의 내부 스토리지의 일부를 공유한다. 이는 최적화 도구로 __slots__ 값 중 일부를 줄일 수 있다. 벤치마킹 보고서에 의하면 이러한 변경 사항은 객체 기반 프로그램에서 메모리 사용을 10~20% 감소시키며, 유사한 객체를 많이 생성하는 프로그램에서는 약간의 속도 향상을 제공한다. 향후에는 더 많이 최적화될 것이다. 반면, 이러한 점이 여러분이 이해해야 하는 기존 코드에서 __slots__의 존재를 부정하진 않는다.

슬롯과 네임스페이스 딕셔너리

잠재적 이점 외에, 슬롯은 클래스 모델과 그에 기반한 코드를 상당히 복잡하게 만들 수 있다. 실제로 슬롯을 가진 일부 인스턴스는 __dict__ 속성 네임스페이스 딕셔너리를 더 이상 갖지 않을지도 모르며, 다른 인스턴스들은 이 딕셔너리에 포함되지 않은 데이터 속성을 가질 수 있다. 분명히 말해서 이것은 전통적인 클래스 모델과 호환이 되지 않는 주요 특징이다. 슬롯은 일반적으로 속성에 접근하는 모든 코드를 복잡하게 만들 수 있으며, 심지어 일부 프로그램은 완전히 실패하도록 만들 수 있다.

예를 들어 이름 문자열로 인스턴스 속성을 나열하거나 접근하는 프로그램들은 슬롯이 사용되는 경우, __dict__보다 좀 더 스토리지 중립적인 인터페이스를 사용할 필요가 있을지도 모른다. 인스턴스의 데이터는 슬롯과 같은 클래스 레벨의 이름을 포함할 수 있기 때문에 (네임스페이스 딕셔너리 스토리지 대신에 또는 이에 더하여) 완성도를 위하여 두 속성의 원천들을 조회할 필요가 있을 수도 있다.

코드 관점에서 이것이 무엇을 의미하는지 살펴보고, 그 과정에서 슬롯에 대하여 좀 더 알아보 도록 하자. 우선 슬롯이 사용될 때, 인스턴스는 일반적으로 속성 딕셔너리를 가지지 않는다. 대신에 파이썬은 앞으로 소개할 클래스 **디스크립터** 특성을 사용하여 인스턴스의 슬롯 속성을 위해 예약된 공간을 배정하고 관리한다. 다음은 파이썬 3.X와 2.X에서 object로부터 파생된 새 형식 클래스다.

```
>>> class C:                          # 2.X에서만 '(object)'가 필요
        __slots__ = ['a', 'b']        # __slots__은 기본적으로 __dict__가 없음을 의미

>>> X = C()
>>> X.a = 1
>>> X.a
1
>>> X.__dict__
AttributeError: 'C' object has no attribute '__dict__'
```

하지만 우리는 여전히 getattr나 setattr(이들은 인스턴스 __dict__ 너머를 보기 때문에 슬롯과 같은 클 래스 레벨의 이름을 포함할 수 있다), 또는 dir(이 도구는 클래스 트리의 처음부터 끝까지 모든 상속된 이 름을 수집한다)와 같은 스토리지 중립적인 도구들을 사용하여 이름 문자열로 슬롯 기반의 속성 을 가져오고 설정할 수 있다.

```
>>> getattr(X, 'a')
1
>>> setattr(X, 'b', 2)                # 하지만 getattr( )과 setattr( )은 여전히 동작함
>>> X.b
2
>>> 'a' in dir(X)                     # 그리고 dir( ) 또한 슬롯 속성을 발견함
True
>>> 'b' in dir(X)
True
```

속성 네임스페이스 딕셔너리 없이는 새로운 이름을 슬롯 리스트에 있는 이름이 아닌 인스턴스 에 할당할 수 없다는 점도 기억하자.

```
>>> class D:                          # 2.X에서 동일 결과를 얻으려면 D(object)를 사용
        __slots__ = ['a', 'b']
        def __init__(self):
            self.d = 4                # __dict__가 없다면 새로운 이름을 추가할 수 없음

>>> X = D()
AttributeError: 'D' object has no attribute 'd'
```

하지만 여전히 우리는 속성 네임스페이스 딕셔너리도 생성하기 위해 __slots__ 안에 명시적으로 __dict__를 포함시킴으로써 추가 속성을 수용할 수 있다.

```
>>> class D:
        __slots__ = ['a', 'b', '__dict__']      # 이름 __dict__ 도 포함
        c = 3                                    # 클래스 속성은 일반적으로 동작
        def __init__(self):
            self.d = 4                           # d는 __dict__에 저장. a는 슬롯임

>>> X = D()
>>> X.d
4
>>> X.c
3
>>> X.a                                          # 모든 인스턴스의 속성은 할당될 때까지는 미정의 상태임
AttributeError: a
>>> X.a = 1
>>> X.b = 2
```

이 경우, 두 개의 스토리지 기법이 모두 사용된다. 이는 __dict__를 인스턴스 데이터로 슬롯을 처리하기 원하는 코드를 위해 매우 제한적으로 만들지만, getattr와 같은 도구들은 여전히 우리가 이 두 가지 스토리지 형태를 속성의 단일 집합으로 처리할 수 있도록 해준다.

```
>>> X.__dict__                                   # 일부 객체는 __dict__와 슬롯 이름 모두를 가짐
{'d': 4}                                         # getattr()는 두 형태의 속성 모두 가져올 수 있음
>>> X.__slots__
['a', 'b', '__dict__']
>>> getattr(X, 'a'), getattr(X, 'c'), getattr(X, 'd')      # 세 형태 모두 불러옴
(1, 3, 4)
```

하지만 dir도 모든 상속된 속성을 반환하기 때문에 어떤 경우에는 너무 광범위할 수도 있다. 이는 클래스 레벨의 메소드와 모든 object의 기본값마저 포함하고 있다. 단지 인스턴스의 속성만 나열하기 원하는 코드라면 원칙적으로는 여전히 명시적으로 두 가지 스토리지 기법을 사용하는 것을 고려할 필요가 있다. 아마 처음에는 순진하게 다음과 같이 코드를 작성할지도 모른다.

```
>>> for attr in list(X.__dict__) + X.__slots__:      # 잘못된 코드
        print(attr, '=>', getattr(X, attr))
```

둘 중 하나가 생략될 수도 있으므로 우리는 다음처럼 보다 정확하게 코드를 작성할 수 있다. 이 코드는 기본값을 고려할 수 있도록 getattr을 사용하는데, 이는 고결하긴 하지만 부정확한 접근법이다. 이에 대해서는 다음 절에서 설명하도록 하겠다.

```
>>> for attr in list(getattr(X, '__dict__', [])) + getattr(X, '__slots__', []):
        print(attr, '=>', getattr(X, attr))

d => 4
a => 1                                     # 덜 잘못된 코드
b => 2
__dict__ => {'d': 4}
```

슈퍼클래스의 다중 __slots__ 리스트

이전 코드는 이 특수한 경우에만 동작하지만, 일반적으로 완전히 정확한 것은 아니다. 구체적으로 이 코드는 인스턴스에 의해 상속된 가장 낮은 __slots__ 속성에 있는 슬롯 이름만을 가져오지만, 슬롯 리스트는 클래스 트리에서 한 번 이상 등장할 수 있기 때문에 완전한 해결책이 되지 못한다. 즉, 가장 낮은 __slots__ 리스트에 이름이 없다고 하여 그보다 높은 __slots__에 이름이 없다는 것을 의미하지는 않는다. 슬롯 이름은 클래스 레벨의 속성이 되기 때문에 인스턴스는 일반적인 상속 규칙에 의거하여 트리의 어느 곳에 있든 상관없이 모든 슬롯 이름이 통합된 결과를 취한다.

```
>>> class E:
        __slots__ = ['c', 'd']             # 슈퍼클래스는 슬롯을 가짐
>>> class D(E):
        __slots__ = ['a', '__dict__']      # 서브클래스도 슬롯을 가지고 있음

>>> X = D()
>>> X.a = 1; X.b = 2; X.c = 3              # 인스턴스는 union(slots: a, c)
>>> X.a, X.c
(1, 3)
```

단지 상속받은 슬롯 리스트를 검사하는 것만으로는 클래스 트리에서 더 높은 곳에 정의되어 있는 슬롯을 가져올 수 없다.

```
>>> E.__slots__                            # 하지만 슬롯은 연결되지 않음
['c', 'd']
>>> D.__slots__
['a', '__dict__']
>>> X.__slots__                            # 인스턴스는 *가장 낮은* __slots__을 상속받음
['a', '__dict__']
>>> X.__dict__                             # 그리고 자신만의 속성 딕셔너리도 가지고 있음
{'b': 2}

>>> for attr in list(getattr(X, '__dict__', [])) + getattr(X, '__slots__', []):
        print(attr, '=>', getattr(X, attr))
```

```
b => 2                              # 다른 슈퍼클래스 슬롯은 누락됨!
a => 1
__dict__ => {'b': 2}

>>> dir(X)                          # 하지만 dir( )는 모든 슬롯 이름을 포함함
[...다수의 이름이 생략됨... 'a', 'b', 'c', 'd']
```

즉, 일반적으로 인스턴스 객체를 나열하는 관점에서 하나의 __slots__이 항상 충분한 것은 아니다. 잠재적으로 전체 상속 검색 절차의 대상이 될 수 있다. 여러 슈퍼클래스에서 슬롯이 등장하는 또 다른 예제로 앞에서 살펴본 mapattrs-slots.py를 보자. 만약 클래스 트리에서 다중 클래스가 자신만의 __slots__ 속성을 가지고 있다면, 일반적인 프로그램은 속성을 나열하기 위해 다른 정책을 수립해야만 한다. 이에 대해서는 다음 절에서 설명할 것이다.

일반적으로 슬롯과 그 밖의 다른 '가상' 속성을 다루기

이쯤에서 여러분은 이전 장의 마지막에서 혼합 클래스들을 표현하는 lister.py를(왜 일반 프로그램이 슬롯을 사용하는 데 주의해야 하는지를 보여 주는 주요 예제다) 다루면서 나눴던 슬롯 정책 방안에 대한 논의를 복습해 보기를 원할 것이다. 일반적으로 인스턴스 데이터 속성을 나열하고자 하는 도구들은 슬롯과 아마도 앞으로 다룰 **프로퍼티**와 **디스크립터**와 같은 '가상' 인스턴스 속성(유사하게 클래스에 존재하는 이름이지만 요청에 따라 인스턴스를 위해 속성값을 제공할 수도 있는 이름)을 설명할 수 있어야 한다. 슬롯은 이들 중 가장 데이터 중심적이지만 더 넓은 범주를 대표한다.

이러한 속성은 포괄적으로 접근거나, 특별한 경우로 처리하거나, 또는 일반적으로 회피할 것을 요구한다(마지막의 경우는 어떤 프로그래머라도 슬롯을 대상 코드에 사용하는 순간 만족스럽지 못하게 될 것이다. 실제로 슬롯과 같은 클래스 레벨 인스턴스 속성은 인스턴스 데이터라는 용어의 재정의를 필요하게 만들지도 모른다). 지역 범위에 저장된 속성으로, 또는 모든 상속된 속성의 합집합으로, 또는 그들 중 일부 부분 집합으로 말이다.

예를 들어, 일부 프로그램은 슬롯 이름을 인스턴스 대신에 클래스의 속성으로 분류할 수도 있다. 그런 경우라면 이들 속성은 더 이상 인스턴스 네임스페이스 딕셔너리에 존재하지 않게 된다. 그 대신에, 앞에서 본 것처럼 프로그램은 모든 상속된 속성 이름을 가져오는 dir을 기반으로 하거나 인스턴스별로 그에 상응하는 값들을 가져오는 getattr를 기반으로 하여 보다 포괄적일 수도 있다. 이들의 물리적인 위치와 구현 방식에 상관없이 말이다. 만약 여러분이 인스턴스 데이터로 슬롯을 지원해야 한다면, 이것이 진행하는 데 있어 가장 안전한 방법이다.

```
>>> class Slotful:
        __slots__ = ['a', 'b', '__dict__']
        def __init__(self, data):
            self.c = data

>>> I = Slotful(3)
>>> I.a, I.b = 1, 2
>>> I.a, I.b, I.c                            # 일반적으로 속성 가져오기
(1, 2, 3)

>>> I.__dict__                               # __dict__와 슬롯 모두 스토리지
{'c': 3}
>>> [x for x in dir(I) if not x.startswith('__')]
['a', 'b', 'c']

>>> I.__dict__['c']                          # __dict__가 유일한 속성의 원천
3
>>> getattr(I, 'c'), getattr(I, 'a')         # dir+getattr은 __dict__보다 범위가 넓음
(3, 1)                                       # 슬롯, 프로퍼티, 디스크립터에 적용

>>> for a in (x for x in dir(I) if not x.startswith('__')):
        print(a, getattr(I, a))
a 1
b 2
c 3
```

이 dir/getattr 모델에서는 MRO를 스캔함으로써 속성을 이들의 상속 원천에 매핑하고 이들은 원천, 또는 필요하다면 타입에 따라 선택적으로 필터링할 수 있다. 우리가 앞에서 mapattrs.py 와 이를 슬롯에 적용한 mapattrs-slots.py에서 했던 것처럼 말이다. 추가 보너스로 슬롯을 처리하기 위한 이러한 도구와 정책은 자동으로 **프로퍼티**와 **디스크립터**에도 적용할 수 있다. 비록 이들 속성이 슬롯보다 좀 더 명시적으로 연산된 값이며, 인스턴스 관련 데이터라기에는 덜 분명하지만 말이다.

또한, 이것은 단지 도구의 문제가 아니라는 점을 기억하자. 슬롯과 같은 클래스 기반의 인스턴스 속성 또한 30장에서 만난 연산자 오버로딩 메소드인 __setattr__의 전형적인 코딩에도 영향을 줄 수 있다. 슬롯과 그 외의 속성은 인스턴스 __dict__에 저장되지 않고 때로는 **존재하지 않을 수도 있기** 때문에 새 형식 클래스는 일반적으로 이들을 object 슈퍼클래스에 라우팅하여 속성 할당을 실행해야 한다. 실제로 이는 이 메소드가 일부 고전적인, 그리고 새 형식 클래스에서 근본적으로 다른 이유다.

슬롯 사용 규칙

슬롯의 선언은 클래스 트리 내의 여러 클래스에서 등장할 수 있지만, 그런 경우 이들은 몇 가지 제약 사항을 가지게 된다. 만약 여러분이 슬롯의 구현을, 관리되는 공간이 예약된 인스턴스에 의해 상속된 각각의 슬롯 이름을 위한 클래스 레벨의 디스크립터로 이해하지 못한다면, 이러한 제약 사항들을 이해하기 다소 어려울 것이다(디스크립터는 이 책의 마지막 파트에서 자세하게 공부하게 될 고급 도구다).

- 서브클래스의 슬롯은 슈퍼클래스에 슬롯이 없는 경우에는 의미가 없다. 만약 서브클래스가 __slots__를 가지지 않은 슈퍼클래스로부터 상속받는다면, 슈퍼클래스를 위해 생성된 인스턴스 __dict__ 속성은 항상 접근 가능하게 되어 서브클래스의 __slots__를 전반적으로 의미가 없게 만든다. 서브클래스는 여전히 자신의 슬롯은 관리하지만, 어떤 방식으로도 이 값을 연산하지 않게 되고 딕셔너리를 피하지 않는다. 이는 슬롯을 사용하는 주요 이유다.

- 슈퍼클래스의 슬롯은 서브클래스에 슬롯이 없는 경우 의미가 없다. 유사하게 __slots__ 선언의 의미가 이들이 등장하는 클래스에 제한되기 때문에 만약 __slots__를 정의하지 않은 서브클래스는 인스턴스 __dict__를 생성하여 슈퍼클래스의 __slots__를 대체로 무의미하게 만든다.

- 재정의는 슈퍼클래스의 슬롯을 무의미하게 만든다. 만약 클래스가 슈퍼클래스와 동일한 슬롯 이름을 정의하게 되면, 이 재정의가 일반 상속에 의하여 슈퍼클래스의 슬롯을 감추어 버린다. 여러분은 슈퍼클래스에 의해 정의된 버전의 이름에 접근할 수 있는 방법은 슈퍼클래스로부터 직접적으로 이의 디스크립터를 가져오는 방법뿐이다.

- 슬롯은 클래스 레벨의 기본값을 방지한다. 슬롯은 클래스 레벨의 디스크립터로서 구현되기 때문에(인스턴스별 공간과 함께) 여러분은 일반 인스턴스 속성에 대해 할 수 있었던 것처럼 기본값을 제공하기 위해 동일한 이름의 클래스 속성을 사용할 수는 없다. 클래스의 동일한 이름을 할당하는 것은 슬롯 디스크립터를 덮어쓰는 것이다.

- 슬롯과 __dict__: 앞에서 보았듯이, __slots__은 인스턴스 __dict__와 __dict__ 또한 명시적으로 나열되지 않는 경우 열거되지 않은 이름을 할당하는 것을 막는다.

우리는 이 중 실제로 마지막의 경우에 대해서는 이미 보았으며, 앞에서 다룬 mapattrs-slots.py는 세 번째 아이템에 대한 내용이다. 어떻게 여기 이 새로운 규칙들이 실제 코드로 바뀌는지를 보여 주는 것은 쉽다. 가장 결정적인 것은 트리 내의 어떤 클래스라도 슬롯을 생략하면 네임스페이스 딕셔너리가 생성되고, 결국에는 메모리 최적화의 이점은 무효화된다는 점이다.

```
>>> class C: pass                      # 1번: 서브클래스에는 슬롯이 있지만, 슈퍼클래스에는 없음
>>> class D(C): __slots__ = ['a']      # 슬롯이 없는 경우 인스턴스 딕셔너리 생성
>>> X = D()                            # 하지만 여전히 슬롯 이름은 클래스에서 관리
>>> X.a = 1; X.b = 2
>>> X.__dict__
{'b': 2}
>>> D.__dict__.keys()
dict_keys([... 'a', '__slots__', ...])

>>> class C: __slots__ = ['a']         # 2번: 슬롯이 슈퍼클래스에는 있으나, 서브클래스에는 없음
>>> class D(C): pass                   # 슬롯이 없는 경우 인스턴스 딕셔너리 생성
>>> X = D()                            # 하지만 여전히 슬롯 이름은 클래스에서 관리
>>> X.a = 1; X.b = 2
>>> X.__dict__
{'b': 2}
>>> C.__dict__.keys()
dict_keys([... 'a', '__slots__', ...])

>>> class C: __slots__ = ['a']         # 3번: 가장 낮은 슬롯에만 접근 가능
>>> class D(C): __slots__ = ['a']

>>> class C: __slots__ = ['a']; a = 99   # 4번: 클래스 레벨의 기본값은 없음
ValueError: 'a' in __slots__ conflicts with class variable
```

즉, 이들이 프로그램을 파괴할 위험을 제외하고, 슬롯이 그 효과를 제대로 발휘하기 위해서는 근본적으로 보편적이면서도 신중한 배치를 요구한다. 슬롯은 프로퍼티처럼(다음 절에서 볼 것이다) 값을 동적으로 연산하지 않기 때문에 트리의 각 클래스가 슬롯을 사용하지 않거나 다른 클래스에 의해 정의되지 않은 오롯이 새로운 슬롯 이름을 정의하는 것에 조심하지 않는다면, 슬롯을 사용하는 것은 무의미하다. 이는 양자택일의(전부 있거나, 아니면 전부 없거나) 특징이라 볼 수 있다. 앞으로 논의하게 될 super 호출에 의해 공유될 불행한 특성이다.

```
>>> class C: __slots__ = ['a']         # 보편적 사용과 상이한 이름을 가정
>>> class D(C): __slots__ = ['b']
>>> X = D()
>>> X.a = 1; X.b = 2
>>> X.__dict__
AttributeError: 'D' object has no attribute '__dict__'
>>> C.__dict__.keys(), D.__dict__.keys()
(dict_keys([... 'a', '__slots__', ...]), dict_keys([... 'b', '__slots__', ...]))
```

이러한 규칙들(다른 규칙들도 있으나, 공간의 제약으로 인해, 사례의 희소성 관점에서 생략하였다)은 슬롯이 공간의 축소가 중요한 병적인 경우를 제외하고는 일반적으로 권하지 않는 이유 중 일부에 해당한다. 그렇다고 하더라도, 슬롯이 코드를 깨뜨리거나 복잡하게 할 위험성이 있다는

점은 장단점에 대하여 신중하게 고려해야 할 충분한 이유가 되어야 한다. 슬롯은 프레임워크 전반에 걸쳐 거의 신경망처럼 확산되어야 하며, 이는 여러분이 의존하고 있는 도구를 깨뜨릴 수도 있다.

슬롯의 영향에 대한 예제: ListTree와 mapattrs

슬롯의 영향에 대한 보다 실질적인 예제로, 31장의 ListTree 클래스는 인스턴스 네임스페이스 딕셔너리를 스캔한다 하더라도, 이전 절의 첫 번째 아이템 때문에 __slots__를 정의한 클래스에 함께 섞여 있어도 실패하지 않는다. 리스터 클래스 자체가 슬롯을 가지고 있지 않다는 점이 인스턴스가 여전히 __dict__를 가진다는 확신을 주기에 충분하며 따라서 속성을 가져오거나 색인할 때 예외가 발생하지 않게 된다. 예를 들어, 다음의 두 코드는 에러 없이 디스플레이한다. 두 번째 코드는 슬롯 리스트에 없는 이름이 인스턴스 속성으로(슈퍼클래스가 요구하는 어떤 것이라도 이에 포함된다) 할당될 수 있도록 해주기도 한다.

```
class C(ListTree): pass
X = C()                                    # OK: __slots__ 이 사용되지 않음
print(X)

class C(ListTree): __slots__ = ['a', 'b']  # OK: 슈퍼클래스가 __dict__를 생성함
X = C()
X.c = 3
print(X)                                   # X의 c와 C의 a와 b를 디스플레이
```

다음의 클래스도 제대로 디스플레이한다. ListTree처럼 슬롯이 없는 클래스라면 인스턴스 __dict__를 생성하고 따라서 안전하게 __dict__의 존재를 가정할 수 있다.

```
class A: __slots__ = ['a']
class B(A, ListTree): pass                  # 위의 첫 번째 아이템에 의거, 둘 모두 OK

class A: __slots__ = ['a']
class B(A, ListTree): __slots__ = ['b']     # B의 b와 A의 a를 디스플레이
```

비록 서브클래스의 슬롯을 무의미하게 만들지만, ListTree(28장의 ListTree의 이전 버전도 함께)와 같은 도구 클래스를 위해서는 긍정적인 효과가 있다. 하지만 일반적으로 일부 프로그램은 __dict__가 없을 때 예외를 잡아내야 할 수도 있다. 그리고 만약 검사 대상인 인스턴스 객체가 슬롯을 사용함으로써 네임스페이스 딕셔너리를 갖지 못한 경우, 기본값을 시험하거나 제공하기 위해 hashattr 또는 getattr을 사용할 필요가 있을 수 있다.

예를 들어, 여러분은 이제 이 장의 앞부분에서 다룬 mapattrs.py 프로그램이 왜 __dict__를 가져오기 전에 __dict__가 존재하는지 여부를 먼저 확인해야만 하는지에 대하여 이해할 수 있을 것이다. __slots__을 가진 클래스로부터 생성된 인스턴스 객체는 __dict__를 가지지 않기 때문이다. 실제로, 만약 우리가 다음의 코드에서 강조된 코드를 대안으로 사용한다면, mapattrs 함수는 인스턴스에 있는 속성 이름을 찾고자 할 때 상속 경로 순서 전에서 예외를 발생시키며 실패할 것이다.

```
def mapattrs(instance, withobject=False, bysource=False):
    for attr in dir(instance):
        for obj in inherits:
            if attr in obj.__dict__:       # 만약 __slots__을 사용한다면 실패할 것임

>>> class C: __slots__ = ['a']
>>> X = C()
>>> mapattrs(X)
AttributeError: 'C' object has no attribute '__dict__'
```

다음의 두 코드는 모두 이 이슈를 피할 수 있으며, 슬롯을 지원하는 도구를 허용한다. 처음 것은 기본값을 제공하며, 두 번째 것은 좀 더 장황하지만 그 의도를 조금은 더 명확하게 보여 준다.

```
        if attr in getattr(obj, '__dict__', {}):

        if hasattr(obj, '__dict__') and attr in obj.__dict__:
```

앞에서도 언급했듯이 일부 도구는 일반적으로 인스턴스 __dict__를 스캔하는 대신에, 이와 같은 방식으로 dir 결과를 MRO에 매핑함으로써 이점을 취할 수도 있다. __dict__를 스캔하는 보다 포괄적인 방법이 아니면, 슬롯과 같은 클래스 레벨의 도구에 의해 구현된 속성은 인스턴스 데이터로 전달되지 않는다. 그렇긴 하더라도 이러한 점이 반드시 이들 도구들이 인스턴스에서 누락된 __dict__를 고려하는 것을 면제해 주지는 않는다!

슬롯의 속도는 어떠한가?

마지막으로, 슬롯이 주로 메모리 사용을 최적화하는 반면, 이들의 성능에 대한 영향은 덜 명확하다. 여기 21장에서 배운 timeit 기법을 이용하여 작성한 간단한 테스트 스크립트가 있다. 슬롯과 비슬롯 (인스턴스 딕셔너리) 스토리지 모델 둘에 대해, 1,000개의 인스턴스를 만들고,

각각에 네 개의 속성을 할당하고 가져오는 것을 1,000회 반복한다. 두 모델에 대해 총 8M에 달하는 속성 연산을 3회 실행하여 나온 결과 중 가장 좋은 결과로 비교하였다.

```
# slots-test.py 파일
from __future__ import print_function
import timeit
base = """
Is = []
for i in range(1000):
    X = C()
    X.a = 1; X.b = 2; X.c = 3; X.d = 4
    t = X.a + X.b + X.c + X.d
    Is.append(X)
"""

stmt = """
class C(object):
    __slots__ = ['a', 'b', 'c', 'd']
""" + base
print('Slots =>', end=' ')
print(min(timeit.repeat(stmt, number=1000, repeat=3)))

stmt = """
class C(object):
    pass
""" + base
print('Nonslots=>', end=' ')
print(min(timeit.repeat(stmt, number=1000, repeat=3)))
```

최소한 내 컴퓨터에 설치된 파이썬 버전(3.6과 2.7)에서는 코드를 실행하는 데 소요된 가장 짧은 시간을 기준으로 했을 때, 3.X와 2.X 모두에서 슬롯이 조금 더 빨랐다. 하지만 이는 메모리 공간에 대한 이점을 빼고 비교한 것이므로 향후 어떻게 바뀔지 모를 일이다.

```
c:\code> py -3 slots-test.py
Slots    => 0.7780903942045899
Nonslots => 0.9888108080898417

c:\code> py -2 slots-test.py
Slots    => 0.615521153591
Nonslots => 0.766582559582
```

슬롯에 대하여 좀 더 알아보려면 파이썬 표준 매뉴얼을 찾아보자. 또한, 39장의 Private 데코레이터에 대한 사례 연구를 기다려 보자. 이 사례 연구는 위임과 **getattr**와 같은 스토리지 중립적인 도구를 사용함으로써 자연스럽게 __slots__와 __dict__ 스토리지 모두에 기반한 속성을 감안한 예제다.

프로퍼티: 속성 접근자

다음으로 알아볼 새로운 형식의 확장 기능은 **프로퍼티**다. 이는 새 형식 클래스가 인스턴스 속성에 접근하거나 할당하기 위해 자동으로 호출되는 메소드를 정의하도록 해주는 다른 방법을 제공하는 기법이다. 이 특징은 자바와 C#과 같은 언어의 프로퍼티("getters"와 "setters")와 유사하지만, 일반적으로 파이썬에서 이는 그 필요가 생기거나 발전함에 따라 **사후**에 접근자를 속성에 추가하는 방법이므로 가능한 적게 사용하는 것이 좋다. 하지만 필요한 경우, 프로퍼티는 속성값이 그에 접근하는 시점에 메소드 호출 없이도 동적으로 연산될 수 있도록 해준다.

비록 프로퍼티가 일반적인 속성 라우팅의 목표를 지원할 수 없다 하더라도 최소한 특정 속성에 대해서는 30장에서 처음 배운 __getattr_와 __setattr__ 오버로딩 메소드의 전형적 사용 방식의 대안이 된다. 프로퍼티는 이 두 메소드와 유사한 효과를 낼 수 있지만, 반면에 동적 연산을 필요로 하는 이름에 접근하기 위해서만 사용되는 추가적인 메소드 호출을 일으킨다. 다른 프로퍼티가 아닌 이름은 별도의 호출 없이 일반적으로 접근된다. __getattr__은 미정의된 이름에만 호출되지만, __setattr__ 메소드는 **모든** 속성에의 할당을 위해 호출될 수 있다.

프로퍼티와 슬롯은 서로 연관되어 있지만, 서로 다른 목적에 사용된다. 둘 모두 인스턴스 네임스페이스 딕셔너리에 물리적으로 저장되지 않은 인스턴스 속성을 구현하며(일종의 '가상' 속성), 둘 모두 클래스 레벨 속성 **디스크립터**의 개념에 기반을 두고 있다. 반면에, 슬롯은 인스턴스 스토리지를 관리하는 반면, 프로퍼티는 접근을 가로채거나 임의로 그 값을 연산한다. 이들의 기반이 되는 디스크립터 구현 도구는 여기에서 다루기엔 너무 고급 기술이므로 프로퍼티와 디스크립터 모두 38장에서 충분히 알아보도록 하겠다.

프로퍼티의 기본

간단히 소개하자면, 프로퍼티는 클래스 속성 이름에 할당된 객체의 타입이다. 내장된 함수인 property를 호출함으로써 프로퍼티를 생성하는데, 이 호출에는 최대 세 개의 접근자 메소드 (연산을 가져오고, 설정하고, 삭제하기 위한 핸들러)와 함께 선택적으로 프로퍼티를 위한 문서화 문자열을 전달할 수 있다. 만약 None으로 전달되거나 생략된 인수가 있다면, 해당 연산은 지원되지 않는다.

그 결과로 만들어진 프로퍼티 객체는 전형적으로 class문의 최상위 레벨에 있는 이름에 할당되며(에 name = property()), 우리가 나중에 만나게 된 특수문자 @ 구문은 이 단계를 자동화하기 위해 사용 가능하다. 따라서 프로퍼티 객체가 할당되면, 이후에 객체 속성으로 클래스 프로퍼티 이름 자체에 접근하는 것은(에 obj.name) 자동으로 property 호출에 전달된 접근자 메소드 중 하나로 라우팅된다.

예를 들어, 우리는 __getattr__ 연산자 오버로딩 메소드가 어떻게 클래스가 레거시 클래스와 새 형식 클래스 모두에서 미정의된 속성 참조를 가로채는 것을 허용하는지에 대하여 살펴보았다.

```
>>> class operators:
        def __getattr__(self, name):
            if name == 'age':
                return 40
            else:
                raise AttributeError(name)

>>> x = operators()
>>> x.age                            # __getattr__를 실행
40
>>> x.name                           # __getattr__를 실행
AttributeError: name
```

같은 예제로, 다음 코드는 프로퍼티를 이용하여 작성하였다. 프로퍼티는 모든 클래스에서 사용 가능하지만, 2.X에서 속성 할당을 가로채기 위해 적절하게 동작하기 위해서는 새로운 형식의 object로부터의 파생이 요구된다(이를 잊었다고 해서 불평하지는 않겠지만, 새로운 데이터로 여러분의 프로퍼티를 조용히 덮어쓸 것이다!).

```
>>> class properties(object):              # 2.X에서는 setters를 위해 object 필요
        def getage(self):
            return 40
        age = property(getage, None, None, None)    # (get,set,del,docs) 또는 @

>>> x = properties()
>>> x.age                                  # getage 실행
40
>>> x.name                                 # 일반적인 가져오기
AttributeError: 'properties' object has no attribute 'name'
```

일부 코딩 작업에 대해서, 프로퍼티는 전통적인 기법보다 덜 복잡하고 더 빠르게 실행될 수

있다. 예를 들어, 우리가 속성 할당 지원을 추가할 때, 프로퍼티는 보다 매력적일 수 있다. 코드를 더 적게 사용하며 동적으로 연산할 필요가 없는 속성에의 할당을 위해 부가적인 메소드 호출을 일으키지 않는다.

```
>>> class properties(object):          # 2.X에서는 setters를 위해 object가 필요
        def getage(self):
            return 40
        def setage(self, value):
            print('set age: %s' % value)
            self._age = value
        age = property(getage, setage, None, None)

>>> x = properties()
>>> x.age                              # getage 실행
40
>>> x.age = 42                         # setage 실행
set age: 42
>>> x._age                             # 일반적인 가져오기: getage 호출 ×
42
>>> x.age                              # getage 실행
40
>>> x.job = 'trainer'                  # 일반적인 할당: setage 호출 ×
>>> x.job                              # 일반적인 가져오기: getage 호출 ×
'trainer'
```

연산자 오버로딩에 기반한 동등한 클래스의 경우, 관리하지 않을 속성에의 할당을 위한 부가적인 메소드 호출을 일으키며, 루프를 피하기 위하여 속성 할당을 속성 딕셔너리를 통하도록 라우팅해야 한다(또는 새 형식 클래스의 경우, 다른 클래스에서 코딩된 슬롯과 프로퍼티 같은 '가상' 속성을 더 잘 지원하기 위해 슈퍼클래스인 object의 __setattr__로 라우팅한다).

```
>>> class operators:
        def __getattr__(self, name):                  # 미정의 참조에 대해
            if name == 'age':
                return 40
            else:
                raise AttributeError(name)
        def __setattr__(self, name, value):           # 모든 할당에 대해
            print('set: %s %s' % (name, value))
            if name == 'age':
                self.__dict__['_age'] = value         # 또는 object.__setattr__()
            else:
                self.__dict__[name] = value

>>> x = operators()
```

```
>>> x.age                              # __getattr__ 실행
40
>>> x.age = 41                         # __setattr__ 실행
set: age 41
>>> x._age                             # 정의됨: __getattr__ 호출 ×
41
>>> x.age                              # __getattr__ 실행
40
>>> x.job = 'trainer'                  # 다시 __setattr__ 실행
set: job trainer
>>> x.job                              # 정의됨: __getattr__ 호출 ×
'trainer'
```

이 간단한 예제에서는 프로퍼티가 우세한 것으로 보인다. 하지만 일부 __getattr__과 __setattr__의 적용에서는 여전히 프로퍼티가 직접 제공하는 것보다 일반적이며 더 동적인 인터페이스를 요구한다.

예를 들어, 많은 경우 클래스가 작성되는 시점에 지원되어야 하는 속성들이 무엇인지 결정될 수 없으며, 심지어 실재하는 형태로 존재하지 않을 수도 있다(일례로, 임의의 속성 참조를 내장 객체에 위임하는 경우를 들 수 있다). 이러한 경우, 속성 이름을 전달받아 사용하는 일반적인 속성 핸들러 __getattr__나 __setattr__를 일반적으로 선호하게 된다. 또한, 이러한 일반적인 핸들러는 더 단순한 경우도 지원하기 때문에 프로퍼티는 종종 선택적이거나 불필요하게 중복된 확장 기능이 되기도 한다. 할당에 있어 부가적인 호출을 피할 수 있으며, 일부 프로그래머는 적용 가능한 경우라면 이 방식을 선호할 수도 있지만 말이다.

이 두 가지 방식에 대한 더 자세한 내용은 이 책의 마지막 파트의 38장에서 확인하도록 하자. 거기에서 보게 되겠지만, 함수 데코레이터 구문인 @ 기호를 사용하여 프로퍼티를 코딩하는 것 또한 가능하다. 이 장의 후반부에서 소개할 함수 데코레이터는 클래스 범위에서 직접 할당 방식을 자동화하는 대안이다.

```
class properties(object):
    @property                 # 데코레이터로 프로퍼티 코딩하기: 앞으로 알아보겠음
    def age(self):
        ...
    @age.setter
    def age(self, value):
        ...
```

하지만 데코레이터 구문을 이해하기 위해서는 앞으로 이동해야만 한다.

__getattribute__와 디스크립터: 속성 도구

또한 클래스 확장 부분에서 새 형식 클래스에서만 사용 가능한 연산자 오버로딩 메소드인 __getattribute__는, 클래스가 단지 미정의된 참조만이 아니라 모든 속성 참조를 가로채는 것을 허용한다. 이런 성질로 인해 이전 절에서 사용했던 __getattr__보다 더 강력하게 되기도 하지만, 사용하기가 더 까다로워지기도 한다. 이것은 __setattr__과는 다른 방식으로 루프에 빠지기 쉽다.

더 특수화된 속성 가로채기 목적을 위해 파이썬은 프로퍼티와 연산자 오버로딩 메소드에 이어 특정 속성에의 접근을 읽고 쓰는 것으로 가로채는 속성 **디스크립터** 개념을 지원한다. 이 디스크립터는 __get__과 __set__ 메소드를 가진 클래스로 클래스 속성에 할당되며, 인스턴스에 의해 상속될 수 있다. 간단히 살펴보기 위해 가장 단순한 형태의 디스크립터를 살펴보자.

```
>>> class AgeDesc(object):
        def __get__(self, instance, owner): return 40
        def __set__(self, instance, value): instance._age = value

>>> class descriptors(object):
        age = AgeDesc()

>>> x = descriptors()
>>> x.age                          # AgeDesc.__get__ 실행
40
>>> x.age = 42                     # AgeDesc.__set__ 실행
>>> x._age                         # 일반 가져오기: AgeDesc 호출하지 않음
42
```

디스크립터는 자신의 인스턴스와 자신의 클라이언트 클래스에 있는 상태 정보에 접근할 수 있으며, 어떤 의미에서는 프로퍼티의 더 일반적인 형태라 볼 수 있다. 사실 프로퍼티는 접근 시 함수를 실행하는 특별한 타입의 디스크립터를 간단하게 정의하기 위해 사용하는 방법이다. 또한, 디스크립터는 앞에서 보았던 슬롯과 다른 파이썬 도구들을 구현하기 위해서도 사용된다.

__getattribute__와 디스크립터를 여기서 잘 설명하기에는 내용이 상당하므로, 나머지 내용과 프로퍼티에 대한 더 자세한 내용은 이 책의 마지막 파트의 38장에서 마저 살펴보도록 하겠다. 39장의 예제에서는 이들을 적용하고 40장에서는 어떻게 이들이 상속에 영향을 미치는지 공부할 예정이다.

그 외 클래스의 변경 사항과 확장 기능들

이미 언급했듯이, 우리는 내장된 super(MRO에 기반한 새 형식 클래스에서 추가된 주요 확장 기능)에 대한 내용 또한 이 장의 마지막에서 다룰 것이다. 하지만 그전에, 반드시 새 형식 클래스에 속해 있지는 않지만 대략 비슷한 시기에 도입된 클래스 관련된 추가적인 변경 사항과 확장 기능들, 정적 메소드와 클래스 메소드, 데코레이터 등에 대해 알아보도록 하자.

새 형식 클래스의 많은 변경 내역과 기능의 추가는 이 장의 앞에서 언급한 서브클래스를 만들 수 있는 타입의 개념과 통합된다. 이는 서브클래스를 만들 수 있는 타입과 새 형식 클래스는 파이썬 2.2와 그 이후 버전에서 타입과 클래스의 구분을 통합하려는 노력과 함께 도입되었기 때문이다. 우리가 보았듯이, 3.X에서 이러한 통합은 완전하게 이루어졌다. 이제 클래스는 타입이며, 타입은 클래스이고, 오늘날의 파이썬 클래스는 여전히 개념적 통합과 이의 구현에 반영되고 있다.

이러한 변경 사항과 함께 파이썬은 메타클래스를 코딩하기 위하여 좀 더 일관되고 일반화된 프로토콜을 발전시켰다. 메타클래스는 type 객체를 서브클래싱하는 클래스로 클래스 생성 호출을 가로채고, 클래스가 획득한 행위를 제공할 수 있다. 그런 이유로 메타클래스는 클래스 객체를 관리하고 강화하는 데 있어 잘 정의된 기능을 제공한다. 메타클래스는 대부분의 파이썬 프로그래머들에게는 선택적인 고급 주제로, 더 자세한 내용은 다음으로 미루겠다. 우리는 이 장의 후반부에서 메타클래스에 대해 클래스 데코레이터와 함께 다시 살펴보겠지만(이 둘의 역할은 종종 겹치기도 한다), 이에 대한 전체적인 설명은 이 장의 마지막 파트의 40장에서 다루도록 하겠다. 여기에서 우리의 목표는 추가적인 클래스 관련된 확장 기능들을 살펴보는 데 있다.

정적 메소드와 클래스 메소드

파이썬 2.2를 기점으로 클래스 내부에 인스턴스 없이 호출될 수 있는 두 종류의 메소드를 정의하는 것이 가능하다. 정적 메소드는 대략 클래스 내부에 인스턴스가 없는 단순 함수처럼 동작하며, 클래스 메소드에는 인스턴스 대신에 클래스가 전달된다. 이 둘 모두 다른 언어의 도구들과 유사하다(◙ C++의 정적 메소드). 비록 이 특징이 이전 절에서 논의한 새 형식 클래스와 함께 추가되었지만, 정적 메소드와 클래스 메소드는 레거시 클래스에서도 동작한다.

이들 메소드 방식이 가능하도록 하기 위해 여러분은 클래스 내에서 staticmethod와 classmethod 라는 이름의 특별한 내장 함수를 호출하거나 이 장의 마지막에서 살펴보게 될 @name 데코레 이션 구문으로 이 메소드들을 호출해야 한다. 이 함수들은 파이썬 2.X에서는 이 특별한 메소드 모드들을 가능하게 하기 위한 용도로 필요하지만, 3.X에서는 일반적으로 필요하다. 파이썬 3.X에서 staticmethod 선언은 클래스 이름을 통해 호출되는 인스턴스 없는 메소드에서는 필요하지 않지만, 인스턴스를 통해 호출되는 메소드에는 반드시 필요하다.

왜 특별한 메소드인가?

우리가 배웠다시피 클래스의 메소드는 일반적으로 첫 번째 인수에 메소드 호출의 암묵적 대상으로 인스턴스 객체가 전달된다. 이것이 '객체 지향 프로그래밍'에서의 '객체'다. 하지만 오늘날 이 모델을 수정할 수 있는 두 가지 방법이 존재한다. 그것이 무엇인지 설명하기 전에, 이것이 왜 중요한지에 대해 설명하고자 한다.

프로그램은 때로 인스턴스 대신에 클래스와 연관된 데이터를 처리할 필요가 있다. 클래스로부터 생성된 인스턴스의 개수를 추적하거나 현재 메모리에 있는 클래스 인스턴스의 전체 리스트를 관리하는 일을 생각해 보자. 이러한 유형의 정보와 이에 대한 처리는 인스턴스보다는 클래스와 연관되어 있다. 즉 정보는 일반적으로 클래스 자체에 저장되며, 어떤 인스턴스와도 별개로 처리된다.

보통 이러한 작업은 클래스 외부에 작성된 간단한 함수만으로도 충분하다. 이들 함수는 클래스 이름을 통해 클래스 속성에 접근할 수 있으므로 클래스 데이터에도 접근할 수 있으며, 인스턴스에 접근할 필요가 전혀 없다. 하지만 이러한 코드가 클래스와 더 잘 연계되고, 그러한 처리 과정이 평상시와 같이 상속을 활용하여 변경될 수 있도록 허용하기 위해서는 이러한 유형의 함수가 클래스 자체의 **내부**에 작성되는 것이 더 낫다. 이를 가능하게 하기 위해 우리는 클래스 내에 self 인스턴스 인수가 전달되지 않으며, 이를 기대하지도 않는 메소드가 필요하다.

파이썬은 **정적 메소드**의 개념으로 이 목표를 지원한다. 정적 메소드는 self 인수가 없는 단순한 함수로 클래스 내부에 내포되며, 인스턴스 속성 대신에 클래스 속성을 가지고 동작하도록 설계되어 있다. 정적 메소드는 클래스를 통해서 호출되든지, 인스턴스를 통해서 호출되든지에 상관없이 자동 self 인수를 받지 않는다. 이 메소드는 인스턴스의 행위를 제공하기보다는 일반적으로 모든 인스턴스에 걸쳐 있는 정보를 추적한다.

비록 덜 보편적으로 사용되지만, 파이썬은 **클래스 메소드** 개념 또한 지원한다. 클래스의 메소드로, 이 메소드에 대한 호출이 인스턴스를 통하든, 클래스를 통하든 상관없이 첫 번째 인수로 인스턴스 대신에 클래스 객체를 전달받는다. 이 메소드는 비록 인스턴스를 통해 호출되더라도 클래스 인수(지금까지는 self로 부르던 것)를 통해 클래스 데이터에 접근할 수 있다. 이제 공식적으로는 인스턴스 메소드로 알려진 일반적인 메소드는 여전히 호출될 때 대상 인스턴스를 받는다. 하지만 정적 메소드와 클래스 메소드는 그렇지 않다.

2.X와 3.X에서의 정적 메소드

정적 메소드의 개념은 파이썬 2.X와 3.X에서 모두 동일하지만, 이들의 구현 요구 사항은 파이썬 3.X에서 좀 더 진전되었다. 이 책이 두 버전에 대해 모두 다루기 때문에 코드로 들어가기에 앞서, 나는 두 기반 모델의 차이에 대하여 먼저 설명하고자 한다.

실제로, 우리는 이미 앞 장에서 우리가 언바운드 메소드의 개념에 대하여 배우면서 이에 대한 이야기를 시작했다. 파이썬 2.X와 3.X 모두 인스턴스를 통해 호출된 메소드에 인스턴스를 전달한다는 점을 기억하자. 하지만 파이썬 3.X는 클래스로부터 직접 가져온 메소드를 2.X와는 다르게 처리한다. 파이썬 버전에 따른 차이는 새 형식 클래스와는 아무 상관이 없다.

- 파이썬 2.X와 3.X 모두 메소드를 인스턴스를 통해 가져올 때, 바운드 메소드를 생성한다.
- 파이썬 2.X에서 클래스로부터 메소드를 가져오면 직접 인스턴스를 전달하지 않고는 호출될 수 없는 언바운드 메소드를 생성한다.
- 파이썬 3.X에서 클래스로부터 메소드를 가져오면 인스턴스 없이 일반적으로 호출 가능한 단순 함수를 생성한다.

즉 파이썬 2.X의 클래스 메소드는 인스턴스를 통해 호출되었든, 클래스를 통해 호출되었든 간에 인스턴스가 항상 전달되어야 한다. 반면에, 파이썬 3.X에서는 메소드가 인스턴스를 기대하는 경우에만 메소드에 인스턴스를 전달하면 된다. 인스턴스 인수를 포함하지 않은 메소드는 인스턴스의 전달 없이 클래스를 통해 호출될 수 있다. 즉 3.X는 클래스가 인스턴스 인수를 기대하지 않고 이것이 전달되지 않는 한, 클래스에서 단순 함수를 허용한다. 해당 결과는 다음과 같다.

- 파이썬 2.X에서는 메소드가 클래스를 통해 호출되든, 인스턴스를 통해 호출되든 간에 인스턴스 없이 이를 호출하기 위해서는 항상 메소드를 정적 메소드로 선언해야 한다.

- 파이썬 3.X에서는 클래스를 통해서만 호출되는 메소드라면 정적 메소드로 선언할 필요가 없지만, 인스턴스를 통해 호출하기 위해서는 정적 메소드 선언이 필요하다.

이를 보여 주기 위해 얼마나 많은 인스턴스가 클래스로부터 만들어지는지 세어 보고자 클래스 속성을 사용하고 싶다고 가정해 보자. 이에 대한 첫 번째 시도로 다음 파일 spam.py를 살펴보자. 이 파일의 클래스는 클래스 속성으로 저장된 카운터와 새로운 인스턴스가 생성될 때마다 카운터를 하나씩 올려 주는 생성자와 카운터 값을 나타내는 메소드를 가지고 있다. 이로써 클래스 객체 자체에 카운터를 저장하는 것은 이 카운터가 전체 인스턴스에 걸쳐 효과적으로 작동할 수 있도록 보장한다.

```
class Spam:
    numInstances = 0
    def __init__(self):
        Spam.numInstances = Spam.numInstances + 1
    def printNumInstances():
        print("Number of instances created: %s" % Spam.numInstances)
```

printNumInstances 메소드는 인스턴스 데이터가 아닌 클래스 데이터를 처리하도록 설계되었다. 이는 특정 하나의 인스턴스가 아닌 모든 인스턴스에 대한 것이다. 이 때문에 우리는 인스턴스를 전달하지 않고 이 메소드를 호출할 수 있기를 원하는 것이다. 사실, 우리는 인스턴스의 개수를 가져오기 위해 인스턴스를 만들고 싶지는 않은데, 이는 우리가 가져오고자 하는 인스턴스가 그 개수를 변경하기 때문이다. 즉, 우리는 self가 없는 '정적' 메소드를 원한다.

하지만 이 코드의 printNumInstances가 작동하는지 여부는 여러분이 사용하는 파이썬의 버전과 여러분이 메소드를 호출하는 방식(클래스를 통해서인지, 인스턴스를 통해서인지)에 달려 있다. 2.X에서 self가 없는 메소드 함수를 클래스나 인스턴스를 통해 호출하는 것은 실패할 것이다 (평상시처럼 공간의 제약으로 일부 에러 메시지는 생략하였다).

```
C:\code> py -2
>>> from spam import Spam
>>> a = Spam()                      # 2.X에서는 언바운드 클래스 메소드를 호출할 수 없음
>>> b = Spam()                      # 기본적으로 메소드는 self 객체를 기대함
>>> c = Spam()

>>> Spam.printNumInstances()
TypeError: unbound method printNumInstances() must be called with Spam instance
as first argument (got nothing instead)
>>> a.printNumInstances()
TypeError: printNumInstances() takes no arguments (1 given)
```

여기에서 문제는 2.X에서 언바운드 인스턴스 메소드가 단순한 함수와 정확히 동일하지 않다는 것이다. def 헤더에 인수가 없다 하더라도 메소드는 여전히 자신이 호출될 때 인스턴스가 전달되기를 기대한다. 이는 함수가 클래스에 연결되어 있기 때문이다. 파이썬 3.X에서 클래스를 통해 self가 없는 메소드를 호출하는 것은 정상적으로 동작하지만, 인스턴스로부터 호출하는 것은 실패한다.

```
C:\code> py -3
>>> from spam import Spam
>>> a = Spam()                         # 3.X에서는 클래스에서 함수를 호출할 수 있음
>>> b = Spam()                         # 인스턴스를 통한 호출은 여전히 self를 전달함
>>> c = Spam()

>>> Spam.printNumInstances()           # 3.X에서는 다름
Number of instances created: 3
>>> a.printNumInstances()
TypeError: printNumInstances() takes 0 positional arguments but 1 was given
```

즉 printNumInstances처럼 인스턴스가 없는 메소드를 클래스를 통해 호출하는 것은 파이썬 2.X에서는 실패하겠지만, 파이썬 3.X에서는 정상적으로 동작한다. 반면에, 인스턴스를 통해 호출하는 것은 두 파이썬 버전 모두에서 실패하게 되며, 이는 인스턴스를 받을 인수가 없는 메소드에 자동으로 인스턴스를 전달하기 때문이다.

```
Spam.printNumInstances()               # 2.X에서는 실패, 3.X에서는 정상 동작
instance.printNumInstances()           # 2.X와 3.X 모두에서 실패(static이 아니라면)
```

만약 여러분이 3.X를 사용할 수 있고 클래스를 통해서만 self가 없는 메소드를 호출하는 것을 고수한다면, 여러분은 이미 정적 메소드 특성을 가지고 있는 것이다. 하지만 self가 없는 메소드를 2.X에서 클래스를 통해 호출하는 것과 2.X와 3.X 모두에서 인스턴스를 통해 호출하는 것을 허용하기 위해서는 다른 디자인을 차용하거나 이들 메소드를 특별한 것으로 표시할 수 있어야 한다. 이 두 가지 방법에 대해 차례대로 살펴보자.

정적 메소드의 대안

self가 없는 메소드를 특별한 것으로 표시하는 것 외에 여러분은 다른 코딩 구조로도 때때로 유사한 결과를 얻을 수 있다. 예를 들어 만약 여러분이 단지 인스턴스 없이 클래스 멤버를 접근하는 함수를 호출하고 싶다면, 아마도 가장 간단한 아이디어는 클래스 메소드가 아닌 클래스

밖의 일반 함수를 사용하는 방법일 것이다. 이 방법에서는 호출 과정에서 인스턴스를 기대하지 않는다. 다음에서 spam.py를 변경하여 파이썬 3.X와 2.X에서 동일하게 동작하도록 하였다.

```
def printNumInstances():
    print("Number of instances created: %s" % Spam.numInstances)

class Spam:
    numInstances = 0
    def __init__(self):
        Spam.numInstances = Spam.numInstances + 1

C:\code> py -3
>>> import spam
>>> a = spam.Spam()
>>> b = spam.Spam()
>>> c = spam.Spam()
>>> spam.printNumInstances()            # 하지만 함수는 극단적으로 제거될 수 있음
Number of instances created: 3          # 그리고 상속에 의해 변경될 수 없음
>>> spam.Spam.numInstances
3
```

클래스 이름은 단순한 함수에서 전역 변수로 접근 가능하기 때문에 이 코드는 문제없이 동작한다. 또한 함수의 이름이 전역 범위가 되었지만, 이 단일 모듈에 대해서만 그렇다는 점을 명심하자. 이 이름이 프로그램의 다른 파일의 이름과 충돌하지는 않을 것이다.

파이썬의 정적 메소드 이전에는 이 구조가 일반적인 규정이었다. 파이썬은 이미 네임스페이스 분할 도구로 모듈을 제공하기 때문에 누군가는 함수가 객체의 행위를 구현하지 않는다면, 일반적으로 클래스 내에 함수를 포함시켜야 할 필요가 전혀 없다고 주장할 수도 있다. 여기의 함수와 같이 모듈 내의 단순한 함수는 인스턴스가 없는 클래스 메소드가 할 수 있는 것보다 더 많은 일을 하며, 클래스와 동일한 모듈에 존재하기 때문에 이미 클래스와 연결되어 있다.

불행하게도 이 방법은 여전히 이상적이지 못하다. 그 이유 중 하나로, 함수는 이 파일의 범위에 단지 하나의 클래스를 처리하기 위해 사용되는 이름을 추가하게 된다는 것이다. 또한, 함수는 구조에 의해 클래스에 연결되므로 덜 직접적이다. 사실은 함수의 정의가 수백 라인이 넘어갈 수도 있다. 아마도 이보다 더 안 좋은 것은 이와 같은 단순한 함수가 클래스의 네임스페이스 외부에 존재하기 때문에 상속에 의해 수정될 수도 없다는 데 있다. 서브클래스에서 직접 교체할 수도, 이 함수를 재정의하여 확장할 수도 없다.

우리는 이 예제를 일반 메소드를 이용하여 버전 중립적인 방식으로 동작하도록 해볼 수 있을 것이다. 그리고 평상시처럼 인스턴스를 통해서(또는 이를 가지고) 메소드를 호출하면 된다.

```
class Spam:
    numInstances = 0
    def __init__(self):
        Spam.numInstances = Spam.numInstances + 1
    def printNumInstances(self):
        print("Number of instances created: %s" % Spam.numInstances)

C:\code> py -3
>>> from spam import Spam
>>> a, b, c = Spam(), Spam(), Spam()
>>> a.printNumInstances()
Number of instances created: 3
>>> Spam.printNumInstances(a)
Number of instances created: 3
>>> Spam().printNumInstances()            # 하지만 카운터를 가져오는 것은 카운터를 변경시킴!
Number of instances created: 4
```

불행하게도 앞에서 언급한 것과 같이 이 방식은 만약 우리가 이용할 만한 인스턴스가 없다면, 코드의 마지막 줄에서 설명한 것처럼 인스턴스가 클래스 데이터를 변경하게 되므로 완전히 실행 불가능하다. 더 나은 해결책은 어떻게든 클래스 내부의 메소드를 인스턴스가 전혀 필요 없는 것으로 표시하는 것이다. 다음 절에서 해당 방식에 대해 알아보자.

정적 메소드와 클래스 메소드 사용하기

또 다른 방법으로는 클래스 또는 그의 인스턴스를 통해 호출되든 상관없이 클래스와 연결된 단순 함수를 코딩하는 것이다. 우리는 파이썬 2.2를 기점으로 정적 메소드와 클래스 메소드를 이용하여 클래스를 코딩할 수 있다. 이 두 메소드는 호출될 때 인스턴스 인수를 필요로 하지 않는다. 이러한 메소드를 지명하기 위해 클래스는 내장된 함수인 staticmethod와 classmethod를 호출한다. 이 둘 모두 함수 객체를 특별한 것으로 표시한다. 즉 정적 메소드의 경우 인스턴스가 필요 없는 것으로, 클래스 메소드의 경우 클래스 인수가 필요한 것으로 표시한다. 예를 들어, 파일 bothmethods.py(리스트를 이용하여 2.X와 3.X의 프린팅을 통합하였으나, 2.X의 레거시 클래스에서는 약간 다르게 디스플레이된다)에서는 이 코드의 마지막 두 할당이 어떻게 간단하게 메소드 이름 smeth와 cmeth를 재할당(또는 재결합)하는지에 대해서 주목하자.

```
# bothmethods.py 파일

class Methods:
    def imeth(self, x):          # 일반 인스턴스 모드: self를 전달
        print([self, x])
```

```
    def smeth(x):              # Static: 인스턴스를 전달하지 않음
        print([x])

    def cmeth(cls, x):         # Class: 인스턴스가 아니라 클래스를 취함
        print([cls, x])

smeth = staticmethod(smeth)    # smeth를 static 메소드로(또는 @. 이후 내용 참조)
cmeth = classmethod(cmeth)     # cmeth를 class 메소드로(또는 @. 이후 내용 참조)
```

속성은 class문에서의 할당에 의해 생성되고 변경되므로 이 마지막 할당은 단순히 앞에서 def로 이루어진 할당을 덮어쓴다. 곧 보게 되겠지만, 특수문자 @ 구문은 프로퍼티를 위해 동작하는 것과 마찬가지로 여기에서도 대안으로 사용할 수 있다. 하지만 먼저 이 구문이 자동화하는 할당문에 대해 이해하지 않고서는 이를 이해하기 어려울 것이다.

기술적으로 파이썬은 이제 상이한 인수 프로토콜을 가짐과 동시에 세 종류의 클래스 관련 메소드를 지원한다.

- 인스턴스 메소드: self 인스턴스 객체를 전달함(기본 방식)
- 정적 메소드: 추가 객체를 전달하지 않음(staticmethod를 통해)
- 클래스 메소드: 클래스 객체를 전달(classmethod를 통하거나, 메타클래스 고유의 메소드)

더불어 파이썬 3.X는 클래스 내의 단순 함수를 이 함수가 클래스 객체만을 통해서 호출될 때, 별도의 프로토콜 없이 정적 메소드의 역할을 수행하도록 허용함으로써 이 모델을 확장하였다. bothmethods.py 모듈은 이름과는 달리 이 세 유형의 메소드를 보여 주고 있다. 따라서 이에 대해 차례대로 확장해 보자!

인스턴스 메소드는 지금까지 봐온 대로 일반적이고 기본적인 형태이며, 인스턴스 객체와 함께 호출해야 한다. 인스턴스를 통해 메소드를 호출하면 파이썬은 자동으로 그 인스턴스를 첫 번째(제일 왼쪽) 인수로 전달한다. 하지만 클래스를 통해 메소드를 호출하면 인스턴스를 수동으로 전달해야 한다. 다음 코드를 살펴보도록 하자.

```
>>> from bothmethods import Methods    # 일반 인스턴스 메소드
>>> obj = Methods()                     # 인스턴스 또는 클래스를 통해 호출 가능
>>> obj.imeth(1)
[<bothmethods.Methods object at 0x0000000002A15710>, 1]
>>> Methods.imeth(obj, 2)
[<bothmethods.Methods object at 0x0000000002A15710>, 2]
```

반면에 정적 메소드는 인스턴스 인수 없이 호출될 수 있다. 이 메소드 이름들은 클래스 외부의 단순한 함수와는 달리 이들이 정의된 클래스에 대하여 지역 범위를 가지며, 상속에 의해 찾아볼 수 있다. 인스턴스가 없는 함수는 파이썬 3.X에서는 일반적으로 클래스를 통해 호출될 수 있지만, 2.X에서는 기본적으로 불가능하다. 내장된 staticmethod을 사용하여 이러한 메소드가 3.X에서 인스턴스를 통해서도 호출 가능하도록 하고, 파이썬 2.X에서 클래스와 인스턴스 둘 다를 통해서 호출 가능하도록 할 수 있다(즉, 다음 예제의 첫 줄은 3.X에서 staticmethod가 없이도 동작 가능하지만, 두 번째 줄은 그렇지 않다).

```
>>> Methods.smeth(3)          # 정적 메소드: 클래스를 통해 호출
[3]                           # 인스턴스가 전달되지도, 이를 기대하지도 않음
>>> obj.smeth(4)              # 정적 메소드: 인스턴스를 통해 호출
[4]                           # 인스턴스가 전달되지 않음
```

클래스 메소드는 유사하지만, 파이썬이 이 메소드가 클래스 또는 인스턴스 둘 중 무엇으로 호출되더라도 클래스 메소드의 첫 번째(가장 왼쪽) 인수에 자동으로 클래스(인스턴스가 아니라)를 전달한다.

```
>>> Methods.cmeth(5)          # Class 메소드: 클래스를 통해 호출
[<class 'bothmethods.Methods'>, 5]   # cmeth(Methods, 5)와 동일
>>> obj.cmeth(6)              # Class 메소드: 인스턴스를 통해 호출
[<class 'bothmethods.Methods'>, 6]   # cmeth(Methods, 6)와 동일
```

40장에서 우리는 메타클래스 메소드(유일하고, 진보된, 그리고 기술적으로 구별되는 메소드 타입)가 여기에서 살펴본 명시적으로 선언된 클래스 메소드와 유사하게 동작한다는 것을 알게 될 것이다.

정적 메소드를 이용하여 인스턴스 개수 세기

이제 이 내장된 메소드들을 고려하여 여기 이 절의 인스턴스 개수를 세는 예제에 상응하는 정적 메소드를 작성해 보자. 이는 메소드를 특별한 것으로 표시하기 때문에 결코 자동으로 인스턴스가 전달되지 않는다.

```
class Spam:
    numInstances = 0                      # 클래스 데이터를 위해 static 메소드 사용
    def __init__(self):
        Spam.numInstances += 1
    def printNumInstances():
        print("Number of instances: %s" % Spam.numInstances)
    printNumInstances = staticmethod(printNumInstances)
```

내장된 정적 메소드를 사용함으로써 self가 없는 메소드가 파이썬 2.X와 3.X 모두에서 클래스 또는 이 클래스의 인스턴스를 통해서 호출될 수 있도록 해준다.

```
>>> from spam_static import Spam
>>> a = Spam()
>>> b = Spam()
>>> c = Spam()
>>> Spam.printNumInstances()            # 단순한 함수로 호출
Number of instances: 3
>>> a.printNumInstances()               # 인스턴스 인수가 전달되지 않음
Number of instances: 3
```

앞서 설명한 것처럼 단순히 printNumInstances를 클래스 외부로 이동시키는 방법에 비교해 볼 때, 이 방식은 추가 staticmethod 호출(또는 앞으로 보게 될 @ 줄)을 필요로 한다. 하지만 이는 함수 이름을 클래스 범위 내의 지역 범위로 국한시킨다(따라서 이것은 모듈 내의 다른 이름들과 충돌을 일으키지 않는다). 함수 코드를 그 코드가 사용될 곳(class문 내부)과 더 가깝게 이동시키고 서브클래스를 허용함으로써 상속을 이용하여 정적 메소드를 **변경할** 수 있도록 허용한다. 상속은 슈퍼클래스가 작성된 파일로부터 함수를 임포트하는 것보다 더 편리하고 강력한 방식이다. 다음 서브클래스와 새로운 테스트 세션은 이를 보여 준다(파일을 변경한 후, 반드시 새로운 세션을 시작해야 한다. 그렇게 해야 여러분이 작성한 from이 파일의 가장 최근 버전을 로드할 수 있다).

```
class Sub(Spam):
    def printNumInstances():                # 정적 메소드 재정의
        print("Extra stuff...")             # 하지만 원래 버전을 재호출
        Spam.printNumInstances()
    printNumInstances = staticmethod(printNumInstances)

>>> from spam_static import Spam, Sub
>>> a = Sub()
>>> b = Sub()
>>> a.printNumInstances()                   # 서브클래스 인스턴스로부터 호출
Extra stuff...
Number of instances: 2
>>> Sub.printNumInstances()                 # 서브클래스 자체로부터 호출
Extra stuff...
Number of instances: 2
>>> Spam.printNumInstances()                # 원래 버전을 호출
Number of instances: 2
```

게다가 클래스는 정적 메소드를 재정의하지 않고 상속할 수 있다. 이 메소드는 클래스 트리의 어디에서 정의되었는지와 상관없이 인스턴스 없이 실행된다.

```
>>> class Other(Spam): pass          # 말 그대로 정적 메소드를 상속

>>> c = Other()
>>> c.printNumInstances()
Number of instances: 3
```

어떻게 이것이 슈퍼클래스의 인스턴스 카운터를 증가시키는지에 대하여 주목해 보자. 이는 슈퍼클래스의 생성자가 상속되어 실행되기 때문이다. 이 행위에 대해서는 다음 절에서 살펴보자.

클래스 메소드를 이용하여 인스턴스 개수 세기

흥미롭게도, 클래스 메소드도 여기에서 유사하게 동작할 수 있다. 다음은 앞에서 보여 준 정적 메소드 버전과 똑같은 행위를 하지만, 여기에서는 처음 인수로 인스턴스의 클래스를 받는 클래스 메소드를 사용한다. 클래스 이름을 하드코딩하는 대신, 클래스 메소드는 일반적으로 자동으로 전달되는 클래스 객체를 사용한다.

```
class Spam:
    numInstances = 0                 # 정적 메소드 대신에 클래스 메소드 사용
    def __init__(self):
        Spam.numInstances += 1
    def printNumInstances(cls):
        print("Number of instances: %s" % cls.numInstances)
    printNumInstances = classmethod(printNumInstances)
```

이 클래스는 이전 버전과 똑같은 방식으로 사용되지만, 여기에서의 printNumInstances 메소드는 클래스와 인스턴스 둘 모두로부터 호출될 때 인스턴스가 아닌 Spam 클래스를 받는다.

```
>>> from spam_class import Spam
>>> a, b = Spam(), Spam()
>>> a.printNumInstances()            # 첫 번째 인수에 클래스를 전달
Number of instances: 2
>>> Spam.printNumInstances()         # 역시 첫 번째 인수에 클래스를 전달
Number of instances: 2
```

하지만 클래스 메소드를 사용할 때는 이 메소드가 호출 대상 중 가장 명확한(즉, 가장 낮은) 클래스를 받는다는 점을 기억하자. 이는 클래스 데이터를 전달된 클래스를 통해 업데이트하려 할 때 몇 가지 미묘한 영향을 미치게 된다. 그 예로 만약 모듈 spam_class.py에서 우리가 이전처럼 변경하기 위해 서브클래싱하고, cls 인수도 디스플레이하기 위해 Spam.printNumInstances

를 강화하고 테스트 세션을 새로 시작하면 클래스 메소드가 실행되는 시점과 상관없이 가장 낮은 클래스가 전달된다.

```
class Spam:
    numInstances = 0                        # 전달된 클래스 추적
    def __init__(self):
        Spam.numInstances += 1
    def printNumInstances(cls):
        print("Number of instances: %s %s" % (cls.numInstances, cls))
    printNumInstances = classmethod(printNumInstances)

class Sub(Spam):
    def printNumInstances(cls):             # 클래스 메소드 재정의
        print("Extra stuff...", cls)        # 하지만 원래 버전을 재호출
        Spam.printNumInstances()
    printNumInstances = classmethod(printNumInstances)

class Other(Spam): pass                     # 말 그대로 클래스 메소드 상속
```

심지어 자신만의 클래스 메소드가 없는 서브클래스의 경우에도 동일하다.

```
>>> from spam_class import Spam, Sub, Other
>>> x = Sub()
>>> y = Spam()
>>> x.printNumInstances()                   # 서브클래스 인스턴스로부터 호출
Extra stuff... <class 'spam_class.Sub'>
Number of instances: 2 <class 'spam_class.Spam'>
>>> Sub.printNumInstances()                 # 서브클래스 자체로부터 호출
Extra stuff... <class 'spam_class.Sub'>
Number of instances: 2 <class 'spam_class.Spam'>
>>> y.printNumInstances()                   # 슈퍼클래스 인스턴스로부터 호출
Number of instances: 2 <class 'spam_class.Spam'>
```

여기 첫 번째 호출에서 클래스 메소드는 서브클래스 Sub의 인스턴스를 통해 호출되며, 파이 썬은 가장 낮은 클래스인 Sub를 클래스 메소드에 전달한다. 이 경우에는 모든 것이 잘 동작한다. Sub가 메소드를 재정의한 것이 슈퍼클래스 Spam 버전을 명시적으로 호출하기 때문에 Spam의 슈퍼클래스 메소드는 첫 번째 인수로 자기 자신인 클래스를 받는다. 하지만 말 그대로 클래스 메소드를 상속받은 객체에서는 어떤 일이 발생하는지 확인해 보자.

```
>>> z = Other()                             # 더 낮은 서브클래스의 인스턴스로부터 호출
>>> z.printNumInstances()
Number of instances: 3 <class 'spam_class.Other'>
```

이 마지막 호출은 Other를 Spam의 클래스 메소드에 전달한다. 여기에서 이렇게 동작하는 이유는 카운터를 가져오면서 상속에 의해 Spam에서 Other를 발견하기 때문이다. 하지만 만약 이 메소드가 전달된 클래스 데이터에 할당하려 한다면, 이는 Spam이 아니라 Other를 업데이트하게 될 것이다. 이 특별한 경우가 만약 전달된 클래스 인수에 의존하는 것보다 자신의 모든 서브클래스의 인스턴스를 세는 것이 목적이라면, Spam은 아마도 자신의 데이터를 업데이트 하기 위해 자신의 클래스 이름을 하드코딩하는 것이 더 나을 수도 있다.

클래스 메소드를 이용한 클래스별 인스턴스 개수 세기

실제로, 클래스 메소드는 항상 인스턴스 트리에서 가장 낮은 클래스를 받기 때문에 다음과 같은 성질을 가진다.

- 정적 메소드와 명시적 클래스 이름은 클래스에 대해 지역 범위를 갖는 데이터를 처리하기에 더 나은 방안이 될 것이다.
- 클래스 메소드는 계층 구조 내의 각 클래스별로 다른 데이터를 처리하는 데 더 적합하다.

예를 들어, **클래스별** 인스턴스 카운터를 관리하기 위한 코드는 클래스 메소드를 활용하는 것이 가장 나을 것이다. 다음 예제에서 최상위 슈퍼클래스는 클래스 메소드를 이용해 클래스마다 다르고, 트리 안의 각 클래스에 저장되는 정보를 관리한다. 이것은 인스턴스 메소드가 클래스 인스턴스마다 다른 상태 정보를 관리하는 방식과 유사하다.

```
class Spam:
    numInstances = 0
    def count(cls):                        # 클래스별 인스턴스 카운터
        cls.numInstances += 1              # cls는 인스턴스 위 가장 낮은 클래스
    def __init__(self):
        self.count()                       # self.__class__를 count에 전달
    count = classmethod(count)

class Sub(Spam):
    numInstances = 0
    def __init__(self):                    # __init__을 재정의
        Spam.__init__(self)

class Other(Spam):                         # __init__을 상속
    numInstances = 0

>>> from spam_class2 import Spam, Sub, Other
>>> x = Spam()
>>> y1, y2 = Sub(), Sub()
```

```
>>> z1, z2, z3 = Other(), Other(), Other()
>>> x.numInstances, y1.numInstances, z1.numInstances      # 클래스별 데이터!
(1, 2, 3)
>>> Spam.numInstances, Sub.numInstances, Other.numInstances
(1, 2, 3)
```

정적 메소드와 클래스 메소드는 추가적인 고급 역할을 가지고 있는데, 그 역할을 우리가 여기서 능숙하게 해낼 것이다. 더 많은 사례를 위해 다른 자료들을 참조하자. 하지만 최근 파이썬 버전에서 정적 메소드와 클래스 메소드 지명은 **함수 데코레이션** 구문의 출현으로 좀 더 단순해졌다(함수 데코레이션은 하나의 함수를 다른 함수에 적용하는 방법으로, 최초의 동기였던 정적 메소드 사례를 넘어서는 역할을 가지고 있다. 이 구문은 또한 파이썬 2.X와 3.X에서 **클래스를 강화할 수 있도록 해준다). 그 예로, 마지막 예제의 numInstances 카운터와 같은 데이터를 초기화해 주는 것을 들 수 있다. 다음 절에서 이 방법에 대해 알아보도록 하자.

 파이썬 메소드 유형에 덧붙이자면, 40장의 **메타클래스 메소드**의 내용을 반드시 확인하자. 이 메소드는 메타클래스의 인스턴스인 **클래스**를 처리하기 위해 설계되었기 때문에 여기에서 정의한 클래스 메소드와 매우 유사하지만 classmethod 선언은 필요 없으며, 오직 메타클래스 영역에만 적용된다.

데코레이터와 메타클래스: 파트 1

이전 절에서 설명했던 staticmethod와 classmethod 호출 기법은 처음에는 일부 관찰자들에게는 모호하게 보일 수 있기 때문에 결국 이 동작을 더 단순하게 만들기 위해 장치가 추가되었다. 파이썬 데코레이터(자바의 주석의 개념 및 구문과 유사하다)는 이 특수한 요구 사항을 해결하고 함수와 클래스, 또는 이들에 대한 호출, 모두를 관리하는 로직을 추가하기 위한 일반적인 도구를 제공한다.

이는 '데코레이션'이라 불리지만 보다 정확한 용어로 말하자면 함수와 클래스 정의 시점에 명시적인 구문을 이용하여 부가적인 처리 절차를 실행하는 방법일 뿐이다. 여기에는 두 가지 방식이 있다.

- 함수 데코레이터 — 초기부터 있었던 데코레이터로 파이썬 2.4에서 추가되었으며, 함수 정의를 강화해 준다. 이것은 다른 함수로 구현된 로직의 부가적인 계층 내에 단순 함수와 클래스의 메소드를 래핑함으로써 특별 동작 방식을 명시하며, 메타함수라고도 불린다.

- 클래스 데코레이터 — 나중에 파이썬 2.6과 3.0에서 추가된 확장 기능으로 클래스 정의를 강화한다. 이것은 클래스와 동일한 역할을 하면서 전체 객체와 이들의 인터페이스의 관리를 지원하는 기능이 추가되었다. 비록 클래스 데코레이터가 더 단순하겠지만, 종종 **메타클래스**와 역할 측면에서 중첩되기도 한다.

함수 데코레이터는 매우 일반적인 도구다. 이는 정적 메소드와 클래스 메소드의 용도 외에도 함수에 많은 유형의 로직을 추가하는 데 있어 유용하다. 예를 들어, 이것은 함수에 대한 호출을 기록하고 디버깅하는 동안 전달되는 인수의 타입을 검사하는 등, 코드를 이용하여 함수를 강화하는 데 사용될 수 있다. 함수 데코레이터는 함수 자체와 이후에 발생할 함수에 대한 호출 모두를 관리하기 위해 사용될 수 있다. 후자의 방식에서는 함수 데코레이터는 31장에서 살펴보았던 **위임** 설계 패턴과 유사하지만, 함수 데코레이터는 전체 객체 인터페이스가 아닌 특정 함수 또는 메소드 호출을 강화하기 위해 설계되었다는 점에서 다르다.

파이썬은 정적 메소드와 클래스 메소드를 표시하고 프로퍼티를 정의(앞에서 설명했듯이, 내장된 property는 자동적으로 데코레이터로 동작한다)하는 등의 작업을 위한 몇몇 내장된 함수 데코레이터를 제공하지만, 프로그래머는 자신들만의 임의 데코레이터를 코딩할 수도 있다. 비록 이들이 클래스에 절대적으로 얽매여 있지는 않지만, 사용자 정의 함수 데코레이터는 종종 상태 정보와 같은 다른 데이터와 함께, 나중에 있을 호출을 위해 원래의 함수를 저장하기 위하여 클래스로 코딩될 수 있다.

이는 꽤 유용한 특징이기 때문에 파이썬 2.6, 2.7, 3.X에서 확장되었다. **클래스 데코레이터**는 클래스도 강화시키고, 클래스 모델과 보다 직접적으로 관련되어 있다. 함수 데코레이터와 마찬가지로 클래스 데코레이터는 클래스 자체와 나중에 있을 인스턴스 생성 호출을 관리하게 되며, 종종 후자의 방식에서 **위임**을 사용한다. 앞으로 보게 되겠지만, 클래스 데코레이터의 역할 역시 **메타클래스**와 종종 겹치기도 한다. 그럴 경우, 더 신규 기능인 클래스 데코레이터가 동일한 목표를 달성하는 데 있어 더 가벼운 방법을 제공하게 될 것이다.

함수 데코레이터의 기본

구문적으로, 함수 데코레이터는 뒤따라오는 함수에 대한 일종의 런타임 선언이다. 함수 데코레이터는 함수 또는 메소드를 정의하는 def문 직전, 한 줄에 독자적으로 코딩된다. 이는 @ 기호와 그 뒤에 **메타함수**(다른 함수를 관리하는 함수(또는 다른 호출 가능한 객체))라 불리는 것으로 구성된다. 예를 들어, 파이썬 2.4 이후로 정적 메소드는 아래와 같이 데코레이터 구문으로 코딩되어야 한다.

```
class C:
    @staticmethod                          # 함수 데코레이션 구문
    def meth():
        ...
```

내부적으로, 이 구문은 다음과 동일한 결과를 갖는다. 함수를 데코레이터를 통해 전달하고 원래의 이름에 해당 결과를 할당한다.

```
class C:
    def meth():
        ...
    meth = staticmethod(meth)              # 이름을 재결합하는 것과 동일
```

데코레이션은 메소드 이름을 데코레이터의 결과와 **재결합한다.** 그 결과, 메소드 함수의 이름을 나중에 호출하는 것은 실제로 먼저 staticmethod 데코레이터의 결과를 유발하게 된다. 데코레이터는 어떤 종류의 객체라도 반환할 수 있기 때문에 데코레이터가 모든 호출에 실행될 로직 계층을 삽입하는 것을 허용한다. 데코레이터 함수는 자유롭게 원래 함수 자체를 반환하거나 별도의 로직 계층이 실행된 후 간접적으로 호출된 데코레이터에 전달된 원래 함수를 저장하는 신규 **프록시** 객체를 반환할 수 있다.

이 추가 기능을 활용하여 파이썬 2.X 또는 3.X에서 이전 절의 정적 메소드 예제를 코딩하는 더 나은 방법을 살펴보자.

```
class Spam:
    numInstances = 0
    def __init__(self):
        Spam.numInstances = Spam.numInstances + 1

    @staticmethod
    def printNumInstances():
        print("Number of instances created: %s" % Spam.numInstances)

>>> from spam_static_deco import Spam
>>> a = Spam()
>>> b = Spam()
>>> c = Spam()
>>> Spam.printNumInstances()                # 클래스와 인스턴스로부터 호출이 모두 가능함
Number of instances created: 3
>>> a.printNumInstances()
Number of instances created: 3
```

내장된 함수인 classmethod와 property 역시 함수를 받고 반환하기 때문에 이들은 동일한 방식으로 데코레이터로 사용될 수 있을 것이다. 다음에서 볼 이전 bothmethods.py에 대한 변형처럼 말이다.

```
# bothmethods_decorators.py 파일

class Methods(object):              # 2.X에서 프로퍼티 설정을 위해 object 필요
    def imeth(self, x):             # 일반 인스턴스 메소드: self를 전달
        print([self, x])

    @staticmethod
    def smeth(x):                              # 정적 메소드: 인스턴스가 전달되지 않음
        print([x])

    @classmethod
    def cmeth(cls, x):              # 클래스 메소드: 인스턴스가 아닌 클래스를 받음
        print([cls, x])

    @property                       # 프로퍼티: 가져오는 시점에 연산
    def name(self):
        return 'Bob ' + self.__class__.__name__

>>> from bothmethods_decorators import Methods
>>> obj = Methods()
>>> obj.imeth(1)
[<bothmethods_decorators.Methods object at 0x0000000002A256A0>, 1]
>>> obj.smeth(2)
[2]
>>> obj.cmeth(3)
[<class 'bothmethods_decorators.Methods'>, 3]
>>> obj.name
'Bob Methods'
```

여기에서 staticmethod와 그 친척들은 여전히 내장된 함수라는 점을 기억하자. 이들은 함수를 인수로 취하고 원래 함수 이름에 재결합될 호출 가능한 객체에 전달하기 때문에 데코레이션 구문에서 사용될 수 있다. 실제로, 이러한 함수도 우리가 직접 작성한 사용자 정의 함수를 포함하여 해당 방식으로 사용될 수 있다.

사용자 정의 함수 데코레이터의 소개

파이썬이 데코레이터로 사용될 수 있는 몇몇 내장된 함수를 제공하더라도, 우리 또한 우리만의 데코레이터를 작성할 수 있다. 이들의 광범위한 효용 때문에 우리는 이 책이 마지막 파트에

서 데코레이터를 코딩하는 것에 한 장 전체를 할애할 것이다. 짧은 예제로, 간단한 사용자 정의 데코레이터를 살펴보자.

30장에서 설명한 __call__ 연산자 오버로딩 메소드가 클래스 인스턴스를 위한 함수 호출 인터페이스를 구현한다는 사실을 기억하자. 다음 코드는 인스턴스에서 데코레이션될 함수를 저장하고 원래 이름으로의 호출을 잡아내는 호출 **프록시** 클래스를 정의하기 위해 사용자 정의 데코레이터를 사용한다. 사용자 정의 데코레이터는 클래스이기 때문에 상태 정보(호출 횟수 카운터)를 가진다.

```python
class tracer:
    def __init__(self, func):           # 원래 버전을 기억하고 카운터를 초기화
        self.calls = 0
        self.func = func
    def __call__(self, *args):          # 나중 호출 시: 로직을 추가하고 원래 버전 실행
        self.calls += 1
        print('call %s to %s' % (self.calls, self.func.__name__))
        return self.func(*args)

@tracer                                 # spam = tracer(spam)가 동일
def spam(a, b, c):                      # spam을 데코레이터 객체 내부에 래핑
    return a + b + c

print(spam(1, 2, 3))                    # 실제로 래핑 객체인 tracer 호출
print(spam('a', 'b', 'c'))             # 클래스 내 __call__ 호출
```

spam 함수는 tracer 데코레이터를 통해 실행되므로 원래의 spam 이름이 호출될 때 실제로 클래스 내의 __call__ 메소드를 호출한다. 이 메소드는 호출을 기록하고 횟수를 세며, 원래의 함수에 그 값을 전송한다. 어떻게 *name 인수 구문이 전달된 인수를 묶고 푸는 데 사용되는지 알도록 하자. 이 인수 구문 때문에 이 데코레이터는 몇 개의 위치적 인수를 받더라도 이를 사용해 어떤 함수라도 래핑할 수 있다.

그 결과, 원래의 spam 함수에 로직 계층을 추가하게 된다. 여기 3.X와 2.X에서의 스크립트의 결과를 보자. 첫 번째 줄은 tracer 클래스로부터 비롯하였으며, 두 번째 줄은 spam 함수 그 자체의 반환값을 제공한다.

```
c:\code> python tracer1.py
call 1 to spam
6
call 2 to spam
abc
```

더 많은 통찰력을 얻기 위해서 이 예제의 코드를 따라가 보자. 지금으로서는 이 데코레이터가 위치적 인수를 취하는 어떤 함수에서도 동작하지만, 이는 키워드 인수를 처리하지는 않으며, 클래스 레벨의 메소드 함수를 데코레이트하지 않는다(요약하면, 메소드를 위해 __call__은 tracer 인스턴스만 전달된다). 파트 8에서 보게 되겠지만, 함수 데코레이터를 코딩하는 데에는 중첩 def 문을 포함하여 여러 방법이 있다. 이 방법들 중 일부는 여기에서 보여 준 버전보다는 메소드에 더 잘 맞기도 한다.

예를 들어 상태 정보를 위해서 속성을 갖는 호출 가능한 클래스 인스턴스 대신, 유효 범위를 갖는 중첩 함수를 사용함으로써 함수 데코레이터는 종종 클래스 레벨의 메소드에서도 보다 광범위하게 적용 가능하게 된다. 이에 대한 자세한 내용에 대해서는 다음에 전체적으로 알아보기로 하고, 여기에서는 **클로저** 기반의 코딩 모델을 간단히 살펴보자. 여기서는 이식성을 위해 함수 속성을 이용해 카운터 상태를 저장하지만, 3.X에서만 사용한다면 그 대신에 변수와 nonlocal문을 활용할 수 있다.

```python
def tracer(func):                        # 원래 함수를 기억
    def oncall(*args):                   # 나중에 호출될 함수에 전달됨
        oncall.calls += 1
        print('call %s to %s' % (oncall.calls, func.__name__))
        return func(*args)
    oncall.calls = 0
    return oncall

class C:
    @tracer
    def spam(self,a, b, c): return a + b + c

x = C()
print(x.spam(1, 2, 3))
print(x.spam('a', 'b', 'c'))             # tracer1과 같은 결과가 출력됨(tracer2.py 파일)
```

클래스 데코레이터와 메타클래스의 소개

함수 데코레이터는 매우 유용하여 파이썬 2.6과 3.0에서 데코레이터가 함수와 마찬가지로 클래스에도 적용될 수 있도록 그 모델을 확장하였다. 간단히 말해서 **클래스 데코레이터**는 함수 데코레이터와 유사하지만, 이들은 클래스 이름을 호출 가능한 객체와 재결합하기 위해 class문 마지막에서 실행된다. 그렇기 때문에 클래스 데코레이터는 생성된 직후에 클래스를 관리하거나, 나중에 생성되는 시점에 인스턴스를 관리하기 위한 래퍼(wrapper) 로직의 계층을 삽입하는 데 사용될 수 있다. 상징적으로 다음의 코드 구조는

```
def decorator(aClass): ...

@decorator                              # 클래스 데코레이션 구문
class C: ...
```

그에 상응하는 다음 코드에 매핑된다.

```
def decorator(aClass): ...

class C: ...                            # 그에 상응하는 이름 재결합
C = decorator(C)
```

클래스 데코레이터는 자유롭게 클래스 자체를 강화하거나 나중의 인스턴스 생성 호출을 가로
채는 **프록시 객체**를 반환한다. 예를 들어, 1300쪽의 "클래스 메소드를 이용한 클래스별 인스
턴스 개수 세기"절에 나온 코드에서 우리는 인스턴스 카운터와 그 외 다른 필요 데이터로 클
래스를 자동으로 강화시키기 위해 이 클래스 데코레이터를 사용할 수 있다.

```
def count(aClass):
    aClass.numInstances = 0
    return aClass                       # 래퍼 함수 대신 클래스 자체를 반환

@count
class Spam: ...                         # Spam = count(Spam)와 동일

@count
class Sub(Spam): ...                    # numInstances = 0은 여기에서는 불필요

@count
class Other(Spam): ...
```

실제로, 코딩된 대로 이 데코레이터는 클래스 또는 함수에 적용될 수 있다. 여기서는 객체의
속성을 초기화한 후에 어떤 맥락에서도 정의될 수 있는 객체를 반환한다.

```
@count
def spam(): pass                        # spam = count(spam)와 동일

@count
class Other: pass                       # Other = count(Other)와 동일

spam.numInstances                       # 둘 모두 0으로 설정
Other.numInstances
```

이 데코레이터가 함수 또는 클래스 자체를 관리할 수 있지만, 이 책의 뒤에서 보게 되듯이, 클래스 데코레이터는 생성 호출을 가로채고, 더 나중의 요청을 가로채기 위해 속성 접근자 도구를 활용하는 **프록시**에 새로운 인스턴스 객체를 래핑함으로써 객체의 전체 **인터페이스** 또한 관리할 수 있다. 39장에서 클래스 속성 프라이버시를 구현할 때 사용하게 될 다중 레벨 코딩 기법이다. 이 모델에 대해 간략히 살펴보자면 다음과 같다.

```python
def decorator(cls):                          # @ decoration 시
    class Proxy:
        def __init__(self, *args):           # 인스턴스 생성 시: cls를 생성
            self.wrapped = cls(*args)
        def __getattr__(self, name):         # 속성 가져올 때: 추가 동작은 여기에
            return getattr(self.wrapped, name)
    return Proxy

@decorator
class C: ...                                  # C = decorator(C)와 동일
X = C()                                       # C를 감싸는 프록시 생성, 나중의 X.attr를 잡아냄
```

앞서 간단히 언급한 메타클래스는 클래스 데코레이터와 그 역할이 종종 겹치는 고급 클래스 기반의 도구다. 메타클래스는 class문의 마지막에서 최상위 type 클래스의 서브클래스에 클래스 객체 생성을 라우팅해 주는 대안적 모델을 제공한다.

```python
class Meta(type):
    def __new__(meta, classname, supers, classdict):
        ...추가 로직 + 타입 호출을 통한 클래스 생성...
class C(metaclass=Meta):
    ...인스턴스 생성이 Meta로 라우팅...            # C = Meta('C', (), {...})와 동일
```

파이썬 2.X에서도 그 결과는 동일하지만 코딩은 다르므로 class 헤더에 키워드 인수 대신 클래스 속성을 사용해야 한다.

```python
class C:
    __metaclass__ = Meta        ...인스턴스 생성이 Meta로 라우팅됨...
```

어느 버전에서도 파이썬은 class문이 실행되는 동안 정의된 데이터를 전달하여 새로운 클래스 객체를 생성하는 클래스의 메타클래스를 호출한다. 2.X에서는 메타클래스가 단순히 고전 형식의 클래스 생성자에 기본으로 주어진다.

```
classname = Meta(classname, superclasses, attributedict)
```

메타클래스는 새로운 클래스 객체 생성 또는 초기화에 대한 제어를 가정하여 일반적으로 이 호출을 가로채는 type 클래스의 __new__ 또는 __init__ 메소드를 재정의한다. 그 결과, 클래스 데코레이터를 활용하여 클래스 생성 시점에 자동으로 실행되는 코드를 정의할 수 있다. 여기 이 단계에서 클래스 이름을 사용자 정의 메타클래스 호출의 결과에 결합시킨다. 실제로, 메타클래스는 클래스여야 할 필요는 없다. 나중에 살펴보겠지만 이 도구와 데코레이터 사이의 구분이 애매한 지점들이 있고, 많은 역할에서 이 둘은 동일한 기능을 하기까지 한다.

클래스 데코레이터와 메타클래스 두 기법 모두 자유롭게 클래스를 강화하거나 클래스를 대체할 임의의 객체를 반환한다. 거의 무제한으로 클래스 기반 변경의 가능성을 가진 프로토콜이다. 뒤에서 보겠지만, 메타클래스는 클래스의 일반적인 인스턴스를 처리하는 것이 아니라 메소드를 정의한다. 이는 클래스 메소드와 유사한 기법으로, 클래스 데코레이터 프록시 또는 메타클래스 인스턴스를 반환하는 클래스 데코레이터에서 메소드와 데이터에 의해 모방될 수 있다. 이처럼 환각성 짙은 개념은 40장의 개념적 기반을 필요로 할 것이다(확실히 진정제 역할을 할 것이다!).

더 자세한 내용

당연히, 여기에서 보여 준 것보다 더 많은 데코레이터와 메타클래스 관련 내용들이 있다. 비록 그 내용들이 일부 패키지에서는 필수적인 용도를 가진 일반적인 기법이라 하더라도, **새로운** 사용자 정의 데코레이터와 메타클래스를 코딩하는 것은 주로 애플리케이션 프로그래머가 아닌 도구 제작자들이 관심을 갖는 고급 주제다. 그렇기 때문에 우리는 이 책의 마지막이자 선택적 파트에서 이에 대한 추가 내용들을 다루도록 하겠다.

- 38장에서는 어떻게 함수 데코레이터 구문을 사용하여 프로퍼티를 코딩하는지에 대하여 더 심도 있게 보여 줄 것이다.
- 39장은 더 포괄적인 예제를 포함하여 데코레이터에 대하여 더 다룰 것이다.
- 40장에서는 메타클래스와 클래스/인스턴스 관리에 대한 내용에 대하여 더 다루고 있다.

이 장들은 고급 주제를 다루고 있지만, 이 장 외의 다른 부분들에서 제공하는 기초적인 내용들 외에 실제 현장에서 파이썬이 어떻게 사용되는지 볼 수 있는 기회를 제공한다. 지금은 우리의 마지막 클래스 관련 주제로 넘어가도록 하자.

내장 함수 super: 나아진 것인가 악화된 것인가?

지금까지 파이썬의 super 내장 함수에 대해서 간단하게만 언급하였는데, 이는 상대적으로 보편적이지 않으며 사용하기에 논란이 많기 때문이다. 하지만 최근 이 호출이 증가하는 점을 고려해 볼 때, 이 개정판에서는 이 내용에 대해 정교화할 충분한 가치가 있다. super를 소개하는 것 외에 이 절에서는 이번 장을 마무리하기 위해 파이썬과 같은 스크립트 언어에서 누군가에게는 흥미로워 보일 만한 많은 도구들에 대한 언어 디자인 사례를 소개한다.

이 절의 일부는 이 도구들의 확산에 의문을 제기하고 있으며, 나는 여러분이 여기의 주관적인 내용에 대하여 스스로 판단해 볼 것을 권한다(그리고 우리는 메타클래스와 디스크립터와 같은 다른 고급 도구들을 더 알아본 뒤 이 책의 마지막에서 다시 이와 같은 도구들에 대해 알아볼 것이다). 최근 몇 년 사이에도 파이썬이 여전히 급속도로 성장하고 있다는 점은 파이썬 커뮤니티가 앞으로 나가야 할 전략적 의사결정 지점에 와 있음을 의미하며, super는 이에 대한 대표적이자 훌륭한 예로 볼 수 있다.

super에 대한 엄청난 논쟁

28장과 29장에서 파이썬은 일반적으로 슈퍼클래스 메소드를 호출하는 데 사용될 수 있는 내장 함수인 super를 가지고 있다고 이야기했지만, 일부러 그 내용에 대한 언급을 여기까지 미루어 두었다. super는 전형적인 코드에서는 상당한 단점을 가지고 있으며, 그나마 이의 유일한 용도는 많은 관찰자들에게는 모호하고 복잡해 보이기 때문에 대부분의 입문자에게는 지금까지 사용된 전통적인 명시적 이름 호출 기법이 더 나은 방법이다. 28장 1044쪽의 칼럼인 "super에 대해"에서 이 정책의 정당한 근거에 대해 요약해 두었으니 확인해 보자.

파이썬 커뮤니티 자체는 '파이썬의 super는 해롭다(Python's Super Considered Harmful)'나 '파이썬의 super( )는 엄청나다!(Python's super( ) considered super!)'[3]와 같은 전반적인 온라인 글들에서 볼 수 있듯이, 이 주제에 대한 의견이 서로 다르다. 솔직히, 나의 오프라인 강의에서는 이 호출은

---

3 양쪽 모두 각자의 의견이지만, 읽어볼 것을 권한다. 전자는 결국에는 '파이썬의 super는 훌륭하다, 하지만 여러분은 사용할 수 없다(Python's Super is nifty, but you can't use it).'로 제목을 바꾸었으며, https://fuhm.net/super-harmful에서 확인할 수 있다. 이상하게도(그리고 주관적인 톤에도 불구하고) 두 번째 문서('파이썬의 super( )는 엄청나다!(Python's super( ) considered super!)') 만이 파이썬의 공식 라이브러리 매뉴얼에 포함되어 있다. 매뉴얼의 super절을 참조하자. 그리고 상이한 의견이 여러분의 도구 관련 문서에 공평하게 기술되거나 완전히 삭제되도록 요구해 보자. 파이썬의 매뉴얼은 개인적인 의견이나 논란이 있는 주제에 대해 한쪽의 손만 들어 주는 편협한 선전을 위한 공간이 아니다!

파이썬을 새롭게 사용하기 시작한 자바 프로그래머들이 가장 자주 관심을 보이는데, 이의 개념이 자바의 도구와 개념적 유사성을 가지고 있기 때문이다(많은 새로운 파이썬 특징들은 결국에는 다른 언어의 프로그래머들에게 있던 것들로부터 비롯하는데, 이는 그들의 옛 습관을 새로운 모델로 들여오게 된다). 파이썬의 super는 자바의 super가 아니다. 이는 파이썬의 다중 상속을 다르게 해석한 것으로 자바를 넘어서는 사례를 가지고 있다. 하지만 이는 그 개념부터 논란과 오해 모두를 낳았다.

이 책은 super 호출이 상당한 이슈를 가지고 있기 때문에 이에 대해 설명하는 것을 지금까지 미루어 두었다(그리고 이전 개정판에서는 거의 대부분 생략하였다). 그 이슈는 2.X에서는 엄두가 나지 않을 만큼 다루기 힘들고, 2.X와 3.X에 사이에 형태 측면에서 차이가 있으며, 전형적인 파이썬 코드에서 파이썬의 다중 상속과 연산자 오버로딩과 잘 섞이지 않는다는 점이다. 실제로, super는 일부 코드에서 문제를 가리고 더 나은 제어를 제공하는 더 명시적인 코딩 스타일을 방해한다.

변호하자면, 이 호출은 유효한 용도(다이아몬드 다중 상속 트리에서 협력관계의 동일 이름의 메소드를 가져오는 것)도 가지고 있지만 이는 입문자들에게 많은 것을 요구한다. 앞에서 __slots__를 논의할 때와 마찬가지로 super가 보편적으로 그리고 일관되게 사용될 것을 요구하고, 호출 순서를 정하기 위해 단언컨대 이해하기 어려운 MRO 알고리즘에 기반을 두었으며, 파이썬 프로그램의 표준보다 훨씬 더 예외적인 용도를 해결한다. 이 역할에서 super는 파이썬의 청중 대부분을 넘어 소수만이 이해할 수 있으며, 실제 프로그램 목표에 있어 인위적인 것으로 보이는 원칙에 기반을 둔 고급 도구다. 이를 제외하고도 super의 광범위한 사용에 대한 기대는 기존 파이썬 코드의 어마어마한 양을 생각해 볼 때 현실적이지 않다.

이 모든 이유로 언어를 소개하는 수준의 책에서는 지금까지 전형적인 명시적 이름 호출 기법을 선호하였으며, 입문자들에게도 그러기를 권한다. 여러분은 전형적인 기법을 먼저 배우는 것이 더 나으며, 일부 맥락에서는 동작하지 않거나 유효하지만 전형적이지 않은 용도를 위해 불가사의한 마법에 의존하는 별도의 특수한 이름 케이스에 해당하는 도구를 사용하는 것보다, 이 전형적인 기법을 고수하는 것이 더 낫다. 이는 단지 내 의견만은 아니다. 이를 지지하는 사람들의 최선의 의도에도 불구하고 super는 완벽하게 타당한 이유들로 인해, 오늘날 파이썬에서 '모범 사례'로 널리 인정받지는 못하고 있다.

반면, 다른 도구들과 마찬가지로 최근 몇 년간 파이썬 코드에서 이 호출의 사용이 급증하여 더 이상 많은 프로그래머들에게 선택적 요소로 남을 수 없게 되었다. 여러분이 이것을 처음

본 순간, 공식적으로 필수 도구가 된다! super를 실험하기 원하는 독자들을 위해, 그리고 이들을 사용해야만 하는 독자들을 위해, 이 절은 이 도구와 그 근거에 대해 간략히 살펴보도록 하겠다. 우선 이에 대한 대안을 알아보는 것으로 시작해 보자.

전형적인 슈퍼클래스 호출 형태: 이식성이 있으며 일반적임

일반적으로 이 책의 예제는 필요할 때 슈퍼클래스를 명시적으로 명명함으로써 슈퍼클래스 메소드를 호출하는 방식을 선호하는데, 이 기법이 파이썬에서 일반적이고 파이썬 2.X와 3.X에서 동일하게 동작하며, 2.X와 3.X 모두에서 이 호출과 관련된 제약과 복잡도를 회피하기 때문이다. 앞에서 보았듯이, 슈퍼클래스 메소드를 강화하기 위한 전형적인 슈퍼클래스 메소드 호출 기법은 다음과 같이 동작한다.

```
>>> class C:                          # 파이썬 2.X와 3.X에서
        def act(self):
            print('spam')

>> class D(C):
    def act(self):
        C.act(self)                   # 슈퍼클래스의 이름을 명명하고 self를 전달
        print('eggs')

>>> X = D()
>>> X.act()
spam
eggs
```

이 형태는 2.X와 3.X에서 동일하게 동작하고, 파이썬의 일반 메소드 호출 매핑 모델을 따르며, 모든 상속 트리 형태에 적용되고, 연산자 오버로딩이 사용될 때 행위에 대한 혼란을 야기하지 않는다. 이러한 구분이 왜 중요한지 알아보기 위해, super와 어떻게 비교되는지 살펴보자.

super의 기본 용도와 장단점

이 절에서 우리는 기본적이며, 단일 상속 모드에 super를 도입하고 이 역할에서의 불리한 점이 무엇인지 알아보도록 하자. 이 상황에서 super는 이미 알려진 대로 동작하긴 하지만 전형적인 호출과 크게 다르지 않으며, 일반적이지 않은 의미론에 기반을 두고 있어 2.X에서 활용하기에는 번거롭다. 더 심각한 것은 여러분의 클래스가 다중 상속을 사용하는 순간, super의 사용

방식은 여러분의 코드에서 문제를 감추고, 여러분이 기대하지 않았을 방식으로 호출을 라우팅한다는 것이다.

이상한 의미론: 파이썬 3.X에서의 마법의 프록시

내장 super는 실제로 두 가지의 의도한 역할을 가지고 있다. 이 중 보다 이해하기 어려운 것은(다이아몬드 다중 상속 트리에서 협조적인 다중 상속 할당(dispatch) 프로토콜(그렇다. 엄청 장황하다!)) 3.X의 MRO에 기반을 두고 딜란 언어로부터 차용된 것으로, 이 절의 후반부에서 다루어질 것이다.

여기에서 우리가 관심을 갖는 역할은 보편적으로 사용되며, 자바 경험을 가진 사람들이 자주 필요로 한다. 슈퍼클래스를 상속 트리에서 **일반적으로** 명명되도록 허용한다. 이는 더 단순한 코드를 유지하도록 해주고, 호출 과정에서 슈퍼클래스 참조 경로를 길게 작성하지 않도록 의도된 것이다. 파이썬 3.X에서 이 호출은 언뜻 보기에는 이 목적을 잘 달성한 것처럼 보인다.

```
>>> class C:                         # 파이썬 3.X에서만(2.X의 super 형태: 이후 내용 참조)
        def act(self):
            print('spam')

>>> class D(C):
        def act(self):
            super().act()            # 일반적으로 슈퍼클래스 참조, self 생략
            print('eggs')

>>> X = D()
>>> X.act()
spam
eggs
```

이는 제대로 동작하며, 코드의 변경 사항을 최소화한다. 여러분은 만약 D의 슈퍼클래스가 향후 변경되어도 호출문을 업데이트할 필요가 없다. 하지만 3.X에서 이 호출의 가장 큰 단점은 **심오한 마법에 의존하고 있다는 것이다.** 비록 변경될 가능성이 높지만 이것은 지금으로서는 자동으로 self 인수를 위치시키고, 슈퍼클래스를 발견하고, 메소드의 슈퍼클래스 버전의 나중 호출을 라우팅하는 특별한 **프록시 객체**에 이 둘을 짝지어두기 위해서 호출 스택을 검사해야 한다. 만약 이것이 복잡하고 이상하게 들린다면, 정말로 복잡하고 이상하기 때문이다. 실제로, 이 호출 형태는 클래스의 메소드 맥락의 외부에서는 더 이상 작동하지 않는다.

```
>>> super                                    # 나중의 호출을 라우팅하는 '마법'의 프록시 객체
<class 'super'>
>>> super()
SystemError: super(): no arguments

>>> class E(C):
        def method(self):                    # self는 super에서만 암묵적!
            proxy = super()                   # 이 형태는 메소드 외부에서는 의미가 없음
            print(proxy)                      # 일반적으로 감춰진 프록시 객체를 보여 줌
            proxy.act()                       # 인수가 없음: 암묵적으로 슈퍼클래스 메소드를 호출!
>>> E().method()
<super: <class 'E'>, <E object>>
spam
```

실제로, 이 호출의 의미론은 파이썬의 다른 어떤 것과도 닮지 않았다. 이것은 바운드 메소드도 언바운드 메소드도 아니며, 호출에서 생략하였음에도 어떻게든 self를 찾아낸다. 단일 상속 트리에서 슈퍼클래스는 self로부터 self.__class__.__bases__[0] 경로를 통해 사용 가능하지만, 이 호출의 과도하게 암묵적인 특성이 이 경로를 보기 어렵게 하고 다른 어디에서도 적용되는 파이썬의 명시적 self 정책을 앞두고 훌쩍 날아가버린다. 즉, 이 호출은 단 한 가지 용도를 위해 근본적인 파이썬 어법을 위반한다. 또한 이는 파이썬의 오래된 EIBTI 디자인 규칙을 철저히 부인하는 행위다(이 규칙에 대해 더 알아보고자 한다면 'import this'를 실행해 보자).

위험 요소: 순진하게 다중 상속을 추가하기

의미론적으로 보편적이지 않다는 점 외에 3.X에서도 이 super의 역할은 단일 상속 트리에 가장 직접적으로 적용되며, 클래스가 전형적으로 작성된 클래스와 함께 다중 상속을 활용하는 순간 문제가 될 수 있다. 이는 적용 범위에 있어 주요 제약적인 요소로 보인다. 파이썬에서 클래스 혼합용 도구 때문에 공통 요소가 없고 독립적인 슈퍼클래스들로부터 다중 상속받는 것은 실제 코드에서 예외적인 경우보다는 표준에 더 가깝다. super 호출은 다중 상속으로 인한 좀 더 미묘한 영향을 고려하지 않고, 순진하게 이 호출의 기본 모드를 사용하기 위해 코딩된 클래스에서 재앙을 불러일으키는 지름길이 될 것이다.

다음은 이 함정을 보여 준다. 이 코드는 단일 상속 모드에서 C로부터 한 레벨 위의 메소드를 호출하기 위해 super를 사용하는 것으로 시작한다.

```
>>> class A:                                  # 파이썬 3.X
        def act(self): print('A')
>>> class B:
        def act(self): print('B')
```

```
>>> class C(A):
        def act(self):
            super().act()                # super는 단일 상속 트리에 적용
>>> X = C()
>>> X.act()
A
```

하지만 이런 클래스가 나중에 하나 이상의 슈퍼클래스를 사용하게 되면 super는 에러를 일으키기 쉬워지며, 심지어 사용 불가능하게 된다. super는 다중 상속 트리를 위해 예외를 일으키지 않지만 순진하게도 여러분이 원하든, 원하지 않든 간에 실행될 메소드를 가진 **가장 왼쪽의** 슈퍼클래스(기술적으로 MRO 기준으로 첫 번째 것)를 고른다.

```
>>> class C(A, B):                       # 동일 메소드에 클래스 B를 섞어서 추가함
        def act(self):
            super().act()                # 다중 상속에서 실패하진 않지만, 딱 하나만 선택!
>>> X = C()
>>> X.act()
A

>>> class C(B, A):
        def act(self):
            super().act()                # B가 처음에 나왔다면, A.act( )는 더 이상 실행되지 않음!
>>> X = C()
>>> X.act()
B
```

더 나쁜 것은 우리가 이 장과 이전 장의 앞부분에서 배운 대로, 이 경우 여러분이 **명시적으로** 슈퍼클래스를 선택해야 할 수도 있다는 사실을 **조용하게 감춘다**는 것이다. 즉, super의 용도는 파이썬에서 오류의 보편적인 원천을 모호하게 만들 수 있다. 보편적으로 발생하는 일이므로 이 장의 "클래스 주의 사항"절에서 다시 이 내용에 대해 다룰 것이다. 만약 나중에 직접 호출을 사용해야 할 필요가 있는 경우라면, 왜 딕셔너리에 그렇게 사용하지 않는가?

```
>>> class C(A, B):                       # 전형적인 형태
        def act(self):                   # 여기에서 보다 명확할 필요가 있음
            A.act(self)                  # 이 형태는 단일 이름, 다중 상속 모두를 처리
            B.act(self)                  # 파이썬 3.X와 2.X에서 동일하게 동작
>>> X = C()                              # 그렇다면 도대체 왜 super( )를 사용하는가?
>>> X.act()
A
B
```

곧 보게 되겠지만, 여러분은 이러한 경우를 트리의 **모든** 클래스에 super 호출을 배치함으로써 해결할 수도 있다. 하지만 이 또한 super의 가장 큰 단점이다. super가 일반적으로 필요하지 않고 하나의 클래스에 더 단순한 전형적인 형태를 사용하는 것으로도 일반적으로는 충분한데 왜 모든 클래스에 super를 코딩해야 하는가? 특히, 기존 코드(그리고 기존 코드를 사용하는 신규 코드)에서 이 super에 대한 요구 사항은 비현실적까지는 아니더라도 너무 과하다고는 볼 수 있다.

앞으로 보게 되겠지만, 이 방식으로 다중 상속 호출을 시작하게 되면 여러분 코드의 super 호출은 여러분이 기대하는 클래스를 호출하지 않을 수도 있다. 이들은 MRO 순서에 따라 라우팅되며, super가 사용된 다른 장소에 의해 **호출자의 슈퍼클래스가 아닌 클래스**에 있는 메소드를 호출하게 된다. 이는 흥미로운 디버깅 세션을 위한 암묵적 순서다! 여러분이 다중 상속이 도입하는 즉시 super가 의미하는 바를 완벽하게 이해하지 못한다면, 여러분은 단일 상속 모드에서도 이를 활용하지 않는 것이 더 바람직하다.

이 코딩 상황은 보이는 만큼 거의 추상적이지는 않다. 여기 이런 경우에 해당하는 실제 세계의 예제를 보자. 《프로그래밍 파이썬》의 PyMailGUI로부터 가져온 사례다. 다음의 매우 전형적인 파이썬 클래스는 서로 독립적이고 독자적인 클래스들로부터 윈도우 도구와 애플리케이션 로직 둘을 섞기 위해 다중 상속을 사용하였으며, 따라서 이름으로 직접 호출함으로써 슈퍼클래스 생성자 **둘 모두**를 호출해야만 한다. 코딩된 대로, 여기의 super().__init__()는 오직 하나의 생성자만을 실행한다. 그리고 이 예제의 독립적인 클래스 트리 전반에 super를 추가하는 것은 부가적인 작업이 되며, 더 복잡해지기만 할 뿐이다. 게다가 super를 사용하지 않는 클라이언트에도 임의로 배치되어야 하는 도구들을 이해할 수 없을 것이다.

```
class PyMailServerWindow(PyMailServer, windows.MainWindow):
    "a Tk, with extra protocol and mixed-in methods"
    def __init__(self):
        windows.MainWindow.__init__(self, appname, srvrname)
        PyMailServer.__init__(self)

class PyMailFileWindow(PyMailFile, windows.PopupWindow):
    "a Toplevel, with extra protocol and mixed-in methods"
    def __init__(self, filename):
        windows.PopupWindow.__init__(self, appname, filename)
        PyMailFile.__init__(self, filename)
```

여기에서 결정적인 것은 super가 가장 분명하게 적용되는 단일 상속의 경우만을 위해 super를 사용하는 것은 에러와 혼란의 원천이 될 가능성이 높다는 것이며, 프로그래머가 모든 경우를 충분히 만족시키는 한 가지 방식(명시적인 직접 호출 방식)을 두고도 동일한 목표를 달성하기 위해서는 두 가지 방식을 모두 기억해야 한다는 것을 의미한다.

즉, 여러분이 작성한 소프트웨어 전체 생명 주기 동안에 트리 내 하나의 클래스에 대해 두 번째 슈퍼클래스를 추가할 일이 전혀 없다는 확신을 할 수 없다면, 다중 상속 트리에서 더 복잡한 역할에 대한 이해와 고려 없이 단일 상속 모드에서 super를 사용할 수 없다. 후자에 대해 앞으로 논의할 것이지만, 만약 여러분이 super를 이미 사용했다면 더 이상 이것은 선택 사항이 아니다.

이 super의 역할이 코드 유지보수를 피하기 위해 구상되었다는 보다 실질적인 관점에서 볼 때, 코드 유지보수의 양이 사소하다는 점이 자신의 존재를 완전히 정당화한다는 사실 또한 분명하지 않다. 실제 파이썬에서 헤더에 있는 슈퍼클래스의 이름은 거의 변경되지 않는다. 만약 변경된다면, 일반적으로 클래스 내에 있는 기껏해야 몇 안 되는 슈퍼클래스 호출문만 업데이트하면 된다. 나중에 super를 사용하지 않는 새로운 슈퍼클래스를 추가하게 되면 어댑터 프록시 안에 이 슈퍼클래스를 감싸거나, 전형적인 명시적 이름 호출 기법을 사용하기 위해 클래스에 있는 모든 super 호출문을 보강해야 한다. super의 기능에 대한 의존도가 높을수록 에러가 발생하기 쉽다. 만약 여러분이 점점 더 super의 마법에 의존하고 있다면, 에러가 발생하기 더 쉬울 것이다.

제약 사항: 연산자 오버로딩

파이썬 라이브러리 매뉴얼에서 간단히 언급했듯이, super는 __X__ 연산자 오버로딩 메소드가 존재할 때 완전하게 동작하지 않는다. 다음 코드를 보면 슈퍼클래스의 메소드를 오버로드하기 위해 사용한 직접 명명된 호출은 정상적으로 동작하지만, 표현식에 super의 결과를 사용하면 슈퍼클래스 오버로드 메소드에 전달하는 것을 실패하게 된다.

```
>>> class C:                            # 파이썬 3.X
        def __getitem__(self, ix):      # 인덱싱 오버로드 메소드
            print('C index')

>>> class D(C):
        def __getitem__(self, ix):      # 여기에서 확장을 위해 재정의
            print('D index')
            C.__getitem__(self, ix)     # 전형적인 호출 형태는 동작함
            super().__getitem__(ix)     # 직접 이름 호출하는 방식도 동작함
            super()[ix]                 # 하지만 연산자는 동작하지 않음!(__getattribute__)
```

```
>>> X = C()
>>> X[99]
C index
>>> X = D()
>>> X[99]
D index
C index
C index
Traceback (most recent call last):
  File "", line 1, in
  File "", line 6, in __getitem__
TypeError: 'super' object is not subscriptable
```

이 행위는 이 장의 앞에서 이 장의 앞에서 설명한(1241쪽 "내장 타입에 대해 속성을 가져올 때 인스턴스는 생략"절 참조) 매우 동일한 새로운 형식의(그리고 3.X의) 클래스 변경 내역 때문이다. super에 의해 반환된 프록시 객체는 나중에 메소드 호출을 잡아내고 할당하기 위해 __getattribute__를 사용하므로 표현식을 포함하여 내장된 연산에 의해 실행되는 자동 __X__ 메소드 호출을 가로채는 데 실패하게 되는데, 내장된 연산은 인스턴스 대신에 클래스에서 검색을 시작하기 때문이다. 이는 다중 상속에 대한 제약보다는 덜 심각해 보일 수 있으나, 연산자는 일반적으로 그와 동등한 메소드 호출과 똑같이 동작해야 한다. 특히, 이와 같은 내장된 함수에서는 더욱 그렇다. 이를 지원하지 않기 때문에 super의 사용자가 직면하고 기억해야 할 다른 예외를 추가한다.

다른 언어들에서는 다를 수 있겠지만 파이썬에서 self는 명확하고, 다중 상속 혼합 클래스들과 연산자 오버로딩은 보편적이며, 슈퍼클래스 이름을 업데이트하는 것은 드문 일이다. super는 언어에 이상한 특수 케이스를 추가하기 때문에 (낯선 의미론과 제한된 적용 범위, 엄격한 요구 사항 그리고 의문의 보상을 가진) 대부분의 파이썬 프로그래머는 보다 광범위하게 적용 가능한 전형적인 호출 기법을 사용하는 것이 더 낫다. super는 앞으로 다룰 몇몇 고급 응용 기법을 가졌지만, 이런 응용 기법을 모든 파이썬 프로그래머가 필수적으로 사용해야 하는 도구로 자리 잡도록 하기에는 지나치게 모호하다.

파이썬 2.X에서는 용법이 다름: 장황한 호출

만약 파이썬 2.X 사용자라면, 여러분은 super 기법이 파이썬 버전 간 호환되지 않는다는 점을 알아야 할 것이다. 이 형태는 2.X와 3.X 사이의 (그리고 고전적인 그리고 새 형식 클래스 간뿐만 아니라) 차이가 존재한다. 이것은 2.X에서는 실제로 다른 도구로, 3.X의 단순한 형태로는 실행할 수 없다.

이 호출이 파이썬 2.X에서 동작하게 하기 위해서는 우선 새 형식 클래스를 사용해야 한다. 그렇다고 하더라도, 여러분은 명시적으로 즉각적인 클래스 이름과 self를 super에 전달해야 한다. 이는 이 호출을 너무 복잡하고 장황하게 만들기 때문에 대부분의 경우에는 이를 완벽하게 피하고, 단순히 이전의 전형적인 코드 패턴에 의거해서 명시적으로 슈퍼클래스를 명명하는 것이 더 쉬울지도 모른다(간결성을 위해 2.X의 super 형태를 사용할 때, 클래스 자체 이름을 변경하는 것이 코드의 유지보수에 있어 어떤 의미를 갖는지에 대한 고민은 독자 여러분의 몫으로 남긴다).

```
>>> class C(object):                    # 파이썬 2.X: 새 형식 클래스에서만
        def act(self):
            print('spam')

>>> class D(C):
        def act(self):
            super(D, self).act()        # 2.X: 상이한 호출 형태(너무 복잡해 보임)
            print('eggs')               # 'D'는 'C'의 타입 변경 수준!

>>> X = D()
>>> X.act()
spam
eggs
```

하위 버전 호환성을 위해 3.X에서 2.X 호출 형태를 사용할 수는 있으나 이는 3.X 전용 코드에서 사용하기에는 너무 까다롭고, 더 합리적인 3.X의 형태가 2.X에서 사용 불가능하다.

```
>>> class D(C):
        def act(self):
            super().act()              # 더 단순한 3.X 호출 형태가 2.X에서는 실패
            print('eggs')

>>> X = D()
>>> X.act()
TypeError: super() takes at least 1 argument (0 given)
```

다른 한편으로는 2.X의 고전 형식 그리고 새 형식 클래스 모두에서 명시적인 클래스 이름을 사용하는 전형적인 호출 형태가 3.X에서의 동작과 정확히 일치하게 동작한다.

```
>>> class D(C):
        def act(self):
            C.act(self)                # 하지만 전형적인 패턴은 이식성이 좋음
            print('eggs')              # 그리고 2.X 코드에서 종종 더 단순해지기도 함
```

```
>>> X = D()
>>> X.act()
spam
eggs
```

따라서 왜 더 많은 곳에서 동작하는 기법을 두고, 제한된 맥락에서만 동작하는 기법을 사용하겠는가? 비록 그 기반이 복잡하더라도 다음 절에서는 super를 위한 지지를 결집해 보도록 하겠다.

super의 장점: 트리를 변경하고 할당함

여러분에게 super의 단점에 대하여 방금 보여 주었지만, 나 또한 3.X에서만 실행되고 모듈 패키지를 통해 매우 긴 슈퍼클래스 참조 경로를 사용하는 코드에서 이 호출을 사용하려는 유혹이 있었음을 고백해야겠다(대부분은 게으름 때문이지만, 코딩의 간결성을 위해서이기도 했다). 공평하게 말하자면, super는 여전히 일부 용도로는 유용하다. 그 이점들 중 주요 내용만 간단하게 소개하면 다음과 같다.

- 런타임에 클래스 트리를 변경: 슈퍼클래스가 런타임에 변경될 수 있다면 호출식에 슈퍼클래스의 이름을 하드코딩하는 것은 불가능하지만, super를 통해 호출을 실행할 수 있다. 반면에, 이 경우는 파이썬 프로그래밍에서 극히 드물어서 종종 다른 기법들이 이 맥락에서 사용될 수도 있다.
- 협조적 다중 상속 메소드 할당: 다중 상속 트리는 다중 클래스에서 동일 이름의 메소드를 할당해야만 하는 경우, super는 질서 잡힌 호출 라우팅을 위한 프로토콜을 제공한다. 반면에 클래스 트리는 MRO에(프로그램이 풀어야 할 문제에 대해 인위적인, 그 자체로 복잡한 도구인) 의해 정해진 클래스의 순서에 의존하여야 하며, 이 기법이 효과적이기 위해서는 트리 내의 메소드의 각 버전에서 super를 사용하도록 보완되거나 코딩되어 있어야만 한다. 이러한 할당은 종종 다른 방법들(예 인스턴스 상태 정보를 통해)을 통해 구현될 수도 있다.

앞에서도 논의했듯이, super는 MRO의 기본값이 의미가 있는 동안에는 일반적으로 슈퍼클래스를 선택하는 데 사용될 수 있다. 하지만 일반적인 코드에서는 슈퍼클래스를 명시적으로 명명하는 것이 더 선호되며, 나아가서는 필수로 요구될 때도 많다. 더구나 누군가에게는 학문적 호기심으로 여겨질 정도로 유효한 super 사례도, 많은 파이썬 프로그램에서는 드문 일이다. 하지만 방금 열거한 두 경우는 super의 근거로 가장 자주 언급되는 것들이므로 각각에 대해 간단히 살펴보자.

런타임 클래스 변경과 super

런타임에 동적으로 변경될 슈퍼클래스는 자신의 이름이 서브클래스의 메소드에 하드코딩되는 것을 막는다. 반면, super는 현재 슈퍼클래스를 동적으로 찾아낼 것이다. 여전히 이 경우가 실제에서는 너무 드물어서 super 모델 그 자체를 보증하기는 어렵다. 그리고 필요하다면 그 예외적인 경우를 위해 다른 방식으로 구현될 수 있다. 다음은 3.X에서 서브클래스의 __bases__ 튜플을 변경함으로써 동적으로 C의 슈퍼클래스를 변경한다.

```
>>> class X:
        def m(self): print('X.m')
>>> class Y:
        def m(self): print('Y.m')
>>> class C(X):                         # X로부터 상속받는 것으로 시작
        def m(self): super().m()        # 여기에 클래스 이름을 하드코딩할 수 없음

>>> i = C()
>>> i.m()
X.m
>>> C.__bases__ = (Y,)                  # 런타임에 클래스 이름을 변경!
>>> i.m()
Y.m
```

이는 정상적으로 동작하지만(그리고 인스턴스의 __class__를 변경하는 것과 같은 또 다른 심오한 마법으로 행위 이름 모방의 목표를 공유하지만), 극히 드문 경우로 보인다. 게다가 동일한 효과를 얻을 수 있는 다른 방법들이 있다. 가장 간단한 방법은 다음 코드와 같이 현재 슈퍼클래스 튜플의 값을 통해 간접적으로 호출하는 방법이다. 확실히 특수한 코드이므로 매우 특별한 경우에만 사용하는 방법이다(사실, MRO에 의한 암묵적 라우팅보다 특별하다고 볼 수도 없다).

```
>>> class C(X):
        def m(self): C.__bases__[0].m(self)   # 특별한 경우를 위한 특수 코드

>>> i = C()
>>> i.m()
X.m
>>> C.__bases__ = (Y,)                         # super( ) 없이도 동일한 결과
>>> i.m()
Y.m
```

기존의 대안을 고려해 보았을 때, 이 경우만으로 super를 정당화하기는 어렵다. 하지만 보다 복잡한 트리에서 그다음의 정당성의 근거(물리적 슈퍼클래스로의 링크 대신에 트리의 MRO 순서에 기반을 둔) 또한 여기에 적용할 수 있을 것이다.

협조적 다중 상속 메소드 할당

앞에서 나열한 사례 중 두 번째는 보편적으로 super를 찬성하는 주요 근거이며, 다른 프로그래밍 언어(특히, Dylan)로부터 차용한 것이다. 이 다른 프로그래밍에서는 이러한 사례가 전형적인 파이썬 코드에서보다 더 보편적일지도 모른다. 이것은 이 장의 앞부분에서 논의한 다이아몬드 패턴의 다중 상속 트리에 적용하며, 여러 클래스 구현물들 중에 시종일관 **동일 이름**의 메소드로 호출을 라우팅하는 협조적이고 적합한 클래스를 감안한다. 특히, 일반적으로 다중 구현을 가지는 생성자에서는 이것을 일관되게 사용하여 호출 라우팅 프로토콜을 단순화할 수 있다.

이 방식에서 각 super 호출은 메소드 호출의 대상인 self에 해당하는 클래스의 MRO 순서에 따라 **다음 클래스**로부터 메소드를 가져온다. 이 선택 절차는 호출한 클래스 다음으로, 요청된 속성을 가지고 있는 첫 번째 클래스를 선택한다. MRO는 앞에서 소개하였다. 이것은 파이썬이 새 형식 클래스에서 상속을 위해 따르는 경로다. MRO의 선형적 순서는 클래스 self가 어디로부터 만들어졌는가에 따라 달라지므로 super에 의해 조정되는 메소드 할당 순서는 클래스 트리에 따라 달라질 수 있으며, 모든 클래스에서 할당을 위해 super를 사용하는 한 각 클래스를 딱 한 번씩만 방문한다.

3.X(그리고 2.X의 새 형식 클래스)에서는 모든 클래스가 object 아래에 다이아몬드 패턴에 참여하기 때문에 이의 적용 범위는 여러분이 예상하는 것보다 더 광범위하다. 실제로, 다중 상속 트리에서의 super의 단점을 보여 준 앞의 예제 중 일부는 자신들의 메소드 할당의 목표를 달성하기 위해 이 호출을 사용할 수 있다. 하지만 그렇게 함으로써 super는 메소드 호출 체인이 확실히 전달될 수 있도록 클래스 트리 내에 **보편적으로** 사용되어야만 한다. 이는 많은 기존의, 그리고 새로운 코드에 적용하기에는 어려울 수 있는 상당히 중요한 요구 사항이다.

기본: 실제 협조적 super 호출

코드에서 이 역할이 의미하는 바가 무엇인지 살펴보자. 여기와 다음 절에서 우리는 어떻게 super가 동작하는지와 그것이 의미하는 장단점에 대해 알아볼 것이다. 다음의 **전형적으로** 작성된 파이썬 클래스를 생각해 보는 것으로 시작하자(공간의 제약으로 인해, 늘 그래왔듯이 다소 축약했다).

```
>>> class B:
        def __init__(self): print('B.__init__')      # 독자적인 클래스 트리의 가지들
>>> class C:
        def __init__(self): print('C.__init__')
>>> class D(B, C): pass
```

```
>>> x = D()                                    # 기본으로 가장 왼쪽이 것만 실행
B.__init__
```

이 경우, 슈퍼클래스 트리의 가지들은 **독자적이다**(이들은 공통의 명시적인 조상을 공유하지 않는다).
따라서 이들을 결합하는 서브클래스는 이름으로 각 슈퍼클래스를 통해 호출해야 한다. 이는
많은 기존 파이썬 코드에서 보편적인 상황으로, super는 코드의 변경 없이 직접 이 상황을 해
결할 수 없다.

```
>>> class D(B, C):
        def __init__(self):                    # 전형적인 형태
            B.__init__(self)                   # 이름으로 슈퍼클래스 호출
            C.__init__(self)

>>> x = D()
B.__init__
C.__init__
```

하지만 다이아몬드 클래스 트리 패턴에서 **명시적 이름 호출**은 기본적으로 한 번 이상 최상위
레벨 클래스의 메소드를 유발할지도 모른다. 물론, 이것은 추가적인 프로토콜로(예 인스턴스에
상태 표시) 해결할 수도 있을 것이다.

```
>>> class A:
        def __init__(self): print('A.__init__')
>>> class B(A):
        def __init__(self): print('B.__init__'); A.__init__(self)
>>> class C(A):
        def __init__(self): print('C.__init__'); A.__init__(self)

>>> x = B()
B.__init__
A.__init__
>>> x = C()                                    # 각 슈퍼클래스는 독자적으로 동작함
C.__init__
A.__init__

>>> class D(B, C): pass                        # 여전히 가장 왼쪽 것만 실행
>>> x = D()
B.__init__
A.__init__

>>> class D(B, C):
        def __init__(self):                    # 전형적인 형태
            B.__init__(self)                   # 이름으로 양쪽 슈퍼클래스 모두 호출
            C.__init__(self)
```

```
>>> x = D()                          # 하지만 이로써 A를 두 번 호출!
B.__init__
A.__init__
C.__init__
A.__init__
```

반면 만약 모든 클래스가 super를 사용하거나 마치 그런 것처럼 행동하는 프록시에 의해 적절히 강제된다면, MRO에서의 클래스 순서에 의거하여 메소드 호출이 전달되며, 따라서 최상위 클래스의 메소드가 단 한 번만 실행된다.

```
>>> class A:
        def __init__(self): print('A.__init__')
>>> class B(A):
        def __init__(self): print('B.__init__'); super().__init__()
>>> class C(A):
        def __init__(self): print('C.__init__'); super().__init__()

>>> x = B()                 # B.__init__실행, self인 B의 MRO에서는 A가 다음 슈퍼클래스임
B.__init__
A.__init__
>>> x = C()
C.__init__
A.__init__

>>> class D(B, C): pass
>>> x = D()                 # B.__init__실행, self인 D MRO에 의하면 C가 다음 슈퍼클래스임
B.__init__
C.__init__
A.__init__
```

이의 배경이 되는 진짜 마법은 self의 클래스를 위해 생성된 선형 MRO 리스트다. 왜냐하면 각 클래스는 이 리스트에 단 한 번 등장하며, super는 이 리스트에서 옆 클래스에 전달하기 때문에 각 클래스를 단 한 번만 방문하는 질서 있는 호출 체인을 보장하게 된다. 결정적으로, MRO에서 B 다음의 클래스는 self의 클래스가 무엇이냐에 따라 다르다. B 인스턴스에 대해서는 A이지만 D 인스턴스에 대해서는 C로, 이는 실행되는 생성자의 순서를 말해 준다.

```
>>> B.__mro__
(<class '__main__.B'>, <class '__main__.A'>, <class 'object'>)

>>> D.__mro__
(<class '__main__.D'>, <class '__main__.B'>, <class '__main__.C'>,
<class '__main__.A'>, <class 'object'>)
```

MRO와 이의 알고리즘은 이 장의 앞부분에서 설명하였다. MRO 순서에서 다음 클래스를 선택함으로써, 한 클래스의 메소드에서 super 호출은 모든 클래스가 동일하게 동작하는 동안은 트리를 관통하여 호출을 전파한다. 이 방식에서 super는 반드시 슈퍼클래스를 선택할 필요는 없다. 이것은 주어진 인스턴스의 클래스 트리 내에 선형화된 MRO에서 아마도 형제 노드(또는 그보다 아래의 친척 노드)일 수도 있는 다음 클래스를 선택한다. super의 전달 경로를 따라가 볼 수 있는 다른 예제를 보려면 1261쪽의 "MRO 추적하기"를 참조하자. 여기에서는 특히 비(非)다이아몬드 패턴에 대해서도 함께 볼 수 있다.

이전 예제도 정상적으로 동작하지만(그리고 언뜻 보기에는 영리해 보일 수도 있지만) 누군가에게는 그 적용 범위가 제한적인 것으로 보일 수도 있다. 대부분의 파이썬 프로그램은 다이아몬드 패턴의 다중 상속 트리의 뉘앙스에 의존하지 않는다(실제로 내가 만나본 많은 파이썬 프로그래머들은 그 용어의 의미조차 모른다!). 더구나 super는 단일 상속과 협조적 다이아몬드의 경우에만 가장 직접적으로 적용되며, 슈퍼클래스 메소드를 선택적으로 또는 독자적으로 호출하기를 원할지도 모르는 독자적인 비다이아몬드의 경우에는 불필요한 것으로 보인다. 협조적인 다이아몬드라 하더라도 다른 방법으로 관리될 수도 있는데, 이 방법은 자동 MRO 순서가 할 수 있는 것보다 더 많은 제어권을 프로그래머에게 제공할 수 있다. 하지만 이 도구에 대하여 객관적으로 평가하기 위해서는 좀 더 깊이 들여다볼 필요가 있다.

제약 사항: 호출 체인상에 닻 역할이 필요함

super 호출은 복잡도를 동반한다. 이 복잡도는 여러분이 처음 마주할 때는 분명하지 않거나, 심지어 초기에는 기능처럼 보일 수도 있다. 예를 들어, 모든 클래스들은 3.X에서 자동으로(그리고 2.X의 새 형식 클래스에서는 명시적으로) object 객체로부터 상속받기 때문에 MRO 순서는 다이아몬드가 암묵적이기만 한 경우에 사용될 수 있다. 다음은 자동으로 독자적인 클래스에 생성자를 유발한다.

```
>>> class B:
        def __init__(self): print('B.__init__'); super().__init__()
>>> class C:
        def __init__(self): print('C.__init__'); super().__init__()

>>> x = B()                    # object는 MRO 마지막에 오는 암묵적 슈퍼클래스임
B.__init__
>>> x = C()
C.__init__
```

```
>>> class D(B, C): pass          # B.__init__을 상속, 하지만 B의 MRO는 D와 다름
>>> x = D()                      # B.__init__을 실행, D의 MRO에서 다음 슈퍼클래스는 C
B.__init__
C.__init__
```

기술적으로 이 전달 모델은 일반적으로 super에 의해 호출될 메소드가 반드시 존재해야 하고, 클래스 트리 전체에서 동일한 인수를 사용해야 하며, 마지막을 제외한 메소드의 모든 출현에는 반드시 super 그 자체를 사용해야 한다. 이 예제는 단지 세 클래스 모두의 MRO의 끝에 암묵적 object 슈퍼클래스가 이들 원칙을 만족시키는 호환되는 __init__을 가지고 있기 때문에 제대로 작동하는 것이다.

```
>>> B.__mro__
(<class '__main__.B'>, <class 'object'>)
>>> D.__mro__
(<class '__main__.D'>, <class '__main__.B'>, <class '__main__.C'>, <class 'object'>)
```

여기 D 인스턴스를 위해 MRO에서 B 다음 클래스는 C가 되며, 그다음에는 object가 위치한다. 이 object는 __init__을 가지고 있어 호출 체인의 끝에서 C가 전달한 호출을 조용히 받게 된다. 따라서 C가 B의 슈퍼클래스가 아님에도 B의 메소드는 C의 메소드를 호출하고, 이는 object 버전으로 끝난다.

그러나 이 예제는 매우 이례적인 경우다. 그리고 아마도 행운이 따르는 경우라 할 수 있겠다. 대부분의 경우에는 이와 같이 적합한 기본값이 object에 존재하지 않으며, 이 모델의 기대를 만족하기에는 덜 사소할지도 모른다. 대부분의 트리는 명시적인(그리고 아마도 부가적인) 슈퍼클래스가 여기에서 object가 수행한 닻의 역할을(호출을 전달하지 않고 받아들이는 역할을) 수행하기를 바란다. 다른 트리는 이 요구 사항을 고수하는 신중한 디자인을 요구할 것이다. 더구나 파이썬이 이를 최적화하지 않는 한, 호출 체인의 마지막에 위치한 기본 클래스인 object(또는 다른 닻 클래스)로의 호출은 부가적인 성능 비용을 추가할 수 있다.

반면, 이런 경우에 직접 호출은 추가 코딩의 필요도 부가적인 성능 비용도 야기하지 않으며, 보다 명확하고 직접적인 호출을 할 수 있게 만든다.

```
>>> class B:
        def __init__(self): print('B.__init__')
>>> class C:
        def __init__(self): print('C.__init__')
```

```
>>> class D(B, C):
        def __init__(self): B.__init__(self); C.__init__(self)

>>> x = D()
B.__init__
C.__init__
```

범위: 양자택일형 모델(전체이거나 아무것도 아니거나)

또한 이 역할에서 super를 사용하도록 작성되지 않은 전형적인 클래스는 MRO 체인을 따라 호출을 전달하지 않기 때문에 이와 같은 협조적 전달 트리에서 직접적으로 사용될 수 없다. 이 클래스들을 원래의 객체를 감싸고 필요한 super 호출을 추가하는 프록시에 포함하는 것도 가능하지만, 모델에 대한 추가적인 코딩이 필요한 데다 성능 저하가 발생한다. super를 사용하지 않는 수백만 라인의 기존 파이썬 코드를 고려할 때, 이는 큰 문제가 될 수 있다.

예를 들어, 만약 하나의 클래스에서 super를 생략함으로써 호출 체인을 따라 전달하는 것을 실패했다면 어떤 일이 발생하는지 보자. 호출 체인은 너무 성급하게 종료된다. __slots__처럼 super는 일반적으로 양자택일(all-or-nothing)형 특징을 가진다.

```
>>> class B:
        def __init__(self): print('B.__init__'); super().__init__()
>>> class C:
        def __init__(self): print('C.__init__'); super().__init__()
>>> class D(B, C):
        def __init__(self): print('D.__init__'); super().__init__()
>>> X = D()
D.__init__
B.__init__
C.__init__
>>> D.__mro__
(<class '__main__.D'>, <class '__main__.B'>, <class '__main__.C'>, <class 'object'>)

# 만약 super를 호출하지 않는 클래스를 사용해야 한다면 어떻게 될까?

>>> class B:
        def __init__(self): print('B.__init__')
>>> class D(B, C):
        def __init__(self): print('D.__init__'); super().__init__()
>>> X = D()
D.__init__
B.__init__                        # 이것은 양자택일형 도구임...
```

이 필수적 전파 요구 사항을 만족시키는 것은 직접적인 이름에 의한 호출(여러분은 아직 잊은 상태일 수도 있지만, 여러분의 클래스가 사용하는 모든 코드에 요구할 필요가 없는 호출 기법)보다 더 복잡할 수도 있다. 앞에서 언급한 대로 B와 같은 클래스를 B 인스턴스를 포함한 프록시 클래스로부터 상속하는 것이 가능하긴 하지만, 프로그램의 목적에 비해서 지나치게 작위적이도 하고 각각의 래핑된 메소드에 대한 추가적인 호출이 필요하다. 또한 인터페이스 프록시와 내장 메소드에 관련되어 새로운 형식 클래스가 가진 문제점들을 그대로 갖게 되며, 코드를 단순화할 목적으로 사용한 모델에 내재된 이상하고 놀랍기까지 한 추가적인 **코딩 요구 사항**으로 보인다.

유연성: 호출 순서의 가정

super로 라우팅하는 것은 실제로 메소드 호출을 여러분의 **호출 순서 요구 사항**과 맞을지 아닐지 모르는 MRO에 따라 여러분의 모든 클래스에 걸쳐 전달하는 것을 의미한다. 예를 들어 다른 상속 순서 요구 사항과 상관없이 다음 코드는 주어진 메소드의 클래스 C 버전이 어떤 경우에는 B 버전 전에 실행되기를 요구한다. 상상해 보자. 만약 MRO가 다르게 이야기한다면 여러분은 전형적인 호출 방식으로 돌아오게 될 것이며, 이로써 super의 사용과 충돌이 발생할 수 있다. 다음에서는 C 메소드를 두 번 호출한다.

```
# 만약 메소드 호출 순서의 요구 사항이 MRO와 다르면 어떻게 될까?
>>> class B:
        def __init__(self): print('B.__init__'); super().__init__()
>>> class C:
        def __init__(self): print('C.__init__'); super().__init__()
>>> class D(B, C):
        def __init__(self): print('D.__init__'); C.__init__(self); B.__init__(self)
>>> X = D()
D.__init__
C.__init__
B.__init__
C.__init__                              # MRO이거나 명시적 호출이거나 둘 중의 하나...
```

이와 유사하게 만약 여러분이 일부 메소드가 더 **이상 실행되지 않기를** 원한다면 super의 자동 경로는 명시적 호출처럼 직접적으로 적용할 수 없을 것이며, 전달 프로세스를 더 명시적으로 제어하기가 어려워질 것이다. 많은 메소드, 자원, 상태 정보를 가진 실제 프로그램에서 이는 완전히 그럴듯한 시나리오처럼 보인다. 여러분이 이 메소드를 위해 D에 슈퍼클래스의 순서를 바꿀 수 있는 반면, 이는 다른 기대 사항들을 무너뜨릴 것이다.

변경: 메소드 교체

관련 내용으로, super의 보편적 활용에 대한 기대는 단일 클래스가 완전히 상속된 메소드를 교체하는 것을 어렵게 한다. 호출을 super를 사용하여 더 높은 것으로 전달하지 않는 경우(이 경우에는 의도적으로) 클래스 자체로는 문제없이 동작하지만 이 클래스가 섞여 있는 호출 체인을 깨뜨릴 수 있으며, 그렇게 함으로써 트리 내의 다른 곳에 있는 메소드가 실행되는 것을 막는다. 다음의 트리를 생각해 보자.

```
>>> class A:
        def method(self): print('A.method'); super().method()
>>> class B(A):
        def method(self): print('B.method'); super().method()
>>> class C:
        def method(self): print('C.method')      # super가 없음: 체인의 닻 역할을 해야!
>>> class D(B, C):
        def method(self): print('D.method'); super().method()
>>> X = D()
>>> X.method()
D.method
B.method
A.method                               # 자동으로 MRO에 따라 모두에게 전달
C.method
```

여기에서 메소드 교체는 super 모델을 깨뜨리며, 아마도 전형적인 형태로 되돌리게 될 것이다.

```
# 만약 클래스가 super의 기본값을 완전히 교체해야 한다면 어떻게 될까?
>>> class B(A):
        def method(self): print('B.method')      # super를 버리고 A의 메소드를 교체
>>> class D(B, C):
        def method(self): print('D.method'); super().method()
>>> X = D()
>>> X.method()
D.method
B.method                                         # 하지만 이 교체는 호출 체인을 깨뜨림...

>>> class D(B, C):
        def method(self): print('D.method'); B.method(self); C.method(self)
>>> D().method()
D.method
B.method
C.method                                         # 명시적 호출로 회귀...
```

다시 말하지만, 가정이 갖는 문제는 무언가를 가정했다는 것이다! 비록 보편적인 라우팅을 가정하는 것이 생성자로서는 합리적일지 몰라도, 객체 지향 프로그래밍의 핵심 원리 중 하나(제약이 없는 서브클래스 수정/변경)와 충돌하는 것으로 볼 수 있다. 이는 super의 사용을 생성자에게로 한정하는 것을 시사할 수도 있지만 때로는 생성자도 교체가 보장되어야 할 수도 있으며, super는 하나의 특별한 경우를 위해 이상한 특별 케이스 요건을 추가한다. 메소드의 특정 범주만을 위해 사용되는 도구는 누군가에게는 불필요한 것으로 보일 수도 있다. 그리고 부가적인 복잡도를 고려해 볼 때 이는 심지어 비논리적으로 보일 수도 있다.

결합: 혼합 클래스에의 적용

절묘하게도 super가 MRO에서 다음 클래스를 선택한다고 하는 것은 실제로는 **요청한 메소드를 구현한** MRO안의 다음 클래스를 의미한다. 이것은 기술적으로 우리가 요구한 이름을 가진 클래스가 발견될 때까지 앞의 클래스들은 건너뛴다는 것을 말한다. 이는 임의의 클라이언트 트리에 추가될지도 모르는 독립적인 혼합 클래스들에서는 중요하다. 이런 혼합 클래스들은 앞으로의 이름 생략 행위 없이 동작하지 않을 것이기 때문이다. 그렇지 않으면 혼합 클래스들은 자기 고객들의 임의 메소드 호출 체인을 끝내게 될 것이며, 자신들이 가진 super 호출이 기대한 대로 동작하는 것에 의존할 수 없게 된다.

예를 들어, 나음에서 독사적인 가시들인 C의 method 호출은 C 인스턴스의 MRO에서 다음 클래스인 Mixin이 그 메소드 이름을 정의하지 않았더라도 전달된다. 메소드 이름 집합이 공통 요소를 갖고 있지 않는 한, 이는 정확히 동작한다. 각 가지의 호출 체인들은 독자적으로 존재할 수 있다.

```
# 혼합 클래스는 메소드 집합들 간에 공통 요소가 없을 때 동작함

>>> class A:
        def other(self): print('A.other')
>>> class Mixin(A):
        def other(self): print('Mixin.other'); super().other()

>>> class B:
        def method(self): print('B.method')
>>> class C(Mixin, B):
        def method(self): print('C.method'); super().other(); super().method()

>>> C().method()
C.method
Mixin.other
```

```
A.other
B.method

>>> C.__mro__
(<class '__main__.C'>, <class '__main__.Mixin'>, <class '__main__.A'>,
<class '__main__.B'>, <class 'object'>)
```

이와 유사하게 다른 길을 섞는 것도 혼합 클래스의 호출 체인을 깨뜨리지 않는다. 예를 들어, 다음에서 C에서 other가 호출될 때 B가 other를 정의하지 않았더라도 MRO에서 클래스들은 나중에 정의한다. 실제로, 가지들 중 하나가 super를 사용하지 않더라도 호출 체인은 동작한다. 메소드가 MRO 경로에서 앞의 어딘가에서 정의가 되어 있는 한, 이 메소드에 대한 호출은 동작한다.

```
>>> class C(B, Mixin):
        def method(self): print('C.method'); super().other(); super().method()

>>> C().method()
C.method
Mixin.other
A.other
B.method

>>> C.__mro__
(<class '__main__.C'>, <class '__main__.B'>, <class '__main__.Mixin'>,
<class '__main__.A'>, <class 'object'>)
```

이것은 다이아몬드가 존재할 때도 동일하다. 공통 요소가 없는 메소드 집합은 각각의 독립적인 가지에서 실제로 구현이 되지 않았음에도 불구하고 우리가 기대한 대로 실행된다. 이는 우리가 MRO에서 메소드를 가진 다음 클래스를 선택하기 때문이다. 실제로 이러한 경우에 MRO가 같은 클래스들을 포함하고 있으며, 서브클래스는 언제나 MRO에서 자신의 슈퍼클래스 전에 등장하기 때문에 이들은 같은 맥락에 놓여 있다. 예를 들어, 다음 예제의 Mixin에서 other를 호출하면 여전히 이를 A에서 발견하게 된다. 비록 MRO상에서 Mixin의 다음에 위치한 클래스가 B라고 하더라도 말이다(C에서 method를 호출하면 비슷한 이유로 같은 결과를 얻게 된다).

```
# 명시적인 다이아몬드에서도 동작함

>>> class A:
        def other(self): print('A.other')
>>> class Mixin(A):
        def other(self): print('Mixin.other'); super().other()
```

```
>>> class B(A):
        def method(self): print('B.method')
>>> class C(Mixin, B):
        def method(self): print('C.method'); super().other(); super().method()

>>> C().method()
C.method
Mixin.other
A.other
B.method

>>> C.__mro__
(<class '__main__.C'>, <class '__main__.Mixin'>, <class '__main__.B'>,
<class '__main__.A'>, <class 'object'>)

# 혼합 클래스의 순서를 섞어도 동작함

>>> class C(B, Mixin):
        def method(self): print('C.method'); super().other(); super().method()
>>> C().method()
C.method
Mixin.other
A.other
B.method

>>> C.__mro__
(<class '__main__.C'>, <class '__main__.B'>, <class '__main__.Mixin'>,
<class '__main__.A'>, <class 'object'>)
```

이 결과는 여전히 슈퍼클래스의 순서나 다이아몬드 패턴인지 여부와는 상관없이, 이 경우에 대해 똑같이 동작하는 직접적인 이름에 의한 호출과 다르지 않다. 하지만 극도로 더 암묵적인 것으로 여겨진다. 이 경우에 전통적인 형식이 더 단순하고, 명시적이며, 높은 수준의 제어와 유연함을 제공한다면 MRO 순서에 의존해야 한다는 당위성이 흔들리게 된다.

```
# 하지만 직접적인 호출도 동작함. 명시적인 것이 암묵적인 것보다 더 나음

>>> class C(Mixin, B):
        def method(self): print('C.method'); Mixin.other(self); B.method(self)

>>> X = C()
>>> X.method()
C.method
Mixin.other
A.other
B.method
```

결정적으로, 앞 페이지의 예제는 지금까지 메소드 이름이 그 가지들에서 공통 요소가 없는 독자적인 것으로 가정했다. 이와 같은 다이아몬드에서 **동일 이름**의 메소드를 위한 전달 순서는 덜 우연적일 것이다. 예를 들어, 앞에서와 같은 다이아몬드에서 클라이언트 클래스가 super 호출의 의도를 무효화할 수 있다는 것이 불가능하지 않다. 다음 Mixin에서 method를 호출하는 것은 만약 Mixin이 호출 체인을 종료시키는 트리에 섞여 있지 않다면 기대대로 A를 실행한다.

```
# 하지만 비독자적인 메소드의 경우, super는 지나치게 강한 결합을 생성함

>>> class A:
        def method(self): print('A.method')
>>> class Mixin(A):
        def method(self): print('Mixin.method'); super().method()
>>> Mixin().method()
Mixin.method
A.method

>>> class B(A):
        def method(self): print('B.method')      # 여기에서 super는 B 다음에 A를 호출
>>> class C(Mixin, B):
        def method(self): print('C.method'); super().method()
>>> C().method()
C.method
Mixin.method
B.method                                          # 이 맥락에서만 A를 누락!
```

B는 아무렇게나 이 메소드를 재정의해서는 안 되는 것일지도 모른다(그리고 솔직히, 우리는 일반적으로 다중 상속이 가진 고유한 문제들에 발을 들여놓은 것일지도 모른다). 하지만 이 경우에는 혼합 클래스를 깨뜨릴 필요가 없다. **직접적인 호출**은 이런 경우에 더 많은 제어를 제공하고 혼합 클래스가 여러 사용 맥락들에 대해 더 독립적일 수 있도록 허용한다.

```
# 하지만 직접 호출은 그렇지 않다. 사용 맥락에 영향을 받지 않음

>>> class A:
        def method(self): print('A.method')
>>> class Mixin(A):
        def method(self): print('Mixin.method'); A.method(self)      # C는 무관함

>>> class C(Mixin, B):
        def method(self): print('C.method'); Mixin.method(self)
>>> C().method()
C.method
Mixin.method
A.method
```

더 중요한 것은 혼합 클래스들을 보다 **독자적으로** 만듦으로써, 직접 호출은 항상 프로그램의 복잡도를 높이는 요소 결합을 최소화한다. 이는 super의 변수와 특정 맥락에 국한된 전달 모델이 등한시한, 근본적인 소프트웨어 원칙이다.

커스터마이즈: 동일 인자 제약 조건

마지막으로, 여러분은 클래스마다 메소드 인수가 다른 경우에 super를 사용하였을 때의 결과에 대하여 고려해야 하며(왜냐하면 클래스 작성자가 super가 어느 버전의 메소드를 불러올 것인지 확신할 수 없기 때문이다(이는 트리마다 다르다!)), 한 메소드의 모든 버전은 일반적으로 동일한 인수 리스트를 받아들여야 하거나 일반적인 인수 리스트를 분석하여 자신의 입력값을 선택해야 한다. 이 두 방법 모두 여러분의 코드에 추가적인 요구 사항을 부과한다. 실제 프로그램에서 이 제약은 실제로 많은 잠재적 super의 적용 사례에서 버그로 작용하여 해당 사용을 완전히 배제하게 만든다.

왜 이것이 문제가 될 수 있는지 설명하기 위해, 우리가 31장에서 작성한 피자 가게 직원 클래스를 기억해 보자. 거기에서 작성한 대로, 두 서브클래스는 슈퍼클래스 생성자를 불러오기 위해 필요한 salary 인수를 자동으로 채워서 (서브클래스가 급여 등급을 암시하는 로직) 직접적인 이름에 의한 호출을 사용한다.

```
>>> class Employee:
        def __init__(self, name, salary):          # 공통의 슈퍼클래스
            self.name = name
            self.salary = salary

>>> class Chef1(Employee):
        def __init__(self, name):                  # 상이한 인수
            Employee.__init__(self, name, 50000)   # 직접 호출로 불러옴

>>> class Server1(Employee):
        def __init__(self, name):
            Employee.__init__(self, name, 40000)

>>> bob = Chef1('Bob')
>>> sue = Server1('Sue')
>>> bob.salary, sue.salary
(50000, 40000)
```

이 코드는 제대로 동작하지만, 이것이 단일 상속 트리이므로 생성자 호출을 더 일반적으로 라우팅하기 위해서 super를 사용하려는 유혹에 빠지기 쉽다. 이런 방식은 각각의 서브클래스들

이 고립된 경우에만 동작한다. 각 서브클래스의 MRO가 자기 자신과 실제 슈퍼클래스만을 포함하기 때문이다.

```
>>> class Chef2(Employee):
        def __init__(self, name):
            super().__init__(name, 50000)      # super()로 불러옴

>>> class Server2(Employee):
        def __init__(self, name):
            super().__init__(name, 40000)

>>> bob = Chef2('Bob')
>>> sue = Server2('Sue')
>>> bob.salary, sue.salary
(50000, 40000)
```

하지만 한 직원이 두 범주의 일원이 된 경우, 어떤 일이 발생하는지 보자. 트리의 생성자가 상이한 인수 리스트를 가지기 때문에 우리는 문제에 처하게 된다.

```
>>> class TwoJobs(Chef2, Server2): pass

>>> tom = TwoJobs('Tom')
TypeError: __init__() takes 2 positional arguments but 3 were given
```

여기에서 문제는 Chef2의 super 호출이 더 이상 이 Employee 슈퍼클래스를 불러오지 않고, 대신에 MRO상의 다음에 오는 형제 클래스인 Server2를 불러온다는 것이다. 이 형제는 실제 슈퍼클래스와는 다른 인수 리스트를 가지고 있기 때문에(단지 self와 name만을 기대한다) 코드가 깨지게 된다. 이는 super 사용에 있어 고유의 문제다. MRO가 트리마다 달라질 수 있기 때문에 다른 트리에서라면 (여러분이 클래스 자체를 코딩할 때 예상하지 못했던 트리에서조차도) 한 메소드의 다른 버전을 호출할 수 있다.

```
>>> TwoJobs.__mro__
(<class '__main__.TwoJobs'>, <class '__main__.Chef2'>, <class '__main__.Server2'>
<class '__main__.Employee'>, <class 'object'>)

>>> Chef2.__mro__
(<class '__main__.Chef2'>, <class '__main__.Employee'>, <class 'object'>)
```

반면, 직접적인 이름에 의한 호출 기법은 여전히 클래스들이 혼합되어 있을 때 동작하지만 결과는 약간 미심쩍다. 결합된 범주는 가장 왼쪽에 있는 슈퍼클래스의 급여를 취한다.

```
>>> class TwoJobs(Chef1, Server1): pass

>>> tom = TwoJobs('Tom')
>>> tom.salary
50000
```

실제로, 우리가 이 이벤트에서 새로운 급여를 가지고 최상위 레벨의 클래스에 호출을 라우팅하고 싶을지도 모른다. 직접 호출로는 가능하지만 super 호출만으로는 가능하지 않은 모델이다. 더구나 이 하나의 클래스에서 Employee를 직접 호출하는 것은 단 하나의 직접 호출로 충분할 때, 우리의 코드는 두 가지 호출 기법을 사용해야 한다는 것을 의미한다.

```
>>> class TwoJobs(Chef1, Server1):
        def __init__(self, name): Employee.__init__(self, name, 70000)

>>> tom = TwoJobs('Tom')
>>> tom.salary
70000

>>> class TwoJobs(Chef2, Server2):
        def __init__(self, name): super().__init__(name, 70000)

>>> tom = TwoJobs('Tom')
TypeError: __init__() takes 2 positional arguments but 3 were given
```

이 예제는 일반적으로 재설계를 타당하게 만들 수 있다. 예를 들면, Chef와 Server의 공유 가능한 부분을 분리하여 생성자 없이 혼합 클래스들을 만드는 것이다. 일반적으로 다형성에 의해 한 객체의 외부 인터페이스 메소드는 동일한 인수 서명을 가지지만, 이것을 슈퍼클래스 메소드를 수정하는 데 사용할 수는 없다(내부 구현 기법을 통해 선천적으로 변형을 지원하며, 특히 생성자들에서는 더 그렇다).

하지만 여기에서 결정적인 것은 직접 호출이 트리마다 달라질 수 있는 마법의 순서에 의존하는 코드를 만들지 않기 때문에 좀 더 직접적으로 인수 리스트의 유연성을 지원한다는 점이다. 보다 광범위하게 메소드 교체, 혼합 클래스 결합, 호출 순서, 인수 제약으로 super가 내는 의심스러운(또는 낮은) 성능은 여러분이 super의 사용을 신중히 검토하도록 할 것이다. 단일 상속 모드에서조차도 트리가 성장(확장)해감에 따라 super가 나중에 미치게 될 영향도는 상당하다.

요약하면, 이 역할에서의 super가 갖는 세 가지 요구 사항은 또한 이것을 사용하는 데 있어 발생하는 이슈 대부분의 원천이 된다.

- super에 의해 호출되는 메소드는 존재해야 한다. 닻이 없는 경우, 별도의 코드가 필요하다.

- super에 의해 호출되는 메소드는 클래스 트리 전반에 걸쳐 동일한 인수 서명을 가져야 한다. 이는 유연성을 악화시키며, 특히 생성자와 같은 구현 레벨의 메소드에서 더 심각하다.

- super에 의해 호출되는 메소드의 마지막을 제외한 모든 등장에서 super 자체를 사용해야 한다. 이는 기존 코드를 사용하거나 호출 순서를 바꾸고, 메소드를 교체하거나 독자적인 클래스를 코딩하는 것을 어렵게 만든다.

종합해 보면 이들은 상당한 복잡도와 중요한 장단점을(코드가 다중 상속을 포함하도록 커지는 순간 확실히 단점으로 작용하는) 가지고 있는 도구가 되어가는 것처럼 보인다.

방금 자연스럽게 제기된 super 딜레마를 위한 창의적인 해결책이 있을 수 있으나, 추가적인 코딩 단계가 이 호출의 이점을 더 희석시키게 될 것이다. 그리고 어쨌든 이미 너무 많은 공간을 여기에 할애했다. 일부 다이아몬드 메소드 전달 문제에 대해서 super를 사용하지 않는 대안들도 있지만, 이 또한 공간의 제약으로 사용자 실습 문제로 남겨 두어야겠다. 일반적으로, 슈퍼 클래스 메소드가 명시적 이름으로 호출되는 경우, 다이아몬드의 루트 클래스는 두 번의 방문을 피하기 위해 인스턴스의 상태 정보를 확인할 것이다. 유사하게 복잡한 코딩 패턴이지만 대부분의 코드에서 거의 요구되지 않으며, 누군가에게는 super 자체를 사용하는 것보다 더 어렵지는 않은 것으로 보일 수도 있다.

super 요약

지금까지 super의 장점과 단점 모두에 대해 알아보았다. 여러분은 모든 파이썬 확장과 마찬가지로 이 기능에 대해서도 판단해야 한다. 지금까지 여기에서 여러분의 결정을 돕기 위해 논란의 양편의 주장에 대하여 공정하게 다루었다. 하지만 super 호출이 다음과 같은 성질을 가지므로 과거의 자바 프로그래머들도 이 책에서 제안하는 전통적인 명시적 슈퍼클래스 이름 호출 기법을 파이썬의 super만큼이나 유효한 솔루션으로 인정해야 한다. super 호출은 대부분의 파이썬 프로그래머들이 궁금해하지 않는 문제에 대한 흔하지도 않고 제한적인 해결책이며, 파이썬의 역사에서 그렇게 중요하게 다루어지지도 않았다.

- 2.X와 3.X 간 형태에서 차이가 있다.

- 3.X에서 확실히 파이썬스럽지 않은 마법에 기대고 있으며, 완전히 연산자 오버로딩 또는

전형적으로 작성된 다중 상속 트리에 적용되지 않는다.

- 2.X에서 그 의도된 역할을 위해 장황해지며, 이것은 코드의 복잡도를 줄이는 것이 아니라 증가시킨다.
- 파이썬 현장에서 실효성이 있다기보다는 가설에 가까워 보이는 코드 유지보수에 있어서의 이점을 주장한다.

동시에 super 호출은 동일 이름의 메소드를 다중 상속 트리에서 불러오는 어려운 문제에 대한 하나의 해결 방안을 제공한다. 물론, 이 해결책은 super를 **보편적으로** 그리고 일관되게 사용하기로 한 프로그램을 위한 것이다. 하지만 바로 그 안에 super의 가장 큰 장애물이 있다. 대부분의 프로그래머들은 자신들의 코드에 반드시 super를 이용해 해결해야 할 문제가 없음에도 불구하고 super를 보편적으로 이용해야 한다. 더구나 파이썬의 역사상 이 지점에서 프로그래머에게 자신들의 기존 코드를 super의 신뢰성을 위해 이 호출을 광범위하게 사용할 수 있도록 변경할 것을 요구한다는 것은 굉장히 **비현실적인** 일로 보인다.

아마도 이 역할의 최고의 문제점은 그 **역할 자체**일 것이다. 동일 이름의 메소드를 다중 상속 트리에서 불러오는 것은 실제 파이썬 프로그램에서 상대적으로 드문 일이며, 그 역할을 둘러싼 많은 논란과 오해를 불러일으키기에 충분할 만큼 모호하다. 사람들은 C++, 자바, 또는 딜란을 사용하던 것과 똑같은 방식으로 파이썬을 사용하지 않으며, 그런 다른 언어로부터의 교훈이 반드시 적용되지는 않는다.

또한, super를 사용하는 것은 여러분의 프로그램의 동작이 MRO 알고리즘에 의존하도록 만든다는 것을 기억하자. MRO 알고리즘이 매우 복잡하기 때문에 여기서는 간략하게만 다루었다. 이 알고리즘은 당신의 프로그램을 만드는 목적에 사용하기에는 지나치게 인위적이며, 실제 파이썬 진영에서도 이 알고리즘을 이해하고 문서화한 경우는 매우 드문 것으로 보인다. 우리가 본 대로 만약 여러분이 MRO를 이해하고 있다 하더라도 super가 **변경, 결합**, 그리고 유연성에 미치는 영향은 매우 미묘하여 감지하기 어렵다. 만약 여러분이 완전히 이 알고리즘을 이해하지 않는다면(또는 이 적용이 해결하지 못하는 목표를 가지고 있다면), 여러분은 코드에서 명시적이지 않은 동작을 유발하는 super에 의존하지 않는 것이 더 낫다.

또는 파이썬의 import this 교리에서 파이썬의 좌우명을 인용하자면 "만약 구현물이 설명하기 어렵다면 그것은 나쁜 것이다."와 같다.

super는 이 범주에서는 확고한 것으로 보인다. 대부분의 프로그래머는 아무리 그 도구가 기발

하더라도 드문 사례를 목표로 불가사의한 도구를 사용하지는 않을 것이다. 특히, 자기 자신을 비전문가에게도 친숙한 언어로 홍보하는 스크립트 언어라면 더욱 그렇다. 유감스럽게도, 한 프로그래머가 사용한다는 것은 어떻게든 다른 프로그래머들도 그것을 사용해야 한다는 강요로 여겨질 수 있다. 그것이 내가 여기서 이 주제를 다룬 이유이며, 이 책의 마지막에서 다룰 테마이기도 하다.

여느 때와 마찬가지로, 시간과 사용자 기반의 규모는 이 호출의 장단점 또는 모멘텀이 더 광범위한 채택으로 이끌지 아닐지에 대해 말해 줄 것이다. 적어도 여러분은 명시적인 이름을 사용한 슈퍼클래스 호출 기법에 대하여 알아야 하는 것이 마땅하다. 이는 이 호출이 보편적으로 사용되며, 종종 오늘날의 실제 파이썬 프로그래밍에서 더 단순하거나 필수적인 기법이기 때문이다. 만약 여러분이 이 도구를 사용하기로 했다면, 지은이로서 전하고 싶은 조언은 super를 사용하는 것은 다음과 같을 수 있다는 점을 기억하라는 것이다.

- 단일 상속 모드에서는 트리가 확장/성장해감에 따라 이후에 발생하는 문제점들을 감추고, 예상하지 못했던 행위를 일으킬 수 있다.
- 다중 상속 모드에서는 이례적인 파이썬 사례를 위해 상당한 복잡도를 야기시킬 수 있다

파이썬의 super에 대한 다른 의견은 그것이 장점이든 단점이든 더 상세한 내용이라면, 관련 문서들을 웹에서 검색해 볼 수 있을 것이다. 여러분은 많은 의견들을 접할 수 있게 될 것이지만, 결국에는 파이썬의 미래는 다른 사람들만큼이나 여러분에게 의존하고 있다.

완전 상속(super 객체가 맥락에 따라 달라지는 MRO의 커스텀 스캔을 위해 피하는 절차)에 대한 공식적인 설명은 40장에서 속성(디스크립터 또는 값)의 첫 등장을 기대하면서 살펴보도록 하겠다. 완전 상속은 이 스캔이 실패했을 경우에만 super 객체 자체에 사용된다. 그 결과는 언어와 상대적으로 드문 사례를 위한 여러분의 코드에 부과된 기본 이름 해석을 위한 특별한 경우다.

클래스 주의 사항

이 책에서 객체 지향 프로그래밍에 대한 주요 내용의 끝에 도달했다. 우리는 예외에 대해 알아본 다음에 책의 마지막 파트에서 클래스와 관련된 추가적인 예제들과 주제들에 대해 알아보겠지만, 그 파트는 대부분 여기에서 소개된 개념에 대해 확장된 내용을 제공할 뿐이다. 평상시와 같이 우리가 피해야 할 함정들에 대한 표준 경고를 살펴보면서 이번 파트를 마무리하자.

대부분의 클래스 이슈들은 네임스페이스 이슈로 집결될 것이다. 이는 클래스가 약간의 부가적인 트릭을 동반한 네임스페이스일 뿐이라는 점을 고려할 때 이해가 된다. 이 절의 아이템 중 일부는 문제라기보다는 클래스 사용 팁에 가깝지만, 숙련된 클래스 작성자라 하더라도 몇몇 아이템에서는 실수하는 것으로 알려져 있다.

클래스 속성 변경의 부작용

이론적으로 말하자면, 클래스(그리고 클래스 인스턴스)는 **가변** 객체다. 내장된 리스트와 딕셔너리와 마찬가지로 여러분은 클래스의 속성에 할당함으로써 직접 변경할 수 있다. 그리고 리스트나 딕셔너리와 마찬가지로 클래스나 인스턴스 객체를 변경하게 되면 그것을 참조하는 다수의 객체들에 영향을 줄 수 있다.

이것은 우리가 원하는 것이자 일반적으로 객체가 자신의 상태를 변경하는 방법이지만, 이 이슈에 대한 자각은 클래스 속성을 변경할 때 특히 중요해진다. 클래스로부터 생성되는 모든 인스턴스는 클래스의 네임스페이스를 공유하기 때문에 각 인스턴스들이 변경된 클래스 속성의 자신만의 버전을 가지고 있지 않는 한 클래스 레벨에서의 변경은 모든 인스턴스에 영향을 미치게 된다.

클래스, 모듈, 그리고 인스턴스들은 모두 속성 네임스페이스를 갖는 객체들이기 때문에 여러분은 일반적으로 런타임에 할당에 의해 이들의 속성을 변경할 수 있다. 다음 클래스를 생각해 보자. 클래스 본문에 이름 a에 대한 할당을 하면 X.a가 생성되는데, 이 속성은 런타임의 클래스 객체에 거주하고 모든 X의 인스턴스에 의해 상속될 것이다.

```
>>> class X:
        a = 1                               # 클래스 속성

>>> I = X()
>>> I.a                                     # 인스턴스에 의해 상속됨
1
>>> X.a
1
```

지금까지는 순조로우나 이것은 일반적인 경우다. 하지만 우리가 클래스 속성을 class문 외부에서 동적으로 변경할 때 어떤 일이 발생하게 되는지 알아보자. 이 또한 클래스로부터 상속받은 모든 객체 안의 속성을 변경하게 된다. 더구나 이 세션 또는 프로그램이 실행되는 동안 클래

스로부터 생성된 새로운 인스턴스 또한 동적으로 설정된 값을 갖게 된다. 클래스의 원천 코드가 무엇을 말하는지와 상관없이 말이다.

```
>>> X.a = 2                  # X보다 많은 것을 변경하게 됨
>>> I.a                      # I도 변경됨
2
>>> J = X()                  # J는 X의 런타임에 할당된 값을 상속받음
>>> J.a                      # (하지만 J.a에 할당하는 것은 X또는 I가 아닌 J의 a를 변경)
2
```

이것은 유용한 특성일까, 아니면 위험한 덫일까? 여러분의 판단에 맡기겠다. 27장에서 배운 것처럼 여러분은 실제로 단일 인스턴스를 만들지 않고도 클래스 속성을 변경함으로써(다른 언어에서의 레코드나 구조체의 사용을 모방할 수 있는 기법) 작업을 수행할 수 있다. 잠시 환기시키기 위해 다음의 특이하지만 정당한 파이썬 프로그램을 생각해 보자.

```
class X: pass                # 속성 네임스페이스를 만듦
class Y: pass

X.a = 1                      # 클래스 속성을 변수로 사용
X.b = 2                      # 어디에서도 인스턴스가 발견되지 않음
X.c = 3
Y.a = X.a + X.b + X.c

for X.i in range(Y.a): print(X.i)    # 0부터 5까지 프린트
```

여기 X와 Y 클래스는 '파일이 없는' 모듈(충돌을 원하지 않는 변수를 저장하기 위한 네임스페이스)처럼 동작한다. 이는 완벽하게 정당한 파이썬 프로그래밍 요령이지만, 다른 사람이 작성한 클래스에 적용될 때는 그다지 적절하지 않다. 여러분이 변경한 클래스 속성이 클래스 내부 행동에 있어 중요하지 않다는 것을 늘 확신할 수 없기 때문이다. 만약 여러분이 C 구조체를 모방하는 것이 알려졌다면, 여러분은 단지 하나의 객체에만 영향을 주는 방법으로서 클래스보다는 인스턴스를 변경하는 것이 훨씬 나을 것이다.

```
class Record: pass
X = Record()
X.name = 'bob'
X.job = 'Pizza maker'
```

가변 클래스 속성 변경도 부작용을 가질 수 있음

이 주의 사항은 실제로는 이전 내용의 확장이다. 클래스 속성들은 모든 인스턴스들에 의해 공유되기 때문에 만약 클래스 속성이 가변 객체를 참조하면, 어떤 인스턴스로부터 해당 객체를 변경하는 것은 즉시 모든 인스턴스에 영향을 끼치게 된다.

```
>>> class C:
        shared = []                  # 클래스 속성
        def __init__(self):
            self.perobj = []         # 인스턴스 속성

>>> x = C()                          # 두 개의 인스턴스
>>> y = C()                          # 암묵적으로 클래스 속성을 공유
>>> y.shared, y.perobj
([], [])

>>> x.shared.append('spam')          # y의 관점에도 영향을 줌!
>>> x.perobj.append('spam')          # x의 데이터에만 영향을 줌
>>> x.shared, x.perobj
(['spam'], ['spam'])

>>> y.shared, y.perobj               # y는 x를 통해 변경된 값을 봄
(['spam'], [])
>>> C.shared                         # 클래스에 저장되고 공유됨
['spam']
```

이 결과는 이 책에서 이미 보았던 많은 결과들과 다르지 않다. 가변 객체들은 단순 변수들에 의해 공유되고, 전역은 함수들에 의해 공유되며, 모듈 레벨의 객체들은 여러 임포터들에 의해 공유되고, 가변의 함수 인수들은 호출자와 피호출자들 간에 공유된다. 이 모든 것들은 일반적인 행위의 경우에 해당하며(한 가변 객체에 대한 다수의 참조), 만약 공유된 객체가 어떤 참조에 의해서든지 직접 변경되면 모두가 다 영향을 받게 된다. 여기에서는 이러한 경우가 상속을 통해 모든 인스턴스들이 공유한 클래스 속성에서 발생하지만, 이것은 실제 동일한 현상이다. 이는 인스턴스 속성 자체에 할당하는 다른 행위에 의해 좀 더 미묘해진다.

```
x.shared.append('spam')              # 클래스에 첨부된 공유 객체를 직접 변경
x.shared = 'spam'                    # x에 첨부된 인스턴스 속성을 변경하거나 또는 생성
```

하지만 이것은 문제가 아니며, 우리가 주의하고 있어야 하는 내용일 뿐이다. 공유된 가변의 클래스 속성은 파이썬 프로그램에서 많은 유효한 용도에 쓰일 수 있다.

다중 상속: 순서가 중요

지금쯤은 이미 분명해졌겠지만, 이것은 강조할 가치가 있다. 만약 여러분이 다중 상속을 사용한다면, class문 헤더에 열거된 슈퍼클래스의 순서가 대단히 중요할 수 있다. 파이썬은 슈퍼클래스를 항상 헤더 줄에 이들이 등장한 순서에 따라 왼쪽에서부터 오른쪽으로 찾아나간다.

예를 들어, 31장에서 공부했던 다중 상속 예제에서 super 클래스도 __str__ 메소드를 구현했다고 가정해 보자.

```
class ListTree:
    def __str__(self): ...

class Super:
    def __str__(self): ...

class Sub(ListTree, Super):            # ListTree를 먼저 나열하여 ListTree의 __str__를 가져옴

x = Sub()                              # 상속은 Super 전에 ListTree를 검색
```

우리가 어느 클래스로부터 상속받을 것인가? ListTree? 아니면 Super? 상속에 대한 검색이 왼쪽에서 오른쪽으로 진행되는 동안, 우리는 메소드를 sub의 class문 헤더에서 가장 먼저(가장 왼쪽에) 나열된 클래스로부터 가져올 것이다. 이 코드의 목적이 자신만의 __str__에 있기 때문에(사실, 31장에서 자신만의 __str__을 가진 tkinter.Button과 이 클래스를 혼합할 때 이렇게 했어야 했다) 아마 우리는 ListTree를 먼저 나열해야 할 것이다.

하지만 이제 Super와 ListTree가 다른 동일 이름을 갖는 속성에 대해 자신만의 버전을 갖는다고 상상해 보자. 만약 우리가 Super에서 하나의 이름을 상속받고 ListTree에서 또 다른 이름을 상속받고자 하면, 클래스 헤더에서 나열한 순서는 영향을 주지 못한다. Sub 클래스에서 속성 이름에 직접 할당함으로써 상속을 대체해야만 한다.

```
class ListTree:
    def __str__(self): ...
    def other(self): ...

class Super:
    def __str__(self): ...
    def other(self): ...

class Sub(ListTree, Super):            # ListTree를 먼저 두어, ListTree의 __str__ 선택
    other = Super.other                # 하지만 other는 Super의 버전을 명시적으로 선택
```

```
    def __init__(self):
        ...

x = Sub()                                   # 상속은 Sub를 ListTree/Super 전에 검색
```

여기에서 Sub 클래스 안에서 other에 할당하는 것은 Sub.other(Super.other 객체로의 참조)를 생성한다. 이것은 트리에서 더 낮은 곳에 위치하고 있기 때문에 Sub.other는 효과적으로 ListTree.other(상속 검색에서 일반적으로 발견하게 될 속성)를 가린다. 유사하게 만약 우리가 Super의 other를 선택하기 위해 class 헤더에 Super를 먼저 두면, 우리는 ListTree의 메소드를 명시적으로 선택해야 할 것이다.

```
class Sub(Super, ListTree):                 # Super의 other를 순서에 의해 가짐
    __str__ = Lister.__str__                # 명시적으로 Lister.__str__을 선택
```

다중 상속은 고급 도구다. 만약 여러분이 마지막 단락을 이해했다 하더라도, 여전히 이를 삼가고 신중하게 사용하는 것이 좋다. 그렇지 않으면 이름의 의미가 임의의 동떨어진 서브클래스 안에서 혼합된 클래스의 순서에 의존하게 될 수도 있다(여기에서 보여 준 기법의 다른 실례로, 앞에서 다른 super의 내용과 함께 '새 형식 클래스 모델'에서의 명시적 충돌 해결에 대한 논의를 참조하자).

경험적으로 볼 때, 다중 상속은 여러분의 혼합 클래스들이 가능한 한 독립적일 때 가장 잘 동작한다. 왜냐하면 이들은 다양한 경우에 사용될 수 있으며, 이들은 트리 내의 다른 클래스들과 관련된 이름들에 대한 가정을 하지 말아야 하기 때문이다. 31장에서 공부했던 수도 전용(pseudoprivate) __X 속성 특징이 클래스가 의존하고 있는 이름을 지역화함으로써, 혼합 클래스들이 혼합에 추가한 이름들을 소유하고 제약하는 것을 도울 수 있다. 이 예제에서 예를 들어, 만약 ListTree가 단지 자신만의 __str__을 내보내는 것을 의미한다면, 이것은 트리에서 다른 유사한 이름의 클래스들과 충돌을 피하기 위해 ListTree의 other 메소드를 __other로 명명할 수 있다.

메소드와 클래스에서의 범위

클래스 기반의 코드에서 이름의 의미를 알아내려고 하는 경우 클래스가 함수처럼 지역 범위를 도입하고, 메소드가 단순히 더 중첩된 함수라는 것을 기억하는 것이 좋다. 다음의 예제에서 generate 함수는 내포된 Spam 클래스의 인스턴스를 반환한다. 이 코드 안에서 클래스 이름 Spam은 generation 함수의 지역 범위에 할당되므로 따라서 이보다 더 안에 내포된 함수에

서라면 볼 수 있는데, 여기에는 method 안의 코드도 포함된다. 이것은 'LEGB' 범위 검색 규칙에서 E에 해당한다.

```python
def generate():
    class Spam:                          # Spam은 generate의 지역 범위에 있는 이름
        count = 1
        def method(self):
            print(Spam.count)            # generate의 범위에 보이며, LEGB에서 E에 해당
    return Spam()

generate().method()
```

이 예제는 2.2 버전 이후의 파이썬에서 동작하는데, 모든 유효 함수 def의 지역 범위가 자동으로 내포된 def에서(이 예제에서처럼 내포된 메소드 def도 포함) 보이기 때문이다.

그렇기는 하지만, 메소드 def가 유효 클래스의 지역 범위는 볼 수 없다는 점을 기억하자. 메소드 def들은 단지 유효 def들의 지역 범위만 볼 수 있다. 이것은 메소드가 self 인스턴스나 유효 class문에서 정의된 메소드와 다른 속성을 참조하는 클래스 이름을 통해 지나가야 하기 때문이다. 예를 들어, 메소드 안에 있는 코드는 단지 count가 아니라, self.count나 Spam.count를 사용해야만 한다.

중첩을 피하기 위해, 우리는 이 코드를 재구조화하여 클래스 Spam이 모듈의 최상위 레벨에서 정의되도록 할 수 있다. 그러면 내포된 method 함수와 최상위 레벨의 generate 둘 다 자신들의 전역 범위에서 Spam을 발견하게 될 것이다. 이것은 함수의 범위에 국한되지 않지만, 여전히 하나의 모듈에 대해 지역 범위다.

```python
def generate():
    return Spam()

class Spam:                              # 모듈의 최상위 레벨에서 정의
    count = 1
    def method(self):
        print(Spam.count)                # 동작 가능: 전역 범위(모듈 범위)

generate().method()
```

실제로 이 접근 방식은 모든 파이썬 버전에서 권장한다. 만약 여러분이 중첩 클래스와 중첩 함수를 피한다면, 일반적으로 코드는 더 단순해질 것이다. 반면에, 클래스 중첩은 유효 함수의 범위가 클래스와 그 클래스의 메소드에 의해 사용되는 **상태 정보**를 유지하는 **클로저**의 경

우에는 유용하다. 다음에서 내포된 method는 자신만의 범위와 유효 함수의 범위(label에 대한), 모듈의 전역 범위, 클래스에 의한 self 인스턴스에 저장된 그 어떤 것들, 그리고 클래스의 nonlocal 이름을 통한 클래스 자체에 대한 접근이 가능하다.

```
>>> def generate(label):            # 인스턴스 대신 클래스 반환
        class Spam:
            count = 1
            def method(self):
                print("%s=%s" % (label, Spam.count))
        return Spam

>>> aclass = generate('Gotchas')
>>> I = aclass()
>>> I.method()
Gotchas=1
```

클래스에 대한 기타 주의 사항

여기서는 클래스에 관련한 추가적인 주의 사항들을 요약했지만, 대부분은 이전 장에서 대부분 설명한 내용이다.

인스턴스 또는 클래스별 스토리지를 현명하게 선택하라

같은 내용으로, 여러분이 속성을 클래스 또는 클래스의 인스턴스에 저장되어야 하는지 여부를 결정할 때는 신중해야 한다. 전자는 모든 인스턴스에 의해 공유되며, 후자는 인스턴스마다 다를 것이다. 이것은 실전에서 매우 중대한 설계 이슈가 된다. GUI 프로그램에서 예를 들어 보자면 만약 여러분이 여러분의 애플리케이션이 생성할 모든 윈도우 클래스 객체들에 의해 공유될 정보를 원한다면(▣ Save 동작에서 사용되는 마지막 디렉터리, 또는 이미 입력된 패스워드), 그 정보는 클래스 레벨의 데이터로 저장되어야만 한다. 만약 self 속성처럼 인스턴스에 저장된다면, 이 정보는 윈도우마다 달라지거나 상속에 의해 검색될 때 전부 누락될 것이다.

여러분은 일반적으로 슈퍼클래스 생성자를 호출하기를 원한다

파이썬은 인스턴스가 만들어질 때 (클래스 상속 트리에서 가장 낮은) 오로지 __init__ 생성자 메소드만을 실행한다는 것을 기억하자. 이것은 그보다 위에 있는 모든 슈퍼클래스의 생성자를 자동으로 실행하지 않으므로 만약 여러분이 슈퍼클래스의 생성자를 완전히 교체하거나, 슈퍼클래스가 생성자를 갖거나, 상속받지 못한 경우가 아니라면, 여러분은 일반적으로 서브클래

스 생성자로부터 슈퍼클래스 생성자를 (슈퍼클래스 이름(또는 super)와 필요한 인수들을 전달하여 직접 호출하는 방식으로) 실행해야 할 것이다.

3.X에서 위임 기반의 클래스: __getattr__과 내장된 연산들

기억해야 할 또 다른 점은 이 장의 앞부분과 다른 곳에서도 설명했듯이, 속성 호출을 래핑된 객체에 위임하기 위해 __getattr__ 연산자 오버로딩 메소드를 사용하는 클래스들은 만약 연산자 오버로딩 메소드가 래핑 클래스에서 재정의되지 않는다면, 파이썬 3.X에서는(그리고 새 형식 클래스를 사용하는 2.X에서) 실패할 것이다. 암묵적으로 내장된 연산에 의해 호출된 연산자 오버로딩 메소드의 이름은 일반 속성 가로채기 메소드들에 의해 라우팅되지 않는다. 이를 피해가기 위해서 여러분은 래핑 클래스나 슈퍼클래스에서 직접적으로 또는 도구를 활용하여 그 메소드들을 재정의해야만 한다. 그 방법에 대해서는 40장에서 알아보도록 하자.

KISS 복습: '과도한 계층 구조로 인한 피로감'

잘 사용된다면 객체 지향 프로그래밍의 코드 재사용성은 개발 시간을 단축하는 데 탁월하다. 하지만 객체 지향 프로그래밍 개념의 잠재력은 때로는 코드를 이해하기 어렵게 만든다고 여겨질 정도로 오용될 수도 있다. 만약 클래스들이 너무 깊이 중첩되어 있다면 코드를 이해하기 힘들 수 있다. 게다가 연산이 어떤 동작을 하는지 알아내기 위해 많은 클래스들을 일일이 찾아봐야 할지도 모른다.

예를 들어, 나는 (몇몇 기계들이 생성한) 수천 개의 클래스들과 최대 15레벨의 상속 계층을 가진 C++ 프로젝트에 참여한 적이 있다. 이렇게 복잡한 시스템에서 메소드 호출을 해석해낸다는 것은 종종 기념비적인 일과도 같았다. 여러 클래스들은 가장 기본적인 동작들마저도 자문을 받아야만 했다. 실제로, 시스템의 로직은 너무 깊이 싸여 있어서, 어떤 경우에는 코드의 일부를 이해하는 것이 관련 파일들을 일일 힘들게 찾아보며 며칠씩 소요되기도 했다. 이는 확실히 프로그래머의 생산성 측면에서 이상적이지 않다!

파이썬 프로그래밍의 가장 일반적인 경험 규칙이 여기에도 적용되는데, '정말 반드시 그래야 하는 경우가 아니라면 일을 복잡하게 만들지 말아라.'는 것이다. 여러분의 코드를 클래스의 여러 계층들로 싸는 것은 이해가 가능하지 않다는 측면에서 언제나 나쁜 생각이다. 추상화는 다형성과 캡슐화의 기반이며, 잘 사용한다면 매우 효과적인 도구가 될 수 있다. 하지만 만약 여러분이 여러분의 클래스 인터페이스를 직관적으로 만들고, 여러분의 코드를 과하게 추상적으로 만들기를 피하며, 타당한 이유가 없는 한 여러분의 클래스 계층을 짧고 평평하게 유지한다면, 여러분은 디버깅을 단순화하고 유지보수성을 좋게 할 것이다. 기억하자. 여러분이 작성한 코드는 일반적으로 다른 사람들도 읽어야만 할 코드다. KISS에 대한 더 자세한 내용은 20장을 참조하자.

이 장의 요약

이 장은 클래스 관련 고급 주제들을 모아 설명하였다. 그 주제에는 내장된 타입을 서브클래싱하기, 새 형식 클래스, 정적 메소드, 그리고 데코레이터가 포함되어 있다. 이들 중 대부분은 파이썬의 객체 지향 프로그래밍 모델에 선택적인 확장이지만, 이들은 여러분이 좀 더 큰 객체 지향 프로그램을 작성하기 시작하게 되면 더 유용해질 것이며, 다른 사람이 여기에 있는 기법을 이용해 작성한 코드를 넘겨받아 이해해야 할 때 반드시 도움이 될 것이다. 앞에서도 언급했듯이, 보다 고급 클래스 도구들 중 일부에 대한 논의는 이 책의 마지막 파트에서 계속될 것이다. 만약 여러분이 프로퍼티, 디스크립터, 데코레이터, 메타클래스에 대한 더 자세한 내용이 필요하다면 반드시 앞으로 기술될 내용을 참조하기 바란다.

이는 이 책 클래스 파트의 마지막이기 때문에 여러분은 이 장의 마지막에서 일반적인 실습 문제들을 보게 될 것이다. 이 문제들을 해결해 나가면서 실제 클래스를 코딩하는 실습을 반드시 해보기 바란다. 다음 장에서 우리는 마지막 핵심 언어 주제인, **예외**(파이썬이 여러분의 코드에 에러와 다른 상태 정보를 전달하는 기법)에 대해 살펴볼 것이다. 이는 상대적으로 가벼운 주제이지만, 새로운 예외가 오늘날에는 클래스처럼 작성되어야 하기 때문에 이 주제를 마지막을 위해 남겨 두었다. 하지만 우리가 마지막 핵심 주제와 씨름하기 전에, 이 장의 퀴즈와 실습 문제를 먼저 살펴보자.

학습 테스트: 퀴즈

1. 내장 객체 타입을 확장하는 두 가지 방법을 말하시오.

2. 함수와 클래스 데코레이터는 무엇을 위해 사용되는가?

3. 어떻게 새 형식 클래스를 작성하는가?

4. 새 형식 클래스와 고전 형식의 클래스는 어떻게 다른가?

5. 일반 메소드와 정적 메소드는 어떻게 다른가?

6. __slots__와 super와 같은 도구들은 여러분의 코드에서 사용하기 유효한가?

7. "신성한 수류탄"을 던지기 전에 얼마나 기다려야 하는가?

학습 테스트: 정답

1. 여러분은 내장 객체를 래퍼 클래스에 감싸거나, 내장된 타입을 직접 서브클래싱할 수 있다. 후자의 방법은 대부분의 원래 동작이 자동으로 상속되기 때문에 더 단순한 경향이 있다.

2. 함수 데코레이터는 일반적으로 함수 또는 메소드를 관리하거나 이를 함수 또는 메소드가 호출될 때마다 실행되는 로직 계층에 추가하기 위해 사용된다. 함수 데코레이터는 함수 호출을 기록하거나 호출 횟수를 세고, 함수의 인수 타입을 검사하는 등의 작업을 위해 사용될 수 있다. 또한 이는 클래스 메소드와 프로퍼티에 더하여 정적 메소드(클래스 내의 단순 함수로, 호출될 때 인스턴스가 전달되지 않는 함수다)를 '선언'하기 위해 사용된다. 클래스 데코레이터는 유사하지만, 함수 호출 대신에 모든 객체들과 이들의 인터페이스들을 관리한다.

3. 새 형식 클래스는 내장된 클래스인 object로부터(또는 다른 내장된 타입으로부터) 상속받으면서 코딩된다. 파이썬 3.X에서 모든 클래스는 자동으로 새 형식 클래스이며, 그래서 이러한 상속이 필수는 아니다(하지만 훼손되지 않는다). 2.X에서 이 명시적인 상속을 가진 클래스는 새로운 형식이며, 그렇지 않은 클래스는 '고전 형식'이다.

4. 새 형식 클래스는 다중 상속 트리의 다이아몬드 패턴을 다르게 검색하는데, 이들은 근본적으로 다이아몬드 트리에서 깊이 우선(위로) 대신에 너비 우선으로(옆으로) 검색한다. 새 형식 클래스들은 또한 인스턴스들과 클래스들을 위해 내장된 type의 결과를 변경하며, 내장된 연산 메소드를 위해 __getattr__와 같은 일반 속성 호출 메소드들을 실행하지 않으며, 프로퍼티, 디스크립터, super, 그리고 인스턴스 속성 리스트인 __slots__를 포함한 고급 도구들을 지원한다.

5. 일반(인스턴스) 메소드들은 self 인수(암묵적인 인스턴스)를 받지만, 정적 메소드는 그렇지 않다. 정적 메소드는 클래스 객체에 중첩된 단순 함수다. 메소드를 정적으로 만들기 위해, 특별한 내장된 함수를 통해 실행되거나, 데코레이터 구문으로 데코레이션되어야 한다. 파이썬 3.X에서 클래스 내의 단순 함수를 이 단계 없이도 클래스를 통해 호출될 수 있도록 허용하지만, 인스턴스를 통해 호출하는 것은 여전히 정적 메소드 선언을 필요로 한다.

6. 물론, 하지만 여러분은 고급 도구들이 끼칠 영향에 대해 신중하게 고려하지 않고 사용해서는 안 된다. 예를 들어 슬롯은 코드를 깨뜨릴 수 있고, super는 단일 상속에서 사용되던 때에 나중에 발생할 문제를 감출 수 있으며, 다중 상속에서는 단 하나의 사례를 위해 상당한 복잡도를 초래한다. 그리고 이 둘이 가장 유용하기 위해서는 보편적인 사용을 요구한다. 새롭거나 고급 도구들을 평가하는 것은 엔지니어라면 누구에게나 중요한 작업이며, 우리가 이 장에서 장단점에 대하여 꼼꼼히 살펴본 이유이기도 하다. 이 책의 목적은 여러분에게 어느 도구를 사용할지를 알려 주는 데 있지 않고, 이들을 객관적으로 분석하는 것의(종종 소프트웨어 현장에서 이 작업의 우선순위를 너무 낮게 두는 경우가 있다) 중요성을 강조하는 데 있다.

7. 3초(더 정확하게는 다음 문장과 같다. '주께서 말씀하시기를, "처음에는 거룩한 핀을 뽑아야 하느니라. 그리고 더도 말고 덜도 말고 셋을 세어야 하느니라. 셋은 그대가 세어야 할 수가 될 것이며, 그 헤아린 수는 3일 것이다. 그대는 넷을 세지 말아야 하며, 그대가 셋으로 나아갈 때를 제외하고는 둘 또한 세지 말아야 할 것이다. 세 번째 숫자인 3에 도달하면 그때 그대가 가진 안디옥의 거룩한 수류탄을 그대의 적, 나의 눈에 악한 자이자 죽어야 할 자를 향해 던져라."').[4]

학습 테스트: 파트 6 실습 문제

이 실습 문제들은 클래스들을 작성하고 일부 기존 코드를 실험할 것을 요구한다. 물론, 기존 코드의 문제점은 코드가 이미 존재하고 있어야 한다는 것이다. 5번 문제에서 집합 클래스로 작업하는 것은 이 책의 웹 사이트에서 소스 코드를 받거나(경로는 서문을 참조할 것) 또는 직접 손으로 입력해야 한다(이는 상당히 간단하다). 이 프로그램들은 더 복잡해지기 시작하기 때문에 책 마지막에 해답을 반드시 확인해야 한다. 이들은 부록 D의 1864쪽 "파트 6. 클래스와 객체 지향 프로그래밍"에서 찾을 수 있다.

1. **상속.** 클래스 Adder를 작성하자. 이 클래스는 'Not Implemented' 메시지를 출력하는 메소드 add(self, x, y)를 내보낸다. 그리고 add 메소드를 구현하는 Adder의 서브클래스를 두 개 정의하자.

---

4 몬티 파이썬과 성배로부터 나온 인용문이다(그리고 만약 여러분이 이것을 모른다면, 지금이 바로 사본을 찾아볼 때다).

ListAdder

두 리스트 인수들의 접합을 반환하는 add 메소드를 가짐

DictAdder

인수로 전달된 두 개의 딕셔너리에 포함된 항목들을 모두 포함한 새로운 딕셔너리를 반환하는 add 메소드를 가짐(딕셔너리 병합 연산은 어떤 것을 사용해도 좋다)

이렇게 만들어진 세 개의 클래스 모두의 인스턴스들을 만들고, 이들의 메소드를 호출해 보자.

이제, 여러분의 Adder 슈퍼클래스를 확장하여 생성자를 사용해 인스턴스 내의 객체를 저장하고(**에** self.data를 리스트나 딕셔너리에 할당), + 연산자를 __add__ 메소드로 오버로딩하여 자동으로 여러분의 add 메소드를 가져오도록(**에** X + Y는 X.add (X.data, Y)를 유발함) 확장해 보자. 생성자와 연산자 오버로딩 메소드는 어디에 위치시키는 것이 최적의 장소인가(즉, 어느 클래스에)? 어떤 종류의 객체를 여러분의 클래스 인스턴스에 추가할 수 있는가?

실제로 여러분은 여러분의 add 메소드를 단 하나의 실제 인수를 받도록(**에** add(self, y)) 코딩하고, 하나의 인수를 인스턴스의 현재 데이터에 더하는(**에** self.data + y) 게 더 쉽다는 것을 알 수 있다. 이것이 add에 두 인수를 전달하는 것보다 더 타당하다고 생각하는가? 여러분은 이것이 여러분의 클래스들을 좀 더 '객체 지향적'으로 만든다고 말할 것인가?

2. **연산자 오버로딩.** 파이썬 리스트를 가리는('감싸는') MyList라 불리는 클래스를 작성하라. 이것은 +, 인덱싱, 반복, 슬라이싱, 그리고 append와 sort 같은 리스트 메소드를 포함한 대부분의 리스트 연산자와 동작을 오버로딩해야 한다. 지원해야 하는 모든 가능한 메소드들은 파이썬 참조 매뉴얼 또는 다른 문서들을 참조하자. 또한 기존 리스트(또는 MyList 인스턴스)를 취하고, 그 리스트의 요소들을 인스턴스 속성에 복사하는 여러분의 클래스를 위한 생성자를 제공하자. 여러분의 클래스를 실험해 보자. 확인해야 할 것들은 다음과 같다.

   a. 여기에서 초깃값을 복사하는 것은 왜 중요한가?

   b. MyList 인스턴스라면 빈 슬라이스(**에** start[:])를 초깃값 복사를 위해 사용할 수 있는가?

   c. 리스트 메소드 호출을 내장된 리스트로 라우팅할 일반적인 방법이 있는가?

   d. MyList와 일반 리스트를 더할 수 있는가? 리스트와 MyList 인스턴스는 어떠한가?

   e. 어떤 타입의 객체가 +와 슬라이싱 같은 작업을 반환해야 하는가? 인덱싱 작업은 어떠한가?

f. 만약 합리적으로 최근 버전의 파이썬(2.2 또는 그 이후 버전)으로 작업한다면, 실제 리스트를 독립적인 클래스에 임베드하거나 또는 서브클래스로 내장된 리스트 타입을 확장함으로써, 이 종류의 래퍼 클래스를 구현할지도 모른다. 어느 것이 더 쉬울까, 그리고 그 이유는 무엇인가?

3. **서브클래싱.** 실습 문제 2의 MyList의 서브클래스와 MyListSub를 만들되, MyList를 확장하여 오버로드된 연산인 +가 호출되기 전에 stdout에 메시지를 출력하고, 각 호출 횟수를 세도록 만들자. MyListSub는 MyList로부터 기본 메소드 행위를 상속받아야 한다. MyListSub에 시퀀스를 추가하는 것은 메시지를 출력해야 하며, + 호출을 위한 카운터를 하나 증가시키고, 슈퍼클래스의 메소드를 수행해야 한다. 또한, 연산 카운터를 stdout에 출력하는 새로운 메소드를 도입하고 여러분의 클래스를 실험해 보자. 여러분이 작성한 카운터가 인스턴스별로 호출을 세고 있는가? 아니면 클래스별로 (클래스의 모든 인스턴스를 위해) 세고 있는가? 다른 기능은 어떻게 구현할 것인가?(힌트: 이것은 카운터가 어느 객체에 할당되어 있느냐에 따라 다르다. 클래스 멤버라면 인스턴스들에 의해 공유되지만, self 멤버는 인스턴스별 데이터다).

4. **속성 메소드.** 모든 속성 인정(호출과 할당)을 가로채고, 자신이 가진 인수를 나열한 메시지를 stdout에 출력하는 메소드를 가진 Attrs 클래스를 작성하자. 표현식들에 있는 인스턴스를 사용하려고 하면 어떤 일이 발생하는가? 여러분 클래스의 인스턴스에 대해 덧셈, 인덱싱, 그리고 슬라이싱을 해보자(주의: __getattr__을 기반으로 한 완전히 일반적인 접근법은 2.X의 고전 형식의 클래스에서는 동작하겠지만, 3.X의 새 형식 클래스에서는(2.X에서는 선택적인) 동작하지 않는다. 그 이유에 대해서는 28장, 31장, 32장에서 설명하고 있으며, 이 실습 문제의 답에 요약되어 있다).

5. **집합 객체.** "임베딩으로 타입 확장하기"절에서 설명된 집합 객체를 실험하자. 다음의 작업을 하기 위해 명령어를 실행하자.

a. 정수 집합 두 개를 생성하고, &와 | 연산자 표현식을 이용하여 교집합과 합집합을 계산하자.

b. 문자열로부터 집합을 하나 만들고, 그 집합을 인덱싱해 보자. 클래스의 어느 메소드가 호출되는가?

c. for 루프를 이용하여 여러분이 작성한 문자열 집합에 있는 아이템들을 반복해 보자. 이번에는 어느 메소드가 실행되는가?

d. 여러분이 작성한 문자열 집합과, 단순 파이썬 문자열과의 교집합과 합집합을 계산해 보자. 동작하는가?

e. 이제, 임의의 많은 피연산자들을 *args 인수 형태를 이용하여 처리하도록 서브클래싱으로 여러분의 집합을 확장해 보자.(힌트: 18장에 이들 알고리즘의 함수 버전을 참조할 것) 여러분의 집합 서브클래스로 다중 피연산자의 교집합과 합집합을 계산해 보자. &가 오직 두 개의 피연산자만을 받는다는 것을 고려했을 때, 여러분은 어떻게 셋 또는 그 이상의 집합에 대한 교집합을 만들 수 있는가?

f. 어떻게 여러분은 집합 클래스에서 다른 리스트 연산을 모방할 수 있게 될까?(힌트: __add__는 연결 연산(concatenation)을 잡아낼 수 있고, __getattr__은 append와 같은 대부분의 명명된 리스트 메소드 호출을 내부에 싸인 리스트에 전달할 수 있다.)

6. **클래스 트리 링크.** 29장의 "네임스페이스: 결론"과 31장의 "다중 상속: '혼합(Mix-in)' 클래스"절에서 클래스들은 자신의 슈퍼클래스 객체들(클래스 헤더의 괄호 안에 나열된 것들)의 튜플을 반환하는 __bases__ 속성을 가지고 있다고 배웠다. __bases__를 사용하여 31장에서 작성했던 lister.py 혼합 클래스들을 확장하여 이들이 인스턴스의 클래스의 바로 위에 있는 슈퍼클래스의 이름을 출력하도록 하자. 완료되면 문자열 표현의 첫 번째 줄은 다음처럼 보여야 한다(여러분의 address는 거의 확실히 다를 것이다).

```
<Instance of Sub(Super, Lister), address 7841200:
```

7. **구성 관계.** 다음의 네 개의 클래스를 정의하여 패스트푸드 주문 시나리오를 시뮬레이션해 보자.

Lunch

   컨테이너와 컨트롤러 클래스

Customer

   음식을 사는 사람

Employee

   Customer 주문을 받는 사람

Food

   Customer가 사는 것

여기 여러분이 정의할 클래스와 메소드를 가지고 시작해 보자.

```
class Lunch:
    def __init__(self)            # Customer와 Employee를 만들고 임베드
    def order(self, foodName)     # 고객 주문 시뮬레이션 시작
    def result(self)              # Customer에게 어떤 Food를 가졌는지 질문
```

```
class Customer:
    def __init__(self)                        # my food를 None으로 초기화
    def placeOrder(self, foodName, employee)  # Employee로 주문
    def printFood(self)                       # my food 이름 출력

class Employee:
    def takeOrder(self, foodName)             # 요청된 이름으로 Food 출력

class Food:
    def __init__(self, name)                  # 음식 이름 출력
```

주문 시뮬레이션은 다음과 같이 동작해야 한다.

a. Lunch 클래스의 생성자는 Customer의 인스턴스와 Employee의 인스턴스를 만들고 임베드시켜야 하며, order라 불리는 메소드를 내보내야 한다. 이 order 메소드는 호출될 때, Customer에게 자신의 placeOrder 메소드를 호출함으로써 주문하도록 요청해야 한다. Customer의 placeOrder 메소드는 결국 Employee의 takeOrder 메소드를 호출함으로써 새로운 Food 객체를 위한 Employee 객체를 요청한다.

b. Food 객체는 음식 이름 문자열(ᄤ 'burritos')을 저장해야 하며, Lunch.order로부터 Customer.placeOrder로, 그리고 Employee.takeOrder로, 마지막으로 Food의 생성자로 전달되어 내려가야 한다. 최상위 레벨의 Lunch 클래스는 또한 result라 불리는 메소드를 내보내야 하는데, 이 메소드는 Customer에게 자신이 Employee로부터 order를 통해 (이것은 여러분의 시뮬레이션을 테스트하기 위해 사용될 수 있다) 받은 음식의 이름을 출력할 것을 요청한다.

Lunch는 Customer가 Employee 메소드들을 호출할 수 있도록 Employee 또는 자기 자신 중 하나를 Customer에게 전달해야 한다는 것을 알아 두도록 하자.

Lunch 클래스를 임포팅하고 실행할 자신의 order 메소드를 호출한 다음에, Customer가 자신이 주문한 것을 가졌는지 검증할 result 메소드를 호출하여 여러분의 클래스를 실험해 보자. 원한다면 여러분은 단순히 클래스가 정의된 파일에 25장의 모듈 __name__을 이용하여 셀프 테스트 코드로 테스트 케이스를 코딩할 수 있다. 이 시뮬레이션에서 Customer는 중계자다. 만약 그 대신에 Employee가 고객/직원 간의 상호 작용을 개시한다면 여러분의 클래스는 어떻게 바뀔까?

8. **동물원 동물 계층도.** 그림 32-1에서 보인 클래스 트리를 고려하자.

파이썬의 상속을 이용하여 이 분류학을 모델링하도록 여섯 개의 class문을 코딩하자. 그리

고 여러분의 클래스 각각에 유일한 메시지를 출력하는 **speak** 메소드를 추가하고, 아래 서브클래스들에 있는 범주 특유의 메시지 프린터를 실행시키는 **self.speak**를 호출하는(이것은 **self**에서 독립된 상속 검색을 시작할 것이다) **reply** 메소드를 최상위 레벨 Animal 슈퍼클래스에 추가하자. 마지막으로, 여러분의 Hacker 클래스에서 **speak** 메소드를 삭제하여 그 위의 기본값을 선택할 수 있도록 하자. 완료되면 여러분의 클래스는 다음과 같이 동작해야 한다.

```
% python
>>> from zoo import Cat, Hacker
>>> spot = Cat()
>>> spot.reply()                        # Animal.reply: Cat.speak 호출
meow
>>> data = Hacker()                     # Animal.reply: Primate.speak 호출
>>> data.reply()
Hello world!
```

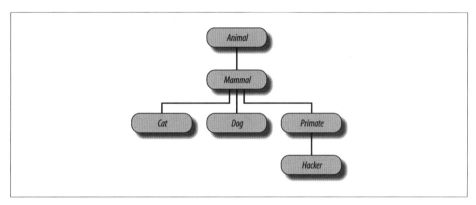

그림 32-1 동물원 계층 구조는 여러 클래스들로 구성되어 있다. 이 클래스들은 속성 상속에 의해 검색될 트리에 연결되어 있다. Animal은 공통의 'reply' 메소드를 가지고 있지만, 각 클래스는 이 'reply'에 의해 호출되는 자신만의 'speak' 메소드를 가지고 있을 수 있다.

9. **죽은 앵무새 촌극.** 그림 32-2의 객체 임베딩 구조에 대해 생각해 보자.

구성 관계(composition)로 이 구조를 구현하기 위해 일련의 파이썬 클래스들을 코딩하자. 여러분의 Scene 객체를 코딩한다. 이 객체는 action 메소드를 정의하고 Customer, Clerk, Parrot 클래스의 인스턴스를 임베딩한다(각각은 유일한 메시지를 출력하는 line 메소드를 정의해야 한다). 임베드된 객체는 line을 정의하고 단순히 메시지 텍스트를 제공하는 공통의 슈퍼클래스로부터 상속받거나 line 자체를 정의할 수 있다. 마지막에 여러분의 클래스들은 다음과 같이 동작해야 한다.

```
% python
>>> import parrot
>>> parrot.Scene().action()                    # 내포된 객체를 활성화
customer: "that's one ex-bird!"
clerk: "no it isn't..."
parrot: None
```

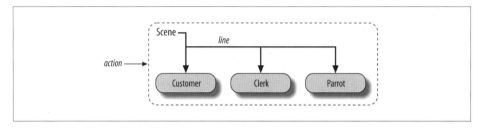

그림 32-2 이 장면은 컨트롤러 클래스(Scene)로 구성된다. 이 Scene은 다른 세 개의 클래스들(Customer, Clerk, Parrt)의 인스턴스들을 임베드하고 지시한다. 이 임베드된 인스턴스의 클래스들은 또한 상속 계층에 포함될 수 있다. 구성과 상속은 종종 코드 재사용을 위해 클래스들을 구조화할 때 똑같이 유용하다.

더 생각해 볼 주제: 전문가들이 말하는 객체 지향 프로그래밍의 필요성

내가 파이썬을 강의할 때, 과거에 객체 지향 프로그래밍을 사용했던 사람들이 처음에는 지루해하다가(또는 완전히 깜빡 졸다가) 강의 중간쯤에 열심히 따라오는 것을 항상 발견하게 된다. 이러한 현상의 배경이 무엇인지는 분명하지 않다.

이와 같은 책에서 나는 26장에서 새롭게 큰 그림의 개요를 포함시키고, 28장에서(사실, 여러분이 객체 지향 프로그래밍이 그저 컴퓨터 과학의 복잡한 개념일 뿐이라고 느끼기 시작했다면, 28장의 객체 지향 프로그래밍에 대한 절을 다시 한번 살펴볼 것을 추천한다) 점진적인 개별 학습을 포함시키는 호사를 누렸다. 비록 객체 지향 프로그래밍이 앞서 만났던 제너레이터보다 훨씬 많은 구조를 추가하였지만, 마찬가지로 이것은 입문자들이 합리화하기에는 어렵다고 느껴지는 일부 마법(상속 검색과 첫 번째 특수 인수)에 의존한다.

하지만 실제 수업에서는 입문자들이 이해할 수 있도록 돕기 위해(그리고 그들이 깨어 있도록 하기 위해) 설명을 잠시 멈추고 청중 가운데 섞여 있던 전문가에게 왜 객체 지향 프로그래밍을 사용하는지를 물었다. 만약 여러분이 그 주제가 처음 접하는 것이라면, 그들이 제시하는 답은 객체 지향 프로그래밍의 목적에 대한 실마리를 제공하는 데 도움이 될 수 있다.

여기 십수 년에 걸쳐 내 학생들이 이야기했던 객체 지향 프로그래밍을 사용하는 가장 일반적인 이유들을 약간 다듬어 정리해 보면 다음과 같다.

코드 재사용

이는 쉽다(그리고 객체 지향 프로그래밍을 사용하는 주요 이유다). 상속을 지원함으로써, 클래스들은 여러분이 아무 딕셔너리 준비 없이 각 프로젝트를 시작하는 대신에 수정/변경을 통해 프로그램을 할 수 있도록 도와 준다.

캡슐화

세부 구현 내용을 객체 인터페이스 뒤에 감싸버림으로써 클래스의 사용자들이 코드를 변경하지 못하도록 한다.

구조

클래스들은 이름 충돌을 최소화하는 지역 범위를 제공한다. 지역 범위는 또한 구현 코드를 작성하고 찾아볼 수 있는 객체의 상태를 관리하는 자연스러운 장소를 제공한다.

유지보수

클래스는 자연적으로 코드의 공통 분할을 촉진시킨다. 이것은 우리가 중복성을 최소화할 수 있도록 해준다. 클래스가 구조와 코드의 재사용을 지원하는 덕분에 일반적으로 코드의 오직 하나의 사본만 변경하면 충분하게 되었다.

일관성

클래스와 상속은 여러분이 공통 인터페이스를 구현하도록 해주며, 따라서 여러분이 작성한 코드에서 공통된 모습을 만들어 준다. 이것은 디버깅, 이해, 그리고 유지보수를 쉽게 해준다.

다형성

이것은 객체 지향 프로그래밍을 사용하는 이유라기보다는 객체 지향 프로그래밍의 속성에 가깝지만, 코드의 범용성을 지원함으로써 코드를 더 유연하고 광범위하게 적용할 수 있도록 만들어 주며, 따라서 재사용이 가능해진다.

그 외 기타

그리고 물론, 학생들이 객체 지향 프로그래밍을 사용하는 첫 번째 이유는 이력서상에서 좋아 보이기 때문이다(OK. 나는 이를 농담으로 던졌지만, 만약 여러분이 오늘날의 소프트웨어 분야에서 일할 계획이라면 객체 지향 프로그래밍과 친숙해지는 것이 중요하다)

마지막으로 내가 이 파트의 서두에서 말한 내용을 기억하자. 여러분이 직접 객체 지향 프로그래밍을 사용해 보기 전까지는 그 진가를 완전히 인정할 수 없을 것이다. 프로젝트를 고르고 더 많은 예제를 공부하며 실습을 통해 객체 지향 프로그래밍을 다루어 보자. 객체 지향 코드를 시작하기 위해 어떤 일이든지 해보자. 충분히 그럴 만한 가치가 있는 일이다.

VII

예외와 도구

33

예외 기초

여기서는 프로그램의 제어 흐름을 바꿀 수 있는 이벤트인 예외(exceptions)에 대해 다루도록 한다. 파이썬에서는 오류가 발생하면 예외가 자동으로 발생하며, 사용자가 작성한 코드에 의해서 발생하고 인터셉트될 수 있다. 예외는 우리가 이 장에서 다룰 네 개의 문장을 이용해 처리한다.

try/except

파이썬 자체에서 혹은 사용자 코드에서 발생한 예외를 캐치하고 복구한다.

try/finally

예외 발생 여부에 상관없이 정리(cleanup) 작업을 수행한다.

raise

개발자가 코드 안에서 의도적으로 예외를 발생시킨다.

assert

코드의 실행 결과가 거짓일 경우 예외를 발생시킨다.

with/as

파이썬 2.6과 3.0, 그리고 이후 버전에서는 콘텍스트 관리자를 구현한다(2.5에서는 옵션).

독자가 자신만의 예외를 작성하려면 클래스에 대해 알 필요가 있으므로 이 주제는 책의 끝부분에서 다루도록 배치했다. 몇 가지 예외가 있긴 하지만[1], 파이썬 자체에 예외 처리가 별도의 고수준 도구로 통합되어 있기 때문에 다루기가 매우 간단하다는 것을 알게 될 것이다.

어째서 예외를 사용해야 하는가?

간결히 말하자면, 예외는 임의의 프로그램 코드 영역을 벗어나 분기할 수 있도록 해준다. 이 책 앞부분에서 다루었던 가상의 피자 요리 로봇을 생각해 보자. 우리가 그 아이디어를 진지하게 받아들여 실제로 그런 기계를 만들었다고 가정하자. 피자를 요리하려면 요리 자동화를 위해서 계획을 실행해야 한다. 우리는 그것을 파이썬 프로그램으로 구현할 것이다. 로봇은 주문을 받고, 도우를 준비하고, 토핑을 추가하고, 피자를 굽는 기타 등등의 일들을 해야 한다.

이제 '피자를 굽는' 단계에서 뭔가가 크게 잘못되었다고 가정해 보자. 아마도 오븐이 고장났거나, 로봇이 팔 길이를 잘못 계산해서 갑자기 타버릴 수도 있다. 분명히, 우리는 문제가 나타나는 코드를 처리할 수 있는 다른 전용 코드로 재빠르게 분기하기를 원한다. 경우에 따라서는 피자 굽기 작업을 그렇게 비정상적으로 끝내고 싶지 않을 것이므로 전체 공정 전체를 중단해야 할 것이다.

여기서 바로 이 '예외'가 그렇게 할 수 있도록 도와준다. 다음에 진행되야 할 코드들을 실행하지 않고 즉시 예외 처리기로 이동할 수 있다. 예외 처리기 안의 코드는 발생한 예외를 적절하게 처리한다.

예외를 일종의 구조화된 '슈퍼 go to'로 생각해도 좋다. 예외 처리기(try문)는 표식을 남기고, 예외 처리 코드를 실행한다. 프로그램이 어느 정도 실행되다가 예외가 발생하면, 파이썬은 남겨진 표식 뒤에 호출된 모든 활성화된 함수를 취소하고 표식으로 되돌아간다. 이 프로토콜을 이용해 비정상적인 이벤트에 일관되게 대응할 수 있다. 게다가 파이썬이 처리기 문으로 즉시 분기하기 때문에 코드가 단순해진다. 실패할 가능성이 있는 함수를 호출할 때마다 상태 값을 확인할 필요가 없다.

---

1 **옮긴이** 지은이의 의도적인 말장난이다

예외 역할

파이썬 프로그램에서 예외는 일반적으로 다양한 목적으로 사용된다. 다음은 예외의 가장 흔한 역할 중의 일부를 나열한 것이다.

오류 처리

파이썬은 런타임에 오류를 탐지할 때마다 예외를 발생시킨다. 여러분은 코드 안에서 예외를 캐치하고 오류에 대응할 수도 있고, 발생한 예외를 무시할 수도 있다. 오류를 무시하면, 파이썬의 기본 예외 처리 동작이 이루어진다. 파이썬의 기본 예외 처리 동작은 프로그램을 멈추고 오류 메시지를 출력한다. 기본 동작을 원하지 않으면, try문을 이용해 예외를 캐치하고 복구하도록 코드를 작성해야 한다. 파이썬은 오류를 탐지하면 try 처리 코드로 분기하게 되며, 여러분의 프로그램은 try문 이후에 실행을 이어 나갈 수 있다.

이벤트 통지

예외는 프로그램의 결과 플래그를 넘기거나 그것을 명시적으로 테스트하지 않고도 유효한 상태를 알려 줄 목적으로 활용할 수 있다. 예를 들어 검색 루틴에서 검색에 실패했을 때 정수로 된 결과 코드를 반환하고, 그 결과 코드가 어디에서도 유효한 값으로 사용되지 않기를 바라는 것이 아니라 예외를 발생시킬 수 있다.

특수한 경우 처리

때로는 거의 발생할 가능성이 없는 오류 상황 때문에 그런 오류를 처리하는 코드를 여기저기 작성해 놓는 것이 적절하지 않을 때도 있다. 종종 프로그램의 상위 수준에 있는 예외 처리기에서 일반적이지 않은 경우를 처리하도록 함으로써 그러한 특수한 경우에 대한 처리 코드를 제거할 수 있다. 개발 과정에서 예상된 조건을 확인할 때 assert를 유사하게 활용할 수 있다.

종료 액션

try/finally문은 프로그램에서 예외 발생 여부와 상관없이, 필요한 종료 시점 동작이 실행되는 것을 보장해 준다. 새로 추가된 with문은 그것을 지원하는 객체에서 try/finally문에 대한 대안이 된다.

일반적이지 않은 제어 흐름

마지막으로 예외는 일종의 고수준의, 그리고 구조화된 'go to'이기 때문에 독특한 제어 흐름을 구현하기 위한 기초로 사용할 수 있다. 예를 들면, 언어가 명시적으로 백트래킹을 지원하지 않더라도 파이썬에서는 예외와 약간의 지원 로직을 이용해 할당을 다시 복원할 수 있다.[2] 파이썬에서는 (다행스럽게도!) 'go to문'이 없지만, 때로는 예외가 유사한 역할을 할 수 있다. 예를 들어, raise문을 이용하면 여러 개의 루프를 바로 빠져나갈 수 있다.

앞에서 이런 역할 중 일부에 대해 간단히 설명하였고, 이 책의 뒷부분에서는 실제의 전형적인 예외 활용 사례에 대해 공부할 것이다. 지금은 파이썬의 예외 처리 도구에 대해 알아보는 것부터 시작하도록 하자.

예외: 짧은 이야기

예외는 이 책에서 지금까지 다루었던 파이썬 언어에 대한 핵심적인 주제에 비해 파이썬에서는 꽤 비중이 낮은 도구다. 간단한 주제이므로 곧바로 코드를 살펴보도록 하자.

기본 예외 처리기

다음과 같은 함수를 작성한다고 해보자.

```
>>> def fetcher(obj, index):
        return obj[index]
```

이 함수는 별 내용이 없다. 그저 단순히 전달된 인덱스에 대한 객체를 찾는 함수다. 일반적인 동작에서는 인수로 전달된 인덱스에 해당하는 값을 반환한다.

```
>>> x = 'spam'
>>> fetcher(x, 3)                          # x[3]과 유사함
'm'
```

하지만 함수에 문자열의 길이를 넘어선 인덱스를 전달하면 함수가 obj[index] 코드를 실행할 때 예외가 발생한다. 파이썬은 시퀀스에서 인덱스를 접근할 때 범위 초과(out-of-bounds) 오류

---

2   그러나 파이썬은 진정한 의미의 역행(backtracking)을 지원하지 않는다. 역행은 분기가 발생하기 전에 이루어진 모든 연산을 취소한다. 하지만 파이썬의 예외는 그렇게 동작하지 않는다. try문에 진입할 때부터 예외가 발생할 때까지 이루어진 변수 할당은 이전의 값으로 리셋되지 않는다. 또한, 20장에서 다루었던 제너레이터 함수와 표현식들은 완전한 역행을 하지 않는다. 그것들은 단순히 상태를 복원하고 재시작함으로써 next(G) 요청에 응답할 뿐이다. 역행에 대한 추가적인 내용은 인공지능이나 프롤로그(Prolog), 혹은 아이콘 프로그래밍 언어에 대한 책을 참조하기 바란다.

를 탐지하고, 내장된 IndexError 예외를 일으킴으로써 **오류 발생**을 보고한다.

```
>>> fetcher(x, 4)                    # 기본 예외 처리기 — 셸 인터페이스
Traceback (most recent call last):
  File "<stdin>", line 1, in <module>
  File "<stdin>", line 2, in fetcher
IndexError: string index out of range
```

우리 코드에서 이 예외를 명시적으로 처리하지 않기 때문에 이 예외는 프로그램의 최상위 수준까지 거슬러 올라가 기본 예외 처리기를 호출한다. 기본 예외 처리기는 단순히 표준 오류 메시지를 출력한다. 이 책에서 지금까지 몇 가지 표준 오류 메시지를 봤을 것이다. 표준 오류 메시지에는 발생한 예외와 **스택 추적**(stack trace)이 포함된다. 스택 추적은 예외가 발생할 당시 실행된 모든 줄과 함수의 목록이다.

여기에 있는 오류 메시지 텍스트는 파이썬 3.6에서 출력된 것이다. 이 메시지는 파이썬 버전에 따라 조금씩 다를 수 있으며, 대화형 셸에 따라 다를 수도 있다. 그러므로 이 책에서든, 독자가 작성한 코드든 간에 메시지가 어떤 고정된 형식을 가질 것이라고 가정하고 그에 의존해서는 안 된다. 기본 셸 인터페이스에서 대화형으로 코드를 작성할 때는 작성 중인 코드의 파일 이름이 표준 입력 스트림을 뜻하는 '<stdin>'이다.

IDLE GUI의 대화형 셸에서 코드를 작성할 때는 파일 이름이 '<pyshell>'이며, 소스 코드의 라인도 표시된다. 어떤 방법이든 간에 실제 파일이 없을 때는 파일의 라인 번호는 큰 의미가 없다(이 장의 뒷부분에서는 더 흥미로운 오류를 몇 개 더 보게 될 것이다).

```
>>> fetcher(x, 4)                    # 기본 예외 처리기 — IDLE GUI 인터페이스
Traceback (most recent call last):
  File "<pyshell#6>", line 1, in <module>
    fetcher(x, 4)
  File "<pyshell#3>", line 2, in fetcher
    return obj[index]
IndexError: string index out of range
```

대화형 프롬프트에서 실행되지 않은 좀 더 실제적인 프로그램에서는 최상위 기본 예외 처리기가 오류 메시지를 출력한 후 프로그램을 즉시 **종료**한다. 간단한 스크립트에서는 이러한 동작이 합리적이다. 오류는 치명적이기 때문에 오류가 발생했을 때 여러분이 할 수 있는 최선은 표준 오류 메시지를 검사하는 것이다.

예외 처리하기

하지만 종종 이러한 처리 방식이 여러분이 원하는 바가 아닐 경우가 있다. 예를 들어, 일반적으로 서버 프로그램은 내부 오류가 발생한 다음에도 종료되지 않고 동작해야 한다. 기본 예외 처리 방식이 마음에 들지 않으면, 함수 호출을 try문으로 감싸고 예외를 직접 잡아낼 수 있다.

```
>>> try:
...     fetcher(x, 4)
... except IndexError:                    # 예외를 잡아내고 복구
...     print('got exception')
...

got exception
>>>
```

이제 파이썬의 제어가 여러분이 작성한 except절 아래에 있는 **예외 처리기 블록**으로 넘어왔다. try 블록 안의 코드가 동작할 때 예외가 발생하면 이 블록에 자동으로 진입한다. 이렇게 하면 블록의 예외를 가로채는 오류 처리기 내에 있는 중첩 코드 블록을 감싸는 효과가 있다.

이렇게 대화형으로 동작할 때는 except절이 실행된 후에 다시 파이썬 프롬프트로 돌아가게 된다. 조금 더 실제적인 프로그램에서는 try 구문이 예외를 잡아낼 뿐만 아니라 예외에서 프로그램을 복구하기도 한다.

```
>>> def catcher():
        try:
            fetcher(x, 4)
        except IndexError:
            print('got exception')
        print('continuing')

>>> catcher()
got exception
continuing
>>>
```

예외를 잡아내고 처리하면, 이번에는 프로그램이 예외를 잡아냈던 try 블록의 다음부터 다시 실행된다. 그래서 'continuing' 메시지가 프롬프트에 출력된다. 여기에서는 표준 오류 메시지가 출력되지 않으며, 프로그램은 정상적으로 실행된다.

파이썬에서 예외를 촉발시킨 코드로 다시 돌아갈 수 있는 방법은 없다(물론, 예외에 도달하기까지의 코드 전체를 다시 실행하지 않는다면 말이다). 예외를 캐치하면 프로그램의 제어는 예외가 발생한 문장 다음부터가 아니라, 예외가 발생한 전체 try 블록의 다음부터 계속된다. 사실 파이썬은 우리 예제의 fetch와 같이 예외가 발생하여 종료된 함수의 모든 메모리를 지우기 때문에 그러한 함수는 다시 시작할 수 없다. try는 예외를 잡아내는 부분이자, 프로그램이 다시 시작하는 부분이다.

 강의 노트: 대화형 프롬프트의 '...'이 이 장의 최상위 try 구문에서 다시 나타난다. 이것은 그 코드가 함수나 클래스 안에 중첩되지 않으면 잘라내어 붙여 넣었을 때 제대로 동작하지 않기 때문이다(except와 다른 코드들은 try와 같이 정렬되어야 하며, 추가적인 공백 문자를 가지고 있어서는 안 된다). 실행하려면 '...' 프롬프트를 가진 구문을 한 번에 한 줄씩 입력하거나 붙여 넣도록 한다.

예외 발생시키기

지금까지는 실수를 통해(물론 의도적인 실수로) 파이썬이 예외를 발생시키도록 했다. 하지만 우리가 작성한 스크립트에서도 예외를 발생시킬 수 있다. 즉, 예외는 파이썬이나 여러분이 작성한 프로그램 모두에서 발생시킬 수 있으며, 예외를 캐치하거나 캐치하지 않을 수도 있다. 예외를 수동으로 발생시키려면 raise문을 실행하면 된다. 사용자가 발생시킨 예외는 파이썬이 발생시키는 예외와 동일한 방법으로 캐치할 수 있다. 다음은 그렇게 유용한 파이썬 코드는 아니지만 내장 IndexError 예외를 발생시키는 코드다.

```
>>> try:
...       raise IndexError                    # 수동으로 예외 발생
... except IndexError:
...       print('got exception')
...
got exception
```

예외가 캐치되지 않으면 사용자 발생 예외는 최상위 기본 예외 처리기로 전달되며, 표준 오류 메시지를 출력하면서 프로그램을 종료시킨다.

```
>>> raise IndexError
Traceback (most recent call last):
  File "<stdin>", line 1, in <module>
IndexError
```

다음 장에서 보겠지만, assert문도 예외를 발생시킬 때 사용할 수 있다. assert는 조건부(conditional) raise인데, 거의 대부분은 개발 과정에서 디버깅 목적으로 사용된다.

```
>>> assert False, 'Nobody expects the Spanish Inquisition!'
Traceback (most recent call last):
  File "<stdin>", line 1, in <module>
AssertionError: Nobody expects the Spanish Inquisition!
```

사용자 정의 예외

이전 절에서 소개한 raise문은 파이썬의 내장 범위에 정의된 내장 예외를 발생시킨다. 이 파트의 뒷부분에서 다루겠지만, 여러분은 여러분의 프로그램에 특화된 여러분만의 새로운 예외를 정의할 수도 있다. 사용자 정의 예외는 **클래스**로 작성되며, 이 예외 클래스는 내장 예외 클래스를 상속한다. 일반적으로 이 내장 예외 클래스는 Exception으로 명명된 클래스다.

```
>>> class AlreadyGotOne(Exception): pass       # 사용자 정의 예외

>>> def grail():
        raise AlreadyGotOne()                  # 인스턴스가 발생함

>>> try:
...     grail()
... except AlreadyGotOne:                      # 클래스 이름을 캐치
...     print('got exception')
...
got exception
>>>
```

다음 장에서 보겠지만 except에 as절이 있게 되면 예외 객체 자체에 접근할 수 있다. 또한, 클래스 기반 예외로 인해 스크립트에서 예외 카테고리를 구축할 수 있다. 이 예외는 동작을 상속할 수 있으며, 상태 정보와 메소드를 포함하고 있다. 아울러 이 예외는 캐치되지 않았을 때 출력할 오류 메시지 텍스트를 커스터마이즈할 수 있다.

```
>>> class Career(Exception):
        def __str__(self): return 'So I became a waiter...'

>>> raise Career()
Traceback (most recent call last):
  File "<stdin>", line 1, in <module>
__main__.Career: So I became a waiter...
>>>
```

종료 동작

마지막으로, try문은 'finally'라고 외칠 수 있다. 즉, finally 블록을 포함할 수 있다는 뜻이다. 이것은 예외에 대한 예외 처리기와 비슷해 보이지만, try/finally 조합을 이용하면 '종료 시' try 블록 안에서 예외가 발생했는지 여부와 상관없이 언제나 실행되는 종료 동작을 지정할 수 있다.

```
>>> try:
...     fetcher(x, 3)
... finally:                        # 종료 동작
...     print('after fetch')
...
'm'
after fetch
>>>
```

여기서 try 블록에 예외가 발생하지 않고 끝나면 finally 블록이 실행되며, 프로그램은 전체 try 블록 다음부터 다시 실행될 것이다. 이 경우에 해당 문은 약간 어이없게 보이기도 한다. 다음과 같이 굳이 try 블록을 사용할 필요 없이, 함수 호출 다음에 바로 print문을 넣으면 훨씬 더 간단하다.

```
fetcher(x, 3)
print('after fetch')
```

하지만 이렇게 코딩하면 문제가 발생한다. 함수 호출에서 예외가 일어나면 print문은 절대 실행되지 않는다. try/finally 조합은 이런 단점을 회피할 수 있게 해준다. try 블록 안에서 예외가 발생하더라도 finally 블록이 실행되며, 프로그램은 제자리를 찾아간다.

```
>>> def after():
        try:
            fetcher(x, 4)
        finally:
            print('after fetch')
        print('after try?')

>>> after()
after fetch
Traceback (most recent call last):
  File "<stdin>", line 1, in <module>
  File "<stdin>", line 3, in after
  File "<stdin>", line 2, in fetcher
IndexError: string index out of range
>>>
```

여기서 'after try?' 메시지는 출력되지 않는다. 예외가 발생하면 프로그램 제어가 try/finally 블록 이후에 다시 실행되지 않기 때문이다. 그 대신, 파이썬은 finally 동작을 실행할 수 있도록 뒤로 돌아간 다음, 예외를 이전의 처리기(이 경우에는 최상위 기본 처리기)로 전파한다. 이 함수 내의 구현을 변경해서 예외가 발생하지 않도록 하면 finally 코드는 여전히 실행되지만, 프로그램은 try 다음부터 계속 실행된다.

```
>>> def after():
        try:
            fetcher(x, 3)
        finally:
            print('after fetch')
        print('after try?')

>>> after()
after fetch
after try?
>>>
```

실제로도 try/except 조합은 예외를 캐치하고 복구하는 데 유용하다. 그리고 try/finally 조합은 try 블록 내 코드에서의 예외 발생 여부와 상관없이 종료 동작이 일어나는 것을 보장할 때 유용하다. 예를 들어, try/except를 이용해 여러분이 외부 라이브러리에서 import한 코드에서 발생하는 오류를 캐치할 수도 있고, 파일을 닫는다거나 서버 접속을 종료하는 등의 코드가 언제나 실행되도록 보장할 목적으로 try/finally를 사용할 수도 있다. 또한, 이 파트의 뒷부분에서는 몇몇 실제적인 예제를 살펴볼 것이다.

파이썬 2.5에서 두 개가 개념적으로는 분리된 목적을 가졌지만, 동일한 try문 내에서 except와 finally를 같이 사용할 수 있다. finally는 예외가 발생했는지 여부나, 예외가 except절에서 캐치되었는지 여부와 상관없이 try문이 종료될 때 실행된다.

다음 장에서 학습하겠지만, 파이썬 2.X와 3.X 모두 일부 객체 타입을 사용할 때는 try/finally에 대한 대안을 제공한다. 다음과 같이 with/as문은 내재한 블록 안에서 어떤 예외가 발생했는지와 무관하게, 객체의 콘텍스트 관리 로직을 실행하여 종료 동작이 일어나는 것을 보장한다.

```
>>> with open('lumberjack.txt', 'w') as file:     # 종료 시 언제나 파일을 닫음
        file.write('The larch!\n')
```

이 옵션은 코드를 덜 작성해도 되지만, 특정한 객체 타입에 대해서만 사용할 수 있다. 그러므로

try/finally가 더 일반적인 종료 구조이며, with가 지원되지 않는 경우에는 클래스를 작성하는 것보다는 더 간단하다. 반면 with/as는 시작 동작도 실행할 수 있으며, 파이썬 전체의 객체 지향 프로그래밍 도구 집합을 활용할 수 있는 사용자 정의 콘텍스트 관리 코드를 지원한다.

예외가 발생하면 제어가 예외 처리기로 분기하기 때문에 모든 코드에 오류를 위한 보호막을 칠 필요도 없고, 오류에 대한 테스트로 인한 추가적인 오버헤드도 없다. 게다가 파이썬이 오류를 자동으로 탐지하기 때문에 코드 안에서 오류를 확인할 필요조차도 없을 수 있다. 결론은 예외 덕분에 대부분의 비정상적인 케이스에 대해 신경 쓰지 않아도 되고, 프로그램의 목적과 부합하지 않는 오류 확인 코드를 작성하지 않을 수 있다는 것이다.

이 장의 요약

예외에 대한 중요한 내용은 거의 다 다루었다. 실제로 예외는 매우 간단한 도구다.

요약하자면, 파이썬의 예외는 고수준 제어 처리 장치다. 예외는 파이썬 또는 여러분의 프로그램이 발생시킬 수 있다. 예외를 발생시킨 것이 어떤 것이든 예외를 무시하거나(이 경우 기본 오류 메시지가 표시된다), try 블록을 통해 캐치하여 여러분이 작성한 코드를 통해 처리할 수 있다. 파이썬 2.5에서 try문은 서로 조합할 수 있는 두 가지 논리적인 형태를 가진다. 한 가지는 예외를 처리하는 형태이고, 나머지 한 가지는 예외 발생 여부와 상관없이 완료 코드(finalization code)를 실행하는 형태다. 파이썬의 raise와 assert문은 필요에 따라 내장 또는 우리가 클래스로 정의한 새로운 예외를 발생시킨다. with/as문은 종료 동작을 지원하는 객체에 대해서 종료 동작이 실행되는 것을 보장할 수 있는 또 다른 방법이다.

이 파트의 나머지 부분에서는 예외와 연관된 문과 try 밑에서 사용할 수 있는 다른 종류의 절(clause)에 대해 알아보고, 클래스 기반 예외 객체에 대해 토론해 볼 것이다. 다음 장에서는 여기서 소개한 문들에 대해 더 자세히 살펴볼 텐데, 다음 장으로 페이지를 넘기기 앞서 몇 개의 퀴즈를 통해 배운 내용에 대해 리뷰해 보자.

학습 테스트: 퀴즈

1. 예외 처리가 유용한 세 가지 아이템을 나열하라.

2. 예외를 따로 처리하지 않으면 어떻게 되는가?

3. 어떻게 하면 예외에서 스크립트를 복구할 수 있는가?

4. 스크립트에서 예외를 촉발할 수 있는 두 가지 방법을 나열하라.

5. 예외 발생 여부에 상관없이, 종료 시점에 실행할 동작을 명세할 수 있는 두 가지 방법을 나열하라.

학습 테스트: 정답

1. 예외 처리는 에러 처리, 종료 동작, 그리고 이벤트 알림에 유용하다. 또한 특수한 경우에 대한 처리를 단순화할 수 있으며, 일종의 구조화된 'go to' 동작으로 또 다른 제어 흐름을 구현할 때에도 활용할 수 있다. 일반적으로 예외 처리는 프로그램에 필요한 오류 검사 코드의 양을 줄여 준다. 모든 오류가 예외 처리기로 전달되므로 모든 동작의 결과를 테스트할 필요가 없기 때문이다.

2. 처리되지 않은 모든 예외는 결국 파이썬에 내장된 프로그램 최상단의 기본 예외 처리기로 전달된다. 이 처리기는 친숙한 오류 메시지를 출력하고 프로그램을 종료한다.

3. 기본 오류 메시지 출력 및 프로그램 종료를 원하지 않는다면, try/except 구문을 이용해 코드 블록 안에서 발생한 예외를 잡아내고 복구할 수 있다. 예외를 잡아내면, 예외는 사라지고 프로그램은 try 블록 다음부터 계속 실행된다.

4. 파이썬 자체가 발생시키는 것과 동일한 방식으로 raise와 assert문을 이용해 예외를 촉발할 수 있다. 원칙적으로는 프로그래밍 실수로 인해 예외를 발생시킬 수도 있지만, 그것은 일반적인 예외의 사용 목적이 아니다.

5. try/finally 구문을 이용해 코드 블록의 실행이 끝났을 때, 해당 블록 안에서의 오류 발생 여부와 상관없이 종료 동작이 발생함을 보장할 수 있다. with/as 구문도 종료 동작이 발생함을 보장할 수 있지만, 그것을 지원하는 객체를 처리할 때만 가능하다.

34

예외 코드 작성

이전 장에서 예외 관련 구문이 동작하는 방식에 대해 간단히 살펴보았다. 이제부터 조금 더 깊이 알아보고자 한다. 이 장에서는 좀 더 정형화된 파이썬의 예외 처리 구문에 대해 소개한다. 특히 try, raise, assert, 그리고 with문의 숨겨진 세부 사항에 대해 알아볼 것이다. 이 장에서 보게 되겠지만, 이 문들은 대부분 직관적으로 동작함에도 불구하고 파이썬 코드의 예외적 조건을 다루는 강력한 도구를 제공한다.

지금까지의 변화에 대한 노트: 파이썬의 예외 처리는 최근 몇 년간 크게 바뀌어 왔다. 파이썬 2.5에서는 try, except, 그리고 else문과 finally를 같이 사용할 수 있게 되었다(그 전에는 그런 조합이 불가능했다). 또한 파이썬 3.0과 2.6에서는 새로운 with 콘텍스트 관리 문장이 공식화되었으며, 사용자 정의 예외는 반드시 내장 예외 수퍼클래스를 상속받은 클래스 인스턴스로 작성하도록 바뀌었다. 그리고 3.X 버전에서는 2.6과 2.7 버전에서 사용했던 raise문과 except절의 구문을 약간 바꾸었다.

이 책에서는 최근의 파이썬 2.X 버전과 3.X 버전에서의 예외에 대해 초점을 맞추고자 한다. 하지만 이 책의 독자가 나중에 보게 될 코드에서 이전 버전의 기법을 보게 될 가능성이 매우 높으므로 예외 분야에서 어떤 진화가 이루어졌는지에 대해 필요할 때마다 짚어주도록 하겠다.

try/except/else 구문

기초에 대해 배웠으니 이제 세부 사항에 대해 알아볼 단계다. 다음 논의에서 try/except/else에 대해 먼저 설명하고, 그다음 try/finally를 따로 설명할 것이다. 파이썬 버전 2.5 이전에서는 두 가지가 서로 다른 역할을 했고, 같이 조합하여 사용할 수 없었으며, 지금도 적어도 논리적으로는 다른 역할을 하기 때문이다. 앞의 노트에서 살펴봤듯이 파이썬 2.5와 그 이후 버전에서는 except와 finally가 하나의 try문에 같이 사용될 수 있다. 두 개의 원래 형식을 따로 살펴본 후에, 그러한 통합이 내포하고 있는 바에 대해 알아보도록 하겠다.

문법적으로 try는 복합적이며, 여러 부분으로 구성된 구문이다. 이 구문은 try 헤더 라인으로 시작하며, (보통은) 블록으로 구성된 문장들이 그 뒤에 위치한다. 그다음에 하나 이상의 잡아 낼 예외와 그 예외를 처리할 코드 블록이 위치한다. 그리고 else절과 코드 블록이 끝에 위치한다. else절은 선택적이므로 없을 수도 있다. try except, 그리고 else를 같은 수준으로 들여쓰기 하여 하나로 엮을 수 있다(다시 말해 수직으로 일렬 맞춤하는 것을 말한다). 참고로, 다음 코드는 파이썬 3.X 버전의 가장 일반적이고 완벽한 예외 처리 형식이다.

```
try:
    statements              # 이 코드를 먼저 실행
except name1:
    statements              # try 블록 안에서 name1 예외 발생 시 실행
except (name2, name3):
    statements              # 괄호 안의 예외 중 하나라도 발생했을 경우 실행
except name4 as var:
    statements              # name4 예외 발생 시, 예외 인스턴스를 var 변수에 저장 후 실행
except:
    statements              # 위에서 캐치한 것 이외의 모든 예외에 대해 실행
else:
    statements              # try 블록 안에서 예외가 발생하지 않았을 경우 실행
```

의미론적으로 이 문의 try 헤더 밑에 있는 블록은 문의 **주요 동작**, 즉 여러분이 실행하고 오류 처리 로직에서 감싸고자 하는 코드를 나타낸다. except절은 try 블록 안에서 발생한 예외에 대한 **처리기**를 정의한다. 그리고 else절(있다면)은 예외가 발생하지 **않는다면** 실행될 처리기를 제공한다. 여기서 var 아이템은 이 장의 후반부에서 전반적으로 다루게 될 raise문과 예외 클래스의 기능과 연관이 있다.

try문의 동작 방법

동작면에서 try문은 다음과 같이 동작한다. try문에 진입하면, 파이썬은 예외가 발생했을 때 돌아올 수 있도록 현재의 프로그램 콘텍스트를 기록한다. try 헤더 밑에 포함된 구문들이 제일 먼저 실행된다. 그다음에 벌어지는 일은 try 블록의 구문들이 실행되는 동안 예외가 발생되는지 여부에 따라, 그리고 그 예외가 try에서 감시하는 예외의 타입과 일치하는지 여부에 따라 다르다.

- try 블록 내의 구문이 실행되는 동안 예외가 **발생하면**, 그리고 예외가 try문에서 지정한 것들 중 하나와 **일치하면**, 파이썬은 먼저 발생한 예외 객체를 except절의 as 키워드 다음에 위치한 변수 이름에 할당하고(as 키워드가 있을 경우), 다시 try문으로 돌아가 발생한 예외와 일치하는 것 중 맨 처음에 위치한 except 구문 내에 위치한 구문을 실행한다. except 블록이 실행된 후, 프로그램 제어는 전체 try문 아래부터 다시 실행된다(except 블록 자체에서 또 다른 예외를 발생시킬 경우, 새로운 예외 처리 프로세스가 이 시점에서 다시 시작된다).

- try 블록 내의 구문이 실행되는 동안 예외가 **발생했으나** try문에서 지정한 것들과 **일치하지 않으면**, 예외는 자신에 대해 선언한 가장 최근의 try문으로 전달된다. 만약 일치하는 try문이 없이 프로세스의 최상단까지 도달하게 되면, 파이썬은 프로그램 실행을 중단하고 기본 오류 메시지를 표시한다.

- try 블록의 구문이 실행되는 동안 예외가 **발생하지 않으면**, 파이썬은 else문 밑의 구문들을 실행하고(else절이 있을 경우), 프로그램 제어는 try문 아래에서 다시 시작된다.

다시 말하면, except절은 try 블록이 실행되는 중 발생한 예외 중 일치하는 모든 예외를 캐치한다. 그리고 else절은 try 블록이 실행되는 동안 어떤 예외도 발생하지 않았을 때만 실행된다. 발생한 예외는 except절에서 지정한 예외와 슈퍼클래스 관계로 **일치하는지** 여부를 검사한다. 슈퍼클래스 관계에 대해서는 다음 장에서 다룰 것이다. 그리고 빈 except절(예외 이름이 지정되지 않은)은 모든 예외와 일치한다.

except절은 전용 예외 처리기다. 이것은 연관된 try 블록 내의 구문에서 발생한 예외만을 캐치한다. 하지만 try 블록의 구문이 프로그램 내의 다른 곳에 작성된 함수를 호출할 수도 있으므로 예외의 근원이 try문 외부에 존재할 수도 있다.

사실, try 블록 내에서 대량의 프로그램 코드가 실행될 수도 있다. 이 코드 내에는 자신만의 try 구문을 가진 코드도 포함될 수 있다. 예외가 발생하면 이 try 구문이 먼저 검색될 것이다. 즉, try문은 런타임에 중첩될 수 있다는 것이다. 이에 대해서는 36장에서 더 다루도록 하겠다.

try절

try문을 작성할 때, try 헤더 다음에 다양한 절이 나타날 수 있다. 표 34.1에서는 모든 사용 가능한 형태를 요약해 놓았다. 이 중에 한 가지 형태를 선택해 사용해야 하며, 몇몇은 이미 살펴본 바 있다. except절은 예외를 캐치하고, finally절은 종료 시 실행되며, else절은 예외가 발생하지 않았을 경우에만 실행된다.

공식적으로 except절은 몇 개라도 사용할 수 있지만 최소한 하나 이상의 except가 있어야만 else를 사용할 수 있으며, else와 finally는 각각 한 개만 사용할 수 있다. 파이썬 2.4까지는 finally가 반드시 단독으로 사용되어야만 했다(else나 except와 사용할 수 없음). try/finally는 실제로 다른 구문이다. 하지만 파이썬 2.5부터는 finally가 except나 else와 같은 문에서 사용될 수 있다(순서 규칙에 대해서는 통합된 try문에 대해 설명할 때 더 자세하게 다룬다).

표 34-1 **try문절 형식**

절 형식	설명
except:	모든(혹은 명시된 형식을 제외한 모든) 예외 형식을 캐치한다.
except name:	특정한 예외 형식만을 캐치한다.
except name as value:	나열된 예외를 캐치하고, 캐치한 예외 인스턴스를 변수에 할당한다.
except (name1,name2):	나열된 예외 형식 중 일치하는 것을 캐치한다.
except (name1,name2) as value:	나열된 예외 형식 중 일치하는 것을 캐치하고, 캐치한 예외 인스턴스를 변수에 할당한다.
else:	try 블록에서 예외가 발생하지 않았을 경우 실행된다.
finally:	try문 종료 시 반드시 이 블록이 실행된다.

부가적인 as value를 포함하는 아이템에 대해서는 이 장 뒷부분에서 raise문에 대해 다룰 때 더 상세하게 설명하도록 하겠다. 이 아이템들은 발생한 예외 객체에 접근할 수 있는 방법을 제공한다.

모든 혹은 임의의 예외 캐치하기

표 34-1의 첫 번째와 네 번째 아이템은 처음 다루는 내용이다.

- 예외 이름을 갖지 않은 except절(except:)은 try문에서 이전에 나열되지 않은 모든(all) 예외를 캐치한다.

- 괄호 안에 예외 목록이 나열된 except절(except (e1, e2, e3):)은 나열된 예외 중 일치하는 것이라면 어떤 것이라도(any) 캐치한다.

파이썬이 주어진 try문에서 위에서 아래 순서로(top to bottom) except절을 검사하기 때문에 괄호로 싸인 버전은 각 예외를 별도의 except절로 만들어 나열한 것과 같은 효과를 가지지만, 각예외에 해당하는 처리 구문을 한 번만 작성해도 된다. 다음은 실제로 사용되는 다중 except절이다. 이 예제에서는 예외 처리기가 어떻게 작성되는지를 보여 준다.

```
try:
    action()
except NameError:
    ...
except IndexError:
    ...
except KeyError:
    ...
except (AttributeError, TypeError, SyntaxError):
    ...
else:
    ...
```

이 예제에서 action 함수 실행 중에 예외가 발생하면, 파이썬은 try로 돌아가 발생한 예외에 대해 처리할 수 있는 첫 번째 except를 찾는다. 파이썬은 위에서 아래로, 그리고 좌측에서 우측순서로 except절을 조사하고, 그중에 맨 처음 일치하는 except절의 구문을 실행한다. 아무것도일치하지 않으면 예외는 현재 try 이전으로 전달된다. else는 action 내에서 어떤 예외도 발생하지 않았을 경우에만 실행된다는 점을 기억하도록 하자. except절에서 매치되지 않았다 하더라도 예외가 발생했을 경우에는 else절은 실행되지 않는다.

모든 예외 캐치하기: 빈 except절과 예외

범용적인 'catchall'절이 필요한 경우, 다음과 같이 빈 except절이 그 역할을 해낼 수 있다.

```
try:
    action()
except NameError:
    ...                          # NameError를 처리
except IndexError:
    ...                          # IndexError를 처리
except:
    ...                          # 기타 다른 예외를 처리
else:
    ...                          # 예외가 발생하지 않은 경우를 처리
```

빈 except절은 일종의 와일드카드 기능이다. 모든 오류를 캐치할 수 있기 때문에 그에 대한 예외 처리기를 독자가 선호하는 대로 범용적, 혹은 특정적으로 작성할 수 있다. 어떤 시나리오에서는 try절 안에 모든 예외를 나열하는 것보다는 이런 형태가 더 편리할 수도 있다. 예를 들어, 다음 코드에서는 어떤 예외도 나열하지 않고 모든 예외를 잡아낸다.

```
try:
    action()
except:
    ...                                    # 발생할 수 있는 모든 예외를 잡아냄
```

그렇지만 빈 except절로 인해 약간의 설계 이슈도 발생한다. 편리하긴 하지만 이렇게 하면 여러분의 코드와 상관없는 예측하지 못한 시스템 예외까지 잡아내게 되고, 의도치 않게 다른 예외 처리기가 처리해야 하는 예외까지 가로챌 수도 있다. 예를 들어, 시스템 exit 호출과 파이썬의 Ctrl + C 키 조합마저도 예외를 일으키므로 이런 예외들은 처리하지 않고 지나가는 것이 더 낫다. 더 나쁜 것은 빈 except절이 여러분이 오류 메시지를 확인해야 하는 진짜 프로그래밍 실수까지 잡아낸다는 점이다. 여기에 대해서는 이 장 끝부분에서 다시 다루도록 하겠다. 지금은 '신중하게 다루라'고만 말하겠다.

파이썬 3.X는 이런 문제들 중의 하나를 해결할 수 있는 강력한 대안을 지원한다. 다음과 같이 Exception으로 명명된 예외를 캐치하면 빈 except와 거의 동일한 효과를 가지지만, 시스템 종료와 관련된 예외는 무시한다.

```
try:
    action()
except Exception:
    ...                                    # exits를 제외한 모든 예외를 잡아냄
```

다음 장에서 예외 클래스에 대해 학습할 때 이 형태가 어떻게 동작하는지에 대해 알아볼 것이다. 간단히 말하면, 이것은 예외가 except절 안에 포함된 예외의 서브클래스와 매치되기 때문에 동작하는데, Exception이 모든 예외의 슈퍼클래스이므로 이 방식으로 하면 모든 예외를 범용적으로 캐치할 수 있는 것이다. 이 형태는 종료 이벤트를 캐치하는 리스크 없이 빈 예외를 사용하는 편리함을 그대로 얻을 수 있다. 하지만 이것은 프로그래밍 실수를 감추는 위험도 내포하고 있다.

버전 차이에 대한 알림: try문에서 except의 as 부분에 대해서는 다음의 raise 부분을 참조한다. 문법적으로, 파이썬 3.X는 예전의 except E,V: 형태가 아닌 표 34-1의 except E as V: 처리기 형태를 필요로 한다. 전자의 형태는 파이썬 2.6과 2.7에서 사용할 수 있지만, 실제로 사용되면 후자의 형태로 변경된다.

이 변화는 이전 형태에서 콤마의 두 가지 역할로 인한 혼돈을 없애고자 한 것이다. 이 형태에서는 두 개의 예외가 except (E1, E2) 형태로 작성될 수 있다. 3.X가 as 형태만을 지원하기 때문에 처리기 절의 콤마는 괄호 여부와 상관없이 언제나 튜플을 의미하는 것으로 간주하며, 그 값은 캐치할 다른 예외로 해석한다.

하지만 이 옵션이 2.X의 범위 규칙을 변경하지는 않는다. 새로운 as 구문을 이용하더라도 변수 V는 except 블록 외부에서도 사용할 수 있다. 하지만 3.X에서는 except 블록 외부에서 V를 사용할 수 없으며, 강제로 삭제된다.

try else절

파이썬 초보자에게는 else절의 용도가 바로 와닿지 않을 수도 있다. 하지만 else절이 없다면 (별도의 boolean 플래그를 설정하고 체크하지 않고서는) 현재의 제어 흐름에 도달하기 전에 예외가 발생하지 않았는지, 아니면 예외가 발생했으나 처리되었는지 여부를 구분할 수 있는 방법이 없다. 둘 중의 어떤 상황이라도 try절 다음에 도달하게 된다.

```
try:
    ...코드 실행...
except IndexError:
    ...예외 처리...
# try절에서 오류가 발생해서 이 코드가 실행되었는가?
```

루프 내의 else절 덕분에 루프의 종료 사유를 정확하게 알 수 있듯이, else절은 다음과 같이 try절 내에서 어떤 일이 벌어졌는지를 정확하게 알 수 있게 해준다.

```
try:
    ...코드 실행...
except IndexError:
    ...예외 처리...
else:
    ...예외가 발생하지 않음...
```

코드를 try 블록 안으로 이동시킴으로써 else절과 거의 같은 기능을 구현할 수 있다.

```
try:
    ...코드 실행...
    ...예외가 발생하지 않음...
except IndexError:
    ...예외 처리...
```

하지만 이렇게 처리하면 예외가 부정확하게 분류될 수도 있다. 만약 "예외가 발생하지 않음" 내의 코드가 IndexError를 유발하면, try 블록이 실패한 것으로 등록하고 try절 아래의 예외 처리기가 잘못 실행될 것이다(놀랍겠지만 사실이다). 그 대신에 명시적인 else절을 사용함으로써 로직을 더 명확하게 할 수 있으며, except 처리기가 else절의 "예외가 발생하지 않음"절에서 발생한 오류가 아니라 try절 내에 포함된 코드에서 발생한 진짜 오류에 대해서만 동작하는 것을 보증할 수 있다.

예제: 기본 동작

글자로 보는 것보다는 파이썬 내에서 프로그램의 제어 흐름을 파악하기가 쉽기 때문에 파일 내의 더 큰 코드 샘플 콘텍스트에서 예외의 기초를 설명하고 있는 예제를 실행해 보도록 하자.

try절에 의해서 캐치되지 않는 예외는 파이썬 프로세스의 최상위로 전달되고, 파이썬의 기본 예외 처리 로직(다시 말해, 파이썬이 실행 중인 프로그램을 종료하고 표준 오류 메시지를 출력하는)이 실행된다고 설명한 바 있다. 설명을 위해 다음 bad.py 모듈 파일을 실행하면 divide-by-zero 예외가 발생한다.

```
def gobad(x, y):
    return x / y

def gosouth(x):
    print(gobad(x, 0))

gosouth(1)
```

프로그램이 발생하는 예외를 무시하므로 파이썬이 프로그램을 종료시키고 다음과 같이 메시지를 출력한다.

```
% python bad.py
Traceback (most recent call last):
  File "bad.py", line 7, in <module>
    gosouth(1)
```

```
  File "bad.py", line 5, in gosouth
    print(gobad(x, 0))
  File "bad.py", line 2, in gobad
    return x / y
ZeroDivisionError: division by zero
```

나는 이 프로그램을 셸 윈도 안에서 파이썬 3.X 버전으로 실행했다. 오류 메시지에는 스택 추적('Traceback')과 발생한 예외의 이름 및 상세 정보가 포함되어 있다. 스택 추적은 예외가 발생할 때 활성화된 모든 라인을 시간의 역순으로 나열한다. 여기서는 대화형 프롬프트에서 작업하고 있지 않은데, 이런 경우에는 파일 이름과 라인 번호 정보가 더 유용하다. 예를 들어, 여기서 잘못된 나누기 연산이 스택 추적의 마지막 아이템인 bad.py 파일의 두 번째 줄인 return 문에서 발생했다는 것을 알 수 있다.[1]

파이썬이 예외를 발생시킴으로써 런타임에 모든 오류를 탐지하고 보고하기 때문에 예외는 일반적으로 오류 처리와 디버깅에 직접적으로 연관되어 있다. 이 책의 예제를 실행해 봤다면, 분명 여러 개의 예외를 목격했을 것이다. 파일이 import되거나 실행되었을 때(즉, 컴파일러가 실행되었을 때) 오타조차도 보통은 SyntaxError 또는 다른 종류의 예외를 발생시킨다. 기본적으로, 바로 이전에 제시된 것 같이 문제를 추적하는 데 도움을 주는 오류가 표시된다.

종종 이 표준 오류 메시지만으로도 코드에 있는 문제를 해결할 수 있다. 더 규모가 큰 디버깅 작업을 할 때는 try문에서 예외를 캐치하는 방법을 이용하거나, 3장에서 소개한 바 있고 36장에서 다시 한번 요약해서 보여 줄 pdb 표준 라이브러리 모듈 같은 디버깅 도구들을 이용할 수도 있다.

예제: 내장된 예외 캐치하기

종종 파이썬의 기본 예외 처리기만으로 충분할 때가 있다. 특히 최상위 스크립트 파일에 있는 코드에서 오류가 발생하면 프로그램을 즉시 종료해야 하는 경우가 많다. 많은 프로그램에서는 코드 내에서 특별히 오류를 처리해야 할 필요가 없다.

하지만 종종 프로그램을 종료하는 대신 오류를 캐치하고 복구하기를 원할 때도 있을 것이다.

---

1 이전 장에서 언급한 것처럼, 오류 메시지의 텍스트와 스택 추적은 시간과 셸에 따라 약간씩 다를 수 있다. 독자의 오류 메시지가 내것과 다르다고 해도 놀라지 말기 바란다. 예를 들어, 내가 파이썬 3.3의 IDLE GUI에서 이 예제를 실행했을 때는 오류 메시지 텍스트에 디렉터리의 절대 경로가 포함된 파일 이름이 출력되었다.

파이썬이 예외를 발생시켰을 때 프로그램이 종료되기를 원하지 않는다면, 프로그램 로직을 간단히 try로 감싸면 된다. 이것은 특히 종료하지 않고 지속적으로 동작해야 하는 네트워크 서버 같은 프로그램에서는 매우 중요한 기능이다. 예를 들어, 다음 kaboom.py 파일 안의 코드에서는 리스트와 문자열을 합치려고 할 때 파이썬이 발생시키는 TypeError 예외를 캐치하고 복구한다(기억할 것은 + 연산자는 연산자의 양쪽에 같은 시퀀스 타입이 있어야 한다).

```python
def kaboom(x, y):
    print(x + y)                          # TypeError를 발생시킴

try:
    kaboom([0, 1, 2], 'spam')
except TypeError:                         # 여기서 예외를 캐치하고 복구
    print('Hello world!')
print('resuming here')                    # 예외 발생 여부와 상관없이 이 코드를 실행
```

kaboom 함수 안에서 예외가 발생하면, 제어가 try문의 except절로 이동하고, except절에서는 메시지를 출력한다. 예외가 이렇게 캐치된 이후에는 '죽은 상태(dead)'가 되므로 프로그램은 파이썬에 의해 종료되지 않고 try절 아래부터 계속 실행된다. 사실상 다음과 같이 코드는 오류를 처리하고 초기화하며 스크립트는 복구된다.

```
% python kaboom.py
Hello world!
resuming here
```

한 번 오류를 캐치하면 제어는 오류를 캐치한 곳(즉, try 다음)부터 다시 실행되며, 예외가 발생한 곳(여기서는 kaboom 함수)으로 되돌아갈 수 있는 직접적인 방법은 없다. 어떤 의미로는 이런 성질 덕분에 예외가 함수 호출보다는 단순한 코드 이동(jump)과 유사해진다. 오류를 유발한 코드로 돌아갈 수 있는 방법은 없다.

try/finally문

try문의 또 다른 특징은 종료(finalization 혹은 termination) 동작과 특별한 관련이 있다. try 안에 finally절이 포함되면, 파이썬은 try문을 나갈 때 try 블록 안에서 예외가 발생했는지 여부와 상관없이 finally 블록에 포함된 명령어들을 반드시 실행한다. try/finally문의 일반적인 형태는 다음과 같다.

```
try:
    statements                              # 이 액션을 먼저 실행
finally:
    statements                              # try문 블록을 나갈 때 이 코드를 항상 실행
```

이런 차이점에도 불구하고, 파이썬은 다른 때와 같이 try 헤더 라인에 포함된 구문 블록부터 실행한다. try 블록 안에서 예외가 발생하는지 여부에 따라 그다음 벌어지는 일이 달라진다.

- try 블록이 실행되는 동안 예외가 **발생하지 않으면**, 파이썬은 finally 블록으로 바로 이동하여 finally 블록 안에 포함된 구문을 실행하고, try 블록 바깥의 다음 구문들을 계속해서 실행한다.

- try 블록 안에서 예외가 **발생하면**, 파이썬이 finally 블록을 실행하는 것은 동일하지만, 예외를 이전의 try 블록 또는 최상위 기본 처리기로 전파하게 되고, finally절의 try문 아래에 위치한 코드는 실행하지 않는다. 말하자면, finally 블록은 예외가 발생해도 실행되지만, except와는 다르게 예외를 제거하지 않는다. 예외는 finally 블록이 실행된 다음에도 발생한 상태로 유지된다.

try/finally 형식은 어떤 코드가 실행된 다음, 프로그램의 예외 처리 방식에 상관없이 어떠한 동작이 반드시 실행되도록 하고자 할 때 매우 유용하다. 실제로, 파일 닫기 또는 서버 접속 종료 등 반드시 실행해야 하는 정리(cleanup) 동작들을 finally 블록 안에 지정할 수 있다.

파이썬 2.4와 그 이전 버전에서는 finally절이 except와 else가 포함된 try문에서 사용할 수 없음을 기억하자. 이전 버전을 사용하고 있다면 try/finally를 다른 절과 구분하여 사용하는 것이 최선이다. 하지만 파이썬 2.5와 그 이후 버전에서는 finally절이 except, else와 같이 사용될 수 있다. 그러므로 요즘에는 여러 개의 부가적인 절을 가진 하나의 try문을 사용한다(이에 대해서는 곧 더 자세히 다루도록 한다). 그럼에도 불구하고, 어떤 버전을 사용하던지 fianlly절은 동일한 역할을 한다. 어떤 예외가 발생하는지와 무관하게 반드시 실행되어야 하는 '정리' 동작을 지정하는 것이다.

 이 장 뒷부분에서 다시 보겠지만, 파이썬 2.6과 3.0에서는 새로운 with문과 그 콘텍스트 관리자가 동일한 종료 액션을 할 수 있는 객체 기반 방법을 제공한다. finally와 다르게, 이 새로운 with문은 진입(entry) 동작도 지원하지만, 이러한 진입 동작은 그것이 관장하는 콘텍스트 관리자 프로토콜을 구현한 객체로 그 범위가 제한된다.

예외: try/finally를 이용해 종료 동작 코드 작성하기

이전 장에서 간단한 try/finally 예제를 살펴보았다. 다음은 try/finally문의 전형적인 역할을 설명하는 좀 더 실제적인 예제다.

```
class MyError(Exception): pass

def stuff(file):
    raise MyError()

file = open('data', 'w')                # 출력 파일을 엶(이 동작도 실패할 수 있음)

try:
    stuff(file)                         # 예외를 발생시킴
finally:
    file.close()                        # 출력 버퍼를 비우기 위해 항상 파일을 닫음
print('not reached')                    # 이 코드는 예외가 발생하지 않았을 때만 실행됨
```

이 코드 안의 함수가 예외를 일으키면, 제어 흐름이 뒤로 점프하여 finally 블록을 실행해 파일을 닫는다. 예외는 그 후 다른 try문이나, 표준 오류 메시지를 출력하고 프로그램을 종료하는 기본 최상위 수준 처리기로 전달된다. 그러므로 try문 다음의 문은 절대 실행되지 않는다. 이 예제에서 함수가 예외를 발생시키지 않더라도, 프로그램은 여전히 finally 블록을 실행하여 파일을 닫는다. 하지만 이번에는 try문 전체의 다음에 있는 코드를 실행한다.

이 특정한 사례에서 우리는 파일 처리 함수를 finally절을 가진 try 안에서 호출하도록 감싸, 어떤 경우에도 파일이 닫히도록 함으로써 함수에서 예외가 발생하는지에 상관없이 마무리가 되도록 했다. 이렇게 하면, 이후의 코드에서는 파일의 출력 버퍼에 있는 내용이 메모리에서 디스크로 모두 전달되었음을 확신할 수 있다. 유사한 코드 구조를 이용하면 서버로의 연결을 닫는다던지 하는 동작을 보증할 수 있다.

9장에서 학습한 대로, 표준 파이썬(CPython)에서 file 객체는 가비지 컬렉션이 발생할 때 닫힌다. 이것은 우리가 변수에 할당하지 않은 임시 파일을 사용할 때 특히 유용하다. 하지만 가비지 컬렉션이 언제 일어날지 예측하는 것은 쉽지 않다. 특히 규모가 큰 프로그램이나, 다른 가비지 컬렉션 정책을 가진 다른 파이썬 구현(Jython이나 PyPy 같은)에서는 더욱 그렇다. try문은 파일을 닫는 코드를 특정한 코드 블록 안에 배치함으로써 더 명시적이고 예측 가능하게 파일이 닫히도록 한다. 그렇게 함으로써 예외 발생 여부와 상관없이 블록을 나갈 때 파일이 닫히도록 보증할 수 있다.

이 예제의 함수는 그다지 유용한 함수는 아니지만(단순히 예외를 발생시키기만 한다), try/finally 문 안에서 호출을 감싸는 것은 종료 동작이 언제나 실행되는 것을 보증하는 좋은 방법이다. 다시 말하자면, 파이썬은 try 블록 안에서 예외가 발생했는지 여부와 상관없이 finally 블록 안의 코드를 실행한다.[2]

여기에서 사용자 정의 예외가 어떻게 **클래스**를 이용해 정의되는지 알아 두도록 하자. 다음 장에서 정식으로 다루겠지만, 파이썬 2.6과 3.0, 그리고 두 버전의 이후 버전에서는 모든 예외는 반드시 클래스 인스턴스여야 한다.

통합된 try/except/finally

2.5 버전 이전의 모든 파이썬 버전에서는 try문이 두 가지 형태로 사용되었고, 실제로 두 개의 분리된 구문이었다. finally절을 이용해 정리 코드가 항상 실행되도록 할 수도 있고, except 블록을 이용해 특정한 예외를 캐치하고 복구하도록 할 수 있으며, 선택적으로 예외가 발생하지 않을 경우 실행할 else절을 지정할 수도 있다.

즉, finally절은 except 및 else와 함께 사용할 수 없다. 이것은 부분적으로는 구현 이슈 때문이었고, 부분적으로는 두 가지를 혼합했을 경우 그 의미가 분명치 않기 때문이었다. 예외를 캐치하고 복구하는 것과 정리 동작을 수행하는 것은 완전히 다른 콘셉트인 것처럼 보였다.

하지만 파이썬 2.5 버전과 그 이후에는 두 구문이 병합되었다. 오늘날에는 finally, except, 그리고 else절을 동일한 문 안에 병용할 수 있다. 이는 부분적으로 자바 언어의 동일한 유틸리티의 영향 덕분이다. 다시 말하자면, 다음과 같은 형식의 구문을 작성할 수 있게 되었다.

```
try:                              # 병합된 형태
    main-action
except Exception1:
    handler1
except Exception2:                # 예외 캐치
    handler2
...
```

---

2 물론, 파이썬이 완전히 작동을 멈추지 않을 경우다. 하지만 파이썬은 프로그램이 실행되는 동안 모든 가능한 오류를 체크함으로써 이것을 잘 방지한다. 만약 프로그램이 완전히 작동을 멈춘다면, 그것은 보통 연결된 C 확장 코드 때문이며, 이것은 파이썬의 범위를 벗어난 것이다.

```
else:                          # 예외 처리기 없음
    else-block
finally:                       # finally가 다른 모든 것들을 수용함
    finally-block
```

당연히 이 문의 main-action 블록에 포함된 코드가 제일 먼저 실행된다. 그 코드 안에서 예외가 발생하면, 발생한 예외에 해당하는 예외 블록이 있는지 모든 except 블록을 차례로 확인한다. 발생한 예외가 Exception1이라면, handler1 블록이 실행된다. 예외가 Exception2라면, handler2가 실행되는 식이다. 예외가 발생하지 않으면 else-block이 실행된다.

이전에 어떤 일이 벌어졌는지와 상관없이, main-action 블록이 완료되고 발생한 예외가 모두 처리되고 나면 finally-block이 실행된다. 사실, 예외 처리기 혹은 else-block 안에서 오류가 발생하여 새로운 예외가 발생한다 해도 finally-block 안의 코드는 반드시 실행된다.

늘 그렇듯 finally절은 예외를 소멸시키지 않는다. finally-block이 실행될 때 예외가 활성화된 상태라면 예외는 finally-block이 실행된 후에 계속하여 전달되며, 제어는 프로그램 내의 다른 곳(또 다른 try 블록 또는 기본 최상위 처리기)으로 분기한다. finally가 실행될 때 활성화된 예외가 없다면, 제어는 전체 try문 다음으로 이어진다.

실제 효과는 finally가 다음 조건들에 상관없이 항상 실행된다는 것이다.

- main-action 안에서 예외가 발생하였고 처리되었을 경우
- main-action 안에서 예외가 발생하였고 처리되지 않았음
- main-action 안에서 어떤 예외도 발생하지 않았음
- 예외 처리기 중의 하나에서 새로운 예외가 발생하였음

다시 말하지만, finally는 try문 바깥에서 예외의 발생 및 처리 여부와 상관없이 반드시 수행되어야 하는 정리 액션을 지정하는 역할을 한다.

통합된 try문의 구문

이렇게 조합되면 try문에는 반드시 except나 finally가 포함되어야 하며, 그 순서는 반드시 다음과 같이 배치되어야 한다.

```
try -> except -> else -> finally
```

여기에서 else와 finally는 선택적이며, except는 없을 수도 있고 하나 이상 있을 수도 있지만, else가 있다면 최소한 하나 이상의 except가 있어야 한다. 실제로 try문은 두 부분(except와 선택적 else, 그리고 선택적 finally)으로 구성된다.

사실, 병합된 구문의 문법 형식은 다음과 같이 설명하는 것이 훨씬 더 정확하다(대괄호는 선택적 요소를 뜻하며, 별표(*)는 0 또는 그 이상을 뜻한다).

```
try:                                # 형식 1
    statements
except [type [as value]]:           # 파이썬 2.X에서는 [type [,value]]
    statements
[except [type [as value]]:
    statements]*
[else:
    statements]
[finally:
    statements]

try:                                # 형식 2
    statements
finally:
    statements
```

이 규칙에 따르면, else는 except가 최소한 하나 있어야만 나타날 수 있으며, except와 finally를 조합하는 것은 else의 존재 여부와 상관없이 언제나 가능하다. 또한 finally와 else를 조합하는 것도 가능하지만, 이것은 except가 같이 있을 때만 가능하다(뒤에서 설명하겠지만, except에서 예외 이름을 생략하여 모든 예외를 캐치하고, raise문을 이용하여 현재 발생한 예외를 다시 발생시킬 수 있다). 이 순서 규칙을 하나라도 위반하면 코드를 실행하기 전에 파이썬이 문법 오류 예외를 발생시킬 것이다.

중첩을 이용해 finally와 except 조합하기

파이썬 2.5 이전에서는 try/finally문의 try 블록 안에 다시 한번 try/except를 중첩시킴으로써 finally와 except를 조합할 수 있다. 이 기법에 대해서는 36장에서 자세히 알아보겠지만, 그 기초를 이해하면 try의 조합에 대한 의미를 명확하게 이해하는 데 도움이 된다. 다음 예제는 이 장의 처음에서 다루었던 병합된 형태와 동일한 효과를 가진다.

```
try:                                   # 병합된 형태와 동등한 효과를 갖는 중첩 형태
    try:
        main-action
    except Exception1:
        handler1
    except Exception2:
        handler2
    ...
    else:
        no-error
finally:
    cleanup
```

동일하게 finally 블록은 main-action 블록 안에서 어떤 일이 일어났는지, 그리고 중첩된 try문 안에서 어떤 예외 처리기가 동작했는지의 여부와 상관없이 try문이 종료될 때 항상 실행된다 (동일하게 동작하는 것을 확인하려면 앞에 나열된 네 가지 경우에 대해 추적해 보도록 한다). else는 항상 except를 필요로 하기 때문에 이런 중첩된 형식은 앞 절에서 약술한 통합된 문 형식의 혼합 제약 조건이 그대로 적용된다.

하지만 이 중첩된 표현은 일부 프로그래머에게는 더 모호하고, 새로운 병합된 형식보다 더 많은(비록 네 글자짜리 줄에 추가적인 들여쓰기뿐이기는 하지만) 코드를 작성해야 한다. 이론의 여지는 있지만 finally를 동일한 문에 혼합하면 코드를 더 쉽게 작성하고 읽을 수 있으며, 또한 오늘날 일반적으로 더 선호하는 기법이기도 하다.

통합된 try 예제

다음은 실제로 사용되는 병합된 try문의 형태에 대한 예제다. 다음 mergedexc.py 파일은 각각 의 의미를 설명하는 print문이 포함된 네 개의 흔한 시나리오에 대한 코드다.

```
# mergedexc.py 파일(파이썬 3.X + 2.X)
sep = '-' * 45 + '\n'


print(sep + 'EXCEPTION RAISED AND CAUGHT')
try:
    x = 'spam'[99]
except IndexError:
    print('except run')
finally:
    print('finally run')
print('after run')
```

```
print(sep + 'NO EXCEPTION RAISED')
try:
    x = 'spam'[3]
except IndexError:
    print('except run')
finally:
    print('finally run')
print('after run')


print(sep + 'NO EXCEPTION RAISED, WITH ELSE')
try:
    x = 'spam'[3]
except IndexError:
    print('except run')
else:
    print('else run')
finally:
    print('finally run')
print('after run')


print(sep + 'EXCEPTION RAISED BUT NOT CAUGHT')
try:
    x = 1 / 0
except IndexError:
    print('except run')
finally:
    print('finally run')
print('after run')
```

이 코드가 실행되면 파이썬 3.6에서는 다음과 같은 내용이 출력된다. 2.X 버전에서는 오류 메시지 텍스트가 약간 다르긴 하지만, print 호출이 각각 하나의 아이템을 출력하기 때문에 그 동작과 출력이 모두 동일하다. 예외 처리기가 어떻게 여기에 나타난 네 가지의 테스트 결과를 만들어 냈는지 살펴보려면 코드를 추적해 보도록 하자.

```
c:\code> py -3  mergedexc.py
-------------------------------------------
EXCEPTION RAISED AND CAUGHT
except run
finally run
after run
-------------------------------------------
NO EXCEPTION RAISED
finally run
```

```
after run
-------------------------------------------
NO EXCEPTION RAISED, WITH ELSE
else run
finally run
after run
-------------------------------------------
EXCEPTION RAISED BUT NOT CAUGHT
finally run
Traceback (most recent call last):
  File "mergedexc.py", line 39, in <module>
    x = 1 / 0
ZeroDivisionError: division by zero
```

이 예제의 main-action 블록에서는 예외를 발생시키기 위해(또는 발생시키지 않기 위해) 내장 연산을 사용한다. 이 내장 연산은 파이썬이 코드가 실행될 때는 언제나 오류에 대해 확인하는 성질에 의존한다. 다음 절에서는 파이썬의 이러한 파이썬의 성질을 이용하지 않고 수동으로 예외를 발생시키는 방법에 대해 설명한다.

raise문

raise문을 이용해 예외를 명시적으로 발생시킬 수 있다. 일반적인 형태는 단순하다. 다음 코드와 같이 raise문은 raise 단어로 이루어지며, 선택적으로 그 뒤에 예외 클래스 또는 그 인스턴스가 위치할 수 있다.

```
raise instance    # 클래스 인스턴스 예외 발생
raise class       # 클래스의 인스턴스를 만들고 예외 발생: 인스턴스를 생성함
raise             # 가장 최근의 예외를 다시 발생
```

이전에 언급한 대로 예외는 파이썬 2.6, 3.0, 그리고 그 이후의 버전에서 항상 클래스의 인스턴스 형태다. 그러므로 앞에서 나타난 raise 구문 중 첫 번째 raise 형식이 가장 일반적이다. raise 이전에 생성된 instance를 직접 제공할 수도 있고, raise문 안에서 인스턴스를 생성할 수도 있다. raise문에 인스턴스 대신 class를 넘기면, 파이썬이 생성자 인수가 없는 클래스를 호출하여 예외를 발생할 인스턴스를 만든다. 이 형태는 클래스 참조 뒤에 괄호를 더한 것과 같다. 마지막 형태는 가장 최근에 발생한 예외를 다시 발생시킨다. 이것은 보통 예외 처리기에서 캐치한 예외를 다시 전달할 때 사용된다.

버전 차이에 대한 알림: 파이썬 3.X 버전에서는 2.X 버전에서 아직 지원하고 있는 raise Ecx, Args 형태를 더 이상 지원하지 않는다. 3.X에서는 이 책에서 설명한 대로 raise Exc(Args) 형태의 인스턴스 생성 호출 형식을 이용해야 한다. 2.X 버전에서 동등하게 사용되는 콤마 형식은 현재는 사용하지 않는 문자열 기반 예외 모델과의 호환성을 위해 제공되는 레거시 문법이며, 2.X 버전에서도 지원되지 않는다. 만약 그러한 형태가 사용되면, 자동으로 3.X 호출 형태로 변환된다.

이전 릴리스에서처럼 raise Exc 형태로 클래스를 지정할 수 있지만, 두 버전 모두에서 이러한 형식은 인수 없는 클래스 생성자를 호출하는 rasie Exc( ) 형식으로 변환된다. 폐지된 콤마 문법 외에도 파이썬 2.X의 raise에서는 문자열이나 클래스 예외가 허용되나, 문자열 예외는 2.5에서 지원이 중단되었고 2.6에서는 제거되었으므로 다음 장에서 간단히 언급하는 것을 제외하고는 이 책에서 더 이상 다루지 않는다. 이제는 새로운 예외를 지정할 때 클래스를 사용하도록 하자.

예외 발생시키기

이 주제가 더 명확해지도록 몇 가지 예제를 살펴보자. 내장 예외에 대해서는 다음 두 가지 형태는 모두 동등하다. 두 가지 모두 지정한 예외 클래스의 인스턴스 형식의 예외를 발생시키지만, 첫 번째는 인스턴스를 암묵적으로 생성한다.

```
raise IndexError                        # 클래스(생성된 인스턴스)
raise IndexError()                      # 인스턴스(문에서 생성됨)
```

예외를 발생시키기 전에 미리 인스턴스를 만들어 놓을 수도 있다. raise문이 모든 종류의 객체 참조를 수용할 수 있으므로 다음 두 예제는 앞의 두 예제와 동일하게 **IndexError**를 발생시킨다.

```
exc = IndexError()                      # 인스턴스를 미리 생성
raise exc

excs = [IndexError, TypeError]
raise excs[0]
```

예외가 발생하면 파이썬은 발생한 인스턴스를 예외와 함께 보낸다. try에 except name as X:절이 포함되어 있으면, 변수 X에는 raise문에서 제공한 인스턴스가 할당된다.

```
try:
    ...
except IndexError as X:                 # X에는 발생한 인스턴스 객체가 할당됨
    ...
```

try 처리기에서 as는 옵션이다(as가 생략되면, 그저 인스턴스가 이름에 할당되지 않을 뿐이다). 하지만 as를 포함하면 처리기에 인스턴스의 데이터와 예외 클래스의 메소드 모두에 접근할 수 있게 된다.

이 모델은 우리가 클래스로 작성한 사용자 정의 예외와 동일하게 동작한다. 예를 들어 다음 예제에서는 예외 클래스의 클래스 생성자에 인수를 전달하여 예외 처리기에서 할당된 인스턴스를 통해 전달된 속성을 이용할 수 있도록 하고 있다.

```
class MyExc(Exception): pass
...
raise MyExc('spam')                  # 생성자 인수를 가진 예외 클래스
...
try:
    ...
except MyExc as X:                   # 예외 처리기에서 인스턴스 속성을 이용할 수 있음
    print(X.args)
```

다음 장에서 이 주제에 대해 다루고 있으므로 자세한 설명은 그때까지 미루도록 하겠다.

여러분이 예외를 어떻게 명명하든 간에 예외는 언제나 클래스 인스턴스 객체로 인식되며, 어떤 경우에도 하나 이상 활성화될 수 없다. 예외가 프로그램의 어느 위치에서든 except절에 의해 캐치되면, 다른 raise문이나 오류에 의해 다시 발생되지 않는 한 예외는 소멸된다(즉, 또 다른 try로 전달되지 않는다).

범위와 try except 변수

다음 장에서는 예외 객체에 대해 더 자세히 알아볼 것이다. as 변수의 동작에 대해 학습했으므로 17장에서 요약해 다루었던 버전 한정 범위에 대한 이슈를 명확하게 설명할 수 있다. 파이썬 2.X에서는 except절의 예외 참조 변수 이름이 그 절 자체에만 한정되지 않으므로 연관된 블록이 실행된 다음에도 접근할 수 있다.

```
c:\code> py -2
>>> try:
...     1 / 0
... except Exception as X:          # 2.X 버전에서는 X가 except절에만 한정되지 않음
...     print X
...
integer division or modulo by zero
>>> X
ZeroDivisionError('integer division or modulo by zero',)
```

2.X에서는 3.X 스타일의 as를 이용하건, 이전의 콤마 문법을 이용하건 마찬가지로 동작한다.

```
>>> try:
...     1 / 0
... except Exception, X:
...     print X
...
integer division or modulo by zero
>>> X
ZeroDivisionError('integer division or modulo by zero',)
```

대조적으로 파이썬 3.X는 예외 참조 이름을 except 블록 범위로 한정한다. 그 변수는 블록을 나가면 소멸된다. 이는 3.X의 컴프리헨션 표현식에서 사용되는 임시 루프 변수와 매우 유사하다(또한 3.X에서는 앞에서 설명한 것처럼 2.X 버전의 except 콤마 문법을 허용하지 않는다).

```
c:\code> py -3
>>> try:
...     1 / 0
... except Exception, X:
SyntaxError: invalid syntax

>>> try:
...     1 / 0
... except Exception as X:        # 3.X에서는 'as' 이름을 except 블록 범위로 한정함
...     print(X)
...
division by zero
>>> X
NameError: name 'X' is not defined
```

하지만 컴프리헨션 루프 변수와 달리 3.X 버전에서 이 변수는 except절을 나가면 제거(removed)된다. 그렇지 않으면 런타임 호출 스택에 대한 참조를 유지하여 가비지 컬렉션을 지연시켜 과도한 메모리 영역을 사용하게 되기 때문이다. 여러분이 다른 어딘가에서 이 이름을 사용하더라도 변수는 제거되며, 컴프리헨션에서 사용되는 것보다 훨씬 강력한 정책이다.

```
>>> X = 99
>>> try:
...     1 / 0
... except Exception as X:    # 3.X에서는 변수 범위가 한정되며, 블록을 나갈 때 제거됨
...     print(X)
...
division by zero
>>> X
```

```
NameError: name 'X' is not defined

>>> X = 99
>>> {X for X in 'spam'}    # 2.X/3.X에서 컴프리헨션 표현식 변수는 범위가 한정되긴 하지만 제거되지 않음
{'s', 'a', 'p', 'm'}
>>> X
99
```

이런 이유로 try문의 except절에서는 변수 이름의 범위가 제한된다 하더라도 일반적으로 유니크한 변수 이름을 사용해야 한다. 예외 인스턴스를 try문 외부에서 참조할 필요가 있으면 다음 코드와 같이 자동으로 제거되지 않는 다른 이름에 할당하면 된다.

```
>>> try:
...     1 / 0
... except Exception as X:              # 이 참조는 파이썬에 의해 제거됨
...     print(X)
...     Saveit = X                       # 예외 인스턴스를 Saveit 변수에 할당하여 참조를 유지
...
division by zero
>>> X
NameError: name 'X' is not defined
>>> Saveit
ZeroDivisionError('division by zero',)
```

raise를 이용한 예외 전달

raise문은 우리가 지금까지 본 것보다 더 풍부한 기능을 가지고 있다. 예를 들면, 예외 이름이나 추가 데이터 값을 포함하지 않은 raise문은 현재 발생한 예외를 다시 발생시킨다. 이 형태는 여러분이 예외를 캐치하고 처리하였으나, 발생한 예외를 예외 처리 코드 바깥에서 다시 사용하고자 할 때 일반적으로 사용한다.

```
>>> try:
...     raise IndexError('spam')            # 예외가 인수를 기억
... except IndexError:
...     print('propagating')
...     raise                               # 가장 최근 발생한 예외를 다시 발생시킴
...
propagating
Traceback (most recent call last):
  File "<stdin>", line 2, in <module>
IndexError: spam
```

raise를 이러한 방식으로 사용하면 예외를 다시 발생시켜 더 상위의 예외 처리기(혹은 프로그램을 종료하고 표준 오류 메시지를 출력하는 최상위 기본 처리기)로 전달한다. 우리가 예외 클래스에 전달한 인수가 오류 메시지에 어떻게 표시되는지 보도록 하자. 왜 이런 현상이 발생하는지에 대해서는 다음 장에서 배우게 될 것이다.

파이썬 3.X 예외 체인: raise from

때로는 다른 예외에 대한 응답으로 새로운 예외가 발생하기도 한다. 이는 의도적일 수도 있고 프로그램 오류 때문일 수도 있다. 그런 경우를 지원하기 위해, 파이썬(2.X 버전을 제외한)은 raise문에 옵션으로 from절을 추가할 수 있도록 하고 있다.

```
raise newexception from otherexception
```

명시적인 raise 요청에서 from이 사용되면, from 뒤에 있는 표현은 새로 발생하는 예외의 __cause__ 속성에 할당될 다른 예외 클래스 또는 인스턴스를 지정한다. 새로 발생한 예외가 예외 처리기에 의해 캐치되지 않으면, 파이썬은 다음과 같이 두 예외 모두를 표준 오류 메시지의 일부로 출력한다.

```
>>> try:
...     1 / 0
... except Exception as E:
...     raise TypeError('Bad') from E      # 명시적인 예외 체인
...
Traceback (most recent call last):
  File "<stdin>", line 2, in <module>
ZeroDivisionError: division by zero

The above exception was the direct cause of the following exception:

Traceback (most recent call last):
  File "<stdin>", line 4, in <module>
TypeError: Bad
```

예외 처리기 내부의 프로그램 오류로 예외가 묵시적으로 생성되면 자동으로 동일한 절차가 실행된다. 이전의 예외가 새로운 예외의 context 속성에 할당되고, 새로운 예외가 캐치되지 않으면 표준 오류 메시지에 같이 표시된다.

```
>>> try:
...     1 / 0
... except:
...     badname                              # 묵시적인 예외 체인
...
Traceback (most recent call last):
  File "<stdin>", line 2, in <module>
ZeroDivisionError: division by zero

During handling of the above exception, another exception occurred:

Traceback (most recent call last):
  File "<stdin>", line 4, in <module>
NameError: name 'badname' is not defined
```

두 가지 경우 모두에서 새로운 예외 객체에 첨부된 원래의 예외 객체 자체에도 첨부된 원인(예외 체인)을 가지고 있을 수 있으므로 인과 체인(causality chain)은 상당히 길 가능성이 있으며, 오류 메시지에 전부 표시된다. 즉, 오류 메시지가 두 개 이상의 예외를 출력할 수도 있다는 것이다. 암묵적 또는 묵시적 콘텍스트는 한 예외가 다른 예외를 발생시켰을 때 프로그래머가 발생한 예외에 연관된 모든 예외를 알 수 있도록 해주는 효과가 있다.

```
>>> try:
...         try:
...             raise IndexError()
...         except Exception as E:
...             raise TypeError() from E
... except Exception as E:
...         raise SyntaxError() from E
...
Traceback (most recent call last):
  File "<stdin>", line 3, in <module>
IndexError

The above exception was the direct cause of the following exception:

Traceback (most recent call last):
  File "<stdin>", line 5, in <module>
TypeError

The above exception was the direct cause of the following exception:

Traceback (most recent call last):
  File "<stdin>", line 7, in <module>
SyntaxError: None
```

다음과 같이 코드를 작성하면 세 개의 예외를 표시할 것이다. 여기서는 묵시적으로 예외가 발생한다.

```
try:
    try:
        1 / 0
    except:
        badname
except:
    open('nonesuch')
```

통합된 try와 유사하게 예외 체인은 다른 언어(자바와 C#을 포함한)의 유틸리티와 비슷하다. 비록 어떤 언어에서 그 사상을 차용했는지는 불분명하지만 말이다. 파이썬의 예외 체인은 아직 조금 모호한 확장이기 때문에 더 상세한 내용은 파이썬 매뉴얼을 참조하도록 하자. 파이썬 3.3에는 다음 노트에서 설명하듯이 예외 체인을 **멈추는 방법**이 추가되었다.

 Python 3.3 예외 체인 방지: raise from None. 파이썬 3.3에서는 raise from문에서 예외 이름을 None으로 사용하는 새로운 구문 형태를 도입했다.

```
raise newexception from None
```

이 구문을 이용하면 이전 절에서 설명했던 예외 체인 출력을 비활성화할 수 있다. 이렇게 하면 예외 체인을 처리하면서 예외 타입 간의 변환으로 인해 발생한 복잡한 오류 메시지를 줄일 수 있다.

assert문

파이썬은 디버깅 목적의 다소 특별한 경우에 사용하는 assert문이 포함하고 있다. assert문은 일반적인 raise 사용 패턴을 간소화한 것이며, 조건부(conditional) raise문으로 간주할 수 있다. assert문의 형식은 다음과 같다.

```
assert test, data                        # data 부분은 옵션이다
```

이 문장은 다음 코드와 같은 동작을 한다.

```
if __debug__:
    if not test:
        raise AssertionError(data)
```

다시 말하자면 test가 false라면 파이썬이 예외를 발생시킨다. data 아이템(만약 옵션으로 제공되면)은 예외의 생성자 인수로 사용된다. 다른 모든 예외처럼 AssertionError 예외는 try문에서 캐치되지 않으면 프로그램을 종료시키며, 그럴 경우 data 아이템은 표준 오류 메시지의 일부로 표시된다.

부가적인 기능으로 assert문은 –O 파이썬 명령줄 플래그가 사용되면 컴파일된 바이트 코드에서 제거되며, 프로그램을 최적화한다. AssertionError는 내장 예외이며, __debug__ 플래그는 –O 플래그가 사용되지 않으면 자동으로 True로 설정되는 내장 이름이다. 프로그램을 최적화된 모드로 실행하며 assert를 비활성화하고자 한다면, python –O main.py 같은 명령줄을 이용하도록 한다.

예제: 제약 조건(하지만 오류는 아닌) 검출하기

어설션(Assertion)은 일반적으로 개발 과정에서 프로그램 조건을 검증할 때 사용한다. 어설션이 출력될 때는 소스 코드 라인 정보와 assert문에 나열된 값이 자동으로 오류 메시지 텍스트에 포함된다. asserter.py 파일을 살펴보자.

```
def f(x):
    assert x < 0, 'x must be negative'
    return x ** 2

% python
>>> import asserter
>>> asserter.f(1)
Traceback (most recent call last):
  File "<stdin>", line 1, in <module>
  File ".\asserter.py", line 2, in f
    assert x < 0, 'x must be negative'
AssertionError: x must be negative
```

assert가 진짜 프로그래밍 오류를 잡아내기 위한 것이 아니라, 사용자가 정의한 제약 조건을 검출하는 것이 목적이라는 것을 잊지 않는 것이 중요하다. 일반적으로 파이썬이 프로그래밍 오류를 스스로 검출하므로 범위를 벗어난 인덱스, 타입 불일치, 0으로 나눔 같은 것들을

assert로 검출할 필요가 없다.

```
def reciprocal(x):
    assert x != 0                          # 이런 assert는 일반적으로 불필요함!
    return 1 / x                           # 파이썬이 자동으로 0으로 나누는지 여부를 확인함
```

파이썬이 자동으로 오류에 대한 예외를 발생시키므로 이러한 assert 사용 사례는 보통 불필요하며, 그냥 파이썬이 알아서 하도록 내버려두는 편이 낫다. 대체적으로, 여러분이 작성하는 코드에서 명시적으로 오류 검사를 할 필요는 없다.

물론, 대부분의 규칙에는 예외가 있게 마련이다. 이 책 앞부분에서 제시한 대로, 어떤 함수가 굉장히 오래 걸리는 작업을 수행해야 한다거나, 예외가 나는 부분에 도달할 때까지 복구할 수 없는 동작들을 한다거나 할 때는 오류를 검사하기를 원할 수도 있다. 하지만 이런 경우에조차도 오류 검사를 지나치게 세세하게 한다거나 제한적으로 하지 않도록 주의해야 한다. 지나친 오류 검사로 인해 코드의 활용성이 떨어질 수도 있기 때문이다.

일반적인 assert 사용에 대한 또 다른 예제는 29장의 추상 슈퍼클래스 예제를 참조한다. 거기서는 assert를 이용해 정의되지 않은 메소드에 대한 호출이 메시지를 표시하며 실패하도록 한다. 이것은 매우 드물게 사용되지만 유용한 도구다.

with/as 콘텍스트 관리자

파이썬 2.6과 3.0에서는 새로운 예외 관련 구문인 with와 옵션으로 사용되는 as절을 도입했다. 이 구문은 **콘텍스트 관리자**(context manager) 객체와 함께 동작하도록 설계되었다. 콘텍스트 관리자는 새로운 메소드 기반 프로토콜을 지원하는데, 이것은 반복(iteration) 도구가 반복 프로토콜의 메소드를 이용하는 방법과 유사한 사상을 가진다. 이 기능은 2.5 버전에서도 옵션으로 사용할 수 있지만, 다음과 같이 import 형식을 이용해 활성화되어야 한다.

```
from __future__ import with_statement
```

with문은 또한 C#의 'using문'과 비슷하다. 약간 선택적이고 고급의 툴 기반 주제이긴 하지만 (그래서 한때는 파트 8에서 다루고자 했던 주제이기도 하다), 콘텍스트 관리자는 나머지 예외 도구와 충분히 하나의 그룹으로 묶을 수 있을 만큼 경량의, 그리고 유용한 도구다.

with/as문은 일반적인 try/finally 활용 구문에 대한 대안으로 설계되었다. try/finally와 유사하게 with는 처리 단계에서의 예외 발생 여부와 상관없이 반드시 실행되어야 하는 종료 시점 또는 '정리' 동작을 지정할 목적으로 사용된다.

try/finally와는 다르게, with문은 코드 블록에서 실행할 동작을 객체 기반 프로토콜로 지정한다. 이 때문에 with는 좀 덜 범용적이고, 종료 역할에서는 중복적이며, with의 프로토콜을 지원하지 않는 객체에 대해서는 클래스를 작성해야 한다. 그 대신 with는 진입 동작(entry action)을 처리할 수 있고, 코드의 양을 줄일 수 있으며, 코드 콘텍스트를 관리할 때 객체 지향 프로그래밍의 모든 기능을 이용할 수 있다.

파이썬은 콘텍스트 관리자를 이용해 일부 내장 도구의 기능을 강화한다. 예를 들면 파일을 자동으로 닫는다거나, 스레드의 락이 자동으로 잠기고 풀린다거나 하는 것이다. 하지만 프로그래머가 클래스를 이용해 자신만의 콘텍스트 관리자를 작성할 수도 있다. with/as문과 그 함축된 프로토콜에 대해 간단히 살펴보자.

기본 사용법

with문의 기본 형식은 다음과 같으며, 대괄호로 표시된 부분은 옵션이다.

```
with expression [as variable]:
    with-block
```

여기서 expression 부분은 콘텍스트 관리 프로토콜을 지원하는 객체를 반환해야 한다(이 프로토콜에 대해서는 잠시 후에 설명한다). as절이 제공되면, 이 객체가 반환하는 값은 variable에 할당된다.

variable에 반드시 expression의 결과가 할당되는 것에 주의한다. expression의 결과는 콘텍스트 프로토콜을 지원하는 객체이며, variable에는 문 안에서 사용할 다른 무언가가 할당될 수도 있다. expression이 반환하는 객체는 with-block이 시작되기 전에 시작 코드를 실행할 수 있다. 또한, 블록 안에서 예외가 발생했는지와 상관없이 블록이 끝나면 종료 코드를 실행할 수도 있다.

일부 내장 파이썬 객체는 콘텍스트 관리 프로토콜을 지원하도록 확장되어 with문에서 사용할 수 있다. 예를 들어, (9장에서 다룬) file 객체는 예외 발생 여부와 상관없이 블록이 끝나면 파일을 닫는다. 또한 코드를 실행하는 파이썬 버전이 자동으로 파일을 닫는지 여부와도 상관없이, 블록이 끝나면 파일을 닫는다.

```
with open(r'C:\misc\data') as myfile:
    for line in myfile:
        print(line)
        ...코드 생략...
```

여기에서 open을 호출하면 myfile이라는 이름에 할당된 단순 file 객체를 반환한다. 일반적인 파일 도구를 myfile에 사용할 수 있다. 이 경우에는 파일 반복자가 for 루프 안에서 한 줄씩 읽는다.

하지만, 이 객체는 with문에서 사용되는 콘텍스트 관리 프로토콜도 지원한다. with문이 실행되고 나면, 콘텍스트 관리 장치는 for 루프 안에서 예외가 발생했는지 여부와 상관없이 myfile이 참조하는 파일 객체가 자동으로 닫히도록 보장한다.

파일 객체가 가비지 컬렉션 시 자동으로 닫히기는 하지만, 언제 가비지 컬렉터가 동작할지 직관적으로 알 수 없다. 특히 파이썬의 대체 가비지 컬렉터를 사용할 때 더욱 그렇다. 이 상황에서 with문은 특정 코드 블록 실행 후 파일이 닫힘을 확신할 수 있게 해준다.

이전에 봤던 것처럼 try/finally를 이용하면 좀 더 범용적이고 명시적으로 동일한 효과를 얻을 수 있지만, 이 경우에는 세 줄의 관리적인 코드가 더 필요하다(with문은 한 줄인 반면, try/finally는 네 줄이 필요하다).

```
myfile = open(r'C:\misc\data')
try:
    for line in myfile:
        print(line)
        ...코드 생략...
finally:
    myfile.close()
```

파이썬의 멀티쓰레딩 모듈에 대해서는 이 책에서 다루지 않을 것이다(이 주제에 대해서는 《프로그래밍 파이썬》 같은 애플리케이션 레벨의 책을 참조한다). 하지만 멀티쓰레딩 모듈에서 정의하는 잠금(lock)과 조건 동기화 객체가 with문과 같이 사용될 수 있다. 이것들이 콘텍스트 관리 프로토콜을 지원하기 때문이다. 다음 예제에서는 코드 블록의 앞뒤로 진입 동작과 출입 동작을 추가할 수 있다.

```
lock = threading.Lock()        # 유의: import threading 필요
with lock:
    # 코드의 임계 영역(critical section)
    ...공유 리소스에 접근...
```

여기서 콘텍스트 관리 장치는 블록이 실행되기 전 자동으로 잠금 객체를 얻고, 예외 발생 여부와 상관없이 블록이 끝나면 잠금을 해제하는 동작이 일어남을 보장한다.

5장에서 소개한 대로, decimal 모듈도 현재의 정수 콘텍스트를 저장하고 복원하는 과정을 단순화하기 위해 콘텍스트 관리자를 사용한다. 이 정수 콘텍스트에는 계산의 정확도와 반올림 특성이 지정된다.

```
with decimal.localcontext() as ctx:        # 유의: import decimal 필요
    ctx.prec = 2
    x = decimal.Decimal('1.00') / decimal.Decimal('3.00')
```

이 문이 실행되고 나면, 현재 스레드의 콘텍스트 관리자 상태는 문이 실행되기 전의 상태로 자동 복원된다. try/finally로 동일한 효과를 얻으려면 내장 블록이 실행되기 전에 콘텍스트를 저장하고, 블록이 끝나면 복원하는 동작을 수동으로 구현해야 한다.

콘텍스트 관리 프로토콜

몇몇 내장 타입은 콘텍스트 관리자를 포함하고 있기도 하지만, 우리만의 콘텍스트 관리자를 작성할 수도 있다. 클래스에서는 콘텍스트 관리자를 구현하기 위해 with문을 가로챌 수 있는 연산자 오버로딩으로 분류되는 특별한 메소드를 이용한다. with문에서 사용되는 객체가 갖추어야 하는 인터페이스는 조금 복잡하므로, 대부분의 프로그래머들은 기존의 콘텍스트 관리자를 이용하는 방법만 알아도 충분하다. 하지만 특정한 애플리케이션에 사용할 콘텍스트 관리자를 개발하려는 도구 제작자를 위해서 관련된 아이템들에 대해 간략히 살펴보도록 하자.

with문이 실제로 동작하는 방식은 다음과 같다.

1. 표현식을 평가하고 나면, **콘텍스트 관리자**로 알려진 객체를 반환한다. 이 객체는 __enter__ 와 __exit__ 메소드를 반드시 포함해야 한다.

2. 콘텍스트 관리자의 __enter__ 메소드가 호출된다. as절에 변수가 지정되었다면 __enter__ 메소드의 반환값이 그 변수에 저장되고, 그렇지 않다면 반환값이 버려진다.

3. with 블록에 내장된 코드가 실행된다.

4. with 블록에서 예외가 발생하면, __exit__(type, value, traceback) 메소드가 예외 정보와 함께 실행된다. 이것은 sys.exc_info가 반환하는 세 가지 값과 동일하다. sys.exc_info에 대해

서는 파이썬 매뉴얼이나, 이 책의 뒷부분에서 설명하고 있다. 이 메소드가 false를 반환하면, 예외가 다시 발생한다. 그렇지 않을 경우 예외가 사라진다. 예외는 일반적으로 with문 밖으로 전파될 수 있도록 다시 발생되어야 한다.

5. with 블록에서 예외가 발생하지 않아도 __exit__ 메소드는 여전히 호출되지만 type, value, 그리고 traceback 인수는 모두 None으로 전달된다.

이 절차가 실제로 어떻게 이루어지는지 빠르게 살펴보도록 하자. 다음 withas.py 파일은 사용되는 모든 with 블록의 출입을 추적하는 콘텍스트 관리자 객체를 정의한다.

```python
class TraceBlock:
    def message(self, arg):
        print('running ' + arg)
    def __enter__(self):
        print('starting with block')
        return self
    def __exit__(self, exc_type, exc_value, exc_tb):
        if exc_type is None:
            print('exited normally\n')
        else:
            print('raise an exception! ' + str(exc_type))
            return False                        # 전파

if __name__ == '__main__':
    with TraceBlock() as action:
        action.message('test 1')
        print('reached')

    with TraceBlock() as action:
        action.message('test 2')
        raise TypeError
        print('not reached')
```

이 클래스의 __exit__ 메소드는 False를 반환하여 예외를 전파하고 있다. return문을 지우는 것도 동일한 효과를 가진다. 함수의 기본 None 반환값이 False로 정의되어 있기 때문이다. __enter__ 메소드가 as 변수에 할당될 객체로 self를 반환하는 것도 주목할 필요가 있다. 다른 경우에는 self 대신에 완전히 다른 객체를 반환할 것이다.

코드가 실행되면, 콘텍스트 관리자는 with문 블록으로의 출입을 __enter__와 __exit__ 메소드를 이용해 추적하게 된다. 다음은 파이썬 3.X나 2.X에서 실제로 실행되는 스크립트다(물론, 일부 2.X에서는 출력되는 내용이 약간 다를 수 있으며, 이 코드는 2.6과 2.7에서 실행된다. 그리고 활성화되었을 경우에는 2.5에서도 실행된다).

```
c:\code> py -3 withas.py
starting with block
running test 1
reached
exited normally

starting with block
running test 2
raise an exception! <class 'TypeError'>
Traceback (most recent call last):
  File "withas.py", line 22, in <module>
    raise TypeError
TypeError
```

콘텍스트 관리자는 객체 지향 프로그래밍 상태 정보와 상속을 이용할 수도 있지만, 도구 작성자들에게는 약간 고급 도구이기 때문에 여기서는 생략하도록 하겠다(전체 내용은 파이썬 표준 매뉴얼을 참조한다. 예를 들어, 콘텍스트 관리자를 작성할 때 사용할 수 있는 추가적인 도구가 포함된 contextlib가 있다). 단순한 용도로는 클래스를 작성하지 않고도 종료 시점의 동작을 지원하는 try/finally문으로도 충분하다.

다중 콘텍스트 관리자(파이썬 3.1, 2.7 그리고 그 이후 버전)

파이썬 3.1에서 도입된 with 확장은 파이썬 2.7에도 도입되었다. 파이썬 3.1과 2.7, 그리고 그 이후 버전의 파이썬에서는 with문은 새로운 콤마 구문을 이용해 다수의 콘텍스트 관리자를 지정할 수도 있다. 이것은 종종 '중첩된' 콘텍스트 관리자라고도 불린다. 예를 들어, 다음 예제 코드에서는 두 개의 파일 모두 구문 블록이 끝날 때 예외 발생 여부와 상관없이 종료 동작이 자동으로 실행된다.

```
with open('data') as fin, open('res', 'w') as fout:
    for line in fin:
        if 'some key' in line:
            fout.write(line)
```

콘텍스트 관리자 아이템은 임의의 개수를 나열할 수 있고, 다수의 아이템이 모두 포함된 with 구문인 것처럼 동작한다. 이 기능을 지원하는 파이썬에서는 다음 첫 번째 코드는 두 번째 코드와 동등하다. 또한, 두 번째 코드는 3.0과 2.6에서도 동작한다.

```
with A() as a, B() as b:
    ...구문...
```

위 코드는 3.0과 2.6에서도 동작하는 다음 코드와 동일한 효과를 가진다.

```
with A() as a:
    with B() as b:
        ...구문...
```

파이썬 3.1의 릴리즈 정보에 추가적인 세부 사항이 기록되어 있으므로 여기서는 확장의 실제
동작에 대해서만 간략히 살펴보도록 하겠다. 다음 예제 코드는 두 개의 파일을 병렬로 읽어
들이는 코드다. 여기서는 with를 이용해 두 개의 파일을 동시에 열고, 동시에 zip으로 압축한
다. 동작이 종료되었을 때 두 개의 파일을 수동으로 닫을 필요는 없다(수동으로 닫는 동작이 반
드시 필요하다고 가정한다).

```
>>> with open('script1.py') as f1, open('script2.py') as f2:
...     for pair in zip(f1, f2):
...         print(pair)
...
('# A first Python script\n', 'import sys\n')
('import sys                # Load a library module\n', 'print(sys.path)\n')
('print(sys.platform)\n', 'x = 2\n')
('print(2 ** 32)           # Raise 2 to a power\n', 'print(x ** 32)\n')
```

예를 들어, 두 개의 텍스트 파일에 대한 줄 단위 비교가 필요할 때 이런 코딩 구조를 이용할
수 있다. 다음 예제의 print를 if로 변환하면 간단한 파일 비교를 할 수 있으며, enumerate를
이용해 줄 번호를 출력할 수도 있다.

```
with open('script1.py') as f1, open('script2.py') as f2:
    for (linenum, (line1, line2)) in enumerate(zip(f1, f2)):
        if line1 != line2:
            print('%s\n%r\n%r' % (linenum, line1, line2))
```

하지만 앞의 기법은 CPython에서는 그다지 유용하지 않다. 입력 파일 객체가 버퍼 flush를 필
요로 하지 않으며, 파일 객체를 반환하고자 할 때 객체가 열려 있다면 자동으로 열린 객체를
닫아주기 때문이다. CPython에서는 병렬 스캔을 다음과 같이 더 간단하게 구현하면 파일 객
체를 즉시 다시 반환한다.

```
for pair in zip(open('script1.py'), open('script2.py')):     # 동일한 효과(자동 닫음)
    print(pair)
```

반면, PyPy나 Jython 같은 다른 구현에서는 리소스 누수를 방지하기 위해 루프 안에서의 직접적인 닫기가 필요하다. 이것은 상이한 가비지 컬렉터 때문이다. 다음 코드에서는 with절을 종료할 때 출력 파일을 자동으로 닫음으로써 모든 버퍼에 담긴 텍스트가 즉시 디스크로 전송되었음을 보증한다.

```
>>> with open('script2.py') as fin, open('upper.py', 'w') as fout:
...     for line in fin:
...         fout.write(line.upper())
...
>>> print(open('upper.py').read())
IMPORT SYS PRINT(SYS.PATH)
X = 2
PRINT(X ** 32)
```

두 가지 경우 모두에서 간단히 별개의 문으로 파일을 열고, 처리가 끝난 다음에 파일을 닫을 필요가 있을 경우 파일을 닫을 수도 있다. 발생한 예외가 여러분의 프로그램이 더 이상 제대로 동작할 수 없다는 것을 의미하는 스크립트라면 아마도 그렇게 해야 할 것이다.

```
fin  = open('script2.py')
fout = open('upper.py', 'w')
for line in fin:                 # 이전 코드와 같은 효과를 내며, 자동으로 파일을 닫음
    fout.write(line.upper())
```

하지만 예외 발생 이후에도 프로그램이 계속 실행되어야 하는 경우라면, 이 with절은 암묵적으로 예외를 캐치하고, 그로 인해 파일 닫기가 필요한 상황에서도 try/finally를 사용하지 않을 수 있도록 해준다. with를 사용하지 않고 작성한 다음 코드는 더 명시적이지만, 코드가 확실히 더 길다.

```
fin  = open('script2.py')
fout = open('upper.py', 'w')
try:                             # 같은 효과를 내지만, 오류 발생 시 명시적으로 파일을 닫음
    for line in fin:
        fout.write(line.upper())
finally:
    fin.close()
    fout.close()
```

with는 더 간편한 부가적인 도구가 될 수는 있지만 특정한 객체 타입에만 적용되고 더 풍부한 프로그래머의 지식을 필요로 하는 반면, try/finally는 모든 종료 동작 사례에 적용될 수 있는 도구다. 늘 그렇듯 그 트레이드오프에 대해서는 독자가 직접 판단해야 한다.

이 장의 요약

이 장에서는 파이썬에서 예외에 연관된 구문들을 살펴봄으로써 예외 처리에 대해 상세하게 알아보았다. try는 예외를 캐치하는 데 사용하고, raise는 예외를 발생시킬 때 사용하며, assert는 조건적으로 예외를 발생시킬 때 사용한다. 그리고 with는 콘텍스트 관리자에서 진입 및 종료 동작을 명세하는 코드 블록을 둘러쌀 때 사용한다.

지금까지는 예외가 상당히 가볍고 간단한 도구로 보일 수도 있다. 물론 실제로도 그렇다. 그러나 예외에서 유일하게 놀라울 만큼 복잡한 점은 예외가 어떻게 확인되는가(identified) 하는 점이다. 다음 장에서는 어떻게 자신만의 예외 객체를 구현하는지 설명한다. 여러분의 프로그램에 특화된 새로운 예외를 클래스를 이용해서 만들게 될 것이다. 다음 장으로 넘어가기 전, 퀴즈를 통해 이 장에서 배운 내용에 대해 복습해 보자.

학습 테스트: 퀴즈

1. try문의 용도는 무엇인가?

2. try문의 두 가지 일반적인 변형은 무엇인가?

3. raise문의 용도는 무엇인가?

4. assert문의 설계 목적은 무엇이며, 이것과 유사한 구문은 무엇인가?

5. with/as문의 설계 목적은 무엇이며, 이것과 유사한 구문은 무엇인가?

학습 테스트: 정답

1. try문은 예외를 캐치하고 예외로부터 복구한다. try문은 실행할 코드 블록을 지정하고, 지정한 코드의 실행 과정에서 발생할 수 있는 하나 이상의 예외 처리기를 지정한다.

2. try문의 일반적인 두 가지 변형은 try/except/else(예외 캐치용)와 try/finally(예외 발생 여부와 상관없이 무조건 실행되는 정리 동작을 지정할 목적)다. 파이썬 2.4까지는 이것은 문법적인 중첩을 통해 조합할 수 있는 별도의 구문이었다. 2.5와 그 이후 버전에서는 except와 finally 블록이 하나의 문 안에서 혼용될 수 있기 때문에 두 구문 형태가 병합되었다. 병합된 형태에서 finally는 여전히 예외 발생 여부 및 발생한 예외의 처리 여부와 상관없이 try문이 종료될 때 실행된다. 사실, 변형된 형태는 try/finally 안에 try/except/else를 중첩한 것과 동등한 효과를 내며, 두 개는 여전히 논리적으로 구분된 역할을 가진다.

3. raise문은 예외를 발생시킨다. 파이썬은 내부적으로는 오류에 대해 내장된 예외를 발생시키지만, 여러분이 작성한 스크립트에서도 raise를 이용해 내장된 또는 사용자 정의 예외를 발생시킬 수 있다.

4. assert문은 조건이 false일 경우 AssertionError 예외를 발생시킨다. assert는 if문으로 둘러싸인 조건적 raise문처럼 동작하며, -O 스위치를 통해 비활성화할 수 있다.

5. with/as문은 코드 블록의 앞뒤에서 반드시 실행되어야 하는 시작 및 종료 동작을 자동화할 수 있도록 설계되었다. 이것은 예외 발생 여부와 상관없이 종료 동작을 실행하는 try/finally 구문과 대략적으로는 유사하지만, 진입과 종료 동작을 지정할 때 더 풍부한 객체 기반 프로토콜을 사용할 수 있으며, 코드 사이즈도 줄일 수 있다. 하지만 with/as는 그 프로토콜을 지원하는 객체에만 적용할 수 있으므로 그렇게 범용적이지 못하다. 어디까지나 try가 훨씬 더 많은 사례를 지원한다.

35

예외 객체

지금까지, 의도적으로 실제 예외가 **무엇인가**에 대해 명확히 설명하지 않았다. 이전 장에서 말한 대로, 파이썬 2.6과 3.0을 기점으로 내장(built in) 예외와 사용자 정의 예외 모두 **클래스 인스턴스 객체**에 의해 정의된다. 이것은 예외 처리 과정을 따라 발생되고 전파되며, try문에서 명명된 예외와 일치하는 클래스의 원천이다.

이는 여러분이 프로그램에서 새로운 예외를 정의하려면 객체 지향 프로그래밍을 사용해야 한다는 것을 의미하지만(이러한 선행 지식이 필요하기 때문에 예외에 대한 설명을 이 파트까지 미루게 되었다) 클래스와 객체 지향 프로그래밍을 기반으로 한 예외는 여러 가지 이점을 가지고 있다. 그중에서도 클래스 기반의 예외는 다음과 같다.

- **범주(category)로 구성 가능하다.** 클래스로 코딩된 예외는 범주를 제공함으로써 향후 변경에 대해 지원한다. 일반적으로 미래에 새로운 예외를 추가하기 위해 try문을 변경할 필요가 없다.

- **상태 정보와 행위를 가진다.** 예외 클래스는 try 핸들러에서 사용할 수 있도록 맥락에 대한 정보와 도구를 저장하는 자연스러운 공간이다. 인스턴스는 이 두 개의 상태 정보와 호출 가능한 메소드들에 접근할 수 있다.

- **상속을 지원한다.** 클래스 기반의 예외는 보편적인 행위를 받아서 변경하기 위해 상속 계층 구조에 포함될 수 있다. 예를 들어 상속된 디스플레이 메소드는 에러 메시지의 보편적인 형태를 제공한다.

이러한 장점들 때문에 클래스 기반의 예외는 프로그램의 진화와 규모가 더 큰 시스템을 잘 지원한다. 앞으로 보게 되겠지만 앞서 이야기한 이유들로 인해 모든 내장 예외들은 클래스에 의해 정의되며, 상속 트리로 구성된다. 여러분도 여러분만의 사용자 정의 예외로 이와 동일한 작업을 할 수 있다.

실제로, 파이썬 3.X에서 내장 예외는 여러분이 정의한 새로운 예외에 있어 필수적인 요소임을 알게 될 것이다. 3.X는 사용자 정의 예외가 출력과 상태 정보 유지를 위한 유용한 기본 기능을 제공하는 내장 예외 슈퍼클래스로부터 상속받을 것을 요구하기 때문에 사용자 정의 예외를 코딩하는 작업은 이러한 내장들의 역할에 대한 이해가 수반되어야 한다.

 버전 특화 내용: 파이썬 2.6과 3.0 그리고 그 이후 버전에서 예외는 클래스에 의해 정의되어야 한다. 더불어 3.X에서 예외 클래스는 직접적이든, 간접적이든 내장 예외 슈퍼클래스인 BaseException으로부터 파생되어야 한다. 앞으로 보게 되겠지만, 대부분의 프로그램은 일반 예외 타입을 모두 잡아내는 핸들러를 지원하기 위해 이 클래스의 서브클래스인 Exception으로부터 상속받는다. 따라서 핸들러에서 이를 지정하면, 대부분의 프로그램이 잡아내야 할 모든 것을 잡아내게 될 것이다. 파이썬 2.X는 예외로서의 역할을 수행하기 위해 독자적인 레거시 클래스를 사용할 수도 있지만, 새 형식 클래스라면 3.X와 동일하게 내장 예외 클래스로부터 파생되어야 한다.

예외: 백 투 더 퓨처

옛날 옛적에(그러니까, 파이썬 2.6, 3.0 이전에) 예외는 두 가지 서로 다른 방법으로 정의할 수 있었다. 이것은 일반적으로 try문, raise문, 파이썬을 복잡하게 만들었다. 오늘날에는 예외를 정의하는 단 하나의 방법만이 존재한다. 이는 잘된 일인데, 이전 버전에 대한 호환성을 위해 누적되어 온 상당량의 불필요한 것들이 언어에서 제거되었기 때문이다. 그러나 오늘날의 예외가 왜 이런 모습을 갖추게 되었는지에 대하여 설명하기 위해서는 옛날 방식에 대한 이해가 필요하고, 실제로 30여년의 세월 동안 대략 수백만 명의 사람들에 의해 사용되어 왔던 무엇인가에 대한 역사가 완전히 지워질 수는 없기 때문에 우선 과거에 대해 간단히 살펴보면서 현재에 대해 살펴볼 준비를 해보자.

문자열 예외는 더 이상 사용하지 않는다!

파이썬 2.6과 3.0 전에는 예외를 클래스 인스턴스와 문자열 객체로 정의할 수 있었다. 문자열 기반의 예외는 2.5에서 사용 중단 경고를 하기 시작했으며, 2.6과 3.0에서는 제거되어 현재로는 이 책에서 보여 주는 대로 클래스 기반의 예외를 사용해야 한다. 하지만 옛날에 작성된 코드를 이용하여 작업해야 한다면, 여전히 문자열 예외와 마주칠 수 있다. 이는 (파이썬 역사상 이것이 영원할 것으로 여겨졌던) 수년 전에 작성된 책이나 튜토리얼 또는 웹 자료에서도 발견할 수 있을 것이다.

문자열 예외는 사용하기 단순하다. 어떤 문자열이어도 상관없으며, 이들은 객체의 값이 아니라 ID와 매칭된다(즉 ==가 아니라 is를 사용한다).

```
C:\code> py -2
>>> myexc = "My exception string"
>>> try:
...     raise myexc
... except myexc:
...     print('caught')
...
caught
```

이 형태의 예외는 더 규모가 큰 프로그램과 코드 유지보수에 있어 좋은 형태가 아니기 때문에 제거되었다. 현대 파이썬에서 문자열 예외는 또 다른 예외를 발생시킨다.

```
C:\code> py -3
>>> raise 'spam'
TypeError: exceptions must derive from BaseException

C:\code> py -2
>>> raise 'spam'
TypeError: exceptions must be old-style classes or derived from BaseException, ...etc
```

여러분이 오늘날 문자열 예외를 사용할 수 없긴 하지만, 실제로 클래스 기반 예외 모델을 도입하게 되는 자연스러운 매체가 된다.

클래스 기반 예외

문자열은 예외를 정의하는 단순한 방법이었다. 하지만 앞에서 설명한 대로, 클래스는 미리 살펴볼 만한 몇 가지 추가적인 장점을 가지고 있다. 가장 두드러지는 점은 이것은 단순 문자열보다 사용 및 유지보수가 좀 더 유연한 예외 범주(category)를 정의할 수 있도록 해준다는 것이다. 더구나 클래스는 자연스럽게 예외 상세 내역을 첨부하고 상속을 지원할 수 있다. 많은 이들이 클래스를 더 나은 접근 방식으로 보기 때문에 이제는 필수 방식으로 자리 잡게 되었다.

코딩 세부 내역 외에, 문자열 예외와 클래스 예외 간의 주요 차이점은 발생된 예외를 try문의 except절과 매칭하는 방법과 관련이 있다.

- 문자열 예외는 단순 객체 ID와 매칭된다. 발생된 예외는 except절에서 파이썬의 is 테스트에 의해 매칭된다.

- 클래스 예외는 슈퍼클래스 관계에 의해 매칭된다. 발생된 예외는 예외 인스턴스의 클래스나 이의 슈퍼클래스 중 하나를 지정하는 except절에 매칭된다.

즉 try문의 except절에 슈퍼클래스를 열거하면, 이는 그 슈퍼클래스의 인스턴스를 클래스 트리에서 그보다 더 낮은 데 있는 서브클래스들의 인스턴스들과 함께 잡아낸다. 그 결과 그 클래스 예외는 자연스럽게 예외 계층 구조의 구성을 지원하게 된다. 슈퍼클래스들은 범주 이름이 되고, 서브클래스들은 범주 내의 특정 종류의 예외가 된다. 일반적인 예외 슈퍼클래스를 지정함으로써, except절은 예외의 전 범주를 잡아낼 수 있다. 그보다 더 구체적인 서브클래스들 모두 이에 매칭된다.

문자열 예외는 이러한 개념이 없다. 이들은 단순히 객체 ID에 매칭되기 때문에 예외를 더 유연한 범주 또는 그룹으로 구조화할 직접적인 방법이 없다. 그 결과 예외 핸들러들은 변경을 어렵게 만드는 예외 집합으로 묶이게 되었다.

이 범주의 개념에 더해 클래스 기반 예외는 (인스턴스에 첨부되어) 예외 상태 정보를 더 잘 지원하며, 예외가 (보편적 행위를 취하기 위해) 상속 계층 구조에 참여할 수 있도록 해준다. 이는 일반적으로 클래스와 객체 지향 프로그래밍의 장점들을 모두 제공하기 때문에 약간의 추가적인 코드를 대가로 현재는 사용되지 않는 문자열 기반 예외에 대한 더 강력한 대안을 제공한다.

예외 클래스 코딩하기

어떻게 클래스 예외를 코드로 작성하는지 예제로 살펴보자. 다음 파일 classexc.py에서 General이라는 이름의 슈퍼클래스와 두 개의 서브클래스인 Specific1과 Specific2를 정의한다. 이 예제는 예외 범주의 개념에 대하여 보여 준다. General은 범주 이름이며, 두 개의 서브클래스는 그 범주 내 특정 유형의 예외가 된다. 또한 General을 잡아내는 핸들러는 그 아래의 모든 서브클래스, 즉 Specific1과 Specific2를 잡아낸다.

```python
class General(Exception): pass
class Specific1(General): pass
class Specific2(General): pass

def raiser0():
    X = General()                      # 슈퍼클래스 인스턴스 발생
    raise X

def raiser1():
    X = Specific1()                    # 서브클래스 인스턴스 발생
    raise X

def raiser2():
    X = Specific2()                    # 다른 서브클래스 인스턴스 발생
    raise X

for func in (raiser0, raiser1, raiser2):
    try:
        func()
    except General:                    # General 또는 어떤 서브클래스라도 매칭
        import sys
        print('caught: %s' % sys.exc_info()[0])

C:\code> python classexc.py
caught: <class '__main__.General'>
caught: <class '__main__.Specific1'>
caught: <class '__main__.Specific2'>
```

이 코드는 대체로 단순하지만, 몇 가지 주의할 점이 있다.

Exception 슈퍼클래스

예외 범주 트리를 구성하는 데 사용되는 클래스들은 매우 적은 요구 사항을 가지고 있다. 실제로 이 예제에서 이들은 pass 말고는 아무 일도 하지 않는 본문을 가지고 있어, 거의 비었다고 볼 수 있다. 하지만 여기에서 최상위 레벨의 클래스가 어떻게 내장 Exception 클래스로부터 상속받는지 살펴보자. 이는 파이썬 3.X에서는 필수 사항이다. 파이썬 2.X는 독자적인 레거시 클래스가 예외로 역할할 수 있도록 허용하지만, 새 형식 클래스일 경우에는 3.X와 마찬가지로 내장 예외 클래스로부터 파생되어야만 한다. 우리가 여기에서는 사용하지 않지만, Exception은 우리가 이후에 만나볼 유용한 행위들을 제공하기 때문에 어느 파이썬에서라도 이를 상속받는 것은 좋은 생각이다.

예외 발생시키기

이 코드에서 우리는 raise문을 위해 인스턴스를 생성하도록 클래스를 호출한다. 클래스 예외 모델에서 우리는 항상 클래스 인스턴스 객체를 발생시키고 잡아낸다. 만약 우리가 raise에서 괄호 없이 클래스 이름을 열거한다면, 파이썬은 인스턴스 생성을 위한 생성자 인수 없이 클래스를 호출한다. 예외 인스턴스는 여기에서 한 것처럼 raise 전에 생성되거나 raise 문 자체 내에서 생성될 수 있다.

범주 잡아내기

이 코드는 예외로 우리 클래스 세 개 모두의 인스턴스를 발생시키는 함수들과 이 함수들을 호출하고 General 예외를 잡아내는 최상위 레벨의 try를 함께 포함하고 있다. 또한 같은 try문이 두 개의 특정 종류의 예외들 또한 잡아내는데, 이들이 General의 서브클래스들(이 범주의 멤버들)이기 때문이다.

예외 세부 내역

여기에서 예외 핸들러는 sys.exc_info 호출을 사용한다. 자세한 내용은 다음 장에서 다루 겠지만, 이는 일반적으로 가장 최근에 발생된 예외를 붙잡을 수 있는 방식이다. 간단히 말 하면 이 결과의 첫 번째 아이템은 발생된 예외의 클래스이며, 두 번째 아이템은 그 예외가 발생된 실제 인스턴스다. 여기에서와 같이 한 범주 내의 모든 클래스들을 잡아내는 일반적 인 except절에서 sys.exc_info는 정확히 무슨 일이 발생하였는지를 결정하는 한 방법이 된 다. 이 특정 경우에 있어서, 이는 인스턴스의 __class__ 속성을 가져오는 것과 동일하다. 다음 장에서 보게 되듯이, sys.exc_info 기법은 또한 일반적으로 모든 것을 잡아내는 비어 있는 except절과 함께 사용된다.

마지막 사항은 추가 설명이 필요하다. 예외가 잡히게 되면, 우리는 발생한 인스턴스가 except 에 열거된 클래스 또는 그의 더 구체적인 서브클래스의 인스턴스라는 것을 확인할 수 있다. 이 때문에 인스턴스의 __class__ 속성은 또한 예외 타입을 제공한다. 예를 들어, 다음의 변형 classexc2.py는 이전 예제와 동일한 작업을 수행한다. 이는 except절에 as 확장을 사용하여 변 수를 실제로 발생된 인스턴스에 할당한다.

```
class General(Exception): pass
class Specific1(General): pass
class Specific2(General): pass

def raiser0(): raise General()
def raiser1(): raise Specific1()
def raiser2(): raise Specific2()
```

```
for func in (raiser0, raiser1, raiser2):
    try:
        func()
    except General as X:                          # X는 발생된 인스턴스
        print('caught: %s' % X.__class__)         # sys.exc_info()[0]과 동일
```

__class__는 이처럼 발생된 예외의 특정 타입을 결정하기 위해 사용될 수 있기 때문에 sys.
exc_info는 인스턴스 또는 인스턴스의 클래스에 접근할 방법을 갖고 있지 않은 빈 except절에
더 유용하다. 더구나 더 현실적인 프로그램은 일반적으로 어떤 특정 예외가 발생되었는지에
대해 신경 쓰지 말아야 한다. 일반적으로 예외 클래스 인스턴스의 메소드를 호출함으로써, 자동
으로 발생한 예외를 위해 맞추어둔 행위를 실행한다.

이 내용과 sys.exc_info에 대해서는 다음 장에서 더 다룰 예정이다. 또한 인스턴스에서 __
class__가 갖는 의미에 대해 잊었다면 29장과 파트 6을 참조하고, 여기에서 사용한 as에 대해
서 이전 장을 통해 복습하도록 하자.

왜 예외 계층 구조인가?

이전 절의 예제에서 오직 세 가지 가능한 확장만이 존재하기 때문에 클래스 예외의 활용성에
대하여 실제로 공정하게 보여 주지 못했다. 사실, 우리는 동일한 결과를 except절의 괄호 안에
예외 이름들을 나열하도록 코딩함으로써 구현할 수 있다.

```
try:
    func()
except (General, Specific1, Specific2):      # 이들 중 아무거나 잡아낼 것
    ...
```

이 접근 방식은 지금은 사용하지 않는 문자열 예외 모델에서도 동작한다. 하지만 예외 계층
구조가 크거나 또는 높을 경우, 단일 except절에 범주 내의 모든 멤버들을 열거하는 것보다 클
래스 기반 범주를 활용하여 범주를 잡아내는 것이 더 쉬울 것이다. 더 중요한 것은 여러분이
소프트웨어 요구 사항이 증가함에 따라, 기존 코드를 깨뜨리지 않고 새로운 서브클래스들을
추가함으로써 예외 계층 구조를 확장할 수 있다.

예를 들어, 여러분이 많은 사람들이 사용하게 될 수치 프로그래밍 라이브러리를 파이썬에서 코딩한다고 가정하자. 여러분이 라이브러리를 작성하는 동안, 코드에서 수치 관련하여 잘못될 수 있는 두 가지 경우(0으로 나누기와 수치 오버플로우)를 정의한다. 여러분은 이를 여러분의 라이브러리가 발생시킬 두 개의 독자적인 예외로 작성한다.

```
# mathlib.py

class Divzero(Exception): pass
class Oflow(Exception): pass

def func():
    ...
    raise Divzero()

...기타 동작...
```

이제 사용자들이 여러분의 라이브러리를 사용하면, 그들은 일반적으로 여러분의 함수 또는 클래스에 대한 호출을 여러분이 정의한 두 개의 예외를 잡아내는 try문에 감싼다. 결국 이들이 여러분의 예외를 잡아내지 못하면, 여러분의 라이브러리에서 발생한 예외들은 여러분의 코드를 강제 종료시킬 것이다.

```
# client.py

import mathlib

try:
    mathlib.func(...)
except (mathlib.Divzero, mathlib.Oflow):
    ...처리 및 복구...
```

이 코드는 잘 동작하고, 많은 사람들이 여러분의 라이브러리를 사용하기 시작한다. 하지만 6개월이 지나, 여러분은 (프로그래머들이 늘 그러하듯이!) 이 코드를 수정하게 된다. 그 과정에서 여러분은 잘못될 수 있는 새로운 경우에 대하여 정의하고(아마도 언더플로우(underflow) 같은 것을 말이다) 이를 새로운 예외로 추가한다.

```
# mathlib.py

class Divzero(Exception): pass
class Oflow(Exception): pass
class Uflow(Exception): pass
```

불행하게도, 여러분이 이 코드를 다시 릴리즈하게 되면, 여러분의 사용자들에게 유지보수 문제를 야기하게 된다. 만약 그들이 여러분의 예외들을 명시적으로 열거하였다면, 이제 다시 여러분의 라이브러리를 호출하였던 모든 곳으로 돌아가서 새롭게 추가된 예외 이름을 포함하도록 변경해야 한다.

```python
# client.py

try:
    mathlib.func(...)
except (mathlib.Divzero, mathlib.Oflow, mathlib.Uflow):
    ...처리 및 복구...
```

이것이 세상의 끝은 아닐 것이다. 만약 여러분의 라이브러리가 인하우스에만 사용되었다면, 여러분 스스로 변경할 수 있다. 또한, 이런 코드를 자동으로 고쳐주는 파이썬 스크립트를 적재할 수도 있다(아마도 수십 줄 분량일 것이며, 가끔은 제대로 맞힐 것이다). 하지만 여러분의 예외 집합이 변경될 때마다 많은 사람들이 자신의 **try**문을 변경해야 한다면, 이는 정확히 말해 업그레이드 정책 중 가장 정중한 방식은 아닐 것이다.

여러분의 사용자들은 **모든** 가능한 예외를 잡아내는 빈 except절을 코딩함으로써 이러한 함정을 피하려 할 수도 있다.

```python
# client.py

try:
    mathlib.func(...)
except:                          # 여기에서 모든 것을 잡아냄(또는 Exception 슈퍼클래스를 잡음)
    ...처리 및 복구...
```

하지만 이 해결 방식은 그들이 예상했던 것보다 더 많은 것들을 잡아내게 된다. 메모리 부족, 키보드 간섭(Ctrl+C), 시스템 종료, 그리고 여러분 try 블록의 오탈자 같은 것들 모두 예외를 일으킬 것이고, 이들 모두 라이브러리 에러로 잘못 분류되어 잡히지 않고 통과되어야 한다. Exception 슈퍼클래스를 잡아내는 것은 이를 개선하지만, 여전히 프로그램 에러를 가로채기 때문에 원래의 에러를 숨기게 된다.

그리고 실제로 이 시나리오에서 사용자들은 라이브러리에서 정의하고 작성한 특정 예외들만을 잡아내고 복구하기를 원한다. 그 외 다른 예외들이 라이브러리 호출 과정에서 발생하면, 이는 라이브러리의 순수한 버그일 가능성이 높다(그리고 아마도 그때는 벤더에 연락해야 할 것이다!). 경험적으로 볼 때, 예외 핸들러에서 일반적인 것보다는 구체적인 것이 더 낫다. 다음 장의 "주의 사항"절에서 이에 대해 다시 살펴볼 것이다.[1]

그렇다면 무엇을 해야 할까? 클래스 예외 계층 구조가 이 딜레마를 완전히 해결한다. 여러분 라이브러리의 예외를 자동 클래스의 집합으로 정의하기보다, 이들을 전체 범주를 아우르는 공통 슈퍼클래스를 가지는 클래스 트리로 구조화하자.

```
# mathlib.py

class NumErr(Exception): pass
class Divzero(NumErr): pass
class Oflow(NumErr): pass

def func():
    ...
    raise DivZero()

...기타 동작...
```

여러분의 라이브러리 사용자들은 이 방식을 이용해 앞으로도 여러분 라이브러리의 예외를 잡아내기 위해 단순히 공통 슈퍼클래스(즉, 카테고리)만 나열하면 된다.

```
# client.py

import mathlib

try:
    mathlib.func(...)
except mathlib.NumErr:
    ...전달 및 복구...
```

여러분의 코드로 돌아가 다시 업데이트하더라도, 여러분은 공통 슈퍼클래스의 새로운 서브클래스로 새로운 예외를 추가할 수 있다.

---

1 내 강의에 참여한 영리한 학생의 말에 따르면, 라이브러리 모듈은 라이브러리가 발생시킬 수 있는 모든 예외를 포함하는 튜플 객체도 제공할 수 있다. 그러면 클라이언트는 그 튜플을 임포트하고 모든 라이브러리 예외를 잡아내기 위해 except절에 이를 지정할 수 있다(except에 튜플을 포함하는 것은 그것이 담는 어떤 예외라도 잡아낸다는 것을 의미한다). 이후에 새로운 예외들이 추가되면, 라이브러리는 단지 내보낸 튜플을 확장하면 된다. 이는 제대로 동작하겠지만, 여러분은 여전히 그 튜플을 라이브러리 모듈 내에 발생된 예외들에 대해 최신 상태로 유지해 주어야 한다. 또한, 클래스 계층 구조는 단지 범주 이상의 장점을 제공한다. 그리고 이것은 개별 예외들은 할 수 없는 상속된 상태와 메소드, 그리고 사용자 정의 변경 모델을 지원한다.

```
# mathlib.py

...
class Uflow(NumErr): pass
```

결과적으로, 여러분이 작성한 라이브러리의 예외를 잡아내는 사용자 측 코드는 별도의 변경 없이 계속 정상 작동할 것이다. 실제로 여러분은 향후 임의로 예외를 추가, 삭제, 변경을 자유로이 할 수 있다. 클라이언트가 슈퍼클래스를 지정하고 해당 슈퍼클래스를 건들지 않는 한, 이들은 여러분의 예외 집합 변경 내역에 의해 영향받지 않는다. 즉, 클래스 예외들은 문자열 예외에 비해 유지보수 문제에 대해 더 나은 해결책을 제공한다.

클래스 기반 예외 계층 구조는 더 규모가 큰 프로그램에서 이상적인 방식으로 상태 정보 유지와 상속 또한 지원한다. 하지만 이 역할에 대해 이해하기 위해서는 먼저 사용자 정의 예외 클래스들이 이들이 상속받은 내장 예외와 어떤 관련이 있는지에 대해 살펴볼 필요가 있다.

내장 Exception 클래스

실제로 내가 이전 절의 예제를 날조한 것이 아니다. 파이썬 자체가 일으키는 모든 내장 예외들은 클래스 객체로 딕셔너리 정의되어 있다. 더구나 이들은 이전 절의 예외 클래스 트리와 마찬가지로, 일반적인 슈퍼클래스 범주와 구체적인 서브클래스 타입을 갖는 얕은 계층 구조로 구성되어 있다.

파이썬 3.X에서 여러분이 보았던 모든 익숙한 예외들은(예 SyntaxError) 실제로 딕셔너리 정의된 클래스들로, builtins 모듈에서 내장 이름들로 사용 가능하다. 파이썬 2.X에서 이들은 그 대신에 __builtin__에 위치하며, 표준 라이브러리 모듈인 exceptions의 속성이기도 하다. 더불어, 파이썬은 내장 예외를 계층 구조로 구성하여 다양한 방식으로 예외를 잡아낼 수 있도록 지원한다. 예를 들면 다음과 같다.

BaseException: 최상위 루트(root), 기본 출력과 생성자 기능

예외의 최상위 루트 슈퍼클래스에 해당한다. 이 클래스가 직접적으로 사용자 정의 클래스에 의해 상속되지 않는 것으로 가정한다(대신 Exception을 사용하자). 이것은 기본 출력 기능과 상태 정보 유지 행위를 서브클래스에서 상속받는 방식으로 제공한다. 만약 str 내장이 이 클래스의 인스턴스에서 호출된다면(예 print에 의해서), 그 클래스는 인스턴스가 생성될 때 전달된 생성자 인수의 디스플레이 문자열을 반환한다(또는 인수가 없는 경우에는 빈 문자열을 반환한다). 또한 서브클래스가 이 클래스의 생성자를 대체하지 않으면, 이 클래스에 인스턴스 생성 시점에 전달된 모든 인수들은 튜플로 args 속성에 저장된다.

Exception: 사용자 정의 예외의 루트

응용 관련 예외에 있어 최상위 루트 슈퍼클래스에 해당한다. 이것은 BaseException의 바로 아래에 있는 서브클래스이며, 시스템 종료 이벤트 클래스(SystemExit, KeyboardInterrupt, GeneratorExit)를 제외한 모든 다른 내장 예외들의 슈퍼클래스다. 거의 모든 사용자 정의 클래스들은 BaseException이 아닌 이 클래스로부터 상속받는다. 이 규칙에 따르면, try문의 핸들러에 Exception을 지정하면 여러분의 프로그램이 시스템 종료 이벤트를 제외한 모든 것을 확실하게 잡아낼 것이다. 일반적으로는 그냥 지나쳐야 할 예외까지 모두 말이다. 실제로 Exception은 try문에서 모든 것을 잡아내게 되며, 빈 except보다 더 정확하다.

ArithmeticError: 수치 에러의 루트

Exception의 서브클래스이자, 모든 수치 에러의 슈퍼클래스다. 이것의 서브클래스는 구체적인 수치 에러를 정의한다(OverflowError, ZeroDivisionError, FloatingPointError).

LookupError: 인덱싱 에러의 루트

Exception의 서브클래스이며, 시퀀스와 매핑 둘 모두에 대한 인덱싱 에러들(IndexError와 KeyError)과 유니코드 룩업 에러들의 슈퍼클래스 범주에 해당한다.

기타로는 내장 예외 집합들은 자주 변경될 수 있기 때문에 이 책은 이에 대해 속속들이 열거하지 않는다. 이 구조에 대하여 더 알고 싶다면 **파이썬 포켓 레퍼런스**나 파이썬 라이브러리 매뉴얼과 같은 참조 교재를 읽어 보자. 실제로 예외 클래스 트리는 파이썬 3.X와 2.X에서 약간의 차이를 보이지만, 이 차이는 예제와 상관없으므로 여기에서는 생략하겠다.

파이썬 2.X에서는 exceptions의 help에서 내장 예외 클래스 트리를 확인할 수도 있다(help에 대한 도움말은 4장과 15장을 참조할 것).

```
>>> import exceptions
>>> help(exceptions)
...많은 텍스트가 생략됨...
```

이 모듈은 3.X에서 제거되었다. 위에서 언급한 다른 리소스에서 최신 도움말을 확인할 수 있다.

내장 예외 범주들

내장 클래스 트리는 여러분의 핸들러가 얼마나 구체적 또는 일반적일지에 대하여 선택할 수 있도록 해준다. 예를 들어, 내장 예외인 ArithmeticError는 OverflowError와 ZeroDivisionError 같은 더 구체적인 예외들의 슈퍼클래스이기 때문에 다음과 같이 할 수 있다.

- try에 ArithmeticError를 열거함으로써 여러분은 발생한 어떤 종류의 수치 에러라도 모두 잡아낼 수 있다.

- ZeroDivisionError를 열거함으로써 여러분은 다른 것은 제외하고 오직 해당 특정 유형의 에러만을 가로챌 수도 있다.

또한, 이와 유사하게 파이썬 3.X에서 Exception은 모든 응용 레벨 예외들의 슈퍼클래스이기 때문에 이것을 모든 것을 잡아내기 위해 사용할 수 있다. 그 결과는 빈 except와 거의 같지만, 이는 일반적으로 그렇듯이 시스템 종료 예외는 통과시키고 전파한다.

```
try:
    action()
except Exception:                       # 시스템 종료는 여기에서 잡히지 않음
    ...모든 응용 예외 처리...
else:
    ...예외가 아닌 경우 처리...
```

하지만 이것이 파이썬 2.X에서는 광범위하게 동작하지 않는데, 레거시 클래스로 코딩된 독자적인 사용자 정의 예외는 Exception 루트 클래스의 서브클래스일 필요가 없기 때문이다. 이 기법은 파이썬 3.X에서 더 안정적인데, 이 버전대는 모든 클래스들이 내장 예외로부터 파생되어야 하기 때문이다. 하지만 이 기법은 이전 장에서 설명했듯이 파이썬 3.X에서라도 빈 except와 같은 잠재적 위험 요소를 가지고 있다. 또한, 이는 다른 곳에서 처리되어야 할 예외를 가로챌 수도 있으며, 순수 프로그래밍 오류를 가려버릴 수도 있다. 이는 일반적인 이슈이기 때문에 다음 장의 "주의 사항"에서 다시 복습하기로 하자.

여러분이 내장 클래스 트리에서 범주를 사용하든 사용하지 않든, 이는 좋은 예제가 된다. 여러분의 코드에서 클래스 예외를 위해 유사한 기법을 사용함으로써, 여러분은 유연하고 쉽게 수정할 수 있는 예외 집합을 제공할 수 있게 된다.

파이썬 3.3은 내장 IO와 OS **예외 계층 구조**를 재구성했다. 보편적인 파일과 시스템 에러 번호에 대응하는 새로운 구체적인 예외를 추가했으며, OSError 범주 슈퍼클래스 아래에 운영체제 호출과 관련한 예외들과 다른 예외들을 분류하였다. 이전 예외 이름들은 하위 버전과의 호환성을 위해 유지된다.

이에 앞서, 프로그램들은 어떤 특정 에러가 발생했는지 보기 위해 예외 인스턴스에 첨부된 데이터를 검사하고 아마도 다른 예외들을 다시 발생시켜 전파되도록 한다(errno 모듈은 편의성을 위해 에러 코드에 미리 정해진 번호를 가지고 있으며, 에러 번호는 V.args[0] 같은 일반 튜플과 속성 V.errno에서 사용 가능하다).

```
c:\temp> py -3.2
>>> try:
...     f = open('nonesuch.txt')
... except IOError as V:
...     if V.errno == 2:      # 또는 errno.N, V.args[0]
...         print('No such file')
...     else:
...         raise             # 다른 예외들을 전파
...
No such file
```

이 코드는 3.6에서 여전히 동작하지만, 새로운 클래스를 이용하는 3.3과 그 이후 버전에서의 프로그램은 자신들이 처리하고자 하는 예외들에 대해 좀 더 구체적일 수 있으므로 다른 것들을 무시할 수 있다.

```
c:\temp> py -3.3
>>> try:
...     f = open('nonesuch.txt')
... except FileNotFoundError:
...     print('No such file')
...
No such file
```

이 확장과 클래스들에 대하여 더 자세히 알고 싶다면 앞에서 열거했던 참조 자료들을 살펴보자.

기본 출력 기능과 상태 정보 유지 기능

내장 예외들은 기본 출력 디스플레이와 사용자 정의 클래스들에게 있어 대체로 반드시 필요한 로직인 상태 정보 유지 기능을 제공한다. 여러분 클래스가 그들로부터 상속받은 생성자를 재정의하지 않으면 여러분이 이들 클래스들에 전달하는 어떤 생성자 인수도 자동으로 인스턴스의 args 튜플 속성에 저장되며, 인스턴스가 출력될 때 자동으로 디스플레이된다. 생성자 인수들이 전달되지 않으면 공백 튜플과 문자열 디스플레이가 사용되며, 하나의 인수는 (튜플이 아니라) 그 자신으로 표시된다.

이는 내장 예외 클래스들에 전달된 인수들이 왜 에러 메시지에 나타나는가를 설명해 준다. 어떤 생성자 인수들이라도 인스턴스에 첨부되고 인스턴스가 출력될 때 디스플레이된다.

```
>>> raise IndexError                    # IndexError( )와 동일: 인수가 없음
Traceback (most recent call last):
  File "<stdin>", line 1, in <module>
IndexError

>>> raise IndexError('spam')            # 생성자 인수가 첨부되고 출력됨
Traceback (most recent call last):
  File "<stdin>", line 1, in <module>
IndexError: spam

>>> I = IndexError('spam')              # 객체 속성에 존재함
>>> I.args
('spam',)
>>> print(I)                            # 수동으로 출력될 때 args가 표시됨
spam
```

이는 파이썬 3.X의(그리고 2.X의 새 형식 클래스의) **사용자** 정의 예외에서도 성립하는데, 이들이 자신의 내장 슈퍼클래스들에 존재하는 생성자와 디스플레이 메소드를 상속받기 때문이다.

```
>>> class E(Exception): pass
...
>>> raise E
Traceback (most recent call last):
  File "<stdin>", line 1, in <module>
__main__.E

>>> raise E('spam')
Traceback (most recent call last):
  File "<stdin>", line 1, in <module>
__main__.E: spam

>>> I = E('spam')
>>> I.args
('spam',)
>>> print(I)
spam
```

try문에서 예외 인스턴스 객체를 가로채면, 그 객체는 본래의 생성자 인수와 디스플레이 메소드를 제공한다.

```
>>> try:
...     raise E('spam')
... except E as X:
...     print(X)                         # 생성자 인수들을 표시하고 저장함
...     print(X.args)
...     print(repr(X))
...
spam
('spam',)
E('spam',)
>>> try:                                 # 다중 인수들은 튜플로 저장되고 표시됨
...     raise E('spam', 'eggs', 'ham')
... except E as X:
...     print('%s %s' % (X, X.args))
...
('spam', 'eggs', 'ham') ('spam', 'eggs', 'ham')
```

예외 인스턴스 객체 자체가 문자열은 아니지만, 출력 시 문자열 디스플레이를 제공하기 위해 30장에서 배운 __str__ 연산자 오버로딩 프로토콜을 사용한다. 실제 문자열을 결합하고 수동으로 전환하기 위해 str(X) + 'astr'이나 '%s' % X와 같은 파이썬에서 익숙한 방식을 사용한다.

이러한 자동 상태 및 출력 지원 자체로도 유용하지만, 언제나 Exception의 서브클래스에서 __str__이나 __init__ 같은 상속된 메소드를 재정의하여 더 특화된 디스플레이와 상태 유지에 대한 요구 사항을 만족시킬 수 있다. 다음 절에서 살펴보자.

사용자 정의 출력 디스플레이

이전 절에서 본 것처럼 기본적으로 클래스 기반 예외의 인스턴스들은 예외를 캐치하고 출력할 때, 여러분이 그 클래스 생성자에 전달했던 모든 것들을 표시한다.

```
>>> class MyBad(Exception): pass
...
>>> try:
...     raise MyBad('Sorry--my mistake!')
... except MyBad as X:
...     print(X)
...
Sorry--my mistake!
```

이 상속된 기본 디스플레이 모델은 예외가 잡히지 않은 때에도 그 예외가 에러 메시지의 일부로 표시되는 경우라면 사용될 수 있다.

```
>>> raise MyBad('Sorry--my mistake!')
Traceback (most recent call last):
  File "<stdin>", line 1, in <module>
__main__.MyBad: Sorry--my mistake!
```

많은 역할에 있어서는 이것만으로도 충분하다. 하지만 좀 더 커스터마이즈된 디스플레이를 제공하고 싶다면, 클래스에서 여러분의 예외를 위해 표시하고 싶은 문자열을 반환하는 두 개의 문자열 표현 오버로딩 메소드(__repr__ 또는 __str__) 중 하나를 정의할 수 있다. 만약 그 예외가 잡히고 출력되거나 또는 기본 핸들러에 도달하면, 메소드가 반환하는 문자열이 디스플레이될 것이다.

```
>>> class MyBad(Exception):
...     def __str__(self):
...         return 'Always look on the bright side of life...'
...
>>> try:
...     raise MyBad()
... except MyBad as X:
...     print(X)
...
Always look on the bright side of life...

>>> raise MyBad()
Traceback (most recent call last):
  File "<stdin>", line 1, in <module>
__main__.MyBad: Always look on the bright side of life...
```

여러분의 메소드가 무엇을 반환하더라도 이는 잡히지 않은 예외를 위한 에러 메시지에 포함되며, 예외가 명시적으로 출력될 때 사용된다. 여기서는 보여 주기 위해 메소드가 하드코딩된 문자열을 반환하지만, 이것 또한 인스턴스 객체에 첨부된 상태 정보를 이용하여 의미 있는 텍스트를 구성할 수도 있다. 다음 절에서는 상태 정보 옵션에 대해 알아보기로 하자.

 여기에서 약간 미묘한 점은 여러분은 일반적으로 예외 디스플레이 목적으로 __str__ 을 재정의해야 한다는 것이다. 이는 내장 예외 슈퍼클래스가 이미 __str__ 메소드를 가지고 있고, 일부 맥락에서는 (에러 메시지 표시를 포함하여) __str__ 이 __repr__ 보다 선호되기 때문이다. 여러분이 __repr__ 을 재정의했더라도 출력 기능은 다행히도 내장 슈퍼클래스의 __str__ 을 호출할 것이다!

```
>>> class E(Exception):
        def __repr__(self): return 'Not called!'
>>> raise E('spam')
...
__main__.E: spam

>>> class E(Exception):
        def __str__(self): return 'Called!'
>>> raise E('spam')
...
__main__.E: Called!
```

이 특별한 연산자 오버로딩 메소드들에 대해 자세히 알고 싶다면 30장을 참조하자.

맞춤형 데이터와 행위

유연한 계층 구조를 지원하는 것 외에, 예외 클래스들은 또한 인스턴스 속성으로 추가 상태 정보를 위한 저장소를 제공한다. 앞에서 본 것처럼, 내장 예외 슈퍼클래스들은 생성자 인수들을 args라는 이름의 인스턴스 튜플 속성에 자동으로 저장하는 기본 생성자를 제공한다. 기본 생성자로도 많은 경우에 충분하지만, 더 맞춤형 요구 사항들을 위해 우리는 우리만의 생성자를 제공할 수 있다. 또한, 클래스들은 미리 작성된 예외 처리 로직을 제공하는 핸들러에서 사용할 메소드들을 정의할 수도 있다.

예외 세부 내역 제공하기

예외가 발생했을 때, 이 예외가 임의의 파일 경계선을 넘어설 수 있다. 예외를 유발하는 raise 문과 이를 잡아내는 try문은 서로 완전히 다른 모듈 파일에 존재할 수도 있다. 일반적으로 추가 세부 내역을 전역 변수에 저장하는 것은 불가능하다. 이는 try문이 어느 파일의 전역에 저장되어 있는지 알 수 없기 때문이다. 부가적인 상태 정보를 예외 자체에 전달하면, try문이 상태 정보에 더 확실하게 접근할 수 있다.

클래스를 활용하면 이는 거의 자동적으로 이루어진다. 우리가 보았던 것처럼, 예외가 발생하면 파이썬은 예외와 함께 클래스 인스턴스 객체를 전달한다. try문의 코드는 except 핸들러에서 as 키워드 다음에 추가 변수들을 나열함으로써 발생한 인스턴스에 접근할 수 있다. 이는 핸들러에 데이터와 행위를 제공하기 위한 자연스러운 기능을 제공한다.

예를 들어 데이터 파일을 파싱하는 프로그램의 경우, 오류에 대한 추가 상세 내역으로 채워진 예외 인스턴스를 발생시킴으로써 포매팅 에러 신호를 보낼 수도 있다.

```
>>> class FormatError(Exception):
        def __init__(self, line, file):
            self.line = line
            self.file = file

>>> def parser():
        raise FormatError(42, file='spam.txt')        # 에러가 발견된 경우

>>> try:
...     parser()
... except FormatError as X:
...     print('Error at: %s %s' % (X.file, X.line))
...
Error at: spam.txt 42
```

여기 except절에서 변수 X는 예외가 발생되었을 때 생성된 인스턴스에 대한 참조가 할당된다. 이는 맞춤형 생성자에 의해 인스턴스에 첨부된 속성들에 대한 접근을 제공한다. 우리가 내장 슈퍼클래스들의 기본 상태 정보 유지 기능에 기댈 수 있다 하더라도, 이는 우리 애플리케이션과 관련성이 낮다(그리고 이전 예제에서 사용된 키워드 인수들을 지원하지 않는다).

```
>>> class FormatError(Exception): pass           # 상속된 생성자

>>> def parser():
        raise FormatError(42, 'spam.txt')        # 키워드 인수는 허용되지 않음!

>>> try:
...     parser()
... except FormatError as X:
...     print('Error at:', X.args[0], X.args[1])   # 이 애플리케이션에 특화되지 않음
...
Error at: 42 spam.txt
```

예외 메소드 제공하기

애플리케이션에 특화된 상태 정보를 활성화시키는 것 외에, 맞춤형 생성자들은 예외 객체들의 추가 행위들에 대해 더 잘 지원한다. 즉, 예외 클래스는 핸들러에서 호출되는 메소드들을 정의할 수 있다. 예를 들어, 다음 코드 excparse.py는 예외 상태 정보를 활용하여 파일에 에러를 자동으로 기록하는 메소드를 추가한다.

```
from __future__ import print_function      # 2.X 호환

class FormatError(Exception):
    logfile = 'formaterror.txt'
    def __init__(self, line, file):
        self.line = line
        self.file = file
    def logerror(self):
        log = open(self.logfile, 'a')
        print('Error at:', self.file, self.line, file=log)

def parser():
    raise FormatError(40, 'spam.txt')

if __name__ == '__main__':
    try:
        parser()
    except FormatError as exc:
        exc.logerror()
```

이 스크립트가 실행되면, 예외 핸들러에서의 메소드 호출에 대응하여 파일에 에러 메시지를 쓰게 된다.

```
c:\code> del formaterror.txt
c:\code> py -3 excparse.py
c:\code> py -2 excparse.py
c:\code> type formaterror.txt
Error at: spam.txt 40
Error at: spam.txt 40
```

이러한 클래스에서 (logerror와 같은) 메소드는 슈퍼클래스로부터 상속될 수도 있고, (line이나 file 같은) 인스턴스 객체들은 나중에 있을 메소드 호출에서 사용할 수 있도록 부가적인 맥락 (context)에 대한 상태 정보를 저장할 공간을 제공한다. 게다가 예외 클래스들은 상속된 행위를 사용자 정의로 변경하고 확장하는 것이 자유롭다.

```
class CustomFormatError(FormatError):
    def logerror(self):
        ...여기만의 유일한 그 무엇...

raise CustomFormatError(...)
```

즉, 예외는 클래스로 정의되기 때문에 파이썬에서 예외를 사용하는 것은 우리가 파트 6에서 학습한 객체 지향 프로그래밍의 모든 장점을 활용할 수 있다는 것을 의미한다.

마지막으로 두 가지만 더 이야기하자면 첫째, 이 코드에서 exc에 할당된 발생한 인스턴스 객체는 일반적으로 sys.exc_info( ) 호출(가장 최근에 발생한 예외에 대한 정보를 반환하는 도구)의 결과 튜플의 두 번째 아이템으로도 사용 가능하다. 이 인터페이스는 여러분이 except절에 예외 이름을 나열하지 않았지만, 여전히 발생한 예외 또는 그에 첨부된 상태 정보나 메소드들에 대한 접근이 필요한 경우에는 반드시 사용되어야 한다. 둘째, 우리 클래스의 logerror 메소드는 로그 파일에 사용자 정의 메시지를 기록하지만, 역추적 객체를 사용하는 traceback 표준 라이브러리 모듈의 도구들을 이용하여 스택 추적으로 파이썬의 표준 에러 메시지를 생성할 수도 있다. sys.exc_info와 역추적에 대해서는 다음 장에서 다룬다.

이 장의 요약

이 장에서 우리는 사용자 정의 예외를 코딩하는 것에 대해 알아보았다. 우리가 배웠듯이, 예외들은 파이썬 2.6과 3.0 이후부터는 클래스 인스턴스 객체로 구현된다(그 전의 문자열 기반 예외 모델은 그보다 전 버전에서는 사용 가능하였지만 지금은 더 이상 사용되지 않는다). 예외 클래스들은 예외 계층 구조 개념을 지원하여 유지보수를 쉽게 할 수 있도록 만들고, 예외에 데이터와 행위가 인스턴스 속성과 메소드로 첨부될 수 있도록 해주며, 예외가 슈퍼클래스로부터 데이터와 행위를 상속받을 수 있도록 해준다.

try문에서 슈퍼클래스를 잡아내는 것은 그 클래스를 포함하여 클래스 트리에서 그 클래스 아래에 놓인 모든 서브클래스들을 잡아낸다는 것을 배웠다. 슈퍼클래스들은 예외 범주 이름이 되며, 서브클래스들은 해당 범주 내에서 좀 더 구체적인 예외 타입이 된다. 또한 우리가 반드시 상속받아야 하는 내장 예외 슈퍼클래스들이 출력과 상태 정보 유지를 위해 쓸만한 기본 기능을 제공하며, 이 기능들은 필요하다면 우리가 오버라이드할 수 있다는 것을 보았다.

다음 장에서는 예외에 대한 몇 가지 일반적인 사례를 알아보고 파이썬 프로그래머들이 주로 사용하는 도구에 대하여 배움으로써 이 파트를 마무리할 것이다. 그러기 전에 이 장의 퀴즈를 먼저 풀어 보도록 하자.

학습 테스트: 퀴즈

1. 파이썬 3.X에서 사용자 정의 예외에 생긴 두 가지 새로운 제약 사항은 무엇인가?

2. 핸들러에 매칭된 클래스 기반 예외는 어떻게 발생하는가?

3. 예외 객체에 맥락 정보를 첨부하는 두 가지 방법에 대하여 나열하시오.

4. 예외 객체를 위한 에러 메시지 텍스트를 상세하는 두 가지 방법을 나열하시오.

5. 왜 더 이상 문자열 기반의 예외를 사용해서는 안되는가?

학습 테스트: 정답

1. 3.X에서 예외는 클래스에 의해 정의되어야 한다(즉, 클래스 인스턴스 객체가 발생하고 잡히게 된다). 또한, 예외 클래스들은 반드시 내장 클래스인 BaseException으로부터 파생되어야 한다. 대부분의 프로그램은 일반적인 종류의 예외들을 전부 잡아내는 핸들러를 지원하기 위해서 이것의 서브클래스인 Exception으로부터 상속받는다.

2. 클래스 기반의 예외는 슈퍼클래스 관계에 의해 매칭된다. 예외 처리기에서 슈퍼클래스를 지정하면, 그 클래스의 모든 인스턴스뿐만 아니라 클래스 트리 하위에 있는 모든 서브클래스의 인스턴스까지 잡아낼 것이다. 이 때문에 여러분은 슈퍼클래스를 일반적인 예외 범주로, 이의 서브클래스들은 해당 범주 내에서 그보다 구체적인 예외 타입으로 간주할 수 있다.

3. 여러분은 일반적으로 사용자 정의 클래스 생성자에서 발생한 인스턴스 객체의 인스턴스 속성을 채움으로써 클래스 기반 예외에 콘텍스트 정보를 첨부할 수 있다. 더 간단한 요구 사항을 위해서 내장 예외 슈퍼클래스들은 인스턴스에 자동으로 자신의 인수들을 (속성 args의 튜플로) 저장하는 생성자를 제공한다. 예외 핸들러에서 여러분은 발생한 인스턴스에 할당될 변수를 정할 수 있으며, 그 이름을 통해 첨부된 상태 정보에 접근하고 해당 클래스에서 정의된 어떤 메소드도 호출하게 된다.

4. 클래스 기반 예외에서 에러 메시지 텍스트는 사용자 정의 __str__ 연산자 오버로딩 메소드에 의해 기술될 수 있다. 더 단순한 요구 사항을 위해서 내장 예외 슈퍼클래스들은 여러분이 클래스 생성자에 전달한 것들을 자동으로 디스플레이한다. print와 str 같은 연산은 자동으로, 예외 객체가 명시적으로 또는 에러 메시지의 일부로 출력될 때, 예외 객체의 문자열을 디스플레이한다.

5. 왜냐하면 귀도가 그렇게 말했기 때문이다. 파이썬 2.6과 3.0을 기점으로 문자열 기반 예외는 제거되었다. 이에 대한 확실히 타당한 이유는 문자열 기반 예외는 범주와 상태 정보와 행위의 상속을 클래스 기반의 예외가 지원하듯이 지원하지 않는다는 것이다. 실제로, 이는 문자열 기반 예외가 처음에는 사용하기 더 쉽지만, 프로그램 규모가 점점 커질수록 사용이 복잡해진다.

예외를 클래스로 구성하게 되면 기존 코드의 구조를 수정해야 하며, 새로운 지식을 익혀야 한다는 단점이 있다. 입문자들은 새로운 예외를 코딩하거나 예외를 제대로 이해하기 위해서라도 먼저 클래스와 객체 지향 프로그래밍에 대해 배워야 한다. 이 주제가 상대적으로 단순함에도 불구하고 이 책에서 지금까지 다루지 않은 이유가 바로 이것이다. 좋건 나쁘건, 이러한 의존성은 오늘날 파이썬에서 흔히 있는 일은 아니다(그러한 것들에 대해 더 알아보고자 한다면 서문과 결론을 보도록 하자).

36

예외 설계

이 장은 예외 설계에 대한 주제와 일반적인 용례를 모아 보고 이 파트의 주의 사항과 실습 문제를 풀어봄으로써 마무리한다. 또한 이 장을 끝으로 이 책의 기본 주제를 다루는 부분은 마무리되므로, 독자들이 파이썬 입문자에서 파이썬 애플리케이션 개발자로 거듭나는 데 도움될 만한 개발 도구에 대하여 간단히 소개하겠다.

중첩 예외 핸들러

지금까지 살펴본 대부분의 예제는 예외를 잡아내기 위해 단일 try문을 사용했지만, 만약 물리적으로 하나의 try가 다른 try 안에 중첩된다면 어떤 일이 일어날까? 이와 관련하여 만약 try가 다른 try를 실행하는 함수를 호출한다는 것은 무엇을 의미할까? 기술적으로 try문은 구문적으로나 런타임 코드 내에서의 제어 흐름 관점으로 보나, 중첩이 가능하다. 이에 대하여 간단히 언급한 적이 있지만, 여기에서 이 개념에 대하여 좀 더 명확하게 알아보자.

파이썬이 런타임에 try문을 쌓아둔다는 점을 깨닫게 되면, 이 두 가지 경우 모두 이해가 될 것이다. 예외가 발생하면, 파이썬은 매칭되는 except절을 가진 가장 최근에 들어온 try문으로 돌아간다. 각 try문은 표시자를 남기기 때문에 파이썬은 쌓여 있는 표시자를 검사함으로써 더 먼저 들어온 try로 건너뛸 수 있다. 이 활성화된 핸들러를 중첩하는 것은 예외를 '상위' 핸들러로 전파하는 것을 의미한다. 상위 핸들러는 프로그램 실행 흐름상, 단순히 먼저 들어온 try문을 말한다.

그림 36-1은 런타임에 except절을 가진 try문이 중첩되면 어떤 일이 발생하는지를 보여 준다. try 블록으로 들어가는 코드의 양이 상당할 수도 있고, 그 코드에 동일한 예외를 기다리고 있는 다른 코드를 불러오는 함수 호출을 포함할 수도 있다. 결국 예외가 발생하면, 파이썬은 그 예외를 지정하는 최근 try문으로 건너뛰고 해당 try문의 except절을 실행시킨 뒤, try문 다음부터 다시 실행을 계속한다.

일단 예외가 잡히면 그 예외의 수명은 끝난 것이다. 제어권은 그 예외를 지정하는 try문들 모두로 건너뛰지 않으며, 처음(즉 가장 최근) try문이 이를 처리할 수 있는 기회를 갖게 된다. 일례로, 그림 36-1에서 함수 func2 내의 raise문은 제어권을 func1의 핸들러에게 돌려준 뒤, 프로그램은 func1에서 계속된다.

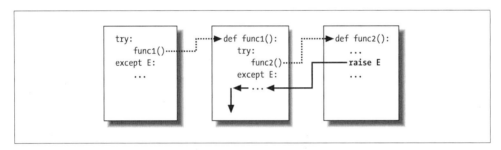

그림 36-1 중첩된 try/except 문장: 예외가 일어나면 (여러분에 의해서든 또는 파이썬에 의해서든) 제어권은 매칭되는 except절을 갖는 최근 try문으로 건너뛰고, try문 실행이 끝나면 프로그램이 재개된다. except절은 예외를 가로채서 중지시킨다. 이 절은 여러분이 예외를 처리하고 복구하는 곳이다.

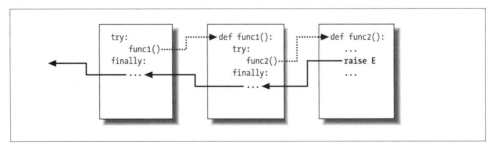

그림 36-2 중첩된 try/finally 문장: 여기에서 예외가 발생하면 제어권은 finally문을 실행하는 최근의 try문으로 돌아가지만, 예외는 모든 활성화된 try문의 모든 finally절로 계속 전파되어 결국에는 기본 최상위 레벨의 핸들러에 도달하게 되고, 여기에서 에러 메시지가 출력된다. finally절은 예외를 가로채지만, 중지시키지 않는다. 이는 '밖으로 나가는 길에' 실행될 조치들을 위한 것이다.

그에 반해서 finally절만을 포함하고 있는 try문이 중첩된 경우, 예외가 발생하면 각각의 finally 블록은 차례로 실행된다. 파이썬은 예외를 상위 다른 try로 계속 전파하고 결국엔 표준 오류 메시지를 출력하는 최상위 기본 핸들러까지 도달하게 된다. 그림 36-2에서 보다시피, finally 구문은 예외를 종료하지 않으며, 예외가 전파되는 과정 중에 있던 각 try문을 빠져나오면서 실행될 코드를 명시한다. 만약 예외가 발생했을 때 많은 try/finally절들이 활성화되어 있고, 전파되는 과정 중 어디에선가 try/except가 예외를 잡아채지 않는다면, 이 절들은 모두 실행될 것이다.

다시 말하면 예외가 발생했을 때 프로그램의 제어가 어디로 가느냐는 전적으로 예외가 어디서 발생했느냐에 의존하며, 스크립트의 구문과는 크게 상관이 없다. 스크립트 전반에 걸친 흐름 제어는 런타임의 기능이다. 예외가 전파되는 과정은 근본적으로 들어와 있으나 아직 나가지는 않은 try문의 시간에 역행하여 전개된다. 이 전파 과정은 제어권이 매칭되는 except절로 풀리는 순간 멈추게 되지만, 제어권이 finally절들을 지나가는 경우에는 멈추지 않는다.

예제: 제어 흐름 중첩

예제를 통하여 이 중첩의 개념에 대하여 좀 더 구체적으로 알아보자. 다음의 모듈 파일 nestexc.py는 두 개의 함수를 정의한다. action2는 예외를 일으키기 위해 작성되었고(숫자와 시퀀스를 추가할 수 없다), action1은 try 핸들러에서 action2 호출을 감싸서 예외를 잡아낸다.

```
def action2():
    print(1 + [])                      # 타입 오류를 생성

def action1():
    try:
        action2()
    except TypeError:                  # 가장 최근 것 중 맞는 try문
        print('inner try')

try:
    action1()
except TypeError:                      # 여기, action1이 다시 일어날 때만
    print('outer try')

% python nestexc.py
inner try
```

주목할 점은 파일 하단의 최상위 레벨의 모듈 코드가 try 핸들러에서 action1 호출을 감싸고 있다는 것이다. action2가 TypeError 예외를 유발하면, 두 개의 활성화된 try문이 있을 것이다. 하나는 action1에, 또 하나는 모듈 파일 최상위 레벨에 있다. 파이썬은 단지 매칭되는 except절을 가진 최근의 try를 선택하여 실행한다. 이 경우에는 action1 안에 있는 try가 된다.

다시 말하지만, 예외가 어디로 이동하여 종료되느냐는 런타임에 프로그램 전반에 걸친 제어 흐름에 따라 달라진다. 이 때문에 여러분이 어디로 갈 것인가를 알기 위해서는 여러분이 어디 있었는지를 먼저 알아야 할 필요가 있다. 이 경우, 예외가 처리되는 곳은 문장 구문보다는 제어 흐름의 함수에 더 영향을 받는다. 하지만 구문적으로 예외 핸들러를 중첩할 수 있으며, 바로 다음 절에서 이에 대해 살펴보도록 하자.

예제: 구문적 중첩

34장에서 새롭게 통합된 try/except/finally 문장에 대하여 살펴볼 때 언급했듯이, try문을 소스 코드에서의 위치에 의해 구문적으로 중첩할 수 있다.

```
try:
    try:
        action2()
    except TypeError:              # 가장 최근의 매칭되는 try문
        print('inner try')
except TypeError:                  # 여기, 중첩된 핸들러가 다시 일어날 때만
    print('outer try')
```

실제로 이 코드는 이전 예제와 동일한 핸들러 중첩 구조를 가지며, 동일하게 동작하도록 작성되었다. 사실, 구문적 중첩은 그림 36-1과 그림 36-2에 묘사된 케이스와 동일하게 동작한다. 유일한 차이점은 중첩된 핸들러는 물리적으로 try 블록 내에 포함되어 있으며, try 블록으로부터 호출된 함수의 다른 곳에서 코딩되지 않는다는 것이다. 예를 들어, 중첩된 finally 핸들러는 하나의 예외에 대하여 모두 가동된다. 구문적으로 중첩되었든, 코드의 물리적으로 분리된 파트를 통한 런타임의 제어 흐름에 따라 중첩되었든 상관없이 말이다.

```
>>> try:
...     try:
...         raise IndexError
...     finally:
...         print('spam')
... finally:
```

```
...         print('SPAM')
...
spam
SPAM
Traceback (most recent call last):
  File "<stdin>", line 3, in <module>
IndexError
```

이 코드의 작동 원리에 대하여 그림 36-2에 도시하였다. 결과는 동일하지만 함수 로직은 여기 중첩된 문장처럼 일렬로 늘어서 있게 된다. 구문적 중첩에 대하여 실제 현장에서 경험할 만한 더 유용한 예제로 다음의 파일 except-finally.py를 생각해 보자.

```
def raise1(): raise IndexError
def noraise(): return
def raise2(): raise SyntaxError

for func in (raise1, noraise, raise2):
    print('<%s>' % func.__name__)
    try:
        try:
            func()
        except IndexError:
            print('caught IndexError')
    finally:
        print('finally run')
    print('...')
```

이 코드는 예외가 발생하면 이 예외를 잡아내고, 예외 발생 여부와 상관없이 finally 구문의 종료 시 취해야 할 조치를 수행한다. 이 코드를 완전히 이해하려면 다소 시간이 필요할 수도 있지만, 그 결과는 파이썬 2.5 및 그 이후 버전에서 단일 try문에 except와 finally절을 결합하는 것과 동일하다.

```
% python except-finally.py
<raise1>
caught IndexError
finally run
...
<noraise>
finally run
...
<raise2>
finally run
Traceback (most recent call last):
  File "except-finally.py", line 9, in <module>
```

```
    func()
  File "except-finally.py", line 3, in raise2
    def raise2(): raise SyntaxError
SyntaxError: None
```

34장에서 설명했듯이, 파이썬 2.7버전을 기준으로 except와 finally절은 하나의 try문에서 함께 사용할 수 있다. 이는 다중 except절 지원과 함께 이 절에서 묘사한 구문적 중첩의 일부를 불필요하게 만들지만, 반면에 이와 똑같은 역할을 하는 런타임 중첩은 더 큰 규모의 파이썬 프로그램들에서 보편적으로 사용되고 있다. 게다가 구문적 중첩은 오늘날 여전히 작동하며, 여러분이 마주할 수도 있는 파이썬 2.5 이전 코드에서는 여전히 등장할 수 있다. 또한 이는 except와 finally의 구분된 역할을 더 명시적으로 드러낼 수 있으며, 일반적으로 대안으로의 예외 처리 행동을 구현하기 위한 기법으로 사용될 수 있다.

예외 문법

지금까지 예외 처리 기법에 대하여 알아보았다. 이제 이 기법들이 전형적으로 사용되는 다른 방법들에 대하여 살펴보자.

다중 중첩 루프에서 벗어나기: 'go to'

이 파트 시작 부분에서 언급했듯이, 예외는 다른 언어에서 보다 임의적인 제어권 전달을 구현하는 'go to' 문장과 동일한 역할을 수행하기 위해 사용되기도 한다. 하지만 예외는 중첩된 코드의 특정 블록으로의 이동을 국한시키는 좀 더 구조화된 방안을 제공한다.

이 역할에서 raise는 'go to'와 같고, except 구문과 예외 이름은 프로그램 레이블을 대신한다. 여러분은 try에 싸여 있는 코드 밖으로만 이동할 수 있지만, 이 점이 결정적인 특징이다. 의미 없이 사용된 'go to' 문장은 코드를 이해하고 유지보수하는 것을 끔찍할 정도로 어렵게 만든다.

예를 들면 파이썬의 break문은 가장 가까운 하나의 유효 루프에서 벗어나지만, 예외를 사용하면 필요에 따라 한 레벨 이상의 루프를 벗어날 수 있다.

```
>>> class Exitloop(Exception): pass
...
>>> try:
...     while True:
...         while True:
...             for i in range(10):
...                 if i > 3: raise Exitloop     # 한 레벨만 벗어남
...                 print('loop3: %s' % i)
...             print('loop2')
...         print('loop1')
... except Exitloop:
...     print('continuing')                      # 또는 그냥 지나가고 계속 진행함
...
loop3: 0
loop3: 1
loop3: 2
loop3: 3
continuing
>>> i
4
```

만약 여기에서 raise를 break로 바꾸면 무한 루프가 만들어지는데, 이는 가장 깊게 내부에 싸여 있는 for 루프의 밖으로만 나갈 수 있게 되고, 두 번째 레벨의 루프 중첩에 놓이기 때문이다. 이렇게 되면 코드는 'loop2'를 출력하고 for를 다시 시작하게 될 것이다.

또한 변수 i는 try문이 종료된 후에도 여전히 원래의 값을 가지고 있음을 주의하자. try에서의 변수 할당은 일반적으로 원상태로 복귀되지 않지만, 우리가 보았듯이 except절 헤더에 열거된 예외 인스턴스 변수는 해당 절에 국한되고, raise의 결과로 종료된 함수의 지역 변수는 폐기된다. 기술적으로, 활성화된 함수의 지역 변수가 호출 스택에서 제거되면 이들이 참조하던 객체들은 그 결과로 가비지 컬렉트되지만, 이 과정은 자동으로 이루어진다.

예외가 항상 에러인 것은 아님

파이썬에서 모든 에러는 예외이지만, 모든 예외가 에러는 아니다. 예를 들어, 우리는 9장에서 파일 객체를 읽는 메소드가 파일 마지막에서 빈 문자열을 반환하는 것을 보았다. 반면에, 내장된 input 함수(우리가 3장에서 처음 만났고, 10장의 대화형 루프에서 사용했으며, 2.X에서의 이름은 raw_input이었다고 배운)는 매 호출마다 표준 입력 스트림인 sys.stdin으로부터 텍스트 한 줄을 읽고 파일 마지막에서 내장된 EOFError를 일으킨다.

파일 메소드와 다르게, 이 함수는 빈 문자열을 반환하지 않는다. input으로부터 빈 문자열은

빈 줄을 의미한다. 그 이름에도 불구하고, EOFError 예외는 단지 이 문맥상 신호일 뿐 에러는 아니다. 이러한 동작 방식으로 인해, 파일 끝에 도달한 것이 스크립트를 종료하지 않는다면, 다음 코드에서처럼 input은 종종 try 핸들러에 싸인 채 등장하고 루프에 중첩된다.

```
while True:
    try:
        line = input()          # stdin으로부터 줄을 읽어 들임(2.X: raw_input)
    except EOFError:
        break                   # 파일 맨 끝에서 루프 종료
    else:
        ...여기서 다음 줄 실행...
```

일부 다른 내장된 예외는 시그널과 비슷하고, 에러가 아니다. 하나의 예로 sys.exit()를 호출하고 Ctrl + C를 누르면 각각 SystemExit와 KeyboardInterrupt를 발생시킨다.

또한, 파이썬은 에러라기보다는 경고(warning)를 나타내는 내장된 예외들을 가지고 있다. 이 중 일부는 거의 사장된 언어 특징을 사용하였음을 알리기 위해 사용된다. 더 많은 정보를 얻고자 한다면 표준 라이브러리 매뉴얼에 기술된 내장된 예외에 대한 내용을 확인하고, 경고로 발생되는 예외에 대해서는 warnings 모듈의 문서를 참조하면 더 많은 것을 배울 수 있다.

함수는 raise를 이용하여 상태를 알릴 수 있음

사용자 정의 예외는 에러가 아닌 상태에 대하여 신호를 줄 수 있다. 예를 들어 검색 루틴에서 검색 조건에 맞는 대상을 발견했을 때, 호출자가 해석할 수 있도록 상태 플래그를 반환하는 대신 예외를 발생시키도록 코드를 작성할 수 있다. 다음에서 try/except/else 예외 핸들러는 if/else 반환값을 테스트하는 작업을 수행한다.

```
class Found(Exception): pass

def searcher():
    if ...성공...:
        raise Found()           # 플래그를 반환하는 대신 예외를 발생시킴
    else:
        return
try:
    searcher()
except Found:                   # 아이템이 발견될 경우, 예외
    ...성공...
else:                           # 발견 못하면 반환: not found
    ...실패...
```

보다 일반적으로, 이러한 코딩 구조는 성공 또는 실패를 지정할 수 있는 **플래그 값**을 반환할 수 없는 함수라면 어디에서나 유용할 것이다. 널리 적용 가능한 함수에서 만약 모든 객체가 잠재적으로 반환값이 유효하다면, 어떤 반환값으로도 실패 상태에 대한 신호를 주는 것은 불가능하다. 예외는 반환값 없이 결과를 알릴 수 있는 방법을 제공한다.

```
class Failure(Exception): pass

def searcher():
    if ...성공...:
        return ...검색 결과...
    else:
        raise Failure()

try:
    item = searcher()
except Failure:
    ...검색 결과 없음...
else:
    ...검색 결과 활용...
```

파이썬은 동적 타입 언어이고, 그 핵심부터 다형성을 갖고 있으므로 단순히 값을 반환하는 것보다는 예외를 사용하여 상태를 알려주는 것이 일반적으로 더 나은 방법이다.

파일과 서버 연결 닫기

34장에서 이 유형의 예제를 이미 만나보았다. 요약하자면, 예외 처리 도구는 또한 처리 과정 중 에러가 발생했는지 여부에 상관없이 시스템 자원이 제대로 종료되었는지 확인하기 위하여 일반적으로 사용된다.

예를 들어, 일부 서버는 세션을 종료하기 위해 연결이 먼저 끊어져야 하는 경우가 있다. 이와 비슷하게 출력 파일은 이를 기다리는 소비자들을 위해 버퍼에 있는 데이터를 디스크로 내리기 위해 먼저 호출이 종료되어야 하기도 하며, 입력 파일의 경우는 그 파일이 닫히지 않았다면 파일 디스크립터에 의해 소비될 수도 있다. 비록 파일 객체는 여전히 열려 있다 하더라도 가비지 컬렉션이 일어나면 자동으로 닫히지만, 일부 파이썬에서는 언제 가비지 컬렉션이 일어나는지 확인하기 어려울 수도 있다.

34장에서 보았듯이 특정 코드 블록의 동작이 확실하게 종료되도록 하는 가장 일반적이고 명확한 방법은 try/finally문이다.

```
myfile = open(r'C:\code\textdata', 'w')
try:
    ...myfile 처리...
finally:
    myfile.close()
```

또한, 이미 보았듯이 파이썬 2.6과 3.0 그리고 그 이후 버전에서 일부 객체들은 with/as 문장으로 실행될 때 자동으로 객체를 종료시키거나 닫는 **콘텍스트 매니저**를 제공함으로써 이를 잠재적으로 좀 더 쉽게 한다.

```
with open(r'C:\code\textdata', 'w') as myfile:
    ...myfile 처리...
```

그렇다면 여기에서 어떤 방식이 더 나은 걸까? 보통은 여러분의 프로그램에 따라 달라진다. 전형적인 try/finally 방식과 비교해 보면, 콘텍스트 매니저는 좀 더 은유적이어서, 파이썬의 일반적인 디자인 철학에는 어긋난다. 또한 콘텍스트 매니저는 확실하게 덜 **일반적**이며, 이들은 일부 객체에서만 사용 가능하다. 일반적인 종료 요구 조건을 처리하기 위해 사용자 정의 콘텍스트 매니저를 작성하는 것은 try/finally를 이용하여 코드를 작성하는 것보다 더 복잡하다.

반면 이전 예제에서 본 것처럼 기존의 콘텍스트 매니저를 사용하는 것은, try/finally를 사용하는 것보다 더 **적은 코드**로도 가능하다. 또한, 콘텍스트 매니저 프로토콜은 종료 동작 외에 **진입**(entry) 동작을 지원한다. 실제로, 이는 어떤 예외도 발생하지 않을 것이라 예상되는 경우 코드 한 줄은 줄일 수 있다(비록 파일 처리 로직에 더 많은 중첩과 들여쓰기의 수고가 들긴 하겠지만 말이다).

```
myfile = open(filename, 'w')              # 전형적인 형태
...myfile 처리...
myfile.close()

with open(filename) as myfile:            # 콘텍스트 매니저 형태
    ...myfile 처리...
```

여전히 with를 사용한 은유적인 예외 처리는 try/finally를 사용한 명시적인 예외 처리와 보다 직접적으로 비교할 만하다. 비록 try/finally가 보다 널리 적용되는 기법이라지만, 콘텍스트 매니저도 이미 사용 가능한 상태이거나 또는 부가적인 복잡도가 문제가 되지 않는 경우 선호하는 방법이 될 수 있다.

외부 try문을 사용하여 디버깅하기

이러한 예외 핸들러는 파이썬의 기본 최상위 레벨의 예외 처리 행위를 대체하기 위하여 사용될 수도 있다. 전체 프로그램 또는 이 프로그램의 호출을 최상위 코드에서 외부 try로 감싸면 프로그램이 실행되는 동안 발생하는 어떤 예외라도 잡아낼 수 있으며, 따라서 기본 프로그램 종료를 면할 수 있다.

다음 코드의 빈 except절은 프로그램이 실행되는 동안 발생했으나 잡히지 않았던 어떤 예외라도 잡아낸다. 이 모드에서 발생한 실제 예외를 찾으려면 내장된 sys 모듈로부터 sys.exc_info 함수 호출 결과를 가져와야 한다. 이는 튜플을 반환하는데, 이 튜플의 처음 두 아이템은 현재 예외 클래스와 예외가 발생된 인스턴스 객체를 포함한다(더 많은 것을 알고 싶다면 곧바로 sys.exc_info를 확인할 것).

```
try:
    ...프로그램 실행...
except:                              # 모든 잡히지 않은 예외는 여기로 모임
    import sys
    print('uncaught!', sys.exc_info()[0], sys.exc_info()[1])
```

이 구조는 개발 과정에서 프로그램이 에러가 발생하였더라도 프로그램이 활성화된 상태를 유지하도록 하기 위해 사용된다. 루프문 안에서는 재시작 없이도 추가적인 테스트를 실행할 수 있도록 해준다. 다른 프로그램 코드를 테스트할 때도 이 방식이 사용되는데, 이에 대해서는 다음 절에서 설명하도록 하겠다.

 이와 관련하여 복구 **없이** 프로그램 종료를 처리하는 방법에 대해 더 알아보고자 한다면, 파이썬 표준 라이브러리 모듈에서 atexit를 참조하면 된다. 그리고 sys.excepthook을 이용하여 최상위 예외 핸들러가 하는 작업을 수정하는 것도 가능하다. 이 방식들과 다른 관련된 도구들에 대해서는 파이썬 라이브러리 매뉴얼에 설명되어 있다.

프로세스 진행 중 테스트 실행하기

우리가 지금껏 살펴본 코딩 패턴 중 일부는 동일 프로세스 내에서 다른 코드를 테스트하는 시운전 프로그램에 결합될 수 있다. 다음은 일반적 모델의 밑그림을 보여 주는 부분 코드다.

```
import sys
log = open('testlog', 'a')
from testapi import moreTests, runNextTest, testName
def testdriver():
    while moreTests():
        try:
            runNextTest()
        except:
            print('FAILED', testName(), sys.exc_info()[:2], file=log)
        else:
            print('PASSED', testName(), file=log)
testdriver()
```

여기에서 testdriver 함수는 일련의 시험 호출들을 돌아본다(이 예제에서는 모듈 testapi에 대해 따로 설명하지 않겠다). 시험 케이스에서 잡히지 않는 예외는 보통 이 시운전 프로그램을 종료시키기 때문에 만약 테스트가 실패하더라도 테스트 프로세스를 계속하길 원한다면 try로 테스트 케이스 호출을 감싸주어야 한다. 빈 except는 일반적으로 테스트 케이스가 생성한 예외 중 잡히지 않았던 것들을 모두 잡아내며, sys.exc_info를 사용하여 잡아낸 예외 내용에 대하여 파일에 기록한다. else절은 어떤 예외도 발생하지 않으면 실행되는 것으로, 시험에 성공한 경우다.

이 표준 코드는 시운전처럼 **동일 프로세스**에서 함수, 모듈, 클래스를 실행해 보고 테스트하는, 시스템이 늘 하는 방식이다. 하지만 실제 시험 과정은 이보다는 훨씬 복잡하다. 예를 들어, **외부 프로그램**을 시험하기 위해서 여러분은 os.system이나 os.popopen과 같은 프로그램 실행 도구에서 생성된 상태 코드나 결과에 대하여 검사할 수 있다. 이 도구들에 대해서는 이 책의 앞부분에서 사용되었으며, 표준 라이브러리 모듈에서 그 내용에 대해 다루고 있다. 이런 도구들은 일반적으로 외부 프로그램에서 발생한 에러를 위해 예외를 일으키지 않는다. 실제로 테스트 케이스는 시운전 프로그램과 병렬로 실행될 것이다.

이 장의 마지막에서 우리는 파이썬에서 제공하는 doctest와 PyUnit 같은 보다 완전한 테스트 프레임워크에 대해 간단히 다룰 것이다. 이들은 기대하는 결괏값과 실제 결괏값을 비교하는 도구들을 제공한다.

sys.exc_info 상세

마지막 두 절에서 사용하는 sys.exc_info 결과는 일반적으로 예외 핸들러가 가장 최근에 일어난 예외에 접근할 수 있도록 한다. 이는 일단 무조건 잡아내고 보는 빈 except절을 사용할 때, 어떤 예외가 발생했는지 알아보기가 유용하다.

```
try:
    ...
except:
    # sys.exc_info( )[0:2]는 예외 클래스와 인스턴스임
```

만약 아무 예외도 처리되지 않는다면, 이 호출은 세 개의 None 값을 포함한 튜플을 반환한다. 그렇지 않으면, 반환되는 값은 (type, value, traceback)이다.

- type은 예외가 처리되는 예외 클래스다.
- value는 발생된 예외 클래스 인스턴스다.
- traceback은 원래 에러가 발생한 지점의 호출 스택에 나타내는 역추적 객체로 traceback 모듈에서 에러 메시지를 생성하기 위하여 사용된다.

이전 장에서 보았듯이, sys.exc_info는 상위 클래스 수준의 예외를 잡아낸 후 특정한 예외 유형을 알아내야 할 때도 종종 쓸모가 있다. 하지만 이미 배운 것처럼, 이 경우에는 as절로 잡은 객체의 __class__ 속성을 가져와서 예외 유형을 알아낼 수도 있기 때문에 빈 except를 제외하고 sys.exc_info는 종종 중복된다.

```
try:
    ...
except General as instance:
    # instance.__class__는 예외 클래스임
```

우리가 본 것처럼 여기에서 General 예외명을 위해 Exception을 사용하는 것은 빈 except와 유사하지만 덜 극단적인 방법인데, 모든 존재하지 않는 예외를 잡아내고 그 예외의 클래스와 예외 객체에 대한 접근을 허용한다. 그렇기는 하지만 인스턴스 객체의 인터페이스와 다형성을 사용하는 것은 예외 유형을 테스트하는 것보다 더 좋은 접근법일 수 있다. 예외 메소드는 클래스별로 정의될 수 있으며, 일반적으로 실행할 수 있다.

```
try:
    ...
except General as instance:
    # instance.method( )는 이 인스턴스를 위해 최적의 일을 함
```

파이썬에서 지나치게 구체적인 것은 코드의 유연성을 떨어뜨리는 일이 될 수 있다. 일반적으로 마지막 예제에서와 같이 다형적 접근 방식을 사용하면, 명시적인 예외를 사용하는 것에 비해 이후 버전의 파이썬을 더 잘 지원할 수 있다.

에러와 역추적 결과를 표시하기

마지막으로, 이전 절에서 다룬 sys.exc_info 결과에서 확인할 수 있는 예외 역추적 객체는 표준 에러 메시지와 스택 표시를 수동으로 생성하는 표준 라이브러리인 trackback 모듈에서 사용된다. 이 파일은 사용자 요구에 맞게 수정될 수 있도록 지원하는 몇 가지 인터페이스를 가지고 있다. 여기에서는 충분히 다룰 공간이 없지만, 기본은 단순하다. 여기서 설명할 내용에 딱 부합하는 이름을 가진 badly.py 파일을 살펴보자.

```
import traceback

def inverse(x):
    return 1 / x

try:
    inverse(0)
except Exception:
    traceback.print_exc(file=open('badly.exc', 'w'))
print('Bye')
```

이 코드는 traceback 모듈의 print_exc 함수를 사용하며, 이 함수는 기본적으로 sys.exc_info 데이터를 활용한다. 실행하면 스크립트는 파일에 에러 메시지를 출력한다. 에러를 잡아내고 그 내역을 모두 기록하는 테스트 프로그램에 유용하다.

```
c:\code> python badly.py
Bye

c:\code> type badly.exc
Traceback (most recent call last):
  File "badly.py", line 7, in <module>
    inverse(0)
  File "badly.py", line 4, in inverse
    return 1 / x
ZeroDivisionError: division by zero
```

역추적 객체와 이를 사용하는 traceback 모듈, 그리고 이와 관련된 주제들에 대해 더 알고 싶다면 다른 관련 자료나 매뉴얼을 참조하기 바란다.

 버전별 설명: 파이썬 2.X에서는 더 오래된 도구인 sys.exc_type과 sys.exc_value가 여전히 가장 최근 예외의 타입과 값을 가져온다. 하지만 이들은 전체 프로세스에서 단일 전역 영역의 예외에 대해서만 관리할 수 있다. 이들 두 이름은 파이썬 3.X에서는 삭제되었다. 대신에 2.X와 3.X에서 사용 가능한 새로운 sys.exc_info( ) 호출은 각 스레드의 예외 정보를 추적하기 때문에 스레드 특화적이다. 물론 이 차이점은 파이썬 프로그램에서 다중 스레드를

사용할 때에나(이 책의 범위는 넘어선 주제다) 의미가 있지만, 3.X에서는 이를 사용하도록 강요한다. 자세한 내용은 다른 자료들을 참조하기 바란다.

예외 설계 팁과 주의 사항

이 장에서 설계 관련 팁과 주의 사항을 함께 묶어 다룰 텐데, 이는 대부분의 일반적인 주의 사항이 설계 이슈로부터 출발하였기 때문이다. 예외는 대체로 파이썬에서 사용하기 쉽다. 이들 뒤에 가려진 실제 예술은 여러분이 작성한 except절이 얼마나 특화 또는 일반적이어야 하는가와, 얼마나 많은 코드를 try문으로 에워싸야 하는가에 있다. 이 두 가지 고려 사항 중 두 번째에 대하여 먼저 이야기해 보자.

무엇을 감쌀 것인가

원칙적으로 여러분은 스크립트에 있는 모든 문장을 try문으로 감쌀 수 있지만, 이것은 정말 바보 같은 짓이다(그렇게 되면 try문도 try문에 다시 싸여져야 할테니까!). 무엇을 감쌀 것인가는 언어 그 자체를 넘어서는 설계적 이슈로 언어를 사용해 나가면서 좀 더 분명해질 것이다. 하지만 우선은 몇 가지 경험상의 원칙에 대해 여기에서 알아보도록 하자.

- 흔히 실패하는 작업은 일반적으로 try문으로 감싸야 한다. 예를 들어, 시스템 상태와 인터페이스하는 작업(파일 열기, 소켓을 이용한 패킷 송수신 등)은 try문의 일등 후보군이다.

- 하지만 이전 규칙에 몇 가지 예외가 있는데, 간단한 스크립트에서는 그러한 작업의 실패를 예외로 잡고 무시하기보다는 프로그램을 종료하는 것이 더 나은 경우도 있다. 특히, 실패가 버그일 경우에는 더욱 그렇다. 파이썬에서 실패는 일반적으로 쓸모있는 에러 메시지를 발생시키는데(고장을 일으키는 것이 아니라), 일부 프로그램에서는 이것이 가장 좋은 결과일 수도 있다.

- 콘텍스트 매니저를 with/as 방식으로 사용할 수 없다면 try/finally문에 종료 동작을 구현하여 그들의 실행을 보장해야 한다. try/finally 문장 형태는 예기치 못한 시나리오에서 예외 발생 여부와 무관하게 코드를 실행할 수 있도록 해준다.

- 때로는 많은 try문으로 함수 자체를 어수선하게 만드는 것보다, 단일 try문에 커다란 함수의 호출을 감싸는 것이 더 편하기도 하다. 이런 방법은 함수에서 발생한 모든 예외가 호출을 둘러싼 try로 도달하므로, 함수 내의 코드 분량을 줄일 수 있다.

여러분이 작성하는 코드의 유형은 아마도 여러분이 작성하는 예외 처리의 분량에도 영향을 미칠 것이다. 예를 들어, 서버는 일반적으로 지속적인 운영이 이루어져야 하므로, 예외를 잡아내고 복구하기 위한 try문이 필요하다. 우리가 이 장에서 보았던 종류의 프로그램을 프로세스 진행 중 테스트하는 프로그램은 아마도 예외를 처리해야 할 것이다. 하지만 좀 더 단순하고 짧은 단일 스크립트라면 종종 예외 처리를 모두 무시하기도 하는데, 이는 어떤 단계에서 일어날 실패에 대해서도 스크립트가 종료되어야 하기 때문이다.

너무 많이 잡아낸다는 것: 빈 except와 Exception을 피할 것

이미 언급했듯이, 예외 핸들러의 보편성은 설계에 있어 주요 선택 사항이다. 파이썬은 어떤 예외를 잡아낼지 선택할 것을 요구하지만, 이때 너무 많은 내용을 포함하지 않도록 조심해야 한다. 예를 들어, 우리는 빈 except절이 try 블록 안의 코드가 실행되는 동안 발생할 수 있는 모든 예외를 잡아내는 것을 보았다.

이는 코드를 작성하기 쉬우며, 때로는 바람직한 방법일 때도 있지만, 예외 중첩 구조에서 더 상위의 try 핸들러에서 기대하는 에러를 가로채는 것을 종료할 수도 있다. 예를 들어, 다음과 같은 예외 핸들러는 다른 핸들러가 이 예외를 기다리고 있는지 여부와는 상관없이, 자신에게 도달하는 모든 예외를 잡아내서 중지시킨다.

```
def func():
    try:
        ...                          # IndexError가 여기에서 발생
    except:
        ...                          # 하지만 모든 것은 여기로 와서 죽는다!

try:
    func()
except IndexError:                   # 예외는 여기에서 처리되어야 함
    ...
```

더 나쁜 점은 이러한 코드는 관련 없는 시스템 예외까지 잡아낸다는 것이다. 파이썬에서는 메모리 에러, 순수한 프로그래밍 실수, 반복 종료, 키보드 인터럽트, 시스템 종료와 같은 것들마저 예외를 발생시킨다. 디버깅 도구나 그와 유사한 도구를 만드는 것이 아니라면, 일반적으로 이런 예외들은 여러분의 코드에서 잡아내지 말아야 한다.

예를 들어, 스크립트는 일반적으로 제어가 최상위 레벨 파일의 끝에 도달했을 때 종료된다. 하지만 파이썬은 또한 때이른 종료를 할 수 있도록 내장된 sys.exit(statuscode) 호출을 제공한다. 이것은 실제로 프로그램을 종료하는 내장된 SystemExit 예외를 일으킴으로써 동작하기 때문에 try/finally 핸들러는 나가는 길에 실행되며, 특정 유형의 프로그램은 이벤트를 가로챌 수 있다.[1] 이 때문에 빈 except절의 try는 다음 파일(exiter.py)에서와 같이 자신도 모르게 이미 결정된 프로그램 종료를 방해한다.

```
import sys
def bye():
    sys.exit(40)                          # 결정적인 에러: 바로 종료할 것!
try:
    bye()
except:
    print('got it')                       # 아차차, 프로그램은 종료하지 말 것
print('continuing...')

% python exiter.py
got it
continuing...
```

여러분은 작업 도중에 발생할 수 있는 모든 종류의 예외를 예상하지 못할 수도 있다. 이런 경우에는 이전 장에 설명한 내장 예외 클래스가 도움이 된다. 슈퍼클래스 Exception은 SystemExit의 슈퍼클래스가 아니기 때문이다.

```
try:
    bye()
except Exception:                         # 종료를 잡아내지는 않지만, 그외 많은 것들을 잡아냄
    ...
```

하지만 이와 다른 경우에 이 기법은 빈 except절보다 못하기도 한데, Exception은 시스템 종료 이벤트를 제외한 모든 내장된 예외들 위의 슈퍼클래스이므로 이는 여전히 프로그램의 다른 곳에서 처리되어야 할 예외를 잡아낼 가능성을 가지고 있다.

아마도 가장 최악은 빈 except절을 사용하는 것과 Exception 슈퍼클래스를 잡아내는 것, 둘 모두가 대체로 그냥 넘어가야 할 순수 프로그래밍 오류를 잡아낼 것이라는 점이다. 실제로 이

---

1 관련된 호출인 os._exit 또한 프로그램을 종료시키지만, 즉시 종료시키기 때문에 앞에서 언급한 atexit 모듈로 등록된 작업을 포함하여 프로그램 관련 일련의 정리(청소) 작업을 건너뛰고 try/except 또는 try/finally 블록에 잡히지 않는다. 이것은 일반적으로 자식 프로세스(이 책의 범위 밖의 내용임)에서만 사용된다. 자세한 내용은 라이브러리 매뉴얼 또는 후속 자료들을 참조하기 바란다.

두 기술은 파이썬의 에러 리포팅 시스템을 **무효화**시켜서 여러분 코드의 실수를 알아내기 어렵게 만드는 결과를 낳는다. 그 예로, 다음 코드를 생각해 보자.

```
mydictionary = {...}
...
try:
    x = myditctionary['spam']          # 아차: 철자를 잘못 썼군
except:
    x = None                            # 우리가 KeyError를 받을 거라고 가정함
...x를 계속 사용함...
```

이 코드 작성자는 딕셔너리를 인덱싱하면서 발생할 수 있는 유일한 오류는 키 누락에 관련된 에러라고 가정하고 있다. 하지만 이름 mydictctionary의 철자 오류로(원래는 mydictionary여야 함) 파이썬은 NameError를 발생시킨다. 이 에러는 정의되지 않은 이름 참조로 인한 것으로, 핸들러는 이 오류를 조용히 잡아내어 무시해 버리게 된다. 그 이벤트 핸들러는 프로그램 에러를 감추고 딕셔너리 접근을 위해 부정확하게 기본값 None을 채운다.

무엇보다 여기에서 Exception을 잡아내는 것은 도움이 되지 않는다. 그것은 빈 except와 정확히 똑같은 결과를 만들어 내는데, 실제로 관심이 있는 프로그램의 오류가 이 기본값으로 채워진 예외만 반환하게 된다. 만약 이러한 일이 인출된 값이 사용된 곳과는 동떨어진 곳에서 발생한다면, 아주 끔찍한 디버깅 작업을 하게 될 것이다.

경험적으로, 가능한 한 핸들러는 목적에 맞게 **구체적이어야** 한다. 빈 except 절을 이용해 예외를 잡아내기는 쉽지만, 의도와 다르게 동작할 가능성이 높다. 예를 들어 마지막 예제의 경우, 여러분의 의도를 분명히 하고 관련없는 이벤트를 가로채는 것을 피하기 위해 except KeyError: 를 쓰는 것이 더 낫다. 더 간단한 스크립트에서는 이로 인한 문제가 발생할 가능성이 모든 예외를 잡아내는 편리함을 누를만큼 충분히 중요하지 않을 수도 있지만, 일반적으로 범용 예외 핸들러는 문제를 일으키기 쉽다.

너무 적게 잡아내는 것: 클래스 기반의 카테고리 사용하기

이에 반해, 핸들러가 너무 구체적이어서도 안 된다. try에 특정 예외를 나열하면, 거기에 실제로 나열된 예외만 잡을 수 있게 된다. 이것이 반드시 나쁜 것만은 아니지만 만약 시스템이 미래에 다른 예외를 일으킬 수 있게 된다면, 그 예외 처리를 위해 코드 내 다른 곳에 다시 새로운 예외들을 추가해야 할 것이다.

우리는 이미 이전 장에서 실제 이러한 현상이 발생함을 확인하였다. 예를 들어, 다음의 핸들러는 MyExcept1과 MyExcept2를 정상 케이스로 다루고, 그 외 나머지는 에러로 취급한다. 이 상황에서 만약 미래에 MyExcept3이 추가된다면, 여러분이 예외 리스트를 업데이트하지 않는 한 에러로 처리될 것이다.

```
try:
    ...
except (MyExcept1, MyExcept2):          # 이후에 MyExcept3가 여기에 추가되면 Break!
    ...                                 # 에러가 아님
else:
    ...                                 # 에러로 가정
```

다행히도 34장에서 논의한 클래스 기반의 예외를 주의 깊게 사용하는 것이 이 코드를 유지보수하는 데 있어서의 함정을 완전히 몰아낼 수 있다. 우리가 보았듯이 만약 일반적인 슈퍼클래스를 잡아낸다면, except절에 예외 리스트를 일일히 추가하지 않고도 나중에 보다 구체적인 서브클래스를 추가하거나 발생시킬 수 있다. 슈퍼클래스는 확장 가능한 예외 분류 범주가 된다.

```
try:
    ...
except SuccessCategoryName:          # MyExcept3 서브클래스를 나중에 추가한다면 OK
    ...                              # 에러가 아님
else:
    ...                              # 에러로 가정
```

즉, 설계를 적게 할수록 멀리 간다. 이 이야기의 교훈은 예외 핸들러를 너무 일반적이지도 너무 구체적이지도 않도록 조심해야 하며, try문이 감싸는 예외의 상세 정도를 현명하게 정해야 한다는 것이다. 특히, 더 큰 시스템에서는 예외 정책이 전체 설계의 일부를 차지한다.

핵심 언어 요약

축하한다! 이로써 파이썬 프로그래밍 언어의 기본 영역을 모두 살펴보았다. 만약 여기까지 왔다면, 여러분은 이미 충분히 준비된 파이썬 프로그래머다. 이 다음에도 좀 더 고급 주제에 대하여 다룬 선택적 읽을거리들이 준비되어 있다. 하지만 핵심 사항으로서의 파이썬 이야기는 (이 책의 주된 여행은) 이제 끝났다.

이 책을 읽어오면서, 여러분은 언어 자체에 대해서, 그리고 여러분이 오픈 소스의 '야생'에서 마주치게 될 코드의 대부분에 적용할 수 있을 만큼 충분히 심도 있는 내용에서 볼 수 있는 모든 것들을 살펴보았다. 여러분은 내장된 유형, 문장, 예외, 그리고 더 큰 프로그램 단위인 함수, 모듈, 클래스를 구성하는 데 사용되는 도구들에 대하여 배웠다. 또한 중요한 소프트웨어 설계 이슈, 완전한 객체 지향 프로그래밍 패러다임, 함수형 프로그래밍 도구, 프로그램 아키텍처 개념, 대안적 도구의 장단점 등에 대해서도 알아보았다. 이런 기량들을 한데 엮어내면 실제 애플리케이션을 개발 작업에 다 풀어낼 수 있게 될 것이다.

파이썬 도구들

이후로 여러분의 미래 파이썬 경력은 크게 애플리케이션 수준의 파이썬 프로그래밍을 위해 사용할 만한 도구들에 대한 숙련도로 결정된다. 여러분은 이 도구들이 지속적으로 발전하고 있다는 것을 알게 될 것이다. 예를 들어 표준 라이브러리는 수백 개의 모듈을 포함하며, 공공 영역에서는 여전히 더 많은 도구들을 제공한다. 이러한 모든 도구들에 대해 능숙해지기 위해 수십 년을 보내는 것도 가능하다. 특히, 새로운 기술을 받아들이기 위해 끊임없이 새로운 도구들이 등장하는 상황에서는 말이다(믿어도 좋다. 나는 30년 가까이 그래왔으며, 지금도 계속 진행 중이다!)

일반적으로 말하자면, 파이썬은 도구들의 계층 구조를 제공한다.

내장된 기능

문자열, 리스트, 딕셔너리와 같은 내장된 타입은 간단한 프로그램을 빨리 작성하는 것을 쉽도록 만든다.

파이썬 확장본

보다 까다로운 작업을 위해서는 파이썬을 여러분만의 함수, 모듈, 클래스를 작성하여 확장할 수 있다.

컴파일러형 확장

이 책에서는 이 주제에 대하여 다루지는 않지만, 파이썬은 C나 C++와 같은 외부 언어로 작성된 모듈을 활용하여 확장될 수 있다.

파이썬은 이들 도구들을 층층이 배치하기 때문에 여러분은 여러분 프로그램이 주어진 작업을 위해 이 계층을 얼마나 깊게 들어갈 것인가를 결정할 수 있다. 단순한 스크립트를 위해 내장된 기능을 사용할 수도 있고, 좀 더 큰 프로그램을 위해서는 파이썬으로 구현된 확장을 추가할 수도 있으며, 좀 더 고급 작업을 위해서는 컴파일러형 확장 코드를 작성할 수도 있다. 이 책에서는 이 중 앞의 두 범주에 대해서만 다루며, 이들만으로도 파이썬에서 상당한 프로그래밍을 시작하기에는 충분하다.

이 외에도 여러분이 상상할 수 있는 거의 모든 컴퓨터 영역에서 파이썬을 활용하기 위한 도구, 자원, 또는 전례들이 있다. 다음에 무엇을 볼 것인가에 대한 조언으로, 1장의 파이썬 애플리케이션과 사용자에 대한 개요를 보기를 권한다. 아마도 파이썬과 같은 강력한 개방형 언어를 이용하면, 보편적인 작업은 여러분이 기대했던 것보다 더 쉬워지고 즐겁기까지 하다.

보다 큰 프로젝트를 위한 개발 도구

이 책에서 다룬 대부분의 예제들은 상당히 작고 독립적이었다. 이들은 여러분이 기본을 확실히 이해하는 것을 돕기 위해 의도적으로 그렇게 작성된 것이다. 하지만 이제 핵심 언어에 대하여 모두 알게 되었으니, 실제 작업에서 파이썬 내장 기능과 제3자 인터페이스를 어떻게 활용할 것인지를 배울 시간이다.

실제로 파이썬 프로그램은 이 책에서 지금까지 실험해 본 예제들보다 훨씬 큰 규모로 작성될 수 있다. 모든 개별 모듈을 따로따로 시스템에 추가하는 방식을 이용한다면, 실무에서 사용 가능한 프로그램을 작성하기 위해서 수천 줄 이상의 코드를 만들어야 할 수도 있다. 물론 파이썬의 모듈, 클래스와 같은 기본 프로그램 구조화 도구들이 이 복잡도를 관리하는 데 많은 도움을 주지만, 다른 도구들도 때때로 추가적인 지원을 제공할 수 있다.

큰 시스템을 개발할 때는 파이썬 자체 및 공개된 영역에서 이러한 지원 도구들을 찾아 사용할 수 있다. 실제로 앞에서 이런 지원 도구 중 일부에 대해 이미 설명한 바 있으며, 일부 다른 도구들에 대해서도 언급한 바 있다. 다음 단계 진행을 돕기 위해, 여기에 이 영역에서 가장 많이 사용되는 도구 중 일부를 간단히 정리해 보면 다음과 같다.

PyDoc과 docstrings

PyDoc의 help 함수와 HTML 인터페이스는 15장에서 이미 소개하였다. PyDoc은 여러분이 작성한 모듈과 객체에 대한 문서화 시스템을 제공하며, 파이썬의 docstrings 구문과 통합하는 파이썬 시스템의 표준 구성 요소다. 4장과 15장에서 소스 코드 문서화에 대한 더 많은 힌트를 볼 수 있다.

PyChecker와 PyLint

파이썬이 동적 언어이기 때문에 일부 프로그래밍 오류는 프로그램이 실행되기 전까지는 오류 보고가 되지 않는다(심지어 구문상의 오류도 파일이 실행되거나 임포트되기 전에는 잡히지 않는다). 대부분의 언어에서도 그러하듯이 이것이 큰 결점은 아니다. 다만 여러분이 작성한 파이썬 코드를 탑재하기 전에 코드를 테스트해야 한다는 것을 의미할 뿐이다. 최악의 경우로 보아도, 파이썬을 이용하면 여러분은 근본적으로 컴파일 단계를 초기 테스트 단계로 맞바꾸는 것과 같다고 볼 수 있다. 뿐만 아니라, 파이썬의 동적 특성, 자동 에러 메시지, 예외 모델은 일부 다른 언어들에 비해 더 빠르고 더 쉽게 오류를 발견하고 고칠 수 있게 해준다. 예를 들어 C와는 다르게, 파이썬은 에러로 완전히 고장나지 않는다.

물론, 이 부분에서도 다른 도구들이 도움을 줄 수 있다. PyCheck와 PyLint 시스템은 스크립트가 실행되기 전에 미리 일반적인 오류를 잡아낼 수 있도록 도와준다. 이들은 C 개발에서 lint 프로그램과 유사한 역할을 수행한다. 일부 파이썬 개발자는 테스트 또는 개발물을 인도하기 전에 숨어 있는 문제점을 잡아내기 위해 PyChecker를 통해 코드를 실행한다. 실제로 처음 프로그래밍을 시작하는 단계라면 이 방법이 나쁘지는 않다. 이 도구들의 경고 메시지 중 일부는 일반적인 파이썬 실수들을 찾아내고 피하는 것을 배우는 데 도움이 될 것이다. PyChecker와 PyLint는 제3자 오픈 소스 패키지로 PyPI 웹 사이트나 웹 검색 엔진으로도 찾아서 다운받을 수 있다. 이들은 IDE GUI 로도 제공된다.

PyUnit(또는 unittest)

25장에서 우리는 파일 맨 끝에 __name__ == '__main__'(간단한 단위 테스트 코드)을 사용하여 파이썬 파일에 셀프 테스트 코드를 추가하는 방법에 대하여 배웠다. 보다 고급 테스트 목적으로, 파이썬에는 두 가지 테스트 지원 도구가 포함되어 있다. 첫째 PyUnit(라이브러리 모듈에서는 unittest로 불림)은 테스트 케이스와 기대 결과에 대하여 명시하고 수정하기 위한 객체 지향적 클래스 프레임워크를 제공한다. 이는 자바에서의 JUnit 프레임워크를 모방한 것으로, 복잡한 클래스 기반의 단위 테스트 시스템이다. 자세한 내용은 파이썬 라이브러리 매뉴얼에서 찾아볼 수 있다.

doctest

두 번째 도구인 doctest 표준 라이브러리 모듈은 파이썬의 docstrings 특징을 기반으로 하여 회귀 검사에 대해 더 간단한 접근법을 제공한다. 대략적으로, doctest를 사용하기 위해서는 소스 파일의 docstrings에 대화형 테스트 세션의 로그를 복사해서 붙여 넣으면 된다. 그러면 doctest는 docstrings를 추출해서 테스트 케이스와 결과를 해석해내고 기대한 결과를 검증하는 테스트를 반환한다. doctest의 작업은 다양한 방법으로 변경될 수 있다. 자세한 내용은 라이브러리 매뉴얼에 나와 있다.

IDE

파이썬용 IDE에 대해서는 3장에서 논의한 바 있다. IDLE과 같은 IDE는 파이썬 프로그램을 편집, 실행, 디버깅, 브라우징할 수 있는 그래픽 환경을 제공한다. 일부 고급 IDE(3장에서 살펴본 Eclipse, Komodo, NetBeans, 등)는 소스 제어권 통합, 코드 리팩토링, 프로젝트 관리 도구를 포함하는 것 외에도 많은 추가적인 개발 작업을 지원한다. 3장과 https://www.python.org에서의 텍스트 편집기, 그리고 웹 검색 엔진을 통하여 파이썬을 위한 IDE와 GUI 빌더에 대해 더 많이 알아볼 수 있다.

프로파일러

파이썬은 고급 언어이자 동적 언어이기 때문에 다른 언어들을 경험함으로써 얻은 성능에 대한 직감이 파이썬 코드에는 대체로 적용되지 않는다. 따라서 여러분 코드에서 실제 성능상 병목이 되는 부분을 격리시키려면, time 또는 timeit 모듈에 있는 시간 측정 도구를 이용하여 시간 측정 로직을 코드에 추가하거나, 코드를 profile 모듈 아래에서 실행시켜야 한다. 우리는 21장에서 파이썬과 반복 도구들의 속도를 비교할 때 실제 사용되는 시간 측정 모듈을 살펴보았다.

프로파일링은 일반적으로 첫 번째 최적화 단계에 해당한다. 명확하게 코드를 작성하고, 병목점을 격리시키기 위해 프로파일링한 뒤, 프로그램의 성능이 느린 부분을 개선시키기 위해 코드를 수정한다. 이 중 두 번째 단계와 관련해 profile은 파이썬을 위한 소스 코드 프로파일러를 구현하는 표준 라이브러리 모듈이다. 이는 여러분이 제공한 코드문자열을 실행한 뒤(예 스크립트 파일 임포트 또는 함수 호출), 기본적으로 표준 출력 스트림에 성능 통계(각 함수별 호출 횟수, 각 함수별 소요된 시간 등등)를 포함한 결과 리포트를 출력한다.

profile 모듈은 스크립트로 실행되거나 임포트될 수 있으며, 다양한 방법으로 변경될 수 있다. 예를 들면, 성능 통계를 파일에 저장할 수도 있어 향후에 pstats 모듈을 이용해 분석할 수도 있다. 대화형으로 프로파일링 하기 위해서는 profile 모듈을 임포트하고 문자열로 프로파일하고자 하는 코드(예 함수 호출, 파일 임포트 또는 파일로부터 코드 읽어 들이기)를 전달하여 profile.run('code')를 호출하면 된다. 시스템 셸 커맨드 라인으로부터 프로파일을 하기 위해서는 python -m profile main.py args 형태의 명령어를 사용하면 된다(부록 A 참조). 또한, 파이썬 표준 라이브러리 매뉴얼에서 다른 프로파일링 옵션에 대해 더 알아보자, 예를 들어 cProfile 모듈은 profile과 동일한 인터페이스를 가지고 있지만, 더 적은 자원으로 실행이 되기 때문에 긴 프로그램을 프로파일링하기에는 더 적합할 수 있다.

디버거

우리는 또한 3장에서 디버깅 방법에 대하여 논의하였다(107~108쪽의 "파이썬 코드 디버깅하기" 칼럼 참조). 복습해 보자면, 대부분의 파이썬 개발을 위한 IDE는 GUI 기반의 디버깅을 지원하며, 파이썬 표준 라이브러리에도 pdb(Python DeBugger)라 불리는 소스 코드 디버거 모듈이 포함되어 있다. 이 모듈은 명령 라인 인터페이스를 제공하며, 일반 C 언어 디버거(**예** dbx, gdb)처럼 동작한다.

pdb 디버거는 프로파일러와 같이 명령 라인과 대화형 세션 모두에서 실행 가능하며, 파이썬 프로그램에 임포트 되거나 호출될 수도 있다. 이를 대화형 세션에서 사용하기 위해서는 모듈을 임포트하고, pdb 함수를 호출함으로써 코드 실행을 시작하고(**예** pdb.run('main()')), pdb의 대화형 프롬프트에 디버깅 명령어를 입력한다. 시스템 셸 명령 라인에서 pdb를 시작하려면, python -m pdb main.py args 형태의 명령어를 사용하면 된다. pdb는 또한 유용한 사후 분석 호출인 pdb.pm()을 포함하고 있다. 이는 아마 파이썬의 –i 플래그와 함께 사용되어, 예외가 발생된 뒤 디버거를 시작시킨다. 부록 A를 보면 이 도구에 대해 더 많이 알 수 있다.

IDLE과 같은 IDE는 마우스 디버깅 인터페이스를 포함하기 때문에 pdb는 GUI가 가능하지 않은 환경이거나, 더 많은 제어가 요구되는 경우를 제외하고는 더 이상 중요한 도구라 보기 어렵다. 3장에서 IDLE의 디버깅 GUI 인터페이스를 사용하는 데 유용한 팁을 확인할 수 있다. 3장에서 이야기했듯이, pdb나 IDE를 실제 업무에서 많이 사용하지는 않는다. 대부분의 프로그래머는 print문을 삽입하거나, 단순히 파이썬 에러 메시지를 읽는다. 파이썬 세계에서는 최첨단 기술이 아니라 실용적인 접근법이 강세인 경향이 있다.

적재 방식

2장에서 파이썬 프로그램을 패키징하는 보편적인 도구들에 대하여 소개하였다. 그 장에서 열거했던 py2exe, PyInstaller 외 나머지 도구들은 바이트 코드와 파이썬 가상 머신을 '프로즌 바이너리' 단독 실행 프로그램으로 패키징할 수 있다. 이렇게 만들어진 실행 프로그램은 대상 머신에 파이썬이 설치되지 않아도 실행되며, 시스템 코드를 숨길 수 있다는 장점이 있다. 또한 2장에서 파이썬 프로그램은 그들의 소스 코드(.py) 또는 바이트 코드(.pyc) 형태로 적재될 수 있으며, 임포트 기능은 자동 .zip 파일 풀기와 바이트 코드 암호화와 같은 특별 패키징 기술을 지원한다는 것을 배웠다.

또한 표준 라이브러리의 distutils 모듈은 파이썬 모듈과 패키지, C로 작성된 확장을 위한 패키징 옵션을 제공한다는 사실에 대하여 간단히 알아보았다. 자세한 내용은 파이썬 매뉴얼을 참조하기 바란다. 급부상 중인 파이썬 '에그(eggs)'라는 제3자 패키징 시스템은 종속성까지 설명해 주는 다른 대안을 제공한다. 더 자세한 내용은 웹 검색으로 알아볼 수 있다.

최적화 방식

처리 속도가 중요할 때, 프로그램을 최적화하는 몇 가지 방법이 있다. 2장에서 설명한 PyPy 시스템은 파이썬 바이트 코드를 바이너리 기계어 코드로 전환하는 저스트-인-타임 컴파일러를 제공하며, Shed Skin은 파이썬을 C++로 전환해 준다. 아마 가끔 .pyo 확장자를 가진 최적화된 바이트 코드 파일을 볼 수도 있다. 이 파일은 22장과 34장에서 논의되었고 39장에서 사용하게 될 -0 파이썬 명령 라인 플래그를 이용하여 생성, 실행된다. 그러나 이 파일은 매우 약간의 성능 개선을 제공하는 정도이기 때문에 디버깅 코드를 제거하는 용도 외에는 일반적으로 사용되지 않는다.

성능을 높이기 위한 최후의 수단으로, 프로그램의 일부를 C와 같은 컴파일러형 언어로 옮길 수도 있다. C 확장에 대해 더 알아보려면, 《프로그래밍 파이썬》 책이나 파이썬 표준 매뉴얼을 참조하면 된다. 일반적으로, 파이썬의 성능은 시간이 지남에 따라 개선되고 있다. 따라서 만약 당신이 작성한 코드가 최신 버전의 파이썬에서 더 빠르게 동작한다는 것이 확인된다면, 파이썬을 최신 버전으로 업그레이드하는 것 역시 성능을 높이기 위한 한 가지 방법이 될 수 있다(이후로 대거 손을 봐왔지만, 파이썬 3.0 초기 버전은 일부 IO 작업에서 2.X보다 무려 최대 1,000배 이상 느렸다!).

더 큰 프로젝트를 위한 다른 조언

이 책에서 다양한 핵심 언어의 특징을 만나보았다. 이 특징들은 여러분이 더 큰 프로젝트 코드를 작성하면 더욱 유용해질 것이다. 이들은 모듈 패키지(24장), 클래스 기반 예외(34장), 클래스 수도 프라이빗 속성(31장), 문서화 문자열(15장), 모듈 경로 설정 파일(22장), from * with __all__ 리스트와 _X-스타일 이름으로부터 이름 숨기기(25장), __name__ == '__main__' 기법을 이용하여 셀프 테스트 코드 추가하기(25장), 함수와 모듈을 이용한 보편적인 설계 규칙(17, 19, 25장), 객체 지향 설계 패턴 활용하기(31장 및 그 외) 등을 포함한다.

공공 부문에서 사용 가능한 다른 큰 규모의 파이썬 개발 도구에 대해 배우기 위해, 반드시 PyPI 웹 사이트 https://www.python.org와 일반 웹을 찾아보자. 실제로 파이썬을 적용하는 것은 파이썬을 배우는 것보다 더 큰 주제다. 이 내용들은 다른 후속 교재들에게 위임하고자 한다.

이 장의 요약

이 장에서는 이 책에서 예외에 대하여 예외를 설계하는 데 있어 필요한 개념과 일반적인 예외 용도에 대하여 살펴보고, 파이썬에서 널리 사용되는 개발 도구들에 대하여 간단히 요약해 보았다.

이 장은 이 책에서 핵심 영역을 마무리짓는 장이다. 이 점에서 여기까지 읽은 독자 여러분은 대부분의 프로그래머(아마도 그보다 더 많은)들이 사용하는 파이썬의 전체 특징에 대하여 알아보았다. 이쯤이면 여러분 자신을 **공식적으로 파이썬 프로그래머**라 여겨도 무방할 듯하다. 다음에 여러분이 온라인이면 반드시 티셔츠와 노트북 스티커를 사고, 이력서에 파이썬과 관련된 한 줄을 추가하는 것 또한 잊지 말기 바란다.

다음 파트에서는 고급 주제이지만 여전히 핵심 언어 범주에 속하는 내용에 대하여 다루고자 한다. 다음 파트의 장들은 모두 선택적이므로 나중에 읽어도 상관없다. 이는 모든 파이썬 프로그래머가 이 주제에 대해 깊이 연구할 필요는 없으며, 다른 사람들도 필요할 때까지 이 주제들에 대하여 읽고 배우는 것을 미룰 수 있기 때문이다. 정말로, 많은 독자들은 여기에서 멈추고 자신만의 애플리케이션 부문에서 파이썬의 역할에 대하여 탐색하기 시작해도 된다. 솔직히 말해 애플리케이션 라이브러리는 고급 언어 특징(일부는 소수만 이해하는)보다 대체로 실제 현장에서 더 중요하다.

반면에, 유니코드 또는 바이너리 데이터와 같은 것들에 관심을 가져야 하거나 디스크립터, 데코레이터, 메타클래스와 같은 API 생성 도구를 다루어야 한다면, 또는 일반적으로 좀 더 깊이 공부하고 싶다면 다음 파트로 시작해 보는 게 도움이 될 것이다. 마지막 파트에서 등장하는 더 큰 규모의 예제들은 이미 배운 개념들이 실제로 어떻게 적용되는지를 배우는 기회가 된다.

이 책의 핵심 영역을 다루는 마지막 부분으로 이 장의 퀴즈는 면제하도록 하겠다. 이번에는 한 가지 질문뿐이다. 늘 그렇듯이 이전 몇 장에서 배운 내용들을 잘 결합시킬 수 있도록 이 파트의 마무리 실습 문제는 반드시 풀고 넘어가기 바란다. 다음 파트는 선택 사항이기 때문에 실질적으로 이것이 마지막 파트 마무리 실습 문제다. 만약 지금까지 배운 것들이 어떻게 일반 애플리케이션의 실제 스크립트에서 합쳐지는지 보고 싶다면, 부록 D의 실습 문제 4에 대한 해답을 찾아보기 바란다.

그리고 이 책을 여기가 마지막으로 덮게 된다면, 마지막 장인 41장 끝의 "앙코르: 여러분만의 수료증을 출력해 보자!"절은 꼭 읽어 보기 바란다(계속 고급 주제를 이어나갈 독자들을 위해, 여기에서 말하진 않겠다).

학습 테스트: 퀴즈

1. (이 질문은 1장 첫 번째 퀴즈를 반복한 것이다. 보시오, 쉬울 거라 하지 않았소! :-)) 이 책과 웹상의 수많은 예제들에서 'spam'이 그렇게 많이 등장하는 이유는 무엇일까?

학습 테스트: 정답

1. 파이썬이 영국 코미디 그룹인 몬티 파이썬의 이름을 따왔기 때문이다(강의 시간에 실시한 설문 조사 결과, 이 사실은 파이썬 세계에서 너무 잘 감추어져 있는 비밀이다!). spam은 몬티 파이썬 촌극에서 모든 메뉴가 Spam으로 끝나는 카페테리아 무대에서 나온 말이다. 거기 음식 주문하려는 한 커플이 Spam을 노래하는 바이킹 코러스를 계속 피해다니고 있다. 아니, 정말 사실이다. 만약 여기에 그 노래에 대한 오디오 클립을 삽입할 수만 있었다면, 아마 했을 것이다.

학습 테스트: 파트 7 실습 문제

이 파트의 마지막에 왔으니 몇 가지 예외와 관련된 실습 문제로 기본을 실습해 볼 시간이다. 예외는 실제로 간단한 도구다. 만약 이를 이해한다면, 아마도 예외 영역은 완전히 익혔다고 보아도 무방하다. 해답은 부록 D의 1873쪽 "파트 7. 예외와 도구들"절을 참조하기 바란다.

1. **try/except.** oops로 호출되는 함수를 작성하되, 호출 시 IndexError 예외를 명시적으로 발생시키도록 작성하라. 그리고 oops를 호출하는 다른 함수를 에러를 잡아낼 수 있도록 try/except문 안에 작성하라. 만약 oops를 IndexError 대신 KeyError가 발생하도록 변경하면 어떤 일이 발생하는가? KeyError와 IndexError라는 이름은 어디에서 왔는가?(힌트: 모든 자격이 없는 이름들은 일반적으로 네 개의 영역 중 여기로부터 온다는 점을 기억하자)

2. **예외 객체와 리스트.** 첫 번째 문제를 위해 방금 작성한 oops 함수를 여러분이 작성한 예외, MyError를 일으키도록 수정하라. 클래스를 활용하여 여러분만의 예외를 정의하라(파이썬 2.5나 그 전 버전을 사용하지 않는 한, 반드시 클래스를 활용하라). 그리고 예외를 잡아내는 함수에 try문을 확장하여 IndexError와 함께 이 예외와 인스턴스를 잡아내고, 여러분이 잡아낸 인스턴스를 출력하라.

3. **에러 처리.** safe(func, *pargs, **kargs) 함수를 작성하라. 이 함수는 헤더와 호출 구문에 * 임의 인수를 사용하여 키워드 인수나 위치적 인수를 몇 개라도 받아서 어떤 함수라도 실행할 수 있으며, 함수가 실행되는 동안 발생한 모든 예외를 잡아내고 sys 모듈에 exc_info 호출을 사용하여 예외를 출력한다. 그 후, safe 함수를 사용하여 1번 또는 2번 문제에서 작성한 oops 함수를 실행하라. safe를 exctools.py 모듈 파일에 넣은 다음, 대화형 세션에서 oops 함수를 이 파일에 전달하라. 어떤 종류의 에러 메시지가 나는가? 마지막으로, 표준 traceback 모듈의 빌트인 함수 print_exc를 호출하여 에러가 발생했을 때 파이썬 스택 추적 결과를 출력할 수 있도록 safe 함수를 확장하자. 이 장의 앞부분을 참고하되, 세부 사용 설명은 파이썬 라이브러리 참조 매뉴얼을 살펴보자. 아마도 32장의 기법을 사용하여 함수 데코레이터로 safe를 작성할 수도 있겠으나, 그 방법에 대해 모두 배우기 위해서는 다음 파트로 넘어가야 한다(미리 보기는 해답을 확인하면 된다).

4. **자가 학습 예제.** 부록 D의 마지막에 파이썬 클래스에서 그룹 실습 문제로 작성된 몇 가지 예제 스크립트를 제시함으로써 파이썬의 표준 매뉴얼과 함께 스스로 공부하고 실행할 수 있도록 하였다. 이들에 대하여 별도 설명은 제공되지 않으며, 스스로 연구해야 할 파이썬 표준 라이브러리의 도구들을 사용하였다. 여전히 많은 독자들에게는 이 책에서 다룬 개념들이 실제 프로그램에 함께 적용되는지 알아보는 데 도움이 된다. 만약 이들이 더 많은 흥미를 북돋운다면, 더 큰 규모의, 더 실제적인 애플리케이션 레벨의 수많은 파이썬 프로그램 예제를 이후에 나올 《프로그래밍 파이썬》과 웹에서 찾아볼 수 있다.

VIII

고급 주제

37

유니코드와
바이트 문자열

이 책에서는 지금까지 일부러 **문자열**에 대해 완전하게 설명하지 않았다. 4장의 타입 미리 보기에서는 파이썬의 유니코드 문자열과 파일에 대해 세부적인 내용을 제외하고 간단하게만 설명했다. 그리고 이 책의 코어 타입 파트(7장)에서는 일부러 그 범위를 대부분의 파이썬 프로그래머들이 알아야 할 수준으로만 제한하여 설명했다.

이는 이 책의 설계에 따른 것이다. 초보자 대부분을 포함한 많은 프로그래머들은 아스키 같은 단순한 형식의 텍스트만을 다루기 때문에 기본적인 str 문자열 타입과 그 타입에 부속된 기능만으로도 충분히 만족할 수 있으며, 더 고급의 문자열 개념에 대해 알 필요가 없다. 사실, 그런 프로그래머들은 종종 파이썬 문자열의 변화를 무시하고 과거의 습관대로 사용하기도 한다.

반면, 많은 다른 프로그래머들은 아스키가 아닌 문자 집합이나 이미지 파일 콘텐츠 등 더 특수한 종류의 데이터를 다룬다. 그런 프로그래머들과, 나중에 그런 프로그래머가 될 수도 있는 사람들을 위해 이 장에서는 파이썬 문자열에 대해 다루지 않았던 나머지 부분을 다루고 파이썬 문자열 모델에 대한 고급 개념을 알아보도록 하겠다.

특히, 여기서는 파이썬의 유니코드 텍스트 지원의 기초에 대해 배울 것이다. 유니코드 텍스트는 국제화된 애플리케이션에서 사용되는 더 풍부한 문자 문자열이다. 또한, 순수한 바이트 값을 표현하는 문자열인 바이너리 데이터에 대해서도 다룰 것이다. 이 장에서 다루겠지만, 최근 파이썬의 고급 문자열 표현 방법은 버전에 따라 많이 달라졌다.

- 파이썬 3.X는 바이너리 데이터에 대한 대체 문자열 타입을 제공하며, 유니코드 텍스트(아스키 포함)를 일반적인 문자열 타입으로 지원한다.

- 파이썬 2.X는 아스키가 아닌 유니코드 텍스트에 대한 대체 문자열 타입을 제공하며, 단순 텍스트와 바이너리 데이터를 일반적인 문자열 타입으로 지원한다.

추가로, 파이썬의 문자열 모델이 아스키가 아닌 **파일**을 처리하는 방식에 직접적으로 영향을 주기 때문에 그것에 관련된 주제도 다룰 것이다. 마지막으로, 패턴 매칭, 객체 피클링, 바이너리 데이터 패킹, XML 파싱 같은 몇몇 고급 문자열 및 바이너리 **도구**에 대해 알아볼 것이다. 또한, 이 도구들이 3.X의 문자열 지원에 대한 변화에 어떻게 영향을 주는지에 대해서도 알아볼 것이다.

이 장은 공식적으로 고급 주제를 다루는 장이다. 모든 프로그래머들이 유니코드 인코딩이나 바이너리 데이터의 세계에 빠져들 필요는 없다. 일부 독자에게는 4장의 미리 보기만으로도 충분할 수 있으며, 일부 다른 독자들은 이 장을 따로 떼어 나중에 참조할 수도 있을 것이다. 하지만 이들 중의 하나라도 다루어야 할 필요가 있다면, 파이썬의 문자열 모델이 여러분이 필요로 하는 것들을 충분히 제공하고 있음을 알게 될 것이다.

3.X 버전에서 String의 변화

파이썬 3.X 라인에서 눈에 띄는 변화 중의 한 가지는 바로 string 객체 타입의 변화다. 간단히 말하면, 2.X 버전의 str과 unicode 타입은 3.X 버전의 bytes와 str 타입으로 변화했으며, mutable한 bytearray 타입이 새로 추가되었다. 사실 bytearray 타입은 파이썬 2.6과 2.7에서도 사용할 수 있지만 실제로는 3.X 버전에서의 백포트[1]이며, 2.X 버전에서는 텍스트와 바이너리 콘텐츠를 명확하게 구분하지 않는다.

특히 원래부터 유니코드이거나 혹은 바이너리인 데이터를 처리한다면, 이런 변화들이 여러분의 코드에 엄청난 영향을 줄 수도 있다. 보편적으로, 여러분이 이 주제에 얼마나 관심을 두어야 하는가는 여러분의 상황이 다음 분류 중 어떤 것에 해당하는지에 따라 다르다.

---

1 [옮긴이] backport. 새로운 버전에 추가한 기능을 이전 버전에도 추가하는 것을 말함

- 아스키가 아닌 **유니코드 텍스트**를 다루어야 할 경우(例 웹의 국제화된 도메인이나 일부 XML 및 JSON 파서의 산출물 또는 데이터베이스 등), 3.X의 텍스트 인코딩에 대한 지원이 2.X와 다르다. 3.X의 지원은 2.X보다 더 직접적이고, 접근하기 쉬우며, 일관된 흐름을 가지고 있다.

- 바이너리 데이터를 다루어야 할 경우(例 이미지 또는 오디오 파일, 혹은 struct 모듈로 처리해야 할 패킹된 데이터), 3.X의 새로운 **bytes** 객체를 이해해야 한다. 또한, 3.X에서 텍스트와 바이터리 데이터 및 파일에 대한 명확한 구분에 대해서도 이해해야 한다.

- 위의 두 분류에 하나도 해당하지 않는다면, 일반적으로는 3.X에서도 2.X에서 사용한 대로 str 문자열 타입, 텍스트 파일, 그리고 앞에서 다루었던 모든 친숙한 문자열 연산을 통해 문자열을 처리할 수 있다. 3.X에서 문자열은 여러분이 실행하는 플랫폼의 기본 인코딩을 이용해 인코딩되고, 디코딩될 것이다(例 영문 윈도우는 아스키 혹은 UTF-8을 반환한다. 기본 인코딩에 대해 알고 싶다면 sys.getdefaultencoding을 사용한다). 하지만 일반적으로 전혀 알지 못할 것이다.

다시 말하자면, 여러분이 다룰 텍스트가 아스키뿐일 경우에는 일반적인 문자열 객체와 텍스트 파일을 이용하면 되고, 이 뒤에 이어질 내용은 대부분 참조할 필요가 없다. 잠시 후 볼 수 있듯이 아스키는 단순한 종류의 유니코드고, 다른 인코딩의 하위 집합이므로 여러분의 프로그램에서 아스키 텍스트만을 다룬다면 문자열 연산과 파일은 일반적으로 '그냥 잘 동작한다'.

금방 언급했던 세 가지 분류 중 마지막에 해당된다 하더라도 유니코드와 3.X의 문자열 모델에 대한 기초적인 이해만으로도 기반 동작에 대해 더 잘 이해할 수 있고, 유니코드 또는 바이너리 데이터에 관련된 이슈를 더 쉽게 마스터할 수 있게 될 것이다.

강조하자면 좋든, 싫든 우리가 심어 놓은 단말들이 상호 연결되는 미래에서는 대부분의 소프트웨어 개발에 유니코드가 빠질 수 없게 될 것이며, 결국은 여러분에게도 영향을 주게 될 것이다. 애플리케이션은 여기서 다루는 범위를 벗어나지만 파이썬 3.X에서 인터넷, 파일, 디렉터리, 네트워크 인터페이스, 데이터베이스, 파이프, JSON, XML, 그리고 GUI 중의 어떤 것이라도 다루게 된다면, 유니코드는 더 이상 여러분이 선택할 수 있는 것이 아니게 될 것이다.

비록 형태가 다르긴 하나 파이썬 3.X의 유니코드와 바이너리 데이터 지원은 2.X에서도 사용가능하다. 이 장의 주 초점은 3.X의 문자열 타입이지만, 2.X를 사용 중인 독자들을 위해 2.X에서의 동등한 지원이 어떻게 다른지에 대해서도 알아볼 것이다 어떤 버전을 사용하는지에 상관없이, 우리가 여기서 알아볼 도구들은 다양한 종류의 프로그램들에서 중요하게 사용될 것이다.

문자열 기초

코드를 보기 전에, 파이썬의 문자열 모델에 대해 개략적으로 알아보자. 왜 3.X 버전에서 문자열을 다루는 방법이 달라졌는지를 이해하려면, 파일에 인코드되는 경우와 메모리에 저장되는 두 가지 경우에 문자들이 컴퓨터 안에서 어떻게 표현되는지를 먼저 살펴봐야 한다.

문자 인코딩 방법

대부분의 프로그래머는 문자열을 텍스트 형식의 데이터를 표시하기 위해 사용하는 문자의 연속된 배열로 생각한다. 그런 생각이 틀린 것은 아니지만, 어떤 종류의 문자 집합(character set)이 기록되어야 하느냐에 따라 문자가 저장되는 방법이 달라진다. 예를 들어, 텍스트가 파일에 저장될 때는 텍스트의 문자 집합이 파일의 형식을 결정한다.

문자 집합(Character set)은 개별 글자가 컴퓨터 메모리 내에서 표현될 수 있도록 정수 코드를 할당하는 표준이다. 예를 들어 아스키 표준은 미국에서 만들어졌으며, 많은 미국 프로그래머들의 텍스트 문자열 표현 방식을 정의한다. 아스키는 0부터 127까지의 숫자를 이용해 문자 집합을 정의하며, 각각의 문자는 하나의 8비트 바이트에 저장된다. 그리고 각 문자가 저장된 8비트 바이트 중 실제로는 7비트만이 사용된다.

예를 들어, 아스키 표준은 문자 'a'에 정수 97(16진수로 0x61)을 할당하며, 이 문자는 메모리와 파일에서 1바이트로 저장된다. 파이썬의 내장 함수인 ord 함수와 chr 함수를 이용해 이것이 어떻게 동작하는지 볼 수 있다. ord 함수는 문자의 이진 표현 값을 반환하며, chr 함수는 주어진 정숫값에 대응하는 문자를 반환한다.

```
>>> ord('a')                    # 'a'는 아스키 값 97을 가진 바이트
97
>>> hex(97)
'0x61'
>>> chr(97)                     # 이진 값 97은 문자 'a'를 뜻함
'a'
```

일부 문자는 1바이트로 한 글자를 표현할 수 없다. 예를 들어, 여러 기호와 악센트 부호가 있는 문자는 아스키로 정의된 문자의 범위에 포함되지 않는다. 몇몇 표준은 특수문자를 수용할 수 있도록 8비트 바이트로 표현할 수 있는 모든 값인 0부터 255까지의 값을 이용해 문자를 표현한다. 아스키 코드의 범위를 벗어난 128부터 255까지는 특수문자에 할당한다.

그런 표준 중 Latin-1 문자 집합이라고 알려진 표준이 서유럽에서 널리 사용된다. Latin-1에서는 127 이상의 문자 코드가 악센트 부호가 있는 문자나 특수문자에 할당된다. 예를 들어, 바이트 값 196에 할당된 문자는 특수한 아스키가 아닌 문자다.

```
>>> 0xC4
196
>>> chr(196)                           # 파이썬 3.X 결과 형식
'Ä'
```

이 표준은 추가 특수문자를 더 많이 표시할 수 있지만, 아스키 문자를 여전히 8비트 표현의 7비트 하위 집합으로 표시한다.

여전히 일부 언어에서는 매우 많은 문자를 정의하기 때문에 그들 각각을 1바이트로 표현하기는 불가능하다. 유니코드(Unicode)는 문자를 표현하는 데 있어 훨씬 유연하다. 유니코드 텍스트는 때로 '와이드 문자(wide-character)' 문자열로 불리기도 하는데, 필요할 경우 문자가 다수의 바이트로 표현될 수 있기 때문이다. 일반적으로 유니코드는 다국어화된 프로그램에서 유럽어, 아시아어, 그리고 다른 비영어권 문자 집합을 같이 8비트 바이트로 표시할 수 있는 것보다 더 많은 문자를 사용하는 언어를 표현할 때 사용한다.

그런 풍부한 텍스트를 컴퓨터 메모리에 저장하려면 인코딩을 이용해 텍스트를 원시 바이트(raw bytes)의 형태로 변환하거나, 원시 바이트를 다시 텍스트로 변환한다. 인코딩은 유니코드 문자로 이루어진 문자열을 바이트의 배열로 변환하거나, 바이트의 배열에서 문자열을 추출하는 규칙을 뜻한다. 더 절차적으로 표현하자면, 바이트와 문자열 간의 상호 변환은 다음 두 용어로 정의할 수 있다.

- 인코딩은 문자 문자열을 지정된 인코딩 이름에 따라 원본 바이트 형태로 변환하는 과정이다.
- 디코딩은 원본 바이트 문자열을 지정된 인코딩 이름에 따라 문자 문자열 형태로 변환하는 과정이다.

즉 문자열에서 원본 바이트로 **인코드**하고, 원본 바이트에서 문자열로 **디코드**한다. 스크립트에 있어서 디코드된 문자열은 단순히 메모리 내의 문자들일 뿐이지만 파일에 저장할 때, 네트워크를 통해 전송할 때, 문서나 데이터베이스 내에 포함될 때 등에는 다양한 형태의 바이트 문자열 표현으로 인코드할 수 있다.

일부 인코딩에서 변환 과정은 매우 단순하다. 예를 들어 아스키와 Latin-1에서는 각각의 문자를 고정 크기 단일 바이트로 매핑하기 때문에 일체의 변환 작업이 필요 없다. 다른 인코딩에서 매핑이 더 복잡할 수 있으며, 단순한 8비트 형태의 텍스트도 한 문자당 멀티 바이트로 표현해야 할 수도 있다.

예를 들어, 널리 사용되는 UTF-8 인코딩은 가변 길이 바이트 개념을 도입하여 넓은 범위의 문자를 표현할 수 있다. 128보다 낮은 문자 코드는 단일 바이트로 표현하고, 128부터 0x7ff(2047) 사이의 코드는 2바이트로 표현하며, 이 경우 각 바이트는 128부터 255 사이의 값을 가진다. 0x7ff 이상의 코드는 각 바이트마다 128부터 255 사이의 값을 가진 3 또는 4 바이트 배열로 표현한다. 이렇게 하면 아스키 문자열을 컴팩트하게 유지할 수 있으며, 바이트 순서 이슈를 비껴갈 수 있고, C 라이브러리와 네트워킹에서 문제를 유발할 수 있는 널(null) 바이트를 회피할 수도 있다.

Latin-1과 UTF-8 인코딩의 문자가 호환성을 위해 동일한 코드로 매핑되기 때문에 아스키는 두 인코딩의 하위 집합이다. 즉, 유효한 아스키 문자 문자열은 곧 Latin-1과 UTF-8로 인코드된 문자열이다. 예를 들어, 아스키 문자 집합이 UTF-8의 7비트 하위 집합이므로 모든 아스키 파일은 유효한 UTF-8 파일이다.

반대로, UTF-8 인코딩은 128보다 낮은 문자 코드에 대해서만 아스키와 이진 호환된다. Latin-1과 UTF-8은 단순히 추가적인 문자들을 허용할 뿐이다. Latin-1은 한 바이트 내에 128부터 255까지의 문자에 매핑되며, UTF-8은 멀티 바이트로 표현되어야 하는 문자들이 매핑된다.

다른 인코딩들은 다른 방법으로 더 풍부한 문자 집합을 허용한다. 예를 들어, UTF-16과 UTF-32는 텍스트를 각각 2바이트와 4바이트 고정 길이 문자로 지정한다. 단일 바이트로 표현할 수 있는 문자도 마찬가지다. 또한, 일부 인코딩은 바이트 오더를 알아낼 수 있는 접두사를 삽입하기도 한다.

직접 확인하려면 문자열의 encode 메소드를 다음 예제와 같이 각각 지정된 인코딩으로 실행한다. 두 글자로 된 아스키 문자열은 아스키와 Latin-1, UTF-8 모두에서 2바이트이지만, UTF-16과 UTF-32에서는 훨씬 더 길며 헤더 바이트를 포함한다.

```
>>> S = 'ni'
>>> S.encode('ascii'), S.encode('latin1'), S.encode('utf8')
(b'ni', b'ni', b'ni')
```

```
>>> S.encode('utf16'), len(S.encode('utf16'))
(b'\xff\xfen\x00i\x00', 6)

>>> S.encode('utf32'), len(S.encode('utf32'))
(b'\xff\xfe\x00\x00n\x00\x00\x00i\x00\x00\x00', 12)
```

파이썬 2.X에서는 이 결과가 약간 다를 수 있다(바이트 문자열 앞에 b가 붙지 않는다). 하지만 아스키, Latin-1, UTF-8과 다른 많은 인코딩은 모두 유니코드로 간주한다.

파이썬 프로그래머는 인코딩의 이름을 포함한 문자열로 인코딩을 지정한다. 파이썬은 거의 100개에 달하는 서로 다른 인코딩을 가지고 있다. 전체 인코딩 목록을 보려면 파이썬 라이브러리를 참조하도록 한다. encodings 모듈을 임포트하고 help(encodings)를 실행하면 많은 인코딩 이름을 확인할 수 있다. 일부는 파이썬으로 구현되었고, 일부는 C로 구현되었다. 일부 인코딩은 여러 이름을 가지고 있다. 예를 들어, latin-1, iso_8859_1, 8859는 모두 Latin-1 인코딩에 대한 동의어다. 인코딩에 대해서는 스크립트에서 유니코드 문자열을 기록하는 방법에 대해 학습할 때 다시 살펴보도록 하겠다.

유니코드에 대한 더 자세한 내용은 파이썬 표준 매뉴얼을 참조한다. 매뉴얼의 'Python HOWTOs'절에는 'Unicode HOWTO'가 포함되어 있는데, 이 책에서 지면 관계로 생략한 추가적인 배경 지식을 볼 수 있다.

파이썬이 메모리에 문자열을 저장하는 방법

앞 절에서 다룬 인코딩은 텍스트가 파일이나 다른 매체에 저장되거나 외부로 전송될 때에만 적용된다. 파이썬은 메모리 안에서 언제나 디코드된 텍스트 문자열을 인코딩 중립 형식으로 저장한다. 이 형식 안에서 각 문자는 단일 바이트일 수도 있고 멀티 바이트일 수도 있다. 모든 텍스트 처리는 이 일정한 내부 형식으로 이루어진다. 텍스트가 외부 텍스트 파일이나 바이트 문자열 또는 특정한 인코딩을 요구하는 API를 통해 전송될 때는 특정 인코딩 형식으로만 변환된다. 하지만 일단 메모리 안에 들어오면 문자열은 인코딩을 갖지 않는다. 메모리 안의 문자열은 이 책에서 말하는 문자열 객체일 뿐이다.

여러분의 코드와는 상관없더라도, 일부 독자들에게는 이것을 좀 더 명확하게 하는 것이 도움이 될 수도 있다. 파이썬이 텍스트를 메모리 안에 저장하는 방식은 시간에 따라 많이 변화했고, 실제로 3.3에서 크게 변했다.

파이썬 3.2 및 그 이전 버전

파이썬 3.2에서 문자열은 특별히 문자마다 4바이트를 가지는 USC-4를 사용하도록 설정되지 않았을 경우, 내부적으로 문자마다 2바이트를 가지는 고정 길이 UTF-16(UCS-2) 포맷으로 저장된다.

파이썬 3.3 및 그 이후 버전

파이썬 3.3과 그 이후 버전은 3.2 버전과 달리 문자열의 내용에 따라 문자당 1, 2, 4바이트를 할당하는 가변 길이 개념을 사용한다. 문자의 크기는 표현되는 문자열의 가장 큰 유니코드 순서 값에 의해 결정된다. 이 개념에 의해 일반적인 경우 공간 효율적인 표현이 가능하며, 모든 플랫폼에서 USC-4 표현을 사용할 수도 있다.

파이썬 3.3의 새로운 개념은 특히 이전의 넓은 유니코드 빌드에 비교하면 최적화에 대한 것이다. 파이썬 문서에 따르면, 메모리의 족적(footprint)은 텍스트에 따라 2와 4로 나뉜다. 아스키 문자열을 UTF-8로 인코딩하면, 더 이상 인코드할 필요가 없다. 아스키와 UTF-8 표현이 같기 때문이다. 단일 아스키 문자를 반복하거나 아스키 문자열의 하위 문자열을 가져오는 것은 이전보다 네 배 빠르다. UTF-8은 두 배에서 네 배 빠르며, UTF-16 인코딩은 최대 열 배 빠르다. 일부 벤치마크에서는 파이썬 3.3의 전반적인 메모리 사용량이 3.2에 비해 두 배에서 세 배 정도 더 적고, 덜 유니코드 중심적인 2.7과는 거의 유사하다.

사용되는 저장 방식에 상관없이 6장에서 설명했듯 유니코드는 문자열을 **바이트**가 아닌 **문자** 단위 개념으로 생각할 것을 요구한다. 이것은 각 문자가 단일 바이트에 매핑되는 기존의 단순한 아스키만의 세상에 익숙해진 프로그래머들에게 상당한 허들이 될 수도 있다. 하지만 그런 사상은 텍스트 문자열 도구와 물리적인 문자 크기의 측면에서 볼 때 더 이상 유효하지 않다.

텍스트 도구

문자열의 내용과 길이는 실제로 유니코드 **코드 포인트**(문자의 순서 번호)에 따라 결정된다. 예를 들어 내장된 ord 함수는 문자의 유니코드 코드 포인트 순서를 반환하는데, 이것은 반드시 아스키 코드는 아니며, 단일 8비트 바이트 값에 포함될 수도 있고 아닐 수도 있다. 유사하게 len은 바이트 수가 아니라 문자의 수를 반환한다. 실제로 메모리 내의 문자열은 더 클 수도 있으며, 문자의 수는 바이트와 일치하지 않을 수도 있다.

문자 크기

4장의 예제에서 본 대로 유니코드하에서 파일에 인코드될 때나 메모리에 저장될 때, 단일 문자가 반드시 단일 바이트에 매핑되는 것은 아니다. 단순한 7비트 아스키 텍스트 문자도 바이트에 매핑되지 않을 수 있다. 파일 안에서 UTF-16 문자는 멀티 바이트를 사용하며, 파이썬은 메모리 안에서 1, 2, 또는 4바이트를 할당한다. 문자 단위 개념으로 생각하게 되면 외부와 내부 저장 구조를 추상화할 수 있다.

하지만 여기서의 핵심은 인코딩은 대부분 파일과 전송에만 연관된다는 점이다. 파이썬 문자열로 로드되고 나면 메모리 안의 텍스트는 '인코딩'의 개념이 없으며, 단순히 범용적으로 저장된 유니코드 문자(코드 포인트라고도 알려진)의 시퀀스일 뿐이다. 여러분의 스크립트 내에서는 그 문자열이 파이썬 문자열 객체로 접근된다. 파이썬 문자열 객체가 다음 절의 주제다.

파이썬의 문자열 타입

더 구체적으로 살펴보자면 파이썬은 스크립트 안에서 문자 텍스트를 표현할 수 있는 문자열 데이터 타입을 제공한다. 여러분이 스크립트 안에서 사용할 문자열 타입은 사용하는 파이썬 버전에 따라 다르다. 파이썬 2.X에는 다음과 같이 바이너리 데이터와 아스키 같은 단순 8비트 텍스트를 표현하는 범용 문자열 타입과 더 풍부한 유니코드 텍스트를 표현하기 위한 특별한 타입이 있다.

- str: 8비트 텍스트 및 바이너리 데이터 표현
- unicode: 디코드된 유니코드 텍스트 표현

파이썬 2.X의 두 문자열 타입은 서로 다르지만(unicode는 일부 유니코드 문자를 위한 추가 크기를 허용하며, 인코딩과 디코딩을 지원한다), 그 동작 집합은 대부분 겹친다. 2.X의 str 문자열 타입은 8비트 바이트로 표현할 수 있는 텍스트(아스키와 Latin-1 포함)뿐만 아니라, 순수 바이트 값을 표현하는 바이너리 데이터에서도 사용된다.

이와 달리, 파이썬 3.X에는 다음 세 가지 문자열 객체 타입이 있다. 한 가지는 텍스트 데이터용이고, 두 가지는 바이너리 데이터용이다.

- str: 디코드된 유니코드 텍스트 표현(아스키 포함)
- bytes: 바이너리 데이터 표현(인코드된 텍스트 포함)
- bytearray: bytes 타입의 변형

앞에서 언급한 대로 bytearray는 파이썬 2.6과 2.7에서도 사용할 수 있지만, 단순한 3.X로부터의 백포트일 뿐이며 일반적으로는 3.X 타입으로 간주한다.

왜 다른 문자열 타입인가?

3.X의 세 문자열 타입은 모두 유사한 연산 집합을 지원하지만, 각각 다른 역할을 한다. 3.X에서 이렇게 변화한 주요 이유는, 2.X의 두 가지 문자열 타입을 일반 텍스트와 유니코드 텍스트를 모두 지원하는 하나의 문자열 타입으로 합치기 위함이다. 개발자들은 2.X의 문자열 분리를 없애고, 유니코드를 더 자연스럽게 처리하기를 원했다. 아스키와 다른 8비트 텍스트가 실제로는 유니코드의 단순한 종류이기 때문에 이런 변화는 논리적으로 타당해 보인다.

이 목표를 달성하기 위해, 3.X에서는 텍스트를 재정의된 str 타입에 저장한다. str은 중간에 변경할 수 없는 문자인 **불변 시퀀스**이며(반드시 바이트일 필요는 없다), 단일 바이트로 표현할 수 있는 문자 값을 가진 아스키 같은 단순한 텍스트와, 멀티 바이트를 필요로 하는 UTF-8 같은 더 풍부한 문자 집합을 모두 포함할 수 있다. 이 타입으로 처리한 문자열은 일반적으로 메모리에 저장되며, 플랫폼 유니코드 기본값 또는 명시적인 인코딩 이름에 따라 바이트 문자열로 인코드되거나 다시 텍스트로 디코드된다. 이로 인해 스크립트에서는 텍스트를 메모리 안에서나 파일에 읽거나 쓸 때 다른 인코딩 방식으로 변환할 수 있다.

3.X의 새로운 str 타입이 문자열/유니코드를 병합하기는 하지만, 많은 프로그램들은 여전히 어떤 텍스트 포맷으로도 인코드되지 않은 raw 바이너리 데이터를 처리해야 한다. 이미지나 오디오 파일, 그리고 파이썬의 struct 모듈에서 다른 디바이스나 C 프로그램과의 인터페이스를 위해 사용하는 패킹된 데이터 같은 것이 이 분류에 포함된다. 유니코드 문자열이 바이트로부터 디코드되기 때문에 유니코드 문자열로 바이트를 표현할 수는 없다.

진짜 바이너리 데이터를 처리할 수 있도록 새로운 문자열 타입인 bytes가 도입되었다. bytes는 순수 바이트 값을 표현하는 8비트 정수의 중간에 변경할 수 없는 불변 시퀀스이며, 가능한 경우 아스키 문자로 출력된다. 별도의 객체 타입이긴 하지만, bytes는 str 타입이 지원하는 거의 대부분의 동작을 지원한다. 이 동작에는 문자열 메소드와 시퀀스 연산, 그리고 re 모듈 패턴 매칭까지도 포함된다. 하지만 문자열 포매팅은 지원되지 않는다. 2.X에서는 일반적인 str 타입이 이 바이너리 데이터 역할을 담당한다. 이는 문자열이 단순한 바이트 시퀀스이기 때문이다. 별도의 유니코드 타입은 더 풍부한 텍스트 문자열을 처리한다.

더 자세히 말하자면, 3.X의 bytes 객체는 실제로 0부터 255까지 표현할 수 있는 작은 정수의 시퀀스다. bytes에 대한 인덱싱은 정수를 반환하며, 다른 인덱스를 요청하면 또 다른 바이트를 반환한다. 또한, bytes 객체에 대해 내장된 list를 실행하면 문자가 아닌 정수 리스트를 반환한다. 하지만 문자를 반환할 것이라고 가정하는 연산에서 bytes 객체를 처리할 때는 bytes 객체의 내용이 아스키로 인코드된 바이트라고 가정한다(@ isalpha 메소드는 각 바이트가 아스키 문자 코드라고 가정한다). 또한, bytes 객체는 알아보기 쉽도록 정수가 아닌 문자 문자열로 출력된다.

파이썬 개발자들은 문자열에 대한 작업을 할 때 3.X에 bytearray 타입도 추가했다. bytearray 는 bytes의 변형으로, **변형 가능**하기 때문에 사용 중 변경(in-place change)이 가능하다. str과 bytes가 지원하는 일반적인 문자열 연산을 지원하며, 리스트가 지원하는 사용 중 변경 연산도 지원한다(@ append와 extend 메소드 및 인덱스에 대한 할당 등). 이것은 순수한 바이너리 데이터와 단순 텍스트 타입 모두에 있어 유용하다. 텍스트 문자열을 raw 8비트 바이트(@ 아스키 또는 Latin-1 텍스트)처럼 다룰 수 있다고 가정하면, bytearray는 텍스트 데이터를 사용 중에 직접 변경할 수 있도록 한다. 이 동작은 파이썬 2.X에서 별도의 변화 가능한 타입으로의 변환 없이는 불가능했으며, 3.X의 str이나 bytes는 지원하지 않는 기능이다.

파이썬 2.X와 3.X가 매우 유사한 기능을 제공하기는 하지만, 서로 다른 패키지로 만들었다. 사실, 2.X에서 3.X 문자열 타입으로 완전히 직접적인 매핑이 되지는 않는다. 2.X의 str은 3.X의 str과 bytes 둘과 동등하며, 3.X의 str은 2.X의 str 및 unicode와 동등하다. 게다가 3.X bytearray은 독특한 변형성을 가지고 있다.

하지만 이런 비대칭성이 그렇게 큰 문제가 되는 것은 아니다. 이 선택 사항은 다음으로 압축할 수 있다. 2.X에서는 단순 텍스트와 바이너리 데이터에는 str을 사용하고, 문자 집합이 8비트 바이트로 매핑되지 않는 고급 텍스트 형태는 unicode를 사용한다. 3.X에서는 모든 종류의 텍스트(아스키, Latin-1, 그리고 모든 종류의 유니코드)에 대해 str을 사용하고, 바이너리 데이터에는 bytes나 bytearray를 사용하면 된다. 실제로 이런 선택은 여러분이 선택하는 도구, 특히 다음 절의 주제인 파일 처리 도구에 의존한다.

텍스트 및 바이너리 파일

3.X에서는 파일 I/O(입력 및 출력)도 str과 bytes의 차이점을 반영하고, 전송 시 유니코드 텍스트에 대한 자동 인코딩이 이루어지도록 수정되었다. 현재 파이썬 3.X에서는 다음과 같이 텍스트 파일과 바이너리 파일에 대해 플랫폼에 독립적으로 구분을 하고 있다.

텍스트 파일(text files)
텍스트 모드로 열린 파일에서 데이터를 읽으면 그 내용을 자동으로 디코딩하여 str로 반환한다. 쓰기는 내용을 파일로 전송하기 전에 자동으로 인코딩한다. 읽기와 쓰기 모두 플랫폼 기본값 또는 지정된 인코딩 이름에 따라 변환을 수행한다. 또한, 텍스트 모드 파일은 일반적인 줄 끝(end-of-line) 변환과 추가적인 인코딩 지정 인수를 지원한다. 텍스트 파일은 인코딩 이름에 따라 파일의 시작점에 있는 바이트 오더 마크 시퀀스(byte order mark sequence)를 자동으로 처리할 수도 있다(이에 대해서는 곧 다룰 것이다).

바이너리 파일(binary files)

내장된 open 호출 시 모드 문자열 인수에 b(반드시 소문자)를 추가하여 바이너리 모드로 열린 파일에서 데이터를 읽으면, 그 값을 어떤 방식으로도 디코딩하지 않고 원본 형태인 bytes 객체로 반환한다. 이와 유사하게 쓰기도 bytes 객체를 받아 변경 없이 파일로 전송한다. 바이너리 모드 파일은 bytearray 객체를 받아 파일에 기록할 수도 있다.

언어가 str과 bytes를 민감하게 구분하기 때문에 여러분이 데이터의 성격이 텍스트인지 혹은 바이너리인지 결정해야 하며, 스크립트에서 그 내용을 표현할 때 str 객체나 bytes 객체를 적절하게 사용해야 한다. 결국, 여러분이 파일을 열 때 지정한 모드가 스크립트에서 어떤 타입의 객체를 사용해 그 내용을 표현할 것인지를 결정하게 된다.

- 이미지 파일, 네트워크로 전송되는 데이터, 반드시 추출해야 하는 패킹된 바이너리 데이터, 또는 디바이스 데이터 스트림 등을 처리하고 있다면, bytes와 바이너리 모드 파일을 사용하는 것이 적절하다. 메모리 안에서 복사본을 만들지 않고 데이터를 업데이트해야 한다면 bytearray도 선택 사항이 된다.
- 프로그램 출력, HTML, 이메일 내용, 또는 CSV나 XML 파일 등 그 성질이 텍스트인 것을 처리하고 있다면, str과 텍스트 모드 파일이 적절하다.

파이썬 3.X에서는 내장된 open 함수의 모드 문자열 인수(두 번째 인수)가 매우 중요하게 사용된다. 이 인수는 파일 프로세싱 모드뿐만 아니라, 사용할 파이썬 객체 타입도 지정한다. 모드 문자열에 b를 추가하면 바이너리 모드를 지정하는 동시에 파일의 내용을 읽거나 쓸 때 bytes 객체를 사용해야 한다. b가 없다면 파일은 텍스트 모드로 처리하며, str 객체를 이용해 파일의 내용을 다룰 것이다. 예를 들어 rb, wb, rb+는 bytes를, r, w+, rt(기본값)은 str을 사용한다.

또한 텍스트 모드 파일은 일부 인코딩 체계에서 파일의 시작 부분에 위치하는 BOM(바이트 오더 마크) 시퀀스를 처리한다. 예를 들어, UTF-16과 UTF-32 인코딩에서 BOM은 빅 엔디안 또는 리틀 엔디안 포맷(어느 쪽의 비트 문자열이 가장 중요한가)을 지정한다. 앞서 우리가 실행했던 예제에서 UTF-16과 UTF-32 인코딩 호출 결과의 맨 앞에 나타나는 바이트를 확인해 보자. UTF-8 텍스트 파일은 일반적으로 이 파일이 UTF-8이라는 것을 선언하기 위해 BOM을 포함하기도 한다. 이런 인코딩 체계를 이용해 데이터를 읽거나 쓸 때, 파이썬은 이 장 뒤에서 배울 규칙에 따라 BOM을 생략하기도 하고 쓰기도 한다.

파이썬 2.X도 동일한 동작을 지원하지만, open에 의해 생성된 일반적인 파일은 바이트 기반 데이터를 접근하기 위해 사용하며, codecs.open 호출을 통해 생성된 유니코드 파일은 유니코드 텍스트 데이터를 처리할 때 사용한다. 뒤에서 다루겠지만, 후자는 전송 중에 자동으로 인코드 및 디코드를 한다. 먼저, 파이썬의 유니코드 문자열 모델에 대해 알아보자.

문자열 코딩 기초

3.X의 문자열 타입이 어떻게 사용되는지 몇 가지 예제를 통해 더 알아보도록 하자. 유의할 점은 이 절에 있는 코드는 3.X에서만 동작한다는 것이다. 하지만 일반적으로 기본적인 문자열 동작은 대부분의 파이썬 버전에서 호환된다. str 타입으로 표현한 단순 아스키 문자열은 2.X 와 3.X 모두에서 모두 동일하게 동작한다.

게다가 파이썬 2.X는 bytes 타입이 없지만(범용 str 타입만 있다), 2.6과 2.7에서는 이 타입이 있다고 가정한 코드도 실행할 수 있다. str(X)에 대한 동의어인 bytes(x)가 존재하며, 새로운 리터럴 형식인 b'...'은 일반적인 문자열 리터럴인 '...'와 동일한 것으로 간주한다. 하지만 특정한 경우에는 버전 문제로 코드가 꼬일 수도 있다. 예를 들어, 2.6/2.7의 bytes 호출은 3.X의 bytes가 지원하는 두 번째 인수(인코딩 이름)를 허용하지 않는다.

파이썬 3.X 문자열 리터럴

파이썬 3.X의 문자열 객체는 str이나 bytes 같은 내장된 함수를 호출할 때나, open을 호출하여 생성된 파일을 읽거나, 스크립트 안에서 리터럴 구문을 사용할 때 만들어진다. 후자의 경우, 3.X에서는 새로운 리터럴 형식인 b'xxx'(B'xxx'도 같은 의미다)를 이용해 bytes 객체를 생성하며, 다양한 인수를 이용하여 bytearray 함수를 호출해 bytearray 객체를 만들 수 있다.

3.X에서 'xxx', "xxx", 그리고 삼중 인용 블록 등 모든 문자열 리터럴 형식은 str을 생성하며, b 나 B를 이 리터럴 형식 앞에 붙이기만 하면 bytes가 생성된다. 이 새로운 b'…' bytes 리터럴은 역슬래시 이스케이프를 방지하기 위해 사용하는 r'...' raw 문자열과 매우 유사한 형태를 가진다. 3.X에서 실행되는 다음 코드를 살펴보자.

```
C:\code> py -3
>>> B = b'spam'                    # 3.X의 바이트 리터럴은 bytes 객체 생성(8비트 바이트)
>>> S = 'eggs'                     # 3.X의 str 리터럴은 유니코드 텍스트 문자열 생성

>>> type(B), type(S)
(<class 'bytes'>, <class 'str'>)

>>> B                              # bytes: 정수의 시퀀스로, 캐릭터 문자열로 출력됨
b'spam'
>>> S
'eggs'
```

3.X의 bytes 객체가 가능한 한 그 내용을 문자로 출력하기는 하나, 실제로는 작은 정수의 시퀀스다.

```
>>> B[0], S[0]          # bytes에서는 인덱스 접근이 정수를 반환하고, 문자열에서는 문자열을 반환함
(115, 'e')
>>> B[1:], S[1:]        # 슬라이싱은 또 다른 bytes나 str 객체 생성
(b'pam', 'ggs')
>>> list(B), list(S)
([115, 112, 97, 109], ['e', 'g', 'g', 's'])        # bytes는 실제로 8비트 small int임
```

bytes 객체는 str과 마찬가지로 중간에 변경할 수 없다(불변성)(뒤에서 설명할 bytearray는 그렇지 않다). str이나 bytes 또는 정수를 다른 bytes 객체의 특정 오프셋에 할당할 수 없다.

```
>>> B[0] = 'x'                           # 둘 다 변형 불가능함
TypeError: 'bytes' object does not support item assignment
>>> S[0] = 'x'
TypeError: 'str' object does not support item assignment
```

마지막으로, bytes 리터럴의 b 또는 B 접두어는 삼중 인용 블록를 포함한 모든 문자열 리터럴 형식에서 동작한다는 점을 기억하기 바란다. 이때 반환되는 문자열은 문자로 매핑되거나 혹은 매핑되지 않는 raw 바이트 문자열이다.

```
>>> # bytes 접두어는 단일, 이중, 삼중, 그리고 raw 리터럴에서 모두 동작함
>>> B = B"""
... xxxx
... yyyy
... """
>>> B
b'\nxxxx\nyyyy\n'
```

파이썬 3.6에서 파이썬 2.X의 유니코드 리터럴 사용

파이썬 3.0에서는 파이썬 2.X의 u'xxx'와 U'xxx' 유니코드 문자열 리터럴 형태가 사라졌다. 3.X에서는 보통 문자열이 유니코드이기 때문에 중복된다고 판단했기 때문이다. 하지만 상/하위 호환성을 위해 3.3에서 다시 사용할 수 있게 되었지만, 여전히 일반적인 str 문자열로 간주한다.

```
C:\code> py -3
>>> U = u'spam'                        # 2.X의 유니코드 리터럴은 3.3 이후에서 도입됨
>>> type(U)                            # str이지만 하위 호환됨
<class 'str'>
>>> U
'spam'
>>> U[0]
's'
>>> list(U)
['s', 'p', 'a', 'm']
```

3.0에서 3.2까지는 이 리터럴들이 없기 때문에 'xxx'를 사용해야 한다. 일반적으로 3.X의 'xxx' 텍스트 리터럴은 3.X 전용 코드에서만 사용해야 한다. 2.X의 코드는 불필요하기 때문이다. 하지만 3.3과 그 이후에서는 2.X의 리터럴 형태를 이용해 2.X의 코드를 쉽게 포팅할 수 있고, 2.X 코드와의 호환성을 더 좋게 할 수 있다(이에 대해서는 25장의 통화 예제를 참조한다). 하지만 3.X에서 텍스트 문자열을 어떻게 코딩하는지와 상관없이, 문자열이 아스키 문자만 포함하고 있더라도 모두 유니코드다(아스키가 아닌 유니코드 텍스트를 쓰는 방법에 대해서는 1483쪽의 "아스키가 아닌 텍스트 코딩하기"절을 참조한다).

파이썬 2.X 문자열 리터럴

이전 절의 세 가지 3.X 문자열 형식은 2.X로도 코딩할 수 있지만 그 의미가 다르다. 앞에서 언급한 것처럼 파이썬 2.6과 2.7에서 b'xxx' 바이트 리터럴은 3.X와의 상위 호환을 위해 존재하지만, 'xxx'와 동일하며 str로 표현한다(여기서 b는 무시된다). 그리고 bytes는 단순히 str의 동의어다. 하지만 3.X에서 이들 둘은 별도의 bytes 타입을 지칭한다.

```
C:\code> py -2
>>> B = b'spam'                        # 3.X의 바이트 리터럴은 2.6/2.7에서는 단순 str임
>>> S = 'eggs'                         # str은 바이트/문자 시퀀스임

>>> type(B), type(S)
(<type 'str'>, <type 'str'>)
```

```
>>> B, S
('spam', 'eggs')
>>> B[0], S[0]
('s', 'e')
>>> list(B), list(S)
(['s', 'p', 'a', 'm'], ['e', 'g', 'g', 's'])
```

2.X에서는 특수한 유니코드 리터럴과 타입을 통해 더 다양한 형태의 텍스트를 표현할 수 있다.

```
>>> U = u'spam'                    # 2.X 유니코드 리터럴은 별도의 타입을 생성함
>>> type(U)                        # 3.6에서도 동작하지만, 단순 str임

<type 'unicode'>
>>> U
u'spam'
>>> U[0]
u's'
>>> list(U)
[u's', u'p', u'a', u'm']
```

앞에서 봤듯이 호환성 때문에 이 형태는 3.3과 그 이후 버전에서도 동작하지만, 거기서는 단순한 str을 만들 뿐이다(u는 무시한다).

문자열 타입 변환

파이썬 2.X에서 표현 안에서 str과 unicode 타입 객체를 같이 사용할 수 있도록 허용하는 반면 (str이 7비트 아스키 텍스트만을 포함할 때), 3.X에서는 훨씬 명확한 구분을 두고 있다. str과 bytes 타입 객체는 표현 안에서 절대로 같이 사용할 수 없으며, 함수로 전달될 때 절대로 상대 타입으로 자동으로 변환되지 않는다. 인수로 str 객체를 받아들이는 함수는 일반적으로 bytes 객체를 인수로 받아들이지 않으며, 그 반대도 마찬가지다.

이 때문에 파이썬 3.X에서는 둘 중의 한 가지 타입을 선택하거나, 필요할 때마다 수동으로 명시적인 변환을 해야 한다.

- str.encode( )와 bytes(S, encoding)는 문자열을 raw 바이트 형태로 변환하고, 디코딩된 str에서 인코딩된 bytes 객체를 만들어 낸다.
- bytes.decode( )와 str(B, encoding)은 raw 바이트를 문자열 형태로 변환하고, 인코딩된 bytes 객체에서 디코딩된 str 객체를 만들어 낸다.

이 encode와 decode 메소드는(다음 절에서 설명할 파일 객체와 동일하게) 플랫폼의 기본 인코딩 또는 명시적으로 전달된 인코딩 이름 중의 하나를 이용한다. 예를 들어, 파이썬 3.X에서는 다음 예제와 같이 동작한다.

```
>>> S = 'eggs'
>>> S.encode()                      # str -> bytes: 텍스트를 raw 바이트로 인코딩
b'eggs'
>>> bytes(S, encoding='ascii')      # str -> bytes, 다른 방법
b'eggs'

>>> B = b'spam'
>>> B.decode()                      # bytes -> str: raw 바이트를 텍스트로 디코딩
'spam'
>>> str(B, encoding='ascii')        # bytes -> str, 다른 방법
'spam'
```

여기서 주의할 점이 두 가지 있다. 첫 번째, 플랫폼의 기본 인코딩은 sys 모듈을 통해 얻을 수 있지만, bytes로 변환할 때의 인코딩 인수는 그것이 str.encode(그리고 bytes.decode) 안에 있다고 하더라도 선택적이지 않다는 점이다.

두 번째, str에 대한 호출에서 bytes처럼 인코딩 인수가 반드시 필요한 것은 아니지만, str 호출 시 인코딩 인수를 비워두는 것이 기본 인코딩을 이용하는 것은 아니다. str 호출 시 인코딩 인수를 제공하지 않으면, bytes 객체의 str 변환 형식이 아니라, **출력 문자열**(print string)을 반환한다(보통은 이런 동작을 원하는 것은 아니지 않은가!). 다음 예제에서 B와 S는 이전 코드에서 사용한 것과 동일한 것이라고 가정하자.

```
>>> import sys
>>> sys.platform                    # 코드가 동작하는 플랫폼
'win32'
>>> sys.getdefaultencoding()        # str의 기본 인코딩 확인
'utf-8'

>>> bytes(S)
TypeError: string argument without an encoding

>>> str(B)                          # 인코딩 인수 없이 str 호출
"b'spam'"                           # 변환이 아닌 출력 문자열이 표시됨!
>>> len(str(B))
7
>>> len(str(B, encoding='ascii'))   # str로 변환할 때 인코딩 인수 사용
4
```

파이썬 3.X에서는 의심스러울 때는 기본 인코딩 값을 가지고 있다고 하더라도 인코딩 이름 인수를 사용하도록 한다. 파이썬 2.X에서 표현식 안에 문자열 타입을 혼용할 수 있도록 허용하기 때문에 아스키 텍스트에 대한 변환이 선택적이긴 하지만, 파이썬 2.X에서도 변환은 유사하다. 2.X의 변환은 3.X의 인코딩된 bytes와 디코딩된 str 간에 일어나기보다는, 인코딩된 str과 디코딩된 unicode 사이에서 더 많이 일어난다.

```
>>> S = 'spam'                    # 2.X 타입 문자열 변환 도구
>>> U = u'eggs'
>>> S, U
('spam', u'eggs')
>>> unicode(S), str(U)            # 2.X에서 str -> uni, uni -> str 변환
(u'spam', 'eggs')
>>> S.decode(), U.encode()        # 3.X의 byte -> str 변환과 str -> bytes 변환
(u'spam', 'eggs')
```

유니코드 문자열 코딩하기

인코딩과 디코딩은 아스키가 아닌 유니코드 텍스트를 다루기 시작할 때 더욱 의미가 있다. 문자열 안에서 임의의 유니코드 문자, 특히 키보드로 입력하기도 어려운 문자를 포함한 유니코드 문자를 지원하기 위해서 파이썬 문자열 리터럴은 "\xNN" 16진수 바이트 값 이스케이프와 "\uNNNN" 및 "\UNNNNNNNN" 유니코드 이스케이프를 모두 지원한다. 유니코드 이스케이프에서 첫 번째 형식은 네 개의 16진수 값을 이용해 2바이트(16비트) 문자 코드 값을 인코드하며, 두 번째 형식은 네 개의 16진수 값을 이용해 4바이트(32비트) 코드 값을 인코딩한다. 바이트 문자열은 인코딩된 텍스트와 다른 형태의 바이트 기반 데이터에 대해 16진수 이스케이프만을 지원한다.

아스키 텍스트 코딩하기

텍스트 코딩 기초에 대해 보여 주는 몇 가지 예제를 단계별로 살펴보자. 아스키 텍스트는 유니코드의 단순 형식으로, 문자를 표현하는 바이트 값이 순차적인 형태로 저장된 것이다.

```
C:\code> py -3
>>> ord('X')                     # 'X'는 기본 인코딩에서 이진 코드 포인트 값인 88임
88
>>> chr(88)                      # 88은 'X' 문자를 나타냄
'X'
```

```
>>> S = 'XYZ'                          # 아스키 텍스트의 유니코드 문자열
>>> S
'XYZ'
>>> len(S)                             # 길이: 3
3
>>> [ord(c) for c in S]                # 세 글자를 정수 서수 값으로 나타냄
[88, 89, 90]
```

이와 같은 일반적인 7비트 아스키 텍스트는 이 장의 앞부분에서 설명한 각각의 유니코드 인코딩 체계에서 바이트당 한 글자로 표현된다.

```
>>> S.encode('ascii')         # 0..127 사이의 값은 각각 1바이트(7비트)로 표현됨
b'XYZ'
>>> S.encode('latin-1')       # 0..255 사이의 값은 각각 1바이트(8비트)로 표현됨
b'XYZ'
>>> S.encode('utf-8')   # 0..127 사이는 1바이트, 128..2047은 2바이트, 그 외에는 3 또는 4바이트로 표현됨
b'XYZ'
```

사실, 이런 방식으로 아스키 텍스트를 인코딩하여 반환된 bytes 객체는 실제로는 가능할 때 아스키 문자로 출력되는 정수의 배열이다.

```
>>> S.encode('latin-1')
b'XYZ'
>>> S.encode('latin-1')[0]
88
>>> list(S.encode('latin-1'))
[88, 89, 90]
```

아스키가 아닌 텍스트 코딩하기

아스키가 아닌(Non-ASCII) 텍스트를 코딩할 때는 다음 방법을 이용할 수 있다.

- 16진수 또는 유니코드 이스케이프를 이용해 유니코드 코드 포인트 순서 값을 텍스트 문자열에 포함시킨다. 이 텍스트 문자열은 3.X에서는 일반 문자열 리터럴이며, 2.X에서는 유니코드 문자열 리터럴이다.

- 16진수 이스케이프를 이용해 16진수 바이트 문자열 안에 문자의 인코드된 형식을 포함시킨다. 이 바이트 문자열은 2.X에서는 일반 문자열 리터럴이며, 3.X에서는 바이트 문자열 리터럴이다.

텍스트 문자열은 실제 코드 포인트 값을 포함하고, 바이트 문자열은 그 인코드된 형태를 포함함에 주의한다. 일부 문자와 인코딩에서만 바이트 문자열 내 문자의 인코드된 표시 값이 텍스트 문자열 내의 디코드된 유니코드 포인트 값과 같다. 16진수 이스케이프는 단일 바이트의 값을 코딩할 때로 제한되지만, 유니코드 이스케이프는 2바이트나 4바이트 문자를 코딩할 때도 사용할 수 있다. chr 함수는 문자의 코드 포인트 값으로부터 하나의 아스키가 아닌 문자를 생성할 때 사용할 수 있다. 그리고 뒤에서 볼 수 있듯이, 스크립트 내에 포함된 아스키가 아닌 문자에 적용되는 소스 코드 선언에서도 사용할 수 있다.

예를 들어, 다음과 같이 16진수 0xC4와 0xE8은 아스키의 7비트 범위를 벗어난 두 개의 특별한 액센트를 가진 문자에 대한 코드지만, 3.X에서는 str이 유니코드를 지원하기 때문에 str 객체 안에 포함시킬 수 있다.

```
>>> chr(0xc4)              # 0xC4, 0xE8: 아스키 범위 밖의 문자 집합
'Ä'
>>> chr(0xe8)
'è'

>>> S = '\xc4\xe8'         # 단일 8비트 값 16진수 이스케이프 문자: 두 개의 숫자로 구성됨
>>> S
'Äè'

>>> S = '\u00c4\u00e8'     # 16비트 유니코드 이스케이프 문자: 네 개의 숫자로 구성됨
>>> S
'Äè'
>>> len(S)                 # 두 글자 길이(바이트 숫자가 아님!)
2
```

이런 유니코드 텍스트 문자열 리터럴에서 16진수와 유니코드 이스케이프는 바이트 값이 아닌 유니코드 코드 포인트 값을 나타냄을 기억하자. x 16진수 이스케이프는 정확히 두 개의 숫자를 필요로 하며(8비트 코드 포인트 값을 나타내기 위해), u와 U 유니코드 이스케이프는 각각 네 개와 여덟 개의 16진수 숫자를 이용해 16비트와 32비트 코드 포인트 값을 나타낸다.

```
>>> S = '\U000000c4\U000000e8'    # 32비트 유니코드 이스케이프 문자: 각각 여덟 개의 숫자로 구성됨
>>> S
'Äè'
```

뒤에서 설명하듯이 파이썬 2.X도 이것과 유사하게 동작하지만, 유니코드 이스케이프는 유니코드 리터럴 형식에서만 허용된다. 또한, 3.X의 일반적인 문자열 리터럴에 대해서도 동작한다. 3.X의 일반적인 문자열은 언제나 유니코드이기 때문이다.

아스키가 아닌 텍스트 인코딩과 디코딩

이전 절의 아스키가 아닌 텍스트를 아스키를 이용해 raw 바이트로 인코딩하려고 하면 오류가 발생한다. 그 문자가 아스키의 7비트 코드 포인트 값 범위를 벗어나기 때문이다.

```
>>> S = '\u00c4\u00e8'                     # 아스키가 아닌 텍스트 문자열: 두 글자 길이
>>> S
'Äè'
>>> len(S)
2

>>> S.encode('ascii')
UnicodeEncodeError: 'ascii' codec can't encode characters in position 0-1:
ordinal not in range(128)
```

하지만 동일한 문자열을 Latin-1로 인코딩할 수 있는데, 각 문자가 해당 인코딩의 8비트 범위 안에 포함되며, 인코드된 바이트 문자열 안에서 문자당 1바이트가 할당되기 때문이다. UTF-8 로도 인코딩할 수 있다. 이 인코딩은 넓은 범위의 유니코드 코드를 지원하지만, 아스키가 아닌 문자에 2바이트를 할당한다. 이 인코드된 문자열이 파일에 기록되면, 다음에 표시된 인코딩 결과가 지정된 타입에 따라 실제로 파일에 저장되는 raw 바이트다.

```
>>> S.encode('latin-1')                    # 인코드된 글자는 글자당 1바이트
b'\xc4\xe8'

>>> S.encode('utf-8')                      # 인코드된 글자는 글자당 2바이트
b'\xc3\x84\xc3\xa8'

>>> len(S.encode('latin-1'))               # latin-1에서는 2바이트, utf-8에서는 4바이트
2
>>> len(S.encode('utf-8'))
4
```

다른 방법도 있다. 파일에서 raw 바이트를 읽어 다시 유니코드 문자열로 디코딩하는 것이다. 하지만 open 호출 시 지정한 인코딩 모드로 인해 입력 시 자동으로 디코딩이 일어나도록 할 수 있다(또한, 바이트 블록 단위로 파일을 읽다가 문자의 일부 바이트만 읽어서 발생할 수 있는 이슈도 피할 수 있다).

```
>>> B = b'\xc4\xe8'                        # Latin-1로 인코드된 텍스트
>>> B
b'\xc4\xe8'
```

```
>>> len(B)                          # 2 raw 바이트. 인코드된 글자 두 개
2
>>> B.decode('latin-1')             # Latin-1로 텍스트 디코드
'Äè'

>>> B = b'\xc3\x84\xc3\xa8'         # UTF-8로 인코드된 텍스트
>>> len(B)                          # 4 raw 바이트. 인코드된 글자 두 개
4
>>> B.decode('utf-8')               # UTF-8로 텍스트 디코드
'Äè'
>>> len(B.decode('utf-8'))          # 메모리 안에는 두 개의 유니코드 문자가 존재
2
```

다른 인코딩 체계

일부 인코딩에서는 더 큰 바이트 시퀀스를 이용해 문자를 표현한다. 필요한 경우 문자열 안에서 16비트와 32비트 유니코드 코드 포인트 값을 지정할 수 있다. 앞에서 봤듯이, 16비트 문자에 대해서는 "\u..."와 네 개의 16진수 숫자를, 32비트 문자에 대해서는 "\U..."와 여덟 개의 16진수 숫자를 사용할 수 있으며, 다음과 같이 하나의 리터럴 안에서 단순한 아스키 문자와 자유롭게 혼용할 수도 있다.

```
>>> S = 'A\u00c4B\U000000e8C'
>>> S                               # A, B, C와 두 개의 아스키가 아닌 문자
'AÄBèC'
>>> len(S)                          # 문자열 길이는 5
5

>>> S.encode('latin-1')
b'A\xc4B\xe8C'

>>> len(S.encode('latin-1'))        # latin-1로 인코드되면 5바이트
5

>>> S.encode('utf-8')
b'A\xc3\x84B\xc3\xa8C'
>>> len(S.encode('utf-8'))          # utf-8로 인코드되면 7바이트
7
```

기술적으로만 말하면 유니코드나 16진수 이스케이프 문자를 이용하지 않고도 개별 조각을 합쳐 유니코드 문자열을 만들 수도 있지만, 긴 문자열을 만들 때 이런 절차는 너무 지루하다.

```
>>> S = 'A' + chr(0xC4) + 'B' + chr(0xE8) + 'C'
>>> S
'AÄBèC'
```

몇몇 다른 인코딩에서는 매우 다른 바이트 포맷을 이용하기도 한다. 예를 들어 cp500 EBCDIC 인코딩에서는 우리가 지금까지 사용했던 인코딩과 달리 아스키 문자도 다른 방식으로 인코드 한다. 파이썬이 인코드와 디코드를 해주기 때문에 일반적으로는 데이터 소스에 대한 인코딩 이름을 제공할 때만 인코딩에 대해 주의를 기울이면 된다.

```
>>> S
'AÄBèC'
>>> S.encode('cp500')                # 다른 서유럽 인코딩 두 가지
b'\xc1c\xc2T\xc3'
>>> S.encode('cp850')                # 5바이트의 서로 다른 인코드된 값
b'A\x8eB\x8aC'

>>> S = 'spam'                       # 대부분의 인코딩에서 아스키 텍스트는 동일함
>>> S.encode('latin-1')
b'spam'
>>> S.encode('utf-8')
b'spam'
>>> S.encode('cp500')                # 하지만 cp500에서는 아스키도 다르게 표현됨. IBM EBCDIC!
b'\xa2\x97\x81\x94'
>>> S.encode('cp850')
b'spam'
```

동일 크기 헤더에 문자당 고정 2바이트와 4바이트를 사용하는 UTF-16과 UTF-32에서도 이 내용이 적용된다. 아스키가 아닌 문자는 다르게 인코드되며, 아스키는 문자당 1바이트가 아 니다.

```
>>> S = 'A\u00c4B\U000000e8C'
>>> S.encode('utf-16')
b'\xff\xfeA\x00\xc4\x00B\x00\xe8\x00C\x00'

>>> S = 'spam'
>>> S.encode('utf-16')
b'\xff\xfes\x00p\x00a\x00m\x00'
>>> S.encode('utf-32')
b'\xff\xfe\x00\x00s\x00\x00\x00p\x00\x00\x00a\x00\x00\x00m\x00\x00\x00'
```

바이트 문자열 리터럴: 인코드된 텍스트

여기서도 주의할 점이 두 개 있다. 먼저, 파이썬 3.X에서 str 문자열은 16진수와 유니코드 이스케이프를 모두 이용해 특수문자를 이용할 수 있지만, bytes 문자열에서는 16진수 이스케이프만 사용할 수 있다. bytes 리터럴에서 유니코드 이스케이프 시퀀스는 이스케이프가 아니라 문자를 그대로 표시하도록 한다. 사실, bytes의 아스키가 아닌 문자를 제대로 출력하려면 반드시 str 문자열로 디코드해야 한다.

```
>>> S = 'A\xC4B\xE8C'              # 3.X: str은 16진수와 유니코드 이스케이프를 모두 지원함
>>> S
'AÄBèC'
>>> S = 'A\u00C4B\U000000E8C'
>>> S
'AÄBèC'

>>> B = b'A\xC4B\xE8C'             # bytes은 16진수 이스케이프만 지원함
>>> B
b'A\xc4B\xe8C'
>>> B = b'A\u00C4B\U000000E8C'     # 이스케이프 시퀀스가 문자 그대로 사용됨!
>>> B
b'A\\u00C4B\\U000000E8C'

>>> B = b'A\xC4B\xE8C'             # bytes는 16진수 이스케이프 사용
>>> B                             # 아스키가 아닌 문자를 16진수로 출력
b'A\xc4B\xe8C'
>>> print(B)
b'A\xc4B\xe8C'
>>> B.decode('latin-1')           # Latin-1로 디코드하여 텍스트로 출력
'AÄBèC'
```

그다음 바이트 리터럴은 문자가 아스키 문자여야 한다. 만약 그 값이 127보다 클 경우 이스케이프해야 한다. 반면, str 문자열은 소스 문자 집합의 모든 글자에 대해 리터럴을 허용한다. 뒤에서 보겠지만, 이 문자 집합은 소스 코드에서 따로 선언되지 않는 한 UTF-8이 기본값이다.

```
>>> S = 'AÄBèC'                    # 인코딩 선언이 없을 경우 UTF-8 문자로 인식
>>> S
'AÄBèC'

>>> B = b'AÄBèC'
SyntaxError: bytes can only contain ASCII literal characters.

>>> B = b'A\xC4B\xE8C'             # 문자는 아스키거나 이스케이프 문자여야 함
>>> B
b'A\xc4B\xe8C'
```

```
>>> B.decode('latin-1')
'AÄBèC'

>>> S.encode()                          # 소스 코드는 기본적으로 UTF-8로 인코드됨
b'A\xc3\x84B\xc3\xa8C'                   # 별도로 지정하지 않으면 시스템 기본 인코딩을 이용함
>>> S.encode('utf-8')
b'A\xc3\x84B\xc3\xa8C'

>>> B.decode()                          # raw 바이트는 UTF-8에 대응되지 않음
UnicodeDecodeError: 'utf8' codec can't decode bytes in position 1-2: ...
```

바이트 문자열이 디코드된 유니코드 포인트 순서 값을 가지는 게 아니라면, 바이트 기반 데이터를 가진다는 점을 기억한다면, 이 두 가지 제약 조건이 이해가 된다. 인코드된 형태의 텍스트를 포함할 수 있는 반면, 문자가 먼저 인코드되지 않는 한 디코드된 코드 포인트 값은 바이트 문자열에 적절하지 않다.

인코딩 변환하기

지금까지는 문자열의 구조를 조사하기 위해 인코딩과 디코딩을 했다. 문자열을 원본과 다른 인코딩으로 **변환**하는 것도 가능하지만, 반드시 인코딩과 디코딩에 사용할 명시적인 인코딩 이름을 제시해야 한다. 이것은 원본 텍스트 문자열이 파일에 있거나 리터럴이거나 마찬가지다.

여기서 **변환(conversion)**이라는 용어는 적절하지 않을 수도 있다. 실제로 이것은 텍스트 문자열이 디코드된 인코딩과 다른 인코딩 체계에 의해 raw 바이트로 인코딩하는 것을 의미한다. 앞에서 강조했듯이, 메모리 내에서 디코드된 텍스트는 인코딩 타입을 갖지 않으며, 단순한 유니코드 코드 포인트(문자)의 문자열이다. 이 형태에서는 인코딩 변환 같은 개념이 적용되지 않는다. 하지만 스크립트가 하나의 인코딩으로 데이터를 읽고, 다른 인코딩으로 저장하는 방식으로 동일한 데이터에 대한 여러 개의 클라이언트를 사용할 수 있도록 지원한다.

```
>>> B = b'A\xc3\x84B\xc3\xa8C'          # 원래 UTF-8 포맷으로 인코드된 텍스트
>>> S = B.decode('utf-8')               # UTF-8로 유니코드 텍스트로 디코드함
>>> S
'AÄBèC'

>>> T = S.encode('cp500')               # EBCDIC로 인코드된 bytes로 변환함
>>> T
b'\xc1c\xc2T\xc3'

>>> U = T.decode('cp500')               # EBCDIC로 다시 유니코드로 변환함
>>> U
```

```
'AÄBèC'

>>> U.encode()                                      # 다시 기본값인 utf-8로 인코드함
b'A\xc3\x84B\xc3\xa8C'
```

특수한 유니코드와 16진수 이스케이프는 아스키가 아닌 유니코드 문자열을 직접 다루어야 할 경우에만 필요하다는 점을 염두에 두기 바란다. 실제로, 파일에서 종종 그런 텍스트를 읽어 들이게 될 것이다. 이 장 뒤에서 보겠지만, 3.X의 파일 객체(내장된 open 함수에 의해 생성된)는 읽을 때 자동으로 텍스트 문자열을 디코드하고, 기록할 때 자동으로 인코드한다. 이런 성질 때문에 여러분의 스크립트에서는 직접 특수문자를 사용하지 않고도 문자열을 범용적으로 다룰 수 있다.

이 장 뒷부분에서는 문자열과 파일 간의 전송 과정에서 마지막 예제의 것과 매우 유사한 기법을 이용해 인코딩을 변환할 수 있음을 보게 될 것이다. 하지만 파일을 열 때는 여전히 명시적인 인코딩 이름을 제공해야 하며, 파일 인터페이스가 대부분의 변환 작업을 자동으로 처리해 줄 것이다.

파이썬 2.X에서 유니코드 문자열 코딩하기

여기서 3.X의 유니코드 지원을 강조하는 이유는 그것이 새로 다루는 주제이기 때문이다. 하지만 지금까지 3.X의 유니코드 문자열의 기본에 대해 설명했으므로, 2.X에서 동일한 결과를 얻는 방법에 대해서도 설명할 필요가 있다. 파이썬 2.X에서는 unicode를 사용할 수 있다. str과는 구분되는 타입이지만 거의 같은 기능을 지원하며, str이 모두 아스키일 경우에는 일반적인 문자열과 유니코드 문자열을 혼용할 수 있다.

사실, raw 바이트를 유니코드 문자열로 디코드할 때는 적절한 형태이기만 하면 2.X의 str을 3.X의 bytes처럼 사용할 수도 있다. 2.X에서 유니코드 문자는 명시적으로 출력하지 않으면 16진수로 출력되며, 아스키가 아닌 문자는 셸마다 다르게 출력된다(이 절의 코드 대부분은 IDLE 외부에서 실행되었다. IDLE은 종종 Latin-1 문자를 인코드된 바이트 문자열로 인식하고 출력하는 경우가 있다. 환경 변수인 PYTHONENCODING 윈도우 명령 프롬프트의 출력 이슈에 대해서는 뒤에서 설명한다).

```
C:\code> py -2
>>> S = 'A\xC4B\xE8C'                   # 8비트 바이트 문자열
>>> S                                   # Latin-1로 인코드된 텍스트(일부는 아스키가 아닌 문자임)
'A\xc4B\xe8C'
```

```
>>> print S                              # 출력 불가능한 문자(IDLE은 다를 수 있음)
A—BФC

>>> U = S.decode('latin1')               # Latin-1에 의해 bytes를 유니코드 텍스트로 디코드함
>>> U
u'A\xc4B\xe8C'
>>> print U
AÄBèC

>>> S.decode('utf-8')                    # 인코드된 형태가 utf-8과 호환되지 않음
UnicodeDecodeError: 'utf8' codec can't decode byte 0xc4 in position 1:
invalid continuation byte

>>> S.decode('ascii')                    # 인코드된 bytes도 아스키 범위를 벗어남
UnicodeDecodeError: 'ascii' codec can't decode byte 0xc4 in position 1:
ordinal not in range(128)
```

유니코드 텍스트를 코딩하려면 u'xxx' 리터럴 형식을 이용해 unicode 객체를 만든다(앞에서 언급한 대로, 이 리터럴은 3.3부터 다시 사용할 수 있게 되었지만, 일반적으로 3.X에서는 불필요하다. 3.X에서는 보통 문자열이 유니코드를 지원하기 때문이다).

```
>>> U = u'A\xC4B\xE8C'                    # 유니코드 문자열 생성. 16진수 이스케이프
>>> U
u'A\xc4B\xe8C'
>>> print U
AÄBèC
```

일단 생성하고 나면 유니코드 텍스트를 raw 바이트 인코딩으로 변환할 수 있다. 이것은 3.X에서 str 객체를 bytes 객체로 인코딩하는 것과 유사하다.

```
>>> U.encode('latin-1')                   # Latin-1에 의해 인코드한 8비트 bytes
'A\xc4B\xe8C'

>>> U.encode('utf-8')                     # utf-8에 의해 인코드한 멀티바이트
'A\xc3\x84B\xc3\xa8C'
```

2.X에서도 3.X에서와 같이 16진수나 유니코드 이스케이프를 통해 아스키가 아닌 문자를 문자열 리터럴로 코딩할 수 있다. 하지만 3.X의 bytes를 이용하면 "\u..."과 "\U..." 이스케이프는 8비트 str 문자열이 아닌 2.X의 unicode 문자열에서만 인식된다. 다시 말하지만 이는 디코드된 유니코드 문자의 값을 표현하기 위해 사용되는 것인데, raw 바이트 문자열에서는 의미가 없다.

```
C:\code> py -2
>>> U = u'A\xC4B\xE8C'                # 아스키가 아닌 문자에 대한 16진수 이스케이프
>>> U
u'A\xc4B\xe8C'
>>> print U
AÄBèC


>>> U = u'A\u00C4B\U000000E8C'        # 아스키 문자에 대한 유니코드 이스케이프
>>> U                                 # u" = 16 비트, U" = 32 비트
u'A\xc4B\xe8C'
>>> print U
AÄBèC


>>> S = 'A\xC4B\xE8C'                 # 16진수 이스케이프도 동작함
>>> S
'A\xc4B\xe8C'
>>> print S                           # 디코드하지 않은 일부 문자는 이상하게 출력됨
A─BΦC
>>> print S.decode('latin-1')
AÄBèC


>>> S = 'A\u00C4B\U000000E8C'         # 유니코드 이스케이프 아님. 리터럴로 해석!
>>> S
'A\\u00C4B\\U000000E8C'
>>> print S
A\u00C4B\U000000E8C
>>> len(S)
19
```

2.X에서 문자열 타입 혼용하기

3.X의 str과 bytes와 유사하게 2.X의 unicode와 str은 거의 동일한 동작 집합을 공유하기 때문에 다른 인코딩으로 변경할 필요만 없다면 unicode를 str인 것처럼 사용할 수 있다. 하지만 2.X와 3.X의 주요한 차이점은 unicode와 비 unicode str 객체는 자유롭게 **혼용**할 수 있다는 점이다. str이 unicode 객체와 호환 가능하기만 하면 파이썬이 자동으로 str을 unicode로 변환할 것이다.

```
>>> u'ab' + 'cd'                      # 2.X에서 호환될 경우 혼용 가능함
u'abcd'                               # 'ab' + b'cd'는 3.X에서 허용되지 않음
```

하지만 8비트 문자열이 7비트 아스키 바이트만을 포함하고 있을 때만 이런 자유로운 혼용이 가능하다.

```
>>> S = 'A\xC4B\xE8C'                   # 2.X에서는 문자열이 아스키가 아닌인 경우 혼용 불가능함
>>> U = u'A\xC4B\xE8C'
>>> S + U
UnicodeDecodeError: 'ascii' codec can't decode byte 0xc4 in position 1:
ordinal not in range(128)

>>> 'abc' + U                           # 문자열이 모두 7비트 아스키인 경우에만 혼용 가능함
u'abcA\xc4B\xe8C'
>>> print 'abc' + U                     # print를 이용해 문자 출력
abcAÄBèC

>>> S.decode('latin-1') + U             # 2.X에서도 수동 변환 필요
u'A\xc4B\xe8CA\xc4B\xe8C'
>>> print S.decode('latin-1') + U
AÄBèCAÄBèC

>>> print u'\xA3' + '999.99'            # 25장의 통화 예제 참조
£999.99
```

대조적으로 3.X에서는 str과 bytes를 절대 자동으로 혼용할 수 없고, 반드시 수동 변환이 필요하다. 앞의 코드는 실제로 3.3에서 실행되었지만, 2.X의 유니코드 리터럴이 3.X의 일반적인 문자열과 같은 것으로 간주되었기 때문에 실행이 가능했다. 3.X에서는 bytes에 str이 더해진 형태(예 'ab' + b'cd' 같은 형태)가 될 것인데, 3.X에서는 객체가 공통 타입으로 변환되지 않는 한은 실패한다.

하지만 2.X에서 타입의 차이점은 종종 코드에 큰 영향을 주지 않는다. 일반 문자열과 유사하게 유니코드 문자열도 연결할 수 있고, 인덱스할 수 있으며, 잘라낼 수도 있고, re 모듈로 매치할 수도 있다. 또한, 위치 지정 변경은 불가능하다. 두 타입 간 명시적인 변환이 필요한 경우에는 다음과 같이 내장된 str과 unicode 함수를 이용할 수 있다.

```
>>> str(u'spam')                        # 유니코드 -> 일반
'spam'
>>> unicode('spam')                     # 일반 -> 유니코드
u'spam'
```

파이썬 2.X를 사용 중이라면, 이 장 뒤에 있는 다른 파일 인터페이스에 대해서도 살펴보기 바란다. open 호출은 8비트 바이트로 된 파일만을 지원하며, 파일의 콘텐츠를 str 문자열로 반환한다. 그 콘텐츠를 텍스트 또는 바이너리 데이터로 해석하고 디코드하는 것은 여러분의 책임이다. 유니코드 파일을 읽고 쓰거나 그 콘텐츠를 자동으로 인코드, 디코드하려면 이 장 뒤에서 알아볼 codecs.open 호출을 이용해야 한다. 이 함수는 3.X의 open과 매우 유사한 기능을

제공하며, 2.X의 unicode 객체를 이용해 파일 콘텐츠를 표현한다. 파일에서 읽기를 하면 인코드된 바이트를 디코드된 유니코드 텍스트로 변환하며, 쓰기를 하면 파일을 열 때 사용한 인코딩으로 문자열을 변환한다.

소스 파일 문자 집합 인코딩 선언

마지막으로, 유니코드가 문자열 리터럴 안에 가끔 나타날 때는 유니코드 이스케이프 코드를 사용해도 좋지만, 아스키가 아닌 텍스트를 문자열 안에 자주 포함시켜야 할 때는 괴로워질 수 있다. 여러분이 작성하는 문자열의 내용을 해석하고 스크립트 파일 내의 텍스트에 포함하기 위해 파이썬은 기본적으로 UTF-8 인코딩을 사용한다. 하지만 원하는 인코딩 이름을 주석으로 추가하여 임의의 문자 집합을 지원하도록 변경할 수 있다. 이 주석은 반드시 다음의 형태를 가져야 하며, 파이썬 2.X와 3.X에서 공통적으로 스크립트 파일의 첫 번째 혹은 두 번째 줄에 위치해야 한다.

```
# -*- coding: latin-1 -*-
```

이 형태의 주석이 있으면, 파이썬은 문자열을 지정된 인코딩으로 해석한다. 이것은 여러분이 파이썬 스크립트 파일을 액센트 및 아스키가 아닌 문자를 정확하게 표현할 수 있는 편집기에서 편집할 수 있으며, 파이썬이 그것을 문자열 리터럴 안에서 정확하게 디코드할 것이라는 것을 뜻한다. 예를 들어, 다음 text.py 파일의 맨 위에 있는 주석으로 인해 latin-1 문자가 문자열 안에 포함될 수 있음을 살펴보자.

```
# -*- coding:  latin-1 -*-
# 다음의 모든 문자열 리터럴 형태는 latin-1 형태로 동작함
# 위의 인코딩을 아스키나 utf-8로 변경하려 하면 오류가 발생하는데,
# myStr1의 0xc4와 0xe8이 아스키나 utf-8에서 유효한 문자가 아니기 때문임

myStr1 = 'aÄBèC'

myStr2 = 'A\u00c4B\U000000e8C'

myStr3 = 'A' + chr(0xC4) + 'B' + chr(0xE8) + 'C'

import sys
print('Default encoding:', sys.getdefaultencoding())

for aStr in myStr1, myStr2, myStr3:
    print('{0}, strlen={1}, '.format(aStr, len(aStr)), end='')
```

```
    bytes1 = aStr.encode()            # 기본 utf-8에 의해 인코드됨. 아스키가 아닌 문자는 2바이트
    bytes2 = aStr.encode('latin-1')   # 한 문자당 1바이트
   #bytes3 = aStr.encode('ascii')     # 아스키는 변환되지 않음. 0-127 범위를 벗어남

    print('byteslen1={0}, byteslen2={1}'.format(len(bytes1), len(bytes2)))
```

실행하면 이 스크립트는 다음과 같이 각 코딩 기법에 대해 원본 문자열, 길이, 그리고 UTF-8 형식의 길이, Latin-1 형식의 길이를 표시한다.

```
C:\code> py -3
Default encoding: utf-8
aÄBèC, strlen=5, byteslen1=7, byteslen2=5
AÄBèC, strlen=5, byteslen1=7, byteslen2=5
AÄBèC, strlen=5, byteslen1=7, byteslen2=5
```

다수의 프로그래머들이 표준 UTF-8 인코딩으로 충분할 것이기 때문에 이 옵션을 포함해 프로퍼티, 문자열의 문자 이름 이스케이프 같은 고급 유니코드 지원에 대한 주제는 파이썬의 표준 매뉴얼을 참조한다. 이 장에서는 파이썬 3.X의 새 바이트 문자열 객체 타입에 대해 간략하게 살펴보고, 그다음 파일과 도구의 변경에 대해 알아보도록 하자.

아스키가 아닌 문자 코딩과 소스 파일 선언에 대해서는 25장의 통화 포매팅 예제의 통화 기호 및 이 책의 예제 패키지에 있는 formats_currency2.py 파일을 참조한다. 후자는 파이썬의 소스 파일 선언을 필요로 한다. 아스키가 아닌 통화 기호 문자를 포함하고 있기 때문이다. 또한 이 예제는 2.X의 유니코드 리터럴을 3.3 및 그 이후 버전 코드에서 사용할 때 이식성 확보에 대해서도 설명하고 있다.

3.X의 bytes 객체 사용하기

7장에서 파이썬 3.X의 일반적인 str 문자열 타입에 대해 사용할 수 있는 다양한 동작에 대해 배웠다. 기본 문자열 타입은 2.X와 3.X에서 동일하게 동작하므로, 이 주제를 다시 다루지는 않을 것이다. 그 대신 3.X의 새로운 bytes 타입이 지원하는 동작 집합에 대해 더 깊게 다루어 보자.

이전에 언급한 대로, 3.X의 bytes 객체는 0부터 255 사이의 값을 가진 작은 정수의 시퀀스다. 이 정수는 아스키 문자로 출력할 수 있다. 이것은 str 객체와 동일한 메소드 및 시퀀스 연산을 지원한다. 하지만 bytes는 format 메소드나 % 포매팅 표현을 지원하지 않으며, 명시적인 변환

없이는 str과 bytes를 혼용할 수 없다. 일반적으로 텍스트 데이터는 str 타입 객체와 텍스트 파일을 사용하고, 바이너리 데이터에 대해서는 bytes 타입 객체 및 바이너리 파일을 이용한다.

메소드 호출

bytes에는 없지만 str에 있는 속성을 확인하려면, 내장된 dir 함수의 실행 결과를 확인하면 된다. 또한, 그 실행 결과에서 그것들이 지원하는 표현식 연산에 대해서도 알 수 있다(예를 들면 __mod__와 __rmod__는 % 연산을 구현한다).

```
C:\code> py -3

# str에는 있지만 bytes에 없는 속성
>>> set(dir('abc')) - set(dir(b'abc'))
{'isdecimal', '__mod__', '__rmod__', 'format_map', 'isprintable', 'casefold',
'format', 'isnumeric', 'isidentifier', 'encode'}

# bytes에는 있지만 str에 없는 속성
>>> set(dir(b'abc')) - set(dir('abc'))
{'decode', 'fromhex'}
```

str과 bytes는 거의 동일한 기능을 가진다. 예를 들어, 각자에만 유일한 속성은 일반적으로 상대방에게 적용할 수 없는 메소드들이다. 예를 들어 decode는 raw 바이트를 str 표현으로 변환하고, encode는 문자열을 raw 바이트 표현으로 변환한다. 거의 모든 메소드가 같지만, bytes의 메소드는 bytes 인수를 필요로 한다(다시 말하지만, 3.X의 문자열 타입은 혼용할 수 없다). 또한, 2.X와 3.X에서 str과 bytes는 변경 불가능하다는 점을 기억하도록 하자(아래의 오류 메시지는 간결함을 위해 축약되었다).

```
>>> B = b'spam'                        # b'...' bytes 리터럴
>>> B.find(b'pa')
1

>>> B.replace(b'pa', b'XY')            # bytes 메소드는 bytes 인수를 받음
b'sXYm'

>>> B.split(b'pa')                     # bytes 메소드는 bytes로 결과 반환
[b's', b'm']

>>> B
b'spam'
>>> B[0] = 'x'
TypeError: 'bytes' object does not support item assignment
```

한 가지 주목할 만한 차이점은 3.X에서는 **문자열 포매팅**이 str 객체에서만 동작하며, bytes에서는 동작하지 않는다는 점이다(문자열 포매팅 표현과 메소드에 대해서는 7장을 참조한다).

```
>>> '%s' % 99
'99'
>>> b'%s' % 99
TypeError: unsupported operand type(s) for %: 'bytes' and 'int'

>>> '{0}'.format(99)
'99'
>>> b'{0}'.format(99)
AttributeError: 'bytes' object has no attribute 'format'
```

시퀀스 연산

메소드 호출 외에도 여러분이 알고 있고 선호하는 파이썬 2.X 문자열과 리스트의 범용적인 시퀀스 연산은 3.X의 str과 bytes 모두에서 잘 동작한다. 여기에는 인덱싱, 슬라이싱, 연결 등이 포함된다. 다음 예제에서 bytes 객체에 대한 인덱싱은 바이트의 바이너리 값을 나타내는 정수가 반환됨에 주목한다. 실제로 bytes는 8비트 정수의 **시퀀스**이지만, 편의를 위해 가능한 한 아스키 코드문자의 문자열로 출력된다. 반환된 바이트의 값을 확인하려면 내장된 chr 함수를 이용해 문자로 변환하면 된다.

```
>>> B = b'spam'                      # small int의 시퀀스
>>> B                                # 아스키와 16진수 이스케이프로 출력됨
b'spam'

>>> B[0]                             # 인덱싱은 정수를 반환함
115
>>> B[-1]
109

>>> chr(B[0])                        # 정수에 해당하는 문자를 표시함
's'

>>> list(B)                          # 모든 바이트에 대한 정숫값을 표시함
[115, 112, 97, 109]

>>> B[1:], B[:-1]
(b'pam', b'spa')
>>> len(B)
4
>>> B + b'lmn'
b'spamlmn'
>>> B * 4
b'spamspamspamspam'
```

bytes 객체를 만드는 다른 방법

지금까지는 대부분 b'...' 리터럴 구문을 이용해 bytes 객체를 생성했다. 하지만 str과 인코딩 이름을 이용해 bytes 생성자를 호출하거나, 바이트 값을 표현하는 정수의 반복을 전달하여 bytes 생성자를 호출하거나, 또는 str 객체를 기본(혹은 지정된) 인코딩으로 인코드하여 bytes 객체를 생성할 수 있다. 인코딩은 텍스트 str을 받아들여 지정된 인코딩에 따라 문자열의 인코드된 raw 바이트 값을 반환한다. 역으로, 디코딩은 raw 바이트 시퀀스를 받아들여 str 텍스트 문자열 표현(유니코드 문자 배열)으로 변환한다. 두 동작은 모두 새로운 문자열 객체를 생성한다.

```
>>> B = b'abc'                        # 리터럴
>>> B
b'abc'

>>> B = bytes('abc', 'ascii')         # 생성자에 인코딩 이름 전달
>>> B
b'abc'

>>> ord('a')
97
>>> B = bytes([97, 98, 99])           # 정수 반복
>>> B
b'abc'

>>> B = 'spam'.encode()               # str.encode( )(또는 bytes( ))
>>> B
b'spam'
>>>
>>> S = B.decode()                    # bytes.decode( )(또는 str( ))
>>> S
'spam'
```

기능적인 측면에서 보면, 이 동작 중 마지막 두 개는 실제로 str과 bytes 간 변환을 위한 도구다. 이에 대해서는 앞에서 소개한 바 있으며, 다음 절에서 확장하여 설명한다.

문자열 타입 혼용하기

1496쪽의 "메소드 호출"절에 있는 replace 호출에서는 2바이트 객체를 전달해야 했다. 거기서 str 타입은 사용할 수 없다. 파이썬 2.X가 str과 unicode를 자동으로 변환하기는 하지만(㈜ str이 7비트 아스키 텍스트일 때), 파이썬 3.X는 일부 콘텍스트에서 특정한 문자열 타입을 필요로 하며, 필요한 경우 수동으로 변환해야 한다.

```
# 함수와 메소드 호출 시 적절한 타입을 전달해야 함

>>> B = b'spam'

>>> B.replace('pa', 'XY')
TypeError: expected an object with the buffer interface

>>> B.replace(b'pa', b'XY')
b'sXYm'

>>> B = B'spam'
>>> B.replace(bytes('pa'), bytes('xy'))
TypeError: string argument without an encoding

>>> B.replace(bytes('pa', 'ascii'), bytes('xy', 'utf-8'))
b'sxym'

# 3.X의 혼합 타입 표현식에서는 반드시 수동으로 변환해야 함

>>> b'ab' + 'cd'
TypeError: can't concat bytes to str

>>> b'ab'.decode() + 'cd'              # bytes를 문자열로 변환
'abcd'
>>> b'ab' + 'cd'.encode()             # 문자열을 bytes로 변환
b'abcd'
>>> b'ab' + bytes('cd', 'ascii')      # 문자열을 bytes로 변환
b'abcd'
```

패킹된 바이너리 데이터 표현을 위해 bytes 객체를 직접 생성할 수도 있지만, 바이너리 모드로 열린 파일에서 읽기만 해도 자동으로 생성된다. 이에 대해서는 이 장 뒤에서 더 자세하게 다룰 예정이다. 먼저, bytes의 매우 가깝고 변형 가능한 친척에 대해 소개하겠다.

파이썬 3.X/2.6+에서 bytesarray 객체 사용하기

지금까지는 str과 bytes에 초점을 맞춰 왔다. 이것들이 파이썬 2.X의 unicode와 str을 포함하기 때문이다. 하지만 파이썬 3.X에서는 변형 가능한 0부터 255 사이의 정수에 대한 변경 가능한 시퀀스인 bytearray가 추가되었다. bytearray는 bytes의 변경 가능한 버전이다. 그러므로, bytearray는 bytes와 동일한 문자열 메소드 및 시퀀스 연산을 제공하며, 리스트가 제공하는 변경 가능한 위치 지정 변경 연산의 대부분을 지원한다.

bytearray는 아스키 같이 문자당 1바이트로 표현할 수 있는 단순한 형태의 텍스트뿐만 아니라 순수한 바이너리 데이터에 대해서도 위치 지정 변경이 가능하다(유니코드 텍스트는 일반적으로 유니코드 문자열을 사용하지만, 유니코드 문자열은 변경 불가능하다). bytearray 타입은 3.X의 백포트로 2.6과 2.7에서도 사용 가능하지만, 3.X에서와 같은 분명한 텍스트/바이너리 구분은 하지 않는다.

bytearray 활용

먼저 간단히 살펴보자. 내장된 bytearray를 호출하여 bytearray 객체를 생성할 수 있다. 파이썬 2.X에서는 다음과 같이 초기화를 위해 임의의 문자열을 사용한다.

```
# 2.6/2.7에서의 초기화: 0-255 범위 small int의 변경 가능한 시퀀스

>>> S = 'spam'
>>> C = bytearray(S)                    # 3.X에서 2.6 이상 버전으로의 하위 호환 포팅
>>> C                                   # 2.6 이상에서 b'..' == '..'(문자열)
bytearray(b'spam')
```

파이썬 3.X에서는 다음과 같이 인코딩 이름이나 바이트 문자열이 필요하다. (바이트 문자열이 인코드된 유니코드 텍스트라고는 해도) 텍스트 문자열과 바이너리 문자열을 혼용할 수 없기 때문이다.

```
# 3.X에서 bytearray 생성: 텍스트와 바이너리 혼용 불가

>>> S = 'spam'
>>> C = bytearray(S)
TypeError: string argument without an encoding

>>> C = bytearray(S, 'latin1')          # 3.X의 내용 중심 타입
>>> C
bytearray(b'spam')

>>> B = b'spam'                         # 3.X: b'..' != '..'(bytes/str)
>>> C = bytearray(B)
>>> C
bytearray(b'spam')
```

일단 생성되면 bytearray 객체는 bytes처럼 작은 정수의 시퀀스이며, list처럼 변형 가능하다. 다만, 인덱스 할당을 위해서는 문자열이 아니라 정수가 필요하다(다음은 이 세션의 연속이며, 따로 언급하지 않으면 파이썬 3.X에서 실행한다. 2.X의 사용에 대해서는 주석을 참조한다).

```
# 변형 가능하지만, 문자열이 아닌 정수를 할당해야 함

>>> C[0]
115

>>> C[0] = 'x'                          # 이 줄과 다음 줄은 2.6/2.7에서 동작함
TypeError: an integer is required
>>> C[0] = b'x'
TypeError: an integer is required

>>> C[0] = ord('x')                     # ord( )를 이용해 문자의 코드 값을 얻음
>>> C
bytearray(b'xpam')

>>> C[1] = b'Y'[0]                      # 또는 바이트 문자열을 인덱스함
>>> C
bytearray(b'xYam')
```

bytearray 객체를 처리할 때는 문자열과 리스트의 기능을 이용할 수 있다. 변형 가능한 바이트 문자열이기 때문이다. bytearray는 str및 bytes의 메소드뿐만 아니라, list의 변형 가능한 메소드도 다수 가지고 있다. 유명한 메소드 이외에도 bytearray의 __iadd__나 __setitem__는 각각 += 연결(concatenation) 및 인덱스 할당을 구현한다.

```
# bytes에는 있지만 bytearray에 없는 메소드
>>> set(dir(b'abc')) - set(dir(bytearray(b'abc')))
{'__getnewargs__'}

# bytearray에는 있지만 bytes에는 없는 메소드
>>> set(dir(bytearray(b'abc'))) - set(dir(b'abc'))
{'__iadd__', 'reverse', '__setitem__', 'extend', 'copy', '__alloc__',
'__delitem__', '__imul__', 'remove', 'clear', 'insert', 'append', 'pop'}
```

인덱스 할당이나 리스트 류의 메소드를 이용해 사용 중에 bytearray를 변경할 수 있다(2.6 이전의 버전에서 특정 위치의 텍스트를 변경하려면, list(str)와 ''.join(list)을 이용해 리스트로 변경하고 다시 문자열로 변경해야 한다. 4장과 6장을 참조하자).

```
# 변형 가능한 메소드 호출

>>> C
bytearray(b'xYam')

>>> C.append(b'LMN')                    # 2.X는 크기가 1인 문자열 필요
TypeError: an integer is required
```

```
>>> C.append(ord('L'))
>>> C
bytearray(b'xYamL')

>>> C.extend(b'MNO')
>>> C
bytearray(b'xYamLMNO')
```

일반적인 시퀀스 동작과 문자열 메소드는 모두 bytearray에 대해 동작한다(bytes 객체와 유사하게 그 표현식과 메소드에는 str 인수가 아닌 bytes 인수를 전달해야 한다).

```
# 시퀀스 동작 및 문자열 메소드

>>> C
bytearray(b'xYamLMNO')

>>> C + b'!#'
bytearray(b'xYamLMNO!#')
>>> C[0]
120

>>> C[1:]
bytearray(b'YamLMNO')
>>> len(C)
8

>>> C.replace('xY', 'sp')              # 2.X에서 동작
TypeError: Type str doesn't support the buffer API
>>> C.replace(b'xY', b'sp')
bytearray(b'spamLMNO')

>>> C
bytearray(b'xYamLMNO')
>>> C * 4
bytearray(b'xYamLMNOxYamLMNOxYamLMNOxYamLMNO')
```

파이썬 3.X 문자열 타입 요약

마지막으로, 다음 예제는 bytes와 bytearray 객체가 정수의 시퀀스이며, str 객체는 문자의 시퀀스임을 보여 준다.

```
# 바이너리 대 텍스트

>>> B                                  # B는 2.6/2.7의 S와 같음
b'spam'
```

```
>>> list(B)
[115, 112, 97, 109]

>>> C
bytearray(b'xYamLMNO')
>>> list(C)
[120, 89, 97, 109, 76, 77, 78, 79]

>>> S
'spam'
>>> list(S)
['s', 'p', 'a', 'm']
```

파이썬 3.X의 문자열 타입 세 가지가 모두 문자 값을 가질 수 있고 다수의 동일한 동작을 지원하지만, 언제나 다음과 같이 사용해야 한다.

- 텍스트 데이터에는 str을 사용한다.
- 바이너리 데이터에에는 bytes를 사용한다.
- 사용 중에 바이너리 데이터를 변경하려면 bytearray를 사용한다.

다음 절의 주제인 파일 같은 관련된 도구들이 종종 대신 선택을 해주기도 한다.

텍스트 파일과 바이너리 파일 사용하기

이 절에서는 파이썬 3.X의 문자열 모델이 이 책 앞에서 다루었던 파일 처리 기본에 대해 미치는 영향에 대해 설명한다. 앞에서 언급한 대로, 파일을 열 때 지정한 모드가 매우 중요하다. 이것이 스크립트 안에서 파일 내용을 표현할 때 어떤 객체 타입을 이용할 것인지를 결정한다. 텍스트 모드는 str 객체를, 바이너리 모드는 bytes 객체를 사용해야 한다.

- **텍스트 모드 파일**은 파일 내용을 플랫폼 기본 인코딩 또는 여러분이 지정한 인코딩 이름에 따라 유니코드 인코딩으로 해석한다. open에 인코딩 이름을 지정하여 다양한 유니코드 파일 타입을 강제로 변환할 수 있다. 또한 텍스트 모드 파일은 **개행 문자 변환**을 수행한다. 기본적으로 스크립트에서는 어떤 플랫폼에서 실행하는지와 상관없이 모든 개행 문자가 단일 '\n' 문자에 매핑된다. 앞에서 설명한 대로, 텍스트 파일은 일부 유니코드 인코딩 체계에서 파일 맨 앞에 저장된 BOM을 읽고 쓰는 기능을 담당한다.
- **바이너리 모드 파일**은 파일 내용을 바이트 값을 표현하는 정수의 시퀀스 형태로 반환한다. 여기에는 인코딩이나 디코딩, 개행 문자 변환 같은 과정이 없다.

2.X 파이썬에서와 같이 open의 두 번째 인수가 텍스트 혹은 바이너리 모드를 결정한다. 이 문자열에 b를 추가하면 바이너리 모드가 된다(뗀 "rb"는 바이너리 데이터 읽기 모드). 기본 모드는 "rt"다. 이것은 텍스트 읽기를 나타내며, "r"과 같다.

하지만 3.X에서는 open의 모드 인수가 파일 내용 표현을 위한 객체 타입까지 포함한다. 하부 플랫폼과 상관없이 텍스트 파일은 읽거나 쓸 때 str 객체를 사용하지만, 바이너리 파일은 bytes 또는 bytearray를 사용해야 한다.

텍스트 파일 기초

설명을 위해 기본적인 파일 I/O부터 시작하자. 기본적인 텍스트 파일(뗀 아스키)을 처리하며, 플랫폼 기본 문자열 인코딩에 대해 신경 쓰지 않는다면 3.X의 파일은 2.X와 다를 것이 없다(이는 일반적으로 문자열도 마찬가지다). 예를 들어, 다음 코드에서는 3.X에서 텍스트 한 줄을 파일에 쓰고 다시 읽어 들인다. 그 방법은 2.X와 완전히 동일하다(3.X에서는 file이 더 이상 내장된 이름이 아니기 때문에 변수 이름으로 얼마든지 사용할 수 있다).

```
C:\code> py -3
# 기본적인 텍스트 파일과 문자열은 2.X와 동일하게 동작함

>>> file = open('temp', 'w')
>>> size = file.write('abc\n')        # 기록된 문자 수를 반환
>>> file.close()                       # 출력 버퍼를 비우기 위해 수동으로 close

>>> file = open('temp')                # 기본 모드는 "r" (== "rt"): 텍스트 입력
>>> text = file.read()
>>> text
'abc\n'
>>> print(text)
abc
```

2.X와 3.X에서 텍스트와 바이너리 모드

파이썬 2.X에서는 텍스트와 바이너리 파일의 큰 차이점이 없다. 둘 다 str 문자열을 저장하고 반환한다. 유일한 주요 차이점은 텍스트 파일이 바이너리 파일과는 달리 윈도에서 자동으로 \n 개행 문자를 \r\n으로 매핑한다는 점이다(간결성을 위해 여기에서는 동작을 한 줄로 묶어 표현했다).

```
C:\code> py -2
>>> open('temp', 'w').write('abd\n')        # 텍스트 모드 쓰기: \r 추가
>>> open('temp', 'r').read()                # 텍스트 모드 읽기: \r 제거
'abd\n'
>>> open('temp', 'rb').read()               # 바이너리 모드 읽기: 그대로 읽음
'abd\r\n'

>>> open('temp', 'wb').write('abc\n')       # 바이너리 모드 쓰기
>>> open('temp', 'r').read()                # \n이 \r\n으로 확장되지 않음
'abc\n'
>>> open('temp', 'rb').read()
'abc\n'
```

파이썬 3.X에서는 텍스트 데이터를 표현하는 str과 바이너리 데이터를 표현하는 bytes의 구분 때문에 조금 더 복잡해진다. 설명을 위해, 3.X에서 두 가지 모드로 텍스트 파일에 쓰고 그 내용을 다시 읽어 보자. 쓰기에는 str을 사용해야 하지만, open 모드에 따라 읽기는 str이나 bytes를 반환한다는 점에 유의한다.

```
C:\code> py -3
# 텍스트 파일에 쓰고 읽음
>>> open('temp', 'w').write('abc\n')        # 텍스트 모드 쓰기: str 제공
4
>>> open('temp', 'r').read()                # 텍스트 모드 읽기: str 반환
'abc\n'
>>> open('temp', 'rb').read()               # 바이너리 모드 읽기: bytes 반환
b'abc\r\n'
```

윈도의 텍스트 모드 파일에서 \n 개행 문자가 쓰기 시 \r\n으로 변환되는 것에 유의한다. 텍스트 모드는 \r\n을 다시 \n으로 변환하지만, 바이너리 파일은 그렇지 않다. 이것은 2.X에서도 동일하며, 이것이 일반적으로 우리가 원하는 방식이다. 텍스트 파일은 개행 문자를 \n에서 적절한 형태로 변환하여 호환성을 확보해야 한다(리눅스에서는 \n만 사용하므로 매핑이 필요하지 않다). 그러한 변환은 바이너리 데이터에 대해서는 일어나지 않아야 한다(개행 문자가 전혀 필요하지 않다). 3.X에서는 open에 별도의 인수를 전달하여 이 동작을 제어할 수도 있지만, 보통은 기본값만으로도 충분하다.

이제 동일한 작업을 바이너리 파일로 해보자. 이 경우에는 파일에 쓰기 위해 bytes 객체를 사용하며, 여전히 읽기 모드에 따라 str이나 bytes를 반환한다.

```
# 바이너리 파일에 쓰고 읽음
>>> open('temp', 'wb').write(b'abc\n')          # 바이너리 모드 쓰기. bytes 사용
4
>>> open('temp', 'r').read()                    # 텍스트 모드 읽기. str 반환
'abc\n'
>>> open('temp', 'rb').read()                   # 바이너리 모드 읽기. bytes 반환
b'abc\n'
```

바이너리 모드 읽기에서는 \n 개행 문자가 \r\n으로 확장되지 않음에 주목한다. 다시 말하지만 바이너리 데이터에 대해서는 이것이 적절하다. 타입 요구 사항과 파일 동작은 우리가 바이너리 파일에 기록하는 데이터가 실제로 바이너리여도 동일하다. 예를 들어, 다음 코드의 "\x00"은 바이너리 0바이트이며, 출력 불가능한 문자다.

```
# 실제 바이너리 데이터를 쓰고 읽음
>>> open('temp', 'wb').write(b'a\x00c')         # bytes 쓰기
3
>>> open('temp', 'r').read()                    # str 반환
'a\x00c'
>>> open('temp', 'rb').read()                   # bytes 반환
b'a\x00c'
```

바이너리 모드 파일은 내용을 언제나 bytes 객체로 반환하지만, bytes나 bytearray 객체를 이용해 쓸 수 있다. bytearray가 기본적으로 bytes의 변형 가능한 형태이기 때문이다. 사실, 파이썬 3.X에서 bytes를 받는 거의 모든 API는 bytearray도 받을 수 있다.

```
# bytearray도 동작함
>>> BA = bytearray(b'\x01\x02\x03')

>>> open('temp', 'wb').write(BA)
3
>>> open('temp', 'r').read()
'\x01\x02\x03'
>>> open('temp', 'rb').read()
b'\x01\x02\x03'
```

3.X에서 타입과 내용 불일치

파일을 다룰 때 파이썬의 str/bytes 타입 구분을 위반하지 않기가 쉽지 않음에 유의하자. 다음 예제와 같이 bytes를 텍스트 파일에 쓰거나, str을 바이너리 파일에 쓸 때는 오류가 발생한다 (정확한 오류 메시지 텍스트는 바뀔 수 있다).

```
# 파일 내용의 타입은 유연하지 않음
>>> open('temp', 'w').write('abc\n')          # 텍스트 모드는 str로 입출력함
4
>>> open('temp', 'w').write(b'abc\n')
TypeError: must be str, not bytes

>>> open('temp', 'wb').write(b'abc\n')         # 바이너리 모드는 bytes로 입출력함
4
>>> open('temp', 'wb').write('abc\n')
TypeError: 'str' does not support the buffer interface
```

바이너리 측면에서 텍스트는 인코드되기 전에는 아무 의미가 없다. str을 인코딩하고 bytes
를 디코딩함으로써 타입 간의 변환이 가능하기는 하지만, 이 장 앞에서 설명한 것처럼 텍스트
데이터는 str로, 바이너리 데이터는 bytes를 사용하는 것이 일반적으로는 더 편리하다. str과
bytes의 동작이 서로 많이 유사하기 때문에 대부분의 프로그램에서 그 선택이 큰 딜레마는 아
닐 것이다(이에 대한 예제는 이 장의 마지막 절에 있는 문자열 도구 부분을 참조하자).

3.X에서는 타입 제약 조건과 더불어 파일의 내용도 중요하다. 텍스트 모드 출력 파일은 bytes
대신 str로 작성된 내용만을 받아들이기 때문에 3.X의 텍스트 모드 파일에 진짜 바이너리 데
이터를 기록할 수 있는 방법은 없다. 인코딩 규칙에 따라 기본 문자 집합을 벗어난 bytes는 때
로 일반적인 문자열 안에 포함될 수 있으며, 언제나 바이너리 모드로 기록할 수 있다(다음 코드
중의 일부는 파이썬 3.3보다 이전 버전에서 문자열 결과 출력 시 오류를 발생시키지만, 파일 동작은 문제없
이 실행된다).

```
# 진정한 바이너리 데이터는 텍스트 모드에서 읽을 수 없음
>>> chr(0xFF)                                  # FF는 유효한 문자, FE는 유효하지 않음
'ÿ'
>>> chr(0xFE)                                  # 일부 파이썬 버전에서는 오류 발생
'\xfe'

>>> open('temp', 'w').write(b'\xFF\xFE\xFD')   # 임의의 bytes 사용 불가!
TypeError: must be str, not bytes

>>> open('temp', 'w').write('\xFF\xFE\xFD')    # str 내에 포함되었을 경우 사용 가능
3
>>> open('temp', 'wb').write(b'\xFF\xFE\xFD')  # 바이너리 모드로도 쓸 수 있음
3

>>> open('temp', 'rb').read()                  # 바이너리 bytes로 읽기 가능
b'\xff\xfe\xfd'

>>> open('temp', 'r').read()                   # 디코드 가능한 텍스트가 아니면 읽을 수 없음!
'ÿ\xfe\xfd'                                    # 일부 파이썬 버전에서는 오류 발생
```

하지만 일반적으로 3.X의 텍스트 모드 읽기 파일은 유니코드 인코딩에 따라 내용을 디코드할 수 있어야 하기 때문에 다음 절에서 설명하듯이 진정한 바이너리 데이터를 텍스트 모드에서 읽을 수 있는 방법은 없다.

유니코드 파일 사용하기

지금까지는 기본적인 텍스트 파일 및 바이너리 파일을 읽고 썼다. 파일에 저장된 유니코드 텍스트를 읽고 쓰는 것도 쉽다. 3.X의 open 호출이 텍스트 파일에 대한 인코딩을 전달받고, 데이터가 전송될 때 필요한 인코딩과 디코딩을 자동으로 수행하기 때문이다. 이로 인해 플랫폼 기본값과 다른 인코딩으로 생성된 다양한 유니코드 텍스트를 처리할 수 있으며, 동일한 텍스트를 각각 다른 목적에 필요한 다른 인코딩으로 저장할 수 있다.

3.X에서 유니코드 읽기 및 쓰기

사실, 문자열을 다른 인코드된 형태로 변환할 때, 앞에서와 같이 수동으로 인코드할 수도 있고, 피일 입출력 시 자동으로 하게 할 수도 있다. 이 절에서는 다음 유니코드 문자열을 이용해 동작을 살펴보도록 하자.

```
C:\code> py -3
>>> S = 'A\xc4B\xe8C'                    # 5글자로 디코드된 문자열. 아스키가 아닌
>>> S
'AÄBèC'

>>> len(S)
5
```

수동 인코딩

이미 배운대로 다음과 같이 언제나 대상 인코딩 이름에 따라 문자열을 raw 바이트로 인코드할 수 있다.

```
# 메소드로 수동 인코드
>>> L = S.encode('latin-1')              # latin-1로 인코드 시 5바이트
>>> L
b'A\xc4B\xe8C'
```

```
>>> len(L)
5

>>> U = S.encode('utf-8')                          # utf-8로 인코드 시 7바이트
>>> U
b'A\xc3\x84B\xc3\xa8C'
>>> len(U)
7
```

파일 출력 인코딩

특정한 인코딩으로 파일에 문자열을 기록할 때는 open 호출에 원하는 인코딩 이름을 전달하기만 하면 된다. 먼저 수동으로 인코드하고 바이너리 모드 파일에 기록할 수도 있지만, 그럴 필요가 없다.

```
# 파일에 기록할 때 자동으로 인코드
>>> open('latindata', 'w', encoding='latin-1').write(S)        # latin-1로 쓰기
5
>>> open('utf8data', 'w', encoding='utf-8').write(S)           # utf-8로 쓰기
5

>>> open('latindata', 'rb').read()                             # raw 바이트 읽기
b'A\xc4B\xe8C'

>>> open('utf8data', 'rb').read()                              # 파일마다 내용이 다름
b'A\xc3\x84B\xc3\xa8C'
```

파일 입력 디코딩

유사하게 임의의 유니코드 데이터를 읽으려면 open에 파일의 인코딩 타입 이름을 전달하기만 하면 된다. 그러면 자동으로 raw 바이트에서 문자열로 디코드한다. raw 바이트를 읽어 수동으로 디코드할 수도 있지만, 블록 단위로 읽어 들일 때 문제가 될 수도 있어(문자를 불완전하게 읽어 들일 수 있음) 불필요한 작업이다.

```
# 파일에서 읽을 때 자동으로 디코드
>>> open('latindata', 'r', encoding='latin-1').read()         # 입력 시 디코드
'AÄBèC'
>>> open('utf8data', 'r', encoding='utf-8').read()            # 인코딩 타입에 따름
'AÄBèC'

>>> X = open('latindata', 'rb').read()                        # 수동 디코딩
>>> X.decode('latin-1')                                       # 필요 없음
'AÄBèC'
```

```
>>> X = open('utf8data', 'rb').read()
>>> X.decode()          # UTF-8 is default
'AÄBèC'
```

불일치 디코딩

마지막으로, 3.X에서 파일의 이러한 동작으로 인해 파일에서 텍스트로 읽어 들일 수 있는 콘텐츠의 종류가 제한된다는 점을 유의한다. 이전 절에서 제시했지만, 파이썬 3.X는 텍스트 파일의 데이터를 기본 또는 전달한 유니코드 인코딩 이름에 따라 str 문자열로 변환할 수 있어야 한다. 예를 들어 다음 예제와 같이 텍스트 모드로 순수한 바이너리 파일을 열고자 하면, 정확한 객체 타입을 지정했다고 해도 3.X에서는 제대로 동작하지 않을 것이다.

```
>>> file = open(r'C:\Python33\python.exe', 'r')
>>> text = file.read()
UnicodeDecodeError: 'charmap' codec can't decode byte 0x90 in position 2: ...

>>> file = open(r'C:\Python33\python.exe', 'rb')
>>> data = file.read()
>>> data[:20]
b'MZ\x90\x00\x03\x00\x00\x00\x04\x00\x00\x00\xff\xff\x00\x00\xb8\x00\x00\x00'
```

이 예제의 첫 번째 명령은 2.X에서 실패해야 하지만 실제로는 실패하지 않는다(일반적인 파일은 텍스트를 디코드하지 않는다). 파일을 읽어 들이면 텍스트 모드의 개행 문자 자동 변환으로 인해 손상된 데이터를 문자열로 반환할 것이다(윈도에서 파일을 읽으면 \r\n이 자동으로 \n으로 변환된다). 2.X에서 파일의 내용을 유니코드 텍스트로 다루려면 범용 open 내장된 함수가 아닌 곧 소개할 특별한 도구를 사용해야 한다. 하지만 지금은 먼저 더 폭발적인[2] 주제에 대해 조금 더 살펴보자.

3.X에서의 BOM 처리

앞에서 설명한 대로, 일부 인코딩 체계는 파일의 시작 부분에 특수한 BOM 시퀀스를 저장하여 데이터 엔디안을 명시하거나 인코딩 타입을 선언한다. 파이썬은 파일을 읽을 때는 이 지시자를 건너뛰고, 인코딩 이름이 암묵적일 때는 파일에 지시자를 기록한다. 하지만 명시적으로 BOM을 처리하려면 때로는 반드시 특정한 인코딩 이름을 사용해야 한다.

---

2   [옮긴이] '폭발적'은 다음 절의 주제인 BOM을 이용한 지은이의 농담이다

예를 들어, UTF-16과 UTF-32 인코딩에서 BOM은 엔디안 형식을 지시한다. UTF-8 텍스트 파일은 BOM을 포함할 수도 있지만 보장되지 않으며, 일반적으로 UTF-8이라는 것을 선언하는 역할만을 한다. 이 인코딩 체계를 이용해 데이터를 읽고 쓸 때, 자동으로 범용 인코딩 이름에 의해 암시된 경우 또는 강제로 특정한 인코딩 이름을 지정할 경우에만 파이썬은 BOM을 건너뛰고 읽은 다음, 파일에 쓸 때 BOM을 기록한다.

- UTF-16에서 'utf-16'인 경우 BOM은 항상 처리되며, 더 세부적인 'utf-16-le' 인코딩 이름이 지정되면 파일이 리틀 엔디안 형식임을 나타낸다.

- UTF-8에서 더 세부적인 'utf-8-sig'는 파이썬이 입력 시 BOM을 건너뛰고, 쓸 때 BOM을 기록하도록 지정한다. 하지만 일반적인 'utf-8'은 그렇게 동작하지 않는다.

메모장으로 BOM 제거하기

BOM을 가진 파일을 몇 개 만들어 실제로 어떻게 동작하는지 살펴보자. 텍스트 파일을 윈도의 메모장에서 저장할 때 드롭 다운 목록을 이용해, 단순 아스키 텍스트, UTF-8, 리틀 엔디안 UTF-16, 빅 엔디안 UTF-16 중 한 가지로 인코딩을 지정할 수 있다. 예를 들어 메모장에서 두 줄로 된 spam.txt 파일을 ANSI로 저장하면, BOM 없는 단순 아스키 텍스트 파일로 저장된다. 파이썬에서 이 파일을 바이너리로 읽으면 파일에 저장된 실제 바이트를 볼 수 있다. 텍스트 모드로 읽으면 파이썬은 자동으로 개행 문자 변환을 한다. 아스키는 UTF-8의 하위 집합이기 때문에 이 파일을 명시적으로 UTF-8 텍스트로 디코드할 수도 있다.

```
C:\code> py -3                              # 메모장에 저장된 파일
>>> import sys
>>> sys.getdefaultencoding()
'utf-8'
>>> open('spam.txt', 'rb').read()           # 아스키(UTF-8) 텍스트 파일
b'spam\r\nSPAM\r\n'
>>> open('spam.txt', 'r').read()            # 텍스트 모드의 개행 문자 자동 변환
'spam\nSPAM\n'
>>> open('spam.txt', 'r', encoding='utf-8').read()
'spam\nSPAM\n'
```

이 파일이 메모장에서 UTF-8로 저장되어 있다면, 파일 앞에 3바이트의 UTF-8 BOM 시퀀스가 추가되며, 파이썬이 지시자를 건너뛸 수 있도록 더 확실한 인코딩 이름('utf-8-sig')을 지정해야 한다.

```
>>> open('spam.txt', 'rb').read()              # 3바이트 BOM을 가진 UTF-8
b'\xef\xbb\xbfspam\r\nSPAM\r\n'
>>> open('spam.txt', 'r').read()
'ï»¿spam\nSPAM\n'
>>> open('spam.txt', 'r', encoding='utf-8').read()
'\ufeffspam\nSPAM\n'
>>> open('spam.txt', 'r', encoding='utf-8-sig').read()
'spam\nSPAM\n'
```

파일이 메모장에서 유니코드 빅 엔디안으로 저장되어 있다면, 2바이트 BOM 시퀀스가 앞에 붙은 2바이트(16비트) 문자로 이루어진 UTF-16 형식 데이터를 얻게 된다. 파이썬의 'utf-16' 인코딩 이름은 BOM을 건너뛴다. 모든 UTF-16 파일은 BOM을 가지기 때문이다. 'utf-16-be'는 빅 엔디안 포맷을 다루지만, BOM을 건너뛰지 않는다(다음 예제의 두 번째 코드는 이전 버전의 파이썬에서 제대로 출력되지 않는다).

```
>>> open('spam.txt', 'rb').read()
b'\xfe\xff\x00s\x00p\x00a\x00m\x00\r\x00\n\x00S\x00P\x00A\x00M\x00\r\x00\n'
>>> open('spam.txt', 'r').read()
'\xfeÿ\x00s\x00p\x00a\x00m\x00\n\x00\n\x00S\x00P\x00A\x00M\x00\n\x00\n'
>>> open('spam.txt', 'r', encoding='utf-16').read()
'spam\nSPAM\n'
>>> open('spam.txt', 'r', encoding='utf-16-be').read()
'\ufeffspam\nSPAM\n'
```

어쨌든 메모장의 '유니코드'는 UTF-16 리틀 엔디안이다(물론, 이것은 수많은 유니코드 인코딩 중의 하나다).

파이썬에서 BOM 제거하기

출력 파일에서도 일반적으로 같은 패턴이 적용된다. 파이썬 코드에서 유니코드 파일을 쓸 때 UTF-8에서 BOM을 강제하려면 더 명시적인 인코딩 이름을 지정해야 한다. 'utf-8'은 BOM을 기록하지 않지만, 'utf-8-sig'는 BOM을 기록한다.

```
>>> open('temp.txt', 'w', encoding='utf-8').write('spam\nSPAM\n')
10
>>> open('temp.txt', 'rb').read()              # BOM 없음
b'spam\r\nSPAM\r\n'

>>> open('temp.txt', 'w', encoding='utf-8-sig').write('spam\nSPAM\n')
10
>>> open('temp.txt', 'rb').read()              # BOM 기록
b'\xef\xbb\xbfspam\r\nSPAM\r\n'
```

```
>>> open('temp.txt', 'r').read()
'ï»¿spam\nSPAM\n'
>>> open('temp.txt', 'r', encoding='utf-8').read()          # BOM 유지
'\ufeffspam\nSPAM\n'
>>> open('temp.txt', 'r', encoding='utf-8-sig').read()      # BOM 건너뛰기
'spam\nSPAM\n'
```

'utf-8'은 BOM을 건너뛰지 않으며, BOM이 없는 데이터는 'utf-8'과 'utf-8-sig'로 모두 읽을 수 있다. 파일에 BOM이 있는지 없는지 확신할 수 없다면 후자를 이용한다(그리고 절대 이 단락을 공항의 보안 검색대에서 크게 소리내어 읽지 않도록 주의하자).

```
>>> open('temp.txt', 'w').write('spam\nSPAM\n')
10
>>> open('temp.txt', 'rb').read()                 # BOM 없는 데이터
b'spam\r\nSPAM\r\n'

>>> open('temp.txt', 'r').read()                  # utf-8로 동작
'spam\nSPAM\n'
>>> open('temp.txt', 'r', encoding='utf-8').read()
'spam\nSPAM\n'
>>> open('temp.txt', 'r', encoding='utf-8-sig').read()
'spam\nSPAM\n'
```

마지막으로, 'utf-16' 인코딩 이름에서는 BOM이 자동으로 처리된다. 파일에 쓸 때는 데이터가 플랫폼의 기본 엔디안으로 기록되고, BOM이 항상 기록된다. 파일에서 읽을 때는 데이터가 BOM에 따라 디코드되며, BOM은 항상 제거된다. 이 동작이 체계의 표준이기 때문이다.

```
>>> sys.byteorder
'little'
>>> open('temp.txt', 'w', encoding='utf-16').write('spam\nSPAM\n')
10
>>> open('temp.txt', 'rb').read()
b'\xff\xfes\x00p\x00a\x00m\x00\r\x00\n\x00S\x00P\x00A\x00M\x00\r\x00\n\x00'
>>> open('temp.txt', 'r', encoding='utf-16').read()
'spam\nSPAM\n'
```

UTF-16 인코딩 이름에 다른 엔디안을 지정할 수 있다. 하지만 BOM이 필요하거나 이미 존재하는 경우, 수동으로 BOM을 건너뛰고(읽을 때), 기록해야(쓸 때) 할 수도 있다. BOM 기록 명령에 대해서는 다음 예제를 참조한다.

```
>>> open('temp.txt', 'w', encoding='utf-16-be').write('\ufeffspam\nSPAM\n')
11
>>> open('spam.txt', 'rb').read()
b'\xfe\xff\x00s\x00p\x00a\x00m\x00\r\x00\n\x00S\x00P\x00A\x00M\x00\r\x00\n'
>>> open('temp.txt', 'r', encoding='utf-16').read()
'spam\nSPAM\n'
>>> open('temp.txt', 'r', encoding='utf-16-be').read()
'\ufeffspam\nSPAM\n'
```

더 특정한 UTF-16 인코딩 이름은 BOM 없는 파일에서 잘 동작한다. 하지만 'utf-16'은 입력 시
바이트 오더를 결정하기 위해 BOM을 필요로 한다.

```
>>> open('temp.txt', 'w', encoding='utf-16-le').write('SPAM')
4
>>> open('temp.txt', 'rb').read()            # BOM이 없거나 필요하다면 OK
b'S\x00P\x00A\x00M\x00'
>>> open('temp.txt', 'r', encoding='utf-16-le').read()
'SPAM'
>>> open('temp.txt', 'r', encoding='utf-16').read()
UnicodeError: UTF-16 stream does not start with BOM
```

이 인코딩을 직접 시험해 보거나 파이썬 라이브러리 매뉴얼을 참조하여 BOM의 세부 사항에
대해 알아보도록 하자.

2.X의 유니코드 파일

앞에서 다룬 내용은 파이썬 3.X의 문자열 타입과 파일에 적용된다. 2.X의 유니코드 파일에 대
해서도 유사한 효과를 낼 수 있지만, 인터페이스가 다르다. 하지만 str을 unicode로 대체하고
codecs.open을 이용해 파일을 열면, 3.X의 결과와 본질적으로 같다.

```
C:\code> py -2
>>> S = u'A\xc4B\xe8C'                        # 2.X 타입
>>> print S
AÄBèC
>>> len(S)
5
>>> S.encode('latin-1')                                              # 수동 호출
'A\xc4B\xe8C'
>>> S.encode('utf-8')
'A\xc3\x84B\xc3\xa8C'

>>> import codecs                                          # 2.X 파일
```

```
>>> codecs.open('latindata', 'w', encoding='latin-1').write(S)    # 인코드한 값을 기록
>>> codecs.open('utfdata', 'w', encoding='utf-8').write(S)

>>> open('latindata', 'rb').read()
'A\xc4B\xe8C'
>>> open('utfdata', 'rb').read()
'A\xc3\x84B\xc3\xa8C'

>>> codecs.open('latindata', 'r', encoding='latin-1').read()     # 디코드한 값을 읽음
u'A\xc4B\xe8C'
>>> codecs.open('utfdata', 'r', encoding='utf-8').read()
u'A\xc4B\xe8C'
>>> print codecs.open('utfdata', 'r', encoding='utf-8').read()   # 출력하여 보기
AÄBèC
```

2.X 유니코드 세부 사항에 대해서는 이 장의 앞 절과 파이썬 2.X 매뉴얼을 참조하자.

유니코드 파일명과 스트림

이 절에서는 유니코드 텍스트 파일 내용을 인코딩하고 디코딩하는 데 집중했다. 하지만 파이썬은 아스키가 아닌 파일 이름도 지원한다. 사실 이것은 sys 안의 독립적인 설정이며, 파이썬 버전과 플랫폼에 따라 다를 수 있다(윈도에서 2.X는 다음 예제의 첫 번째 줄을 실행하면 아스키를 반환한다).

```
>>> import sys
>>> sys.getdefaultencoding(), sys.getfilesystemencoding()        # 파일 내용, 이름
('utf-8', 'mbcs')
```

파일명: 텍스트 vs 바이트

파일명 인코딩은 거의 문제가 되지 않는다. 간단히 말하자면 유니코드 텍스트 문자열로 파일명이 주어질 경우, open에서 플랫폼의 파일명 규약에 따라 자동으로 인코딩/디코딩한다. (open과 디렉터리 탐색, lister 같은) 파일 도구에 바이트 문자열로 미리 인코드된 임의의 파일 이름을 전달하면 자동 인코딩을 오버라이드하고, 파일명 결과가 다시 인코드된 바이트 문자열로 반환된다. 이것은 플랫폼의 규약에 따라 파일명을 디코드할 수 없을 때 유용하다(나는 윈도를 이용하지만, 다른 플랫폼에서는 다음 코드 중의 일부는 실패할 수도 있다).

```
>>> f = open('xxx\u00A5', 'w')          # 아스키가 아닌 파일명
>>> f.write('\xA5999\n')                 # 다섯 문자를 기록
>>> f.close()
>>> print(open('xxx\u00A5').read())      # 텍스트: 자동 인코딩됨
¥999
>>> print(open(b'xxx\xA5').read())       # 바이트: 미리 인코딩됨
¥999

>>> import glob                          # 파일명 확장 도구
>>> glob.glob('*\u00A5*')                # 디코드된 텍스트: 디코드된 텍스트 반환
['xxx¥']
>>> glob.glob(b'*\xA5*')                 # 인코드된 바이트: 인코드된 바이트 반환
[b'xxx\xa5']
```

스트림 내용: PYTHONIOENCODING

거기에 더해서 PYTHONENCODING 환경 변수를 이용해 표준 **스트림**(입력, 출력, 오류)에서 텍스트에 사용할 인코딩을 지정할 수 있다. 이 설정은 텍스트 출력 시 파이썬의 기본 인코딩(윈도우 환경에서 3.X의 경우 윈도우 포맷, 2.X의 경우 아스키)을 오버라이드한다. 때로 아스키가 아닌 텍스트를 출력하나, 셸 창에서 그런 텍스트를 출력할 필요가 있을 경우에는 이 환경 변수를 UTF-8 같은 일반적인 유니코드 포맷으로 설정해야 할 수도 있다. 예를 들어, 아스키가 아닌 파일명을 출력하는 스크립트는 이 설정이 없을 경우 실패할 수도 있다.

이 주제에 대한 배경 지식을 얻으려면, 25장의 "통화 기호: 유니코드 실제 사례"를 참조한다. 해당 절에서 예제를 통해 이식 가능한 유니코드 코딩의 기본과 PYTHONENCODING 설정의 역할 및 요구 사항에 대해 다루었으므로 여기서 다시 다루지는 않을 것이다.

이 주제에 대해 더 알고 싶다면 파이썬 매뉴얼이나 《파이썬 프로그래밍(제4판)》(혹은 그 이후 판) 같은 책을 참조하기 바란다. 후자는 애플리케이션 측면에서 스트림과 파일에 대해 더 자세히 다루고 있다.

3.X의 다른 문자열 도구 변경 사항

파이썬 표준 라이브러리의 대표적인 문자열 처리 도구 중 대다수는 새로운 str/bytes 타입 체계에 맞게 개정되었다. 이 책에서는 이런 응용 도구에 대해서 상세하게 다루지는 않지만, 이 장을 마무리하면서 크게 영향을 받은 네 개의 도구에 대해서 알아보겠다. re 패턴 매핑 모듈, struct 바이너리 데이터 모듈, pickle 객체 직렬화 모듈, 그리고 XML 텍스트를 파싱하기 위한

xml 패키지가 바로 그것이다. json 모듈 같은 다른 파이썬 도구들은 여기에서 설명한 것들과 사용법이 유사하다.

re 패턴 매칭 모듈

파이썬의 re 패턴 매칭 모듈은 find, split, replace 같은 단순한 문자열 메소드 호출로 처리할 수 없는 더 복잡한 텍스트 처리를 지원한다. re를 이용하면 한정된 텍스트 대신 일반적인 패턴으로 문자열을 검색하고 나눌 수 있다. 이 모듈은 3.X의 모든 문자열 타입(str, bytes, bytearray) 객체에 대해 사용할 수 있도록 일반화되었으며, 대상 문자열과 같은 타입의 서브 문자열을 결과로 반환한다. 2.X에서는 유니코드와 str을 모두 지원한다.

다음은 3.X에서 텍스트 라인에서 서브 문자열을 추출하는 예제다. 이 텍스트 라인은 물론 몬티 파이썬의 '삶의 의미(The Meaning of Life)'에서 가져왔다. 패턴 문자열 안에서(.*)는 모든 문자열(.)이 0회 또는 그 이상(*) 나타나며, 매치된 서브 문자열로 별도 저장된다(())는 의미다. 괄호로 둘러싸인 패턴 부분에 의해 매치된 문자열의 부분은 매치가 성공하고 나면 group이나 groups 메소드를 통해 사용할 수 있다.

```
C:\code> py -3
>>> import re
>>> S = 'Bugger all down here on earth!'          # 텍스트 라인
>>> B = b'Bugger all down here on earth!'         # 보통은 파일에서 읽어 들임

>>> re.match('(.*) down (.*) on (.*)', S).groups()    # 라인을 패턴에 매치시킴
('Bugger all', 'here', 'earth!')                       # 매치된 서브 문자열

>>> re.match(b'(.*) down (.*) on (.*)', B).groups()    # 바이트 서브 문자열
(b'Bugger all', b'here', b'earth!')
```

파이썬 2.X에서의 실행 결과는 유사하지만 아스키가 아닌 텍스트에 대해서는 유니코드 타입이 사용되며, str은 8비트와 바이너리 텍스트 모두를 처리한다.

```
C:\code> py -2
>>> import re
>>> S = 'Bugger all down here on earth!'          # 단순 텍스트와 바이너리
>>> U = u'Bugger all down here on earth!'         # 유니코드 텍스트

>>> re.match('(.*) down (.*) on (.*)', S).groups()
('Bugger all', 'here', 'earth!')
```

```
>>> re.match('(.*) down (.*) on (.*)', U).groups()
(u'Bugger all', u'here', u'earth!')
```

bytes와 str이 본질적으로 같은 연산 집합을 지원하기 때문에 이러한 타입 구분은 거의 투명하게 이루어진다. 하지만 3.X에서는 다른 API들과 같이 str과 bytes 타입을 각 호출의 인수에 혼용할 수는 없다(바이너리 데이터에 대한 패턴 매칭을 실시할 생각이 아니라면 아마 신경 쓸 필요가 없을 것이다).

```
C:\code> py -3
>>> import re
>>> S = 'Bugger all down here on earth!'
>>> B = b'Bugger all down here on earth!'

>>> re.match('(.*) down (.*) on (.*)', B).groups()
TypeError: can't use a string pattern on a bytes-like object

>>> re.match(b'(.*) down (.*) on (.*)', S).groups()
TypeError: can't use a bytes pattern on a string-like object

>>> re.match(b'(.*) down (.*) on (.*)', bytearray(B)).groups()
(bytearray(b'Bugger all'), bytearray(b'here'), bytearray(b'earth!'))

>>> re.match('(.*) down (.*) on (.*)', bytearray(B)).groups()
TypeError: can't use a string pattern on a bytes-like object
```

struct 바이너리 데이터 모듈

문자열에서 패킹된 바이너리 데이터를 생성하거나 추출하는 데 사용되는 파이썬 struct 모듈은 3.X에서도 2.X와 같이 동작한다. 하지만 3.X에서 패킹된 데이터는 str 객체가 아닌 bytes와 bytearray 객체만으로 표현한다(struct가 디코드된 텍스트가 아닌 바이너리 데이터를 처리할 목적이라는 것을 생각해 본다면 이는 적절하다). 그리고 3.2에서 's' 데이터 코드 값은 반드시 bytes 타입이어야 한다(이전의 str UTF-8 자동 인코드는 제거되었다).

다음은 파이썬 2.X와 3.X에서 세 개의 객체를 바이너리 타입 명세에 따라 하나의 문자열로 패킹하는 코드다(이 객체들은 4바이트 정수, 4바이트 문자열, 2바이트 정수를 생성한다).

```
C:\code> py -3
>>> from struct import pack
>>> pack('>i4sh', 7, b'spam', 8)          # 3.X에서는 bytes 타입(8비트 문자열)
b'\x00\x00\x00\x07spam\x00\x08'
```

```
C:\code> py -2
>>> from struct import pack
>>> pack('>i4sh', 7, 'spam', 8)            # 2.X에서는 문자열 타입(8비트 문자열)
'\x00\x00\x00\x07spam\x00\x08'
```

하지만 3.X나 2.X의 str과 bytes가 거의 동일한 인터페이스를 갖기 때문에 대부분의 프로그래머들은 신경 쓸 필요가 없다. 이 변화는 2.X로 작성된 대부분의 코드에 거의 영향을 주지 않는다. 바이너리 파일에서의 읽기가 자동으로 bytes를 생성하기 때문에 대부분의 기존 코드에 거의 무관할 것이다. 다음 예제의 타입 불일치에 대한 마지막 테스트가 실패하기는 하지만 대부분의 스크립트는 파일에서 바이너리 데이터를 읽어 들일 것이며, 우리가 여기서 하는 것처럼 문자열을 생성하지는 않을 것이다.

```
C:\code> py -3
>>> import struct
>>> B = struct.pack('>i4sh', 7, b'spam', 8)
>>> B
b'\x00\x00\x00\x07spam\x00\x08'

>>> vals = struct.unpack('>i4sh', B)
>>> vals
(7, b'spam', 8)

>>> vals = struct.unpack('>i4sh', B.decode())
TypeError: 'str' does not support the buffer interface
```

bytes의 새로운 구문과는 별개로, 3.X에서 바이너리 파일을 생성하고 읽는 것은 2.X와 거의 유사하게 동작한다. 그럼에도 불구하고 이런 코드는 프로그래머들이 bytes 객체 타입을 보게 되는 주요한 곳 중 하나다.

```
C:\code> py -3
# 패킹된 바이너리 파일에 값 기록
>>> F = open('data.bin', 'wb')                      # 바이너리 결과 파일 열기
>>> import struct
>>> data = struct.pack('>i4sh', 7, b'spam', 8)      # 패킹된 바이너리 데이터 생성
>>> data                                            # 3.X에서는 str이 아닌 bytes
b'\x00\x00\x00\x07spam\x00\x08'
>>> F.write(data)                                   # 파일에 기록
10
>>> F.close()

# 패킹된 바이너리 파일에서 값을 읽음
>>> F = open('data.bin', 'rb')                      # 바이너리 입력 파일 열기
>>> data = F.read()                                 # 바이트 읽기
```

```
>>> data
b'\x00\x00\x00\x07spam\x00\x08'
>>> values = struct.unpack('>i4sh', data)          # 패킹된 바이너리 데이터 추출
>>> values                                          # 파이썬 객체로 다시 변환
(7, b'spam', 8)
```

이렇게 패킹된 바이너리 데이터를 추출하여 파이썬 객체로 만들었다면, 필요할 경우 바이너리의 세계로 더 깊게 파고들 수 있다. 문자열은 인덱스되거나 슬라이스되어 개별 바이트 값을 얻을 수 있으며, 각 비트는 비트 연산자를 이용해 정수에서 추출하는 등의 동작을 할 수 있다 (여기에 적용할 수 있는 연산에 대해서는 이 책의 앞부분을 참조한다).

```
>>> values                                          # struct.unpack의 결과
(7, b'spam', 8)

# 파싱한 정수의 비트에 접근함
>>> bin(values[0])                                  # 정수의 비트에 접근 가능함
'0b111'
>>> values[0] & 0x01                                # 정수의 첫 비트가 세팅되었는지 확인함
1
>>> values[0] | 0b1010                              # 비트 or 연산: 비트 값을 세팅함
15
>>> bin(values[0] | 0b1010)                         # 10진수 15는 2진수 1111
'0b1111'
>>> bin(values[0] ^ 0b1010)                         # 비트 xor 연산: 모두 참일 경우 비트 값을 세팅하지 않음
'0b1101'
>>> bool(values[0] & 0b100)                         # 세 번째 비트가 세팅되었는지 확인
True
>>> bool(values[0] & 0b1000)                        # 네 번째 비트가 세팅되었는지 확인
False
```

파싱된 bytes 문자열이 작은 정수의 시퀀스이므로 각각의 바이트에 대해 유사한 처리를 할 수 있다.

```
# 파싱된 문자열의 바이트와 그 바이트 내의 비트에 접근함
>>> values[1]
b'spam'
>>> values[1][0]                                    # bytes 문자열: 정수 시퀀스
115
>>> values[1][1:]                                   # 아스키 문자로 출력됨
b'pam'
>>> bin(values[1][0])                               # 문자열의 바이트 비트에 접근할 수 있음
'0b1110011'
>>> bin(values[1][0] | 0b1100)                      # 비트를 변경
'0b1111111'
>>> values[1][0] | 0b1100
127
```

물론, 대부분의 파이썬 프로그래머들은 바이너리 비트까지 다루지는 않는다. 파이썬은 리스트나 딕셔너리와 같은 더 높은 수준의 객체 타입을 보유하고 있으며, 파이썬 스크립트에서 정보를 표현하기에도 일반적으로 더 나은 선택이다. 하지만 C 프로그램이나 네트워킹 라이브러리, 혹은 다른 인터페이스에서 사용할 더 낮은 수준의 데이터를 이용하거나 만들어야 하는 경우에도 파이썬에는 이를 지원할 도구들이 있다.

pickle 객체 직렬화 모듈

pickle 모듈에 대해서는 9장, 28장, 그리고 31장에서 간단하게 다루었다. 28장에서는 내부적으로 pickle을 이용하는 shelve 모듈도 다루었다. 기본값 또는 전달된 '프로토콜'(데이터 포맷 수준)에 상관없이 파이썬 3.X 버전의 pickle 모듈은 언제나 bytes 객체를 생성한다는 점을 잊지 말자. 다음 예제에서와 같이 모듈의 dumps 콜을 이용해 객체의 pickle 문자열을 반환하도록 하여 이것을 확인할 수 있다.

```
C:\code> py -3
>>> import pickle                                  # dumps( ) 는 피클 문자열을 반환

>>> pickle.dumps([1, 2, 3])                        # 파이썬 3.X의 기본 프로토콜 = 3 = 바이너리
b'\x80\x03]q\x00(K\x01K\x02K\x03e.'

>>> pickle.dumps([1, 2, 3], protocol=0)            # ASCII protocol 0, 하지만 여전히 바이트
b'(lp0\nL1L\naL2L\naL3L\na.'
```

이는 파이썬 3.X에서는 피클링된 객체를 저장할 때 사용한 파일은 언제나 바이너리 모드로 열려야 한다는 것을 뜻한다. 텍스트 파일은 데이터 표현을 위해 bytes가 아닌 str 문자열을 이용하기 때문이다. dumps 호출 시 열린 출력 파일에 pickle 문자열 기록을 시도한다.

```
>>> pickle.dump([1, 2, 3], open('temp', 'w'))      # bytes에서는 텍스트 파일 오픈 불가
TypeError: must be str, not bytes                   # 프로토콜 값과 상관없음

>>> pickle.dump([1, 2, 3], open('temp', 'w'), protocol=0)
TypeError: must be str, not bytes

>>> pickle.dump([1, 2, 3], open('temp', 'wb'))     # 3.X에서는 언제나 바이너리 모드

>>> open('temp', 'r').read()                        # 이 코드는 동작하지만, 우연일 뿐임
'\u20ac\x03]q\x00(K\x01K\x02K\x03e.'
```

이 코드의 마지막 결과는 텍스트 모드에서도 오류가 발생하지 않는다. 이것은 단지 저장된 바이너리 데이터가 윈도 플랫폼의 UTF-8 기본 디코더와 호환되기 때문이다. 이것은 정말 우연에 지나지 않는다(그리고 실제로 이 명령은 더 이전 버전의 파이썬에서 출력할 때는 오류가 발생하며, 다른 플랫폼에서도 오류가 발생할 것이다). pickle 데이터가 범용적으로 유니코드 텍스트로 디코드할 수 없기 때문에 동일한 규칙이 입력에도 적용된다. 3.X에서 정확한 사용을 위해서는 피클링 여부에 상관없이 언제나 pickle 데이터를 바이너리 모드로 읽고 써야 한다.

```
>>> pickle.dump([1, 2, 3], open('temp', 'wb'))
>>> pickle.load(open('temp', 'rb'))
[1, 2, 3]
>>> open('temp', 'rb').read()
b'\x80\x03]q\x00(K\x01K\x02K\x03e.'
```

파이썬 2.X에서는 프로토콜 수준이 0(2.X의 기본값)이기만 하면 텍스트 모드 파일에서도 피클링된 데이터를 이용할 수 있다. 다음 예제에서는 줄 넘김을 변환하기 위해 일관적으로 텍스트 모드를 사용한다.

```
C:\code> py -2
>>> import pickle
>>> pickle.dumps([1, 2, 3])                    # 파이썬 2.X 기본 = 0 = ASCII
'(lp0\nI1\naI2\naI3\na.'

>>> pickle.dumps([1, 2, 3], protocol=1)
']q\x00(K\x01K\x02K\x03e.'

>>> pickle.dump([1, 2, 3], open('temp', 'w'))  # 2.X에서는 텍스트 모드도 사용 가능함
>>> pickle.load(open('temp'))
[1, 2, 3]
>>> open('temp').read()
'(lp0\nI1\naI2\naI3\na.'
```

하지만 버전 중립성이 필요하거나 프로토콜 또는 버전마다의 기본값에 신경 쓰고 싶지 않다면, 피클링된 데이터는 언제나 바이너리 모드 파일을 이용한다. 다음 코드는 2.X와 3.X에서 모두 동작한다.

```
>>> import pickle
>>> pickle.dump([1, 2, 3], open('temp', 'wb'))  # 버전 중립적
>>> pickle.load(open('temp', 'rb'))             # 3.X에서는 필수적임
[1, 2, 3]
```

거의 모든 프로그램에서 파이썬으로 하여금 객체를 자동으로 피클링 및 언피클링하도록 하고, 피클링된 데이터 자체의 내용을 전혀 다루지 않기 때문에 언제나 바이너리 파일 모드를 사용해야 한다는 요구 사항은 유일하게 파이썬 3.X의 새로운 피클링 모델과 호환되지 않는 부분이다. 객체 피클링에 대한 세부 사항은 참조 서적이나 파이썬 매뉴얼을 참조하자.

XML 분석 도구

XML은 구조화된 정보를 정의할 때 사용하는 태그 기반 언어로, 일반적으로 웹상에서 전송되는 문서와 데이터를 정의할 때 사용한다. 기본적인 문자열 메소드나 re 패턴 모듈로 XML 텍스트에서 일부 정보를 추출할 수도 있긴 하지만, XML의 구조체 중첩과 임의의 속성 텍스트로 인해 전체 파싱(full parsing)을 하는 것이 훨씬 더 정확하다.

XML이 널리 확산되고 있는 포맷이기 때문에 파이썬은 자체에 SAX와 DOM 분석 모델을 모두 지원하는 XML 분석 도구에 대한 전체 패키지를 포함하고 있다. 이 패키지 안에는 XML을 분석하고 구성할 수 있는 파이썬 전용 API인 ElementTree가 포함되어 있다. 기본적인 분석 도구 외에도 오픈 소스 영역에서는 XPath, Xquery, XSLT 같은 추가적인 XML 도구를 제공한다.

XML은 그 정의상 텍스트를 유니코드 형태로 표현하여 국제화를 지원한다. 거의 모든 파이썬 XML 파싱 도구가 유니코드 문자열을 반환하지만, 2.X의 unicode 타입에서 3.X의 범용 str 문자열 타입으로 반환값이 변경되었다. 3.X의 str 문자열이 유니코드라는 점을 감안하면, 인코딩이 아스키든 아니든 간에 이해가 되는 결정이다.

세부 내용을 여기서 깊이 다룰 수는 없지만, 이 영역에 대한 맛보기 정도로 다음의 간단한 XML 텍스트 파일인 mybooks.xml 파일을 살펴보자.

```
<books>
    <date>1995~2013</date>
    <title>Learning Python</title>
    <title>Programming Python</title>
    <title>Python Pocket Reference</title>
    <publisher>O'Reilly Media</publisher>
</books>
```

우리는 모든 중첩된 title 태그의 내용을 추출하여 다음과 같이 출력하고자 한다.

```
Learning Python
Programming Python
Python Pocket Reference
```

최소한 네 개의 기초적인 방법을 이용할 수 있다(XPath 같은 고급 도구는 제외한 숫자다). 먼저, 파일의 텍스트에 대해 기본적인 **패턴 매칭**을 실행할 수 있다. 사실 이 방법은 텍스트가 예측 불가능하다면 정확하지 않을 수 있다. 적용 가능하기만 하다면, 앞에서 다룬 re 모듈이 그 역할을 할 수 있다. re 모듈의 match 메소드는 문자열의 맨 앞부분에서부터 매치되는 패턴을 찾는다. 그리고 여기서 사용할 findall 메소드는 문자열 안에서 패턴에 매치되는 모든 위치를 찾는다(찾은 결과는 괄호로 둘러싸인 패턴 그룹에 대응하여 매치된 서브 문자열의 리스트 형태로 반환되거나, 다수 그룹인 경우 튜플 형태로 반환된다)

```python
# patternparse.py 파일

import re
text = open('mybooks.xml').read()
found = re.findall('<title>(.*)</title>', text)
for title in found: print(title)
```

좀 더 견고한 두 번째 방법은 표준 라이브러리의 **DOM 파싱** 지원을 이용해 전체 XML을 파싱하는 것이다. DOM은 XML 텍스트를 객체 트리로 파싱하고, 트리에서 태그 속성과 값을 추출할 수 있는 인터페이스를 제공한다. 그 인터페이스는 파이썬과 무관한 공식적인 양식이다.

```python
# domparse.py 파일

from xml.dom.minidom import parse, Node
xmltree = parse('mybooks.xml')
for node1 in xmltree.getElementsByTagName('title'):
    for node2 in node1.childNodes:
        if node2.nodeType == Node.TEXT_NODE:
            print(node2.data)
```

세 번째 옵션은 파이썬의 표준 라이브러리에 포함된 **SAX 파싱**이다. SAX 모델에서는 파싱이 진행됨에 따라 클래스의 메소드가 콜백을 받게 되며, 데이터가 문서 내에 어디에 있는지를 추적하고 데이터를 수집하기 위해 상태 정보를 이용한다.

```python
# saxparse.py 파일

import xml.sax.handler
```

```
class BookHandler(xml.sax.handler.ContentHandler):
    def __init__(self):
        self.inTitle = False
    def startElement(self, name, attributes):
        if name == 'title':
            self.inTitle = True
    def characters(self, data):
        if self.inTitle:
            print(data)
    def endElement(self, name):
        if name == 'title':
            self.inTitle = False

import xml.sax
parser = xml.sax.make_parser()
handler = BookHandler()
parser.setContentHandler(handler)
parser.parse('mybooks.xml')
```

마지막으로 표준 라이브러리의 etree 패키지에 포함된 ElementTree 시스템이 XML DOM 파서와 같은 효과를 낼 수 있지만, 코드의 양이 훨씬 적다. 이것은 XML 텍스트를 파싱하고 생성하는 파이썬만의 고유한 방법이다. 파싱 이후에는 API를 통해 문서의 구성 요소에 접근할 수 있다.

```
# etreeparse.py 파일

from xml.etree.ElementTree import parse
tree = parse('mybooks.xml')
for E in tree.findall('title'):
    print(E.text)
```

2.X에서 실행하건 3.X에서 실행하건, 이 네 가지 스크립트는 모두 동일한 결과를 출력한다.

```
C:\code> py -2
Learning Python
Programming Python
Python Pocket Reference

C:\code> py -3
Learning Python
Programming Python
Python Pocket Reference
```

하지만 기술적으로 2.X에서 이 스크립트 중 일부는 유니코드 문자열을 반환하고, 3.X에서는 모두 str 문자열을 반환한다. str 타입이 아스키 여부에 상관없이 유니코드 텍스트를 포함하기 때문이다.

```
C:\code> py -3
>>> from xml.dom.minidom import parse, Node
>>> xmltree = parse('mybooks.xml')
>>> for node in xmltree.getElementsByTagName('title'):
        for node2 in node.childNodes:
            if node2.nodeType == Node.TEXT_NODE:
                node2.data

'Learning Python'
'Programming Python'
'Python Pocket Reference'

C:\code> py -2
>>> ...동일한 코드...

u'Learning Python'
u'Programming Python'
u'Python Pocket Reference'
```

XML 파싱 결과를 단순하지 않은 방식으로 다루어야 하는 프로그램에서는 3.X의 다른 객체 타입을 고려해야 한다. 하지만 2.X와 3.X에서 모든 문자열이 거의 동일한 인터페이스를 가지기 때문에 대부분의 스크립트는 그러한 변경에 의해 영향을 받지 않을 것이다. 2.X의 unicode 타입에 대해 사용 가능한 도구는 일반적으로 3.X의 str 타입에 대해서도 동작한다. 파싱 결과로 출력된 데이터를 파일이나 네트워크 연결, GUI 등과 상호 교환할 때 적절한 인코딩 이름을 전달하는 것이 어려움이 될 것 같다.

안타깝게도, XML 파싱에 대해 더 자세하게 다루는 것은 이 책의 범위를 넘어선다. 텍스트나 XML 파싱에 관심이 있다면 응용에 초점을 두고 저술한 책인 《프로그래밍 파이썬》을 참조하자. re, struct, 피클링(pickling), XML이나 파일명 확장, 디렉터리 조회 등 다른 라이브러리 도구에 유니코드가 미치는 영향에 대해서는 웹이나 앞에서 언급한 책, 그리고 파이썬의 표준 라이브러리 매뉴얼을 참조하자.

연관된 주제로 9장에서 다룬 JSON 예제를 참조하도록 한다. JSON은 언어 중립적인 데이터 교환 포맷으로, 그 형식이 파이썬의 딕셔너리 및 리스트와 매우 유사하며, 모든 문자열은 유니코드다. JSON에서 파이썬 2.X와 3.X의 문자열 타입의 차이점은 앞에서 본 XML의 그것과 매우 유사하다.

내가 이 장을 업데이트하면서 도구 중의 일부에 대한 활용 사례를 작성할 때 우연히 알게 된 것이 있다. 이전에 아스키 HTML이었던 것을 메모장에서 'UTF8'로 저장한 후, 우연한 키보드 동작 오류 때문에 알 수 없는 아스키가 아닌 문자가 같이 포함되었고, 더 이상 텍스트 도구에서 아스키로 동작하지 않음을 알게 되었다. 틀린 문자를 찾기 위해 나는 파이썬을 실행하여 **텍스트 모드**로 파일을 열고, 파일의 내용을 UTF-8 형식으로부터 디코드했다. 그다음, 글자 단위로 검색하며 유효한 아스키 문자가 아닌 바이트를 찾아보았다.

```
>>> f = open('py33-windows-launcher.html', encoding='utf8')
>>> t = f.read()
>>> for (i, c) in enumerate(t):
        try:
            x = c.encode(encoding='ascii')
        except:
            print(i, sys.exc_info()[0])
    9886 <class 'UnicodeEncodeError'>
```

틀린 문자의 인덱스를 얻고 나면 세부 사항을 확인하기 위해 쉽게 잘라낼 수 있다.

```
>>> len(t)
31021
>>> t[9880:9890]
'ugh.  \u206cThi'
>>> t[9870:9890]
'trace through.  \u206cThi'
```

문제를 수정한 후, 파일을 **바이너리 모드**로 열고 디코드되지 않은 파일 내용을 검증할 수 있었다.

```
>>> f = open('py33-windows-launcher.html', 'rb')
>>> b = f.read()
>>> b[0]
60
>>> b[:10]
b'<HTML>\r\n<T'
```

이게 무슨 로켓 과학도 아니고 다른 접근 방식도 있겠지만, 파이썬은 그러한 경우에 매우 적절한 도구가 될 수 있으며, 파일 객체는 스크립트와 대화형 모드 모두에서 필요할 때 데이터를 살펴볼 수 있는 편리한 도구가 될 수 있다.

유니코드에 대한 현실적인 규모의 예제를 보려면, 내 다른 책인 《파이썬 프로그래밍(제4판)》(혹은 그 이후 버전)을 추천한다. 그 책에서는 이 책보다 훨씬 더 규모가 큰 프로그램을 다루고 있으며, 파일, 디렉터리 탐색, 네트워크 소켓, GUI, 이메일 내용과 헤더, 웹 페이지 내용, 데이터베이스 등 다양한 콘텍스트에서 유니코드에 대해 자세하게 다루고 있다. 분명 오늘날의 전역 소프트웨어 세계에서 유니코드가 중요한 주제이긴 하지만, 유니코드는 여러분이 생각하는 것보다 더 강제적으로 사용되고 있다. 특히, 파이썬 3.X같이 유니코드를 핵심 문자열 및 파일 타입으로 승격시켜 모든 사용자들이 유니코드를 사용하도록 하는 언어에서는 더욱 그렇다. 여러분이 준비되었는지 여부는 이미 중요하지 않은 것이다.

이 장의 요약

이 장에서는 파이썬 3.X와 2.X에서 유니코드 텍스트와 바이너리 데이터를 처리하기 위해 사용할 수 있는 고급 문자열 타입에 대해 상세하게 알아보았다. 많은 프로그래머들은 아스키 텍스트와 기본적인 문자열 타입 및 그 동작을 이용해 원하는 결과를 얻을 수 있다. 좀 더 고급 애플리케이션의 경우, 파이썬의 문자열 모델은 더 풍부한 유니코드 텍스트(3.X의 일반 문자열 타입 및 3.X의 특수 타입을 통해)와 바이트 기반 데이터(3.X에서는 bytes 타입으로, 2.X에서는 일반 문자열로 표현되는)를 완벽하게 지원한다.

그 외에 파이썬 3.X에서 파일 객체 모델이 어떻게 변화하여 유니코드 텍스트를 어떻게 자동으로 인코드 및 디코드하는지와 바이너리 모드 파일의 바이트 문자열을 어떻게 다루는지도 배웠다. 또한, 2.X에서 그와 유사한 기능을 하는 유틸리티에 대해서도 배웠다. 마지막으로 파이썬 라이브러리의 텍스트 및 바이너리 데이터 도구에 대해서 배웠고, 샘플을 통해 3.X와 2.X에서 각각의 동작에 대해서도 알아보았다.

다음 장에서는 도구 빌더에 대한 주제로 초점을 옮겨 자동 실행 코드 삽입을 통한 객체 속성 접근 관리 방법에 대해 알아볼 것이다. 다음 장으로 넘어가기 전에, 이 장에서 배운 것을 리뷰할 수 있는 몇 가지 문제를 살펴보자. 이 장은 분량이 상당하기 때문에 더 깊이 이해할 수 있도록 퀴즈의 정답을 반드시 읽어 보도록 한다.

학습 테스트: 퀴즈

1. 파이썬 3.X의 문자열 객체 타입의 이름과 역할은 무엇인가?

2. 파이썬 2.X의 문자열 객체 타입의 이름과 역할은 무엇인가?

3. 2.X와 3.X 문자열 타입은 어떻게 매핑되는가?

4. 파이썬 3.X 문자열 타입은 동작 측면에서 어떻게 다른가?

5. 3.X에서 문자열 안에 아스키가 아닌 유니코드 문자를 어떻게 코딩할 수 있는가?

6. 파이썬 3.X에서 텍스트 모드 파일과 바이너리 모드 파일의 주요 차이점은 무엇인가?

7. 여러분의 플랫폼 기본값과 다른 인코딩을 가진 텍스트를 포함한 유니코드 텍스트 파일을 어떻게 읽겠는가?

8. 어떻게 하면 특정한 인코딩 포맷으로 유니코드 텍스트 파일을 생성할 수 있는가?

9. 왜 아스키 텍스트를 유니코드 텍스트의 한 종류로 간주하는가?

10. 파이썬 3.X의 문자열 타입 변화가 여러분의 코드에 얼마나 영향을 주는가?

학습 테스트: 정답

1. 파이썬 3.X는 다음 세 가지 문자열 타입을 가진다.

   - str: 아스키를 포함한 유니코드 텍스트용

   - bytes: 순수 바이트 값을 가진 바이너리 데이터용

   - bytearray: bytes의 변화 가능한 버전

   str 타입은 보통 텍스트 파일에 저장된 내용을 표현하며, 나머지 두 타입은 일반적으로 바이너리 파일에 저장된 내용을 표현한다.

2. 파이썬 2.X는 두 가지 주요한 문자열 타입을 가진다.

   - str: 8비트 텍스트 및 바이너리 데이터용

   - unicode: 더 넓은 유니코드 텍스트용

   str 타입은 텍스트와 바이너리 파일 내용에 모두 사용되며, unicode는 일반적으로 8비트 문자보다 더 복잡한 텍스트 파일 내용을 다룰 때 사용된다. 파이썬 2.6(그 이전 버전은 제외)은 또한 3.X의 bytearray 타입도 가지고 있지만 단순한 백포트이며, 3.X의 bytearray와 같은 텍스트와 바이너리 간의 미세한 구분은 하지 못한다.

3. 2.X와 3.X의 문자열 타입은 직접 매핑되지 않는다. 2.X의 str이 3.X의 str과 bytes에 모두 대응하며, 3.X의 str이 2.X의 str과 unicode에 모두 대응하기 때문이다. 3.X bytearray의 변화 가능성(mutability) 또한 독특하다. 하지만 일반적으로 유니코드 텍스트는 3.X의 str과 2.X의 unicode로 처리하며, 바이트 기반 데이터는 3.X의 bytes와 2.X의 str로 처리한다. 또한, 3.X의 bytes와 2.X의 str은 둘 모두 보다 단순한 타입의 텍스트를 처리할 수 있다.

4. 파이썬 3.X의 문자열 타입은 거의 모든 동일한 동작을 공유한다. 메소드 호출, 시퀀스 연산, 그리고 패턴 매칭 같은 더 규모가 큰 도구까지도 동일한 방식으로 동작한다. 반면 str만이 문자열 포매팅 동작을 지원하며, bytearray는 동작 중 변경을 수행하는 추가 연산 집합을 가진다. str과 bytes 타입은 또한 각각 텍스트를 인코딩하고 디코딩하는 메소드를 가진다.

5. 문자열 안에서 아스키가 아닌 유니코드 문자는 16진수 이스케이프(\xNN)와 유니코드 이스케이프(\uNNNN, \UNNNNNNNN)를 모두 이용해 코딩할 수 있다. 일부 장비에서 일부 아스키가 아닌 문자(예 특정한 Latin-1 문자)는 코드에 직접 입력하거나 붙여 넣을 수 있으며, UTF-8 기본값 또는 소스 코드 인코딩 지시자 주석에 따라 해석된다.

6. 3.X에서 텍스트 모드 파일은 파일 내용이 유니코드 텍스트라고 가정한다(실제로 그 내용이 모두 아스키라고 해도 마찬가지다). 또한 파일에서 읽을 때 자동으로 디코드하고, 파일에 기록할 때 자동으로 인코드한다. 바이너리 모드 파일에서 bytes는 변경되지 않은 채로 파일로 또는 파일에서 전송된다. 텍스트 모드 파일의 내용은 일반적으로 스크립트 안에서 str 객체로 표현되고, 바이너리 파일의 내용은 bytes(또는 bytearray) 객체로 표현된다. 또한 텍스트 모드 파일은 특정한 인코딩 타입에서 BOM을 처리할 수 있으며, 명시적으로 비활성화되지 않는다면 입출력 시 줄 끝 시퀀스와 단일 \n 문자를 상호 변환한다. 파이썬 2.X는 유니코드 파일에 대해 codecs.open을 사용하는데, 유사하게 인코드 및 디코드를 한다. 2.X의 open은 라인 끝을 텍스트 모드로만 변환한다.

7. 플랫폼의 기본값과 다른 인코딩으로 인코드된 파일을 읽으려면, 3.X의 내장된 open(2.X에서는 codecs.open())에 파일 인코딩의 이름을 전달하기만 하면 된다. 파일에서 읽을 때는 지정된 인코딩에 따라 데이터를 디코드한다. 또한, 바이너리 모드에서 읽어 들여 인코딩 이름을 지정하여 bytes를 수동으로 문자열로 디코드할 수 있다. 하지만 여기에는 추가적인 작업이 필요하고, 멀티바이트 문자의 경우 오류가 일어나기 쉽다(우연히 문자 시퀀스의 일부만을 읽어 들일 수도 있다).

8. 특정한 인코딩 포맷으로 유니코드 텍스트 파일을 생성하려면, 원하는 인코딩 이름을 3.X의 open(2.X에서는 codecs.open())에 전달한다. 문자열이 파일에 기록될 때 지정된 인코딩에 따라 인코드될 것이다. 또한 문자열을 바이트로 인코드하고 그것을 바이너리 모드로 기록할 수도 있지만, 보통은 추가 작업이 필요하다.

9. 아스키 텍스트는 유니코드 텍스트의 한 종류로 간주한다. 아스키의 7비트 범위 값이 대부분의 유니코드 인코딩의 하위 집합이기 때문이다. 예를 들어, 유효한 아스키 텍스트는 유효한 Latin-1 텍스트(Latin-1은 8비트 바이트에서 처리되지 않는 값을 단순히 추가 문자에 저장한다)이며, 유효한 UTF-8 텍스트이기도 하다(UTF-8은 더 많은 문자를 표현할 수 있도록 가변 바이트 개념을 정의하고 있지만, 아스키 문자는 여전히 단일 바이트 내에 같은 코드로 표현되고 있다). 이로 인해 유니코드 텍스트가 세상의 수많은 아스키 텍스트 데이터와 하위 호환될 수 있다.

10. 파이썬 3.X 문자열 타입 변화의 영향은 여러분이 사용하는 문자열 타입에 따라 다르다. 아스키와 호환되는 기본 인코딩을 가진 플랫폼에서 단순 아스키만 사용하는 스크립트에서는 그 영향이 매우 적을 것이다. 이 경우 str 문자열 타입은 2.X와 3.X에서 모두 동일하게 동작한다. 게다가 표준 라이브러리 내의 re, struct, pickle, 그리고 xml 같은 문자열 관련 도구들이 3.X에서 2.X와 다른 타입을 사용하더라도 3.X의 str과 bytes, 그리고 2.X의 str 이 거의 동일한 인터페이스를 지원하므로 대부분의 프로그램은 영향이 없다. 유니코드 데이터를 다루기 위해 필요한 도구 세트는 2.X의 unicode와 codecs.open( )에서 3.X의 str과 open으로 옮겨갔다. 바이너리 데이터 파일을 다룬다면 파일의 내용을 bytes 객체로 다루어야 할 것이다. bytes 객체가 2.X의 문자열과 유사한 인터페이스를 가지고 있으므로 그 영향이 최소화될 것이다. 그렇기는 하지만 3.X에 대한 《프로그래밍 파이썬》 책의 업데이트는 3.X에서의 강제적인 유니코드 적용으로 인해 네트워킹이나 GUI부터 데이터베이스와 이메일까지 표준 라이브러리 API에 미친 영향에 대한 수많은 사례를 포함하고 있다. 일반적으로 유니코드는 결국 대부분의 3.X 사용자들에게 영향을 줄 것이다.

38

관리 속성

이 장에서는 앞에서 소개했던 **속성 가로채기**(attribute interception) 기법을 확장하여 새로운 기법을 소개하고, 풍부한 예제에 속성 가로채기 기법들을 적용해 보겠다. 파트 8의 다른 장들과 같이 이번 장도 고급 주제로 분류되며, 선택적인 내용이다. 대부분의 애플리케이션 프로그래머는 여기서 다루는 내용에 신경 쓸 필요가 없으며, 속성 구현에 상관없이 객체의 속성을 가져오거나 설정할 수 있다.

하지만 도구 제작자들에게는 속성 접근 권한을 관리하는 것이 유연한 API 개발에 있어 중요한 부분이 되기도 한다. 게다가 여기서 다루는 디스크립터 모델을 이해하게 되면, 슬롯이나 프로퍼티 같은 연관된 도구를 더욱 확실하게 이해할 수 있게 된다. 여러분이 반드시 사용해야 하는 코드에 디스크립터 모델이 나타날 경우에는 이 장을 반드시 학습하는 것이 좋다.

속성 관리가 필요한 이유

객체 속성은 대부분의 파이썬 프로그램 중심에 있다. 속성은 우리 스크립트가 처리하는 개체들에 대한 정보를 저장하는 곳이다. 속성은 보통 객체의 이름이다. 예를 들어, person 객체의 name 속성은 다음과 같은 기본적인 구문을 통해 가져오거나 설정할 수 있는 단순한 문자열이 될 수 있다.

```
person.name                          # 속성값을 가져옴
person.name = value                  # 속성값을 변경함
```

대부분의 경우 속성은 객체 그 자체 안에 생존하거나, 객체가 상속받은 클래스로부터 상속된다. 여러분이 파이썬을 사용하는 동안 만들게 될 대부분의 프로그램에서는 이 기본적인 모델만으로도 충분하다.

하지만 때로는 더 높은 유연함이 필요하기도 하다. 예를 들어, name 속성을 직접 사용하는 프로그램을 작성했다고 가정해 보자. 그런데 요구 사항이 바뀌어 name에 값을 할당할 때 어떤 로직을 이용해 검증을 한다거나, name 값을 가져올 때 다른 형태로 변경되어야 한다. 이런 경우에는 속성의 값에 대한 접근을 관리하는 메소드를 작성하는 것이 직관적이다(다음 코드의 valid와 transform은 추상형이다).

```
class Person:
    def getName(self):
        if not valid():
            raise TypeError('cannot fetch name')
        else:
            return self.name.transform()

    def setName(self, value):
        if not valid(value):
            raise TypeError('cannot change name')
        else:
            self.name = transform(value)

person = Person()
person.getName()
person.setName('value')
```

하지만 이렇게 변경하려면 프로그램 안에서 name이 사용되는 곳을 모두 찾아 변경해야 하는데, 보통은 쉬운 일이 아니다. 게다가 이런 접근 방식은 프로그램이 값이 어떻게 노출되는지를 알아야만 한다. 데이터에 대한 메소드 기반 인터페이스를 사용하면 클라이언트는 변화에 영향을 받지 않는다. 그렇지 않으면 문제가 될 수 있다.

이런 문제는 여러분이 생각하는 것보다 훨씬 더 자주 발생한다. 예를 들어, 스프레드시트 부류의 프로그램에서 셀 안의 값은 단순한 개별 값으로 시작하곤 하지만, 시간이 지나면 임의의 계산식으로 바뀔 수 있다. 객체의 인터페이스가 현재의 코드를 손대지 않고도 이후의 변경을 반영할 수 있을 만큼 유연해야 하므로 나중에 메소드 방식으로 전환하는 것은 그다지 이상적이지 못하다.

속성에 접근할 때 실행할 코드 삽입하기

속성에 접근할 때, 필요한 경우에는 자동으로 코드를 실행할 수 있다면 그것이 더 나은 해결 책이 될 수 있다. 이것이 바로 관리 속성의 주요한 역할 중 하나다. 관리 속성은 사후에 **속성 접근자**(attribute accessor) 로직을 추가할 수 있는 방법을 제공한다. 더 일반적으로 관리 속성은 단순한 데이터 저장소 역할을 넘어선 임의의 속성 활용 모드를 지원한다.

우리가 작성한 스크립트에서 속성의 값을 가져올 때 동적으로 계산한다거나, 또는 저장할 때 값을 동적으로 검증하거나 변경하는 파이썬 도구를 이 책의 여러 곳에서 본 적이 있을 것이 다. 이 장에서는 앞에서 소개했던 여러 도구를 확장하고, 다른 사용 가능한 도구를 알아보며, 이 영역에서의 더 큰 활용 사례에 대한 예제에 대해 학습해 보도록 하자. 특히, 이 장에서는 다음 네 개의 접근자 기법을 제시한다.

- __getattr__과 __setattr__ 메소드는 각각 정의되지 않은 속성을 가져올 때의 라우팅 역할 과 모든 속성 할당을 범용 핸들러 메소드에 할당하는 역할을 한다.
- __getattribute__ 메소드는 모든 속성 가져오기를 범용 핸들러 메소드로 라우팅하는 역할 을 한다.
- 내장된 property 속성은 특정한 속성 접근을 get과 set 처리기 함수로 라우팅하는 역할을 한다.
- **디스크립터 프로토콜**은 특정한 속성 접근을 임의의 get/set 핸들러를 가진 클래스의 인스턴 스로 라우팅하는 역할을 하며, 프로퍼티와 슬롯 같은 다른 도구의 기초가 되기도 한다.

이 도구들은 모든 파이썬 버전에서 사용할 수 있다. 마지막 세 항목에 표기된 도구들은 파이 썬 3.X와 파이썬 2.X의 새 형식 클래스에서 사용 가능하다. 이 도구들은 32장에서 다룬 슬롯 이나 super 같은 많은 고급 도구들과 같이 파이썬 2.2에서 처음 나타났다. 첫 번째 도구와 세 번째 도구는 30장과 32장에서 이미 간단하게 소개했다. 두 번째와 네 번째는 아마도 여기서 처음으로 다루는 내용일 것이다.

앞의 네 가지 기법은 모두 어느 정도 공통된 목표를 가지고 있으며, 보통 주어진 문제를 해결 할 때 넷 중의 한 가지 기법을 임의로 선택해서 코드를 작성할 수도 있다. 하지만 이 네 가지 기법은 중요한 차이점을 가졌다. 예를 들어, 앞의 두 기법이 임의의 속성을 포장 객체로 라우 팅해야 하는 위임 기반의 프록시 클래스에서도 사용할 수 있을 만큼 일반적인 기법인 반면, 뒤의 두 기법은 **특정한** 속성에만 적용된다. 또한, 네 가지 기법은 복잡도와 철학에서도 차이점을 보이고 있으며, 스스로 판단하려면 실제 동작을 살펴봐야 한다.

이 장에서는 이번 절에서 나열한 네 가지 속성 가로채기 기법의 이면에 있는 세부 사항을 학습하는 것 외에도, 이 책의 다른 부분보다 더 큰 프로그램을 살펴볼 수 있는 기회를 제공한다. 예를 들어, 이 장 마지막의 CardHolder 사례 연구는 실제 동작하는 대규모 클래스의 예제로서 충분한 역할을 할 것이다. 다음 장에서 데코레이터를 작성할 때 여기서 배운 기법들을 활용할 것이므로 다음 장으로 가기 전에 이 주제들에 대한 최소한의 이해가 반드시 필요하다.

프로퍼티

프로퍼티(Properties) 프로토콜은 특정 속성의 get, set, delete 연산을 우리가 제공한 함수나 메소드로 라우팅할 수 있도록 하여 속성 접근 시 자동으로 실행될 코드를 삽입하거나, 속성 삭제를 가로채거나, 희망하는 속성에 대한 문서화를 제공할 수 있도록 해준다.

프로퍼티는 property 내장 속성을 이용해 생성되며, 메소드 함수와 동일하게 클래스 속성에 할당된다. 따라서 프로퍼티는 다른 클래스 속성과 동일하게 서브클래스와 인스턴스에 상속된다. 프로퍼티의 접근 가로채기 함수는 self 인스턴스 인수와 함께 제공되는데, 종속 인스턴스에서 사용 가능한 상태 정보와 클래스 속성에 대한 접근 권한을 부여한다.

프로퍼티는 단일한 특정 속성을 관리한다. 프로퍼티가 모든 속성 접근을 범용적으로 캐치할 수는 없지만, 가져오기와 할당 접근 모두를 제어할 수 있고, 기존의 코드를 변경하지 않고도 속성을 단순한 데이터에서 계산된 값으로 바꿀 수 있게 해준다. 나중에 보겠지만, 프로퍼티는 디스크립터와 강하게 연결되어 있다. 사실, 프로퍼티는 본질적으로 제한된 형태의 디스크립터다.

프로퍼티 기초

프로퍼티는 다음과 같이 내장 함수의 결과를 클래스 속성에 할당함으로써 생성된다.

```
attribute = property(fget, fset, fdel, doc)
```

이 내장 함수의 인수 중 어떤 것도 필수적이지 않으며, 인수가 전달되지 않으면 기본값이 None으로 정해진다. 앞의 세 인수에서 기본값인 None은 그에 대응하는 동작이 지원되지 않음을 뜻하며, 그러한 동작을 시도하면 AttributeError 예외가 자동으로 발생할 것이다.

이 인수들을 사용할 때는 fget에는 반환되는 속성을 가로채는 함수를, fset에는 할당을 위한 함수를, fdel에는 속성 삭제를 위한 함수를 전달하게 된다. 기술적으로, 이 세 가지 인수는 클래스의 메소드를 포함해 첫 번째 인수로 적절한 인스턴스를 받도록 되어 있는 모든 호출 가능한 함수를 받아들인다. 나중에 호출되면 fget 함수는 계산된 속성값을 반환하고, fset과 fdel은 아무것도 반환하지 않는다(실제로는 None을 반환한다). 그리고 세 함수 모두 접근 요청을 거부할 목적으로 예외를 발생시킬 수 있다.

doc 인수는 원하는 경우 속성에 대한 설명 문자열을 전달하는 목적으로 사용한다. 그렇지 않으면 프로퍼티는 fget 함수의 설명 문자열을 복사하는데, 그것 또한 None이 기본값이다.

이 내장 property 호출은 프로퍼티 객체를 반환하는데, 반환되는 프로퍼티 객체는 우리가 클래스 범위에서 관리할 목적으로 속성의 이름에 할당한 것이다. 이것은 모든 인스턴스에 상속된다.

첫 번째 예제

실제 코드에 어떻게 반영되는지 알아보자. 다음 클래스는 프로퍼티를 이용해 name으로 명명된 속성에 대한 접근을 추적한다. 실제로 저장되는 데이터는 _name으로 명명되어 프로퍼티와 충돌하지 않는다(이 책의 예제 패키지를 계속 학습해 왔다면, 이 장의 일부 파일 이름은 그 코드를 따라 명명되었음을 알 수 있을 것이다).

```
class Person:                                    # 2.X에서는 (object) 추가
    def __init__(self, name):
        self._name = name
    def getName(self):
        print('fetch...')
        return self._name
    def setName(self, value):
        print('change...')
        self._name = value
    def delName(self):
        print('remove...')
        del self._name
    name = property(getName, setName, delName, "name property docs")

bob = Person('Bob Smith')                        # bob은 관리 속성을 가짐
print(bob.name)                                  # getName을 실행함
bob.name = 'Robert Smith'                        # setName을 실행함
print(bob.name)
del bob.name                                     # delName을 실행함
```

```
print('-'*20)
sue = Person('Sue Jones')                    # sue도 프로퍼티를 상속받음
print(sue.name)
print(Person.name.__doc__)                   # 또는 help(Person.name)
```

프로퍼티는 2.X와 3.X에서 모두 사용할 수 있지만, 2.X에서 할당이 제대로 동작하려면 새 형식 클래스의 object 상속이 필요하다. 이 코드를 2.X에서 실행하려면 object를 슈퍼클래스로 추가하자. 3.X에서도 슈퍼클래스를 나열할 수는 있으나 어디까지나 암묵적으로 추가되며, 반드시 필요한 일은 아니다. 이 책 안에서도 불필요한 반복을 피하기 위해 때때로 생략하고 있다.

이 특수한 프로퍼티는 단순히 속성을 가로채고 추적하는 것 외에 많은 역할을 하지는 않는다. 이 코드가 실행되면 두 인스턴스는 클래스의 속성 상속과 유사하게 프로퍼티를 상속한다. 하지만 다음과 같이 그 속성에 대한 접근이 캐치된다.

```
c:\code> py -3 prop-person.py
fetch...
Bob Smith
change...
fetch...
Robert Smith
remove...
--------------------
fetch...
Sue Jones
name property docs
```

다른 클래스 속성과 같이 프로퍼티는 인스턴스와 하위 서브클래스에 **상속**된다. 예를 들어, 다음과 같이 코드를 변경해 보자.

```
class Super:
    ...원래의 Person 클래스 코드...
    name = property(getName, setName, delName, 'name property docs')

class Person(Super):
    pass                              # 프로퍼티는 상속된다(클래스 속성)

bob = Person('Bob Smith')
...나머지는 같음...
```

출력되는 결과는 같다. Person 서브클래스는 Super로부터 name 프로퍼티를 상속받고, bob 인

스턴스는 Person으로부터 상속받는다. 상속의 측면에서 보면 프로퍼티는 일반적인 메소드와 똑같이 동작한다. self 인스턴스 인수에 대해 접근할 수 있으므로 다음 절에서 설명하듯이 서브클래스의 깊이와 상관없이 인스턴스의 상태 정보와 메소드에 접근할 수 있다.

계산된 속성

이전 절의 예제에서는 단순히 속성에 대한 접근만을 추적한다. 하지만 보통 프로퍼티는 더 많은 일을 한다. 예를 들어, 속성의 값을 반환할 때 동적으로 계산한다던지 하는 것이다. 다음 예제에서 그것에 대해 설명한다.

```python
class PropSquare:
    def __init__(self, start):
        self.value = start
    def getX(self):                      # 속성 반환 시
        return self.value ** 2
    def setX(self, value):               # 속성 할당 시
        self.value = value
    X = property(getX, setX)             # delete와 docs 없음

P = PropSquare(3)                        # 프로퍼티를 가진 두 개의 인스턴스
Q = PropSquare(32)                       # 각각의 인스턴스는 다른 상태 정보를 가짐

print(P.X)                               # 3 ** 2
P.X = 4
print(P.X)                               # 4 ** 2
print(Q.X)                               # 32 ** 2(1024)
```

이 클래스는 정적 데이터처럼 접근할 수 있는 속성 X를 정의한다. 하지만 속성 X의 값을 반환할 때는 그 값을 계산하는 코드가 실행된다. 그 효과는 암묵적인 메소드 호출과 매우 유사하다. 코드가 실행되면 그 값이 인스턴스에 상태 정보로 저장된다. 하지만 관리 속성을 통해 그 값을 가져올 때마다 해당 값이 자동으로 제곱이 된다.

```
c:\code> py -3 prop-computed.py
9
16
1024
```

우리가 두 개의 다른 인스턴스를 만들었다는 것을 기억하라. 프로퍼티 메소드는 자동으로 self 인수를 받기 때문에 인스턴스 내에 저장된 상태 정보에 접근할 수 있다. 우리의 사례에서는 값을 가져오는 것이 해당하는 인스턴스 고유의 데이터를 제곱 연산한다는 것을 의미한다.

데코레이터로 프로퍼티 코딩하기

추가적인 세부 내용은 다음 장에서 다루겠지만, 32장에서 함수 데코레이터의 기초에 대해 설명한 바 있다. 함수 데코레이터 구문을 다시 한번 상기해 보자.

```
@decorator
def func(args): ...
```

앞선 구문은 파이썬에 의해 자동으로 다음과 같은 코드로 해석되어 호출 가능한 데코레이터의 결과를 함수 이름에 다시 바인드한다.

```
def func(args): ...
func = decorator(func)
```

이런 매핑 때문에 내장된 property 함수는 속성을 반환할 때 자동으로 실행되는 함수를 정의함으로써 데코레이터 역할을 할 수 있다.

```
class Person:
    @property
    def name(self): ...              # 다시 바인드: name = property(name)
```

실행되면 데코레이트된 메소드가 프로퍼티 내장의 첫 번째 인수로 자동으로 전달된다. 이것은 실제로는 단순히 프로퍼티를 생성하고 속성 이름을 수동으로 다시 바인드하는 것의 대체 구문이지만, 이 역할에서는 훨씬 더 명시적으로 보일 수 있다.

```
class Person:
    def name(self): ...
    name = property(name)
```

setter와 deleter 데코레이터

파이썬 2.6과 3.0에서는 프로퍼티 객체도 각각에 대응하는 프로퍼티 접근자 메소드를 할당하고 프로퍼티 자체의 사본을 반환하는 getter와 setter, 그리고 deleter 메소드를 가진다. 비록 getter 컴포넌트가 보통은 프로퍼티 자체를 생성하는 동작에 의해 자동으로 채워지기는 하지만, 이 메소드들을 이용해 보통 메소드도 데코레이트함으로써 프로퍼티의 컴포넌트를 명세할 수 있다.

```
class Person:
    def __init__(self, name):
        self._name = name

    @property
    def name(self):                           # name = property(name)
        "name property docs"
        print('fetch...')
        return self._name

    @name.setter
    def name(self, value):                    # name = name.setter(name)
        print('change...')
        self._name = value

    @name.deleter
    def name(self):                           # name = name.deleter(name)
        print('remove...')
        del self._name

bob = Person('Bob Smith')                     # bob은 관리 속성을 가짐
print(bob.name)                               # name getter(name 1)를 실행함
bob.name = 'Robert Smith'                     # name setter(name 2)를 실행함
print(bob.name)
del bob.name                                  # name deleter를 실행함(name 3)

print('-' * 20)
sue = Person('Sue Jones')                     # sue도 프로퍼티를 상속받음
print(sue.name)
print(Person.name.__doc__)                    # 혹은 help(Person.name)
```

사실, 이 코드는 이 절의 첫 번째 예제와 같다. 이 사례에서 데코레이션은 단순히 프로퍼티 코드를 작성하는 또 다른 방법이다. 코드의 실행 결과는 동일하다.

```
c:\code> py -3 prop-person-deco.py
fetch...
Bob Smith
change...
fetch...
Robert Smith
remove...
```

```
-------------------
fetch...
Sue Jones
name property docs
```

프로퍼티에 대한 수동 할당 결과와 비교하면, 데코레이터를 사용한 이 사례에서는 세 줄만의 추가 코드만이 필요하다. 거의 무시할 수 있는 수준의 코드다. 하지만 다른 대체 도구들과 마찬가지로, 두 기법 간의 선택은 매우 주관적이다.

디스크립터

디스크립터(Descriptors)는 속성 접근을 가로챌 수 있는 또 다른 방법을 제공한다. 디스크립터는 이전 절에서 설명한 프로퍼티와 밀접하게 연관되어 있다. 사실, 기술적으로 말하면 프로퍼티는 일종의 디스크립터다. property 내장 속성을 이용하면 속성에 접근할 때 메소드 함수를 실행하는 특정한 타입의 디스크립터를 간단히 만들 수 있다. 사실, 디스크립터는 프로퍼티와 슬롯을 포함한 다양한 클래스 도구의 기초가 되는 구현 메커니즘이다.

기능적으로 말하자면, 디스크립터 프로토콜은 특정한 속성의 get, set, 그리고 삭제 연산을 우리가 지정한 개별 클래스의 인스턴스 객체의 메소드로 라우팅할 수 있도록 한다. 이를 통해 속성값을 가져올 때와 할당할 때 자동으로 실행될 코드를 삽입하거나, 속성 삭제를 가로챈다거나, 필요한 경우 속성에 문서화를 제공할 수도 있다.

디스크립터는 독립된 **클래스**로 생성되며, 메소드 함수와 동일하게 클래스 속성에 할당된다. 다른 클래스 속성과 유사하게 디스크립터는 서브클래스와 인스턴스에 상속된다. 접근 가로채기 메소드에는 디스크립터를 객체를 참조하는 속성을 가진 클라이언트 클래스의 인스턴스와 디스크립터 인스턴스 자체인 self가 모두 제공된다. 이런 성질 때문에 디스크립터는 대상 인스턴스의 상태 정보뿐만 아니라, 자기 자신의 상태 정보를 유지하고 이용할 수 있다. 예를 들어, 디스크립터는 디스크립터에 한정되어 정의한 메소드뿐만 아니라 클라이언트 클래스의 메소드도 호출할 수 있다.

프로퍼티와 유사하게 디스크립터는 특정한 단일 속성만을 관리한다. 디스크립터가 모든 속성에 대한 접근을 범용적으로 캐치할 수는 없지만, 가져오기와 할당 접근에 대한 통제 방법을 제공하여 기존 코드를 변경하지 않고도 속성 이름을 단순한 데이터에서 연산식으로 바꿀 수 있다. 프로퍼티는 사실 특정한 종류의 디스크립터를 만드는 간편한 방법일 뿐이다. 또한 뒤에서 보겠지만, 프로퍼티는 직접 디스크립터로 작성할 수 있다.

프로퍼티와 달리 디스크립터는 더 넓은 범위와 더 일반적인 기능을 제공한다. 예를 들어, 디스크립터는 일반적인 클래스로 작성되기 때문에 고유한 상태를 가지고, 디스크립터 상속 계층 구조에 참여할 수 있으며, 컴포지션을 이용해 객체 조합과 내부 메소드, 속성 문서화 문자열을 작성할 수 있는 자연스러운 구조를 제공한다.

디스크립터 기초

앞에서 언급했듯이 디스크립터는 별도의 클래스로 작성되며, 가로채고자 하는 속성 접근 동작을 위해 특별히 명명된 접근자 메소드를 제공한다. 디스크립터 클래스의 get, set, delete 메소드는 다음 방식으로 디스크립터 클래스 인스턴스에 할당된 속성에 대한 접근이 일어날 때 자동으로 실행된다.

```
class Descriptor:
    "docstring goes here"
    def __get__(self, instance, owner): ...      # 속성값을 반환한다
    def __set__(self, instance, value): ...      # 반환값이 없다(None)
    def __delete__(self, instance): ...          # 반환값이 없다(None)
```

이 메소드들 중의 하나라도 가진 클래스는 디스크립터 클래스로 분류할 수 있다. 그리고 그 클래스의 메소드는 인스턴스 중의 하나가 다른 클래스의 속성에 할당될 때 특별한 의미를 가진다. 그 속성에 대한 접근이 발생하면 메소드가 자동으로 실행된다. 이 메소드들 중의 하나라도 없으면, 일반적으로 그에 해당하는 접근 타입이 지원되지 않음을 뜻한다. 하지만 프로퍼티와 달리 __set__을 생략하면 인스턴스 내에서 디스크립터 속성의 이름에 대한 할당을 통해 재정의가 이루어지고, 그로 인해 디스크립터를 **숨기게** 된다. 속성을 읽기 전용으로 하려면, 반드시 __set__을 정의하여 속성 이름에 대한 할당을 가로채고 예외를 발생시켜야 한다.

__set__ 메소드를 가진 디스크립터는 메타클래스와 상속에 대한 완전한 명세에 대해 다룰 40장까지 미루어두려고 했던 상속 과정에서의 특별한 활용 방안을 가지고 있다. 간략히 말하면 __set__ 메소드를 가진 디스크립터는 보통 **데이터 디스크립터**(data descriptor)라고도 하는데, 일반적인 상속 규칙에 의해 다른 이름보다 우선권을 가진다. 예를 들어, __class__에 대한 상속 디스크립터는 상속 네임스페이스 딕셔너리에서 동일한 이름을 오버라이드한다. 또한, 이것

은 여러분이 작성한 클래스의 데이터 딕셔너리가 다른 데이터 딕셔너리에 우선하여 상속됨을
보증하는 역할을 한다.

디스크립터 메소드 인수

실제적인 코드를 작성하기 전에, 몇 가지 기초에 대해 간단하게 살펴보도록 하자. 이전 절에서
세 가지 디스크립터 메소드에는 디스크립터 클래스 인스턴스(self)와 디스크립터 인스턴스가 포
함된 클라이언트 클래스의 인스턴스(instance) 두 가지가 모두 전달된다고 설명했다.

__get__ 접근 메소드는 추가적으로 owner 인수를 받는데, 이 인수는 디스크립터 인스턴스
가 포함된 클래스를 지칭한다. 이 메소드의 instance 인수는 속성이 인스턴스를 통해 접근될
경우(instance.attr) 해당 인스턴스가 되고, 소유자 클래스를 통해 직접적으로 접근될 경우(class.
attr)에는 None이 된다. 전자는 보통 속성값을 반환하고, 후자는 디스크립터 객체 접근이 지원
될 경우에는 self를 반환한다.

예를 들어, 다음 3.X 세션에서 X.attr을 가져올 때, 파이썬이 자동으로 Subject.attr 클래스 속
성이 할당된 Descriptor 클래스 인스턴스의 __get__ 메소드를 실행한다. 다음 코드에서 2.X에
서는 디스크립터가 새 형식 클래스 도구이기 때문에 동등한 역할을 하는 print문을 사용하며,
두 클래스 모두 object로부터 상속받는다. 3.X에서는 이런 내용이 암묵적으로 포함되어 있어
생략하였지만, 기능에는 영향이 없다.

```
>>> class Descriptor:                    # 2.X에서는 "(object)"를 추가
        def __get__(self, instance, owner):
            print(self, instance, owner, sep='\n')

>>> class Subject:                       # 2.X에서는 "(object)"를 추가
attr = Descriptor()                      # 디스크립터 인스턴스는 클래스 속성

>>> X = Subject()
>>> X.attr
<__main__.Descriptor object at 0x0281E690>
<__main__.Subject object at 0x028289B0>
<class '__main__.Subject'>

>>> Subject.attr
<__main__.Descriptor object at 0x0281E690>
None
<class '__main__.Subject'>
```

첫 번째 속성을 가져올 때 __get__ 메소드에 인수가 자동으로 전달된 것에 주목하자. X.attr

을 가져올 때, 다음 코드가 실행된 것과 동일하다(단, 여기서 Subject.attr은 __get__을 다시 호출하지 않는다).

```
X.attr -> Descriptor.__get__(Subject.attr, X, Subject)
```

메소드의 instance 인수가 None인 경우 디스크립터가 직접 접근되고 있음을 알 수 있다.

읽기 전용 디스크립터

앞에서 언급한 것처럼, 프로퍼티와는 달리 단순히 디스크립터에서 __set__ 메소드를 생략하는 것만으로는 속성을 읽기 전용으로 만들 수 없다. 디스크립터 이름이 인스턴스에 할당될 수 있기 때문이다. 다음 예제에서 X.a에 대한 속성 할당은 a를 인스턴스 객체 X에 저장하기 때문에 클래스 C에 저장된 디스크립터를 숨기게 된다.

```
>>> class D:
        def __get__(*args): print('get')

>>> class C:
        a = D()                              # 속성이 디스크립터 인스턴스

>>> X = C()
>>> X.a                                      # 상속된 디스크립터의 __get__을 실행
get
>>> C.a
get
>>> X.a = 99                                 # X에 저장되며 C.a를 숨김!
>>> X.a
99
>>> list(X.__dict__.keys())
['a']
>>> Y = C()
>>> Y.a                                      # Y는 여전히 디스크립터를 상속
get
>>> C.a
get
```

이것이 파이썬의 인스턴스 속성 할당이 동작하는 방식이며, 이로 인해 클래스가 그 인스턴스에서 클래스 수준의 기본값을 선택적으로 오버라이드할 수 있도록 한다. 디스크립터 기반 속성을 읽기 전용으로 하려면 디스크립터 클래스에서 할당을 캐치하고, 예외를 발생하여 속성 할당을 방지해야 한다. 디스크립터인 속성에 대한 할당이 일어나면, 파이썬은 다음과 같이 일반적인 인스턴스 수준의 할당 과정을 건너뛰고 연산을 디스크립터 객체로 전달한다.

```
>>> class D:
        def __get__(*args): print('get')
        def __set__(*args): raise AttributeError('cannot set')

>>> class C:
        a = D()

>>> X = C()
>>> X.a                                # C.a__get__으로 라우팅됨
get
>>> X.a = 99                           # C.a__get__으로 라우팅됨
AttributeError: cannot set
```

 디스크립터의 __delete__ 메소드를 일반적인 __del__ 메소드와 혼돈하지 않도록 주의하자. 전자는 소유자 클래스 인스턴스에서 관리 속성 이름을 삭제할 때 사용하는 반면, 후자는 가비지 컬렉터가 동작할 때 모든 종류의 클래스 인스턴스에서 호출되는 일반적인 소멸자 메소드다. __delete__는 이 장 뒷부분에서 다루게 될 범용 속성 삭제 메소드인 __delattr__과 더 밀접하게 연관되어 있다. 연산자 오버로딩 메소드에 대해서는 30장을 참조한다.

첫 번째 예제

프로퍼티를 이용하는 첫 번째 예제를 통해 앞에서 배운 개념들이 실제 코드에서 어떻게 사용되는지 살펴보자. 다음 예제에서는 클라이언트 내에서 name으로 명명된 속성에 대한 접근을 가로채는 디스크립터를 정의하고 있다. 이 디스크립터의 메소드는 instance 인수를 통해 이름 문자열이 실제로 저장된 대상 인스턴스의 상태 정보에 접근하고 있다. 디스크립터는 프로퍼티와 유사하게 새 형식 클래스에서만 제대로 동작하므로 2.X 버전을 사용하고 있다면 다음 코드에서와 같이 디스크립터 클래스와 클라이언트 클래스가 모두 object로부터 상속받도록 해야한다.

```
class Name:                            # 2.X에서는 (object)를 사용
    "name descriptor docs"
    def __get__(self, instance, owner):
        print('fetch...')
        return instance._name
    def __set__(self, instance, value):
        print('change...')
        instance._name = value
    def __delete__(self, instance):
        print('remove...')
        del instance._name
```

```
class Person:                         # 2.X에서는 (object)를 사용
    def __init__(self, name):
        self._name = name
    name = Name()                     # 디스크립터를 속성에 할당


bob = Person('Bob Smith')             # bot도 관리 속성을 가지고 있음
print(bob.name)                       # Name.__get__을 실행
bob.name = 'Robert Smith'             # Name.__set__을 실행
print(bob.name)
del bob.name                          # Name.__delete__를 실행

print('-'*20)
sue = Person('Sue Jones')             # sue도 디스크립터를 상속
print(sue.name)
print(Name.__doc__)                   # 또는 help(Name)를 실행
```

이 코드에서 우리가 만든 디스크립터 클래스의 인스턴스를 클라이언트 클래스의 **클래스 속성**에 어떻게 할당했는지 살펴보라. 이 때문에 클래스의 메소드처럼 클래스의 모든 인스턴스에 상속된다. 사실, 디스크립터는 **반드시** 이처럼 클래스 속성에 할당해야 한다. self 인스턴스 속성에 할당하면 제대로 동작하지 않는다. 디스크립터의 __get__ 메소드가 실행될 때는 다음 세 가지 객체가 전달되어 콘텍스트를 구성한다.

- self — Name 클래스 인스턴스
- instance — Person 클래스 인스턴스
- owner — Person 클래스

프로퍼티 버전과 매우 유사하게 이 코드가 실행되면 디스크립터의 메소드가 속성에 대한 접근을 가로챈다. 사실, 출력은 역시나 같다.

```
c:\code> py -3 desc-person.py
fetch...
Bob Smith
change...
fetch...
Robert Smith
remove...
--------------------
fetch...
Sue Jones
name descriptor docs
```

또한, 우리 디스크립터 클래스 인스턴스는 클래스 속성이므로, 모든 클라이언트 클래스와 모든 서브클래스에 의해 **상속**된다. 예를 들어 Person 클래스를 다음과 같이 변경하면, 스크립트의 실행 결과는 동일하다.

```
...
class Super:
    def __init__(self, name):
        self._name = name
    name = Name()

class Person(Super):                      # 디스크립터가 상속됨(클래스 속성)
    pass
...
```

디스크립터 클래스를 클라이언트 클래스 범위 밖에서 사용하는 것이 유용하지 않을 때는 디스크립터의 정의를 그 클라이언트 내에 포함하는 것도 문법적으로는 아무런 문제가 없다. 다음은 **중첩된 클래스**를 이용한 예제 코드다.

```
class Person:
    def __init__(self, name):
        self._name = name

    class Name:                           # 중첩된 클래스
        "name descriptor docs"
        def __get__(self, instance, owner):
            print('fetch...')
            return instance._name
        def __set__(self, instance, value):
            print('change...')
            instance._name = value
        def __delete__(self, instance):
            print('remove...')
            del instance._name
    name = Name()
```

이렇게 코드를 작성하면, Name은 Person 클래스문의 지역 변수가 되어 클래스 외부의 어떤 이름과도 충돌하지 않는다. 이 버전은 원래 버전과 동일하게 동작한다. 디스크립터 클래스의 정의를 클라이언트 클래스의 범위로 옮긴 것뿐이다. 하지만 테스트 코드의 마지막 줄은 설명 문자열을 변경된 위치에서 가져오도록 수정해야 한다(desc-persion-nested.py 파일 참조).

```
...
print(Person.Name.__doc__)          # Person.Name은 클래스 외부의 Name.__doc__과 다름
```

연산 속성

프로퍼티를 사용할 때와 같이 이전 절의 첫 번째 예제에는 기능이 많지 않았고, 속성 접근에
대한 추적 메시지만을 출력할 뿐이었다. 실제로, 디스크립터는 각 속성을 가져올 때마다 값을
계산하도록 할 수 있다. 다음 예제 코드는 프로퍼티 버전을 수정하여 속성의 값을 가져올 때
마다 디스크립터가 그 값을 제곱하도록 하고 있다.

```
class DescSquare:
    def __init__(self, start):           # 각 디스크립터는 자신만의 상태를 가짐
        self.value = start
    def __get__(self, instance, owner):  # 속성 가져올 때
        return self.value ** 2
    def __set__(self, instance, value):  # 속성 할당 시
        self.value = value               # delete나 docs는 없음

class Client1:
    X = DescSquare(3)        # 디스크립터 인스턴스를 클래스 속성에 할당

class Client2:
    X = DescSquare(32)       # 다른 클라이언트 클래스 안의 다른 인스턴스
                             # 두 개의 인스턴스를 동일한 클래스 안에 위치하도록 작성할 수도 있음
c1 = Client1()
c2 = Client2()

print(c1.X)                 # 3 ** 2
c1.X = 4
print(c1.X)                 # 4 ** 2
print(c2.X)                 # 32 ** 2(1024)
```

이 예제 코드의 실행 결과는 프로퍼티를 사용한 버전과 동일하다. 하지만 여기서는 디스크립
터 클래스 객체가 속성 접근을 가로채고 있다.

```
c:\code> py -3 desc-computed.py
9
16
1024
```

디스크립터 안에서 상태 정보 사용하기

지금까지 작성한 두 개의 디스크립터 예제를 학습하다 보면 그들이 정보를 서로 다른 위치에서 얻는다는 것을 알게 될 것이다. 첫 번째(이름 속성 예제)는 클라이언트 인스턴스에 저장된 데이터를 이용하고, 두 번째(속성 제곱 예제)는 디스크립터 객체 자체(self로 알려진)에 포함된 데이터를 이용한다. 사실 디스크립터는 인스턴스 상태와 디스크립터 상태, 혹은 그 조합을 모두 사용할 수 있다.

- **디스크립터 상태**는 디스크립터 내부의 동작에서 사용되는 데이터나 모든 인스턴스에 걸친 데이터를 관리하는 데 사용된다. 이것은 속성 출현 시마다 다를 수 있다(종종 클라이언트 클래스마다 다르기도 하다).

- **인스턴스 상태**는 클라이언트 클래스에 관련된, 그리고 아마도 클라이언트 클래스에 의해 생성된 정보를 기록한다. 이것은 클라이언트 클래스 인스턴스마다 다를 수 있다(즉, 적용 객체마다 다르다).

다시 말하면 디스크립터 상태는 디스크립터 단위의 데이터고, 인스턴스 데이터는 클라이언트 인스턴스 단위의 데이터다. 객체 지향 프로그래밍에서 늘 그렇듯이, 어떤 상태를 이용할지 주의 깊게 선택해야 한다. 예를 들어, 보통은 직원 이름을 저장할 때는 디스크립터 상태를 이용하지 않을 것이다. 각 클라이언트 인스턴스가 자신만의 값을 가져야 하기 때문이다. 만약 디스크립터에 값이 저장되면, 각 클라이언트 클래스가 동일한 하나의 복사본을 공유할 것이다. 반면, 디스크립터 내부 구현에 관련된 데이터를 저장할 때 인스턴스 상태를 이용하지는 않을 것이다. 상태가 각 인스턴스 내에 저장되면, 여러 개의 다른 복사본이 존재하게 될 것이다.

디스크립터 메소드는 어떤 상태 형태도 이용할 수 있지만, 디스크립터 상태는 종종 인스턴스 특유의 데이터에 대해 인스턴스 내에서의 이름 충돌을 회피할 목적으로 특별한 명명 규칙을 사용하지 않아도 된다. 예를 들어, 다음 디스크립터는 정보를 자신만의 인스턴스에 포함시키므로 클라이언트 클래스 인스턴스에 있는 것과 충돌하지 않지만, 두 개의 클라이언트 인스턴스 사이에 정보를 공유하기도 한다.

```
class DescState:                              # 인스턴스 상태를 이용. 2.X에서는 (object)
    def __init__(self, value):
        self.value = value
    def __get__(self, instance, owner):       # 속성을 가져올 때 실행됨
        print('DescState get')
        return self.value * 10
```

```
    def __set__(self, instance, value):          # 속성을 할당할 때 실행됨
        print('DescState set')
        self.value = value

# 클라이언트 클래스
class CalcAttrs:
    X = DescState(2)                             # 디스크립터 클래스 속성
    Y = 3                                        # 클래스 속성
    def __init__(self):
        self.Z = 4                               # 인스턴스 속성

obj = CalcAttrs()
print(obj.X, obj.Y, obj.Z)                       # X는 계산이 되며, Y와 Z는 계산되지 않음
obj.X = 5                                        # X에 대한 할당을 가로챔
CalcAttrs.Y = 6                                  # Y는 클래스 안에서 재할당됨
obj.Z = 7                                        # Z는 인스턴스 안에서 할당됨
print(obj.X, obj.Y, obj.Z)

obj2 = CalcAttrs()                               # X는 Y처럼 공유 데이터를 사용함!
print(obj2.X, obj2.Y, obj2.Z)
```

이 코드의 내부 값 정보는 디스크립터 내에서만 생존하므로 클라이언트 인스턴스 내에서 사용되는 이름과 충돌이 나지 않게 된다. 여기서는 디스크립터 속성만 관리한다는 것에 주목하자. X에 대한 get과 set 접근은 가로채지만, Y와 Z에 대한 접근은 가로채지 않는다(Y는 클라이언트 클래스에, Z는 인스턴스에 포함된다). 이 코드가 실행되면 X는 가져올 때 계산되지만, 디스크립터 수준 상태를 이용하기 때문에 모든 클라이언트 인스턴스 내에서 항상 같은 값을 가진다.

```
c:\code> py -3 desc-state-desc.py
DescState get
20 3 4
DescState set
DescState get
50 6 7
DescState get
50 6 4
```

디스크립터가 자기 자신의 내부 대신 클라이언트 클래스의 인스턴스에 포함된 속성을 이용하거나 저장할 수도 있다. 결정적으로 디스크립터 자체에 저장된 데이터와 달리, 이것은 클라이언트 클래스 인스턴스 단위로 데이터를 다르게 할 수 있다. 다음 예제의 디스크립터는 인스턴스가 클라이언트 클래스에 포함된 속성 _X를 가지고 있고, 그것이 대표하는 속성의 값을 계산하기 위해 사용한다고 가정한다.

```python
class InstState:                                  # 인스턴스 상태를 이용. (object)는 2.X에서만 필요
    def __get__(self, instance, owner):
        print('InstState get')                    # 클라이언트 클래스에 의해 설정된다고 가정
        return instance._X * 10
    def __set__(self, instance, value):
        print('InstState set')
        instance._X = value


# 클라이언트 클래스
class CalcAttrs:
    X = InstState()                               # 디스크립터 클래스 속성
    Y = 3                                         # 클래스 속성
    def __init__(self):
        self._X = 2                               # 인스턴스 속성
        self.Z  = 4                               # 인스턴스 속성

obj = CalcAttrs()
print(obj.X, obj.Y, obj.Z)                        # X가 계산되지만 나머지는 계산되지 않음
obj.X = 5                                         # X에 대한 할당이 캐치됨
CalcAttrs.Y = 6                                   # 클래스 내에서 Y에 대해 재할당
obj.Z = 7                                         # 인스턴스 내에서 Z에 대한 할당
print(obj.X, obj.Y, obj.Z)

obj2 = CalcAttrs()
print(obj2.X, obj2.Y, obj2.Z)                     # 하지만 이제 Z처럼 X도 다르다!
```

여기서 X는 이전처럼 접근을 관리하는 디스크립터에 할당된다. 하지만 여기의 새 디스크립터
는 그 자체로는 정보를 갖지 않으며, 인스턴스 내에 존재한다고 가정하는 _X라고 명명된 속성
을 이용하여 디스크립터 자신과의 이름 충돌을 방지한다. 이 버전의 실행 결과는 유사하지만,
디스크립터 속성의 값은 서로 다른 상태 정책 때문에 클라이언트 인스턴스마다 다를 수 있다.

```
c:\code> py -3 desc-state-inst.py
InstState get
20 3 4
InstState set
InstState get
50 6 7
InstState get
20 6 4
```

디스크립터와 인스턴스 상태는 저마다의 역할을 가졌다. 사실, 이것은 프로퍼티가 갖지 못
한 디스크립터의 장점이다. 디스크립터가 자신만의 상태를 가지기 때문에 데이터를 클라이언
트 인스턴스 객체의 네임스페이스에 추가하지 않고도 디스크립터 내부에 데이터를 가질 수 있
다. 다음 코드는 두 개의 상태 소스를 사용한다. self.data는 속성 단위 정보를 보관하는 반면,

instance.data는 클라이언트 인스턴스마다 다를 수 있다.

```
>>> class DescBoth:
        def __init__(self, data):
            self.data = data
        def __get__(self, instance, owner):
            return '%s, %s' % (self.data, instance.data)
        def __set__(self, instance, value):
            instance.data = value

>>> class Client:
        def __init__(self, data):
            self.data = data
        managed = DescBoth('spam')

>>> I = Client('eggs')
>>> I.managed                              # 두 가지 데이터 소스를 모두 보여 줌
'spam, eggs'
>>> I.managed = 'SPAM'                      # 인스턴스 데이터를 변경함
>>> I.managed
'spam, SPAM'
```

더 규모가 큰 사례에서 이 선택이 의미하는 바는 이 장 뒤에서 다시 한번 살펴보도록 하겠다. 더 나아가기 전에, 32장에서 다루었던 슬롯을 다시 떠올려보자. 슬롯은 dir이나 getattr 같은 도구를 이용해 프로퍼티나 디스크립터 같은 '가상' 속성에 접근할 수 있는 도구다(그것들이 인스턴스의 네임스페이스 딕셔너리에 존재하지 않더라도 말이다). 이런 방법을 사용해야 하는가는 프로그램마다 다를 수 있다. 프로퍼티와 디스크립터는 임의의 계산을 실행할 수 있으며, 슬롯보다는 인스턴스 '데이터'를 덜 다룰 것이다.

```
>>> I.__dict__
{'data': 'SPAM'}
>>> [x for x in dir(I) if not x.startswith('__')]
['data', 'managed']

>>> getattr(I, 'data')
'SPAM'
>>> getattr(I, 'managed')
'spam, SPAM'

>>> for attr in (x for x in dir(I) if not x.startswith('__')):
        print('%s => %s' % (attr, getattr(I, attr)))

data => SPAM
managed => spam, SPAM
```

뒤에서 다룰 더 범용적인 __getattr__과 __getattribute__ 도구는 이 기능을 지원하도록 설계되지 않았다. 이것들은 클래스 수준 속성을 갖지 않기 때문에 그들의 "가상" 속성 이름은 dir 결과에 나타나지 않는다.[1] 또한, 프로퍼티나 디스크립터와 같이 특정한 속성 이름에 제한되지 않는다. 다음 절에서 설명하듯이 이것들은 이 동작보다 더 많은 점을 공유하는 도구들이다.

프로퍼티와 디스크립터의 연관 관계

앞에서 말한 대로, 프로퍼티와 디스크립터는 강하게 연관되어 있다. 내장된 프로퍼티는 디스크립터를 만드는 편리한 방법일 뿐이다. 이제 둘이 어떻게 동작하는지 알기 때문에 다음 예제에서와 같이 디스크립터 클래스로 내장된 프로퍼티를 흉내 내는 것이 가능하다는 것을 알 수 있다.

```python
class Property:
    def __init__(self, fget=None, fset=None, fdel=None, doc=None):
        self.fget = fget
        self.fset = fset
        self.fdel = fdel                     # 바인드되지 않은 메소드 저장
        self.__doc__ = doc                   # 혹은 다른 호출 가능 객체

    def __get__(self, instance, instancetype=None):
        if instance is None:
            return self
        if self.fget is None:
            raise AttributeError("can't get attribute")
        return self.fget(instance)           # 프로퍼티 액세서에서 self에 instance를 전달

    def __set__(self, instance, value):
        if self.fset is None:
            raise AttributeError("can't set attribute")
        self.fset(instance, value)

    def __delete__(self, instance):
        if self.fdel is None:
            raise AttributeError("can't delete attribute")
        self.fdel(instance)

class Person:
    def getName(self): print('getName...')
    def setName(self, value): print('setName...')
```

---

[1] 31장에서 설명했듯이, 이런 동적 클래스는 dir 호출에 대한 속성 결과 리스트를 제공할 목적으로 __dir__ 메소드를 이용할 수도 있다. 하지만 범용 도구는 이런 선택적 인터페이스에 의존해서는 안 된다.

```
        name = Property(getName, setName)    # property( )처럼 사용

x = Person()
x.name
x.name = 'Bob'
del x.name
```

이 Property 클래스는 디스크립터 프로토콜을 이용해 속성 접근을 캐치하고, 클래스가 생성될 때 전달되어 디스크립터 상태에 저장된 함수나 메소드로 요청을 라우팅한다. 예를 들어, 속성 가져오기는 Person 클래스에서 Property 클래스의 __get__ 메소드로 라우팅되고, 다시 Person 클래스의 getName으로 라우팅된다. 디스크립터를 이용하면 이것이 '정상적으로 동작한다'.

```
c:\code> py -3 prop-desc-equiv.py
getName...
setName...
AttributeError: can't delete attribute
```

이 디스크립터 클래스의 유사 버전은 기본적인 프로퍼티 활용만 다룬다는 것을 기억하자. @decorator 구문과 set 및 delete 동작을 지정하려면, Property 클래스를 setter와 deleter 메소드로 확장해야 한다. 이 setter와 deleter는 데코레이트된 접근자 함수를 저장하고, 프로퍼티 객체를 반환할 것이다(self만으로도 충분할 것이다). 내장된 프로퍼티가 이미 이 동작을 하기 때문에 여기서는 이 확장에 대한 구체적인 코딩은 생략하도록 하겠다.

디스크립터, 슬롯 그리고 기타

또한, 이제는 파이썬의 슬롯 확장을 구현할 때 디스크립터가 어떻게 사용되는지 부분적으로라도 상상할 수 있을 것이다. 슬롯 이름 접근을 가로채는 클래스 수준 디스크립터를 생성함으로써 인스턴스 속성 딕셔너리를 회피하게 되고, 그 이름들을 인스턴스 내의 순차적인 저장 공간에 매핑한다. 하지만 명시적인 프로퍼티 호출과 달리, __slots__ 속성이 클래스 내에 존재하면 슬롯 이면의 보이지 않는 작업들은 자동으로, 또한 암묵적으로 클래스 생성 시에 조율된다.

슬롯에 대한 더 자세한 내용은 32장을 참조한다(그리고 왜 불가피한 사례를 제외하고서는 슬롯의 사용을 추천하지 않는지에 대해서도 볼 수 있다). 디스크립터는 다른 클래스 도구에 의해서도 사용되지만, 세부적인 내부 사항에 대해서는 생략하겠다. 더 상세한 내용은 파이썬 매뉴얼과 소스 코드를 참조하자.

39장에서는 함수와 메소드에 모두 적용되는 함수 **데코레이터** 구현에 디스크립터를 이용할 것이다. 거기서 보게 되겠지만 중첩된 함수가 보통은 개념적으로 훨씬 간단한 솔루션이긴 하나, 디스크립터가 디스크립터와 대상 클래스 인스턴스를 잘 받아들이기 때문에 이 역할에서 잘 동작한다. 39장에서는 내장된 동작 메소드 가져오기를 가로채는 한 방법으로서 디스크립터를 이용해 볼 것이다.

40장에서 다루고 있는 '데이터 디스크립터' 선행에 대해서도 살펴보도록 하자. 이것은 이전의 전체 상 모델에서 언급된 바 있다. __set__과 함께 사용되면, 디스크립터는 다른 이름을 오버라이드하며, 그로 인해 바인딩 또한 오버라이드하게 된다. 이것들은 인스턴스 딕셔너리의 이름들에 의해 숨겨지지 않는다.

__getattr__과 __getattribute__

지금까지 특정한 속성을 관리하는 도구인 프로퍼티와 디스크립터에 대해 학습했다. __getattr__과 __getattribute__ 연산자 오버로딩 메소드는 클래스 인스턴스의 속성 가져오기를 가로챌 수 있는 또 다른 방법을 제공한다. 프로퍼티와 디스크립터처럼 위 도구들을 이용해 속성에 접근할 때 자동으로 실행할 코드를 삽입할 수 있다. 하지만 이 메소드는 더 일반적인 방법으로도 활용할 수 있다. 임의의 이름을 가로챌 수 있기 때문에 위임 같은 더 넓은 역할에 적용할 수도 있다. 그러나 일부 콘텍스트에서는 추가적인 호출이 일어날 수도 있고, __dir__ 결과에 등록하기에는 지나치게 동적이다.

속성 가져오기 가로채기는 두 개의 서로 다른 메소드를 이용한 두 가지 방식이 있다.

- __getattr__은 정의되지 않은 속성에 대해 동작한다. 이것이 인스턴스 안에 저장되지 않거나, 그 클래스 중의 하나로부터 상속되지 않은 속성에 대해서만 동작하기 때문에 그 사용은 매우 직관적이다.

- __getattrribute__는 모든 속성에 대해 동작한다. 이것이 포괄적이기 때문에 이 메소드를 사용할 때는 슈퍼클래스에 속성 접근을 전달함으로써 재귀 루프가 발생하지 않도록 주의해야 한다.

이 중의 전자에 대해서는 30장에서 이미 다룬 바 있다. 이것은 파이썬의 모든 버전에서 사용할 수 있다. 후자는 2.X 버전의 새 형식 클래스에서만 사용할 수 있으며, 3.X(모든 클래스가 암묵적인 새 형식 클래스인)에서는 모든 클래스에 대해서 사용할 수 있다. 이 두 메소드는 __setattr__과 __delattr__을 포함하는 대표적인 속성 가로채기 메소드의 집합을 대표한다. 하지만 이 메소드들이 유사한 역할을 하기 때문에 여기에서는 일반적으로 하나의 주제로 다룰 것이다.

프로퍼티나 디스크립터와는 달리, 이 메소드들은 파이썬의 범용 연산자 오버로딩 프로토콜의 일부다. 이 프로토콜은 특수하게 명명된 클래스의 메소드이며, 서브클래스에 의해 상속되고, 인스턴스가 암묵적인 내장된 동작에서 사용될 때 자동으로 실행된다. 다른 모든 일반적인 클래스의 메소드와 유사하게 이들은 호출될 때 각각 첫 번째 self 인수를 전달받으며, 클래스의 다른 메소드뿐만 아니라 필요한 인스턴스의 상태 정보에 접근할 수 있다.

또한, __getattr__과 __getattribute__ 메소드는 프로퍼티나 디스크립터보다 더 **범용적**이다. 이들은 특정한 단일 이름에만 한정되지 않고 모든 인스턴스 속성 가져오기를 가로챌 수 있다. 이 성질 때문에 이 두 가지 메소드는 범용적인 위임 기반 코딩 패턴에 더 잘 부합한다. 그래서 이들은 포함된 객체에 대한 모든 속성 접근을 관리하는 래퍼(프록시) 객체를 구현할 때 사용할 수 있다. 반대로, 프로퍼티나 디스크립터의 경우 가로채고자 하는 모든 속성마다 하나의 프로퍼티나 디스크립터를 정의해야 한다. 뒤에서 다루겠지만 내장된 동작에 대해서는 이 역할이 새 형식 클래스 안에서만 적용되나, 래핑된 객체의 인터페이스 내에 포함된 모든 명명된 메소드에 적용할 수 있다.

마지막으로, 이 두 메소드는 우리가 앞에서 고려했던 다른 대안들보다 더 좁은 범위에 포커스를 맞추고 있다. 이들은 속성 가져오기만을 가로채며, 할당에 대해서는 관여하지 않는다. 할당에 의한 속성 변경을 캐치하려면 __setattr__ 메소드를 작성해야 한다. __setattr__은 모든 속성 할당 시마다 실행되는 연산자 오버로딩 메소드다. 재귀적 루프를 방지하기 위해 인스턴스 네임스페이스 딕셔너리가 슈퍼클래스 메소드로 속성 할당을 라우팅해야 한다. 잘 사용되지는 않지만 속성 삭제를 가로채려면 __delattr__ 오버로딩 메소드도 작성해야 한다(물론, 이것도 같은 방법을 이용해 루프를 방지해야 한다). 이와 대조적으로 프로퍼티와 디스크립터는 get, set, delete 연산을 모두 캐치할 수 있다.

이 연산자 오버로딩 메소드의 대부분은 이미 앞에서 소개한 바 있다. 여기서는 그 활용 범위를 확장하고, 더 큰 콘텍스트 내에서 그들의 역할에 대해 학습하도록 하겠다.

기본 지식

__getattr__과 __setattr__은 30장과 32장에서 소개했고, __getattribute__는 32장에서 간단히 언급했다. 간단히 말해 클래스가 다음 목록에 있는 메소드들을 정의하거나 상속하면, 각

메소드의 우측 주석이 나타내는 상황에서 인스턴스가 사용될 때 해당 메소드가 자동으로 실행된다.

```
def __getattr__(self, name):           # 정의되지 않은 속성을 가져올 때 [obj.name]
def __getattribute__(self, name):      # 모든 속성을 가져올 때 [obj.name]
def __setattr__(self, name, value):    # 모든 속성 할당 시 [obj.name=value]
def __delattr__(self, name):           # 모든 속성 삭제 시 [del obj.name]
```

self는 이들 모두에서 평소처럼 대상 인스턴스 객체이자 접근되는 속성의 이름 문자열이다. 그리고 value는 속성에 할당되는 객체다. 두 get 메소드는 보통 속성의 값을 반환하며, 나머지 두 개는 아무것도 반환하지 않는다(None). 모든 메소드는 금지된 접근을 알리기 위해 예외를 발생시킬 수 있다.

예를 들어 모든 속성 가져오기를 캐치하려면 처음 두 메소드 중 하나를 사용할 수 있으며, 모든 속성 할당을 캐치하려면 세 번째를 이용하면 된다. 다음 코드는 __getattr__을 이용하며, 파이썬 2.X와 3.X 모두에서 동작한다. 2.X에서 새로운 형식의 object 파생은 필요하지 않다.

```
class Catcher:
    def __getattr__(self, name):
        print('Get: %s' % name)
    def __setattr__(self, name, value):
        print('Set: %s %s' % (name, value))

X = Catcher()
X.job                              # 'Get: job' 출력
X.pay                              # 'Get: pay' 출력
X.pay = 99                         # 'Set: pay 99' 출력
```

다음과 같이 이 사례에서 __getattribute__를 이용해도 완전히 동일하게 동작하지만 2.X에서는 object 파생이 필요하며, 잠재적인 루프가 발생할 수 있다. 루프에 대해서는 다음 절에서 알아보도록 하겠다.

```
class Catcher(object):                  # 2.X에서 (object) 필요
    def __getattribute__(self, name):   # getattr과 동일하게 동작
        print('Get: %s' % name)         # 보통 루프가 발생할 수 있음
    ...이하는 똑같음...
```

이런 코딩 구조는 31장에서 소개했던 위임 디자인 패턴을 구현할 때 사용할 수 있다. 모든 속성이 가로채기 메소드로 라우팅되므로 이 속성들을 검증하고 포함된 관리 객체로 전달할 수

있다. 예를 들어, 다음 클래스(31장의 예제를 다시 설명한다)는 래퍼(프록시) 클래스로 전달되는 모든 속성 가져오기를 추적한다.

```
class Wrapper:
    def __init__(self, object):
        self.wrapped = object                      # object 저장
    def __getattr__(self, attrname):
        print('Trace: ' + attrname)                # 가져오기를 추적함
        return getattr(self.wrapped, attrname)     # 가져오기 위임

X = Wrapper([1, 2, 3])
X.append(4)                                        # "Trace: append" 출력
print(X.wrapped)                                   # "[1, 2, 3, 4]" 출력
```

프로퍼티와 디스크립터에는 그런 유사점은 없다. 객체에 래핑 가능한 모든 잠재적인 액세서를 코딩할 수는 없다. 반면 그러한 범용성이 요구되지 않을 경우, 일반적인 액세서 메소드는 일부 콘텍스트에서 할당에 대한 추가적인 호출을 발생시킬 수 있다. 30장에서 이 장단점에 대해 설명했고, 이 장 끝부분의 활용 사례 예제에서도 다룰 것이다.

속성 가로채기 메소드에서 루프 회피하기

이 메소드들은 일반적으로 사용법이 매우 직관적이나, 이 메소드들에서 실제로 복잡한 측면은 잠재적인 루핑(재귀)이다. __getattr__은 정의되지 않은 속성에 대해서만 호출되므로 자신의 코드 내에 있는 다른 속성들을 자유롭게 가져올 수 있다. 하지만 __getattribute__와 __setattr__은 모든 속성에 대해 호출되기 때문에 그 코드에서 다른 속성에 접근할 때는 자기 자신을 다시 호출해서 재귀 루프를 발생시키지 않도록 신경 써야 한다.

예를 들어, __getattribute__ 메소드 내에서 다른 속성을 가져오면 다시 __getattribute__를 촉발한다. 그리고 그 코드는 보통 메모리가 바닥날 때까지 루프 내에서 반복될 것이다.

```
    def __getattribute__(self, name):
        x = self.other            # 루프 발생!
```

기술적으로 이 메소드는 보기보다 훨씬 더 루프에 빠지기 쉽다. 이 메소드를 정의한 클래스 내에서 실행되는 self 속성 참조는 __getattribute__를 촉발하고, 클래스의 로직에 따라 루프에 빠질 수 있다. 모든 속성에 대한 가져오기를 가로채는 것이 이 메소드의 목적이므로 보통은 바람직한 동작이다. 하지만 이 메소드는 자신이 작성된 어느 곳에서건 모든 속성에 대한 가져

오기를 캐치한다는 점을 알아 두어야 한다. __getattribute__ 자체 내에서 사용되면, 거의 항상 루프를 유발한다. 이 루프를 피하려면 슈퍼클래스를 통해 가져오기를 라우팅하여 이 수준의 버전을 건너뛰어야 한다. object 클래스는 언제나 새로운 형식의 슈퍼클래스이므로 이 역할을 잘 수행한다.

```python
def __getattribute__(self, name):
    x = object.__getattribute__(self, 'other')    # 강제로 슈퍼클래스를 통함
```

__setattr__에서 30장에서 요약한 것과 같이 상황은 유사하다. 이 메소드 안에서 속성에 할당을 하면 다시 __setattr__을 촉발하여 유사한 루프가 발생한다.

```python
def __setattr__(self, name, value):
    self.other = value              # 재귀(아마도 루프가 발생할 것!)
```

여기서도 마찬가지로 이 메소드를 정의한 클래스 내에서 self 속성에 대한 할당은 __setattr__을 촉발한다. 루프가 발생할 수 있는 가능성은 그 할당이 __setattr__ 자체 내에 나타날 때 훨씬 높아진다. 이 문제를 해결하려면, 속성을 인스턴스의 __dict__ 네임스페이스 딕셔너리의 키로 할당하는 방법을 이용할 수 있다. 이렇게 하면 식섭적인 속성 할당을 우회할 수 있다.

```python
def __setattr__(self, name, value):
    self.__dict__['other'] = value    # 속성 딕셔너리를 이용해 루프 방지
```

전통적인 접근 방식은 아니지만, 다음과 같이 __setattr__에서 __getattribute__와 마찬가지로 자신의 속성 할당을 상위 슈퍼클래스로 전달하여 루프를 방지할 수 있다(이후의 노트에 따르면, 때로는 이 방법을 더 선호하기도 한다).

```python
def __setattr__(self, name, value):
    object.__setattr__(self, 'other', value)      # 슈퍼클래스를 이용해 루프 회피
```

하지만 대조적으로 __getattribute__에서는 __dict__ 트릭을 이용해 루프를 회피할 수 없다.

```python
def __getattribute__(self, name):
    x = self.__dict__['other']      # 루프 발생!
```

__dict__ 속성을 가져올 때 다시 __getattribute__를 호출하므로 재귀 루프가 일어난다. 이상하지만 사실이다.

__delattr__ 메소드는 실제로는 자주 사용되지 않지만, 사용되면 모든 속성 삭제 시마다 호출된다(모든 속성 할당 시 __setattr__이 호출되는 것과 같다). 이 메소드를 이용할 때는 속성 삭제 시의 경우, 네임스페이스 딕셔너리 동작 또는 슈퍼클래스 메소드 호출 같은 기법들을 이용해 루프를 회피할 수 있도록 신경 써야 한다.

30장에서 설명한 것처럼, **슬롯**이나 **프로퍼티** 같은 새 형식 클래스 기능을 이용해 구현한 속성은 인스턴스의 __dict__ 네임스페이스 딕셔너리에 물리적으로 저장되지 않는다(그리고 슬롯은 그 존재 자체도 불가능하게 한다). 이 때문에 그런 속성을 지원하려면 __setattr__을 이용해 할당을 관리해야 한다. 여기서 설명한 self.__dic__ 인덱싱이 아닌 여기서 설명한 __setattr__ 말이다. 네임스페이스의 __dict__ 동작은 이 장의 자체 학습 예제에서와 같이 인스턴스에 데이터를 저장하기에는 충분하지만, 범용적인 도구는 객체를 사용하는 것이 더 낫다.

첫 번째 예제

범용 속성 관리는 이전 절에서 암시한 것처럼 복잡하지는 않다. 다음 예제는 프로퍼티와 디스크립터의 동작을 설명하기 위해 사용했던 예제와 동일하지만, 이번에는 속성 연산자 오버로딩 메소드를 이용해 구현하여 이전 절에서 설명했던 내용이 어떻게 동작하는지 살펴보도록 하겠다. 이 메소드들이 매우 범용적이므로 우리는 관리 속성이 언제 접근되는지 알 수 있도록 속성 이름을 테스트한다. 다른 속성들은 평상시와 같이 패스된다.

```
class Person:                              # 2.X와 3.X에서 모두 실행됨
    def __init__(self, name):              # Person( ) 실행 시 호출됨
        self._name = name                  # __setattr__ 호출!

    def __getattr__(self, attr):           # obj.undefined 호출 시 실행됨
        print('get: ' + attr)
        if attr == 'name':                 # name을 가로챈다. 저장되지 않음
            return self._name              # 실제 속성이므로 무한 루프에 빠지지 않음
        else:
            raise AttributeError(attr)     # 다른 속성에 대한 접근은 모두 오류임

    def __setattr__(self, attr, value):    # [obj.any = value] 실행 시 호출됨
        print('set: ' + attr)
        if attr == 'name':
            attr = '_name'                 # 내부 이름 설정
        self.__dict__[attr] = value        # 루핑 방지
```

```
    def __delattr__(self, attr):              # [del obj.any] 실행 시 호출됨
        print('del: ' + attr)
        if attr == 'name':
            attr = '_name'                    # 루핑 방지
        del self.__dict__[attr]               # 일반적으로 사용되지 않음

bob = Person('Bob Smith')                     # bob은 관리 속성을 가짐
print(bob.name)                               # __getattr__ 실행
bob.name = 'Robert Smith'                     # __setattr__ 실행
print(bob.name)
del bob.name                                  # __delattr__ 실행

print('-'*20)
sue = Person('Sue Jones')                     # sue는 프로퍼티도 상속받음
print(sue.name)
#print(Person.name.__doc__)                   # 여기에 해당하는 속성은 없음
```

__init__ 생성자의 속성 할당도 __setattr__을 촉발한다는 점에 유의하자. 이 메소드는 클래스 자체 내에서 발생하는 모든 속성 할당을 캐치한다. 이 코드가 실행되면 같은 결과가 출력되는데, 이번에는 이것이 파이썬의 일반적인 연산자 오버로딩 메커니즘과 우리의 속성 가로채기 메소드의 결과가 된다.

```
c:\code> py -3 getattr-person.py
set: _name
get: name
Bob Smith
set: name
get: name
Robert Smith
del: name
--------------------
set: _name
get: name
Sue Jones
```

또한, 프로퍼티 및 디스크립터와 달리 여기서는 우리의 속성에 대한 명시적인 **문서화** 방법이 없다는 점에도 유의하자. 관리 속성은 개별적인 객체가 아니라 우리가 작성한 가로채기 메소드의 코드 안에 존재한다.

__getattribute__ 사용하기

__getattribute__로 완전히 동일한 결과를 얻으려면, 예제의 __getattr__을 다음 코드로 대체한다. 이것이 모든 속성 가져오기를 캐치하기 때문에 이 버전은 새로운 가져오기를 슈퍼클래

스로 전달함으로써 루프를 방지해야 한다. 그리고 이 버전은 알려지지 않은 이름이 오류라고 일반적으로 가정할 수 없다.

```
# __getattr__을 이 코드로 대체

    def __getattribute__(self, attr):          # 객체의 모든 속성에 대해 동작함
        print('get: ' + attr)
        if attr == 'name':                     # 모든 이름을 가로챔
            attr = '_name'                     # 내부 이름에 매핑
        return object.__getattribute__(self, attr)  # 루핑 방지
```

이렇게 변경된 코드를 실행하면, 다음과 같이 출력은 비슷하지만 __setattr__ 호출 시 추가적인 __getattribute__ 호출이 발생한다.

```
c:\code> py -3 getattribute-person.py
set: _name
get: __dict__
get: name
Bob Smith
set: name
get: __dict__
get: name
Robert Smith
del: name
get: __dict__
--------------------
set: _name
get: __dict__
get: name
Sue Jones
```

이 코드는 프로퍼티 및 디스크립터에서 사용된 코드와 같은 효과를 갖지만, 약간 인위적이어서 이 도구들의 실제 장점을 그 잘 보여주지 못한다. 이것들이 범용적이므로 __getattr__과 __getattribute__는 아마도 속성 접근이 검증되고 포함된 객체로 라우팅되는 위임 기반 코드에서 더 흔히 사용될 것이다. 한 가지 속성만 관리해야 하는 상황이라면, 프로퍼티와 디스크립터만으로도 충분하거나 오히려 더 나을 수도 있다.

연산 속성

이전과 같이 앞의 예제는 속성 가져오기를 추적하는 것 외에는 아무것도 하지 않는다. 속성을 가져올 때 값을 계산하기 위해서는 많은 작업이 필요치 않다. 프로퍼티와 디스크립터의 경우,

다음 코드는 가져올 때 값을 계산하는 X라는 가상의 속성을 생성한다.

```
class AttrSquare:
    def __init__(self, start):
        self.value = start                      # __setattr__ 촉발!

    def __getattr__(self, attr):                # 정의되지 않은 속성 가져오기
        if attr == 'X':
            return self.value ** 2              # value는 정의되지 않음
        else:
            raise AttributeError(attr)

    def __setattr__(self, attr, value):         # 모든 attr에 대한 할당
        if attr == 'X':
            attr = 'value'
        self.__dict__[attr] = value

A = AttrSquare(3)                               # 두 개의 오버로드된 클래스 인스턴스
B = AttrSquare(32)                              # 각각은 다른 상태 정보를 가짐

print(A.X)                                      # 3 ** 2
A.X = 4
print(A.X)                                      # 4 ** 2
print(B.X)                                      # 32 ** 2(1024)
```

이 코드를 실행하면 프로퍼티와 디스크립터를 이용했던 앞의 코드와 같은 결과가 나오지만, 스크립트의 메커니즘은 범용적인 속성 가로채기 메소드에 기반하고 있다.

```
c:\code> py -3 getattr-computed.py
9
16
1024
```

__getattribute__ 사용하기

이전과 같이 __getattr__ 대신 __getattribute__를 이용해 동일한 효과를 얻을 수 있다. 다음 코드는 가져오기 메소드를 __getattribute__로 대체하고 __setattr__ 할당 메소드에서 __dict__ 키 대신 슈퍼클래스 메소드를 직접 이용하도록 변경하여 루핑을 방지한다.

```
class AttrSquare:                               # 2.X에서는 (object) 추가
    def __init__(self, start):
        self.value = start                      # __setattr__ 호출!
```

```
    def __getattribute__(self, attr):          # 모든 속성 가져오기를 캐치
        if attr == 'X':
            return self.value ** 2              # __getattribute__ 다시 호출!
        else:
            return object.__getattribute__(self, attr)

    def __setattr__(self, attr, value):         # 모든 속성 할당을 캐치
        if attr == 'X':
            attr = 'value'
        object.__setattr__(self, attr, value)
```

이 버전의 getattribute-computed.py의 실행 결과는 여전히 같다. 하지만 이 클래스 내부에서
묵시적으로 일어나는 라우팅은 다음과 같다.

- 생성자 내의 self.value = start가 __setattr__을 호출한다.

- __getattribute__ 내의 self.value가 __getattribute__를 다시 한번 호출한다.

사실, __getattribute__는 속성 X를 가져올 때마다 두 번 실행된다. __getattr__ 버전에서는 이
런 현상이 발생하지 않는데, value 속성이 정의되지 않은(undefined) 상태가 아니기 때문이다.
속도에 관심이 있고 이런 현상을 피하고 싶다면, 다음과 같이 __getattribute__도 슈퍼클래스
를 이용해 값을 가져오도록 수정해야 한다.

```
    def __getattribute__(self, attr):
        if attr == 'X':
            return object.__getattribute__(self, 'value') ** 2
```

물론 이것도 슈퍼클래스 메소드를 호출해야 하지만, 불필요한 재귀적 호출은 발생하지 않는
다. 이 메소드에 print 호출을 추가하여 이것이 언제 어떻게 실행되는지 추적한다.

__getattr__과 __getattribute__의 비교

__getattr__과 __getattribute__간의 코딩 차이점을 요약하기 위해서 다음 예제는 두 가지 방
법을 모두 이용해 세 개의 속성을 구현한다. attr1은 클래스 속성이고, attr2는 인스턴스 속성이
며, attr3은 가져올 때 계산되는 가상의 관리 속성이다.

```
class GetAttr:
    attr1 = 1
    def __init__(self):
        self.attr2 = 2
```

```
        def __getattr__(self, attr):              # 정의되지 않은 속성에 대해서만 호출됨
            print('get: ' + attr)                 # attr1 제외: 클래스에서 상속함
            if attr == 'attr3':                    # attr2 제외: 인스턴스에 저장됨
                return 3
            else:
                raise AttributeError(attr)

X = GetAttr()
print(X.attr1)
print(X.attr2)
print(X.attr3)
print('-'*20)

class GetAttribute(object):                        # (object)는 2.X에서만 필요
    attr1 = 1
    def __init__(self):
        self.attr2 = 2
    def __getattribute__(self, attr):              # 모든 속성 가져오기
        print('get: ' + attr)                      # 여기서는 슈퍼클래스를 이용해 루프를 방지
        if attr == 'attr3':
            return 3
        else:
            return object.__getattribute__(self, attr)

X = GetAttribute()
print(X.attr1)
print(X.attr2)
print(X.attr3)
```

실행하면 __getattr__ 버전은 attr3에 대한 접근만 가로챈다. 이 속성이 정의되지 않았기 때문이다. 반면, __getattribute__ 버전은 모든 속성 가져오기를 가로채기 때문에 자신이 관리하지 않는 속성에 대한 가져오기는 슈퍼클래스로 라우팅하여 루프를 방지해야 한다.

```
c:\code> py -3 getattr-v-getattr.py
1
2
get: attr3
3
--------------------
get: attr1
1
get: attr2
2
get: attr3
3
```

__getattribute__가 __getattr__보다 더 많은 속성 가져오기를 캐치할 수 있지만, 실제로 이 둘은 한 가지 기능의 변종일 뿐이다. 속성이 물리적으로 저장되지 않으면 두 개는 같은 효과를 낸다.

관리 기법 비교

이 장에서 다룬 네 속성 관리 개념의 코딩 차이점을 각 기법을 이용한 네 개의 좀 더 복잡한 연산 속성 예제를 이용해 요약해 보도록 하자. 이 예제들은 파이썬 3.X와 2.X 모두에서 실행된다. 다음 첫 번째 버전은 **프로퍼티**를 이용해 square와 cube로 명명된 속성을 가로채고 계산한다. 그들의 기본값은 언더스코어로 시작하는 이름 안에 저장되어 프로퍼티 자체의 이름과 충돌하지 않는다.

```
# 두 개의 동적으로 연산되는 속성(프로퍼티 사용)

class Powers(object):                      # (object)는 2.X에서만 필요
    def __init__(self, square, cube):
        self._square = square              # _square는 기본값
        self._cube   = cube                # square는 프로퍼티 이름

    def getSquare(self):
        return self._square ** 2
    def setSquare(self, value):
        self._square = value
    square = property(getSquare, setSquare)

    def getCube(self):
        return self._cube ** 3
    cube = property(getCube)

X = Powers(3, 4)
print(X.square)                 # 3 ** 2 = 9
print(X.cube)                   # 4 ** 3 = 64
X.square = 5
print(X.square)                 # 5 ** 2 = 25
```

디스크립터를 이용해 동일한 작업을 하려면 속성을 완전한 클래스로 정의해야 한다. 이 디스크립터들이 기본값(base values)을 인스턴스 상태로 저장하기 때문에 디스크립터의 이름과의 충돌을 피하려면 이름 앞에 언더스코어를 붙여야 한다는 점에 유의하자. 이 장의 마지막 예제에서 보게 되겠지만, 기본값을 디스크립터 상태로 저장함으로써 이러한 이름 변경 절차를 피할 수 있다. 하지만 이렇게 하면 클라이언트 클래스 인스턴스마다 다를 수 있는 데이터에 대한 문제는 해결할 수 없다.

```
# 동일한 코드와 디스크립터 사용(인스턴스 단위 상태)

class DescSquare(object):
    def __get__(self, instance, owner):
        return instance._square ** 2
    def __set__(self, instance, value):
        instance._square = value

class DescCube(object):
    def __get__(self, instance, owner):
        return instance._cube ** 3

class Powers(object):                      # (object)는 2.X에서만 필요
    square = DescSquare()
    cube   = DescCube()
    def __init__(self, square, cube):
        self._square = square              # "self.square = square"도 정상적으로 동작하는데,
        self._cube   = cube                # 이는 dest.__set__을 촉발하기 때문임

X = Powers(3, 4)
print(X.square)                # 3 ** 2 = 9
print(X.cube)                  # 4 ** 3 = 64
X.square = 5
print(X.square)                # 5 ** 2 = 25
```

__getattr__ 가져오기 가로채기(fetch interception)를 이용해 같은 결과를 내려면, 다시 한번 기본값을 언더스코어가 붙은 이름으로 저장하여 관리 이름에 대한 접근이 정의되지 않도록 하여 우리 메소드가 실행되도록 해야 한다. 또한 __setattr__을 작성하여 할당을 가로채고, 잠재적인 루프를 방지해야 한다.

```
# 동일한 코드와 범용적인 __getattr__을 이용한 정의되지 않은 속성 가로채기

class Powers:
    def __init__(self, square, cube):
        self._square = square
        self._cube            = cube

    def __getattr__(self, name):
        if name == 'square':
            return self._square ** 2
        elif name == 'cube':
            return self._cube ** 3
        else:
            raise TypeError('unknown attr:' + name)

    def __setattr__(self, name, value):
        if name == 'square':
```

```
            self.__dict__['_square'] = value        # 또는 객체 사용
        else:
            self.__dict__[name] = value

X = Powers(3, 4)
print(X.square)                    # 3 ** 2 = 9
print(X.cube)                      # 4 ** 3 = 64
X.square = 5
print(X.square)                    # 5 ** 2 = 25
```

__getattribute__로 작성한 마지막 옵션은 이전 버전과 유사하다. 하지만 이제는 모든 속성을 캐치할 수 있기 때문에 기본값에 대한 가져오기를 슈퍼클래스로 라우팅하여 루핑과 추가적인 호출을 방지해야 한다. self._square를 직접 가져오는 것도 동작하긴 하지만, 이렇게 하면 두 번째 __getattribute__ 호출이 일어난다.

```
# 동일하지만 범용적인 __getattribute__를 이용해 모든 속성을 가로챔

class Powers(object):                        # (object)는 2.X에서만 필요
    def __init__(self, square, cube):
        self._square = square
        self._cube   = cube

    def __getattribute__(self, name):
        if name == 'square':
            return object.__getattribute__(self, '_square') ** 2
        elif name == 'cube':
            return object.__getattribute__(self, '_cube') ** 3
        else:
            return object.__getattribute__(self, name)

    def setattr (self, name, value):
        if name == 'square':
            object.__setattr__(self, '_square', value)     # 또는 __dict__ 사용
        else:
            object.__setattr__(self, name , value)

X = Powers(3, 4)
print(X.square)                            # 3 ** 2 = 9
print(X.cube)                              # 4 ** 3 = 64
X.square = 5
print(X.square)                            # 5 ** 2 = 25
```

다음과 같이 각 기법은 다른 형태의 코드로 작성되었지만, 실행 결과는 네 가지 모두 동일하다.

```
9
64
25
```

이 방법들에 대한 비교와 다른 코딩 옵션에 대해 알고 싶다면, 1580쪽의 "예제: 속성 검증"절에 있는 더 실제적인 응용을 살펴보도록 하자. 하지만 먼저 이들 중의 범용적인 속성 가로채기 메소드 두 개와 연관된 새 형식 클래스의 문제점에 대해 먼저 알아보아야 한다.

내장 연산 속성 가로채기

이 책을 순차적으로 읽어 왔다면 이 절은 앞에서 다룬 내용, 특히 32장에 대한 리뷰가 될 것이다. 그렇지 않은 독자들에게는 이 장의 콘텍스트가 여기에 잘 나타나 있다.

내가 __getattr__과 __getattribute__를 소개했을 때, 이것들이 각각 정의되지 않은 속성 가져오기와 모든 속성 가져오기를 가로챈다고 했다. 그로 인해 이것들이 위임 기반 코딩 패턴에 이상적이 된다. 이것이 일반적으로 명명되고 명시적으로 호출되는 속성에는 맞는 말이지만, 그 동작을 약간 명확히 할 필요가 있다. 내장된 동작이 메소드 이름 속성을 암묵적으로 가져오기 때문에 이 메소드들은 전혀 실행되지 않는다. 이는 래퍼 클래스가 어떤 방식으로든 그 메소드를 스스로 재정의하지 않는 한 연산자 오버로딩 메소드 호출을 래핑된 객체에 위임할 수 없음을 뜻한다.

예를 들어 각각 출력이나 + 표현식, 그리고 인덱싱에 의해 암묵적으로 실행되는 __str__과 __add__, 그리고 __getitem__ 메소드에 대한 속성 가져오기는 특히 3.X의 범용적인 속성 가로채기 메소드로 라우팅되지 않는다.

- 파이썬 3.X에서 __getattr__과 __getattribute__ 모두 그런 속성에 대해 실행되지 않는다.
- 파이썬 2.X 클래식 클래스에서 __getattr__은 그 클래스 내에 정의되지 않은 속성에 대해서 실행된다.
- 파이썬 2.X에서 __getattribute__는 새 형식 클래스에서만 사용할 수 있고, 3.X에서와 같이 동작한다.

다시 말해서, 모든 파이썬 3.X 클래스(그리고 2.X의 새 형식 클래스)에서는 출력과 더하기 같은 내장된 동작을 범용적으로 가로챌 수 있는 직접적인 방법은 없다. 파이썬 2.X의 기본 클래식 클래스에서는 이러한 동작이 실행시키는 메소드는 다른 모든 속성과 마찬가지로 런타임에 인스턴스 내에서 검색된다. 파이썬 3.X의 새 형식 클래스에서는 이러한 메소드가 인스턴스 대신 클래스 내에서 검색된다. 3.X는 새 형식 클래스 사용이 의무적이고, 2.X는 기본적으로 클래식 클래스를 사용하기 때문에 이것이 3.X의 특징이라고 이해하기 쉽지만, 2.X의 새 형식 클래스에서도 일어날 수 있는 일이다. 하지만 2.X에서는 최소한 이런 문제를 회피할 수 있지만, 3.X에서는 그럴 수 없다.

32장에 따르면 (간단하게 문서화되어 있기는 하지만) 이런 변화의 공식적인 근거는 메타클래스와 내장된 동작의 최적화와 관련되었다고 설명하고 있다. 그럼에도 불구하고 평범하게 명명된 속성과 다른 속성들 모두는 이름을 통한 **명시적인** 접근이 일어나면 여전히 일반적으로 인스턴스와 이 메소드들을 이용해 디스패치된다고 가정할 때, 이것이 위임을 배제한다는 것을 의미하지는 않는다. 이것은 내장된 암묵적인 동작에 대한 최적화 단계인 것으로 보인다. 하지만 이로 인해 3.X에서의 위임 기반 코딩 패턴이 더욱 복잡해진다. 객체 인터페이스 프록시가 연산자 오버로딩 메소드 호출을 포괄적으로 가로채 내장 객체로 라우팅할 수 없기 때문이다.

이것이 불편하긴 하지만, 그렇다고 방법이 없는 것은 아니다. 래퍼 클래스에서 모든 연관된 연산자 오버로딩 메소드를 래퍼 클래스 자체에서 재정의하여 호출을 위임함으로써 이 제약 조건을 벗어날 수 있다. 이 추가적인 메소드들은 수동으로 추가할 수도 있고, 공통 슈퍼클래스 내에 정의하고 그것을 상속함으로써 추가할 수도 있다. 하지만 이로 인해 연산자 오버로딩 메소드가 래핑된 객체의 인터페이스 중 일부였을 때보다 객체 래퍼가 더 많은 역할을 해야 한다.

이 이슈는 __getattr__과 __getattribute__에만 관련된다는 점을 기억하기 바란다. 프로퍼티와 디스크립터는 특정한 속성에 대해서만 정의되기 때문에 위임 기반 클래스에는 영향을 전혀 미치지 않는다. 단일 프로퍼티나 디스크립터는 임의의 속성을 가로챌 목적으로 사용할 수 없다. 게다가 연산자 오버로딩 메소드와 속성 가로채기 모두를 정의한 클래스는, 정의된 속성 가로채기 타입과 상관없이 정상적으로 동작한다. 여기서 우리의 관심사는 정의된 연산자 오버로딩 메소드가 없음에도 불구하고 그것들을 포괄적으로 가로채려고 하는 클래스다.

다음 getattr-bultins.py 예제 파일을 살펴보자. 이 파일은 __getattr__과 __getattribute__ 메소드를 가진 클래스의 인스턴스에 대해서 다양한 속성 타입과 내장된 동작을 테스트한다.

```
class GetAttr:
    eggs = 88                    # eggs: 클래스에 저장, spam: 인스턴스에 저장
    def __init__(self):
        self.spam = 77
```

```
        def __len__(self):        # 여기서는 len이 필요함. 그렇지 않으면 __len__에 대해 __getattr__이 호출됨
            print('__len__: 42')
            return 42
        def __getattr__(self, attr):          # __str__ 호출이 아닐 경우 더미 함수
            print('getattr: ' + attr)
            if attr == '__str__':
                return lambda *args: '[Getattr str]'
            else:
                return lambda *args: None

class GetAttribute(object):       # 2.X에서는 object 필요, 3.X에서는 암묵적임
    eggs = 88                     # 2.X에서는 자동으로 모두 isinstance(object)
    def __init__(self):           # __getattribute__, __X__ 기본값을 포함한 새로운 형식의
        self.spam = 77                도구를 사용하려면 반드시 파생되어야 함
    def __len__(self):
        print('__len__: 42')
        return 42
    def __getattribute__(self, attr):
        print('__getattribute__: ' + attr)
        if attr == '__str__':
            return lambda *args: '[GetAttribute str]'
        else:
            return lambda *args: None

for Class in GetAttr, __getattribute__:
    print('\n' + Class.__name__.ljust(50, '='))

    X = Class()
    X.eggs                        # 클래스 속성
    X.spam                        # 인스턴스 속성
    X.other                       # 누락한 속성
    len(X)                        # 명시적으로 정의된 __len__

# 새 형식 클래스는 [], +, call 직접 호출을 지원해야 함. 여기서 재정의

    try:    X[0]                  # __getitem__?
    except: print('fail []')

    try:    X + 99                # __add__?
    except: print('fail +')

    try:    X()                   # __call__?(내장된 동작을 통한 암묵적 호출)
    except: print('fail ()')

    X.__call__()                  # __call__?(명시적, 상속되지 않음)
    print(X.__str__())            # __str__?(명시적, type에서 상속함)
    print(X)                      # __str__?(내장된 동작을 통한 암묵적 호출)
```

파이썬 2.X에서 코드를 실행하면 __getattr__은 내장 연산에 사용할 다양한 암묵적 속성을 전달받는다. 일반적으로 파이썬이 인스턴스 내에서 그런 속성을 찾기 때문이다. 반대로 __

getattribute__는 내장된 동작에 의해 호출되는 연산자 오버로딩 이름에 의해서는 실행되지 않는데, 그런 이름은 새 형식 클래스 모델의 클래스에서만 검색되기 때문이다.

```
c:\code> py -2 getattr-builtins.py

GetAttr===========================================
getattr: other
__len__: 42
getattr: __getitem__
getattr: __coerce__
getattr: __add__
getattr: __call__
getattr: __call__
getattr: __str__
[Getattr str]
getattr: __str__
[Getattr str]

GetAttribute======================================
getattribute: eggs
getattribute: spam
getattribute: other
__len__ : 42
fail []
fail +
fail ()
getattribute: __call__
getattribute: __str__
[GetAttribute str]
<__main__.GetAttribute object at 0x02287898>
```

여기에서 __getattr__이 어떻게 __call__과 __str__의 암묵적 또는 명시적인 가져오기 모두를 가로채는지 기억해 두기 바란다. 대조적으로 __getattribute__는 내장된 동작의 속성 이름 가져오기를 인지하지 못한다.

실제로, __getattribute__ 사례는 3.X나 2.X에서 모두 동일하게 동작한다. 왜냐하면 2.X 클래스에서 이 메소드를 사용하려면 반드시 object로부터 상속하여 새 형식 클래스로 만들어야 하기 때문이다. 3.X의 모든 클래스는 새 형식 클래스이므로 3.X에서 object의 상속은 선택적이다.

하지만 파이썬 3.X에서 실행하면 __getattr__의 결과에 차이가 생긴다. 암묵적으로 실행되는 연산자 오버로딩 메소드는 내장된 동작이 그 속성을 가져올 때 어떤 속성 가로채기 메소드도 실행하지 않는다. 파이썬 3.X(그리고 일반적인 새 형식 클래스)는 그러한 이름을 해석할 때는 일반적인 인스턴스 검색 메커니즘을 생략한다. 다만, 일반적으로 명명된 메소드는 여전히 예전과 같이 가로채진다.

```
c:\code> py -3 getattr-builtins.py

GetAttr=====================================
getattr: other
__len__: 42
fail []
fail +
fail ()
getattr:__call__
<__main__.GetAttr object at 0x02987CC0>
<__main__.GetAttr object at 0x02987CC0>

GetAttribute=================================
getattribute: eggs
getattribute: spam
getattribute: other
__len__: 42
fail []
fail +
fail ()
getattribute: __call__
getattribute: __str__
[GetAttribute str]
<__main__.GetAttribute object at 0x02987CF8>
```

이 출력 결과를 스크립트의 print 함수들로 추적하여 어떻게 동작하는지 살펴보자. 주목할 부분은 다음과 같다.

- 3.X에서는 __getattr__에 의해 __str__에 대한 실패한 접근이 두 번 캐치된다. 한 번은 내장된 print이고, 한 번은 명시적인 가져오기다. 기본값이 클래스로부터 상속되기 때문이다 (실제로는 3.X에서 자동으로 모든 클래스의 슈퍼클래스가 되는 내장된 object).

- __getattribute__에서는 __str__에 대한 실패가 내장된 print 동작에서 한 번만 캐치된다. 명시적인 가져오기는 상속된 버전을 우회한다.

- 3.X에서 __call__에 대한 실패는 내장된 call 표현식에 대해 두 가지 방법 모두에서 캐치된다. 하지만 두 경우 모두에 있어 명시적으로 가져올 때만 가로챌 수 있다. __str__과 달리, 객체 인스턴스에는 __getattr__을 대체할 상속된 기본 __call__이 없다.

- __len__은 두 클래스 모두에서 캐치된다. 클래스 자체에서 명시적으로 정의된 메소드이기 때문이다. 하지만 3.X에서 클래스의 __len__ 메소드를 삭제하면 그 이름이 __getattr__이나 __getattribute__로 라우팅되지 않는다.
- 3.X에서 모든 다른 내장된 동작은 두 가지 방법 모두에 의해 가로채지지 않는다.

실제로 3.X에서 내장 연산에 의해 암묵적으로 실행되는 연산자 오버로딩 메소드는 절대 어떤 속성 가로채기 메소드로도 라우팅되지 않는다. 파이썬 3.X의 새 형식 클래스는 그러한 속성을 **클래스**에서만 찾을 뿐, 인스턴스에서는 검색하지 않는다. 일반적으로 명명된 속성은 그렇지 않다.

이로 인해 3.X의 새 형식 클래스에서 위임 기반 래퍼 클래스를 작성하기가 더 어려워진다. 래핑된 클래스는 연산자 오버로딩 매서드를 가질 수 있는데, 이 메소드를 래핑된 클래스로 위임하기 위해서는 반드시 래퍼 클래스 내에 중복하여 재정의되어야 한다. 범용적인 위임 도구라면 이것이 상당한 양의 작업을 필요로 할 수 있다.

물론, 이러한 메소드의 추가는 새 메소드로 클래스를 확장하는 도구들을 이용해 부분적으로 자동화할 수 있다(다음 두 장에서 다룰 데코레이터와 메타클래스가 도움이 될 것이다). 게다가 위임 기반 클래스에서 상속할 수 있도록 슈퍼클래스가 모든 추가 메소드를 한 번만 정의할 수도 있다. 그래도 3.X 클래스에서는 여전히 위임 코딩 패턴에 추가적인 작업이 필요하다.

다음 장의 Private 데코레이터 예제에서는 이 현상과 그 조치 방안에 대해 더 실질적으로 설명하고 있다. 다음 장에서는 3.X에서 프록시가 필요한 연산자 메소드를 작성하는 다른 방법에 대해 알아볼 것이다. 재사용 가능한 **혼합**(mix-in) 슈퍼클래스 모델 등이 그에 해당한다. 또한, **get** 속성을 클라이언트 클래스 내에 삽입하여 그 원래의 타입을 얻을 수 있다는 것을 알게 될 것이다. 하지만 이 메소드는 연산자 오버로딩 메소드에서는 호출되지 않는다. 예를 들어 출력을 하면 그 요청을 __getattribute__를 통해 요청을 라우팅하는 대신, 그 클래스 내에 정의된 __str__을 직접 실행한다.

더 현실적인 예제를 위해 다음 절에서는 앞에서 사용했던 클래스 튜토리얼 예제를 다시 불러왔다. 속성 가로채기가 어떻게 동작하는지 이해하고 있을 것이므로 그중 약간 이상한 점에 대해 설명하겠다.

위임 기반 Manager 클래스 다시 살펴보기

28장의 객체 지향 튜토리얼에서는 상속이 아닌 객체 포함 및 메소드 위임을 이용해 슈퍼클래스를 커스터마이즈한 Manager 클래스에 대해 소개했다. 참조를 위해 아래에 그 코드를 다시 표시했으며, 불필요한 테스트 코드는 삭제했다.

```python
class Person:
    def __init__(self, name, job=None, pay=0):
        self.name = name
        self.job  = job
        self.pay  = pay
    def lastName(self):
        return self.name.split()[-1]
    def giveRaise(self, percent):
        self.pay = int(self.pay * (1 + percent))
    def __repr__(self):
        return '[Person: %s, %s]' % (self.name, self.pay)

class Manager:
    def __init__(self, name, pay):
        self.person = Person(name, 'mgr', pay)          # Person 객체 내포
    def giveRaise(self, percent, bonus=.10):
        self.person.giveRaise(percent + bonus)          # 가로채기와 위임
    def __getattr__(self, attr):
        return getattr(self.person, attr)               # 모든 다른 속성을 위임
    def __repr__(self):
        return str(self.person)                         # 다시 오버로드해야 함(3.X에서)

if __name__ == '__main__':
    sue = Person('Sue Jones', job='dev', pay=100000)
    print(sue.lastName())
    sue.giveRaise(.10)
    print(sue)
    tom = Manager('Tom Jones', 50000)       # Manager.__init__
    print(tom.lastName())                   # Manager.__getattr__ -> Person.lastName
    tom.giveRaise(.10)                      # Manager.giveRaise -> Person.giveRaise
    print(tom)                              # Manager.__repr__ -> Person.__repr__
```

이 파일 하단의 주석은 각 줄의 동작을 위해 어떤 메소드가 호출되었는지를 보여 준다. 특히 Manager 안에서 lastName이 정의되지 않았을 때, 어떻게 범용적인 __getattr__로 라우팅되고 거기에서 내장된 Person 객체로 라우팅되는지 살펴보기 바란다. 다음은 이 스크립트의 출력이다. Sue는 Person에 의해 급여가 10% 상승하지만, Tom은 25% 상승한다. giveRaise가 Manager에서 커스터마이즈되었기 때문이다.

```
c:\code> py -3 getattr-delegate.py
Jones
[Person: Sue Jones, 110000]
Jones
[Person: Tom Jones, 60000]
```

이와 대조적으로, 스크립트 끝에서 Manager를 **출력**하면 어떤 일이 발생하는지 주목하자. 래퍼 클래스의 __repr__이 호출되고, 이 호출은 내장된 Person 객체의 __repr__로 전달된다. 이것을 염두에 두고, 이 코드에서 Manager.__repr__ 메소드를 삭제하면 어떤 일이 발생하는지 보도록 하자.

```
# Manager의 __str__ 메소드 삭제

class Manager:
    def __init__(self, name, pay):
        self.person = Person(name, 'mgr', pay)      # Person 객체를 내장함
    def giveRaise(self, percent, bonus=.10):
        self.person.giveRaise(percent + bonus)      # 가로채고 위임
    def __getattr__(self, attr):
        return getattr(self.person, attr)           # 다른 모든 속성을 위임함
```

3.X의 새로운 형식의 Manager 클래스 객체에서는 이제 속성 가져오기를 일반적인 __getattr__를 이용해 가져오지 않는다. 그 대신 클래스의 암묵적인 object 슈퍼클래스로부터 상속한 기본 __repr__ 출력 메소드가 검색되고 실행된다(sue는 여전히 제대로 출력되는데, Person이 명시적인 __repr__ 메소드를 가지고 있기 때문이다).

```
c:\code> py -3 getattr-delegate.py
Jones
[Person: Sue Jones, 110000]
Jones
<__main__.Manager object at 0x029E7B70>
```

이 코드와 같이 __repr__ 없이 실행하면 파이썬 2.X의 기본 클래스 모델에서는 __getattr__이 호출된다. 연산자 오버로딩 속성이 이 메소드를 통해 라우팅되고, 그러한 클래스는 __repr__을 상속하지 않기 때문이다.

```
c:\code> py -2 getattr-delegate.py
Jones
[Person: Sue Jones, 110000]
Jones
[Person: Tom Jones, 60000]
```

다음과 같이 __getattribute__로 전환해도 여기서는 도움이 되지 않는다. __getattr__과 마찬가지로 파이썬 2.X와 3.X 모두 암묵적인 연산자 오버로딩 속성에 대해서는 내장된 동작에 의해 호출되지 않기 때문이다.

```
# __getattr__을 __getattribute__로 대체함

class Manager(object):                              # 2.X에서는 (object)를 사용
    def __init__(self, name, pay):
        self.person = Person(name, 'mgr', pay)      # Person 객체 내장
    def giveRaise(self, percent, bonus=.10):
        self.person.giveRaise(percent + bonus)      # 가로채기와 위임
    def __getattribute__(self, attr):
        print('**', attr)
        if attr in ['person', 'giveRaise']:
            return object.__getattribute__(self, attr)   # 내 속성 가져오기
        else:
            return getattr(self.person, attr)            # 다른 속성 위임
```

3.X에서는 어떤 속성 가로채기 메소드가 사용되는지와 상관없이 (이전과 같이) Manager에 재정의된 __repr__ 메소드를 포함하여 출력 동작을 가로채고, 포함된 Person 객체로 라우팅해야 한다.

```
C:\code> py -3 getattr-delegate.py
Jones
[Person: Sue Jones, 110000]
** lastName
** person
Jones
** giveRaise
** person
<__main__.Manager object at 0x028E0590>
```

여기서 __getattribute__가 메소드를 위해 두 번 호출됨을 주목하자. 한 번은 메소드 이름 때문에 호출되고, 또 한 번은 self.person 포함 객체를 가져오기 위해 호출된다. 다른 코딩 방식을 이용해 중복 호출을 회피할 수 있지만, 여전히 출력을 캐치하려면 __repr__을 재정의해야 한다(self.person 때문에 이 __getattribute__가 실패하게 될 것이다).

```
# __getattibute__를 다른 방식으로 코딩하여 추가 호출을 최소화함

class Manager:
    def __init__(self, name, pay):
        self.person = Person(name, 'mgr', pay)
```

```
def __getattribute__(self, attr):
    print('**', attr)
    person = object.__getattribute__(self, 'person')
    if attr == 'giveRaise':
        return lambda percent: person.giveRaise(percent+.10)
    else:
        return getattr(person, attr)
def __repr__(self):
    person = object.__getattribute__(self, 'person')
    return str(person)
```

이 대체 코드가 실행되면 우리 객체는 적절하게 출력된다. 하지만 그것은 우리가 명시적인 래퍼 코드에 __repr__을 추가했기 때문이다. 이 속성은 여전히 범용적인 속성 가로채기 메소드로 라우팅되지 않는다.

```
Jones
[Person: Sue Jones, 110000]
** lastName
Jones
** giveRaise
[Person: Tom Jones, 60000]
```

파이썬 3.X에서는 Manager 같은 위임 기반 클래스는 반드시 몇몇 연산자 오버로딩 메소드(__repr__이나 __str__ 같은)를 재정의하여 그것들이 포함된 객체로 라우팅되도록 해야 한다. 하지만 2.X에서는 새 형식 클래스가 사용되지 않는 한 그럴 필요는 없다. 2.X에서 우리의 옵션은 __getattr__를 사용하는 것이며, 3.X에서는 래퍼 클래스에서 연산자 오버로딩 메소드를 재정의하는 것이다.

다시 말하지만, 이것이 불가능한 작업은 아니다. 많은 래퍼들은 필요한 연산자 오버로딩 메소드 집합을 예측할 수 있고, 도구들과 슈퍼클래스가 이 일의 일부분을 자동화할 수 있다. 실제로 다음 장에서는 이 요구 사항을 만족할 수 있는 코딩 패턴에 대해 배울 것이다. 더구나 모든 클래스가 연산자 오버로딩 메소드를 사용하는 것은 아니다(실제로 대부분의 애플리케이션 클래스는 보통 잘 이용하지 않는다). 하지만 파이썬 3.X에서 사용되는 위임 코딩 모델은 잘 기억해 두어야 한다. 연산자 오버로딩 메소드가 객체 인터페이스의 일부분이라면, 래퍼는 반드시 지역에서 그 메소드들을 재정의하여 이식 가능하도록 해야 한다.

예제: 속성 검증

앞에서 다룬 네 가지 속성 관리 개념에 대한 더 실제적인 예제를 통해 이 장을 마무리하도록 하자. 우리가 사용할 예제는 네 개의 속성을 가진 CardHolder 객체를 정의하는데, 그중의 세 개는 관리 속성이다. 관리 속성은 값을 가져올 때나 저장할 때 검증 및 변환한다. 네 버전 모두 같은 테스트 코드에 대해 같은 결과를 내지만, 그 속성을 매우 다른 방식으로 구현한다. 예제는 대부분 자기 학습을 위해 포함되었다. 내가 그 코드를 모두 상세하게 설명하지는 않겠지만, 예제 코드는 모두 이 장에서 설명했던 개념을 사용한다.

프로퍼티를 이용한 검증

다음 첫 번째 파일 내의 예제는 프로퍼티를 이용해 세 개의 속성을 관리한다. 물론 관리 속성 대신 단순한 메소드를 이용할 수도 있지만, 이미 존재하는 코드의 속성을 이용해 왔다면 프로퍼티가 도움이 된다. 프로퍼티는 속성 접근 시 자동으로 코드를 실행하지만, 특정한 속성 집합에만 적용된다. 범용적으로 모든 속성을 가로채는 데 사용할 수는 없다.

이 코드를 이해하려면 __init__ 생성자 메소드 내에서의 속성 할당이 프로퍼티 setter 메소드도 호출함을 아는 것이 중요하다. 예를 들어, 이 메소드에서 self.name에 할당을 하면 값을 변환하고 __name이라는 인스턴스 속성에 할당하여 프로퍼티의 이름과 충돌하지 않게 하는 setName 메소드가 자동으로 실행된다.

이러한 재명명(때로 이름 맹글링으로 불린다)은 프로퍼티가 일반적인 인스턴스 상태를 이용하고 자신만의 상태를 갖지 않기 때문에 필요하다. 데이터는 __name이라는 속성에 저장되고, name이라고 불리는 속성은 항상 데이터가 아닌 프로퍼티다. 31장에서 봤듯이, __name 같은 이름은 유사개별 속성으로 알려져 있고, 인스턴스의 네임스페이스에 저장될 때는 파이썬에 의해 둘러싼 클래스의 이름을 포함하도록 변경된다. 여기서는 이것이 구현에 한정된 속성을 자신을 관리하는 프로퍼티를 포함한 다른 것들과 구분할 수 있도록 한다.

이 클래스는 name, age, acct로 명명된 속성을 관리하며, addr은 직접 접근이 가능하도록 한다. 그리고 완전히 가상이며, 요청할 때마다 값을 계산하는 remain으로 명명된 읽기 전용 속성을 제공한다. 비교를 위해, 이 프로퍼티 기반 코드는 처음 두 줄을 제외하고 39줄의 코드로 작성되었으며, 2.X에서는 필수적이지만 3.X에서는 선택적인 object 상속을 포함하고 있다.

```
# validate_properties.py 파일

class CardHolder(object):                  # 2.X에서는 "(object)"를 필요로 함
    acctlen = 8                            # Class data
    retireage = 59.5

    def __init__(self, acct, name, age, addr):
        self.acct = acct                              # 인스턴스 데이터
        self.name = name                              # 프로퍼티 setter 도구를 호출
        self.age  = age                               # __X는 클래스 이름을 포함하여 맹글링됨
        self.addr = addr                              # addr은 관리되지 않음
                                                      # remain은 데이터가 없음

    def getName(self):
        return self.__name
    def setName(self, value):
        value = value.lower().replace(' ', '_')
        self.__name = value
    name = property(getName, setName)

    def getAge(self):
        return self.__age
    def setAge(self, value):
        if value < 0 or value > 150:
            raise ValueError('invalid age')
        else:
            self.__age = value
    age = property(getAge, setAge)

    def getAcct(self):
        return self.__acct[:-3] + '***'
    def setAcct(self, value):
        value = value.replace('-', '')
        if len(value) != self.acctlen:
            raise TypeError('invald acct number')
        else:
            self.__acct = value
    acct = property(getAcct, setAcct)

    def remainGet(self):                   # 이미 속성으로 사용되고 있지 않다면
        return self.retireage - self.age   # 메소드가 아니라 속성일 수도 있음
    remain = property(remainGet)
```

코드 테스트하기

다음 validate_tester.py 파일은 우리 클래스를 테스트한다. 이 스크립트에 클래스의 모듈 이름
(".py"를 제외한)을 명령 라인 인수로 주고 실행한다(테스트 코드를 각 파일의 하단에 추가할 수도 있
고, 혹은 클래스를 임포트한 다음 모듈로부터 테스트 코드를 대화형으로 임포트할 수도 있다). 이 동일

한 테스트 코드를 예제의 네 버전 모두에 대해 활용할 것이다. 코드가 실행되면 관리 속성 클래스의 인스턴스를 두 개 만들고, 다양한 속성을 가져오고 변경할 것이다. 실패할 것이 예상되는 동작은 try 구문으로 둘러싸여 있고, 2.X와 동일한 동작은 3.X의 print 함수를 활성화함으로써 지원한다.

```python
# validate_tester.py 파일
from __future__ import print_function    # 2.X

def loadclass():
    import sys, importlib
    modulename = sys.argv[1]                          # 명령줄에 모듈 이름이 있음
    module = importlib.import_module(modulename)      # 이름 문자열로 모듈 임포트
    print('[Using: %s]' % module.CardHolder)         # getattr() 호출 필요 없음
    return module.CardHolder

def printholder(who):
    print(who.acct, who.name, who.age, who.remain, who.addr, sep=' / ')

if __name__ == '__main__':
    CardHolder = loadclass()
    bob = CardHolder('1234-5678', 'Bob Smith', 40, '123 main st')
    printholder(bob)
    bob.name = 'Bob Q. Smith'
    bob.age  = 50
    bob.acct = '23-45-67-89'
    printholder(bob)

    sue = CardHolder('5678-12-34', 'Sue Jones', 35, '124 main st')
    printholder(sue)
    try:
        sue.age = 200
    except:
        print('Bad age for Sue')

    try:
        sue.remain = 5
    except:
        print("Can't set sue.remain")

    try:
        sue.acct = '1234567'
    except:
        print('Bad acct for Sue')
```

다음은 우리 셀프 테스트 코드를 3.X와 2.X에서 실행한 결과다. 테스트한 클래스의 이름을 제외하면 여전히 모든 버전의 실행 결과는 같다. 클래스 메소드가 어떻게 호출되는지 코드를

추적해 보자. acct는 일부 숫자가 숨겨진 채로 출력되고, name은 표준 형식으로 변환되며, 은 퇴까지 남은 시간인 remain은 클래스 속성을 가져올 때 계산된다.

```
c:\code> py -3 validate_tester.py validate_properties
[Using: <class 'validate_properties.CardHolder'>]
12345*** / bob_smith / 40 / 19.5 / 123 main st
23456*** / bob_q._smith / 50 / 9.5 / 123 main st
56781*** / sue_jones / 35 / 24.5 / 124 main st
Bad age for Sue
Can't set sue.remain
Bad acct for Sue
```

디스크립터를 이용한 검증

이제 프로퍼티 대신 디스크립터를 이용해 예제 코드를 다시 작성해 보자. 앞에서 봤듯이, 디스 크립터는 기능과 역할 면에서 프로퍼티와 매우 유사하다. 사실, 프로퍼티는 기본적으로 제한 된 형태의 디스크립터다. 프로퍼티와 유사하게 디스크립터는 범용적인 속성 접근이 아닌 특정 한 속성만을 처리하도록 설계되었다. 프로퍼티와는 달리 디스크립터는 자신만의 상태를 가질 수 있으며, 더 일반적인 개념이다.

옵션 1: 공유된 디스크립터 인스턴스 상태를 통한 검증

다음 코드를 이해하려면 __init__ 생성자 메소드 내에서의 속성 할당이 디스크립터의 __ set__ 메소드를 호출한다는 것을 아는 게 중요하다. 예를 들어, 생성자 메소드에서 self.name 에 할당을 하면, 자동으로 Name.__set__() 메소드가 실행된다. 이 메소드는 값을 변환하고 그 값을 name이라고 불리는 디스크립터 속성에 할당한다.

결국, 이 클래스는 이전 버전과 동일한 속성을 구현한다. 이 클래스는 name, age, 그리고 acct 로 명명된 속성을 관리하고, addr 속성에 직접 접근할 수 있게 하며, 또한 remain으로 명명된 완전히 가상의, 필요할 때마다 계산되는 읽기 전용 속성을 제공한다. remain 이름에 대한 할 당을 그 디스크립터에서 어떻게 캐치하고 어떻게 예외를 발생시키는지에 대해 주목해 보자. 앞에서 배운 것처럼 이렇게 하지 않으면 인스턴스 내의 remain 속성에 대한 할당으로 인해 클 래스 속성 디스크립터를 숨기는 인스턴스 속성이 생성되어 버린다.

비교를 위해 이 디스크립터 기반 코드는 45줄의 코드로 작성했다. 아울러 2.X 버전 호환성을 위해 main 디스크립터 클래스에 object 상속을 추가했다(3.X에서만 실행한다면 필요 없지만, 있다고 해서 3.X 버전에서 문제가 되지는 않는다. 그리고 object 상속을 명시하면 호환성에 도움이 된다).

```python
# validate_descriptors1.py 파일: 공유 디스크립터 상태 사용

class CardHolder(object):            # (object) 상속은 2.X에서만 필요
    acctlen = 8                      # 클래스 데이터
    retireage = 59.5

    def __init__(self, acct, name, age, addr):
        self.acct = acct             # 인스턴스 데이터
        self.name = name             # __set__ 호출
        self.age  = age              # __X는 필요 없음. 디스크립터에 있음
        self.addr = addr             # addr은 관리 속성이 아님
                                     # remain은 데이터 없음

    class Name(object):
        def __get__(self, instance, owner):    # 클래스 이름: CardHolder 지역 데이터
            return self.name
        def __set__(self, instance, value):
            value = value.lower().replace(' ', '_')
            self.name = value
    name = Name()

    class Age(object):
        def __get__(self, instance, owner):
            return self.age                     # 디스크립터 데이터 사용
        def __set__(self, instance, value):
            if value < 0 or value > 150:
                raise ValueError('invalid age')
            else:
                self.age = value
    age = Age()

    class Acct(object):
        def __get__(self, instance, owner):
            return self.acct[:-3] + '***'
        def __set__(self, instance, value):
            value = value.replace('-', '')
            if len(value) != instance.acctlen:  # 인스턴스 클래스 데이터 사용
                raise TypeError('invald acct number')
            else:
                self.acct = value
    acct = Acct()

    class Remain(object):
        def __get__(self, instance, owner):
            return instance.retireage - instance.age # Age.__get__ 호출
        def __set__(self, instance, value):
            raise TypeError('cannot set remain')     # remain 외에는 여기에서 set이 허용됨
    remain = Remain()
```

앞의 테스트 스크립트로 실행하면, 이 절의 모든 예제는 앞의 프로퍼티에 대한 예제와 동일한 결과를 출력한다. 다만 첫 번째 줄의 클래스 이름은 다르다.

```
C:\code> python validate_tester.py validate_descriptors1
...클래스 이름을 제외하면 프로퍼티와 같은 결과가 출력됨...
```

옵션 2: 클라이언트 인스턴스 상태 단위의 검증

하지만 이전의 프로퍼티 기반 예제와 달리 이 경우에는 실제 이름값이 클라이언트 클래스 인스턴스가 아닌 디스크립터 객체에 포함된다. 이 값을 인스턴스 또는 디스크립터 상태에 저장할 수 있는데, 후자는 이름 충돌을 피하기 위해 언더스코어로 이름을 변경할 필요가 없다. CardHolder 클라이언트 클래스에서는 name 속성이 데이터가 아니라 디스크립터 객체다.

중요한 점은 이 개념의 단점은 디스크립터에 저장된 상태 자체가 모든 클라이언트 클래스 인스턴스가 **공유**하는 클래스 수준 데이터이며, 그로 인해 클라이언트 인스턴스마다 다른 데이터를 가질 수 없다는 점이다. 즉, **소유자**(클라이언트) 클래스 인스턴스 대신 **디스크립터** 인스턴스에 상태를 저장한다는 것은 그 상태가 모든 소유자 클래스 인스턴스에서 동일하게 된다는 점이다. 디스크립터 상태는 속성 단위로만 달라질 수 있다.

이것의 실제 동작을 보려면, 이전의 디스크립터 기반 CardHolder 예시에서 두 번째 인스턴스인 sue를 만든 후에 bob 인스턴스의 속성을 출력해 보자. sue의 관리 속성(name, age, acct)값이 이전 객체 bob의 동일 속성값을 덮어쓴다. 두 인스턴스가 그 클래스에 포함된 동일한 디스크립터 인스턴스를 공유하기 때문이다.

```
# validate_tester2.py 파일
from __future__ import print_function                # 2.X 호환성

from validate_tester import loadclass
CardHolder = loadclass()

bob = CardHolder('1234-5678', 'Bob Smith', 40, '123 main st')
print('bob:', bob.name, bob.acct, bob.age, bob.addr)

sue = CardHolder('5678-12-34', 'Sue Jones', 35, '124 main st')
print('sue:', sue.name, sue.acct, sue.age, sue.addr)   # addr은 다른 속성과 달리 클라이언트 데이터임
print('bob:', bob.name, bob.acct, bob.age, bob.addr)   # name, acct, age 값이 변경되는가?
```

추측이 사실로 드러났다. 관리 속성의 측면에서 bob이 sue로 변했다!

```
c:\code> py -3 validate_tester2.py validate_descriptors1
[Using: <class 'validate_descriptors1.CardHolder'>]
bob: bob_smith 12345*** 40 123 main st
sue: sue_jones 56781*** 35 124 main st
bob: sue_jones 56781*** 35 123 main st
```

물론, 디스크립터 상태에 대한 유효한 사용 방법도 있다. 모든 인스턴스에 걸친 디스크립터 구현과 데이터가 그것이다. 이 코드는 그 기법을 설명하기 위해 작성하였다. 게다가 클래스와 인스턴스 속성의 상태 범위에 대한 설명이 이 부분에서 나오는 것이 적당하다.

하지만 이 특정한 활용 사례에서 CardHolder 객체의 속성은 아마도 디스크립터 인스턴스 데이터보다는 인스턴스 단위 데이터로 저장되는 것이 더 나을 것 같다. 그리고 인스턴스 내에서의 이름 충돌을 피하기 위해 프로퍼티 기반 코드에서처럼 __X 네이밍 패턴을 이용해야 할 것이다. 클라이언트가 자신만의 상태 속성을 가진 다른 클래스이기 때문에 이것이 지금은 더 중요하다. 다음은 필요한 코드 변경 사항이다. 코드의 줄 수는 바뀌지 않는다(여전히 45줄이다).

```python
# validate_descriptors2.py 파일: 클라이언트 인스턴스 상태 활용

class CardHolder(object):                        # 모든 "(object)"는 2.X에서만 필요
    acctlen = 8                                  # 클래스 데이터
    retireage = 59.5

    def __init__(self, acct, name, age, addr):
        self.acct = acct                         # 클라이언트 인스턴스 데이터
        self.name = name                         # __set__ 호출을 유발한다
        self.age  = age                          # __X는 클라이언트 인스턴스 내에서 필요
        self.addr = addr                         # addr은 관리되지 않는다
                                                 # remain은 관리되지만 데이터가 없음
    class Name(object):
        def __get__(self, instance, owner):      # 클래스 이름: CardHolder 지역 변수
            return instance.__name
        def __set__(self, instance, value):
            value = value.lower().replace(' ', '_')
            instance.__name = value
        name = Name()                            # class.name vs 맹글링된 속성


    class Age(object):
        def __get__(self, instance, owner):
            return instance.__age                # 디스크립터 데이터를 이용
        def __set__(self, instance, value):
            if value < 0 or value > 150:
                raise ValueError('invalid age')
            else:
                instance.__age = value
```

```
        age = Age()                                        # class.age vs 맹글링된 속성

    class Acct(object):
        def __get__(self, instance, owner):
            return instance.__acct[:-3] + '***'
        def __set__(self, instance, value): value =
            value.replace('-', '')
            if len(value) != instance.acctlen:             # 인스턴스 클래스 데이터 사용
                raise TypeError('invald acct number')
            else:
                instance.__acct = value
    acct = Acct()                                          # class.acct vs 맹글링된 속성

    class Remain(object):
        def __get__(self, instance, owner):
            return instance.retireage - instance.age       # Age.__get__을 호출
        def __set__(self, instance, value):
            raise TypeError('cannot set remain')           # 그렇지 않으면 여기서 set이 허용됨
    remain = Remain()
```

이 코드는 관리되는 필드인 name과 age, 그리고 acct에 대해 인스턴스 단위의 데이터를 허용
한다(bob은 여전히 bob이다). 그리고 다른 테스트는 이전과 동일하게 동작한다.

```
c:\code> py -3 validate_tester2.py validate_descriptors2
[Using: <class 'validate_descriptors2.CardHolder'>]
bob: bob_smith 12345*** 40 123 main st
sue: sue_jones 56781*** 35 124 main st
bob: bob_smith 12345*** 40 123 main st

c:\code> py -3 validate_tester.py validate_descriptors2
...클래스 이름을 제외하면 프로퍼티 버전과 결과가 같음...
```

여기서 한 가지 주의 사항이 있다. 이 버전은 클래스를 통한 디스크립터 접근을 지원하지 않는
다. 이러한 접근은 인스턴스 인수에 None을 전달하기 때문이다(또한, 가져오기 시도가 발생할 때
속성 __X의 이름이 _Name__name으로 맹글링된다).

```
>>> from validate_descriptors1 import CardHolder
>>> bob = CardHolder('1234-5678', 'Bob Smith', 40, '123__main__st')
>>> bob.name
'bob_smith'
>>> CardHolder.name
'bob_smith'

>>> from validate_descriptors2 import CardHolder
>>> bob = CardHolder('1234-5678', 'Bob Smith', 40, '123__main__st')
```

```
>>> bob.name
'bob_smith'
>>> CardHolder.name
AttributeError: 'NoneType' object has no attribute '_Name__name'
```

오류를 좀 더 명시적으로 발생시키는 약간의 추가 코드만으로 이것을 알아낼 수 있지만, 그렇게 할 필요가 없다. 이 버전이 데이터를 클라이언트 인스턴스에 저장하기 때문에 디스크립터가 **클라이언트 인스턴스**와 같이 존재하지 않는 한 디스크립터는 아무 의미가 없다(보통의 바인드되지 않은 인스턴스 메소드와 매우 유사하다). 사실, 이것이 이 버전에서 발생한 변경의 요점 전부다.

클래스이기 때문에 디스크립터는 매우 유용하고 강력한 도구이지만, 프로그램의 동작에 중대한 영향을 줄 수 있는 선택지를 제공한다. 객체 지향 프로그래밍에서 언제나 그렇듯이, 상태 보존 정책을 주의 깊게 선택해야 한다.

__getattr__을 이용한 검증

우리가 보아 온대로 __getattr__ 메소드는 모든 정의되지 않은 속성을 가로채기 때문에 프로퍼티나 디스크립터보다 더 범용적일 수 있다. 우리 예제에서는 단순히 속성 이름을 확인하여 관리 속성을 가져오고 있는지를 확인했다. 다른 것들은 인스턴스에 물리적으로 저장되기 때문에 결코 __getattr__에 전달되지 않는다. 이 접근 방식이 프로퍼티나 디스크립터보다 더 범용적이기는 하지만, 다른 도구들의 특정한 속성 지원을 모방하기 위해서는 추가적인 작업이 필요하다. 런타임에 이름을 확인하고 __setattr__을 작성하여 속성 할당을 가로채고 검증해야 한다.

이 예제의 프로퍼티와 디스크립터 버전에서는 __init__ 생성자 메소드 내에서의 속성 할당이 클래스의 __setattr__ 메소드를 호출하는 것이 매우 중요했다. 예를 들어 이 메소드가 self.name에 할당을 하면 자동적으로 __setattr__ 메소드를 발생시켜 값을 변환하고, 변환한 값을 name이라고 불리는 인스턴스의 속성에 할당한다. name을 인스턴스에 저장함으로써 이후의 접근에 의해 __getattr__이 발생하지 않음을 보장할 수 있다. 대조적으로 acct는 _acct로 저장되어 acct에 대한 이후의 접근은 __getattr__을 발생시킨다.

결국 이 클래스는 앞의 두 개와 동일하게 name, age, 그리고 acct로 명명된 속성을 관리하며, addr 속성에는 직접 접근할 수 있도록 한다. 또한 remain으로 명명된 완전한 가상의, 필요할 때마다 계산되는 읽기 전용 속성을 제공한다.

비교할 목적으로 이 대안은 32줄의 코드로 작성되었다. 프로퍼티 기반 버전보다는 7줄이 적고, 디스크립터를 이용한 버전보다는 13줄이 적다. 물론 명료함이 코드 길이보다 더 중요하지만, 추가적인 코드는 때로 추가적인 개발과 유지보수 업무를 의미할 때도 있다. 여기에서는 역할이 더 중요하다. __getattr__ 같은 범용 도구는 일반적인 위임에 더 적합한 반면, 프로퍼티와 디스크립터는 보통 특정한 속성을 관리할 목적으로 설계된다.

또한 여기서 제시한 코드는 관리되지 않는 속성(예 addr)에 값을 설정할 때 **추가 호출**을 유발한다는 점을 기억하기 바란다. 다만, 관리되지 않는 속성을 가져올 때는 추가적인 호출이 발생하지 않는데, 그 속성이 정의되었기 때문이다. 대부분의 프로그램에서는 이것이 큰 오버헤드는 아니겠지만, 더 작은 범위에 집중하는 **프로퍼티와 디스크립터**는 관리 속성에 접근할 때만 추가적인 호출을 유발하며, 범용 도구를 통해 호출할 때 dir 결과에도 표시된다.

다음은 __getattr__ 버전의 검증 코드다.

```
# validate_getattr.py 파일

class CardHolder:
    acctlen = 8                               # 클래스 데이터
    retireage = 59.5

    def __init__(self, acct, name, age, addr):
        self.acct = acct                      # 인스턴스 데이터
        self.name = name                      # __setattr__이 호출됨
        self.age  = age                       # _acct는 맹글링되지 않고 name을 확인함
        self.addr = addr                      # addr은 관리 속성이 아님
                                              # remain은 데이터가 없음
    def __getattr__(self, name):
        if name == 'acct':                                          # 정의되지 않은 속성 가져오기
            return self._acct[:-3] + '***'                          # name, age, addr는 정의되어 있음
        elif name == 'remain':
            return self.retireage - self.age                        # __getattr__이 호출되지 않음
        else:
            raise AttributeError(name)

    def __setattr__(self, name, value):
        if name == 'name':                                          # 모든 속성에 대한 할당
            value = value.lower().replace(' ', '_')                 # addr은 직접 저장됨
        elif name == 'age':                                         # acct가 _acct로 변경됨
            if value < 0 or value > 150:
                raise ValueError('invalid age')
        elif name == 'acct':
            name  = '_acct'
            value = value.replace('-', '')
```

```
        if len(value) != self.acctlen:
            raise TypeError('invald acct number')
    elif name == 'remain':
        raise TypeError('cannot set remain')
    self.__dict__[name] = value                    # 무한 루프 방지
```

각각의 테스트 스크립트에서 이 코드를 실행하면 같은 결과가 출력된다(물론 클래스 이름은 다르다).

```
c:\code> py -3 validate_tester.py validate_getattr
...클래스 이름을 제외하면 프로퍼티와 결과가 같음...

c:\code> py -3 validate_tester2.py validate_getattr
...클래스 이름을 제외하면 인스턴스 상태 디스크립터와 결과가 같음...
```

__getattribute__를 이용한 검증

우리 마지막 버전은 __getattribute__을 이용해 속성 가져오기를 가로채고, 필요한 대로 관리한다. 모든 속성 가져오기는 여기에서 캐치되기 때문에 속성 이름을 확인하여 관리되는 속성을 탐지하고, 관리되는 것 이외의 속성은 슈퍼클래스로 라우팅하여 정상적인 가져오기가 이루어지도록 한다. 이 버전은 이전 버전과 같이 __setattr__을 이용해 할당을 캐치한다.

이 코드는 __getattr__ 버전과 매우 유사하게 동작하기 때문에 전체에 대한 설명을 반복하지는 않겠다. 하지만 모든 속성 가져오기가 ___getattribute__로 라우팅되기 때문에 이름을 가로채기 위한 이름 맹글링은 필요하지 않다(acct는 그대로 acct로 저장된다). 반면, 이 코드는 반드시 관리되지 않는 속성에 대한 가져오기를 슈퍼클래스로 라우팅하여 무한 루프나 추가적인 호출을 회피해야 한다.

또한, 이 버전은 관리되지 않는 속성(예 addr)을 설정하거나 가져오기 위한 추가적인 호출을 발생시킨다. 만약 속도가 가장 중요한 요소라면, 이 방식은 아마도 가장 느린 방법이 될 것이다. 비교를 위해 이 버전은 이전 버전과 같이 32줄의 코드로 작성되었으며, 2.X 호환성을 위해 object로부터 파생되었다. 프로퍼티나 디스크립터와 같이, __getattribute__는 새 형식 클래스 도구다.

```
# validate_getattribute.py 파일

class CardHolder(object):                    # "(object)"는 2.X에서만 필요
    acctlen = 8                              # 클래스 데이터
    retireage = 59.5

    def __init__(self, acct, name, age, addr):
        self.acct = acct                     # 인스턴스 데이터
        self.name = name                     # 이렇게 하면 __setattr__이 실행됨
        self.age  = age                      # acct는 맹글링되지 않음. name으로 확인함
        self.addr = addr                     # addr은 관리되지 않음
                                             # 남아 있는 데이터는 없음
    def __getattribute__(self, name):
        superget = object.__getattribute__   # 루프를 돌지 않고 한 단계 올라감
        if name == 'acct':                   # 모든 속성 할당
            return superget(self, 'acct')[:-3] + '***'
        elif name == 'remain':
            return superget(self, 'retireage') - superget(self, 'age')
        else:
            return superget(self, name)      # name, age, addr: 저장됨

    def __setattr__(self, name, value):
        if name == 'name':                   # 모든 속성 할당
            value = value.lower().replace(' ', '_')  # 주소를 직접 저장
        elif name == 'age':
            if value < 0 or value > 150:
                raise ValueError('invalid age')
        elif name == 'acct':
            value = value.replace('-', '')
            if len(value) != self.acctlen:
                raise TypeError('invald acct number')
        elif name == 'remain':
            raise TypeError('cannot set remain')
        self.__dict__[name] = value          # 루프 방지. 원래 이름 사용
```

__getattr__과 __getattribute__ 스크립트는 프로퍼티와 클라이언트 인스턴스 디스크립터 버전에 대해 모두 동일하게 동작한다. 테스트 스크립트를 2.X에서 실행하건 3.X에서 실행하건 마찬가지다. 네 가지 방법은 구조상으로도 다르고 다른 역할에서도 덜 중복되지만, 어쨌든 파이썬으로 동일한 목적을 달성하기 위한 방법이다. 이 절의 코드를 직접 학습하고 실행하여 관리 속성 코딩 기법을 익히도록 하자.

이 장의 요약

이 장에서는 파이썬에서 속성에 대한 접근을 관리하는 여러 가지 기법에 대해 다루었다. 이 기법들에는 __getattr__과 __getattribute__ 연산자 오버로딩 메소드, 클래스 프로퍼티, 그리고 클래스 속성 디스크립터 등이 있다. 이 장에서는 이 도구들을 비교 및 대조하고, 그 동작을 설명하기 위해 다양한 활용 사례를 제시했다.

39장에서는 데코레이터에 대해 살펴보며, 도구 작성에 대해서도 계속 알아보도록 하겠다. 데코레이터는 속성 접근이 아니라 함수와 클래스 생성 시 자동으로 실행되는 코드다. 하지만 다음 장으로 가기 전에 몇 가지 질문을 통해 여기서 배운 내용을 리뷰해 보도록 하자.

학습 테스트: 퀴즈

1. __getattr__과 __getattribute__는 어떤 차이가 있는가?

2. 프로퍼티와 디스크립터는 어떤 차이가 있는가?

3. 프로퍼티와 데코레이터는 어떤 연관관계가 있는가?

4. __getattr__과 __getattribute__, 프로퍼티와 디스크립터 간의 주요한 기능적 차이는 무엇인가?

5. 이 모든 기능 비교가 모두 같은 종류의 논쟁이지 않은가?

학습 테스트: 정답

1. __getattr__ 메소드는 정의되지 않은 속성(예를 들면, 인스턴스에 존재하지 않으면서 그 클래스들로부터 상속하지도 않은 속성)을 가져올 때만 실행한다. 반대로, __getattribute__ 메소드는 속성의 정의 여부와 상관없이 모든 속성을 가져올 때 호출한다. 이것 때문에 __getattr__ 내부의 코드에서는 정의된 속성이라면 자유롭게 다른 속성을 가져올 수 있지만, __getattribute__는 무한 루프나 추가적인 호출을 피하기 위해 특별한 코드를 사용해야 한다 (속성을 가져오는 호출이 반드시 슈퍼클래스로 향해야 한다).

2. 디스크립터는 더 일반적인 반면, 프로퍼티는 한정된 역할을 담당한다. 프로퍼티는 특정한 속성에 대한 get, set, 그리고 delete 함수를 정의한다. 디스크립터 또한

이러한 동작에 사용할 메소드를 클래스에 제공하지만, 그 외의 임의의 동작을 지원할 수 있는 유연함을 제공한다. 사실, 프로퍼티는 특정한 종류의 디스크립터를 생성할 때 사용하는 한 가지 방법이다. 이 종류의 디스크립터는 속성 접근에 대한 기능을 실행한다. 코딩 기법도 다르다. 프로퍼티는 내장 함수를 이용해 생성하며, 디스크립터는 클래스로 작성한다. 그러므로, 디스크립터는 상속 같은 클래스의 모든 통상적인 객체 지향 프로그래밍 기능을 사용할 수 있다. 게다가 인스턴스의 상태 정보 외에 디스크립터는 그 자신만의 지역 상태를 가지고 있기 때문에 인스턴스 내에서의 이름 충돌을 회피할 수 있다.

3. 프로퍼티는 데코레이터 구문을 이용해 작성할 수 있다. property 내장 함수가 단일 함수 인수를 받아들이기 때문에 가져오기 접근 프로퍼티를 정의할 때 함수 데코레이터로 바로 사용할 수 있다. 데코레이터의 이름 재바인딩 동작 때문에 데코레이트된 함수의 이름은 get 접근자가 데코레이트된 원래의 함수로 지정된 프로퍼티에 할당된다(name = property(name)). 프로퍼티 설정자와 삭제자 속성을 이용하면 데코레이터 구문으로 설정과 삭제 접근자를 추가할 수 있다. 이것들은 데코레이트된 함수에 대한 접근자를 설정하고, 확장된 속성을 반환하다.

4. __getattr__과 __getattribute__ 메소드는 더 범용적이다. 이것들은 임의의 수의 속성을 캐지할 때 사용할 수 있다. 반대로, 각 프로퍼티나 디스크립터는 하나의 **특정한** 속성에 대한 접근만을 가로챌 수 있다. 하나의 프로퍼티나 디스크립터로 모든 속성 가져오기를 캐치할 수 없다. 반면, 프로퍼티와 디스크립터는 그 설계상 속성 가져오기와 할당 모두를 처리할 수 있다. __getattr__과 __getattribute__는 가져오기만을 처리할 수 있다. 할당까지 가로채려면 반드시 __setattr__도 작성해야 한다. 구현도 차이가 난다. __getattr__과 __getattribute__는 연산자 오버로딩 메소드인 반면, 프로퍼티와 디스크립터는 클래스 속성에 수동으로 할당된 객체다. 프로퍼티와 디스크립터는 다른 것들과 다르게 때로 관리되지 않는 이름들에 대한 할당이 발생할 때 추가로 호출되지 않을 수 있으며, dir 결과에도 자동으로 나타난다. 하지만 역시 범위가 좁아서 범용적인 디스패치 목적으로는 사용할 수 없다. 파이썬의 진화 과정에서 새로운 기능은 대안을 제공하는 경향은 있지만, 이전의 것을 완전히 포함하지는 않는다.

5. 그렇지 않다. 파이썬과 같은 이름을 가진 **몬티 파이썬의 플라잉 서커스**에서 인용하자면 다음과 같다.

논쟁은 하나의 명제를 성립시키기 위한 일련의 문장이야.

그렇지 않아.

맞아. 단순한 반대가 아니라고.

잘봐. 내가 당신하고 논쟁을 한다면, 나는 반드시 반대되는 입장에 서야 한다고.

그렇지만, 반대한다는 것이 단순히 '그렇지 않아'라고 말하는 건 아니라고.

맞다니까!

아니라고!

맞다고!

아니야. 논쟁은 지적인 절차야. 반박이라는 건 다른 사람의 말을 기계적으로 부정하는 것뿐이라고.

(잠시 침묵) 아니야.

그렇다니까.

전혀 아니야.

이봐. 잘 보라고...

데코레이터

이 책의 클래스 관련 고급 주제 중(32장) 정적 메소드와 클래스 메소드에 대해 설명하면서 이 메소드들을 선언하기 위해 파이썬이 제공하는 @ 데코레이터 구문에 대해 간단히 살펴보았으며, 데코레이터 코딩 기법에 대해 미리 알아보았다. 38장에서도 함수 데코레이터에 대해 간단히 다루었는데, 거기서는 프로퍼티 내장 속성이 함수 데코레이터의 역할을 할 수 있음을 확인했다. 또한, 29장에서 추상 슈퍼클래스의 개념에 대해 학습하면서 데코레이터에 대해 설명한 바 있다.

이 장은 이전까지 데코레이터를 다루면서 남겨 두었던 주제들에 대해 다시 다룬다. 이 장에서는 데코레이터의 내부 동작에 대해 더 깊이 다룰 것이며, 우리만의 새로운 데코레이터를 작성하는 고급 기법에 대해 설명한다. 우리는 데코레이터에서 앞서 공부했던 개념의 많은 부분(특히 상태 정보 유지)이 자주 등장하는 것을 보게 될 것이다.

이는 다소 고급 주제이고 데코레이터 생성은 애플리케이션 프로그래머보다 도구 제작자들이 더 관심을 가질 만한 주제다. 그럼에도 불구하고 데코레이터가 대중적인 파이썬 프레임워크에서 점점 더 보편화되어가고 있다는 점을 감안하면, 여러분이 단순히 데코레이터를 사용하는 입장이라 하더라도 기본에 대한 이해가 있어야 데코레이터의 역할에 대해 더 쉽게 이해할 수 있을 것이다.

이 장은 데코레이터 생성에 대한 세부 내역을 다루는 것 외에도, 파이썬에서의 더 실제적인 사례 연구를 포함하고 있다. 여기에서의 예제들은 우리가 지금까지 보았던 예제들보다 규모가 다소 커지기 때문에 어떻게 코드가 완전한 시스템과 도구로 합쳐지는지에 대해 더 잘 보여 줄 것이다. 추가 특전으로, 우리가 여기에서 작성할 코드의 일부는 일상적인 프로그램에서 범용 도구로 사용될 것이다.

데코레이터란 무엇인가?

데코레이션은 함수와 클래스를 관리 또는 확장하는 코드를 작성하는 방법이다. 데코레이터 자체는 다른 호출 가능한(callable) 객체들을 처리하는 호출 가능한 객체(즉 함수)의 형태를 취한다. 파이썬 데코레이터에는 다음과 같이 두 종류가 있으며, 어떤 것도 파이썬 3.X 버전이나 새 형식 클래스를 필요로 하지 않는다.

- **함수 데코레이터**: 파이썬 2.4에서 추가되었다. 함수 정의 시점에 이름을 재결합(rebinding)하며, 함수와 메소드 또는 이들에 대한 향후 호출을 관리할 수 있는 로직 계층을 제공한다.
- **클래스 데코레이터**: 파이썬 2.6과 3.0에서 추가되었다. 클래스 정의 시점에 이름을 재결합하며, 클래스 또는 나중에 클래스를 생성되는 인스턴스를 관리할 수 있는 로직 계층을 제공한다.

간단히 요약하면, 데코레이터는 함수와 클래스를 정의하는 문장 마지막에(함수 데코레이터의 경우 def문 마지막에, 클래스 데코레이터의 경우에는 class문 마지막에) 자동으로 실행되는 코드를 추가하는 방법을 제공한다. 이러한 코드는 다음 절들에서 설명하는 것처럼 다양한 역할을 수행할 수 있다.

호출과 인스턴스 관리

자동으로 실행되는 코드는 전형적으로 함수와 클래스에 대한 호출을 보완하기 위해 사용될 수 있다. 이 코드는 나중에 작동하게 될 래퍼(wrapper. 즉, 프록시(proxy)) 객체를 설치하여 이를 처리한다.

호출 프록시

함수 데코레이터는 래퍼 객체를 설치하여 이후의 함수 호출을 가로채고, 필요에 따라 가로챈 함수를 처리한다. 일반적으로는 호출을 원래의 함수로 전달하여 관리 동작을 실행한다.

인터페이스 프록시

클래스 데코레이터는 래퍼 객체를 설치하여 이후의 인스턴스 생성 호출을 가로채고, 필요에 따라 가로챈 호출을 처리한다. 일반적으로는 호출을 원래의 클래스로 전달하여 관리되는 인스턴스를 생성한다.

데코레이터는 def문과 class문 마지막에서 함수와 클래스 이름을 다른 호출 가능한 객체들에 자동으로 재결합함으로써 이러한 결과를 얻게 된다. 이 호출 가능한 객체들은 나중에 작동될 때 함수 호출을 추적하고 수행 시간을 측정한다거나, 클래스 인스턴스 속성에 대한 접근을 관리하는 등의 작업을 수행할 수 있다.

함수와 클래스 관리

이 장 예제의 대부분이 함수와 클래스의 호출을 가로채기 위해 래퍼 객체를 사용하는 것에 대해 다루고 있지만, 데코레이터가 이 방식으로만 사용되는 것은 아니다.

함수 관리자

함수 데코레이터는 함수를 호출할 뿐만 아니라 함수 객체를 관리하기 위해 사용될 수도 있다. 함수를 API에 등록하는 것이 그 예다. 하지만 우리의 주된 관심사는 더 보편적으로 사용되는 호출 래퍼에 대한 응용일 것이다.

클래스 관리자

클래스 데코레이터는 단순히 인스턴스를 생성할 뿐만 아니라, **클래스 객체를 직접 관리**하기 위해 사용될 수도 있다. 한 예로, 클래스에 새로운 메소드를 추가하여 클래스를 확장할 수 있다. 이 역할은 **메타클래스**의 역할과 많이 겹치기 때문에 다음 장에서 추가적인 용례에 대해 더 알아볼 것이다. 이 두 도구들은 클래스 생성 절차의 마지막에서 작동하지만, 클래스 데코레이터가 종종 더 가벼운 해법을 제공한다.

다시 말하자면 함수 데코레이터는 함수 호출과 함수 객체를 관리할 때 사용할 수 있으며, 클래스 데코레이터는 클래스 인스턴스와 클래스 자체를 관리할 때 사용한다. 데코레이터는 래퍼 대신 데코레이트된 객체 자체를 반환함으로써 함수와 클래스의 생성 후 절차(post-creation step)를 수행하는 역할을 한다.

각각의 역할과 상관없이, 데코레이터는 프로그램 개발 과정과 제품화되어 운영 중인 시스템 모두에서 유용한 도구를 작성하기 위한 편리하고 명시적인 방법을 제공한다.

데코레이터 사용 및 정의하기

여러분의 직무에 따라, 여러분은 사용자 또는 공급자(또는 유지보수 담당자일 수도 있지만, 이는 단지 여러분이 확실한 태도를 취하지 않았다는 것을 의미한다)로 데코레이터를 만나게 될 것이다. 이미 보았듯이, 파이썬 자체는 특정 역할을 위한 내장 데코레이터를 가지고 있다. 정적 메소드와 클래스 메소드 선언, 프로퍼티 생성 등이 여기에 포함된다. 더구나 많은 대중적인 파이썬 툴킷들이 데이터베이스 또는 사용자 인터페이스 로직을 관리하는 등의 작업을 수행하는 데코레이터를 포함하고 있다. 그런 경우에 우리는 데코레이터가 어떻게 코딩되는지 모르고도 어떻게든 작업할 수 있을 것이다.

프로그래머는 더 일반적인 작업에 있어 자신만의 데코레이터를 코딩할 수 있다. 예를 들어 함수 데코레이터는 호출을 추적 또는 기록하거나, 디버깅하는 동안 인수 유효성 테스트를 하거나, 자동으로 스레드(thread)에 록(lock)을 걸고 해제하거나, 최적화를 위해 함수 호출 시간을 측정하는 등 코드로 함수를 확장하기 위해 사용될 수도 있다. 함수 호출에 추가할 수 있는(실제로는 감싸고 있는) 모든 상상 가능한 동작들은 사용자 정의 함수 데코레이터로 구현할 수 있다.

반면, 함수 데코레이터는 전체 객체 인터페이스가 아니라, 특정 함수 또는 메소드에 대한 **호출**만을 확장하도록 실계되었다. 전자의 역할은 클래스 데코레이터가 더 살 수행한다. 함수 데코레이터는 인스턴스 생성 호출을 가로챌 수 있기 때문에 임의의 객체 인터페이스를 확장 혹은 관리하는 기능을 구현하기 위해 사용될 수 있다. 예를 들어, 사용자 정의 클래스 데코레이터는 객체에 대한 모든 속성 참조를 추적, 검증, 또는 확장할 수 있다. 이는 프록시 객체, 싱글톤 클래스, 그리고 여타의 보편적인 패턴을 구현하기 위해 사용될 수 있다. 실제로, 많은 클래스 데코레이터들이 31장에서 본 위임 패턴과 매우 유사하다. 실제로 이는 위임 코딩 패턴의 주요 응용 대상이다.

왜 데코레이터를 사용해야 하는가?

다른 고급 파이썬 도구들과 마찬가지로, 데코레이터는 순수 기술적 관점에서 반드시 필요한 도구는 아니다. 우리는 종종 이들의 기능을 단순 헬퍼(helper) 함수 호출 또는 다른 기법들을 사용하여 대신 구현할 수도 있다. 그리고 기본적인 수준이라면 데코레이터가 자동으로 수행하는 이름 재결합을 우리가 직접 코딩할 수도 있다.

하지만 데코레이터는 이런 작업에 대한 명시적인 구문을 제공하여 의도를 분명하게 밝힐 수 있고, 확장 코드의 중복성을 최소화할 수 있으며, 올바른 API 사용을 보장해 준다.

- 데코레이터는 매우 명시적인 형식을 가지고 있어 대상 함수나 클래스로부터 멀리 떨어져 있을 수도 있는 헬퍼 함수 호출보다 알아보기 쉽다.

- 데코레이터는 대상 함수 또는 클래스가 정의될 때 한 번 적용된다. 미래에 변경이 필요할 수도 있는 클래스와 함수에 대한 모든 호출에 부가적인 코드를 추가할 필요가 없다.

- 앞의 두 가지 성질 때문에 데코레이터는 API 사용자가 API 요구 사항에 따라 함수나 클래스를 확장하는 것을 까먹지 않도록 해준다.

즉, 데코레이터는 기술적 모델을 넘어 코드 유지보수와 일관성 관점에서도 몇 가지 이점을 제공한다. 더구나 데코레이터는 구조화 도구로서 코드를 자연스럽게 **캡슐화**(encapsulation)하여 코드의 중복성을 줄이고 향후 변경 작업을 더 용이하게 한다.

데코레이터는 일부 잠재적 **문제점**도 가지고 있다. 데코레이터가 래핑(wrapping) 로직을 추가할 때 이는 데코레이트된 객체의 타입을 변경할 수 있으며, 호출 또는 인터페이스 프록시로 사용될 때 부가적인 호출을 야기할 수 있다. 하지만 이런 문제는 객체에 래핑 로직을 추가하는 모든 기법에서 동일하게 발생하는 것이다.

이 장단점에 대해서는 이 장의 후반부에서 실제 코드를 가지고 좀 더 알아보도록 하자. 데코레이터를 사용하는 것은 주관적인 결정에 따른 것이지만, 데코레이터의 장점은 파이썬 세계에서 대표적인 모범 사례로 자리매김할 만큼 설득력이 있다. 여러분의 결정을 돕기 위해 세부 내역을 더 살펴보겠다.

 데코레이터 vs 매크로: 파이썬의 데코레이터는 다른 언어에서 **관점 지향**(aspect-oriented) 프로그래밍이라 불리는 것(함수 호출이 실행되기 전 또는 후에 자동으로 실행하기 위해 추가된 코드)과 유사하다. 이들의 구문은 자바의 **어노테이션**(annotation)과 매우 닮았지만(그리고 아마도 이로부터 빌려온 것일 수도 있지만), 파이썬 모델이 더 유연하고 범용적인 것으로 여겨진다.

혹자는 데코레이터를 **매크로**에 비유하기도 하지만, 이런 비유는 전혀 적절하지 않으며, 오해를 불러일으킬 수도 있다. 매크로(🔘 C의 #define 전처리 지시어)는 전형적으로 원문의 교체 및 확장과 관련되어 있으며, 코드 생성을 위해 디자인된 것이다. 반면에 파이썬의 데코레이터는 이름 재결합, 호출 가능한 객체, 그리고 종종 프록시에 기반한 **런타임** 작업이다. 이 둘이 때로는 그 용례가 겹치는 경우가 있다 하더라도, 데코레이터와 매크로는 범위나 구현, 코딩 패턴에 있어서 근본적으로 다르다. 이 둘을 비교하는 것은 파이썬의 import와 C의 #include를 비교하는 것과 유사하다. 이 둘의 비교 또한 비슷하게 런타임의 객체 기반 작업과 텍스트 추가 사이의 혼동을 가져온다.

물론, **매크로**라는 용어가 시간이 지나면서 다소 흐려져(누군가에게는 지금도 일련의 단계 또는 프로시저를 하나의 단위로 감싼 것을 의미할 수 있다) 다른 언어의 사용자들은 디스크립터와 유사하다고 생각할 수도 있다. 하지만 데코레이터는 텍스트 확장이 아니라, 호출 가능한 **객체**들을 관리하는 호출 가능한 **객체**에 대한 것임을 기억해야 한다. 파이썬은 파이썬의 어법 관점에서 가장 잘 이해되고 사용되는 경향이 있다.

데코레이터 기초

먼저 기호적 관점에서 데코레이션 행위에 대해 살펴보는 것으로 시작해 보자. 곧 좀 더 실제적이고 긴 코드를 작성하게 되겠지만, 데코레이터가 가진 마법의 대부분은 자동 재결합에 의한 것이다. 자동 재결합을 이해하기 위해서는 매핑에 대해 이해하는 것이 중요하다.

함수 데코레이터

함수 데코레이터는 파이썬 버전 2.4부터 사용 가능했다. 이 책의 앞에서 보았듯이 이는 대체로 하나의 함수를 def문 끝에서 다른 함수를 통해 실행하는 구문이며, 원래의 함수 이름을 결과에 다시 연결한다.

사용법

함수 데코레이터는 함수에 대한 일종의 **런타임 데코레이션**으로 그 뒤로 함수의 정의가 따라 나온다. 데코레이터는 함수 또는 메소드를 정의하는 def문 바로 전의 한 줄에 코딩되며, 이는 @ 기호와 그 뒤를 따르는 메타함수(metafunction. 다른 함수 또는 다른 호출 가능한 객체를 관리하는 함수)에 대한 참조로 이루어진다.

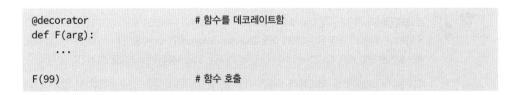

```
@decorator              # 함수를 데코레이트함
def F(arg):
    ...

F(99)                   # 함수 호출
```

코드 관점에서 보면, 함수 데코레이터는 앞의 코드 구문을 자동으로 다음의 코드 구문으로 변환한다. 여기서 decorator는 F와 같은 개수의 인수를 갖는 호출 가능한 객체를 반환하는 단일 인수 객체다.

```
def F(arg):
    ...
F = decorator(F)                    # 함수 이름을 데코레이터 결과에 재결합

F(99)                               # 근본적으로 decorator(F)(99)를 호출
```

이 자동 이름 재결합은 모든 def문에서 잘 동작한다. 그 def문이 단순한 함수를 정의하는 것이든, 클래스 내의 메소드를 정의하는 것이든 상관없다. 함수 F가 나중에 호출되면 실제로 데코레이터에 의해 반환된 객체를 호출하는 것으로, 반환되는 객체는 래핑 로직에 의해 구현된 다른 객체이거나 아니면 원래의 함수 그 자체일 수 있다.

즉, 데코레이션은 근본적으로 다음의 첫 번째 줄을 두 번째 줄로 매핑한다. 하지만 실제로 데코레이터는 데코레이션 시점에 단 한 번 실행된다.

```
func(6, 7)
decorator(func)(6, 7)
```

이 자동적인 이름 재결합은 이 책의 앞에서 만났던 정적 메소드와 프로퍼티 데코레이션 구문을 설명한다.

```
class C:
    @staticmethod
    def meth(...): ...          # meth = staticmethod(meth)

class C:
    @ property
    def name(self): ...         # name = property(name)
```

두 경우 모두 메소드 이름은 def문 마지막에서 내장 함수 데코레이터의 결과에 재결합된다. 원래 이름을 호출하면 실제로는 데코레이터가 반환하는 객체가 호출된다. 이 특정한 경우에 원래 이름은 정적 메소드 라우터와 프로퍼티 디스크립터에 재결합되지만, 그 절차는 이보다 더 일반적이다. 이에 대해서는 다음 절에서 설명하도록 하겠다.

구현

데코레이터 자체는 호출 가능한 객체[1]를 반환하는 호출 가능한 객체다. 즉, 데코레이터는 데코레이트된 함수가 원래 이름(나중의 호출을 가로채는 래퍼 객체 또는 어떤 점에서 강화된 원래 함수든)을 통해 작동될 때, 나중에 호출될 객체를 반환한다. 실제로 데코레이터는 어떤 타입의 호출 가능한 객체라도 될 수 있으며, 어떤 타입의 호출 가능한 객체라도 반환할 수 있다. 함수와 클래스의 어떤 조합도 사용될 수 있지만, 특정 맥락에 더 잘 맞는 조합이 존재할 수 있다.

예를 들어, 함수가 생성된 직후 이 함수를 관리하기 위해 데코레이션 프로토콜을 활용하려면 다음 형태의 데코레이터를 코딩하게 될 것이다.

```
def decorator(F):
    # 함수 F 처리
    return F

@decorator
def func(): ...                          # func = decorator(func)
```

원래의 데코레이트된 함수는 그 이름에 다시 할당되기 때문에 이는 단순히 함수 정의에 생성 이후 단계를 추가한다. 이런 구조는 함수를 API에 등록하거나, 함수 속성을 할당하는 등의 작업에 사용될 수 있다.

보다 전형적으로 함수에 대한 나중의 호출을 가로채는 로직을 삽입하기 위해 원래 함수와는 다른 객체를 반환하는 데코레이터(나중 호출을 위한 프록시)를 코딩할 수도 있다.

```
def decorator(F):
    # 함수 F를 저장 또는 사용
    # 다른 호출 가능한 객체를 반환: 중첩된 함수나 __call__을 가진 클래스 등

@decorator
def func(): ...                          # func = decorator(func)
```

이 데코레이터는 데코레이션 시점에 호출되며, 데코레이터가 반환하는 호출 가능한 객체는 원래 함수 이름이 나중에 호출될 때 작동한다. 데코레이터 자체는 데코레이트된 함수를 받는다. 반환된 호출 가능한 객체는 나중에 데코레이트된 함수 이름에 전달되는 인수를 받는다. 적절

1　<u>옮긴이</u> 이 장에서는 '호출 가능한 객체'라는 용어가 반복 사용되는 경향이 있어 문장 이해에 어려움을 주기도 한다. 옮긴이는 뜻을 충분하게 전달하기 위해 '호출 가능한 객체'라는 용어를 불가피하게 사용했지만, 독자는 이 용어를 'callable'이라는 한 단어로 대치해 생각하면 이해하는 데 도움이 될 것이다.

하게 코딩된다면 이는 클래스 레벨의 메소드와 동일하게 동작한다. 암묵적인 인스턴스 객체는 반환된 호출 가능한 객체의 첫 번째 인수에 등장한다.

골격만 보자면 이 아이디어를 담은 일반적인 코딩 패턴은 다음과 같다. 데코레이터는 유효 범위에 원래 함수를 유지하는 래퍼를 반환한다.

```
def decorator(F):                    # @ 데코레이션 시점에
    def wrapper(*args):              # 래핑된 함수 호출 시
        # F와 args 사용
        # F(*args)는 원래 함수를 호출
    return wrapper

@decorator                           # func = decorator(func)
def func(x, y):                      # func은 데코레이터의 F에 전달됨
    ...

func(6, 7)                           # 6, 7은 wrapper의 *args에 전달됨
```

이름 func가 나중에 호출될 때, 실제로 decorator에 의해 반환된 wrapper 함수를 실행한다. 그러면 wrapper 함수는 원래의 func을 실행할 수 있는데, func이 유효 범위에서 여전히 사용 가능하기 때문이다. 이 방식으로 코딩되면, 각각의 데코레이트된 함수는 상태 정보를 유지하는 새로운 범위를 만들게 된다.

func가 호출 동작을 오버로드하고 유효 범위 대신 인스턴스 속성을 사용하면 된다.

```
class decorator:
    def __init__(self, func):        # @ 데코레이션 시점에
        self.func = func
    def __call__(self, *args):       # 감싸인 함수 호출 시
        # self.func와 args 사용
        # self.func(*args)는 원래 함수를 호출

@decorator                           # func = decorator(func)
def func(x, y):                      # func은 __init__에 전달됨
    ...

func(6, 7)                           # 6, 7은 __call__의 *args에 전달됨
```

이제 이름 func이 나중에 호출되면, 실제로 decorator에 의해 생성된 인스턴스의 __call__ 연산자 오버로딩 메소드를 호출한다. __call__ 메소드는 원래 func을 실행할 수 있는데, 이는 func이 인스턴스의 속성에서 여전히 사용 가능하기 때문이다. 이 방식으로 코딩하면 각 데코레이트된 함수는 상태 정보를 유지하는 새로운 인스턴스를 만들어 낸다.

메소드 데코레이션 지원

앞에서 본 클래스 기반 코딩의 문제점은 이 코드가 단순한 함수 호출을 가로챌 수는 있지만, 클래스 레벨의 메소드 함수에 적용 시 제대로 동작하지 않는다는 것이다.

```
class decorator:
    def __init__(self, func):          # func은 인스턴스가 없는 메소드
        self.func = func
    def __call__(self, *args):          # self는 데코레이터 인스턴스
        # self.func(*args)는 실패!      # C 인스턴스는 args에 없다!

class C:
    @decorator
    def method(self, x, y):             # method = decorator(method)
        ...                             # 데코레이터 인스턴스에 재결합
```

이 방식으로 코딩되면, 데코레이트된 메소드는 단순 함수 대신에 데코레이터 클래스의 인스턴스에 재결합된다.

이로 인한 문제는 메소드가 나중에 실행될 때 데코레이터 __call__에서의 **self**가 decorator 클래스 인스턴스를 받고, 클래스 C의 인스턴스는 *args에 포함되지 않는다는 것이다. 이로 인해 원래 메소드에 호출을 전달하는 것이 불가능해진다. 데코레이터 객체는 원래의 메소드 함수를 유지하지만, 그 함수에 전달할 인스턴스를 가지고 있지 않다.

함수와 메소드 모두를 지원하기 위해, 중첩된 함수를 사용하면 더 잘 동작한다.

```
def decorator(F):                       # F는 함수 또는 인스턴스가 없는 메소드
    def wrapper(*args):                 # 메소드를 위해 args[0]에 클래스 인스턴스
        # F(*args)는 함수 또는 메소드를 실행
    return wrapper

@decorator
def func(x, y):                         # func = decorator(func)
    ...
func(6, 7)                              # 실제로 wrapper(6, 7)를 호출

class C:
    @decorator
    def method(self, x, y):             # method = decorator(method)
        ...                             # 단순 함수에 재결합

X = C()
X.method(6, 7)                          # 실제로 wrapper(X, 6, 7)를 호출
```

이 방식으로 코딩하면 wrapper는 C 클래스 인스턴스를 자신의 첫 번째 인수에 받기 때문에 원래의 메소드에 전달할 수 있으며, 상태 정보에 접근할 수 있다.

기술적으로 이 중첩된 함수 버전이 동작하는 이유는 파이썬이 메소드 속성이 단순 함수를 참조할 때에만 바운드 메소드 객체를 생성하고, 따라서 대상 클래스 인스턴스를 self 인수에 전달하기 때문이다. 그 대신 메소드 속성이 호출 가능한 클래스의 인스턴스를 참조한다면, 호출 가능한 클래스의 인스턴스가 self로 전달되어 그 클래스가 자신의 상태 정보에 접근할 수 있도록 해준다. 이 미묘한 차이점이 보다 실제적인 예제에서 어떻게 문제가 되는지 이 장의 뒷부분에서 살펴보도록 하자.

중첩된 함수가 함수와 메소드 모두의 데코레이션을 지원하는 방법 중에 가장 간단하지만, 이것만이 유일한 방법은 아니다. 예를 들어, 이전 장에서 다룬 디스크립터는 호출 시 디스크립터와 대상 클래스 인스턴스 둘 모두를 받는다. 더 복잡하긴 하지만, 디스크립터가 이런 상황에서 어떻게 활용될 수 있는지에 대해서도 이 장의 후반부에서 알아보도록 하겠다.

클래스 데코레이터

함수 데코레이터가 매우 유용함이 증명되면서 이 모델은 파이썬 2.6과 3.0을 기점으로 클래스 데코레이션을 허용하도록 확장되었다. 초기에는 클래스 데코레이터가 메타클래스(metaclasses)와 역할이 중복된다는 이유로 받아들여지지 않았지만, 동일한 목표의 많은 부분에서 더 단순한 해법을 제공하므로 받아들여지기 시작했다.

클래스 데코레이터는 함수 데코레이터와 매우 밀접한 관련이 있다. 실제로 이 둘은 동일한 구문과 매우 유사한 코딩 패턴을 사용한다. 하지만 개별 함수나 메소드를 감싸는 대신, 클래스 데코레이터는 클래스를 관리하거나 클래스로부터 생성된 인스턴스를 관리 또는 보완하는 추가 로직으로 인스턴스 생성자 호출을 감싸는 방법을 제공한다. 후자의 역할에서 클래스 데코레이터는 전체 객체 인터페이스를 관리할 수 있다.

사용법

구문적으로 함수 데코레이터가 def문 바로 전에 등장하는 것과 마찬가지로 클래스 데코레이터는 class문 바로 전에 등장한다. 기호 측면에서 호출 가능한 객체를 반환하는 단일 인수 객체의 형태를 가져야만 하는 클래스 데코레이터의 형식은 다음과 같다.

```
@decorator                          # 클래스 데코레이션
class C:
    ...

x = C(99)                           # 인스턴스 생성
```

이것은 다음과 동일하다. 클래스는 자동으로 데코레이터 함수에 전달되며, 데코레이터의 결과
는 클래스 이름에 다시 할당된다.

```
class C:
    ...
C = decorator(C)                    # 클래스 이름과 데코레이터 결과를 재결합

x = C(99)                           # 근본적으로 decorator(C)(99)를 호출
```

그 결과 나중에 인스턴스를 생성하기 위해 클래스 이름을 호출하는 것은 결국 데코레이터가
반환하는 호출 가능한 객체를 작동시키는데, 데코레이터는 원래의 클래스를 반환할 수도, 또
는 그렇지 않을 수도 있다.

구현

새로운 클래스 데코레이터를 코딩하는 데는 함수 데코레이터에서 사용되는 동일 기법이 많이
사용되지만, 일부는 두 단계의 보완(인스턴스 인터페이스 접근과 함께 인스턴스 생성자 호출 둘 모두
를 관리하기 위한)이 수반된다. 클래스 데코레이터 역시 **호출 가능한 객체를 반환하는 호출 가능한
객체**이기 때문에 함수와 클래스의 조합 대부분으로 충분하다.

하지만 데코레이터가 코딩되면 그 결과는 나중에 인스턴스가 생성될 때 실행되는 것이다. 예
를 들어, 클래스가 생성된 직후 단순히 클래스를 관리하기 위해서는 원래 클래스 자체를 반환
한다.

```
def decorator(C):
    # 클래스 C 처리
    return C

@decorator
class C: ...                        # C = decorator(C)
```

대신 나중의 인스턴스 생성 호출을 가로채는 래퍼 계층을 삽입하기 위해서라면 다른 호출 가
능한 객체를 반환한다.

```
def decorator(C):
    # 클래스 C를 저장 또는 사용
    # 다른 호출 가능한 객체 반환: 중첩된 def, __call__을 가진 클래스 등

@decorator
class C: ...                                     # C = decorator(C)
```

이러한 클래스 데코레이터에 의해 반환된 호출 가능한 객체는 전형적으로 원래 클래스의 새로운 인스턴스를 생성하고 반환하며, 새 인스턴스는 그 인터페이스 관리를 위해 보완되어 있다. 예를 들어, 다음은 클래스 인스턴스의 미정의된 속성을 가로채는 객체를 추가한다.

```
def decorator(cls):                              # @ 데코레이션 시
    class Wrapper:
        def __init__(self, *args):               # 인스턴스 생성 시
            self.wrapped = cls(*args)
        def __getattr__(self, name):             # 속성을 가져올 때
            return getattr(self.wrapped, name)
    return Wrapper

@decorator
class C:                                         # C = decorator(C)
    def __init__(self, x, y):                   # Wrapper.__init__에 의해 실행됨
        self.attr = 'spam'

x = C(6, 7)                                      # 실제로 Wrapper(6, 7)을 호출
print(x.attr)                                   # Wrapper.__getattr__ 실행, 'spam' 출력
```

이 예제에서 데코레이터는 클래스 이름을 다른 클래스에 재결합한다. 이 클래스는 원래 클래스를 유효 범위에 유지하고, 자신이 호출되면 원래 클래스의 인스턴스를 생성하고 내장한다. 나중에 인스턴스로부터 속성을 가져올 때, 래퍼의 __getattr__가 이를 가로채서 내장된 원래 클래스의 인스턴스에 위임한다. 또한 각각의 데코레이트된 클래스는 새로운 범위를 만드는데, 이 범위는 원래의 클래스를 기억한다. 우리는 이 예제를 이 장 후반부에서 더 유용한 코드로 구체화시킬 것이다.

함수 데코레이터처럼 클래스 데코레이터는 보편적으로 '팩토리' 함수나 그것의 어떤 조합으로 코딩된다. 팩토리 함수는 호출 동작을 가로채는 __init__과 __call__ 메소드를 사용하는 클래스인 호출 가능한 객체를 생성하고 반환하는 함수로 일반적으로 상태 정보는 유효 범위 참조에, 클래스는 속성에 저장한다.

다중 인스턴스 지원

함수 데코레이터처럼 일부 호출 가능한 타입의 조합은 다른 조합들에 비해 클래스 데코레이터에서 더 잘 동작한다. 이전 예제의 클래스 데코레이터의 대안으로 다음의 유효하지 않은 코드를 생각해 보자.

```
class Decorator:
    def __init__(self, C):              # @ 데코레이션 시
        self.C = C
    def __call__(self, *args):          # 인스턴스 생성할 때
        self.wrapped = self.C(*args)
        return self
    def __getattr__(self, attrname):    # 속성 가져올 때
        return getattr(self.wrapped, attrname)

@Decorator
class C: ...                            # C = Decorator(C)

x = C()
y = C()                                 # x를 덮어씀!
```

이 코드는 여러 데코레이트된 클래스들(각각은 새로운 Decorator 인스턴스를 만든다)을 처리하고 인스턴스 생성 호출(각각은 __call__을 실행한다)을 가로채게 된다. 하지만 이전 버전과는 달리, 이 버전은 각 인스턴스 생성 호출이 이전에 저장된 버전을 덮어써 버리기 때문에 주어진 클래스의 다중 인스턴스를 처리할 수 없다. 원래 버전은 각 인스턴스 생성 호출이 새로운 독립적인 래퍼 객체를 만들므로 다중 인스턴스를 지원한다. 보다 일반적으로는 다음의 두 패턴 모두 여러 개의 래핑된 인스턴스들을 지원한다.

```
def decorator(C):                       # @ 데코레이션할 때
    class Wrapper:
        def __init__(self, *args):      # 인스턴스 생성할 때: 새로운 Wrapper
            self.wrapped = C(*args)     # 인스턴스에 인스턴스를 내장시킴
    return Wrapper

class Wrapper: ...
def decorator(C):                       # @ 데코레이션할 때
    def onCall(*args):                  # 인스턴스 생성할 때: 새로운 Wrapper
        return Wrapper(C(*args))        # 인스턴스에 인스턴스를 내장시킴
    return onCall
```

이 장의 뒷부분에서 이 현상에 대해 더 실제적인 상황에서 학습해 볼 것이다. 하지만 실제로 우리 의도를 지원하기 위해 호출 가능한 객체의 타입을 적절히 조합하고 상태 정보에 대한

정책을 현명하게 선택하도록 주의해야 한다.

데코레이터 중첩

때로는 하나의 데코레이터만으로 충분하지 않을 수 있다. 예를 들어, 여러분이 개발하는 동안 사용할 두 개의 함수 데코레이터를 코딩했다고 가정하자. 하나는 함수 호출 전에 인수 타입을 테스트하기 위한 것이며, 다른 하나는 함수 호출 이후에 반환값의 타입을 테스트하기 위한 것이다. 이 둘을 각각 따로 사용할 수도 있지만, 만약 하나의 단일 함수에 이 둘 **모두**를 사용하고 싶다면 어떻게 해야 할까? 여기에서 실제로 필요한 것은 이 둘을 **중첩**하는 방법으로, 그렇게 함으로써 하나의 데코레이터의 결과는 다른 하나에 의해 데코레이트된 함수가 된다. 나중에 호출될 때 이 두 단계가 모두 실행되기만 한다면, 어느 것이 안에 중첩되는지는 상관이 없다.

이렇게 다중으로 중첩된 보완 단계를 지원하기 위해, 데코레이터 구문은 데코레이트된 함수 또는 메소드에 여러 계층의 래퍼 로직을 추가할 수 있도록 허용한다. 이 특징이 사용되면, 각 데코레이터는 한 줄에 하나씩 등장해야만 한다. 다음 형태의 데코레이터 구문은

```
@A
@B
@C
def f(...):
    ...
```

다음과 동일하게 동작한다.

```
def f(...):
    ...
f = A(B(C(f)))
```

원래 함수가 세 개의 다른 데코레이터를 통과하며, 그 결과로 나온 호출 가능한 객체는 원래의 이름에 다시 할당된다. 각 데코레이터는 이전 단계의 결과 객체를 처리하는데, 이 결과 객체는 원래의 함수 또는 삽입된 래퍼 중 하나일 수 있다.

만약 모든 데코레이터가 래퍼를 삽입했다면, 원래 함수 이름이 호출될 때 세 개의 서로 다른 계층의 래핑 객체 로직이 작동되어 원래 함수를 세 가지 다른 방식으로 확장하는 결과를 낳게 된다. 나중에 원래 함수 이름이 호출되면 마지막으로 기술된 데코레이터가 가장 먼저 적용되며, 가장 깊이 내장되어 있다(파이썬에는 '인테리어 데코레이터'라는 농담이 있다).

함수에서처럼 여러 클래스 데코레이터들은 다중으로 중첩된 함수 호출과 아마도 인스턴스 생성 호출을 둘러싼 여러 계층/여러 단계의 래퍼 로직을 낳게 된다. 일례로, 다음 코드는

```
@spam
@eggs
class C:
    ...

X = C()
```

다음과 동일하다.

```
class C:
    ...
C = spam(eggs(C))

X = C()
```

다시 말하지만, 각 데코레이터는 원래 클래스 또는 삽입된 래퍼 객체 중 어느 것이라도 자유롭게 반환할 수 있다. 래퍼를 이용하면 최종적으로 원래의 C 클래스 인스턴스를 요청할 경우, 그 호출은 spam과 eggs 데코레이터가 제공하는 래핑 계층의 객체에 다시 전달된다. 이 두 데코레이터는 서로 다른 역할을 가지고 있을 것이다. 예를 들면 이들은 속성 접근을 추적하고 검증할 수 있으며, 두 단계 모두 나중에 요청이 발생할 때 실행될 것이다.

예로, 다음의 아무 일도 하지 않는 데코레이터는 단순히 데코레이트된 함수를 반환한다.

```
def d1(F): return F
def d2(F): return F
def d3(F): return F

@d1
@d2
@d3
def func():                    # func = d1(d2(d3(func)))
    print('spam')

func()                         # "spam"을 출력
```

이 아무 일도 하지 않는 데코레이터가 하는 것처럼, 동일한 구문은 클래스에서도 유효하다.

하지만 데코레이터가 래퍼 함수 객체를 추가하면, 원래의 함수가 호출될 때 그 함수를 보완할 수 있다. 다음은 원래 함수가 가장 안쪽에서 바깥쪽 계층으로 나오면서 각 데코레이터 계층에서의 결과를 연결한다.

```python
def d1(F): return lambda: 'X' + F()
def d2(F): return lambda: 'Y' + F()
def d3(F): return lambda: 'Z' + F()

@d1
@d2
@d3
def func():                     # func = d1(d2(d3(func)))
    return 'spam'

print(func())                   # "XYZspam"을 출력
```

여기에서 래퍼 계층을 구현하는 데 lambda 함수를 사용했다(각각은 유효 범위 내에 감싸인 함수를 유지한다). 실제로 래퍼는 함수나 호출 가능한 클래스 등의 형태를 취할 수 있다. 잘 설계한다면, 데코레이터 중첩은 확장 단계를 매우 다양한 방식으로 조합할 수 있도록 해준다.

데코레이터 인수

함수 데코레이터와 클래스 데코레이터 모두 인수를 취하는 것으로 보이지만, 사실상 이 인수들은 데코레이터를 반환하는 호출 가능한 객체에 전달되며, 이 데코레이터는 결과적으로 호출 가능한 객체를 반환한다. 본래 이는 일반적으로 여러 단계의 상태 유지 정보를 설정한다. 예를 들어 다음은

```python
@decorator(A, B)
def F(arg):
    ...

F(99)
```

자동으로 다음의 형태에 매핑되는데, 이 형태에서 decorator는 실제 데코레이터를 반환하는 호출 가능한 객체. 반환된 데코레이터는 결과적으로 원래 함수 이름이 호출될 때 나중에 실행되는 호출 가능한 객체를 반환한다.

```
def F(arg):
    ...
F = decorator(A, B)(F)          # F를 데코레이터의 반환값의 결과에 재결합시킴

F(99)                          # 근본적으로 decorator(A, B)(F)(99)를 호출
```

데코레이터 인수는 데코레이션이 일어나기 전에 해석되고, 일반적으로 나중에 호출될 때 사용할 수 있도록 상태 정보를 유지하기 위해 사용된다. 예를 들어, 이 예제에서 데코레이터 함수는 다음과 같은 형태를 가질 것이다.

```
def decorator(A, B):
    # A, B를 저장하거나 사용함
    def actualDecorator(F):
        # 함수 F를 저장하거나 사용함
        # 호출 가능한 객체 반환: 중첩된 def, __call__을 갖는 클래스 등
        return callable
    return actualDecorator
```

이 구조에서 외부 함수는 일반적으로 데코레이터 인수를 상태 정보로 따로 저장하여, 데코레이터가 반환하는 호출 가능한 객체인 실제 데코레이터 또는 이 둘 모두에서 사용할 수 있도록 한다. 이 코드는 상태 정보 인수를 유효 함수 범위 참조에 저장하지만, 보편적으로 클래스 속성에 저장하기도 한다.

즉, 데코레이터 인수는 종종 3계층의 호출 가능한 객체를 의미한다. 데코레이터 인수를 받아들이는 호출 가능한 객체는 데코레이터 역할을 하는 호출 가능한 객체를 반환하며, 이는 다시 원래 함수 또는 클래스에 대한 호출을 처리하는 호출 가능한 객체를 반환한다. 이 세 계층 각각은 함수 또는 클래스일 수 있으며, 범위 또는 클래스 속성 형태에 상태 정보를 저장할 수 있다.

데코레이터 인수는 속성 초기화 값이나, 호출 추적 메시지 레이블, 검증할 속성 이름 및 그 외여러 가지(객체 또는 객체의 프록시를 위한 설정 파라미터는 무엇이든 이에 포함될 수 있다)를 제공하기 위해 사용될 수 있다. 이 장 뒷부분에서 데코레이터 인수가 사용된 구체적인 예제를 보게 될것이다.

데코레이터는 함수와 클래스도 관리

이 장의 나머지 대부분은 함수와 클래스에 대한 나중의 호출을 감싸는 데에 초점을 두고 있지만, 데코레이터 기법이 이보다 더 일반적이라는 점을 기억하는 것은 중요하다. 이는 함수와

클래스가 생성된 직후, 이를 어떤 호출 가능한 객체를 통해 전달하기 위한 프로토콜이다. 이처럼 해당 프로토콜은 임의의 생성 이후 조치를 실행시키기 위해 사용될 수도 있다.

```
def decorator(O):
    # 함수 또는 클래스 O를 저장하거나 확장함
    return O

@decorator
def F(): ...                    # F = decorator(F)

@decorator
class C: ...                    # C = decorator(C)
```

우리가 프록시 대신에 이 방식으로 원래의 데코레이트된 객체를 반환하는 한, 함수와 클래스에 대한 나중의 호출만이 아니라 함수와 클래스 자체를 관리할 수 있다. 이 장 뒷부분에서 이 아이디어를 가지고 호출 가능한 객체를 데코레이션을 이용하여 API에 등록하고 속성이 생성될 때, 해당 속성을 함수에 할당하는 보다 실제적인 예제를 보게 될 것이다.

함수 데코레이터 코딩하기

이제 코드와 함께 살펴보자. 이 장의 나머지 부분에서는 우리가 방금 살펴본 데코레이터 개념을 보여 주는 실제 예제를 학습하게 될 것이다. 이 절은 실제 사용되는 몇 가지 함수 데코레이터를 보여 주고, 다음 절에서는 클래스 데코레이터에 대해 보여 줄 것이다. 그다음에는 클래스와 함수 데코레이터에 대한 더 큰 규모의 사례 연구(클래스 프라이버시와 인수 범위 테스트의 완전한 구현)로 마무리할 것이다.

호출 추적하기

먼저, 32장에서 만났던 호출 추적 예제를 다시 보자. 다음은 데코레이트된 함수에 대한 호출 횟수를 집계하고, 각 호출마다 추적 메시지를 출력하는 함수 데코레이터를 정의하고 적용한다.

```
# decorator1.py 파일

class tracer:
    def __init__(self, func):          # @ 데코레이션할 때: 원래 함수를 저장
        self.calls = 0
        self.func = func
```

```
    def __call__(self, *args):            # 나중에 호출할 때: 원래 함수를 실행
        self.calls += 1
        print('call %s to %s' % (self.calls, self.func.__name__))
        self.func(*args)

@tracer
def spam(a, b, c):                        # spam = tracer(spam)
    print(a + b + c)                      # spam을 데코레이터 객체로 감쌈
```

어떻게 이 클래스로 데코레이트된 각 함수가 자신만의 저장된 함수 객체와 호출 카운터를 가지는 새로운 인스턴스를 만드는지 주목하자. 또한, 어떻게 *args 인수 구문이 임의의 개수의 전달 인수들을 하나로 묶고 풀어내는 데 사용하는지 보자. 이 일반성은 이 데코레이터가 어떤 개수의 위치적 인수를 갖는 어떤 함수라도 감싸는 데 이용될 수 있게 한다. 이 버전은 아직은 키워드 인수 또는 클래스 레벨의 메소드에서는 동작하지 않으며 결과를 반환하지도 않지만, 이러한 취약점은 이 절 뒷부분에서 보완할 것이다.

이 모듈의 함수를 임포트하여 테스트하면, 다음과 같이 동작한다. 각 호출은 초기에 추적 메시지를 생성하는데, 이는 데코레이터 클래스가 이를 가로채기 때문이다. 따로 표시하지 않는 한, 이 장의 모든 코드는 파이썬 2.X와 3.X에서 모두 동일하게 동작한다(출력 기능은 버전 중립적으로 작성하였으며, 데고레이터는 새 형식 클래스가 필요하지 않다. 일부 16진법 주소는 눈이 아프지 않도록 줄여서 표현하였다).

```
>>> from decorator1 import spam

>>> spam(1, 2, 3)                  # 실제로 tracer 래퍼 객체를 호출함
call 1 to spam
6

>>> spam('a', 'b', 'c')            # 클래스의 __call__ 호출
call 2 to spam
abc

>>> spam.calls                     # 래퍼 상태 정보에 있는 호출 횟수
2
>>> spam
<decorator1.tracer object at 0x02D9A730>
```

tracer 클래스가 실행되면 데코레이트된 함수를 따로 저장해 두고, 각 호출을 집계하고 출력하는 로직 계층을 추가하기 위해 이 함수에 대한 나중의 호출을 가로챈다. 어떻게 전체 호출 횟수가 데코레이트된 함수의 속성으로 나타나는지 보자. spam을 데코레이트하면, spam은 실제

로 tracer 클래스의 인스턴스가 된다. 이 sapm이 타입 검사 프로그램에 영향을 미칠 수 있지만, 그 영향은 일반적으로 그렇게 심하지 않은 편이다. 데코레이터는 원래 함수의 __name__을 복사하지만, 이런 복제는 혼선을 야기할 수 있으므로 제한된다.

함수 호출에 대해 @ 데코레이션 구문은 각 호출을 추가 로직 계층을 설명하도록 수정하는 것보다 더 편리할 수 있으며, 이는 의도치 않게 원래 함수를 직접 호출하는 것을 피할 수 있다. 위 예제를 데코레이터를 사용하지 않고 구현한 다음 코드를 생각해 보자.

```
calls = 0
def tracer(func, *args):
    global calls
    calls += 1
    print('call %s to %s' % (calls, func.__name__))
    func(*args)

def spam(a, b, c):
    print(a, b, c)

>>> spam(1, 2, 3)              # 추적되지 않는 일반적인 호출: 우연?
1 2 3

>>> tracer(spam, 1, 2, 3)     # 데코레이터 없이 추적되는 특별한 호출
call 1 to spam
1 2 3
```

이 방식은 특별한 @ 구문이 없는 어떤 함수에도 사용될 수 있지만, 데코레이터 버전과는 달리 코드 내의 함수가 호출되는 모든 곳에 부가적인 구문이 필요하다. 더구나 그 의도는 분명하지 않을 수도 있으며, 부가적인 로직 계층이 일반적인 호출에 대해 반드시 작동된다는 것을 보장하지 않는다. 데코레이터가 필수적이지는 않아도(우리는 항상 직접 이름을 재결합할 수 있다), 종종 가장 편리하고 일관성이 확보된 방식이다.

데코레이터 상태 유지 방식

이전 절의 마지막 예제는 중요한 이슈를 제기한다. 실제 함수를 호출하는 동안 사용하기 위해, 함수 데코레이터는 데코레이션 시점에 제공되는 상태 정보를 유지하는 다양한 방식을 가지고 있다. 이들은 일반적으로 여러 데코레이트된 객체들과 다중 호출을 지원해야 하지만, 이러한 목표를 구현하는 데에는 여러 가지 방법이 있다. 인스턴스 속성, 전역 변수, nonlocal 클로저 변수, 그리고 함수 속성 모두가 상태 정보 유지를 위해 사용될 수 있다.

클래스 인스턴스 속성

예를 들어, 다음 예제는 이전 예제를 ∗∗ 구문을 사용하여 **키워드** 인수를 지원하도록 추가하고 더 많은 용도를 지원하기 위해 감싸인 함수의 결과를 반환하도록 확장했다(순서대로 읽고 있지 않은 독자라면 키워드 인수는 18장을 참조하고, 이 책의 예제 패키지를 이용해 작업하는 독자라면 이장의 일부 파일명은 해당 코드 다음의 명령 라인에서 확인하면 된다).

```python
class tracer:
    def __init__(self, func):              # @ 데코레이션할 때
        self.calls = 0                     # 인스턴스 속성을 통한 상태 정보
        self.func = func                   # 이후의 호출을 위해 함수를 저장함
    def __call__(self, *args, **kwargs):   # 원래의 함수를 호출할 때
        self.calls += 1
        print('call %s to %s' % (self.calls, self.func.__name__))
        return self.func(*args, **kwargs)

@tracer
def spam(a, b, c):                 # spam = tracer(spam)과 동일
    print(a + b + c)               # tracer.__init__을 호출

@tracer
def eggs(x, y):                    # eggs = tracer(eggs)와 동일
    print(x ** y)                  # eggs를 tracer 객체에 감쌈

spam(1, 2, 3)                      # 실제로 tracer 인스턴스 호출: tracer.__call__실행
spam(a=4, b=5, c=6)                # spam은 인스턴스의 속성

eggs(2, 16)                        # 실제로 tracer 인스턴스 호출, self.func은 eggs
eggs(4, y=4)                       # self.calls은 데코레이션 별로 집계됨
```

원래의 버전처럼 이것은 상태 정보를 명시적으로 저장하기 위해 클래스 인스턴스 속성을 사용한다. 감싸인 함수와 호출 카운터는 인스턴스별로 관리되는 정보다. 각 데코레이션은 자신만의 사본을 가진다. 2.X 또는 3.X 어디에서든 스크립트로 실행하면, 이 버전의 결과는 다음과 같다. spam과 eggs 함수 각각이 자신만의 호출 카운터를 갖는 것은 각 데코레이션이 새로운 클래스 인스턴스를 생성하기 때문이다.

```
c:\code> python decorator2.py
call 1 to spam
6
call 2 to spam
15
call 1 to eggs
65536
call 2 to eggs
256
```

이 코딩 방식은 함수를 장식하는 데에는 유용한 반면, 메소드에 적용하기에는 여전히 문제가 있다. 이 취약점은 이후 보완을 통해 해결할 것이다.

유효 범위와 전역 변수

클로저 함수(유효 범위 참조와 중첩된 def문들)는 동일한 결과를 얻을 수 있으며, 특히 데코레이트 된 원래 함수와 같은 정적인 데이터에 대해 더욱 그렇다. 그렇지만 이 예제의 경우는 매 호출 마다 변경되는 카운터를 유효 범위에 두어야 하는데, 이는 파이썬 2.X에서는 불가능하다(17장 에서 보았듯이 nonlocal문은 3.X에서만 사용 가능하다).

2.X에서는 여전히 이전 절처럼 클래스나 속성을 사용하거나 다른 방식을 사용할 수 있다. 상 태 변수를 선언하여 전역 범위로 옮기는 것도 하나의 방법이며, 이는 2.X와 3.X 모두에서 동작 한다.

```python
calls = 0
def tracer(func):                      # 유효 범위와 전역을 통한 상태 정보
    def wrapper(*args, **kwargs):      # 클래스 속성 대신
        global calls                   # calls는 전역, 함수별 값은 아님
        calls += 1
        print('call %s to %s' % (calls, func.__name__))
        return func(*args, **kwargs)
    return wrapper

@tracer
def spam(a, b, c):                     # spam = tracer(spam)과 동일
    print(a + b + c)

@tracer
def eggs(x, y):                        # eggs = tracer(eggs)과 동일
    print(x ** y)

spam(1, 2, 3)                          # 실제로 wrapper 호출, spam에 할당
spam(a=4, b=5, c=6)                    # wrapper는 spam을 호출

eggs(2, 16)                            # 실제로 wrapper 호출, eggs에 할당
eggs(4, y=4)                           # 전역 calls는 데코레이션별 값이 아님!
```

불행히도, 카운터를 공통의 전역 범위로 옮겨서 값이 변경될 수 있도록 허용하는 것은 모든 감싸인 함수들에 의해 카운터가 공유됨을 의미한다. 클래스 인스턴스 속성과 달리, 전역 카운 터는 함수별 값이 아닌 프로그램 단위의 값을 갖게 된다. 카운터는 모든 추적되는 함수 호출 에 대해 하나씩 증가된다. 이 버전의 결괏값과 이전 버전의 결괏값을 비교하면 그 차이를 구분

할 수 있을 것이다. 공유된 하나의 전역 호출 카운터는 모든 데코레이트된 함수에 대한 호출에 의해 부정확하게 업데이트된다.

```
c:\code> python decorator3.py
call 1 to spam
6
call 2 to spam
15
call 3 to eggs
65536
call 4 to eggs
256
```

유효 범위와 nonlocal 변수

경우에 따라서는 공유된 전역 상태 정보를 원할 수도 있다. 하지만 우리가 실제로 원하는 것이 함수별 카운터라면, 이전처럼 클래스를 사용하거나, 17장에서 설명했던 **클로저(팩토리)** 함수와 파이썬 3.X의 nonlocal문을 사용할 수 있다. 이 새로운 구문에서 유효 함수 범위의 변수를 변경할 수 있으므로 이 변수들이 데코레이션별 데이터 및 변경 가능한 데이터 역할을 할 수 있다. 이는 3.X에서만 가능하다.

```
def tracer(func):                    # 유효 범위와 nonlocal을 통한 상태 정보
    calls = 0                        # 클래스 속성 또는 전역 대신에 사용
    def wrapper(*args, **kwargs):    # calls는 전역이 아니라 함수별 값을 가짐
        nonlocal calls
        calls += 1
        print('call %s to %s' % (calls, func.__name__))
        return func(*args, **kwargs)
    return wrapper

@tracer
def spam(a, b, c):                   # spam = tracer(spam)과 동일
    print(a + b + c)

@tracer
def eggs(x, y):                      # eggs = tracer(eggs)와 동일
    print(x ** y)

spam(1, 2, 3)                        # 실제로 wrapper 호출, func과 결합됨
spam(a=4, b=5, c=6)                  # wrapper는 spam을 호출

eggs(2, 16)                          # 실제로 wrapper를 호출, eggs와 결합됨
eggs(4, y=4)                         # nonlocal calls는 데코레이션별 값을 가짐
```

이제 유효 범위 변수는 프로그램 단위의 전역 변수가 아니므로 감싸인 각 함수는 클래스와 속성처럼 다시 자신만의 카운터를 갖게 된다. 3.X에서 실행하면 결과는 다음과 같다.

```
c:\code> py -3 decorator4.py
call 1 to spam
6
call 2 to spam
15
call 1 to eggs
65536
call 2 to eggs
256
```

함수 속성

마지막으로 파이썬 3.X를 사용하지 않고 nonlocal문이 없다면(또는 여러분의 코드가 3.X와 2.X 모두에서 호환되기를 원한다면), 변경 가능한 상태 정보를 위해 전역 변수와 클래스 대신 함수 속성을 사용할 수도 있다. 2.1 이래로 모든 파이썬에서 우리는 func.attr = value를 사용해 임의의 속성을 함수에 할당함으로써 이를 함수에 첨부할 수 있다. 팩토리 함수는 매 호출마다 새로운 함수를 만들기 때문에 함수의 속성은 호출별 상태 정보가 된다. 아울러 반드시 변경되어야 하는 상태 정보를 위해서만 이 기법을 사용해야 한다. 유효 범위 참조는 여전히 유지되며, 일반적으로 동작한다.

우리 예제에서 단순히 상태 정보를 위해 wrapper.calls를 사용할 수 있다. 다음은 카운터가 다시 데코레이트된 함수별 값을 갖기 때문에 이전의 nonlocal 버전과 동일하게 동작하지만, 파이썬 2.X에서도 동작한다.

```python
def tracer(func):                        # 유효 범위와 함수 속성을 통한 상태 정보
    def wrapper(*args, **kwargs):
        wrapper.calls += 1
        print('call %s to %s' % (wrapper.calls, func.__name__))
        return func(*args, **kwargs)
    wrapper.calls = 0                     # calls는 전역이 아니라 함수별 값을 가짐
    return wrapper

@tracer
def spam(a, b, c):                   # spam = tracer(spam)과 동일
    print(a + b + c)

@tracer
def eggs(x, y):                      # eggs = tracer(eggs)와 동일
```

```
    print(x ** y)

spam(1, 2, 3)                          # 실제로 wrapper를 호출, spam에 할당
spam(a=4, b=5, c=6)                     # wrapper는 spam을 호출

eggs(2, 16)                            # 실제로 wrapper를 호출, eggs에 할당
eggs(4, y=4)                           # wrapper.calls는 데코레이션별 값을 가짐
```

17장에서 배웠듯이, 이 코드는 이름 wrapper가 유효 함수 tracer의 범위에 유지되기 때문에 동작한다. 나중에 wrapper.calls를 증가시킬 때, 우리는 이름 wrapper 자체를 변경하지 않기 때문에 nonlocal 선언은 필요 없다. 이 버전은 모든 파이썬 버전 대에서 동작한다.

```
c:\code> py -2 decorator5.py
  ...이전 버전과 동일한 결괏값을 내지만, 2.X에서도 동작함...
```

이 기법은 거의 사용되지 않는데, 이는 3.X의 nonlocal보다 모호하기도 하고 다른 기법을 사용할 수 없는 경우에만 사용하는 것이 더 낫기 때문이다. 하지만 함수 속성은 상당한 이점을 갖고 있기도 하다. 그중 하나는 데코레이터 코드의 외부에서도 저장된 상태 정보에 접근할 수 있다는 것이다. nonlocal은 중첩된 함수 내에서만 볼 수 있지만, 함수 속성은 더 넓은 범위에서 볼 수 있다. 또 다른 이점은 버전 간 이식성이 더 좋다는 점을 들 수 있다. 이 기법은 2.X에서도 동작하므로 버전 중립적이다.

이 장 마지막 실습 문제 중 하나에 대한 해답으로 함수 속성을 다시 사용하게 될 것이다. 그 문제에서는 함수 속성이 호출 가능한 객체의 외부에서도 보인다는 점이 자산이 된다. 사용되는 콘텍스트와 연관된 변경 가능한 상태이기 때문에 이것은 유효 범위의 nonlocal과 동일하다. 일반적으로, 여러 도구 중 하나를 선택하는 것은 프로그래밍 작업에 있어 당연한 부분이다.

데코레이터는 종종 다중 계층의 호출 가능한 객체를 의미하기 때문에 함수와 유효 범위, 클래스와 속성, 그리고 함수 속성들을 결합함으로써 다양한 코딩 구조를 만들어낼 수 있다. 하지만 나중에 보게 되듯이, 이는 때로 여러분이 예상한 것보다 더 미묘할 수 있다. 각 데코레이트된 함수는 자신만의 상태 정보를 가져야 하며, 각 데코레이트된 클래스는 자신과 각 생성된 인스턴스 모두를 위한 상태 정보를 필요로 할 수 있다.

실제로 다음 절에서 더 자세히 설명하겠지만 함수 데코레이터를 클래스 레벨 메소드에도 적용하고 싶다면, 우리는 파이썬이 만들어 놓은 호출 가능한 클래스 인스턴스 객체로 코딩된 데코레이터와 함수로 코딩된 데코레이터 간의 차이점에 대해서도 주의해야 한다.

클래스 실수 I: 메소드 데코레이트하기

앞의 decorator1.py에서 클래스 기반의 tracer 함수 데코레이터를 처음 작성할 때, 순진하게도 모든 메소드에도 적용될 것이라 가정하였다. 내가 추론하기로는 데코레이트된 메소드는 동일하게 동작해야 하지만, 자동 self 인스턴스 인수는 단순히 *args 앞에 포함될 것이다. 실제로 이 가정의 유일한 문제점은 이것이 완전히 잘못됐다는 것이다! 이 최초 tracer 버전이 클래스의 메소드에 적용되면 실패하는데, 이는 self가 데코레이터 클래스의 인스턴스이고 데코레이트된 대상 클래스의 인스턴스는 *args에 포함되지 않기 때문이다. 이는 파이썬 3.X와 2.X 모두에서 동일하다.

이 장 앞에서 이 현상에 대해 소개했지만, 이제 우리는 실제 동작하는 코드를 가지고 이를 확인할 수 있게 되었다. 클래스 기반의 추적 데코레이터가 다음 tracer 클래스와 같이 작성되었을 때, 간단한 함수에 대한 데코레이션은 앞에서 설명한 대로 동작한다.

```
class tracer:
    def __init__(self, func):                  # @ 데코레이터에서
        self.calls = 0                         # 나중 호출을 위해 func을 저장
        self.func = func
    def __call__(self, *args, **kwargs):       # 원래 함수를 호출할 때
        self.calls += 1
        print('call %s to %s' % (self.calls, self.func.__name__))
        return self.func(*args, **kwargs)
```

```
@tracer
def spam(a, b, c):                             # spam = tracer(spam)
    print(a + b + c)                           # tracer.__init__을 작동시킴

>>> spam(1, 2, 3)                              # tracer.__call__을 실행
call 1 to spam
6
>>> spam(a=4, b=5, c=6)                        # spam은 인스턴스 속성에 저장됨
call 2 to spam
15
```

하지만 클래스 레벨 메소드를 장식하는 것은 실패한다(이 책을 순서대로 읽고 있는 이해력이 좋은 독자라면 이것이 28장의 객체 지향 튜토리얼의 Person 클래스를 각색한 것임을 알아챌 것이다).

```
class Person:
    def __init__(self, name, pay):
        self.name = name
        self.pay = pay

    @tracer
    def giveRaise(self, percent):             # giveRaise = tracer(giveRaise)
        self.pay *= (1.0 + percent)

    @tracer
    def lastName(self):                       # lastName = tracer(lastName)
        return self.name.split()[-1]

>>> bob = Person('Bob Smith', 50000)          # tracer는 메소드 함수를 기억함
>>> bob.giveRaise(.25)                        # tracer.__call__(???, .25) 실행
call 1 to giveRaise
TypeError: giveRaise() missing 1 required positional argument: 'percent'

>>> print(bob.lastName())                     # tracer.__call__(???)를 실행
call 1 to lastName
TypeError: lastName() missing 1 required positional argument: 'self'
```

여기 이 문제의 근본은 tracer 클래스의 __call__ 메소드의 self 인수에 있다. 이것은 tracer 인스턴스인가? 아니면 Person 인스턴스인가? 실제로, 우리는 이 둘이 각각 코딩된 목적대로의 기능을 필요로 한다. 데코레이터 상태를 위해서는 tracer, 원래의 메소드로 라우팅하기 위해서는 Person이 필요하다. 실제로, self는 tracer의 상태 정보(calls와 func)에 접근할 수 있도록 tracer 객체여야 한다. 이 사실은 단순 함수를 데코레이트할 때든, 메소드를 데코레이트할 때든 동일하다.

불행하게도, 우리의 데코레이트된 메소드 이름이 __call__을 갖는 클래스 인스턴스 객체에 재결합되면, 파이썬은 tracer 인스턴스만 self에 전달하고, 인수 목록에 있는 Person 인스턴스는 전달하지 않는다. 더구나 tracer는 우리가 메소드 호출로 처리하고자 하는 Person 인스턴스에 대해 아무것도 모르기 때문에 인스턴스를 사용하여 바운드 메소드를 생성할 수 없으며, 따라서 정확하게 호출을 전달할 방법도 없다. 이는 버그라기보다는 몹시 미묘한 것이다.

결국 이전 코드는 데코레이트된 메소드에 너무 적은 인수를 전달하게 되어 에러가 발생한다. 이를 확인하기 위해서 데코레이터의 __call__에 모든 인수를 출력하는 코드를 추가하자. 보다시피 self는 tracer 인스턴스이고 Person 인스턴스는 완전히 비어 있다.

```
>>> bob.giveRaise(.25)
<__main__.tracer object at 0x02A486D8> (0.25,) {}
call 1 to giveRaise
```

```
Traceback (most recent call last):
  File "<stdin>", line 1, in <module>
  File "<stdin>", line 9, in __call__
TypeError: giveRaise() missing 1 required positional argument: 'percent'
```

이는 파이썬이 메소드 이름이 단순 함수에만 결합될 때, 암묵적 대상 인스턴스를 self에 전달하기 때문에 일어나는 현상이다. 이것이 호출 가능한 클래스의 인스턴스일 때, 그 클래스의 인스턴스가 대신 전달된다. 기술적으로, 파이썬은 메소드가 다른 클래스의 호출 가능한 인스턴스가 아니라 단순 함수일 때에만 대상 인스턴스를 포함한 바운드 메소드 객체를 만든다.

중첩 함수를 이용해 메소드 데코레이트하기

만약 여러분의 함수 데코레이터가 단순 함수와 클래스 레벨의 메소드 둘 모두에 대해 동작하기 원한다면, 가장 단순한 해법은 앞에서 설명한 다른 상태 유지 방법 중 하나를 사용하는 것에 있다. 함수 데코레이터를 중첩된 def로 코딩함으로써, 래퍼 클래스 인스턴스와 대상 클래스 인스턴스 둘 모두가 될 수 있는 단일 self 인스턴스 인수에 의존하지 않게 된다.

다음 방식은 파이썬 3.X의 nonlocal을 사용하여 이 해결책을 적용한다. 변경 가능한 calls에서 함수 속성을 사용할 수 있도록 이 코드를 다시 작성해, 2.X에서도 동작하도록 해보자. 데코레이트된 메소드는 인스턴스 객체 대신에 단순 함수에 재결합되기 때문에 파이썬은 정확하게 첫 번째 인수로 Person 객체를 전달하고, 데코레이터는 이를 *args의 첫 번째 아이템에 실제로 데코레이트된 메소드의 self 인수로 전파한다.

```
# 함수와 메소드 둘 모두를 위한 호출 추적 데코레이터

def tracer(func):                       # __call__을 가진 클래스가 아닌, 함수를 사용
    calls = 0                           # 아니면 "self"에는 데코레이터 인스턴스만!
    def onCall(*args, **kwargs):        # 또는 2.X+3.X에서: [onCall.calls += 1]을 사용
        nonlocal calls
        calls += 1
        print('call %s to %s' % (calls, func.__name__))
        return func(*args, **kwargs)
    return onCall

if __name__ == '__main__':

    # 단순 함수에 적용
    @tracer
    def spam(a, b, c):                  # spam = tracer(spam)
        print(a + b + c)                # onCall은 spam을 기억
```

```
    @tracer
    def eggs(N):
        return 2 ** N

    spam(1, 2, 3)                          # onCall(1, 2, 3)를 실행
    spam(a=4, b=5, c=6)
    print(eggs(32))

    # 클래스 레벨의 메소드 함수에도 적용!
    class Person:
        def __init__(self, name, pay):
            self.name = name
            self.pay  = pay

        @tracer
        def giveRaise(self, percent):      # giveRaise = tracer(giveRaise)
            self.pay *= (1.0 + percent)    # onCall은 giveRaise를 기억

        @tracer
        def lastName(self):                # lastName = tracer(lastName)
            return self.name.split()[-1]

print('methods...')
bob = Person('Bob Smith', 50000)
sue = Person('Sue Jones', 100000)
print(bob.name, sue.name)
sue.giveRaise(.10)                         # onCall(sue, .10) 실행
print(int(sue.pay))
print(bob.lastName(), sue.lastName())      # onCall(bob) 실행, lastName은 범위에 있음
```

이 파일에서 __name__ 테스트 아래 셀프 테스트 코드를 들여씀으로써 다른 곳에서도 데코
레이터를 임포트하고 사용할 수 있도록 하였다. 이 버전은 함수와 메소드 모두에서 동일하게
동작하지만, nonlocal문 때문에 3.X에서만 동작한다.

```
c:\code> py -3 calltracer.py
call 1 to spam
6
call 2 to spam
15
call 1 to eggs
4294967296
methods...
Bob Smith Sue Jones
call 1 to giveRaise
110000
call 1 to lastName
call 2 to lastName
Smith Jones
```

결과를 자세히 살펴보고, 모델을 확실히 이해하도록 한다. 다음 절에서는 클래스를 지원하지만, 훨씬 더 복잡한 대안을 제공한다.

디스크립터를 이용해 메소드 데코레이트하기

이전 절의 중첩 함수 해법이 함수와 클래스 레벨의 메소드에 적용되는 데코레이터를 지원하는 가장 손쉬운 방법이긴 하지만, 다른 기법으로도 가능하다. 이전 장에서 살펴보았던 디스크립터도 여기에 도움이 될 수 있다.

그 장에서 논의했던 내용을 다시 떠올려보자. 디스크립터는 일반적으로 객체에 할당된 클래스 속성이며, 이 속성을 참조하거나 가져올 때 __get__ 메소드가 자동으로 실행되는 객체다. 2.X에서는 object로부터 파생된 새 형식 클래스를 필요로 하지만 3.X에서는 필요하지 않다.

```
class Descriptor(object):
    def __get__(self, instance, owner): ...
class Subject:
    attr = Descriptor()

X = Subject()
X.attr              # 대략 Descriptor.__get__(Subject.attr, X, Subject)를 실행
```

디스크립터는 __set__과 __del__ 접근 메소드도 가질 수도 있지만, 여기에서는 필요 없다. 이 장의 주제와 더 관련이 많은 디스크립터의 __get__ 메소드는 디스크립터가 동작할 때, 디스크립터 클래스 인스턴스와 대상 클래스 인스턴스 둘 모두를 받기 때문에 우리가 호출 전달을 위해 데코레이터의 상태 정보와 원래 클래스의 인스턴스 둘 다가 필요한 경우 메소드를 장식하는 쪽에 더 적합하다. 클래스 레벨의 메소드를 위해 사용될 때 디스크립터가 되기도 하는, 다음의 추적 데코레이터의 대안을 생각해 보자.

```
class tracer(object):                         # 데코레이터 + 디스크립터
    def __init__(self, func):                 # @ 데코레이션할 때
        self.calls = 0                        # 다음 호출을 위해 func을 저장
        self.func  = func
    def __call__(self, *args, **kwargs):      # 원래 함수를 호출할 때
        self.calls += 1
        print('call %s to %s' % (self.calls, self.func.__name__))
        return self.func(*args, **kwargs)
    def __get__(self, instance, owner):       # 메소드 속성을 가져올 때
        return wrapper(self, instance)

class wrapper:
```

```
        def __init__(self, desc, subj):              # 두 인스턴스 모두 저장
            self.desc = desc                          # 호출을 데코레이터와 디스크립터에 전달
            self.subj = subj
        def __call__(self, *args, **kwargs):
            return self.desc(self.subj, *args, **kwargs)   # tracer.__call__을 실행

    @tracer
    def spam(a, b, c):                                # spam = tracer(spam)
        ...이전과 동일...                               # __call__만 사용

    class Person:
        @tracer
        def giveRaise(self, percent):                 # giveRaise = tracer(giveRaise)
            ...이전과 동일...                           # giveRaise를 디스크립터로 만듦
```

이는 이전의 중첩 함수 코딩과 동일하게 동작한다. 그 동작은 어떤 경우에 사용되느냐에 따라
달라진다.

- 데코레이트된 함수는 함수의 __call__만을 작동시키고 __get__을 작동시키지 않는다.
- 데코레이트된 메소드는 자신의 __get__을 먼저 작동시켜 메소드 이름 호출을 해석하고
  (I.method에서), __get__이 반환한 객체는 대상 클래스 인스턴스 정보를 유지하고, 그 다음
  호출 표현식을 완성하기 위해 작동되므로 데코레이터의 __call__을 호출한다(()에서).

예를 들어 테스트 코드의 다음 호출은 tracer.__get__을 먼저 실행하는데, 이는 Person 클래
스의 giveRaise 속성은 메소드 함수 데코레이터에 의해 디스크립터에 재결합되었기 때문이다.

```
sue.giveRaise(.10)                                   # __get__ 실행 후 __call__ 실행
```

그리고 나면 호출 표현식은 반환된 wrapper 객체의 __call__ 메소드를 유발하며, 이것은 다시
tracer.__call__을 작동시킨다. 즉, 데코레이트된 메소드 호출은 4단계 프로세스를 일으킨다.
tracer.__get__ 뒤로 세 개의 호출 동작이 따라오는데 wrapper.__call__, tracer.__call__, 그
리고 마지막으로 원래의 감싸인 메소드가 그것이다.

wrapper 객체는 디스크립터와 대상 인스턴스를 모두 유지하기 때문에 제어를 원래의 데코레이
터/디스크립터 클래스 인스턴스로 돌려줄 수 있다. 실제로 wrapper 객체는 메소드 속성을 가
져오는 동안 사용 가능한 대상 클래스 인스턴스를 저장하고, 데코레이터 __call__에 전달되
는 나중 호출의 인수 리스트에 이를 추가한다. 이 방식으로 호출을 디스크립터 클래스 인스턴
스에 전달하는 것은 이 응용에는 필수적이어서, 모든 감싸인 메소드를 호출하는 것은 디스크
립터 인스턴스 객체의 동일한 calls 카운터 상태 정보를 사용한다.

동일한 결과를 얻기 위한 다른 방법으로는 중첩된 함수와 유효 범위 참조를 사용할 수 있다. 클래스와 객체 속성을 중첩된 함수와 범위 참조로 바꾼 다음 버전은 이전 버전과 동일하게 동작한다. 이것은 현저히 적은 코드로 작성할 수 있지만, 각 데코레이트된 메소드 호출마다 동일한 4단계 프로세스가 따른다.

```python
class tracer(object):
    def __init__(self, func):                   # @ 데코레이션할 때
        self.calls = 0                          # 나중 호출을 위해 func을 저장
        self.func = func
    def __call__(self, *args, **kwargs):        # 원래 함수를 호출할 때
        self.calls += 1
        print('call %s to %s' % (self.calls, self.func.__name__))
        return self.func(*args, **kwargs)
    def __get__(self, instance, owner):         # 메소드를 가져올 때
        def wrapper(*args, **kwargs):           # 두 인스턴스 모두 저장
            return self(instance, *args, **kwargs)   # __call__ 실행
        return wrapper
```

여러분만의 다단계 get/call 프로세스를 추적하기 위해 이 대안 메소드에 print문을 추가하고, 앞서 보았던 중첩된 함수 방식에서와 동일한 테스트 코드로 이를 실행해 보자(소스 코드는 calltracer-descr.py 파일 참조). 두 코딩 모두에서 이 디스크립터 기반의 기법은 중첩된 함수 방식보다 상당히 미묘하며, 아마도 여기 두 번째 방식도 그러할 것이다. 더 직설적으로 말하자면, 당신은 코드의 복잡도 때문에 야밤에 소리를 지르면서 뛰쳐나가거나, 그렇지 않으면 어마어마한 성능의 손실로 인한 비용을 지불해야 할 것이다. 하지만 다른 경우에는 이것이 유용한 코딩 패턴일 수도 있다.

다음과 같이 디스크립터 기반의 데코레이터를 더 간단하게 작성하는 것은 아무 가치가 없다. 이는 단순 함수가 아닌 메소드에만 적용된다. 이는 속성 디스크립터의 본질적 한계다. 또한, 이것은 함수와 메소드 모두에 적용하고자 했던 우리 문제[2]와는 반대되는 또 다른 문제다.

```python
class tracer(object):                       # 함수가 아니라 메소드를 위해서!
    def __init__(self, meth):               # @ 데코레이션할 때
        self.calls = 0
        self.meth  = meth
    def __get__(self, instance, owner):     # 메소드 가져올 때
        def wrapper(*args, **kwargs):       # 메소드 호출 시: self+인스턴스를 갖는 프록시
            self.calls += 1
```

---

2 [옮긴이] 단순 함수에만 적용되고 메소드에는 적용되지 않았던 문제

```
                print('call %s to %s' % (self.calls, self.meth.__name__))
                return self.meth(instance, *args, **kwargs)
        return wrapper

class Person:
    @tracer                                     # 클래스 메소드에 적용
    def giveRaise(self, percent):               # giveRaise = tracer(giveRaise)
        ...                                     # giveRaise를 디스크립터로 만들어줌

    @tracer                                     # 하지만 단순 함수에서는 실패
    def spam(a, b, c):                          # spam = tracer(spam)
        ...                                     # 여기에서는 속성을 가져오지 않음
```

이 장의 나머지 부분에서는 함수 데코레이터가 함수에만 적용되는 한, 그것을 작성할 때 클래스와 함수를 매우 자유롭게 선택하여 사용할 것이다. 일부 데코레이터는 원래 클래스의 인스턴스가 필요하지 않을 수도 있으며, 클래스로 코딩되었다면 여전히 함수와 메소드 모두에서 동작할 것이다. 예를 들어 파이썬의 staticmethod 데코레이터 같은 것은 대상 클래스의 인스턴스가 필요하지 않다. 이 데코레이터는 호출로부터 인스턴스를 없애는 것이 요점이다.

하지만 여러분의 데코레이터가 단순 함수와 메소드 모두에서 동작하기 원한다면, 아마도 호출을 가로채는 클래스 대신에 여기에서 개략적으로 보여 준 중첩된 함수 기반의 코딩 패턴을 사용하는 것이 훨씬 나을 것이라는 것이 이 이야기의 교훈이다.

호출 시간 측정하기

함수 데코레이터의 전체적인 기능에 대해 알아보기 위해 다른 활용 사례를 살펴보자. 다음에 볼 데코레이터는 데코레이트된 함수에 대한 호출 시간을 측정하며, 하나의 호출을 위한 시간과 모든 호출에 대한 총 시간 모두를 측정한다. 데코레이터를 두 함수에 적용하여, 리스트 컴프리헨션과 map 내장 호출의 상대적인 속도를 비교한다.

```
# timerdeco1.py 파일
# 경고: 범위는 여전히 다름(2.X에서는 리스트, 3.X에서는 반복 객체)
# 경고: 타이머는 메소드에서 코딩된 대로 동작하지 않음(퀴즈의 해답 참조)

import time, sys
force = list if sys.version_info[0] == 3 else (lambda X: X)

class timer:
    def __init__(self, func):
        self.func = func
```

```
            self.alltime = 0
    def __call__(self, *args, **kargs):
        start = time.clock()
        result = self.func(*args, **kargs)
        elapsed = time.clock() - start
        self.alltime += elapsed
        print('%s: %.5f, %.5f' % (self.func.__name__, elapsed, self.alltime))
        return result

@timer
def listcomp(N):
    return [x * 2 for x in range(N)]

@timer
def mapcall(N):
    return force(map((lambda x: x * 2), range(N)))

result = listcomp(5)                        # 이 호출과 모든 호출에 대해 시간을 측정하고 값을 반환
listcomp(50000)
listcomp(500000)
listcomp(1000000)
print(result)
print('allTime = %s' % listcomp.alltime)    # 모든 listcomp 호출에 대한 총 소요 시간

print('')
result = mapcall(5)
mapcall(50000)
mapcall(500000)
mapcall(1000000)
print(result)
print('allTime = %s' % mapcall.alltime)     # 모든 mapcall 호출에 대한 총 소요 시간

print('\n**map/comp = %s' % round(mapcall.alltime / listcomp.alltime, 3))
```

파이썬 3.X 또는 2.X에서 실행될 때, 이 파일의 셀프 테스트 코드의 결과는 다음과 같다. 각함수 호출은 함수 이름, 이 호출에 소요된 시간, 지금까지의 모든 호출에 소요된 시간을 최초 호출의 반환값, 각 함수에 대한 누적 시간, 그리고 마지막에 map과 리스트 컴프리헨션 간 소요 시간 비율과 함께 제공한다.

```
c:\code> py -3 timerdeco1.py
listcomp: 0.00001, 0.00001
listcomp: 0.00499, 0.00499
listcomp: 0.05716, 0.06215
listcomp: 0.11565, 0.17781
[0, 2, 4, 6, 8]
allTime = 0.17780527629411225
```

```
mapcall: 0.00002, 0.00002
mapcall: 0.00988, 0.00990
mapcall: 0.10601, 0.11591
mapcall: 0.21690, 0.33281
[0, 2, 4, 6, 8]
allTime = 0.3328064956447921

**map/comp = 1.872
```

물론 소요 시간은 파이썬 버전과 테스트 머신에 따라 다르며, 누적 시간은 여기에서는 클래스 인스턴스 속성으로 구현되었다. 일반적으로 리스트 컴프리헨션이 함수 호출을 회피할 수 있다면, map 호출은 리스트 컴프리헨션보다 거의 두 배 느리다(같은 말로, map은 함수 호출이 반드시 필요하기 때문에 더 느려진다).

데코레이터 vs 호출당 시간 측정

비교를 위해, 반복 방식 시간 측정에 데코레이터를 사용하지 않는 방식을 참조하자(21장). 복습 차원에서 우리는 호출당 시간을 측정하는 두 가지 기법으로 내부에서 증가시키는 방식과 라이브러리 방식에 대해 살펴보았다. 이 방식은 외부 루프와 함수 호출을 포함한 관리 코드를 위한 추가 비용을 초래하지만, 백만 개의 요소를 가진 리스트 컴프리헨션에 대해 데코레이터 테스트 코드의 실행 시간을 측정하기 위해 사용되었다.

```
>>> def listcomp(N): [x * 2 for x in range(N)]

>>> import timer                              # 21장의 기법
>>> timer.total(1, listcomp, 1000000)
(0.1461295268088542, None)

>>> import timeit
>>> timeit.timeit(number=1, stmt=lambda: listcomp(1000000))
0.14964829430189397
```

이 특정 경우에 데코레이터를 사용하지 않는 방식은 대상 함수가 시간 측정과 함께 또는 없이 사용될 수 있도록 허용하지만, 시간 측정이 필요한 경우에는 호출 시그니처를 복잡하게 만들 수도 있다. 함수에 한 번만 코딩하는 대신 모든 호출에 코드를 추가해야 한다. 게다가 데코레이터 기법을 사용하지 않는 경우에는 프로그램 내의 모든 리스트 생성 호출이 타이머 로직을 통해 라우팅되도록 보장할 수 있는 직접적인 방법이 없기 때문에 모든 코드를 찾아서 수정해야 한다는 문제가 발생한다. 이는 모든 호출에 대한 누적 데이터를 집계하기 어렵게 만든다.

일반적으로 데코레이터는 함수가 이미 큰 시스템의 일부로 배포되어 있을 때 선호되며, 호출에서 분석 함수로 쉽게 전달되지 않을 수 있다. 반면 데코레이터는 각 호출을 확장 로직을 가진 함수에 맡기기 때문에 만약 좀 더 선택적으로 호출을 확장하고 싶다면 데코레이터를 사용하지 않는 방식이 더 나을 수 있다. 늘 그렇듯, 서로 다른 도구들은 서로 다른 역할을 수행한다.

 Timer 호출 이식성과 3.3에서의 새로운 방식: time 모듈 함수의 더 완전한 처리와 선택에 대해 알고 싶다면 21장과 그 장의 파이썬 3.3부터 사용 가능한 해당 모듈의 새롭고 개선된 시간 측정 함수(⚙ perf_counter)에 대한 칼럼을 참고하자. 우리는 여기서 간결성과 버전 중립성을 위해 지나치게 단순화한 접근법을 택하고 있지만, time.clock은 3.3 이전 버전에서조차 일부 플랫폼에서는 최선의 방식이 아닐 수 있으며, 윈도우 외의 OS에서는 플랫폼 또는 버전 테스트가 필요할 수도 있다.

세부 사항 테스트하기

어떻게 이 스크립트가 2.X와 3.X 사이에서 호환되도록 force 설정을 사용했는지 보자. 14장에서 설명한 대로 내장 map은 3.X에서 요청에 따라 결과를 생성하는 **반복 객체를** 반환하지만, 2.X에서는 실제 리스트를 반환한다. 따라서 3.X의 map은 홀로 리스트 컴프리헨션의 작업과 직접 비교할 수 없다. 실제로 map이 결과를 반드시 생성하도록 list 호출에 감싸지 않으면, 3.X에서의 map 테스트는 사실상 시간이 전혀 걸리지 않는다. 이는 반복 없이 반복 객체를 반환하게 된다.

그와 동시에, 2.X에 list 호출을 추가하는 것은 map에 부당한 불이익을 부과하는 셈이다. map 테스트 결과는 하나가 아니라 두 개의 리스트를 구축하는 데 필요한 시간을 포함하게 될 것이다. 이 문제를 해결하기 위해, 스크립트는 sys의 파이썬 버전에 따라 map 유효 함수를 선택한다. 3.X에서는 list를 선택하고, 2.X에서는 입력 인수를 변경 없이 단순히 반환하는 동작 없는 함수를 사용한다. 이 경우 2.X에서는 매우 작은 상수 시간이 더해지지만, 시간 측정 대상 함수가 내부 루프 반복으로 소모하는 시간에 비하면 아주 미미한 수준이다.

이러한 방식이 2.X나 3.X 모두에서 리스트 컴프리헨션과 map의 비교를 보다 공정하게 만들어주는 반면, range 역시 3.X에서는 반복자이기 때문에 이 호출을 시간 측정 대상 코드 밖으로 끌어내지 않으면, 2.X와 3.X의 결과를 직접 비교할 수 없을 것이다. 이들은 상대적으로 비교할 수 있겠지만(그리고 어쨌든 각 버전대는 최선의 코드를 반영하겠지만), range 반복은 3.X에서만 부가적 시간을 추가한다. 이에 대한 내용은 21장의 벤치마킹에서 더 알아보자. 서로 비교가 가능한 수치를 이끌어내는 것은 때로는 매우 중요한 작업이다.

마지막으로, 앞서 추적 데코레이터에서 했던 것처럼 우리는 이 시간 측정 데코레이터를 다른
모듈에서도 재사용할 수 있도록, 파일 마지막의 __name__ 테스트 아래에 셀프 테스트 코드
를 들여쓰기할 수 있다. 이렇게 작성하면 파일이 임포트될 때에는 실행되지 않고, 파일이 실
행될 때에만 동작한다. 하지만 우리 코드에 다른 특징을 더 추가할 예정이기 때문에 여기서는
이를 따로 작성하지 않을 것이다.

데코레이터 인수 추가하기

앞 절의 시간 측정용 데코레이터는 잘 동작하지만, 자유롭게 설정할 수 있다면 더 좋을 것 같
다. 예를 들어, 출력 레이블을 제공하고 추적 메시지를 켰다 껐다 할 수 있다면 이와 같은 범
용 도구에서는 유용할 것이다. 데코레이터 인수는 이런 목적에 유용하게 사용될 수 있다. 데
코레이터 인수가 적절하게 코딩된다면, 우리는 이를 사용하여 각 데코레이트된 함수마다 다양
하게 설정 옵션을 기술할 수 있다. 예를 들어 레이블은 다음과 같이 추가할 수 있다.

```python
def timer(label=''):
    def decorator(func):
        def onCall(*args):            # 다중 레벨 상태 유지
            ...                       # args는 함수에 전달
            func(*args)               # func은 유효 범위에 유지
            print(label, ...          # label은 유효 범위에 유지
        return onCall
    return decorator                  # 실제 데코레이터 반환

@timer('==>')                         # listcomp = timer('==>')(listcomp)
def listcomp(N): ...                  # listcomp는 새로운 onCall과 재결합

listcomp(...)                         # 실제로 onCall 호출
```

이 코드는 나중에 실제 호출될 때 사용할 수 있도록 데코레이터 인수를 유지하기 위해 유효
범위를 추가한다. listcomp 함수가 정의되면, 파이썬은 실제로 decorator(timer의 결과로, 데코레
이션이 실제로 발생하기 전에 실행됨)를 유효 범위의 label 값을 가지고 작동시킨다. 즉 timer는 데
코레이터를 **반환**하는데, 이 데코레이터는 데코레이터 인수와 원래의 함수를 유지한다. 궁극적
으로는 나중에 호출될 때 원래의 함수를 작동시키는 호출 가능한 객체 onCall을 반환한다. 이
구조는 새로운 decorator와 onCall 함수를 생성하기 때문에 이들의 유효 범위는 데코레이션마
다 상태 정보를 유지한다.

우리는 데코레이션 시점에 레이블과 추적 제어 플래그를 전달하기 위해 타이머에서 이 구조를 사용할 수 있다. 이에 대한 예제로 다음 코드를 일반 도구로 임포트할 수 있도록 모듈 파일 timerdeco2.py에 작성하였다. 이 코드는 두 번째 상태 정보 유지 단계를 위해 중첩된 함수 대신 클래스를 사용하지만 그 결과는 유사하다.

```python
import time

def timer(label='', trace=True):                    # 데코레이터 인수가 있을 때: 인수 유지
    class Timer:
        def __init__(self, func):                   # @ 데코레이션 시: 데코레이트된 함수 유지
            self.func = func
            self.alltime = 0
        def __call__(self, *args, **kargs):         # 호출 시: 원래 함수 호출
            start = time.clock()
            result = self.func(*args, **kargs)
            elapsed = time.clock() - start
            self.alltime += elapsed
            if trace:
                format = '%s %s: %.5f, %.5f'
                values = (label, self.func.__name__, elapsed, self.alltime)
                print(format % values)
            return result
    return Timer
```

우리가 한 일은 원래의 Timer 클래스를 유효 범위 내에 내장하여, 각 호출마다 데코레이터 인수를 유지하는 범위를 생성시킨 것이다. 외부 timer 함수는 데코레이션이 일어나기 전에 호출되며, 단순히 실제 데코레이터 역할을 할 Timer 클래스를 반환한다. 데코레이션 시점에는 데코레이트된 함수 자체를 기억할 뿐 아니라 유효 함수 범위에 있는 데코레이터 인수에 접근할 수 있는 Timer 인스턴스가 만들어진다.

데코레이터 인수를 이용하여 시간 측정하기

이번에는 셀프 테스트 코드를 이 파일에 포함시키지 않고 별도 파일로 데코레이터를 실행해 보도록 하자. 우리의 타이머 데코레이터의 클라이언트인 모듈 파일 testseqs.py는 이를 시퀀스 반복에 적용한다.

```python
import sys
from timerdeco2 import timer
force= list if sys.version_info[0] == 3 else (lambda X: X)

@timer(label='[CCC]==>')
```

```
def listcomp(N):                             # listcomp = timer(...)(listcomp)
    return [x * 2 for x in range(N)]         # listcomp(...)는 Timer.__call__ 실행

@timer(trace=True, label='[MMM]==>')
def mapcall(N):
    return force(map((lambda x: x * 2), range(N)))

for func in (listcomp, mapcall):
    result = func(5)                         # 이 호출과 모든 호출에 대한 시간 측정, 값을 반환
    func(50000)
    func(500000)
    func(1000000)
    print(result)
    print('allTime = %s\n' % func.alltime)   # 모든 호출에 대한 총 소요 시간

print('**map/comp = %s' % round(mapcall.alltime / listcomp.alltime, 3))
```

다시 말하지만, 이 비교가 공정하려면, 3.X에서만 map을 list 호출에 감싼다. 현재 상태로 3.X 또는는 2.X에서 실행하면 이 파일은 다음을 출력한다. 이제 각 데코레이트된 함수는 데코레이터 인수로 정의된 자신만의 레이블을 갖게 되므로 큰 규모의 프로그램 결과들이 혼합되어 있는 디스플레이를 추적하기에 더 유용할 것이다.

```
c:\code> py -3 testseqs.py
[CCC]==> listcomp: 0.00001, 0.00001
[CCC]==> listcomp: 0.00504, 0.00505
[CCC]==> listcomp: 0.05839, 0.06344
[CCC]==> listcomp: 0.12001, 0.18344
[0, 2, 4, 6, 8]
allTime = 0.1834406801777564

[MMM]==> mapcall: 0.00003, 0.00003
[MMM]==> mapcall: 0.00961, 0.00964
[MMM]==> mapcall: 0.10929, 0.11892
[MMM]==> mapcall: 0.22143, 0.34035
[0, 2, 4, 6, 8]
allTime = 0.3403542519173618

**map/comp = 1.855
```

늘 그렇듯이 우리는 데코레이터의 설정 인수들이 어떻게 역할을 수행하는지 살펴보기 위해 대화형으로 테스트해 볼 수 있다.

```
>>> from timerdeco2 import timer
>>> @timer(trace=False)                      # 추적 X, 총 소요 시간 집계
... def listcomp(N):
```

```
...        return [x * 2 for x in range(N)]
...
>>> x = listcomp(5000)
>>> x = listcomp(5000)
>>> x = listcomp(5000)
>>> listcomp.alltime
0.0037191417530599152
>>> listcomp
<timerdeco2.timer.<locals>.Timer object at 0x02957518>

>>> @timer(trace=True, label='\t=>')       # 추적 시작, 사용자 정의 레이블
... def listcomp(N):
...        return [x * 2 for x in range(N)]
...
>>> x = listcomp(5000)
        => listcomp: 0.00106, 0.00106
>>> x = listcomp(5000)
        => listcomp: 0.00108, 0.00214
>>> x = listcomp(5000)
        => listcomp: 0.00107, 0.00321
>>> listcomp.alltime
0.003208920466562404
```

현재 이 시간 측정 함수 데코레이터는 어떤 함수에도 사용될 수 있으며, 그 사용 방식은 별도 모듈로 또는 대화형으로 모두 가능하다. 즉, 이 데코레이터는 자동으로 우리 스크립트의 코드를 시간 측정하기 위한 범용 도구로 쓰일 수 있다. 1652쪽의 "개별 속성 구현하기"절과 1672쪽의 "위치적 인수에 대한 기본 범위 테스트 데코레이터"절에서 데코레이터 인수에 대한 또 다른 예제를 찾아볼 수 있다.

 메소드 지원하기: 이 절의 시간 측정 데코레이터는 **어떤 함수에서도** 동작하지만, 클래스 레벨의 **메소드에도** 적용하려면 약간의 수정이 필요하다. 간단히 요약하면, 1621쪽의 "클래스 실수 I: 메소드 데코레이트하기"절에서 보았듯이 중첩 클래스 사용을 피해야 한다. 이 변경에 대해서는 이 장 마지막 퀴즈 문제 중 하나로 예약해 두었으니, 여기에서 완전한 해답을 제시하지는 않도록 하겠다.

클래스 데코레이터 코딩하기

지금까지는 함수 호출을 관리하기 위해 함수 데코레이터를 코딩했지만, 이미 보았듯이 데코레이터는 파이썬 2.6과 3.0 이후로 클래스에서도 동작하도록 확장되었다. 클래스 데코레이터는 함수 데코레이터의 개념과 유사하지만 대신 클래스에 적용된다. 이는 클래스 자체를 관리하거

나 인스턴스 관리를 위해 인스턴스 생성 호출을 가로채기 위해 사용된다. 클래스 데코레이터는 함수 데코레이터와 유사하게 구문을 사람이 쉽게 이해하도록 구성할 때 사용하는 선택적인 기능이지만, 많은 사람들은 이 기능이 프로그래머의 의도를 좀 더 분명하게 해주고, 잘못되거나 누락된 호출을 최소화할 수 있다고 믿는다.

싱글톤 클래스

클래스 데코레이터가 인스턴스 생성 호출을 잡아내기 때문에 클래스의 모든 인스턴스를 관리하거나 이 인스턴스들의 인터페이스를 관리하기 위해 사용될 수 있다. 이를 보여 주기 위해, 다음은 앞에서 보았던 첫 번째 클래스 데코레이터가 클래스의 모든 인스턴스들을 관리하는 예제다. 이 코드는 전형적인 **싱글톤** 코딩 패턴, 즉 클래스의 인스턴스는 하나만 존재한다. 여기에서의 singleton 함수는 인스턴스를 관리하는 함수를 정의하고 반환하며, @ 구문은 자동으로 이 함수의 대상 클래스를 감싼다.

```python
# 3.X와 2.X: 전역 테이블

instances = {}

def singleton(aClass):                      # @ 데코레이션 시
    def onCall(*args, **kwargs):            # 인스턴스 생성 시
        if aClass not in instances:         # 클래스당 딕셔너리 아이템 하나
            instances[aClass] = aClass(*args, **kwargs)
        return instances[aClass]
    return onCall
```

이를 사용하여 단일 인스턴스 모델을 적용하는 클래스를 데코레이트하자(참고로, 이 절의 모든 코드는 파일 singletons.py에 있다).

```python
@singleton                                  # Person = singleton(Person)
class Person:                               # Person을 onCall에 재결합
    def __init__(self, name, hours, rate):  # onCall은 Person을 기억함
        self.name = name
        self.hours = hours
        self.rate = rate
    def pay(self):
        return self.hours * self.rate

@singleton                                  # Spam = singleton(Spam)
class Spam:                                 # Spam을 onCall에 다시 바인드함
    def __init__(self, val):               # onCall은 Spam을 기억함
```

```
        self.attr = val

bob = Person('Bob', 40, 10)                    # 실제로 onCall 호출
print(bob.name, bob.pay())

sue = Person('Sue', 50, 20)                    # 동일, 단일 객체
print(sue.name, sue.pay())

X = Spam(val=42)                               # 하나의 Person, 하나의 Spam
Y = Spam(99)
print(X.attr, Y.attr)
```

이제 Person 또는 Spam 클래스가 인스턴스 생성을 위해 나중에 사용되면 데코레이터가 제공하는 래핑(wrapping) 로직 계층은 인스턴스 생성 호출을 onCall에 전달하는데, onCall은 생성 호출이 많이 발생하더라도 클래스당 단일 인스턴스를 보장한다. 이 코드의 결과는 다음과 같다(2.X는 튜플 괄호를 함께 출력한다).

```
c:\code> python singletons.py
Bob 400
Bob 400
42 42
```

다른 방식으로 코딩하기

재미있게도, 여러분이 앞에서 설명한 대로 파이썬 3.X의 nonlocal문을 사용해 유효 범위의 이름을 변경한다면 좀 더 독자적인 해결 방안을 코딩할 수 있다. 다음 방식은 클래스당 하나의 전역 테이블을 사용하는 대신, 클래스당 하나의 유효 범위를 사용함으로써 동일한 결과를 얻게 된다. 이 코드는 동일하게 동작하지만, 데코레이터 외부의 전역 범위의 이름에 의존하지 않는다(None 검사 시 == 대신 is를 사용할 수도 있지만, 이것은 전혀 중요하지 않다).

```
# 3.X에서만: nonlocal

def singleton(aClass):                         # @ 데코레이션 시
    instance = None
    def onCall(*args, **kwargs):               # 인스턴스 생성 시
        nonlocal instance                      # 3.X와 이후 버전에서 nonlocal
        if instance == None:
            instance = aClass(*args, **kwargs)  # 클래스당 하나의 범위
        return instance
    return onCall
```

파이썬 3.X 또는 2.X(2.6과 그 이후 버전)에서 함수 속성이나 클래스를 대신 사용하여 독자적인 솔루션을 코딩할 수도 있다. 다음 코드의 첫 번째 부분은 함수 속성을 사용하였으며, 데코레이션당 하나의 onCall 함수가 있을 것이라는 사실을 이용한다. 객체 네임스페이스는 유효 범위와 동일한 역할을 수행한다. 두 번째 부분은 유효 범위, 함수 객체 또는 전역 테이블 대신에 데코레이션당 단일 인스턴스를 사용한다. 실제로, 두 번째는 우리가 나중에 보게 될 동일한 코딩 패턴에 기대고 있는데, 이는 보편적인 데코레이터 클래스에 대한 실수에 해당한다. 여기에서나 단지 하나의 인스턴스를 원하지, 일반적으로는 그렇지 않다.

```
# 3.X와 2.X: 함수 속성, 클래스(대안 코딩)

def singleton(aClass):                              # @ 데코레이션할 때
    def onCall(*args, **kwargs):                    # 인스턴스 생성할 때
        if onCall.instance == None:
            onCall.instance = aClass(*args, **kwargs)   # 클래스당 함수 하나
        return onCall.instance
    onCall.instance = None
    return onCall


class singleton:
    def __init__(self, aClass):                     # @ 데코레이션할 때
        self.aClass = aClass
        self.instance = None
    def __call__(self, *args, **kwargs):            # 인스턴스 생성할 때
        if self.instance == None:
            self.instance = self.aClass(*args, **kwargs)   # 클래스당 인스턴스 하나
        return self.instance
```

이 데코레이터를 완전한 범용 도구로 만들려면, 하나를 선택하여 임포트할 수 있는 모듈 파일에 저장하고 __name__ 검사 아래 셀프 테스트 코드를 들여써서 작성하자. 이에 대해서는 실습을 제안하는 것까지만 남겨 두고자 한다. 마지막의 클래스 기반 버전은 마지막 개선 사항을 더 잘 지원할 수 있는 부가적인 구조를 가지고 이식성과 명시적 옵션을 제공하지만, 모든 경우에 객체 지향 프로그래밍이 보장되지는 않을 수 있다.

객체 인터페이스 추적하기

이전 절의 싱글톤 클래스 예제는 클래스 데코레이터를 사용하여 클래스의 모든 인스턴스를 관리하는 것에 대해 보여줬다. 클래스 데코레이터의 또 다른 보편적인 용도는 각각 생성된 인스턴스의 인터페이스를 보강하는 것이다. 클래스 데코레이터는 인스턴스의 인터페이스에 대한

접근을 관리하는 래퍼 또는 '프록시' 로직 계층을 인스턴스에 설치할 수 있다.

예를 들어, 31장에서 __getattr__ 연산자 오버로딩 메소드는 위임 코딩 패턴을 구현하기 위해 내장된 인스턴스의 전체 객체 인터페이스를 감싸는 방법으로 소개되었다. 이와 유사한 예제를 이전 장의 관리된 속성에 대해 다룰 때 살펴보았다. __getattr__가 정의되지 않은 속성 이름을 가져올 때 실행된다는 점을 상기해 보자. 우리는 이 기능을 컨트롤러 클래스의 메소드 호출을 가로채서 이를 내장 객체로 전달하기 위해 사용할 수 있다.

참고로, 다음은 두 개의 내장 타입 객체를 대상으로 하는, 데코레이터를 사용하지 않는 원래의 위임 코딩 패턴에 대한 예제다.

```
class Wrapper:
    def __init__(self, object):
        self.wrapped = object                   # 객체 저장
    def __getattr__(self, attrname):
        print('Trace:', attrname)               # 호출을 추적
        return getattr(self.wrapped, attrname)  # 호출을 위임

>>> x = Wrapper([1,2,3])                         # 리스트를 감쌈
>>> x.append(4)                                  # 리스트 메소드에 위임
Trace: append
>>> x.wrapped                                    # 내 멤버를 출력
[1, 2, 3, 4]

>>> x = Wrapper({"a": 1, "b": 2})                # 딕셔너리를 감쌈
>>> list(x.keys())                               # 딕셔너리 메소드에 위임
Trace: keys                                      # 3.X에서는 list() 사용
['a', 'b']
```

이 코드에서 Wrapper 클래스는 내장 객체의 지정된 속성에 대한 접근을 가로채서 추적 메시지를 출력하고, 내장 객체에 대한 요청을 실행하기 위해 내장 getattr를 사용한다. 이는 특히 내장 객체의 클래스 외부로부터 속성에 접근하는 것을 추적한다. 내장 객체의 메소드 내부에서의 접근은 잡히지 않으며, 설계대로 일반적으로 동작한다. 이 전체 인터페이스 모델은 하나의 특정 메소드를 감싸는 함수 데코레이터의 행위와 다르다.

클래스 데코레이터로 인터페이스 추적하기

클래스 데코레이터는 전체 인터페이스를 감싸는 이 __getattr__ 기법을 코딩하는 또 다른 편리한 방법을 제공한다. 예를 들어, 2.6과 3.0을 기점으로 이전 클래스 예제는 래퍼 생성자에

이미 만들어진 인스턴스를 전달하는 대신, 내장된 인스턴스를 생성시키는 클래스 데코레이터로 작성될 수 있다(또한, **kargs 로 키워드 인수를 지원하고 변경 가능한 상태 정보를 보여 주기 위해 접근 횟수를 집계하도록 확장할 수 있다).

```python
def Tracer(aClass):                                    # @ 데코레이션할 때
    class Wrapper:
        def __init__(self, *args, **kargs):            # 인스턴스 생성할 때
            self.fetches = 0
            self.wrapped = aClass(*args, **kargs)      # 유효 범위 이름 사용
        def __getattr__(self, attrname):
            print('Trace: ' + attrname)                # 자신의 속성을 제외한 모든 것을 잡아냄
            self.fetches += 1
            return getattr(self.wrapped, attrname)     # 내장 객체에 위임
    return Wrapper

if __name__ == '__main__':

    @Tracer
    class Spam:                                        # Spam = Tracer(Spam)
        def display(self):                             # Spam은 Wrapper에 재결합
            print('Spam!' * 8)

    @Tracer
    class Person:                                      # Person = Tracer(Person)
        def __init__(self, name, hours, rate):         # Wrapper는 Person을 기억
            self.name = name
            self.hours = hours
            self.rate = rate
        def pay(self):                                 # 클래스 외부에서의 접근을 추적
            return self.hours * self.rate              # 메소드 내부 접근은 추적되지 않음

    food = Spam()                                      # Wrapper( ) 실행
    food.display()                                     # __getattr__ 실행
    print([food.fetches])

    bob = Person('Bob', 40, 50)                        # bob이 실제로 Wrapper임
    print(bob.name)                                    # Wrapper는 Person을 내장함
    print(bob.pay())

    print('')
    sue = Person('Sue', rate=100, hours=60)            # sue는 다른 Wrapper임
    print(sue.name)                                    # sue는 다른 Person을 가짐
    print(sue.pay())

    print(bob.name)                                    # bob은 다른 상태를 가짐
    print(bob.pay())
    print([bob.fetches, sue.fetches])                  # Wrapper 속성은 추적되지 않음
```

중요한 것은, 이것이 우리가 앞에서 다루었던 추적 데코레이터와 매우 다르다는 점이다. 1613쪽의 "함수 데코레이터 코딩하기"절에서 우리는 주어진 함수 또는 메소드의 호출을 추적하고 시간을 측정할 수 있게 해주는 데코레이터에 대해 살펴보았다. 그에 반해, 여기에서 클래스 데코레이터는 인스턴스 생성 호출을 가로채면서 전체 객체 인터페이스(즉, 인스턴스의 어떤 속성에 대한 접근)를 추적할 수 있게 된다.

다음은 3.X와 2.X(2.6 및 그 이후 버전)에서 이 코드에 의해 생성된 결과다. Spam과 Person 클래스 모두의 객체의 속성을 가져오는 것은 Wrapper 클래스의 __getattr__ 로직을 호출하는데, 데코레이터가 인스턴스 생성 호출을 리다이렉트하는 덕분에 food와 bob은 실제로는 Wrapper 클래스의 인스턴스다.

```
c:\code> python interfacetracer.py
Trace: display
Spam!Spam!Spam!Spam!Spam!Spam!Spam!Spam!
[1]
Trace: name
Bob
Trace: pay
2000

Trace: name
Sue
Trace: pay
6000
Trace: name
Bob
Trace: pay
2000
[4, 2]
```

Tracer 함수 내에 중첩된 class문이 생성한 Wrapper 클래스가 어떻게 데코레이션별로 상태 정보를 유지하는지, 그리고 어떻게 각 인스턴스가 새로운 Wrapper 인스턴스를 생성함으로써 자신만의 호출 카운터를 가지게 되는지 살펴보자. 앞으로 보게 되듯이 이를 조작하는 것은 예상보다 까다로운 일이다.

클래스 데코레이터를 내장 타입에 적용하기

앞서 살펴본 데코레이터는 사용자 정의 클래스를 데코레이트했다. 31장의 원래 예제처럼 우리가 데코레이션 구문을 허용할 수 있도록 서브클래싱하거나 직접 데코레이션하는 한, 데코레이터를 이용해 리스트 같은 내장 타입을 래핑할 수 있다. 데코레이터 구문은 @줄을 위해 class 문이 필요하다. 다음에서 x는 실제로 데코레이션의 간접적인 조치로 다시 Wrapper가 된다.

```
>>> from interfacetracer import Tracer

>>> @Tracer
... class MyList(list): pass          # MyList = Tracer(MyList)

>>> x = MyList([1, 2, 3])             # Wrapper( ) 실행
>>> x.append(4)                       # __getattr__. append 실행
Trace: append
>>> x.wrapped
[1, 2, 3, 4]

>>> WrapList = Tracer(list)           # 또는 직접 데코레이션함
>>> x = WrapList([4, 5, 6])           # 아니면 subclass문이 필요
>>> x.append(7)
Trace: append
>>> x.wrapped
[4, 5, 6, 7]
```

데코레이터는 이미 만들어진 객체를 전달하는 대신, 인스턴스 생성 기능을 데코레이터 자체로 옮기도록 해준다. 이 특성이 사소한 차이로 보일 수 있지만, 이로써 우리는 일반적으로 평범한 인스턴스 생성 구문을 유지하고 데코레이터의 모든 이점을 실현할 수 있게 된다. 수동으로 모든 인스턴스 생성 호출을 래퍼를 통해 객체에 전달하는 대신, 단지 데코레이터 구문으로 클래스 정의를 확장해 주기만 하면 된다.

```
@Tracer                               # 데코레이터를 사용하는 방식
class Person: ...
bob = Person('Bob', 40, 50)
sue = Person('Sue', rate=100, hours=60)

class Person: ...                     # 데코레이터를 사용하지 않는 방식
bob = Wrapper(Person('Bob', 40, 50))
sue = Wrapper(Person('Sue', rate=100, hours=60))
```

하나 이상의 클래스 인스턴스를 만들고 모든 인스턴스에 확장 로직을 적용하기를 원한다면, 코드의 크기에서나 유지보수 측면에서 데코레이터가 일반적으로 더 나은 선택이 될 것이다.

버전별 설명: 이전 추적(tracer) 데코레이터는 모든 파이썬에서 명시적으로 접근되는 속성 이름에 대해 유효하다. 하지만 38장, 32장 등에서 배웠듯이, __getattr__는 파이썬 2.X의 기본 레거시 클래스에서 내장이 암묵적으로 __str__과 __repr__ 같은 연산자 오버로딩 메소드에 접근하는 것을 가로채지만, 3.X의 새 형식 클래스에서는 그렇지 않다.

파이썬 3.X의 클래스에서 인스턴스는 이들 이름 중 일부에 대한 기본값을 클래스로부터 상속받는다(실제로 object 슈퍼클래스로부터 상속받는다). 더구나 3.X에서 프린팅과 + 같은 내장 연산을 위해 암묵적으로 호출된 속성은 __getattr__ 또는 그 사촌격인 __getattribute__를 통해 전달되지 않는다. 새 형식 클래스에서 내장은 이에 대한 검색을 할 때 일반 인스턴스 검색은 모두 생략하고, 클래스 레벨에서 검색을 시작한다.

이는 2.X에서는 __getattr__ 기반의 추적 래퍼가 자동으로 내장을 위한 연산자 오버로딩 호출을 코드대로 추적하고 전파하지만, 3.X에서는 그렇지 않음을 의미한다. 이를 보기 위해, 'x'를 이전 대화형 세션 마지막에 직접 디스플레이해 보자. 2X에서는 속성 __repr__이 추적되고 리스트가 예상대로 출력되지만, 3.X에서는 추적되지 않고 Wrapper 클래스를 위한 기본 디스플레이를 사용하여 리스트가 출력된다.

```
>>> x                    # 2.X
Trace: __repr__
[4, 5, 6, 7]
>>> x                    # 3.X
<interfacetracer.Tracer.<locals>.Wrapper object at 0x02946358>
```

3.X에서도 동일하게 동작하려면, 연산자 오버로딩 메소드는 일반적으로 래퍼 클래스에서 과다하게 재정의되어야만 한다. 직접 수동으로 하든, 도구를 사용하든, 또는 슈퍼클래스의 정의를 이용하든 말이다. 실제 업무에서 어떻게 사용되는지에 대해 이 장 후반부의 Private 데코레이터(여기에서 3.X에서 이러한 코드에 요구되는 메소드를 추가하는 방법에 대해서도 배우게 될 것이다)에서 다시 살펴보자.

클래스 실수 II: 다중 인스턴스 유지하기

기묘하게도 이 예제에서 데코레이터 함수는 거의 함수보다는 적절한 연산자 오버로딩 프로토콜을 가진 클래스로 코딩될 수 있다. 약간 간소화한 다음 코드도 유사하게 동작하는데, 여기에서 __init__은 @ 데코레이터가 클래스에 적용될 때 작동되며, __call__은 대상 클래스 인스턴스가 생성될 때 작동된다. 이번에 우리 객체는 실제로 Tracer의 인스턴스일 뿐이며, 다만 우리는 근본적으로 유효 범위 참조를 인스턴스 속성과 맞바꾼 것뿐이다.

```
class Tracer:
    def __init__(self, aClass):              # @ 데코레이터가 나올 때
        self.aClass = aClass                 # 인스턴스 속성 사용
    def __call__(self, *args):               # 인스턴스 생성할 때
        self.wrapped = self.aClass(*args)    # 클래스당 하나의(마지막) 인스턴스!
```

```
        return self
    def __getattr__(self, attrname):
        print('Trace: ' + attrname)
        return getattr(self.wrapped, attrname)

@Tracer                                  # __init__을 작동시킴
class Spam:                              # Spam = Tracer(Spam)와 같음
    def display(self):
        print('Spam!' * 8)

...
food = Spam()                            # __call__ 작동시킴
food.display()                          # __getattr__을 작동시킴
```

앞의 개요에서 보았듯이, 클래스만 사용하는 방식은 전과 같이 다중 **클래스들**을 처리할 수 있지만, 특정 클래스의 **다중 인스턴스**에는 제대로 동작하지 않는다. 각 인스턴스 생성 호출은 __call__을 작동시키며, 이는 이전 인스턴스를 덮어쓴다. 그 결과로 Tracer는 단지 하나의 인스턴스(마지막으로 생성된 인스턴스)만 저장하게 된다. 스스로 실험해 어떻게 동작하는지 살펴볼 수도 있지만, 이미 이 문제에 대한 예제가 있다. 다음 코드를 살펴보자.

```
@Tracer
class Person:                           # Person = Tracer(Person)
    def __init__(self, name):           # Wrapper는 Person에 바인드됨
        self.name = name

bob = Person('Bob')                     # bob은 실제로 Wrapper임
print(bob.name)                         # Wrapper는 Person을 내장시킴
Sue = Person('Sue')
print(sue.name)                         # sue는 bob을 덮어씀
print(bob.name)                         # 아뿔싸 이제 bob의 이름은 'Sue'다!
```

이 코드의 결과는 다음과 같다. 이 추적 데코레이터는 단 하나의 공유 인스턴스를 가지기 때문에 두 번째 인스턴스는 첫 번째 인스턴스를 덮어쓴다.

```
Trace: name
Bob
Trace: name
Sue
Trace: name
Sue
```

여기에서 잘못된 **상태** 정보 유지가 문제가 된다. 우리는 클래스당 하나의 데코레이터 인스턴스를 만들지만, 클래스 인스턴스 별로 만들지는 않았기 때문에 오직 마지막 인스턴스만 유지된다. 이에 대한 해결 방안으로는 앞에서 보았던 메소드 장식을 위한 클래스 실수에서처럼 클래스 기반의 데코레이터를 버리는 데 있다.

앞서 본 함수 기반의 Tracer 버전은 다중 인스턴스에 대해 동작하는데, 각 인스턴스 생성 호출이 단일 공유 인스턴스인 Tracer의 상태를 덮어쓰는 대신 새로운 Wrapper 인스턴스를 만들기 때문이다. 데코레이터를 사용하지 않는 원래의 버전도 동일한 이유로 다중 인스턴스를 올바르게 처리한다. 여기서의 교훈은 데코레이터만이 확실한 마법이 아니며, 이들 또한 믿을 수 없을 만큼 미묘해질 수 있다는 것이다!

데코레이터 vs 관리 함수

이러한 미묘함에도 상관없이, Tracer 클래스 데코레이터 예제는 결국 __getattr__를 이용해 내장된 인스턴스 객체에서 속성 불러오기를 가로챈다. 앞서 보았듯이, 우리가 실제로 한 일은 인스턴스를 관리자 함수에 전달하는 대신, 클래스 내부의 인스턴스 생성 호출을 옮긴 것이다. 우리는 데코레이터를 사용하지 않는 원래의 추적 예제를 이용하여 단순히 인스턴스 생성을 다르게 코딩할 수 있다.

```
class Spam:                      # 데코레이터 없는 버전
    ...                         # 어떤 호출도 가능
food = Wrapper(Spam())          # 특별한 생성 구문

@Tracer
class Spam:                      # 데코레이터 사용하는 버전
    ...                         # 클래스에 @ 구문이 필요
food = Spam()                   # 일반적인 생성 구문
```

근본적으로 **클래스** 데코레이터는 특별 구문의 요건을 인스턴스 생성 호출에서 **class**문 자체로 옮긴다. 이는 이 절의 앞에서 보았던 싱글톤 클래스 예제에서도 유효하다. 클래스를 장식하고 일반 인스턴스 생성 호출을 사용하는 대신, 우리는 클래스와 그 생성 인수를 관리자 함수에 전달할 수 있다.

```
instances = {}
def getInstance(aClass, *args, **kwargs):
    if aClass not in instances:
        instances[aClass] = aClass(*args, **kwargs)
    return instances[aClass]

bob = getInstance(Person, 'Bob', 40, 10)    # 대조: bob = Person('Bob', 40, 10)
```

다른 방법으로, 우리는 초기 인스턴스 생성이 허용된다는 가정하에 이미 생성된 인스턴스로부터 클래스를 가져오기 위해 파이썬의 내부 검사(introspection) 기능을 사용할 수도 있다.

```
instances = {}
def getInstance(object):
    aClass = object.__class__
    if aClass not in instances:
        instances[aClass] = object
    return instances[aClass]

bob = getInstance(Person('Bob', 40, 10))    # 대조: bob = Person('Bob', 40, 10)
```

동일한 내용이 우리가 앞에서 작성했던 함수 데코레이터에도 적용된다. 나중의 호출을 가로채는 로직을 가진 함수를 장식하는 대신, 우리는 단순히 호출을 전달할 관리자에게 함수와 그 함수의 인수를 전달할 수 있다.

```
def func(x, y):                     # 데코레이터를 사용하지 않는 버전
    ...                             # def tracer(func, args): ... func(*args)
result = tracer(func, (1, 2))       # 특별한 호출 구문

@tracer
def func(x, y):                     # 데코레이터 사용 버전
    ...                             # 이름 재결합: func = tracer(func)
result = func(1, 2)                 # 일반 호출 구문
```

이와 같은 관리자 함수 방식은 함수와 클래스 정의에서 데코레이션 구문을 사용하는 대신 호출 시 특별한 구문을 사용해야 한다는 부담을 가지고 있기도 하지만, 각 호출마다 선택적으로 보완 로직의 적용 여부를 선택할 수 있기도 하다.

왜 데코레이터인가?(복습)

그렇다면 나는 데코레이터를 사용하지 않고 싱글톤 클래스를 구현하는 방법을 왜 보여 주었을 까? 이 장의 시작 부분에서 언급했듯이, 데코레이터는 장단점을 가지고 있다. 비록 구문이 중 요하지만, 우리 모두 새로운 도구를 마주쳤을 때 '왜 이 도구를 사용해야 하는가?' 하고 질문 하는 것을 너무나 자주 잊곤 한다. 데코레이터가 실제로 어떻게 동작하는지를 보았으니, 더 많 은 코드를 살펴보기 전에 간단히 큰 그림을 그려 보며 다시 짚어 보고 넘어가자.

대부분의 언어 특징과 같이 데코레이터는 장단점을 가지고 있다. 예를 들어, 데코레이터는 데 코레이터 타입에 따라 달라질 수 있는 세 가지 잠재적 결점을 가지고 있다.

타입 변경

이미 살펴본 대로 래퍼(wrapper)가 삽입되면, 데코레이트된 함수 또는 클래스는 자신의 원 래 타입을 유지하지 않는다. 이는 래퍼(프록시) 객체에 재결합되는데, 이는 객체 이름을 사 용하거나 객체 타입을 테스트하는 프로그램에서 문제가 될 수 있다. 싱글톤 클래스 예제 에서 데코레이터와 관리자 함수 방식 모두 인스턴스를 위해 원래의 클래스 타입을 유지한 다. 추적(tracer) 코드에서는 두 방식 모두 원래의 클래스 타입을 유지하지 않는데, 이는 래 퍼가 필요한 방식이기 때문이다. 물론 여러분은 파이썬과 같은 다형적 언어에서 타입을 체 크하는 것은 어쨌든 피해야 하지만, 대부분의 규칙에는 예외가 있기 마련이다.

부가적 호출

데코레이션에 의해 추가된 래핑(wrapping) 계층은 데코레이트된 객체가 호출될 때마다 부가 적인 호출을 수반하는 추가 성능 비용을 발생시킨다. 호출은 상대적으로 시간이 많이 드는 작업으로, 데코레이션 래퍼는 프로그램의 속도를 저하시킬 수 있다. 추적 코드에서 두 방 식 모두 각 속성이 래퍼 계층을 통해 전달되어야 한다. 싱글톤 클래스 예제에서는 원래의 클래스 타입을 유지함으로써 부가적 호출을 피한다.

모두에 적용되거나 어디에도 적용되지 않거나

데코레이터는 함수 또는 클래스를 보강하기 때문에 일반적으로 데코레이트된 객체에 대한 모든 나중의 호출에 적용한다. 이는 일관된 적용을 보장하지만, 여러분이 호출별 확장 로 직 적용 여부를 선택하고 싶다면 단점으로 작용할 수도 있다.

그렇긴 하지만 이들 중 어떤 것도 아주 심각한 문제는 아니다. 대부분의 프로그램에 대해 데 코레이션의 일관성은 자산이며, 타입의 차이는 문제가 될 가능성이 낮은 데다, 부가적 호출로 인한 성능 문제가 심각하지는 않다. 더구나 마지막 문제는 래퍼를 사용할 때에만 발생하고,

최적의 성능이 요구되는 경우라면 데코레이터를 제거함으로써 완화시킬 수 있으며, 래핑 로직을 추가하는 방식이라면 데코레이터를 사용하지 않더라도 (40장에서 보게 된 메타클래스를 포함하여) 발생할 수 있다.

역으로, 이 장의 도입부에서 보았듯이 데코레이터는 세 가지 주요 이점을 가지고 있다. 이전 절에서의 관리자(즉, '헬퍼(helper)') 함수 방식에 비해, 데코레이터는 다음을 제공한다.

명시적 구문

데코레이터는 보완 로직을 명시적이고 분명하게 해준다. @ 구문은 소스 파일 어디에서나 등장할 수 있는 호출문에 특별한 코드를 사용하는 것보다 더 인식하기 쉽다. 예를 들어, 우리의 싱글톤 클래스 또는 추적(tracer) 예제에서 데코레이터 줄은 호출문에 사용되는 부가 코드보다는 더 눈에 잘 띈다. 더구나 데코레이터는 함수와 인스턴스 생성 호출이 모든 파이썬 프로그래머들에게 익숙한 일반적인 구문을 사용할 수 있도록 해준다.

코드 유지보수

데코레이터는 매 함수 또는 클래스 호출에 확장 코드를 반복하는 것을 피한다. 데코레이터는 클래스 또는 함수 자체의 정의에서 딱 한 번 등장하기 때문에 코드의 중복성을 제거하고, 코드 유지보수를 단순화시킨다. 우리는 싱글톤 클래스와 추적 예제에서 관리자 함수 방식을 사용하기 위해 매 호출마다 특별한 코드를 사용해야 했다. 부가적인 작업은 초기 프로그래밍이나 미래에 있을 코드 수정 모두에서 요구된다.

일관성

데코레이터는 프로그래머가 필수 래핑 로직을 사용하는 것을 잊을 가능성을 줄여 준다. 이는 주로 앞의 두 가지 이점으로부터 비롯한다. 데코레이션은 데코레이트된 객체 자체에 명시적으로 단 한 번만 등장하기 때문에 데코레이터는 매 호출 시 포함되어야 하는 특별한 코드보다 좀 더 지속적이며, 일관된 API 사용을 촉진한다. 예를 들어 싱글톤 클래스 예제에서 모든 클래스 생성 호출이 특별한 코드를 통하도록 라우팅하는 것은 잊기 쉬워서 싱글톤 관리를 모두 와해시킬 수 있다.

또한, 데코레이터는 코드 중복성을 감소시키고 미래 유지보수 작업을 최소화하는 코드 캡슐화를 촉진한다. 확장 코드는 매번 적용될 때마다 복사되지 않고, 호출 가능한 데코레이터에 단 한 번 등장한다. 관리자 함수도 동일한 결과를 낼 수 있지만, 데코레이터는 명시적인 구문과 티가 나지 않는 호출 모델을 사용함으로써 확장 작업에 있어 자연스러운 도구로 자리 잡게 된다.

이 이점들 중 어느 것도 데코레이터 구문이 달성해야 할 의무 요건은 아니며, 결국 데코레이터의 사용은 문체에 대한 선택이다. 그렇긴 하지만 대부분의 프로그래머들은 이들을, 특히 라이브러리와 API를 올바르게 사용하기 위한 도구로서 데코레이터의 강점이라고 생각한다.

 개인적 일화: 강의 중에 이와 유사하게 **생성자** 함수에 대한 찬반 논의가 있었다. __init__ 메소드에 대한 소개 전이었는데, 프로그래머들은 인스턴스를 생성할 때 직접 메소드를 통해 인스턴스를 실행함으로써(예 X = Class( ).init( )) 동일한 결과를 얻을 수 있다. 하지만 시간이 지나면서 근본적으로 문체에 대한 선택 사항임에도 __init__ 구문을 널리 선호하게 되었는데, 이는 더 명시적이며 일관적이어서 유지보수성이 좋았기 때문이다. 비록 선택의 몫은 여러분에게 있지만, 데코레이터는 이와 동일한 많은 자산들을 제공하는 듯하다.

함수와 클래스 직접 관리하기

이 장에서의 예제 대부분은 함수와 인스턴스 생성 호출을 가로채기 위해 디자인되었다. 이것이 데코레이터를 사용하는 전형적인 예이긴 하지만, 이 역할에 국한된 것은 아니다. 데코레이터가 데코레이터 코드를 통해 새로운 함수와 클래스를 실행함으로써 동작하기 때문에 나중에 이들을 호출하는 것 외에도 함수와 클래스 객체 자체를 관리하는 데 사용될 수도 있다.

예를 들어, 나중에 처리할 수 있도록 API로 등록된 애플리케이션에서 사용되는 메소드 또는 클래스가 필요하다고 가정해 보자(아마도 API는 나중에 발생하는 이벤트에 대응하여 그 객체를 호출할 것이다). 여러분은 객체가 정의된 후 호출될 등록 함수를 직접 제공할 수도 있지만, 데코레이터는 여러분의 의도를 좀 더 명시적으로 드러나게 해준다.

이 아이디어에 대한 간단한 구현 예시로, 다음은 딕셔너리-기반의 레지스트리에 객체를 추가하기 위해 함수와 클래스 둘 다에 적용될 수 있는 데코레이터를 정의한다. 이는 래퍼 대신 객체 자체를 반환하므로 나중의 호출을 가로채지 않는다.

```
# 데코레이트된 객체를 API에 등록
from __future__ import print_function          # 2.X

registry = {}
def register(obj):                              # 클래스와 함수 데코레이터 모두
    registry[obj.__name__] = obj                # registry에 추가
    return obj                                  # wrapper가 아니라 obj 자체를 반환

@register
```

```
def spam(x):
    return(x ** 2)                                       # spam = register(spam)

@register
def ham(x):
    return(x ** 3)

@register
class Eggs:                                              # Eggs = register(Eggs)
    def __init__(self, x):
        self.data = x ** 4
    def __str__(self):
        return str(self.data)

print('Registry:')
for name in registry:
    print(name, '=>', registry[name], type(registry[name]))

print('\nManual calls:')
print(spam(2))                                           # 객체를 직접 호출
print(ham(2))                                            # 나중에 발생하는 호출은 가로채지지 않음
X = Eggs(2)
print(X)

print('\nRegistry calls:')
for name in registry:
    print(name, '=>', registry[name](2))                # registry로부터 호출
```

이 코드가 실행되면 데코레이트된 객체들은 이름에 의해 레지스트리에 추가되지만, 이들이 나중에 호출될 때는 래퍼 계층을 거치지 않고 원래 코드대로 동작한다. 실제로 우리 객체들은 직접적으로도, 그리고 레지스트리 테이블 내부로부터도 실행될 수 있다.

```
c:\code> py -3 registry-deco.py
Registry:
spam => <function spam at 0x02969158> <class 'function'>
ham => <function ham at 0x02969400> <class 'function'>
Eggs => <class '__main__.Eggs'> <class 'type'>

Manual calls:
4
8
16

Registry calls:
spam => 4
ham => 8
Eggs => 16
```

예를 들어, 사용자 인터페이스는 이 기법을 사용하여 사용자 동작을 위한 콜백 핸들러를 등록할 수도 있다. 핸들러는 여기에서 했듯이 함수 또는 클래스 이름에 의해 등록될 수도 있으며, 데코레이터 인수는 대상 이벤트를 기술하기 위해 사용될 수도 있다. 우리 데코레이터를 둘러싼 부가적인 def문은 데코레이션에서 사용할 수 있도록 이러한 인수를 유지하는 데 사용될 수 있다.

이 예제가 인위적이지만 이 기법은 매우 일반적이기도 하다. 예를 들어 함수 데코레이터는 함수 속성을 처리하기 위해서 사용될 수도 있으며, 클래스 데코레이터는 새로운 클래스 속성 또는 새로운 메소드를 동적으로 추가할 수도 있다. 다음 함수 데코레이터들을 생각해 보자. 이들은 API에 의해 나중에 사용될 수 있도록 정보를 기록하기 위해 함수 속성을 할당하지만, 나중에 발생할 호출을 가로채기 위해 래퍼 계층을 삽입하지는 않는다.

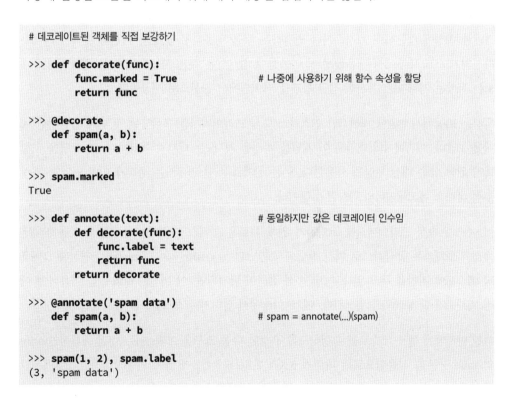

```
# 데코레이트된 객체를 직접 보강하기

>>> def decorate(func):
        func.marked = True              # 나중에 사용하기 위해 함수 속성을 할당
        return func

>>> @decorate
    def spam(a, b):
        return a + b

>>> spam.marked
True

>>> def annotate(text):                 # 동일하지만 값은 데코레이터 인수임
        def decorate(func):
            func.label = text
            return func
        return decorate

>>> @annotate('spam data')
    def spam(a, b):                     # spam = annotate(...)(spam)
        return a + b

>>> spam(1, 2), spam.label
(3, 'spam data')
```

그러한 데코레이터들은 함수와 클래스에 대한 나중 호출을 잡아내는 것이 아니라 이들을 직접 확장한다. 이는 메타클래스 영역을 침해하는 것으로, 다음 장에서 클래스 데코레이션이 직접 클래스를 관리하는 예제에 대해 더 알아볼 것이다. 여기에서는 우선 실제 데코레이터에 대한 규모 있는 두 가지 사례에 대해 공부하도록 하자.

예제: '개별(Private)' 그리고 '공통(Public)' 속성들

이 장의 마지막 두 절에서는 데코레이터를 사용하는 규모가 더 큰 예제들을 보여 준다. 둘 모두 설명을 최소화하였는데, 이는 부분적으로는 분량의 제약 때문이기도 하지만 대부분은 여러분이 이미 이들을 스스로 학습할 수 있을 만큼 충분히 데코레이터의 기본에 대해 잘 이해하고 있기 때문이다. 범용 도구로서 이 예제들은 어떻게 데코레이터 개념이 좀 더 유용한 코드와 함께 합쳐지는지 볼 수 있는 기회가 될 것이다.

개별 속성 구현하기

다음의 **클래스 데코레이터**는 클래스 인스턴스 속성(즉, 인스턴스에 저장된 속성 또는 그 클래스 중 하나로부터 상속된 속성)을 위해 Private 선언을 구현한다. 이는 데코레이트된 클래스 외부에서 그러한 속성에 접근하여 가져오거나 변경하는 것을 허용하지 않지만, 여전히 클래스 자체가 자신의 메소드 내부에서 자유롭게 이 이름들에 접근하는 것은 허용한다. 이는 정확하게 C++ 또는 자바는 아니지만, 유사한 접근 통제를 파이썬에서 옵션으로 제공한다.

우리는 30장에서 변경에 대해서만 인스턴스 속성 프라이버시를 구현하는 첫 번째 불완전한 예제를 보았다. 여기에서의 버전은 이 개념을 속성을 **가져오는** 데까지 확장하며, 이 모델을 구현하기 위해 상속 대신 위임을 사용한다. 이는 실제로 어떤 면에서는 우리가 이미 만났던 속성 추적 클래스 데코레이터의 확장본일 뿐이다.

이 예제가 속성 프라이버시를 코딩하기 위해 새로운 클래스 데코레이터 구문을 이용하지만, 속성 가로채기는 궁극적으로 이전 장들에서 만났던 __getattr__와 __setattr__ 연산자 오버로딩 메소드에 기반을 두고 있다. 개별 속성 접근이 탐지되면, 이 버전은 raise문을 이용하여 에러 메시지와 함께 예외를 일으킨다. 예외는 **try**에서 잡히거나 스크립트를 종료시킬 것이다.

파일 마지막에 셀프 테스트를 수행하도록 구성한 다음 코드를 보자. 이는 버전 중립적인 print와 raise 구문을 사용함으로써 파이썬 3.X와 2.X(2.6과 이후 버전)에서 동작하지만, 2.X에서만 코드대로 내장을 연산자 오버로딩 메소드 속성에 전달하는 것을 가로챈다(더 자세한 내용은 곧 나올 내용을 참조하자).

```
"""
파일 access1.py(3.X + 2.X)

클래스 인스턴스로부터 가져오는 속성을 위한 프라이버시 사용 예시로
파일 마지막의 셀프 테스트 코드를 참조할 것

다음과 동일한 데코레이터: Doubler = Private('data', 'size')(Doubler)
Private은 onDecorator를 반환하고, onDecorator는 onInstance를 반환하며,
각 onInstance의 인스턴스는 Doubler 인스턴스를 내장함
"""

traceMe = False
def trace(*args):
    if traceMe: print('[' + ' '.join(map(str, args)) + ']')

def Private(*privates):                                  # privates은 유효 범위에
    def onDecorator(aClass):                             # aClass는 유효 범위에
        class onInstance:                                # 인스턴스 속성에 감싸임
            def __init__(self, *args, **kargs):
                self.wrapped = aClass(*args, **kargs)

            def __getattr__(self, attr):                 # 내 attrs는 getattr를 호출하지 않음
                trace('get:', attr)                      # 나머지는 감싸인 객체에 있다고 가정
                if attr in privates:
                    raise TypeError('private attribute fetch: ' + attr)
                else:
                    return getattr(self.wrapped, attr)

            def __setattr__(self, attr, value):          # 외부에서의 접근
                trace('set:', attr, value)               # 나머지는 일반적으로 실행
                if attr == 'wrapped':                    # 내 attrs을 허용
                    self.__dict__[attr] = value          # 루프 반복을 피함
                elif attr in privates:
                    raise TypeError('private attribute change: ' + attr)
                else:
                    setattr(self.wrapped, attr, value)   # 감싸인 객체 속성
        return onInstance                                # 또는 __dict__ 사용
    return onDecorator

if __name__ == '__main__':
    traceMe = True

    @Private('data', 'size')                             # Doubler = Private(...)(Doubler)
    class Doubler:
        def __init__(self, label, start):
            self.label = label                           # 대상 클래스 내부에서의 접근
            self.data = start                            # 가로채지 않음: 일반적으로 실행
        def size(self):
            return len(self.data)                        # 메소드는 검사 없이 실행
        def double(self):                                # 프라이버시는 상속되지 않기 때문임
            for i in range(self.size()):
```

```
                    self.data[i] = self.data[i] * 2
        def display(self):
            print('%s => %s' % (self.label, self.data))

X = Doubler('X is', [1, 2, 3])
Y = Doubler('Y is', [-10, -20, -30])

# 다음은 모두 성공
print(X.label)                              # 대상 클래스 외부에서의 접근
X.display(); X.double(); X.display()        # 가로챔: 검증하고 위임됨
print(Y.label)
Y.display(); Y.double()
Y.label = 'Spam'
Y.display()

# 다음은 모두 적절히 실패함
"""
print(X.size( ))                            # 'TypeError: private attribute fetch: size'를 출력함
print(X.data)
X.data = [1, 1, 1]
X.size = lambda S: 0
print(Y.data)
print(Y.size( ))
"""
```

traceMe가 True면, 모듈 파일의 셀프 테스트 코드는 다음의 결괏값을 만들어 낸다. 데코레이터가 감싸인 클래스 외부에서 실행된 속성 가져오기와 속성 할당을 잡아내고 검증하지만 클래스 자체 내부에서의 속성 접근을 잡아내지 않음을 주목하자.

```
c:\code> py -3 access1.py
[set: wrapped <__main__.Doubler object at 0x00000000029769B0>]
[set: wrapped <__main__.Doubler object at 0x00000000029769E8>]
[get: label]
X is
[get: display]
X is => [1, 2, 3]
[get: double]
[get: display]
X is => [2, 4, 6]
[get: label]
Y is
[get: display]
Y is => [-10, -20, -30]
[get: double]
[set: label Spam]
[get: display]
Spam => [-20, -40, -60]
```

구현 상세 I

이 코드는 약간 복잡하며, 여러분은 이 동작 방식을 보기 위해 스스로 이 코드를 따라가 보는 것이 가장 좋다. 하지만 여러분의 학습을 돕기 위해 몇 가지 주요 내용을 여기에서 다루고자 한다.

상속 vs 위임

30장에서 보았던 첫 번째 프라이버시 예제에서는 접근을 잡아내기 위해 __setattr__와 상속을 섞어 사용하였다. 하지만 상속은 이를 어렵게 만들었는데, 클래스 내부로부터의 접근과 외부로부터의 접근을 구분하는 것이 쉽지 않기 때문이다(내부에서의 접근은 정상적으로 동작할 수 있어야 하고, 외부로부터의 접근은 제한되어야 한다). 30장의 예제에서는 __dict__ 할당을 이용해 속성을 설정할 수 있도록 클래스를 상속받을 것을 요구하여 이 문제를 해결하려 한다. 하지만 이것은 어디까지나 미봉책일 뿐이다.

여기에서의 버전은 상속 대신 **위임**(한 객체를 다른 객체 내부에 내장시킴)을 사용한다. 이 패턴은 우리 작업에 더 적합한데, 대상 클래스의 내부에서의 접근과 외부에서의 접근을 구분하기 훨씬 쉽기 때문이다. 대상 클래스의 외부로부터 속성에 접근하는 것은 래퍼 계층의 오버로딩 메소드가 가로채고, 유효하면 그 클래스에 위임한다. 클래스 자체 내부에서의 접근(즉, 그 메소드의 코드에서 self를 통한 접근)은 가로채지 않고 검사 없이 일반적으로 실행할 수 있는데, 이 버전에서 프라이버시는 상속되지 않기 때문이다.

데코레이터 인수들

여기에서 사용된 클래스 데코레이터는 개별(private) 속성을 지정하기 위해 어떤 개수의 인수도 받아들인다. 하지만 실제로는 인수들이 Private 함수에 전달되고 Private은 대상 클래스에 적용될 데코레이터 함수를 반환한다. 즉, 인수들은 데코레이션이 일어나기 전에 사용된다. Private은 데코레이터를 반환하며, 결국 이 데코레이터가 유효 범위 참조로서 개별 속성 리스트를 '기억한다'.

상태 유지와 유효 범위

유효 범위에 대해 말하자면 실제로 이 코드에는 세 단계로 상태 정보 유지가 된다.

- Private에 전달된 인수는 데코레이션이 일어나기 전에 사용되며 onDecorator와 onInstance에서 사용될 것을 대비해 유효 범위 참조로 유지된다.

- onDecorator에 전달된 클래스 인수는 데코레이션 시점에 사용되며, 인스턴스 생성 시점에 사용될 수 있도록 유효 범위 참조로 유지된다.

- 감싸인 인스턴스 객체는 속성이 클래스 외부로부터 나중에 접근될 때를 대비하여 onInstance 프록시 객체 내의 인스턴스 속성으로 유지된다.

이 모두는 주어진 파이썬의 범위와 네임스페이스 규칙에 따라 꽤 자연스럽게 동작한다.

__dict__와 __slots__(그리고 다른 가상 이름들)을 사용하기

이 코드에서 __setattr__ 메소드는 onInstance가 가진 wrapped 속성을 설정하기 위해, 인스턴스 객체의 __dict__ 속성 네임스페이스 딕셔너리에 기댄다. 이전 장에서 배웠듯이, 이 메소드는 루프 반복 없이 직접 속성을 할당할 수는 없다. 하지만 이 코드는 감싸인 객체 자체에서 속성을 설정하기 위해 __dict__ 대신 내장 setattr를 사용한다. 더구나 getattr는 감싸인 객체에 있는 속성을 가져오기 위해 사용되는데, 이 속성들은 객체 자체에 저장되어 있거나 객체에 의해 상속되기 때문이다.

그 때문에 이 코드는 대부분의 클래스(슬롯, 프로퍼티, 디스크립터, 그리고 심지어 __getattr__와 그 동류에 기반을 둔 '가상' 클래스 레벨 속성을 갖는 것들을 포함하여)에서 동작할 것이다. 독자적인 네임스페이스 딕셔너리를 가정하고 감싸인 객체를 위한 스토리지 중립적인 도구를 사용함으로써, 래퍼 클래스는 다른 도구들에 내재되어 있는 제약 사항들을 피한다.

예를 들어 32장의 __slots__를 사용하는 새 형식 클래스가 __dict__에 속성을 저장하지 않으며, 실제로 그 속성들 중 하나도 가지고 있지도 않음을 기억할 것이다. 하지만 우리는 감싸인 객체 안에서가 아니라 onInstance 레벨에서만 __dict__에 의존함으로써, 이 문제는 적용되지 않는다. 또한 setattr와 getattr는 __dict__와 __slots__에 기반을 둔 속성에 적용되기 때문에 우리의 데코레이터는 둘 중 어느 스토리지 기법을 사용하더라도 클래스에 적용된다. 같은 이유로, 데코레이터는 새로운 형식의 프로퍼티와 유사한 도구들에 적용된다. 위임된 이름은 데코레이터 프록시 객체 자체의 속성과 상관없이, 감싸인 인스턴스에서 새롭게 검색될 것이다.

Public 선언도 허용하도록 일반화하기

우리는 Private 구현을 가지고 있기 때문에 Public 선언도 허용하도록 이 코드를 일반화하는 것은 쉽다. 이 선언은 근본적으로 Private 선언의 정반대로 우리는 내부 테스트를 무효화시키기만 하면 된다. 이 절에 기술한 예제는 클래스가 Private 또는 Public 인스턴스 속성들(인스턴스에 저장된, 또는 그 클래스로부터 상속된 어떤 종류의 속성들이라도)을 정의하기 위해 다음의 의미로 데코레이터를 사용하도록 허용한다.

- Private은 클래스의 메소드의 코드 내부를 제외하고는 가져오거나 할당할 수 없는 클래스 인스턴스의 속성을 선언한다. 즉 Private으로 선언된 이름은 클래스 외부로부터 접근할 수 없으며, Private으로 선언되지 않은 이름은 클래스 외부에서 자유롭게 가져오거나 할당할 수 있다.

- Public은 클래스 외부에서나 클래스의 메소드 내부에서 가져오거나 할당할 수 있는 클래스 인스턴스의 속성을 선언한다. 즉 Public으로 선언된 이름은 어디에서나 자유롭게 접근할 수 있으나, Public으로 선언되지 않은 이름은 클래스 외부에서 접근할 수 없다.

Private과 Public 선언은 상호 배타적이다. Private을 사용하면 모든 선언되지 않은 이름은 Public으로 간주되며, Public을 사용하면 모든 선언되지 않은 이름은 Private으로 간주한다. 이들은 근본적으로 서로 역의 관계에 놓여 있지만, 클래스의 메소드에 의해 선언되지 않은 (undeclared) 이름은 약간 다르게 동작한다. 새로운 이름은 Private 구현에서는 클래스 외부에서 할당되고 따라서 생성될 수 있지만(모든 선언되지 않은 이름은 접근 가능하다), Public 아래에서는 불가능하다(모든 선언되지 않은 이름들은 접근할 수 없다).

다시 말하지만, 이 코드가 어떻게 동작하는지 감을 익히기 위해서는 스스로 공부해야 한다. 이 기법은 이전 절에서 설명한 내용을 넘어서, 최상위 레벨에 네 번째 계층의 상태 정보 유지를 추가한다. lambda가 사용하는 테스트 함수들은 이 부가적인 유효 범위에 저장된다. 이 예제는 파이썬 3.X 또는 2.X(2.6 또는 그 이후 버전)에서 동작하도록 작성되었지만, 3.X하에서 동작할 때는 경고가 따른다(파일의 문서화 문자열에 간단히 설명하였으며, 코드 이후에 더 자세히 설명할 것이다).

```
"""
파일 access2.py(3.X + 2.X)
Private과 Public 속성 선언을 가진 클래스 데코레이터

인스턴스에 저장되었거나 또는 그 인스턴스가 자신의 클래스로부터 상속받은 속성에 대하여
외부로부터의 접근을 제어함. Private은 데코레이트된 클래스 외부에서 가져올 수도 할당할 수도 없는
속성 이름을 선언하고 Public은 이 모든 것이 가능한 이름을 선언함
```

```
경고: 이는 3.X에서 명시적으로 지정된 속성에 대해서만 동작함
내장 연산을 위해 암묵적으로 실행되는 __X__ 연산자 오버로딩 메소드는 새 형식 클래스에서
__getattr__ 또는 __getattribute__ 모두 동작시키지 않음. 여기에서 내장을 가로채고 위임하기 위해
__X__ 메소드를 추가함
"""

traceMe = False
def trace(*args):
    if traceMe: print('[' + ' '.join(map(str, args)) + ']')

def accessControl(failIf):
    def onDecorator(aClass):
        class onInstance:
            def __init__(self, *args, **kargs):
                self.__wrapped = aClass(*args, **kargs)

            def __getattr__(self, attr):
                trace('get:', attr)
                if failIf(attr):
                    raise TypeError('private attribute fetch: ' + attr)
                else:
                    return getattr(self.__wrapped, attr)

            def __setattr__(self, attr, value):
                trace('set:', attr, value)
                if attr == '_onInstance__wrapped':
                    self.__dict__[attr] = value
                elif failIf(attr):
                    raise TypeError('private attribute change: ' + attr)
                else:
                    setattr(self.__wrapped, attr, value)
        return onInstance
    return onDecorator

def Private(*attributes):
    return accessControl(failIf=(lambda attr: attr in attributes))

def Public(*attributes):
    return accessControl(failIf=(lambda attr: attr not in attributes))
```

사용 예시로는 이전 예제의 셀프 테스트 코드를 보자. 실제로 대화형 프롬프트에서 이 클래스 데코레이터들을 간단히 살펴보면 다음과 같다. 이들은 여기에서 테스트한 것처럼 명시적인 이름에 의해 참조되는 속성에 대해 2.X와 3.X에서 동일하게 동작한다. 홍보한 대로 Private이 아니거나 Public 이름은 대상 클래스의 외부로부터 접근되고 변경될 수 있지만, Private이거나 Public이 아닌 이름은 그럴 수 없다.

```
>>> from access2 import Private, Public

>>> @Private('age')                              # Person = Private('age')(Person)
    class Person:                                # Person = 상태 정보를 갖는 onInstance
        def __init__(self, name, age):
            self.name = name
            self.age = age                       # 내부에서의 접근은 정상적으로 동작

>>> X = Person('Bob', 40)
>>> X.name                                       # 외부에서의 접근은 검증됨
'Bob'
>>> X.name = 'Sue'
>>> X.name
'Sue'
>>> X.age
TypeError: private attribute fetch: age
>>> X.age = 'Tom'
TypeError: private attribute change: age

>>> @Public('name')
    class Person:
        def __init__(self, name, age):
            self.name = name
            self.age = age

>>> X = Person('bob', 40)                        # X는 onInstance
>>> X.name                                       # onInstance는 Person을 내장시킴
'bob'
>>> X.name = 'Sue'
>>> X.name
'Sue'
>>> X.age
TypeError: private attribute fetch: age
>>> X.age = 'Tom'
TypeError: private attribute change: age
```

구현 상세 II

코드 분석을 돕기 위해, 이 버전에 대한 몇 가지 내용을 정리하였다. 이 버전은 앞 절의 버전을 일반화시킨 것뿐이므로, 거기에서 다룬 구현 내용은 여기서도 동일하게 적용된다.

__X 유사개별 이름 사용

일반화 외에도 이 버전은 파이썬의 __X 유사개별 이름 맹글링(mangling) 특징(31장 참조)을 사용하여 wrapped 속성 이름 앞에 프록시 제어 클래스 이름을 자동으로 붙임으로써, wrapped 속성을 그 클래스에 지역화시킨다. 이로써 실제 감싸인 클래스에서 사용될 수도 있

는 wrapped 속성과의 충돌 위험을 피하는데, 이처럼 일반적인 도구에 유용한 특성이다. 하지만 이는 완전히 '프라이버시'는 아닌데, 맹글링된 이름은 클래스 외부에서도 자유롭게 사용될 수 있기 때문이다. 우리는 또한 __setattr__에서 테스트 값으로 완전히 확장된 이름 문자열('_onInstance__wrapped')을 사용해야 하는데, 이는 파이썬이 이를 그렇게 바꾸었기 때문이다.

프라이버시 훼손

이 예제가 인스턴스와 그 클래스의 속성에 대한 접근 통제를 구현하지만, 이 통제는 다양한 방법으로 훼손될 수 있다. 예를 들어, 명시적으로 wrapped 속성의 확장된 버전을 통해 무너 뜨릴 수 있다(bob.pay로는 접근할 수 없지만, 완전히 맹글링된 이름인 bob._onInstance__wrapped.pay로 는 접근할 수 있다.). 하지만 만약 여러분이 명시적으로 이를 시도해야만 한다면, 이 통제는 아마 일반적인 목적으로 충분할 것이다. 물론, 프라이버시 제어는 여러분이 충분히 열심히 노력하면 일반적으로 다른 언어에서도 훼손될 수 있다(#define private public은 일부 C++ 구현에서 동작할 수도 있다). 비록 접근 통제는 의도하지 않은 변경을 줄일 수 있지만, 어느 언어에서나 이 문제 의 대부분은 프로그래머에 달려 있다. 소스 코드가 변경될 수 있다면 완전한 접근 통제는 늘 한조각 몽상일 뿐이다.

데코레이터의 장단점

우리는 다시 동일한 결과를 데코레이터 없이 관리자 함수를 사용하거나 직접 데코레이터의 이름 재결합을 통해 만들어 낼 수 있다. 하지만 데코레이터 구문은 이를 코드 내에서 일관되고 좀 더 분명하게 만들어 준다. 이것과 다른 래퍼 기반의 접근법이 갖는 주요 취약점은 속성 접근이 부가적인 호출을 초래하고, 데코레이트된 클래스의 인스턴스가 실제로 데코레이트된 원래 클래스의 인스턴스가 아니라는 점이다. 만약 여러분이 이 데코레이트된 클래스의 인스턴스의 타입을 X.__class__ 또는 isinstance(X, C)로 테스트해 본다면, 이들은 래퍼 클래스의 인스턴스임을 발견하게 될 것이다. 하지만 여러분이 객체 타입에 대하여 내부 검사를 할 계획이 없다면 이 타입 문제는 아마 상관이 없으며, 부가적인 호출은 대부분 개발 시점에 적용될 것이다. 나중에 보게 되겠지만 필요하다면 데코레이션을 자동으로 제거할 수 있는 방법들이 있다.

알려진 문제점들

현재 이 예제는 이름에 의해 명시적으로 호출되는 메소드에 대해 파이썬 2.X와 3.X 모두에서 계획대로 동작한다. 하지만 대부분의 소프트웨어와 마찬가지로 개선의 여지는 늘 있기 마련이다. 특히, 이 도구는 클라이언트 클래스에 의해 사용된다면 연산자 오버로딩 메소드에 대해 엇갈린 성능을 보인다.

코드에 작성된 대로 2.X에서 실행하면 프록시 클래스는 레거시 클래스이지만, 3.X에서 실행하면 새 형식 클래스다. 이처럼 코드는 2.X에서는 어떤 클라이언트 클래스라도 지원하지만, 3.X에서는 프록시에서 연산자 오버로딩 메소드가 재정의되지 않는다면 내장 연산에 의해 암묵적으로 전달되는 연산자 오버로딩 메소드를 검증하거나 위임하는 데 실패할 것이다. 연산자 오버로딩을 사용하지 않는 클라이언트들은 전부 지원하지만, 그렇지 않은 클라이언트들을 지원하기 위해 3.X에서는 추가적인 코드가 필요할 수 있다.

중요한 것은 이것이 새 클래스의 이슈가 아니라, 파이썬 버전에 의한 이슈라는 것이다. 같은 코드라도 3.X에서만 다르게 동작하여 실패한다. 감싸인 객체의 클래스의 본질이 프록시와 무관하기 때문에 우리는 2.X에서는 동작하고 3.X에서는 동작하지 않는 프록시 자체의 코드만 신경 쓰면 된다.

우리는 이 책에서 이미 몇 번 이 문제점을 만났었다. 우리가 여기에서 작성한 매우 실제적인 코드에 미치는 영향을 간단히 살펴보고 이에 대한 해결책을 찾아보자.

경고: 암묵적으로 실행되는 연산자 오버로딩 메소드는 3.X에서 위임을 할 수 없음

__getattr__를 사용하는 모든 위임 기반의 클래스들처럼 이 데코레이터는 일반적으로 지정되거나 명시적으로 호출되는 속성에 대해서만 파이썬 버전을 망라하여 동작한다. __str__과 __add__ 같은 연산자 오버로딩 메소드들이 내장 연산자에 의해 암묵적으로 실행되면 새 형식 클래스에서는 다르게 동작한다. 이 코드는 3.X에서만 새 형식 클래스로 해석되기 때문에 이러한 연산은 현행 코드대로 3.X에서 실행된다면 이를 정의한 내장 객체에 도달하지 못한다.

이전 장에서 배운 대로 레거시 클래스에서는 내장 연산이 연산자 오버로딩 메소드를 **인스턴스**에서 검색하지만, 새 형식 클래스에서는 인스턴스를 완전히 무시하고 **클래스**에서 메소드를 검색한다(기술적으로는 인스턴스의 트리에 있는 모든 클래스의 네임스페이스 딕셔너리에서 검색한다). 따라서 내장 연산을 위해 암묵적으로 실행되는 __X__ 연산자 오버로딩 메소드는 새 형식 클래스에서의 __getattr__나 __getattribute__를 작동시키지 **않는다**. 그러한 속성을 가져오는 것은 우리의 onInstance 클래스의 __getattr__를 모두 생략하기 때문에 검증될 수도, 위임될 수도 없다.

우리 데코레이터의 클래스는 object로부터 파생시킴으로써 명시적으로 새로운 형식으로 코딩되지 않았기 때문에 2.X 아래에서 실행된다면 기본 레거시 클래스로 연산자 오버로딩 메소드를 잡아낼 것이다. 하지만 3.X에서는 모든 클래스가 자동으로 그리고 의무적으로 새로운 형식이므로 그러한 메소드들이 내장 객체에 의해 구현되면 **실패**한다. 이들은 프록시에 의해 잡히지 않기 때문에 전달되지 않는다.

3.X에서 가장 직접적인 해결책은 내장 객체에서 사용될 수 있는 모든 연산자 오버로딩 메소드를 onInstance에 중복으로 재정의하는 것이다. 이 부가적인 메소드들은 직접 손으로나, 부분적으로 작업을 자동화한 도구를 사용하거나(💷 클래스 데코레이터를 사용하거나, 다음 장에서 논의할 메타클래스를 사용해서), 또는 재사용 가능한 슈퍼클래스를 정의함으로써 추가될 수 있다. 매우 지루하고 코드 집약적이기는 하지만, 3.X만의 요건을 만족시키는 접근 방법에 대해 곧 알아볼 것이다.

하지만 먼저 그 차이점에 대해 스스로 확인하기 위해 데코레이터를 2.X에서 연산자 오버로딩 메소드를 사용하는 클래스에 적용해 보도록 하자. 검증 작업은 이전처럼 동작하며, 출력을 위해 사용되는 __str__ 메소드와 +를 위해 실행되는 __add__ 메소드 모두 데코레이터의 __getattr__를 작동시키고, 따라서 올바르게 검사되어 대상 Person 객체에 위임될 수 있다.

```
C:\code> py -2
>>> from access2 import Private
>>> @Private('age')
    class Person:
        def __init__(self):
            self.age = 42
        def __str__(self):
            return 'Person: ' + str(self.age)
        def __add__(self, yrs):
            self.age += yrs

>>> X = Person()
>>> X.age                              # 이름 검증이 제대로 실패함
TypeError: private attribute fetch: age
>>> print(X)                           # __getattr__ => Person.__str__ 실행
Person: 42
>>> X + 10                             # __getattr__ => Person.__add__ 실행
>>> print(X)                           # __getattr__ => Person.__str__ 실행
Person: 52
```

하지만 같은 코드를 3.X에서 실행하면, 암묵적으로 호출된 __str__과 __add__는 데코레이터의 __getattr__를 생략하고 이에 대한 정의를 데코레이터 클래스 자체나 또는 그 상위에서 검색한다. print는 클래스 타입으로부터 상속된 기본 디스플레이를 발견하고(기술적으로 3.X에서 암묵적인 object 슈퍼클래스로부터), +는 기본값이 상속되지 않으므로 에러가 발생한다.

```
C:\code> py -3
>>> from access2 import Private
>>> @Private('age')
    class Person:
        def __init__(self):
            self.age = 42
        def __str__(self):
            return 'Person: ' + str(self.age)
        def __add__(self, yrs):
            self.age += yrs

>>> X = Person()                          # 이름 검증은 여전히 동작함
>>> X.age                                 # 하지만 3.X 내장을 위임하는 데에는 실패!
TypeError: private attribute fetch: age
>>> print(X)
<access2.accessControl.<locals>.onDecorator.<locals>.onInstance object at ...etc>
>>> X + 10
TypeError: unsupported operand type(s) for +: 'onInstance' and 'int'
>>> print(X)
<access2.accessControl.<locals>.onDecorator.<locals>.onInstance object at ...etc>
```

이상하게도 이는 내장 연산을 실행할 때에만 발생한다. 연산자 오버로딩을 사용하는 클라이언트가 동일하게 동작하지는 못하겠지만, 오버로드 메소드에 대한 명시적인 직접 호출은 __getattr__로 전달된다.

```
>>> X.__add__(10)                         # 비록 이름에 의한 호출이 정상적으로 동작하지만,
>>> X._onInstance__wrapped.age            # 결과를 보기 위해 프라이버시가 훼손됨
52
```

즉, 이는 내장 연산 대 명시적 호출의 문제다. 이와 관련된 메소드의 실제 이름과는 거의 관련이 없다. 파이썬은 내장 연산을 위해서만 3.X의 새 형식 클래스를 위한 단계를 생략한다.

다른 방식으로 __getattribute__ 메소드를 사용하는 것은 여기에서 도움이 되지 않는다. 이 메소드가 정의되지 않은 이름뿐 아니라 모든 속성 참조를 잡아내도록 정의되지만, 이 또한 내장 연산에 의해 실행되지는 않는다. 38장에서 만났던 파이썬의 프로퍼티 특징 또한 여기서는 직접

적으로 도움이 되지 않는다. 프로퍼티는 클래스가 작성될 때 정의된 특정 속성과 연관된 자동으로 실행되는 코드이며, 감싸인 객체에 임의의 속성을 처리하기 위해 디자인되지는 않았다.

3.X에서 연산자 오버로딩 메소드를 재정의하는 방식

앞서 언급했듯이, 3.X하에서 가장 손쉬운 해결책은 우리 데코레이터처럼 위임 기반의 클래스에 내장 객체에 등장할 수 있는 연산자 오버로딩 이름들을 중복되게 재정의하는 것이다. 이 방법은 특히 2.X 방식과 비교했을 때 코드 중복성을 야기하기 때문에 이상적인 해결책은 아니다. 하지만 이것이 불가능할 정도로 많은 코딩을 요구하지 않는다. 어느 정도는 도구 또는 슈퍼클래스를 이용해 자동화할 수 있으며, 3.X에서 데코레이터가 동작하기에 충분하다. 그리고 오버로딩 메소드가 내부적으로 failIf 테스트를 작동시킨다 가정하면, 연산자 오버로딩 이름들은 Private 또는 Public으로 선언될 수도 있다.

인라인 정의 예를 들어, 다음은 인라인(inline) 재정의 방식이다. 감싸인 객체가 정의한 모든 연산자 오버로딩 메소드를 위해 메소드 재정의를 프록시에 추가하여 잡아내고 위임한다. 여기에서는 설명을 위해 단지 네 개의 연산 가로채기만 추가하였지만, 다른 것들도 유사하게 추가하면 된다(새로운 코드는 굵은 글자체로 표시했다).

```python
def accessControl(failIf):
    def onDecorator(aClass):
        class onInstance:
            def __init__(self, *args, **kargs):
                self.__wrapped = aClass(*args, **kargs)

            # 내장 연산을 구체적으로 잡아내고 위임함
            def __str__(self):
                return str(self.__wrapped)
            def __add__(self, other):
                return self.__wrapped + other           # 또는 getattr(x, '__add__')(y)
            def __getitem__(self, index):
                return self.__wrapped[index]            # 필요할 경우
            def __call__(self, *args, **kargs):
                return self.__wrapped(*args, **kargs)    # 필요할 경우
            # 필요한 내용은 무엇이라도 여기에 추가

            # 일반적으로 이름에 의한 접근을 가로채고 위임함
            def __getattr__(self, attr): ...
            def __setattr__(self, attr, value): ...
        return onInstance
    return onDecorator
```

혼합(Mix-in) 슈퍼클래스들 다른 방법으로 이 메소드들은 공통의 슈퍼클래스에 의해 삽입될 수 있다. 이런 메소드들이 수십 개 있다는 점을 고려하면 해당 작업에는 외부 클래스가 더 적합할 수 있다. 특히, 이 외부 클래스가 어떤 인터페이스 프록시 클래스에서라도 사용되기 충분할 정도로 일반적이라면 더욱 그럴 것이다. 다음의 혼합 클래스 기법들 중 어떤 것이라도 내장 연산을 잡아내고 위임하기에 충분하다.

- 첫 번째 기법은 내장을 잡아내고 강제로 서브클래스 __getattr__로 재전달한다. 이는 연산자 오버로딩 이름들이 데코레이터의 명세서별로 공용(public)이어야 하지만, 내장 연산 호출은 명시적인 이름 호출과 2.X 레거시 클래스에서와 동일하게 동작할 것이다.

- 두 번째 기법은 내장을 잡아내고 내장 객체에 직접 재전달한다. 이 기법은 내장 객체에 대한 접근을 제공하는 _wrapped라는 이름의 프록시 속성을 가정하고 이에 대한 접근을 필요로 한다. 이는 내장 객체가 동일 이름을 사용하지 못하게 하고 서브클래스 의존성을 만들기 때문에 이상적이지는 않지만, 맹글링되고 클래스 특화된 _onInstance__wrapped를 사용하는 것보다 낫고, 유사하게 명명된 메소드보다 나쁘지 않다.

인라인 방식처럼 이 두 혼합 클래스들 또한 임의 객체들의 인터페이스를 대리하는(프록시) 일반적인 도구들에서 내장 연산당 하나의 메소드가 필요하다. 이 클래스들은 연산 속성 **가져오기** 대신 연산 호출을 잡아내고, 따라서 호출 또는 표현식을 위임함으로써 실제 연산을 수행해야만 한다는 점을 주목하자.

```python
class BuiltinsMixin:
    def __add__(self, other):
        return self.__class__.__getattr__(self, '__add__')(other)
    def __str__(self):
        return self.__class__.__getattr__(self, '__str__')()
    def __getitem__(self, index):
        return self.__class__.__getattr__(self, '__getitem__')(index)
    def __call__(self, *args, **kargs):
        return self.__class__.__getattr__(self, '__call__')(*args, **kargs)
    # 다른 필요한 것들은 여기에 추가


def accessControl(failIf):
    def onDecorator(aClass):
        class onInstance(BuiltinsMixin):
            ...나머지 부분은 변경 사항 없음...
            def __getattr__(self, attr): ...
            def __setattr__(self, attr, value): ...

class BuiltinsMixin:
```

```
        def __add__(self, other):
            return self._wrapped + other     # _wrapper를 가정함
        def __str__(self):                   # __getattr__ 건너뜀
            return str(self._wrapped)
        def __getitem__(self, index):
            return self._wrapped[index]
        def __call__(self, *args, **kargs):
            return self._wrapped(*args, **kargs)
        # 다른 필요한 것들은 여기에 추가


def accessControl(failIf):
    def onDecorator(aClass):
        class onInstance(BuiltinsMixin):
            ...그리고 self.__wrapped 대신 self._wrapped 사용...
            def __getattr__(self, attr): ...
            def __setattr__(self, attr, value): ...
```

이 혼합 슈퍼클래스들 중 어느 것도 관련 없는 코드이겠지만 한 번은 반드시 구현되어야 하
며, 필수 메소드들이 중복으로 들어 있는 각 프록시 클래스를 배포하는 온라인에서 찾아볼
수 있는 다양한 메타클래스 또는 데코레이터 기반의 도구 방식보다 훨씬 더 간단하다(이러한 도
구들의 배경이 되는 원칙에 대해서는 40장의 클래스 보강 예제를 보도록 하자).

코드 변형: 라우터, 디스크립터, 자동화   물론 이전 절의 혼합 슈퍼클래스들 모두 추가적으로 코
드를 변경하여 개선할 수 있지만, 대부분의 내용은 넘어가도록 하고 여기에서는 간단히 언급
할 가치가 있는 두 가지 변형에 대해서만 짚고 넘어가도록 하자. 우선, **첫 번째** 혼합 클래스에
대한 다음의 변형을 비교해 보자. 더 단순한 코딩 구조를 사용하지만, 내장 연산당 추가 호출
이 발생하므로 속도가 느려질 수 있다(하지만 프록시의 경우에는 그리 심각하지는 않을 것이다).

```
class BuiltinsMixin:
    def reroute(self, attr, *args, **kargs):
        return self.__class__.__getattr__(self, attr)(*args, **kargs)

    def __add__(self, other):
        return self.reroute('__add__', other)
    def __str__(self):
        return self.reroute('__str__')
    def __getitem__(self, index):
        return self.reroute('__getitem__', index)
    def __call__(self, *args, **kargs):
        return self.reroute('__call__', *args, **kargs)
    # 다른 필요한 것들은 여기에 추가
```

둘째로, 모든 이전의 내장 혼합 클래스들은 각 연산자 오버로딩 메소드를 **명시적**으로 코딩하였으며, 해당 연산에 대한 **호출**을 가로챘다. 이와 다른 코딩 방식으로 우리는 대신 이름들의 리스트로부터 기계적으로 메소드를 **생성**할 수 있으며, 이전 장의 클래스 레벨의 디스크립터를 생성함으로써 호출에 앞서 발생한 속성 **가져오기**만을 가로챘다. 두 번째 혼합 클래스 방식처럼 프록시 인스턴스 자체에서 프록시된 객체가 _wrapped로 명명된다고 가정한 다음 예제에서와 같이 말이다.

```python
class BuiltinsMixin:
    class ProxyDesc(object):                                # 2.X에서는 object
        def __init__(self, attrname):
            self.attrname = attrname
        def __get__(self, instance, owner):
            return getattr(instance._wrapped, self.attrname)   # _wrapped로 가정

    builtins = ['add', 'str', 'getitem', 'call']              # 다른 것들도 추가
    for attr in builtins:
        exec('__%s__ = ProxyDesc("__%s__")' % (attr, attr))
```

이 코딩 방식은 가장 간결한 반면, 가장 암묵적이고 복잡하므로 공유된 이름에 의해 서브클래스들과 매우 단단하게 연결되어 있다. 이 클래스의 마지막에 있는 루프는 다음과 동일하며, 혼합 클래스의 지역 범위에서 실행된다. 이는 나중의 연산 호출 자체를 잡아내는 대신, 초기 이름 검색에서 __get__ 내에 내장 객체로부터 가져옴으로써 대응하는 디스크립터를 생성한다.

```python
__add__ = ProxyDesc("__add__")
__str__ = ProxyDesc("__str__")
...등등...
```

추가되는 이러한 연산자 오버로딩 메소드로 (인라인 또는 혼합 클래스들로부터의 상속을 통해) +와 print를 __add__와 __str__로 오버로딩한 이전 Private 예제 클라이언트는 2.X와 3.X에서 인덱싱과 호출을 오버로딩한 서브클래스가 그렇듯이 올바르게 동작한다. 더 실험해 보고자 한다면, 이 책의 예제 패키지에 있는 access2_builtins*.py 파일에서 이 방식의 완전한 코딩을 찾아보자. 또한, 이 장의 마지막 퀴즈에 대한 해답에서는 세 번째 혼합 클래스 방식을 사용할 것이다.

연산자 메소드는 검증되어야만 하는가?

일반적으로 인터페이스 프록시가 호출을 정확하게 위임하기 위해서는 연산자 오버로딩 메소드의 지원을 추가하는 것이 필요하다. 하지만 특정한 프라이버시에 민감한 응용 프로그램에

서는 몇 가지 추가적인 설계 옵션을 선택할 수 있다. 특히, 연산자 오버로딩 메소드의 프라이버시는 구현에 따라 달라진다.

- 이 메소드들은 __getattr__를 호출하고, 경로 변경(rerouter) 혼합 클래스들은 접근되는 모든 __X__ 이름들이 Public 데코레이션에 나열되거나, 연산자 오버로딩이 클라이언트에 존재할 때 Private을 대신 사용해야 한다. 오버로딩을 많이 사용하는 클래스에서 Public은 비실제적일 수 있다.

- 인라인 기법과 self._wrapped 혼합 클래스 모두 __getattr__를 전부 건너뛰기 때문에 여기에서 코딩한 대로 이러한 제약을 갖지 않지만 내장 연산이 개별 속성이 되는 것을 막으며, 이름에 의한 명시적인 __X__ 호출과 2.X의 기본 레거시 클래스로부터 내장 연산을 전달하는 것을 비대칭적으로 동작하게 한다.

- 파이썬 2.X 레거시 클래스는 첫 번째 아이템의 제약을 가지는데, 모든 __X__ 이름들이 자동으로 __getattr__를 통해 전달되기 때문이다.

- 연산자 오버로딩 이름과 프로토콜은 2.X와 3.X에서 달라서, 진정한 버전 중립적인 데코레이션을 만드는 것은 작업량이 만만치 않다(Public 데코레이터는 양쪽 버전에서의 이름들을 모두 나열해야 할 것이다).

여기서 마지막 정책은 추후 결정 사항으로 두기로 하겠지만, 일부 인터페이스 프록시는 __X__ 연산자 이름이 위임될 때 항상 검사되지 않고 전달되도록 허용하는 것을 선호한다.

하지만 일반적인 경우, 3.X 새 형식 클래스들을 위임 프록시로 만들기 위해서는 상당한 분량의 추가 코드가 필요하다. 원칙적으로, 더 이상 자동으로 일반 인스턴스 속성으로 실행되지 않는 모든 연산자 오버로딩 메소드는 이 프라이버시 데코레이터 같은 일반적인 도구 클래스에서 중복으로 정의되어야만 할 것이다. 이는 이 확장이 우리 코드에서 생략된 이유다. 아마 그런 메소드가 50개 이상은 될 것이다! 파이썬 3.X에서는 모든 클래스가 새 형식 클래스이기 때문에 위임 기반의 코드는 더 어렵지만 불가능한 것은 아니다.

다른 방식으로 구현하기: __getattribute__ 삽입, 호출 스택 검사

래퍼에 연산자 오버로딩 메소드를 중복으로 정의하는 것이 아마도 이전 절에서 보았던 파이썬 3.X의 딜레마를 피해 가는 가장 간단한 방법이기는 하지만, 그렇다고 해서 유일한 방법은 아니다. 여기서는 이 이슈에 대해서 더 깊게 다루지 않을 것이며, 여러분이 직접 실습해 볼 부분으로 남겨 둘 것이다. 그러나 한 가지 대안이 클래스 개념에 대해 잘 보여 주기 때문에 간단히 언급하고자 한다.

프라이버시 예제의 한 가지 취약점은 인스턴스 객체들이 실제로 원래 클래스의 인스턴스들이 아니라는 점이다. 대신 이들은 래퍼(wrapper)의 인스턴스들이다. 타입 테스트에 의존하는 프로그램이라면 이 사실이 문제가 될 수 있다. 그러한 경우를 지원하기 위해서 우리는 그 인스턴스에서 이뤄지는 모든 속성 참조와 할당을 잡아내기 위해 __getattribute__와 __setattr__ 메소드를 원래의 클래스에 삽입함으로써 비슷한 결과를 얻을 수 있다. 이 삽입된 메소드들은 이전 장에서 배운 기법을 이용하여 유효한 요청을 자신의 슈퍼클래스에 전달함으로써 루프를 피한다. 우리 클래스 데코레이터의 코드는 아마 이렇게 바뀔 것이다.

```python
# 메소드 삽입: access2.py code의 나머지 부분은 이전과 동일

def accessControl(failIf):
    def onDecorator(aClass):
        def getattributes(self, attr):
            trace('get:', attr)
            if failIf(attr):
                raise TypeError('private attribute fetch: ' + attr)
            else:
                return object.__getattribute__(self, attr)

        def setattributes(self, attr, value):
            trace('set:', attr)
            if failIf(attr):
                raise TypeError('private attribute change: ' + attr)
            else:
                return object.__setattr__(self, attr, value)

        aClass.__getattribute__ = getattributes
        aClass.__setattr__ = setattributes          # 접근자 추가
        return aClass                                 # 원래 클래스 반환
    return onDecorator
```

이 방식은 타입 테스트 이슈는 해결했지만, 다른 문제를 안고 있다. 그중 하나는 새 형식 클래스 클라이언트만 이 데코레이터를 사용할 수 있다는 것이다. __getattribute__는 새로운 형식에만 적용되는 도구(__setattr__와 동일하게)이기 때문에 2.X에서 데코레이트된 클래스는 그 목적에 적절할 수도, 그렇지 않을 수도 있는 새로운 형식의 파생을 사용해야 한다. 실제로, 지원되는 클래스들은 더 제한적이다. 메소드를 삽입하는 것은 __setattr__와 __getattribute__를 이미 사용하고 있는 클라이언트들을 훼손시킬 것이다.

더 나쁜 점은 이 기법은 이전 절에서 설명한 내장 연산 속성 이슈를 해결하지 못한다는 것인데, __getattribute__는 이 경우에서도 실행되지 않기 때문이다. 우리의 경우, 만약 Person이 __str__을 가지고 있다면 프린트 연산에 의해 실행되겠지만, 이는 그 연산이 실제로 그 클래스에 존재하기 때문이다. 이전처럼 __str__ 속성은 일반적으로 삽입된 __getattribute__ 메소드로 라우팅되지 않는다. 프린팅은 이 메소드를 완전히 우회하여 그 클래스의 __str__을 직접 호출할 것이다.

이 방식이 감싸인 객체에서 연산자 오버로딩 메소드를 지원하지 않는 것보다는 낫지만(최소한 재정의는 막는다), 여전히 __X__ 메소드들 중 어느 것도 개별적(private)일 수 없게 하므로 이들을 가로채고 검사할 수가 없다. 연산자 오버로딩 메소드들이 개별적이어야 하느냐는 별개의 문제이지만, 이 구조는 그 가능성을 막는다.

또 더 나쁜 점은 이 래퍼를 사용하지 않는 방식은 __getattribute__와 __setattr__를 데코레이트된 클래스에 추가함으로써 동작하기 때문에 **클래스 자체**가 속성에 접근하는 것까지 잡아내며, 외부로부터의 접근과 동일하게 이 접근을 검증한다는 것이다. 즉, 클래스 자체의 메소드 조차도 자신의 개별 이름을 사용할 수 없게 된다. 이것이 메소드 삽입 방식의 버그다.

실제로 이 메소드들을 이 방식으로 삽입하는 것은 기능적으로 이들을 **상속받는** 것과 동일하며, 30장의 원래 프라이버시 코드와 동일한 제약을 갖게 된다. 속성 접근이 클래스 내부로부터 비롯되었는지 또는 외부로부터 비롯되었는지를 알기 위해, 우리 메소드들은 파이썬 **호출 스택**의 프레임 객체를 검사할 필요가 있다. 이것은 궁극적으로 해결책을 만들어내지만(예를 들어, 스택을 검사하고 외부에서의 접근만 검증하는 프로퍼티 또는 디스크립터로 개별 속성을 구현하는 것), 이는 접근 속도를 더 느리게 하는 데다 우리가 여기에서 탐색하기에는 너무 어두운 마법에 가까운 방식이다(디스크립터는 마치 모든 것을 가능하게 하는 듯하다. 심지어 그래서는 안 되는 순간에도 말이다!).

이 메소드 삽입 기법이 흥미롭고 아마 다른 사례에는 적절할 수 있지만, 우리의 목표를 달성하지는 못한다. 우리는 다음 장에서 메타클래스와 함께 클래스 보완 기법에 대해 학습할 예정이므로 이 방식의 코딩 패턴에 대해 여기에서 더 알아보지는 않을 것이다. 거기서 보게 되겠지만 메타클래스는 클래스를 이 방식으로 변경하는 데 반드시 필수적이지는 않은데, 클래스 데코레이터가 종종 동일한 역할을 수행할 수 있기 때문이다.

파이썬은 제어와 관련된 것이 아님

파이썬 코드에 대해 Private과 Public 속성 선언을 구현하는 방식에 대해 꽤 길게 설명하였기 때문에 다시 한번 여러분이 상기해야 할 점은 이처럼 여러분의 클래스에 접근 제어 추가는 전혀 파이썬스럽지 않다는 것이다. 실제로, 대부분의 파이썬 프로그래머들은 이 예제가 실제 데코레이터를 보여 주는 예시 외에는 대체로 또는 아예 상관없다고 여길 것이다. 큰 규모의 파이썬 프로그램 대부분은 이러한 제어 없이도 성공적으로 작업을 해낸다.

그렇긴 하지만, 여러분은 이 도구가 개발 기간 동안에 제한된 범위에서 유용하다 여길 수도 있다. 여러분이 코딩 실수를 피하기 위해 속성에 대한 접근을 통제한 경험이 있거나, C++ 또는 자바에 대한 경험을 가진 프로그래머라면, 대부분의 일은 파이썬의 연산자 오버로딩과 내부 검사 도구들로 가능하다.

예제: 함수 인수 검사하기

데코레이터 사용의 마지막 예제로, 이 절에서는 함수 또는 메소드에 전달된 인수들이 유효한 숫자 범위 내에 있는지 여부를 자동으로 테스트하는 **함수 데코레이터**를 개발한다. 이는 개발 또는 제품 서비스 동안 사용되도록 설계되었으며, 유사한 작업에 대한 템플릿으로도 사용될 수 있다(**CM** 반드시 필요하다면, 인수 타입 테스트에도 활용 가능하다). 이 장의 분량 한도에 거의 도달한 관계로 이 예제의 코드는 설명이 거의 없는 자가 학습용이다. 여느 때처럼 더 자세한 내용은 코드를 통해 확인하자.

목표

28장의 객체 지향 튜토리얼에서 우리는 전달된 percent를 기반으로 사람을 나타내는 객체에 급여를 인상해 주는 클래스를 작성했다.

```
class Person:
    ...
    def giveRaise(self, percent):
        self.pay = int(self.pay * (1 + percent))
```

거기에서 만약 코드를 좀 더 완전하게 만들기를 원한다면, 전달된 백분율이 너무 크지도 너무 작지도 않음을 확인하기 위해 검사하는 것이 좋을 것이라고 이야기했었다. 우리는 인라인 테스트를 사용하여 메소드 자체에서 if 또는 assert문으로 이러한 검사를 구현할 수 있다.

```
class Person:
    def giveRaise(self, percent):              # 인라인 코드로 검증
        if percent < 0.0 or percent > 1.0:
            raise TypeError, 'percent invalid'
        self.pay = int(self.pay * (1 + percent))

class Person:                                  # assert문을 이용한 검증
    def giveRaise(self, percent):
        assert percent >= 0.0 and percent <= 1.0, 'percent invalid'
        self.pay = int(self.pay * (1 + percent))
```

하지만 이 방식은 개발 과정에만 효용성이 있는 인라인 테스트로 메소드를 어수선하게 만든
다. 또한, 보다 복잡한 경우라면 이 작업은 자칫 지루해질 수 있다(바로 이전 절의 데코레이터가
제공하는 속성 프라이버시를 구현하기 위한 코드를 일일이 추가한다고 상상해 보자). 그것보다 더 나쁜
점은 만약 검증 로직을 변경해야 할 경우, 그 많은 인라인 코드들을 일일이 찾아서 업데이트해
주어야 한다는 것이다.

더 유용하고 흥미로운 대안은 지금부터 앞으로 우리가 작성하는 어떤 함수나 메소드의 인수
들에 대해서 자동으로 범위 테스트를 수행할 수 있는 범용 도구를 개발하는 것이다. 데코레이
터 방식은 이를 명시적이고 편리하게 해준다.

```
class Person:
    @rangetest(percent=(0.0, 1.0))          # 검증을 위해 데코레이터를 사용함
    def giveRaise(self, percent):
        self.pay = int(self.pay * (1 + percent))
```

검증 로직을 데코레이터에 분리시키는 것은 클라이언트와 코드 유지보수를 단순화시켜준다.

여기서 우리의 목표는 이전 장의 마지막 예제에서 작성된 속성 검증과는 다르다. 여기에서 우
리는 설정된 **속성값**보다는 전달된 함수 인수의 값을 검사한다. 파이썬의 데코레이터와 내부 검
사 도구들은 우리가 이 새로운 작업을 그냥 쉽게 코딩할 수 있도록 해준다.

위치적 인수에 대한 기본 범위 테스트 데코레이터

기본 범위 테스트 구현으로 시작해 보자. 일을 단순하게 하기 위해 위치적 인수에만 동작하는
데코레이터를 코딩하는 것으로 시작하고, 이 위치적 인수들은 모든 호출에서 항상 동일한 위

치에 등장한다고 가정하자. 이 인수들은 키워드 이름으로 전달될 수 없고 호출에서 추가적인 **args 키워드들을 지원하지 않는데, 이것이 데코레이터에 선언된 위치를 무효화시킬 수 있기 때문이다. 다음을 파일 rangetest1.py에 코딩해 보자.

```python
def rangetest(*argchecks):              # 위치적 인수의 범위 검증
    def onDecorator(func):
        if not __debug__:               # 만약 "python -O main.py args..."이라면
            return func                 # 아무 작업도 하지 않음: 원래 함수를 직접 호출
        else:                           # 그 외의 경우: 디버깅하는 동안 래퍼 적용
            def onCall(*args):
                for (ix, low, high) in argchecks:
                    if args[ix] < low or args[ix] > high:
                        errmsg = 'Argument %s not in %s..%s' % (ix, low, high)
                        raise TypeError(errmsg)
                return func(*args)
            return onCall
    return onDecorator
```

지금 이 코드는 주로 앞에서 살펴보았던 코딩 패턴을 거의 그대로 반복한 것이다. 데코레이터 인수, 상태 정보 유지를 위한 중첩 범위 등을 사용한다.

또한 앞에서 배웠듯이, 단순 함수와 메소드 모두에서 동작할 수 있도록 중첩된 def문을 사용한다. 클래스의 메소드를 위해 사용되는 경우, onCall은 *args의 첫 번째 아이템에 대상 클래스의 인스턴스를 받고 이를 원래 메소드 함수의 self에 전달한다. 이 경우 범위 테스트할 인수 숫자는 0이 아니라 1에서부터 시작한다.

여기에서 새로운 점은 내장 변수인 __debug__를 사용한다는 점이다. 파이썬은 –O 최적화 명령 라인 플래그 없이 실행할 경우(**예** python –O main.py) 이 값을 True로 설정한다. __debug__가 False인 경우, 데코레이터는 부가적인 나중의 호출과 그로 인한 성능 저하를 피하기 위해 아무 변경 없이 원래의 함수를 반환한다. 즉 데코레이터는 –O이 사용되는 경우, 여러분 코드에서 데코레이션 코드를 물리적으로 삭제할 것을 요구하지 않고, 자동으로 확장 로직을 제거한다.

이 첫 번째 반복(iteration) 솔루션은 다음처럼 사용된다.

```python
# rangetest1_test.py 파일
from __future__ import print_function # 2.X
from rangetest1 import rangetest
print(__debug__)                        # 만약 "python –O main.py"이라면 False

@rangetest((1, 0, 120))                 # persinfo = rangetest(...)(persinfo)
```

```
def persinfo(name, age):                        # age는 0..120 사이에 있어야...
    print('%s is %s years old' % (name, age))

@rangetest([0, 1, 12], [1, 1, 31], [2, 0, 2009])
def birthday(M, D, Y):
    print('birthday = {0}/{1}/{2}'.format(M, D, Y))

class Person:
    def __init__(self, name, job, pay):
        self.job = job
        self.pay = pay

    @rangetest([1, 0.0, 1.0])                    # giveRaise = rangetest(...)(giveRaise)
    def giveRaise(self, percent):                # 여기에서 Arg 0은 self 인스턴스임
        self.pay = int(self.pay * (1 + percent))

# 주석 처리된 줄은 셸 명령 라인에서 "python -O"를 사용하지 않으면 TypeError 발생

persinfo('Bob Smith', 45)                        # 실제로 onCall(...)을 상태 정보와 함께 실행
#persinfo('Bob Smith', 200)                      # 만약 -O 명령 라인 인수가 사용되면 person 실행

birthday(5, 31, 1963)
#birthday(5, 32, 1963)

sue = Person('Sue Jones', 'dev', 100000)
sue.giveRaise(.10)                               # 실제로 onCall(self, .10)을 실행
print(sue.pay)                                   # 또는 -O의 경우 giveRaise(self, .10) 실행
#sue.giveRaise(1.10)
#print(sue.pay)
```

이 코드에서 유효한 호출이 실행되면, 다음 결과가 나온다(이 절의 모든 코드는 파이썬 2.X와 3.X에서 동일하게 동작하는데, 함수 데코레이터가 두 버전에서 모두 지원되며, 속성 위임을 사용하지 않고 버전 중립적인 예외 생성과 프린팅 기법을 사용하기 때문이다).

```
C:\code> python rangetest1_test.py
True
Bob Smith is 45 years old
birthday = 5/31/1963
110000
```

데코레이터가 TypeError를 일으킬 만한 유효하지 않은 호출에 대한 주석 처리를 제거해 보자. 여기에서는 마지막 두 줄이 실행되도록 했을 때 결과를 보여 준다(지면 절약을 위해 에러 메시지 텍스트 일부를 생략하였다).

```
C:\code> python rangetest1_test.py
True
Bob Smith is 45 years old
birthday = 5/31/1963
110000
TypeError: Argument 1 not in 0.0..1.0
```

파이썬을 시스템 명령 라인에서 -O 플래그로 실행하는 것은 범위 테스트를 비활성화시킬 뿐 아니라 래핑(wrapping) 계층으로 인한 성능 오버헤드를 피하게 한다. 우리는 원래의 장식되지 않은 함수를 직접 호출하는 것으로 마무리한다. 이것이 디버깅 도구로만 사용된다고 가정할 때, 여러분은 제품 서비스 용도로 프로그램을 최적화하기 위해 이 플래그를 사용할 수 있다.

```
C:\code> python -O rangetest1_test.py
False
Bob Smith is 45 years old
birthday = 5/31/1963
110000
231000
```

키워드 인수와 기본값도 수용할 수 있도록 일반화하기

이전 버전은 우리가 사용해야 하는 기본에 대해 보여 주었지만, 너무 제한적이다. 이는 위치에 의해서 전달되는 인수들에 한하여 검증을 지원하며, 키워드 인수들은 검증하지 않는다(실제로, 이 버전은 인수 위치 숫자를 부정확하게 만들도록 키워드 인수들이 전달되지 않는다고 가정한다). 게다가 호출에서는 생략되는 기본값 인수에 대해서는 아무것도 하지 않는다. 만약 여러분의 인수가 모두 위치에 의해 전달되고 기본값이 없으면 문제가 되지 않겠지만, 일반적인 도구로는 이상적이라 볼 수 없다. 파이썬은 아직 우리가 해결하지 않은 좀 더 유연한 인수 전달 모드들을 지원한다.

다음에 보여 주는 우리 예제의 변형이 더 잘 동작할 것이다. 감싸인 함수가 기대하는 인수들과 실제 호출에서 전달되는 실제 인수들을 매칭해서 위치 또는 키워드 이름에 의해 전달되는 인수들의 범위 검증을 지원하며, 호출에서 생략된 기본 인수들을 위한 테스트는 생략한다. 요약하면 검증 대상 인수들은 데코레이터에서 키워드 인수에 의해 기술되며, 이는 나중에 *pargs 위치적 인수에 대한 튜플과 **kargs 키워드 딕셔너리를 통해 검증하게 된다.

```
"""
파일 rangetest.py: 어떤 함수나 메소드에 전달되는 인수들에 대한
범위 테스트 검증을 수행하는 함수 데코레이터

인수들은 데코레이터에 키워드에 의해 기술됨
실제 호출에서 인수들은 위치 또는 키워드로 전달될 수 있으며, 기본값은 생략됨
사례로 rangetest_test.py를 참조하자
"""
trace = True

def rangetest(**argchecks):              # 위치+키워드+기본값 인수에 대한 범위 검증
    def onDecorator(func):               # onCall은 func과 argchecks를 기억
        if not __debug__:                # "python –O main.py args..."가 True일 경우
            return func                  # 만약 디버깅이면 감싸고 아니면 원래 함수 사용
        else:
            code = func.__code__
            allargs = code.co_varnames[:code.co_argcount]
            funcname = func.__name__
            def onCall(*pargs, **kargs):
                # 모든 pargs는 위치에 의해 첫 N개의 인수에 매칭시킴
                # 나머지는 kargs에 있거나, 생략된 기본값
                expected = list(allargs)
                positionals = expected[:len(pargs)]

                for (argname, (low, high)) in argchecks.items():
                    # 검사할 모든 args에 대해
                    if argname in kargs:
                        # 이름에 의해 전달됨
                        if kargs[argname] < low or kargs[argname] > high:
                            errmsg = '{0} argument "{1}" not in {2}..{3}'
                            errmsg = errmsg.format(funcname, argname, low, high)
                            raise TypeError(errmsg)
                    elif argname in positionals:
                        # 위치에 의해 전달됨
                        position = positionals.index(argname)
                        if pargs[position] < low or pargs[position] > high:
                            errmsg = '{0} argument "{1}" not in {2}..{3}'
                            errmsg = errmsg.format(funcname, argname, low, high)
                            raise TypeError(errmsg)
                    else:
                        # 전달되지 않은 인수는 기본값으로 가정
                        if trace:
                            print('Argument "{0}" defaulted'.format(argname))

                return func(*pargs, **kargs)      # OK: 원래 호출 실행
            return onCall
    return onDecorator
```

다음 테스트 스크립트는 어떻게 데코레이터가 사용되는지를 보여 준다. 검증할 인수들은 키워드 데코레이터 인수로 전달된다. 실제 호출에서는 이 인수들을 이름 또는 위치로 전달할 수 있으며, 인수를 생략하여 기본값이 사용되도록 할 수도 있다.

```
"""
파일 rangetest_test.py(3.X + 2.X)
주석 처리된 줄은 셸 명령 라인에서 "python -O"을 사용하지 않으면 TypeError 발생
"""
from __future__ import print_function # 2.X
from rangetest import rangetest

# 함수 테스트: 위치와 키워드 인수

@rangetest(age=(0, 120))                        # persinfo = rangetest(...)(persinfo)
def persinfo(name, age):
    print('%s is %s years old' % (name, age))

@rangetest(M=(1, 12), D=(1, 31), Y=(0, 2013))
def birthday(M, D, Y):
    print('birthday = {0}/{1}/{2}'.format(M, D, Y))

persinfo('Bob', 40)
persinfo(age=40, name='Bob')
birthday(5, D=1, Y=1963)
#persinfo('Bob', 150)
#persinfo(age=150, name='Bob')
#birthday(5, D=40, Y=1963)

# 메소드 테스트: 위치와 키워드 인수

class Person:
    def __init__(self, name, job, pay):
        self.job = job
        self.pay = pay
                                            # giveRaise = rangetest(...)(giveRaise)
    @rangetest(percent=(0.0, 1.0))          # 이름 또는 위치로 전달되는 퍼센트
    def giveRaise(self, percent):
        self.pay = int(self.pay * (1 + percent))

bob = Person('Bob Smith', 'dev', 100000)
sue = Person('Sue Jones', 'dev', 100000)
bob.giveRaise(.10)
sue.giveRaise(percent=.20)
print(bob.pay, sue.pay)
#bob.giveRaise(1.10)
#bob.giveRaise(percent=1.20)

# 생략된 기본 인수 테스트: 생략
```

```
@rangetest(a=(1, 10), b=(1, 10), c=(1, 10), d=(1, 10))
def omitargs(a, b=7, c=8, d=9):
    print(a, b, c, d)

omitargs(1, 2, 3, 4)
omitargs(1, 2, 3)
omitargs(1, 2, 3, d=4)
omitargs(1, d=4)
omitargs(d=4, a=1)
omitargs(1, b=2, d=4)
omitargs(d=8, c=7, a=1)

#omitargs(1, 2, 3, 11)              # 잘못된 d
#omitargs(1, 2, 11)                 # 잘못된 c
#omitargs(1, 2, 3, d=11)            # 잘못된 d
#omitargs(11, d=4)                  # 잘못된 a
#omitargs(d=4, a=11)                # 잘못된 a
#omitargs(1, b=11, d=4)             # 잘못된 b
#omitargs(d=8, c=7, a=11)           # 잘못된 a
```

이 스크립트가 실행되면 범위를 벗어난 인수들은 이전처럼 예외를 일으키지만, 인수들은 이름 또는 위치로 전달되며, 생략된 기본 인수들은 검증되지 않을 것이다. 이 코드는 2.X와 3.X 모두에서 동작한다. 스스로 실험해 보는 차원에서 이 결과를 따라가 보고 더 테스트해 보자. 이전과 같이 동작하지만, 그 적용 범위는 넓어졌다.

```
C:\code> python rangetest_test.py
Bob is 40 years old
Bob is 40 years old
birthday = 5/1/1963
110000 120000
1 2 3 4
Argument "d" defaulted
1 2 3 9
1 2 3 4
Argument "c" defaulted
Argument "b" defaulted
1 7 8 4
Argument "c" defaulted
Argument "b" defaulted
1 7 8 4
Argument "c" defaulted
1 2 8 4
Argument "b" defaulted
1 7 7 8
```

데코레이터 로직을 비활성화하는 –O 명령 라인 인수를 파이썬에 전달하지 않는 한 메소드 테스트 라인 중 하나를 주석 처리를 빼고 실행하면, 검증 에러로 이전처럼 예외가 발생하게 된다.

```
TypeError: giveRaise argument "percent" not in 0.0..1.0
```

구현 상세

이 데코레이터 코드는 내부 검사 API와 인수 전달의 미묘한 제약에 기대고 있다. 원론적으로 말하자면 파이썬의 인수 매칭 로직 전체를 모방하여 어떤 이름이 어떤 모드로 전달되는지를 살펴볼 수도 있지만, 우리가 만들고자 하는 도구에는 너무 복잡한 일이다. 호출 시 실제 인수가 어느 위치에 등장하는지를 결정하기 위해, 모든 함수가 기대하는 인수들의 이름을 이름에 의해 전달된 인수들과 매칭할 수 있다면 더 좋을 것이다.

함수 내부 검사

함수 객체와 이와 관련한 코드 객체에서 사용할 수 있는 내부 검사 API가 정확히 우리가 필요로 하는 도구를 가지고 있다. 이 API는 19장에서 간단히 소개하였지만, 여기에서 실제로 사용해 보게 될 것이다. 함수가 기대하는 인수의 이름들은 함수 코드 객체에 첨부된 처음 N개의 변수 이름들이다.

```
# 파이썬 3.X(그리고 호환성을 위해 2.6+)
>>> def func(a, b, c, e=True, f=None):      # Args: 세 개는 필수. 두 개는 기본 인수
        x = 1                               # 두 개의 지역 변수
        y = 2

>>> code = func.__code__                    # 함수 객체의 코드 객체
>>> code.co_nlocals
7
>>> code.co_varnames                        # 모든 지역 변수 이름들
('a', 'b', 'c', 'e', 'f', 'x', 'y')
>>> code.co_varnames[:code.co_argcount]     # <== 처음 N 지역 변수가 기대되는 인수들
('a', 'b', 'c', 'e', 'f')
```

보통 때처럼 호출 프록시에서 **별** 표시된 인수 이름은 함수의 내부 검사 API로부터 얻은 기대되는 인수들에 매칭될 임의 개수의 인수들을 모을 수 있게 해준다.

```
>>> def catcher(*pargs, **kargs): print('%s, %s' % (pargs, kargs))

>>> catcher(1, 2, 3, 4, 5)
(1, 2, 3, 4, 5), {}
>>> catcher(1, 2, c=3, d=4, e=5)          # 호출 시 인수들
(1, 2), {'d': 4, 'e': 5, 'c': 3}
```

함수 객체의 API는 더 오래된 파이썬에서도 사용 가능하지만, 2.5와 그 이전 버전에서는 func.__code__ 속성의 이름이 func.func_code의 이름으로 사용된다. 신규 __code__ 속성은 이식성을 위해 2.6과 그 이후 버전에서 중복으로 제공된다. 더 자세한 내용이 궁금하다면, 함수와 코드 객체에 dir 호출을 실행해 보자. sys.version_info 결과 자체는 유사하게 이식성이 없긴 하지만, 다음과 같은 코드는 2.5와 그 이전 버전을 지원한다. sys.version_info는 최근 파이썬에서는 지정된 튜플이지만, 신/구 파이썬에서 똑같이 오프셋을 사용할 수 있다.

```
>>> import sys                            # 하위 버전 호환성을 위해
>>> tuple(sys.version_info)               # [0]은 주요 릴리즈 숫자
(3, 3, 0, 'final', 0)
>>> code = func.__code__ if sys.version_info[0] == 3 else func.func_code
```

인수에 대한 가정

데코레이트된 함수가 기대하는 인수 이름들이 주어졌을 때, 이 해법은 파이썬이 인수 전달 순서에 부과한 두 가지 제약에 기대고 있다(이들은 현행 2.X와 3.X 릴리즈에서 여전히 유효하다).

• 호출에서 모든 위치적 인수들은 모든 키워드 인수들 전에 등장한다.

• def에서 모든 기본 인수가 아닌 인수들은 모든 기본 인수들 전에 등장한다.

즉, 일반적으로 함수 호출에서 키워드가 아닌 인수는 키워드 인수 뒤에 나올 수 없으며, 함수 정의에서 기본 인수가 아닌 인수는 기본 인수 뒤에 나올 수 없다. 모든 'name = value' 구문은 양쪽 모두에서 단순한 'name' 후에 등장해야만 한다. 또한 파이썬은 위치에 의해 전달된 인수 값을 함수 헤더의 왼쪽에서 오른쪽 순서로 인수 이름에 매치시키므로 이 값들은 항상 헤더에서 가장 왼쪽의 이름들에 매치된다. 키워드는 대신 이름에 의해 매치되며, 하나의 주어진 인수는 단 하나의 값만 받을 수 있다.

우리의 작업을 단순화하기 위해, 호출이 일반적으로 유효하다 가정할 수도 있다. 즉, 모든 인수들은 이름 또는 위치에 의해 값을 받거나 기본 인수를 사용하기 위해 의도적으로 생략될 것이다. 이 가정이 늘 유효하지는 않는데, 래퍼 로직이 유효성을 테스트할 때 실제로 함수가 호

출된 것은 아니기 때문이다. 그 호출은 나중에 래퍼 계층에 의해 작동될 때 부정확한 인수 전달로 인해 실패할 수도 있다. 더 이상 래퍼가 실패하지 않도록 하는 한, 우리는 호출의 유효성을 처리할 수 있다. 이것은 실제로도 도움이 되는데, 실제로 호출되기 전에 이를 검증하는 것은 파이썬 인수 매칭 알고리즘을 전부 에뮬레이트해야 하기 때문이다. 다시 말하지만, 우리 도구를 위한 절차를 너무 복잡하게 만든다.

매칭 알고리즘

이제, 이 제약과 가정하에서 해당 알고리즘을 이용하여 키워드와 생략된 기본 인수들을 허용할 수 있게 되었다. 호출을 가로채면 다음의 가정과 추론을 해볼 수 있다.

1. N은 *pargs 튜플의 길이로부터 얻은 전달받은 위치적 인수들의 숫자로 가정하자.

2. *pargs의 모든 N개의 위치적 인수들은 함수의 코드 객체로부터 가져온 처음 N개의 기대 인수에 매치시켜야 한다. 이는 앞에서 다루었던 파이썬의 호출 순서 규칙에 따르면 함수 호출 시 모든 위치 변수들이 키워드 변수보다 우선하기 때문이다.

3. 실제로 위치에 의해 전달되는 인수들의 이름을 얻기 위해, 모든 기대되는 인수의 리스트를 전달받은 위치적 인수들의 튜플인 *pargs의 길이 N만큼 슬라이스할 수 있다.

4. 처음 N개의 기대 인수들 뒤의 인수들은 키워드에 의해 전달되거나, 호출에서 생략되어 기본 인수를 사용하게 된다.

5. 데코레이터에 의해 검증될 각 인수 이름에 대해:

   a. 만약 이름이 **kargs에 있다면, 이름에 의해 전달된 것이다. **kargs를 인덱싱하면 전달된 값을 얻을 수 있다.

   b. 만약 이름이 처음 N개의 기대 인수들에 있다면, 위치에 의해 전달된 것이다. 기대 인수들의 리스트에서의 상대적 위치는 *pargs에서 상대적 위치를 알려 준다.

   c. 그렇지 않은 인수에 대해서, 우리는 호출에서 생략되었고 기본 인수를 사용하게 되므로 검사할 필요가 없다고 가정할 수 있다.

즉, *pargs의 처음 N개의 실제 전달된 위치적 인수들은 모든 기대되는 인수들의 리스트의 처음 N개의 인수 이름들에 매치되어야 하며, 그 외 나머지는 키워드에 의해 전달되어 **kargs에 존재하거나 기본 인수라 가정함으로써 호출에서 생략된 인수들에 대한 테스트를 생략할 수 있다. 이 기법하에 데코레이터는 가장 오른쪽의 위치적 인수와 가장 왼쪽의 키워드 인수 사이, 키워드 인수들 사이 또는 일반적으로 가장 오른쪽의 위치적 인수들 다음에 생략된 인수에 대한 검사를 생략할 것이다.

알려진 문제점들

우리의 범위 테스트 도구는 계획대로 동작하겠지만 세 가지 경고 사항이 남아 있다. 이것은 유효하지 않은 호출을 감지하지 않고, 일부 임의의 인수 시그니처를 처리하지 않으며, 중첩 구조를 완전히 지원하지 않는다. 이를 개선하려면 이 코드를 확장하거나 완전히 다른 방식으로 접근해야 할 것이다. 이 이슈에 대해 간단히 설명하면 다음과 같다.

유효하지 않은 호출

우선 앞에서 언급했듯이, **유효하지 않은** 원래 함수에 대한 호출은 여전히 우리의 마지막 데코레이터에서 실패한다. 예를 들어, 다음은 예외를 일으킨다.

```
omitargs()
omitargs(d=8, c=7, b=6)
```

그러나 이들은 우리가 래퍼 마지막에서 원래의 함수를 작동시키려할 때만 실패할 것이다. 이를 피하기 위해 파이썬의 인수 매칭을 모방할 수도 있지만, 그래야 할 이유가 많지 않다. 그 호출은 이 시점에서 어쨌든 실패하기 때문에 우리는 파이썬의 인수 매칭 로직이 우리를 위해 문제를 탐지하도록 만들 수도 있다.

임의의 인수들

둘째로, 최종 버전은 위치적 인수, 키워드 인수, 그리고 생략된 기본 인수들을 처리한다. 하지만 이미 그 자체가 임의 개수의 인수 자체를 받는 데코레이트된 함수에서는 *pargs와 **kargs 인수 이름에 대해서는 어떠한 명시적인 처리도 하지 않는다. 사실 우리의 목적만을 위해서라면 이 인수들에 대해 신경 쓸 필요가 없겠지만, 그래도 다음 항목은 짚어 두고 넘어가자.

- 만약 부가적 **키워드** 인수가 전달된다면 그 이름은 **kargs에 등장하고, 데코레이터에 언급되어 있다면 일반적으로 테스트될 수 있다.
- 부가적 키워드 인수가 전달되지 **않는다면** 그 이름은 **kargs 또는 슬라이스된 예상 위치적 인수들의 리스트에 존재하지 않을 것이므로 검사되지 않는다. 이 인수가 실제로는 선택적인 추가 인수라 하더라도 기본 인수처럼 처리될 것이다.

- 부가적인 위치적 인수가 전달된다면, 데코레이터에서 이를 참조할 수 있는 방법이 없다. 그 이름은 **kargs나 슬라이스된 기대 인수들 리스트에 존재하지 않기 때문에 단순히 생략된다. 이러한 인수들은 함수 정의에도 기술되지 않으므로, 데코레이터에 주어진 이름을 기대 인수 리스트의 상대적 위치에 매핑시킬 수 있는 방법이 없다.

즉 이것은 이름에 의한 임의의 키워드 인수들을 테스트하는 것은 지원하지만, 지정되지 않은 임의의 위치 인수들을 지원하지는 않기 때문에 함수의 인수 시그너처에 정해진 위치가 없다. 함수 객체의 API 관점에서 데코레이트된 함수에서의 이 도구들의 결과는 다음과 같다.

```
>>> def func(*kargs, **pargs): pass
>>> code = func.__code__
>>> code.co_nlocals, code.co_varnames
(2, ('kargs', 'pargs'))
>>> code.co_argcount, code.co_varnames[:code.co_argcount]
(0, ())

>>> def func(a, b, *kargs, **pargs): pass
>>> code = func.__code__
>>> code.co_argcount, code.co_varnames[:code.co_argcount]
(2, ('a', 'b'))
```

별표 인수 이름들은 지역 변수로 등장하지만, 기대되는 인수들로 나타나지는 않기 때문에 이들은 우리의 매칭 알고리즘에 있어서 인수가 될 수 없다. 함수 헤더에서 이들 앞에 등장하는 이름들은 일반적으로 검증될 수 있지만, 그 외 부가적으로 전달된 인수들은 검증되지 않는다. 원칙적으로 우리는 데코레이트된 함수에서 *pargs를 지원하기 위해 데코레이터의 인터페이스를 확장할 수도 있지만, 이것이 유용한 경우(예 기대되는 인수 리스트의 길이를 넘는 래퍼의 *pargs의 모든 인수들을 테스트하는 특별한 인수 이름)는 극히 드물기 때문에 여기서 이 확장에 대한 내용을 설명하는 것은 넘어가겠다.

데코레이터 중첩

마지막으로 남은 가장 미묘한 이슈는 이 코드의 방식은 단계들을 조합하는 데코레이터 중첩의 사용을 완전히 지원하지 않는다는 것이다. 이는 함수 정의에서의 이름을 사용하는 인수들을 분석하고, 중첩된 데코레이션에 의해 반환된 호출 프록시 함수의 이름들이 원래의 함수 또는 데코레이터 인수들에 존재하는 인수 이름들에 대응하지 않기 때문에 이 코드는 중첩 모드에서의 사용을 완전히 지원하지 않는다.

기술적으로 중첩이 이루어지면 가장 깊이 중첩된 곳에서의 인수에 대해서만 전부 검증한다. 다른 중첩 계층은 키워드에 의해 전달된 인수들만 테스트한다. 그 이유에 대해서는 코드를 따라가 보면서 확인하자. onCall 프록시의 호출 시그니처는 위치 지정 인수를 받아들이지 않으므로 위치로 지정되어 전달된 검증 대상 인수들은 생략된 것과 같이 다루어져 결국 검증 과정이 생략된다.

이는 해당 도구의 접근 방식에서는 자연스러운 일일 것이다. 프록시는 자신의 계층에서 인수 이름 시그니처를 변경하여 데코레이터 인수의 이름을 전달받은 인수 시퀀스의 위치로 직접 매핑하는 것을 불가능하게 한다. 프록시가 존재할 때, 인수 **이름**은 궁극적으로 키워드에만 적용된다. 반면 첫 번째 해법의 인수 **위치**는 프록시를 더 잘 지원할 수 있지만, 키워드를 완전히 지원하지는 않는다.

이 장의 마지막 퀴즈에서는 역시 실제로 중첩에 있어서는 한계가 있는 예제를 제시하고, 그 해답으로 중첩 대신에 이 데코레이터가 단일 데코레이션에서 다양한 유형의 검증을 지원하도록 일반화할 것이다. 이미 이 예제에 할당된 분량에 거의 도달했으니, 이에 대해 더 심화된 개선 방안이 궁금하다면 스스로 실습해 보기를 권한다.

데코레이터 인수 vs 함수 어노테이션

흥미롭게도, 파이썬 3.X(3.0과 그 이후 버전)에서 도입된 함수 어노테이션 특징은 우리 예제에서 범위 테스트를 기술하기 위해 사용한 데코레이터 인수들의 대안을 제공할 수 있다. 19장에서 배웠듯이, 어노테이션은 우리가 def 헤더 라인 자체에 인수와 반환값을 코딩함으로써 이들을 표현식과 연관시킬 수 있게 해준다. 파이썬은 딕셔너리에서 어노테이션을 수집하고, 이를 어노테이션된 함수에 첨부한다.

우리 예제에서는 이를 데코레이터 인수 대신 헤더라인에 범위 한도 값을 코딩하기 위해 사용할 수 있다. 여전히 나중 호출을 가로채기 위해서는 함수를 감싸는 함수 데코레이터가 필요하지만, 근본적으로 다음과 같은 데코레이터 인수 구문을

```
@rangetest(a=(1, 5), c=(0.0, 1.0))
def func(a, b, c):                          # func = rangetest(...)(func)
    print(a + b + c)
```

다음의 어노테이션 구문으로 맞바꾼다.

```
@rangetest
def func(a:(1, 5), b, c:(0.0, 1.0)):
    print(a + b + c)
```

말하자면, 범위 제약 조건이 외부에 코딩되는 대신 함수의 내부로 이동한다는 것이다. 다음 스크립트는 이 두 기법하에서 결과 데코레이터의 구조를 보여 준다. 간결성을 위해 완전한 코드가 아니라 뼈대 구조만 기술하였다. 데코레이터 인수 코드 패턴은 앞서 본 완전한 해법과 동일하다. 어노테이션 방식은 중첩 단계가 하나 줄어들게 되는데, 데코레이터 인수를 상태 정보로 유지할 필요가 없기 때문이다.

```
# 데코레이터 인수 사용(3.X + 2.X)

def rangetest(**argchecks):
    def onDecorator(func):
        def onCall(*pargs, **kargs):
            print(argchecks)
            for check in argchecks:
                pass                       # 여기에 검증 코드 추가
            return func(*pargs, **kargs)
        return onCall
    return onDecorator

@rangetest(a=(1, 5), c=(0.0, 1.0))
def func(a, b, c):                         # func = rangetest(...)(func)
    print(a + b + c)

func(1, 2, c=3)                            # onCall 실행, argchecks는 범위에


# 함수 어노테이션 사용(3.X only)

def rangetest(func):
    def onCall(*pargs, **kargs):
        argchecks = func.__annotations__
        print(argchecks)
        for check in argchecks:
            pass                           # 여기에 검증 코드 추가
        return func(*pargs, **kargs)
    return onCall

@rangetest
def func(a:(1, 5), b, c:(0.0, 1.0)):       # func = rangetest(func)
    print(a + b + c)

func(1, 2, c=3)                            # onCall 실행, 함수에 어노테이션
```

이 두 기법이 실행되면 동일한 검증 테스트 정보에 접근할 수 있지만 다른 형태를 취한다. 데코레이터 인수 버전의 정보는 유효 범위의 인수에 유지되며 어노테이션 버전의 정보는 함수 자체의 속성에 저장된다. 함수 어노테이션을 사용하면 3.X에서만 다음의 결과를 얻을 수 있다.

```
C:\code> py -3 decoargs-vs-annotation.py
{'a': (1, 5), 'c': (0.0, 1.0)}
6
{'a': (1, 5), 'c': (0.0, 1.0)}
6
```

어노테이션 기반의 버전의 나머지 부분을 구체화시키는 일은 각자 실습해 보기 바란다. 그 코드는 앞에서 보았던 완전한 해법의 코드와 동일할 것이다. 이는 범위 테스트 정보가 유효 범위에 있는 대신 단순히 함수에 있기 때문이다. 실제로 이것이 우리에게 제공하는 것은 우리 도구에 대한 다른 사용자 인터페이스다. 이것은 여전히 예전처럼 상대적 위치를 얻기 위해 인수 이름들과 기대되는 인수 이름들을 매치시켜야 할 것이다.

실제로, 이 예제에서 데코레이터 인수 대신 어노테이션을 사용하는 것은 실제로 이 용도를 제한한다. 그중 하나로, 어노테이션은 파이썬 3.X에서만 동작하기 때문에 2.X는 더 이상 지원되지 않는다. 반면에, 인수를 가진 함수 데코레이터는 양 버전 모두에서 동작한다.

더 중요한 점은 검증에 대한 기술을 def 헤더로 옮김으로써, 근본적으로 함수를 단일 역할에 전념하도록 할 수 있다. 어노테이션은 인수당 하나의 표현식만 코딩할 수 있기 때문에 단 하나의 목적만 가질 수 있다. 예를 들어, 우리는 다른 역할로 범위 테스트 어노테이션을 사용할 수 없다.

반면, 데코레이터 인수는 함수 자체의 외부에서 코딩되기 때문에 제거하기 쉽고 더 **일반적**이다. 함수 자체의 코드는 단일 데코레이션 목적을 의미하지 않는다. 결정적으로, 인수를 이용하여 데코레이터를 **중첩**시킴으로써 동일 함수에 대해 여러 보완 단계를 적용할 수 있다. 어노테이션은 직접적으로 단 하나의 보완만 지원한다. 데코레이터 인수를 사용하면, 함수 자체 역시 더 단순하고 일반적인 모습을 유지할 수 있다.

여전히 여러분이 단일 목적을 가지고 있고 3.X만 지원하도록 약속할 수 있다면, 어노테이션과 데코레이터 인수 중 무엇을 선택할 것인가는 대체로 문체에 대한 선택으로, 주관적인 문제다. 인생에서도 마찬가지이지만, 누군가의 데코레이션 또는 어노테이션은 아마도 다른 사람에게는 구문적으로 잡동사니일 것이다!

다른 활용 사례: 타입 테스팅(반드시 해야 한다면!)

데코레이터에서 인수를 처리하기 위해 사용한 코딩 패턴은 다른 경우에서도 적용할 수 있다. 예를 들어, 개발 시점에 인수 데이터 타입을 검사하는 것은 간단한 확장으로 가능하다.

```python
def typetest(**argchecks):
    def onDecorator(func):
        ...
        def onCall(*pargs, **kargs):
            positionals = list(allargs)[:len(pargs)]
            for (argname, type) in argchecks.items():
                if argname in kargs:
                    if not isinstance(kargs[argname], type):
                        ...
                        raise TypeError(errmsg)
                elif argname in positionals:
                    position = positionals.index(argname)
                    if not isinstance(pargs[position], type):
                        ...
                        raise TypeError(errmsg)
                else:
                    # 전달되지 않은 것으로 가정: 기본 인수
            return func(*pargs, **kargs)
        return onCall
    return onDecorator

@typetest(a=int, c=float)
def func(a, b, c, d):                   # func = typetest(...)(func)
    ...

func(1, 2, 3.0, 4)                      # OK
func('spam', 2, 99, 4)                  # 예외를 정확하게 일으킴
```

이런 데코레이터를 위해 이전 절에서 설명한 대로 데코레이터 인수 대신 함수 어노테이션을 사용하는 것은 이 형태를 다른 언어의 타입 선언처럼 보이게 만든다.

```python
@typetest
def func(a: int, b, c: float, d):       # func = typetest(func)
    ...                                 # 헉!...
```

하지만 여기에서 우리는 위험하게도 거의 '산통을 깨는' 지경에 이르렀다. 이 책에서 배워야 했던 것처럼 이 특별한 역할은 실제 코드에서는 일반적으로 나쁜 생각이며, 마치 private 선언처럼 결코 **파이썬답지 않다**(그리고 종종 과거 C++ 프로그래머들이 파이썬을 처음 사용할 때 나타나는 현상이다).

타입을 테스트하는 것은 여러분의 함수가 호환성 있는 **인터페이스**로 어떤 타입에서도 동작할 수 있도록 하는 대신, 특정 타입에서만 동작하도록 제한하게 된다. 실제로, 이는 여러분의 코드를 제한하고 그 **유연성**을 훼손시킨다. 반면에, 모든 역할에는 예외가 있기 마련이다. 타입을 검사하는 것은 디버깅할 때나 C++처럼 좀 더 제한적인 언어에서 작성된 코드를 인터페이스하는 경우에는 유용할 수 있다.

여전히 이러한 인수 처리의 일반적인 패턴은 논란의 여지가 좀 더 적은 역할에서 다양하게 적용해 볼 수 있다. 심지어 앞에서 Public 데코레이션을 추가하기 위해 했던 것처럼 **테스트 함수**를 전달함으로써 더 일반화시킬 수도 있다. 이 종류의 코드 한 번으로 범위와 타입 테스트 둘 모두를 지원하기에 충분하며, 아마도 다른 비슷한 류의 목표도 함께 지원할 수 있을 것이다. 실제로, 곧 보게 될 이 장의 퀴즈에서 이 방식으로 일반화해 볼 예정이므로 이 확장은 여기에서는 궁금한 채로 남겨 두려 한다.

이 장의 요약

이 장에서 우리는 데코레이터(함수 데코레이터와 클래스 데코레이터)에 대해 살펴보았다. 데코레이터는 함수 또는 클래스가 정의될 때 자동으로 실행될 코드를 삽입하는 방법이다. 데코레이터를 사용하면, 파이썬은 함수 또는 클래스의 이름을 각 함수나 클래스가 반환하는 호출 가능한 객체에 재결합한다. 이 기능은 함수와 클래스 자체 또는 이들에 대한 나중 호출을 관리할 수 있도록 해준다. 나중 호출을 잡아낼 래퍼(wrapper) 로직 계층을 추가함으로써, 함수 호출과 인스턴스 인터페이스를 확장할 수 있다. 관리자 함수와 수동 이름 재결합 방식 모두 동일한 결과를 얻을 수 있지만, 데코레이터가 좀 더 명시적이고 일관된 해법을 제공한다.

또한, 클래스 데코레이터는 클래스의 인스턴스뿐 아니라 클래스 자체를 관리하기 위해 사용될 수 있다. 이 기능은 **메타클래스**(기술적 내용을 다루는 마지막 장인 다음 장에서 다룰 주제)와 겹치기 때문에 이 이야기의 결론을 위해서는 앞으로 나올 내용도 함께 읽어야 할 것이다. 하지만 우선 다음의 퀴즈를 먼저 풀어 보도록 하자. 이 장은 대체로 이 예제에 초점을 맞추고 있기 때문에 퀴즈에서는 이 예제의 코드 중 일부를 수정할 필요가 있을 것이다. 원래 버전의 코드는 이 책의 예제 패키지(접근 경로는 서문 참조)에서 찾아볼 수 있다. 만약 시간적 여유가 없다면, 그 대신에 답에 기술된 수정 버전을 공부하도록 하자. 프로그래밍은 작성하는 것만큼 읽는 것도 중요하다.

학습 테스트: 퀴즈

1. **메소드 데코레이터:** 이 장의 노트 중 하나에서 언급했듯이, 우리가 1632쪽 "데코레이터 인수 추가하기"절에서 작성했던 timerdeco2.py 모듈의 데코레이터 인수를 사용하는 시간 측정 함수 데코레이터는 단순 함수에만 적용될 수 있는데, 이는 호출을 잡아내기 위해 __call__ 연산자 오버로딩 메소드로 중첩된 클래스를 사용하기 때문이다. 이 구조는 클래스의 메소드에 동작하지 않는데, 데코레이터 인수는 대상 클래스의 인스턴스가 아닌 self에 전달되기 때문이다.

    이 데코레이터를 단순 함수와 클래스의 메소드에 적용될 수 있도록 다시 작성하고, 함수와 메소드에 대해 테스트해 보자(힌트: 1621쪽의 "클래스 실수 I: 메소드 데코레이트하기"절 참조). 여러분은 상태 정보 유지를 위한 중첩된 클래스를 갖고 있지 않고, 데코레이터 코드 외부로부터 nonlocal 변수에 접근할 수 없기 때문에 총 소요 시간을 기록하기 위해 함수 객체 속성을 사용해야 할 것이다. 이렇게 하면 여러분이 작성한 데코레이터를 파이썬 3.X와 2.X 모두에서 사용할 수 있다. 이것은 일종의 추가적인 보너스다.

2. **클래스 데코레이터:** 이 장 첫 번째 사례에서 모듈 access2.py에서 작성한 Public/Private 클래스 데코레이터는 데코레이트된 클래스에서의 모든 속성을 가져오는 작업에 **성능 비용을** 추가하게 될 것이다. 속도를 향상시키기 위해 단순히 @ 데코레이션 줄을 지울 수도 있겠지만, __debug__ 스위치를 검사해서 명령 라인에서 –O 파이썬 플래그가 전달되면 래핑을 수행하지 않도록 (우리가 인수 범위 테스트 데코레이터를 위해 했듯이) 데코레이터 자체를 보완할 수도 있다. 이 방식으로 프로그램의 소스 코드 변경 없이, 명령 라인 인수(python –O main.py...)를 통해 프로그램 속도를 높일 수 있다. 내친김에 파이썬 3.X에서 몇 가지 내장 연산을 가로채기 위해 공부했던 혼합 슈퍼클래스 기법 중 하나를 사용할 수도 있다. 이 두 가지 확장 버전을 코딩하고 테스트해 보자.

3. **일반화된 인수 검증:** 우리가 rangetest.py에서 작성했던 함수와 메소드 데코레이터는 전달된 인수들이 유효한 범위 내에 있는지 검사하지만, 동일한 패턴이 인수 타입 테스트와 같은 유사한 목적에도 사용될 수 있다는 것을 보았다. 또한, 더 다양한 목적으로도 사용될 수 있다. 이 범위 테스트 코드를 일반화하여 해당 단일 코드를 기반으로 다중 인수 검증을 위해 사용할 수 있다. 전달된 함수는 여기에서 주어진 코딩 구조를 고려해 보면 가장 단순한 해결책일 수 있지만, 객체 지향 프로그래밍 측면에서 보면, 필요한 메소드를 제공하는 서브클래스로도 유사하게 일반화시킬 수 있다.

학습 테스트: 정답

1. 첫 번째 문제에 대한 해답을 코딩하는 한 가지 방법과 그 결과는 다음과 같다(하지만 일부 메소드는 시간을 기록하기에는 너무 빠르게 실행될 수도 있다). 비결은 중첩된 클래스를 **중첩된 함수**로 교체함으로써 self 인수가 데코레이터의 인수가 아니며, 총 소요 시간은 데코레이터 함수 자체에 할당함으로써 원래의 재결합된 이름을 통해 나중에 가져올 수 있다(더 자세한 내용은 1615쪽의 "데코레이터 상태 유지 방식"절을 참조하자. 이 경우에 함수들은 임의의 속성 첨부를 지원하고 함수 이름은 유효 범위 참조다). 만약 이를 좀 더 확장하기를 원한다면, 21장의 시간 측정 예제에서 했던 것처럼 총 소요 시간에 더해서 **최고**(최소) 호출 시간을 기록하는 것이 유용할 것이다.

```
"""
timerdeco.py (3.X + 2.X) 파일
함수와 메소드 모두에 대한 타이머 데코레이터 호출
"""
import time

def timer(label='', trace=True):              # 데코레이터인수: 인수 유지
    def onDecorator(func):                     # @: 데코레이터 함수 유지
        def onCall(*args, **kargs):            # 원래 함수 호출
            start = time.clock()               # 상태는 범위 + 함수 속성임
            result = func(*args, **kargs)
            elapsed = time.clock() - start
            onCall.alltime += elapsed
            if trace:
                format = '%s%s: %.5f, %.5f'
                values = (label, func.__name__, elapsed, onCall.alltime)
                print(format % values)
            return result
        onCall.alltime = 0
        return onCall
    return onDecorator
```

데코레이터를 쉽게 재사용할 수 있도록 별도의 파일에서 테스트를 코딩하였다.

```
"""
timerdeco-test.py 파일
"""
from __future__ import print_function        # 2.X
from timerdeco import timer
import sys
force = list if sys.version_info[0] == 3 else (lambda X: X)

print('--------------------------------------------------')
```

```
# 함수에 대한 테스트

@timer(trace=True, label='[CCC]==>')
def listcomp(N):                              # listcomp = timer(...)(listcomp)와 유사함
    return [x * 2 for x in range(N)]          # listcomp(...)는 onCall을 호출함

@timer('[MMM]==>')
def mapcall(N):
    return force(map((lambda x: x * 2), range(N)))     # 3.X 관점에서는 list( )임

for func in (listcomp, mapcall):
    result = func(5)                          # 이 호출과 모든 호출에 대한 시간과 결괏값 출력
    func(5000000)
    print(result)
    print('allTime = %s\n' % func.alltime)     # 모든 호출에 대한 전체 시간

print('-------------------------------------------------------')
# 메소드에 테스트

class Person:
    def __init__(self, name, pay):
        self.name = name
        self.pay = pay

    @timer()
    def giveRaise(self, percent):             # giveRaise = timer( )(giveRaise)
        self.pay *= (1.0 + percent)           # 추적자는 giveRaise를 기억함

    @timer(label='**')
    def lastName(self):                       # lastName = timer(...)(lastName)
        return self.name.split()[-1]          # 항상 인스턴스가 아닌 클래스임

bob = Person('Bob Smith', 50000)
sue = Person('Sue Jones', 100000)
bob.giveRaise(.10)
sue.giveRaise(.20)                            # onCall(sue, .10) 실행
print(int(bob.pay), int(sue.pay))
print(bob.lastName(), sue.lastName())         # onCall(bob) 실행. lastName을 기억함
print('%.5f %.5f' % (Person.giveRaise.alltime, Person.lastName.alltime))
```

계획대로라면 파이썬 3.X와 2.X에서 다음의 결과를 보게 될 것이다. 물론 시간 측정 결과
는 파이썬과 머신에 따라 다르다.

```
c:\code> py -3 timerdeco-test.py
-------------------------------------------------------
[CCC]==>listcomp: 0.00001, 0.00001
[CCC]==>listcomp: 0.57930, 0.57930
[0, 2, 4, 6, 8]
allTime = 0.5793010457092784
```

```
[MMM]==>mapcall: 0.00002, 0.00002
[MMM]==>mapcall: 1.08609, 1.08611
[0, 2, 4, 6, 8]
allTime = 1.0861149923442373


--------------------------------------------------
giveRaise: 0.00001, 0.00001
giveRaise: 0.00000, 0.00001
55000 120000
**lastName: 0.00001, 0.00001
**lastName: 0.00000, 0.00001
Smith Jones
0.00001 0.00001
```

2. 다음의 세 파일은 두 번째 질문을 만족한다. 첫 번째 파일은 데코레이터를 제공한다. 이는
최적화 모드(-O)에서 원래의 클래스를 반환하도록 보완되어서, 속성 접근이 속도 부담을
초래하지 않는다. 주로 이것은 디버그 모드 테스트문을 추가하고, 클래스를 오른쪽으로
더 들여쓴다.

```python
"""
access.py 파일(3.X + 2.X)
Private과 Public 속성 선언을 가진 클래스 데코레이터
인스턴스에 저장된 또는 이를 어떤 방식으로든 인스턴스의 클래스로부터 상속된 속성에 대한 외부 접근을 제어함

Private은 데코레이트된 클래스 외부에서 가져오거나 할당할 수 없는 속성 이름을 선언하며,
Public은 이것이 가능한 속성 이름을 선언함

경고: 3.X에서는 BuiltinMixins에만 코딩된 내장을 잡아냄(확장해 보자)
코딩된 대로 Public은 연산자 오버로딩을 위해 Private보다 덜 유용함
"""
from access_builtins import BuiltinsMixin          # 부분 집합임!

traceMe = False
def trace(*args):
    if traceMe: print('[' + ' '.join(map(str, args)) + ']')


def accessControl(failIf):
    def onDecorator(aClass):
        if not __debug__:
            return aClass
        else:
            class onInstance(BuiltinsMixin):
                def __init__(self, *args, **kargs):
                    self.__wrapped = aClass(*args, **kargs)

                def __getattr__(self, attr):
                    trace('get:', attr)
```

```
                            if failIf(attr):
                                raise TypeError('private attribute fetch: ' + attr)
                            else:
                                return getattr(self.__wrapped, attr)

                    def __setattr__(self, attr, value):
                        trace('set:', attr, value)
                        if attr == '_onInstance__wrapped':
                            self.__dict__[attr] = value
                        elif failIf(attr):
                            raise TypeError('private attribute change: ' + attr)
                        else:
                            setattr(self.__wrapped, attr, value)
                return onInstance
        return onDecorator

def Private(*attributes):
    return accessControl(failIf=(lambda attr: attr in attributes))

def Public(*attributes):
    return accessControl(failIf=(lambda attr: attr not in attributes))
```

또한, 일부 연산자 오버로딩 메소드의 재정의를 래퍼 클래스에 추가하기 위해, 혼합 기법 중 하나를 사용하여 3.X에서 이 메소드들을 사용하는 대상 클래스에 내장 연산을 올바르게 위임한다. 코딩된 대로 프록시는 2.X에서 이미 __getattr__를 통해 이 메소드들을 라우팅하는 기본 레거시 클래스지만, 3.X에서는 그렇지 않은 새 형식 클래스다. 여기에서 사용되는 혼합 클래스는 Public 데코레이터에서 그런 메소드들을 나열해야 한다. 그렇지 않은 대안은 앞의 내용을 참조하고(하지만 그것도 내장이 개별적(private)이 되는 것을 허용하지 않는다) 이 클래스를 필요한 대로 확장하자.

```
"""
파일 access_builtins.py(from access2_builtins2b.py)
일부 내장 연산을 프록시 클래스의 __getattr__에 전달하여,
3.X에서도 직접적인 이름 호출과 2.X의 기본 레거시 클래스처럼 동일하게 동작하도록 함
이를 요구대로 프록시된 객체가 사용하는 다른 __X__ 이름들을 포함하도록 확장해 보자
"""

class BuiltinsMixin:
    def reroute(self, attr, *args, **kargs):
        return self.__class__.__getattr__(self, attr)(*args, **kargs)

    def __add__(self, other):
        return self.reroute('__add__', other)
    def __str__(self):
        return self.reroute('__str__')
```

```
        def __getitem__(self, index):
            return self.reroute('__getitem__', index)
        def __call__(self, *args, **kargs):
            return self.reroute('__call__', *args, **kargs)

        # 3.X에서만 래퍼 객체에 의해 사용되는 다른 내용들 추가
```

여기에서도 셀프 테스트 코드를 별도 파일에 저장하여 데코레이터가 다른 곳에서 테스트를 작동시키지 않고, __name__ 테스트와 들여쓰기 없이 임포트될 수 있다.

```
"""
access-test.py 파일
테스트 코드: 데코레이터 재사용을 할 수 있도록 별도 파일로 저장
"""
import sys
from access import Private, Public

print('------------------------------------------------------')
# 테스트 1: private이 아닌 이름은 public

@Private('age')                              # Person = Private('age')(Person)
class Person:                                # Person = onInstance + 상태
    def __init__(self, name, age):
        self.name = name
        self.age = age                       # 내부에서의 접근은 정상적으로 동작
    def __add__(self, N):
        self.age += N                        # 3.X에서 혼합 클래스에 의해 잡힌 내장
    def __str__(self):
        return '%s: %s' % (self.name, self.age)

X = Person('Bob', 40)
print(X.name)                                # 외부에서의 접근은 검증됨
X.name = 'Sue'
print(X.name)
X + 10
print(X)

try: t = X.age                               # "python -O"가 아니라면 실패
except: print(sys.exc_info()[1])
try: X.age = 999                             # 상동
except: print(sys.exc_info()[1])

print('------------------------------------------------------')
# 테스트 2: public이 아닌 이름은 private
# BuiltinMixin에서 연산자는 private이 아니거나 public이어야만 함

@Public('name', '__add__', '__str__', '__coerce__')
class Person:
    def __init__(self, name, age):
```

```
        self.name = name
        self.age = age
    def __add__(self, N):
        self.age += N                       # 3.X에서 혼합 클래스가 잡아내는 내장
    def __str__(self):
        return '%s: %s' % (self.name, self.age)

X = Person('bob', 40)                       # X는 onInstance
print(X.name)                               # onInstance는 Person을 내장시킴
X.name = 'sue'
print(X.name)
X + 10
print(X)

try: t = X.age                              # "python -O"이 아니라면 실패
except: print(sys.exc_info()[1])
try: X.age = 999                            # 상동
except: print(sys.exc_info()[1])
```

마지막으로 이 모든 것이 예상대로 동작한다면, 이 테스트의 결과는 파이썬 3.X와 2.X에서 다음과 같다. 동일한 코드가 Private으로, 그다음에는 Public으로 데코레이트된 동일 클래스에 적용되었다.

```
c:\code> py -3 access-test.py
----------------------------------------------------------------
Bob
Sue
Sue: 50
private attribute fetch: age
private attribute change: age
----------------------------------------------------------------
bob
sue
sue: 50
private attribute fetch: age
private attribute change: age

c:\code> py -3 -O access-test.py           # 네 개의 접근 에러 메시지는 생략함
```

3. 여러분이 직접 공부할 수 있도록 일반화된 인수 검증 코드를 여기에 제시한다. 이것은 전달된 검증 함수를 사용한다. 이 함수에 데코레이터에서 인수를 위해 코딩된 테스트의 기준값이 전달된다. 이것은 범위 테스트, 타입 테스트, 값 테스트 그리고 여러분이 파이썬 같은 표현 언어에서 꿈꿀 수 있는 거의 모든 것을 처리한다. 또한 일부 코드 중복성을 제거하기 위해 코드를 재작성하였으며, 테스트 실패 처리를 자동화하였다. 사용법과 기대 결과에 대해서는 이 모듈의 셀프 테스트를 참조하자. 앞서 설명한 이 예제의 경고에 따르면

이 데코레이터는 중첩된 모드에서 완전히 동작하지 않지만(가장 깊이 중첩된 검증만이 위치적 인수를 위해 실행된다), 이것의 임의 valuetest는 단일 데코레이션에서 서로 다른 테스트 유형들을 조합하는 데 사용될 수 있다. 하지만 이 모드에서 필요한 코드의 분량은 단순 assert를 넘어서는 이점의 대부분을 의미 없게 만든다!

```
"""
파일 argtest.py: (3.X + 2.X) 임의의 함수 메소드에 전달된 인수를 위해
임의의 전달된 검증을 수행하는 함수 데코레이터. 범위와 타입 테스트가 두 사례임
valuetest는 인수의 값에 대해 더 임의의 테스트를 수행함

인수들은 키워드에 의해 기술되어 데코레이터에 전달됨
실제 호출에서 인수들은 위치 또는 키워드에 의해 전달되고 기본 인수는 생략될 수 있음
이 예제의 사례는 다음 셀프 테스트 코드를 참조하자

경고: 호출 프록시의 인수들이 다르기 때문에 중첩 구조를 완전히 지원하지 않음
데코레이트된 함수의 *args에 전달된 추가 인수들은 검증하지 않음
그리고 사례를 하나의 단위로 포장했다는 점을 제외하고 assert보다 쉽지 않음
"""
trace = False


def rangetest(**argchecks):
    return argtest(argchecks, lambda arg, vals: arg < vals[0] or arg > vals[1])


def typetest(**argchecks):
    return argtest(argchecks, lambda arg, type: not isinstance(arg, type))


def valuetest(**argchecks):
    return argtest(argchecks, lambda arg, tester: not tester(arg))


def argtest(argchecks, failif):             # failif + criteria에 따라 인수 검증
    def onDecorator(func):                   # onCall은 func, argchecks, failif를 유지함
        if not __debug__:                    # "python -O main.py args..."라면 아무 동작을 하지 않음
            return func
        else:
            code = func.__code__
            expected = list(code.co_varnames[:code.co_argcount])
            def onError(argname, criteria):
                errfmt = '%s argument "%s" not %s'
                raise TypeError(errfmt % (func.__name__, argname, criteria))

            def onCall(*pargs, **kargs):
                positionals = expected[:len(pargs)]
                for (argname, criteria) in argchecks.items():       # 테스트할 모든 것에 대해
                    if argname in kargs:                            # 이름에 의해 전달
                        if failif(kargs[argname], criteria):
                            onError(argname, criteria)
```

```
                elif argname in positionals:                    # 위치에 의해 전달
                    position = positionals.index(argname)
                    if failif(pargs[position], criteria):
                        onError(argname, criteria)
                else:                                            # 전달되지 않으면 기본 인수
                    if trace:
                        print('Argument "%s" defaulted' % argname)
            return func(*pargs, **kargs)                         # OK: 원래 호출 실행
        return onCall
    return onDecorator


if __name__ == '__main__':
    import sys
    def fails(test):
        try:    result = test()
        except: print('[%s]' % sys.exc_info()[1])
        else:   print('?%s?' % result)


    print('--------------------------------------------------------------------')
    # 활용 사례: 범위, 타입

    @rangetest(m=(1, 12), d=(1, 31), y=(1900, 2013))
    def date(m, d, y):
        print('date = %s/%s/%s' % (m, d, y))

    date(1, 2, 1960)
    fails(lambda: date(1, 2, 3))


    @typetest(a=int, c=float)
    def sum(a, b, c, d):
        print(a + b + c + d)

    sum(1, 2, 3.0, 4)
    sum(1, d=4, b=2, c=3.0)
    fails(lambda: sum('spam', 2, 99, 4))
    fails(lambda: sum(1, d=4, b=2, c=99))


    print('--------------------------------------------------------------------')
    # 임의의/혼합된 테스트
    @valuetest(word1=str.islower, word2=(lambda x: x[0].isupper()))
    def msg(word1='mighty', word2='Larch', label='The'):
        print('%s %s %s' % (label, word1, word2))

    msg()                                  # word1과 word2는 기본 인수
    msg('majestic', 'Moose')
    fails(lambda: msg('Giant', 'Redwood'))
    fails(lambda: msg('great', word2='elm'))


    print('--------------------------------------------------------------------')
    # 수동으로 타입과 범위 테스트
```

```
@valuetest(A=lambda x: isinstance(x, int), B=lambda x: x > 0 and x < 10)
def manual(A, B):
    print(A + B)

manual(100, 2)
fails(lambda: manual(1.99, 2))
fails(lambda: manual(100, 20))

print('---------------------------------------------------------------------')
# 중첩: 원래 함수에 프록시를 중첩함으로써, 둘 모두 실행
# 현안: 외부 계층은 위치적 인수가 받아야 할 검증을 하지 않음
# 프록시 함수의 상이한 인수 시그니처 호출하기
# trace=True이면, 이들 중 마지막을 제외한 모두에 "X"가 있음
# 프록시의 시그니처로 인해 기본 인수로 분류됨

@rangetest(X=(1, 10))
@typetest(Z=str)                         # 가장 안쪽에서만 위치적 인수를 검증함
def nester(X, Y, Z):
    return('%s-%s-%s' % (X, Y, Z))

print(nester(1, 2, 'spam'))              # 원래의 함수는 적절하게 실행함
fails(lambda: nester(1, 2, 3))           # 중첩된 타입 테스트가 실행됨: 위치적 인수
fails(lambda: nester(1, 2, Z=3))         # 중첩된 타입 테스트가 실행됨: 키워드 인수
fails(lambda: nester(0, 2, 'spam'))      # <== 외부 범위 테스트가 실행되지 않음: 위치적 인수
fails(lambda: nester(X=0, Y=2, Z='spam'))    # 외부 범위 테스트는 실행됨: 키워드 인수
```

X와 2.X에서 이 모듈의 셀프 테스트 결과는 다음과 같다(일부 2.X 객체는 약간 다르게 표시된다). 더 심도 있는 이해를 위해 평소처럼 소스 코드와 연관시켜 살펴보는 것이 좋다.

```
c:\code> py -3 argtest.py
-----------------------------------------------------------------
date = 1/2/1960
[date argument "y" not (1900, 2013)]
10.0
10.0
[sum argument "a" not <class 'int'>]
[sum argument "c" not <class 'float'>]
-----------------------------------------------------------------
The mighty Larch
The majestic Moose
[msg argument "word1" not <method 'islower' of 'str' objects>]
[msg argument "word2" not <function <lambda> at 0x0000000002A096A8>]
-----------------------------------------------------------------
102
[manual argument "A" not <function <lambda> at 0x0000000002A09950>]
[manual argument "B" not <function <lambda> at 0x0000000002A09B70>]
-----------------------------------------------------------------
1-2-spam
[nester argument "Z" not <class 'str'>]
```

```
[nester argument "Z" not <class 'str'>]
?0-2-spam?
[onCall argument "X" not (1, 10)]
```

마지막으로, 우리가 배웠다시피 이 데코레이터의 코딩 구조는 함수와 메소드에서 동작한다.

```
# argtest_testmeth.py 파일
from argtest import rangetest, typetest

class C:
    @rangetest(a=(1, 10))
    def meth1(self, a):
        return a * 1000

    @typetest(a=int)
    def meth2(self, a):
        return a * 1000

>>> from argtest_testmeth import C
>>> X = C()
>>> X.meth1(5)
5000
>>> X.meth1(20)
TypeError: meth1 argument "a" not (1, 10)
>>> X.meth2(20)
20000
>>> X.meth2(20.9)
TypeError: meth2 argument "a" not <class 'int'>
```

40

메타클래스

이전 장에서 데코레이터에 대해 살펴보고 이를 사용하는 다양한 예제를 학습하였다. 기술적 내용을 다루는 장으로는 마지막인 이 장에서 우리는 계속해서 도구 제작에 초점을 맞추고 다른 고급 주제인 **메타클래스**에 대해 살펴보도록 하겠다.

어떤 의미에서 메타클래스는 단순히 데코레이터의 코드 삽입 모델을 확장한 개념이다. 이전 장에서 배웠듯이, 함수와 클래스 데코레이터는 함수 호출과 클래스 인스턴스 생성 호출을 가로채고 보완할 수 있도록 해주는 도구다. 비슷한 의미에서 메타클래스는 **클래스 생성**을 가로채고 강화한다. 데코레이터와 다른 방식이긴 하지만, class문의 끝에 실행될 추가 로직을 삽입하기 위한 API를 제공한다. 그래서 메타클래스는 프로그램에서 클래스 객체를 관리하기 위한 일반적인 프로토콜을 제공한다.

이 파트에서 다루는 모든 주제들과 마찬가지로, 메타클래스는 필요에 따라 공부할 수 있는 고급 주제다. 실제로, 메타클래스는 클래스들이 동작하는 방식에 대한 고급 제어가 가능하게 한다. 이는 강력한 개념으로 메타클래스는 대부분의 애플리케이션 프로그래머를 위한 것은 아니다. 사실대로 말하자면, 이 장은 아직 파이썬에 대해 깊게 알지 못하는 사람들에게 적합하지 않다. 또한, 이 장의 일부 내용은 별도로 심화 학습을 필요로 할 수도 있다.

반면, 메타클래스는 다른 방식으로는 달성하기 힘들거나 불가능한 다양한 코딩 패턴이 가능하도록 하므로 특히 다른 프로그래머들이 사용할 유연한 API나 프로그래밍 도구를 작성하고자 하는 프로그래머들에게는 흥미로운 주제다. 그러나 여러분이 이 주제에 포함되지 않더라도, 메타클래스는 전반적으로 파이썬 클래스 모델에 대해 많은 것을 가르쳐 줄 수 있으며(이들은 상속에도 영향을 미친다), 이를 사용하는 코드를 이해하기 위해서도 메타클래스에 대한 이해가 전제되어야 한다. 다른 고급 도구들과 마찬가지로, 메타클래스는 이를 만들었던 사람들의 의도보다 더 자주 파이썬 프로그램에 등장하기 시작했다.

이전 장에서와 마찬가지로, 이 장의 목표 중 한부분은 이 책의 앞부분에서 보다 더 실제적인 코드 예제를 보여 주는 데 있다. 메타클래스는 애플리케이션 영역이라기보다는 핵심 언어 주제이지만, 이 장의 내용 중 일부는 이 책을 마친 뒤 더 큰 애플리케이션 프로그래밍 예제를 경험하는 데 관심을 불러일으킬 것이다.

이 장이 이 책에서 기술적 내용을 다루는 마지막 장이기 때문에 이 책을 읽으면서 만났던 파이썬 자체와 관련된 몇 가지 내용들을 정리하고 결론에서 마무리하겠다. 이 책을 마친 후 여러분이 어디로 갈 것인지는 물론 전적으로 여러분의 몫이지만, 오픈 소스 프로젝트에서는 세부적인 기법들을 익히는 동안에도 큰 그림을 잊지 않는 것이 중요하다.

메타클래스를 사용할 것인가, 사용하지 않을 것인가

파이썬 언어 전체에서는 아닐지라도 이 책에서는 메타클래스가 아마 가장 고급 주제가 될 것이다. comp.lang.python 뉴스그룹에서 베테랑 파이썬 핵심 개발자인 팀 피터스(Tim Perters)의 말을 빌면 다음과 같다.

> '메타클래스'는 사용자의 99%가 걱정하는 것보다 더 깊은 심연의 마법이다. 만약 여러분이 이것이 필요한지 궁금하다면, 여러분에게는 필요가 없는 것이다(실제로 이것이 필요한 사람은 그 필요성에 대해 확실하게 알고 있으며, 왜 필요한지에 대한 설명이 필요 없다).

즉, 메타클래스는 주로 다른 프로그래머들이 사용할 API와 도구를 구성하는 프로그래머들 중 일부를 위한 도구다. 많은(대부분이 아니라) 경우, 메타클래스는 애플리케이션 작업에서는 최선의 선택이 아닐 것이다. 여러분이 미래에 다른 사람들이 사용할 코드를 개발하고 있다면 더욱 그렇다. 여러분이 실험하고 있거나 배우고 있는 중이 아니라면, 무언가를 '단지 멋있어 보이기 때문에' 코딩하는 것은 일반적으로 합리적인 이유가 될 수 없다.

아직도 메타클래스는 매우 다양한 잠재적 역할을 가지고 있으며, 언제 그것이 유용할지를 아는 게 중요하다. 예를 들어 이것은 추적, 객체 지속, 예외 기록 등의 특징들과 함께 클래스를 보완하기 위해 사용될 수 있다. 메타클래스는 설정 파일 기반으로 런타임에 클래스의 일부를 생성하거나, 함수 데코레이터를 클래스의 모든 메소드에 일반적으로 적용하거나, 기대하고 있는 인터페이스에 부합하는지를 검증하는 등의 작업을 위해 사용될 수도 있다.

더 대단한 특징으로, 메타클래스는 관점 지향 프로그램이나 데이터베이스를 위한 객체 관계 매핑(Object-Relational Mapper, ORM) 등과 같은 코딩 패턴을 구현하는 데 사용될 수도 있다. 종종 그러한 결과를 달성할 수 있는 다른 방법이 있지만(앞으로 보게 되겠지만 클래스 데코레이터와 메타클래스의 역할은 종종 겹치곤 한다), 메타클래스는 그러한 작업에 잘 들어맞는 공식적인 모델을 제공한다. 물론 이 장에서 이 모든 애플리케이션들을 직접 살펴볼 만한 여유는 없지만, 여기에서 기초를 학습한 후 웹에서 추가 사례들을 찾아보아도 된다.

아마도 이 책과 가장 관련된 메타클래스를 공부하는 이유는 이 주제가 전반적으로 파이썬의 클래스 역학을 이해하기 쉽게 만들어 줄 수 있기 때문이다. 예를 들어, 메타클래스는 언어의 새로운 형식의 상속 모델의 고유한 부분임을 보게 될 것이다. 여러분의 작업에서 메타클래스를 코딩하거나 재사용할 수도 또는 그렇지 않을 수도 있지만, 이를 피상적으로라도 이해한다면 파이썬을 전체적으로 더 깊이 이해할 수 있게 될 것이다.[1]

'마법'의 수준을 높임

이 책의 대부분은 단순한 애플리케이션 코딩 기법에 초점을 맞추었다. 모듈, 함수, 클래스는 대부분의 프로그래머들이 실세계의 목표를 달성하기 위해 사용하는 도구들이다. 대다수의 파이썬 사용자들은 클래스를 사용하고, 인스턴스를 만들고, 약간의 연산자 오버로딩을 구현할지도 모르지만, 아마 자신들이 작성한 클래스가 실제로 어떻게 작동하는지 세부적으로 깊이 들어가 보진 않을 것이다.

그렇지만 우리는 이 책에서 일반적인 방법으로 파이썬의 행위를 제어할 수 있게 해주는 다양한 도구들을 보았다. 이 도구들은 종종 애플리케이션 프로그래밍 영역보다는 파이썬의 내부

---

1 내가 방금 마주친 파이썬 3.3 오류 메시지를 인용하자면 "타입 오류: 메타클래스 충돌: 파생된 클래스의 메타클래스는 그 기반 클래스의 메타클래스의 서브클래스여야 한다"(!). 이는 모듈을 슈퍼클래스로 잘못 사용하였음을 반영하지만, 메타클래스는 개발자들이 시사하는 바만큼 선택적인 도구가 아닐 수도 있다. 이에 대해서는 다음 장의 결론에서 다시 다루도록 하겠다.

또는 도구 구성과 더 관련이 있다. 복습 삼아 이 도구들의 범주에서 메타클래스가 어디에 위치하는지 간단히 살펴보면 다음과 같다.

내부 검사용 속성과 도구

__class__와 __dict__ 같은 특별한 속성은 파이썬 객체의 내부 구현 측면을 검사할 수 있게 해주어, 이를 일반적으로 처리할 수 있게 해준다. 객체의 모든 속성을 나열하고, 클래스의 이름을 보여 주는 등의 작업이 이에 해당한다. 또한 dir과 getattr 같은 도구들은 슬롯과 같은 '가상' 속성이 지원되어야 하는 경우, 유사한 역할을 수행할 수 있다는 것도 보았다.

연산자 오버로딩 메소드

__str__과 __add__ 같이 특별히 지정된 메소드는 클래스에 코딩되어 출력, 표현식 연산자 등과 같은 클래스 인스턴스에 적용되는 내장된 연산자를 가로채고 그 행위를 제공한다. 이 메소드는 내장된 연산자에 대응하여 자동으로 실행되며, 클래스가 기대되는 인터페이스를 따를 수 있도록 해준다.

속성 가로채기 메소드

특별한 종류의 연산자 오버로딩 메소드는 일반적으로 인스턴스에 접근하는 속성을 가로채는 방법을 제공한다. __getattr__, __setattr__, __delattr__와 __getattribute__는 래퍼(wrapper, 즉 프록시) 클래스가 속성 요청을 검증하고, 그 요청을 내장 객체에 위임하는 일을 하는 자동 실행 코드를 삽입할 수 있도록 허용한다. 이 메소드들은 객체의 여러 가지 속성들이 접근될 때 (선택된 일부 또는 전체 속성들에 대해) 연산되도록 허용한다.

클래스 프로퍼티

내장된 property는 코드를 특정 클래스 속성에 결부시켜 그 속성을 가져오거나, 할당 또는 삭제할 때 자동으로 실행되도록 한다. 이전 단락의 도구들만큼 일반적이지는 않지만, 프로퍼티는 특정 속성에 접근 시 자동으로 코드를 호출하도록 해준다.

클래스 속성 디스크립터

실제로, property는 속성 접근 시점에 자동으로 함수를 실행하는 속성 디스크립터를 정의하는 간결한 방법이다. 디스크립터는 그 클래스의 인스턴스에 할당된 속성에 접근 시 자동으로 실행되는 __get__과 __set__, 그리고 __delete__ 핸들러 메소드를 별도의 클래스에 코딩할 수 있게 해준다. 디스크립터는 일반 속성 검색 절차의 한 부분으로 특정 속성에 접근할 때, 암묵적으로 실행되는 임의의 코드를 삽입하는 일반적인 방법을 제공한다.

함수와 클래스 데코레이터

39장에서 보았듯이 데코레이터를 위한 특별한 @callable 구문은 함수가 호출되거나 클래스 인스턴스가 실행될 때 자동으로 실행될 로직을 삽입할 수 있게 해준다. 이 래퍼 (wrapper) 로직은 호출을 추적하거나 시간을 측정할 수 있고, 인수를 검증할 수 있으며, 클래스의 모든 인스턴스들을 관리하거나, 속성 호출 검증과 같이 부가적인 행위로 인스턴스를 보완하는 등의 작업을 할 수 있다. 데코레이터 구문은 함수와 클래스 정의문 마지막에 실행될 이름 재결합(rebinding) 로직을 삽입한다. 데코레이트된 함수와 클래스 이름은 강화된 원래 객체 또는 나중의 호출을 가로채는 객체 프록시에 재결합될 수 있다.

메타클래스

32장에서 소개했던 마법의 마지막 주제로, 여기에서 그 논의를 계속 이어나갈 것이다.

이 장의 서문에서 언급했듯이 **메타클래스**는 이 이야기의 연장 선상에 있다. 메타클래스는 클래스 객체가 생성될 때 class문 마지막에서 자동으로 실행될 로직을 삽입하도록 허용한다. 이는 클래스 데코레이터를 강하게 연상시키지만, 메타클래스 메커니즘은 데코레이터 호출 가능한 객체의 결과에 클래스 이름을 재결합하지 않고, **클래스 자체의 생성**을 전문화된 로직에게 위임한다.

후킹 언어

즉, 메타클래스는 궁극적으로 **자동으로 실행되는 코드**를 정의하는 다른 방법일 뿐이다. 파이썬은 앞 절에서 열거했던 도구들을 이용하여 우리가 다양한 콘텍스트(연산자 평가, 속성 접근, 함수 호출, 클래스 인스턴스 생성, 그리고 클래스 객체 생성)에서 로직으로 개입할 수 있는 방법을 제공한다. 메타클래스는 매우 매력적인 기능이다. 다른 기능들과 마찬가지로 이 특징도 남용될 여지가 있지만 일부 프로그래머들이 원하는, 그리고 일부 프로그램들에서는 필요한 유연성을 제공하기도 한다.

이미 보았다시피 이 많은 고급 도구들은 **서로 중복된 역할**들을 가졌다. 예를 들어 속성은 종종 프로퍼티, 디스크립터 또는 속성 가로채기 메소드로 관리될 수 있다. 이 장에서 보게 되겠지만, 클래스 데코레이터와 메타클래스는 종종 바꿔 사용할 수도 있다. 미리 살펴보자면 다음과 같다.

- **클래스 데코레이터**는 보통 인스턴스를 관리하기 위해 사용되지만, 메타클래스처럼 클래스를 관리하기 위해 사용될 수도 있다.

- 유사하게 메타클래스가 클래스 생성을 보완하기 위해 디자인되었지만, 클래스 데코레이터처럼 인스턴스를 관리하기 위해 프록시를 삽입할 수도 있다.

실제로, 이 두 도구들 사이의 주요 기능적 차이는 단지 클래스 생성 **시점**에 그들의 위치에 있다. 이전 장에서 보았듯이, 클래스 데코레이터는 클래스가 이미 생성된 **후**에 동작한다. 따라서 보통 **인스턴스** 생성 시 실행될 로직을 추가하는 데 사용된다. 클래스 데코레이터가 클래스를 위한 행위를 제공할 때는 더 직접적인 관계 대신 일반적으로 변경 또는 프록시를 통해서 이루어진다.

반면에 여기에서 볼 수 있듯이, 메타클래스는 새로운 클라이언트 클래스를 생성하고 반환하기 위해 클래스 생성시간 **동안** 동작한다. 따라서 메타클래스는 **클래스** 자체를 관리하거나 보완하기 위해 사용될 수도 있으며, 메타클래스로부터 생성된 클래스들을 처리하기 위한 메소드를 직접적인 인스턴스 관계를 통해 제공할 수도 있다.

예를 들어 메타클래스는 클래스의 모든 메소드에 데코레이션을 자동으로 추가하고, 모든 사용 중인 클래스를 API에 등록하며, 클래스에 사용자 인터페이스 로직을 자동으로 추가하고, 텍스트 파일의 간소화된 스펙으로부터 클래스를 생성 또는 확장하는 등의 작업을 위해 사용될 수 있다. 메타클래스는 클래스 생성 방식(그리고 프록시로 그들의 인스턴스가 얻은 행위)을 제어할 수 있기 때문에 그 활용 범위는 잠재적으로 매우 광범위하다.

또한, 여기에서 이 두 도구들은 많은 공통 역할에서 다르다기보다는 유사하다는 것을 보게 될 것이다. 어떤 도구를 선택할 것인가는 어느 정도 주관적이기 때문에 다양한 방법들에 대한 지식은 주어진 작업을 위해 적절한 도구를 선택할 수 있도록 도와준다. 이 방식들에 대해 더 잘 이해하기 위해서 어떻게 메타클래스가 포개지는지 보자.

'헬퍼(Helper)' 함수의 단점

이전 장의 데코레이터와 마찬가지로, 이론적으로 보았을 때 메타클래스는 보통 선택적이다. 우리가 함수와 인스턴스를 관리자 코드를 통해 전달함으로써 데코레이터의 목표를 달성하는 것처럼, 일반적으로 클래스 객체를 관리자 함수(manager function)(때로는 헬퍼 함수)를 통해 전달함으로써 메타클래스와 동일한 결과를 얻을 수 있다. 하지만 데코레이터와 유사하게 메타클래스는 다음과 같은 성질을 갖는다.

- 좀 더 공식적이고 명확한 구조를 제공한다.

- 애플리케이션 개발자들이 API 요건에 따라 자신의 클래스를 보완하는 것을 잊지 않도록 도와준다.
- 클래스 커스터마이즈 로직을 메타클래스라는 단일 위치에 분류함으로써 코드 중복성과 그와 관련한 유지보수 비용을 줄인다.

설명을 위해 우리가 일련의 클래스들에 메소드를 자동으로 삽입하고자 한다고 가정해 보자. 물론 우리가 클래스를 코딩하는 시점에 대상 메소드를 알고 있다면, 단순한 **상속**을 이용할 수도 있다. 그 경우 우리는 단순히 그 메소드를 슈퍼클래스에 코딩하고, 모든 클래스가 이로부터 상속받도록 구성할 수 있다.

```
class Extras:
    def extra(self, args):              # 일반적인 상속: 너무 정적인 방식
        ...

class Client1(Extras): ...              # 클라이언트는 extra 메소드를 상속받음
class Client2(Extras): ...
class Client3(Extras): ...

X = Client1()                           # 인스턴스를 생성
X.extra()                               # extra 메소드 실행
```

하지만 때로는 클래스가 작성되는 시점에 이러한 보완 로직을 예측하는 것이 불가능하다. 클래스가 런타임에 사용자 인터페이스에서 선택된 값이나 설정 파일에 입력된 스펙에 대응하여 보완되어야 할 경우를 생각해 보자. 우리가 상상할 수 있는 모든 클래스를 코딩하여 이들을 **직접** 검사할 수도 있지만, 이는 클라이언트에게 많은 것을 요구하는 일이다(다음 예제에서 required는 생략하였다. 이는 채워져야 할 무언가다).

```
def extra(self, arg): ...

class Client1: ...                      # 클라이언트 보완: 너무 분산됨
if required():
    Client1.extra = extra

class Client2: ...
if required():
    Client2.extra = extra

class Client3: ...
if required():
    Client3.extra = extra
```

```
X = Client1()
X.extra()
```

우리는 이와 같이 class문 다음에서 클래스에 메소드를 추가할 수 있는데, 클래스 레벨 메소드는 클래스에 연결되어 있고 첫 번째 인수로 self 인스턴스를 가지는 함수이기 때문이다. 이 방식이 동작하더라도 규모가 큰 메소드 집합에 대해서는 옹호할 수 없는 상태가 되며, 보완에 따른 모든 부담을 클라이언트 클래스에 지우게 될 것이다(그리고 그 클라이언트 클래스가 그것을 모두 기억할 거라고 가정한다).

유지보수 관점에서 보았을 때 로직의 선택을 단일 장소로 격리시키는 것이 더 낫다. 우리는 이 관리자 함수를 통해 클래스를 전달함으로써 이 부가적인 작업 중 일부를 캡슐화할 수도 있다. 그러한 관리자 함수는 클래스를 요청받은 대로 확장하고, 런타임 테스트와 설정의 모든 작업을 처리한다.

```
def extra(self, arg): ...

def extras(Class):                              # 관리자 함수: 너무 수동적임
    if required():
        Class.extra = extra

class Client1: ...
extras(Client1)

class Client2: ...
extras(Client2)

class Client3: ...
extras(Client3)

X = Client1()
X.extra()
```

이 코드는 클래스가 생성된 직후 관리자 함수를 통해 클래스를 실행한다. 여기서 이와 같은 관리자 함수로 목표를 달성할 수 있더라도, 여전히 함수의 요건에 대해 이해하고 자신의 코드가 그 요건에 부합하도록 구성해야 하는, 클래스 개발자에게 꽤 무거운 짐을 지운다. 만약 대상 클래스를 보완할 수 있는 간단한 방법이 있다면 대상 클래스들은 그렇게 명시적으로 보완 로직을 처리하지 않아도 되고, 그 로직을 사용하는 것을 완전히 잊어버릴 가능성이 적어지기 때문에 더 나은 방식이 될 것이다. 즉, 우리는 클래스를 보완하기 위해 class문 마지막에 **자동**으로 실행되는 일부 코드를 삽입할 수 있기를 원한다.

정확히 이것이 메타클래스가 하는 일이다. 메타클래스를 선언함으로써, 우리는 파이썬에게 클래스 객체 생성을 우리가 제공하는 다른 클래스에 전달하라고 말한다.

```
def extra(self, arg): ...

class Extras(type):
    def __init__(Class, classname, superclasses, attributedict):
        if required():
            Class.extra = extra

class Client1(metaclass=Extras): ...        # 메타클래스 선언만(3.X 형태)
class Client2(metaclass=Extras): ...        # 클라이언트 클래스는 메타클래스의 인스턴스
class Client3(metaclass=Extras): ...

X = Client1()                               # X는 Client1의 인스턴스
X.extra()
```

파이썬은 새로운 클래스가 생성될 때 class문 마지막에서 자동으로 메타클래스를 호출하므로 그 메타클래스가 클래스를 필요에 따라 보완하고, 등록하거나, 또는 관리할 수 있게 된다. 게다가 클라이언트 클래스는 이를 위해 메타클래스를 단지 선언하기만 하면 된다. 그렇게 선언한 모든 클래스는 메타클래스가 제공하는 어떤 보완 로직이라도 자동으로 얻게 되는데, 지금뿐 아니라 메타클래스가 변경되는 경우는 미래에도 동일하게 적용된다.

물론 이는 보편적인 근거로, 여러분은 그에 대하여 스스로 판단해야 한다. 사실, 클라이언트가 관리자 함수 호출을 잊어버릴 수 있는 것처럼 메타클래스를 기재하는 것도 쉽게 잊어버릴 수 있다. 그래도 여전히 메타클래스의 명시적 성격이 그럴 가능성을 더 줄여 줄 수 있다. 게다가 메타클래스는 우리가 아직 보지 못한 추가적인 잠재력을 가졌다. 이 작은 예제에서 얻기는 어려울 수 있으나, 메타클래스는 일반적으로 조금 더 수동적인 방식보다 그러한 작업을 더 잘 처리한다.

메타클래스 vs 클래스 데코레이터: 라운드 1

그렇긴 해도, 이전 장에서 설명한 클래스 데코레이터가 때로는 유용함과 그 사용으로 얻을 수 있는 이득 측면에서 메타클래스와 겹친다는 것을 아는 것도 중요하다. 클래스 데코레이터는 주로 인스턴스를 관리하기 위해 사용되지만, 생성되는 인스턴스들과 상관없이 클래스를 보완할 수도 있다. 클래스 데코레이터 구문은 그 용도를 관리자 함수 호출에 비해 비슷한 수준으로 명시적이고 확실히 더 명백하게 만들어 준다.

예를 들어 우리가 클래스를 단순히 제자리에서 수정하는 대신, 보완된 클래스를 반환하는 관리자 함수를 작성했다고 가정하자. 이 방식이 훨씬 더 유연한데, 관리자 함수는 클래스가 기대하는 인터페이스를 구현하는 어떤 형태의 객체라도 자유롭게 반환하기 때문이다.

```
def extra(self, arg): ...

def extras(Class):
    if required():
        Class.extra = extra
    return Class

class Client1: ...
Client1 = extras(Client1)

class Client2: ...
Client2 = extras(Client2)

class Client3: ...
Client3 = extras(Client3)

X = Client1()
X.extra()
```

여러분이 클래스 데코레이터가 연상되기 시작한다 여겨진다면 맞는 것이다. 이전 장에서 우리는 인스턴스 생성 호출을 강화하는 데 있어 클래스 데코레이터의 역할을 강조하였다. 하지만 클래스 데코레이터는 함수의 결과에 클래스 이름을 자동으로 재결합함으로써 동작하기 때문에 인스턴스가 생성되기 이전에 클래스를 변경, 보완하기 위해 이를 사용하지 못할 이유가 없다. 말하자면, 클래스 데코레이터는 클래스 생성 시점에 인스턴스가 아니라 **클래스**에 부가적인 로직을 적용할 수 있다.

```
def extra(self, arg): ...

def extras(Class):
    if required():
        Class.extra = extra
    return Class

@extras
class Client1: ...                    # Client1 = extras(Client1)

@extras
class Client2: ...                    # 인스턴스와 상관없이 클래스를 재결합
```

```
@extras
class Client3: ...

X = Client1()                    # 보완된 클래스의 인스턴스 생성
X.extra()                        # X는 원래 Client1의 인스턴스
```

여기서 데코레이터는 근본적으로 이전 예제에서 수동으로 이름을 재결합하던 작업을 자동화한다. 메타클래스처럼 이 데코레이터는 원래 클래스를 반환하기 때문에 인스턴스는 래퍼 객체가 아닌 원래 클래스로부터 생성된다. 실제로, 이 예제에서 인스턴스 생성은 가로채지지 않는다.

이 특정 경우에(클래스가 생성될 때, 클래스에 메소드 추가하기) 메타클래스와 데코레이터 중 무엇을 선택할 것인지는 다소 임의적이다. 데코레이터는 인스턴스와 클래스 모두를 관리하기 위해 사용될 수 있으며, 그 역할 중 두 번째 역할에 대해서는 메타클래스와 대부분 겹치지만 이 차이는 확실하지 않다. 실제로 각각의 역할은 부분적으로 그 메커니즘에 의해 결정된다.

앞으로 보게 되겠지만 데코레이터는 기술적으로 새로 생성되는 클래스를 초기화하기 위해 사용되는 메타클래스의 __init__ 메소드에 일치한다. 메타클래스는 클래스 초기화 이외에도 추가적인 커스터마이즈 기능을 가지고 있으며, 데코레이터로는 하기 힘든 임의의 클래스 생성 작업을 수행할 수 있다. 이는 클래스 생성 작업을 더 복잡하게 만들 수 있지만, 한편으로는 구성된 대로 클래스를 보완하는 데 더 적합하기도 하다.

예를 들어, 메타클래스는 데코레이터가 갖고 있지 않은 클래스를 생성하는 데 사용되는 __new__ 메소드도 가지고 있다. 데코레이터에서 새로운 클래스를 만들려면 부가적인 단계가 더 필요하다. 게다가 메타클래스는 클래스의 행위를 메소드 형태로 제공할 수도 있는데, 이 또한 데코레이터에는 그에 직접적으로 부합하는 것이 없다. 데코레이터는 클래스 행위를 덜 직접적인 방식으로 제공해야 한다.

역으로, 메타클래스는 클래스를 관리하기 디자인되었기 때문에 이를 인스턴스만을 관리하기 위해 적용하는 것은 그다지 적합하지 않다. 메타클래스는 클래스 자체를 만드는 역할도 담당하기 때문에 메타클래스는 인스턴스 관리를 위해서 클래스 자체를 부가적인 단계로 만들게 된다.

이 두 방식의 차이는 이 장의 뒤에서 코드를 통해 살펴볼 예정이며, 이 절의 부분적인 코드도 이 장의 뒷부분에서 실제 작동하는 예제로서 더욱 구체화시킬 것이다. 그에 앞서 메타클래스의 동작 방식에 대해 이해하기 위해 그 근간이 되는 모델에 대한 더 명확한 그림을 알아 둘 필요가 있다.

1703쪽의 ""마법'의 수준을 높임"절에는 프로그래머들 사이에서 널리 유익하다고 여겨지는 도구들 너머에 있는 마법의 종류들을 열거하였다. 누군가는 클로저, 제너레이터 같은 **기능적** 도구들과 기본적인 객체 지향 프로그래밍 지원도 이 목록에 추가할지 모른다. 전자는 범위 유지와 자동 제너레이터 객체 생성에 기반하고 있으며, 후자는 상속 속성 검색과 특별한 첫 번째 함수 인수에 기대고 있다. 이 도구들 역시 마법에 기반을 두고 있다 하더라도, 이들은 그 아래 하드웨어 아키텍처 위에 추상화를 제공함으로써 프로그래밍 작업을 쉽도록 만드는 패러다임을 대표한다.

예를 들어, **객체 지향 프로그래밍**(파이썬의 초기 패러다임)은 소프트웨어 세계에서는 널리 받아들여지고 있다. 객체 지향 프로그래밍은 기능적 도구들보다 더 완벽하고, 명시적이며, 구조화된 프로그램을 작성하기 위한 모델을 제공한다. 즉, 특정 수준의 마법은 다른 수준들보다 더 당연한 것으로 여겨진다. 결국에는 몇몇 마법이 없다면, 프로그램은 여전히 머신코드(또는 물리적 스위치)로 구성될 것이다.

일반적으로 시스템이 복잡도의 임계치를 넘어서게 만드는 것은 새로운 마법(항상 객체 지향 언어였던 것에 기능적 패러다임을 얹거나, 일반적인 업무에서 사용자들 대부분이 거의 추구하지 않는 목표를 지원하기 위한 고급 방식들 같은)의 **축적**이다. 이러한 마법은 여러분이 만든 도구를 사용하고자 하는 대부분의 사용자들에게 진입 장벽을 높일 수 있다.

더구나 일부 마법은 다른 것보다 그 마법 사용자들에게 더 많이 부과된다. 예를 들어, 컴파일러 번역 단계는 일반적으로 사용자가 컴파일러 개발자일 필요는 없다. 반면에 파이썬의 super는 확실히 모호하고 인위적인 MRO 알고리즘을 완벽히 이해하고 적용한다고 가정한다. 이 장에서 설명한 새로운 형식의 **상속** 알고리즘은 이와 비슷하게 사용자가 디스크립터, 메타클래스, MRO(그 자체만으로도 고급 도구들인)에 대한 완벽한 이해를 전제로 한다. 심지어 디스크립터와 같은 암묵적인 기능들은 처음으로 실패하거나 유지보수할 때까지 암묵적인 채로 남아 있다. 이렇게 **공개된 마법**은 도구의 전제 조건을 늘리고, 그 사용성을 떨어뜨린다.

오픈 소스 시스템에서 그러한 기준치가 어디에 놓일 것인지를 결정할 수 있는 것은 시간과 다운로드뿐이다. 능력과 복잡도의 적절한 **균형**을 찾는 것은 기술만큼이나 생각의 변화에도 의존하고 있다. 주관적인 요인 외에도, 사용자에게 부담을 지우는 새로운 마법은 필연적으로 시스템의 학습 곡선을 더 높인다. 해당 주제는 이 장의 마지막에서 다시 다루도록 하자.

메타클래스 모델

메타클래스를 이해하기 위해, 먼저 파이썬의 타입 모델과 class문 마지막에서 어떤 일이 일어나는지에 대해 이해해야 한다. 여기에서 볼 수 있다시피 이 둘은 직접적으로 연관되어 있다.

클래스는 type의 인스턴스

지금까지 이 책에서 우리는 우리가 직접 코딩한 클래스의 인스턴스와 함께, 리스트와 문자열 같은 내장된 타입의 인스턴스를 만들어서 대부분의 작업을 해왔다. 우리가 보았듯이, **클래스의 인스턴스는** 자신만의 상태 정보 속성을 가지기도 하지만, 또한 이들이 유래된 클래스로부터 행위적 속성을 상속받기도 한다. 이는 **내장된** 타입에서도 동일하게 성립된다. 일례로, 리스트 인스턴스는 자신만의 값도 가지지만, 리스트 타입으로부터 메소드를 상속받기도 한다.

우리가 이러한 인스턴스 객체들을 이용하여 많은 일을 할 수 있는 반면, 파이썬의 타입 모델은 여기에서 공식적으로 설명한 것보다 더 많은 것을 제공할 수 있다. 실제로, 우리가 지금까지 보았던 모델에는 허점이 하나 있다. 만약 인스턴스가 클래스로부터 생성된다면, 무엇이 우리 클래스를 만드는가? 클래스도 무언가의 인스턴스라는 것이 밝혀졌다.

- 파이썬 3.X에서 사용자 정의 클래스 객체는 그 자신도 클래스인 type이라는 이름의 객체의 인스턴스다.
- 파이썬 2.X에서 새 형식 클래스는 type의 서브클래스인 object로부터 상속받는다. 레거시 클래스는 type의 인스턴스이며, 클래스로부터 생성되지 않는다.

우리는 타입의 개념에 대해 9장에서, 클래스와 타입의 관계에 대해서는 32장에서 알아보았으나, 여기서 기본 사항에 대해 다시 정리해 보자. 이를 통해 우리는 이 기본 사항들이 어떻게 메타클래스에 적용되는지 알 수 있다.

내장된 **type**은 단일 인수와 함께 호출되면 (그 자체로도 객체인) 해당 객체의 타입을 반환한다. 리스트와 같은 내장된 타입에 대해 그 인스턴스의 타입은 내장된 리스트 타입이지만, 리스트 타입의 타입은 type 그 자체다. 계층 구조 꼭대기에서 type 객체는 특정 타입을 생성하고, 특정 타입은 인스턴스를 생성한다. 이는 대화형 프롬프트에서 여러분이 직접 확인할 수 있다. 예를 들어 파이썬 3.X에서 리스트 인스턴스의 타입은 리스트 클래스이며, 리스트 클래스의 타입은 타입 클래스다.

```
C:\code> py -3                       # 3.X에서
>>> type([]), type(type([]))         # 리스트 인스턴스는 리스트 클래스로부터 생성됨
(<class 'list'>, <class 'type'>)     # 리스트 클래스는 타입 클래스로부터 생성됨
>>> type(list), type(type)           # 타입 이름을 제외하고 동일함
(<class 'type'>, <class 'type'>)     # type의 타입은 type: 계층 구조 꼭대기
```

32장 새 형식 클래스의 변경 내역에 대해 공부할 때 이는 파이썬 2.X에서도 일반적으로 동일하게 성립하지만, 타입은 클래스와 동일한 것은 아니다. type은 타입 계층 구조를 덮고 타입을 생성하기 위해 사용되는 일종의 고유한 내장 객체다.

```
C:\code> py -2
>>> type([]), type(type([]))              # 2.X에서 type은 약간 다름
(<type 'list'>, <type 'type'>)
>>> type(list), type(type)
(<type 'type'>, <type 'type'>)
```

타입/인스턴스의 관계는 공교롭게도 사용자 정의 클래스에서도 성립한다. 인스턴스는 클래스로부터 생성되며, 클래스는 type으로부터 생성된다. 실제로 이 둘은 근본적으로 동의어다. 클래스는 타입이며, 타입은 클래스다. 즉, 다음과 같은 성질을 갖는다.

• 타입은 type으로부터 파생된 클래스에 의해 정의된다.
• 사용자 정의 클래스는 타입 클래스의 인스턴스다.
• 사용자 정의 클래스는 자신만의 인스턴스를 생성하는 타입이다.

앞에서 보았듯이, 이는 인스턴스의 타입을 검사하는 코드에 영향을 준다. 인스턴스의 타입은 그 인스턴스가 비롯된 클래스다. 이는 클래스가 생성되는 방식에도 영향을 미치는데, 이 내용이 이 장의 주제의 핵심이다. 클래스는 보통 기본적으로 루트 타입 클래스로부터 생성되기 때문에 대부분의 프로그래머들은 '타입과 클래스가 동등하다'는 사실을 고려할 필요가 없다. 그러나 이 사실은 클래스와 인스턴스를 모두 변경할 수 있는 새로운 가능성을 열었다.

예를 들어 3.X에서 모든 사용자 정의 클래스(와 2.X에서 새 형식 클래스)는 type 클래스의 인스턴스이며, 인스턴스 객체는 이들 클래스의 인스턴스다. 실제로 클래스는 type에 연결되는 __class__를 가지며, 인스턴스는 자신이 만들어진 클래스에 연결하는 __class__를 가진다.

```
C:\code> py -3
>>> class C: pass                  # 3.X 클래스 객체(새로운 형식)
>>> X = C()                        # 클래스 인스턴스 객체

>>> type(X)                        # 인스턴스는 클래스의 인스턴스
<class '__main__.C'>
>>> X.__class__                    # 인스턴스의 클래스
<class '__main__.C'>

>>> type(C)                        # 클래스는 type의 인스턴스
<class 'type'>
```

```
>>> C.__class__                          # 클래스의 클래스는 type
<class 'type'>
```

특히 마지막 두 줄에 주목하자. 일반 인스턴스가 사용자 정의 클래스의 인스턴스인 것처럼 클래스는 type 클래스의 인스턴스다. 이는 3.X에서 내장된 타입과 사용자 정의 클래스 타입 모두에서 동일하게 성립된다. 실제로 클래스는 별개의 개념이 아니다. 이는 단순히 사용자 정의 타입이며, type 그 자체는 클래스에 의해 정의된다.

파이썬 2.X에서 object로부터 파생된 새 형식 클래스에도 유사하게 적용되는데, 이는 object가 3.X의 클래스 행위를 가능하게 하기 때문이다(우리가 보았다시피, 3.X는 클래스를 새로운 형식으로 인정하기 위해 object를 그 클래스의 __bases__ 슈퍼클래스 튜플의 최상위 루트 클래스에 자동으로 추가한다).

```
C:\code> py -2
>>> class C(object): pass               # 2.X에서 새 형식 클래스,
>>> X = C()                             # 클래스들은 클래스를 가짐

>>> type(X)
<class '__main__.C'>
>>> X.__class__
<class '__main__.C'>

>>> type(C)
<type 'type'>
>>> C.__class__
<type 'type'>
```

하지만 2.X에서 레거시 클래스는 약간 다르다. 레거시 클래스는 이전 파이썬의 원래 클래스 모델을 반영하기 때문에 이들은 __class__ 링크를 가지지 않으며, 2.X에서 내장된 타입처럼 이들은 타입 클래스가 아니라 type의 인스턴스다(이 장에서 명확성을 위해 객체의 16진수 주소 중 일부를 축약해서 표현했다).

```
C:\code> py -2
>>> class C: pass                       # 2.X에서의 레거시 클래스,
>>> X = C()                             # 클래스는 클래스를 가지고 있지 않음

>>> type(X)
<type 'instance'>
>>> X.__class__
<class __main__.C at 0x005F85A0>
```

```
>>> type(C)
<type 'classobj'>
>>> C.__class__
AttributeError: class C has no attribute '__class__'
```

메타클래스는 타입의 서브클래스

왜 우리는 3.X에서 클래스가 type 클래스의 인스턴스임에 관심을 가져야 하는가? 이는 메타클래스를 코딩할 수 있게 해주기 때문이다. 오늘날에는 **타입**의 개념이 **클래스**와 동일하기 때문에 우리는 이를 변경하기 위해 일반적인 객체 지향 기법과 클래스 구문을 이용하여 type을 서브클래싱할 수 있다. 그리고 클래스는 실제로 type 클래스의 인스턴스이기 때문에 type의 변경된 서브클래스로부터 클래스를 생성하는 것은 커스터마이즈된 클래스를 구현할 수 있게 해준다. 자세히 말하자면, 이 모든 것은 3.X와 2.X의 새 형식 클래스에서 모두 자연스럽게 동작한다.

- type은 사용자 정의 클래스를 생성하는 클래스다.
- 메타클래스는 type 클래스의 서브클래스다.
- 클래스 객체는 type 클래스 또는 그의 서브클래스의 인스턴스다.
- 인스턴스 객체는 클래스로부터 생성된다.

즉, 클래스의 생성 방식과 클래스 행위를 보완하는 방식을 제어하기 위해 우리가 해야 할 것은 사용자 정의 클래스가 일반적인 type 클래스 대신 사용자 정의 메타클래스로부터 생성되도록 지정하는 것이다.

이 **타입 인스턴스** 관계는 일반적인 **상속**과 다르다. 사용자 정의 클래스는 보통 자신과 자신의 인스턴스가 속성을 상속받는 슈퍼클래스를 가질 수도 있다. 우리가 보았듯이 상속받는 슈퍼클래스들은 class문의 괄호 안에 기재되며, 클래스의 __bases__ 튜플에 등장한다. 하지만 클래스가 어느 타입으로부터 생성되었는지와 그 클래스가 어느 타입의 인스턴스인지는 서로 다른 관계다. 상속은 인스턴스와 클래스 네임스페이스 딕셔너리를 검색하지만, 클래스는 일반 상속 검색에 공개되지 않은 그들의 타입으로부터 행위를 얻을 수도 있다.

이 차이점을 이해할 수 있는 기초를 다지기 위해 다음 절에서는 파이썬에서 이 instance-of 타입 관계를 구현할 때 필요한 절차에 대해 설명한다. 앞의 차이점을 이해하기 위한 기초를 다질 수 있을 것이다.

class문 프로토콜

type 클래스를 변경하기 위해 이를 서브클래싱하는 것은 실제로 메타클래스의 기반이 되는 마법의 반밖에 되지 않는다. 우리는 여전히 어떻게든 클래스의 생성을 기본 type 대신에 메타 클래스에 전달해야 한다. 어떻게 이를 처리하는지 완전히 이해하려면, 클래스문이 어떻게 동작하는지도 알아야 한다.

우리는 파이썬이 class문에 도달하면, 그 클래스의 속성을 생성하기 위해 class문에 중첩된 코드 블록을 실행한다. 중첩된 코드 블록의 최상위 레벨에서 할당된 모든 이름들은 결과 클래스 객체의 속성을 만들어 낸다. 이 이름들은 일반적으로 중첩된 def에 의해 생성된 메소드 함수지만, 모든 인스턴스가 공유하게 될 클래스 데이터를 생성하기 위해 할당된 임의의 속성일 수도 있다.

엄밀히 말하면 파이썬은 이를 위해 표준 프로토콜을 따른다. class문의 마지막에서, 그리고 클래스의 지역 범위에 해당하는 네임스페이스 딕셔너리에서 이 class문에 중첩된 모든 코드를 실행한 후, 파이썬은 다음과 같이 class 객체를 생성하기 위해 type 객체를 호출한다.

```
class = type(classname, superclasses, attributedict)
```

type 객체는 결국 type 객체가 호출될 때 두 개의 다른 메소드를 실행하는 __call__ 연산자 오버로딩 메소드를 정의한다.

```
type.__new__(typeclass, classname, superclasses, attributedict)
type.__init__(class, classname, superclasses, attributedict)
```

__new__ 메소드는 새로운 class 객체를 생성하고 반환하고, 그다음에 __init__ 메소드가 새롭게 생성된 객체를 초기화한다. 곧 보게 되겠지만 이 둘은 type의 서브클래스인 메타클래스가 클래스를 변경하기 위해 사용하는 메소드다.

예를 들어 다음 코드에서와 같이 Spam에 대한 클래스 정의가 주어졌을 때, 파이썬은 내부적으로 중첩된 코드 블록을 실행하여 클래스의 두 속성(data와 meth)을 생성하고, class문의 끝에서 type 객체를 호출하여 class 객체를 생성한다.

```
class Eggs: ...                              # 여기에 상속되는 이름

class Spam(Eggs):                            # Eggs로부터 상속
    data = 1                                 # 클래스 데이터 속성
    def meth(self, arg):                     # 클래스 메소드 속성
        return self.data + arg
```

파이썬은 내부적으로 클래스의 두 속성(data와 meth)을 생성하기 위해 중첩된 코드 블록을 실행하고, class 객체를 생성하기 위해 class문 마지막에서 type 객체를 호출한다.

```
Spam = type('Spam', (Eggs,), {'data': 1, 'meth': meth, '__module__': '__main__'})
```

실제로, 클래스를 동적으로 생성하기 위해 이 방식으로 (비록 허구의 메소드 함수와 공백의 슈퍼클래스 튜플이라 하더라도) type을 호출할 수 있다(파이썬은 3.X와 2.X 모두에서 object를 자동으로 추가한다).

```
>>> x = type('Spam', (), {'data': 1, 'meth': (lambda x, y: x.data + y)})
>>> i = x()
>>> x, i
(<class '__main__.Spam'>, <__main__.Spam object at 0x029E7780>)
>>> i.data, i.meth(2)
(1, 3)
```

이로부터 생성된 클래스는 여러분이 class문을 실행하여 얻게 될 것과 똑같다.

```
>>> x.__bases__
(<class 'object'>,)
>>> [(a, v) for (a, v) in x.__dict__.items() if not a.startswith('__')]
[('data', 1), ('meth', <function <lambda> at 0x0297A158>)]
```

이 type 호출은 class문 마지막에서 자동으로 이루어지므로 클래스를 보완하거나 처리하는 데 이상적인 도구다. 비결은 기본 type을 이 type 호출을 가로챌 커스터마이즈된 서브클래스로 대체하는 데 있다. 다음 절은 그 방법에 대해 살펴보자.

메타클래스 선언

우리가 방금 보았듯이 클래스는 기본적으로 type 클래스에 의해 생성된다. 파이썬에게 사용

자 정의 메타클래스를 대신 사용하여 클래스를 생성하려면, 단순히 사용자 정의 클래스에서 일반적인 인스턴스 생성 호출을 가로채기 위해 메타클래스를 선언해야 한다. 어떻게 그렇게 동작하는지는 여러분이 사용하는 파이썬 버전에 따라 다르다.

3.X에서의 선언

파이썬 3.X에서는 class 헤더에 키워드 인수로 원하는 메타클래스를 나열한다.

```
class Spam(metaclass=Meta):                     # 3.X 버전에서만
```

상속 슈퍼클래스는 헤더에도 나열될 수 있다. 예를 들면, 다음에서 새로운 클래스 Spam은 슈퍼클래스 Eggs로부터 상속받지만, 메타클래스 Meta의 인스턴스이기도 하며 Meta에 의해 생성되기도 한다.

```
class Spam(Eggs, metaclass=Meta):               # 일반 슈퍼클래스면 OK: 제일 처음 열거되어야 함
```

이 형태에서 슈퍼클래스들은 메타클래스 전에 나열되어야 한다. 실제로, 함수 호출에서 키워드 인수들에 사용되는 순서 규칙이 여기에 적용된다.

2.X에서의 선언

파이썬 2.X에서 동일한 결과를 얻을 수 있지만, 메타클래스를 다르게 기술해야 한다. 키워드 인수 대신 클래스 속성을 사용한다.

```
class Spam(object):                             # 2.X 버전도 object는 선택적?
    __metaclass__ = Meta

class Spam(Eggs, object):                       # 일반 슈퍼클래스는 OK: object 추천
    __metaclass__ = Meta
```

기술적으로, 2.X에서 일부 클래스는 메타클래스를 사용하기 위해 명시적으로 object로부터 파생해야 할 필요가 없다. 일반적인 메타클래스 실행 메커니즘은 새 형식 클래스와 동시에 추가되었지만, 그 자체가 새 형식 클래스에 구속되는 것이 아니다. 하지만 메타클래스 실행 메커니즘이 새 형식 클래스를 생성한다. __metaclass__ 선언이 있을 때, 2.X는 object를 __bases__

시퀀스에 추가함으로써 자동으로 그 결과 클래스를 새로운 형식으로 만들어 준다. 이 선언이 없는 경우에는 2.X는 단순히 레거시 클래스 생성자를 기본 메타클래스로 사용한다.

반면, 메타클래스는 여러분의 클래스가 명시적인 object 없이도 2.X에서 새로운 형식임을 암시한다. 이는 32장에서 개략적으로 살펴본 내용과는 다소 다르게 동작하며, 2.X에서 메타클래스 또는 이들의 슈퍼클래스는 명시적으로 object로부터 파생되어야 하는데, 이는 새 형식 클래스는 그 맥락상 고전 형식의 슈퍼클래스만 가질 수 없기 때문이다. 이를 고려해 볼 때 object로부터 파생되는 것은 클래스의 본질에 대한 일종의 경고로 손상되지 않으며, 잠재적 문제들을 피하기 위해 필요할 수도 있다.

또한, 2.X에서 모듈 레벨의 __metaclass__ 전역 변수는 모듈 내의 모든 클래스들을 메타클래스에 연결시키기 위해 이용된다. 이는 3.X에서는 더 이상 지원되지 않는데, 모든 클래스가 object로부터 파생되지 않고도 기본적으로 새 형식 클래스로 생성되도록 임시 방편으로 만들어진 것이기 때문이다. 파이썬 3.X 또한 2.X의 클래스 속성을 무시하고 3.X의 키워드 형태는 2.X에서 구문 오류를 일으키므로 서로의 버전에 간단하게 이식할 수 있는 방도는 없다. 하지만 상이한 구문 외에 2.X와 3.X의 메타클래스 선언은 동일한 결과를 가지며, 그 결과에 대해서는 다음 절에서 다루도록 하겠다.

3.X와 2.X에서 메타클래스 실행

특정 메타클래스가 이전 절의 구문에 따라 선언되면, class문 마지막에서 실행되는 class 객체를 생성하기 위한 호출은 기본 type 대신 메타클래스를 호출하도록 수정된다.

```
class = Meta(classname, superclasses, attributedict)
```

그리고 메타클래스는 type의 서브클래스이기 때문에 type 클래스의 __call__은 다음 두 메소드(__new__, __init__)가 정의되어 있을 경우, 이 호출을 메타클래스로 위임하 새로운 class 객체의 생성과 초기화를 실행하도록 한다.

```
Meta.__new__(Meta, classname, superclasses, attributedict)
Meta.__init__(class, classname, superclasses, attributedict)
```

설명을 위해 이전 절의 예제를 다시 살펴보자. 이 예제를 3.X의 메타클래스 지정으로 보완하면 다음과 같다.

```
class Spam(Eggs, metaclass=Meta):      # Eggs로부터 상속, Meta의 인스턴스
    data = 1                           # 클래스 데이터 속성
    def meth(self, arg):               # 클래스 메소드 속성
        return self.data + arg
```

이 class문 마지막에서 파이썬은 내부적으로 class 객체를 생성하기 위해 다음을 실행한다. 다시 말하지만 여러분이 직접 호출할 수도 있으나, 파이썬의 class 메커니즘에 의해 자동으로 동작한다.

```
Spam = Meta('Spam', (Eggs,), {'data': 1, 'meth': meth, '__module__': '__main__'})
```

만약 메타클래스가 __new__ 또는 __init__에 대해 자신만의 버전을 정의했다면, 상속된 type 클래스의 __call__메소드가 새로운 클래스의 생성과 초기화를 위해 이 호출을 수행하는 동안 이 커스터마이즈된 버전이 호출될 것이다. 그 결과, 클래스 생성 절차 중 일부로 메타클래스가 제공하는 메소드를 자동으로 실행한다. 다음 절은 어떻게 메타클래스 퍼즐의 마지막 조각을 코딩할 것인지 보여 준다.

 이 장은 파이썬 2.X의 클래스 속성이 아니라, 3.X의 메타클래스 키워드 인수 구문을 사용한다. 2.X 독자들이 코드를 변환해야 하겠지만, 여기에서는 버전 중립적으로 코드를 작성하는 것이 쉽지 않고(3.X는 속성을 인식하지 못하고, 2.X는 키워드 구문을 허용하지 않는다) 예제를 두 벌씩 기술하는 것이 이식성을 해결해 주지는 않는다(그리고 챕터 분량을 생각하지 않을 수 없다!).

메타클래스 코딩

지금까지 메타클래스에서 클래스 생성 호출이 기술되고 제공되는 경우, 파이썬이 어떻게 클래스 생성 호출을 메타클래스로 보내는지 살펴보았다. 그러나 어떻게 type을 변경하여 메타클래스를 코딩할까?

여러분이 이야기의 대부분을 이미 알고 있음이 밝혀졌다. 메타클래스는 일반 파이썬 class문과 의미론으로 코딩된다. 정의상 이는 단순히 type으로부터 상속받은 클래스다. 유일한 차이점은 파이썬은 메타클래스를 class문 마지막에서 **자동으로 호출**하며, 이는 type 슈퍼클래스가

기대하는 인터페이스를 고수해야 한다는 것이다.

기본 메타클래스

아마 여러분이 코딩할 수 있는 가장 간단한 메타클래스는 단순히 type의 기본 버전을 실행하여 클래스 객체를 생성하는 __new__ 메소드를 가지는 type의 서브클래스다. 이와 같은 메타클래스의 __new__는 type으로부터 상속받은 __call__ 메소드에 의해 실행된다. 이는 일반적으로 커스터마이즈가 필요한 무엇이든 수행하며, 새로운 클래스 객체를 생성하고 반환하는 type 슈퍼클래스의 __new__ 메소드를 호출한다.

```python
class Meta(type):
    def __new__(meta, classname, supers, classdict):
        # 상속받은 type.__call__에 의해 실행됨
        return type.__new__(meta, classname, supers, classdict)
```

이 메타클래스는 실제로 어떤 일도 하지 않지만(우리는 기본 type 클래스가 그 클래스를 생성하게 할 수도 있다), 이는 메타클래스가 커스터마이즈하는 메타클래스 기능을 이용하는 방식을 보여 준다. 메타클래스는 class문 마지막에서 호출되고, type 객체의 __call__은 __new__와 __init__ 메소드에 전달되기 때문에 우리가 이 메소드에 제공하는 코드는 그 메타클래스로부터 생성되는 모든 클래스를 관리할 수 있다.

다시 우리 예제로 돌아와서 메타클래스와 파일에 추적을 위해 전반적으로 출력문을 추가하였다(다시 말하지만, 이 장에서 일부 파일명은 나중에 나오는 명령 라인에서 확인할 수 있다).

```python
class MetaOne(type):
    def __new__(meta, classname, supers, classdict):
        print('In MetaOne.new:', meta, classname, supers, classdict, sep='\n...')
        return type.__new__(meta, classname, supers, classdict)

class Eggs:
    pass

print('making class')
class Spam(Eggs, metaclass=MetaOne):        # Eggs로부터 상속, MetaOne의 인스턴스
    data = 1                                # 클래스 데이터 속성
    def meth(self, arg):                    # 클래스 메소드 속성
        return self.data + arg

print('making instance')
```

```
X = Spam()
print('data:', X.data, X.meth(2))
```

여기 Spam은 Eggs로부터 상속받으며 MetaOne의 인스턴스이지만, X는 Spam으로부터 상속받으며 Spam의 인스턴스다. 이 코드가 파이썬 3.X에서 실행될 때, 메타클래스는 우리가 인스턴스를 만들기 전인 class문 마지막에서 호출된다는 것에 주목하자. 메타클래스는 **클래스**를 처리하기 위한 것이며, 클래스는 일반 인스턴스를 처리하기 위한 것이다.

```
c:\code> py -3 metaclass1.py
making class
In MetaOne.new:
...<class '__main__.MetaOne'>
...Spam
...(<class '__main__.Eggs'>,)
...{'data': 1, 'meth': <function Spam.meth at 0x02A191E0>, '__module__': '__main__'}
making instance
data: 1 3
```

표현 관련 노트: 이 장에서는 간결성을 위해 주소를 단축했고, 네임스페이스 딕셔너리에 있는 내용 중 일부 관계없는 __X__ 내장 이름을 생략했다. 그리고 앞에서 언급했듯이 선언 구문의 차이 때문에 2.X 버전으로의 이식성은 고려하지 않았다. 2.X에서 실행하기 위해서는 클래스 속성 형태를 사용하고 원하는 대로 프린트 동작을 변경하면 된다. 이 예제는 2.X에서 다음과 같이 수정하면 동작한다(파일 metaclass1 2x.py 참조). Eggs 또는 Spam은 object로부터 명시적으로 파생되어야 한다. 그렇지 않으면 2.X는 경고를 띄우는데, 새 형식 클래스는 슈퍼클래스로 레거시 클래스만 가질 수는 없기 때문이다. 만약 불확실하다면 2.X 메타클래스 클라이언트에서 object를 사용하면 된다.

```
from __future__ import print_function        # 2.X(에서만) 똑같이 실행하기 위해
class Eggs(object):                          # "object" 중 하나는 선택적임
class Spam(Eggs, object):
    __metaclass__ = MetaOne
```

생성과 초기화를 커스터마이즈하기

메타클래스는 타입 객체의 __call__에 의해 호출되는 __init__ 프로토콜을 이용할 수도 있다. 일반적으로 __new__는 클래스 객체를 생성하고 반환하며, __init__은 인수로 전달된 이

미 생성된 클래스를 초기화한다. 메타클래스는 클래스 생성 시점에 클래스를 관리하기 위해이 두 메소드 모두, 또는 그중 하나를 사용할 수 있다.

```
class MetaTwo(type):
    def __new__(meta, classname, supers, classdict):
        print('In MetaTwo.new: ', classname, supers, classdict, sep='\n...')
        return type.__new__(meta, classname, supers, classdict)

    def __init__(Class, classname, supers, classdict):
        print('In MetaTwo.init:', classname, supers, classdict, sep='\n...')
        print('...init class object:', list(Class.__dict__.keys()))

class Eggs:
    pass

print('making class')
class Spam(Eggs, metaclass=MetaTwo):     # Eggs로부터 상속, MetaTwo의 인스턴스
    data = 1                              # 클래스 데이터 속성
    def meth(self, arg):                  # 클래스 메소드 속성
        return self.data + arg

print('making instance')
X = Spam()
print('data:', X.data, X.meth(2))
```

이 경우 클래스 초기화 메소드는 클래스 생성 메소드 후에 실행되지만, 둘 모두 인스턴스가 만들어지기 전 class문 마지막에서 실행된다. 역으로 Spam의 __init__은 인스턴스 생성 시점에 동작하며, 메타클래스의 __init__에 의해 영향을 받거나 실행되지 않는다.

```
c:\code> py -3 metaclass2.py
making class
In MetaTwo.new:
...Spam
...(<class '__main__.Eggs'>,)
...{'data': 1, 'meth': <function Spam.meth at 0x02967268>, '__module__': '__main__'}
In MetaTwo.init:
...Spam
...(<class '__main__.Eggs'>,)
...{'data': 1, 'meth': <function Spam.meth at 0x02967268>, '__module__': '__main__'}
...init class object: ['__qualname__', 'data', '__module__', 'meth', '__doc__']
making instance
data: 1 3
```

다른 메타클래스 코딩 기법

type 슈퍼클래스의 __new__와 __init__ 메소드를 재정의하는 것이 메타클래스로 클래스 객체 생성 프로세스에 로직을 삽입하는 가장 보편적인 방식이지만, 다른 기법도 가능하다.

단순한 팩토리 함수 사용하기

예를 들어, 메타클래스는 실제로 클래스일 필요가 없다. 이미 배웠듯이, class문은 그 처리 과정의 마지막에 간단한 클래스 생성 호출을 일으킨다. 이 때문에 원칙적으로는 대상 클래스와 호환되는 객체를 전달하고 반환하는 **호출 가능한 객체**라면 무엇이라도 메타클래스로 사용될 수 있다. 실제로, 단순한 객체 팩토리 함수는 type 서브클래스와 마찬가지의 역할을 할 수 있다.

```
# 단순 함수도 메타클래스로 역할할 수 있음

def MetaFunc(classname, supers, classdict):
    print('In MetaFunc: ', classname, supers, classdict, sep='\n...')
    return type(classname, supers, classdict)

class Eggs:
    pass

print('making class')
class Spam(Eggs, metaclass=MetaFunc):      # 마지막에 단순 함수를 실행
    data = 1                               # 함수는 클래스를 반환함
    def meth(self, arg):
        return self.data + arg

print('making instance')
X = Spam()
print('data:', X.data, X.meth(2))
```

이 코드가 실행되면 함수는 class문 마지막에서 호출되며, 그 함수는 기대되는 새로운 클래스 객체를 반환한다. 함수는 type 객체의 __call__이 보통 기본적으로 가로채는 호출을 잡아낸다.

```
c:\code> py -3 metaclass3.py
making class
In MetaFunc:
...Spam
...(<class '__main__.Eggs'>,)
...{'data': 1, 'meth': <function Spam.meth at 0x029471E0>, '__module__': '__main__'}
making instance
data: 1 3
```

클래스 생성 호출을 일반 클래스로 오버로딩

일반 클래스 인스턴스는 연산자 오버로딩으로 호출 동작에 대응할 수 있기 때문에 이 또한 이전 예제의 함수와 마찬가지로 일부 메타클래스 역할을 수행할 수 있다. 다음의 결과는 이전 클래스 기반의 버전과 유사하지만, 이것은 단순 클래스에 기반하고 있다. 이 단순 클래스는 type으로부터 상속받지 않고 일반 연산자 오버로딩을 사용하여 메타클래스 호출을 잡아내는, 인스턴스를 위한 __call__을 제공한다. 여기서 __new__와 __init__은 다른 이름을 가져야 하며, 그렇게 하지 않으면 메타클래스 역할로 나중에 호출될 때가 아니라 Meta 인스턴스가 생성될 때 동작하게 될 것이다.

```python
# 일반 클래스도 메타클래스 역할을 할 수 있음

class MetaObj:
    def __call__(self, classname, supers, classdict):
        print('In MetaObj.call: ', classname, supers, classdict, sep='\n...')
        Class = self.__New__(classname, supers, classdict)
        self.__Init__(Class, classname, supers, classdict)
        return Class

    def __New__(self, classname, supers, classdict):
        print('In MetaObj.new: ', classname, supers, classdict, sep='\n...')
        return type(classname, supers, classdict)

    def __Init__(self, Class, classname, supers, classdict):
        print('In MetaObj.init:', classname, supers, classdict, sep='\n...')
        print('...init class object:', list(Class.__dict__.keys()))

class Eggs:
    pass

print('making class')
class Spam(Eggs, metaclass=MetaObj()):     # MetaObj는 일반 클래스 인스턴스
    data = 1                                # 문장 마지막에서 호출됨
    def meth(self, arg):
        return self.data + arg

print('making instance')
X = Spam()
print('data:', X.data, X.meth(2))
```

실행 시 이 세개의 메소드는 일반 클래스로부터 상속받은 일반 인스턴스의 __call__을 통해 실행되지만, type 실행 메커니즘 또는 의미론에 기반을 두지는 않는다.

```
c:\code> py -3 metaclass4.py
making class
In MetaObj.call:
...Spam
...(<class '__main__.Eggs'>,)
...{'data': 1, 'meth': <function Spam.meth at 0x029492F0>, '__module__': '__main__'}
In MetaObj.new:
...Spam
...(<class '__main__.Eggs'>,)
...{'data': 1, 'meth': <function Spam.meth at 0x029492F0>, '__module__': '__main__'}
In MetaObj.init:
...Spam
...(<class '__main__.Eggs'>,)
...{'data': 1, 'meth': <function Spam.meth at 0x029492F0>, '__module__': '__main__'}
...init class object: ['__module__', '__doc__', 'data', '__qualname__', 'meth']
making instance
data: 1 3
```

실제로, 우리는 이 코딩 모델에서 호출을 가로채기 위해 일반 슈퍼클래스 상속을 사용할 수 있다. 여기에서의 슈퍼클래스는 근본적으로 최소한 메타클래스 실행 관점에서 type과 동일한 역할을 수행하고 있다.

```
# 인스턴스는 클래스와 그 클래스의 슈퍼클래스로부터 일반적으로 상속받음

class SuperMetaObj:
    def __call__(self, classname, supers, classdict):
        print('In SuperMetaObj.call: ', classname, supers, classdict, sep='\n...')
        Class = self.__New__(classname, supers, classdict)
        self.__Init__(Class, classname, supers, classdict)
        return Class

class SubMetaObj(SuperMetaObj):
    def __New__(self, classname, supers, classdict):
        print('In SubMetaObj.new: ', classname, supers, classdict, sep='\n...')
        return type(classname, supers, classdict)

    def __Init__(self, Class, classname, supers, classdict):
        print('In SubMetaObj.init:', classname, supers, classdict, sep='\n...')
        print('...init class object:', list(Class.__dict__.keys()))

class Spam(Eggs, metaclass=SubMetaObj()):          # Super.__call__을 통해 Sub 인스턴스 호출
    ...파일 나머지 부분은 동일함...

c:\code> py -3 metaclass4-super.py
making class
In SuperMetaObj.call:
...이전과 동일...
```

```
In SubMetaObj.new:
...이전과 동일...
In SubMetaObj.init:
...이전과 동일...
making instance
data: 1 3
```

지금까지 알아본 다른 형태들도 동작하지만, 대부분의 메타클래스는 주어진 작업을 type 슈퍼클래스의 __new__와 __init__을 재정의하여 수행한다. 실제로 이는 일반적으로 필요한 만큼 제어하며, 다른 기법에 비해 대체로 더 간단하다. 게다가 메타클래스는 우리가 앞으로 살펴볼 클래스 메소드와 같은 추가적인 도구에 접근할 수 있다. 이 클래스 메소드는 다른 기법에 비해 클래스 행위에 더 직접적으로 영향을 끼칠 수 있다.

여전히 우리는 간단한 호출이 가능한 객체 기반의 메타클래스가 종종 클래스 데코레이터만큼 작업할 수 있음을 보게 될 것이다. 이 클래스 데코레이터는 메타클래스가 클래스뿐 아니라 인스턴스도 관리할 수 있도록 해준다. 하지만 우선 다음 절에서는 메타클래스 이름 해석 개념을 소개하기 위해, 파이썬 '경계가 불분명한 지역'으로부터 얻은 예제를 보여 준다.

클래스 생성 호출을 메타클래스로 오버로딩하기

메타클래스는 일반 객체 지향 프로그래밍 메커니즘에 참여하기 때문에 메타클래스가 type 객체의 __call__을 재정의하여 class문 마지막에서 생성 호출을 직접 잡아내는 것도 가능하다. __new__와 __call__을 재정의할 때는 결과적으로 클래스를 생성하도록 의도한 것이라면 반드시 type의 기본값을 호출하도록 주의를 기울여야 한다. 그리고 __call__은 반드시 type을 호출하여 다른 두 개를 시작하도록 해야 한다.

```python
# 클래스도 호출을 잡아냄(하지만 내장된 동작은 슈퍼클래스가 아니라 메타클래스를 조사함)

class SuperMeta(type):
    def __call__(meta, classname, supers, classdict):
        print('In SuperMeta.call: ', classname, supers, classdict, sep='\n...')
        return type.__call__(meta, classname, supers, classdict)

    def __init__(Class, classname, supers, classdict):
        print('In SuperMeta init:', classname, supers, classdict, sep='\n...')
        print('...init class object:', list(Class.__dict__.keys()))

print('making metaclass')
class SubMeta(type, metaclass=SuperMeta):
```

```
    def __new__(meta, classname, supers, classdict):
        print('In SubMeta.new: ', classname, supers, classdict, sep='\n...')
        return type.__new__(meta, classname, supers, classdict)

    def __init__(Class, classname, supers, classdict):
        print('In SubMeta init:', classname, supers, classdict, sep='\n...')
        print('...init class object:', list(Class.__dict__.keys()))

class Eggs:
    pass

print('making class')
class Spam(Eggs, metaclass=SubMeta):        # SuperMeta.__call__을 통해 SubMeta 호출
    data = 1
    def meth(self, arg):
        return self.data + arg

print('making instance')
X = Spam()
print('data:', X.data, X.meth(2))
```

이 코드는 곧 설명할 몇 가지 특이점을 가지고 있다. 하지만 실행되면 이전 절처럼 Spam을 위해 결국 이 세 개의 재정의된 메소드들이 동작한다. 이는 근본적으로 type 객체가 기본적으로 수행하는 작업이지만, 메타클래스 서브클래스(메타서브클래스?)를 위한 추가적인 메타클래스 호출이 있다.

```
c:\code> py -3 metaclass5.py
making metaclass
In SuperMeta init:
...SubMeta
...(<class 'type'>,)
...{'__init__': <function SubMeta.__init__ at 0x028F92F0>, ...}
...init class object: ['__doc__', '__module__', '__new__', '__init__, ...]
making class
In SuperMeta.call:
...Spam
...(<class '__main__.Eggs'>,)
...{'data': 1, 'meth': <function Spam.meth at 0x028F9378>, '__module__': '__main__'}
In SubMeta.new:
...Spam
...(<class '__main__.Eggs'>,)
...{'data': 1, 'meth': <function Spam.meth at 0x028F9378>, '__module__': '__main__'}
In SubMeta init:
...Spam
...(<class '__main__.Eggs'>,)
...{'data': 1, 'meth': <function Spam.meth at 0x028F9378>, '__module__': '__main__'}
...init class object: ['__qualname__', '__module__', '__doc__', 'data', 'meth']
```

```
making instance
data: 1 3
```

이 예제는 내장된 동작에 의해 호출되는 메소드를 중복 정의한다는 사실로 복잡해진다. 이 경우 그 호출은 클래스를 생성하기 위해 자동으로 실행된다. 메타클래스는 클래스 객체를 생성하기 위해 사용되지만, 메타클래스 역할로 호출될 때 그 자신의 인스턴스를 생성하기도 한다. 이 때문에 메타클래스로 이름을 검색하는 것은 우리가 익숙한 방식과는 다소 다를 수 있다. 예를 들어, __call__ 메소드는 객체 클래스의 내장된 타입들에 의해 검색된다. 메타클래스에서 이것은 메타클래스의 메타클래스를 의미한다.

뒤에서 다루겠지만, 메타클래스도 다른 메타클래스에서 이름들을 상속한다. 일반 클래스처럼 이는 명시적으로 이름을 가져오는 경우에만 적용되며, 호출처럼 내장된 동작을 위한 암묵적 이름 검색에는 적용되지 않는다. 후자는 메타클래스의 클래스(메타클래스의 __class__ 링크에서 볼 수 있으며, 기본 type이거나 메타클래스다)를 찾아보는 것으로 보인다. 이것은 일반적인 클래스 인스턴스에서도 매우 자주 발생했던 내장 객체 라우팅 이슈와 동일하다. SubMeta의 metaclass는 이 링크를 설정하기 위해 필요하지만, 이는 메타클래스 자체를 위해 메타클래스 생성 단계를 시작한다.

결과에서 호출들을 추적해 보자. SuperMeta의 __call__ 메소드는 SubMeta를 만들 때는 SuperMeta에 대한 호출을 위해 실행되지 않지만(대신 이것은 type에게 간다), Spam을 생성할 때는 SubMeta 호출을 위해 실행된다. 일반적으로 SuperMeta로부터 상속받는 것은 SubMeta 호출을 잡아내기에 충분하지 않으며, 이후에 보게 될 이유로 인해 실제로 연산자 오버로딩 메소드를 위해서 잘못된 작업을 수행하는 것이다. Spam은 SuperMeta의 __call__을 획득하고, 인스턴스가 생성되기 전에는 Spam 인스턴스 생성 호출 실패를 초래한다. 미묘하지만 사실이다!

이 이슈에 대해 더 단순한 용어로 정리하자면 내장된 동작을 위해 일반 슈퍼클래스는 생략하지만, 명시적으로 가져오거나 호출하는 것을 위해서는 생략하지 않으며, 후자는 일반 속성 이름 상속에 기대고 있다.

```python
class SuperMeta(type):
    def __call__(meta, classname, supers, classdict):      # 내장된 동작이 아니라 이름으로
        print('In SuperMeta.call:', classname)
        return type.__call__(meta, classname, supers, classdict)

class SubMeta(SuperMeta):                                    # 타입에 의해 생성됨
    def __init__(Class, classname, supers, classdict):      # type.__init__ 오버라이드
```

```
        print('In SubMeta init:', classname)
print(SubMeta.__class__)
print([n.__name__ for n in SubMeta.__mro__])
print()
print(SubMeta.__call__)                     # 이름으로 발견된다면 데이터 디스크립터가 아님
print()
SubMeta.__call__(SubMeta, 'xxx', (), {})    # 명시적 호출은 동작: 클래스 상속
print()
SubMeta('yyy', (), {})                       # 그러나 암묵적 내장된 동작은 동작하지 않음: 타입

c:\code> py -3 metaclass5b.py
<class 'type'>
['SubMeta', 'SuperMeta', 'type', 'object']

<function SuperMeta.__call__ at 0x029B9158>

In SuperMeta.call: xxx
In SubMeta init: xxx

In SubMeta init: yyy
```

물론, 이 특정 예제는 특별한 경우다. 메타클래스에서 내장된 동작 실행을 잡아내는 것이 __call__과 관련하여 사용되는 경우는 거의 드물다. 하지만 이는 핵심적인 비대칭성과 분명한 불일치성을 분명히 보여 준다. 일반 속성 상속은 내장된 동작 실행을 위해 완전히 사용되지 않는다 (인스턴스와 클래스 모두에 대해서).

하지만 이 예제의 미묘한 점에 대해 제대로 이해하려면, 우리는 파이썬의 전반적인 이름 해석에서 메타클래스가 무엇을 의미하는지에 대해 좀 더 공식적으로 알아볼 필요가 있다.

상속과 인스턴스

메타클래스는 유사한 방식으로 상속 슈퍼클래스에 기술되기 때문에 처음 언뜻 봤을 때는 혼란스러울 수 있다. 몇 가지 요점을 알면 그 모델을 요약하고 명확히 하는 데 도움이 될 것이다.

메타클래스는 type 클래스로부터 상속받음(일반적으로)

메타클래스는 특별한 역할을 가지고 있긴 하지만 class문으로 코딩되며, 파이썬의 일반적인 객체 지향 프로그래밍 모델을 따른다. 예를 들어, 이것은 type의 서브클래스로서 필요에 따라 타입 객체의 메소드를 수정하고 오버라이드(override)하여 재정의할 수 있다. 메타

클래스는 전형적으로 type 클래스의 __new__와 __init__을 재정의하여 클래스 생성과 초기화를 커스터마이즈한다. 그다지 보편적이지는 않지만, 메타클래스는 클래스문 마지막에 이뤄지는 클래스 생성 호출을 직접 잡아내고 싶은 경우에 __call__을 재정의할 수도 있으며(이전 절에서 본 것처럼 복잡도가 있긴 하지만), type 서브클래스 대신 임의의 객체를 반환하는 단순 함수 또는 다른 호출 가능한 객체가 될 수도 있다.

서브클래스는 메타클래스 선언을 상속받음

사용자 정의 클래스에서 metaclass = M 선언은 그 클래스의 일반적인 서브클래스도 상속 받으므로, 메타클래스는 슈퍼클래스 상속 체인에서 이 선언을 상속하는 각 클래스 생성을 위해 작동할 것이다.

클래스 속성은 메타클래스 속성을 상속받지 않음

메타클래스 선언은 인스턴스 관계를 특정하는데, 이 관계는 우리가 지금까지 상속이라 불렀던 것과는 다른 개념이다. 클래스는 메타클래스의 인스턴스이기 때문에 메타클래스에 정의된 행위는 클래스에 적용되지만, 클래스 이후에 생성되는 인스턴스에는 적용되지 않는다. 인스턴스는 그들의 클래스와 슈퍼클래스로부터 행위를 얻지만, 어떤 메타클래스로부터도 행위를 얻지는 않는다. 기술적으로, 일반 인스턴스를 위한 속성 상속은 보통 인스턴스, 그 클래스, 그리고 모든 슈퍼클래스의 __dict__ 딕셔너리만을 검색한다. 메타클래스는 일반 인스턴스를 위한 상속 검색에 포함되지 않는다.

클래스는 메타클래스 속성을 취함

반면에 클래스는 인스턴스 관계에 의해 자신의 메타클래스 메소드를 취한다. 이는 클래스 자체를 처리하는 클래스 행위의 원천이다. 인스턴스가 자신의 클래스로부터 이름을 얻는 것과 마찬가지로 클래스는 그 클래스의 __class__ 링크를 통해 취하지만, 그보다 먼저 __dict__ 검색으로 상속을 시도한다. 동일한 이름이 메타클래스와 슈퍼클래스 양쪽에 모두 존재하는 경우, 메타클래스(인스턴스) 버전 대신에 슈퍼클래스(상속) 버전이 사용된다. 하지만 그 클래스의 인스턴스는 클래스의 __class__를 따르지 않는다. 메타클래스 속성은 자신의 인스턴스 클래스에서 사용되도록 만들어진 것이지, 그 인스턴스 클래스의 인스턴스를 위한 것이 아니다(그리고 앞서 나온 닥터 수스에 대한 언급을 살펴보자).

이는 설명보다 코드로 이해하는 것이 더 쉽다. 이 모든 특징을 보여 주기 위해 다음 예제를 살펴보자.

```
# metainstance.py 파일
```

```
class MetaOne(type):
    def __new__(meta, classname, supers, classdict):          # type 메소드 재정의
        print('In MetaOne.new:', classname)
        return type.__new__(meta, classname, supers, classdict)
    def toast(self):
        return 'toast'

class Super(metaclass=MetaOne):          # sub는 메타클래스를 상속받음
    def spam(self):                       # MetaOne은 두 클래스를 위해 두번 실행됨
        return 'spam'

class Sub(Super):                         # 슈퍼클래스: 상속 vs 인스턴스
    def eggs(self):                       # 클래스는 슈퍼클래스로부터 상속받음
        return 'eggs'                     # 하지만 메타클래스로부터 상속받지는 않음
```

이 코드가 스크립트 또는 모듈로 실행될 때, 메타클래스는 두 개의 클라이언트 클래스 모두의 생성을 처리하고, 인스턴스는 메타클래스 속성이 아니라 클래스 속성을 상속받는다.

```
>>> from metainstance import *          # class문 실행: 메타클래스는 두 번 실행
In MetaOne.new: Super
In MetaOne.new: Sub

>>> X = Sub()                           # 사용자 정의 클래스의 일반 인스턴스
>>> X.eggs()                            # Sub로부터 상속됨
'eggs'
>>> X.spam()                            # Super로부터 상속됨
'spam'
>>> X.toast()                           # 메타클래스로부터 상속되지 않음
AttributeError: 'Sub' object has no attribute 'toast'
```

반면, 클래스는 자신의 슈퍼클래스로부터 이름을 상속받고 자신의 메타클래스로부터도 이름을 얻는다(이 예제에서 itself가 슈퍼클래스로부터 상속된다).

```
>>> Sub.eggs(X)                         # 자신만의 메소드
'eggs'
>>> Sub.spam(X)                         # Super로부터 상속
'spam'
>>> Sub.toast()                         # metaclass로부터 획득
'toast'
>>> Sub.toast(X)                        # 일반 클래스 메소드가 아님
TypeError: toast() takes 1 positional argument but 2 were given
```

여기에서 마지막 호출은 우리가 인스턴스를 전달하면 실패하게 되는데, 이는 그 이름이 일반

클래스 메소드가 아니라 메타클래스 메소드로 해석하기 때문이다. 실제로, 여기서는 이름을 가져온 객체와 해당 원본이 매우 중요해진다. 일반 클래스로부터 온 메소드가 클래스를 통해 가져오면 **결합되지 않고**(unbounded), 인스턴스를 통해 가져오면 **결합되는**(bounded) 특성을 갖는 반면, 메타클래스에서 취득한 메소드는 대상 클래스에 결합된다.

```
>>> Sub.toast
<bound method MetaOne.toast of <class 'metainstance.Sub'>>
>>> Sub.spam
<function Super.spam at 0x0298A2F0>
>>> X.spam
<bound method Sub.spam of <metainstance.Sub object at 0x02987438>>
```

앞의 두 규칙에 대해서는 31장에서 바운드 메소드를 다룰 때 이미 배웠다. 마지막 규칙은 새롭지만 클래스 메소드를 연상시킨다. 왜 이 방식이 성립하는지 이해하기 위해서는 메타클래스 인스턴스 관계에 대해 더 살펴보아야 한다.

메타클래스 vs 슈퍼클래스

더 간단하게 말하면, 다음 예제에서 어떤 일이 발생하는지 보자. 클래스 B가 A 메타클래스 타입의 인스턴스이기 때문에 B는 A의 속성을 취득하지만, 이 속성이 B의 인스턴스에게 상속되지는 않는다. 메타클래스에 의해 이름을 얻는 것은 클래스 인스턴스를 위해 사용되는 일반 상속과는 다르다.

```
>>> class A(type): attr = 1
>>> class B(metaclass=A): pass          # B는 메타클래스의 인스턴스. 메타의 속성을 얻음
>>> I = B()                             # I는 메타가 아니라 클래스로부터 상속!
>>> B.attr
1
>>> I.attr
AttributeError: 'B' object has no attribute 'attr'
>>> 'attr' in B.__dict__, 'attr' in A.__dict__
(False, True)
```

그에 반해, 만약 A가 메타클래스에서 슈퍼클래스로 변했다면 A로부터 상속된 이름들은 B의 인스턴스에서도 사용 가능하게 되며, 트리를 구성하는 클래스들의 네임스페이스 딕셔너리를 검색하여(즉, 32장에서 작성했던 mapattrs 예제처럼 메소드 해석 순서(Method Resolution Order, 이하 MRO)로 객체들의 __dict__를 검사함으로써) 위치를 찾을 수 있게 된다.

```
>>> class A: attr = 1
>>> class B(A): pass                    # I는 클래스와 슈퍼클래스로부터 상속받음
>>> I = B()
>>> B.attr
1
>>> I.attr
1
>>> 'attr' in B.__dict__, 'attr' in A.__dict__
(False, True)
```

이것이 메타클래스가 나중에 생성될 인스턴스 객체의 동작에 영향을 주고자 할 때 새 클래스의 네임스페이스 딕셔너리를 조작하는 이유다. 인스턴스는 메타클래스가 아니라 클래스 안의 이름을 볼 수 있다. 하지만 동일한 이름이 두 속성 원천에 모두 존재하면, 인스턴스로 취득한 이름이 아닌 상속된 이름이 사용된다.

```
>>> class M(type): attr = 1
>>> class A: attr = 2
>>> class B(A, metaclass=M): pass       # 슈퍼클래스는 메타클래스에 우선함
>>> I = B()
>>> B.attr, I.attr
(2, 2)
>>> 'attr' in B.__dict__, 'attr' in A.__dict__, 'attr' in M.__dict__
(False, True, True)
```

이는 상속과 인스턴스의 원천의 상대적 높이와 상관없이 성립한다. 파이썬은 메타클래스를 통한 획득(인스턴스) 절차로 가기 전에 MRO(상속)상의 각 클래스 __dict__를 검사한다.

```
>>> class M(type): attr = 1
>>> class A: attr = 2
>>> class B(A): pass
>>> class C(B, metaclass=M): pass       # Super는 meta보다 2레벨 위: 여전히 이김!
>>> I = C()
>>> I.attr, C.attr
(2, 2)
>>> [x.__name__ for x in C.__mro__]     # MRO에 대한 모든 것은 32장 참조
['C', 'B', 'A', 'object']
```

실제로, 클래스는 자신의 __class__ 링크를 통해 메타클래스 속성을 얻는다. 이는 일반 인스턴스가 자신의 __class__를 통해 클래스로부터 상속받는 것과 동일한 방식으로, 클래스가 메타클래스의 인스턴스이기도 하다는 사실을 고려하면 당연한 일이다. 주요 차이점은 인스턴스 상속은 클래스의 __class__를 따르지 않지만, 대신 MRO에 따라 자신의 범위를 트리의 각 클래스 __dict__로 제한한다. 각 클래스만의 __bases__를 따르고, 그 인스턴스의 __class__ 링

크를 한 번만 사용한다.

```
>>> I.__class__                      # 상속에 의해 따름: 인스턴스의 클래스
<class '__main__.C'>
>>> C.__bases__                      # 상속에 의해 따름: 클래스의 슈퍼클래스
(<class '__main__.B'>,)
>>> C.__class__                      # 인스턴스 획득에 의해 따름: 메타클래스
<class '__main__.M'>
>>> C.__class__.attr                 # 메타클래스 속성을 가져오는 다른 방식
1
```

이것을 공부한다면 여기에서 아마도 거의 확연한 대칭성을 발견하게 될 것인데, 그 내용에 대해서는 다음 절에서 알아보도록 하자.

상속: 이야기의 전모

알고보면, '인스턴스'가 일반 클래스로부터 생성되었든, 클래스가 type의 서브클래스인 메타클래스로부터 생성되었든, 인스턴스 상속은 유사한 방식으로 동작한다. 단일 속성 검색 규칙으로, 이는 메타클래스 상속 계층 구조의 더 원대하고 병렬적인 개념을 발전시킨다. 다음 코드에서는 이러한 개념적 병합에 대해 설명하고 있다. 인스턴스는 자신의 모든 클래스로부터 상속을 받고, 클래스는 클래스와 메타클래스로부터 상속받으며, 메타클래스는 더 높은 메타클래스(슈퍼메타클래스?)로부터 상속받는다.

```
>>> class M1(type): attr1 = 1        # 메타클래스 상속 트리
>>> class M2(M1): attr2 = 2          # __bases__, __class__, __mro__를 얻음

>>> class C1: attr3 = 3              # 슈퍼클래스 상속 트리
>>> class C2(C1,metaclass=M2): attr4 = 4    # __bases__, __class__, __mro__를 얻음

>>> I = C2()                         # I는 __class__를 가지지만 나머지는 얻지 못함
>>> I.attr3, I.attr4                 # 인스턴스는 슈퍼클래스 트리로부터 상속
(3, 4)
>>> C2.attr1, C2.attr2, C2.attr3, C2.attr4   # 클래스는 두 트리로부터 이름을 얻음!
(1, 2, 3, 4)
>>> M2.attr1, M2.attr2               # 메타클래스도 이름을 상속받는다!
(1, 2)
```

클래스와 메타클래스 이 두 상속 경로는 동일한 링크를 사용하지만, 재귀적으로 사용하지는 않는다. 인스턴스는 자기 클래스의 메타클래스 이름들을 상속받지 않지만, 그들을 명시적으로 요청할 수는 있다.

```
>>> I.__class__                    # __bases__없이 인스턴스에서 따르는 링크
<class '__main__.C2'>
>>> C2.__bases__
(<class '__main__.C1'>,)

>>> C2.__class__                   # __bases__ 후에 클래스에서 따르는 링크
<class '__main__.M2'>
>>> M2.__bases__
(<class '__main__.M1'>,)

>>> I.__class__.attr1              # 상속을 클래스의 메타클래스 트리에 전달
1
>>> I.attr1                        # 그러나 일반적으로 클래스의 __class__를 따르지 않음
AttributeError: 'C2' object has no attribute 'attr1'

>>> M2.__class__                   # 두 트리는 MRO와 인스턴스 링크를 가짐
<class 'type'>
>>> [x.__name__ for x in C2.__mro__]    # I.__class__로부터 __bases__ 트리
['C2', 'C1', 'object']
>>> [x.__name__ for x in M2.__mro__]    # C2.__class__로부터 __bases__ 트리
['M2', 'M1', 'type', 'object']
```

만약 메타클래스에 관심이 있거나 메타클래스를 사용하는 코드를 사용해야 한다면, 이 예제들을 공부한 뒤 그 코드를 다시 공부하는 것이 좋다. 실제로, 상속은 단일 __class__를 따르기 전에 __bases__를 따르고, 일반 인스턴스는 __bases__를 가지고 있지 않으며, 클래스는(일반 클래스든 메타클래스든)이 둘 모두를 가진다. 실제로 이 예제를 이해하는 것은 다음 절에서 설명할 전반적인 파이썬 이름 해석을 이해하는 데 있어 중요하다.

파이썬 상속 알고리즘: 간단한 버전

이제 메타클래스 획득에 대해 알기 때문에 마지막으로 이들이 보완한 상속 규칙을 공식화할 수 있다. 기술적으로 상속은 두 개의 서로 다르지만 유사한 검색 루틴을 사용하며, MRO에 기반을 둔다. __bases__가 클래스 생성 시 __mro__ 순서를 구성할 때 사용되고, 클래스의 __mro__가 자기 자신을 포함하므로 이전 절을 다음과 같이 파이썬의 새 형식 상속 알고리즘으로 일반화하여 정의할 수 있다.

명시적 속성 이름 검색 알고리즘:

1. 인스턴스 I로부터 인스턴스, 클래스, 그리고 모든 슈퍼클래스를 다음을 이용하여 검색한다.

   a. 인스턴스 I의 __dict__

   b. I의 __class__에서 발견된 __mro__ 내에 있는 모든 클래스의 __dict__를 왼쪽에서

오른쪽으로 검색

2. 다음 알고리즘을 이용해 클래스 C부터 클래스, 그 슈퍼클래스, 그리고 그 메타클래스 트리를 검색한다.

   a. C 자체에서 발견된 __mro__ 상의 왼쪽부터 오른쪽 순서로 모든 클래스들의 __dict__

   b. C의 __class__에서 발견된 __mro__ 상의 왼쪽에서 오른쪽 순서로 모든 메타클래스들의 __dict__

3. 1과 2 두 규칙에서 단계 b 소스에서 발견된 데이터 디스크립터에 우선권을 준다(앞으로 설명 예정).

4. 1과 2 두 규칙에서 내장된 연산을 위해 단계 a는 건너뛰고 단계 b에서 검색을 시작한다(앞으로 설명할 예정).

처음 두 단계는 일반적이고 명시적인 속성 가져오기를 위해서만 따른다. 내장된 동작과 디스크립터에 대해 예외가 있는데, 이에 대해서도 곧 명확히 할 것이다. 게다가 38장에 따르면, __getattr__ 또는 __getattribute__도 각각 잃어버린 이름 또는 모든 이름들을 위해 사용될 수 있다.

대부분의 프로그래머들은 첫 번째와 두 번째 규칙의 첫 번째 단계까지만 알아도 된다. 이것은 2.X의 레거시 클래스 상속에 대응하는 규칙들이다.메타클래스를 위해 추가된 획득 단계(2b)가 있지만, 이는 근본적으로 다른 단계들과 동일하다. 확실히 동일하다고 하기에는 상당히 미묘하지만, 메타클래스 획득이 보이는 것만큼 새로운 것은 아니다. 실제로, 이는 더 큰 모델의 한 가지 구성 요소일 뿐이다.

디스크립터 특별 케이스

적어도 이는 일반적인(그리고 단순한) 케이스다. 이전 절의 3단계를 특별히 기술했는데, 이는 이 단계가 알고리즘을 상당히 복잡하게 만들기 때문에 대부분의 코드에 적용되지 않는다. 하지만 그 상속 또한 38장의 속성 디스크립터와 상호 작용하는 특별한 경우를 갖는다는 것이 밝혀졌다. 요약하면, 데이터 디스크립터(할당을 가로채기 위해 __set__ 메소드를 정의하는)라 알려진 일부 디스크립터는 우선권을 가지고 있어서 이들의 이름은 다른 상속 원천보다 우선한다.

이 예외는 몇 가지 현실적인 역할을 수행한다. 예를 들어, 이는 특별한 __class__와 __dict__ 속성이 인스턴스 자체 __dict__의 동일 이름으로 재정의되지 못하도록 하기 위해서 사용된다.

```
>>> class C: pass                      # 상속 특별 케이스 #1...
>>> I = C()                            # 클래스 데이터 스크립터는 우선권을 가짐
>>> I.__class__, I.__dict__
(<class '__main__.C'>, {})

>>> I.__dict__['name'] = 'bob'         # 인스턴스에서의 동적 데이터
>>> I.__dict__['__class__'] = 'spam'   # 속성이 아니라 키를 할당
>>> I.__dict__['__dict__'] = {}

>>> I.name                             # 일반적으로 I.name은 I.__dict__로부터 유래
'bob'                                  # 하지만 I.__class__와 I.__dict__는 그렇지 않음!
>>> I.__class__, I.__dict__
(<class '__main__.C'>, {'__class__': 'spam', '__dict__': {}, 'name': 'bob'})
```

이 데이터 디스크립터 예외는 앞의 두 상속 규칙을 진행하기 전에 예비 단계로 검사되고, 파이썬 프로그래머보다는 파이썬을 구현하는 사람들에게 더 중요할 것이며, 어떤 상황에서도 대부분의 애플리케이션 코드에서는 합리적으로 무시될 수 있다. 이는 여러분이 동일한 상속 특별 케이스 우선권 규칙을 따르는 자신만의 데이터 디스크립터를 코딩하지 않는 한 그렇다.

```
>>> class D:
        def __get__(self, instance, owner): print('__get__')
        def __set__(self, instance, value): print('__set__')

>>> class C: d = D()                   # 데이터 디스크립터 속성
>>> I = C()
>>> I.d                                # 상속된 데이터 스크립터에 접근
__get__
>>> I.d = 1
__set__
>>> I.__dict__['d'] = 'spam'           # 인스턴스 네임스페이스 딕셔너리에 동일 이름 정의
>>> I.d                                # 하지만 클래스에서 데이터 디스크립터를 숨기지 않음!
__get__
```

역으로, 만약 디스크립터가 __set__을 정의하지 않았다면 인스턴스의 딕셔너리에 있는 이름은 일반 상속에 따라 그 클래스의 이름을 숨길 것이다.

```
>>> class D:
        def __get__(self, instance, owner): print('__get__')

>>> class C: d = D()
>>> I = C()
>>> I.d                                # 상속된 데이터 디스크립터가 아닌 디스크립터에 접근
__get__
>>> I.__dict__['d'] = 'spam'           # 일반 상속 규칙에 따라 클래스의 이름들을 숨김
>>> I.d
```

```
'spam'
```

두 경우 모두 파이썬은 디스크립터가 상속에 의해 발견되면, 디스크립터 객체 자체를 반환하기보다는 디스크립터의 __get__을 자동으로 실행한다. 이 책의 앞에서 만났던 속성 마법의 일부다. 하지만 데이터 스크립터를 가질 만한 특별한 상태는 속성 상속의 의미를 바꾸기도 하며, 따라서 여러분 코드의 이름들의 의미를 변경하기도 한다.

파이썬의 상속 알고리즘: 완성도가 더 높은 버전

데이터 스크립터 특별 케이스와 일반 디스크립터 호출에 의해 클래스 트리와 메타클래스 트리로 분할된 파이썬의 새로운 형식 상속 알고리즘 전체를 다음과 같이 정리할 수 있다. 디스크립터, 메타클래스, MRO에 대한 지식이 요구되는 복잡한 절차지만, 그럼에도 불구하고 속성 이름의 최종 결정권자다(다음에서 아이템들은 'or' 결합에서 숫자가 매겨진 순서나 왼쪽에서 오른쪽 순서대로 시도된다).

명시적 속성 이름을 검색하기 위해

1. 인스턴스 I로부터 다음과 같이 인스턴스, 클래스, 그리고 슈퍼클래스들을 검색한다.

    a. I의 __class__에서 발견된 __mro__상의 모든 클래스들의 __dict__를 검색

    b. 만약 데이터 디스크립터가 a. 단계에서 발견되면, 그 디스크립터의 __get__을 호출하고 종료

    c. 그렇지 않으면, 인스턴스 I의 __dict__에서 값을 반환

    d. 그렇지 않으면, 데이터 디스크립터가 아닌 디스크립터를 호출하거나 단계 a에서 발견된 값을 반환

2. 클래스 C로부터 다음의 순서대로 클래스, 슈퍼클래스 그리고 메타클래스 트리를 검색한다.

    a. C의 __class__에서 발견된 __mro__상의 모든 메타클래스들의 __dict__를 검색

    b. 만약 데이터 디스크립터가 단계 a에서 발견되면, 그 디스크립터의 __get__을 호출하고 종료

    c. 그렇지 않으면 디스크립터를 호출하거나 C 자체의 __mro__상에 있는 클래스의 __dict__에서 값을 반환

    d. 그렇지 않으면 데이터 디스크립터가 아닌 디스트립터를 호출하거나 단계 a에서 발견된 값을 반환

3. 1과 2, 두 규칙에서 내장된 동작은 근본적으로 단지 단계 a의 원천만을 사용(앞으로 설명 예정)

다시 말하지만, 이 규칙은 일반적이고 **명시적으로** 속성을 가져올 때에만 적용된다. 내장된 동작에 대해 **암묵적으로** 메소드 이름을 검색하는 것은 이 규칙을 따르지 않으며, 근본적으로 두 경우에는 단계 **a**의 원천만을 사용한다. 이에 대해서는 다음 절에서 설명할 것이다.

늘 그렇듯이, 암묵적 object 슈퍼클래스는 모든 클래스와 메타클래스 트리의 최상위에서(즉, 모든 MRO의 마지막에서) 일부 기본값을 제공한다. 그리고 이 모든 알고리즘에 우선하여 메소드 __getattr__는 만약 정의되어 있다면 속성이 발견되지 않는 경우에 실행되며, 메소드 __getattribute__는 모든 속성을 가져올 때 실행될 것이다. 하지만 이들은 이름 검색 모델에 대한 특별한 확장이다. 이 도구들과 디스크립터에 대해서는 38장을, super 특별 케이스 MRO 스캔은 32장을 참조하자.

할당 상속

이전 절은 속성 **참조**(검색) 관점에서 상속을 정의했지만, 그중 일부는 속성 **할당**에도 마찬가지로 적용된다. 우리가 배웠듯이 할당은 일반적으로 대상 객체 자체에서 속성을 변경하지만, 디스크립터와 프로퍼티를 포함하여 38장의 속성 관리 도구의 일부에 대해 먼저 검사하기 위해서 할당 시 상속이 호출될 수도 있다. 이런 도구들이 존재하는 경우, 이들은 속성 할당을 가로채고 이를 임의로 라우팅할 수 있다.

예를 들어 속성 할당이 새 형식 클래스에 대해 실행되는 경우, __set__ 메소드를 가지는 데이터 디스크립터는 클래스로부터 MRO를 사용한 상속에 의해 획득되며, 일반 스토리지 모델에 대해 우선하게 된다. 이전 절에서 본 규칙의 관점에서 보면 다음과 같다.

- 그러한 할당이 **인스턴스**에 적용되면, 근본적으로 규칙 1의 **c**를 통해 단계 **a**를 따라 인스턴스의 클래스 트리를 검색하지만, 단계 **b**는 __get__ 대신 __set__을 호출하고, 단계 **c**는 이름을 가져오려 하는 대신 인스턴스에서 종료하고 저장한다.
- 그러한 할당이 **클래스**에 적용되면, 클래스의 메타클래스 트리상에서 동일 절차를 실행한다. 대체로 규칙 2와 동일하지만, 단계 **c**는 클래스에서 종료하고 저장한다.

또한 디스크립터는 프로퍼티와 슬롯 같은 다른 고급 속성 도구들의 기반이기 때문에 할당에 있어 상속 딕셔너리 검사는 다양한 경우에 활용된다. 그 결과, 디스크립터는 참조와 할당 **모두**에 대해 새 형식 클래스에서 상속 특별 케이스로 취급된다.

내장된 기능의 특별한 경우

지금까지 거의 모든 규칙에 대해 설명했다. 하지만 우리가 보았듯이 내장된 기능들은 이 규칙을 따르지 않는다. 일반적인 또는 명시적인 이름 상속과는 다른 특별 케이스로, 인스턴스와 클래스는 내장된 동작에 대해서만 생략될 것이다. 이는 특정 경우에 대한 차이점이기 때문에 단일 알고리즘에 짜 넣는 것보다 코드로 보여 주기 더 쉽다. 다음에서 str은 내장된 함수고, __str__은 그에 상응하는 명시적인 이름이며, 인스턴스는 내장된 함수에 대해서만 생략된다.

```
>>> class C:                              # 상속 특별 케이스 #2...
        attr = 1                          # 내장된 기능은 단계를 건너뜀
        def __str__(self): return('class')

>>> I = C()
>>> I.__str__(), str(I)                   # 둘 모두 인스턴스에 없다면 클래스로부터
('class', 'class')

>>> I.__str__ = lambda: 'instance'
>>> I.__str__(), str(I)                   # 명시적 => 인스턴스, 내장된 기능 => 클래스!
('instance', 'class')

>>> I.attr                                # 일반 또는 명시적인 이름들과 비대칭
1
>>> I.attr = 2; I.attr
2
```

앞서 metaclass5.py에서 보았듯이, 클래스에서도 마찬가지로 성립한다. 명시적 이름은 클래스에서 시작하지만 내장된 기능은 클래스의 클래스, 즉 메타클래스와 기본 type에서 시작한다.

```
>>> class D(type):
        def __str__(self): return('D class')

>>> class C(D):
        pass
>>> C.__str__(C), str(C)                  # 명시적 => 슈퍼클래스, 내장된 기능 => 메타클래스!
('D class', "<class '__main__.C'>")

>>> class C(D):
        def __str__(self): return('C class')
>>> C.__str__(C), str(C)                  # 명시적 => 클래스, 내장된 기능 => 메타클래스!
('C class', "<class '__main__.C'>")

>>> class C(metaclass=D):
        def __str__(self): return('C class')
>>> C.__str__(C), str(C)                  # 내장된 기능 => 사용자 정의 메타클래스
('C class', 'D class')
```

실제로 이 모델에서는 이름이 어디로부터 왔는지 아는 것이 중요할 수도 있는데, 모든 클래스가 기본 type 메타클래스를 포함하여 object로부터도 상속받기 때문이다. 다음의 명시적인 호출에서 C는 클래스 상속(클래스의 MRO)의 첫 번째 원천에 따라 메타클래스 대신 object로부터 기본 __str__을 가져오는 것으로 보인다. 반면에 내장된 기능은 예전처럼 메타클래스에 앞서 생략한다.

```
>>> class C(metaclass=D):
        pass
>>> C.__str__(C), str(C)                    # 명시적 => 객체, 내장된 기능 => 메타클래스
("<class '__main__.C'>", 'D class')

>>> C.__str__
<slot wrapper '__str__' of 'object' objects>

>>> for k in (C, C.__class__, type): print([x.__name__ for x in k.__mro__])
['C', 'object']
['D', 'type', 'object']
['type', 'object']
```

이 모든 것은 우리를 이 책의 마지막 import this 인용으로 인도한다. 이는 새 형식 클래스의 속성 상속 메커니즘에서 디스크립터와 내장된 기능에 주어진 상태와 충돌하는 듯 보이는 글이다.

> 특별한 경우라 하더라도 규칙을 어길 수 있을 만큼 특별하지 않다.

물론, 일부 실질적 요구들이 이 예외들을 보장한다. 여기서 이에 대한 근거를 모두 설명하지는 않겠지만, 여러분은 상속(객체 지향 언어의 근본적인 동작)을 이렇게 불평등하고 비일관적으로 적용하는 객체 지향 언어가 미치는 결과에 대해 신중하게 고려해야 한다. 적어도 이렇게 난해한 규칙에 의존하지 않도록 가급적 **간단한 형태**로 코드를 유지할 것을 강조해야 한다. 늘 그렇듯이, 여러분 코드의 사용자들과 유지보수 담당자들은 여러분이 그렇게 하는 것을 기뻐할 것이다.

이 이야기에 대해 더 충실히 알아보려면 상속에 대한 파이썬 내부 구현을 살펴보도록 하자. 이 경우 object.c와 typeobject.c를 참조하면 되는데, 전자는 일반 인스턴스를 구현한 것이고 후자는 클래스를 구현한 것이다. 물론 내부 구현물을 자세히 조사하는 일이 파이썬을 사용하는 데 있어 필수적인 것은 아니지만, 이는 복잡하고 진화하는 시스템에 대한 진실의 궁극적 원천이자 때로는 여러분이 발견할 수 있는 최선의 자료다. 이는 특히 발생한 예외에서 유래하는 경계선 케이스에 대해 성립한다. 여기서 우리의 목적을 위해, 계속해서 메타클래스 마법의 마

지막 조각을 찾아보도록 하자.

메타클래스 메소드

메타클래스의 메소드는 이름의 상속만큼이나 중요한 것으로, 메타클래스의 인스턴스인 클래스들(우리에게 'self'로 알려진 일반 인스턴스 객체가 아니라 클래스 그 자체)을 처리한다. 이는 메타클래스 메소드를 우리가 32장에서 배웠던 클래스 메소드의 의미상, 그리고 형태상 유사하게 만들지만, 이들은 일반 인스턴스 상속이 아니라 메타클래스의 인스턴스 영역에서만 사용 가능하다. 예를 들어, 다음 예제의 마지막에서의 실패는 이전 절의 명시적 이름 상속 규칙에서 기인한다.

```
>>> class A(type):
        def x(cls): print('ax', cls)        # A 메타클래스(인스턴스 = 클래스)
        def y(cls): print('ay', cls)        # y는 인스턴스 B에 의해 오버라이드됨

>>> class B(metaclass=A):
        def y(self): print('by', self)      # A 일반클래스(일반 인스턴스)
        def z(self): print('bz', self)      # 네임스페이스 딕셔너리는 y와 z를 보유

>>> B.x                                      # 메타클래스로부터 획득한 x
<bound method A.x of <class '__main__.B'>>
>>> B.y                                      # y와 z는 클래스 자체에서 정의됨
<function B.y at 0x0295F1E0>
>>> B.z
<function B.z at 0x0295F378>
>>> B.x()                                    # 메타클래스 메소드 호출: gets cls
ax <class '__main__.B'>

>>> I = B()                                  # 인스턴스 메소드 호출: get inst
>>> I.y()
by <__main__.B object at 0x02963BE0>
>>> I.z()
bz <__main__.B object at 0x02963BE0>
>>> I.x()                                    # 인스턴스는 메타클래스 이름들을 보지 못함
AttributeError: 'B' object has no attribute 'x'
```

메타클래스 메소드 vs 클래스 메소드

이들이 상속 가시 범위에서 차이가 나지만, 클래스 메소드와 마찬가지로 메타클래스 메소드는 클래스 레벨 데이터를 관리하기 위해 디자인되었다. 실제로 역할은 겹치지만(메타클래스가 일반적으로 클래스 데코레이터와 겹치듯이) 메타클래스 메소드는 클래스를 통하지 않고서는 접근할

수 없으며, 클래스에 결합시키기 위해 명시적인 클래스 레벨 데이터 선언인 classmethod가 필요치 않다. 즉, 메타클래스 메소드는 제한된 가시 범위를 갖는 암묵적 클래스 메소드로 생각할 수 있다.

```
>>> class A(type):
        def a(cls):                        # 메타클래스 메소드: gets class
            cls.x = cls.y + cls.z

>>> class B(metaclass=A):
        y, z = 11, 22
        @classmethod                       # 클래스 메소드: gets class
        def b(cls):
            return cls.x

>>> B.a()                      # 메타클래스 메소드 호출. 클래스에서만 볼 수 있음
>>> B.x                        # B에 클래스 데이터를 생성. 일반 인스턴스에서도 접근 가능
33

>>> I = B()
>>> I.x, I.y, I.z
(33, 11, 22)

>>> I.b()                      # 클래스 메소드: 인스턴스가 아니라 클래스를 보냄. 인스턴스에 보임
33
>>> I.a()                      # 메타클래스 메소드: 클래스를 통해서만 접근 가능
AttributeError: 'B' object has no attribute 'a'
```

메타클래스 메소드에서의 연산자 오버로딩

일반 클래스와 마찬가지로, 메타클래스는 내장된 연산이 자신의 인스턴스인 클래스들에 적용될 수 있도록 연산자 오버로딩을 사용할 수도 있다. 예를 들어, 다음의 메타클래스에서 __getitem__ 인덱싱 메소드는 **클래스** 자체(메타클래스의 인스턴스인 클래스로, 클래스에 의해 나중에 생성된 인스턴스는 이에 해당하지 않는다)를 처리하기 위해 디자인된 메타클래스 메소드다. 실제로 앞에서 설명했던 상속 알고리즘에 따라 일반 클래스 인스턴스는 메타클래스 인스턴스 관계를 통해 획득된 이름을 상속하지는 않지만, 자신의 클래스에 존재하는 이름들에 접근할 수 있다.

```
>>> class A(type):
        def __getitem__(cls, i):          # 클래스를 처리하기 위한 메타클래스 메소드
            return cls.data[i]            # 내장된 연산은 클래스를 생략하고 메타클래스 메소드 사용
                                          # 명시적 이름 검색 클래스 + 메타클래스
```

```
>>> class B(metaclass=A):                    # 메타클래스에서의 데이터 디스크립터를 먼저 사용
        data = 'spam'

>>> B[0]                                      # 메타클래스 인스턴스 이름: 클래스에서만 보임
's'
>>> B.__getitem__
<bound method A.__getitem__ of <class '__main__.B'>>

>>> I = B()
>>> I.data, B.data                            # 일반 상속 이름: 인스턴스와 클래스에서 보임
('spam', 'spam')
>>> I[0]
TypeError: 'B' object does not support indexing
```

메타클래스에서도 __getattr__를 정의하는 것이 가능하지만, 그 인스턴스인 **클래스만** 처리하기 위해 사용될 수 있으며, 그 클래스들의 일반 인스턴스는 처리할 수 없다. 보통은 이 메소드를 클래스의 인스턴스가 가지지도 않는다.

```
>>> class A(type):
        def __getattr__(cls, name):          # 클래스 B의 getitem에 의해 얻음
            return getattr(cls.data, name)    # 그러나 내장된 기능에 의해 동일하게 동작 ×

>>> class B(metaclass=A):
        data = 'spam'

>>> B.upper()
'SPAM'
>>> B.upper
<built-in method upper of str object at 0x029E7420>
>>> B.__getattr__
<bound method A.__getattr__ of <class '__main__.B'>>

>>> I = B()
>>> I.upper
AttributeError: 'B' object has no attribute 'upper'
>>> I.__getattr__
AttributeError: 'B' object has no attribute '__getattr__'
```

하지만 __getattr__를 메타클래스로 옮기는 것이 그 내장된 가로채기의 단점에 도움이 되지는 않는다. 다음에서 계속해서 살펴보면, 이 절의 첫 번째 예제에서 인덱싱이 메타클래스의 __getitem__으로 라우팅되는데도 불구하고 명시적 속성은 메타클래스의 __getattr__로 전달되지만, 내장된 기능은 전달되지 않는다. 새로운 형식의 __getattr__는 특별한 경우 중에서도 더 특별한 경우임을 강력하게 주장하며, 이러한 경계선 케이스에 의존하지 않고 코드의 단순성을

유지할 것을 권한다.

```
>>> B.data = [1, 2, 3]
>>> B.append(4)              # 명시적인 일반 이름들은 메타클래스의 getattr로 라우팅됨
>>> B.data
[1, 2, 3, 4]
>>> B.__getitem__(0)         # 명시적인 특별한 이름들은 메타클래스의 gettarr에 라우팅
1
>>> B[0]                     # 하지만 내장된 기능은 메타클래스의 gettatr도 생략함?!
TypeError: 'A' object does not support indexing
```

아마도 알아챘겠지만 메타클래스는 살펴보기에 흥미로운 주제이나, 그 큰 그림을 잃어버리기 쉽다. 공간의 제약으로 인해 추가적인 세부 내용들은 생략하도록 하겠다. 이 장의 목적을 위해, 우선 그런 도구를 사용하는 것에 왜 관심을 가져야 하는지를 보여 주는 것이 더 중요하다. 실제 현장에서 메타클래스의 역할에 대해 보여 주는 더 큰 예제로 넘어가보도록 하자. 파이썬의 다른 많은 도구들과 마찬가지로, 메타클래스가 다른 무엇보다 코드 중복성을 더 제거하여 유지보수를 쉽게 하기 위한 도구임을 알게 될 것이다.

예제: 메소드를 클래스에 추가하기

이 절과 다음 절에서 우리는 메타클래스를 사용하는 두 가지 보편적 사례의 예제들을 공부해 볼 것이다. 메소드를 클래스에 추가하는 것과, 모든 메소드를 자동으로 데코레이션하는 것이 이에 해당한다. 불행하게도 이 장에 남은 공간 내에 모든 것을 설명할 수는 없어, 많은 메타클래스 역할 중 두 개만을 선정하였다. 다시 말하지만, 더 진화된 애플리케이션을 위해서는 웹 검색을 해보는 것이 좋다. 이 예제들은 현장에서의 메타클래스의 대표적인 예제이며, 이들만으로도 메타클래스의 활용 방식을 보여 주기에 충분하다.

또한, 두 예제를 통해 클래스 데코레이터와 메타클래스를 비교해 볼 수 있다. 첫 번째 예제는 클래스 확장과 인스턴스 래핑에 대한 메타클래스 기반 구현과 데코레이터 기반 구현을 비교하며, 두 번째 예제는 데코레이터에 메타클래스를 적용하고 거기에 다시 또 다른 데코레이터를 적용한다. 여러분은 이 두 도구가 종종 교환 가능하며, 심지어 상호 보완적임을 알게 될 것이다.

수동 확장

이 장의 앞부분에서 우리는 다양한 방식으로 메소드를 클래스에 추가함으로써 클래스를 강화시키는, 뼈대가 되는 코드를 살펴보았다. 우리가 보았듯이, 클래스가 코딩될 때 부가적 메소드가 정적으로 알려져 있다면, 단순 클래스 기반의 상속으로도 충분하다. 객체를 내장시켜서 구성하는 것도 종종 동일한 결과를 달성한다. 하지만 더 동적인 시나리오를 위해 때로는 다른 기법이 필요하기도 하다. 일반적으로 헬퍼(helper) 함수로도 충분하지만, 메타클래스는 명시적인 구조를 제공하고 향후에 발생할 수 있는 변경에 대한 유지보수 비용을 최소화한다.

이 아이디어들을 실제 동작하는 코드에 넣어 보자. 수작업으로 클래스를 보완하는 다음 예제를 살펴보자. 이 코드는 두 개의 클래스가 생성된 후, 그 두 클래스에 두 개의 메소드를 추가한다.

```python
# 수동 확장 – 클래스에 새로운 메소드 추가하기

class Client1:
    def __init__(self, value):
        self.value = value
    def spam(self):
        return self.value * 2

class Client2:
    value = 'ni?'

def eggsfunc(obj):
    return obj.value * 4

def hamfunc(obj, value):
    return value + 'ham'

Client1.eggs = eggsfunc
Client1.ham  = hamfunc

Client2.eggs = eggsfunc
Client2.ham  = hamfunc

X = Client1('Ni!')
print(X.spam())
print(X.eggs())
print(X.ham('bacon'))

Y = Client2()
print(Y.eggs())
print(Y.ham('bacon'))
```

이 코드는 메소드는 언제나 클래스가 생성된 뒤에 그 클래스에 할당될 수 있기 때문에 동작한다. 그 할당된 메소드가 대상 인스턴스인 self를 받기 위한 첫 번째 인수를 가지는 함수인 동안에는 그렇다. 이 self 인수는 함수가 클래스와 독립적으로 정의된 경우에도 클래스 인스턴스로부터 접근 가능한 상태 정보에 접근하기 위해 사용될 수 있다.

이 코드가 동작할 때, 우리는 첫 번째 클래스 내에 코딩된 메소드의 결과뿐 아니라 나중에 그 클래스들에 추가된 메소드들의 결과를 함께 받는다.

```
c:\code> py -3 extend-manual.py
Ni!Ni!
Ni!Ni!Ni!Ni!
baconham
ni?ni?ni?ni?
baconham
```

이 방식은 고립된 케이스에는 잘 동작하며, 런타임에 임의로 클래스를 보충하기 위해 사용될 수 있다. 그러나 이 방식은 잠재적으로 주요 단점을 가지고 있는데, 우리는 보완이 필요한 모든 클래스에 그 보완용 메소드들을 일일이 반복해야 한다. 우리의 경우를 보면, 두 클래스에 두 개의 메소드들을 추가하는 것은 그리 버거운 일이 아니지만, 더 복잡한 시나리오에서 이 방식은 시간도 오래 걸릴 뿐 아니라 에러를 일으킬 가능성이 농후하다. 만약 우리가 지속적으로 이 코드를 추가하는 것을 잊어버리거나, 보완한 내용을 변경해야 하는 상황이 온다면, 우리는 문제와 마주하게 될 것이다.

메타클래스 기반의 보완

직접 보완하는 방식이 동작하더라도, 더 큰 프로그램에서는 만약 우리가 그러한 변경을 자동으로 전체 클래스에 적용할 수 있다면 더 좋을 것이다. 그 방식덕에 우리는 이 보완 작업이 어떤 특정 클래스를 망칠 가능성을 피하게 된다. 더구나 단일 장소에 보완 내용을 코딩하는 것은 앞으로 있을 변경을 더 잘 지원한다. 모든 클래스는 자동으로 변경 내용을 적용할 것이다.

이 목표를 달성하는 한 가지 방법은 메타클래스를 사용하는 것이다. 만약 우리가 메타클래스에 보완 코드를 작성했다면, 그 메타클래스를 선언하는 모든 클래스는 일관적으로 그리고 올바르게 보완될 것이며, 이후에 이루어지는 어떤 변경 사항도 자동으로 적용된다. 다음 코드는 이를 보여 준다.

```
# 메타클래스로 확장 - 미래의 변경 사항을 더 잘 지원함

def eggsfunc(obj):
    return obj.value * 4

def hamfunc(obj, value):
    return value + 'ham'

class Extender(type):
    def __new__(meta, classname, supers, classdict):
        classdict['eggs'] = eggsfunc
        classdict['ham'] = hamfunc
        return type.__new__(meta, classname, supers, classdict)

class Client1(metaclass=Extender):
    def __init__(self, value):
        self.value = value
    def spam(self):
        return self.value * 2

class Client2(metaclass=Extender):
    value = 'ni?'

X = Client1('Ni!')
print(X.spam())
print(X.eggs())
print(X.ham('bacon'))

Y = Client2()
print(Y.eggs())
print(Y.ham('bacon'))
```

이번에는 두 클라이언트 클래스 모두 새로운 메소드로 확장되는데, 이는 이들이 보완 작업을
수행하는 메타클래스의 인스턴스이기 때문이다. 이 버전이 실행되면, 결과는 이전과 동일하
다. 우리는 코드가 수행하는 일의 내용을 변경하지 않았으며, 단지 보완 코드를 좀 더 깔끔하
게 캡슐화하기 위해 재작성했을 뿐이다.

```
c:\code> py -3 extend-meta.py
Ni!Ni!
Ni!Ni!Ni!Ni!
baconham
ni?ni?ni?ni?
baconham
```

이 예제에서 메타클래스는 여전히 두 개의 알려진 메소드들을 메타클래스를 선언한 모든 클
래스에 추가하는 상당히 정적인 작업을 수행하고 있다. 실제로 만약 우리가 필요로 하는 모든

것이 클래스들에 동일한 두 메소드를 추가하는 것이라면, 일반 슈퍼클래스와 서브클래스에서의 상속으로 코딩할 수도 있다. 하지만 실제로 메타클래스 구조는 좀 더 동적인 행위를 지원한다. 예를 들어, 대상 클래스는 런타임에 임의의 로직에 기반하여 설정될 수도 있다.

```python
# 메타클래스는 런타임 테스트를 기반으로 클래스를 설정할 수도 있음

class MetaExtend(type):
    def __new__(meta, classname, supers, classdict):
        if sometest():
            classdict['eggs'] = eggsfunc1
        else:
            classdict['eggs'] = eggsfunc2
        if someothertest():
            classdict['ham'] = hamfunc
        else:
            classdict['ham'] = lambda *args: 'Not supported'
        return type.__new__(meta, classname, supers, classdict)
```

메타클래스 vs 클래스 데코레이터: 라운드2

이전 장의 클래스 데코레이터는 종종 이 장의 메타클래스와 기능 관점에서 겹친다는 점을 다시 한번 명심하자. 이는 다음과 같은 사실로부터 기인한다.

- 클래스 데코레이터는 class문 마지막에서 새로운 클래스가 생성된 뒤, 클래스 이름을 함수의 결과에 재결합시킨다.
- 메타클래스는 클래스 객체 생성을 class문 마지막에서 객체를 통해 라우팅함으로써 새로운 클래스를 생성한다.

이들이 약간은 다른 모델이고 실제로도 다른 방식이기는 하지만, 동일한 목적을 달성할 수 있다. 이제 설명하겠지만, 클래스 데코레이터는 새롭게 생성된 클래스를 초기화하기 위해 호출되는 메타클래스 __init__ 메소드에 직접적으로 대응된다. 데코레이터에는 클래스 생성 시 호출되는 메타클래스의 __new__ 메소드나 인스턴스 클래스를 처리하기 위해 사용되는 다른 메소드에 직접 상응하는 도구들은 없지만, 이 도구들의 많은 사용 사례에는 이러한 부가적인 단계들이 필요 없다.

이 때문에 이론상으로 이 두 도구들은 클래스의 인스턴스와 클래스 자체를 관리하기 위해 사용될 수 있다. 하지만 실제로 메타클래스는 인스턴스를 관리하기 위해 부가적 단계를 실행하며, 데코레이터는 새로운 클래스를 생성하기 위해 부가적인 단계를 실행한다. 따라서 그들의 역할이 종종 겹치기는 하지만, 메타클래스는 클래스 객체를 관리하는 용도로는 가장 좋은 도구다. 이 아이디어를 코드로 변환해 보자.

데코레이터 기반의 보완

순수하게 보완 작업만 수행하는 경우, 데코레이터는 메타클래스를 대신하여 일할 수 있다. 예를 들어, 클래스 생성 시점에 클래스에 메소드를 추가하는 이전 절의 메타클래스 예제는 클래스 데코레이터로 코딩될 수도 있다. 이 모드에서 데코레이터는 대체로 메타클래스의 __init__ 메소드에 대응하는데, 데코레이터가 호출되는 시점에 클래스 객체가 이미 생성되어 있기 때문이다. 또한, 래퍼 객체 계층이 삽입되지 않기 때문에 메타클래스처럼 원래 클래스 타입이 유지된다. 다음 파일 extenddeco.py의 결과는 이전 메타클래스 코드의 결과와 동일하다.

```
# 데코레이터로 확장: 메타클래스의 __init__이 제공하는 것과 동일

def eggsfunc(obj):
    return obj.value * 4

def hamfunc(obj, value):
    return value + 'ham'

def Extender(aClass):
    aClass.eggs = eggsfunc          # 인스턴스가 아니라 클래스를 관리
    aClass.ham  = hamfunc           # 메타클래스의 __init__과 동일
    return aClass

@Extender
class Client1:                       # Client1 = Extender(Client1)
    def __init__(self, value):      # class문 마지막에서 재결합
        self.value = value
    def spam(self):
        return self.value * 2

@Extender
class Client2:
    value = 'ni?'

X = Client1('Ni!')                   # X는 Client1의 인스턴스
print(X.spam())
print(X.eggs())
print(X.ham('bacon'))

Y = Client2()
print(Y.eggs())
```

```
print(Y.ham('bacon'))
```

다시 말해, 적어도 특정 케이스에서 데코레이터는 메타클래스만큼 쉽게 클래스들을 관리할 수 있다. 하지만 그 반대는 그리 단순하지가 않다. 메타클래스는 인스턴스를 관리하기 위해 사용될 수 있지만, 이를 위해서는 어느 정도의 부가적인 마법이 필요하다. 다음 절에서 이에 대해 알아보자.

클래스 대신 인스턴스 관리하기

방금 보았듯이, 클래스 데코레이터는 종종 메타클래스와 동일한 **클래스** 관리 역할을 수행할 수 있다. 메타클래스도 종종 데코레이터와 동일한 **인스턴스** 관리 역할을 수행할 수 있지만, 이는 부가적인 코드를 필요로 하는 데다 자칫 덜 자연스러워 보일 수 있다. 둘 사이의 차이점은 다음과 같다.

- 클래스 데코레이터는 클래스와 인스턴스 모두를 관리할 수 있지만, 보통 클래스를 생성하지는 않는다.

- 메타클래스는 클래스와 인스턴스 모두를 관리하지만, 인스턴스를 관리하기 위해서는 부가적인 작업이 필요하다.

그렇긴 하지만 특정 애플리케이션은 어느 방식으로도 더 잘 코딩될 수 있다. 예를 들어, 이전 장으로부터 가져온 다음 클래스 데코레이터 예제를 살펴보자. 이는 클래스 인스턴스의 일반적으로 명명된 속성을 가져올 때마다 추적 메시지를 출력하기 위해 사용된다.

```
# 외부 인스턴스 속성 가져오기를 추적하는 클래스 데코레이터

def Tracer(aClass):                                    # @ 데코레이션할 때
    class Wrapper:
        def __init__(self, *args, **kargs):            # 인스턴스 생성할 때
            self.wrapped = aClass(*args, **kargs)      # 유효 범위 이름 사용
        def __getattr__(self, attrname):
            print('Trace:', attrname)                  # .wrapped를 제외한 모든 이름을 잡아냄
            return getattr(self.wrapped, attrname)     # wrapped 객체에 위임
    return Wrapper


@Tracer
class Person:                                          # Person = Tracer(Person)
    def __init__(self, name, hours, rate):            # Wrapper는 Person을 기억
        self.name = name
        self.hours = hours
```

```
        self.rate = rate                    # 메소드 내에서 가져오는 것은 추적되지 않음
    def pay(self):
        return self.hours * self.rate

bob = Person('Bob', 40, 50)                 # bob이 실제로 Wrapper
print(bob.name)                             # Wrapper는 Person을 내장
print(bob.pay())                            # __getattr__를 작동시킴
```

이 코드가 실행되면 데코레이터는 클래스 이름 재결합(rebinding)을 사용해 인스턴스 객체를 다음 예제의 추적 라인을 생성하는 객체로 감싼다.

```
c:\code> py -3 manage-inst-deco.py
Trace: name
Bob
Trace: pay
2000
```

메타클래스가 동일한 결과를 달성하는 것이 가능하지만, 개념적으로 더 간단해 보이지는 않는다. 메타클래스는 명시적으로 클래스 객체 생성을 관리하기 위해 디자인되었으며, 이 목적에 적합한 인터페이스를 가지고 있다. 단지 인스턴스를 관리하기 위해 메타클래스를 사용하려면, 우리는 클래스 생성에 대한 책임도(만약 일반 클래스 생성이 다른 방식으로도 충분하다면 추가 단계로) 떠안아야 한다. 파일 manage-inst-meta.py에서 다음 메타클래스는 이전 데코레이터와 동일한 결과를 만든다.

```
# 메타클래스를 이용하여 이전 예제처럼 인스턴스 관리하기

def Tracer(classname, supers, classdict):           # 클래스 생성 호출 시
    aClass = type(classname, supers, classdict)     # 클라이언트 클래스 생성
    class Wrapper:
        def __init__(self, *args, **kargs):         # 인스턴스 생성 시
            self.wrapped = aClass(*args, **kargs)
        def __getattr__(self, attrname):
            print('Trace:', attrname)               # .wrapped를 뺀 모든 것을 잡아냄
            return getattr(self.wrapped, attrname)  # wrapped 객체에 위임
    return Wrapper

class Person(metaclass=Tracer):                     # Person을 Tracer로 생성
    def __init__(self, name, hours, rate):          # Wrapper는 Person을 기억
        self.name = name
        self.hours = hours
        self.rate = rate                            # 메소드 내 호출은 추적되지 않음
    def pay(self):
        return self.hours * self.rate
```

```
bob = Person('Bob', 40, 50)                    # bob이 실제로 Wrapper
print(bob.name)                                # Wrapper는 Person을 내장
print(bob.pay())                               # __getattr__를 작동시킴
```

이 코드는 동작은 하지만 두 가지 트릭에 기대고 있다. 첫째로 클래스 대신 단순 함수를 사용해야 하는데, type 서브클래스는 객체 생성 프로토콜을 고수해야 하기 때문이다. 둘째로, type을 직접 호출하여 대상 클래스를 직접 생성해야 한다. 이는 인스턴스 래퍼를 반환해야 하지만, 메타클래스도 대상 클래스를 생성하고 반환할 책임이 있다. 실제로 우리는 이 예제에서 데코레이터를 모방하기 위해, 그 반대 방향이 아니라 메타클래스 프로토콜을 사용하고 있다. 두 코드 모두 class문 마지막에서 실행되므로, 많은 역할에서 이들은 하나의 테마에 대한 변주일 뿐이다. 이 메타클래스 버전은 라이브로 실행 시 데코레이터와 동일한 결과를 만들어 낸다.

```
c:\code> py -3 manage-inst-meta.py
Trace: name
Bob
Trace: pay
2000
```

이 둘 간의 장단점을 비교해 보기 위해서는 이 예제의 양쪽 버전을 모두 스스로 공부해 보는 것이 좋다. 하지만 일반적으로 메타클래스는 그 설계상 클래스 관리에 최적화되어 있으며, 클래스 데코레이터는 인스턴스 또는 클래스를 관리할 수 있지만 이 책에서 공간의 제약으로 다루지 못한 더 진화된 메타클래스 역할에 대한 최적의 옵션이 되지는 못할 것이다. 더 많은 메타클래스 예제를 웹에서 찾아보자. 하지만 어떤 예제가 다른 예제들보다 더 적절할 수도 있음을 항상 염두에 두기 바란다(또한, 웹에서 찾은 예제의 저자들은 여러분보다 파이썬에 대해 더 잘 모를 수 있음도 명심하자!).

메타클래스와 클래스 데코레이터는 동일한가?

이전 절에서 메타클래스가 인스턴스 관리 역할에서 사용되는 경우는 클래스를 생성하기 위한 부가적 단계가 필요하며, 따라서 모든 경우에서 데코레이터를 포함할 수는 없다고 설명했다. 그렇다면 반대의 경우는 어떨까? 데코레이터는 메타클래스의 대체물이 될까?

이 장의 내용으로 인해 여러분의 머리가 아직 터지지 않았다면, 다음 메타클래스 코딩 방식도 살펴보자. 클래스 데코레이터는 메타클래스 인스턴스를 반환한다.

```
# 데코레이터는 메타클래스를 호출할 수 있으나, type( ) 없이는 메타클래스가 데코레이터를 호출할 수 없음

>>> class Metaclass(type):
        def __new__(meta, clsname, supers, attrdict):
            print('In M.__new__:')
            print([clsname, supers, list(attrdict.keys())])
            return type.__new__(meta, clsname, supers, attrdict)

>>> def decorator(cls):
        return Metaclass(cls.__name__, cls.__bases__, dict(cls.__dict__))

>>> class A:
        x = 1

>>> @decorator
    class B(A):
        y = 2
        def m(self): return self.x + self.y

In M.__new__:
['B', (<class '__main__.A'>,), ['__qualname__', '__doc__', 'm', 'y', '__module__']]
>>> B.x, B.y
(1, 2)
>>> I = B()
>>> I.x, I.y, I.m()
(1, 2, 3)
```

이는 이 두 도구가 동일함을 거의 증명했지만, 실제로는 클래스 생성 시점에 **실행** 관점에서만
증명한 것뿐이다. 다시 말하지만, 데코레이터는 근본적으로 메타클래스의 __init__ 메소드와
동일한 역할을 수행한다. 이 데코레이터가 메타클래스 인스턴스를 반환하기 때문에 여전히 여
기에서 메타클래스(또는 최소한 이들의 type 슈퍼클래스)를 가정한다. 더구나 이는 클래스가 생성
된 후 **추가적인** 메타클래스 호출을 작동시키는 것으로 끝나기 때문에 실제 코드에서 이상적인
기법은 아니다. 또한, 이 메타클래스를 최초의 생성 단계로 옮길 수도 있다.

```
>>> class B(A, metaclass=Metaclass): ...          # 동일 결과, 하지만 하나의 클래스만 생성
```

여전히 여기에는 도구 중복성이 존재하며, 데코레이터와 메타클래스의 역할은 실제 현장에서
종종 겹친다. 그리고 데코레이터가 앞서 설명했던 메타클래스의 클래스 레벨 메소드의 개념을
직접적으로 지원하지는 않더라도, 데코레이터에 의해 생성된 **프록시** 객체의 메소드와 상태 정
보로 비슷한 효과를 낼 수 있다. 공간의 제약으로 이 마지막 내용에 대해서는 각자 학습해 보
기를 권한다.

그 역의 관계는 성립되지 않는 것으로 보인다(메타클래스는 일반적으로 메타클래스가 아닌 데코레이터에 주어진 작업을 맡길 수 없는데, 메타클래스 호출이 완료되기 전에는 클래스가 존재하지 않기 때문이다). 비록 메타클래스가 클래스를 직접 생성하고 이를 데코레이터에 전달하기 위해 type을 호출하는 간단한 호출 가능한 객체의 형태를 띨 수 있기는 하지만 말이다. 즉, 이 모델의 결정적인 기능은 클래스 생성을 위한 type 호출이다. 이를 고려하면, 메타클래스와 클래스 데코레이터는 다양한 **실행 프로토콜** 모델을 이용하여 기능적으로 동일하다.

```
>>> def Metaclass(clsname, supers, attrdict):
        return decorator(type(clsname, supers, attrdict))

>>> def decorator(cls): ...
>>> class B(A, metaclass=Metaclass): ...    # 역으로 메타클래스는 데코레이터를 호출할 수 있음
```

실제로 메타클래스도 type 인스턴스를 반환할 필요는 없으며(클래스 작성자의 기대에 부합하는 어떤 객체라도 가능하다), 이 점이 데코레이터와 메타클래스의 구분을 더 모호하게 만든다.

```
>>> def func(name, supers, attrs):
        return 'spam'

>>> class C(metaclass=func):            # 메타클래스가 클래스를 문자열로 만듦!
        attr = 'huh?'

>>> C, C.upper()
('spam', 'SPAM')

>>> def func(cls):
        return 'spam'

>>> @func
    class C:                        # 데코레이터가 클래스를 문자열로 만듦!
        attr = 'huh?'

>>> C, C.upper()
('spam', 'SPAM')
```

이들처럼 이상한 메타클래스와 데코레이터의 트릭 외에는 앞에서 설명했듯이 실제로 시점이 이들의 역할을 결정한다.

• 데코레이터는 클래스가 생성된 후 동작하므로 클래스 생성 역할에 대해서는 런타임에 추가

적인 단계가 필요하다.

- 메타클래스는 클래스를 생성해야 하므로 인스턴스 관리 역할에 대해서는 코딩 시점에 추가적인 단계가 필요하다.

즉, 둘 중 어느 것도 다른 한쪽을 완벽히 포함하지 않는다. 엄밀히 말하자면, 메타클래스는 클래스를 생성하는 동안 데코레이터를 호출할 수 있기 때문에 기능적인 관점에서 상위 집합일 수 있으며, 많은 역할들이 완전히 교차한다. 실제로, 클래스 생성을 완전히 인계받는 것은 전반적으로 프로세스를 이용하는 것에 비해 훨씬 덜 중요하다.

본문에서 벗어난 내용으로 더 따라가는 대신, 좀 더 전형적이고 현실적인 메타클래스 역할에 대해 계속 살펴보자. 다음 절에서 보편적인 사례(클래스 생성 시점에 클래스의 메소드에 동작을 자동으로 적용하기)를 알아보면서 이 장을 마무리하도록 하자.

예제: 데코레이터를 메소드에 적용하기

이전 절에서 메타클래스와 데코레이터는 class문 마지막에 실행되기 때문에 비록 다른 구문을 이용하지만 종종 바꿔서 사용할 수 있다는 것을 보았다. 이 둘 중 무엇을 선택할지는 대부분의 경우에 임의로 결정된다. 또한, 상호 보완적 도구로 이 둘을 조합하여 사용하는 것도 가능하다. 이 절에서 이러한 조합에 대한 예제(함수 데코레이터를 클래스의 모든 메소드에 적용하기)를 살펴보도록 하겠다.

직접 데코레이션을 이용하여 추적하기

이전 장에서 두 함수 데코레이터를 작성하였다. 하나는 데코레이트된 함수에 대한 모든 호출을 추적하고 집계하며, 다른 하나는 그 호출들의 시간을 측정했다. 이 두 함수들은 거기에서 다양한 형태를 취했는데, 그중 일부는 함수와 메소드에 모두 적용 가능했지만 일부는 그렇지 못했다. 다음은 두 데코레이터의 최종 형태를 여기에서 재사용하고 참조할 목적으로 하나의 모듈 파일로 모았다.

```
# decotools.py 파일: 데코레이터 도구들을 하나로 모음
import time

def tracer(func):                          # __call__을 가진 클래스가 아니라 함수를 사용
```

```
        calls = 0                          # 그렇지 않으면 self는 데코레이터 인스턴스만
        def onCall(*args, **kwargs):
            nonlocal calls
            calls += 1
            print('call %s to %s' % (calls, func.__name__))
            return func(*args, **kwargs)
        return onCall

def timer(label='', trace=True):           # 데코레이터 인수에 대해: 인수를 저장
    def onDecorator(func):                 # @ 데코레이션 시: 데코레이트된 함수를 저장
        def onCall(*args, **kargs):        # 호출 시: 원래 버전을 호출
            start = time.clock()           # 상태 정보는 범위 + 함수 속성
            result = func(*args, **kargs)
            elapsed = time.clock() - start
            onCall.alltime += elapsed
            if trace:
                format = '%s%s: %.5f, %.5f'
                values = (label, func.__name__, elapsed, onCall.alltime)
                print(format % values)
            return result
        onCall.alltime = 0
        return onCall
    return onDecorator
```

이전 장에서 배웠듯이 이 데코레이터들을 직접 사용하기 위해 우리는 단순히 모듈로부터 이들을 임포트하고, 우리가 추적하고 시간을 측정하기 원하는 각 메소드 전에 데코레이션 @ 구문을 코딩하면 된다.

```
from decotools import tracer

class Person:
    @tracer
    def __init__(self, name, pay):
        self.name = name
        self.pay = pay

    @tracer
    def giveRaise(self, percent):          # giveRaise = tracer(giverRaise)
        self.pay *= (1.0 + percent)        # onCall이 giveRaise를 기억

    @tracer
    def lastName(self):                    # lastName = tracer(lastName)
        return self.name.split()[-1]

bob = Person('Bob Smith', 50000)
sue = Person('Sue Jones', 100000)
print(bob.name, sue.name)
```

```
sue.giveRaise(.10)    # Runs onCall(sue, .10)
print('%.2f' % sue.pay)
print(bob.lastName(), sue.lastName())    # onCall(bob)을 실행. lastName을 기억
```

이 코드가 실행되면 우리는 다음의 결과를 얻는다. 데코레이트된 메소드에 대한 호출은 그 호출을 가로채서 위임하는 로직에 라우팅되는데, 원래 메소드 이름이 데코레이터에 결합되어 (bound) 있기 때문이다.

```
c:\code> py -3 decoall-manual.py
call 1 to __init__
call 2 to __init__
Bob Smith Sue Jones
call 1 to giveRaise
110000.00
call 1 to lastName
call 2 to lastName
Smith Jones
```

메타클래스와 데코레이터로 추적하기

이전 절에서의 직접 데코레이션하는 기법도 동작하지만, 우리가 추적하기를 원하는 각 메소드 전에 데코레이션 구문을 추가해야 하고, 나중에 더 이상 추적을 원하지 않으면 그 구문들을 일일이 삭제해야 한다. 만약 우리가 클래스의 모든 메소드를 추적하고자 한다면, 큰 프로그램 에서는 이 작업이 지루한 일이 될 것이다. 보완 작업이 런타임 인자에 의해 결정되는 좀 더 동적인 경우에는 더 이상 이 방식을 사용할 수 없다. 만약 어떻게든 추적(tracer) 데코레이터를 클래스의 모든 메소드에 자동으로 적용할 수 있다면 더 나을 것이다.

메타클래스를 이용하면 정확히 그렇게 할 수 있다. 메타클래스는 클래스가 생성될 때 실행되기 때문에 클래스의 메소드에 데코레이션 래퍼(decoration wrapper)를 추가할 수 있는 자연스러운 장소다. 클래스의 속성 딕셔너리를 스캔하고 그곳의 함수 객체들을 테스트함으로써, 우리는 자동으로 데코레이터를 통해 메소드를 실행하고, 원래 이름을 그 결과에 재결합(rebind)할 수 있다. 그 결과는 데코레이터의 자동 메소드 이름 재결합과 동일하지만, 이 방식을 좀 더 광범위하게 적용할 수 있다.

```
# 추적 데코레이터를 클라이언트 클래스의 모든 메소드에 추가하는 메타클래스

from types import FunctionType
from decotools import tracer

class MetaTrace(type):
    def __new__(meta, classname, supers, classdict):
        for attr, attrval in classdict.items():
            if type(attrval) is FunctionType:           # 메소드?
                classdict[attr] = tracer(attrval)        # 데코레이션할 것
        return type.__new__(meta, classname, supers, classdict)   # 클래스 생성

class Person(metaclass=MetaTrace):
    def __init__(self, name, pay):
        self.name = name
        self.pay = pay
    def giveRaise(self, percent):
        self.pay *= (1.0 + percent)
    def lastName(self):
        return self.name.split()[-1]

bob = Person('Bob Smith', 50000)
sue = Person('Sue Jones', 100000)
print(bob.name, sue.name)
sue.giveRaise(.10)
print('%.2f' % sue.pay)
print(bob.lastName(), sue.lastName())
```

이 코드가 실행되면 결과는 예전과 동일하다. 메소드에 대한 호출은 먼저 추적을 위해 추적
데코레이터에 라우팅되고, 그다음에 원래 메소드로 전달된다.

```
c:\code> py -3 decoall-meta.py
call 1 to __init__
call 2 to __init__
Bob Smith Sue Jones
call 1 to giveRaise
110000.00
call 1 to lastName
call 2 to lastName
Smith Jones
```

여기에서 보는 결과는 데코레이터와 메타클래스 작업의 조합이다. 메타클래스는 클래스 생성
시점에 모든 메소드에다 함수 데코레이터를 자동으로 적용하고, 함수 데코레이터는 이 결과
에 추적 메시지를 출력하기 위해 메소드 호출을 자동으로 가로챈다. 두 도구의 일반성 덕분에
이 조합은 '정확히 동작한다'.

어떤 데코레이터라도 메소드에 적용하기

이전 메타클래스 예제는 메소드 호출을 추적하는 단 하나의 특정 함수 데코레이터에 대해 동작하였다. 하지만 이를 일반화하여 클래스의 모든 메소드에 어떤 데코레이터도 적용할 수 있도록 하는 것은 매우 쉽다. 우리가 할 일은 이전 장에서 데코레이터에 대해 했듯이 원하는 데코레이터를 유지하기 위한 외부 범위 계층을 추가하는 것이 전부다. 예를 들어 다음은 이 방식으로 일반화한 뒤, 이를 사용하여 추적 데코레이터를 다시 적용하였다.

```python
# 메타클래스 팩토리: 클래스의 모든 메소드에 어떤 데코레이터라도 적용

from types import FunctionType
from decotools import tracer, timer

def decorateAll(decorator):
    class MetaDecorate(type):
        def __new__(meta, classname, supers, classdict):
            for attr, attrval in classdict.items():
                if type(attrval) is FunctionType:
                    classdict[attr] = decorator(attrval)
            return type.__new__(meta, classname, supers, classdict)
    return MetaDecorate

class Person(metaclass=decorateAll(tracer)):     # 데코레이터를 모든 메소드에 적용
    def __init__(self, name, pay):
        self.name = name
        self.pay = pay
    def giveRaise(self, percent):
        self.pay *= (1.0 + percent)
    def lastName(self):
        return self.name.split()[-1]

bob = Person('Bob Smith', 50000)
sue = Person('Sue Jones', 100000)
print(bob.name, sue.name)
sue.giveRaise(.10)
print('%.2f' % sue.pay)
print(bob.lastName(), sue.lastName())
```

이 코드가 그대로 실행되면, 그 결과는 다시 이전 예제의 결과와 동일하다. 우리는 결국에 추적 함수 데코레이터로 클라이언트 클래스의 모든 메소드를 데코레이팅하였으나, 좀 더 일반적인 방식으로 한 것뿐이다.

```
c:\code> py -3 decoall-meta-any.py
call 1 to __init__
```

```
call 2 to __init__
Bob Smith Sue Jones
call 1 to giveRaise
110000.00
call 1 to lastName
call 2 to lastName
Smith Jones
```

이제, 다른 데코레이터를 메소드에 적용하기 위해 단순히 class 헤더의 데코레이터 이름을 교체하면 된다. 예를 들어 앞에서 보았던 시간 측정 데코레이터를 사용하기 위해 클래스를 정의할 때 다음의 마지막 두 헤더라인 중 하나를 사용하면 된다. 처음 헤더라인은 시간 측정 데코레이터의 기본 인수를 받으며, 두 번째는 레이블 텍스트를 지정한다.

```
class Person(metaclass=decorateAll(tracer)):          # 추적 데코레이터 적용

class Person(metaclass=decorateAll(timer())):         # 타이머를 기본 인수로 적용
class Person(metaclass=decorateAll(timer(label='**'))):  # 데코레이터 인수 사용
```

이 방식은 클라이언트 클래스에서 메소드마다 다른 기본값을 갖지 않는 데코레이터 인수를 지원할 수 없지만, 여기에서 한 것처럼 모든 그러한 메소드에 적용될 데코레이터 인수를 전달할 수는 있다. 테스트를 위해서 마지막 메타클래스 선언문을 이용해 타이머를 적용하고, 마지막 메타클래스 선언문을 사용하여 타이머의 부가적 정보를 제공하는 속성을 볼 수 있도록 스크립트 끝에 다음을 추가하자.

```
# 만약 타이머를 사용하면: 메소드당 총 소요 시간 출력

print('-'*40)
print('%.5f' % Person.__init__.alltime)
print('%.5f' % Person.giveRaise.alltime)
print('%.5f' % Person.lastName.alltime)
```

새로운 결과는 다음과 같다. 메타클래스는 이제 타이머 데코레이터에 메소드들을 감쌌기 때문에 그 클래스의 모든 메소드에 대해 각 호출과 모든 호출에 소요된 시간을 알 수 있다.

```
c:\code> py -3 decoall-meta-any2.py
**__init__: 0.00001, 0.00001
**__init__: 0.00001, 0.00001
```

```
Bob Smith Sue Jones
**giveRaise: 0.00002, 0.00002
110000.00
**lastName: 0.00002, 0.00002
**lastName: 0.00002, 0.00004
Smith Jones
----------------------------------------
0.00001
0.00002
0.00004
```

메타클래스 vs 클래스 데코레이터: 라운드3(최종 라운드)

여러분도 예상했듯이 클래스 데코레이터는 여기에서도 메타클래스와 역할이 겹친다. 다음 버전은 이전 예제의 메타클래스를 클래스 데코레이터로 교체한 것이다. 즉, 이는 클래스의 모든 메소드에 함수 데코레이터를 적용하는 클래스 데코레이터를 정의하고 사용한다. 이전 문장이 기술적 설명보다는 선종의 글귀처럼 들릴지 모르겠지만, 이 모든 것은 꽤 자연스럽게 동작한다. 파이썬의 데코레이터는 임의의 중첩과 조합을 지원한다.

```
# 클래스 데코레이터 팩토리: 어떤 데코레이터도 클래스의 모든 메소드에 적용

from types import FunctionType
from decotools import tracer, timer

def decorateAll(decorator):
    def DecoDecorate(aClass):
        for attr, attrval in aClass.__dict__.items():
            if type(attrval) is FunctionType:
                setattr(aClass, attr, decorator(attrval))     # __dict__가 아님
        return aClass
    return DecoDecorate

@decorateAll(tracer)                        # 클래스 데코레이터 사용
class Person:                               # 함수 데코레이터를 메소드에 적용
    def __init__(self, name, pay):          # Person = decorateAll(..)(Person)
        self.name = name                    # Person = DecoDecorate(Person)
        self.pay  = pay
    def giveRaise(self, percent):
        self.pay *= (1.0 + percent)
    def lastName(self):
        return self.name.split()[-1]

bob = Person('Bob Smith', 50000)
sue = Person('Sue Jones', 100000)
```

```
print(bob.name, sue.name)
sue.giveRaise(.10)
print('%.2f' % sue.pay)
print(bob.lastName(), sue.lastName())
```

이 코드가 그대로 실행되면 클래스 데코레이터는 모든 메소드에 추적 함수 데코레이터를 적용하고 호출 시 추적 메시지를 만들어 낸다(그 결과는 이전에 보았던 이 예제의 메타클래스 버전과 동일하다).

```
c:\code> py -3 decoall-deco-any.py
call 1 to __init__
call 2 to __init__
Bob Smith Sue Jones
call 1 to giveRaise
110000.00
call 1 to lastName
call 2 to lastName
Smith Jones
```

클래스 데코레이터는 원래 보완된 클래스를 반환하고 이를 위한 래퍼 계층을 반환하지 않는다는 점에 주목하자(인스턴스 객체를 감싸는 경우에는 래퍼 계층을 반환하는 것이 일반적이다). 메타클래스 버전과 같이, 우리는 원래 클래스의 타입을 유지한다. Person의 인스턴스는 Person의 인스턴스이지 래퍼 클래스의 인스턴스가 아니다. 실제로, 이 클래스 데코레이터는 클래스 생성만 다룬다. 인스턴스 생성 호출을 가로채지는 않는다.

이 구분은 래퍼가 아니라 원래 클래스를 만들기 위해 인스턴스의 타입을 테스트해야 하는 프로그램에서는 중요할 수 있다. 인스턴스 대신 클래스를 보완하면 클래스 데코레이터는 원래 클래스 타입을 유지할 수 있다. 클래스의 메소드는 데코레이터에 재결합되었기 때문에 클래스의 원래 함수가 아니지만 실제로는 그다지 중요하지 않으며, 이는 메타클래스 방식에서도 마찬가지다.

또한 메타클래스 버전과 마찬가지로 이 구조는 데코레이트된 클래스의 메소드마다 달라지는 데코레이터 인수를 지원할 수 없지만, 만약 그러한 인수들을 모든 메소드에 적용한다면 처리할 수 있다. 예를 들어, 타이머 데코레이터에 이 방식을 사용하기 위해 다음 데코레이션 라인의 마지막 두 줄 중 하나를 우리 클래스 정의 바로 전에 코딩하는 것으로 충분하다. 첫 줄은 데코레이터 인수의 기본을 사용하고, 두 번째 줄은 명시적으로 데코레이터 인수를 제공한다.

```
@decorateAll(tracer)                    # 모든 메소드를 tracer로 데코레이션

@decorateAll(timer())                   # 모든 메소드를 timer와 기본 인수로 데코레이션
@decorateAll(timer(label='@@'))         # 동일하지만 데코레이터 인수를 전달
```

이전과 마찬가지로 이 두 데코레이터문 중 마지막 문장을 사용하고, 다른 데코레이터로 예제를 테스트하기 위해 스크립트 마지막에 다음 내용을 추가하자(물론 테스트와 시간 측정 모두를 가능하게 하는 더 나은 방식도 있지만, 이미 이 장의 마지막에 이르렀으니 직접 원하는 대로 개선해 보기 바란다).

```
# 만약 타이머를 사용한다면: 메소드당 총 소요 시간 출력

print('-'*40)
print('%.5f' % Person.__init__.alltime)
print('%.5f' % Person.giveRaise.alltime)
print('%.5f' % Person.lastName.alltime)
```

같은 종류의 결과가 등장한다. 모든 메소드에 대해 우리는 각각의 그리고 모든 호출에 소요된 시간 데이터를 가지게 되지만, 타이머 데코레이터에 다른 레이블 인수를 전달하였다.

```
c:\code> py -3 decoall-deco-any2.py
@@__init__: 0.00001, 0.00001
@@__init__: 0.00001, 0.00001
Bob Smith Sue Jones
@@giveRaise: 0.00002, 0.00002
110000.00
@@lastName: 0.00002, 0.00002
@@lastName: 0.00002, 0.00004
Smith Jones
----------------------------------------
0.00001
0.00002
0.00004
```

마지막으로 메소드 호출마다 이 두 데코레이터가 동작하도록 데코레이터를 결합하는 것이 가능하지만, 이는 여기에서 코딩한 내용에 대한 변경이 필요할 것이다. 현재는 이들에 대한 호출을 직접 중첩하는 것이 다른 생성 시간 애플리케이션을 추적하거나 시간 측정을 하는 것으로 끝나게 되며, 두 개를 별도의 라인으로 나열하면 원래 메소드를 실행하기 전에 다른 데코레이

터의 래퍼를 추적하거나 시간 측정을 하는 결과를 낳는다. 메타클래스는 이 영역에서 더 나을 것이 없다.

```
@decorateAll(tracer(timer(label='@@')))          # timer를 적용하는 것을 추적
class Person:

@decorateAll(tracer)                             # onCall 래퍼를 추적, 메소드의 시간을 측정
@decorateAll(timer(label='@@')
class Person:

@decorateAll(timer(label='@@')
@decorateAll(tracer)                             # onCall 래퍼의 시간 측정, 메소드를 추적
class Person:
```

이에 대해 더 곰곰이 생각해 보는 것은 여러분의 몫으로 남겨야 할 것 같다. 이미 시간과 공간이 다했으며, 이는 일부 상태에서는 비문법적일 수 있기 때문이다.

여러분도 보다시피, 메타클래스와 클래스 데코레이터는 종종 바꿔 사용할 수 있을 뿐 아니라, 일반적으로 상호 보완적이다. 이 둘은 클래스와 인스턴스 객체 모두를 커스터마이즈하고 관리하기 위해 진화된 그러나 강력한 방법들을 제공하는데, 이들은 궁극적으로 여러분이 클래스 생성 절차 내에 코드를 삽입하는 것을 허용하기 때문이다. 비록 좀 더 진화된 애플리케이션 중 일부에서는 둘 중 하나가 더 나은 코딩 방식이 될 수 있지만, 많은 경우 이 도구들 중 하나를 선택하거나 이 둘을 결합하는 방식은 전적으로 여러분에게 달려 있다.

이 장의 요약

이 장에서 우리는 메타클래스를 공부하였으며, 실제 예제들을 살펴보았다. 메타클래스는 우리가 사용자 정의 클래스들을 관리하거나 보완하기 위해 파이썬의 클래스 생성 프로토콜을 이용할 수 있도록 해준다. 메타클래스는 이 절차를 자동화시키므로 API 제작자에게 직접 코딩하거나 헬퍼 함수를 사용하는 것보다 더 나은 방안을 제공한다. 메타클래스는 이러한 코드를 캡슐화하기 때문에 다른 방식에 비해 유지보수 비용을 최소화할 수 있다.

그 과정에서 우리는 클래스 데코레이터와 메타클래스의 역할이 어떻게 겹치는지 보았다. 둘 모두 class문 마지막에서 동작하기 때문에 이들은 때로는 서로 바꾸어 사용될 수 있다. 클래스 데코레이터와 메타클래스는 클래스와 인스턴스 객체 모두 관리하기 위해 사용될 수 있으나, 각 도구는 경우에 따라 장단점이 존재한다.

이 장이 고급 주제를 다루고 있기 때문에 우리는 단지 몇 가지 퀴즈를 풀어 보면서 기본 지식들을 복습하고자 한다(솔직히 메타클래스를 다루는 장까지 왔다면, 여러분은 이미 추가 가산점을 받아마땅하다!). 이 책의 마지막 파트이기 때문에 우리는 파트 마지막 실습 문제를 건너뛸 것이다. 파이썬 변경 내역과 파트 실습 문제의 정답 등을 확인하려면 이 다음의 부록을 참조하도록 하자. 파트 실습 문제의 마지막에는 스스로 학습할 수 있도록 일반적인 애플리케이션 레벨 프로그램들을 발췌하여 포함시켰다.

퀴즈를 다 풀고 나면 여러분은 공식적으로 이 책의 기술적 내용 마지막에 다다른 것이다. 다음의 마지막 장에서는 책을 전체적으로 마무리하는 몇 가지 간단한 생각들을 정리하였다. 이마지막 퀴즈를 풀고난 뒤, 파이썬의 축복 속에서 다시 만나도록 하자.

학습 테스트: 퀴즈

1. 메타클래스란 무엇인가?

2. 클래스의 메타클래스는 어떻게 선언하는가?

3. 클래스를 관리하는 역할에서 클래스 데코레이터는 메타클래스와 어떻게 겹치는가?

4. 인스턴스를 관리하는 역할에서 클래스 데코레이터는 메타클래스와 어떻게 겹치는가?

5. 여러분의 무기에 데코레이터를 포함시킬 것인가, 메타클래스를 포함시킬 것인가?(그리고 제발 부탁컨대, 유명한 몬티 파이썬 촌극의 언어로 대답을 작성해 주오)

학습 테스트: 정답

1. 메타클래스는 클래스를 생성하기 위해 사용되는 클래스다. 일반적인 새 형식 클래스는 기본적으로 type 클래스의 인스턴스다. 메타클래스는 보통 type 클래스의 서브클래스로, class문 마지막에서 일어나는 클래스 생성 호출을 커스터마이즈하기 위해 클래스 생성 프로토콜 메소드를 재정의한다. 또한, 메타클래스는 일반적으로 클래스 생성 프로토콜을 이용하기 위해 __new__와 __init__ 메소드를 재정의한다. 메타클래스는 다른 방식으로(예를 들어 단순 함수로) 코딩될 수도 있지만, 이들은 언제나 새로운 클래스를 위한 객체를 생성하고 반환해야 할 책임이 있다. 메타클래스는 자신의 클래스들을 위한 행위를 제공하기

위해(그리고 상속 검색을 위한 부차적인 경로를 구성하기 위해) 메소드와 데이터를 가질 수 있지만, 메타클래스의 속성들은 그들의 클래스 인스턴스에서만 접근 가능하고 이들 인스턴스의 인스턴스에서는 접근할 수 없다.

2. 파이썬 3.X에서는 class 헤더라인에 키워드 인수를 사용하면 된다(class C(metaclass=M)). 파이썬 2.X에서는 클래스 속성을 사용하면 된다(__metaclass__ = M). 3.X에서 class 헤더 라인은 metaclass 키워드 인수 전에 일반 슈퍼클래스들을 지정할 수도 있다. 2.X에서는 일반적으로 object로부터 파생되어야 하는데, 이 요건은 때로는 선택적이다.

3. 이 둘 모두 class문 마지막에서 자동으로 작동되기 때문에 클래스 데코레이터와 메타클래스는 클래스들을 관리하기 위해 사용될 수 있다. 데코레이터는 클래스 이름을 호출 가능한 객체의 결과에 재결합시키고 메타클래스는 클래스 생성을 호출 가능한 객체를 통해 라우팅하지만, 두 방식 모두 유사한 목적을 위해 사용될 수 있다. 데코레이터는 클래스들을 관리하기 위해 단순히 원래 클래스 객체를 보완하고 반환한다. 메타클래스는 클래스를 생성한 후 이를 보완한다. 만약 새로운 클래스가 정의되어야 한다면 데코레이터가 약간 불리한데, 데코레이터에서 원래의 클래스는 이미 생성되어 있기 때문이다.

4. 이 둘 모두 class문의 끝에서 자동으로 실행되므로 클래스 데코레이터와 메타클래스를 이용해 클래스 인스턴스를 관리할 수 있다. 이렇게 하려면 래퍼(프록시) 객체를 삽입하여 인스턴스 생성 호출을 가로채야 한다. 데코레이터는 인스턴스 생성 시 실행되는 호출 가능한 객체(원래 클래스 객체를 유지하는)에 클래스 이름을 재결합할 수 있다. 메타클래스도 동일한 작업을 할 수 있지만, 이 역할에서는 약간 불리한데, 메타클래스는 클래스 객체도 생성되어야 하기 때문이다.

5. 우리의 주요 무기는 데코레이터... 데코레이터와 메타클래스... 메타클래스와 데코레이터... 우리의 두 무기는 메타클래스와 데코레이터... 그리고 무자비한 효율성... 우리의 세 번째 무기는 메타클래스, 데코레이터, 무자비한 효율성, 그리고 파이썬에 대한 거의 광적인 헌신... 우리 넷... 아니, 우리 무기들 중... 우리 무기들 중에 메타클래스, 데코레이터 같은 것들이 있던가... 다시 오겠다...

CHAPTER

41

유용한 주제들

이제 끝이다! 여러분은 지금껏 잘해 왔다. 실제 소프트웨어 세계로 떠나 보내기 전에 몇 마디만 덧붙이고자 한다. 당연히 이 주제는 주관적일 수밖에 없지만, 그럼에도 불구하고 모든 파이썬 사용자들에게 반드시 필요한 내용이다.

독자 여러분은 지금까지 파이썬 언어를 전체적으로 살펴보았다. 그들 중에는 파이썬의 스크립팅 패러다임과 부합하지 않는 고급 주제도 포함되어 있다. 많은 사람들이 이것을 현상 그대로 받아들이고 있기는 하지만, 오픈 소스 프로젝트에서 '왜'라는 질문을 하는 것은 매우 중요하다. 결론적으로 이 책의 파이썬 스토리와 그 진정한 결론은 상당 부분 여러분에게 달려 있다.

파이썬 역설

여러분이 이 책의 전부나 혹은 전부는 아니지만 충분히 읽었다면, 파이썬의 장단점을 상당히 정확하게 평가할 수 있을 것이다. 파이썬은 강력하고 풍부하며 재미있기까지 한 프로그래밍 언어이며, 다음에 여러분이 어떤 것을 하던 그것을 가능하게 해줄 수 있는 기술이기도 하다. 이와 동시에, 오늘날의 파이썬이 역설적이라는 점도 알게 되었을 것이다. 파이썬은 확장되는 과정에서 많은 사람들이 불필요하게 생각하는 중복적이고 지나치게 고급인 도구들을 포함하게 되었다. 또한 이러한 확장이 지나치게 급진적이었다.

파이썬의 최초 지지자 중 하나인 내 입장에서 말하자면, 나는 파이썬이 오랜 시간에 걸쳐 단순한 도구에서 지속적으로 그 영역을 넓혀가며 복잡한 도구로 변화하는 과정을 지켜보았다. 누가 뭐라 해도, 파이썬은 최소한 맨 처음 우리가 파이썬으로 눈을 돌리게 했던 다른 프로그래밍 언어들만큼이나 성장했다. 그리고 그러한 다른 언어들처럼 필연적으로 모호함이 영예의 훈장과도 같은 그러한 문화로 발전하게 되었다.

이것은 파이썬의 원래 목표와는 배치된다. 내가 무슨 말을 하려는지 알고 싶으면 아무 파이썬 대화형 세션을 열고 내가 이 책에서 반복적으로 언급했던 import this를 실행해 보기 바란다. 여러모로 볼 때, 파이썬의 핵심 이상이었던 명시성, 단순성, 그리고 중복의 배제는 순진하게 잊혀졌거나, 혹은 부주의하게 무시되었다.

그 결과, 파이썬과 그 커뮤니티를 묘사할 때 사용되는 단어들 중 상당수는 내가 1장에서 펄에 대해 묘사할 때 사용했던 것과 동일하게 되었다. 다음 절에서 설명하겠지만 파이썬이 보여 줄 것이 아직 많이 남아 있음에도 불구하고, 이런 추세가 파이썬의 수많은 장점들을 무색하게 만들고 있다.

파이썬의 '선택적' 기능

나는 이전 장의 시작 부분에 배치한 인용문에서 메타클래스의 지나친 모호함을 강조하기 위해 99%의 파이썬 프로그래머에게 메타클래스는 관심의 대상이 아니라고 했다. 그 문장은 그렇게 정확한 문장도 아니고, 수치도 정확하지 않다. 그 인용문의 저자는 파이썬 역사의 초기부터 파이썬에 기여한 유명한 사람이다. 하지만 누군가를 콕 집어 언급하는 것은 정당하지 않기 때문에 그렇게 하고 싶은 의도가 없다. 게다가 나 스스로도 언어 기능의 모호함에 대해 이 책의 여러 판에서 언급해 왔다.

하지만 문제는 그런 문구가 혼자 일하면서 자신이 직접 작성한 코드만을 사용하는 사람들에게만 실제로 들어맞는다는 점이다. 회사 내의 **누군가**가 '선택적' 고급 언어 기능을 사용하기 시작하자마자, 이것은 더 이상 선택적이지 않으며, 회사 내의 **모든 사람들이 사용하도록** 강제화된다. 여러분의 시스템 안에서 사용하는 외부에서 개발된 시스템에도 동일한 문제가 있다. 그 소프트웨어의 개발자가 고급 또는 특수한 언어 기능을 사용한다면, 그것은 더 이상 선택적일 수 없다. 여러분이 코드를 재사용하거나 변경할 때는 반드시 그 기능을 이해해야 하기 때문이다. 이런 현상은 이전 장의 시작 부분에서 '마법의 도구'로 나열된 기능들을 포함해, 이 책에서 다룬 모든 고급 주제에서 나타난다.

이러한 고급 주제에는 제너레이터, 데코레이터, 슬롯, 프로퍼티, 디스크립터, 메타클래스, 콘텍스트 관리자, 클로저, super, 네임스페이스 패키지, 유니코드, 함수 주석, 상대적 임포트, 키워드 전용 인수, 클래스와 정적 메소드, 그리고 컴프리헨션과 연산자 오버로딩의 모호한 적용까지도 포함된다.

여러분이 대할 사람이나 다룰 프로그램이 이런 도구들을 사용한다면, 그것들은 자동적으로 여러분의 필수적인 기반 지식이 된다.

이것이 얼마나 두려운 일인지 알고 싶다면, 40장의 새로운 형식의 상속 절차를 다시 한번 상기해 보기 바란다. 그것은 기초적인 이름 해석을 이해하려고만 해도 디스크립터와 메타클래스를 기본적으로 이해하고 있어야 하는, 끔찍할 만큼 복잡한 모델이다. 32장의 super도 머릿속의 지식 사전에 추가해야 할 요구 사항을 높인다는 점에서 유사하다. 이 도구를 사용하는 코드를 이해하려는 사람들에게 묵시적이고 자연스럽지 않은 MRO 알고리즘의 이해를 강요하고 있다.

그런 과도한 엔지니어링은 결과적으로 급진적으로 과도한 학습을 요구하거나, 그들이 차용하는 도구들을 부분적으로만 이해하는 사용자 계층을 늘리게 된다. 이것은 파이썬을 좀 더 단순한 방식으로 활용하고자 하는 사람들에게는 분명이 이상적이지 못하며, 스크립트의 사상에도 모순된다.

불편한 진보에 대한 반대

이것은 7장의 str.format 메소드와 34장의 with 구문처럼 수많은 중복 기능들에서도 발견된다. 이런 것들은 다른 언어에서 차용한 것으로, 파이썬에 오랫동안 존재했던 것들과 겹친다. 프로그래머가 같은 목적을 달성하기 위해 여러 가지 방법을 사용하게 되면, 사용된 모든 것이 필수 지식이 되어 버린다.

조금 솔직해지자. 파이썬은 최근 십수 년간 수많은 중복을 내포하며 성장해 왔다. 내가 서문에서 주장해 왔듯이, 오늘날의 파이썬에는 표 41-1에서 나열한 것처럼 수많은 기능적 중복과 확장으로 가득차 있다.

표 41-1 파이썬의 기능 폭증 및 중복에 대한 예시

분류	상세 항목
주요 패러다임 세 개	Procedural, functional, object-oriented
호환되지 않는 두 개 버전	2.X and 3.X, with new-style classes in both
문자열 포맷 도구 세 개	% expression, str.format, string.Template
속성 접근 도구 네 개	__getattr__, __getattribute__, properties, descriptors
종료문 두 개	try/finally, with
복합 구조체 네 개	List, generator, set, dictionary
클래스 확장 도구 세 개	Function calls, decorators, metaclasses
메소드 종류 네 개	Instance, static, class, metaclass
속성 저장 시스템 두 개	Dictionaries, slots
import 대상 네 개	Module, package, package relative, namespace package
슈퍼클래스 디스패치 프로토콜 두 개	Direct calls, super + MRO
할당 구문 형식 다섯 개	Basic, multiname, augmented, sequence, starred
함수 타입 두 종류	Normal, generator
함수 인수 형식 다섯 개	Basic, name = value, *pargs, **kargs, keyword-only
클래스 동작 소스 두 개	Superclasses, metaclasses
구문 리텐션 옵션 네 개	Classes, closures, function attributes, mutables
클래스 모델 두 개	2.X: 고전+새로운 형식, 3.X: 새로운 형식만 지원
유니코드 모델 두 개	2.X에서는 선택적, 3.X에서는 의무적
PyDoc 모드 두 개	GUI 클라이언트, required all-browser in recent 3.X
바이트 코드 저장 형식 두 개	Original, __pycache__ only in recent 3.X

파이썬에 대해 관심을 가지고 있다면, 잠시 이 표를 주의 깊게 살펴보도록 하자. 이 표는 기능 성과 도구 상자 크기에 있어서의 폭발적인 증가를 반영하고 있다. 새로 파이썬을 접하는 사람 들은 모두 정상적으로 동작하는 59개의 개념을 이해해야 한다. 초기 파이썬에는 대부분의 카 테고리에 있는 항목들 중 하나의 멤버밖에 없었다. 대부분은 다른 언어의 기능을 차용하기 위 해 추가되었다. 마지막 몇 가지만이 가장 최신의 파이썬이 파이썬 프로그래머들에게 의미가 있는 파이썬인 것처럼 가장함으로써 간소화할 수 있는 항목들이다.

나는 이 책에서 정당화할 수 없는 복잡함을 피하라고 강조해 왔다. 하지만 실제에서는 단지 자신의 역량을 과시하려고 하는 프로그래머의 개인적인 욕망에 의해 고급 기능과 새로운 도 구들을 사용하도록 하려는 경향이 있다. 그 결과, 오늘날 많은 파이썬 코드들이 이러한 복잡하고 이질적인 코드들이 난잡하게 얽혀 있다. 즉, 그것이 정말 선택적이지 않다면 그것은 선택적인 것이 아니다.

복잡함 vs 강력함

이것이 (나를 포함한) 파이썬의 '고참'들이 시간이 지남에 따라 파이썬이 더욱 거대화되고 더 복잡해질 것이라고 걱정하는 이유다. 전문가, (다른 언어로부터의) 전환자, 그리고 아마추어들에 의해 추가된 새로운 기능들이 새로 시작하는 사람들의 지적인 난간을 높였을 것이다. 파이썬의 핵심 사상인 동적 타입과 내장 타입이 그대로 남아 있기는 하지만, 추가되는 고급 기능들이 모든 파이썬 프로그래머에게 필수적인 학습 대상이 될 수 있다. 이 책의 이전 판에서는 생략했던 주제였지만, 나는 이런 이유 때문에 이번 판에서 이 내용을 언급하기로 했다. 여러분이 이해해야 하는 코드에 고급 기능이 포함되어 있다면, 그것을 건너뛰는 것은 불가능하다.

반면 1장에서 언급했던 것처럼 대부분의 외부인들에게 파이썬은 아직도 현존하는 다른 프로그래밍 언어들보다 **훨씬** 간단하다. 그리고 필요로 하는 만큼만 복잡하게 보일 것이다. 파이썬이 자바나 C#, 그리고 C++처럼 많은 도구들을 강요하기는 했지만, 동적 타입 스크립트 언어의 문맥에서 보면 훨씬 더 쉽게 이용할 수 있는 경향이 있다. 오랜 기간에 걸친 성장에도 불구하고, 파이썬은 여전히 다른 대안 언어들에 비해 상대적으로 배우고 사용하기 쉬운 언어이며, 새로운 학습자들도 필요에 따라 고급 기능들을 선택하여 사용할 수 있다.

그리고 솔직히, 애플리케이션 프로그래머들은 대부분의 시간을 고급 기능이나 애매모호한 언어의 기능이 아니라 라이브러리나 확장과 씨름하느라 소모할 가능성이 더 높다. 예를 들어, 《프로그래밍 파이썬》 책에서는 대부분 GUI, 데이터베이스, 그리고 웹 같은 애플리케이션 라이브러리와 파이썬의 결합에 대해서는 다루고 있으며, 난해한 파이썬의 언어 도구에 대해 다루고 있지 않다(하지만 유니코드에 대한 내용과 이상한 제너레이터 표현과 yield에 대한 내용은 여기저기서 나타난다).

게다가 이런 성장은 파이썬이 더 **강력해졌다**는 것을 뜻한다. 잘 사용하기만 하면, 데코레이터나 메타클래스 같은 도구는 틀림없이 '쿨'할 뿐만 아니라, 창의적인 프로그래머들로 하여금 다른 프로그래머들이 사용할 수 있는 더 유연하고 유용한 API를 만들 수 있게 한다. 지금까지 본 것처럼 이러한 도구들은 캡슐화와 유지보수의 문제에 대한 좋은 해결책을 제시하기도 한다.

간결함 vs 엘리트주의

파이썬이 필수적으로 요구하는 지식을 잠재적으로 확장하는 게 과연 정당한 것인가는 여러분이 결정할 문제다. 좋든 나쁘든, 보통 개인적인 기술 수준이 이런 이슈를 자동으로 결정하게 된다. 고급 프로그래머들은 고급 도구를 선호하며, 그것이 다른 사람들에게 미치는 영향에 대해서 망각하는 경향이 있다. 그럼에도 불구하고 다행스럽게 항상 그렇지만은 않다. 또한 훌륭한 프로그래머들은 간결함이 비록 좋은 엔지니어링이라는 것과, 고급 기능은 그 사용이 정당화될 수 있는 상황에서만 사용해야 한다는 것을 잘 알고 있다. 이것은 모든 프로그래밍 언어에 해당하는 내용이지만, 처음 프로그래밍을 접하는 사람들이 자주 사용하는 파이썬 같은 언어에서는 더 그렇다.

그리고 이 책을 아직 구매하지 않았다면, 파이썬을 사용하는 사람들 중 상당수가 **기본적인 객체 지향 프로그래밍**에도 익숙하지 않다는 점을 염두에 두도록 하자. 믿어도 좋다. 나는 그런 사람들을 수천 명이나 만나봤다. 파이썬이 절대 간단한 주제는 아니지만, 소프트웨어 분야의 일반적인 경향은 매우 명확하다. 정당화할 수 없는 복잡한 기능을 추가하는 것은 절대 환영받지 못한다는 점이다. 특히, 그것이 개인적인 선호나 대표성을 갖지 못하는 소수에 의한 것이라면 더욱 그렇다. 의도적이든 아니든, 이것은 종종 **엘리트주의**로 간주한다. 이것은 생산적이지도 못하고 오만하며, 파이썬처럼 널리 사용되는 도구에서는 그 자리를 얻을 수 없다.

물론 이것은 사회적인 문제이기도 하고, 개인 프로그래머에게만큼이나 언어 설계자에게도 관련되어 있다. 그럼에도 불구하고, 오픈 소스 소프트웨어가 사용되는 '실제 세계'에서는 그 사용자들이 메타클래스, 디스크립터, 그리고 그것과 유사한 고급 주제들의 뉘앙스를 마스터하기를 요구하는 파이썬 기반 시스템들이 그 기대치를 점점 확대해 나가고 있다. 희망적인 것은 만약 이 책이 그 역할을 다 한다면, 여러분은 프로그래밍에서 간결함의 중요성이 가장 중요하고 끝까지 간직해야 하는 것이라는 점을 이해하게 될 것이라는 점이다.

책을 마치며

30년 가까이 파이썬을 사용하고, 가르치고, 지지해 왔던, 그리고 앞으로도 최선의 방향으로 발전하기만을 희망하는 사람이 관찰했던 바에 대해 말하려고 한다. 물론, 이런 우려들은 전혀 새로운 것이 아니다. 사실, 오랜 시간에 걸친 이 책의 성장이 파이썬 자체의 성장의 영향에 대한 하나의 증거가 된다. 전문가와 비전문가가 모두 쉽게 접할 수 있고, 프로그래밍을 단순화하는 도구로서의 원래 콘셉트에 대한 **아이러니한 종언**은 아닐 것이다. 만약 언어의 중요성만으로 판단했다면, 이러한 꿈은 아마도 완전히 무시되거나 버림받았을 것이다.

그렇긴 하지만, 파이썬의 확장 추세는 전혀 약해질 기미가 보이지 않는다. 이것은 복잡성 이슈에 대한 강력한 반론을 제기한다. 오늘날의 파이썬 세계에서는 현재의 형태를 업무에 적용시키는 것을 파이썬의 원래 (아마도 조금 이상적일) 목표에 대한 우려보다 훨씬 더 중요하게 생각하는 것으로 보인다. 파이썬은 수많은 복잡한 프로그래밍 요구 사항을 해결해 냈고, 이것이 바로 많은 태스크에 파이썬을 추천하는 충분한 이유가 된다. 원래의 목표를 고려하지 않는다면, 대중의 요구는 성공의 한 가지 형태로 인정할 수 있다. 하지만 나머지 한 가지[1]는 시간의 평가를 기다려야 한다.

파이썬의 진화와 학습 곡선에 대해 더 생각해 보고 싶다면, 내가 2012년에 작성한 심화 기고문인 'Answer Me These Questions Three…'를 살펴보자. http://learning-python.com/pyquestions3.html에서 읽을 수 있다. 이 질문들은 파이썬의 미래에 매우 중요한 매우 실제적인 질문들이자, 좀 더 많은 관심을 가질 필요가 있는 것들이다. 하지만 이것들은 매우 주관적인 이슈다. 이 책은 철학 서적도 아니고, 이미 벌써 원래의 목표 분량을 초과해 버렸다.

더 중요한 것은 파이썬 같은 오픈 소스 프로젝트에서는 그러한 질문에 대한 대답이 새로운 사용자들에 의해 다시 작성되어야 한다는 점이다. 나는 파이썬의 미래를 계획함에 있어 즐거움뿐만 아니라 상식적인 면까지 갖기를 희망한다.

앞으로의 여정

동지들 이제 끝이다. 공식적으로 여기가 이 책의 끝이다. 이제 파이썬에 대해 속속들이 알고 있으므로 다음 스텝은 여러분이 속한 애플리케이션 영역에서 사용할 수 있는 라이브러리, 기법, 그리고 도구에 대해 알아보는 것이다.

파이썬이 굉장히 널리 사용되고 있으므로, GUI부터 웹, 데이터베이스, 수치 프로그래밍, 로보틱스, 시스템 관리까지 여러분이 상상할 수 있는 거의 모든 애플리케이션에 적용할 수 있는 풍부한 리소스를 찾을 수 있을 것이다. 1장을 참조하여 유명한 도구와 주제에 대해 검색해 보기 바란다.

---

1 **옮긴이** 언어의 간결함에 대한 최초의 목표

이제 파이썬이 정말로 재미있어지는 시점이다. 하지만 동시에 이 책의 여정이 끝나는 시점이기도 하다. 이 책의 다음 순서로 읽어야 할 책으로는 내가 저술한 《프로그래밍 파이썬(Programming Python)》을 참조하기 바란다. 애플리케이션 프로그래밍 영역에서 여러분을 곧 만날 수 있기를 희망한다.

여러분의 건투를 빈다. 그리고 이 말을 절대 잊지 말자. '언제나 삶의 밝은 면을 보라!(Always look on the bright side of Life!)'

앙코르: 여러분만의 수료증을 출력해 보자!

마지막 한 가지가 더 있다. 여기서는 실습 문제 대신 직접 실행해 볼 수 있는 보너스 스크립트를 제시하고자 한다. 내가 모든 독자들에게 완벽한 수료증을 발급해 줄 수는 없다(설령 할 수 있다고 하더라도 그 수료증은 아무 쓸모도 없을 것이다). 하지만 수료증을 발급할 수 있는 꽤 괜찮은 파이썬 스크립트를 제공할 수는 있다. 다음 certificate.py 파일은 간단한 책 수료증을 텍스트와 HTML 파일 형식으로 만들고, 독자의 기본 웹 브라우저에서 띄워주는 파이썬 2.X 버전과 3.X 버전의 스크립트다.

```python
#!/usr/bin/python
"""
certificate.py 파일: 파이썬 2.X 및 3.X 스크립트
자체 클래스 수료증을 생성함
텍스트와 HTML 파일로 저장되고 출력되며, 웹 브라우저에서 확인할 수 있음
"""
from __future__ import print_function          # 2.X 호환성
import time, sys, webbrowser

if sys.version_info[0] == 2:                    # 2.X 호환성
    input = raw_input
    import cgi
    htmlescape = cgi.escape
else:
    import html
    htmlescape = html.escape


maxline  = 60                                  # 문단 분리선을 포함하기 위함
browser  = True                                # 웹 브라우저에 출력함
saveto   = 'Certificate.txt'                   # 출력 파일명
template = """
%s

===> 공식 수료증 <===
```

날짜: %s

이 수료증은 %s가 %s의 방대한 내용을 통과했으며, 이후 웹 사이트나 데스크톱 GUI, 과학 모델, 그리고
복잡한 기능들이 혼합된 응용 프로그램을 개발하는 방법에 대해 학습할 권리를 얻었음을 증명함.
또한, 그 과정에서 Programming Python 같은 훌륭한 책을 참조할 권리도 가졌음을 증명함

-- 강사 마크 러츠

(주의: 이 책의 내용을 건너뛰며 읽었을 경우 인증이 취소됨)

%s
"""

```python
# 대화형, 셋업
for c in 'Congratulations!'.upper():
    print(c, end=' ')
    sys.stdout.flush()                          # 일부 셀은 입력 대기 \n
    time.sleep(0.25)
print()

date = time.asctime()
name = input('Enter your name: ').strip() or 'An unknown reader'
sept = '*' * maxline
book = 'Learning Python 5th Edition'

# 텍스트 파일 버전을 만듦
file = open(saveto, 'w')
text = template % (sept, date, name, book, sept)
print(text, file=file)
file.close()

# HTML 파일 버전을 만듦
htmlto = saveto.replace('.txt', '.html')
file = open(htmlto, 'w')

tags = text.replace(sept, '<hr>')                # HTML 태그 삽입
tags = tags.replace('===>', '<h1 align=center>')
tags = tags.replace('<===', '</h1>')

tags = tags.split('\n')                          # 줄 단위 구분
tags = ['<p>' if line == ''
            else line for line in tags]
tags = ['<i>%s</i>' % htmlescape(line) if line[:1] == '\t'
            else line for line in tags]
tags = '\n'.join(tags)

link = '<i><a href="http://learning-python.com/">Book support site</a></i>\n'
foot = '<table>\n<td><img src="ora-lp.jpg" hspace=5>\n<td>%s</table>\n' % link
tags = '<html><body bgcolor=beige>' + tags + foot + '</body></html>'

print(tags, file=file)
file.close()
```

```
# 결과 표시
print('[File: %s]' % saveto, end='')
print('\n' * 2, open(saveto).read())

if browser:
    webbrowser.open(saveto, new=True)
    webbrowser.open(htmlto, new=False)

if sys.platform.startswith('win'):
    input('[Press Enter]')                  # 윈도우에서 클릭되었을 경우 창이 열린 채로 유지함
```

이 스크립트를 직접 실행해 보고, 코드를 통해 우리가 이 책에서 다루었던 사상의 개요에 대해 다시 한번 살펴보도록 하자. 원한다면, 서문에서 소개한 이 책의 웹 사이트에서 스크립트를 다운로드할 수 있다. 이 코드에서는 디스크립터, 데코레이터, 메타클래스, 혹은 super 호출을 전혀 찾을 수 없겠지만, 그래도 이 스크립트는 전형적인 파이썬 코드다.

스크립트를 실행하면 그림 41-1에 있는 것처럼 아무 쓸모도 없는 웹 페이지가 생성된다. 이 웹 페이지를 훨씬 더 거창하게 만들 수도 있다. 15장에서 다루었던 PDF나 Sphinx 같은 문서 형식에 대해 알고 싶으면 웹 사이트를 참조하도록 하자. 이봐, 책을 이렇게나 길게 썼는데, 장난 한두 개 정도는 괜찮잖아?

그림 41-1 certificate.py 스크립트가 생성하고 오픈한 웹 페이지

IX

부록

파이썬 설치와
환경 설정

이 부록에서는 파이썬 설치와 환경 설정에 대한 상세에 대하여 설명하겠다. 이 주제가 새로운 사람들에게 유용한 자료가 될 것이다. 이 내용에 대하여 여기에서 다루는 이유는 모든 독자가 이 주제를 직접 다룰 필요가 있는 것은 아니기 때문이다. 여기에서는 환경 변수나 명령 라인 인수와 같은 주변 주제들을 다루기 때문에 이 내용은 대부분의 독자들이 잠깐이라도 훑어보는 것이 좋을 것이다.

파이썬 인터프리터 설치하기

파이썬 스크립트를 실행하기 위해서는 파이썬 인터프리터가 필요하기 때문에 파이썬을 사용하는 첫 단계는 대체로 파이썬을 설치하는 일이 된다. 여러분 컴퓨터에 이미 파이썬이 설치되어 있지 않다면, 여러분 컴퓨터에 파이썬 최신 버전을 받아서 설치하고, 아마도 설정해야 할 것이다. 컴퓨터당 한 번씩만 이 작업을 수행하고, 만약 2장에서 설명한 프로즌 바이너리나 자가 설치 시스템을 실행한다면, 설치 작업은 거의 미미한 일이 될 것이다.

파이썬이 이미 설치되어 있는가?

가장 먼저 할 일은 여러분의 컴퓨터에 이미 최신 파이썬이 설치되어 있는지 여부를 확인하는 것이다. 만약 리눅스, 맥 OS X 또는 일부 유닉스 시스템에서 작업한다면 아마 여러분 컴퓨터에 파이썬은 이미 설치되어 있을 수도 있다. 가장 최신 버전에서 한두 버전 정도 아래 버전 일 수는 있지만 말이다. 여기 이를 확인하는 방법에 대해 알아보자.

- 윈도우 7이나 그 이전 버전에서는 시작 버튼을 눌러서 모든 프로그램 메뉴(화면 좌측 아래)에 파이썬이 있는지 확인하면 된다.[1]
- 맥 OS X에서는 터미널 창(응용 프로그램 ➡ 유틸리티 ➡ 터미널)을 열고 프롬프트에 python을 입력하면 된다. 파이썬, IDLE, tkinter GUI 툴킷은 이 시스템의 표준 컴포넌트다
- 리눅스와 유닉스에서는 셸 프롬프트(터미널 창)에서 python을 써 넣고 무슨 일이 일어나는지 확인하면 된다. 그렇지 않으면, 기본 설치 장소(/usr/bin, /usr/local/bin 등)에서 'python'을 찾아보아도 될 것이다. 맥과 동일하게 파이썬은 리눅스 시스템의 표준 구성 요소다.

파이썬이 이미 설치되어 있다면 최신 버전인지를 확인하자. 최근의 파이썬 버전이면 이 책을 학습하기에 충분하겠지만, 이번 판은 특히 파이썬 3.3과 2.7을 중심으로 기술했으므로 이 책의 예제를 실행하려면 둘 중에 하나는 설치하는 것이 좋다.

버전에 대해 말하자면 서문에서 다룬대로 파이썬을 새로 배우고 기존 2.X 코드를 다룰 필요가 없다면, 파이썬 3.3 또는 그 이후 버전으로 시작하기를 권한다. 만약 그렇지 않다면 일반적으로 파이썬 2.7을 사용해야 할 것이다. 일부 유명한 파이썬 기반의 시스템은 여전히 예전 릴리즈를 사용하기도 한다(2.6, 그리고 심지어 2.5도 여전히 보편적으로 사용되고 있다). 따라서 만약 기존 시스템으로 작업해야 한다면, 수요에 맞는 버전을 확인하고 사용하여야 한다. 다음 절에서 다양한 파이썬 버전을 어디에서 받을 수 있는지에 대하여 설명한다.

어디서 파이썬을 가져올 것인가?

만약 여러분 컴퓨터에 파이썬이 없다면, 파이썬을 설치해야 할 것이다. 반가운 소식은 파이썬은 오픈 소스 시스템이어서 웹에서 무료로 구할 수 있으며, 대부분의 플랫폼에서 쉽게 설치된다는 것이다.

가장 최신, 최고의 표준 파이썬 릴리즈는 파이썬 공식 웹 사이트인 https://www.python.org에서 항상 받을 수 있다. 그 웹 페이지에서 Downloads 링크를 찾아서 작업할 플랫폼의 릴리즈

---

1 [옮긴이] 윈도우 10에서는 윈도우 8에서 없어졌던 시작 버튼이 복원되었으므로 윈도우 7과 같은 방법을 사용한다.

를 선택한다. 윈도우용 자동 실행 파일(설치를 위해 실행만 시키면 됨), 맥 OS X을 위한 인스톨러 디스크 이미지(맥 규격에 따라 설치됨), 소스 코드 배포판(보통 리눅스, 유닉스, 또는 OS X 머신에서 컴파일되어 인터프리터를 생성함) 등을 발견할 수 있을 것이다.

요즘에는 리눅스에서 파이썬이 표준이지만, 웹에서 리눅스를 위한 RPM을 받을 수도 있다(rpm을 활용하여 푼다). 파이썬 웹 사이트는 다른 플랫폼을 위한 버전을 관리하는 페이지로의 링크도(https://www.python.org) 내부 또는 외부 사이트 포함) 제공하고 있다. 예를 들어, 구글 안드로이드를 위한 제3자 파이썬 설치파일이나 애플 iOS에 파이썬을 설치하는 앱을 찾을 수 있다.

구글 웹 검색은 파이썬 설치 패키지를 찾는 또 다른 훌륭한 방법이다. 다른 플랫폼 중 아이팟(iPod), 팜 PC, 노키아 휴대폰, 플레이스테이션, PSP, 솔라리스(Solaris), AS/400, 윈도우 모바일 등을 위한 딕셔너리에 빌드된 파이썬을 찾을 수 있다. 이 중 몇몇은 제품 커브가 하향세로 들어서면서 릴리즈가 드물긴 하겠지만 말이다.

만약 윈도우 머신에 유닉스 환경을 구축하고자 한다면, Cygwin을 설치하고서 Cygwin용 파이썬을 설치할 수도 있다(http://www.cygwin.com 참조). Cygwin은 GPL 라이선스의 라이브러리와 도구로 윈도우 머신에서 모든 유닉스 기능을 제공하며, 제공하는 모든 유닉스 도구를 사용하는 딕셔너리에 빌드된 파이썬을 포함하고 있다.

파이썬은 리눅스 **배포판**이나 일부 제품, 컴퓨터 시스템 또는 몇몇 다른 파이썬 책의 부록으로 제공되는 CD-ROM 등에서 찾아볼 수 있다. 이는 현재 릴리즈보다 이전 버전일 경우가 많으나, 그리 심하게 오래되지는 않았을 것이다.

또한, 파이썬은 일부 무료 또는 상업용 개발 도구에서도 찾아볼 수 있다. 이 글을 쓰는 시점에는 다음과 같은 **배포판**이 존재한다.

ActiveState ActivePython[2]

파이썬과 과학 컴퓨팅, 윈도우 또는 다른 개발 요건을 위한 확장 프로그램과 결합한 패키지로 PyWin32, PythonWin IDE를 포함하고 있다.

Enthought Python Distribution[3]

파이썬과 과학 컴퓨팅 요건에 맞춘 다수의 추가 라이브러리와 도구들의 결합물이다.

---

2 옮긴이 ActivePython은 2018년 1월 현재 2.7.14, 3.5.4, 3.6.0 버전을 다운로드할 수 있다.

3 옮긴이 Enthought Python Distribution은 2018년 1월 현재 1.9.0 버전을 다운로드할 수 있다.

Portable Python[4]

휴대용 기기에서 직접 실행이 가능하도록 구성된 파이썬과 추가 패키지의 결합물이다.

Pythonxy[5]

Qt와 Spyder 기반의 과학 컴퓨팅을 지향하는 파이썬이다.

Conceptive Python SDK[6]

기업용, 데스크톱용, 데이터베이스용 애플리케이션을 목적으로 하는 번들이다.

PyIMSL Studio[7]

수치 해석을 위한 상업용 배포판이다.

Anaconda Python[8]

대용량 데이터 셋을 분석하고 시각화하기 위한 배포판이다.

이 내용은 언제든 변경될 여지가 있으므로, 위에 언급한 내용의 상세나 다른 배포판에 대해서는 웹에서 검색해 보는 것이 좋다. 이 중 일부는 무료지만 아닌 것들도 있으며, 무료와 유료 버전 둘을 모두 가지고 있는 것들도 있다. 앞에서 나열한 모든 배포판들은 https://www.python.org에서 무료로 다운로드할 수 있는 표준 파이썬에 추가 도구들을 조합한 것이므로 도구들을 추가 설치하는 절차를 단순화할 수 있다.

마지막으로 만약 대안적인 파이썬 구현에 관심이 있다면, 웹에서 Jython(파이썬을 자바 환경에 포팅)[9]과 IronPython(C#/.NET을 위한 파이썬)[10]에 대하여 검색해 보기 바란다. 이 둘에 대하여 2장에서 서술한 바 있다. 이들 시스템의 설치는 이 책에서는 논외로 한다.

설치 단계

일단 파이썬을 다운로드했으면 설치를 해야 한다. 설치 단계는 플랫폼에 따라 매우 다르기 때문에 주요 파이썬 플랫폼에 대한 몇 가지 주의 사항을 여기에 정리하였다(윈도우 위주로 소개하는 이유는 대부분의 파이썬 입문자들이 처음으로 언어를 접하는 플랫폼이기 때문이다).

---

4 옮긴이 Portable Python은 2018년 1월 현재 개발이 중단되었다.

5 옮긴이 Python(x,y)는 2015년 이후로 업데이트가 되지 않고 있으며, 2.7.10.0 이 가장 최신 버전이다.

6 옮긴이 Conceptive Python SDK는 2018년 1월 현재 웹 사이트에서 구매가 가능하지만, python 2.7.2 버전만을 지원한다.

7 옮긴이 pyIMSL Studio는 2018년 1월 현재 웹 사이트에서 몇 가지 인증 절차를 거쳐 Python Wrapper를 다운로드할 수 있다.

8 옮긴이 Anaconda Python은 2018년 1월 현재 python 3.6.4에 대응하는 버전을 다운로드할 수 있다.

9 옮긴이 Jython은 2015년에 2.7.0이 릴리즈된 이후 업데이트되지 않고 있다.

10 옮긴이 IronPython은 2016년 12월 이후 릴리즈되고 있지 않으며, 2.7.7이 가장 최신 버전이다.

윈도우

윈도우(XP, 비스타, 7, 8, 10을 포함하여)의 경우, 파이썬은 **자동 실행기인 MSI 프로그램 파일**로 제공되기 때문에 단순히 파일 아이콘을 더블 클릭하고, 기본 설치를 위해서는 모든 프롬프트에 '예'와 '다음'을 클릭하면 된다. 기본 설치에는 파이썬의 다큐멘테이션 세트가 포함되어 있고 tkinter(파이썬 2.X에서는 Tkinter) GUI, shelve 데이터베이스, IDLE 개발 GUI를 지원한다. 파이썬 3.3과 2.7은 보통 **C:\Python33**과 **C:\Python27** 디렉터리에 설치되며[11], 다른 디렉터리에 설치하기 원한다면 설치 시 변경할 수 있다.

편의성을 위해 윈도우 7과 이전 버전에서 파이썬은 설치 후 시작 => 모든 프로그램 메뉴에서 확인이 가능하다. 파이썬 메뉴에는 보편적인 작업에 **빠르게** 접근할 수 있도록 다섯 개의 항목이 있다. IDLE 사용자 인터페이스 시작하기, 모듈 다큐멘테이션 읽기, 대화형 세션 시작하기, 파이썬 표준 매뉴얼 읽기, 프로그램 제거하기가 그것이다. 이 중 대부분은 이 글의 다른 곳에서 세부적으로 다룰 개념과 관련이 있다.

윈도우에 설치되면 파이썬은 자동적으로 **파일명 연결**을 사용하여 자신을 파이썬 파일 아이콘을 클릭하면 해당 파일을 여는 프로그램으로 등록한다(프로그램 런치 기법은 3장에서 설명하였다). 윈도우에서 파이썬 소스 코드로 파이썬을 빌드할 수도 있지만, 보통은 이 방법을 사용하지 않기 때문에 여기에서는 다루지 않는다(python.org 참조).

윈도우 사용자를 위한 설치 관련 추가 내용으로는 세 가지가 있다. 첫째, 3.3에 탑재된 새로운 **윈도우 런처**(Windows launcher)에 대하여 소개하는 다음 부록을 반드시 확인해야 한다. 설치, 파일 연계, 명령 라인 관련 몇 가지 규칙이 바뀌지만, 만약 한 컴퓨터에 여러 파이썬 버전을 가지고 있다면(일례로 2.X와 3.X를 모두 가지고 있다면) 자산이 될 수 있다. 부록 B에 의하면 파이썬 3.3의 MSI 설치 파일 또한 PATH 변수에 파이썬 디렉터리를 포함하도록 설정하는 옵션을 가지고 있다.

두 번째로, **윈도우 비스타 사용자**는 보안 관련 특성으로 인해 설치상의 이슈에 맞닥뜨릴 수 있다. 이는 시간이 지나면서 해결이 된 듯하지만(비스타는 요새 상대적으로 사용하는 사람이 드물다), 만약 MSI 설치 파일을 직접 실행한다면 역시나 제대로 실행되지 않을 것이다. 이는 MSI 파일이 실제로 실행 가능한 형태가 아니고 정확하게 관리자 권한을 상속받은 것이 아니기 때문이다(레지스트리로 실행된다). 이 문제를 해결하기 위해서 적절한 권한을 가

---

11 [옮긴이] 이 책이 집필될 시점에 파이썬의 최신 버전은 3.3이었으나, 2018년 1월 현재 최신 버전은 3.6이다. 만약 독자가 설치한 버전이 python 3.6이라면, 이 경로는 C:\python36이 된다. 이 책에서는 원서의 표기에 따라 그대로 C:\python33으로 표기하지만, 독자가 설치한 버전에 따라 알맞은 경로로 입력하도록 하자.

지고 명령 라인에서 설치 파일을 실행하면 된다. 명령 프롬프트를 선택하고, '관리자 권한으로 실행(Run as administrator)'을 선택하고, 파이썬 MSI 파일이 위치한 디렉터리로 이동(cd)한 뒤, MSI 설치 파일에 다음과 같은 명령 라인을 이용하여 실행하면 된다. msiexec /i python-2.5.1.msi 명령을 실행하여 설치할 수 있다.

리눅스

리눅스의 경우 파이썬 또는 여러분이 원하는 다른 변형된 도구가 이미 존재하지 않는다면, 아마도 그에 대한 하나 또는 그 이상의 RPM 파일을 얻을 수 있다. RPM 파일은 일반적인 방식(자세한 내용은 RPM manpage를 참조할 것)으로 풀면 된다. 어떤 RPM을 다운로드했는지에 따라 파이썬 자체만 들어 있거나, tkinter GUI와 IDLE 환경을 추가적으로 지원하는 도구가 포함되어 있기도 하다. 리눅스는 유닉스와 유사한 시스템이므로 다음의 유닉스 관련 내용도 동일하게 적용할 수 있다.

유닉스

유닉스 시스템에서 파이썬은 보통 완전한 C 소스 코드 배포판을 컴파일하여 설치한다. 이는 일반적으로 파일을 풀고, 간단하게 config와 make 명령어를 실행시키면 된다. 파이썬은 자동적으로 컴파일될 시스템에 따라, 자신의 빌드 프로시저를 설정한다. 그러나 이 절차의 더 자세한 내용은 패키지의 README 파일을 참조하는 것이 좋다. 파이썬은 오픈 소스이므로 소스 코드는 무료로 배포하고 사용할 수 있을 것이다.

다른 플랫폼에서는 설치 관련 세부 작업이 크게 다를 수 있다. 하지만 보통은 각 플랫폼이 가지고 있는 보편적인 규칙에 따른다. 예를 들어, 팜 OS를 위하여 파이썬을 포팅한 'Pippy'를 설치하기 위해서는 여러분의 PDA와 호스트 동기화(hostsync) 작업을 해야 한다. Sharp Zaurus 리눅스 기반의 PDA를 위한 파이썬에서는 하나 또는 그 이상의 .ipk 파일이 필요하다. 설치를 위해서는 단순히 이 파일을 실행시키면 된다(여전히 설치 가능하겠지만, 요새는 이들 단말기를 찾는 것 자체가 도전적인 일일 것이다).

좀 더 최근에는 안드로이드와 iOS 플랫폼에서도 파이썬을 설치하고 사용할 수 있다. 하지만 설치와 활용 기법이 플랫폼에 지나치게 특화되어 있어, 여기에서는 다루지 않기로 한다. 추가적인 설치 절차와 최신 포팅 버전에 대해서는 파이썬 웹 사이트나 웹 검색을 통하여 확인해 볼 수 있다.

파이썬 환경 설정하기

파이썬 설치가 끝났으면, 파이썬이 코드를 실행하는 방식에 영향을 줄 수 있는 몇 가지 시스템 환경 설정이 필요할 수도 있다(이제 막 언어를 배우기 시작하였다면, 이 절은 완전히 건너뛰어도 된다. 일반적으로 기본 프로그램을 위해서 별도의 시스템 설정이 필요하지는 않다).

일반적으로 파이썬 인터프리터 행위의 일부분은 환경 변수 세팅과 명령 라인 옵션으로 설정할 수 있다. 이 절에서 우리는 이 둘에 대하여 간단히 살펴볼 것이다. 하지만 여기에서 소개하는 주제에 대하여 더 자세히 알아보고자 한다면 다른 관련 문서를 찾아보는 것이 좋다.

파이썬 환경 변수

환경 변수(혹자는 셸 변수나 DOS 변수로 알려진)는 파이썬 외부에 존재하는 시스템 범위의 설정으로, 해당 컴퓨터에서 실행될 때마다 일어나는 인터프리터 행위를 변경하기 위해 사용될 수 있다. 파이썬은 몇 안되는 환경 변수 세팅을 인지하지만, 여기에서의 설명을 보장하기에는 이 중 일부만으로도 충분하다. 표 A-1는 주요 파이썬 관련 환경 변수 세팅을 요약한 것이다(다른 정보는 파이썬 관련 자료에서 찾아볼 수 있을 것이다).

표 A-1 주요 환경 변수

변수	역할
PATH(또는 path)	시스템 셸 검색 경로('python' 검색 용도)
PYTHONPATH	파이썬 모듈 검색 경로(임포트용)
PYTHONSTARTUP	파이썬 대화형 스타트업 파일 경로
TCL_LIBRARY, TK_LIBRARY	GUI 확장 변수(tkinter)
PY_PYTHON, PY_PYTHON3, PY_PYTHON2	윈도우 런처 기본값(부록 B 참조)

이 변수들은 사용하기 간단하지만 몇 가지 주의 사항이 있다.

PATH

PATH 설정은 운영체제가 실행 가능한 프로그램을 전체 디렉터리 경로 없이 작동시킬 때, 해당 프로그램을 검색하는 디렉터리들을 나열한 것이다. 이는 보통 파이썬 인터프리터(유닉스의 파이썬 프로그램 또는 윈도우의 python.exe 파일)가 위치한 디렉터리를 포함해야 한다.

만약 여러분이 파이썬이 위치한 디렉터리에서 작업하거나 명령 라인에서 파이썬의 전체 경로를 입력한다면, 이 변수를 설정할 필요가 전혀 없다. 예를 들어, 윈도우에서 파이썬 코드를 실행하기 전에 무조건 cd C:\Python33(파이썬 실행 파일이 위치한 곳이다. 3장에서 설명했지만, 여기에 당신이 작성한 코드를 저장하는 것은 일반적으로 바람직하지 않다)을 실행하거나, 또는 항상 python 대신 C:\Python33\python으로 명령어를 입력한다면 PATH는 신경 쓸 필요가 없는 설정 변수다.

PATH 설정은 대체로 명령 라인에서 프로그램을 시작하기 위한 용도임을 주목할 필요가 있다. 이 설정은 일반적으로 아이콘 클릭이나 IDE를 통해 런칭하는 경우에는 상관없다. 전자는 파일명 연계를 사용하고, 후자는 내장된 메커니즘을 사용하며, 이들은 일반적으로 이러한 설정 단계가 필요 없다. 파이썬 3.3 설치 과정에서 PATH 환경 변수를 자동으로 설정하는 방법에 대해서는 부록 B를 참조하자.

PYTHONPATH

PYTHONPATH 설정은 PATH와 유사한 역할을 한다. 파이썬 인터프리터는 PYTHONPATH 변수를 통해 프로그램에 **임포트**할 모듈 파일의 위치를 찾는다. 이 변수를 사용하게 되면, 플랫폼에 따라 다른 디렉터리명의 리스트를 유닉스에서는 콜론으로, 윈도우에서는 세미콜론으로 구분하여 설정한다. 이 리스트는 일반적으로 여러분의 소스 코드 디렉터리만 포함하고 있다. 이 내용은 sys.path의 모듈 임포트 검색 경로에 스크립트 컨테이너 디렉터리, .pth 경로 파일 설정, 그리고 표준 라이브러리 디렉터리와 함께 통합된다.

만약 디렉터리 간 **임포트**를 수행하지 않는다면, 이 변수를 세팅할 필요가 없다. 파이썬은 항상 프로그램의 최상위 파일의 홈 디렉터리를 자동 검색하기 때문이다. 이 설정은 오직 모듈이 다른 디렉터리에 위치한 모듈을 임포트할 필요가 있을 때만 필요하다. PYTHONPATH 대안으로서의 .pth 경로 파일에 대한 논의는 이 부록의 후반부에서 다룰 예정이다. 모듈 검색 경로에 대한 더 많은 내용은 22장을 참조하면 된다.

PYTHONSTARTUP

PYTHONSTARTUP 이 파이썬 코드의 파일 경로명을 설정하게 되면, 파이썬은 여러분이 대화형 인터프리터를 시작할 때마다 (마치 여러분이 대화형 명령 라인에 그 코드를 입력한 것처럼) 자동으로 해당 파일의 코드를 실행한다. 이는 드물게 사용되지만, 만약 여러분이 대화형 작업을 수행할 때 특정 유틸리티가 항상 로딩되어 있어야 한다면 이 설정은 매우 유용한 방법이다. 이는 파이썬 세션을 시작할 때마다 임포트하는 수고를 덜어 준다.

tkinter 세팅

만약 tkinter GUI 툴킷(2.X에서는 Tkinter)을 사용하고자 한다면, 표 A-1의 마지막 줄의 두 가지 GUI 변수에 Tcl과 Tk 시스템의 소스 라이브러리 디렉터리명을 설정해야 할 것이다 (PYTHONPATH와 거의 유사). 하지만 이 설정은 윈도우 시스템에서는 tkinter가 파이썬과 함께 설치되기 때문에 필요 없다. 그리고 맥 OS X과 리눅스 시스템에서는 기반 Tcl과 Tk 라이브러리가 인식되지 않거나, 비표준 디렉터리에 위치하지 않는 한 필요 없다(자세한 내용은 python.org의 Download 페이지 참조).

PY_PYTHON, PY_PYTHON3, PY_PYTHON2

이 설정들은 여러분이 새로운 파이썬 3.3(이 책 집필 당시)에 탑재되어 있고 또는 다른 버전 용도로 별도로도 사용 가능한 윈도우 런처를 사용할 때, 기본 파이썬을 정하기 위해 사용한다. 런처에 대해서는 부록 B에서 다룰 예정이므로 더 자세한 내용은 여기서 다루지 않는다.

이런 환경 설정은 파이썬 자체에 포함되어 있는 것이 아니기 때문에 이것을 언제 설정하는가는 크게 중요하지 않다. 이 환경 설정은 파이썬 설치 전이나 설치 후에 모두 설정할 수 있으며, 파이썬을 실제로 실행할 때 여러분이 원하는 값으로 설정되기만 하면 된다. 이러한 환경 설정이 적용되기 위해서는 설정 후에 파이썬 IDE나 대화형 세션을 반드시 재시작해야 한다.

리눅스와 맥에서의 Tkinter와 IDLE GUI

3장에서 설명한 IDLE 인터페이스는 파이썬 tkinter GUI 프로그램이다. tkinter 모듈(2.X에서의 이름은 Tkinter다)은 윈도우에서 표준 파이썬을 설치하면 자동으로 함께 설치되는 GUI 툴킷이며, 맥 OS X과 대부분의 리눅스 설치에 내재된 부분이다.

일부 **리눅스** 시스템에서는 기반 GUI 라이브러리가 표준 설치 컴포넌트가 아닐 수도 있다. 리눅스에서 파이썬에 GUI 지원을 추가하기 위해서는, sudo yum install tkinter를 명령 라인에서 실행하여 자동으로 tkinter의 기반 라이브러리를 설치하면 된다. 이 방식은 **yum** 설치 프로그램을 이용할 수 있는 리눅스 배포판(과 일부 다른 시스템)에서는 동작해야 한다. 다른 시스템 관련해서는 각자 플랫폼에 대한 설치 가이드를 참조하면 된다.[12]

아울러 3장에서 논의했듯이, **맥 OS X**에서 IDLE은 아마도 여러분의 **응용 프로그램** 폴더 아래의 **MacPython**(또는 **Python N.M**) 폴더에 있을 것이다. 그러나 만약 IDLE에 문제가 있다면, python.org의 다운로드 페이지를 반드시 확인해 보아야 한다. 일부 OS X 버전에서는 업데이트를 설치해야 할 수도 있다(3장 참조)

---

12 옮긴이 Ubuntu에서는 sudo apt-get install python3-tk 명령을 실행하여 설치할 수 있다.

설정 옵션 지정 방법

파이썬 관련 환경 변수를 설정하는 방법과 환경 변수에 무엇을 설정할 것인가는 여러분이 작업할 컴퓨터의 유형에 따라 달라진다. 다시 말하지만, 환경 설정을 당장 해야 할 필요는 없다는 것을 기억하자. 특히 여러분이 IDLE(3장 참조)에서 작업하고 모든 파일을 동일한 디렉터리에 저장한다면, 환경 설정은 아마 필요 없을 것이다.

하지만 설명을 위해 여러분 컴퓨터 어딘가에 utilities와 package1이라 불리는 디렉터리에 일반적으로 유용한 모듈 파일을 가지고 있고, 이 모듈들을 다른 디렉터리에 위치한 파일로부터 임포트하고자 한다고 가정해 보자. 말하자면 spam.py라는 파일을 utilities나 package1 디렉터리에서 로드한다는 것은, 임의 경로에 있는 임의 파일에서 다음과 같은 임포트 구문을 사용할 수 있다는 뜻이다.

```
import spam
```

이 문장이 제대로 동작하려면, 어떻게 해서든 모듈 검색 경로에 spam.py가 포함된 디렉터리를 포함되도록 설정해야 할 것이다. 여기에 일례로, PYTHONPATH를 활용하는 설정하는 방법 대한 몇 가지 팁이 있다. 필요에 따라 PATH와 같은 다른 환경 설정에서도 동일하게 설정하면 된다(3.3에서는 PATH를 자동으로 설정할 수 있다. 부록 B 참조).

유닉스/리눅스 셸 변수

유닉스 시스템에서 환경 변수를 설정하는 방법은 여러분이 사용하는 셸에 따라 다르다. csh 셸을 사용한다면, 여러분의 .cshrc 또는 .login 파일에 다음과 같은 줄을 추가하여 파이썬의 모듈 검색 경로를 설정할 것이다.

```
setenv PYTHONPATH /usr/home/pycode/utilities:/usr/lib/pycode/package1
```

이는 파이썬에게 임포트될 모듈을 두 개의 사용자 정의 디렉터리에서 찾아보라고 말한다. 그 대신에 ksh를 사용한다면, 환경 설정을 위해 .kshrc 파일에 다음과 같은 줄이 등장할 것이다.

```
export PYTHONPATH="/usr/home/pycode/utilities:/usr/lib/pycode/package1"
```

다른 셸들은 다른(하지만 유사한) 구문을 사용할 것이다.

DOS 변수(와 구 윈도우 버전)

만약 여러분이 MS-DOS를 사용하거나 꽤 오래 전에 나온 윈도우 버전을 사용한다면, 환경 변수 설정 명령을 C:\autoexec.bat 파일에 추가하고 변경 사항이 반영될 수 있도록 컴퓨터를 리부팅해야 할 것이다. 이런 컴퓨터에서의 환경 설정 명령은 DOS 고유의 구문을 갖는다.

```
set PYTHONPATH=c:\pycode\utilities;d:\pycode\package1
```

이러한 명령어를 DOS 콘솔 창에서 타이핑할 수도 있지만, 이 경우 그 환경 설정은 해당 콘솔 창에 대해서만 유효하다. .bat 파일을 변경해야 이런 변경 사항이 영구적이며, 모든 프로그램에 공통으로 적용될 수 있다. 이런 기법은 근래에는 다음 절에서 다루는 기법에 의해 대체되고 있다.

윈도우 환경 변수 GUI

최근 윈도우 버전(XP, 비스타, 7, 8 등)에서는 PYTHONPATH 및 다른 변수에 대해 파일을 편집하고 명령 라인에 입력하고 리부팅하는 과정 대신에, 시스템 환경 변수 GUI를 통해 설정할 수 있다. 제어판을 선택하고(윈도우 7과 그 이전 버전에서 시작 버튼에 있음) 시스템 아이콘 선택, 고급 시스템 설정 탭이나 링크로 들어간 뒤, 하단의 환경 변수 버튼을 클릭하면 새로운 변수를 추가하거나 편집할 수 있다(PYTHONPATH은 보통 새로 사용자가 추가하는 변수임). 이전 절의 DOS set 명령어와 동일한 변수명과 값을 이용하여 설정하면 된다. 비스타에서는 모든 작업 단계별로 확인 작업을 거쳐야 할 수도 있다.

이 설정 과정을 마친 후, 컴퓨터를 재시작할 필요는 없으나, 변수 변경 작업을 파이썬이 열려 있는 상태에서 했다면 반드시 파이썬을 재시작해야 한다. 파이썬은 시작 시점에 한 번, 임포트 검색 경로를 설정하기 때문이다. 윈도우 명령 프롬프트 창을 사용한다면, 변경 사항 적용을 위해서는 동일하게 명령 프롬프트 창을 재시작해야 할 것이다.

윈도우 레지스트리

능숙한 윈도우 사용자라면 레지스트리 편집기를 이용하여 모듈 검색 경로를 설정할 수 있을지도 모른다. 이 도구를 열기 위해서 일부 윈도우에서는 regedit를 시작 ➡ 실행에서 입력한다. 윈도우 7과 10에서는 하단의 시작 버튼 내 메뉴 하단의 검색 필드에 입력하고, 윈도우 8에서는 명령 프롬프트 창에서 입력하면 된다. 일반적인 레지스트리 도구를 사용할 수 있는 컴퓨터라면, 파이썬에 관련된 항목들을 찾아 변경할 수 있다. 만약 레지스트리를 다루는 데 서툰 사용자라면, 레지스트리를 직접 수정하는 일은 조심스럽고 에러가 발생할 가능성이 높은 작업이기 때문에 다른 방식을 사용하기를 권한다(이 일은 여러분 컴퓨터의 뇌를 수술하는 것과 마찬가지다. 조심해서 다루도록!).

경로 파일

모듈 검색 경로는 PYTHONPATH 변수 대신 .pth 경로(path) 파일로 확장할 수도 있는데, 이 경우에는 윈도우에서 text 파일에 다음과 같은 코드를 입력하고 경로 파일로 저장하면 된다(예 파일명 C\Python33\mypath.pth).

```
c:\pycode\utilities
d:\pycode\package1
```

내용은 플랫폼에 따라 다르며, 디렉터리는 플랫폼과 파이썬 버전에 따라 달라진다. 이 파일은 파이썬이 처음 시작할 때 자동으로 찾게 되어 있다.

경로 파일의 디렉터리명은 절대 경로로 작성하거나, 해당하는 파일이 위치한 디렉터리를 기준으로 한 상대 경로로 작성할 수 있다. 여러 개의 .pth 파일을 사용할 수도 있으며(그 파일들의 모든 디렉터리가 추가된다), .pth 파일은 자동으로 검증된 디렉터리라면 어디에서라도 등장할 수 있다. 이 디렉터리들은 플랫폼과 버전에 특화되어 있다. 보통 파이썬 N.M으로 번호가 붙은 파이썬 버전은 윈도우의 경우 C:\PyrkhonNM과 C:\PythonNM\lib\site-package에서, 유닉스와 리눅스의 경우는/usr/local/lib/pythonN.M/site-packeages와 /usr/local/lib/site-python에서 경로 파일을 주로 찾게 된다. 22장에서 경로 파일을 활용하여 sys.path 임포트 검색 경로를 설정하는 방법에 대해 더 많은 내용을 확인할 수 있다.

환경 설정은 선택 사항인데다 이 책이 운영체제 셸에 대한 책이 아니므로, 더 자세한 내용은 여기에서 다루지 않도록 하겠다. 더 자세한 내용은 여러분 시스템의 셸 매뉴얼이나 관련 문서를 참조하고 만약 환경 설정 과정에 문제에 봉착했다면, 시스템 관리자 또는 가까운 전문가에게 도움을 청하는 것이 좋다.

파이썬 명령 라인 인수

파이썬을 시스템 명령 라인(셸 프롬프트 또는 명령 프롬프트 창)으로 시작할 때, 파이썬이 코드를 어떻게 실행할 것인지에 대한 제어할 수 있도록 다양한 옵션 플래그를 전달할 수 있다. 이전에 다룬 내용이 시스템 전반에 영향을 미치는 환경 변수에 대한 것이라면, 명령 라인 인수는 스크립트를 실행시킬 때마다 달라질 수 있다. 3.3에서의 파이썬 명령 라인 호출의 전체 형태는 다음과 같다(2.7은 앞서 말한 몇 가지 차이점을 제외하고는 거의 유사하다).

```
python [-bBdEhiOqsSuvVWxX] [-c command | -m module-name | script | - ] [args]
```

이 절에서는 파이썬에서 가장 보편적으로 사용되는 인수들에 대하여 간단히 설명하려고 한다. 명령 라인 옵션에 대한 더 자세한 내용은 여기에서 다루지 않으므로 파이썬 매뉴얼 또는 참조 자료를 활용하기 바란다. 아니, 더 나은 방법은 파이썬 자체에 질문하는 것이다. 다음 명령어를 실행시켜보자.

```
C:\code> python -h
```

파이썬 도움말 화면이 뜨고 가능한 모든 명령어 옵션에 대한 설명을 확인할 수 있다. 복잡한 명령어를 다뤄야 한다면, 이 영역에서 표준 라이브러리 모듈인지에 대하여 반드시 확인하여야 한다. 보다 복잡한 명령어 처리 지원을 위해 기존 버전의 getop와 신생 argparse, 그리고 3.2 이후로는 사라진 optparse를 사용할 수 있다. 또한, 파이썬 라이브러리 매뉴얼과 다른 참조 자료에서 pdb와 profile 모듈에 대하여 확인할 수 있다.

인수를 사용하여 스크립트 파일 실행하기

대부분의 명령 라인은 바로 전 단락에서 보여 준 파이썬 명령 라인 형태에서 script와 args만을 사용하여 프로그램 소스 파일을 해당 프로그램에서 사용할 인수와 함께 실행한다. 설명을 위해 다음 스크립트(showargs.py라는 이름의 텍스트 파일로, C\code 또는 여러분이 선택한 다른 디렉터리에 생성된다)를 생각해 보자. 이 스크립트는 파이썬 문자열의 리스트인 sys.argv처럼 스크립트에서 사용 가능한 명령 라인 인수를 출력한다(파이썬 스크립트 파일을 생성하거나 실행하는 방법을 아직 모른다면 2, 3장을 참조하면 된다. 여기에서 우리는 명령 라인 인수에 대해서만 다룰 것이다).

```
# showargs.py 파일
import sys
print(sys.args)
```

다음 명령 라인에서 python과 showargs.py는 절대 디렉터리 경로로 써줄 수도 있다. 전자는 PATH 의 경로에 있다고 가정하는 것이며, 후자는 현재 디렉터리에 스크립트 파일이 있음을 가정하고 있다. 스크립트를 위한 세 개의 인수(a b –c)가 sys.argv 리스트에 등장하고 여러분의 스크립트 코드에서 점검할 수 있다. sys.argv의 첫 번째 항목은 스크립트 파일명이 등장한다면, 항상 스크립트 파일명이다.

```
C:\code> python showargs.py a b -c        # 가장 일반적: 스크립트 파일 실행하기
['showargs.py', 'a', 'b', '-c']
```

이 책의 다른 부분에서 다루었듯이 파이썬의 리스트는 [대괄호]로, 문자열은 '작은 따옴표'로 출력한다.

주어진 인수와 표준 입력으로 코드 실행하기

다른 코드 형태 사양 옵션으로는 파이썬 코드를 명령 라인 자체에서 실행하거나(-c), 표준 입력 스트림으로부터 실행시킬 코드를 받는 방법이 있다. – 기호는 파이프 또는 리다이렉트된 입력 스트림 파일에서 읽는 것을 의미한다. 이 용어들은 이 책의 다른 부분에서도 정의되어 있다.

```
C:\code> python -c "print (2 ** 100)"      # 명령어 인수로부터 코드를 읽어 들임
1267650600228229401496703205376

C:\code> python -c "import showargs"        # 이 코드를 실행하기 위해 파일을 임포트함
['-c']

C:\code> python - < showargs.py a b -c      # 표준 입력값으로부터 코드 읽어 들임
['-', 'a', 'b', '-c']

C:\code> python - a b -c < showargs.py      # 이전 라인과 동일한 결과를 출력함
['-', 'a', 'b', '-c']
```

검색 경로에서 모듈 실행하기

-m 옵션은 파이썬 모듈 검색 경로에서 모듈을 찾고, 최상위 레벨 스크립트로(모듈 __main__ 처럼) 실행시킨다. 즉, 이 옵션은 스크립트를 임포트할 때와 동일한 방식으로 검색한다. 일반적으로 sys.path로 알려진 디렉터리 리스트를 검색하게 되는데, 이 리스트에는 현재 디렉터리, PYTHONPATH에 설정된 디렉터리, 표준 라이브러리를 포함하고 있다. 여기에서는 '.py' 접미

사는 빼고 써야 하는데, 이는 파일명을 모듈로 취급하기 때문이다.

```
C:\code> python-m showargs a b -c          # 모듈을 스크립트처럼 찾고 실행시킴
['c:\\code\\showargs.py', 'a', 'b', '-c']
```

-m 옵션은 실행 도구들과, 상대적 임포트 구문의 사용 여부와 상관없이 패키지에 있는 모듈, .zip 압축 파일 내에 위치한 모듈을 모두 지원한다. 예를 들어, 이 옵션은 대화형 세션보다는 스크립트를 호출하는 명령 라인에서 pdb 디버거와 profile 프로파일러 모듈을 실행시킬 때 더 널리 사용되는 방법이다.

```
C:code> python                             # 대화형 디버거 세션
>>> import pdb
>>> pdb.run('import showargs')
...뒷부분 생략: pdb 문서 참조

C:\code> python -m pdb showargs.py a b -c   # 스크립트 디버깅(c=continue)
> C:\code\showargs.py(2)<module>()
-> import sys
(Pdb) c
['showargs.py', 'a', 'b', '-c']
...뒷부분 생략. 종료하려면 q 입력
```

프로파일러는 여러분이 작성한 코드를 실행하고 실행 시간을 측정한다. 결과물은 파이썬, 운영체제, 컴퓨터 사양에 따라 다르게 나타날 수 있다.

```
C:\code> python -m profile showargs.py a b -c      # 스크립트 프로파일링하기
['showargs.py', 'a', 'b', '-c']
         9 function calls in 0.016 seconds

   Ordered by: standard name

   ncalls  tottime  percall  cumtime  percall  filename:lineno(function)
        2    0.000    0.000    0.000    0.000  :0(charmap_encode)
        1    0.000    0.000    0.000    0.000  :0(exec)
...뒷부분 생략. profile 문서 참조
```

-m 스위치를 이용해 표준 라이브러리에 위치한 IDLE GUI(3장에서 설명) 프로그램을 실행할 수 있다. 또한, 15장과 21장에서 했던 대로 명령줄에서 pydoc과 timeit 도구 모듈을 실행할 수도 있다(여기에서 실행한 도구들에 대한 자세한 설명은 각 장을 참조하면 된다).

```
c:\code> python -m idlelib.idle -n        # 패키지에서 IDLE 실행. 서브프로세스가 아님

c:\code> python -m pydoc -b               # pydoc과 timeit 도구 모듈 실행

c:\code> python -m timeit -n 1000 -r 3 -s "L=[1,2,3,4,5]" "M=[X+1 for x in L]"
```

최적화와 비버퍼 모드

파이썬은 'python' 바로 다음, 그리고 실행될 코드 지명 전에 추가 인수를 받아 자신의 행위를 제어한다. 이러한 변수들은 파이썬 자체가 받게 되는 것으로, 실행될 스크립트를 위한 것이 아니다. 예를 들어 -0은 파이썬을 최적화 모드에서 실행하게 하고, -u는 표준 스트림을 버퍼 없이 관리하도록 한다. 후자를 사용하면 어떤 출력된 텍스트라도 즉시 종료되고, 버퍼에서 딜레이되지 않는다.

```
C:\code> python -0 showargs.py a b -c      # 최적화: "pyo" 바이트 코드를 만들고 실행

C:\code> python -u showargs.py a b -c      # 비버퍼 방식의 표준 출력 스트림
```

실행 후 대화형 모드

마지막으로 -i 플래그는 스크립트 실행 후, 대화형 모드로 진입하게 된다. 특히 디버깅 도구에서 유용한데, 스크립트가 성공적으로 실행된 후 자세한 내용 확인을 위해 변수들의 최종 값을 출력할 수 있다.

```
C:\code> python -i showargs.py a b -c      # 스크립트 실행 후, 대화형 모드로 전환
['showargs.py', 'a', 'b', '-c']
>>> sys                                    # 임포트된 모듈인 sys의 최종 값
<module 'sys' (built-in)>
>>> ^z
```

또한 디버그 모드로 실행하지 않았더라도 스크립트가 예외가 발생하여 종료되었다면, 예외 발생 시점에 변수들은 어떤 값을 가지고 있는지 확인하기 위해 같은 방법으로 변수들을 출력할 수 있다. 물론, 디버거의 사후 도구를 여기에서 시작해도 된다(type은 윈도우에서 사용하는 파일 표시 명령어다. 다른 운영체제라면 cat이나 다른 명령어를 사용해야 한다).

```
C:\code> type divbad.py
X = 0
print(1 / X)

C:\code> python divbad.py                    # 버그 있는 스크립트를 실행
...오류 텍스트 생략
ZeroDivisionError: division by zero

C:\code> python -i divbad.py                 # 오류 시, 변숫값 출력
...오류 텍스트 생략
ZeroDivisionError: division by zero
>>> X
0
>>> import pdb                               # 전체 디버거 세션 시작
>>> pdb.pm()
> C:\code\divbad.py(2)<module>()
-> print(1 / X)
(Pdb) quit
```

파이썬 2.X 명령 라인 인수

이미 언급한 내용을 제외하고 파이썬 2.7은 3.X와의 호환성을 위해 추가 옵션을 지원하며(-3은 비호환성에 대해 경고하며, -Q는 나눗셈 연산자 모델을 제어한다), 일관되지 않은 들여쓰기된 부분에 대하여 탐지한다(3.X에서는 항상 감지/리포팅되는 부분이지만 2.X에서는 -t 옵션을 사용한다. 12장 참조). 이미 이야기했듯이, 이 주제에 대하여 더 궁금한 내용이 있다면 파이썬 2.X 자체에 질문할 수 있다.

```
C:\code> py -2 -h
```

파이썬 3.6 윈도우 런처 명령 라인

엄밀히 말하면, 이전 절에서는 파이썬 인터프리터 자체에 전달할 수 있는 인수에 대하여 설명하였다. 프로그램은 일반적으로 윈도우에서는 python.exe 이름을 가지고 있으며, 리눅스에서는 python이 그 이름이다(윈도우에서는 .exe가 일반적으로 생략된다). 다음 부록에서 보게 되겠지만, 윈도우 런처는 파이썬 3.6 그리고 이후 버전에 탑재되어 기능을 보강하거나 또는 독자적인 런처 패키지로 제공되기도 한다. 이는 파이썬과 스크립트를 시작하기 위해 사용되는 명령 라인에서 파이썬 버전 정보를 인수로 받아들이는 새로운 실행 프로그램을 추가한다(파일 what.py는 다음 부록에서 설명되어 있으며, 단지 파이썬 버전 번호를 출력한다).

```
C:\code> py what.py                    # 윈도우 런처 명령 라인
3.6.0

C:\code> py -2 what.py                  # 버전 번호 전환
2.7.3

C:\code> py -3.6 -i what.py -a -b -c    # py, python, 스크립트 모두를 위한 인수
3.6.0
>>> ^z
```

실제로, 앞 예제에서 마지막 실행에서와 같이 런처를 사용하는 명령 라인은 런처 자신이 사용할 인수(-3.6), 파이썬 자체가 사용할 인수(-i), 그리고 스크립트에서 사용할 인수(-a, -b, -c)를 모두 줄 수 있다. 런처는 또한 버전 번호를 스크립트 파일 가장 위에 #! 유닉스 라인에서부터 파싱할 수도 있다. 다음 부록에서 이 런처에 대하여 모두 다룰 예정이므로 나머지 내용은 다음 부록을 참조하는 것이 좋다.

더 많은 도움말

파이썬의 표준 매뉴얼 세트는 다양한 플랫폼에서 활용할 수 있는 팁을 제공한다. 표준 매뉴얼 세트는 윈도우 7 또는 이전 버전에서는 파이썬이 설치된 후 시작 버튼에서 확인할 수 있으며('Python Manuals'), 온라인으로는 https://www.python.org에서도 확인 가능하다. 매뉴얼 세트의 최상위 레벨의 절 중 'Using Python'을 보면 플랫폼에 특화된 도움말과 힌트를 확인할 수 있다. 여기에서 또한 최신의 플랫폼 간 연동 환경과 명령 라인의 세부 내용에 대하여서도 찾아볼 수 있다.

늘 그렇듯이 웹은 여러분의 조력자다. 특히 책이 업데이트되는 것보다 빠르게 진화하는 영역에 대해서는 더욱 그렇다. 파이썬이 널리 알려지거나 사용되고 있으므로 더 높은 수준의 활용 사례에 관련된 질문에 대한 대답을 웹에서 쉽게 찾을 수 있을 것이다.

B

파이썬 3.6 윈도우 런처

이 부록에서는 파이썬의 새로운 윈도우 런처에 대하여 살펴보겠다. 파이썬 3.6에서는 자동으로 설치되지만, 이전 버전에서 사용할 수 있도록 웹에서 별도 패키지로 제공하고 있다. 비록 새로운 런처에는 잠재적 위험 요소가 있기도 하지만, 여러 파이썬이 공존하고 있는 컴퓨터에서 프로그램을 실행할 때 꼭 필요한 일관성을 제공한다.

이 페이지는 윈도우에서 파이썬을 사용하는 프로그래머를 위하여 작성하였다. 이는 근본적으로 플랫폼 특화된 영역이지만, 파이썬 입문자(이들 대부분은 윈도우에서 시작한다)와 윈도우와 유닉스 간 어디에서든 정상적으로 작동하는 코드를 작성하는 파이썬 개발자 모두를 대상으로 하는 도구다. 앞으로 살펴보겠지만, 새로운 런처는 윈도우에서 파이썬을 사용하거나 앞으로 사용하게 될 **모든 사람들**에게 영향을 끼칠 만큼 윈도우에서의 규칙을 근본적으로 바꾸었다.

유닉스가 남긴 유산

런처의 프로토콜을 제대로 이해하기 위해서는 짧은 역사 이야기로부터 시작해야 한다. 오래전 유닉스 개발자는 스크립트 코드 실행을 위한 프로그램을 지정할 수 있는 프로토콜을 고안했다. 유닉스 시스템에서 (리눅스와 맥 OS X을 포함하여) 스크립트 텍스트 파일의 첫 번째 줄이 #!로 시작한다면 이것은 특별한 의미를 가진다(종종 셔뱅(shebang)이라 불리는데, 바보 같은 표현이니 이 이름은 다시 언급하지 않겠다).

3장에서 이 주제에 대하여 간단히 다루었으나, 여기에서는 다른 관점에서 살펴보겠다. 유닉스 스크립트에서는 이 줄은 #! 다음에 코딩함으로써 나머지 스크립트의 내용을 실행할 프로그램을 지정한다. - #! 다음에 원하는 프로그램의 디렉터리 경로를 작성하거나, PATH 설정에 따라 대상을 검색하는 유닉스 유틸리티인 env를 호출하여 쓸 수 있다(PATH는 수정 가능한 시스템 환경 변수로 실행 파일을 검색할 디렉터리 리스트를 가지고 있다).

```
#!/usr/local/bin/python
...스크립트 코드 생략                    # 이 정해진 프로그램에서 실행

#!/usr/bin/env python
...스크립트 코드 생략                    # PATH에서 찾은 "python"으로 실행
```

이런 스크립트를 실행 가능하게 만들어(일례로, chmod +x script.py를 통해서) 명령 라인에서 단지 파일명만 입력하고도 실행시킬 수 있다. 가장 상위에 위치한 #!줄은 유닉스 셸에 파일의 나머지 코드를 실행시킬 프로그램을 알려 준다. 플랫폼의 설치 구조에 따라, #!줄에 명명된 python은 실제 실행 파일일 수도 있고, 다른 어딘가에 위치한 버전 특화된 실행 파일을 가리키는 심볼릭 링크일 수도 있다. 또한, 이 줄은 python3과 같이 특정 실행 파일을 명시적으로 명명할 수도 있다. 어느 방식이라도 #!줄, 심볼릭 링크 또는 PATH 설정을 변경함으로써, 유닉스 개발자는 스크립트를 적절한 파이썬으로 보낼 수 있다.

물론 이 중 어느 것도 윈도우 자체에는 적용되지 않는다. 윈도우에서는 #!줄이 아무 의미를 갖지 않는다. 파이썬 자체는 역사상 윈도우에서 이 줄이 등장하면 무시해 왔다(언어에서 '#'로 시작하면 주석을 의미한다). 여전히 파일별로 파이썬 실행 프로그램을 선택하는 것은 파이썬 2.X와 3.X가 함께 있는 컴퓨터에서는 강력한 특성이다. 많은 프로그래머들이 유닉스에로의 이식성을 위하여 #!줄을 코딩하는 것을 고려해 볼 때, 이 개념은 에뮬레이팅하기에 적합한 것으로 보인다.

윈도우가 남긴 유산

울타리 너머에서는 설치 모델이 매우 다르다. 과거에는(3.6 이전의 모든 파이썬에서는) 윈도우 인스톨러가 전역 윈도우 레지스트리를 변경하기 때문에 컴퓨터에 설치된 가장 최근 버전이 파이썬 파일을 클릭하거나, 명령 라인에서 직접 파일명을 실행할 때 파이썬 파일을 여는 버전이 된다.

일부 윈도우 사용자는 이 레지스트리를 제어판에서 기본 프로그램 설정으로 변경 가능한 파일명 **연계**로 알고 있기도 하다. 윈도우에서는 유닉스 스크립트에서처럼 실행 우선권을 가진 파일을 알려 줄 필요가 없다. 실제로, 윈도우에서는 그런 개념 자체가 존재하지 않으며, 파일명 연계와 명령어는 프로그램으로 파일을 실행하기에 충분하다.

이러한 설치 모델에서 만약 최근에 설치된 버전이 아닌 다른 버전으로 파일을 열고 싶다면, 원하는 파이썬의 전체 경로를 명령 라인에 주어서 실행하거나 파일명 연계를 원하는 버전으로 변경해 주어야 한다. 또한 PATH 설정을 통해 일반적인 python 명령 라인을 특정 파이썬으로 지정할 수 있으나, 파이썬이 이러한 설정을 하지 않기 때문에 그 변경 내역은 아이콘 클릭이나 다른 방식으로 시작하는 스크립트에는 반영되지 않는다.

이는 윈도우에서의 자연적인 순서를 반영하고 있으며(.doc 파일을 클릭하면, 윈도우는 보통 설치된 최신 워드 프로그램에서 파일을 연다), 윈도우용 파이썬이 생긴 이래로 지금까지 이어 온 상태다. 하나의 머신에 다른 버전들이 요구되는 파이썬 스크립트를 가진다는 것은 별로 이상적이지 않지만, 최근에는 파이썬 2.X와 3.X 듀얼 체제에서 이러한 상황이 점점 보편화되어 가고 있으며 심지어 일반적인 일이 되고 있다. 윈도우에서 3.6 이전 버전으로 다중 파이썬을 실행하는 것은 개발자에게는 지루한 일이고, 입문자에게는 맥 빠지게 하는 일일 수 있다.

새로운 윈도우 런처 소개

파이썬 3.6(그리고 아마도 그 이후 버전)에 탑재되어 자동으로 설치되거나 또는 다른 버전에서 사용할 수 있도록 독자적인 패키지로도 출시된 새로운 윈도우 런처는 두 개의 새로운 실행 프로그램을 제공함으로써 이전 설치 모델의 부족한 부분을 해결한다.

- py.exe: 콘솔 프로그램용
- pyw.exe: 콘솔이 아닌 (일반적으로 GUI) 프로그램용

이 두 프로그램은 각각 .py와 .pyw 파일을 열기 위해 윈도우 확장자 연결을 통해 등록된다. 파이썬의 원래 메인 프로그램인 python.exe와 같이(이 두 프로그램들이 반대하지는 않지만, 대체로 포함하는) 이 두 실행 프로그램 또한 바이트 코드 파일을 바로 시작할 수 있도록 등록된다. 이들의 무기 중 몇 가지를 정리하면, 이 두 실행 프로그램은 다음과 같은 성질을 갖는다.

- 윈도우 파일명 연계를 통해 아이콘 클릭이나 파일명 명령어로 시작된 파이썬 소스나 바이트 코드 파일을 자동으로 열 수 있다.
- 일반적으로 시스템 검색 경로에 설치되어, 명령 라인에서 사용하기 위해 별도의 디렉터리 경로나 PATH 설정을 할 필요가 없다.
- 스크립트나 대화형 세션을 시작할 때, 파이썬 버전이 명령 라인 인수로 쉽게 전달되도록 한다.
- 파일의 코드를 어느 파이썬 버전으로 실행할 것인지를 결정하기 위해 스크립트의 최상위에 있는 유닉스 스타일의 #! 주석을 파싱하는 것을 시도한다.

그 결과 새로운 런처에서는 윈도우에 여러 버전의 파이썬이 설치되어 있을 때, 설치된 최신 버전에 제약을 받거나 명령 라인에 명시적으로 전체 경로로 특정 버전을 지정할 필요가 없다. 대신 파일별 또는 명령어별로 명시적으로 버전을 선택할 수 있으며, 두 경우에 부분적으로 또는 전체 형태로 버전을 지정할 수 있다. 이는 다음과 같은 방식으로 동작한다.

1. 파일별 버전을 선택하려면 유닉스 스타일로 스크립트 상단에 다음과 같은 주석을 사용한다.

```
#! python2
#! /usr/bin/python2.7
#! /usr/bin/env python3
```

2. 명령어별 버전을 선택하려면 다음과 같은 형태의 명령 라인을 사용한다.

```
py -2 m.py
py -2.7 m.py
py -3 m.py
```

예를 들어, 이 기법 중 첫 번째는 스크립트가 의존하고 있는 파이썬 버전을 선언하기 위한 일종의 지시자로서의 역할을 할 수 있다. 이는 스크립트를 명령 라인 또는 아이콘 클릭 어느 것으로 실행하든 런처에 의해 적용된다(이는 script.py 파일의 변형이다).

```
#!python3
...
...a 3.X 스크립트                      # 3.X의 설치 버전 중 최신 버전으로 실행
...

#!python2
```

```
...
...a 2.X 스크립트              # 2.X의 설치 버전 중 최신 버전으로 실행
...

#!python2.6
...
...a 2.6 스크립트              # 오직 2.6 버전으로만 실행
...
```

윈도우에서 명령 라인은 명령 프롬프트 창에서 타이핑되며, 이 부록에서 C:\code> 프롬프트에 의해 지정된다. 다음 중 첫 번째 아이템은 파일명 연계로 인해 두 번째 아이템과 아이콘 클릭과 동일하다.

```
C:\code> script.py              # 파일당 #! 라인이 있다면 해당 버전으로, 아니면 기본 버전으로 실행
C:\code> py script.py           # 상동. 하지만 py.exe가 명시적으로 실행됨
```

또는 두 번째 기법으로 명령 라인에서 인수를 변경하여 버전을 선택할 수 있다.

```
C:\code> py -3 script.py        # 최신 3.X 버전으로 실행
C:\code> py -2 script.py        # 최신 2.X 버전으로 실행
C:\code> py -2.6 script.py      # 2.6 버전에서만 실행
```

이는 스크립트를 시작하거나 대화형 인터프리터(어떤 스크립트도 명명되지 않았을 때)를 시작할 때 적용된다.

```
C:\code> py -3                  # 최신 3.X 버전으로 시작. 대화형
C:\code> py -2                  # 최신 2.X 버전으로 시작. 대화형
C:\code> py -3.1                # 3.1 버전으로 시작. 대화형
C:\code> py                     # 기본 파이썬으로 시작(처음에 2.X: 다음 내용 참조)
```

만약 파일 내에 #! 라인이 있는데 이 파일을 시작하는 명령 라인에 다른 버전 번호가 있다면, 명령 라인의 버전 번호가 파일 내의 지시자보다 우선한다.

```
#! python3.2
...
...a 2.X 스크립트
...

C\code> py script.py            # 파일 내 명령어대로 3.2에서 실행
C\code> py -3.1 script.py       # 3.2가 있더라도 3.1에서 실행
```

런처는 또한 파이썬 버전이 누락되거나 일부만 기술되어 있을 때, 특정 파이썬 버전을 선택하기 위해 **발견법**(heuristics)을 적용한다. 예를 들어, 버전이 2로만 특정지어지면 최신의 2.X 버전이 실행되고, #! 라인에서 버전을 명명하지 않은 파일을 아이콘 클릭이나 일반적인 명칭의 명령 라인(⌘ py m.py, m.py)으로 시작하면 2.X로 실행이 된다. 이 대신 3.X로 실행이 되게 하려면, PY_ PYTHON이나 파일 엔트리 설정을 변경해야 한다(더 자세한 내용은 다음에 나올 내용 참조).

특히 현재의 2.X/3.X 듀얼 체제에서 명시적인 버전 선택은, 대부분의 입문자가 언어를 처음으로 접하게 되는 윈도우를 위한 유용한 추가 사항으로 볼 수 있다. 물론 여기에도 잠재적 위험 요소가 존재하는데, 인식할 수 없는 유닉스 #! 라인이나 기본 실행 버전인 2.X를 혼동하는 등의 문제가 이에 해당한다. 하지만 이는 한 머신에서 2.X와 3.X가 우아하게 공존할 수 있도록 하며, 명령 라인에서 버전을 합리적으로 제어할 수 있도록 해준다.

윈도우 런처에 대한 전체 이야기는 (여기에서는 압축 또는 생략한 고급 특성이나 활용 예시를 포함하여) 파이썬의 릴리즈 노트나 PEP(제안 문서)를 찾기 위해 웹 검색으로 확인하면 된다. 여러 가지 중에 몇 가지 특성을 들자면, 런처에서는 32와 64비트 설치를 선택할 수 있고 설정 파일의 기본값을 명시하며, 사용자 정의의 #! 명령어 문자열 확장을 정의한다.

윈도우 런처 사용 지침서

유닉스 스크립트 작성이 익숙한 일부 독자들은 이전 절의 내용으로도 시작하기에 충분할 것이다. 나머지 독자들을 위해 이번 절에서는 사용 지침서의 형태 추가적인 내용을 실제 작동하는 런처의 구체적인 예제를 통해 더듬어 나갈 수 있도록 구성하여 제공할 것이다. 또한, 이 절에서는 부가적인 런처의 세부 사항에 대해서 설명하고 있다. 때문에 유닉스에 익숙해진 베테랑들도 자신들이 작성한 파이썬 스크립트를 윈도우 머신으로 복사해 넣기 전에 잠깐만 살펴보면 큰 도움을 얻게 것이다.

그 시작으로 다음의 간단한 스크립트 what.py를 사용해 보자. 이 스크립트는 이 코드를 실행할 파이썬 버전 넘버에 따라 2.X와 3.X에서 모두 동작 가능하다. 이 코드에서는 sys.version을 이용하는데, 이를 공백 분리한 후 처음 등장하는 문자열이 파이썬의 버전 넘버다.

```
#!python3
import sys
print(sys.version.split()[0])          # 문자열의 첫 부분
```

이 글의 내용을 따라가며 진행하려면 해당 스크립트 코드를 텍스트 파일 편집기에 입력하고, 실행할 명령 라인을 입력할 명령 프롬프트 창을 열고 스크립트를 저장한 디렉터리로 이동하면 된다(C:\code는 내가 작업하는 디렉터리지만, 여러분이 원하는 어느 곳에나 저장해도 된다. 윈도우 사용 팁에 대한 자세한 내용은 3장을 참조하자).

이 스크립트 첫 번째 줄의 코멘트는 필요한 파이썬 버전을 지정한다. 이 줄은 유닉스 관례에 따라 반드시 #!로 시작해야 하며, python3 전에 공백을 두어도 되고 두지 않아도 무방하다. 내 컴퓨터에는 현재 파이썬 2.7, 3.1, 3.2, 3.6이 설치되어 있다. 다음 절에서 파일 내 지시자, 명령 라인, 그리고 기본값에 대하여 순서대로 살펴보면서 이 스크립트의 첫 번째 줄이 수정됨에 따라 어느 버전이 호출되는지를 확인해 보자.

1단계: 파일 내 버전 지시자 사용하기

이 스크립트가 코딩된 대로 아이콘 클릭 또는 명령 라인으로 실행될 때, 첫 번째 줄은 등록된 py.exe 런처에게 설치된 버전 중 최신의 3.X 버전을 사용하여 실행할 것을 지시한다.

```
#! python3
import sys
print(sys.version.split()[0])

C:\code> what.py                          # 파일 지시자대로 실행
3.6.0

C:\code> py what.py                       # 상동. 최신의 3.X로 실행
3.6.0
```

다시 말하지만, #! 뒤에 공백을 넣는 것은 선택 사항이다. 이에 대하여 다시 설명하기 위해 이 예제에서는 띄어 썼다. 처음 what.py는 아이콘 클릭이나 전체 명령어인 py what.py와 동일하다는 점에 주목하자. 이는 런처가 설치될 때 윈도우 파일명 연계 레지스트리에 .py 파일을 자동으로 여는 프로그램으로 py.exe가 등록되어 있기 때문이다.

또한, 런처 관련 문서(이 부록을 포함하여)에서 **최신 버전**이라 함은 **가장 높은** 번호의 버전을 의미함을 기억하자. 이는 가장 최근에 컴퓨터에다 설치된 버전이 아니라, 가장 최근에 출시된 최신 버전을 말한다(예를 들자면 여러분이 3.6을 설치 후 3.1을 설치하였다더라도 #!python3은 전자를 선택한다). 런처는 여러분 컴퓨터에 설치된 파이썬을 돌아다니며, 여러분이 기술한 버전 또는 기본 버전에 적합한 가장 높은 숫자의 버전을 찾는다. 이것은 이전에 다룬 최종 설치 버전이 선택되는

모델과 다르다.

이제, 첫 번째 줄의 이름을 python2로 바꾸면, 설치 버전 중 최신의(가장 높은 번호의) 2.X 버전
이 실행된다. 다음의 내용으로 확인하자. 우리의 스크립트 중 마지막 두 줄은 변경되지 않으
므로 생략한다.

```
#!python2
...스크립트의 나머지 부분은 변경되지 않음

C:\code> python what.py          # #!에 의해 최신 2.X 로 실행
2.7.3
```

필요하다면 특정 버전을 요구할 수도 있는데, 예를 들어 파이썬 버전 중 최신 버전을 원하지
않는 경우에 사용된다.

```
#!python3.1
...

C:\code> python what.py          # #!에 의해 3.1로 실행
3.1.4
```

이것은 요구한 버전이 설치되어 있지 않더라도 유효하다. 이는 런처에 의해 오류로 처리된다.

```
#! python2.7
...

C:\code> python what.py
Requested python version (2.7) is not installed
```

인식되지 않는 유닉스 #!줄은 이를 보완하기 위해 명령 라인 스위치로 버전 넘버를 제공하지 않
는 한 에러로 취급된다. 다음 절에서 이에 대하여 더 상세하게 알아보겠다.

```
#!/bin/python
...

C:\code> what.py
Unable to create process using '/bin/python "C:\code\what.py" '

C:\code> py what.py
Unable to create process using '/bin/python what.py'
```

```
C:\code> py -3 what.py
3.6.0
```

기술적으로, 런처는 스크립트 파일의 최상단에 위치한 유닉스 스타일의 #!줄을 다음 네 개의 패턴 중 하나에 따라 인식한다.

```
#!/usr/bin/env python*
#!/usr/bin/python*
#!/usr/local/bin/python*
#!python*
```

앞의 인식 가능하고 해석 가능한 형태 중 하나에도 해당하지 않는 #!줄이라면, 파일 실행 프로세스를 시작하는 명령 라인에서 버전을 지정하여 윈도우에 전달할 것이라고 가정한다. 만약 이것이 윈도우 명령어에서 유효하지 않다면 앞에서 본 에러 메시지를 생성한다(또한 런처는 설정 파일을 통해 사용자 정의 명령어로의 확장을 지원하는데, 인식 불가능한 명령어를 윈도우에 전달하기 전에 이 사용자 정의 명령어를 시도한다. 여기서는 이에 대해서 그냥 넘어가겠다).

인식 가능한 #!줄에서 디렉터리 경로는 유닉스 관례에 따라 작성함으로써 유닉스 플랫폼으로의 이식성을 보장한다. 앞서 나열한 인식 가능한 패턴의 마지막 * 부분에 파이썬 버전을 아래의 세 가지 형태 중 하나로 표기하면 된다.

부분 표기(예 python3)

주어진 메이저 릴리즈 번호를 가진 버전 중, 가장 높은 번호를 가진 마이너 릴리즈 번호의 버전을 실행할 때 사용한다.

전체 표기(예 python3.1)

지정된 버전으로만 실행한다. 선택적으로 -32라는 접미어를 덧붙이면 32-비트 버전을 우선한다는 것을 의미한다(예 python3.1-32).

생략(예 python)

런처의 기본 버전으로 실행한다. PY_PYTHON 환경 변수를 3으로 설정하여 변경하지 않는다면 기본 버전은 2다. 앞서 이야기한 또 다른 위험 요소다.

#!줄이 없는 파일은 통칭의 python과 동일하게 동작하며, (앞서 언급한 버전 생략의 경우와 같이) PY_PYTHON의 기본 설정값에 따라 실행 버전이 선택된다. 첫 번째 부분 표기의 경우에는 버전 특화된 환경 설정값에 영향을 받는다(예를 들어 PY_PYTHON3를 3.1로 설정하면 python3 실

행 시 3.1이 선택되며, PY_PYTHON2를 2.6으로 설정하면 python2를 실행하면 2.6이 선택된다). 기본 버전에 대해서는 이 사용 지침서에서 나중에 다시 다룰 것이다.

첫째, #!줄 포맷의 * 부분 다음에 오는 것은 모두 파이썬 자신(즉, 프로그램 python.exe)에 전달되는 명령 라인 인수로 가정한다. 만약 py 명령 라인에서 #!줄의 인수를 대체할 것으로 간주되는 인수를 주지 않는다면 말이다.

```
#!python3 [python.exe 관련 인수는 모두 여기에 위치함]
...
```

여기에는 부록 A에서 보았던 모든 파이썬 명령 라인 인수를 포함한다. 이는 우리를 일반적으로 런처 명령 라인으로 이끄며, 다음 절로 자연스럽게 넘어가기 충분하다.

2단계: 명령 라인 버전 스위치를 사용하기

앞서 언급했듯이 명령 라인에서의 버전 스위치는 파일에 파이썬 버전이 표기되어 있지 않은 경우, 파이썬 버전을 선택하기 위해 사용할 수 있다. 레지스트리에 파일명 연계나 파일 내의 #!줄에 버전 정보를 주지 않고도, py와 pyw 명령 라인을 실행하여 버전을 스위치에 전달할 수 있다. 다음에서는 스크립트를 수정하여 #! 지시자를 삭제하였다.

```
# 런처 지시자 없음
...

C:\code> py -3 what.py            # 명령 라인 스위치에 따라 실행
3.6.0

C:\code> py -2 what.py            # 상동. 설치 버전 중 최신 2.X
2.7.3

C:\code> py -3.2 what.py          # 상동. 3.2 버전으로만 실행
3.2.3

C:\code> py what.py               # 런처의 기본값으로 실행(앞의 내용 참조)
2.7.3
```

또한, 명령 라인 스위치는 파일 내 지시자에 의한 버전 지정에 우선한다.

```
#! python3.1
...

C:\code> what.py                          # 파일 지시자에 따라 실행
3.1.4

C:\code> py what.py                        # 상동
3.1.4

C:\code> py -3.2 what.py                    # 스위치가 지시자에 우선함
3.2.3

C:\code> py -2 what.py                      # 상동
2.7.3
```

형식상 런처는 다음 명령 라인 인수 유형을 받는다(이는 정확히 앞선 절에서 설명한 파일의 #!줄의 마지막 * 부분과 일치한다).

```
-2              최신 파이썬 2.X 버전 시작
-3              최신 파이썬 3.X 버전 시작
-X.Y            특정 버전 시작(X는 2 또는 3)
-X.Y-32         특정 버전의 32비트 파이썬으로 시작
```

그리고 런처의 명령 라인은 다음의 일반적인 형태를 가지고 있다.

```
py [py.exe arg] [python.exe args] script.py [script.py args]
```

런처 자신의 인수 다음에 나오는 것이라면 모두 python.exe에 전달되는 것으로 다루면 된다. 이는 전형적으로 파이썬 자신에 대한 인수를 포함하고 있으며, 스크립트 파일명과 스크립트를 위한 인수들 앞에 위치한다.

보통 –m mod, –c cmd, – 프로그램 지정 형태는 부록 A에서 다룬 다른 파이썬 명령 라인 인수들이 모두 그러하듯이 py 명령 라인에서도 동작한다. 앞서 언급한 대로 python.exe에 대한 인수는 파일에서 #! 지시자 맨 끝에 등장할 수 있다. 다만 py 명령 라인에 등장하는 인수가 #! 지시자보다 우선한다.

어떻게 동작하는지 알아보기 위해 이전 명령 라인 인수를 확장하여 새로운 스크립트를 작성해 보자. sys.argv가 이 스크립트 고유의 인수이며, 파이썬(python.exe)에 스크립트가 실행된 후 대화형 프롬프트(>>>)로 이동하도록 –i 스위치를 사용한다.

```
# args.py와 사용자가 입력한 인수도 함께 표시
import sys
print(sys.version.split()[0])
print(sys.argv)

C:\code> py -3 -i args.py -a 1 -b -c          # -3: py, -i: 파이썬. 나머지: 스크립트용
3.6.0
['args.py', '-a', '1', '-b', '-c']
>>> ^Z

C:\code> py -i args.py -a 1 -b -c             # 파이썬과 스크립트용 인수
2.7.3
['args.py', '-a', '1', '-b', '-c']
>>> ^Z

C:\code> py -3 -c print(99)                      # -3: py, 나머지: 파이썬: "-c cmd"
99

C:\code> py -2 -c "print 99"
99
```

처음 두 경우에서 스크립트 자체에 #!줄이 없는 상태에서 명령 라인에서 버전이 주어지지 않는다면 기본 파이썬이 어떻게 실행되는지 주목하자. 우연히도, 이 내용은 이 지침서의 마지막 주제로 우리를 인도한다.

3단계: 기본값 변경하기

이미 언급했듯이 런처의 기본값은 2.X로 #! 지시자에 특정 버전 번호가 없다면 통칭의 python 명령어로 2.X가 실행된다. 이는 유닉스의 전체 경로(예 #!/usr/bin/python)로 등장하든 아니든 (#!python) 그렇다. 후자의 경우 실제 동작하는 것을 확인할 수 있게 원래의 what.py 스크립트를 다음과 같이 코딩하였다.

```
#!python
...                                     # #!/usr/bin/python과 동일

C:\code> what.py                        # 런처 기본값에 의해 실행
2.7.3
```

기본값은 지시자가 없는 경우에도 적용된다. 아마도 대부분의 경우는 주로 윈도우에서 또는 윈도우에서만 사용되도록 작성한 코드일 것이다.

```
# 런처 지시자가 없음
...

C:\code> what.py                # 역시 기본값에 따라 실행됨
2.7.3

C:\code> py what.py             # 상동
2.7.3
```

여기에서 초기화 파일 또는 환경 변수 설정을 통해 런처의 기본값을 3.X로 바꿀 수 있다. 이는 윈도우 레지스트리에서 py.exe 또는 pyw.exe와의 이름 연계를 통해 명령 라인이나 아이콘 클릭으로 파일을 실행할 때 모두 적용된다.

```
# 런처 지시자가 없음
...

C:\code> what.py                # 기본값에 따라 실행
2.7.3

C:\code> set PY_PYTHON=3         # 또는 제어판 => 시스템을 통해서 설정 가능
C:\code> what.py                # 변경된 기본값에 따라 실행
3.6.0
```

앞서 제안했듯이 보다 상세한 제어를 위해 버전 특화된 환경 변수를 설정할 수 있는데, **부분적으로 지정된 버전을 설치된 릴리즈 중 가장 높은 마이너 번호를 갖는 릴리즈를 선택하는 대신 특정 릴리즈를 가리키도록 할 수 있다.**

```
#!python3
...

C:\code> py what.py             # 3.X 중 '최신' 버전 실행
3.6.0

C:\code> set PY_PYTHON3=3.1       # 2.X를 위해서는 PY_PYTHON2를 사용할 것
C:\code> py what.py             # 가장 높은 마이너 릴리즈보다 우선함
3.1.4
```

set은 명령어 프롬프트 창에서만 적용되는 것으로, 컴퓨터 전체에서 적용이 되려면 제어판의 시스템 창에서 설정하여야 한다(이 설정에 대한 도움말은 부록 A를 참조할 것). 실행할 대부분의 파이썬 코드가 무엇이냐에 따라 이러한 방식으로 기본값 설정하는 것을 원할 수도, 원하지 않을 수도 있다. 많은 파이썬 2.X 사용자는 아마도 기본값을 변경하지 않고 사용하면서 필요 시 #! 줄이나 py 명령 라인을 이용해 실행 프로그램 버전을 변경할 수 있다.

하지만 지시자가 없는 파일을 위해 사용되는 설정값인 PY_PYTHON은 매우 중요하다. 대부분 윈도우에서 파이썬을 사용해 온 프로그래머들은 아마도 3.6을 설치한 후 기본값으로 3.X를 기대할 것이다. 특히, 처음으로 3.6에 의해 설치된 런처를 고려해 본다면 말이다. 겉보기에는 역설적인 이 내용에 대해서는 다음 절에서 알아보자.

새로운 윈도우 런처의 함정

3.6의 새로운 윈도우 런처를 추가한 것은 멋진 일이지만, 3.X에서의 대부분의 내용과 마찬가지로 수 년 전에 등장했다면 더 좋았을 것이다. 불행히도, 이는 몇 가지 하위 버전과는 호환되지 않는데, 이는 여러 버전이 공존하는 파이썬 세계에서는 불가피한 부작용으로 기존 프로그램 중 일부는 이로 인해 제대로 동작하지 않을 수 있다. 이러한 부작용은 내가 예전에 쓴 책이나 다른 책들에서 등장하는 예제에도 포함되어 있을 것이다. 코드를 3.6으로 포팅하는 동안 다음 세 가지 이슈와 맞닥뜨렸다.

- 인식되지 않는 유닉스 #!줄은 윈도우에서 스크립트 실행이 되지 않는다.
- 런처의 기본값은 별도로 이야기하지 않으면 2.X를 사용한다.
- 새로운 PATH 확장은 기본값에 의해 무효화되어 모순으로 여겨진다.

이 절의 나머지에서는 이 세 가지 이슈 각각에 대하여 차례대로 설명하겠다. 다음에서 《프로그래밍 파이썬》 네 번째 개정판의 프로그램을 예제로 런처의 비호환성이 미치는 영향에 대하여 설명하는데, 이들 3.1과 3.2 예제를 3.6으로 포팅하는 과정이 신규 런처를 처음 경험하는 것이었기 때문이다. 이 경우, 3.6을 설치하는 것은 3.2와 3.1 버전에서 작성된 수많은 예제 프로그램을 망치게 되는 것이다. 여기에 요약된 이러한 실패의 원인은 여러분이 작성한 코드에도 동일한 영향을 줄 것이다.

위험 요소 1: 인식되지 않은 #!줄

새로운 윈도우 런처는 #!/usr/bin/env python으로 시작하는 유닉스 #!줄을 인식하는데 다른 일반적인 유닉스 형태인 #!/bin/env python(실제 일부 유닉스에서는 강제사항이기도 하다)을 인식하지는 않는다. 과거에는 후자를 사용하는 스크립트도 윈도우에서 내 책의 몇몇 예제들을 포함해 동작하였다. 왜냐하면 유닉스 호환성을 위해 코딩된 #!줄은 지금까지 모든 윈도우용 파이썬에서는 주석으로 인식되어 무시되었기 때문이다. 이 스크립트들은 이제 3.6에서 실행되지 않는데, 새로운 런처가 이들 지시자 형태를 인식하지 못하여 에러 메시지를 내기 때문이다.

보다 일반적으로, 인식되지 않는 #! 유닉스 줄을 포함한 스크립트라면 이제는 윈도우에서 실행되지 않는다. 여기에는 첫 번째 줄이 앞서 설명한 네 개의 인식 가능한 패턴 중 하나를 따르지 않는 #!줄을 갖는 모든 스크립트가 포함된다. /usr/bin/env python*과 /usr/bin/python*, /usr/local/bin/python*, python* 이외의 다른 것은 모두 동작하지 않으며, 코드 변경이 필요하다. 예를 들어 다소 일반적인 #!/bin/python 줄 또한 윈도우에서 실행이 실패하게 되며, 이를 방지하기 위해 명령 라인 스위치를 통해 버전 번호를 제공해야 한다.

유닉스 스타일의 #!줄은 아마 윈도우 전용 프로그램에는 존재하지 않을 것이다. 하지만 유닉스에서도 동작하도록 만들어진 프로그램이라면 꽤 일반적인 코딩 방식이다. 이러한 인식되지 않는 유닉스 지시자를 윈도우에서 에러로 간주하는 것은 다소 과하다 여겨질 수 있다. 특히, 3.6에서 새롭게 추가된 행위라는 점을 고려한다면 기대 못한 일일 수 있다. 왜 지금까지 모든 윈도우 파이썬이 그래왔듯이 그냥 인식되지 않는 #!줄을 무시하고 기본 파이썬으로 파일을 실행하지 않는 걸까? 아마도 미래의 3.X 버전에서는 이 점이 개선이 될 수도 있겠다(이 문제에 대하여 다소 연기가 될 수도 있다). 하지만 지금으로서는 윈도우에서 파이썬 3.6과 함께 설치된 런처를 기반으로 한 실행 환경에서 #!/bin/env나 다른 인식할 수 없는 패턴을 사용하는 모든 파일은 변경되어야만 한다.

책 예제의 영향도와 해결 방안

내가 3.6으로 포팅한 책의 예제들의 경우, 이 문제는 대략 십여 개의 #!/bin/env python로 시작하는 스크립트에서 발생하였다. 유감스럽게도 여기에는 이 책의 사용자 친화적인 최상위 레벨의 데모용 런처 스크립트(PyGadget이나 PyDemo)가 포함되어 있다. 이를 해결하기 위해 이 문장을 #!/usr/bin/env python 포맷으로 변경하였다. 윈도우의 파일 연결에서 런처를 생략하는 것도 또 하나의 방법이 될 수 있다(㉠ .py 파일을 py.exe 대신에 python.exe로 연결해 두는 것). 하지만 이 방식은 런처가 가지는 장점을 이용할 수 없는 방식으로, 특히 입문자들에게는 다소 많은 것을 요구하는 방식으로 보인다.

여기서 한 가지 문제가 있다. 이상하게도 어떤 명령줄 스위치를 런처에 전달해도(python.exe 인수인 경우에도) 이러한 효과가 나타나지 않으며, 기본 파이썬 프로그램이 실행된다. m.py와 py m.py 둘 다 인식되지 않는 #!줄에서 에러를 발생시키지만, py –i m.py는 기본 파이썬으로 파일을 실행한다. 이는 런처의 버그로 보일 수 있지만, 기본 런처로 해결이 가능하다. 다음 주제에서 더 알아보자.

위험 요소 2: 런처는 기본적으로 2.X를 사용

이상하게도, 윈도우 3.6 런처는 3.X를 명시적으로 선택하지 않은 스크립트를 실행할 때 기본값으로 설치된 파이썬 2.X 버전을 사용한다. 즉 #! 지시자가 없거나, python 이름을 사용한 스크립트가 아이콘 클릭에 의해 실행되거나, 명령줄에서 파일 이름을 직접 지정(m.py)하거나, 런처 명령줄에 버전 스위치를 지정하지 않은 경우(py m.py)에는 일반적으로 2.X 파이썬이 실행된다는 것이다. 이는 여러분 컴퓨터에 3.6이 2.X보다 나중에 설치되었다 하더라도 동일하며, 이로 인해 초기에는 많은 3.X용 제대로 실행되지 않을 수 있다.

이 영향은 잠재적으로 광범위하다. 예를 들면 지시자가 없는 3.X 파일을 3.6 설치 후에 아이콘을 클릭하여 실행하면 실행되지 않는데, 이는 연결된 런처가 이를 기본값인 2.X로 실행하라는 의미로 받아들이기 때문이다. 파이썬을 처음 다루는 일부 사용자들에게는 이것이 그리 유쾌한 일은 아닐 것이다. 이는 3.X 파일이 명시적으로 python3이라는 버전 넘버를 제공하는 #! 지시자가 없는 것으로 가정하지만, 대부분의 윈도우에서의 실행을 목적으로 작성된 스크립트는 #!줄을 가지고 있지 않으며, 런처가 출시되기 전에 작성된 수많은 파일들은 자신이 기대하는 버전 번호를 포함하고 있지 않을 것이기 때문이다. 따라서 대부분의 3.X 사용자는 기본적으로 3.6 설치 후, PY_PYTHON을 설정해야 한다. 이는 매우 불편하다.

명시적으로 버전이 지정되지 않은 프로그램을 실행하는 것은 유닉스에서도 모호하긴 마찬가지여서 이 경우 python과 특정 버전과의 심볼릭 링크에 의존하게 된다(오늘날 대부분은 2.X로 연결된다. 마치 새로운 윈도우 런처의 상태가 따라가는 것처럼 보인다). 하지만 이전 이슈에 대해서라면, 이전에는 정상적으로 동작하던 스크립트가 3.6에서 새로운 오류를 발생시키지는 않을 것이다. 대부분의 프로그래머는 유닉스 주석이 윈도우에서 영향을 미칠 것이라 생각하지는 않을 것이다. 또한, 3.X가 설치되었음에도 기본으로 2.X가 사용될 것이라고도 예상하지 못할 것이다.

책 예제의 영향도와 해결 방안

예제 포팅 관점에서 2.X를 기본 프로그램으로 한다는 것은 3.6 설치 후 3.6 스크립트에서 여러 가지 실패의 요인이 된다. #!줄이 없는 스크립트나, 유닉스 호환 가능한 #!/usr/bin/python 줄을 가지고 있는 두 스크립트 모두에서 말이다. 후자 스크립트에서의 문제를 해결하기 위해 이 카테고리의 모든 스크립트에서 python을 python3로 명시적으로 바꿔주어야 한다. 전자와 후자의 스크립트를 모두 한 번에 해결하려면, 윈도우 런처의 기본값을 3.X로 변경해 주어야 한다. py.ini 설정 파일(자세한 내용은 런처 관련 문서를 참조할 것)을 변경하거나 또는 PY_PYTHON 환경 변수를 이전 예제에서와 같이 설정하여(⌨ set PY_PYTHON = 3) 변경할 수 있다. 앞에서 언급했듯이 파일 연계를 수작업을 바꾸어 주는 것도 하나의 해결책이 될 수 있지만, 이들 중 어느 하나도 이전 설치 방식으로 인한 방법보다 단순해 보이진 않는다.

위험 요소 3: 새로운 PATH 확장 방안

새로운 런처를 설치한 것 외에, 윈도우 파이썬 3.6 설치 프로그램은 자동적으로 3.6의 python.exe 실행 파일을 포함한 디렉터리를 시스템 PATH 변수에 추가한다. 이는 윈도우 입문자들의 편의를 위한 것으로 추론해 볼 수 있다. 이로써 이들은 python의 전체 디렉터리 경로 대신 python이라고만 타이핑하면 된다. 이는 시스템 공학 측면에서 갖는 런처의 특성이 아니며, 따라서 일반적으로 이 점이 스크립트의 실패 요인이 될 수 없다. 이 특징은 책의 예제에 어떠한 영향도 주지 않는다. 하지만 단지 python이라 입력하는 것은 런처의 동작 및 목표와 충돌할 수 있으므로 가능하면 피하는 것이 좋다. 다소 미묘한 특징이라 그 이유에 대하여 좀 더 설명하도록 하겠다.

앞에서도 설명했지만 새로운 런처의 py와 pyw 실행 프로그램은 기본적으로 시스템 검색 경로에 설치되고, 이를 실행하기 위해 별도의 디렉터리 경로나 PATH 설정이 필요하지는 않다. 만약 스크립트를 python 대신에 py 명령 라인으로 시작한다면, 새로운 PATH 특성은 신경 쓰지 않아도 된다. 실제로, py는 대부분의 콘텍스트상에서 python을 완전히 **포괄한다**. 파일 연계가 python 대신 py나 pyw를 실행시킨다는 점을 고려해 볼 때, 여러분도 아마 똑같이 하려 할 것이다. py 대신에 python을 사용하는 것은 중 불필요한 중복성과 불일치성만 확인하게 될 것이며, 더구나 런처 콘텍스트상에서 사용된 버전과 다른 버전을 시작할 수도 있다. 이로써 이 두 방식 간의 설정이 점점 더 싱크가 맞지 않게 된다. 요약하면 python을 PATH에 추가하는 것은 새로운 런처의 관점에서는 **모순되는 특징**으로, 잠재적으로 봤을 때 에러의 요인으로 작용할 수 있다.

PATH를 업데이트하는 것은 여러분이 python 명령어가 일반적으로 3.6을 실행하기 바란다는 것을 가정하는데, 이 특징은 기본적으로 **활성화되어 있지 않다**는 점에 주목할 필요가 있다. 만약 PATH 업데이트를 원한다면, 설치 화면에서 이를 잊지 말고 선택하여야 한다(만약 원하지 않으면 아무것도 건드리지 않으면 된다!). 두 번째 위험 요소 때문에 많은 사용자들은 PY_PYTHON을 3으로 설정하여 런처 아이콘을 실행했을 때 실행할 파이썬 버전을 설정해야 한다. 이것은 런처의 사용 목적 중 하나인 PATH를 설정하는 것보다 간단하지 않다. 가장 나은 방법은 런처의 실행 파일을 그냥 사용하면서 필요 시 PY_PYTHON을 변경하는 것이다.

결론: 윈도우를 위한 이점

공정하게 말하면 이전 절에서 다룬 위험 요소 중 일부는 윈도우에서 유닉스 특성과 다중 설치 버전을 동시에 지원하기 위한 노력에서 나온 불가피한 결과일지도 모른다. 그 대신에 여러 버전이 혼재되어 있는 스크립트와 설치 작업 관리를 위한 일관된 방법을 제공한다. 3.6이나 그 이후 버전에 탑재된 윈도우 런처를 일단 사용하기 시작했다면 주요 자산임을 알게 될 것이며, 처음에 맞닥뜨릴 호환성 관련 문제를 무사히 넘길 수 있게 된다.

실제로, 윈도우 스크립트에도 유닉스 호환성을 위하여 #! 라인에 명시적으로 버전 번호를 넣어 코딩하는 습관을 들이기를 원할 것이다(예 #!/usr/bin/python3). 이는 윈도우에서 적절히 실행되기 위해 여러분의 코드에서 필요로 하는 요구 사항을 선언할 뿐 아니라, 런처의 기본값을 파괴함으로써 여러분이 작성한 스크립트가 이후에 유닉스에서도 실행 가능하도록 만들 것이다.

하지만 런처는 일부 이전에는 #!줄을 가졌음에도 유효했던 스크립트를 실행 불가하게 만들고, 여러분이 기대하지 않았거나 또는 여러분이 작성한 스크립트가 사용할 수 없는 기본 버전을 선택하기도 한다. 이런 위험 요소를 딕셔너리에서 제거하고 싶다면 시스템 환경 설정과 코드 변경이 수반되어야 함을 인지해야 한다. 새로운 상사가 옛 상사보다 낫지만, 결국은 같은 부류인 것과 마찬가지다.

윈도우에서의 사용법에 대하여 더 알고 싶다면 부록 A의 설치와 시스템 설정 방법에 대한 부분을 참조하자. 또한 3장에서 일반적인 개념을 확인할 수 있으며, 파이썬 매뉴얼에서도 플랫폼에 특화된 문서를 찾아보면 된다.

파이썬
변경 사항 참조

이 부록에서는 최신 파이썬 버전에서의 변경 사항에 대하여 해당 변경 사항이 처음 등장한 개정판을 기준으로 간단하게 정리 요약하였으며, 이 책 어디에서 다루고 있는지에 대한 정보를 함께 제공한다. 이는 이전 개정판을 읽은 독자와 함께 이전 파이썬 버전을 전환 개발해야 하는 개발자 모두에게 유익한 참고 자료가 될 것이다.

여기서 파이썬의 변화가 이 책의 최근 개정판들과 어떻게 연관되는지를 보여 준다.

- 2013년 다섯 번째 개정판은 파이썬 3.3과 2.7을 다룸
- 2009년 네 번째 개정판은 파이썬 2.6과 3.0(일부 3.1의 특성도 함께)을 다룸
- 2007년 세 번째 개정판은 파이썬 2.5를 다룸
- 1999년의 초판과 2003년 두 번째 개정판은 각각 파이썬 2.0과 2.2를 다룸
- 이 책의 조상 격인, 1996년 《프로그래밍 파이썬》은 파이썬 1.3을 다룸

따라서 다섯 번째 개정판에서의 변경 사항에만 관심이 있다면, 앞으로 다룰 내용 중 파이썬 2.7, 3.2 그리고 3.6에서의 변경 사항만 확인하면 된다. 네, 다섯 번째 개정판과 관련한(즉 세 번째 개정판 이후에 일어난) 변경 사항은 파이썬 2.6, 3.0, 3.1의 변경 사항을 함께 확인하면 된다. 세 번째 개정판에서의 변경 사항은 아주 간단하게 언급했는데, 이는 현재로서는 역사적 가치만을 지녔기 때문이다.

더불어 이 부록은 주요 변경 사항과 책에 미치는 영향도에 초점을 맞추고 있으며, 파이썬의 진화 과정에 대한 전체 안내서가 아님을 미리 밝힌다. 각 파이썬 릴리즈별 더 자세한 변경이력이 궁금하다면 이들의 표준 문서 중 'What's New' 문서를 참조하면 되며, python.org의 Documents 메뉴에서도 확인할 수 있다. 참고로 이 책 15장에서 파이썬 관련 문서와 표준 매뉴얼에 대하여 다루고 있다.

2.X/3.X의 주요 차이점

이 부록의 대부분은 파이썬의 변경 사항과 이 책에서 다루는 내용을 관련짓는다. 만약 그 대신에 2.X와 3.X의 가장 중요한 차이점에 대하여 간략히 요약된 내용을 찾는다면, 다음 내용으로 충분할 것이다. 이 절은 주로 3.X와 2.X 의 가장 최근 릴리즈인 3.6과 2.7을 비교하였다. 많은 3.X의 특성은 여기에 언급되지 않는데, 이들은 이미 2.6에도 추가되었거나(① with문, 클래스 데코레이터) 또는 이후 2.7에도 함께 포팅되었기(① 집합과 딕셔너리 컴프리헨션) 때문이다. 하지만 그 전의 2.X 릴리즈에서는 사용 가능하지는 않다. 이보다 이전 버전에서의 변경 사항에 대한 상세 내역은 이 후의 절을 참조하고, 미래의 파이썬에서 등장하게 될 변경 사항은 파이썬의 'What's New' 문서를 참조하기 바란다.

3.X 차이점

파이썬 버전 전체에서 달라진 도구들에 대하여 요약해 보면 다음과 같다.

- 유니코드 문자열 모델: 3.X에서 일반적인 str 문자열은 모든 유니코드 텍스트를 지원하며, 여기에는 아스키와 8비트의 바이트 시퀀스에 해당하는 분절된 bytes 타입이 포함된다. 2.X에서 일반적인 str 문자열은 아스키를 포함한 8비트 텍스트와 선택 사항인 유니코드의 리치 텍스트에 해당하는 분절된 unicode 형태 둘 다를 지원한다.

- 파일 모델: 3.X에서 open에 의해 생성된 파일은 내용에 따라 특화된다. 텍스트 파일은 유니코드 인코딩을 구현하고 내용은 str 문자열로 표현하며, 바이너리 파일은 bytes 문자열로 그 내용을 나타낸다. 2.X에서 파일은 별도의 인터페이스를 사용한다. open으로 생성된 파일은 8비트 텍스트 또는 바이트 기반의 데이터이든지 그 내용을 str 문자열로 나타내지만, codecs.open은 유니코드 텍스트 인코딩을 구현한다.

- **클래스 모델**: 3.X에서 모든 클래스는 자동으로 object로부터 파생하여 수많은 변경 사항과 새 형식 클래스의 확장이 가능해졌다. 여기에는 이전과는 다른 상속 알고리즘, 내장된 실행, 다이아몬드 패턴 트리를 위한 MRO 검색 순서도 포함된다. 2.X에서 일반적인 클래스는 전형적인 모델을 따르지만, 선택적으로 object 또는 다른 내장된 타입으로부터의 명시적인 상속으로 새로운 형식의 모델도 가능하다.

- **내장된 반복 객체**: 3.X에서 map, zip, range, filter 그리고 딕셔너리 keys, values, items는 모두 반복 객체로 요청에 따라 값을 생성한다. 2.X는 이 호출들이 물리적 리스트를 만든다.

- **프린팅**: 3.X는 키워드 인수를 갖는 내장된 함수로 설정하지만, 2.X는 특정 문법의 문장으로 설정한다.

- **상대적 임포트**: 2.X, 3.X 모두 상대적 임포트 문장인 from을 지원하지만, 3.X는 검색 규칙을 변경하여 일반적인 임포트를 수행할 때 패키지가 위치한 디렉터리를 건너뛰도록 하였다.

- **진짜 나누기(True division)**: 2.X와 3.X는 // 반내림 연산자를 지원한다. 하지만 /의 경우 3.X는 분수 나머지를 포함한 진짜 나누기인 반면, 2.X에서는 타입에 따라 다르다.

- **정수 타입**: 3.X는 확장된 정확도를 지원하는 싱글 정수 타입을 가지고 있다. 2.X는 일반적인 int와 확장된 long, 그리고 long으로의 자동 전환을 지원한다.

- **복합 타입 범위**: 3.X에서는 모든 포괄 타입(리스트, 집합, 딕셔너리, 제너레이터)은 변수를 해당 표현식 안으로 지역화한다. 2.X에서 list 포괄 타입은 변수를 지역화하지 않는다.

- **PyDoc**: 모든 브라우저에서 적용 가능한 pydoc –b 인터페이스는 3.2에서는 지원 사항이지만 3.6에서는 필수 사항이다. 2.X에서는 이 대신에 원래의 pydoc –g GUI 클라이언트 인터페이스를 사용한다.

- **바이트 코드 저장소**: 3.2 기준 현재, 3.X는 바이트 코드 파일을 버전 식별 이름으로 소스 디렉터리의 하위 디렉터리인 __pycache__에 저장한다. 2.X에서 바이트 코드는 일반 명칭으로 소스 파일 디렉터리에 저장된다.

- **내장된 시스템 예외**: 3.6 기준 현재, 3.X에서는 OS와 IO 클래스를 위해 예외 계층을 재작업하여 카테고리와 세부 항목을 추가하는 작업을 진행하였다. 2.X에서 예외 속성은 때로는 시스템 오류에서 검사되어야만 한다.

- **비교와 정렬**: 3.X에서는 서로 다른 데이터 타입 간 또는 딕셔너리 간 상대적 크기 비교를 하는 것은 오류이며, 정렬은 데이터 타입이 섞여 있는 경우나 일반적인 비교 함수를 지원하지 않는다(그대신 key 매퍼를 사용한다). 2.X에서는 이 모든 형태가 정상적으로 동작한다.

- 문자열 예외와 모듈 함수: 문자열 기반의 예외는 3.X에서는 모두 삭제되었으며, 2.X에서도 2.6부터는 사라지고 대신에 클래스를 사용한다. string 모듈 함수는 문자열 객체 메소드와 중복되어 3.X에서는 삭제되었다.

- 언어 삭제: 표 C-2에 따라 3.X는 수많은 2.X의 언어 요소를 삭제하고, 재명명하거나 재배치하였다(reload, apply, 'x', < >, 0177, 999L, dict.has_key, raw_input, xrange, file, reduce, file. xreadlines).

3.X에서만 볼 수 있는 확장

3.X에서만 가능한 도구들에 대하여 요약해 보면 다음과 같다.

- 확장된 시퀀스 할당: 3.X는 시퀀스 할당 대상에 *를 허용함으로써 리스트에서 매치되지 않고 남은 반복 객체를 모을 수 있다. 2.X는 슬라이싱으로 유사한 효과를 낼 수 있다.

- nonlocal: 3.X는 nonlocal문을 제공하여 유효 함수 범위에 있는 이름을 내포 함수 안에서 변경할 수 있도록 한다. 2.X는 이와 비슷한 작업을 하기 위해 함수 속성, 가변 객체 그리고 클래스 상태 정보를 활용한다.

- 함수 주석: 3.X에서는 함수 인수와 반환값의 데이터 타입을 함수에서 유지는 되지만 사용되지는 않는 객체를 이용하여 주석 처리를 할 수 있다. 2.X는 별도 객체 또는 데코레이터 인수를 활용하여 유사한 작업을 할 수 있다.

- 키워드 전용 인수: 3.X는 키워드로 전달되어야만 하는 함수 인수에 대한 명세를 허용한다. 이는 주로 부가적인 설정 옵션에 사용된다. 2.X에서는 이를 위해 인수 분석과 딕셔너리 팝을 사용한다.

- Exception chaining: 3.X에서는 예외들이 연쇄적으로 발생하는 것과 raise from 확장을 이용하여 에러 메시지에 등장하는 것을 허용한다. 3.6은 이 연쇄 반응을 취소할 수 있게 None을 허용한다.

- Yield from: 3.6 현재 yield문은 from을 사용하여 내포된 제너레이터에 권한을 위임할 수 있다. 2.X의 경우, 간단한 활용 예제에서는 for 반복문으로 동일한 효과를 얻을 수 있다.

- Namespace 패키지: 3.6부터는 폴백 옵션으로 패키지 모델이 패키지가 초기화 파일 없이 다중 디렉터리에 걸쳐서 존재하는 것을 허용하도록 확장되었다. 2.X에서는 임포트를 확장하여 유사하게 만들 수 있다.

- 윈도우 런처: 3.6에서는 런처가 윈도우용 파이썬에 탑재되었으며, 2.X를 포함하여 이전 버전의 파이썬에서도 사용할 수 있도록 별도로 설치 가능하다.
- 내부 작업: 3.2 부터 쓰레딩은 가상 머신 명령어 카운트 대신, 타임 슬라이스로 구현된다. 그리고 3.6에서는 유니코드 텍스트를 고정 길이 바이트 대신에 변동 길이 방식으로 저장한다. 2.X의 문자열 모델은 일반적으로 유니코드 사용을 최소화한다.

3.X 변경 사항에 대한 일반적인 설명

이 책의 최근 개정판에서 다루었던 파이썬 3.X 버전은 큰 틀에서 이전 2.X 버전과 동일한 언어라 볼 수 있지만, 몇 가지 중요한 부분에서 차이를 보인다. 서문에서 논의하고 이전 절에서도 요약했듯이, 3.X의 필수적인 유니코드 모델, 새 형식 클래스, 제너레이터에 대한 광범위한 강조, 다른 기능적 도구들 만으로도 3.X는 실질적으로 다른 경험이 될 것이다.

전반적으로 파이썬 3.X는 더 깔끔한 언어이지만, 여러 가지 면에서 볼 때, 상당히 진보된 개념을 기반으로 하고 있어 더 복잡한 언어이기도 하다. 실제로 이러한 변경 사항 중 일부는 여러분이 파이썬을 배우기 위해 이미 파이썬을 알고 있을 것이라 가정한다. 서문에서 3.X에서 중요한 돌고 도는 지식의 의존성에 대하여 언급하였으며, 이는 앞으로 나올 주제들의 의존성을 암시하기도 한다.

예로, 3.X에서 list 호출로 딕셔너리 뷰를 감싸야 하는 근거는 매우 미묘하며, 최소한 뷰, 제너레이터, 반복 프로토콜에 대해 상당한 선견지명이 요구된다. 이와 유사하게 키워드 인수는 단순한 도구(예 프린팅, 문자열 포맷, 딕셔너리 생성, 정렬)에서 요구되기 때문에 입문자 입장에서는 함수에 대해 전부 이해할 정도로 배우기 전에 등장하게 된다. 이 책의 목표 중 하나는 2.X와 3.X 듀얼 버전 체계에서 이러한 지식의 격차에 다리 역할을 하는 것이다.

라이브러리와 도구에서의 변경 사항

파이썬 3.X에는 이 책에 영향을 주지 않는다는 이유로 여기 부록에서는 다루지 않은 추가적인 변경 사항들이 있다. 예를 들어, 일부 표준 라이브러리와 개발 도구는 이 책의 핵심 언어 범위 밖에 있어, 일부는 내용 전개상 언급되기도 하였지만(예 timeit), 그 외의 내용은 항상 여기에서 다루고 있다(예 PyDoc).

완성도를 위해 다음 절부터 이 범주들에서 3.X의 성장에 대하여 언급하였다. 이 범주들의 일부 변경 내역은 처음 소개된 파이썬 버전과 책 판본과 함께 이 부록의 후반부에서도 열거하였다.

표준 라이브러리 변경 사항

공식적으로는 파이썬 표준 라이브러리는 파이썬에서 늘 사용 가능하며, 실제 파이썬 프로그램에 퍼져 있음에도 이 책의 핵심 언어 주제는 아니다. 실제로, 라이브러리는 3.2 개발 기간 동안 벌어진 한시적 3.X 언어 변경 유예에 영향을 받지 않았다.

이 때문에 표준 라이브러리의 변경 사항은 활용에 초점을 맞춘《프로그래밍 파이썬》같은 책에 더 많은 영향을 준다. 비록 대부분의 표준 라이브러리 기능은 현재에도 존재하지만, 파이썬 3.X는 모듈의 이름을 바꾸거나, 모듈을 묶어서 패키지로 만들거나, API 호출 패턴을 변경하는 등 무분별하게 고쳤다.

일부 라이브러리 변경 내역은 더 광범위하다. 일례로 파이썬 3.X의 유니코드 모델은 3.X 표준 라이브러리에서 광범위한 차이점을 만들어내는데, 이는 잠재적으로 파일 내용, 파일명, 디렉터리 탐색, 파이프, 디스크립터 파일, 소켓, GUI에서의 텍스트, FTP/email 같은 인터넷 프로토콜, CGI 스크립트, 많은 종류의 웹 콘텐츠, 심지어 DBM 파일, shelve, pickle과 같은 도구들을 처리하는 모든 프로그램에 영향을 미친다.

3.X 표준 라이브러리의 변경 내역에 대하여 종합적으로 확인하려면, 파이썬 매뉴얼 중에 3.X 릴리즈의(특히 3.0) 'What's New' 문서를 참조하기 바란다.《프로그래밍 파이썬》은 도처에서 파이썬 3.X를 사용하고 있어, 3.X 라이브러리 변경 내역에 대한 가이드 역할을 할 수 있다.

도구 변경 사항

대부분의 개발 도구들은 2.X와 3.X 간에 동일하지만(⃞ 디버깅, 프로파일링, 실행 시간 측정하기, 시험하기), 몇몇은 3.X에서 언어와 라이브러리에 따라 변화를 겪었다. 이들 중, PyDoc 모듈의 문서 시스템은 3.2와 이전 버전의 GUI 클라이언트 모델에서 옮겨져서 웹 브라우저 인터페이스로 대체되었다.

다른 주목할 만한 변경 사항으로는 제3자 소프트웨어 설치 및 배포에 활용되는 disutils 패키지가 3.X에서 새로운 패키징 시스템에 포함되었고, 이 책에서 설명한 새로운 __pycache__ 바이트 코드 저장소 방식은 개선이 되었음에도 잠재적으로 많은 파이썬 도구와 프로그램들에 영향을 주고 있으며, 스레딩의 내부 구현 방식은 3.2 기준으로 전역 인터프리터 락(GIL)을 가상 머신의 명령어 카운터 대신에 절대 타임 슬라이스를 사용하도록 수정하여 논쟁의 여지를 줄였다.

3.X로의 전환 개발

만약 파이썬 2.X에서 파이썬 3.X로 전환 구축을 하고 있다면, 파이썬 3.X에 탑재되어 있는 2to3 자동 코드 전환 스크립트에 대해 반드시 확인해 보자. 파이썬 설치 폴더 내에 Tools\Scripts나 웹 검색을 통해서 확인이 가능하다. 이 스크립트가 모든 것을 전환해 주지는 않으며, 주로 핵심 언어 코드를 전환해 준다. 3.X 표준 라이브러리 API는 좀 더 다를 것이다. 여전히 이 스크립트는 대부분의 2.X 코드를 3.X에서 실행할 수 있도록 합리적으로 전환한다.

역으로, 파이썬 3.X 코드를 2.X에서 실행할 수 있도록 바꿔 주는 3to2 프로그램을 서드파티에서 찾아볼 수 있다. 개발 목적과 제약 조건으로 인해 양쪽 파이썬 버전 모두에서 동작할 수 있도록 코드를 유지, 관리해야 한다면 2to3와 3to2 둘 중 어느 것이라도 유용할 것이다. 보다 상세한 내역과 추가적인 도구와 기법에 대해서는 웹을 통해 확인하도록 하자.

또한, 이 책에서 설명한 기법을 이용하여 2.X와 3.X 양쪽에서 자유롭게 실행 가능하게 코드를 짤 수도 있다. __future__로부터 3.X의 특성을 임포트하거나, 버전 특화된 도구의 사용을 기피하는 등의 방법을 적용할 수 있다. 이 책의 많은 예제들은 플랫폼에 영향을 받지 않도록 작성되었다. 예를 들어, 21장 벤치마킹 도구, 25장 모듈 리로더와 콤마 포매터, 31장 클래스 트리 리스터, 38장과 39장에서 보여 준 대부분의 데코레이터 예제, 41장 말미의 농담 스크립트 등등이 있다. 2.X와 3.X의 핵심 언어의 차이점을 이해하고 있는 한, 때로는 이 예제에 맞춰 코딩하는 것이 간단하다.

만약 2.X와 3.X에서 모두 동작하도록 코드를 작성하는 일에 관심이 있다면, 도구들을 버전 간 매핑하고 명칭을 변경해 주는 라이브러리인 six를 참조하는 것이 좋다. 이는 http://packages.python.org/six에서 다운받을 수 있다. 이 패키지는 언어의 의미론과 라이브러리 API에서의 모든 차이를 상쇄할 수는 없으며, 많은 경우 직접 파이썬이 버전 이식성을 실현하는 대신에 이 패키지의 라이브러리 도구를 활용해야 한다. 그 대신에 이 라이브러리 도구를 사용하면 버전 중립적인 프로그램을 작성할 수 있게 된다.

다섯 번째 개정판에서의 파이썬 변경 사항: 2.7, 3.2, 3.3

다음에 기술된 변경 사항은 네 번째 개정판이 출간된 후에 파이썬 2.X와 3.X 버전에서 발생하여 이번 개정판에 편입된 변경 내역이다. 특히, 이 절은 파이썬 2.7, 3.2, 3.3에서 파이썬 책과 관련한 변경 사항에 대하여 기술하였다.

파이썬 2.7에서의 변경 내역

기술적인 면에서 파이썬 2.7은 이 책의 이전 개정판에서는 3.X만의 특징으로 다루었던 것 중 일부를 역으로 포팅하여 거의 편입시켰다. 다섯 번째 개정판에서 이들은 2.7의 도구로 설명할 것이다. 이 중에는 다음과 같은 것들이 포함된다.

- 집합 리터럴:

  ```
  {1, 4, 2, 3, 4}
  ```

- 컴프리헨션 집합과 딕셔너리:

  ```
  {c * 4 for c in 'spam'}, {c: c * 4 for c in 'spam'}
  ```

- 선택적 메소드로 편입된 딕셔너리 뷰:

  ```
  dict.viewkeys(), dict.viewvalues(), dict.viewitems()
  ```

- str.format에서의 콤마 구분자와 필드 자동 번호 할당(3.1부터):

  ```
  '{:,.2f} {}'.format(1234567.891, 'spam')
  ```

- 중첩 with문 콘텍스트 매니저(3.1부터):

  ```
  with X() as x, Y() as y: ...
  ```

- repr의 출력 내용 개선(3.1부터 역으로 포팅됨: 뒤의 내용 참조)

이 주제들이 이 책 어디에서 다루어졌는지 확인하려면, 앞으로 나올 표 C-1의 3.0 변경 내역 리스트의 아이템들이나 파이썬 3.1 변경 사항 절에서 찾아보면 된다. 이들은 이미 3.X에 존재하지만, 2.7에서도 사용할 수 있도록 업데이트되었다.

논리적인 측면에서 현재 계획에 따르면 2.7은 2.X 버전의 마지막 메이저 버전이 될 예정이나,

실제 제품화 작업에서 지속적으로 사용되고 있어 그 운영 기간은 길 것이다. 2.7 이후에 새로운 개발물은 파이썬 3.X 버전으로 이관될 예정이다.

그렇기는 하지만 2.X가 여전히 넓은 사용자 지지 기반을 가지고 있음을 고려하면, 이 공식적 입장이 오랜 세월을 지나도 건재할 것인지에 대하여 예견하는 것은 불가능하다. 이에 대해서는 서문에서 더 알아보도록 하자. 예를 들어, 최적화된 PyPy는 여전히 2.X로만 구현되어 있다. 또는 몬티 파이썬 라인 'I'm not dead yet...'을 차용하자면, 파이썬 2.X 이야기의 전개에서 지속적으로 관심을 가지고 있어야 한다.

파이썬 3.3에서의 변경 내역

파이썬 3.3은 마이너 버전 업그레이드로 보기에는 놀랄 만큼 많은 변경 내역을 포함하고 있다. 이 중 일부는 3.X의 이전 버전에서 작성한 코드와 완전히 호환되지 않는다. 이들 중 3.3의 필수 요소로 설치된 윈도우 런처는 윈도우에서 실행되는 기존 3.X 스크립트를 망가뜨릴 가능성이 있다.

여기에 간략하게 3.3의 변경 내역 중 주목할 만한 내용에 대하여 이 책에서 다룬 위치와 함께 설명하도록 하겠다. 파이썬 3.3의 변경 내역은 다음과 같다.

- 2.X에서는 많이 차지하던 메모리 공간을 새로운 가변 길이의 문자열 저장 방식과 속성 명칭 공유용 딕셔너리 시스템으로 절감하였다(37장과 32장 참조).
- 새로운 namespace 패키지 모델을 도입해 새로운 스타일의 패키지가 여러 디렉터리에 걸쳐 저장됨으로써 __init__.py 파일이 필요하지 않게 되었다(24장 참조).
- 서브제너레이터에 위임하기 위한 새로운 구문이 도입되었다(yield from ...(20장)).
- 예외 콘텍스트 억제를 위해 새로운 구문이 도입되었다(raise ... from None(34장)).
- 전환 구축을 쉽게 하기 위해 2.X의 유니코드 리터럴 형태를 받아들일 수 있는 새로운 구문을 도입하였다. 3.3은 이제 2.X의 유니코드 리터럴 u'xxxx'를 일반 문자열인 'xxxx'와 동일하게 취급한다. 이는 2.X와 3.X의 바이트 리터럴 b'xxxx'를 일반 문자열인 'xxxx'와 동일하게 취급하는 것과 유사하다(4장, 7장, 37장 참조).
- OS와 IO의 예외 계층 구조를 재작업하여, 보다 포괄적이고 일반적인 슈퍼클래스와 예외 객체 속성을 검사할 필요가 없는 일반 오류를 위한 새로운 서브클래스를 제공할 수 있게 구성하였다.

- pydoc –b로 시작되는 PyDoc 문서에 대한 모든 웹 브라우저 기반의 인터페이스가 윈도우 7 또는 이전 버전의 스타트 버튼 또는 pydoc –g로 시작되는 독립형 GUI 클라이언트 검색 인터페이스를 대체하였다(15장).

- 오랫동안 이어 온 표준 라이브러리 모듈 중 일부가 변경되었다. ftplib, time, email, 그리고 아마도 distutils가 여기에 포함되며, disutils는 이 책에도 영향을 미친다. time의 경우, 3.X에서는 플랫폼 간 이식성을 고려한 새로운 호출을 제공한다(21, 39장).

- importlib.__import__의 __import__ 함수를 구현하여 부분적으로는 그 구현물을 통합하고 더 분명히 드러나게 한다(22장, 25장).

- 윈도우 3.3 인스톨러는 설치 시 옵션으로 시스템 PATH 설정에 3.3 디렉터리를 포함하도록 확장하여, 일부 명령 라인을 단순화한다(부록 A, B).

- 새로운 윈도우 런처로 기능이 강화되었다. 윈도우 런처는 윈도우에서 파이썬 스크립트를 작업 할당할 때 유닉스 스타일의 #!줄을 해석하고, #!줄과 새로운 py 명령 라인으로 2.X와 3.X 버전 중 특정 버전을 파일별 또는 명령어별로 명시적으로 선택할 수 있게 한다(부록 B).

파이썬 3.2에서의 변경 내역

파이썬 3.2는 3.X 버전의 진화를 계속한다. 3.2는 3.X의 핵심 언어의 변경 활동을 중지한 기간 동안에 개발되어 3.2 관련 변경 사항은 작은 편이다.

- 바이트 코드 파일 저장소 모델 변경: __pycache__(2장, 22장)
- struct 모듈의 문자열 자동 인코딩 기능 제거(9장, 37장)
- 3.X str/bytes를 분리하여 파이썬 자체의 지원을 더 잘 받게 됨(이 책에서는 다루지 않음)
- cgi.escape 호출은 3.2+로 옮겨짐(이 책에서는 다루지 않음)
- 스레딩(Threading) 구현 방식 변경: 타임 슬라이스(이 책에서는 다루지 않음)

네 번째 개정판의 변경 내역: 2.6, 3.0, 3.1

네 번째 개정판은 파이썬 3.0과 2.6에 대하여 다루고 있으며, 3.1에서 이루어진 약간의 주요 변경 사항에 대하여 포함하고 있다. 3.0과 3.1의 변경 내역은 다섯 번째 개정판의 파이썬 3.3을 포함하여 3.X 버전의 향후 릴리즈에도 적용될 것이며, 2.6의 변경 내역 또한 2.7의 일부분을 차지한다. 앞에서도 이야기하였지만, 여기 3.X의 변경 사항 중 일부는 향후에 파이썬 2.7로 역으로 포팅된다(**때** 집합 리터럴, 집합 컴프리헨션 및 딕셔너리).

파이썬 3.1에서의 변경 내역

다음 절에서는 3.0과 2.6의 변경 사항에 더하여, 네 번째 개정판 출판을 앞두고 곧 출시될 파이썬 3.1의 주요 확장 내용에 대하여 보강하였다.

- 문자열 format 메소드 호출에서의 콤마 분리자와 자동 필드 번호 할당(7장)
- with문에서의 다중 콘텍스트 매니저 구문(34장)
- 숫자 객체를 위한 새로운 메소드(5장)
- (다섯 번째 개정판 전에는 언급되지 않았음) 부동 소수점 표현 방식이 변경됨(4장, 5장)

이 다섯 번째 개정판은 이들 주제에 대하여 괄호 안의 장에서 다루고 있다. 파이썬 3.1이 주로 최적화를 목적으로 하고 있어 3.0 출시 후 상대적으로 빠른 시일 내에 출시되어, 네 번째 개정판 또한 바로 3.1을 적용하였다. 실제로 파이썬 3.1은 3.0을 모두 대체하고 가장 최신의 파이썬이 일반적으로 받아서 사용하기 가장 좋기 때문에 그 개정판에서 사용한 '파이썬 3.0'이란 단어는 일반적으로 파이썬 3.0에서 도입되었으나, 이번 판본의 3.3을 포함하여 3.X 버전 전체에 존재하는 언어의 변형이라 이해하면 된다.

한 가지 예외를 짚고 넘어가자면 네 번째 개정판에서는 3.1의 새로운 특성인 **부동 소수점 숫자**를 위한 repr 표현 방식에 대하여 다루지 않았다. 새로운 표현 알고리즘은 부동 소숫점 숫자를 가능하면 보다 적은 십진수(하지만 경우에 따라서는 더 많아지기도 함)로 더 똑똑하게 표현하려고 시도한다. 이 사항에 대해서는 이번 다섯 번째 개정판에 반영하였다.

파이썬 3.0과 2.6의 변경 내역

네 번째 개정판의 언어 변화는 파이썬 3.0과 2.6으로부터 기인한다. 2.6의 모든 변경 사항과 3.0의 변경 내역은 오늘날의 파이썬 2.7과 3.3에도 동일하게 적용된다. 파이썬 2.7은 2.6에는 없었던 3.0의 일부 특성들이 추가, 보강되었으며(이 부록 앞의 내용 참조) 파이썬 3.3은 3.0에서 도입된 모든 특성을 상속한다.

초기 3.X 버전에는 많은 변경이 있었기 때문에 다음 표로 이 책에서 상세 내역이 나와 있는 위치와 함께 간단히 정리하였다. 표 C-1은 3.X 변경 사항 중 첫 번째 부분으로, 네 번째 개정판에서 다룬 가장 중요한 신규 특징에 대하여 열거하였다. 이와 함께 현재의 다섯 번째 개정판에서 이에 대하여 설명하고 있는 주요 장을 함께 기술하였으니, 세부 내역은 이를 참고하기 바란다.

표 C-1 **파이썬 2.6과 3.0의 확장 내역**

확장 내역	관련 챕터
3.0에서의 print 함수	11
3.0에서의 nonlocal x,y문	17
2.6, 3.0에서의 str.format 메소드	7
3.0에서의 문자열 타입: 유니코드 텍스트용 str, 바이너리 데이터용 bytes	7, 37
3.0에서의 텍스트, 바이너리 파일 구분	9, 37
2.6과 3.0에서의 클래스 데코레이터: @private('age')	32, 39
3.0에서의 새로운 반복자: range, map, zip	14, 20
3.0에서의 딕셔너리 뷰: D.key, D.values, D.items	8, 14
3.0에서의 나눗셈 연산자: remainders, /, //	5
3.0에서의 집합 리터럴: {a, b, c}	5
3.0에서의 집합 컴프리헨션: {x**2 for x in seq}	4, 5, 14, 20
2.6, 3.0에서의 2진수 문자열 지원: 0b0101, bin(l)	5
2.6, 3.0에서의 분수 타입: Fraction(1, 3)	5
3.0에서의 함수 주석달기: def f(a:99, b:str)->int	19
3.0에서의 키워드 전용 인수: f(a, *b, c, **d)	18, 20
3.0에서의 확장된 시퀀스 분석: a, *b = seq	11, 13
3.0에서의 상대 경로를 이용한 패키지 임포트 구문: from .	24
2.6, 3.0에서의 콘텍스트 매니저: with/as	34, 36
3.0에서의 예외 구문 변경: raise, except/as, superclass	34, 35
3.0에서의 예외 연쇄 처리: raise e2 from e1	34
2.6과 3.0에서의 예약어 변경	11
3.0에서의 새 형식 클래스 변경	32
2.6과 3.0에서의 프로퍼티 데코레이터: @property	38
2.6과 3.0에서의 디스크립터 사용	32, 38
2.6과 3.0에서의 메타클래스 사용	32, 40
2.6과 3.0에서의 추상화 기반 클래스 지원	29

3.0에서의 특정 언어 삭제

3.X에서는 설계 정리의 일환으로 2.X에서 지원되던 얼마간의 언어 도구들이 삭제되었다. 표 C-2는 3.X에서 사라진 항목 중 이 책에 영향을 주는 항목에 대하여 이 개정판에서 관련 있는 장과 함께 정리하였다. 표에서 볼 수 있듯이 많은 3.X 삭제 항목들은 직접적으로 대체되었으며, 대체 항목 중 일부는 2.6, 2.7에서도 사용 가능하여 향후 3.X로의 마이그레이션을 지원할 수 있다.

표 C-2 이 책에 영향을 주는 파이썬 3.0에서의 삭제 항목들

삭제 항목	대체 항목	관련 챕터
reload(M)	imp.reload(M)(또는 exec)	3, 23
apply(f, ps, ks)	f(*ps, **ks)	18
`X`	repr(X)	5
X <> Y	X != Y	5
long	int	5
9999L	9999	5
D.has_key(K)	K in D(또는 D.get(key) != None)	8
raw_input	input	3, 10
old input	eval(input( ))	3
xrange	range	13, 14
file	open(그리고 io 모듈 클래스)	9
X.next	X.__next__, next(X)에 의해 호출됨	14, 20, 30
X.__getslice__	슬라이스 객체를 전달받는 X.__getitem__	7, 30
X.__setslice__	슬라이스 객체를 전달받는 X.__setitem__	7, 30
reduce	functools.reduce(또는 루프 코드)	14, 19
execfile(filename)	exec(open(file name).read( ))	3
exec open(filename)	exec(open(file name).read( ))	3
0777	0o777	5
print x, y	print(x, y)	11
print >> F, x, y	print(x, y, file = F)	11
print x, y,	print(x, y, end = ' ')	11
u'ccc' (back in 3.3)	'ccc'	4, 7, 37
'bbb' for byte strings	b'bbb'	4, 7, 9, 37
raise E, V	raise E(V)	33, 34, 35
except E, X:	except E as X:	33, 34, 35

표 C-2 **이 책에 영향을 주는 파이썬 3.0에서의 삭제 항목들 (계속)**

삭제 항목	대체 항목	관련 챕터
def f((a, b)):	def f(x): (a, b) = x	11, 18, 20
file.xreadlines	for line in file:(또는 X = iter(file))	13, 14
D.keys( ), etc. as lists	list(D.keys( ))(딕셔너리 뷰)	8, 14
map( ), range( ), etc. as lists	list(map( )), list(range( ))(내장)	14
map(None, ...)	zip(또는 결과를 보완하기 위한 수동 코드)	13, 20
X = D.keys( ); X.sort( )	sorted(D)(또는 list(D.keys( )))	4, 8, 14
cmp(x, y)	(x > y) – (x < y)	30
X.__cmp__(y)	__lt__, __gt__, __eq__, etc.	30
X.__nonzero__	X.__bool__	30
X.__hex__, X.__oct__	X.__index__	30
Sort comparison functions	Use key = transform or reverse = True	8
Dictionary <, >, <=, >=	Compare sorted(D.items( ))(또는 루프 코드)	8, 9
types.ListType	list(타입은 내장된 이름이 아닌 경우에 한하여 사용)	9
__metaclass__ = M	class C(metaclass = M):	29, 32, 40
__builtin__	builtins(이름 변경)	17
Tkinter	tkinter(이름 변경)	18, 19, 25, 30, 31
sys.exc_type, exc_value	sys.exc_info( )[0], [1]	35, 36
function.func_code	function.__code__	19, 39
__getattr__; 내장된 동작에 의해 실행	포장 클래스에서 __X__ 메소드를 재정의	31, 38, 39
-t, -tt 명령 라인 스위치	탭/공백 사용의 불일치는 항상 에러 발생	10, 12
from ... *, 함수 내 사용 가능	파일 최상위에서만 등장하도록	23
import mod, 동일 패키지에서	from . import mod, 패키지 상대 경로 형태	24
class MyException:	class MyException(Exception):	35
예외 모듈	내장된 범위, 라이브러리 매뉴얼	35
thread, Queue 모듈	_thread, queue(둘 모두 이름 변경)	17
anydbm 모듈	dbm(이름 변경)	28
cPickle 모듈	_pickle(이름 변경. 자동으로 사용됨)	9
os.popen2/3/4	subprocess.Popen(os.popen 유지)	14
문자열 기반의 예외	클래스 기반의 예외(2.6 동일 적용)	33, 34, 35
문자열 모듈 함수	문자열 객체 메소드	7
언바운드 메소드	함수(인스턴스를 통해 호출하는 통계 메소드)	31, 32
혼합된 타입 간의 비교, 정렬	혼합된 비수치형 타입의 비교(또는 정렬)는 에러	5, 9

세 번째 개정판에서의 파이썬 변경 내역: 2.3, 2.4, 2.5

이 책의 세 번째 개정판은 파이썬 2.5와 2003년 후반에 출간된 두 번째 판본 이후에 일어난 언어의 변경 내역 모두를 반영하기 위하여 완전히 개정되었다(두 번째 개정판은 대체로 파이썬 2.2에 근간을 두었으며, 프로젝트 마지막에 접목된 일부 2.3의 특징에 대하여 다루고 있다). 또한, 곧 등장할 대망의 파이썬 3.0의 변경 사항들에 대하여 적절한 시점에 간단히 논하였다. 여기서는 이 책에서 새롭게 또는 기존 내용에 확장하여 다룬, 일부 언어 관련 주요 주제들에 대하여 정리했다(장 번호는 이번 다섯 번째 개정판의 장 번호다).

- B if A else C 조건문 표현(12장, 19장)

- with/as 콘텍스트 매니저(34장)

- try/except/finally 통합(34장)

- 상대적 임포트 구문(24장)

- 제너레이터 표현식(20장)

- 신규 제너레이터 함수 특성(20장)

- 함수 데코레이터(32장, 39장)

- 집합 객체 유형(5장)

- 신규 내장 함수: sorted, sum, any, all, enumerate(13장, 14장)

- 10진수 고정 자릿수 객체 유형(5장)

- 파일, 리스트 컴프리헨션, 반복자(14장, 20장)

- 새로운 개발 도구: Eclipse, distutils, unittest, doctest, IDLE 기능 강화, Shed Skin
  (2장, 36장)

소소한 언어적 변경(예를 들면 True와 False의 광범위한 사용, 예외 상세 내역을 가져오기 위한 sys.exc_info 추가, 문자열 기반 예외 삭제, 문자열 메소드, apply와 reduce 내장 함수)에 대하여 이 책 전반에서 확인할 수 있다. 또한 세 번째 개정판은 두 번째 개정판에서 신규 항목이었던 내용에 대한 설명을 보강하였는데, 여기에 확장 슬라이스[1]와 apply가 포함된 임의 인수 호출 구문이 포함된다.

1 　**옮긴이**　원저자는 이 확장 슬라이스를 three-limit slice로 표현했으나, 파이썬 매뉴얼에서 확장 슬라이스로 표현하고 있으므로 원문을 변경했다. 확장 슬라이스는 슬라이스 표현에 마지막 인자를 추가하여, 슬라이스 연산 시 중간 단계를 건너뛰거나, 음수 값을 지정하여 역순으로 슬라이스할 수 있는 방법을 제공한다.

이전 또는 이후 파이썬 변경 내역

세 번째 이전의 각 판본에서도 파이썬 변경 내역을 담고 있다. 1999~2003년 사이에 나온 처음 두 판본은 파이썬 2.0과 2.2를 다루고 있으며, 이 책들의 전임자 격인 1996년의 《프로그래밍 파이썬》(초판)은 파이썬 1.3을 기반으로 작성되었다. 하지만 이들은 너무 태고적 이야기라 여기에서 언급하지는 않겠다(최소한 컴퓨터 영역에서는 그렇다).

만약 어떻게든 구할 수 있다면, 상세한 내역은 첫 번째와 두 번째 판본을 참조하기 바란다. 미래를 예측할 순 없지만, 얼마나 오랜 세월 동안 건재하였는지를 생각해 볼 때, 이 책에서 강조한 핵심 아이디어들은 미래의 파이썬에도 여전히 적용될 것이다.

실습 문제 해답

파트 1. 시작하기

실습 문제는 3장의 111쪽 "학습 테스트: 파트 1 실습 문제"를 확인하자.

1. **대화형.** 파이썬이 올바르게 설정되었다는 가정하에 대화형은 다음과 같은 형태를 띤다
(IDLE이든, 셸 프롬프트든 그 외 여러분이 선호하는 어떤 방식으로도 실행 가능하다).

```
% python
...저작권 정보 표시...
>>> "Hello World!"
'Hello World!'
>>>                 # 세션을 종료하거나 창을 닫으려면 Ctrl + D나 Ctrl + Z
```

2. **프로그램.** 여러분의 코드(즉, 모듈) 파일 module1.py와 운영 시스템 셸 대화형은 다음과 같
은 형태를 가진다.

```
print('Hello module world!')

% python module1.py
Hello module world!
```

다시 말하지만, 자유롭게 다른 방식으로 실행해 보아도 된다. 파일 아이콘을 클릭하거나,
IDLE의 Run ➡ Run Module 메뉴를 사용하는 등 기타 방식을 활용할 수 있다.

3. **모듈.** 다음의 대화형 세션은 모듈 파일을 임포트하여 실행시키는 방법을 보여 준다.

```
% python
>>> import module1
Hello module world!
>>>
```

인터프리터를 종료하거나 재시작하지 않고 모듈을 재실행하기 위해서는 리로드를 해야 한다는 점을 기억하자. 파일을 다른 디렉터리로 옮기고 다시 임포트하는 것에 대한 질문에 트릭이 숨어 있다. 만약 파이썬이 module1.pyc 파일을 원래 디렉터리에 만들었다면, 파이썬은 여러분이 모듈을 임포트할 때 그 파일을 사용한다. 소스 코드(.py) 파일이 파이썬 검색 경로가 아닌 다른 디렉터리로 옮겨졌다고 하더라도 말이다. 만약 파이썬이 소스 파일 디렉터리에 접근하면 .pyc 파일은 자동으로 작성된다. 해당 파일은 모듈의 컴파일된 바이트 코드 버전을 포함하고 있다. 모듈에 대한 더 자세한 내용은 3장을 참조하면 된다.

4. **스크립트.** 플랫폼이 #! 트릭을 지원한다는 것을 가정하면, 해답은 다음과 같을 것이다(#!줄이 여러분 머신의 다른 경로를 지정해야 할 수는 있다). 이 줄은 파이썬 3.3에 탑재되어 설치되는 윈도우 런처에서는 중요하다. 윈도우 런처는 기본 설정값과 함께 이 줄을 해석하여 스크립트를 실행할 파이썬 버전을 선택한다. 자세한 내용과 예제는 부록 B를 확인하면 된다.

```
#!/usr/local/bin/python    (또는 #!/usr/bin/env python)
print('Hello module world!')
% chmod +x module1.py

% module1.py
Hello module world!
```

5. **오류.** 다음의 대화형 세션(파이썬 3.X에서 실행)은 이 실습 문제를 끝냈을 때 만나게 될 에러 메시지를 보여 준다. 여러분은 실제로 파이썬 예외를 유발한 것이다. 기본 예외 처리 방식은 실행하고 있는 파이썬 프로그래밍을 종료하고 에러 메시지와 함께 스택 트레이스 결과를 화면에 출력하는 것이다. 스택 트레이스는 예외가 발생했을 때 여러분이 프로그램 어디에 있었는지를 보여 준다(만약 에러가 발생했을 때 함수 호출 상태였다면, 'Traceback' 부분에서 모든 활성화되어 있는 호출 레벨을 보여 준다). 10장과 파트 7에서는 try문을 사용하여 예외를 잡아내고 이들을 임의로 처리할 수 있음을 배우게 될 것이다. 또한, 파이썬이 특별한 에러 탐지가 필요한 경우에 대비하여 완전한 소스 코드 디버거를 포함하고 있음을 보게 된다. 지금으로서는 파이썬이 프로그래밍 에러가 발생하면 조용히 멈춰 버리지 않고 의미 있는 메시지를 제공한다는 점에 주목하자.

```
% python
>>> 2 ** 500
32733906078961418700131896968275991522166420460430647894832913680961337964046745
54883270092325904157150886684127560071009217256545885393053328527589376
>>>
>>> 1 / 0
Traceback (most recent call last):
  File "<stdin>", line 1, in <module>
ZeroDivisionError: int division or modulo by zero
>>>
>>> spam
Traceback (most recent call last):
  File "<stdin>", line 1, in <module>
NameError: name 'spam' is not defined
```

6. **브레이크와 순환 구조.** 다음 코드를 입력하면 여러분은 파이썬에서 순환하는 데이터 구조를 만든 것이다.

```
L = [1, 2]
L.append(L)
```

1.5.1 버전 이전의 파이썬에서는 파이썬 프린터가 객체 내의 순환을 탐지할 만큼 충분히 똑똑하지 않았다. 그래서 여러분이 컴퓨터에서 브레이크 키 조합을 누를 때까지 [1, 2, [1, 2, [1, 2, [1, 2,......의 끝나지 않는 데이터 스트림을 출력하게 된다. 브레이크 키 조합은 기술적으로 기본 메시지를 출력하는 키보드 간섭 예외를 발생시킨다. 파이썬 1.5.1을 시작으로 프린터는 순환 구조를 탐지하기에 충분할 만큼 똑똑해졌고 [[...]]를 대신 출력함으로써 객체 구조에서 반복 구조를 탐지했다는 것을 알려서 영원히 프린트에만 매달리는 상황을 피하게 되었다.

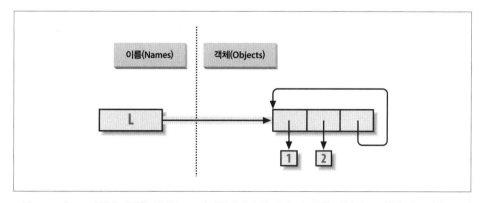

그림 D-1 리스트 자체에 자신을 덧붙임으로써 만들어진 순환 객체. 파이썬은 기본적으로 원래 리스트(리스트의 사본이 아니라)에 대한 참조에 덧붙인다.

이러한 순환의 원인은 알아내기도 어렵고, 파트 2에서 배울 정보들이 필요하므로 여기서 다루는 내용은 미리 보기 정도다. 하지만 요약을 하자면, 파이썬에서의 할당은 항상 객체의 복사본이 아닌 객체에 대한 **참조**를 생성한다. 객체를 메모리와 이를 따르는 포인터로서의 참조의 결집으로 이해하면 된다. 상단의 첫 할당을 실행하면, 이름 L은 두 개의 아이템으로 이루어진 리스트 객체에 대한 명명된 참조가 된다. 이것은 메모리 조각에 대한 포인터다. 파이썬 리스트는 실제로 객체 참조의 배열로, append 메소드를 이용하여 다른 객체참조를 말미에 고정함으로써 배열을 변경할 수 있다. 여기 append 호출은 L의 앞부분에 대한 참조를 L의 뒷부분에 추가하여 그림 D-1과 같은 순환 구조를 만들게 된다. 리스트 마지막의 포인터가 역으로 리스트 앞부분을 가리키게 되는 것이다.

특별하게 출력되는 것 외에 6장에서 배웠듯이 순환 객체는 파이썬 가비지 콜렉터에 의해 특별하게 처리되어야 하는데, 그렇지 않으면 그 공간은 더 이상 사용하지 않음에도 다른 것들이 할당될 수 없는 불모지로 남게 된다. 현실에서 드물긴 하지만, 임의의 객체 또는 구조를 금하는 일부 프로그램에서는 이러한 반복을 피하기 위하여 여러분이 어디에 있었는지에 대한 기록을 유지하며, 이러한 순환 구조를 직접 찾아내야 할 수도 있다. 믿거나 말거나, 순환 데이터 구조는 이런 특이한 출력에도 불구하고 때로는 유용한 경우가 있다.

파트 2. 타입과 연산

실습 문제는 9장의 395쪽 "학습 테스트: 파트 2 실습 문제"를 확인하자.

1. **기본.** 여기에 각각의 실행 결과와 함께 그 의미에 대하여 간략하게 설명하였다. 다시 말하지만 ;는 한 줄에 하나 이상의 문장을 입력할 때 사용되며(;는 문장 구분자), 콤마는 괄호 안에 표현된 튜플을 구현한다. 또한 / 나눗셈의 결과는 2.X와 3.X의 가장 다른 점이며(상세 내용은 5장 참조), list로 딕셔너리 메소드 호출을 감싸는 것이 3.X에서는 결과를 표현하기 위해서 필요하지만, 2.X는 그렇지 않다는 점을 기억하자(8장 참조).

```
# 수치 데이터

>>> 2 ** 16                      # 2의 16승
65536
>>> 2 / 5, 2 / 5.0               # 정수 / 2.X에서는 나머지를 버리지만, 3.X는 버리지 않음
(0.40000000000000002, 0.40000000000000002)

# 문자열
```

```
>>> "spam" + "eggs"                          # 문자열 합치기
'spameggs'
>>> S = "ham"
>>> "eggs " + S
'eggs ham'
>>> S * 5                                     # 반복
'hamhamhamhamham'
>>> S[:0]                                     # 앞에 빈 슬라이스 -- [0:0]
''                                            # 슬라이스된 객체와 동일한 타입이 없다

>>> "green %s and %s" % ("eggs", S)           # 포매팅
'green eggs and ham'
>>> 'green {0} and {1}'.format('eggs', S)
'green eggs and ham'

# 튜플

>>> ('x',)[0]                                 # 단일 아이템 튜플 인덱싱하기
'x'
>>> ('x', 'y')[1]                             # 두 아이템 튜플 인덱싱하기
'y'

# 리스트

>>> L = [1,2,3] + [4,5,6]                     # 리스트 연산
>>> L, L[:], L[:0], L[-2], L[-2:]
([1, 2, 3, 4, 5, 6], [1, 2, 3, 4, 5, 6], [], 5, [5, 6])
>>> ([1,2,3]+[4,5,6])[2:4]
[3, 4]
>>> [L[2], L[3]]                              # 오프셋으로부터 가져와서 리스트에 저장함
[3, 4]
>>> L.reverse(); L                            # 메소드: 리스트 순서를 역으로 만들어줌
[6, 5, 4, 3, 2, 1]
>>> L.sort(); L                               # 메소드: 리스트를 정렬함
[1, 2, 3, 4, 5, 6]
>>> L.index(4)                                # 메소드: 처음부터 네 번째 아이템 찾기
3

# 딕셔너리

>>> {'a':1, 'b':2}['b']                       # 딕셔너리를 키로 인덱싱함
2
>>> D = {'x':1, 'y':2, 'z':3}
>>> D['w'] = 0                                # 새 아이템 생성
>>> D['x'] + D['w']
1
>>> D[(1,2,3)] = 4                            # 튜플이 키로 사용됨(변경 불가)

>>> D
{'w': 0, 'z': 3, 'y': 2, (1, 2, 3): 4, 'x': 1}
```

```
>>> list(D.keys()), list(D.values()), (1,2,3) in D      # 메소드, 키 테스트
(['w', 'z', 'y', (1, 2, 3), 'x'], [0, 3, 2, 4, 1], True)

# 빈 객체들

>>> [[]], ["",[],(),{},None]                # 아무것도 아닌 것들: 빈 객체들
([[]], ['', [], (), {}, None])
```

2. **인덱싱과 슬라이싱.** 경계를 벗어난 인덱싱(예 L[4])은 에러를 일으킨다. 파이썬은 항상 모든 오프셋이 시퀀스의 경계 안에 위치하는지에 대하여 확인한다. 반면에 경계를 벗어난 슬라이싱(예 L[-1000:100])은 문제없이 동작하는데 이는 파이썬이 경계를 넘어가는 슬라이스의 크기를 조정하여 항상 경계에 맞추기 때문이다(경계는 0과 시퀀스 길이로 정해진다). L[3:1]처럼 아래쪽 경계를 위쪽 경계보다 크게 하여 시퀀스를 거꾸로 추출하는 것은 불가능하다. 이렇게 하면 빈 슬라이스가 반환되는데, 파이썬이 슬라이스 경계를 확장하여 아래쪽 경계가 언제나 위쪽 경계보다 작거나 같도록 하기 때문이다. 예를 들어, L[3:1]은 파이썬에 의해 L[3:3]으로 변경된다. 파이썬 슬라이스는 늘 왼쪽에서 오른쪽으로 추출되며, 음의 인덱스를 사용해도 동일하다(음의 인덱스인 경우, 가장 처음 시퀀스의 길이를 더하여 양의 인덱스로 변경하는 작업부터 시작한다). 파이썬 2.3의 3-경계(three-limit) 슬라이스는 이러한 동작 패턴을 약간 변경한다. 예를 들어, L[3:1:-1]은 오른쪽에서 왼쪽으로 추출한다.

```
>>> L = [1, 2, 3, 4]
>>> L[4]
Traceback (innermost last):
  File "<stdin>", line 1, in ?
IndexError: list index out of range
>>> L[-1000:100]
[1, 2, 3, 4]
>>> L[3:1]
[]
>>> L
[1, 2, 3, 4]
>>> L[3:1] = ['?']
>>> L
[1, 2, 3, '?', 4]
```

3. **인덱싱과 슬라이싱, 그리고 삭제.** 여러분의 인터프리터를 사용한 대화형 세션에서는 아래의 코드와 같은 형태를 띄게 될 것이다. 공백 리스트를 오프셋에 할당하는 것은 거기에 공백 리스트 객체를 저장하는 것이지만, 공백 리스트를 슬라이스에 할당하는 것은 그 슬라이스를 삭제하는 것임을 주의해야 한다. 슬라이스 할당은 다른 시퀀스를 기대하거나, 타입 오류가 난다. 이것은 아이템을 할당된 시퀀스 안에 삽입하지, 시퀀스 자체를 대체하지 않는다.

```
>>> L = [1,2,3,4]
>>> L[2] = []
>>> L
[1, 2, [], 4]
>>> L[2:3] = []
>>> L
[1, 2, 4]
>>> del L[0]
>>> L
[2, 4]
>>> del L[1:]
>>> L
[2]
>>> L[1:2] = 1
Traceback (innermost last):
  File "<stdin>", line 1, in ?
TypeError: illegal argument type for built-in operation
```

4. **튜플 할당.** X와 Y의 값이 바뀐다. 할당 기호인 =의 좌우에 튜플이 등장하면, 파이썬은 오른쪽 객체를 그 위치에 대응하는 왼쪽 대상에 할당한다. 왼쪽의 대상은 튜플로 보일 수 있지만 실제로는 튜플이 아니며, 단지 독자적인 할당 대상이라는 점을 주목하면 이해하기 쉬울 것이다. 오른쪽에 등장하는 아이템은 튜플이어서 할당 시 풀린다(튜플은 값 교환을 위해 필요한 임시 할당을 제공한다).

```
>>> X = 'spam'
>>> Y = 'eggs'
>>> X, Y = Y, X
>>> X
'eggs'
>>> Y
'spam'
```

5. **딕셔너리 키.** 불변 객체라면 어떤 것(정수, 튜플, 문자열 등)이든 딕셔너리 키로 사용될 수 있다. 비록 이 키들 중 일부는 정수형 오프셋으로 보인다 하더라도, 이것은 실제로 딕셔너리다. 혼합형 타입의 키도 정상적으로 동작한다.

```
>>> D = {}
>>> D[1] = 'a'
>>> D[2] = 'b'
>>> D[(1, 2, 3)] = 'c'
>>> D
{1: 'a', 2: 'b', (1, 2, 3): 'c'}
```

6. **딕셔너리 인덱싱.** 존재하지 않는 키를 인덱싱하는 것(D['d'])은 오류를 일으킨다. 존재하지 않는 키에 할당하는 것(D['d'] = 'spam')은 새로운 딕셔너리 아이템을 만든다. 반면에, 리스트에서 경계를 벗어난 인덱싱은 에러를 일으키고, 경계를 벗어난 할당 또한 동일하게 에러를 발생시킨다. 변수명은 딕셔너리 키와 같이 동작한다. 이들은 참조될 때 이미 할당되어 있어야 하지만, 처음 할당될 때에야 생성된다. 실제로 변수명은 원한다면 딕셔너리 키로 처리될 수 있다(이들은 모듈 네임스페이스 또는 스택 프레임 딕셔너리에서 보인다).

```
>>> D = {'a':1, 'b':2, 'c':3}
>>> D['a']
1
>>> D['d']
Traceback (innermost last):
  File "<stdin>", line 1, in ?
KeyError: d
>>> D['d'] = 4
>>> D
{'b': 2, 'd': 4, 'a': 1, 'c': 3}
>>>
>>> L = [0, 1]
>>> L[2]
Traceback (innermost last):
  File "<stdin>", line 1, in ?
IndexError: list index out of range
>>> L[2] = 3
Traceback (innermost last):
  File "<stdin>", line 1, in ?
IndexError: list assignment index out of range
```

7. **일반 연산.**

- + 연산자는 데이터 타입이 서로 다르거나 혼재되어 있는 경우 사용할 수 없다(예 문자열 + 리스트, 리스트 + 튜플).

- 딕셔너리에서는 +가 동작하지 않는데, 딕셔너리는 시퀀스가 아니기 때문이다.

- append 메소드는 리스트에서만 동작하며, 문자열에서는 동작하지 않는다. 그리고 keys는 딕셔너리에서만 동작한다. append는 그 대상이 제자리에서 확장이 가능하기 때문에 변경 가능하다고 가정한다. 문자열은 변경할 수 없다.

- 슬라이싱과 결합(concatenation)은 항상 처리된 객체와 동일한 타입의 새로운 객체를 반환한다.

```
>>> "x" + 1
Traceback (innermost last):
  File "<stdin>", line 1, in ?
TypeError: illegal argument type for built-in operation
>>>
>>> {} + {}
Traceback (innermost last):
  File "<stdin>", line 1, in ?
TypeError: bad operand type(s) for +
>>>
>>> [].append(9)
>>> "".append('s')
Traceback (innermost last):
  File "<stdin>", line 1, in ?
AttributeError: attribute-less object
>>>
>>> list({}.keys())          # 3.X에서는 list( )가 필요하나, 2.X에서는 필요 없음
[]
>>> [].keys()
Traceback (innermost last):
  File "<stdin>", line 1, in ?
AttributeError: keys
>>>
>>> [][:]
[]
>>> ""[:]
''
```

8. **문자열 인덱싱.** 약간의 속임수 같은 질문이다. 문자열은 하나의 캐릭터 문자열의 집합체이기 때문에 문자열에 인덱스할 때마다 다시 인덱싱할 수 있는 문자열로 돌아오게 된다. S[0][0][0][0][0]은 첫 번째 문자에 계속해서 인덱싱한다. 이는 일반적으로 리스트가 문자열을 포함하지 않는 한, 리스트에서는 동작하지 않는다(리스트는 임의의 객체를 수용할 수 있다).

```
>>> S = "spam"
>>> S[0][0][0][0][0]
's'
>>> L = ['s', 'p']
>>> L[0][0][0]
's'
```

9. **불변 타입.** 다음의 두 해결책 모두 답이 된다. 인덱스 할당은 제대로 동작하지 않는데, 문자열은 변경될 수 없기 때문이다.

```
>>> S = "spam"
>>> S = S[0] + 'l' + S[2:]
>>> S
'slam'
```

```
>>> S = S[0] + 'l' + S[2] + S[3]
>>> S
'slam'
```

(37장의 파이썬 3.X와 2.6+의 bytearray 문자열 타입을 함께 참조하자. 가변의 작은 정수들의 시퀀스로, 근본적으로 문자열과 동일하게 처리된다.)

10. **중첩.** 여기 샘플이 있다.

```
>>> me = {'name':('John', 'Q', 'Doe'), 'age':'?', 'job':'engineer'}
>>> me['job']
'engineer'
>>> me['name'][2]
'Doe'
```

11. **파일.** 여기 파이썬에서 텍스트 파일을 만들고 다시 읽어 들이는 방법을 소개한다(ls는 유닉스 명령어로, 윈도우에서는 dir을 사용하면 된다).

```
# maker.py 파일
file = open('myfile.txt', 'w')
file.write('Hello file world!\n')      # 또는: open().write()
file.close()                           # close문이 늘 필요하진 않다.

# reader.py 파일
file = open('myfile.txt')              # 'r'이 기본 open 모드임
print(file.read())                     # 또는 print(open().read())

% python maker.py
% python reader.py
Hello file world!

% ls -l myfile.txt
-rwxrwxrwa   1 0         0            19 Apr 13 16:33 myfile.txt
```

파트 3. 문과 구문

실습 문제는 15장의 587쪽 "학습 테스트: 파트 3 실습 문제"를 확인할 것

1. **기본 루프문 작성.** 이 실습을 통해 작업하면 결국 다음과 같은 코드로 마무리될 것이다.

```
>>> S = 'spam'
>>> for c in S:
...     print(ord(c))
...
115
112
97
109

>>> x = 0
>>> for c in S: x += ord(c)              # 또는 x = x + or(c)
...
>>> x
433

>>> x = []
>>> for c in S: x.append(ord(c))
...
>>> x
[115, 112, 97, 109]

>>> list(map(ord, S))                    # 3.X에서는 list( )가 필요하나, 2.X에서는 필요 없음
[115, 112, 97, 109]
>>> [ord(c) for c in S]                  # map과 listcomps 리스트 생성을 자동화함
[115, 112, 97, 109]
```

2. **역슬래시 문자.** 예제는 벨 문자(\a)를 50회 출력한다. 여러분 머신에서 처리할 수 있고 IDLE 외부에서 실행된다면 연속된 경고음을 듣게 될지도 모른다(또는 머신이 충분히 빠르다면, 하나의 지속된 음으로 들릴 수도 있겠다). 똑똑. 난 경고했다구요!

3. **딕셔너리 정렬하기.** 여기 이 실습을 통해 작업하는 한 가지 방법(만약 이해되지 않는다면 8장과 14장 참조)을 보여 준다. 여기서 keys와 sort 호출을 반드시 나누어야 한다는 점을 반드시 기억하자. 이는 sort가 None을 반환하기 때문이다. 파이썬 2.2와 그 이후 버전에서는 keys를 호출하지 않고도 직접 딕셔너리 키를 반복할 수 있다(᷄ for key in D:). 하지만 keys 리스트는 이 코드에 의해서 정렬되지 않을 것이다. 좀 더 최근의 파이썬에서는 내장 함수인 sorted로 동일한 효과를 얻을 수 있다.

```
>>> D = {'a':1, 'b':2, 'c':3, 'd':4, 'e':5, 'f':6, 'g':7}
>>> D
{'f': 6, 'c': 3, 'a': 1, 'g': 7, 'e': 5, 'd': 4, 'b': 2}
>>>
>>> keys = list(D.keys())                # list( ): 3.X에서는 필요하나, 2.X에서는 필요 없음
>>> keys.sort()
>>> for key in keys:
...     print(key, '=>', D[key])
```

```
...
a => 1
b => 2
c => 3
d => 4
e => 5
f => 6
g => 7

>>> for key in sorted(D):          # 최근 파이썬에서는 더 나은 방법
...     print(key, '=>', D[key])
```

4. **대안적 프로그램 로직.** 해결책으로 예제 코드는 다음과 같다. 단계 e에서는 2 ** X의 결과
   를 단계 a와 단계 b 루프 밖의 변수에 할당하고 이를 루프 안에서 사용한다. 결과는 조금
   다를 수 있다. 이 실습은 거의 코드의 대안을 가지고 여러모로 활용하기 위해 디자인된 것
   으로, 논리적이기만 하면 만점을 받을 수 있다.

```
# a

L = [1, 2, 4, 8, 16, 32, 64]
X = 5

i = 0
while i < len(L):
    if 2 ** X == L[i]:
        print('at index', i)
        break
    i += 1
else:
    print(X, 'not found')

# b

L = [1, 2, 4, 8, 16, 32, 64]
X = 5

for p in L:
    if (2 ** X) == p:
        print((2 ** X), 'was found at', L.index(p))
        break
else:
     print(X, 'not found')

# c

L = [1, 2, 4, 8, 16, 32, 64]
X = 5
```

```
if (2 ** X) in L:
    print((2 ** X), 'was found at', L.index(2 ** X))
else:
    print(X, 'not found')

# d

X = 5
L = []
for i in range(7): L.append(2 ** i)
print(L)

if (2 ** X) in L:
    print((2 ** X), 'was found at', L.index(2 ** X))
else:
    print(X, 'not found')

# f

X = 5
L = list(map(lambda x: 2**x, range(7)))        # 또는 [2**x for x in range(7)]
print(L)                                       # 3.X에서 모두 출력하려면 list( ), 2.X는 아님

if (2 ** X) in L:
    print((2 ** X), 'was found at', L.index(2 ** X))
else:
    print(X, 'not found')
```

5. **코드 유지보수.** 정해진 답이 있는 것은 아니다. 하나의 예로 이 코드에 대하여 내가 작성한 것을 보려면 이 책의 예제 패키지에서 mypydoc.py를 참조하면 된다.

파트 4. 함수와 제너레이터

실습 문제는 21장의 830쪽 "학습 테스트: 파트 4 실습 문제"를 확인하자.

1. **기본.** 여기에 더할 내용은 없지만 print(즉, 여러분이 작성한 함수)를 사용하는 것은 기술적으로 다형적인 연산으로, 각 객체의 타입에 따라 적절한 작업을 수행한다는 점을 기억하자.

```
% python
>>> def func(x): print(x)
...
>>> func("spam")
spam
>>> func(42)
42
```

```
>>> func([1, 2, 3])
[1, 2, 3]
>>> func({'food': 'spam'})
{'food': 'spam'}
```

2. **인수.** 아래는 답안 예시다. 기억할 것은 파일은 대화형 세션에서 코딩하는 것과는 달라서, 시험 호출에 대한 결과를 보려면 print문을 사용해야 한다는 점이다. 파이썬은 일반적으로 파일의 표현식 결과를 돌려주지 않는다.

```
def adder(x, y):
    return x + y

print(adder(2, 3))
print(adder('spam', 'eggs'))
print(adder(['a', 'b'], ['c', 'd']))

% python mod.py
5
spameggs
['a', 'b', 'c', 'd']
```

3. **가변 길이의 인수(varargs).** 아래의 파일 adders.py에서는 adder 함수의 두 가지 대안을 확인할 수 있다. 여기에서 어려운 것은 어떻게 하면 어떤 데이터 타입이 전달되더라도 어큐뮬레이터(accumulator)를 빈 값으로 초기화할 것인가라는 문제를 해결하는 것이다. 첫 번째 해답은 타입을 수동으로 검사하여 정수인지 확인하고, 만약 정수가 아니라면 첫 번째 인수의(시퀀스라 가정한다) 공백 슬라이스를 활용한다. 두 번째 해답에서는 첫 번째 인수를 이용해 초기화하고 두 번째부터 그 이후의 인수들을 스캔하는데, 이것은 18장에서 다루었던 min 함수의 변형과 매우 유사하다. 결론은 두 번째 해답이 더 좋은 해결책이다. 이들 모두 모든 인수가 동일한 타입을 가지며, 딕셔너리에서는 동작하지 않는다는 것을 가정한다 (파트 2에서 보았듯이, +는 데이터 타입이 여러 개 혼재되어 있거나 딕셔너리일 경우는 동작하지 않는다). 여기에 타입 테스트와 딕셔너리를 허용하는 특수 코드를 추가할 수도 있다. 하지만 이것은 가산점에 해당한다.

```
def adder1(*args):
    print('adder1', end=' ')
    if type(args[0]) == type(0):      # 정수?
        sum = 0                       # 0으로 초기화
    else:                             # 아니라면 시퀀스
        sum = args[0][:0]             # arg1 공백 슬라이스 사용
    for arg in args:
        sum = sum + arg
    return sum
```

```
def adder2(*args):
    print('adder2', end=' ')
    sum = args[0]                        # arg1로 초기화
    for next in args[1:]:
        sum += next                      # 아이템 2..N까지 더하기
    return sum

for func in (adder1, adder2):
    print(func(2, 3, 4))
    print(func('spam', 'eggs', 'toast'))
    print(func(['a', 'b'], ['c', 'd'], ['e', 'f']))

% python adders.py
adder1 9
adder1 spameggstoast
adder1 ['a', 'b', 'c', 'd', 'e', 'f']
adder2 9
adder2 spameggstoast
adder2 ['a', 'b', 'c', 'd', 'e', 'f']
```

4. **키워드.** 여기에 파일 mod.py에 코딩된 실습 문제의 첫 번째, 두 번째 파트의 해결책을 제시한다. 키워드 인수로 반복하려면 함수 헤더에서 **args 형태를 사용하고 루프문(예 for x in args.keys( ): use args[x])을 사용하거나 args.values( )를 사용함으로써 *args의 위치가 지정된 인수를 더하는 것과 동일한 결과를 얻을 수 있다.

```
def adder(good=1, bad=2, ugly=3):
    return good + bad + ugly

print(adder())
print(adder(5))
print(adder(5, 6))
print(adder(5, 6, 7))
print(adder(ugly=7, good=6, bad=5))

% python mod.py
6
10
14
18
18

# 두 번째 부분 해답

def adder1(*args):                       # 위치가 지정된 인수 중 숫자는 모두 합계를 냄
    tot = args[0]
    for arg in args[1:]:
        tot += arg
    return tot
```

```
def adder2(**args):                      # 키워드 인수 중 숫자는 모두 합계함
    argskeys = list(args.keys())         # 3.X에서는 리스트가 필요함
    tot = args[argskeys[0]]
    for key in argskeys[1:]:
        tot += args[key]
    return tot

def adder3(**args):                      # 동일. 하지만 값의 리스트로 변경함
    args = list(args.values())           # 3.X에서는 리스트가 필요함
    tot = args[0]
    for arg in args[1:]:
        tot += arg
    return tot

def adder4(**args):                      # 동일. 하지만 위치가 지정된 변수 버전 재사용
    return adder1(*args.values())

print(adder1(1, 2, 3), adder1('aa', 'bb', 'cc'))
print(adder2(a=1, b=2, c=3), adder2(a='aa', b='bb', c='cc'))
print(adder3(a=1, b=2, c=3), adder3(a='aa', b='bb', c='cc'))
print(adder4(a=1, b=2, c=3), adder4(a='aa', b='bb', c='cc'))
```

5. (와 6) **딕셔너리 도구.** 여기에 실습 문제 5와 6(파일 dicts.py)에 대한 해답을 제시한다. 이 것이 단지 코딩 실습일 뿐인 이유는, 파이썬 1.4에서 딕셔너리 메소드인 D.copy( )와 D1.update(D2)가 추가되어 이를 사용하여 딕셔너리를 복사하고 추가(병합)하는 등의 일들 을 처리할 수 있기 때문이다. dict.update에 대한 예제는 8장에서 확인할 수 있으며, 더 자 세한 내용은 파이썬 라이브러리 매뉴얼이나 오라일리의 **파이썬 포켓 레퍼런스**를 참조하면 된다. X[:]는 딕셔너리에서는 동작하지 않는데, 이는 딕셔너리는 시퀀스가 아니기 때문이다 (자세한 내용은 8장 참조). 또한 복사 대신에 할당(e = d)을 했다면, 이는 **공유된** 딕셔너리 객체 에 참조를 생성한 것으로 d의 변경은 e를 변경하는 결과를 낳게 된다.

```
def copyDict(old):
    new = {}
    for key in old.keys():
        new[key] = old[key]
    return new

def addDict(d1, d2):
    new = {}
    for key in d1.keys():
        new[key] = d1[key]
    for key in d2.keys():
        new[key] = d2[key]
    return new

% python
```

```
>>> from dicts import *
>>> d = {1: 1, 2: 2}
>>> e = copyDict(d)
>>> d[2] = '?'
>>> d
{1: 1, 2: '?'}
>>> e
{1: 1, 2: 2}

>>> x = {1: 1}
>>> y = {2: 2}
>>> z = addDict(x, y)
>>> z
{1: 1, 2: 2}
```

6. 5번 참조

7. **인수 맞추기 예제.** 여기 여러분이 갖게 될 대화형들이 어느 인수와 맞춰지는지에 대한 설명
    과 함께 나열되어 있다.

```
def f1(a, b): print(a, b)              # 일반 인수

def f2(a, *b): print(a, b)             # 위치가 지정된 인수

def f3(a, **b): print(a, b)            # 키워드 가변 길이 인수(keyword varargs)

def f4(a, *b, **c): print(a, b, c)     # 복합형

def f5(a, b=2, c=3): print(a, b, c)    # 기본값 설정

def f6(a, b=2, *c): print(a, b, c)     # 기본값과 위치가 지정된 가변 길이 인수

% python
>>> f1(1, 2)                           # 위치에 의해 맞춰짐(순서가 중요함)
1 2
>>> f1(b=2, a=1)                       # 이름으로 매칭시킴(순서는 중요하지 않음)
1 2

>>> f2(1, 2, 3)                        # 튜플에서 추가 위치 인수를 취합
1 (2, 3)

>>> f3(1, x=2, y=3)                    # 딕셔너리에서 추가 키워드를 취합
1 {'x': 2, 'y': 3}

>>> f4(1, 2, 3, x=2, y=3)             # 위 두 종류 모두에 대한 추가 인수 취합
1 (2, 3) {'x': 2, 'y': 3}

>>> f5(1)                              # 나머지 둘은 기본값으로
1 2 3
```

```
>>> f5(1, 4)                    # 마지막 하나만 기본값으로
1 4 3

>>> f6(1)                       # 하나의 인수: 'a'에 매치시킴
1 2 ()
>>> f6(1, 3, 4)                 # 추가 위치가 지정된 인수 취합
1 3 (4,)
```

8. **소수 복습하기.** 여기 소수 예제는 함수와 모듈(파일, primes.py)에 싸여서 여러 번 실행될 수 있다. if 테스트를 추가하여 음수와 0, 1을 잡아낼 수 있도록 하였다. 또한 /를 이번 개정판의 //로 변경하여 이 해답이 파이썬 3.X의 / 진짜 나눗셈(true division)에(5장) 영향을 받지 않도록 하였으며, 부동 소숫점 숫자 또한 지원하도록 했다(2.X에서의 차이점을 확인하려면 from문의 주석 처리를 제거하고 //를 /로 변경하면 된다).

```
#from __future__ import division

def prime(y):
    if y <= 1:                      # 누군가는 y > 1로 시작할 수도
        print(y, 'not prime')
    else:
        x = y // 2                  # 3.X에서는 / 연산 불가
        while x > 1:
            if y % x == 0:          # 나머지가 없는지?
                print(y, 'has factor', x)
                break               # 아니면 건너뜀
            x -= 1
        else:
            print(y, 'is prime')

prime(13); prime(13.0)
prime(15); prime(15.0)
prime(3);  prime(2)
prime(1);  prime(-3)
```

여기 실행되는 모듈이 있다. // 연산자는 이 모듈이 부동 소숫점 수에도 작동할 수 있도록 한다.

```
% python primes.py
13 is prime
13.0 is prime
15 has factor 5
15.0 has factor 5.0
3 is prime
2 is prime
1 not prime
-3 not prime
```

이 함수는 여전히 재활용할 수 없다. 또한 이 함수는 값을 출력하는 대신 값을 반환할 수도 있지만, 실험용으로는 그것만으로도 충분하다. 이는 엄격한 의미의 수학적 소수(부동 소숫점 포함)가 아니며, 여전히 비효율적이다. 보다 수학적 식견을 가진 독자들을 위해 개선할부분은 실습 문제로 남겨 두도록 하겠다(힌트: range(y, 1, -1)에서 반복되는 for 루프는 while보다 조금 빠르지만 여기에서는 알고리즘이 진짜 병목 지점이다). 대안에 대한 시간 측정을 위하여파이썬 자체에서 지원하는 timer 또는 표준 라이브러리인 timeit 모듈을 사용하고, 코딩 패턴은 21장의 시간 측정에 대해 다룬 절에서 사용한 패턴과 유사하게 작성하면 된다(해답 10번 함께 확인할 것).

9. **반복과 컴프리헨션.** 다음은 여러분이 작성해야 할 코드다. 여기에 각자 선호하는 코딩 방식에 따라 코드는 달라질 수 있다.

```
>>> values = [2, 4, 9, 16, 25]
>>> import math

>>> res = []
>>> for x in values: res.append(math.sqrt(x))
...
>>> res
[1.4142135623730951, 2.0, 3.0, 4.0, 5.0]

>>> list(map(math.sqrt, values))
[1.4142135623730951, 2.0, 3.0, 4.0, 5.0]

>>> [math.sqrt(x) for x in values]
[1.4142135623730951, 2.0, 3.0, 4.0, 5.0]

>>> list(math.sqrt(x) for x in values)
[1.4142135623730951, 2.0, 3.0, 4.0, 5.0]
```

10. **시간 측정 도구.** 다음은 세제곱근을 구하는 방식에 대한 시간 측정을 위해 작성한 코드를 제시하였다. 이와 함께 CPythons 3.3과 2.7, PyPy 1.9(파이썬 2.7에서 구현한)에서의 결과도 함께 보여 준다. 각 테스트는 세 번의 실행 중 가장 좋은 결과를 취하며, 한 번 실행 시 테스트 함수를 1,000번 호출하는 데 소요되는 총 시간을 측정한다. 각 테스트 함수는 1,000번 반복한다. 각 함수의 마지막 결과는 세 번 모두 동일한 작업을 했는지 검증하기 위하여 출력된다.

```
# timer2.py 파일(2.X and 3.X)
...21장에서 나열한 것과 동일함...

# timesqrt.py 파일
```

```
import sys, timer2
reps = 10000
repslist = range(reps)                    # 2.X를 위해 range list time을 꺼냄

from math import sqrt                      # math.sqrt가 아님: 속성 가져오는 시간을 더함
def mathMod():
    for i in repslist:
        res = sqrt(i)
    return res

def powCall():
    for i in repslist:
        res = pow(i, .5)
    return res

def powExpr():
    for i in repslist:
        res = i ** .5
    return res

print(sys.version)
for test in (mathMod, powCall, powExpr):
    elapsed, result = timer2.bestoftotal(test, _reps1=3, _reps=1000)
    print ('%s: %.5f => %s' % (test.__name__, elapsed, result))
```

다음은 세 종류의 파이썬에 대한 테스트 결과다. 3.3과 2.7의 결과는 이전 개정판에서 다룬 3.0과 2.6에 비해 대략 두 배 정도 빠르다. 보다 빠른 테스트 머신 덕이다. 테스트에 사용된 각각의 파이썬에서는 math 모듈이 ** 표현식보다 빠른 것으로 보이며, ** 표현식은 pow 호출보다 빠르다. 하지만 여러분은 자신의 머신에서 여러분의 파이썬 버전 위에서 여러분만의 코드로 테스트해 보아야 한다. 또한, 파이썬 3.3은 근본적으로 이 테스트에서 2.7보다 두 배는 느리다는 점에 주목하자. 그리고 PyPy는 부동 소숫점 계산 및 반복을 수행함에도 CPython보다 무려 열 배나 빠르다. 이들 파이썬 중 최근 버전들은 그 결과가 달라질 수 있다. 따라서 스스로 시간을 측정해서 확인해 보자.

```
c:\code> py -3 timesqrt.py
3.3.0 (v3.3.0:bd8afb90ebf2, Sep 29 2012, 10:57:17) [MSC v.1600 64 bit (AMD64)]
mathMod: 2.04481 => 99.99499987499375
powCall: 3.40973 => 99.99499987499375
powExpr: 2.56458 => 99.99499987499375

c:\code> py -2 timesqrt.py
2.7.3 (default, Apr 10 2012, 23:24:47) [MSC v.1500 64 bit (AMD64)]
mathMod: 1.04337 => 99.994999875
powCall: 2.57516 => 99.994999875
powExpr: 1.89560 => 99.994999875
```

```
c:\code> c:\pypy\pypy-1.9\pypy timesqrt.py
2.7.2 (341e1e3821ff, Jun 07 2012, 15:43:00)
[PyPy 1.9.0 with MSC v.1500 32 bit]
mathMod: 0.07491 => 99.994999875
powCall: 0.85678 => 99.994999875
powExpr: 0.85453 => 99.994999875
```

파이썬 3.X와 2.7의 딕셔너리 컴프리헨션와 이와 동일한 for 루프의 상대적 속도를 측정하기 위해서 다음과 같은 세션을 실행할 수 있다. 파이썬 3.3에서 이 둘은 대략 동일한 속도를 보인다. 하지만 리스트 컴프리헨션과는 다르게 수동 루프가 딕셔너리 컴프리헨션보다 아주 약간 빠르다(이런 차이가 그리 경천동지할 만한 것은 아니다. 결론적으로는 백만 개의 아이템을 가진 50개의 딕셔너리를 만드는 데 겨우 0.5초를 절약했을 뿐이다). 다시 이야기하지만, 이 결과를 온 사방에 복음처럼 전파할 것이 아니라 여러분만의 컴퓨터와 파이썬으로 직접 조사해 보아 야 한다.

```
C:\code> c:\python33\python
>>>
>>> def dictcomp(I):
        return {i: i for i in range(I)}

>>> def dictloop(I):
        new = {}
        for i in range(I): new[i] = i
        return new

>>> dictcomp(10)
{0: 0, 1: 1, 2: 2, 3: 3, 4: 4, 5: 5, 6: 6, 7: 7, 8: 8, 9: 9}
>>> dictloop(10)
{0: 0, 1: 1, 2: 2, 3: 3, 4: 4, 5: 5, 6: 6, 7: 7, 8: 8, 9: 9}
>>>
>>> from timer2 import total, bestof
>>> bestof(dictcomp, 10000)[0]                # 10,000개 아이템을 가진 딕셔너리
0.0017095345403959072
>>> bestof(dictloop, 10000)[0]
0.002097576400046819
>>>
>>> bestof(dictcomp, 100000)[0]               # 100,000개 아이템: 열 배 느림
0.012716923463358398
>>> bestof(dictloop, 100000)[0]
0.014129806355413166
>>>
>>> bestof(dictcomp, 1000000)[0]              # 백만 아이템 중 하나: 열 배의 시간이 걸림
0.11614425187337929
>>> bestof(dictloop, 1000000)[0]
0.1331144855439561
```

```
>>>
>>> total(dictcomp, 1000000, _reps=50)[0]        # 총 50개의 백만 아이템 딕셔너리 생성
5.8162020671780965
>>> total(dictloop, 1000000, _reps=50)[0]
6.626680761285343
```

11. 재귀 함수. 이 함수는 다음과 같이 작성되었다. 단순한 range, 컴프리헨션 타입, 또는 map 으로도 여기에 기술한 것과 동일한 작업을 할 수 있지만, 재귀적 호출은 여기에서 실험하기에 충분히 유용하다(print는 3.X에서만 허용되는 함수로, 3.X가 아니라면 __future__로부터 이를 임포트하거나 이와 동일한 작업을 할 수 있는 별도의 코드를 작성하여야 한다).

```
def countdown(N):
    if N == 0:
        print('stop')                      # 2.X: 'stop' 출력
    else:
        print(N, end=' ')                   # 2.X: N, 출력
        countdown(N-1)

>>> countdown(5)
5 4 3 2 1 stop
>>> countdown(20)
20 19 18 17 16 15 14 13 12 11 10 9 8 7 6 5 4 3 2 1 stop

# 비재귀적 방식:
>>> list(range(5, 0, -1))
[5, 4, 3, 2, 1]

# 3.X에서만:
>>> t = [print(i, end=' ') for i in range(5, 0, -1)]
5 4 3 2 1
>>> t = list(map(lambda x: print(x, end=' '), range(5, 0, -1)))
5 4 3 2 1
```

이 실습에 제너레이터 기반의 해답은 포함시키지 않았으나, 다음에 그중 하나의 예를 제시하였다. 그 외 다른 기법들은 이 경우보다 간단할 것이다. 아마도 제너레이터를 피해야 할 경우에 대한 좋은 예제일 것이다. 제너레이터는 반복이 완료되기 전에는 결괏값을 만들지 않기 때문에 여기에 for 또는 yield from이 필요하다는 점에 주의하자(yield from은 3.3 또는 그 이후 버전에서만 유효하다).

```
def countdown2(N):                              # 제너레이터 함수, 재귀적 용법
    if N == 0:
        yield 'stop'
    else:
        yield N
        for x in countdown2(N-1): yield x # 3.3+: yield from countdown2(N-1)
```

```
>>> list(countdown2(5))
[5, 4, 3, 2, 1, 'stop']

# 비재귀적 방식
>>> def countdown3():                       # 제너레이터 함수, 단순 용법
        yield from range(5, 0, -1)          # 3.3 이전: for x in range( ): yield x

>>> list(countdown3())
[5, 4, 3, 2, 1]

>>> list(x for x in range(5, 0, -1))        # 제너레이터 표현과 동일
[5, 4, 3, 2, 1]

>>> list(range(5, 0, -1))                   # 제너레이터 아닌 형태와 동일
[5, 4, 3, 2, 1]
```

12. **계승(factorial) 계산하기.** 다음의 파일은 이 실습 문제를 어떻게 코딩하였는지를 보여 준다. 이 파일은 파이썬 3.X와 2.X에서 돌아가고, 3.3에서의 결과물은 파일 마지막의 문자열 리터럴에 주어진다. 이 코드는 다양한 변형이 가능하다. 예를 들어 범위(ranges)는 2..N+1부터 반복에서 벗어날 때까지 실행될 수 있으며, fact2는 lambda를 피하기 위해 reduce(operator. mul, range(N, 1, -1))을 사용할 수 있다.

```
#!python
from __future__ import print_function          # factorials.py 파일
from functools import reduce
from timeit import repeat
import math

def fact0(N):                                   # 재귀 함수
    if N == 1:                                   # 기본적으로 999에서 실패
        return N
    else:
        return N * fact0(N-1)

def fact1(N):
    return N if N == 1 else N * fact1(N-1)       # 재귀 함수, 한 줄 작성

def fact2(N):                                   # 함수
    return reduce(lambda x, y: x * y, range(1, N+1))

def fact3(N):
    res = 1
    for i in range(1, N+1): res *= i             # 반복
    return res

def fact4(N):
```

```
        return math.factorial(N)                    # 표준 라이브러리 "batteries"

# 테스트
print(fact0(6), fact1(6), fact2(6), fact3(6), fact4(6))      # 6*5*4*3*2*1: 모두 720
print(fact0(500) == fact1(500) == fact2(500) == fact3(500) == fact4(500))      # 참

for test in (fact0, fact1, fact2, fact3, fact4):
    print(test.__name__, min(repeat(stmt=lambda: test(500), number=20, repeat=3)))

r"""
C:\code> py -3 factorials.py
720 720 720 720 720
True
fact0 0.003990868798355564
fact1 0.003901433457907475
fact2 0.002732909419593966
fact3 0.002052614370939676
fact4 0.0003401475243271501
"""
```

결론적으로 재귀 호출은 내 파이썬과 머신에서는 가장 느리며, N이 999에 이르렀을 때 sys
에서의 스택 사이즈 설정 기본값으로 인해 실행에 실패했다. 19장에 따르면 이 한계는 늘
릴 수 있지만, 단순 반복문 또는 표준 라이브러리 도구가 어떤 경우에서도 최고의 방법인
것으로 보인다.

이러한 일반적인 결과가 사실일 경우가 많다. 예를 들어 문자열을 역으로 만드는 데 있어
서 재귀적 용법이 가능하다 하더라도, ''.join(reversed(S))이 선호하는 방식일 것이다. 어떻
게 그런지를 알아보기 위해 다음 코드의 시간을 측정해 보자. 3.X에서 계승(factorial)에 대
해서 말하자면, 재귀적 용법은 오늘날 CPython에서 가장 느리다. 하지만 이 결과가 PyPy
에서는 다를 수도 있다.

```
def rev1(S):
    if len(S) == 1:
        return S
    else:
        return S[-1] + rev1(S[:-1])         # 재귀적 용법: 현재 CPython에서 열 배 느림

def rev2(S):
    return ''.join(reversed(S))              # 비재귀적 반복 객체: 단순, 빠름

def rev3(S):
    return S[::-1]                            # 더 나은 방법: 확장 슬라이스로 시퀀스 역으로 바꾸기
```

파트 5. 모듈과 패키지

실습 문제는 25장의 975쪽 "학습 테스트: 파트 5 실습 문제"를 확인하자.

1. **임포트 기본.** 코드 작성을 마무리하면, 여러분의 파일(mymod.py)과 대화형 세션은 아래와 유사한 형태를 가지게 될 것이다. 파이썬은 전체 파일을 문자열의 리스트로 읽어 들일 수 있으며, 내장 함수인 len은 문자열과 리스트의 길이를 반환한다.

```
def countLines(name):
    file = open(name)
    return len(file.readlines())

def countChars(name):
    return len(open(name).read())

def test(name):                                    # 또는 파일 객체를 전달
    return countLines(name), countChars(name)      # 또는 딕셔너리를 반환

% python
>>> import mymod
>>> mymod.test('mymod.py')
(10, 291)
```

여기 카운트 결과에는 주석이나 파일 마지막의 추가 라인들이 포함되거나 또는 안 되었을 수도 있기 때문에 여러분의 카운트 결과는 이와 다를 수도 있다. 이 함수는 전체 파일을 메모리에다 한 번에 올리기 때문에 만약 파일이 여러분 컴퓨터의 메모리로는 수용이 되지 않을 만큼 크다면 동작할 수 없게 된다. 보다 안전하게 만들려면, 반복자를 사용하여 파일을 줄 단위로 읽어 들이며 카운트하는 방식을 쓸 수 있다.

```
def countLines(name):
    tot = 0
    for line in open(name): tot += 1
    return tot

def countChars(name):
    tot = 0
    for line in open(name): tot += len(line)
    return tot
```

제너레이터 표현식으로도 동일한 결과를 얻을 수 있다(하지만 강사는 과도한 마법 사용으로 감점시켜 버릴 수도!).

```
def countlines(name): return sum(+1 for line in open(name))
def countchars(name): return sum(len(line) for line in open(name))
```

유닉스에서는 wc 명령어를 사용하여 결과물을 검증할 수 있다. 윈도우에서는 파일에 오른쪽 마우스 클릭으로 파일의 속성을 볼 수 있다. 또한, 여러분이 작성한 스크립트가 윈도우에서보다 더 적은 글자 수를 결과로 보일 수도 있다. 이식성을 위해 파이썬은 윈도우의 \r\n 줄 끝 표시를 \n으로 바꾸기 때문에 줄당 1바이트(문자)만큼 줄어들게 된다. 윈도우와 정확하게 바이트 카운트를 일치시키려면, 파일을 바이너리 모드('rb')로 열거나 줄 수만큼의 바이트 수를 더해야 한다. 9장과 37장을 살펴보면 텍스트 파일에서 줄 끝 표시의 전환에 대하여 더 자세하게 알아볼 수 있다.

이 실습에서 가장 야심찬 부분(파일 객체를 전달하여 한 번만 파일을 열 수 있게 하는 것)은 여러분이 내장 파일 객체의 seek 메소드를 활용할 것을 요구하는 것이다. 이는 C에서의 fseek 호출과 같은 작업을 한다(무대 뒤에서 이를 호출할지도). seek은 파일에서의 현재 위치를 전달받은 오프셋으로 재설정한다. seek 이후의 입출력 작업은 새로운 위치와 관련되어 일어난다. 파일을 닫고 난 후 다시 열지 않고 해당 파일의 시작 시점으로 되감으려면, file.seek(0)을 호출하면 된다. 파일 read 메소드는 파일에서 현재 위치를 찾아오기 때문에 파일을 다시 읽으려면 되감기를 해야 한다. 이렇게 수정한 내용은 다음과 같다.

```
def countLines(file):
    file.seek(0)                                          # 파일 첫 부분으로 되감기
    return len(file.readlines())

def countChars(file):
    file.seek(0)                                          # 상동(필요시 되감기)
    return len(file.read())

def test(name):
    file = open(name)                                     # 파일 객체를 전달
    return countLines(file), countChars(file)             # 파일을 한 번만 엶

>>> import mymod2
>>> mymod2.test("mymod2.py")
(11, 392)
```

2. **from/from *.** 여기 from * 부분이 있다. 나머지를 실행하려면 *를 countChars로 교체하면 된다.

```
% python
>>> from mymod import *
>>> countChars("mymod.py")
291
```

3. **__main__.** 적절하게 코드를 작성했다면 이 파일은 프로그램 실행이나 모듈 임포트 중 어떤 모드에서도 동작하게 된다.

```
def countLines(name):
    file = open(name)
    return len(file.readlines())

def countChars(name):
    return len(open(name).read())

def test(name):                                    # 또는 파일 객체 전달
    return countLines(name), countChars(name)      # 또는 딕셔너리 반환

if __name__ == '__main__':
    print(test('mymod.py'))

% python mymod.py
(13, 346)
```

여기가 바로 카운트할 파일 이름을 스크립트에 하드코딩하는 대신, 명령 라인 인수나 사용자 입력으로 받는 방식에 대하여 고려하기 시작하는 시점인 듯하다(sys.argv는 25장에서 상세히 살펴볼 수 있으며, 10장에서는 input(2.X에서는 이 대신 raw_input을 사용함)에 대해 자세히 알아볼 수 있다).

```
if __name__ == '__main__':
    print(test(input('Enter file name:')))         # 콘솔(2.X에서는 raw_input)

if __name__ == '__main__':
    import sys                                      # 명령 라인
    print(test(sys.argv[1]))
```

4. **중첩된 임포트.** 이것은 내가 제시하는 해답이다(파일 myclient.py).

```
from mymod import countLines, countChars
print(countLines('mymod.py'), countChars('mymod.py'))

% python myclient.py
13 346
```

나머지 부분에 대해서 말하자면, mymod 함수는 myclient의 최상위 레벨에서 접근 가능하다(즉 임포트 가능하다). 이는 from이 단순히 임포터에서 이름을 할당하기 때문이다(이는 myclient에서 등장하는 mymod의 def문처럼 동작한다). 예를 들어, 다른 파일에서는 다음과 같이 작성할 수도 있다.

```
import myclient
myclient.countLines(...)

from myclient import countChars
countChars(...)
```

만약 myclient가 from 대신에 import를 사용했다면, myclient를 통해 mymod에서 함수를 찾아 들어가기 위한 경로를 사용해야 할 것이다.

```
import myclient
myclient.mymod.countLines(...)

from myclient import mymod
mymod.countChars(...)
```

일반적으로 다른 모듈로부터 모든 이름을 임포트하는 **collector** 모듈을 정의할 수 있다. 이렇게 되면 단일의 편리한 모듈에서 모든 이름을 확인할 수 있다. 일례로 다음은 somename이라는 이름에 대한 세 개의 서로 다른 복사본을 만드는 부분 코드다(mod1.somename, collector.somename, __main__.somename). 이 세 개 모두 초기에는 동일한 정수 객체를 공유하며, somename이라는 대화형 프롬프트에 다음과 같이 존재한다.

```
# mod1.py 파일
somename = 42

# collector.py 파일
from mod1 import *          # 여기에 많은 이름을 모음
from mod2 import *          # from은 이름에 할당함
from mod3 import *

>>> from collector import somename
```

5. **패키지 임포트.** 이 문제를 위해 3번 실습 문제에서 작성한 mymod.py 해답 파일을 디렉터리 패키지에 넣었다. 다음은 윈도우 콘솔 인터페이스에서 디렉터리와 3.3 전까지는 필요한 __init__.py 파일을 설정하는 방법이다. 아마 다른 플랫폼을 위해서는 몇 가지 수정이 필요할 것이다(예를 들어, copy와 notepad 대신에 cp와 vi를 사용한다거나 말이다). 이 작업은 어느 디렉터리에서나 가능하고(나는 본인 코드 디렉터리를 사용하였다) 일부 작업은 파일 탐색기 GUI에서도 할 수 있다.

작업을 완료하면 __init__.py와 mymod.py를 포함한 **mypkg**라는 하위 디렉터리가 생길 것이다. 파이썬 3.3의 네임스페이스 패키지가 확장되기 전까지는 **mypkg** 디렉터리에 (상위 디

렉터리가 아닌) __init__.py 파일이 필요하다. 기술적으로 mypkg는 모듈 검색 경로의 홈 디렉터리에 위치한다. 어떻게 디렉터리 초기화 파일에 작성된 print문이 처음 임포트될 때에만 동작하고, 두 번째부터는 동작하지 않는지를 알아보자. 여기에서도 파일 경로에서 이탈하는 이슈를 피하기 위해 원천 문자열이 사용되었다.

```
C:\code> mkdir mypkg
C:\code> copy mymod.py mypkg\mymod.py
C:\code> notepad mypkg\__init__.py
...print 구문을 작성했음...

C:\code> python
>>> import mypkg.mymod
initializing mypkg
>>> mypkg.mymod.countLines(r'mypkg\mymod.py')
13
>>> from mypkg.mymod import countChars
>>> countChars(r'mypkg\mymod.py')
346
```

6. **리로드.** 이 문제는 이 책에 등장한 changer.py를 수정해 볼 것을 요구하는 것으로, 여기에서 더 다룰 내용은 없다.

7. **순환 임포트.** 간단히 이야기하자면 recur2를 처음 임포트하는 것은 가능한데, 재귀적 임포트가 이후 recur1에서 일어나지, recure2의 from에서 일어나는 것이 아니기 때문이다.

풀어서 다시 말하면 처음 recur2를 임포트하는 것은 가능한데, recur1으로부터 recur2로의 임포트는 recur2 전체를, 특정 이름만 가져오는 대신에 가져오기 때문이다. recur2는 recur1으로부터 처음 임포트되었을 때는 불완전하지만, from 대신에 import를 사용하였으므로 안전하다. 파이썬은 이미 생성된 recur2 모듈 객체를 발견, 반환하고 recur1의 나머지 부분을 어떤 결함도 없이 계속 실행하게 된다. recur2의 임포트가 재개되면, 두 번째 from이 recur1의 이름 Y를 발견하기 때문에(완벽하게 실행된다) 어떤 에러도 전달되지 않는다.

파일을 **스크립트**로 실행하는 것은 모듈로서 이를 임포트하는 것과는 다르다. 이들의 경우는 스크립트의 첫 import 또는 from을 대화형으로 실행했을 때도 동일하다. 예를 들어, recur1을 스크립트로 실행하는 것은 recur2가 대화형에서 임포트되는 것과 동일하기 때문에 recur2가 recur1에서 임포트된 첫 모듈인 것처럼 동작한다. recur2를 스크립트로 실행하는 것은 같은 이유로 실패한다. 이것은 첫 임포트를 대화형으로 실행하는 것과 같다.

파트 6. 클래스와 객체 지향 프로그래밍

실습 문제는 32장의 1350쪽 "학습 테스트: 파트 6 실습 문제"를 확인할 것

1. **상속.** 여기, 실습 문제에 대한 해답 코드를 일부 대화형 테스트와 함께 제시한다(파일 adder.py). `__add__` 오버로드는 슈퍼클래스에 한 번만 등장하고, 이것이 서브클래스에서 타입별 특화된 add 메소드를 적용한다.

```python
class Adder:
    def add(self, x, y):
        print('not implemented!')
    def __init__(self, start=[]):
        self.data = start
    def __add__(self, other):            # 또는 서브클래스에?
        return self.add(self.data, other)   # 또는 타입을 반환?

class ListAdder(Adder):
    def add(self, x, y):
        return x + y

class DictAdder(Adder):
    def add(self, x, y):
        new = {}
        for k in x.keys(): new[k] = x[k]
        for k in y.keys(): new[k] = y[k]
        return new

% python
>>> from adder import *
>>> x = Adder()
>>> x.add(1, 2)
not implemented!
>>> x = ListAdder()
>>> x.add([1], [2])
[1, 2]
>>> x = DictAdder()
>>> x.add({1:1}, {2:2})
{1: 1, 2: 2}

>>> x = Adder([1])
>>> x + [2]
not implemented!
>>>
>>> x = ListAdder([1])
>>> x + [2]
[1, 2]
>>> [2] + x
In 3.3: TypeError: can only concatenate list (not "ListAdder") to list
Earlier: TypeError: __add__ nor __radd__ defined for these operands
```

에러가 발생한 마지막 테스트에서는 + 연산자 오른쪽에 클래스 인스턴스가 나온다. 이를 고치려면, __radd__ 메소드를 사용하면 되며, 30장의 "연산자 오버로딩"절에 그 방법이 자세히 나와 있다.

만약 인스턴스에 포함되는 값을 줄이고 싶다면, 이 파트의 다른 예제들과 마찬가지로, add 메소드가 단지 하나의 인수를 취하도록 재작성하면 된다(여기에 제시된 코드는 adder2.py다).

```
class Adder:
    def __init__(self, start=[]):
        self.data = start
    def __add__(self, other):              # 단일 인수 전달
        return self.add(other)             # 왼쪽 인수는 self에
    def add(self, y):
        print('not implemented!')

class ListAdder(Adder):
    def add(self, y):
        return self.data + y

class DictAdder(Adder):
    def add(self, y):
        d = self.data.copy()               # x 대신 self.data를 사용하는 것으로
        d.update(y)                        # 또는 내장 함수를 사용할 수도
        return d

x = ListAdder([1, 2, 3])
y = x + [4, 5, 6]
print(y)                                   # [1, 2, 3, 4, 5, 6] 출력

z = DictAdder(dict(name='Bob')) + {'a':1}
print(z)                                   # {'name': 'Bob', 'a': 1} 출력
```

값은 사라지지 않고 객체에 붙어 있기 때문에 단언컨대 이 버전은 더 객체 지향적이다. 또한 한 번 이 점을 이해하면, 아마도 add를 모두 없애고 간단하게 두 개의 서브클래스에서 데이터 타입에 특화된 __add__ 메소드를 정의할 수 있게 될 것이다.

2. **연산자 오버로딩.** 해답 코드(파일 mylist.py)는 30장에서 다룬 연산자 오버로딩 메소드를 사용하고 있다. 초깃값은 변경될 여지가 있으므로 생성자에 복사해 두는 것이 중요하다. 클래스 바깥 어딘가에서 공유될지 모르는 객체의 값을 변경하거나 참조하는 것은 여러분도 아마 원하지 않을 것이다. __getattr__ 메소드는 내부에 싸인 리스트로 호출을 넘겨준다. 이 코드를 2.2 또는 그 이후 버전에서 작성하기 좀 더 쉬운 방법을 확인하려면 32장 1233쪽의 "서브클래싱으로 타입 확장하기"절을 참조하면 된다.

```
class MyList:
    def __init__(self, start):
        #self.wrapped = start[:]          #복사 시작: 부작용 없음
        self.wrapped = list(start)        # 여기에는 반드시 리스트가 와야 함
    def __add__(self, other):
        return MyList(self.wrapped + other)
    def __mul__(self, time):
        return MyList(self.wrapped * time)
    def __getitem__(self, offset):        # 3.X에서는 슬라이스도 전달 가능
        return self.wrapped[offset]       # __iter__가 없는 경우, 반복을 위해
    def __len__(self):
        return len(self.wrapped)
    def __getslice__(self, low, high):    # 3.X에서는 무시: __getitem__ 사용
        return MyList(self.wrapped[low:high])
    def append(self, node):
        self.wrapped.append(node)
    def __getattr__(self, name):          # 다른 메소드: sort/reverse/등
        return getattr(self.wrapped, name)
    def __repr__(self):                   # 캐치콜 디스플레이 메소드
        return repr(self.wrapped)

if __name__ == '__main__':
    x = MyList('spam')
    print(x)
    print(x[2])
    print(x[1:])
    print(x + ['eggs'])
    print(x * 3)
    x.append('a')
    x.sort()
    print(' '.join(c for c in x))

c:\code> python mylist.py
['s', 'p', 'a', 'm']
a
['p', 'a', 'm']
['s', 'p', 'a', 'm', 'eggs']
['s', 'p', 'a', 'm', 's', 'p', 'a', 'm', 's', 'p', 'a', 'm']
a a m p s
```

여기에서 초기 시작값을 슬라이싱 대신에 list를 호출하여 복사한다는 것이 중요하다. 그
렇지 않으면 결과가 리스트가 아닐 수도 있으며, 이 경우 append와 같은 리스트 메소드에
대응할 수 없게 된다(일례로, 문자열을 슬라이싱하면 리스트가 아닌 문자열을 반환한다). 아마도
MyList의 시작값을 슬라이싱으로 복사할 수 있을 것이다. 왜냐하면 이 클래스는 슬라이싱
연산을 오버로드하고 예상되는 리스트 인터페이스를 제공하기 때문이다. 그러나 문자열
같은 객체를 슬라이스 기반으로 복사하는 것은 피해야 한다.

3. 서브클래싱. 다음은 나의 해답이다(mysub.py). 여러분 각자의 해답도 이와 유사할 것이다.

```
from mylist import MyList

class MyListSub(MyList):
    calls = 0                                   # 인스턴스에 의해 공유됨
    def __init__(self, start):
        self.adds = 0                           # 인스턴스마다 다름
        MyList.__init__(self, start)

    def __add__(self, other):
        print('add: ' + str(other))
        MyListSub.calls += 1                    # 클래스 범위 기준 카운터
        self.adds += 1                          # 인스턴스별 카운트
        return MyList.__add__(self, other)

    def stats(self):
        return self.calls, self.adds            # 모두 더하기, 자기만 더하기

if __name__ == '__main__':
    x = MyListSub('spam')
    y = MyListSub('foo')
    print(x[2])
    print(x[1:])
    print(x + ['eggs'])
    print(x + ['toast'])
    print(y + ['bar'])
    print(x.stats())

c:\code> python mysub.py
a
['p', 'a', 'm']
add: ['eggs']
['s', 'p', 'a', 'm', 'eggs']
add: ['toast']
['s', 'p', 'a', 'm', 'toast']
add: ['bar']
['f', 'o', 'o', 'bar']
(3, 2)
```

4. 속성 메소드. 이 실습 문제와 관련하여 다음과 같이 작업하였다. 파이썬 2.X의 레거시 클래스에서 연산자는 __getattr__를 통해 속성을 가져오려고 한다. 연산자가 제대로 동작할 수 있도록 값을 반환해야 한다. 32장과 다른 곳에서도 언급했듯이, 파이썬 3.X에서(그리고 만약 새 형식 클래스를 사용한다면 2.X에서도) __getattr__는 내장된 연산자를 위해 호출되지 않기 때문에 이 표현식들은 전혀 가로채지지 않는다. 새 형식 클래스에서 이와 같은 클래스는 __X__ 연산자 오버로딩 메소드를 명시적으로 제정의해야만 한다. 이에 대해서 더

알아보려면, 28, 31, 32, 38, 39장을 참조하면 된다. 이것은 많은 코드에 영향을 미칠 수 있다!

```
c:\code> py -2
>>> class Attrs:
        def __getattr__(self, name):
            print('get %s' % name)
        def __setattr__(self, name, value):
            print('set %s %s' % (name, value))
>>> x = Attrs()
>>> x.append
get append
>>> x.spam = 'pork'
set spam pork
>>> x + 2
get __coerce__
TypeError: 'NoneType' object is not callable
>>> x[1]
get __getitem__
TypeError: 'NoneType' object is not callable
>>> x[1:5]
get __getslice__
TypeError: 'NoneType' object is not callable

c:\code> py -3
>>> ...같은 초기화 코드...
>>> x + 2
TypeError: unsupported operand type(s) for +: 'Attrs' and 'int'
>>> x[1]
TypeError: 'Attrs' object does not support indexing
>>> x[1:5]
TypeError: 'Attrs' object is not subscriptable
```

5. **집합 객체.** 여기에서는 여러분이 다루게 될 대화형 세션을 보여 준다. 주석은 어떤 메소드가 호출되었는지를 설명한다. 또한 집합은 오늘날의 파이썬에서는 내장된 타입으로, 아래 내용은 코드 작성 연습을 위한 것일 뿐이다(집합에 대해 더 알아보려면 5장을 참조하자).

```
% python
>>> from setwrapper import Set
>>> x = Set([1, 2, 3, 4])                # __init__ 실행
>>> y = Set([3, 4, 5])

>>> x & y                                # __and__, intersect, 그리고 __repr__
Set:[3, 4]
>>> x | y                                # __or__, union, 그리고 __repr__
Set:[1, 2, 3, 4, 5]
```

```
>>> z = Set("hello")                    # __init__이 중복 삭제
>>> z[0], z[-1], z[2:]                   # __getitem__
('h', 'o', ['l', 'o'])

>>> for c in z: print(c, end=' ')        # __iter__(else __getitem__)[3.X print]
...
h e l o
>>> ''.join(c.upper() for c in z)        # __iter__(else __getitem__)
'HELO'
>>> len(z), z                            # __len__, __repr__
(4, Set:['h', 'e', 'l', 'o'])

>>> z & "mello", z | "mello"
(Set:['e', 'l', 'o'], Set:['h', 'e', 'l', 'o', 'm'])
```

다중 피연산자 확장 서브클래스에 대한 나의 해답은 다음 클래스와 같은 형태를 띤다(파일 multiset.py). 이는 원래 집합에서 두 개의 메소드만을 대체하면 된다. 다음 클래스 관련 주석은 이것이 어떻게 작동이 되는지 설명한다.

```
from setwrapper import Set

class MultiSet(Set):
    """
    모든 집합의 이름은 상속하되, 교집합(intersect)과 합집합(union)은 다중 연산자를
    지원하기 위하여 확장함. "self"는 여전히 첫 번째 인수임(이제 *args 인수에 저장됨)
    또한 상속된 &와 | 연산자는 두 개의 인수를 갖는 새로운 메소드를 호출하지만,
    두 개보다 많은 인수를 처리하기 위해서는 표현식이 아닌 메소드 호출을 이용해야 함
    여기에서 교집합은 중복 아이템을 제거하지 않지만 Set 생성자는 제거함
    """
    def intersect(self, *others):
        res = []
        for x in self:                    # 첫 번째 시퀀스 검색
            for other in others:          # others 안의 모든 객체에 대해 확인함
                if x not in other: break  # 각 객체에 아이템이 있는가?
            else:                         # No: 루프 밖으로 빠져나감
                res.append(x)             # Yes: 아이템을 맨 끝에 더함
        return Set(res)

    def union(*args):                     # self는 args[0]
        res = []
        for seq in args:                  # 모든 인수를 위해
            for x in seq:                 # 모든 노드를 위해
                if not x in res:
                    res.append(x)         # 새로운 아이템을 결과에 더함
        return Set(res)
```

이런 확장 버전을 대화형 세션에서 구현한다면 다음과 같을 것이다. &를 사용하거나

intersect를 호출하여 교집합을 구현할 수 있지만, 셋 또는 그 이상의 피연산자를 수용하기 위해서는 intersect를 호출하여야 한다. &는 이항 연산자다. 또한, 만약 multiset 내의 원본을 참조하는 setwrapper.Set을 사용했다면, 우리는 이 변경을 좀 더 투명하게 할 수 있는 MultiSet을 호출했을 것이다(임포트에서 as절은 원한다면 클래스 이름도 바꿀 수 있다).

```
>>> from multiset import *
>>> x = MultiSet([1, 2, 3, 4])
>>> y = MultiSet([3, 4, 5])
>>> z = MultiSet([0, 1, 2])

>>> x & y, x | y                              # 두 개의 피연산자
(Set:[3, 4], Set:[1, 2, 3, 4, 5])

>>> x.intersect(y, z)                         # 세 개의 피연산자
Set:[]
>>> x.union(y, z)
Set:[1, 2, 3, 4, 5, 0]
>>> x.intersect([1,2,3], [2,3,4], [1,2,3])    # 네 개의 피연산자
Set:[2, 3]
>>> x.union(range(10))                        # MultiSet이 아니어도 동작함
Set:[1, 2, 3, 4, 0, 5, 6, 7, 8, 9]

>>> w = MultiSet('spam')                      # 문자열 집합
>>> w
Set:['s', 'p', 'a', 'm']
>>> ''.join(w | 'super')
'spamuer'
>>> (w | 'super') & MultiSet('slots')
Set:['s']
```

6. **클래스 트리 링크.** 여기에서는 리스터 클래스를 변경하고 그 포맷을 보여 주는 테스트를 재실행한다. dir 기반의 버전에서도 동일하게 실행하면 된다. 또한, 트리 클라이머 변형에서 클래스 객체의 포맷을 정할 때도 이와 같이 실행하면 된다.

```
class ListInstance:
    def __attrnames(self):
        ...변경되지 않음...

    def __str__(self):
        return '<Instance of %s(%s), address %s:\n%s>' % (
                       self.__class__.__name__,     # 내 클래스명
                       self.__supers(),             # 내 클래스의 슈퍼클래스
                       id(self),                    # 내 주소
                       self.__attrnames())          # 이름 = 값 형태의 목록
    def __supers(self):
        names = []
```

```
            for super in self.__class__.__bases__:        # 클래스의 1단계 상위
                names.append(super.__name__)               # 이름. str(super)아님
            return ', '.join(names)

        # 또는 ', '.join(super.__name__ for super in self.__class__.__bases__)

c:\code> py listinstance-exercise.py
<Instance of Sub(Super, ListInstance), address 43671000:
        data1=spam
        data2=eggs
        data3=42
>
```

7. **구성 관계.** 나의 해답은 다음과 같다(파일 lunch.py). 코드 내용별 설명은 주석을 참조하면 된다. 이것은 말을 통한 것보다 파이썬으로 문제를 표현하는 것이 더 쉬운 경우에 대한 예제다.

```
class Lunch:
    def __init__(self):                                # Customer, Employee 생성 및 편입
        self.cust = Customer()
        self.empl = Employee()
    def order(self, foodName):                         # 고객 주문 시뮬레이션 시작
        self.cust.placeOrder(foodName, self.empl)
    def result(self):                                  # 고객에게 음식 주문 요청
        self.cust.printFood()

class Customer:
    def __init__(self):                                # 내 음식을 None으로 초기화
        self.food = None
    def placeOrder(self, foodName, employee):          # 직원과 함께 주문 생성
        self.food = employee.takeOrder(foodName)
    def printFood(self):                               # 내 음식 이름 출력
        print(self.food.name)

class Employee:
    def takeOrder(self, foodName):                     # 원하는 이름으로 음식 반환
        return Food(foodName)

class Food:
    def __init__(self, name):                          # 음식 이름 저장
        self.name = name

if __name__ == '__main__':
    x = Lunch()                                        # 셀프 테스트 코드
    x.order('burritos')                                # 실행되면 임포트되지 않음
    x.result()
    x.order('pizza')
    x.result()

% python lunch.py
```

```
burritos
pizza
```

8. **동물원 동물 계층.** 여기에서는 파이썬에서 분류학을 위한 코드를 작성하는 방법을 제시한다(파일 zoo.py). 이는 인위적이기는 하나, 전반적인 코딩 패턴은 GUI부터 우주선의 직원 데이터베이스에 이르기까지 수많은 실질적 구조에 적용된다. Animal에서 self.speak 참조는 독자적인 상속 검색을 유발하여 서브클래스에서 speak를 찾게 한다. 실습 문제 설명마다 대화형 세션으로 테스트해 보기 바란다. 새로운 클래스를 가지고 이 계층 구조를 확장한 후, 트리 내에 다양한 클래스 인스턴스를 만들어 보자.

```
class Animal:
    def reply(self):   self.speak()            # 서브클래스로 돌아감
    def speak(self):   print('spam')           # 수정된 메시지

class Mammal(Animal):
    def speak(self):   print('huh?')

class Cat(Mammal):
    def speak(self):   print('meow')

class Dog(Mammal):
    def speak(self):   print('bark')

class Primate(Mammal):
    def speak(self):   print('Hello world!')

class Hacker(Primate): pass                     # Primate로부터 상속
```

9. **죽은 앵무새 촌극.** 파일 parrot.py에서 죽은 앵무새 촌극을 구현했다. 여기서 주목할 것은 Actor 슈퍼클래스에서 line 메소드가 어떻게 동작하는가다. self 속성에 두 번 접근함으로써 파이썬을 인스턴스로 두 번 돌려보내고, 따라서 두 번의 상속 검색을 일으킨다. self.name과 self.says()는 특정 서브클래스에서 정보를 찾는다.

```
class Actor:
    def line(self): print(self.name + ':', repr(self.says()))

class Customer(Actor):
    name = 'customer'
    def says(self): return "that's one ex-bird!"

class Clerk(Actor):
    name = 'clerk'
    def says(self): return "no it isn't..."

class Parrot(Actor):
```

```
    name = 'parrot'
    def says(self): return None

class Scene:
    def __init__(self):
        self.clerk    = Clerk()                 # 일부 인스턴스 내포시킴
        self.customer = Customer()              # Scene은 복합 클래스
        self.subject  = Parrot()

    def action(self):
        self.customer.line()                    # 내포된 아이템들에 위임
        self.clerk.line()
        self.subject.line()
```

파트 7. 예외와 도구들

실습 문제는 36장의 1461쪽 "학습 테스트: 파트 7 실습 문제"를 확인하자.

1. **try/except.** 내(저자) 버전의 oops 함수(파일 oops.py)는 다음과 같다. 코딩과 관련 없는 질문에 관해서라면, IndexError 대신에 KeyError를 일으키도록 oops를 변경하는 것은 try 핸들러가 예외를 잡아내지 못한다는 것을 의미한다. 이 예외는 최상위 레벨까지 전파되어 파이썬의 기본 에러 메시지를 유발시킨다. KeyError와 IndexError 이름은 가장 바깥 영역의 내장된 이름 범위로부터 온 것이다('LEGB' 중 B 영역). 스스로 확인해 보려면 3.X에서 builtins(2.X에서는 __builtin__)를 임포트하고 이를 dir 함수에 인수로 전달하면 된다.

```
def oops():
    raise IndexError()

def doomed():
    try:
        oops()
    except IndexError:
        print('caught an index error!')
    else:
        print('no error caught...')

if __name__ == '__main__': doomed()

% python oops.py
caught an index error!
```

2. **예외 객체와 리스트.** 나만의 예외 처리를 위하여 이 모듈을 확장한 코드는 다음과 같다(파

일 oops2.py).

```
from __future__ import print_function          # 2.X

class MyError(Exception): pass

def oops():
    raise MyError('Spam!')

def doomed():
    try:
        oops()
    except IndexError:
        print('caught an index error!')
    except MyError as data:
        print('caught error:', MyError, data)
    else:
        print('no error caught...')

if __name__ == '__main__':
    doomed()

% python oops2.py
caught error: <class '__main__.MyError'> Spam!
```

모든 클래스 예외처럼 인스턴스는 as 변수 data에 의해 접근 가능하다. 에러 메시지는 클래스(<...>)와 클래스의 인스턴스(Spam!) 둘 다를 보여 준다. 인스턴스는 파이썬의 Exception 클래스로부터 __init__과 __repr__ 또는 __str__ 모두를 상속해야만 하는데, 그렇지 않으면 클래스처럼 출력할 것이다. 35장을 보면 내장된 예외 클래스가 어떻게 동작하는지 더 알아볼 수 있다.

3. **에러 처리.** 이 문제에 대한 한 가지 해답은 다음과 같다(파일 exctools.py). 나는 대화형 세션 대신 파일로 테스트를 진행했지만, 결과는 확실히 비슷하게 나올 것이다. 여기에서 사용된 공백의 except와 sys.exc_info 접근 방식은 as 변수와 함께 나열된 Exception에서는 잡지 못하는 exit 관련 예외를 잡아낸다. 이는 아마 대부분의 응용 코드에서 이상적이진 않겠지만, 예외 방화벽 같은 역할을 위해 디자인된 도구에서는 유용할 것이다.

```
import sys, traceback

def safe(callee, *pargs, **kargs):
    try:
        callee(*pargs, **kargs)          # 다른 모든 예외를 캐치하거나
    except:                              # 또는 'except Exception as E:'
        traceback.print_exc()
```

```
        print('Got %s %s' % (sys.exc_info()[0], sys.exc_info()[1]))

if __name__ == '__main__':
    import oops2
    safe(oops2.oops)

c:\code> py -3 exctools.py
Traceback (most recent call last):
  File "C:\code\exctools.py", line 5, in safe
    callee(*pargs, **kargs)                        # 다른 모든 예외를 캐치함
  File "C:\code\oops2.py", line 6, in oops
    raise MyError('Spam!')
oops2.MyError: Spam!
Got <class 'oops2.MyError'> Spam!
```

다음의 코드는 이것을 어떤 함수가 일으킨 예외라도 잡아내고 감쌀 수 있는 함수 데코레이
터로 전환할 수 있다. 이에 응용된 기법은 32장에서 소개되었으며, 전반적인 내용은 그다
음 파트인 39장에서 다루고 있다. 이는 예외가 명시적으로 전달되는 것보다는 함수의 기능
을 보강하는 효과를 가지고 있다.

```
import sys, traceback

def safe(callee):
    def callproxy(*pargs, **kargs):
        try:
            return callee(*pargs, **kargs)
        except:
            traceback.print_exc()
            print('Got %s %s' % (sys.exc_info()[0], sys.exc_info()[1]))
            raise
    return callproxy

if __name__ == '__main__':
    import oops2

    @safe
    def test():
        oops2.oops()

    test()
```

4. **자가학습 예제.** 시간이 허락하는 대로 다음의 예제들을 이용하여 스스로 학습해 보자. 더
   많은 내용은 이 예제들을 차용해 온 《프로그래밍 파이썬》과 같은 책과 웹을 참조하면 된다.

```
# 한 디렉터리에서 가장 큰 파이썬 소스 코드 파일 찾기
```

```
import os, glob
dirname = r'C:\Python33\Lib'

allsizes = []
allpy = glob.glob(dirname + os.sep + '*.py')
for filename in allpy:
    filesize = os.path.getsize(filename)
    allsizes.append((filesize, filename))

allsizes.sort()
print(allsizes[:2])
print(allsizes[-2:])
```

전체 디렉터리 트리에서 가장 큰 파이썬 소스 코드 파일 찾기

```
import sys, os, pprint
if sys.platform[:3] == 'win':
    dirname = r'C:\Python33\Lib'
else:
    dirname = '/usr/lib/python'

allsizes = []
for (thisDir, subsHere, filesHere) in os.walk(dirname):
    for filename in filesHere:
        if filename.endswith('.py'):
            fullname = os.path.join(thisDir, filename)
            fullsize = os.path.getsize(fullname)
            allsizes.append((fullsize, fullname))

allsizes.sort()
pprint.pprint(allsizes[:2])
pprint.pprint(allsizes[-2:])
```

모듈 임포트 검색 경로에서 가장 큰 파이썬 소스 코드 파일 찾기

```
import sys, os, pprint
visited = {}
allsizes = []
for srcdir in sys.path:
    for (thisDir, subsHere, filesHere) in os.walk(srcdir):
        thisDir = os.path.normpath(thisDir)
        if thisDir.upper() in visited:
            continue
        else:
            visited[thisDir.upper()] = True
        for filename in filesHere:
            if filename.endswith('.py'):
                pypath = os.path.join(thisDir, filename)
                try:
                    pysize = os.path.getsize(pypath)
                except:
```

```
                    print('skipping', pypath)
            allsizes.append((pysize, pypath))

allsizes.sort()
pprint.pprint(allsizes[:3])
pprint.pprint(allsizes[-3:])
```

콤마로 구분된 텍스트 파일의 컬럼 수 합계 구하기

```
filename = 'data.txt'
sums = {}

for line in open(filename):
    cols = line.split(',')
    nums = [int(col) for col in cols]
    for (ix, num) in enumerate(nums):
        sums[ix] = sums.get(ix, 0) + num

for key in sorted(sums):
    print(key, '=', sums[key])
```

이전과 동일하지만, 합계를 구하기 위해 딕셔너리 대신 리스트 사용하기

```
import sys
filename = sys.argv[1]
numcols  = int(sys.argv[2])
totals   = [0] * numcols

for line in open(filename):
    cols = line.split(',')
    nums = [int(x) for x in cols]
    totals = [(x + y) for (x, y) in zip(totals, nums)]

print(totals)
```

일련의 스크립트 결과에서 회귀 테스트

```
import os
testscripts = [dict(script='test1.py', args=''),      # 또는 전역 스크립트/인수 디렉터리
               dict(script='test2.py', args='spam')]

for testcase in testscripts:
    commandline = '%(script)s %(args)s' % testcase
    output = os.popen(commandline).read()
    result = testcase['script'] + '.result'
    if not os.path.exists(result):
        open(result, 'w').write(output)
        print('Created:', result)
    else:
        priorresult = open(result).read()
```

```
        if output != priorresult:
            print('FAILED:', testcase['script'])
            print(output)
        else:
            print('Passed:', testcase['script'])
```

 # tkinter로 색깔과 폰트 사이즈를 변경할 수 있는 버튼을 가진 GUI 구현하기(2.X에서는 Tkinter)

```
from tkinter import *                          # 2.X에서는 Tkinter를 사용할 것
import random
fontsize = 25
colors = ['red', 'green', 'blue', 'yellow', 'orange', 'white', 'cyan', 'purple']

def reply(text):
    print(text)
    popup = Toplevel()
    color = random.choice(colors)
    Label(popup, text='Popup', bg='black', fg=color).pack()
    L.config(fg=color)

def timer():
    L.config(fg=random.choice(colors))
    win.after(250, timer)

def grow():
    global fontsize
    fontsize += 5
    L.config(font=('arial', fontsize, 'italic'))
    win.after(100, grow)

win = Tk()
L = Label(win, text='Spam',
          font=('arial', fontsize, 'italic'), fg='yellow', bg='navy',
          relief=RAISED)
L.pack(side=TOP, expand=YES, fill=BOTH)
Button(win, text='press', command=(lambda: reply('red'))).pack(side=BOTTOM, fill=X)
Button(win, text='timer', command=timer).pack(side=BOTTOM, fill=X)
Button(win, text='grow', command=grow).pack(side=BOTTOM, fill=X)
win.mainloop()
```

 # 이전과 유사하나, 클래스를 사용하여 각 창마다 자신만의 상태 정보를 가지도록 구현하기

```
from tkinter import *
import random

class MyGui:
    """
    색상을 변경하거나 레이블 크기를 변경하는 버튼이 포함된 GUI
    """
    colors = ['blue', 'green', 'orange', 'red', 'brown', 'yellow']
```

```
    def __init__(self, parent, title='popup'):
        parent.title(title)
        self.growing = False
        self.fontsize = 10
        self.lab = Label(parent, text='Gui1', fg='white', bg='navy')
        self.lab.pack(expand=YES, fill=BOTH)
        Button(parent, text='Spam', command=self.reply).pack(side=LEFT)
        Button(parent, text='Grow', command=self.grow).pack(side=LEFT)
        Button(parent, text='Stop', command=self.stop).pack(side=LEFT)

    def reply(self):
        "change the button's color at random on Spam presses"
        self.fontsize += 5
        color = random.choice(self.colors)
        self.lab.config(bg=color,
                font=('courier', self.fontsize, 'bold italic'))

    def grow(self):
        "start making the label grow on Grow presses"
        self.growing = True
        self.grower()

    def grower(self):
        if self.growing:
            self.fontsize += 5
            self.lab.config(font=('courier', self.fontsize, 'bold'))
            self.lab.after(500, self.grower)

    def stop(self):
        "stop the button growing on Stop presses"
        self.growing = False

class MySubGui(MyGui):
    colors = ['black', 'purple']               # 색상 선택을 바꿀 수 있도록 변경

MyGui(Tk(), 'main')
MyGui(Toplevel())
MySubGui(Toplevel())
mainloop()
```

이메일 수신함 탐색 및 유지 관리

```
"""
pop 이메일 박스를 살펴보고, 헤더만 가져온 뒤, 전체 메시지를 다운로드받지 않고도 삭제할 수 있도록
"""

import poplib, getpass, sys

mailserver = 'your pop email server name here'            # pop.server.net
mailuser   = 'your pop email user name here'
mailpasswd = getpass.getpass('Password for %s?' % mailserver)
```

```
print('Connecting...')
server = poplib.POP3(mailserver)
server.user(mailuser)
server.pass_(mailpasswd)

try:
    print(server.getwelcome())
    msgCount, mboxSize = server.stat()
    print('There are', msgCount, 'mail messages, size ', mboxSize)
    msginfo = server.list()
    print(msginfo)
    for i in range(msgCount):
        msgnum  = i+1
        msgsize = msginfo[1][i].split()[1]
        resp, hdrlines, octets = server.top(msgnum, 0)          # 헤더만 가져오기
        print('-'*80)
        print('[%d: octets=%d, size=%s]' % (msgnum, octets, msgsize))
        for line in hdrlines: print(line)

        if input('Print?') in ['y', 'Y']:
            for line in server.retr(msgnum)[1]: print(line)     # 전체 메시지 가져오기
        if input('Delete?') in ['y', 'Y']:
            print('deleting')
            server.dele(msgnum)                                 # 서버에서 메시지 삭제하기
        else:
            print('skipping')
finally:
    server.quit()                                               # 메일박스 잠금해제 확인
input('Bye.')                                                   # 윈도우에서 창이 위에 뜨도록
```

웹 브라우저와 통신하기 위한 CGI 서버단의 스크립트

```
#!/usr/bin/python
import cgi
form = cgi.FieldStorage()                        # 데이터로부터 해석(파싱)
print("Content-type: text/html\n")               # 헤더 아래에 공백 줄 추가
print("<HTML>")
print("<title>Reply Page</title>")               # HTML 응답 페이지
print("<BODY>")
if not 'user' in form:
    print("<h1>Who are you?</h1>")
else:
    print("<h1>Hello <i>%s</i>!</h1>" % cgi.escape(form['user'].value))
print("</BODY></HTML>")
```

파이썬 객체로 shelve에 데이터를 덧붙이는 데이터베이스 스크립트

```
# shelve는 28장에서, pickle 예제는 31장에서 확인할 것

rec1 = {'name': {'first': 'Bob', 'last': 'Smith'},
        'job': ['dev', 'mgr'],
```

```
        'age': 40.5}

rec2 = {'name': {'first': 'Sue', 'last': 'Jones'},
        'job': ['mgr'],
        'age': 35.0}

import shelve
db = shelve.open('dbfile')
db['bob'] = rec1
db['sue'] = rec2
db.close()
```

이전 스크립트에서 생성된 shelve를 출력하고 업데이트하는 데이터베이스 스크립트

```
import shelve
db = shelve.open('dbfile')
for key in db:
    print(key, '=>', db[key])

bob = db['bob']
bob['age'] += 1
db['bob'] = bob
db.close()
```

MySql 데이터베이스를 조회하고 데이터를 추가하기 위한 데이터베이스 스크립트

```
from MySQLdb import Connect
conn = Connect(host='localhost', user='root', passwd='XXXXXXX')
curs = conn.cursor()
try:
    curs.execute('drop database testpeopledb')
except:
    pass                                        # 존재하지 않음

curs.execute('create database testpeopledb')
curs.execute('use testpeopledb')
curs.execute('create table people (name char(30), job char(10), pay int(4))')

curs.execute('insert people values (%s, %s, %s)', ('Bob', 'dev', 50000))
curs.execute('insert people values (%s, %s, %s)', ('Sue', 'dev', 60000))
curs.execute('insert people values (%s, %s, %s)', ('Ann', 'mgr', 40000))

curs.execute('select * from people')
for row in curs.fetchall():
    print(row)

curs.execute('select * from people where name = %s', ('Bob',))
print(curs.description)
colnames = [desc[0] for desc in curs.description]
while True:
    print('-' * 30)
```

```
        row = curs.fetchone()
        if not row: break
        for (name, value) in zip(colnames, row):
            print('%s => %s' % (name, value))

conn.commit()                                   # 추가된 레코드 저장


# FTP로 파일을 가져오고 열어서 재생함

import webbrowser, sys
from ftplib import FTP                          # 소켓 기반의 FTP 도구
from getpass import getpass                      # 패스워드 입력 숨김 처리
if sys.version[0] == '2': input = raw_input      # 2.X 호환성

nonpassive = False                              # 서버를 위해 FTP 모드를 활성화할 것인가?
filename   = input('File?')                      # 다운로드할 파일
dirname    = input('Dir? ') or '.'               # 파일 가져올 원격 디렉터리
sitename   = input('Site?')                      # 접속할 FTP 사이트
user       = input('User?')                      # 익명일 경우 () 사용
if not user:
    userinfo = ()
else:
    from getpass import getpass                  # 패스워드 입력 숨김 처리
    userinfo = (user, getpass('Pswd?'))

print('Connecting...')
connection = FTP(sitename)                       # FTP 사이트 연결
connection.login(*userinfo)                      # 기본은 익명 로그인
connection.cwd(dirname)                          # 1번에 지역 파일에 1k씩 전달
if nonpassive:                                   # 서버가 필요할 때, FTP 활성화
    connection.set_pasv(False)

print('Downloading...')
localfile = open(filename, 'wb')                 # 다운로드 파일을 저장할 지역 파일
connection.retrbinary('RETR ' + filename, localfile.write, 1024)
connection.quit()
localfile.close()

print('Playing...')
webbrowser.open(filename)
```

진솔한 서평을 올려주세요!

이 책이나 이미 읽은 제이펍의 다른 책이 있다면, 책의 장단점을 잘 보여주는 솔직한 서평을 올려주세요.
매월 다섯 분을 선별하여 원하시는 제이펍 도서 1부씩을 선물해드리겠습니다.

■ **서평 이벤트 참여 방법**
   - 제이펍의 책을 읽고 자신의 블로그나 인터넷 서점에 서평을 올린다.
   - 서평이 작성된 URL을 적어 아래의 계정으로 메일을 보낸다.
     review.jpub@gmail.com

■ **서평 당선자 발표**
   매월 첫 주 제이펍 홈페이지(www.jpub.kr) 및 페이스북(www.facebook.com/jeipub)에 공지하고 당선된 분
   에게는 개별 연락을 드리겠습니다.

독자 여러분의 응원과 질타를 통해 더 나은 책을 만들 수 있도록 최선을 다하겠습니다.

찾아보기